ॐ

ॐ

सीताराम

— जय श्रीसीताराम —

तुलसीदास

कृत

श्रीरामचरितमानस

मूल पाठ

Rāmcharitmānas of Tulsīdāsa

Original Devanāgari Text with Transliteration, No Translation

सीताराम सीताराम
सीताराम सीताराम

Published by: only RAMA only
(an Imprint of e1i1 Corporation)

Title: **Ramcharitmanas**
Sub-Title: **Original Text with Transliteration**

Author: **Goswami Tulsidas**

Editor: **Vidya Wati**
Cover Design: **Sushma**

Identifiers

Library of Congress Control Number: **2016960421**
ISBN: **978-1-945739-00-2** (Paperback)
ISBN: **978-1-945739-02-6** (Hardcover)

—⌘—

For Version of this Book with English Translation please see:
Tulsi Ramayana, Hindu Holy Book ISBN: 978-1-945739-01-9 / 978-1-945739-03-3
(Original Devanagri Text with English Translation & Transliteration size 8.5"x11"x450 pages)

—o—

श्रीरामचरितमानस

śrīrāmacaritamānasa

CONTENTS

I	प्रथम सोपान	**बालकाण्ड**	prathama sopāna	**bālakāṇḍa**	**7**
II	द्वितीय सोपान	**अयोध्याकाण्ड**	dvitīya sopāna	**ayodhyākāṇḍa**	**94**
III	तृतीय सोपान	**अरण्यकाण्ड**	tṛtīya sopāna	**araṇyakāṇḍa**	**166**
IV	चतुर्थ सोपान	**किष्किन्धाकाण्ड**	caturtha sopāna	**kiṣkindhākāṇḍa**	**182**
V	पञ्चम सोपान	**सुन्दरकाण्ड**	pañcama sopāna	**sundarakāṇḍa**	**191**
VI	षष्ठ सोपान	**लंकाकाण्ड**	ṣaṣṭha sopāna	**laṁkākāṇḍa**	**207**
VII	सप्तम सोपान	**उत्तरकाण्ड**	saptama sopāna	**uttarakāṇḍa**	**243**

— OTHER CONTENTS —

- FRONT -

श्री रामायण आरती . śrī rāmāyaṇa āratī - 4

श्री हनुमान आरती . śrī hanumāna āratī - 5

श्री राम-स्तुति . śrī rāma-stuti - 6

श्री हनुमान-स्तुति . śrī hanumāna-stuti - 6

- BACK -

श्री हनुमान चालीसा . śrī hanumāna cālīsā - 282

नवाह्नपारायण विश्राम – Nine-Day Recitation – Pause & Page No.

01 (37) **02** (64) **03** (92) **04** (119) **05** (145) **06** (176) **07** (210) **08** (246) **09** (281)

मासपारायण विश्राम – Thirty-Day Recitation – Pause & Page No.

01 (14) **02** (22) **03** (30) **04** (37) **05** (44) **06** (51) **07** (58) **08** (64) **09** (71) **10** (78)
11 (85) **12** (93) **13** (100) **14** (107) **15** (114) **16** (119) **17** (123) **18** (132) **19** (141) **20** (145)
21 (165) **22** (181) **23** (190) **24** (206) **25** (220) **26** (234) **27** (242) **28** (259) **29** (275) **30** (281)

श्री रामायण आरती — śrī rāmāyaṇa ārati

आरति श्रीरामायनजी की । कीरति कलित ललित सिय पी की ॥
ārati śrīrāmāyanajī kī, kīrati kalita lalita siya pī kī.

गावत ब्रह्मादिक मुनि नारद । बालमीक बिग्यान बिसारद ॥
gāvata brahmādika muni nārada, bālamīka bigyāna bisārada.
सुक सनकादि सेष अरु सारद । बरनि पवनसुत कीरति नीकी ॥१॥
suka sanakādi seṣa aru sārada, barani pavanasuta kīrati nīkī. [1]

गावत बेद पुरान अष्टदस । छओ सास्त्र सब ग्रंथन को रस ॥
gāvata beda purāna aṣṭadasa, chao sāstra saba graṁthana ko rasa.
मुनि जन धन संतन को सरबस । सार अंस संमत सबही की ॥२॥
muni jana dhana saṁtana ko sarabasa, sāra aṁsa saṁmata sabahī kī. [2]

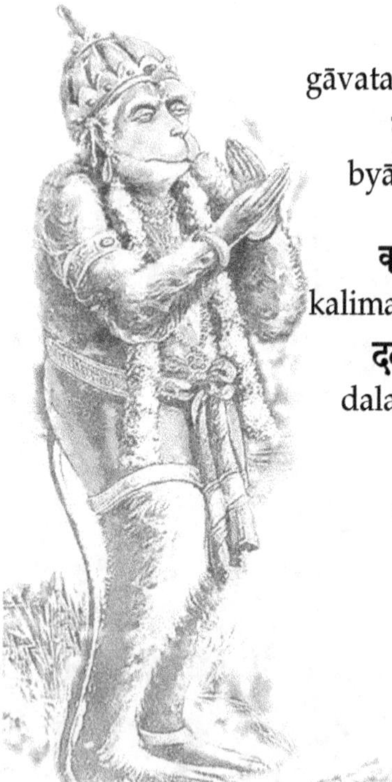

गावत संतत संभु भवानी । अरु घटसंभव मुनि बिग्यानी ॥
gāvata saṁtata saṁbhu bhavānī, aru ghaṭasaṁbhava muni bigyānī.
ब्यास आदि कबिबर्ज बखानी । कागभुसुंडि गरुड के ही की ॥३॥
byāsa ādi kabibarja bakhānī, kāgabhusuṁḍi garuḍa ke hī kī. [3]

कलिमल हरनि बिषय रस फीकी । सुभग सिंगार मुक्ति जुबती की ॥
kalimala harani biṣaya rasa phīkī, subhaga siṁgāra mukti jubatī kī.
दलन रोग भव मूरि अमी की । तात मात सब बिधि तुलसी की ॥४॥
dalana roga bhava mūri amī kī, tāta māta saba bidhi tulasī kī. [4]

आरति श्रीरामायनजी की । कीरति कलित ललित सिय पी की ...
ārati śrīrāmāyanajī kī, kīrati kalita lalita siya pī kī ...

श्री हनुमान आरती — śrī hanumāna āratī

आरती कीजै हनुमान लला की । दुष्ट-दलन रघुनाथ कला की ॥ 1
āratī kījai hanumāna lalā kī, duṣṭa-dalana raghunātha kalā kī.
जाके बल से गिरिवर काँपै । रोग दोष जाके निकट न झाँपै ॥ 2
jāke bala se girivara kāṁpai, roga doṣa jāke nikaṭa na jhāṁpai.
अंजनि-पुत्र महा बल दाई । संतन के प्रभु सदा सहाई ॥ 3
aṁjani-putra mahā bala dāī, saṁtana ke prabhu sadā sahāī.
दे बीरा रघुनाथ पठाये । लंका जारि सीय सुधि लाये ॥ 4
de bīrā raghunātha paṭhāye, laṁkā jāri sīya sudhi lāye.
लंका-सो कोट समुद्र-सी खाई । जात पवनसुत बार न लाई ॥ 5
laṁkā-so koṭa samudra-sī khāī, jāta pavanasuta bāra na lāī.
लंका जारि असुर संहारे । सियारामजी के काज सँवारे ॥ 6
laṁkā jāri asura saṁhāre, siyārāmajī ke kāja saṁvāre.
लछिमन मूर्छित पड़े सकारे । आनि सजीवन प्रान उबारे ॥ 7
lachimana mūrchita paṛe sakāre, āni sajīvana prāna ubāre.
पैठी पताल तोरि जम-कारे । अहिरावन की भुजा उखारे ॥ 8
paiṭhī patāla tori jama-kāre, ahirāvana kī bhujā ukhāre.
बायें भुजा असुरदल मारे । दहिने भुजा संतजन तारे ॥ 9
bāyeṁ bhujā asuradala māre, dahine bhujā saṁtajana tāre.
सुर नर मुनि आरती उतारे । जै जै जै हनुमान उचारे ॥ 10
sura nara muni āratī utāre, jai jai jai hanumāna ucāre.
कंचन थार कपूर लौ छाई । आरति करत अंजना माई ॥ 11
kaṁcana thāra kapūra lau chāī, ārati karata aṁjanā māī.
जो हनुमानजी की आरति गावै । बसि बैकुंठ परमपद पावै ॥ 12
jo hanumānajī kī ārati gāvai, basi baikuṁṭha paramapada pāvai.

आरती कीजै हनुमान लला की । दुष्ट-दलन रघुनाथ कला की ...
āratī kījai hanumāna lalā kī, duṣṭa-dalana raghunātha kalā kī ...

सियावर रामचन्द्र की जय
siyāvara rāmacandra kī jaya
पवनसुत हनुमान की जय
pavanasuta hanumāna kī jaya
गोस्वामी तुलसीदास की जय
gosvāmī tulasīdāsa kī jaya

श्री राम-स्तुति — śrī rāma-stuti

श्री रामचन्द्र कृपालु भजु मन हरण भवभय दारुणं ।
śrī rāmacandra kṛpālu bhaju mana haraṇa bhavabhaya dāruṇaṁ,
नवकंज-लोचन कंज-मुख कर-कंज पद कंजारुणं ॥ 1
navakaṁja-locana kaṁja-mukha kara-kaṁja pada kaṁjāruṇaṁ.
कंदर्प अगणित अमित छवि नवनील नीरद सुंदरं ।
kaṁdarpa agaṇita amita chavi navanīla nīrada suṁdaraṁ,
पट पीत मानहु तडित रुचि शुचि नौमि जनक सुतावरं ॥ 2
paṭa pīta mānahu taṛita ruci śuci naumi janaka sutāvaraṁ.
भजु दीनबंधु दिनेश दानव-दैत्य-वंश निकंदनं ।
bhaju dīnabaṁdhu dineśa dānava-daitya-vaṁśa nikaṁdanaṁ,
रघुनंद आनँदकंद कोशलचंद दशरथ नंदनं ॥ 3
raghunaṁda ānaṁ̐dakaṁda kośalacaṁda daśaratha naṁdanaṁ.
सिर मुकुट कुंडल तिलक चारु उदारु अंग विभूषणं ।
sira mukuṭa kuṁḍala tilaka cāru udāru aṁga vibhūṣaṇaṁ,
आजानुभुज शर-चाप-धर संग्राम-जित-खरदूषणं ॥ 4
ājānubhuja śara-cāpa-dhara saṁgrāma-jita-kharadūṣaṇaṁ.
इति वदति तुलसीदास शंकर-शेष-मुनि-मन-रंजनं ।
iti vadati tulasīdāsa śaṁkara-śeṣa-muni-mana-raṁjanaṁ,
मम हृदय कंज निवास करु कामादि खल-दल-गंजनं ॥ 5
mama hṛdaya kaṁja nivāsa karu kāmādi khala-dala-gaṁjanaṁ.

श्री रामचन्द्र कृपालु भजु मन हरण भवभय दारुणं ...
śrī rāmacandra kṛpālu bhaju mana haraṇa bhavabhaya dāruṇaṁ ...

श्री हनुमान-स्तुति — śrī hanumāna-stuti

मंगल-मूरति मारुत-नंदन । सकल-अमंगल-मूल-निकंदन ॥ 1
maṁgala-mūrati māruta-naṁdana, sakala-amaṁgala-mūla-nikaṁdana.
पवन-तनय संतन-हितकारी। हृदय विराजत अवध बिहारी ॥ 2
pavana-tanaya saṁtana-hitakārī, hṛdaya virājata avadha bihārī.
मातु-पिता गुरु गनपति सारद। सिवा-समेत संभु सुक-नारद ॥ 3
mātu-pitā guru ganapati sārada, sivā-sameta saṁbhu suka-nārada.
चरन बंदि बिनवौं सब काहू। देहु रामपद-नेह-निबाहू ॥ 4
carana baṁdi binavauṁ saba kāhū, dehu rāmapada-neha-nibāhū.
बंदौं राम-लखन-बैदेही। जे तुलसी के परम सनेही ॥ 5
baṁdauṁ rāma-lakhana-baidehī, je tulasī ke parama sanehī.

मंगल-मूरति मारुत-नंदन ...
maṁgala-mūrati māruta-naṁdana ...

श्रीजानकीवल्लभो विजयते
śrījānakīvallabho vijayate

श्रीरामचरितमानस
śrīrāmacaritamānasa

प्रथम सोपान - बालकाण्ड
prathama sopāna - bālakāṇḍa

श्लोक-*śloka:*

वर्णानामर्थसंघानां रसानां छन्दसामपि ।
varṇānāmarthasaṁghānāṁ rasānāṁ chandasāmapi,
मङ्गलानां च कर्त्तारौ वन्दे वाणीविनायकौ ॥ १ ॥
maṅgalānāṁ ca karttārau vande vāṇīvināyakau. 1.

भवानीशङ्करौ वन्दे श्रद्धाविश्वासरूपिणौ ।
bhavānīśaṅkarau vande śraddhāviśvāsarūpiṇau,
याभ्यां विना न पश्यन्ति सिद्धाःस्वान्तःस्थमीश्वरम् ॥ २ ॥
yābhyāṁ vinā na paśyanti siddhāḥsvāntaḥsthamīśvaram. 2.

वन्दे बोधमयं नित्यं गुरुं शङ्कररूपिणम् ।
vande bodhamayaṁ nityaṁ guruṁ śaṅkararūpiṇam,
यमाश्रितो हि वक्रोऽपि चन्द्रः सर्वत्र वन्द्यते ॥ ३ ॥
yamāśrito hi vakro'pi candraḥ sarvatra vandyate. 3.

सीतारामगुणग्रामपुण्यारण्यविहारिणौ ।
sītārāmaguṇagrāmapuṇyāraṇyavihāriṇau,
वन्दे विशुद्धविज्ञानौ कवीश्वरकपीश्वरौ ॥ ४ ॥
vande viśuddhavijñānau kavīśvarakapīśvarau. 4.

उद्भवस्थितिसंहारकारिणीं क्लेशहारिणीम् ।
udbhavasthitisaṁhārakāriṇīṁ kleśahāriṇīm,
सर्वश्रेयस्करीं सीतां नतोऽहं रामवल्लभाम् ॥ ५ ॥
sarvaśreyaskarīṁ sītāṁ nato'haṁ rāmavallabhām. 5.

यन्मायावशवर्त्ति विश्वमखिलं ब्रह्मादिदेवासुरा
yanmāyāvaśavartti viśvamakhilaṁ brahmādidevāsurā
यत्सत्त्वादमृषैव भाति सकलं रज्जौ यथाहेर्भ्रमः ।
yatsattvādamṛṣaiva bhāti sakalaṁ rajjau yathāherbhramaḥ,
यत्पादप्लवमेकमेव हि भवाम्भोधेस्तितीर्षावतां
yatpādaplavamekameva hi bhavāmbhodhestitīrṣāvatāṁ
वन्देऽहं तमशेषकारणपरं रामाख्यमीशं हरिम् ॥ ६ ॥
vande'haṁ tamaśeṣakāraṇaparaṁ rāmākhyamīśaṁ harim. 6.

नानापुराणनिगमागमसम्मतं यद्
nānāpurāṇanigamāgamasammataṁ yad
रामायणे निगदितं क्वचिदन्यतोऽपि ।
rāmāyaṇe nigaditaṁ kvacidanyato'pi,
स्वान्तःसुखाय तुलसी रघुनाथगाथा-
svāntaḥsukhāya tulasī raghunāthagāthā-
भाषानिबन्धमतिमञ्जुलमातनोति ॥ ७ ॥
bhāṣānibandhamatimañjulamātanoti. 7.

सोरठा-*soraṭhā:*

जो सुमिरत सिधि होइ गन नायक करिबर बदन ।
jo sumirata sidhi hoi gana nāyaka karibara badana,
करउ अनुग्रह सोइ बुद्धि रासि सुभ गुन सदन ॥ १ ॥
karau anugraha soi buddhi rāsi subha guna sadana. 1.

मूक होइ बाचाल पंगु चढइ गिरिबर गहन ।
mūka hoi bācāla paṁgu caḍhai giribara gahana,
जासु कृपाँ सो दयाल द्रवउ सकल कलि मल दहन ॥ २ ॥
jāsu kṛpāṁ so dayāla dravau sakala kali mala dahana. 2.

नील सरोरुह स्याम तरुन अरुन बारिज नयन ।
nīla saroruha syāma taruna aruna bārija nayana,
करउ सो मम उर धाम सदा छीरसागर सयन ॥ ३ ॥
karau so mama ura dhāma sadā chīrasāgara sayana. 3.

कुंद इंदु सम देह उमा रमन करुना अयन ।
kuṁda iṁdu sama deha umā ramana karunā ayana,
जाहि दीन पर नेह करउ कृपा मर्दन मयन ॥ ४ ॥
jāhi dīna para neha karau kṛpā mardana mayana. 4.

बंदउँ गुरु पद कंज कृपा सिंधु नररूप हरि ।
baṁdauṁ guru pada kaṁja kṛpā siṁdhu nararūpa hari,
महामोह तम पुंज जासु बचन रबि कर निकर ॥ ५ ॥
mahāmoha tama puṁja jāsu bacana rabi kara nikara. 5.

चौपाई-*caupāī:*

बंदउँ गुरु पद पदुम परागा । सुरुचि सुबास सरस अनुरागा ॥
baṁdauṁ guru pada paduma parāgā, suruci subāsa sarasa anurāgā.

अमिअ मूरिमय चूरन चारू । समन सकल भव रुज परिवारू ॥
amia mūrimaya cūrana cārū, samana sakala bhava ruja parivārū.
सुकृति संभु तन बिमल बिभूती । मंजुल मंगल मोद प्रसूती ॥
sukṛti saṁbhu tana bimala bibhūtī, maṁjula maṁgala moda prasūtī.
जन मन मंजु मुकुर मल हरनी । किएँ तिलक गुन गन बस करनी ॥
jana mana maṁju mukura mala haranī, kiem̐ tilaka guna gana basa karanī.
श्रीगुर पद नख मनि गन जोती । सुमिरत दिब्य दृष्टि हियँ होती ॥
śrīgura pada nakha mani gana jotī, sumirata dibya dṛṣṭi hiyam̐ hotī.
दलन मोह तम सो सप्रकासू । बड़े भाग उर आवइ जासू ॥
dalana moha tama so saprakāsū, baṛe bhāga ura āvai jāsū.
उघरहिं बिमल बिलोचन ही के । मिटहिं दोष दुख भव रजनी के ॥
ugharahiṁ bimala bilocana hī ke, miṭahiṁ doṣa dukha bhava rajanī ke.
सूझहिं राम चरित मनि मानिक । गुपुत प्रगट जहँ जो जेहि खानिक ॥
sūjhahiṁ rāma carita mani mānika, guputa pragaṭa jaham̐ jo jehi khānika.

दोहा-dohā:

जथा सुअंजन अंजि दृग साधक सिद्ध सुजान ।
jathā suaṁjana aṁji dṛga sādhaka siddha sujāna,
कौतुक देखत सैल बन भूतल भूरि निधान ॥ १ ॥
kautuka dekhata saila bana bhūtala bhūri nidhāna. 1.

चौपाई-caupāī:

गुरु पद रज मृदु मंजुल अंजन । नयन अमिअ दृग दोष बिभंजन ॥
guru pada raja mṛdu maṁjula aṁjana, nayana amia dṛga doṣa bibhaṁjana.
तेहिं करि बिमल बिबेक बिलोचन । बरनउँ राम चरित भव मोचन ॥
tehiṁ kari bimala bibeka bilocana, baranaum̐ rāma carita bhava mocana.
बंदउँ प्रथम महीसुर चरना । मोह जनित संसय सब हरना ॥
baṁdaum̐ prathama mahīsura caranā, moha janita saṁsaya saba haranā.
सुजन समाज सकल गुन खानी । करउँ प्रनाम सप्रेम सुबानी ॥
sujana samāja sakala guna khānī, karaum̐ pranāma saprema subānī.
साधु चरित सुभ चरित कपासू । निरस बिसद गुनमय फल जासू ॥
sādhu carita subha carita kapāsū, nirasa bisada gunamaya phala jāsū.
जो सहि दुख परछिद्र दुरावा । बंदनीय जेहिं जग जस पावा ॥
jo sahi dukha parachidra durāvā, baṁdanīya jehiṁ jaga jasa pāvā.
मुद मंगलमय संत समाजू । जो जग जंगम तीरथराजू ॥
muda maṁgalamaya saṁta samājū, jo jaga jaṁgama tīratharājū.
राम भक्ति जहँ सुरसरि धारा । सरसइ ब्रह्म बिचार प्रचारा ॥
rāma bhakti jaham̐ surasari dhārā, sarasai brahma bicāra pracārā.
बिधि निषेधमय कलि मल हरनी । करम कथा रबिनंदनि बरनी ॥
bidhi niṣedhamaya kali mala haranī, karama kathā rabinaṁdani baranī.
हरि हर कथा बिराजति बेनी । सुनत सकल मुद मंगल देनी ॥
hari hara kathā birājati benī, sunata sakala muda maṁgala denī.
बटु बिस्वास अचल निज धरमा । तीरथराज समाज सुकरमा ॥
baṭu bisvāsa acala nija dharamā, tīratharāja samāja sukaramā.
सबहि सुलभ सब दिन सब देसा । सेवत सादर समन कलेसा ॥
sabahi sulabha saba dina saba desā, sevata sādara samana kalesā.
अकथ अलौकिक तीरथराऊ । देइ सद्य फल प्रगट प्रभाऊ ॥
akatha alaukika tīratharāū, dei sadya phala pragaṭa prabhāū.

दोहा-dohā:

सुनि समुझहिं जन मुदित मन मज्जहिं अति अनुराग ।
suni samujhahiṁ jana mudita mana majjahiṁ ati anurāga,
लहहिं चारि फल अछत तनु साधु समाज प्रयाग ॥ २ ॥
lahahiṁ cāri phala achata tanu sādhu samāja prayāga. 2.

चौपाई-caupāī:

मज्जन फल पेखिअ ततकाला । काक होहिं पिक बकउ मराला ॥
majjana phala pekhia tatakālā, kāka hohiṁ pika bakau marālā.
सुनि आचरज करै जनि कोई । सतसंगति महिमा नहिं गोई ॥
suni ācaraja karai jani koī, satasaṁgati mahimā nahiṁ goī.
बालमीक नारद घटजोनी । निज निज मुखनि कही निज होनी ॥
bālamīka nārada ghaṭajonī, nija nija mukhani kahī nija honī.
जलचर थलचर नभचर नाना । जे जड़ चेतन जीव जहाना ॥
jalacara thalacara nabhacara nānā, je jaṛa cetana jīva jahānā.
मति कीरति गति भूति भलाई । जब जेहिं जतन जहाँ जेहिं पाई ॥
mati kīrati gati bhūti bhalāī, jaba jehiṁ jatana jahām̐ jehiṁ pāī.
सो जानब सतसंग प्रभाऊ । लोकहुँ बेद न आन उपाऊ ॥
so jānaba satasaṁga prabhāū, lokahum̐ beda na āna upāū.
बिनु सतसंग बिबेक न होई । राम कृपा बिनु सुलभ न सोई ॥
binu satasaṁga bibeka na hoī, rāma kṛpā binu sulabha na soī.
सतसंगत मुद मंगल मूला । सोइ फल सिधि सब साधन फूला ॥
satasaṁgata muda maṁgala mūlā, soi phala sidhi saba sādhana phūlā.
सठ सुधरहिं सतसंगति पाई । पारस परस कुधात सुहाई ॥
saṭha sudharahiṁ satasaṁgati pāī, pārasa parasa kudhāta suhāī.
बिधि बस सुजन कुसंगत परहीं । फनि मनि सम निज गुन अनुसरहीं ॥
bidhi basa sujana kusaṁgata parahīṁ, phani mani sama nija guna anusarahīṁ.
बिधि हरि हर कबि कोबिद बानी । कहत साधु महिमा सकुचानी ॥
bidhi hari hara kabi kobida bānī, kahata sādhu mahimā sakucānī.
सो मो सन कहि जात न कैसें । साक बनिक मनि गुन गन जैसें ॥
so mo sana kahi jāta na kaiseṁ, sāka banika mani guna gana jaiseṁ.

दोहा-dohā:

बंदउँ संत समान चित हित अनहित नहिं कोइ ।
baṁdaum̐ saṁta samāna cita hita anahita nahiṁ koi,
अंजलि गत सुभ सुमन जिमि सम सुगंध कर दोइ ॥ ३क ॥
aṁjali gata subha sumana jimi sama sugaṁdha kara doi. 3(ka).

संत सरल चित जगत हित जानि सुभाउ सनेहु ।
saṁta sarala cita jagata hita jāni subhāu sanehu,
बालबिनय सुनि करि कृपा रामचरन रति देहु ॥ ३ख ॥
bālabinaya suni kari kṛpā rāmacarana rati dehu. 3(kha).

चौपाई-caupāī:

बहुरि बंदि खल गन सतिभाएँ । जे बिनु काज दाहिनेहु बाएँ ॥
bahuri baṁdi khala gana satibhāem̐, je binu kāja dāhinehu bāem̐.
पर हित हानि लाभ जिन्ह केरें । उजरें हरष बिषाद बसेरें ॥
para hita hāni lābha jinha kereṁ, ujareṁ haraṣa biṣāda basereṁ.
हरि हर जस राकेस राहु से । पर अकाज भट सहसबाहु से ॥
hari hara jasa rākesa rāhu se, para akāja bhaṭa sahasabāhu se.
जे पर दोष लखहिं सहसाखी । पर हित घृत जिन्ह के मन माखी ॥
je para doṣa lakhahiṁ sahasākhī, para hita ghṛta jinha ke mana mākhī.
तेज कृसानु रोष महिषेसा । अघ अवगुन धन धनी धनेसा ॥
teja kṛsānu roṣa mahiṣesā, agha avaguna dhana dhanī dhanesā.
उदय केत सम हित सबही के । कुंभकरन सम सोवत नीके ॥
udaya keta sama hita sabahī ke, kuṁbhakarana sama sovata nīke.
पर अकाजु लगि तनु परिहरहीं । जिमि हिम उपल कृषी दलि गरहीं ॥
para akāju lagi tanu pariharahīṁ, jimi hima upala kṛṣī dali garahīṁ.
बंदउँ खल जस सेष सरोषा । सहस बदन बरनइ पर दोषा ॥
baṁdaum̐ khala jasa seṣa saroṣā, sahasa badana baranai para doṣā.

पुनि प्रनवउँ पृथुराज समाना । पर अघ सुनइ सहस दस काना ॥
puni pranavaum̐ pṛthurāja samānā, para agha sunai sahasa dasa kānā.
बहुरि सक्र सम बिनवउँ तेही । संतत सुरानीक हित जेही ॥
bahuri sakra sama binavaum̐ tehī, saṁtata surānīka hita jehī.
बचन बज्र जेहि सदा पिआरा । सहस नयन पर दोष निहारा ॥
bacana bajra jehi sadā piārā, sahasa nayana para doṣa nihārā.

दोहा-dohā:

उदासीन अरि मीत हित सुनत जरहिं खल रीति ।
udāsīna ari mīta hita sunata jarahiṁ khala rīti,
जानि पानि जुग जोरि जन बिनती करइ सप्रीति ॥४॥
jāni pāni juga jori jana binatī karai saprīti. 4.

चौपाई-caupāī:

मैं अपनी दिसि कीन्ह निहोरा । तिन्ह निज ओर न लाउब भोरा ॥
maiṁ apanī disi kīnha nihorā, tinha nija ora na lāuba bhorā.
बायस पलिअहिं अति अनुरागा । होहिं निरामिष कबहुँ कि कागा ॥
bāyasa paliahiṁ ati anurāgā, hohiṁ nirāmiṣa kabahum̐ ki kāgā.
बंदउँ संत असज्जन चरना । दुखप्रद उभय बीच कछु बरना ॥
baṁdaum̐ saṁta asajjana caranā, dukhaprada ubhaya bīca kachu baranā.
बिछुरत एक प्रान हरि लेहीं । मिलत एक दुख दारुन देहीं ॥
bichurata eka prāna hari lehīṁ, milata eka dukha dāruna dehīṁ.
उपजहिं एक संग जग माहीं । जलज जोंक जिमि गुन बिलगाहीं ॥
upajahiṁ eka saṁga jaga māhīṁ, jalaja joṁka jimi guna bilagāhīṁ.
सुधा सुरा सम साधु असाधू । जनक एक जग जलधि अगाधू ॥
sudhā surā sama sādhu asādhū, janaka eka jaga jaladhi agādhū.
भल अनभल निज निज करतूती । लहत सुजस अपलोक बिभूती ॥
bhala anabhala nija nija karatūtī, lahata sujasa apaloka bibhūtī.
सुधा सुधाकर सुरसरि साधू । गरल अनल कलिमल सरि ब्याधू ॥
sudhā sudhākara surasari sādhū, garala anala kalimala sari byādhū.
गुन अवगुन जानत सब कोई । जो जेहि भाव नीक तेहि सोई ॥
guna avaguna jānata saba koī, jo jehi bhāva nīka tehi soī.

दोहा-dohā:

भलो भलाइहि पै लहइ लहइ निचाइहि नीचु ।
bhalo bhalāihi pai lahai lahai nicāihi nīcu,
सुधा सराहिअ अमरताँ गरल सराहिअ मीचु ॥५॥
sudhā sarāhia amaratām̐ garala sarāhia mīcu. 5.

चौपाई-caupāī:

खल अघ अगुन साधु गुन गाहा । उभय अपार उदधि अवगाहा ॥
khala agha aguna sādhu guna gāhā, ubhaya apāra udadhi avagāhā.
तेहि तें कछु गुन दोष बखाने । संग्रह त्याग न बिनु पहिचाने ॥
tehi teṁ kachu guna doṣa bakhāne, saṁgraha tyāga na binu pahicāne.
भलेउ पोच सब बिधि उपजाए । गनि गुन दोष बेद बिलगाए ॥
bhaleu poca saba bidhi upajāe, gani guna doṣa beda bilagāe.
कहहिं बेद इतिहास पुराना । बिधि प्रपंचु गुन अवगुन साना ॥
kahahiṁ beda itihāsa purānā, bidhi prapaṁcu guna avaguna sānā.
दुख सुख पाप पुन्य दिन राती । साधु असाधु सुजाति कुजाती ॥
dukha sukha pāpa punya dina rātī, sādhu asādhu sujāti kujātī.
दानव देव ऊँच अरु नीचू । अमिअ सुजीवनु माहुरु मीचू ॥
dānava deva ūm̐ca aru nīcū, amia sujīvanu māhuru mīcū.
माया ब्रह्म जीव जगदीसा । लच्छि अलच्छि रंक अवनीसा ॥
māyā brahma jīva jagadīsā, lacchi alacchi raṁka avanīsā.
कासी मग सुरसरि क्रमनासा । मरु मारव महिदेव गवासा ॥
kāsī maga surasari kramanāsā, maru mārava mahideva gavāsā.
सरग नरक अनुराग बिरागा । निगमागम गुन दोष बिभागा ॥
saraga naraka anurāga birāgā, nigamāgama guna doṣa bibhāgā.

दोहा-dohā:

जड़ चेतन गुन दोषमय बिस्व कीन्ह करतार ।
jaṛa cetana guna doṣamaya bisva kīnha karatāra,
संत हंस गुन गहहिं पय परिहरि बारि बिकार ॥६॥
saṁta haṁsa guna gahahiṁ paya parihari bāri bikāra. 6.

चौपाई-caupāī:

अस बिबेक जब देइ बिधाता । तब तजि दोष गुनहिं मनु राता ॥
asa bibeka jaba dei bidhātā, taba taji doṣa gunahiṁ manu rātā.
काल सुभाउ करम बरिआईं । भलेउ प्रकृति बस चुकइ भलाईं ॥
kāla subhāu karama bariāīṁ, bhaleu prakṛti basa cukai bhalāīṁ.
सो सुधारि हरिजन जिमि लेहीं । दलि दुख दोष बिमल जसु देहीं ॥
so sudhāri harijana jimi lehīṁ, dali dukha doṣa bimala jasu dehīṁ.
खलउ करहिं भल पाइ सुसंगू । मिटइ न मलिन सुभाउ अभंगू ॥
khalau karahiṁ bhala pāi susaṁgū, miṭai na malina subhāu abhaṁgū.
लखि सुबेष जग बंचक जेऊ । बेष प्रताप पूजिअहिं तेऊ ॥
lakhi subeṣa jaga baṁcaka jeū, beṣa pratāpa pūjiahiṁ teū.
उघरहिं अंत न होइ निबाहू । कालनेमि जिमि रावन राहू ॥
udharahiṁ aṁta na hoi nibāhū, kālanemi jimi rāvana rāhū.
किएहुँ कुबेषु साधु सनमानू । जिमि जग जामवंत हनुमानू ॥
kiehum̐ kubeṣu sādhu sanamānū, jimi jaga jāmavaṁta hanumānū.
हानि कुसंग सुसंगति लाहू । लोकहुँ बेद बिदित सब काहू ॥
hāni kusaṁga susaṁgati lāhū, lokahum̐ beda bidita saba kāhū.
गगन चढ़इ रज पवन प्रसंगा । कीचहिं मिलइ नीच जल संगा ॥
gagana caṛhai raja pavana prasaṁgā, kīcahiṁ milai nīca jala saṁgā.
साधु असाधु सदन सुक सारीं । सुमिरहिं राम देहिं गनि गारीं ॥
sādhu asādhu sadana suka sārīṁ, sumirahiṁ rāma dehiṁ gani gārīṁ.
धूम कुसंगति कारिख होई । लिखिअ पुरान मंजु मसि सोई ॥
dhūma kusaṁgati kārikha hoī, likhia purāna maṁju masi soī.
सोइ जल अनल अनिल संघाता । होइ जलद जग जीवन दाता ॥
soi jala anala anila saṁghātā, hoi jalada jaga jīvana dātā.

दोहा-dohā:

ग्रह भेषज जल पवन पट पाइ कुजोग सुजोग ।
graha bheṣaja jala pavana paṭa pāi kujoga sujoga,
होहिं कुबस्तु सुबस्तु जग लखहिं सुलच्छन लोग ॥७क॥
hohiṁ kubastu subastu jaga lakhahiṁ sulacchana loga. 7(ka).

सम प्रकास तम पाख दुहुँ नाम भेद बिधि कीन्ह ।
sama prakāsa tama pākha duhum̐ nāma bheda bidhi kīnha,
ससि सोषक पोषक समुझि जग जस अपजस दीन्ह ॥७ख॥
sasi soṣaka poṣaka samujhi jaga jasa apajasa dīnha. 7(kha).

जड़ चेतन जग जीव जत सकल राममय जानि ।
jaṛa cetana jaga jīva jata sakala rāmamaya jāni,
बंदउँ सब के पद कमल सदा जोरि जुग पानि ॥७ग॥
baṁdaum̐ saba ke pada kamala sadā jori juga pāni. 7(ga).

देव दनुज नर नाग खग प्रेत पितर गंधर्ब ।
deva danuja nara nāga khaga preta pitara gaṁdharba,
बंदउँ किंनर रजनिचर कृपा करहु अब सर्ब ॥७घ॥
baṁdaum̐ kiṁnara rajanicara kṛpā karahu aba sarba. 7(gha).

चौपाई-caupāī:

आकर चारि लाख चौरासी । जाति जीव जल थल नभ बासी ॥
ākara cāri lākha caurāsī, jāti jīva jala thala nabha bāsī.
सीय राममय सब जग जानी । करउँ प्रनाम जोरि जुग पानी ॥
sīya rāmamaya saba jaga jānī, karaum̐ pranāma jori juga pānī.
जानि कृपाकर किंकर मोहू । सब मिलि करहु छाड़ि छल छोहू ॥
jāni kṛpākara kiṁkara mohū, saba mili karahu chāṛi chala chohū.
निज बुधि बल भरोस मोहि नाहीं । तातें बिनय करउँ सब पाहीं ॥
nija budhi bala bharosa mohi nāhīṁ, tāteṁ binaya karaum̐ saba pāhīṁ.
करन चहउँ रघुपति गुन गाहा । लघु मति मोरि चरित अवगाहा ॥
karana cahaum̐ raghupati guna gāhā, laghu mati mori carita avagāhā.
सूझ न एकउ अंग उपाऊ । मन मति रंक मनोरथ राऊ ॥
sūjha na ekau aṁga upāū, mana mati raṁka manoratha rāū.
मति अति नीच ऊँचि रुचि आछी । चहिअ अमिअ जग जुरइ न छाछी ॥
mati ati nīca ūm̐ci ruci āchī, cahia amia jaga jurai na chāchī.
छमिहहिं सज्जन मोरि ढिठाई । सुनिहहिं बालबचन मन लाई ॥
chamihahiṁ sajjana mori ḍhiṭhāī, sunihahiṁ bālabacana mana lāī.
जौं बालक कह तोतरि बाता । सुनहिं मुदित मन पितु अरु माता ॥
jauṁ bālaka kaha totari bātā, sunahiṁ mudita mana pitu aru mātā.
हँसिहहिं कूर कुटिल कुबिचारी । जे पर दूषन भूषनधारी ॥
ham̐sihahiṁ kūra kuṭila kubicārī, je para dūṣana bhūṣanadhārī.
निज कबित्त केहि लाग न नीका । सरस होउ अथवा अति फीका ॥
nija kabitta kehi lāga na nīkā, sarasa hou athavā ati phīkā.
जे पर भनिति सुनत हरषाहीं । ते बर पुरुष बहुत जग नाहीं ॥
je para bhaniti sunata haraṣāhīṁ, te bara puruṣa bahuta jaga nāhīṁ.
जग बहु नर सर सरि सम भाई । जे निज बाढ़ि बढ़हिं जल पाई ॥
jaga bahu nara sara sari sama bhāī, je nija bāṛhi baṛhahiṁ jala pāī.
सज्जन सकृत सिंधु सम कोई । देखि पूर बिधु बाढ़इ जोई ॥
sajjana sakṛta siṁdhu sama koī, dekhi pūra bidhu bāṛhai joī.

दोहा-dohā:

भाग छोट अभिलाषु बड़ करउँ एक बिस्वास ।
bhāga choṭa abhilāṣu baṛa karaum̐ eka bisvāsa,
पैहहिं सुख सुनि सुजन सब खल करिहहिं उपहास ॥८॥
paihahiṁ sukha suni sujana saba khala karihahiṁ upahāsa. 8.

चौपाई-caupāī:

खल परिहास होइ हित मोरा । काक कहहिं कलकंठ कठोरा ॥
khala parihāsa hoi hita morā, kāka kahahiṁ kalakaṁṭha kaṭhorā.
हंसहि बक दादुर चातकही । हँसहिं मलिन खल बिमल बतकही ॥
haṁsahi baka dādura cātakahī, ham̐sahiṁ malina khala bimala batakahī.
कबित रसिक न राम पद नेहू । तिन्ह कहँ सुखद हास रस एहू ॥
kabita rasika na rāma pada nehū, tinha kaham̐ sukhada hāsa rasa ehū.
भाषा भनिति भोरि मति मोरी । हँसिबे जोग हँसें नहिं खोरी ॥
bhāṣā bhaniti bhori mati morī, ham̐sibe joga ham̐seṁ nahiṁ khorī.
प्रभु पद प्रीति न सामुझि नीकी । तिन्हहि कथा सुनि लागिहि फीकी ॥
prabhu pada prīti na sāmujhi nīkī, tinhahi kathā suni lāgihi phīkī.
हरि हर पद रति मति न कुतरकी । तिन्ह कहुँ मधुर कथा रघुबर की ॥
hari hara pada rati mati na kutarakī, tinha kahum̐ madhura kathā raghubara kī.
राम भगति भूषित जियँ जानी । सुनिहहिं सुजन सराहि सुबानी ॥
rāma bhagati bhūṣita jiyam̐ jānī, sunihahiṁ sujana sarāhi subānī.
कबि न होउँ नहिं बचन प्रबीनू । सकल कला सब बिद्या हीनू ॥
kabi na houm̐ nahiṁ bacana prabīnū, sakala kalā saba bidyā hīnū.
आखर अरथ अलंकृति नाना । छंद प्रबंध अनेक बिधाना ॥
ākhara aratha alaṁkṛti nānā, chaṁda prabaṁdha aneka bidhānā.
भाव भेद रस भेद अपारा । कबित दोष गुन बिबिध प्रकारा ॥
bhāva bheda rasa bheda apārā, kabita doṣa guna bibidha prakārā.
कबित बिबेक एक नहिं मोरें । सत्य कहउँ लिखि कागद कोरें ॥
kabita bibeka eka nahiṁ moreṁ, satya kahaum̐ likhi kāgada koreṁ.

दोहा-dohā:

भनिति मोरि सब गुन रहित बिस्व बिदित गुन एक ।
bhaniti mori saba guna rahita bisva bidita guna eka,
सो बिचारि सुनिहहिं सुमति जिन्ह कें बिमल बिबेक ॥९॥
so bicāri sunihahiṁ sumati jinha keṁ bimala bibeka. 9.

चौपाई-caupāī:

एहि महँ रघुपति नाम उदारा । अति पावन पुरान श्रुति सारा ॥
ehi maham̐ raghupati nāma udārā, ati pāvana purāna śruti sārā.
मंगल भवन अमंगल हारी । उमा सहित जेहि जपत पुरारी ॥
maṁgala bhavana amaṁgala hārī, umā sahita jehi japata purārī.
भनिति बिचित्र सुकबि कृत जोऊ । राम नाम बिनु सोह न सोऊ ॥
bhaniti bicitra sukabi kṛta joū, rāma nāma binu soha na soū.
बिधुबदनी सब भाँति सँवारी । सोह न बसन बिना बर नारी ॥
bidhubadanī saba bhām̐ti sam̐vārī, soha na basana binā bara nārī.
सब गुन रहित कुकबि कृत बानी । राम नाम जस अंकित जानी ॥
saba guna rahita kukabi kṛta bānī, rāma nāma jasa aṁkita jānī.
सादर कहहिं सुनहिं बुध ताही । मधुकर सरिस संत गुनग्राही ॥
sādara kahahiṁ sunahiṁ budha tāhī, madhukara sarisa saṁta gunagrāhī.
जदपि कबित रस एकउ नाहीं । राम प्रताप प्रकट एहि माहीं ॥
jadapi kabita rasa ekau nāhīṁ, rāma pratāpa prakaṭa ehi māhīṁ.
सोइ भरोस मोरें मन आवा । केहिं न सुसंग बडप्पनु पावा ॥
soi bharosa moreṁ mana āvā, kehiṁ na susaṁga baḍappanu pāvā.
धूमउ तजइ सहज करुआई । अगरु प्रसंग सुगंध बसाई ॥
dhūmau tajai sahaja karuāī, agaru prasaṁga sugaṁdha basāī.
भनिति भदेस बस्तु भलि बरनी । राम कथा जग मंगल करनी ॥
bhaniti bhadesa bastu bhali baranī, rāma kathā jaga maṁgala karanī.

छंद-chaṁda:

मंगल करनि कलि मल हरनि तुलसी कथा रघुनाथ की ।
maṁgala karani kali mala harani tulasī kathā raghunātha kī,
गति कूर कबिता सरित की ज्यों सरित पावन पाथ की ॥
gati kūra kabitā sarita kī jyoṁ sarita pāvana pātha kī.
प्रभु सुजस संगति भनिति भलि होइहि सुजन मन भावनी ।
prabhu sujasa saṁgati bhaniti bhali hoihi sujana mana bhāvanī,
भव अंग भूति मसान की सुमिरत सुहावनि पावनी ॥
bhava aṁga bhūti masāna kī sumirata suhāvani pāvanī.

दोहा-dohā:

प्रिय लागिहि अति सबहि मम भनिति राम जस संग ।
priya lāgihi ati sabahi mama bhaniti rāma jasa saṁga,
दारु बिचारु कि करइ कोउ बंदिअ मलय प्रसंग ॥१०क॥
dāru bicāru ki karai kou baṁdia malaya prasaṁga. 10(ka).

स्याम सुरभि पय बिसद अति गुनद करहिं सब पान ।
syāma surabhi paya bisada ati gunada karahiṁ saba pāna,
गिरा ग्राम्य सिय राम जस गावहिं सुनहिं सुजान ॥१०ख॥
girā grāmya siya rāma jasa gāvahiṁ sunahiṁ sujāna. 10(kha).

चौपाई-caupāī:

मनि मानिक मुकुता छबि जैसी । अहि गिरि गज सिर सोह न तैसी ॥
mani mānika mukutā chabi jaisī, ahi giri gaja sira soha na taisī.

नृप किरीट तरुनी तनु पाई । लहहिं सकल सोभा अधिकाई ॥
nṛpa kirīṭa tarunī tanu pāī, lahahiṁ sakala sobhā adhikāī.
तैसेहिं सुकबि कबित बुध कहहीं । उपजहिं अनत अनत छबि लहहीं ॥
taisehiṁ sukabi kabita budha kahahīṁ, upajahiṁ anata anata chabi lahahīṁ.
भगति हेतु बिधि भवन बिहाई । सुमिरत सारद आवति धाई ॥
bhagati hetu bidhi bhavana bihāī, sumirata sārada āvati dhāī.
राम चरित सर बिनु अन्हवाएँ । सो श्रम जाइ न कोटि उपाएँ ॥
rāma carita sara binu anhavāeṁ, so śrama jāi na koṭi upāeṁ.
कबि कोबिद अस हृदयँ बिचारी । गावहिं हरि जस कलि मल हारी ॥
kabi kobida asa hṛdayaṁ bicārī, gāvahiṁ hari jasa kali mala hārī.
कीन्हें प्राकृत जन गुन गाना । सिर धुनि गिरा लगत पछिताना ॥
kīnheṁ prākṛta jana guna gānā, sira dhuni girā lagata pachitānā.
हृदय सिंधु मति सीप समाना । स्वाति सारदा कहहिं सुजाना ॥
hṛdaya siṁdhu mati sīpa samānā, svāti sāradā kahahiṁ sujānā.
जौं बरसइ बर बारि बिचारू । होहिं कबित मुकुतामनि चारू ॥
jauṁ barasai bara bāri bicārū, hohiṁ kabita mukutāmani cārū.

दोहा-dohā:

जुगुति बेधि पुनि पोहिअहिं रामचरित बर ताग ।
juguti bedhi puni pohiahiṁ rāmacarita bara tāga,
पहिरहिं सज्जन बिमल उर सोभा अति अनुराग ॥११॥
pahirahiṁ sajjana bimala ura sobhā ati anurāga. 11.

चौपाई-caupāī:

जे जनमे कलिकाल कराला । करतब बायस बेष मराला ॥
je janame kalikāla karālā, karataba bāyasa beṣa marālā.
चलत कुपंथ बेद मग छाँड़े । कपट कलेवर कलि मल भाँड़े ॥
calata kupaṁtha beda maga chāṁṛe, kapaṭa kalevara kali mala bhāṁṛe.
बंचक भगत कहाइ राम के । किंकर कंचन कोह काम के ॥
baṁcaka bhagata kahāi rāma ke, kiṁkara kaṁcana koha kāma ke.
तिन्ह महँ प्रथम रेख जग मोरी । धींग धरमध्वज धंधक धोरी ॥
tinha mahaṁ prathama rekha jaga morī, dhīṁga dharamadhvaja dhaṁdhaka dhorī.
जौं अपने अवगुन सब कहऊँ । बाढ़इ कथा पार नहिं लहऊँ ॥
jauṁ apane avaguna saba kahaūṁ, bāṛhai kathā pāra nahiṁ lahaūṁ.
ताते मैं अति अलप बखाने । थोरे महुँ जानिहहिं सयाने ॥
tāte maiṁ ati alapa bakhāne, thore mahuṁ jānihahiṁ sayāne.
समुझि बिबिधि बिधि बिनती मोरी । कोउ न कथा सुनि देइहि खोरी ॥
samujhi bibidhi bidhi binatī morī, kou na kathā suni deihi khorī.
एतेहु पर करिहहिं जे असंका । मोहि ते अधिक ते जड़ मति रंका ॥
etehu para karihahiṁ je asaṁkā, mohi te adhika te jaṛa mati raṁkā.
कबि न होउँ नहिं चतुर कहावउँ । मति अनुरूप राम गुन गावउँ ॥
kabi na houṁ nahiṁ catura kahāvauṁ, mati anurūpa rāma guna gāvauṁ.
कहँ रघुपति के चरित अपारा । कहँ मति मोरि निरत संसारा ॥
kahaṁ raghupati ke carita apārā, kahaṁ mati mori nirata saṁsārā.
जेहिं मारुत गिरि मेरु उड़ाहीं । कहहु तूल केहि लेखे माहीं ॥
jehiṁ māruta giri meru uṛāhīṁ, kahahu tūla kehi lekhe māhīṁ.
समुझत अमित राम प्रभुताई । करत कथा मन अति कदराई ॥
samujhata amita rāma prabhutāī, karata kathā mana ati kadarāī.

दोहा-dohā:

सारद सेस महेस बिधि आगम निगम पुरान ।
sārada sesa mahesa bidhi āgama nigama purāna,
नेति नेति कहि जासु गुन करहिं निरंतर गान ॥१२॥
neti neti kahi jāsu guna karahiṁ niraṁtara gāna. 12.

चौपाई-caupāī:

सब जानत प्रभु प्रभुता सोई । तदपि कहें बिनु रहा न कोई ॥
saba jānata prabhu prabhutā soī, tadapi kaheṁ binu rahā na koī.
तहाँ बेद अस कारन राखा । भजन प्रभाउ भाँति बहु भाषा ॥
tahāṁ beda asa kārana rākhā, bhajana prabhāu bhāṁti bahu bhāṣā.
एक अनीह अरूप अनामा । अज सच्चिदानंद पर धामा ॥
eka anīha arūpa anāmā, aja saccidānaṁda para dhāmā.
ब्यापक बिस्वरूप भगवाना । तेहिं धरि देह चरित कृत नाना ॥
byāpaka bisvarūpa bhagavānā, tehiṁ dhari deha carita kṛta nānā.
सो केवल भगतन हित लागी । परम कृपाल प्रनत अनुरागी ॥
so kevala bhagatana hita lāgī, parama kṛpāla pranata anurāgī.
जेहि जन पर ममता अति छोहू । जेहिं करुना करि कीन्ह न कोहू ॥
jehi jana para mamatā ati chohū, jehiṁ karunā kari kīnha na kohū.
गई बहोर गरीब नेवाजू । सरल सबल साहिब रघुराजू ॥
gaī bahora garība nevājū, sarala sabala sāhiba raghurājū.
बुध बरनहिं हरि जस अस जानी । करहिं पुनीत सुफल निज बानी ॥
budha baranahiṁ hari jasa asa jānī, karahiṁ punīta suphala nija bānī.
तेहिं बल मैं रघुपति गुन गाथा । कहिहउँ नाइ राम पद माथा ॥
tehiṁ bala maiṁ raghupati guna gāthā, kahihauṁ nāi rāma pada māthā.
मुनिन्ह प्रथम हरि कीरति गाई । तेहिं मग चलत सुगम मोहि भाई ॥
muninha prathama hari kīrati gāī, tehiṁ maga calata sugama mohi bhāī.

दोहा-dohā:

अति अपार जे सरित बर जौं नृप सेतु कराहिं ।
ati apāra je sarita bara jauṁ nṛpa setu karāhiṁ,
चढि पिपीलिकउ परम लघु बिनु श्रम पारहि जाहिं ॥१३॥
caḍhi pipīlikau parama laghu binu śrama pārahi jāhiṁ. 13.

चौपाई-caupāī:

एहि प्रकार बल मनहि देखाई । करिहउँ रघुपति कथा सुहाई ॥
ehi prakāra bala manahi dekhāī, karihauṁ raghupati kathā suhāī.
ब्यास आदि कबि पुंगव नाना । जिन्ह सादर हरि सुजस बखाना ॥
byāsa ādi kabi puṁgava nānā, jinha sādara hari sujasa bakhānā.
चरन कमल बंदउँ तिन्ह केरे । पुरवहुँ सकल मनोरथ मेरे ॥
carana kamala baṁdauṁ tinha kere, puravahuṁ sakala manoratha mere.
कलि के कबिन्ह करउँ परनामा । जिन्ह बरने रघुपति गुन ग्रामा ॥
kali ke kabinha karauṁ paranāmā, jinha barane raghupati guna grāmā.
जे प्राकृत कबि परम सयाने । भाषाँ जिन्ह हरि चरित बखाने ॥
je prākṛta kabi parama sayāne, bhāṣāṁ jinha hari carita bakhāne.
भए जे अहहिं जे होइहहिं आगें । प्रनवउँ सबहि कपट सब त्यागें ॥
bhae je ahahiṁ je hoihahiṁ āgeṁ, pranavauṁ sabahi kapaṭa saba tyāgeṁ.
होहु प्रसन्न देहु बरदानू । साधु समाज भनिति सनमानू ॥
hohu prasanna dehu baradānū, sādhu samāja bhaniti sanamānū.
जो प्रबंध बुध नहिं आदरहीं । सो श्रम बादि बाल कबि करहीं ॥
jo prabaṁdha budha nahiṁ ādarahīṁ, so śrama bādi bāla kabi karahīṁ.
कीरति भनिति भूति भलि सोई । सुरसरि सम सब कहँ हित होई ॥
kīrati bhaniti bhūti bhali soī, surasari sama saba kahaṁ hita hoī.
राम सुकीरति भनिति भदेसा । असमंजस अस मोहि अँदेसा ॥
rāma sukīrati bhaniti bhadesā, asamaṁjasa asa mohi aṁdesā.
तुम्हरी कृपाँ सुलभ सोउ मोरे । सिअनि सुहावनि टाट पटोरे ॥
tumharī kṛpāṁ sulabha sou more, siani suhāvani ṭāṭa paṭore.

दोहा-dohā:

सरल कबित कीरति बिमल सोइ आदरहिं सुजान ।
sarala kabita kīrati bimala soi ādarahiṁ sujāna,
सहज बयर बिसराइ रिपु जो सुनि करहिं बखान ॥ १४क॥
sahaja bayara bisarāi ripu jo suni karahiṁ bakhāna. 14(ka).

सो न होइ बिनु बिमल मति मोहि मति बल अति थोर ।
so na hoi binu bimala mati mohi mati bala ati thora,
करहु कृपा हरि जस कहउँ पुनि पुनि करउँ निहोर ॥ १४ख॥
karahu kṛpā hari jasa kahaum̐ puni puni karaum̐ nihora. 14(kha).

कबि कोबिद रघुबर चरित मानस मंजु मराल ।
kabi kobida raghubara carita mānasa maṁju marāla,
बाल बिनय सुनि सुरुचि लखि मो पर होहु कृपाल ॥ १४ग॥
bāla binaya suni suruci lakhi mo para hohu kṛpāla. 14(ga).

सोरठा-soraṭhā:

बंदउँ मुनि पद कंजु रामायन जेहिं निरमयउ ।
baṁdaum̐ muni pada kaṁju rāmāyana jehiṁ niramayau,
सखर सुकोमल मंजु दोष रहित दूषन सहित ॥ १४घ ॥
sakhara sukomala maṁju doṣa rahita dūṣana sahita. 14(gha).

बंदउँ चारिउ बेद भव बारिधि बोहित सरिस ।
baṁdaum̐ cāriu beda bhava bāridhi bohita sarisa,
जिन्हहि न सपनेहुँ खेद बरनत रघुबर बिसद जसु ॥ १४ङ॥
jinhahi na sapanehum̐ kheda baranata raghubara bisada jasu. 14(ṅa).

बंदउँ बिधि पद रेनु भव सागर जेहिं कीन्ह जहँ ।
baṁdaum̐ bidhi pada renu bhava sāgara jehiṁ kīnha jaham̐,
संत सुधा ससि धेनु प्रगटे खल बिष बारुनी ॥ १४च॥
saṁta sudhā sasi dhenu pragaṭe khala biṣa bārunī. 14(ca).

दोहा-dohā:

बिबुध बिप्र बुध ग्रह चरन बंदि कहउँ कर जोरि ।
bibudha bipra budha graha carana baṁdi kahaum̐ kara jori,
होइ प्रसन्न पुरवहु सकल मंजु मनोरथ मोरि ॥ १४छ॥
hoi prasanna puravahu sakala maṁju manoratha mori. 14(cha).

चौपाई-caupāī:

पुनि बंदउँ सारद सुरसरिता । जुगल पुनीत मनोहर चरिता ॥
puni baṁdaum̐ sārada surasaritā, jugala punīta manohara caritā.
मज्जन पान पाप हर एका । कहत सुनत एक हर अबिबेका ॥
majjana pāna pāpa hara ekā, kahata sunata eka hara abibekā.
गुर पितु मातु महेस भवानी । प्रनवउँ दीनबंधु दिन दानी ॥
gura pitu mātu mahesa bhavānī, pranavaum̐ dīnabaṁdhu dina dānī.
सेवक स्वामि सखा सिय पी के । हित निरुपधि सब बिधि तुलसी के ॥
sevaka svāmi sakhā siya pī ke, hita nirupadhi saba bidhi tulasī ke.
कलि बिलोकि जग हित हर गिरिजा । साबर मंत्र जाल जिन्ह सिरिजा ॥
kali biloki jaga hita hara girijā, sābara maṁtra jāla jinha sirijā.
अनमिल आखर अरथ न जापू । प्रगट प्रभाउ महेस प्रतापू ॥
anamila ākhara aratha na jāpū, pragaṭa prabhāu mahesa pratāpū.
सो उमेस मोहि पर अनुकूला । करिहिं कथा मुद मंगल मूला ॥
so umesa mohi para anukūlā, karihiṁ kathā muda maṁgala mūlā.
सुमिरि सिवा सिव पाइ पसाऊ । बरनउँ रामचरित चित चाऊ ॥
sumiri sivā siva pāi pasāū, baranaum̐ rāmacarita cita cāū.
भनिति मोरि सिव कृपाँ बिभाती । ससि समाज मिलि मनहुँ सुराती ॥
bhaniti mori siva kṛpām̐ bibhātī, sasi samāja mili manahum̐ surātī.
जे एहि कथहि सनेह समेता । कहिहहिं सुनिहहिं समुझि सचेता ॥
je ehi kathahi saneha sametā, kahihahiṁ sunihahiṁ samujhi sacetā.
होइहहिं राम चरन अनुरागी । कलि मल रहित सुमंगल भागी ॥
hoihahiṁ rāma carana anurāgī, kali mala rahita sumaṁgala bhāgī.

दोहा-dohā:

सपनेहुँ साचेहुँ मोहि पर जौं हर गौरि पसाउ ।
sapanehum̐ sācehum̐ mohi para jauṁ hara gauri pasāu,
तौ फुर होउ जो कहेउँ सब भाषा भनिति प्रभाउ ॥ १५॥
tau phura hou jo kaheum̐ saba bhāṣā bhaniti prabhāu. 15.

चौपाई-caupāī:

बंदउँ अवध पुरी अति पावनि । सरजू सरि कलि कलुष नसावनि ॥
baṁdaum̐ avadha purī ati pāvani, sarajū sari kali kaluṣa nasāvani.
प्रनवउँ पुर नर नारि बहोरी । ममता जिन्ह पर प्रभुहि न थोरी ॥
pranavaum̐ pura nara nāri bahorī, mamatā jinha para prabhuhi na thorī.
सिय निंदक अघ ओघ नसाए । लोक बिसोक बनाइ बसाए ॥
siya niṁdaka agha ogha nasāe, loka bisoka banāi basāe.
बंदउँ कौसल्या दिसि प्राची । कीरति जासु सकल जग माची ॥
baṁdaum̐ kausalyā disi prācī, kīrati jāsu sakala jaga mācī.
प्रगटेउ जहँ रघुपति ससि चारू । बिस्व सुखद खल कमल तुसारू ॥
pragaṭeu jaham̐ raghupati sasi cārū, bisva sukhada khala kamala tusārū.
दसरथ राउ सहित सब रानी । सुकृत सुमंगल मूरति मानी ॥
dasaratha rāu sahita saba rānī, sukṛta sumaṁgala mūrati mānī.
करउँ प्रनाम करम मन बानी । करहु कृपा सुत सेवक जानी ॥
karaum̐ pranāma karama mana bānī, karahu kṛpā suta sevaka jānī.
जिन्हहि बिरचि बड़ भयउ बिधाता । महिमा अवधि राम पितु माता ॥
jinhahi biraci baṛa bhayau bidhātā, mahimā avadhi rāma pitu mātā.

सोरठा-soraṭhā:

बंदउँ अवध भुआल सत्य प्रेम जेहि राम पद ।
baṁdaum̐ avadha bhuāla satya prema jehi rāma pada,
बिछुरत दीनदयाल प्रिय तनु तृन इव परिहरेउ ॥ १६॥
bichurata dīnadayāla priya tanu tṛna iva parihareu. 16.

चौपाई-caupāī:

प्रनवउँ परिजन सहित बिदेहू । जाहि राम पद गूढ़ सनेहू ॥
pranavaum̐ parijana sahita bidehū, jāhi rāma pada gūṛha sanehū.
जोग भोग महँ राखेउ गोई । राम बिलोकत प्रगटेउ सोई ॥
joga bhoga maham̐ rākheu goī, rāma bilokata pragaṭeu soī.
प्रनवउँ प्रथम भरत के चरना । जासु नेम ब्रत जाइ न बरना ॥
pranavaum̐ prathama bharata ke caranā, jāsu nema brata jāi na baranā.
राम चरन पंकज मन जासू । लुबुध मधुप इव तजइ न पासू ॥
rāma carana paṁkaja mana jāsū, lubudha madhupa iva tajai na pāsū.
बंदउँ लछिमन पद जलजाता । सीतल सुभग भगत सुख दाता ॥
baṁdaum̐ lachimana pada jalajātā, sītala subhaga bhagata sukha dātā.
रघुपति कीरति बिमल पताका । दंड समान भयउ जस जाका ॥
raghupati kīrati bimala patākā, daṁḍa samāna bhayau jasa jākā.
सेष सहस्रसीस जग कारन । जो अवतरेउ भूमि भय टारन ॥
seṣa sahasrasīsa jaga kārana, jo avatareu bhūmi bhaya ṭārana.
सदा सो सानुकूल रह मो पर । कृपासिंधु सौमित्रि गुनाकर ॥
sadā so sānukūla raha mo para, kṛpāsiṁdhu saumitri gunākara.
रिपुसूदन पद कमल नमामी । सूर सुसील भरत अनुगामी ॥
ripusūdana pada kamala namāmī, sūra susīla bharata anugāmī.
महाबीर बिनवउँ हनुमाना । राम जासु जस आप बखाना ॥

mahābīra binavaum̐ hanumānā, rāma jāsu jasa āpa bakhānā.

सोरठा-soraṭhā:

प्रनवउँ पवनकुमार खल बन पावक ग्यानधन ।
pranavaum̐ pavanakumāra khala bana pāvaka gyānadhana,
जासु हृदय आगार बसहिं राम सर चाप धर ॥१७॥
jāsu hṛdaya āgāra basahim̐ rāma sara cāpa dhara. 17.

चौपाई-caupāī:

कपिपति रीछ निसाचर राजा । अंगदादि जे कीस समाजा ॥
kapipati rīcha nisācara rājā, aṁgadādi je kīsa samājā.
बंदउँ सब के चरन सुहाए । अधम सरीर राम जिन्ह पाए ॥
baṁdaum̐ saba ke carana suhāe, adhama sarīra rāma jinha pāe.
रघुपति चरन उपासक जेते । खग मृग सुर नर असुर समेते ॥
raghupati carana upāsaka jete, khaga mṛga sura nara asura samete.
बंदउँ पद सरोज सब केरे । जे बिनु काम राम के चेरे ॥
baṁdaum̐ pada saroja saba kere, je binu kāma rāma ke cere.
सुक सनकादि भगत मुनि नारद । जे मुनिबर बिग्यान बिसारद ॥
suka sanakādi bhagata muni nārada, je munibara bigyāna bisārada.
प्रनवउँ सबहि धरनि धरि सीसा । करहु कृपा जन जानि मुनीसा ॥
pranavaum̐ sabahi dharani dhari sīsā, karahu kṛpā jana jāni munīsā.
जनकसुता जग जननि जानकी । अतिसय प्रिय करुना निधान की ॥
janakasutā jaga janani jānakī, atisaya priya karunā nidhāna kī.
ताके जुग पद कमल मनावउँ । जासु कृपाँ निरमल मति पावउँ ॥
tāke juga pada kamala manāvaum̐, jāsu kṛpām̐ niramala mati pāvaum̐.
पुनि मन बचन कर्म रघुनायक । चरन कमल बंदउँ सब लायक ॥
puni mana bacana karma raghunāyaka, carana kamala baṁdaum̐ saba lāyaka.
राजिवनयन धरें धनु सायक । भगत बिपति भंजन सुख दायक ॥
rājivanayana dhareṁ dhanu sāyaka, bhagata bipati bhaṁjana sukha dāyaka.

दोहा-dohā:

गिरा अरथ जल बीचि सम कहिअत भिन्न न भिन्न ।
girā aratha jala bīci sama kahiata bhinna na bhinna,
बंदउँ सीता राम पद जिन्हहि परम प्रिय खिन्न ॥१८॥
baṁdaum̐ sītā rāma pada jinhahi parama priya khinna. 18.

चौपाई-caupāī:

बंदउँ नाम राम रघुबर को । हेतु कृसानु भानु हिमकर को ॥
baṁdaum̐ nāma rāma raghubara ko, hetu kṛsānu bhānu himakara ko.
बिधि हरि हरमय बेद प्रान सो । अगुन अनूपम गुन निधान सो ॥
bidhi hari haramaya beda prāna so, aguna anūpama guna nidhāna so.
महामंत्र जोइ जपत महेसू । कासीं मुकुति हेतु उपदेसू ॥
mahāmaṁtra joi japata mahesū, kāsīṁ mukuti hetu upadesū.
महिमा जासु जान गनराऊ । प्रथम पूजिअत नाम प्रभाऊ ॥
mahimā jāsu jāna ganarāū, prathama pūjiata nāma prabhāū.
जान आदिकबि नाम प्रतापू । भयउ सुद्ध करि उलटा जापू ॥
jāna ādikabi nāma pratāpū, bhayau suddha kari ulaṭā jāpū.
सहस नाम सम सुनि सिव बानी । जपि जेईं पिय संग भवानी ॥
sahasa nāma sama suni siva bānī, japi jeīṁ piya saṁga bhavānī.
हरषे हेतु हेरि हर ही को । किय भूषन तिय भूषन ती को ॥
haraṣe hetu heri hara hī ko, kiya bhūṣana tiya bhūṣana tī ko.
नाम प्रभाउ जान सिव नीको । कालकूट फलु दीन्ह अमी को ॥
nāma prabhāu jāna siva nīko, kālakūṭa phalu dīnha amī ko.

दोहा-dohā:

बरषा रितु रघुपति भगति तुलसी सालि सुदास ।
baraṣā ritu raghupati bhagati tulasī sāli sudāsa,
राम नाम बर बरन जुग सावन भादव मास ॥१९॥
rāma nāma bara barana juga sāvana bhādava māsa. 19.

चौपाई-caupāī:

आखर मधुर मनोहर दोऊ । बरन बिलोचन जन जिय जोऊ ॥
ākhara madhura manohara doū, barana bilocana jana jiya joū.
सुमिरत सुलभ सुखद सब काहू । लोक लाहु परलोक निबाहू ॥
sumirata sulabha sukhada saba kāhū, loka lāhu paraloka nibāhū.
कहत सुनत सुमिरत सुठि नीके । राम लखन सम प्रिय तुलसी के ॥
kahata sunata sumirata suṭhi nīke, rāma lakhana sama priya tulasī ke.
बरनत बरन प्रीति बिलगाती । ब्रह्म जीव सम सहज सँघाती ॥
baranata barana prīti bilagātī, brahma jīva sama sahaja saṁghātī.
नर नारायन सरिस सुभ्राता । जग पालक बिसेषि जन त्राता ॥
nara nārāyana sarisa subhrātā, jaga pālaka biseṣi jana trātā.
भगति सुतिय कल करन बिभूषन । जग हित हेतु बिमल बिधु पूषन ॥
bhagati sutiya kala karana bibhūṣana, jaga hita hetu bimala bidhu pūṣana.
स्वाद तोष सम सुगति सुधा के । कमठ सेष सम धर बसुधा के ॥
svāda toṣa sama sugati sudhā ke, kamaṭha seṣa sama dhara basudhā ke.
जन मन मंजु कंज मधुकर से । जीह जसोमति हरि हलधर से ॥
jana mana maṁju kaṁja madhukara se, jīha jasomati hari haladhara se.

दोहा-dohā:

एकु छत्रु एकु मुकुटमनि सब बरननि पर जोउ ।
eku chatru eku mukuṭamani saba baranani para jou,
तुलसी रघुबर नाम के बरन बिराजत दोउ ॥२०॥
tulasī raghubara nāma ke barana birājata dou. 20.

चौपाई-caupāī:

समुझत सरिस नाम अरु नामी । प्रीति परसपर प्रभु अनुगामी ॥
samujhata sarisa nāma aru nāmī, prīti parasapara prabhu anugāmī.
नाम रूप दुइ ईस उपाधी । अकथ अनादि सुसामुझि साधी ॥
nāma rūpa dui īsa upādhī, akatha anādi susāmujhi sādhī.
को बड़ छोट कहत अपराधू । सुनि गुन भेदु समुझिहहिं साधू ॥
ko baṛa choṭa kahata aparādhū, suni guna bhedu samujhihahiṁ sādhū.
देखिअहिं रूप नाम आधीना । रूप ग्यान नहिं नाम बिहीना ॥
dekhiahiṁ rūpa nāma ādhīnā, rūpa gyāna nahiṁ nāma bihīnā.
रूप बिसेष नाम बिनु जानें । करतल गत न परहिं पहिचानें ॥
rūpa biseṣa nāma binu jāneṁ, karatala gata na parahiṁ pahicāneṁ.
सुमिरिअ नाम रूप बिनु देखें । आवत हृदयँ सनेह बिसेषें ॥
sumiria nāma rūpa binu dekheṁ, āvata hṛdayam̐ saneha biseṣeṁ.
नाम रूप गति अकथ कहानी । समुझत सुखद न परति बखानी ॥
nāma rūpa gati akatha kahānī, samujhata sukhada na parati bakhānī.
अगुन सगुन बिच नाम सुसाखी । उभय प्रबोधक चतुर दुभाषी ॥
aguna saguna bica nāma susākhī, ubhaya prabodhaka catura dubhāṣī.

दोहा-dohā:

राम नाम मनिदीप धरु जीह देहरीं द्वार ।
rāma nāma manidīpa dharu jīha deharīṁ dvāra,
तुलसी भीतर बाहेरहुँ जौं चाहसि उजिआर ॥२१॥
tulasī bhītara bāherahum̐ jauṁ cāhasi ujiāra. 21.

चौपाई-caupāī:

नाम जीहँ जपि जागहिं जोगी । बिरति बिरंचि प्रपंच बियोगी ॥
nāma jīham̐ japi jāgahiṁ jogī, birati biraṁci prapaṁca biyogī.

ब्रह्मसुखहि अनुभवहिं अनूपा । अकथ अनामय नाम न रूपा ॥
brahmasukhahi anubhavahiṁ anūpā, akatha anāmaya nāma na rūpā.
जाना चहहिं गूढ़ गति जेऊ । नाम जीहँ जपि जानहिं तेऊ ॥
jānā cahahiṁ gūṛha gati jeū, nāma jīhaṁ japi jānahiṁ teū.
साधक नाम जपहिं लय लाएँ । होहिं सिद्ध अनिमादिक पाएँ ॥
sādhaka nāma japahiṁ laya lāeṁ, hohiṁ siddha animādika pāeṁ.
जपहिं नामु जन आरत भारी । मिटहिं कुसंकट होहिं सुखारी ॥
japahiṁ nāmu jana ārata bhārī, miṭahiṁ kusaṁkaṭa hohiṁ sukhārī.
राम भगत जग चारि प्रकारा । सुकृती चारिउ अनघ उदारा ॥
rāma bhagata jaga cāri prakārā, sukṛtī cāriu anagha udārā.
चहू चतुर कहुँ नाम अधारा । ग्यानी प्रभुहि बिसेषि पिआरा ॥
cahū catura kahuṁ nāma adhārā, gyānī prabhuhi biseṣi piārā.
चहुँ जुग चहुँ श्रुति नाम प्रभाऊ । कलि बिसेषि नहिं आन उपाऊ ॥
cahuṁ juga cahuṁ śruti nāma prabhāū, kali biseṣi nahiṁ āna upāū.

दोहा-dohā:

सकल कामना हीन जे राम भगति रस लीन ।
sakala kāmanā hīna je rāma bhagati rasa līna,
नाम सुप्रेम पियूष ह्रद तिन्हहुँ किए मन मीन ॥२२॥
nāma suprema piyūṣa hrada tinhahuṁ kie mana mīna. 22.

चौपाई-caupāī:

अगुन सगुन दुइ ब्रह्म सरूपा । अकथ अगाध अनादि अनूपा ॥
aguna saguna dui brahma sarūpā, akatha agādha anādi anūpā.
मोरें मत बड़ नामु दुहू तें । किए जेहिं जुग निज बस निज बूतें ॥
moreṁ mata baṛa nāmu duhū teṁ, kie jehiṁ juga nija basa nija būteṁ.
प्रौढ़ि सुजन जनि जानहिं जन की । कहउँ प्रतीति प्रीति रुचि मन की ॥
prauṛhi sujana jani jānahiṁ jana kī, kahauṁ pratīti prīti ruci mana kī.
एकु दारुगत देखिअ एकू । पावक सम जुग ब्रह्म बिबेकू ॥
eku dārugata dekhia ekū, pāvaka sama juga brahma bibekū.
उभय अगम जुग सुगम नाम तें । कहेउँ नामु बड़ ब्रह्म राम तें ॥
ubhaya agama juga sugama nāma teṁ, kaheuṁ nāmu baṛa brahma rāma teṁ.
ब्यापकु एकु ब्रह्म अबिनासी । सत चेतन घन आनँद रासी ॥
byāpaku eku brahma abināsī, sata cetana dhana ānaṁda rāsī.
अस प्रभु हृदयँ अछत अबिकारी । सकल जीव जग दीन दुखारी ॥
asa prabhu hṛdayaṁ achata abikārī, sakala jīva jaga dīna dukhārī.
नाम निरूपन नाम जतन तें । सोउ प्रगटत जिमि मोल रतन तें ॥
nāma nirūpana nāma jatana teṁ, sou pragaṭata jimi mola ratana teṁ.

दोहा-dohā:

निरगुन तें एहि भाँति बड़ नाम प्रभाउ अपार ।
niraguna teṁ ehi bhāṁti baṛa nāma prabhāu apāra,
कहउँ नामु बड़ राम तें निज बिचार अनुसार ॥२३॥
kahauṁ nāmu baṛa rāma teṁ nija bicāra anusāra. 23.

चौपाई-caupāī:

राम भगत हित नर तनु धारी । सहि संकट किए साधु सुखारी ॥
rāma bhagata hita nara tanu dhārī, sahi saṁkaṭa kie sādhu sukhārī.
नामु सप्रेम जपत अनयासा । भगत होहिं मुद मंगल बासा ॥
nāmu saprema japata anayāsā, bhagata hohiṁ muda maṁgala bāsā.
राम एक तापस तिय तारी । नाम कोटि खल कुमति सुधारी ॥
rāma eka tāpasa tiya tārī, nāma koṭi khala kumati sudhārī.
रिषि हित राम सुकेतुसुता की । सहित सेन सुत कीन्हि बिबाकी ॥
riṣi hita rāma suketusutā kī, sahita sena suta kīnhi bibākī.
सहित दोष दुख दास दुरासा । दलइ नामु जिमि रबि निसि नासा ॥
sahita doṣa dukha dāsa durāsā, dalai nāmu jimi rabi nisi nāsā.
भंजेउ राम आपु भव चापू । भव भय भंजन नाम प्रतापू ॥
bhaṁjeu rāma āpu bhava cāpū, bhava bhaya bhaṁjana nāma pratāpū.
दंडक बनु प्रभु कीन्ह सुहावन । जन मन अमित नाम किए पावन ॥
daṁḍaka banu prabhu kīnha suhāvana, jana mana amita nāma kie pāvana.
निसिचर निकर दले रघुनंदन । नामु सकल कलि कलुष निकंदन ॥
nisicara nikara dale raghunaṁdana, nāmu sakala kali kaluṣa nikaṁdana.

दोहा-dohā:

सबरी गीध सुसेवकनि सुगति दीन्हि रघुनाथ ।
sabarī gīdha susevakani sugati dīnhi raghunātha,
नाम उधारे अमित खल बेद बिदित गुन गाथ ॥२४॥
nāma udhāre amita khala beda bidita guna gātha. 24.

चौपाई-caupāī:

राम सुकंठ बिभीषन दोऊ । राखे सरन जान सबु कोऊ ॥
rāma sukaṁṭha bibhīṣana doū, rākhe sarana jāna sabu koū.
नाम गरीब अनेक नेवाजे । लोक बेद बर बिरिद बिराजे ॥
nāma garība aneka nevāje, loka beda bara birida birāje.
राम भालु कपि कटकु बटोरा । सेतु हेतु श्रमु कीन्ह न थोरा ॥
rāma bhālu kapi kaṭaku baṭorā, setu hetu śramu kīnha na thorā.
नामु लेत भवसिंधु सुखाहीं । करहु बिचारु सुजन मन माहीं ॥
nāmu leta bhavasiṁdhu sukhāhīṁ, karahu bicāru sujana mana māhīṁ.
राम सकुल रन रावनु मारा । सीय सहित निज पुर पगु धारा ॥
rāma sakula rana rāvanu mārā, sīya sahita nija pura pagu dhārā.
राजा रामु अवध रजधानी । गावत गुन सुर मुनि बर बानी ॥
rājā rāmu avadha rajadhānī, gāvata guna sura muni bara bānī.
सेवक सुमिरत नामु सप्रीती । बिनु श्रम प्रबल मोह दलु जीती ॥
sevaka sumirata nāmu saprītī, binu śrama prabala moha dalu jītī.
फिरत सनेहँ मगन सुख अपनें । नाम प्रसाद सोच नहिं सपनें ॥
phirata sanehaṁ magana sukha apaneṁ, nāma prasāda soca nahiṁ sapaneṁ.

दोहा-dohā:

ब्रह्म राम तें नामु बड़ बर दायक बर दानि ।
brahma rāma teṁ nāmu baṛa bara dāyaka bara dāni,
रामचरित सत कोटि महँ लिय महेस जियँ जानि ॥२५॥
rāmacarita sata koṭi mahaṁ liya mahesa jiyaṁ jāni. 25.

मासपारायण पहला विश्राम
māsapārāyaṇa pahalā viśrāma
(Pause 1 for a Thirty-Day Recitation)

चौपाई-caupāī:

नाम प्रसाद संभु अबिनासी । साजु अमंगल मंगल रासी ॥
nāma prasāda saṁbhu abināsī, sāju amaṁgala maṁgala rāsī.
सुक सनकादि सिद्ध मुनि जोगी । नाम प्रसाद ब्रह्मसुख भोगी ॥
suka sanakādi siddha muni jogī, nāma prasāda brahmasukha bhogī.
नारद जानेउ नाम प्रतापू । जग प्रिय हरि हरि हर प्रिय आपू ॥
nārada jāneu nāma pratāpū, jaga priya hari hari hara priya āpū.
नामु जपत प्रभु कीन्ह प्रसादू । भगत सिरोमनि भे प्रहलादू ॥
nāmu japata prabhu kīnha prasādū, bhagata siromani bhe prahalādū.
ध्रुवँ सगलानि जपेउ हरि नाऊँ । पायउ अचल अनूपम ठाऊँ ॥
dhruvaṁ sagalāni japeu hari nāūṁ, pāyau acala anūpama ṭhāūṁ.
सुमिरि पवनसुत पावन नामू । अपने बस करि राखे रामू ॥
sumiri pavanasuta pāvana nāmū, apane basa kari rākhe rāmū.
अपतु अजामिलु गजु गनिकाऊ । भए मुकुत हरि नाम प्रभाऊ ॥
apatu ajāmilu gaju ganikāū, bhae mukuta hari nāma prabhāū.
कहौं कहाँ लगि नाम बड़ाई । रामु न सकहिं नाम गुन गाई ॥
kahauṁ kahāṁ lagi nāma baṛāī, rāmu na sakahiṁ nāma guna gāī.

दोहा-dohā:

नामु राम को कलपतरु कलि कल्यान निवासु ।
nāmu rāma ko kalapataru kali kalyāna nivāsu,
जो सुमिरत भयो भाँग तें तुलसी तुलसीदासु ॥ २६ ॥
jo sumirata bhayo bhāṁga teṁ tulasī tulasīdāsu. 26.

चौपाई-caupāī:

चहुँ जुग तीनि काल तिहुँ लोका । भए नाम जपि जीव बिसोका ॥
cahuṁ juga tīni kāla tihuṁ lokā, bhae nāma japi jīva bisokā.
बेद पुरान संत मत एहू । सकल सुकृत फल राम सनेहू ॥
beda purāna saṁta mata ehū, sakala sukṛta phala rāma sanehū.
ध्यानु प्रथम जुग मखबिधि दूजें । द्वापर परितोषत प्रभु पूजें ॥
dhyānu prathama juga makhabidhi dūjeṁ, dvāpara paritoṣata prabhu pūjeṁ.
कलि केवल मल मूल मलीना । पाप पयोनिधि जन मन मीना ॥
kali kevala mala mūla malīnā, pāpa payonidhi jana mana mīnā.
नाम कामतरु काल कराला । सुमिरत समन सकल जग जाला ॥
nāma kāmataru kāla karālā, sumirata samana sakala jaga jālā.
राम नाम कलि अभिमत दाता । हित परलोक लोक पितु माता ॥
rāma nāma kali abhimata dātā, hita paraloka loka pitu mātā.
नहिं कलि करम न भगति बिबेकू । राम नाम अवलंबन एकू ॥
nahiṁ kali karama na bhagati bibekū, rāma nāma avalaṁbana ekū.
कालनेमि कलि कपट निधानू । नाम सुमति समरथ हनुमानू ॥
kālanemi kali kapaṭa nidhānū, nāma sumati samaratha hanumānū.

दोहा-dohā:

राम नाम नरकेसरी कनककसिपु कलिकाल ।
rāma nāma narakesarī kanakakasipu kalikāla,
जापक जन प्रहलाद जिमि पालिहि दलि सुरसाल ॥ २७ ॥
jāpaka jana prahalāda jimi pālihi dali surasāla. 27.

चौपाई-caupāī:

भायँ कुभायँ अनख आलसहूँ । नाम जपत मंगल दिसि दसहूँ ॥
bhāyaṁ kubhāyaṁ anakha ālasahūṁ, nāma japata maṁgala disi dasahūṁ.
सुमिरि सो नाम राम गुन गाथा । करउँ नाइ रघुनाथहि माथा ॥
sumiri so nāma rāma guna gāthā, karauṁ nāi raghunāthahi māthā.
मोरि सुधारिहि सो सब भाँती । जासु कृपा नहिं कृपाँ अघाती ॥
mori sudhārihi so saba bhāṁtī, jāsu kṛpā nahiṁ kṛpāṁ aghātī.
राम सुस्वामि कुसेवकु मोसो । निज दिसि देखि दयानिधि पोसो ॥
rāma susvāmi kusevaku moso, nija disi dekhi dayānidhi poso.
लोकहुँ बेद सुसाहिब रीती । बिनय सुनत पहिचानत प्रीती ॥
lokahuṁ beda susāhiba rītī, binaya sunata pahicānata prītī.
गनी गरीब ग्रामनर नागर । पंडित मूढ़ मलीन उजागर ॥
ganī garība grāmanara nāgara, paṁḍita mūṛha malīna ujāgara.
सुकबि कुकबि निज मति अनुहारी । नृपहि सराहत सब नर नारी ॥
sukabi kukabi nija mati anuhārī, nṛpahi sarāhata saba nara nārī.
साधु सुजान सुसील नृपाला । ईस अंस भव परम कृपाला ॥
sādhu sujāna susīla nṛpālā, īsa aṁsa bhava parama kṛpālā.
सुनि सनमानहिं सबहि सुबानी । भनिति भगति नति गति पहिचानी ॥
suni sanamānahiṁ sabahi subānī, bhaniti bhagati nati gati pahicānī.
यह प्राकृत महिपाल सुभाऊ । जान सिरोमनि कोसलराऊ ॥
yaha prākṛta mahipāla subhāū, jāna siromani kosalarāū.
रीझत राम सनेह निसोतें । को जग मंद मलिनमति मोतें ॥
rījhata rāma saneha nisoteṁ, ko jaga maṁda malinamati moteṁ.

दोहा-dohā:

सठ सेवक की प्रीति रुचि रखिहहिं राम कृपालु ।
saṭha sevaka kī prīti ruci rakhihahiṁ rāma kṛpālu,
उपल किए जलजान जेहिं सचिव सुमति कपि भालु ॥ २८क ॥
upala kie jalajāna jehiṁ saciva sumati kapi bhālu. 28(ka).

हौंहु कहावत सबु कहत राम सहत उपहास ।
hauṁhu kahāvata sabu kahata rāma sahata upahāsa,
साहिब सीतानाथ सो सेवक तुलसीदास ॥ २८ख ॥
sāhiba sītānātha so sevaka tulasīdāsa. 28(kha).

चौपाई-caupāī:

अति बड़ि मोरि ढिठाई खोरी । सुनि अघ नरकहुँ नाक सकोरी ॥
ati baṛi mori ḍhiṭhāī khorī, suni agha narakahuṁ nāka sakorī.
समुझि सहम मोहि अपडर अपनें । सो सुधि राम कीन्हि नहिं सपनें ॥
samujhi sahama mohi apaḍara apaneṁ, so sudhi rāma kīnhi nahiṁ sapaneṁ.
सुनि अवलोकि सुचित चख चाही । भगति मोरि मति स्वामि सराही ॥
suni avaloki sucita cakha cāhī, bhagati mori mati svāmi sarāhī.
कहत नसाइ होइ हियँ नीकी । रीझत राम जानि जन जी की ॥
kahata nasāi hoi hiyaṁ nīkī, rījhata rāma jāni jana jī kī.
रहति न प्रभु चित चूक किए की । करत सुरति सय बार हिए की ॥
rahati na prabhu cita cūka kie kī, karata surati saya bāra hie kī.
जेहिं अघ बधेउ ब्याध जिमि बाली । फिरि सुकंठ सोइ कीन्हि कुचाली ॥
jehiṁ agha badheu byādha jimi bālī, phiri sukaṁṭha soi kīnhi kucālī.
सोइ करतूति बिभीषन केरी । सपनेहुँ सो न राम हियँ हेरी ॥
soi karatūti bibhīṣana kerī, sapanehuṁ so na rāma hiyaṁ herī.
ते भरतहि भेंटत सनमाने । राजसभाँ रघुबीर बखाने ॥
te bharatahi bheṁṭata sanamāne, rājasabhāṁ raghubīra bakhāne.

दोहा-dohā:

प्रभु तरु तर कपि डार पर ते किए आपु समान ।
prabhu taru tara kapi ḍāra para te kie āpu samāna,
तुलसी कहूँ न राम से साहिब सीलनिधान ॥ २९क ॥
tulasī kahūṁ na rāma se sāhiba sīlanidhāna. 29(ka).

राम निकाईं रावरी है सबही को नीक ।
rāma nikāīṁ rāvarī hai sabahī ko nīka,
जौं यह साँची है सदा तौ नीको तुलसीक ॥ २९ख ॥
jauṁ yaha sāṁcī hai sadā tau nīko tulasīka. 29(kha).

एहि बिधि निज गुन दोष कहि सबहि बहुरि सिरु नाइ ।
ehi bidhi nija guna doṣa kahi sabahi bahuri siru nāi,
बरनउँ रघुबर बिसद जसु सुनि कलि कलुष नसाइ ॥ २९ग ॥
baranauṁ raghubara bisada jasu suni kali kaluṣa nasāi. 29(ga).

चौपाई-caupāī:

जागबलिक जो कथा सुहाई । भरद्वाज मुनिबरहि सुनाई ॥
jāgabalika jo kathā suhāī, bharadvāja munibarahi sunāī.
कहिहउँ सोइ संबाद बखानी । सुनहुँ सकल सज्जन सुखु मानी ॥
kahihauṁ soi saṁbāda bakhānī, sunahuṁ sakala sajjana sukhu mānī.
संभु कीन्ह यह चरित सुहावा । बहुरि कृपा करि उमहि सुनावा ॥
saṁbhu kīnha yaha carita suhāvā, bahuri kṛpā kari umahi sunāvā.
सोइ सिव कागभुसुंडिहि दीन्हा । राम भगत अधिकारी चीन्हा ॥
soi siva kāgabhusuṁḍihi dīnhā, rāma bhagata adhikārī cīnhā.
तेहि सन जागबलिक पुनि पावा । तिन्ह पुनि भरद्वाज प्रति गावा ॥
tehi sana jāgabalika puni pāvā, tinha puni bharadvāja prati gāvā.

ते श्रोता बकता समसीला । सवँदरसी जानहिं हरिलीला ॥
te śrotā bakatā samasīlā, savaṁdarasī jānahiṁ harilīlā.
जानहिं तीनि काल निज ग्याना । करतल गत आमलक समाना ॥
jānahiṁ tīni kāla nija gyānā, karatala gata āmalaka samānā.
औरउ जे हरिभगत सुजाना । कहहिं सुनहिं समुझहिं बिधि नाना ॥
aurau je haribhagata sujānā, kahahiṁ sunahiṁ samujhahiṁ bidhi nānā.

दोहा-*dohā:*

मैं पुनि निज गुर सन सुनी कथा सो सूकरखेत ।
maiṁ puni nija gura sana sunī kathā so sūkarakheta,
समुझी नहिं तसि बालपन तब अति रहेउँ अचेत ॥ ३०क ॥
samujhī nahiṁ tasi bālapana taba ati raheuṁ aceta. 30(ka).

श्रोता बकता ग्याननिधि कथा राम कै गूढ़ ।
śrotā bakatā gyānanidhi kathā rāma kai gūṛha,
किमि समुझौं मैं जीव जड़ कलि मल ग्रसित बिमूढ़ ॥ ३०ख ॥
kimi samujhauṁ maiṁ jīva jaṛa kali mala grasita bimūṛha. 30(kha).

चौपाई-*caupāī:*

तदपि कही गुर बारहिं बारा । समुझि परी कछु मति अनुसारा ॥
tadapi kahī gura bārahiṁ bārā, samujhi parī kachu mati anusārā.
भाषाबद्ध करबि मैं सोई । मोरें मन प्रबोध जेहिं होई ॥
bhāṣābaddha karabi maiṁ soī, moreṁ mana prabodha jehiṁ hoī.
जस कछु बुधि बिबेक बल मेरें । तस कहिहउँ हियँ हरि के प्रेरें ॥
jasa kachu budhi bibeka bala mereṁ, tasa kahihauṁ hiyaṁ hari ke prereṁ.
निज संदेह मोह भ्रम हरनी । करउँ कथा भव सरिता तरनी ॥
nija saṁdeha moha bhrama haranī, karauṁ kathā bhava saritā taranī.
बुध बिश्राम सकल जन रंजनि । रामकथा कलि कलुष बिभंजनि ॥
budha biśrāma sakala jana raṁjani, rāmakathā kali kaluṣa bibhaṁjani.
रामकथा कलि पंनग भरनी । पुनि बिबेक पावक कहुँ अरनी ॥
rāmakathā kali paṁnaga bharanī, puni bibeka pāvaka kahuṁ aranī.
रामकथा कलि कामद गाई । सुजन सजीवनि मूरि सुहाई ॥
rāmakathā kali kāmada gāī, sujana sajīvani mūri suhāī.
सोइ बसुधातल सुधा तरंगिनि । भय भंजनि भ्रम भेक भुअंगिनि ॥
soi basudhātala sudhā taraṁgini, bhaya bhaṁjani bhrama bheka bhuaṁgini.
असुर सेन सम नरक निकंदिनि । साधु बिबुध कुल हित गिरिनंदिनि ॥
asura sena sama naraka nikaṁdini, sādhu bibudha kula hita girinaṁdini.
संत समाज पयोधि रमा सी । बिस्व भार भर अचल छमा सी ॥
saṁta samāja payodhi ramā sī, bisva bhāra bhara acala chamā sī.
जम गन मुहँ मसि जग जमुना सी । जीवन मुकुति हेतु जनु कासी ॥
jama gana muhaṁ masi jaga jamunā sī, jīvana mukuti hetu janu kāsī.
रामहि प्रिय पावनि तुलसी सी । तुलसिदास हित हियँ हुलसी सी ॥
rāmahi priya pāvani tulasī sī, tulasidāsa hita hiyaṁ hulasī sī.
सिवप्रिय मेकल सैल सुता सी । सकल सिद्धि सुख संपति रासी ॥
sivapriya mekala saila sutā sī, sakala siddhi sukha saṁpati rāsī.
सदगुन सुरगन अंब अदिति सी । रघुबर भगति प्रेम परमिति सी ॥
sadaguna suragana aṁba aditi sī, raghubara bhagati prema paramiti sī.

दोहा-*dohā:*

रामकथा मंदाकिनी चित्रकूट चित चारु ।
rāmakathā maṁdākinī citrakūṭa cita cāru,
तुलसी सुभग सनेह बन सिय रघुबीर बिहारु ॥ ३१ ॥
tulasī subhaga saneha bana siya raghubīra bihāru. 31.

चौपाई-*caupāī:*

रामचरित चिंतामनि चारू । संत सुमति तिय सुभग सिंगारू ॥
rāmacarita ciṁtāmani cārū, saṁta sumati tiya subhaga siṁgārū.
जग मंगल गुनग्राम राम के । दानि मुकुति धन धरम धाम के ॥
jaga maṁgala gunagrāma rāma ke, dāni mukuti dhana dharama dhāma ke.
सदगुर ग्यान बिराग जोग के । बिबुध बैद भव भीम रोग के ॥
sadagura gyāna birāga joga ke, bibudha baida bhava bhīma roga ke.
जननि जनक सिय राम प्रेम के । बीज सकल ब्रत धरम नेम के ॥
janani janaka siya rāma prema ke, bīja sakala brata dharama nema ke.
समन पाप संताप सोक के । प्रिय पालक परलोक लोक के ॥
samana pāpa saṁtāpa soka ke, priya pālaka paraloka loka ke.
सचिव सुभट भूपति बिचार के । कुंभज लोभ उदधि अपार के ॥
saciva subhaṭa bhūpati bicāra ke, kuṁbhaja lobha udadhi apāra ke.
काम कोह कलिमल करिगन के । केहरि सावक जन मन बन के ॥
kāma koha kalimala karigana ke, kehari sāvaka jana mana bana ke.
अतिथि पूज्य प्रियतम पुरारि के । कामद घन दारिद दवारि के ॥
atithi pūjya priyatama purāri ke, kāmada ghana dārida davāri ke.
मंत्र महामनि बिषय ब्याल के । मेटत कठिन कुअंक भाल के ॥
maṁtra mahāmani biṣaya byāla ke, meṭata kaṭhina kuaṁka bhāla ke.
हरन मोह तम दिनकर कर से । सेवक सालि पाल जलधर से ॥
harana moha tama dinakara kara se, sevaka sāli pāla jaladhara se.
अभिमत दानि देवतरु बर से । सेवत सुलभ सुखद हरि हर से ॥
abhimata dāni devataru bara se, sevata sulabha sukhada hari hara se.
सुकबि सरद नभ मन उडगन से । रामभगत जन जीवन धन से ॥
sukabi sarada nabha mana uḍagana se, rāmabhagata jana jīvana dhana se.
सकल सुकृत फल भूरि भोग से । जग हित निरुपधि साधु लोग से ॥
sakala sukṛta phala bhūri bhoga se, jaga hita nirupadhi sādhu loga se.
सेवक मन मानस मराल से । पावक गंग तंरग माल से ॥
sevaka mana mānasa marāla se, pāvaka gaṁga taṁraga māla se.

दोहा-*dohā:*

कुपथ कुतरक कुचालि कलि कपट दंभ पाषंड ।
kupatha kutaraka kucāli kali kapaṭa daṁbha pāṣaṁḍa,
दहन राम गुन ग्राम जिमि इंधन अनल प्रचंड ॥ ३२क ॥
dahana rāma guna grāma jimi iṁdhana anala pracaṁḍa. 32(ka).

रामचरित राकेस कर सरिस सुखद सब काहु ।
rāmacarita rākesa kara sarisa sukhada saba kāhu,
सज्जन कुमुद चकोर चित हित बिसेषि बड़ लाहु ॥ ३२ख ॥
sajjana kumuda cakora cita hita biseṣi baṛa lāhu. 32(kha).

चौपाई-*caupāī:*

कीन्हि प्रस्न जेहि भाँति भवानी । जेहि बिधि संकर कहा बखानी ॥
kīnhi prasna jehi bhāṁti bhavānī, jehi bidhi saṁkara kahā bakhānī.
सो सब हेतु कहब मैं गाई । कथाप्रबंध बिचित्र बनाई ॥
so saba hetu kahaba maiṁ gāī, kathāprabaṁdha bicitra banāī.
जेहिं यह कथा सुनी नहिं होई । जनि आचरजु करै सुनि सोई ॥
jehiṁ yaha kathā sunī nahiṁ hoī, jani ācaraju karai suni soī.
कथा अलौकिक सुनहिं जे ग्यानी । नहिं आचरजु करहिं अस जानी ॥
kathā alaukika sunahiṁ je gyānī, nahiṁ ācaraju karahiṁ asa jānī.
रामकथा कै मिति जग नाहीं । असि प्रतीति तिन्ह के मन माहीं ॥
rāmakathā kai miti jaga nāhīṁ, asi pratīti tinha ke mana māhīṁ.
नाना भाँति राम अवतारा । रामायन सत कोटि अपारा ॥
nānā bhāṁti rāma avatārā, rāmāyana sata koṭi apārā.
कलपभेद हरिचरित सुहाए । भाँति अनेक मुनीसन्ह गाए ॥
kalapabheda haricarita suhāe, bhāṁti aneka munīsanha gāe.

करिअ न संसय अस उर आनी । सुनिअ कथा सारद रति मानी ॥
karia na saṁsaya asa ura ānī, sunia kathā sārada rati mānī.

दोहा-dohā:

राम अनंत अनंत गुन अमित कथा बिस्तार ।
rāma anaṁta anaṁta guna amita kathā bistāra,
सुनि आचरजु न मानिहहिं जिन्ह कें बिमल बिचार ॥ ३३ ॥
suni ācaraju na mānihahiṁ jinha keṁ bimala bicāra. 33.

चौपाई-caupāī:

एहि बिधि सब संसय करि दूरी । सिर धरि गुर पद पंकज धूरी ॥
ehi bidhi saba saṁsaya kari dūrī, sira dhari gura pada paṁkaja dhūrī.
पुनि सबही बिनवउँ कर जोरी । करत कथा जेहिं लाग न खोरी ॥
puni sabahī binavauṁ kara jorī, karata kathā jehiṁ lāga na khorī.
सादर सिवहि नाइ अब माथा । बरनउँ बिसद राम गुन गाथा ॥
sādara sivahi nāi aba māthā, baranauṁ bisada rāma guna gāthā.
संबत सोरह सै एकतीसा । करउँ कथा हरि पद धरि सीसा ॥
saṁbata soraha sai ekatīsā, karauṁ kathā hari pada dhari sīsā.
नौमी भौम बार मधु मासा । अवधपुरीं यह चरित प्रकासा ॥
naumī bhauma bāra madhu māsā, avadhapurīṁ yaha carita prakāsā.
जेहि दिन राम जनम श्रुति गावहिं । तीरथ सकल तहाँ चलि आवहिं ॥
jehi dina rāma janama śruti gāvahiṁ, tīratha sakala tahāṁ cali āvahiṁ.
असुर नाग खग नर मुनि देवा । आइ करहिं रघुनायक सेवा ॥
asura nāga khaga nara muni devā, āi karahiṁ raghunāyaka sevā.
जन्म महोत्सव रचहिं सुजाना । करहिं राम कल कीरति गाना ॥
janma mahotsava racahiṁ sujānā, karahiṁ rāma kala kīrati gānā.

दोहा-dohā:

मज्जहिं सज्जन बृंद बहु पावन सरजू नीर ।
majjahiṁ sajjana bṛṁda bahu pāvana sarajū nīra,
जपहिं राम धरि ध्यान उर सुंदर स्याम सरीर ॥ ३४ ॥
japahiṁ rāma dhari dhyāna ura suṁdara syāma sarīra. 34.

चौपाई-caupāī:

दरस परस मज्जन अरु पाना । हरइ पाप कह बेद पुराना ॥
darasa parasa majjana aru pānā, harai pāpa kaha beda purānā.
नदी पुनीत अमित महिमा अति । कहि न सकइ सारदा बिमलमति ॥
nadī punīta amita mahimā ati, kahi na sakai sāradā bimalamati.
राम धामदा पुरी सुहावनि । लोक समस्त बिदित अति पावनि ॥
rāma dhāmadā purī suhāvani, loka samasta bidita ati pāvani.
चारि खानि जग जीव अपारा । अवध तजें तनु नहिं संसारा ॥
cāri khāni jaga jīva apārā, avadha tajeṁ tanu nahiṁ saṁsārā.
सब बिधि पुरी मनोहर जानी । सकल सिद्धिप्रद मंगल खानी ॥
saba bidhi purī manohara jānī, sakala siddhiprada maṁgala khānī.
बिमल कथा कर कीन्ह अरंभा । सुनत नसाहिं काम मद दंभा ॥
bimala kathā kara kīnha araṁbhā, sunata nasāhiṁ kāma mada daṁbhā.
रामचरितमानस एहि नामा । सुनत श्रवन पाइअ बिश्रामा ॥
rāmacaritamānasa ehi nāmā, sunata śravana pāia biśrāmā.
मन करि बिषय अनल बन जरई । होइ सुखी जौं एहिं सर परई ॥
mana kari biṣaya anala bana jaraī, hoi sukhī jauṁ ehiṁ sara paraī.
रामचरितमानस मुनि भावन । बिरचेउ संभु सुहावन पावन ॥
rāmacaritamānasa muni bhāvana, biraceu saṁbhu suhāvana pāvana.
त्रिबिध दोष दुख दारिद दावन । कलि कुचालि कुलि कलुष नसावन ॥
tribidha doṣa dukha dārida dāvana, kali kucāli kuli kaluṣa nasāvana.
रचि महेस निज मानस राखा । पाइ सुसमउ सिवा सन भाषा ॥
raci mahesa nija mānasa rākhā, pāi susamau sivā sana bhāṣā.
तातें रामचरितमानस बर । धरेउ नाम हियँ हेरि हरषि हर ॥
tāteṁ rāmacaritamānasa bara, dhareu nāma hiyaṁ heri haraṣi hara.
कहउँ कथा सोइ सुखद सुहाई । सादर सुनहु सुजन मन लाई ॥
kahauṁ kathā soi sukhada suhāī, sādara sunahu sujana mana lāī.

दोहा-dohā:

जस मानस जेहि बिधि भयउ जग प्रचार जेहि हेतु ।
jasa mānasa jehi bidhi bhayau jaga pracāra jehi hetu,
अब सोइ कहउँ प्रसंग सब सुमिरि उमा बृषकेतु ॥ ३५ ॥
aba soi kahauṁ prasaṁga saba sumiri umā bṛṣaketu. 35.

चौपाई-caupāī:

संभु प्रसाद सुमति हियँ हुलसी । रामचरितमानस कबि तुलसी ॥
saṁbhu prasāda sumati hiyaṁ hulasī, rāmacaritamānasa kabi tulasī.
करइ मनोहर मति अनुहारी । सुजन सुचित सुनि लेहु सुधारी ॥
karai manohara mati anuhārī, sujana sucita suni lehu sudhārī.
सुमति भूमि थल हृदय अगाधू । बेद पुरान उदधि घन साधू ॥
sumati bhūmi thala hṛdaya agādhū, beda purāna udadhi ghana sādhū.
बरषहिं राम सुजस बर बारी । मधुर मनोहर मंगलकारी ॥
barasahiṁ rāma sujasa bara bārī, madhura manohara maṁgalakārī.
लीला सगुन जो कहहिं बखानी । सोइ स्वच्छता करइ मल हानी ॥
līlā saguna jo kahahiṁ bakhānī, soi svacchatā karai mala hānī.
प्रेम भगति जो बरनि न जाई । सोइ मधुरता सुसीतलताई ॥
prema bhagati jo barani na jāī, soi madhuratā susītalatāī.
सो जल सुकृत सालि हित होई । राम भगत जन जीवन सोई ॥
so jala sukṛta sāli hita hoī, rāma bhagata jana jīvana soī.
मेधा महि गत सो जल पावन । सकिलि श्रवन मग चलेउ सुहावन ॥
medhā mahi gata so jala pāvana, sakili śravana maga caleu suhāvana.
भरेउ सुमानस सुथल थिराना । सुखद सीत रुचि चारु चिराना ॥
bhareu sumānasa suthala thirānā, sukhada sīta ruci cāru cirānā.

दोहा-dohā:

सुठि सुंदर संबाद बर बिरचे बुद्धि बिचारि ।
suṭhi suṁdara saṁbāda bara birace buddhi bicāri,
तेइ एहि पावन सुभग सर घाट मनोहर चारि ॥ ३६ ॥
tei ehi pāvana subhaga sara ghāṭa manohara cāri. 36.

चौपाई-caupāī:

सप्त प्रबंध सुभग सोपाना । ग्यान नयन निरखत मन माना ॥
sapta prabaṁdha subhaga sopānā, gyāna nayana nirakhata mana mānā.
रघुपति महिमा अगुन अबाधा । बरनब सोइ बर बारि अगाधा ॥
raghupati mahimā aguna abādhā, baranaba soi bara bāri agādhā.
राम सीय जस सलिल सुधासम । उपमा बीचि बिलास मनोरम ॥
rāma sīya jasa salila sudhāsama, upamā bīci bilāsa manorama.
पुरइनि सघन चारु चौपाई । जुगुति मंजु मनि सीप सुहाई ॥
puraini saghana cāru caupāī, juguti maṁju mani sīpa suhāī.
छंद सोरठा सुंदर दोहा । सोइ बहुरंग कमल कुल सोहा ॥
chaṁda sorathā suṁdara dohā, soi bahuraṁga kamala kula sohā.
अरथ अनूप सुभाव सुभासा । सोइ पराग मकरंद सुबासा ॥
aratha anūpa subhāva subhāsā, soi parāga makaraṁda subāsā.
सुकृत पुंज मंजुल अलि माला । ग्यान बिराग बिचार मराला ॥
sukṛta puṁja maṁjula ali mālā, gyāna birāga bicāra marālā.
धुनि अवरेब कबित गुन जाती । मीन मनोहर ते बहुभाँती ॥
dhuni avareba kabita guna jātī, mīna manohara te bahubhāṁtī.
अरथ धरम कामादिक चारी । कहब ग्यान बिग्यान बिचारी ॥
aratha dharama kāmādika cārī, kahaba gyāna bigyāna bicārī.

नव रस जप तप जोग बिरागा । ते सब जलचर चारु तड़ागा ॥
nava rasa japa tapa joga birāgā, te saba jalacara cāru taṛāgā.
सुकृती साधु नाम गुन गाना । ते बिचित्र जल बिहग समाना ॥
sukṛtī sādhu nāma guna gānā, te bicitra jala bihaga samānā.
संतसभा चहुँ दिसि अवँराई । श्रद्धा रितु बसंत सम गाई ॥
saṁtasabhā cahuṁ disi avaṁrāī, śraddhā ritu basaṁta sama gāī.
भगति निरुपन बिबिध बिधाना । छमा दया दम लता बिताना ॥
bhagati nirupana bibidha bidhānā, chamā dayā dama latā bitānā.
सम जम नियम फूल फल ग्याना । हरि पद रति रस बेद बखाना ॥
sama jama niyama phūla phala gyānā, hari pada rati rasa beda bakhānā.
औरउ कथा अनेक प्रसंगा । तेइ सुक पिक बहुबरन बिहंगा ॥
aurau kathā aneka prasaṁgā, tei suka pika bahubarana bihaṁgā.

दोहा-dohā:

पुलक बाटिका बाग बन सुख सुबिहंग बिहारु ।
pulaka bāṭikā bāga bana sukha subihaṁga bihāru,
माली सुमन सनेह जल सींचत लोचन चारु ॥ ३७ ॥
mālī sumana saneha jala sīṁcata locana cāru. 37.

चौपाई-caupāī:

जे गावहिं यह चरित सँभारे । तेइ एहि ताल चतुर रखवारे ॥
je gāvahiṁ yaha carita saṁbhāre, tei ehi tāla catura rakhavāre.
सदा सुनहिं सादर नर नारी । तेइ सुरबर मानस अधिकारी ॥
sadā sunahiṁ sādara nara nārī, tei surabara mānasa adhikārī.
अति खल जे बिषई बग कागा । एहि सर निकट न जाहिं अभागा ॥
ati khala je biṣaī baga kāgā, ehi sara nikaṭa na jāhiṁ abhāgā.
संबुक भेक सेवार समाना । इहाँ न बिषय कथा रस नाना ॥
saṁbuka bheka sevāra samānā, ihāṁ na biṣaya kathā rasa nānā.
तेहि कारन आवत हियँ हारे । कामी काक बलाक बिचारे ॥
tehi kārana āvata hiyaṁ hāre, kāmī kāka balāka bicāre.
आवत एहिं सर अति कठिनाई । राम कृपा बिनु आइ न जाई ॥
āvata ehiṁ sara ati kaṭhināī, rāma kṛpā binu āi na jāī.
कठिन कुसंग कुपंथ कराला । तिन्ह के बचन बाघ हरि ब्याला ॥
kaṭhina kusaṁga kupaṁtha karālā, tinha ke bacana bāgha hari byālā.
गृह कारज नाना जंजाला । ते अति दुर्गम सैल बिसाला ॥
gṛha kāraja nānā jaṁjālā, te ati durgama saila bisālā.
बन बहु बिषम मोह मद माना । नदीं कुतर्क भयंकर नाना ॥
bana bahu biṣama moha mada mānā, nadīṁ kutarka bhayaṁkara nānā.

दोहा-dohā:

जे श्रद्धा संबल रहित नहिं संतन्ह कर साथ ।
je śraddhā saṁbala rahita nahiṁ saṁtanha kara sātha,
तिन्ह कहुँ मानस अगम अति जिन्हहि न प्रिय रघुनाथ ॥ ३८ ॥
tinha kahuṁ mānasa agama ati jinhahi na priya raghunātha. 38.

चौपाई-caupāī:

जौं करि कष्ट जाइ पुनि कोई । जातहिं नीद जुड़ाई होई ॥
jauṁ kari kaṣṭa jāi puni koī, jātahiṁ nīda juṛāī hoī.
जड़ता जाड़ बिषम उर लागा । गएहुँ न मज्जन पाव अभागा ॥
jaṛatā jāṛa biṣama ura lāgā, gaehuṁ na majjana pāva abhāgā.
करि न जाइ सर मज्जन पाना । फिरि आवइ समेत अभिमाना ॥
kari na jāi sara majjana pānā, phiri āvai sameta abhimānā.
जौं बहोरि कोउ पूछन आवा । सर निंदा करि ताहि बुझावा ॥
jauṁ bahori kou pūchana āvā, sara niṁdā kari tāhi bujhāvā.
सकल बिघ्न ब्यापहिं नहिं तेही । राम सुकृपाँ बिलोकहिं जेही ॥
sakala bighna byāpahiṁ nahiṁ tehī, rāma sukṛpāṁ bilokahiṁ jehī.

सोइ सादर सर मज्जनु करई । महा घोर त्रयताप न जरई ॥
soi sādara sara majjanu karaī, mahā ghora trayatāpa na jaraī.
ते नर यह सर तजहिं न काऊ । जिन्ह कें राम चरन भल भाऊ ॥
te nara yaha sara tajahiṁ na kāū, jinha keṁ rāma carana bhala bhāū.
जो नहाइ चह एहिं सर भाई । सो सतसंग करउ मन लाई ॥
jo nahāi caha ehiṁ sara bhāī, so satasaṁga karau mana lāī.
अस मानस मानस चख चाही । भइ कबि बुद्धि बिमल अवगाही ॥
asa mānasa mānasa cakha cāhī, bhai kabi buddhi bimala avagāhī.
भयउ हृदयँ आनंद उछाहू । उमगेउ प्रेम प्रमोद प्रबाहू ॥
bhayau hṛdayaṁ ānaṁda uchāhū, umageu prema pramoda prabāhū.
चली सुभग कबिता सरिता सो । राम बिमल जस जल भरिता सो ॥
calī subhaga kabitā saritā so, rāma bimala jasa jala bharitā so.
सरजू नाम सुमंगल मूला । लोक बेद मत मंजुल कूला ॥
sarajū nāma sumaṁgala mūlā, loka beda mata maṁjula kūlā.
नदी पुनीत सुमानस नंदिनि । कलिमल तृन तरु मूल निकंदिनि ॥
nadī punīta sumānasa naṁdini, kalimala tṛna taru mūla nikaṁdini.

दोहा-dohā:

श्रोता त्रिबिध समाज पुर ग्राम नगर दुहुँ कूल ।
śrotā tribidha samāja pura grāma nagara duhuṁ kūla,
संतसभा अनुपम अवध सकल सुमंगल मूल ॥ ३९ ॥
saṁtasabhā anupama avadha sakala sumaṁgala mūla. 39.

चौपाई-caupāī:

रामभगति सुरसरितहि जाई । मिली सुकीरति सरजु सुहाई ॥
rāmabhagati surasaritahi jāī, milī sukīrati saraju suhāī.
सानुज राम समर जसु पावन । मिलेउ महानदु सोन सुहावन ॥
sānuja rāma samara jasu pāvana, mileu mahānadu sona suhāvana.
जुग बिच भगति देवधुनि धारा । सोहति सहित सुबिरति बिचारा ॥
juga bica bhagati devadhuni dhārā, sohati sahita subirati bicārā.
त्रिबिध ताप त्रासक तिमुहानी । राम सरुप सिंधु समुहानी ॥
tribidha tāpa trāsaka timuhānī, rāma sarupa siṁdhu samuhānī.
मानस मूल मिली सुरसरिही । सुनत सुजन मन पावन करिही ॥
mānasa mūla milī surasarihī, sunata sujana mana pāvana karihī.
बिच बिच कथा बिचित्र बिभागा । जनु सरि तीर तीर बन बागा ॥
bica bica kathā bicitra bibhāgā, janu sari tīra tīra bana bāgā.
उमा महेस बिबाह बराती । ते जलचर अगनित बहुभाँती ॥
umā mahesa bibāha barātī, te jalacara aganita bahubhāṁtī.
रघुबर जनम अनंद बधाई । भवँर तरंग मनोहरताई ॥
raghubara janama anaṁda badhāī, bhavaṁra taraṁga manoharatāī.

दोहा-dohā:

बालचरित चहु बंधु के बनज बिपुल बहुरंग ।
bālacarita cahu baṁdhu ke banaja bipula bahuraṁga,
नृप रानी परिजन सुकृत मधुकर बारिबिहंग ॥ ४० ॥
nṛpa rānī parijana sukṛta madhukara bāribihaṁga. 40.

चौपाई-caupāī:

सीय स्वयंबर कथा सुहाई । सरित सुहावनि सो छबि छाई ॥
sīya svayaṁbara kathā suhāī, sarita suhāvani so chabi chāī.
नदी नाव पटु प्रस्न अनेका । केवट कुसल उतर सबिबेका ॥
nadī nāva paṭu prasna anekā, kevaṭa kusala utara sabibekā.
सुनि अनुकथन परस्पर होई । पथिक समाज सोह सरि सोई ॥
suni anukathana paraspara hoī, pathika samāja soha sari soī.
घोर धार भृगुनाथ रिसानी । घाट सुबद्ध राम बर बानी ॥
ghora dhāra bhṛgunātha risānī, ghāṭa subaddha rāma bara bānī.

सानुज राम बिबाह उछाहू । सो सुभ उमग सुखद सब काहू ॥
sānuja rāma bibāha uchāhū, so subha umaga sukhada saba kāhū.
कहत सुनत हरषहिं पुलकाहीं । ते सुकृती मन मुदित नहाहीं ॥
kahata sunata haraṣahiṁ pulakāhīṁ, te sukṛtī mana mudita nahāhīṁ.
राम तिलक हित मंगल साजा । परब जोग जनु जुरे समाजा ॥
rāma tilaka hita maṁgala sājā, paraba joga janu jure samājā.
काई कुमति केकई केरी । परी जासु फल बिपति घनेरी ॥
kāī kumati kekaī kerī, parī jāsu phala bipati ghanerī.

दोहा-dohā:

समन अमित उतपात सब भरतचरित जपजाग ।
samana amita utapāta saba bharatacarita japajāga,
कलि अघ खल अवगुन कथन ते जलमल बग काग ॥४१॥
kali agha khala avaguna kathana te jalamala baga kāga. 41.

चौपाई-caupāī:

कीरति सरित छहूँ रितु रूरी । समय सुहावनि पावनि भूरी ॥
kīrati sarita chahūṁ ritu rūrī, samaya suhāvani pāvani bhūrī.
हिम हिमसैलसुता सिव ब्याहू । सिसिर सुखद प्रभु जनम उछाहू ॥
hima himasailasutā siva byāhū, sisira sukhada prabhu janama uchāhū.
बरनब राम बिबाह समाजू । सो मुद मंगलमय रितुराजू ॥
baranaba rāma bibāha samājū, so muda maṁgalamaya riturājū.
ग्रीषम दुसह राम बनगवनू । पंथकथा खर आतप पवनू ॥
grīṣama dusaha rāma banagavanū, paṁthakathā khara ātapa pavanū.
बरषा घोर निसाचर रारी । सुरकुल सालि सुमंगलकारी ॥
baraṣā ghora nisācara rārī, surakula sāli sumaṁgalakārī.
राम राज सुख बिनय बड़ाई । बिसद सुखद सोइ सरद सुहाई ॥
rāma rāja sukha binaya baṛāī, bisada sukhada soi sarada suhāī.
सती सिरोमनि सिय गुनगाथा । सोइ गुन अमल अनूपम पाथा ॥
satī siromani siya gunagāthā, soi guna amala anūpama pāthā.
भरत सुभाउ सुसीतलताई । सदा एकरस बरनि न जाई ॥
bharata subhāu susītalatāī, sadā ekarasa barani na jāī.

दोहा-dohā:

अवलोकनि बोलनि मिलनि प्रीति परसपर हास ।
avalokani bolani milani prīti parasapara hāsa,
भायप भलि चहु बंधु की जल माधुरी सुबास ॥४२॥
bhāyapa bhali cahu baṁdhu kī jala mādhurī subāsa. 42.

चौपाई-caupāī:

आरति बिनय दीनता मोरी । लघुता ललित सुबारि न थोरी ॥
ārati binaya dīnatā morī, laghutā lalita subāri na thorī.
अदभुत सलिल सुनत गुनकारी । आस पिआस मनोमल हारी ॥
adabhuta salila sunata gunakārī, āsa piāsa manomala hārī.
राम सुप्रेमहि पोषत पानी । हरत सकल कलि कलुष गलानी ॥
rāma supremahi poṣata pānī, harata sakala kali kaluṣa galānī.
भव श्रम सोषक तोषक तोषा । समन दुरित दुख दारिद दोषा ॥
bhava śrama soṣaka toṣaka toṣā, samana durita dukha dārida doṣā.
काम कोह मद मोह नसावन । बिमल बिबेक बिराग बढ़ावन ॥
kāma koha mada moha nasāvana, bimala bibeka birāga baṛhāvana.
सादर मज्जन पान किए तें । मिटहिं पाप परिताप हिए तें ॥
sādara majjana pāna kie teṁ, miṭahiṁ pāpa paritāpa hie teṁ.
जिन्ह एहिं बारि न मानस धोए । ते कायर कलिकाल बिगोए ॥
jinha ehiṁ bāri na mānasa dhoe, te kāyara kalikāla bigoe.
तृषित निरखि रबि कर भव बारी । फिरिहहिं मृग जिमि जीव दुखारी ॥
tṛṣita nirakhi rabi kara bhava bārī, phirihahiṁ mṛga jimi jīva dukhārī.

दोहा-dohā:

मति अनुहारि सुबारि गुन गनि मन अन्हवाइ ।
mati anuhāri subāri guna gani mana anhavāi,
सुमिरि भवानी संकरहि कह कबि कथा सुहाइ ॥४३क॥
sumiri bhavānī saṁkarahi kaha kabi kathā suhāi. 43(ka).

अब रघुपति पद पंकरुह हियँ धरि पाइ प्रसाद ।
aba raghupati pada paṁkaruha hiyaṁ dhari pāi prasāda,
कहउँ जुगल मुनिबर्ज कर मिलन सुभग संबाद ॥४३ख॥
kahauṁ jugala munibarja kara milana subhaga saṁbāda. 43(kha).

चौपाई-caupāī:

भरद्वाज मुनि बसहिं प्रयागा । तिन्हहि राम पद अति अनुरागा ॥
bharadvāja muni basahiṁ prayāgā, tinhahi rāma pada ati anurāgā.
तापस सम दम दया निधाना । परमारथ पथ परम सुजाना ॥
tāpasa sama dama dayā nidhānā, paramāratha patha parama sujānā.
माघ मकरगत रबि जब होई । तीरथपतिहिं आव सब कोई ॥
māgha makaragata rabi jaba hoī, tīrathapatihiṁ āva saba koī.
देव दनुज किंनर नर श्रेनीं । सादर मज्जहिं सकल त्रिबेनीं ॥
deva danuja kiṁnara nara śrenīṁ, sādara majjahiṁ sakala tribenīṁ.
पूजहिं माधव पद जलजाता । परसि अखय बटु हरषहिं गाता ॥
pūjahiṁ mādhava pada jalajātā, parasi akhaya baṭu haraṣahiṁ gātā.
भरद्वाज आश्रम अति पावन । परम रम्य मुनिबर मन भावन ॥
bharadvāja āśrama ati pāvana, parama ramya munibara mana bhāvana.
तहाँ होइ मुनि रिषय समाजा । जाहिं जे मज्जन तीरथराजा ॥
tahāṁ hoi muni riṣaya samājā, jāhiṁ je majjana tīratharājā.
मज्जहिं प्रात समेत उछाहा । कहहिं परसपर हरि गुन गाहा ॥
majjahiṁ prāta sameta uchāhā, kahahiṁ parasapara hari guna gāhā.

दोहा-dohā:

ब्रह्म निरूपन धरम बिधि बरनहिं तत्त्व बिभाग ।
brahma nirūpana dharama bidhi baranahiṁ tattva bibhāga,
कहहिं भगति भगवंत कै संजुत ग्यान बिराग ॥४४॥
kahahiṁ bhagati bhagavaṁta kai saṁjuta gyāna birāga. 44.

चौपाई-caupāī:

एहि प्रकार भरि माघ नहाहीं । पुनि सब निज निज आश्रम जाहीं ॥
ehi prakāra bhari māgha nahāhīṁ, puni saba nija nija āśrama jāhīṁ.
प्रति संबत अति होइ अनंदा । मकर मज्जि गवनहिं मुनिबृंदा ॥
prati saṁbata ati hoi anaṁdā, makara majji gavanahiṁ munibṛṁdā.
एक बार भरि मकर नहाए । सब मुनीस आश्रमन्ह सिधाए ॥
eka bāra bhari makara nahāe, saba munīsa āśramanha sidhāe.
जागबलिक मुनि परम बिबेकी । भरद्वाज राखे पद टेकी ॥
jāgabalika muni parama bibekī, bharadvāja rākhe pada ṭekī.
सादर चरन सरोज पखारे । अति पुनीत आसन बैठारे ॥
sādara carana saroja pakhāre, ati punīta āsana baiṭhāre.
करि पूजा मुनि सुजसु बखानी । बोले अति पुनीत मृदु बानी ॥
kari pūjā muni sujasu bakhānī, bole ati punīta mṛdu bānī.
नाथ एक संसउ बड़ मोरें । करगत बेदतत्व सबु तोरें ॥
nātha eka saṁsau baṛa moreṁ, karagata bedatatva sabu toreṁ.
कहत सो मोहि लागत भय लाजा । जौं न कहउँ बड़ होइ अकाजा ॥
kahata so mohi lāgata bhaya lājā, jauṁ na kahauṁ baṛa hoi akājā.

दोहा-dohā:

संत कहहि असि नीति प्रभु श्रुति पुरान मुनि गाव ।
saṁta kahahi asi nīti prabhu śruti purāna muni gāva,
होइ न बिमल बिबेक उर गुर सन किएँ दुराव ॥४५॥
hoi na bimala bibeka ura gura sana kieṁ durāva. 45.

चौपाई-caupāī:

अस बिचारि प्रगटउँ निज मोहू । हरहु नाथ करि जन पर छोहू ॥
asa bicāri pragaṭauṁ nija mohū, harahu nātha kari jana para chohū.
राम नाम कर अमित प्रभावा । संत पुरान उपनिषद गावा ॥
rāma nāma kara amita prabhāvā, saṁta purāna upaniṣada gāvā.
संतत जपत संभु अबिनासी । सिव भगवान ग्यान गुन रासी ॥
saṁtata japata saṁbhu abināsī, siva bhagavāna gyāna guna rāsī.
आकर चारि जीव जग अहहीं । कासीं मरत परम पद लहहीं ॥
ākara cāri jīva jaga ahahīṁ, kāsīṁ marata parama pada lahahīṁ.
सोपि राम महिमा मुनिराया । सिव उपदेसु करत करि दाया ॥
sopi rāma mahimā munirāyā, siva upadesu karata kari dāyā.
रामु कवन प्रभु पूछउँ तोही । कहिअ बुझाइ कृपानिधि मोही ॥
rāmu kavana prabhu pūchauṁ tohī, kahia bujhāi kṛpānidhi mohī.
एक राम अवधेस कुमारा । तिन्ह कर चरित बिदित संसारा ॥
eka rāma avadhesa kumārā, tinha kara carita bidita saṁsārā.
नारि बिरहँ दुखु लहेउ अपारा । भयहु रोषु रन रावनु मारा ॥
nāri birahaṁ dukhu laheu apārā, bhayahu roṣu rana rāvanu mārā.

दोहा-dohā:

प्रभु सोइ राम कि अपर कोउ जाहि जपत त्रिपुरारि ।
prabhu soi rāma ki apara kou jāhi japata tripurāri,
सत्यधाम सर्बग्य तुम्ह कहहु बिबेकु बिचारि ॥४६॥
satyadhāma sarbagya tumha kahahu bibeku bicāri. 46.

चौपाई-caupāī:

जैसें मिटै मोर भ्रम भारी । कहहु सो कथा नाथ बिस्तारी ॥
jaiseṁ miṭai mora bhrama bhārī, kahahu so kathā nātha bistārī.
जागबलिक बोले मुसुकाई । तुम्हहि बिदित रघुपति प्रभुताई ॥
jāgabalika bole musukāī, tumhahi bidita raghupati prabhutāī.
रामभगत तुम्ह मन क्रम बानी । चतुराई तुम्हारि मैं जानी ॥
rāmabhagata tumha mana krama bānī, caturāī tumhāri maiṁ jānī.
चाहहु सुनै राम गुन गूढ़ा । कीन्हिहु प्रस्न मनहुँ अति मूढ़ा ॥
cāhahu sunai rāma guna gūṛhā, kīnhihu prasna manahuṁ ati mūṛhā.
तात सुनहु सादर मनु लाई । कहउँ राम कै कथा सुहाई ॥
tāta sunahu sādara manu lāī, kahauṁ rāma kai kathā suhāī.
महामोहु महिषेसु बिसाला । रामकथा कालिका कराला ॥
mahāmohu mahiṣesu bisālā, rāmakathā kālikā karālā.
रामकथा ससि किरन समाना । संत चकोर करहिं जेहि पाना ॥
rāmakathā sasi kirana samānā, saṁta cakora karahiṁ jehi pānā.
ऐसेइ संसय कीन्ह भवानी । महादेव तब कहा बखानी ॥
aisei saṁsaya kīnha bhavānī, mahādeva taba kahā bakhānī.

दोहा-dohā:

कहउँ सो मति अनुहारि अब उमा संभु संबाद ।
kahauṁ so mati anuhāri aba umā saṁbhu saṁbāda,
भयउ समय जेहि हेतु जेहि सुनु मुनि मिटिहि बिषाद ॥४७॥
bhayau samaya jehi hetu jehi sunu muni miṭihi biṣāda. 47.

चौपाई-caupāī:

एक बार त्रेता जुग माहीं । संभु गए कुंभज रिषि पाहीं ॥
eka bāra tretā juga māhīṁ, saṁbhu gae kuṁbhaja riṣi pāhīṁ.
संग सती जगजननि भवानी । पूजे रिषि अखिलेस्वर जानी ॥
saṁga satī jagajanani bhavānī, pūje riṣi akhilesvara jānī.
रामकथा मुनीबर्ज बखानी । सुनी महेस परम सुखु मानी ॥
rāmakathā munībarja bakhānī, sunī mahesa parama sukhu mānī.
रिषि पूछी हरिभगति सुहाई । कही संभु अधिकारी पाई ॥
riṣi pūchī haribhagati suhāī, kahī saṁbhu adhikārī pāī.
कहत सुनत रघुपति गुन गाथा । कछु दिन तहाँ रहे गिरिनाथा ॥
kahata sunata raghupati guna gāthā, kachu dina tahāṁ rahe girināthā.
मुनि सन बिदा मागि त्रिपुरारी । चले भवन सँग दच्छकुमारी ॥
muni sana bidā māgi tripurārī, cale bhavana saṁga dacchakumārī.
तेहि अवसर भंजन महिभारा । हरि रघुबंस लीन्ह अवतारा ॥
tehi avasara bhaṁjana mahibhārā, hari raghubaṁsa līnha avatārā.
पिता बचन तजि राजु उदासी । दंडक बन बिचरत अबिनासी ॥
pitā bacana taji rāju udāsī, daṁḍaka bana bicarata abināsī.

दोहा-dohā:

हृदयँ बिचारत जात हर केहि बिधि दरसनु होइ ।
hṛdayaṁ bicārata jāta hara kehi bidhi darasanu hoi,
गुप्त रुप अवतरेउ प्रभु गएँ जान सबु कोइ ॥४८क॥
gupta rupa avatareu prabhu gaeṁ jāna sabu koi. 48(ka).

सोरठा-soraṭhā:

संकर उर अति छोभु सती न जानहिं मरमु सोइ ।
saṁkara ura ati chobhu satī na jānahiṁ maramu soi,
तुलसी दरसन लोभु मन डरु लोचन लालची ॥४८ख॥
tulasī darasana lobhu mana ḍaru locana lālacī. 48(kha).

चौपाई-caupāī:

रावन मरन मनुज कर जाचा । प्रभु बिधि बचनु कीन्ह चह साचा ॥
rāvana marana manuja kara jācā, prabhu bidhi bacanu kīnha caha sācā.
जौं नहिं जाउँ रहइ पछितावा । करत बिचारु न बनत बनावा ॥
jauṁ nahiṁ jāuṁ rahai pachitāvā, karata bicāru na banata banāvā.
एहि बिधि भए सोचबस ईसा । तेहि समय जाइ दससीसा ॥
ehi bidhi bhae socabasa īsā, tehi samaya jāi dasasīsā.
लीन्ह नीच मारीचहि संगा । भयउ तुरत सोइ कपट कुरंगा ॥
līnha nīca mārīcahi saṁgā, bhayau turata soi kapaṭa kuraṁgā.
करि छलु मूढ़ हरी बैदेही । प्रभु प्रभाउ तस बिदित न तेही ॥
kari chalu mūṛha harī baidehī, prabhu prabhāu tasa bidita na tehī.
मृग बधि बन्धु सहित हरि आए । आश्रमु देखि नयन जल छाए ॥
mṛga badhi bandhu sahita hari āe, āśramu dekhi nayana jala chāe.
बिरह बिकल नर इव रघुराई । खोजत बिपिन फिरत दोउ भाई ॥
biraha bikala nara iva raghurāī, khojata bipina phirata dou bhāī.
कबहूँ जोग बियोग न जाकें । देखा प्रगट बिरह दुखु ताकें ॥
kabahūṁ joga biyoga na jākeṁ, dekhā pragaṭa biraha dukhu tākeṁ.

दोहा-dohā:

अति बिचित्र रघुपति चरित जानहिं परम सुजान ।
ati bicitra raghupati carita jānahiṁ parama sujāna,
जे मतिमंद बिमोह बस हृदयँ धरहिं कछु आन ॥४९॥
je matimaṁda bimoha basa hṛdayaṁ dharahiṁ kachu āna. 49.

चौपाई-caupāī:

संभु समय तेहि रामहि देखा । उपजा हियँ अति हरषु बिसेषा ॥
saṁbhu samaya tehi rāmahi dekhā, upajā hiyaṁ ati haraṣu biseṣā.
भरि लोचन छबिसिंधु निहारी । कुसमय जानि न कीन्हि चिन्हारी ॥
bhari locana chabisiṁdhu nihārī, kusamaya jāni na kīnhi cinhārī.
जय सच्चिदानंद जग पावन । अस कहि चलेउ मनोज नसावन ॥

jaya saccidānaṁda jaga pāvana, asa kahi caleu manoja nasāvana.

चले जात सिव सती समेता । पुनि पुनि पुलकत कृपानिकेता ॥
cale jāta siva satī sametā, puni puni pulakata kṛpāniketā.
सतीं सो दसा संभु कै देखी । उर उपजा संदेहु बिसेषी ॥
satīṁ so dasā saṁbhu kai dekhī, ura upajā saṁdehu biseṣī.
संकरु जगतबंद्य जगदीसा । सुर नर मुनि सब नावत सीसा ॥
saṁkaru jagatabaṁdya jagadīsā, sura nara muni saba nāvata sīsā.
तिन्ह नृपसुतहि कीन्ह परनामा । कहि सच्चिदानंद परधामा ॥
tinha nṛpasutahi kīnha paranāmā, kahi saccidānaṁda paradhāmā.
भए मगन छबि तासु बिलोकी । अजहुँ प्रीति उर रहति न रोकी ॥
bhae magana chabi tāsu bilokī, ajahuṁ prīti ura rahati na rokī.

दोहा-dohā:

ब्रह्म जो ब्यापक बिरज अज अकल अनीह अभेद ।
brahma jo byāpaka biraja aja akala anīha abheda,
सो कि देह धरि होइ नर जाहि न जानत बेद ॥५०॥
so ki deha dhari hoi nara jāhi na jānata beda. 50.

चौपाई-caupāī:

बिष्नु जो सुर हित नरतनु धारी । सोउ सर्बग्य जथा त्रिपुरारी ॥
biṣnu jo sura hita naratanu dhārī, sou sarbagya jathā tripurārī.
खोजइ सो कि अग्य इव नारी । ग्यानधाम श्रीपति असुरारी ॥
khojai so ki agya iva nārī, gyānadhāma śrīpati asurārī.
संभुगिरा पुनि मृषा न होई । सिव सर्बग्य जान सबु कोई ॥
saṁbhugirā puni mṛṣā na hoī, siva sarbagya jāna sabu koī.
अस संसय मन भयउ अपारा । होइ न हृदयँ प्रबोध प्रचारा ॥
asa saṁsaya mana bhayau apārā, hoi na hṛdayaṁ prabodha pracārā.
जद्यपि प्रगट न कहेउ भवानी । हर अंतरजामी सब जानी ॥
jadyapi pragaṭa na kaheu bhavānī, hara aṁtarajāmī saba jānī.
सुनहि सती तव नारि सुभाऊ । संसय अस न धरिअ उर काऊ ॥
sunahi satī tava nāri subhāū, saṁsaya asa na dharia ura kāū.
जासु कथा कुंभज रिषि गाई । भगति जासु मैं मुनिहि सुनाई ॥
jāsu kathā kuṁbhaja riṣi gāī, bhagati jāsu maiṁ munihi sunāī.
सोइ मम इष्टदेव रघुबीरा । सेवत जाहि सदा मुनि धीरा ॥
soi mama iṣṭadeva raghubīrā, sevata jāhi sadā muni dhīrā.

छंद-chaṁda:

मुनि धीर जोगी सिद्ध संतत बिमल मन जेहि ध्यावहीं ।
muni dhīra jogī siddha saṁtata bimala mana jehi dhyāvahīṁ,
कहि नेति निगम पुरान आगम जासु कीरति गावहीं ॥
kahi neti nigama purāna āgama jāsu kīrati gāvahīṁ.
सोइ रामु ब्यापक ब्रह्म भुवन निकाय पति माया धनी ।
soi rāmu byāpaka brahma bhuvana nikāya pati māyā dhanī,
अवतरेउ अपने भगत हित निजतंत्र नित रघुकुलमनी ॥
avatareu apane bhagata hita nijataṁtra nita raghukulamanī.

सोरठा-sorathā:

लाग न उर उपदेसु जदपि कहेउ सिवँ बार बहु ।
lāga na ura upadesu jadapi kaheu sivaṁ bāra bahu,
बोले बिहसि महेसु हरिमाया बलु जानि जियँ ॥५१॥
bole bihasi mahesu harimāyā balu jāni jiyaṁ. 51.

चौपाई-caupāī:

जौं तुम्हरें मन अति संदेहू । तौ किन जाइ परीछा लेहू ॥
jauṁ tumhareṁ mana ati saṁdehū, tau kina jāi parīchā lehū.
तब लगि बैठ अहउँ बटछाहीं । जब लगि तुम्ह ऐहहु मोहि पाहीं ॥
taba lagi baiṭha ahauṁ baṭachāhīṁ, jaba lagi tumha aihahu mohi pāhīṁ.
जैसें जाइ मोह भ्रम भारी । करेहु सो जतनु बिबेक बिचारी ॥
jaiseṁ jāi moha bhrama bhārī, karehu so jatanu bibeka bicārī.
चलीं सती सिव आयसु पाई । करहिं बिचारु करौं का भाई ॥
calīṁ satī siva āyasu pāī, karahiṁ bicāru karauṁ kā bhāī.
इहाँ संभु अस मन अनुमाना । दच्छसुता कहुँ नहिं कल्याना ॥
ihāṁ saṁbhu asa mana anumānā, dacchasutā kahuṁ nahiṁ kalyānā.
मोरेहु कहें न संसय जाहीं । बिधि बिपरीत भलाई नाहीं ॥
morehu kaheṁ na saṁsaya jāhīṁ, bidhi biparīta bhalāī nāhīṁ.
होइहि सोइ जो राम रचि राखा । को करि तर्क बढ़ावै साखा ॥
hoihi soi jo rāma raci rākhā, ko kari tarka baṛhāvai sākhā.
अस कहि लगे जपन हरिनामा । गईं सती जहँ प्रभु सुखधामा ॥
asa kahi lage japana harināmā, gaiṁ satī jahaṁ prabhu sukhadhāmā.

दोहा-dohā:

पुनि पुनि हृदयँ बिचारु करि धरि सीता कर रुप ।
puni puni hṛdayaṁ bicāru kari dhari sītā kara rupa,
आगें होइ चलि पंथ तेहिं जेहिं आवत नरभूप ॥५२॥
āgeṁ hoi cali paṁtha tehiṁ jehiṁ āvata narabhūpa. 52.

चौपाई-caupāī:

लछिमन दीख उमाकृत बेषा । चकित भए भ्रम हृदयँ बिसेषा ॥
lachimana dīkha umākṛta beṣā, cakita bhae bhrama hṛdayaṁ biseṣā.
कहि न सकत कछु अति गंभीरा । प्रभु प्रभाउ जानत मतिधीरा ॥
kahi na sakata kachu ati gaṁbhīrā, prabhu prabhāu jānata matidhīrā.
सती कपटु जानेउ सुरस्वामी । सबदरसी सब अंतरजामी ॥
satī kapaṭu jāneu surasvāmī, sabadarasī saba aṁtarajāmī.
सुमिरत जाहि मिटइ अग्याना । सोइ सरबग्य रामु भगवाना ॥
sumirata jāhi miṭai agyānā, soi sarabagya rāmu bhagavānā.
सती कीन्ह चह तहँहुँ दुराऊ । देखहु नारि सुभाव प्रभाऊ ॥
satī kīnha caha tahaṁhuṁ durāū, dekhahu nāri subhāva prabhāū.
निज माया बलु हृदयँ बखानी । बोले बिहसि रामु मृदु बानी ॥
nija māyā balu hṛdayaṁ bakhānī, bole bihasi rāmu mṛdu bānī.
जोरि पानि प्रभु कीन्ह प्रनामू । पिता समेत लीन्ह निज नामू ॥
jori pāni prabhu kīnha pranāmū, pitā sameta līnha nija nāmū.
कहेउ बहोरि कहाँ बृषकेतू । बिपिन अकेलि फिरहु केहि हेतू ॥
kaheu bahori kahāṁ bṛṣaketū, bipina akeli phirahu kehi hetū.

दोहा-dohā:

राम बचन मृदु गूढ़ सुनि उपजा अति संकोचु ।
rāma bacana mṛdu gūṛha suni upajā ati saṁkocu,
सती सभीत महेस पहिं चलीं हृदयँ बड़ सोचु ॥५३॥
satī sabhīta mahesa pahiṁ calīṁ hṛdayaṁ baṛa socu. 53.

चौपाई-caupāī:

मैं संकर कर कहा न माना । निज अग्यानु राम पर आना ॥
maiṁ saṁkara kara kahā na mānā, nija agyānu rāma para ānā.
जाइ उतरु अब देहउँ काहा । उर उपजा अति दारुन दाहा ॥
jāi utaru aba dehauṁ kāhā, ura upajā ati dāruna dāhā.
जाना राम सतीं दुखु पावा । निज प्रभाउ कछु प्रगटि जनावा ॥
jānā rāma satīṁ dukhu pāvā, nija prabhāu kachu pragaṭi janāvā.
सतीं दीख कौतुकु मग जाता । आगें रामु सहित श्री भ्राता ॥
satīṁ dīkha kautuku maga jātā, āgeṁ rāmu sahita śrī bhrātā.
फिरि चितवा पाछें प्रभु देखा । सहित बंधु सिय सुंदर बेषा ॥
phiri citavā pācheṁ prabhu dekhā, sahita baṁdhu siya suṁdara beṣā.
जहँ चितवहिं तहँ प्रभु आसीना । सेवहिं सिद्ध मुनीस प्रबीना ॥
jahaṁ citavahiṁ tahaṁ prabhu āsīnā, sevahiṁ siddha munīsa prabīnā.

देखे सिव बिधि बिष्नु अनेका । अमित प्रभाउ एक तें एका ॥
dekhe siva bidhi biṣnu anekā, amita prabhāu eka teṁ ekā.
बंदत चरन करत प्रभु सेवा । बिबिध बेष देखे सब देवा ॥
baṁdata carana karata prabhu sevā, bibidha beṣa dekhe saba devā.

दोहा-dohā:

सती बिधात्री इंदिरा देखीं अमित अनूप ।
satī bidhātrī iṁdirā dekhīṁ amita anūpa,
जेहिं जेहिं बेष अजादि सुर तेहि तेहि तन अनुरूप ॥५४॥
jehiṁ jehiṁ beṣa ajādi sura tehi tehi tana anurūpa. 54.

चौपाई-caupāī:

देखे जहँ तहँ रघुपति जेते । सक्तिन्ह सहित सकल सुर तेते ॥
dekhe jahaṁ tahaṁ raghupati jete, saktinha sahita sakala sura tete.
जीव चराचर जो संसारा । देखे सकल अनेक प्रकारा ॥
jīva carācara jo saṁsārā, dekhe sakala aneka prakārā.
पूजहिं प्रभुहि देव बहु बेषा । राम रूप दूसर नहिं देखा ॥
pūjahiṁ prabhuhi deva bahu beṣā, rāma rūpa dūsara nahiṁ dekhā.
अवलोके रघुपति बहुतेरे । सीता सहित न बेष घनेरे ॥
avaloke raghupati bahutere, sītā sahita na beṣa ghanere.
सोइ रघुबर सोइ लछिमनु सीता । देखि सती अति भईं सभीता ॥
soi raghubara soi lachimanu sītā, dekhi satī ati bhaīṁ sabhītā.
हृदय कंप तन सुधि कछु नाहीं । नयन मूदि बैठीं मग माहीं ॥
hṛdaya kaṁpa tana sudhi kachu nāhīṁ, nayana mūdi baiṭhīṁ maga māhīṁ.
बहुरि बिलोकेउ नयन उघारी । कछु न दीख तहँ दच्छकुमारी ॥
bahuri bilokeu nayana ughārī, kachu na dīkha tahaṁ dacchakumārī.
पुनि पुनि नाइ राम पद सीसा । चलीं तहाँ जहँ रहे गिरीसा ॥
puni puni nāi rāma pada sīsā, calīṁ tahāṁ jahaṁ rahe girīsā.

दोहा-dohā:

गईं समीप महेस तब हँसि पूछी कुसलात ।
gaīṁ samīpa mahesa taba haṁsi pūchī kusalāta,
लीन्हि परीछा कवन बिधि कहहु सत्य सब बात ॥५५॥
līnhi parīchā kavana bidhi kahahu satya saba bāta. 55.

मासपारायण दूसरा विश्राम
māsapārāyaṇa dūsarā viśrāma
(Pause 2 for a Thirty-Day Recitation)

चौपाई-caupāī:

सतीं समुझि रघुबीर प्रभाऊ । भय बस सिव सन कीन्ह दुराऊ ॥
satīṁ samujhi raghubīra prabhāū, bhaya basa siva sana kīnha durāū.
कछु न परीछा लीन्हि गोसाईं । कीन्ह प्रनामु तुम्हारिहि नाईं ॥
kachu na parīchā līnhi gosāīṁ, kīnha pranāmu tumhārihi nāīṁ.
जो तुम्ह कहा सो मृषा न होई । मोरें मन प्रतीति अति सोई ॥
jo tumha kahā so mṛṣā na hoī, moreṁ mana pratīti ati soī.
तब संकर देखेउ धरि ध्याना । सतीं जो कीन्ह चरित सबु जाना ॥
taba saṁkara dekheu dhari dhyānā, satīṁ jo kīnha carita sabu jānā.
बहुरि राममायहि सिरु नावा । प्रेरि सतिहि जेहिं झूँठ कहावा ॥
bahuri rāmamāyahi siru nāvā, preri satihi jehiṁ jhūṁṭha kahāvā.
हरि इच्छा भावी बलवाना । हृदयँ बिचारत संभु सुजाना ॥
hari icchā bhāvī balavānā, hṛdayaṁ bicārata saṁbhu sujānā.
सतीं कीन्ह सीता कर बेषा । सिव उर भयउ बिषाद बिसेषा ॥
satīṁ kīnha sītā kara beṣā, siva ura bhayau biṣāda biseṣā.
जौं अब करउँ सती सन प्रीती । मिटइ भगति पथु होइ अनीती ॥
jauṁ aba karauṁ satī sana prītī, miṭai bhagati pathu hoi anītī.

दोहा-dohā:

परम पुनीत न जाइ तजि किएँ प्रेम बड़ पापु ।
parama punīta na jāi taji kieṁ prema baṛa pāpu,
प्रगटि न कहत महेसु कछु हृदयँ अधिक संतापु ॥५६॥
pragaṭi na kahata mahesu kachu hṛdayaṁ adhika saṁtāpu. 56.

चौपाई-caupāī:

तब संकर प्रभु पद सिरु नावा । सुमिरत रामु हृदयँ अस आवा ॥
taba saṁkara prabhu pada siru nāvā, sumirata rāmu hṛdayaṁ asa āvā.
एहिं तन सतिहि भेट मोहि नाहीं । सिव संकल्पु कीन्ह मन माहीं ॥
ehiṁ tana satihi bheṭa mohi nāhīṁ, siva saṁkalpu kīnha mana māhīṁ.
अस बिचारि संकरु मतिधीरा । चले भवन सुमिरत रघुबीरा ॥
asa bicāri saṁkaru matidhīrā, cale bhavana sumirata raghubīrā.
चलत गगन भै गिरा सुहाई । जय महेस भलि भगति दृढ़ाई ॥
calata gagana bhai girā suhāī, jaya mahesa bhali bhagati dṛṛhāī.
अस पन तुम्ह बिनु करइ को आना । रामभगत समरथ भगवाना ॥
asa pana tumha binu karai ko ānā, rāmabhagata samaratha bhagavānā.
सुनि नभगिरा सती उर सोचा । पूछा सिवहि समेत सकोचा ॥
suni nabhagirā satī ura socā, pūchā sivahi sameta sakocā.
कीन्ह कवन पन कहहु कृपाला । सत्यधाम प्रभु दीनदयाला ॥
kīnha kavana pana kahahu kṛpālā, satyadhāma prabhu dīnadayālā.
जदपि सतीं पूछा बहु भाँती । तदपि न कहेउ त्रिपुर आराती ॥
jadapi satīṁ pūchā bahu bhāṁtī, tadapi na kaheu tripura ārātī.

दोहा-dohā:

सतीं हृदयँ अनुमान किय सबु जानेउ सर्बग्य ।
satīṁ hṛdayaṁ anumāna kiya sabu jāneu sarbagya,
कीन्ह कपटु मैं संभु सन नारि सहज जड़ अग्य ॥५७क॥
kīnha kapaṭu maiṁ saṁbhu sana nāri sahaja jaṛa agya. 57(ka).

सोरठा-soraṭhā:

जलु पय सरिस बिकाइ देखहु प्रीति कि रीति भलि ।
jalu paya sarisa bikāi dekhahu prīti ki rīti bhali,
बिलग होइ रसु जाइ कपट खटाई परत पुनि ॥५७ख॥
bilaga hoi rasu jāi kapaṭa khaṭāī parata puni. 57(kha).

चौपाई-caupāī:

हृदयँ सोचु समुझत निज करनी । चिंता अमित जाइ नहिं बरनी ॥
hṛdayaṁ socu samujhata nija karanī, ciṁtā amita jāi nahiṁ baranī.
कृपासिंधु सिव परम अगाधा । प्रगट न कहेउ मोर अपराधा ॥
kṛpāsiṁdhu siva parama agādhā, pragaṭa na kaheu mora aparādhā.
संकर रुख अवलोकि भवानी । प्रभु मोहि तजेउ हृदयँ अकुलानी ॥
saṁkara rukha avaloki bhavānī, prabhu mohi tajeu hṛdayaṁ akulānī.
निज अघ समुझि न कछु कहि जाई । तपइ अवाँ इव उर अधिकाई ॥
nija agha samujhi na kachu kahi jāī, tapai avāṁ iva ura adhikāī.
सतिहि ससोच जानि बृषकेतू । कहीं कथा सुंदर सुख हेतू ॥
satihi sasoca jāni bṛṣaketū, kahīṁ kathā suṁdara sukha hetū.
बरनत पंथ बिबिध इतिहासा । बिस्वनाथ पहुँचे कैलासा ॥
baranata paṁtha bibidha itihāsā, bisvanātha pahuṁce kailāsā.
तहँ पुनि संभु समुझि पन आपन । बैठे बट तर करि कमलासन ॥
tahaṁ puni saṁbhu samujhi pana āpana, baiṭhe baṭa tara kari kamalāsana.
संकर सहज सरुपु सम्हारा । लागि समाधि अखंड अपारा ॥
saṁkara sahaja sarupu samhārā, lāgi samādhi akhaṁḍa apārā.

दोहा-dohā:

सती बसहिं कैलास तब अधिक सोचु मन माहिं ।
satī basahiṁ kailāsa taba adhika socu mana māhiṁ,
मरमु न कोऊ जान कछु जुग सम दिवस सिराहिं ॥५८॥
maramu na koū jāna kachu juga sama divasa sirāhiṁ. 58.

चौपाई-caupāī:

नित नव सोचु सती उर भारा । कब जैहउँ दुख सागर पारा ॥
nita nava socu satī ura bhārā, kaba jaihauṁ dukha sāgara pārā.
मैं जो कीन्ह रघुपति अपमाना । पुनि पतिबचनु मृषा करि जाना ॥
maiṁ jo kīnha raghupati apamānā, puni patibacanu mṛṣā kari jānā.
सो फलु मोहि बिधाताँ दीन्हा । जो कछु उचित रहा सोइ कीन्हा ॥
so phalu mohi bidhātāṁ dīnhā, jo kachu ucita rahā soi kīnhā.
अब बिधि अस बूझिअ नहिं तोही । संकर बिमुख जिआवसि मोही ॥
aba bidhi asa būjhia nahiṁ tohī, saṁkara bimukha jiāvasi mohī.
कहि न जाइ कछु हृदय गलानी । मन महुँ रामहि सुमिर सयानी ॥
kahi na jāi kachu hṛdaya galānī, mana mahuṁ rāmahi sumira sayānī.
जौं प्रभु दीनदयालु कहावा । आरति हरन बेद जसु गावा ॥
jauṁ prabhu dīnadayālu kahāvā, ārati harana beda jasu gāvā.
तौ मैं बिनय करउँ कर जोरी । छूटउ बेगि देह यह मोरी ॥
tau maiṁ binaya karauṁ kara jorī, chūṭau begi deha yaha morī.
जौं मोरें सिव चरन सनेहू । मन क्रम बचन सत्य ब्रतु एहू ॥
jauṁ moreṁ siva carana sanehū, mana krama bacana satya bratu ehū.

दोहा-dohā:

तौ सबदरसी सुनिअ प्रभु करउ सो बेगि उपाइ ।
tau sabadarasī sunia prabhu karau so begi upāi,
होइ मरनु जेहिं बिनहिं श्रम दुसह बिपत्ति बिहाइ ॥५९॥
hoi maranu jehiṁ binahiṁ śrama dusaha bipatti bihāi. 59.

चौपाई-caupāī:

एहि बिधि दुखित प्रजेसकुमारी । अकथनीय दारुन दुखु भारी ॥
ehi bidhi dukhita prajesakumārī, akathanīya dāruna dukhu bhārī.
बीतें संबत सहस सतासी । तजी समाधि संभु अबिनासी ॥
bīteṁ saṁbata sahasa satāsī, tajī samādhi saṁbhu abināsī.
राम नाम सिव सुमिरन लागे । जानेउ सतीं जगतपति जागे ॥
rāma nāma siva sumirana lāge, jāneu satīṁ jagatapati jāge.
जाइ संभु पद बंदनु कीन्हा । सनमुख संकर आसनु दीन्हा ॥
jāi saṁbhu pada baṁdanu kīnhā, sanamukha saṁkara āsanu dīnhā.
लगे कहन हरिकथा रसाला । दच्छ प्रजेस भए तेहि काला ॥
lage kahana harikathā rasālā, daccha prajesa bhae tehi kālā.
देखा बिधि बिचारि सब लायक । दच्छहि कीन्ह प्रजापति नायक ॥
dekhā bidhi bicāri saba lāyaka, dacchahi kīnha prajāpati nāyaka.
बड़ अधिकार दच्छ जब पावा । अति अभिमानु हृदयँ तब आवा ॥
baṛa adhikāra daccha jaba pāvā, ati abhimānu hṛdayaṁ taba āvā.
नहिं कोउ अस जनमा जग माहीं । प्रभुता पाइ जाहि मद नाहीं ॥
nahiṁ kou asa janamā jaga māhīṁ, prabhutā pāi jāhi mada nāhīṁ.

दोहा-dohā:

दच्छ लिए मुनि बोलि सब करन लगे बड़ जाग ।
daccha lie muni boli saba karana lage baṛa jāga,
नेवते सादर सकल सुर जे पावत मख भाग ॥६०॥
nevate sādara sakala sura je pāvata makha bhāga. 60.

चौपाई-caupāī:

किंनर नाग सिद्ध गंधर्बा । बधुन्ह समेत चले सुर सर्बा ॥
kiṁnara nāga siddha gaṁdharbā, badhunha sameta cale sura sarbā.
बिष्नु बिरंचि महेसु बिहाई । चले सकल सुर जान बनाई ॥
biṣnu biraṁci mahesu bihāī, cale sakala sura jāna banāī.
सतीं बिलोके ब्योम बिमाना । जात चले सुंदर बिधि नाना ॥
satīṁ biloke byoma bimānā, jāta cale suṁdara bidhi nānā.
सुर सुंदरी करहिं कल गाना । सुनत श्रवन छूटहिं मुनि ध्याना ॥
sura suṁdarī karahiṁ kala gānā, sunata śravana chūṭahiṁ muni dhyānā.
पूछेउ तब सिवँ कहेउ बखानी । पिता जग्य सुनि कछु हरषानी ॥
pūcheu taba sivaṁ kaheu bakhānī, pitā jagya suni kachu haraṣānī.
जौं महेसु मोहि आयसु देहीं । कुछ दिन जाइ रहौं मिस एहीं ॥
jauṁ mahesu mohi āyasu dehīṁ, kucha dina jāi rahauṁ misa ehīṁ.
पति परित्याग हृदयँ दुखु भारी । कहइ न निज अपराध बिचारी ॥
pati parityāga hṛdayaṁ dukhu bhārī, kahai na nija aparādha bicārī.
बोली सती मनोहर बानी । भय संकोच प्रेम रस सानी ॥
bolī satī manohara bānī, bhaya saṁkoca prema rasa sānī.

दोहा-dohā:

पिता भवन उत्सव परम जौं प्रभु आयसु होइ ।
pitā bhavana utsava parama jauṁ prabhu āyasu hoi,
तौ मैं जाउँ कृपायतन सादर देखन सोइ ॥६१॥
tau maiṁ jāuṁ kṛpāyatana sādara dekhana soi. 61.

चौपाई-caupāī:

कहेहु नीक मोरेहुँ मन भावा । यह अनुचित नहिं नेवत पठावा ॥
kahehu nīka morehuṁ mana bhāvā, yaha anucita nahiṁ nevata paṭhāvā.
दच्छ सकल निज सुता बोलाईं । हमरें बयर तुम्हउ बिसराईं ॥
daccha sakala nija sutā bolāīṁ, hamareṁ bayara tumhau bisarāīṁ.
ब्रह्मसभाँ हम सन दुखु माना । तेहि तें अजहुँ करहिं अपमाना ॥
brahmasabhāṁ hama sana dukhu mānā, tehi teṁ ajahuṁ karahiṁ apamānā.
जौं बिनु बोलें जाहु भवानी । रहइ न सीलु सनेहु न कानी ॥
jauṁ binu boleṁ jāhu bhavānī, rahai na sīlu sanehu na kānī.
जदपि मित्र प्रभु पितु गुर गेहा । जाइअ बिनु बोलेहुँ न सँदेहा ॥
jadapi mitra prabhu pitu gura gehā, jāia binu bolehuṁ na saṁdehā.
तदपि बिरोध मान जहँ कोई । तहाँ गएँ कल्यानु न होई ॥
tadapi birodha māna jahaṁ koī, tahāṁ gaeṁ kalyānu na hoī.
भाँति अनेक संभु समुझावा । भावी बस न ग्यानु उर आवा ॥
bhāṁti aneka saṁbhu samujhāvā, bhāvī basa na gyānu ura āvā.
कह प्रभु जाहु जो बिनहिं बोलाएँ । नहिं भलि बात हमारे भाएँ ॥
kaha prabhu jāhu jo binahiṁ bolāeṁ, nahiṁ bhali bāta hamāre bhāeṁ.

दोहा-dohā:

कहि देखा हर जतन बहु रहइ न दच्छकुमारि ।
kahi dekhā hara jatana bahu rahai na dacchakumāri,
दिए मुख्य गन संग तब बिदा कीन्ह त्रिपुरारि ॥६२॥
die mukhya gana saṁga taba bidā kīnha tripurāri. 62.

चौपाई-caupāī:

पिता भवन जब गईं भवानी । दच्छ त्रास काहुँ न सनमानी ॥
pitā bhavana jaba gaīṁ bhavānī, daccha trāsa kāhuṁ na sanamānī.
सादर भलेहि मिली एक माता । भगिनीं मिलीं बहुत मुसुकाता ॥
sādara bhalehi milī eka mātā, bhaginīṁ milīṁ bahuta musukātā.
दच्छ न कछु पूछी कुसलाता । सतिहि बिलोकि जरे सब गाता ॥
daccha na kachu pūchī kusalātā, satihi biloki jare saba gātā.
सतीं जाइ देखेउ तब जागा । कतहुँ न दीख संभु कर भागा ॥
satīṁ jāi dekheu taba jāgā, katahuṁ na dīkha saṁbhu kara bhāgā.
तब चित चढ़ेउ जो संकर कहेऊ । प्रभु अपमानु समुझि उर दहेऊ ॥
taba cita caṛheu jo saṁkara kaheū, prabhu apamānu samujhi ura daheū.

पाछिल दुखु न हृदयँ अस ब्यापा । जस यह भयउ महा परितापा ॥
pāchila dukhu na hṛdayaṁ asa byāpā, jasa yaha bhayau mahā paritāpā.
जद्यपि जग दारुन दुख नाना । सब तें कठिन जाति अवमाना ॥
jadyapi jaga dāruna dukha nānā, saba teṁ kaṭhina jāti avamānā.
समुझि सो सतिहि भयउ अति क्रोधा । बहु बिधि जननीं कीन्ह प्रबोधा ॥
samujhi so satihi bhayau ati krodhā, bahu bidhi jananīṁ kīnha prabodhā.

दोहा-dohā:

सिव अपमानु न जाइ सहि हृदयँ न होइ प्रबोध ।
siva apamānu na jāi sahi hṛdayaṁ na hoi prabodha,
सकल सभहि हठि हटकि तब बोलीं बचन सक्रोध ॥६३॥
sakala sabhahi haṭhi haṭaki taba bolīṁ bacana sakrodha. 63.

चौपाई-caupāī:

सुनहु सभासद सकल मुनिंदा । कही सुनी जिन्ह संकर निंदा ॥
sunahu sabhāsada sakala muniṁdā, kahī sunī jinha saṁkara niṁdā.
सो फलु तुरत लहब सब काहूँ । भली भाँति पछिताब पिताहूँ ॥
so phalu turata lahaba saba kāhūṁ, bhalī bhāṁti pachitāba pitāhūṁ.
संत संभु श्रीपति अपबादा । सुनिअ जहाँ तहँ असि मरजादा ॥
saṁta saṁbhu śrīpati apabādā, sunia jahāṁ tahaṁ asi marajādā.
काटिअ तासु जीभ जो बसाई । श्रवन मूदि न त चलिअ पराई ॥
kāṭia tāsu jībha jo basāī, śravana mūdi na ta calia parāī.
जगदातमा महेसु पुरारी । जगत जनक सब के हितकारी ॥
jagadātamā mahesu purārī, jagata janaka saba ke hitakārī.
पिता मंदमति निंदत तेही । दच्छ सुक्र संभव यह देही ॥
pitā maṁdamati niṁdata tehī, daccha sukra saṁbhava yaha dehī.
तजिहउँ तुरत देह तेहि हेतू । उर धरि चंद्रमौलि बृषकेतू ॥
tajihauṁ turata deha tehi hetū, ura dhari caṁdramauli bṛṣaketū.
अस कहि जोग अगिनि तनु जारा । भयउ सकल मख हाहाकारा ॥
asa kahi joga agini tanu jārā, bhayau sakala makha hāhākārā.

दोहा-dohā:

सती मरनु सुनि संभु गन लगे करन मख खीस ।
satī maranu suni saṁbhu gana lage karana makha khīsa,
जग्य बिधंस बिलोकि भृगु रच्छा कीन्हि मुनीस ॥६४॥
jagya bidhaṁsa biloki bhṛgu racchā kīnhi munīsa. 64.

चौपाई-caupāī:

समाचार सब संकर पाए । बीरभद्रु करि कोप पठाए ॥
samācāra saba saṁkara pāe, bīrabhadru kari kopa paṭhāe.
जग्य बिधंस जाइ तिन्ह कीन्हा । सकल सुरन्ह बिधिवत फलु दीन्हा ॥
jagya bidhaṁsa jāi tinha kīnhā, sakala suranha bidhivata phalu dīnhā.
भै जगबिदित दच्छ गति सोई । जसि कछु संभु बिमुख कै होई ॥
bhai jagabidita daccha gati soī, jasi kachu saṁbhu bimukha kai hoī.
यह इतिहास सकल जग जानी । ताते मैं संछेप बखानी ॥
yaha itihāsa sakala jaga jānī, tāte maiṁ saṁchepa bakhānī.
सतीं मरत हरि सन बरु मागा । जनम जनम सिव पद अनुरागा ॥
satīṁ marata hari sana baru māgā, janama janama siva pada anurāgā.
तेहि कारन हिमगिरि गृह जाई । जनमीं पारबती तनु पाई ॥
tehi kārana himagiri gṛha jāī, janamīṁ pārabatī tanu pāī.
जब तें उमा सैल गृह जाईं । सकल सिद्धि संपति तहँ छाईं ॥
jaba teṁ umā saila gṛha jāīṁ, sakala siddhi saṁpati tahaṁ chāīṁ.
जहँ तहँ मुनिन्ह सुआश्रम कीन्हे । उचित बास हिम भूधर दीन्हे ॥
jahaṁ tahaṁ muninha suāśrama kīnhe, ucita bāsa hima bhūdhara dīnhe.

दोहा-dohā:

सदा सुमन फल सहित सब द्रुम नव नाना जाति ।
sadā sumana phala sahita saba druma nava nānā jāti,
प्रगटीं सुंदर सैल पर मनि आकर बहु भाँति ॥६५॥
pragaṭīṁ suṁdara saila para mani ākara bahu bhāṁti. 65.

चौपाई-caupāī:

सरिता सब पुनीत जलु बहहीं । खग मृग मधुप सुखी सब रहहीं ॥
saritā saba punīta jalu bahahīṁ, khaga mṛga madhupa sukhī saba rahahīṁ.
सहज बयरु सब जीवन्ह त्यागा । गिरि पर सकल करहिं अनुरागा ॥
sahaja bayaru saba jīvanha tyāgā, giri para sakala karahiṁ anurāgā.
सोह सैल गिरिजा गृह आएँ । जिमि जनु रामभगति के पाएँ ॥
soha saila girijā gṛha āeṁ, jimi janu rāmabhagati ke pāeṁ.
नित नूतन मंगल गृह तासू । ब्रह्मादिक गावहिं जसु जासू ॥
nita nūtana maṁgala gṛha tāsū, brahmādika gāvahiṁ jasu jāsū.
नारद समाचार सब पाए । कौतुकहीं गिरि गेह सिधाए ॥
nārada samācāra saba pāe, kautukahīṁ giri geha sidhāe.
सैलराज बड़ आदर कीन्हा । पद पखारि बर आसनु दीन्हा ॥
sailarāja baṛa ādara kīnhā, pada pakhāri bara āsanu dīnhā.
नारि सहित मुनि पद सिरु नावा । चरन सलिल सबु भवनु सिंचावा ॥
nāri sahita muni pada siru nāvā, carana salila sabu bhavanu siṁcāvā.
निज सौभाग्य बहुत गिरि बरना । सुता बोलि मेली मुनि चरना ॥
nija saubhāgya bahuta giri baranā, sutā boli melī muni caranā.

दोहा-dohā:

त्रिकालग्य सर्बग्य तुम्ह गति सर्बत्र तुम्हारि ।
trikālagya sarbagya tumha gati sarbatra tumhāri,
कहहु सुता के दोष गुन मुनिबर हृदयँ बिचारि ॥६६॥
kahahu sutā ke doṣa guna munibara hṛdayaṁ bicāri. 66.

चौपाई-caupāī:

कह मुनि बिहसि गूढ़ मृदु बानी । सुता तुम्हारि सकल गुन खानी ॥
kaha muni bihasi gūṛha mṛdu bānī, sutā tumhāri sakala guna khānī.
सुंदर सहज सुसील सयानी । नाम उमा अंबिका भवानी ॥
suṁdara sahaja susīla sayānī, nāma umā aṁbikā bhavānī.
सब लच्छन संपन्न कुमारी । होइहि संतत पियहि पिआरी ॥
saba lacchana saṁpanna kumārī, hoihi saṁtata piyahi piārī.
सदा अचल एहि कर अहिवाता । एहि तें जसु पैहहिं पितु माता ॥
sadā acala ehi kara ahivātā, ehi teṁ jasu paihahiṁ pitu mātā.
होइहि पूज्य सकल जग माहीं । एहि सेवत कछु दुर्लभ नाहीं ॥
hoihi pūjya sakala jaga māhīṁ, ehi sevata kachu durlabha nāhīṁ.
एहि कर नामु सुमिरि संसारा । त्रिय चढ़िहहिं पतिब्रत असिधारा ॥
ehi kara nāmu sumiri saṁsārā, triya caṛhihahiṁ patibrata asidhārā.
सैल सुलच्छन सुता तुम्हारी । सुनहु जे अब अवगुन दुइ चारी ॥
saila sulacchana sutā tumhārī, sunahu je aba avaguna dui cārī.
अगुन अमान मातु पितु हीना । उदासीन सब संसय छीना ॥
aguna amāna mātu pitu hīnā, udāsīna saba saṁsaya chīnā.

दोहा-dohā:

जोगी जटिल अकाम मन नगन अमंगल बेष ।
jogī jaṭila akāma mana nagana amaṁgala beṣa,
अस स्वामी एहि कहँ मिलिहि परी हस्त असि रेख ॥६७॥
asa svāmī ehi kahaṁ milihi parī hasta asi rekha. 67.

चौपाई-caupāī:

सुनि मुनि गिरा सत्य जियँ जानी । दुख दंपतिहि उमा हरषानी ॥
suni muni girā satya jiyaṁ jānī, dukha daṁpatihi umā haraṣānī.

नारदहूँ यह भेदु न जाना । दसा एक समुझब बिलगाना ॥
nāradahūṁ yaha bhedu na jānā, dasā eka samujhaba bilagānā.
सकल सखीं गिरिजा गिरि मैना । पुलक सरीर भरे जल नैना ॥
sakala sakhīṁ girijā giri mainā, pulaka sarīra bhare jala nainā.
होइ न मृषा देवरिषि भाषा । उमा सो बचनु हृदयँ धरि राखा ॥
hoi na mṛṣā devariṣi bhāṣā, umā so bacanu hṛdayaṁ dhari rākhā.
उपजेउ सिव पद कमल सनेहू । मिलन कठिन मन भा संदेहू ॥
upajeu siva pada kamala sanehū, milana kaṭhina mana bhā saṁdehū.
जानि कुअवसरु प्रीति दुराई । सखी उछँग बैठी पुनि जाई ॥
jāni kuavasaru prīti durāī, sakhī uchaṁga baiṭhī puni jāī.
झूठि न होइ देवरिषि बानी । सोचहिं दंपति सखीं सयानी ॥
jhūṭhi na hoi devariṣi bānī, socahiṁ daṁpati sakhīṁ sayānī.
उर धरि धीर कहइ गिरिराऊ । कहहु नाथ का करिअ उपाऊ ॥
ura dhari dhīra kahai girirāū, kahahu nātha kā karia upāū.

दोहा-dohā:

कह मुनीस हिमवंत सुनु जो बिधि लिखा लिलार ।
kaha munīsa himavaṁta sunu jo bidhi likhā lilāra,
देव दनुज नर नाग मुनि कोउ न मेटनिहार ॥६८॥
deva danuja nara nāga muni kou na meṭanihāra. 68.

चौपाई-caupāī:

तदपि एक मैं कहउँ उपाई । होइ करै जौं दैउ सहाई ॥
tadapi eka maiṁ kahauṁ upāī, hoi karai jauṁ daiu sahāī.
जस बरु मैं बरनेउँ तुम्ह पाहीं । मिलिहि उमहि तस संसय नाहीं ॥
jasa baru maiṁ baraneuṁ tumha pāhīṁ, milihi umahi tasa saṁsaya nāhīṁ.
जे जे बर के दोष बखाने । ते सब सिव पहिं मैं अनुमाने ॥
je je bara ke doṣa bakhāne, te saba siva pahiṁ maiṁ anumāne.
जौं बिबाहु संकर सन होई । दोषउ गुन सम कह सबु कोई ॥
jauṁ bibāhu saṁkara sana hoī, doṣau guna sama kaha sabu koī.
जौं अहि सेज सयन हरि करहीं । बुध कछु तिन्ह कर दोषु न धरहीं ॥
jauṁ ahi seja sayana hari karahīṁ, budha kachu tinha kara doṣu na dharahīṁ.
भानु कृसानु सर्ब रस खाहीं । तिन्ह कहँ मंद कहत कोउ नाहीं ॥
bhānu kṛsānu sarba rasa khāhīṁ, tinha kahaṁ maṁda kahata kou nāhīṁ.
सुभ अरु असुभ सलिल सब बहई । सुरसरि कोउ अपुनीत न कहई ॥
subha aru asubha salila saba bahaī, surasari kou apunīta na kahaī.
समरथ कहुँ नहिं दोषु गोसाईं । रबि पावक सुरसरि की नाईं ॥
samaratha kahuṁ nahiṁ doṣu gosāīṁ, rabi pāvaka surasari kī nāīṁ.

दोहा-dohā:

जौं अस हिसिषा करहिं नर जड़ बिबेक अभिमान ।
jauṁ asa hisiṣā karahiṁ nara jaṛa bibeka abhimāna,
परहिं कलप भरि नरक महुँ जीव कि ईस समान ॥६९॥
parahiṁ kalapa bhari naraka mahuṁ jīva ki īsa samāna. 69.

चौपाई-caupāī:

सुरसरि जल कृत बारुनि जाना । कबहुँ न संत करहिं तेहि पाना ॥
surasari jala kṛta bāruni jānā, kabahuṁ na saṁta karahiṁ tehi pānā.
सुरसरि मिलें सो पावन जैसें । ईस अनीसहि अंतरु तैसें ॥
surasari mileṁ so pāvana jaiseṁ, īsa anīsahi aṁtaru taiseṁ.
संभु सहज समरथ भगवाना । एहि बिबाहँ सब बिधि कल्याना ॥
saṁbhu sahaja samaratha bhagavānā, ehi bibāhaṁ saba bidhi kalyānā.
दुराराध्य पै अहहिं महेसू । आसुतोष पुनि किएँ कलेसू ॥
durārādhya pai ahahiṁ mahesū, āsutoṣa puni kieṁ kalesū.
जौं तपु करै कुमारि तुम्हारी । भाविउ मेटि सकहिं त्रिपुरारी ॥
jauṁ tapu karai kumāri tumhārī, bhāviu meṭi sakahiṁ tripurārī.
जद्यपि बर अनेक जग माहीं । एहि कहँ सिव तजि दूसर नाहीं ॥
jadyapi bara aneka jaga māhīṁ, ehi kahaṁ siva taji dūsara nāhīṁ.
बर दायक प्रनतारति भंजन । कृपासिंधु सेवक मन रंजन ॥
bara dāyaka pranatārati bhaṁjana, kṛpāsiṁdhu sevaka mana raṁjana.
इच्छित फल बिनु सिव अवराधें । लहिअ न कोटि जोग जप साधें ॥
icchita phala binu siva avarādheṁ, lahia na koṭi joga japa sādheṁ.

दोहा-dohā:

अस कहि नारद सुमिरि हरि गिरिजहि दीन्हि असीस ।
asa kahi nārada sumiri hari girijahi dīnhi asīsa,
होइहि यह कल्यान अब संसय तजहु गिरीस ॥७०॥
hoihi yaha kalyāna aba saṁsaya tajahu girīsa. 70.

चौपाई-caupāī:

कहि अस ब्रह्मभवन मुनि गयऊ । आगिल चरित सुनहु जस भयऊ ॥
kahi asa brahmabhavana muni gayaū, āgila carita sunahu jasa bhayaū.
पतिहि एकांत पाइ कह मैना । नाथ न मैं समुझे मुनि बैना ॥
patihi ekāṁta pāi kaha mainā, nātha na maiṁ samujhe muni bainā.
जौं घरु बरु कुलु होइ अनूपा । करिअ बिबाहु सुता अनुरुपा ॥
jauṁ gharu baru kulu hoi anūpā, karia bibāhu sutā anurupā.
न त कन्या बरु रहउ कुआरी । कंत उमा मम प्रानपिआरी ॥
na ta kanyā baru rahau kuārī, kaṁta umā mama prānapiārī.
जौं न मिलिहि बरु गिरिजहि जोगू । गिरि जड़ सहज कहिहि सबु लोगू ॥
jauṁ na milihi baru girijahi jogū, giri jaṛa sahaja kahihi sabu logū.
सोइ बिचारि पति करेहु बिबाहू । जेहिं न बहोरि होइ उर दाहू ॥
soi bicāri pati karehu bibāhū, jehiṁ na bahori hoi ura dāhū.
अस कहि परी चरन धरि सीसा । बोले सहित सनेह गिरीसा ॥
asa kahi parī carana dhari sīsā, bole sahita saneha girīsā.
बरु पावक प्रगटै ससि माहीं । नारद बचनु अन्यथा नाहीं ॥
baru pāvaka pragaṭai sasi māhīṁ, nārada bacanu anyathā nāhīṁ.

दोहा-dohā:

प्रिया सोचु परिहरहु सबु सुमिरहु श्रीभगवान ।
priyā socu pariharahu sabu sumirahu śrībhagavāna,
पारबतिहि निरमयउ जेहिं सोइ करिहि कल्यान ॥७१॥
pārabatihi niramayau jehiṁ soi karihi kalyāna. 71.

चौपाई-caupāī:

अब जौं तुम्हहि सुता पर नेहू । तौ अस जाइ सिखावनु देहू ॥
aba jauṁ tumhahi sutā para nehū, tau asa jāi sikhāvanu dehū.
करै सो तपु जेहिं मिलहिं महेसू । आन उपायँ न मिटिहि कलेसू ॥
karai so tapu jehiṁ milahiṁ mahesū, āna upāyaṁ na miṭihi kalesū.
नारद बचन सगर्भ सहेतू । सुंदर सब गुन निधि बृषकेतू ॥
nārada bacana sagarbha sahetū, suṁdara saba guna nidhi bṛṣaketū.
अस बिचारि तुम्ह तजहु असंका । सबहि भाँति संकरु अकलंका ॥
asa bicāri tumha tajahu asaṁkā, sabahi bhāṁti saṁkaru akalaṁkā.
सुनि पति बचन हरषि मन माहीं । गई तुरत उठि गिरिजा पाहीं ॥
suni pati bacana haraṣi mana māhīṁ, gaī turata uṭhi girijā pāhīṁ.
उमहि बिलोकि नयन भरे बारी । सहित सनेह गोद बैठारी ॥
umahi biloki nayana bhare bārī, sahita saneha goda baiṭhārī.
बारहिं बार लेति उर लाई । गदगद कंठ न कछु कहि जाई ॥
bārahiṁ bāra leti ura lāī, gadagada kaṁṭha na kachu kahi jāī.
जगत मातु सर्बग्य भवानी । मातु सुखद बोलीं मृदु बानी ॥
jagata mātu sarbagya bhavānī, mātu sukhada bolīṁ mṛdu bānī.

दोहा-dohā:

सुनहि मातु मैं दीख अस सपन सुनावउँ तोहि ।
sunahi mātu maiṁ dīkha asa sapana sunāvauṁ tohi,
सुंदर गौर सुबिप्रबर अस उपदेसेउ मोहि ॥७२॥
suṁdara gaura subiprabara asa upadeseu mohi. 72.

चौपाई-caupāī:

करहि जाइ तपु सैलकुमारी । नारद कहा सो सत्य बिचारी ॥
karahi jāi tapu sailakumārī, nārada kahā so satya bicārī.
मातु पितहि पुनि यह मत भावा । तपु सुखप्रद दुख दोष नसावा ॥
mātu pitahi puni yaha mata bhāvā, tapu sukhaprada dukha doṣa nasāvā.
तपबल रचइ प्रपंचु बिधाता । तपबल बिष्नु सकल जग त्राता ॥
tapabala racai prapaṁcu bidhātā, tapabala biṣnu sakala jaga trātā.
तपबल संभु करहिं संघारा । तपबल सेषु धरइ महिभारा ॥
tapabala saṁbhu karahiṁ saṁghārā, tapabala seṣu dharai mahibhārā.
तप अधार सब सृष्टि भवानी । करहि जाइ तपु अस जियँ जानी ॥
tapa adhāra saba sṛṣṭi bhavānī, karahi jāi tapu asa jiyam̐ jānī.
सुनत बचन बिसमित महतारी । सपन सुनायउ गिरिहि हँकारी ॥
sunata bacana bisamita mahatārī, sapana sunāyau girihi ham̐kārī.
मातु पितहि बहुबिधि समुझाई । चलीं उमा तप हित हरषाई ॥
mātu pitahi bahubidhi samujhāī, calīṁ umā tapa hita haraṣāī.
प्रिय परिवार पिता अरु माता । भए बिकल मुख आव न बाता ॥
priya parivāra pitā aru mātā, bhae bikala mukha āva na bātā.

दोहा-dohā:

बेदसिरा मुनि आइ तब सबहि कहा समुझाइ ।
bedasirā muni āi taba sabahi kahā samujhāi,
पारबती महिमा सुनत रहे प्रबोधहि पाइ ॥७३॥
pārabatī mahimā sunata rahe prabodhahi pāi. 73.

चौपाई-caupāī:

उर धरि उमा प्रानपति चरना । जाइ बिपिन लागीं तपु करना ॥
ura dhari umā prānapati caranā, jāi bipina lāgīṁ tapu karanā.
अति सुकुमार न तनु तप जोगू । पति पद सुमिरि तजेउ सबु भोगू ॥
ati sukumāra na tanu tapa jogū, pati pada sumiri tajeu sabu bhogū.
नित नव चरन उपज अनुरागा । बिसरी देह तपहिं मनु लागा ॥
nita nava carana upaja anurāgā, bisarī deha tapahiṁ manu lāgā.
संबत सहस मूल फल खाए । सागु खाइ सत बरष गवाँए ॥
saṁbata sahasa mūla phala khāe, sāgu khāi sata baraṣa gavām̐e.
कछु दिन भोजनु बारि बतासा । किए कठिन कछु दिन उपबासा ॥
kachu dina bhojanu bāri batāsā, kie kaṭhina kachu dina upabāsā.
बेल पाती महि परइ सुखाई । तीनि सहस संबत सोइ खाई ॥
bela pātī mahi parai sukhāī, tīni sahasa saṁbata soi khāī.
पुनि परिहरे सुखानेउ परना । उमहि नाम तब भयउ अपरना ॥
puni parihare sukhāneu paranā, umahi nāma taba bhayau aparanā.
देखि उमहि तप खीन सरीरा । ब्रह्मगिरा भै गगन गभीरा ॥
dekhi umahi tapa khīna sarīrā, brahmagirā bhai gagana gabhīrā.

दोहा-dohā:

भयउ मनोरथ सुफल तव सुनु गिरिराजकुमारि ।
bhayau manoratha suphala tava sunu girirājakumāri,
परिहरु दुसह कलेस सब अब मिलिहहिं त्रिपुरारि ॥७४॥
pariharu dusaha kalesa saba aba milihahiṁ tripurāri. 74.

चौपाई-caupāī:

अस तपु काहुँ न कीन्ह भवानी । भउ अनेक धीर मुनि ग्यानी ॥
asa tapu kāhum̐ na kīnha bhavānī, bhau aneka dhīra muni gyānī.
अब उर धरहु ब्रह्म बर बानी । सत्य सदा संतत सुचि जानी ॥
aba ura dharahu brahma bara bānī, satya sadā saṁtata suci jānī.
आवै पिता बोलावन जबहीं । हठ परिहरि घर जाएहु तबहीं ॥
āvai pitā bolāvana jabahīṁ, haṭha parihari ghara jāehu tabahīṁ.
मिलहिं तुम्हहि जब सप्त रिषीसा । जानेहु तब प्रमान बागीसा ॥
milahiṁ tumhahi jaba sapta riṣīsā, jānehu taba pramāna bāgīsā.
सुनत गिरा बिधि गगन बखानी । पुलक गात गिरिजा हरषानी ॥
sunata girā bidhi gagana bakhānī, pulaka gāta girijā haraṣānī.
उमा चरित सुंदर मैं गावा । सुनहु संभु कर चरित सुहावा ॥
umā carita suṁdara maiṁ gāvā, sunahu saṁbhu kara carita suhāvā.
जब तें सतीं जाइ तनु त्यागा । तब तें सिव मन भयउ बिरागा ॥
jaba teṁ satīṁ jāi tanu tyāgā, taba teṁ siva mana bhayau birāgā.
जपहिं सदा रघुनायक नामा । जहँ तहँ सुनहिं राम गुन ग्रामा ॥
japahiṁ sadā raghunāyaka nāmā, jaham̐ taham̐ sunahiṁ rāma guna grāmā.

दोहा-dohā:

चिदानंद सुखधाम सिव बिगत मोह मद काम ।
cidānaṁda sukhadhāma siva bigata moha mada kāma,
बिचरहिं महि धरि हृदयँ हरि सकल लोक अभिराम ॥७५॥
bicarahiṁ mahi dhari hṛdayam̐ hari sakala loka abhirāma. 75.

चौपाई-caupāī:

कतहुँ मुनिन्ह उपदेसहिं ग्याना । कतहुँ राम गुन करहिं बखाना ॥
katahum̐ muninha upadesahiṁ gyānā, katahum̐ rāma guna karahiṁ bakhānā.
जदपि अकाम तदपि भगवाना । भगत बिरह दुख दुखित सुजाना ॥
jadapi akāma tadapi bhagavānā, bhagata biraha dukha dukhita sujānā.
एहि बिधि गयउ कालु बहु बीती । नित नै होइ राम पद प्रीती ॥
ehi bidhi gayau kālu bahu bītī, nita nai hoi rāma pada prītī.
नेमु प्रेमु संकर कर देखा । अबिचल हृदयँ भगति कै रेखा ॥
nemu premu saṁkara kara dekhā, abicala hṛdayam̐ bhagati kai rekhā.
प्रगटे रामु कृतग्य कृपाला । रूप सील निधि तेज बिसाला ॥
pragaṭe rāmu kṛtagya kṛpālā, rūpa sīla nidhi teja bisālā.
बहु प्रकार संकरहि सराहा । तुम्ह बिनु अस ब्रतु को निरबाहा ॥
bahu prakāra saṁkarahi sarāhā, tumha binu asa bratu ko nirabāhā.
बहुबिधि राम सिवहि समुझावा । पारबती कर जन्मु सुनावा ॥
bahubidhi rāma sivahi samujhāvā, pārabatī kara janmu sunāvā.
अति पुनीत गिरिजा कै करनी । बिस्तर सहित कृपानिधि बरनी ॥
ati punīta girijā kai karanī, bistara sahita kṛpānidhi baranī.

दोहा-dohā:

अब बिनती मम सुनहु सिव जौं मो पर निज नेहु ।
aba binatī mama sunahu siva jauṁ mo para nija nehu,
जाइ बिबाहहु सैलजहि यह मोहि मागें देहु ॥७६॥
jāi bibāhahu sailajahi yaha mohi māgeṁ dehu. 76.

चौपाई-caupāī:

कह सिव जदपि उचित अस नाहीं । नाथ बचन पुनि मेटि न जाहीं ॥
kaha siva jadapi ucita asa nāhīṁ, nātha bacana puni meṭi na jāhīṁ.
सिर धरि आयसु करिअ तुम्हारा । परम धरमु यह नाथ हमारा ॥
sira dhari āyasu karia tumhārā, parama dharamu yaha nātha hamārā.
मातु पिता गुर प्रभु कै बानी । बिनहिं बिचार करिअ सुभ जानी ॥
mātu pitā gura prabhu kai bānī, binahiṁ bicāra karia subha jānī.
तुम्ह सब भाँति परम हितकारी । अग्या सिर पर नाथ तुम्हारी ॥
tumha saba bhām̐ti parama hitakārī, agyā sira para nātha tumhārī.
प्रभु तोषेउ सुनि संकर बचना । भक्ति बिबेक धर्म जुत रचना ॥
prabhu toṣeu suni saṁkara bacanā, bhakti bibeka dharma juta racanā.

कह प्रभु हर तुम्हार पन रहेऊ । अब उर राखेहु जो हम कहेऊ ॥
kaha prabhu hara tumhāra pana raheū, aba ura rākhehu jo hama kaheū.
अंतरधान भए अस भाषी । संकर सोइ मूरति उर राखी ॥
aṁtaradhāna bhae asa bhāṣī, saṁkara soi mūrati ura rākhī.
तबहिं सप्तरिषि सिव पहिं आए । बोले प्रभु अति बचन सुहाए ॥
tabahiṁ saptariṣi siva pahiṁ āe, bole prabhu ati bacana suhāe.

दोहा-dohā:

पारबती पहिं जाइ तुम्ह प्रेम परिच्छा लेहु ।
pārabatī pahiṁ jāi tumha prema paricchā lehu,
गिरिहि प्रेरि पठएहु भवन दूरि करेहु संदेहु ॥७७॥
girihi preri paṭhaehu bhavana dūri karehu saṁdehu. 77.

चौपाई-caupāī:

रिषिन्ह गौरि देखी तहँ कैसी । मूरतिमंत तपस्या जैसी ॥
riṣinha gauri dekhī tahaṁ kaisī, mūratimaṁta tapasyā jaisī.
बोले मुनि सुनु सैलकुमारी । करहु कवन कारन तपु भारी ॥
bole muni sunu sailakumārī, karahu kavana kārana tapu bhārī.
केहि अवराधहु का तुम्ह चहहू । हम सन सत्य मरमु किन कहहू ॥
kehi avarādhahu kā tumha cahahū, hama sana satya maramu kina kahahū.
कहत बचत मनु अति सकुचाई । हँसिहहु सुनि हमारि जड़ताई ॥
kahata bacata manu ati sakucāī, haṁsihahu suni hamāri jaṛatāī.
मनु हठ परा न सुनइ सिखावा । चहत बारि पर भीति उठावा ॥
manu haṭha parā na sunai sikhāvā, cahata bāri para bhīti uṭhāvā.
नारद कहा सत्य सोइ जाना । बिनु पंखन्ह हम चहहिं उड़ाना ॥
nārada kahā satya soi jānā, binu paṁkhanha hama cahahiṁ uṛānā.
देखहु मुनि अबिबेकु हमारा । चाहिअ सदा सिवहि भरतारा ॥
dekhahu muni abibeku hamārā, cāhia sadā sivahi bharatārā.

दोहा-dohā:

सुनत बचन बिहसे रिषय गिरिसंभव तव देह ।
sunata bacana bihase riṣaya girisaṁbhava tava deha,
नारद कर उपदेसु सुनि कहहु बसेउ किसु गेह ॥७८॥
nārada kara upadesu suni kahahu baseu kisu geha. 78.

चौपाई-caupāī:

दच्छसुतन्ह उपदेसेन्हि जाई । तिन्ह फिरि भवनु न देखा आई ॥
dacchasutanha upadesenhi jāī, tinha phiri bhavanu na dekhā āī.
चित्रकेतु कर घरु उन घाला । कनककसिपु कर पुनि अस हाला ॥
citraketu kara gharu una ghālā, kanakakasipu kara puni asa hālā.
नारद सिख जे सुनहिं नर नारी । अवसि होहिं तजि भवनु भिखारी ॥
nārada sikha je sunahiṁ nara nārī, avasi hohiṁ taji bhavanu bhikhārī.
मन कपटी तन सज्जन चीन्हा । आपु सरिस सबही चह कीन्हा ॥
mana kapaṭī tana sajjana cīnhā, āpu sarisa sabahī caha kīnhā.
तेहि कें बचन मानि बिस्वासा । तुम्ह चाहहु पति सहज उदासा ॥
tehi keṁ bacana māni bisvāsā, tumha cāhahu pati sahaja udāsā.
निर्गुन निलज कुबेष कपाली । अकुल अगेह दिगंबर ब्याली ॥
nirguna nilaja kubeṣa kapālī, akula ageha digaṁbara byālī.
कहहु कवन सुखु अस बरु पाएँ । भल भूलिहु ठग के बौराएँ ॥
kahahu kavana sukhu asa baru pāeṁ, bhala bhūlihu ṭhaga ke baurāeṁ.
पंच कहें सिवँ सती बिबाही । पुनि अवडेरि मराएन्हि ताही ॥
paṁca kaheṁ sivaṁ satī bibāhī, puni avaḍeri marāenhi tāhī.

दोहा-dohā:

अब सुख सोवत सोचु नहिं भीख मागि भव खाहिं ।
aba sukha sovata socu nahiṁ bhīkha māgi bhava khāhiṁ,
सहज एकाकिन्ह के भवन कबहुँ कि नारि खटाहिं ॥७९॥
sahaja ekākinha ke bhavana kabahuṁ ki nāri khaṭāhiṁ. 79.

चौपाई-caupāī:

अजहूँ मानहु कहा हमारा । हम तुम्ह कहुँ बरु नीक बिचारा ॥
ajahūṁ mānahu kahā hamārā, hama tumha kahuṁ baru nīka bicārā.
अति सुंदर सुचि सुखद सुसीला । गावहिं बेद जासु जस लीला ॥
ati suṁdara suci sukhada susīlā, gāvahiṁ beda jāsu jasa līlā.
दूषन रहित सकल गुन रासी । श्रीपति पुर बैकुंठ निवासी ॥
dūṣana rahita sakala guna rāsī, śrīpati pura baikuṁṭha nivāsī.
अस बरु तुम्हहि मिलाउब आनी । सुनत बिहसि कह बचन भवानी ॥
asa baru tumhahi milāuba ānī, sunata bihasi kaha bacana bhavānī.
सत्य कहेहु गिरिभव तनु एहा । हठ न छूट छूटै बरु देहा ॥
satya kahehu giribhava tanu ehā, haṭha na chūṭa chūṭai baru dehā.
कनकउ पुनि पषान तें होई । जारेहुँ सहजु न परिहर सोई ॥
kanakau puni paṣāna teṁ hoī, jārehuṁ sahaju na parihara soī.
नारद बचन न मैं परिहरऊँ । बसउ भवनु उजरउ नहिं डरऊँ ॥
nārada bacana na maiṁ pariharaūṁ, basau bhavanu ujarau nahiṁ ḍaraūṁ.
गुर कें बचन प्रतीति न जेही । सपनेहुँ सुगम न सुख सिधि तेही ॥
gura keṁ bacana pratīti na jehī, sapanehuṁ sugama na sukha sidhi tehī.

दोहा-dohā:

महादेव अवगुन भवन बिष्नु सकल गुन धाम ।
mahādeva avaguna bhavana biṣnu sakala guna dhāma,
जेहि कर मनु रम जाहि सन तेहि तेही सन काम ॥८०॥
jehi kara manu rama jāhi sana tehi tehī sana kāma. 80.

चौपाई-caupāī:

जौं तुम्ह मिलतेहु प्रथम मुनीसा । सुनतिउँ सिख तुम्हारि धरि सीसा ॥
jauṁ tumha milatehu prathama munīsā, sunatiuṁ sikha tumhāri dhari sīsā.
अब मैं जन्मु संभु हित हारा । को गुन दूषन करै बिचारा ॥
aba maiṁ janmu saṁbhu hita hārā, ko guna dūṣana karai bicārā.
जौं तुम्हरे हठ हृदयँ बिसेषी । रहि न जाइ बिनु किएँ बरेषी ॥
jauṁ tumhare haṭha hṛdayaṁ biseṣī, rahi na jāi binu kieṁ bareṣī.
तौ कौतुकिअन्ह आलसु नाहीं । बर कन्या अनेक जग माहीं ॥
tau kautukianha ālasu nāhīṁ, bara kanyā aneka jaga māhīṁ.
जन्म कोटि लगि रगर हमारी । बरउँ संभु न त रहउँ कुआरी ॥
janma koṭi lagi ragara hamārī, barauṁ saṁbhu na ta rahauṁ kuārī.
तजउँ न नारद कर उपदेसू । आपु कहहिं सत बार महेसू ॥
tajauṁ na nārada kara upadesū, āpu kahahiṁ sata bāra mahesū.
मैं पा परउँ कहइ जगदंबा । तुम्ह गृह गवनहु भयउ बिलंबा ॥
maiṁ pā parauṁ kahai jagadaṁbā, tumha gṛha gavanahu bhayau bilaṁbā.
देखि प्रेमु बोले मुनि ग्यानी । जय जय जगदंबिके भवानी ॥
dekhi premu bole muni gyānī, jaya jaya jagadaṁbike bhavānī.

दोहा-dohā:

तुम्ह माया भगवान सिव सकल जगत पितु मातु ।
tumha māyā bhagavāna siva sakala jagata pitu mātu,
नाइ चरन सिर मुनि चले पुनि पुनि हरषत गातु ॥८१॥
nāi carana sira muni cale puni puni haraṣata gātu. 81.

चौपाई-caupāī:

जाइ मुनिन्ह हिमवंतु पठाए । करि बिनती गिरजहिं गृह ल्याए ॥
jāi muninha himavaṁtu paṭhāe, kari binatī girajahiṁ gṛha lyāe.

बहुरि सप्तरिषि सिव पहिं जाई । कथा उमा कै सकल सुनाई ॥
bahuri saptariṣi siva pahiṁ jāī, kathā umā kai sakala sunāī.

भए मगन सिव सुनत सनेहा । हरषि सप्तरिषि गवने गेहा ॥
bhae magana siva sunata sanehā, haraṣi saptariṣi gavane gehā.

मनु थिर करि तब संभु सुजाना । लगे करन रघुनायक ध्याना ॥
manu thira kari taba saṁbhu sujānā, lage karana raghunāyaka dhyānā.

तारकु असुर भयउ तेहि काला । भुज प्रताप बल तेज बिसाला ॥
tāraku asura bhayau tehi kālā, bhuja pratāpa bala teja bisālā.

तेहिं सब लोक लोकपति जीते । भए देव सुख संपति रीते ॥
tehiṁ saba loka lokapati jīte, bhae deva sukha saṁpati rīte.

अजर अमर सो जीति न जाई । हारे सुर करि बिबिध लराई ॥
ajara amara so jīti na jāī, hāre sura kari bibidha larāī.

तब बिरंचि सन जाइ पुकारे । देखे बिधि सब देव दुखारे ॥
taba biraṁci sana jāi pukāre, dekhe bidhi saba deva dukhāre.

दोहा-dohā:

सब सन कहा बुझाइ बिधि दनुज निधन तब होइ ।
saba sana kahā bujhāi bidhi danuja nidhana taba hoi,

संभु सुक्र संभूत सुत एहि जीतइ रन सोइ ॥८२॥
saṁbhu sukra saṁbhūta suta ehi jītai rana soi. 82.

चौपाई-caupāī:

मोर कहा सुनि करहु उपाई । होइहि ईस्वर करिहि सहाई ॥
mora kahā suni karahu upāī, hoihi īsvara karihi sahāī.

सतीं जो तजी दच्छ मख देहा । जनमी जाइ हिमाचल गेहा ॥
satīṁ jo tajī daccha makha dehā, janamī jāi himācala gehā.

तेहिं तपु कीन्ह संभु पति लागी । सिव समाधि बैठे सबु त्यागी ॥
tehiṁ tapu kīnha saṁbhu pati lāgī, siva samādhi baiṭhe sabu tyāgī.

जदपि अहइ असमंजस भारी । तदपि बात एक सुनहु हमारी ॥
jadapi ahai asamaṁjasa bhārī, tadapi bāta eka sunahu hamārī.

पठवहु कामु जाइ सिव पाहीं । करै छोभु संकर मन माहीं ॥
paṭhavahu kāmu jāi siva pāhīṁ, karai chobhu saṁkara mana māhīṁ.

तब हम जाइ सिवहि सिर नाई । करवाउब बिबाहु बरिआई ॥
taba hama jāi sivahi sira nāī, karavāuba bibāhu bariāī.

एहि बिधि भलेहिं देवहित होई । मत अति नीक कहइ सबु कोई ॥
ehi bidhi bhalehiṁ devahita hoī, mata ati nīka kahai sabu koī.

अस्तुति सुरन्ह कीन्हि अति हेतू । प्रगटेउ बिषमबान झषकेतू ॥
astuti suranha kīnhi ati hetū, pragaṭeu biṣamabāna jhaṣaketū.

दोहा-dohā:

सुरन्ह कही निज बिपति सब सुनि मन कीन्ह बिचार ।
suranha kahī nija bipati saba suni mana kīnha bicāra,

संभु बिरोध न कुसल मोहि बिहसि कहेउ अस मार ॥८३॥
saṁbhu birodha na kusala mohi bihasi kaheu asa māra. 83.

चौपाई-caupāī:

तदपि करब मैं काजु तुम्हारा । श्रुति कह परम धरम उपकारा ॥
tadapi karaba maiṁ kāju tumhārā, śruti kaha parama dharama upakārā.

पर हित लागि तजइ जो देही । संतत संत प्रसंसहिं तेही ॥
para hita lāgi tajai jo dehī, saṁtata saṁta prasaṁsahiṁ tehī.

अस कहि चलेउ सबहि सिरु नाई । सुमन धनुष कर सहित सहाई ॥
asa kahi caleu sabahi siru nāī, sumana dhanuṣa kara sahita sahāī.

चलत मार अस हृदयँ बिचारा । सिव बिरोध ध्रुव मरनु हमारा ॥
calata māra asa hṛdayam̐ bicārā, siva birodha dhruva maranu hamārā.

तब आपन प्रभाउ बिस्तारा । निज बस कीन्ह सकल संसारा ॥
taba āpana prabhāu bistārā, nija basa kīnha sakala saṁsārā.

कोपेउ जबहि बारिचरकेतू । छन महुँ मिटे सकल श्रुति सेतू ॥
kopeu jabahi bāricaraketū, chana mahum̐ miṭe sakala śruti setū.

ब्रह्मचर्ज ब्रत संजम नाना । धीरज धरम ग्यान बिग्याना ॥
brahmacarja brata saṁjama nānā, dhīraja dharama gyāna bigyānā.

सदाचार जप जोग बिरागा । सभय बिबेक कटकु सबु भागा ॥
sadācāra japa joga birāgā, sabhaya bibeka kaṭaku sabu bhāgā.

छंद-chaṁda:

भागेउ बिबेकु सहाय सहित सो सुभट संजुग महि मुरे ।
bhāgeu bibeku sahāya sahita so subhaṭa saṁjuga mahi mure,

सदग्रंथ पर्बत कंदरन्हि महुँ जाइ तेहि अवसर दुरे ॥
sadagraṁtha parbata kaṁdaranhi mahum̐ jāi tehi avasara dure.

होनिहार का करतार को रखवार जग खरभरु परा ।
honihāra kā karatāra ko rakhavāra jaga kharabharu parā,

दुइ माथ केहि रतिनाथ जेहि कहुँ कोपि कर धनु सरु धरा ॥
dui mātha kehi ratinātha jehi kahum̐ kopi kara dhanu saru dharā.

दोहा-dohā:

जे सजीव जग अचर चर नारि पुरुष अस नाम ।
je sajīva jaga acara cara nāri puruṣa asa nāma,

ते निज निज मरजाद तजि भए सकल बस काम ॥८४॥
te nija nija marajāda taji bhae sakala basa kāma. 84.

चौपाई-caupāī:

सब के हृदयँ मदन अभिलाषा । लता निहारि नवहिं तरु साखा ॥
saba ke hṛdayam̐ madana abhilāṣā, latā nihāri navahiṁ taru sākhā.

नदीं उमगि अंबुधि कहुँ धाईं । संगम करहिं तलाव तलाईं ॥
nadīṁ umagi aṁbudhi kahum̐ dhāīṁ, saṁgama karahiṁ talāva talāīṁ.

जहँ असि दसा जड़न्ह कै बरनी । को कहि सकइ सचेतन करनी ॥
jaham̐ asi dasā jaṛanha kai baranī, ko kahi sakai sacetana karanī.

पसु पच्छी नभ जल थलचारी । भए कामबस समय बिसारी ॥
pasu pacchī nabha jala thalacārī, bhae kāmabasa samaya bisārī.

मदन अंध ब्याकुल सब लोका । निसि दिनु नहिं अवलोकहिं कोका ॥
madana aṁdha byākula saba lokā, nisi dinu nahiṁ avalokahiṁ kokā.

देव दनुज नर किंनर ब्याला । प्रेत पिसाच भूत बेताला ॥
deva danuja nara kiṁnara byālā, preta pisāca bhūta betālā.

इन्ह कै दसा न कहेउँ बखानी । सदा काम के चेरे जानी ॥
inha kai dasā na kaheum̐ bakhānī, sadā kāma ke cere jānī.

सिद्ध बिरक्त महामुनि जोगी । तेपि कामबस भए बियोगी ॥
siddha birakta mahāmuni jogī, tepi kāmabasa bhae biyogī.

छंद-chaṁda:

भए कामबस जोगीस तापस पावँरन्हि की को कहै ।
bhae kāmabasa jogīsa tāpasa pāvam̐ranhi kī ko kahai,

देखहिं चराचर नारिमय जे ब्रह्ममय देखत रहे ॥
dekhahiṁ carācara nārimaya je brahmamaya dekhata rahe.

अबला बिलोकहिं पुरुषमय जगु पुरुष सब अबलामयं ।
abalā bilokahiṁ puruṣamaya jagu puruṣa saba abalāmayaṁ,

दुइ दंड भरि ब्रह्मांड भीतर कामकृत कौतुक अयं ॥
dui daṁḍa bhari brahmāṁḍa bhītara kāmakṛta kautuka ayaṁ.

सोरठा-soraṭhā:

धरी न काहूँ धीर सब के मन मनसिज हरे ।
dharī na kāhūm̐ dhīra saba ke mana manasija hare,

जे राखे रघुबीर ते उबरे तेहि काल महुँ ॥८५॥
je rākhe raghubīra te ubare tehi kāla mahum̐. 85.

चौपाई-caupāī:

उभय घरी अस कौतुक भयऊ । जौ लगि कामु संभु पहिं गयऊ ॥
ubhaya gharī asa kautuka bhayaū, jau lagi kāmu saṁbhu pahiṁ gayaū.
सिवहि बिलोकि ससंकेउ मारू । भयउ जथाथिति सबु संसारू ॥
sivahi biloki sasaṁkeu mārū, bhayau jathāthiti sabu saṁsārū.
भए तुरत सब जीव सुखारे । जिमि मद उतरि गएँ मतवारे ॥
bhae turata saba jīva sukhāre, jimi mada utari gaeṁ matavāre.
रुद्रहि देखि मदन भय माना । दुराधरष दुर्गम भगवाना ॥
rudrahi dekhi madana bhaya mānā, durādharaṣa durgama bhagavānā.
फिरत लाज कछु करि नहिं जाई । मरनु ठानि मन रचेसि उपाई ॥
phirata lāja kachu kari nahiṁ jāī, maranu ṭhāni mana racesi upāī.
प्रगटेसि तुरत रुचिर रितुराजा । कुसुमित नव तरु राजि बिराजा ॥
pragaṭesi turata rucira riturājā, kusumita nava taru rāji birājā.
बन उपबन बापिका तड़ागा । परम सुभग सब दिसा बिभागा ॥
bana upabana bāpikā taṛāgā, parama subhaga saba disā bibhāgā.
जहँ तहँ जनु उमगत अनुरागा । देखि मुएहुँ मन मनसिज जागा ॥
jahaṁ tahaṁ janu umagata anurāgā, dekhi muehuṁ mana manasija jāgā.

छंद-chaṁda:

जागइ मनोभव मुएहुँ मन बन सुभगता न परै कही ।
jāgai manobhava muehuṁ mana bana subhagatā na parai kahī,
सीतल सुगंध सुमंद मारुत मदन अनल सखा सही ॥
sītala sugaṁdha sumaṁda māruta madana anala sakhā sahī.
बिकसे सरन्हि बहु कंज गुंजत पुंज मंजुल मधुकरा ।
bikase saranhi bahu kaṁja guṁjata puṁja maṁjula madhukarā,
कलहंस पिक सुक सरस रव करि गान नाचहिं अपछरा ॥
kalahaṁsa pika suka sarasa rava kari gāna nācahiṁ apacharā.

दोहा-dohā:

सकल कला करि कोटि बिधि हारेउ सेन समेत ।
sakala kalā kari koṭi bidhi hāreu sena sameta,
चली न अचल समाधि सिव कोपेउ हृदयनिकेत ॥८६॥
calī na acala samādhi siva kopeu hṛdayaniketa. 86.

चौपाई-caupāī:

देखि रसाल बिटप बर साखा । तेहि पर चढ़ेउ मदनु मन माखा ॥
dekhi rasāla biṭapa bara sākhā, tehi para caṛheu madanu mana mākhā.
सुमन चाप निज सर संधाने । अति रिस ताकि श्रवन लगि ताने ॥
sumana cāpa nija sara saṁdhāne, ati risa tāki śravana lagi tāne.
छाड़े बिषम बिसिख उर लागे । छुटि समाधि संभु तब जागे ॥
chāṛe biṣama bisikha ura lāge, chuṭi samādhi saṁbhu taba jāge.
भयउ ईस मन छोभु बिसेषी । नयन उघारि सकल दिसि देखी ॥
bhayau īsa mana chobhu biseṣī, nayana ughāri sakala disi dekhī.
सौरभ पल्लव मदनु बिलोका । भयउ कोपु कंपेउ त्रैलोका ॥
saurabha pallava madanu bilokā, bhayau kopu kaṁpeu trailokā.
तब सिवँ तीसर नयन उघारा । चितवत कामु भयउ जरि छारा ॥
taba sivaṁ tīsara nayana ughārā, citavata kāmu bhayau jari chārā.
हाहाकार भयउ जग भारी । डरपे सुर भए असुर सुखारी ॥
hāhākāra bhayau jaga bhārī, ḍarape sura bhae asura sukhārī.
समुझि कामसुखु सोचहिं भोगी । भए अकंटक साधक जोगी ॥
samujhi kāmasukhu socahiṁ bhogī, bhae akaṁṭaka sādhaka jogī.

छंद-chaṁda:

जोगि अकंटक भए पति गति सुनत रति मुरुछित भई ।
jogi akaṁṭaka bhae pati gati sunata rati muruchita bhaī,
रोदति बदति बहु भाँति करुना करति संकर पहिं गई ॥
rodati badati bahu bhāṁti karunā karati saṁkara pahiṁ gaī.
अति प्रेम करि बिनती बिबिध बिधि जोरि कर सन्मुख रही ।
ati prema kari binatī bibidha bidhi jori kara sanmukha rahī,
प्रभु आसुतोष कृपाल सिव अबला निरखि बोले सही ॥
prabhu āsutoṣa kṛpāla siva abalā nirakhi bole sahī.

दोहा-dohā:

अब तें रति तव नाथ कर होइहि नामु अनंगु ।
aba teṁ rati tava nātha kara hoihi nāmu anaṁgu,
बिनु बपु ब्यापिहि सबहि पुनि सुनु निज मिलन प्रसंगु ॥८७॥
binu bapu byāpihi sabahi puni sunu nija milana prasaṁgu. 87.

चौपाई-caupāī:

जब जदुबंस कृष्न अवतारा । होइहि हरन महा महिभारा ॥
jaba jadubaṁsa kṛṣna avatārā, hoihi harana mahā mahibhārā.
कृष्न तनय होइहि पति तोरा । बचनु अन्यथा होइ न मोरा ॥
kṛṣna tanaya hoihi pati torā, bacanu anyathā hoi na morā.
रति गवनी सुनि संकर बानी । कथा अपर अब कहउँ बखानी ॥
rati gavanī suni saṁkara bānī, kathā apara aba kahauṁ bakhānī.
देवन्ह समाचार सब पाए । ब्रह्मादिक बैकुंठ सिधाए ॥
devanha samācāra saba pāe, brahmādika baikuṁṭha sidhāe.
सब सुर बिष्नु बिरंचि समेता । गए जहाँ सिव कृपानिकेता ॥
saba sura biṣnu biraṁci sametā, gae jahāṁ siva kṛpāniketā.
पृथक पृथक तिन्ह कीन्हि प्रसंसा । भए प्रसन्न चंद्र अवतंसा ॥
pṛthaka pṛthaka tinha kīnhi prasaṁsā, bhae prasanna caṁdra avataṁsā.
बोले कृपासिंधु बृषकेतू । कहहु अमर आए केहि हेतू ॥
bole kṛpāsiṁdhu bṛṣaketū, kahahu amara āe kehi hetū.
कह बिधि तुम्ह प्रभु अंतरजामी । तदपि भगति बस बिनवउँ स्वामी ॥
kaha bidhi tumha prabhu aṁtarajāmī, tadapi bhagati basa binavauṁ svāmī.

दोहा-dohā:

सकल सुरन्ह के हृदयँ अस संकर परम उछाहु ।
sakala suranha ke hṛdayaṁ asa saṁkara parama uchāhu,
निज नयनन्हि देखा चहहिं नाथ तुम्हार बिबाहु ॥८८॥
nija nayananhi dekhā cahahiṁ nātha tumhāra bibāhu. 88.

चौपाई-caupāī:

यह उत्सव देखिअ भरि लोचन । सोइ कछु करहु मदन मद मोचन ॥
yaha utsava dekhia bhari locana, soi kachu karahu madana mada mocana.
कामु जारि रति कहुँ बरु दीन्हा । कृपासिंधु यह अति भल कीन्हा ॥
kāmu jāri rati kahuṁ baru dīnhā, kṛpāsiṁdhu yaha ati bhala kīnhā.
सासति करि पुनि करहिं पसाऊ । नाथ प्रभुन्ह कर सहज सुभाऊ ॥
sāsati kari puni karahiṁ pasāū, nātha prabhunha kara sahaja subhāū.
पारबतीं तपु कीन्ह अपारा । करहु तासु अब अंगीकारा ॥
pārabatīṁ tapu kīnha apārā, karahu tāsu aba aṁgīkārā.
सुनि बिधि बिनय समुझि प्रभु बानी । ऐसेइ होउ कहा सुखु मानी ॥
suni bidhi binaya samujhi prabhu bānī, aisei hou kahā sukhu mānī.
तब देवन्ह दुंदुभीं बजाईं । बरषि सुमन जय जय सुर साईं ॥
taba devanha duṁdubhīṁ bajāīṁ, baraṣi sumana jaya jaya sura sāīṁ.
अवसरु जानि सप्तरिषि आए । तुरतहिं बिधि गिरिभवन पठाए ॥
avasaru jāni saptariṣi āe, turatahiṁ bidhi giribhavana paṭhāe.
प्रथम गए जहँ रहीं भवानी । बोले मधुर बचन छल सानी ॥
prathama gae jahaṁ rahīṁ bhavānī, bole madhura bacana chala sānī.

दोहा-*dohā*:

कहा हमार न सुनेहु तब नारद कें उपदेस
kahā hamāra na sunehu taba nārada kem̐ upadesa,
अब भा झूठ तुम्हार पन जारेउ कामु महेस ॥८९॥
aba bhā jhūṭha tumhāra pana jāreu kāmu mahesa. 89.

मासपारायण तीसरा विश्राम
māsapārāyaṇa tīsarā viśrāma
(Pause 3 for a Thirty-Day Recitation)

चौपाई-*caupāī*:

सुनि बोलीं मुसुकाइ भवानी । उचित कहेहु मुनिबर बिग्यानी ॥
suni bolīṁ musukāi bhavānī, ucita kahehu munibara bigyānī.
तुम्हरें जान कामु अब जारा । अब लगि संभु रहे सबिकारा ॥
tumhareṁ jāna kāmu aba jārā, aba lagi sambhu rahe sabikārā.
हमरें जान सदा सिव जोगी । अज अनवद्य अकाम अभोगी ॥
hamareṁ jāna sadā siva jogī, aja anavadya akāma abhogī.
जौं मैं सिव सेयें अस जानी । प्रीति समेत कर्म मन बानी ॥
jauṁ maiṁ siva seye asa jānī, prīti sameta karma mana bānī.
तौ हमार पन सुनहु मुनीसा । करिहहिं सत्य कृपानिधि ईसा ॥
tau hamāra pana sunahu munīsā, karihahiṁ satya kṛpānidhi īsā.
तुम्ह जो कहा हर जारेउ मारा । सोइ अति बड़ अबिबेकु तुम्हारा ॥
tumha jo kahā hara jāreu mārā, soi ati baṛa abibeku tumhārā.
तात अनल कर सहज सुभाऊ । हिम तेहि निकट जाइ नहिं काऊ ॥
tāta anala kara sahaja subhāū, hima tehi nikaṭa jāi nahiṁ kāū.
गएँ समीप सो अवसि नसाई । असि मन्मथ महेस की नाई ॥
gaeṁ samīpa so avasi nasāī, asi manmatha mahesa kī nāī.

दोहा-*dohā*:

हियँ हरषे मुनि बचन सुनि देखि प्रीति बिस्वास
hiyam̐ haraṣe muni bacana suni dekhi prīti bisvāsa,
चले भवानिहि नाइ सिर गए हिमाचल पास ॥९०॥
cale bhavānihi nāi sira gae himācala pāsa. 90.

चौपाई-*caupāī*:

सबु प्रसंगु गिरिपतिहि सुनावा । मदन दहन सुनि अति दुखु पावा ॥
sabu prasaṁgu giripatihi sunāvā, madana dahana suni ati dukhu pāvā.
बहुरि कहेउ रति कर बरदाना । सुनि हिमवंत बहुत सुखु माना ॥
bahuri kaheu rati kara baradānā, suni himavaṁta bahuta sukhu mānā.
हृदयँ बिचारि संभु प्रभुताई । सादर मुनिबर लिए बोलाई ॥
hṛdayam̐ bicāri sambhu prabhutāī, sādara munibara lie bolāī.
सुदिनु सुनखतु सुघरी सोचाई । बेगि बेदबिधि लगन धराई ॥
sudinu sunakhatu sugharī socāī, begi bedabidhi lagana dharāī.
पत्री सप्तरिषिन्ह सोइ दीन्ही । गहि पद बिनय हिमाचल कीन्ही ॥
patrī saptariṣinha soi dīnhī, gahi pada binaya himācala kīnhī.
जाइ बिधिहि तिन्ह दीन्हि सो पाती । बाचत प्रीति न हृदयँ समाती ॥
jāi bidhihi tinha dīnhi so pātī, bācata prīti na hṛdayam̐ samātī.
लगन बाचि अज सबहि सुनाई । हरषे मुनि सब सुर समुदाई ॥
lagana bāci aja sabahi sunāī, haraṣe muni saba sura samudāī.
सुमन बृष्टि नभ बाजन बाजे । मंगल कलस दसहुँ दिसि साजे ॥
sumana bṛṣṭi nabha bājana bāje, maṁgala kalasa dasahum̐ disi sāje.

दोहा-*dohā*:

लगे सँवारन सकल सुर बाहन बिबिध बिमान
lage sam̐vārana sakala sura bāhana bibidha bimāna,
होहिं सगुन मंगल सुभद करहिं अपछरा गान ॥९१॥
hohiṁ saguna maṁgala subhada karahiṁ apacharā gāna. 91.

चौपाई-*caupāī*:

सिवहि संभु गन करहिं सिंगारा । जटा मुकुट अहि मौरु सँवारा ॥
sivahi sambhu gana karahiṁ siṁgārā, jaṭā mukuṭa ahi mauru sam̐vārā.
कुंडल कंकन पहिरे ब्याला । तन बिभूति पट केहरि छाला ॥
kuṁdala kaṁkana pahire byālā, tana bibhūti paṭa kehari chālā.
ससि ललाट सुंदर सिर गंगा । नयन तीनि उपबीत भुजंगा ॥
sasi lalāṭa suṁdara sira gaṁgā, nayana tīni upabīta bhujaṁgā.
गरल कंठ उर नर सिर माला । असिव बेष सिवधाम कृपाला ॥
garala kaṁṭha ura nara sira mālā, asiva beṣa sivadhāma kṛpālā.
कर त्रिसूल अरु डमरु बिराजा । चले बसहँ चढ़ि बाजहिं बाजा ॥
kara trisūla aru ḍamaru birājā, cale basaham̐ caṛhi bājahiṁ bājā.
देखि सिवहि सुरत्रिय मुसुकाहीं । बर लायक दुलहिनि जग नाहीं ॥
dekhi sivahi suratriya musukāhīṁ, bara lāyaka dulahini jaga nāhīṁ.
बिष्नु बिरंचि आदि सुरब्राता । चढ़ि चढ़ि बाहन चले बराता ॥
biṣnu biraṁci ādi surabrātā, caṛhi caṛhi bāhana cale barātā.
सुर समाज सब भाँति अनूपा । नहिं बरात दूलह अनुरूपा ॥
sura samāja saba bhām̐ti anūpā, nahiṁ barāta dūlaha anurūpā.

दोहा-*dohā*:

बिष्नु कहा अस बिहसि तब बोलि सकल दिसिराज
biṣnu kahā asa bihasi taba boli sakala disirāja,
बिलग बिलग होइ चलहु सब निज निज सहित समाज ॥९२॥
bilaga bilaga hoi calahu saba nija nija sahita samāja. 92.

चौपाई-*caupāī*:

बर अनुहारि बरात न भाई । हँसी कैरहहु पर पुर जाई ॥
bara anuhāri barāta na bhāī, haṁsī karaihahu para pura jāī.
बिष्नु बचन सुनि सुर मुसुकाने । निज निज सेन सहित बिलगाने ॥
biṣnu bacana suni sura musukāne, nija nija sena sahita bilagāne.
मनहीं मन महेसु मुसुकाहीं । हरि के बिंग्य बचन नहिं जाहीं ॥
manahīṁ mana mahesu musukāhīṁ, hari ke biṁgya bacana nahiṁ jāhīṁ.
अति प्रिय बचन सुनत प्रिय केरे । भृंगिहि प्रेरि सकल गन टेरे ॥
ati priya bacana sunata priya kere, bhṛṁgihi preri sakala gana ṭere.
सिव अनुसासन सुनि सब आए । प्रभु पद जलज सीस तिन्ह नाए ॥
siva anusāsana suni saba āe, prabhu pada jalaja sīsa tinha nāe.
नाना बाहन नाना बेषा । बिहसे सिव समाज निज देखा ॥
nānā bāhana nānā beṣā, bihase siva samāja nija dekhā.
कोउ मुखहीन बिपुल मुख काहू । बिनु पद कर कोउ बहु पद बाहू ॥
kou mukhahīna bipula mukha kāhū, binu pada kara kou bahu pada bāhū.
बिपुल नयन कोउ नयन बिहीना । रिष्टपुष्ट कोउ अति तनखीना ॥
bipula nayana kou nayana bihīnā, riṣṭapuṣṭa kou ati tanakhīnā.

छंद-*chaṁda*:

तन खीन कोउ अति पीन पावन कोउ अपावन गति धरें ।
tana khīna kou ati pīna pāvana kou apāvana gati dhareṁ,
भूषन कराल कपाल कर सब सद्य सोनित तन भरें ॥
bhūṣana karāla kapāla kara saba sadya sonita tana bhareṁ.
खर स्वान सुअर सृकाल मुख गन बेष अगनित को गनै ।
khara svāna suara sṛkāla mukha gana beṣa aganita ko ganai,
बहु जिनस प्रेत पिसाच जोगि जमात बरनत नहिं बनै ॥
bahu jinasa preta pisāca jogi jamāta baranata nahiṁ banai.

सोरठा-sorațhā:

नाचहिं गावहिं गीत परम तरंगी भूत सब ।
nācahiṁ gāvahiṁ gīta parama taraṁgī bhūta saba,
देखत अति बिपरीत बोलहिं बचन बिचित्र बिधि ॥९३॥
dekhata ati biparīta bolahiṁ bacana bicitra bidhi. 93.

चौपाई-caupāī:

जस दूलहु तसि बनी बराता । कौतुक बिबिध होहिं मग जाता ॥
jasa dūlahu tasi banī barātā, kautuka bibidha hohiṁ maga jātā.
इहाँ हिमाचल रचेउ बिताना । अति बिचित्र नहिं जाइ बखाना ॥
ihāṁ himācala raceu bitānā, ati bicitra nahiṁ jāi bakhānā.
सैल सकल जहँ लगि जग माहीं । लघु बिसाल नहिं बरनि सिराहीं ॥
saila sakala jahaṁ lagi jaga māhīṁ, laghu bisāla nahiṁ barani sirāhīṁ.
बन सागर सब नदीं तलावा । हिमगिरि सब कहुँ नेवत पठावा ॥
bana sāgara saba nadīṁ talāvā, himagiri saba kahuṁ nevata paṭhāvā.
कामरूप सुंदर तन धारी । सहित समाज सहित बर नारी ॥
kāmarūpa suṁdara tana dhārī, sahita samāja sahita bara nārī.
गए सकल तुहिनाचल गेहा । गावहिं मंगल सहित सनेहा ॥
gae sakala tuhinācala gehā, gāvahiṁ maṁgala sahita sanehā.
प्रथमहिं गिरि बहु गृह सँवराए । जथाजोगु तहँ तहँ सब छाए ॥
prathamahiṁ giri bahu gṛha saṁvarāe, jathājogu tahaṁ tahaṁ saba chāe.
पुर सोभा अवलोकि सुहाई । लागइ लघु बिरंचि निपुनाई ॥
pura sobhā avaloki suhāī, lāgai laghu biraṁci nipunāī.

छंद-chaṁda:

लघु लाग बिधि की निपुनता अवलोकि पुर सोभा सही ।
laghu lāga bidhi kī nipunatā avaloki pura sobhā sahī,
बन बाग कूप तड़ाग सरिता सुभग सब सक को कही ॥
bana bāga kūpa taṛāga saritā subhaga saba saka ko kahī.
मंगल बिपुल तोरन पताका केतु गृह गृह सोहहीं ।
maṁgala bipula torana patākā ketu gṛha gṛha sohahīṁ,
बनिता पुरुष सुंदर चतुर छबि देखि मुनि मन मोहहीं ॥
banitā puruṣa suṁdara catura chabi dekhi muni mana mohahīṁ.

दोहा-dohā:

जगदंबा जहँ अवतरी सो पुरु बरनि कि जाइ ।
jagadambā jahaṁ avatarī so puru barani ki jāi,
रिद्धि सिद्धि संपत्ति सुख नित नूतन अधिकाइ ॥९४॥
riddhi siddhi sampatti sukha nita nūtana adhikāi. 94.

चौपाई-caupāī:

नगर निकट बरात सुनि आई । पुर खरभरु सोभा अधिकाई ॥
nagara nikaṭa barāta suni āī, pura kharabharu sobhā adhikāī.
करि बनाव सजि बाहन नाना । चले लेन सादर अगवाना ॥
kari banāva saji bāhana nānā, cale lena sādara agavānā.
हियँ हरषे सुर सेन निहारी । हरिहि देखि अति भए सुखारी ॥
hiyaṁ haraṣe sura sena nihārī, harihi dekhi ati bhae sukhārī.
सिव समाज जब देखन लागे । बिडरि चले बाहन सब भागे ॥
siva samāja jaba dekhana lāge, biḍari cale bāhana saba bhāge.
धरि धीरजु तहँ रहे सयाने । बालक सब लै जीव पराने ॥
dhari dhīraju tahaṁ rahe sayāne, bālaka saba lai jīva parāne.
गएँ भवन पूछहिं पितु माता । कहहिं बचन भय कंपित गाता ॥
gaeṁ bhavana pūchahiṁ pitu mātā, kahahiṁ bacana bhaya kampita gātā.
कहिअ काह कहि जाइ न बाता । जम कर धार किधौं बरिआता ॥
kahia kāha kahi jāi na bātā, jama kara dhāra kidhauṁ bariātā.
बरु बौराह बसहँ असवारा । ब्याल कपाल बिभूषन छारा ॥
baru baurāha basahaṁ asavārā, byāla kapāla bibhūṣana chārā.

छंद-chaṁda:

तन छार ब्याल कपाल भूषन नगन जटिल भयंकरा ।
tana chāra byāla kapāla bhūṣana nagana jaṭila bhayaṁkarā,
सँग भूत प्रेत पिसाच जोगिनि बिकट मुख रजनीचरा ॥
saṁga bhūta preta pisāca jogini bikaṭa mukha rajanīcarā.
जो जिअत रहिहि बरात देखत पुन्य बड़ तेहि कर सही ।
jo jiata rahihi barāta dekhata punya baṛa tehi kara sahī,
देखिहि सो उमा बिबाहु घर घर बात असि लरिकन्ह कही ॥
dekhihi so umā bibāhu ghara ghara bāta asi larikanha kahī.

दोहा-dohā:

समुझि महेस समाज सब जननि जनक मुसुकाहिं ।
samujhi mahesa samāja saba janani janaka musukāhiṁ,
बाल बुझाए बिबिध बिधि निडर होहु डरु नाहिं ॥९५॥
bāla bujhāe bibidha bidhi niḍara hohu ḍaru nāhiṁ. 95.

चौपाई-caupāī:

लै अगवान बरातहि आए । दिए सबहि जनवास सुहाए ॥
lai agavāna barātahi āe, die sabahi janavāsa suhāe.
मैनाँ सुभ आरती सँवारी । संग सुमंगल गावहिं नारी ॥
maināṁ subha āratī saṁvārī, saṁga sumaṁgala gāvahiṁ nārī.
कंचन थार सोह बर पानी । परिछन चली हरहि हरषानी ॥
kaṁcana thāra soha bara pānī, parichana calī harahi haraṣānī.
बिकट बेष रुद्रहि जब देखा । अबलन्ह उर भय भयउ बिसेषा ॥
bikaṭa beṣa rudrahi jaba dekhā, abalanha ura bhaya bhayau biseṣā.
भागि भवन पैठीं अति त्रासा । गए महेसु जहाँ जनवासा ॥
bhāgi bhavana paiṭhīṁ ati trāsā, gae mahesu jahāṁ janavāsā.
मैना हृदयँ भयउ दुखु भारी । लीन्ही बोलि गिरीसकुमारी ॥
mainā hṛdayaṁ bhayau dukhu bhārī, līnhī boli girīsakumārī.
अधिक सनेहँ गोद बैठारी । स्याम सरोज नयन भरे बारी ॥
adhika sanehaṁ goda baiṭhārī, syāma saroja nayana bhare bārī.
जेहिं बिधि तुम्हहि रूपु अस दीन्हा । तेहिं जड़ बरु बाउर कस कीन्हा ॥
jehiṁ bidhi tumhahi rūpu asa dīnhā, tehiṁ jaṛa baru bāura kasa kīnhā.

छंद-chaṁda:

कस कीन्ह बरु बौराह बिधि जेहिं तुम्हहि सुंदरता दई ।
kasa kīnha baru baurāha bidhi jehiṁ tumhahi suṁdaratā daī,
जो फलु चहिअ सुरतरुहिं सो बरबस बबूरहिं लागई ॥
jo phalu cahia surataruhiṁ so barabasa babūrahiṁ lāgaī.
तुम्ह सहित गिरि तें गिरौं पावक जरौं जलनिधि महुँ परौं ।
tumha sahita giri teṁ girauṁ pāvaka jarauṁ jalanidhi mahuṁ parauṁ,
घरु जाउ अपजसु होउ जग जीवत बिबाहु न हौं करौं ॥
gharu jāu apajasu hou jaga jīvata bibāhu na hauṁ karauṁ.

दोहा-dohā:

भईं बिकल अबला सकल दुखित देखि गिरिनारि ।
bhaīṁ bikala abalā sakala dukhita dekhi girināri,
करि बिलापु रोदति बदति सुता सनेहु सँभारि ॥९६॥
kari bilāpu rodati badati sutā sanehu saṁbhāri. 96.

चौपाई-caupāī:

नारद कर मैं काह बिगारा । भवनु मोर जिन्ह बसत उजारा ॥
nārada kara maiṁ kāha bigārā, bhavanu mora jinha basata ujārā.
अस उपदेसु उमहि जिन्ह दीन्हा । बौरे बरहि लागि तपु कीन्हा ॥
asa upadesu umahi jinha dīnhā, baure barahi lāgi tapu kīnhā.
साचेहुँ उन्ह कें मोह न माया । उदासीन धनु धामु न जाया ॥
sācehuṁ unha keṁ moha na māyā, udāsīna dhanu dhāmu na jāyā.

पर घर घालक लाज न भीरा । बाझँ कि जान प्रसव कै पीरा ॥
para ghara ghālaka lāja na bhīrā, bājhaṁ ki jāna prasava kai pīrā.
जननिहि बिकल बिलोकि भवानी । बोली जुत बिबेक मृदु बानी ॥
jananihi bikala biloki bhavānī, bolī juta bibeka mṛdu bānī.
अस बिचारि सोचहि मति माता । सो न टरइ जो रचइ बिधाता ॥
asa bicāri socahi mati mātā, so na ṭarai jo racai bidhātā.
करम लिखा जौं बाउर नाहू । तौ कत दोसु लगाइअ काहू ॥
karama likhā jauṁ bāura nāhū, tau kata dosu lagāia kāhū.
तुम्ह सन मिटहिं कि बिधि के अंका । मातु ब्यर्थ जनि लेहु कलंका ॥
tumha sana miṭahiṁ ki bidhi ke aṁkā, mātu byartha jani lehu kalaṁkā.

छंद-chaṁda:

जनि लेहु मातु कलंकु करुना परिहरहु अवसर नहीं ।
jani lehu mātu kalaṁku karunā pariharahu avasara nahīṁ,
दुखु सुखु जो लिखा लिलार हमरें जाब जहँ पाउब तहीं ॥
dukhu sukhu jo likhā lilāra hamareṁ jāba jahaṁ pāuba tahīṁ.
सुनि उमा बचन बिनीत कोमल सकल अबला सोचहीं ।
suni umā bacana binīta komala sakala abalā socahīṁ,
बहु भाँति बिधिहि लगाइ दूषन नयन बारि बिमोचहीं ॥
bahu bhāṁti bidhihi lagāi dūṣana nayana bāri bimocahīṁ.

दोहा-dohā:

तेहि अवसर नारद सहित अरु रिषि सप्त समेत ।
tehi avasara nārada sahita aru riṣi sapta sameta,
समाचार सुनि तुहिनगिरि गवने तुरत निकेत ॥९७॥
samācāra suni tuhinagiri gavane turata niketa. 97.

चौपाई-caupāī:

तब नारद सबही समुझावा । पूरुब कथाप्रसंगु सुनावा ॥
taba nārada sabahī samujhāvā, pūruba kathāprasaṁgu sunāvā.
मयना सत्य सुनहु मम बानी । जगदंबा तव सुता भवानी ॥
mayanā satya sunahu mama bānī, jagadaṁbā tava sutā bhavānī.
अजा अनादि सक्ति अबिनासिनि । सदा संभु अरधंग निवासिनि ॥
ajā anādi sakti abināsini, sadā saṁbhu aradhaṁga nivāsini.
जग संभव पालन लय कारिनि । निज इच्छा लीला बपु धारिनि ॥
jaga saṁbhava pālana laya kārini, nija icchā līlā bapu dhārini.
जनमीं प्रथम दच्छ गृह जाई । नामु सती सुंदर तनु पाई ॥
janamīṁ prathama daccha gṛha jāī, nāmu satī suṁdara tanu pāī.
तहँहुँ सती संकरहि बिबाहीं । कथा प्रसिद्ध सकल जग माहीं ॥
tahaṁhuṁ satī saṁkarahi bibāhīṁ, kathā prasiddha sakala jaga māhīṁ.
एक बार आवत सिव संगा । देखेउ रघुकुल कमल पतंगा ॥
eka bāra āvata siva saṁgā, dekheu raghukula kamala pataṁgā.
भयउ मोहु सिव कहा न कीन्हा । भ्रम बस बेषु सीय कर लीन्हा ॥
bhayau mohu siva kahā na kīnhā, bhrama basa beṣu sīya kara līnhā.

छंद-chaṁda:

सिय बेषु सतीं जो कीन्ह तेहिं अपराध संकर परिहरीं ।
siya beṣu satīṁ jo kīnha tehiṁ aparādha saṁkara pariharīṁ,
हर बिरहँ जाइ बहोरि पितु कें जग्य जोगानल जरीं ॥
hara birahaṁ jāi bahori pitu keṁ jagya jogānala jarīṁ.
अब जनमि तुम्हरे भवन निज पति लागि दारुन तपु किया ।
aba janami tumhare bhavana nija pati lāgi dāruna tapu kiyā,
अस जानि संसय तजहु गिरिजा सर्बदा संकर प्रिया ॥
asa jāni saṁsaya tajahu girijā sarbadā saṁkara priyā.

दोहा-dohā:

सुनि नारद के बचन तब सब कर मिटा बिषाद ।
suni nārada ke bacana taba saba kara miṭā biṣāda,
छन महुँ ब्यापेउ सकल पुर घर घर यह संबाद ॥९८॥
chana mahuṁ byāpeu sakala pura ghara ghara yaha saṁbāda. 98.

चौपाई-caupāī:

तब मयना हिमवंतु अनंदे । पुनि पुनि पारबती पद बंदे ॥
taba mayanā himavaṁtu anaṁde, puni puni pārabatī pada baṁde.
नारि पुरुष सिसु जुबा सयाने । नगर लोग सब अति हरषाने ॥
nāri puruṣa sisu jubā sayāne, nagara loga saba ati haraṣāne.
लगे होन पुर मंगलगाना । सजे सबहिं हाटक घट नाना ॥
lage hona pura maṁgalagānā, saje sabahiṁ hāṭaka ghaṭa nānā.
भाँति अनेक भई जेवनारा । सूपसास्त्र जस कछु ब्यवहारा ॥
bhāṁti aneka bhaī jevanārā, sūpasāstra jasa kachu byavahārā.
सो जेवनार कि जाइ बखानी । बसहिं भवन जेहिं मातु भवानी ॥
so jevanāra ki jāi bakhānī, basahiṁ bhavana jehiṁ mātu bhavānī.
सादर बोले सकल बराती । बिष्नु बिरंचि देव सब जाती ॥
sādara bole sakala barātī, biṣnu biraṁci deva saba jātī.
बिबिधि पाँति बैठी जेवनारा । लागे परुसन निपुन सुआरा ॥
bibidhi pāṁti baiṭhī jevanārā, lāge parusana nipuna suārā.
नारिबृंद सुर जेवँत जानी । लगीं देन गारीं मृदु बानी ॥
nāribṛṁda sura jevaṁta jānī, lagīṁ dena gārīṁ mṛdu bānī.

छंद-chaṁda:

गारीं मधुर स्वर देहिं सुंदरि बिंग्य बचन सुनावहीं ।
gārīṁ madhura svara dehiṁ suṁdari biṁgya bacana sunāvahīṁ,
भोजनु करहिं सुर अति बिलंबु बिनोदु सुनि सचु पावहीं ॥
bhojanu karahiṁ sura ati bilaṁbu binodu suni sacu pāvahīṁ.
जेवँत जो बढ़्यो अनंदु सो मुख कोटिहूँ न परै कह्यो ।
jevaṁta jo baṛhyo anaṁdu so mukha koṭihūṁ na parai kahyo,
अचवाँइ दीन्हे पान गवने बास जहँ जाको रह्यो ॥
acavāṁi dīnhe pāna gavane bāsa jahaṁ jāko rahyo.

दोहा-dohā:

बहुरि मुनिन्ह हिमवंत कहुँ लगन सुनाई आइ ।
bahuri muninha himavaṁta kahuṁ lagana sunāī āi,
समय बिलोकि बिबाह कर पठए देव बोलाइ ॥९९॥
samaya biloki bibāha kara paṭhae deva bolāi. 99.

चौपाई-caupāī:

बोलि सकल सुर सादर लीन्हे । सबहि जथोचित आसन दीन्हे ॥
boli sakala sura sādara līnhe, sabahi jathocita āsana dīnhe.
बेदी बेद बिधान सँवारी । सुभग सुमंगल गावहिं नारी ॥
bedī beda bidhāna saṁvārī, subhaga sumaṁgala gāvahiṁ nārī.
सिंघासनु अति दिब्य सुहावा । जाइ न बरनि बिरंचि बनावा ॥
siṁghāsanu ati dibya suhāvā, jāi na barani biraṁci banāvā.
बैठे सिव बिप्रन्ह सिरु नाई । हृदयँ सुमिरि निज प्रभु रघुराई ॥
baiṭhe siva bipranha siru nāī, hṛdayaṁ sumiri nija prabhu raghurāī.
बहुरि मुनीसन्ह उमा बोलाईं । करि सिंगारु सखीं लै आईं ॥
bahuri munīsanha umā bolāīṁ, kari siṁgāru sakhīṁ lai āīṁ.
देखत रूपु सकल सुर मोहे । बरनै छबि अस जग कबि को है ॥
dekhata rūpu sakala sura mohe, baranai chabi asa jaga kabi ko hai.
जगदंबिका जानि भव भामा । सुरन्ह मनहिं मन कीन्ह प्रनामा ॥
jagadaṁbikā jāni bhava bhāmā, suranha manahiṁ mana kīnha pranāmā.
सुंदरता मरजाद भवानी । जाइ न कोटिहुँ बदन बखानी ॥

suṁdaratā marajāda bhavānī, jāi na koṭihuṁ badana bakhānī.

छंद-chaṁda:

कोटिहुँ बदन नहिं बनै बरनत जग जननि सोभा महा ।
koṭihuṁ badana nahiṁ banai baranata jaga janani sobhā mahā,
सकुचहिं कहत श्रुति सेष सारद मंदमति तुलसी कहा ॥
sakucahiṁ kahata śruti seṣa sārada maṁdamati tulasī kahā.
छबिखानि मातु भवानि गवनीं मध्य मंडप सिव जहाँ ।
chabikhāni mātu bhavāni gavanīṁ madhya maṁḍapa siva jahāṁ,
अवलोकि सकहिं न सकुच पति पद कमल मनु मधुकरु तहाँ ॥
avaloki sakahiṁ na sakuca pati pada kamala manu madhukaru tahāṁ.

दोहा-dohā:

मुनि अनुसासन गनपतिहि पूजेउ संभु भवानि ।
muni anusāsana ganapatihi pūjeu saṁbhu bhavāni,
कोउ सुनि संसय करै जनि सुर अनादि जियँ जानि ॥ १०० ॥
kou suni saṁsaya karai jani sura anādi jiyaṁ jāni. 100.

चौपाई-caupāī:

जसि बिबाह कै बिधि श्रुति गाई । महामुनिन्ह सो सब करवाई ॥
jasi bibāha kai bidhi śruti gāī, mahāmuninha so saba karavāī.
गहि गिरीस कुस कन्या पानी । भवहि समरपीं जानि भवानी ॥
gahi girīsa kusa kanyā pānī, bhavahi samarapīṁ jāni bhavānī.
पानिग्रहन जब कीन्ह महेसा । हियँ हरषे तब सकल सुरेसा ॥
pānigrahana jaba kīnha mahesā, hiyaṁ harașe taba sakala suresā.
बेदमंत्र मुनिबर उच्चरहीं । जय जय जय संकर सुर करहीं ॥
bedamaṁtra munibara uccarahīṁ, jaya jaya jaya saṁkara sura karahīṁ.
बाजहिं बाजन बिबिध बिधाना । सुमनबृष्टि नभ भै बिधि नाना ॥
bājahiṁ bājana bibidha bidhānā, sumanabṛṣṭi nabha bhai bidhi nānā.
हर गिरिजा कर भयउ बिबाहू । सकल भुवन भरि रहा उछाहू ॥
hara girijā kara bhayau bibāhū, sakala bhuvana bhari rahā uchāhū.
दासीं दास तुरग रथ नागा । धेनु बसन मनि बस्तु बिभागा ॥
dāsīṁ dāsa turaga ratha nāgā, dhenu basana mani bastu bibhāgā.
अन्न कनकभाजन भरि जाना । दाइज दीन्ह न जाइ बखाना ॥
anna kanakabhājana bhari jānā, dāija dīnha na jāi bakhānā.

छंद-chaṁda:

दाइज दियो बहु भाँति पुनि कर जोरि हिमभूधर कह्यो ।
dāija diyo bahu bhāṁti puni kara jori himabhūdhara kahyo,
का देउँ पूरनकाम संकर चरन पंकज गहि रह्यो ॥
kā deuṁ pūranakāma saṁkara carana paṁkaja gahi rahyo.
सिवँ कृपासागर ससुर कर संतोषु सब भाँतिहिं कियो ।
sivaṁ kṛpāsāgara sasura kara saṁtoșu saba bhāṁtihiṁ kiyo,
पुनि गहे पद पाथोज मयनाँ प्रेम परिपूरन हियो ॥
puni gahe pada pāthoja mayanāṁ prema paripūrana hiyo.

दोहा-dohā:

नाथ उमा मन प्रान सम गृहकिंकरी करेहु ।
nātha umā mana prāna sama gṛhakiṁkarī karehu,
छमेहु सकल अपराध अब होइ प्रसन्न बरु देहु ॥ १०१ ॥
chamehu sakala aparādha aba hoi prasanna baru dehu. 101.

चौपाई-caupāī:

बहु बिधि संभु सासु समुझाई । गवनी भवन चरन सिरु नाई ॥
bahu bidhi saṁbhu sāsu samujhāī, gavanī bhavana carana siru nāī.
जननीं उमा बोलि तब लीन्ही । लै उछंग सुंदर सिख दीन्ही ॥
jananīṁ umā boli taba līnhī, lai uchaṁga suṁdara sikha dīnhī.
करेहु सदा संकर पद पूजा । नारिधरमु पति देउ न दूजा ॥
karehu sadā saṁkara pada pūjā, nāridharamu pati deu na dūjā.
बचन कहत भरे लोचन बारी । बहुरि लाइ उर लीन्हि कुमारी ॥
bacana kahata bhare locana bārī, bahuri lāi ura līnhi kumārī.
कत बिधि सृजीं नारि जग माहीं । पराधीन सपनेहुँ सुखु नाहीं ॥
kata bidhi sṛjīṁ nāri jaga māhīṁ, parādhīna sapanehuṁ sukhu nāhīṁ.
भै अति प्रेम बिकल महतारी । धीरजु कीन्ह कुसमय बिचारी ॥
bhai ati prema bikala mahatārī, dhīraju kīnha kusamaya bicārī.
पुनि पुनि मिलति परति गहि चरना । परम प्रेम कछु जाइ न बरना ॥
puni puni milati parati gahi caranā, parama prema kachu jāi na baranā.
सब नारिन्ह मिलि भेटि भवानी । जाइ जननि उर पुनि लपटानी ॥
saba nārinha mili bheṭi bhavānī, jāi janani ura puni lapaṭānī.

छंद-chaṁda:

जननिहि बहुरि मिलि चली उचित असीस सब काहूँ दईं ।
jananihi bahuri mili calī ucita asīsa saba kāhūṁ daīṁ,
फिरि फिरि बिलोकति मातु तन तब सखीं लै सिव पहिं गईं ॥
phiri phiri bilokati mātu tana taba sakhīṁ lai siva pahiṁ gaīṁ.
जाचक सकल संतोषि संकरु उमा सहित भवन चले ।
jācaka sakala saṁtoṣi saṁkaru umā sahita bhavana cale,
सब अमर हरषे सुमन बरषि निसान नभ बाजे भले ॥
saba amara harașe sumana barași nisāna nabha bāje bhale.

दोहा-dohā:

चले संग हिमवंतु तब पहुँचावन अति हेतु ।
cale saṁga himavaṁtu taba pahuṁcāvana ati hetu,
बिबिध भाँति परितोषु करि बिदा कीन्ह बृषकेतु ॥ १०२ ॥
bibidha bhāṁti paritoșu kari bidā kīnha bṛṣaketu. 102.

चौपाई-caupāī:

तुरत भवन आए गिरिराई । सकल सैल सर लिए बोलाई ॥
turata bhavana āe girirāī, sakala saila sara lie bolāī.
आदर दान बिनय बहुमाना । सब कर बिदा कीन्ह हिमवाना ॥
ādara dāna binaya bahumānā, saba kara bidā kīnha himavānā.
जबहिं संभु कैलासहिं आए । सुर सब निज निज लोक सिधाए ॥
jabahiṁ saṁbhu kailāsahiṁ āe, sura saba nija nija loka sidhāe.
जगत मातु पितु संभु भवानी । तेहिं सिंगारु न कहउँ बखानी ॥
jagata mātu pitu saṁbhu bhavānī, tehiṁ siṁgāru na kahauṁ bakhānī.
करहिं बिबिध बिधि भोग बिलासा । गनन्ह समेत बसहिं कैलासा ॥
karahiṁ bibidha bidhi bhoga bilāsā, gananha sameta basahiṁ kailāsā.
हर गिरिजा बिहार नित नयऊ । एहि बिधि बिपुल काल चलि गयऊ ॥
hara girijā bihāra nita nayaū, ehi bidhi bipula kāla cali gayaū.
तब जनमेउ षटबदन कुमारा । तारकु असुरु समर जेहिं मारा ॥
taba janameu ṣaṭabadana kumārā, tāraku asuru samara jehiṁ mārā.
आगम निगम प्रसिद्ध पुराना । षन्मुख जन्मु सकल जग जाना ॥
āgama nigama prasiddha purānā, ṣanmukha janmu sakala jaga jānā.

छंद-chaṁda:

जगु जान षन्मुख जन्मु कर्मु प्रतापु पुरुषारथु महा ।
jagu jāna ṣanmukha janmu karmu pratāpu puruṣārathu mahā,
तेहि हेतु मैं बृषकेतु सुत कर चरित संछेपहिं कहा ॥
tehi hetu maiṁ bṛṣaketu suta kara carita saṁchepahiṁ kahā.
यह उमा संगु बिबाहु जे नर नारि कहहिं जे गावहीं ।
yaha umā saṁgu bibāhu je nara nāri kahahiṁ je gāvahīṁ,
कल्यान काज बिबाह मंगल सर्बदा सुखु पावहीं ॥
kalyāna kāja bibāha maṁgala sarbadā sukhu pāvahīṁ.

दोहा-dohā:

चरित सिंधु गिरिजा रमन बेद न पावहिं पारु ।
carita siṁdhu girijā ramana beda na pāvahiṁ pāru,
बरनै तुलसीदासु किमि अति मतिमंद गवाँरु ॥ १०३ ॥
baranai tulasīdāsu kimi ati matimaṁda gavāṁru. 103.

चौपाई-caupāī:

संभु चरित सुनि सरस सुहावा । भरद्वाज मुनि अति सुखु पावा ॥
saṁbhu carita suni sarasa suhāvā, bharadvāja muni ati sukhu pāvā.
बहु लालसा कथा पर बाढ़ी । नयनन्हि नीरु रोमावलि ठाढ़ी ॥
bahu lālasā kathā para bāṛhī, nayananhi nīru romāvali ṭhāṛhī.
प्रेम बिबस मुख आव न बानी । दसा देखि हरषे मुनि ग्यानी ॥
prema bibasa mukha āva na bānī, dasā dekhi haraṣe muni gyānī.
अहो धन्य तव जन्मु मुनीसा । तुम्हहि प्रान सम प्रिय गौरीसा ॥
aho dhanya tava janmu munīsā, tumhahi prāna sama priya gaurīsā.
सिव पद कमल जिन्हहि रति नाहीं । रामहि ते सपनेहुँ न सोहाहीं ॥
siva pada kamala jinhahi rati nāhīṁ, rāmahi te sapanehuṁ na sohāhīṁ.
बिनु छल बिस्वनाथ पद नेहू । राम भगत कर लच्छन एहू ॥
binu chala bisvanātha pada nehū, rāma bhagata kara lacchana ehū.
सिव सम को रघुपति ब्रतधारी । बिनु अघ तजी सती असि नारी ॥
siva sama ko raghupati bratadhārī, binu agha tajī satī asi nārī.
पनु करि रघुपति भगति देखाई । को सिव सम रामहि प्रिय भाई ॥
panu kari raghupati bhagati dekhāī, ko siva sama rāmahi priya bhāī.

दोहा-dohā:

प्रथमहिं मैं कहि सिव चरित बूझा मरमु तुम्हार ।
prathamahiṁ maiṁ kahi siva carita būjhā maramu tumhāra,
सुचि सेवक तुम्ह राम के रहित समस्त बिकार ॥ १०४ ॥
suci sevaka tumha rāma ke rahita samasta bikāra. 104.

चौपाई-caupāī:

मैं जाना तुम्हार गुन सीला । कहउँ सुनहु अब रघुपति लीला ॥
maiṁ jānā tumhāra guna sīlā, kahauṁ sunahu aba raghupati līlā.
सुनु मुनि आजु समागम तोरें । कहि न जाइ जस सुखु मन मोरें ॥
sunu muni āju samāgama toreṁ, kahi na jāi jasa sukhu mana moreṁ.
राम चरित अति अमित मुनिसा । कहि न सकहिं सत कोटि अहीसा ॥
rāma carita ati amita munisā, kahi na sakahiṁ sata koṭi ahīsā.
तदपि जथाश्रुत कहउँ बखानी । सुमिरि गिरापति प्रभु धनुपानी ॥
tadapi jathāśruta kahauṁ bakhānī, sumiri girāpati prabhu dhanupānī.
सारद दारुनारि सम स्वामी । रामु सूत्रधर अंतरजामी ॥
sārada dārunāri sama svāmī, rāmu sūtradhara aṁtarajāmī.
जेहि पर कृपा करहिं जनु जानी । कबि उर अजिर नचावहिं बानी ॥
jehi para kṛpā karahiṁ janu jānī, kabi ura ajira nacāvahiṁ bānī.
प्रनवउँ सोइ कृपाल रघुनाथा । बरनउँ बिसद तासु गुन गाथा ॥
pranavauṁ soi kṛpāla raghunāthā, baranauṁ bisada tāsu guna gāthā.
परम रम्य गिरिबरु कैलासू । सदा जहाँ सिव उमा निवासू ॥
parama ramya giribaru kailāsū, sadā jahāṁ siva umā nivāsū.

दोहा-dohā:

सिद्ध तपोधन जोगिजन सुर किंनर मुनिबृंद ।
siddha tapodhana jogijana sura kiṁnara munibṛṁda,
बसहिं तहाँ सुकृती सकल सेवहिं सिव सुखकंद ॥ १०५ ॥
basahiṁ tahāṁ sukṛtī sakala sevahiṁ siva sukhakaṁda. 105.

चौपाई-caupāī:

हरि हर बिमुख धर्म रति नाहीं । ते नर तहँ सपनेहुँ नहिं जाहीं ॥
hari hara bimukha dharma rati nāhīṁ, te nara tahaṁ sapanehuṁ nahiṁ jāhīṁ.
तेहि गिरि पर बट बिटप बिसाला । नित नूतन सुंदर सब काला ॥
tehi giri para baṭa biṭapa bisālā, nita nūtana suṁdara saba kālā.
त्रिबिध समीर सुसीतलि छाया । सिव बिश्राम बिटप श्रुति गाया ॥
tribidha samīra susītali chāyā, siva biśrāma biṭapa śruti gāyā.
एक बार तेहि तर प्रभु गयऊ । तरु बिलोकि उर अति सुखु भयऊ ॥
eka bāra tehi tara prabhu gayaū, taru biloki ura ati sukhu bhayaū.
निज कर डासि नागरिपु छाला । बैठे सहजहिं संभु कृपाला ॥
nija kara ḍāsi nāgaripu chālā, baiṭhe sahajahiṁ saṁbhu kṛpālā.
कुंद इंदु दर गौर सरीरा । भुज प्रलंब परिधन मुनिचीरा ॥
kuṁda iṁdu dara gaura sarīrā, bhuja pralaṁba paridhana municīrā.
तरुन अरुन अंबुज सम चरना । नख दुति भगत हृदय तम हरना ॥
taruna aruna aṁbuja sama caranā, nakha duti bhagata hṛdaya tama haranā.
भुजग भूति भूषन त्रिपुरारी । आननु सरद चंद छबि हारी ॥
bhujaga bhūti bhūṣana tripurārī, ānanu sarada caṁda chabi hārī.

दोहा-dohā:

जटा मुकुट सुरसरित सिर लोचन नलिन बिसाल ।
jaṭā mukuṭa surasarita sira locana nalina bisāla,
नीलकंठ लावन्यनिधि सोह बालबिधु भाल ॥ १०६ ॥
nīlakaṁṭha lāvanyanidhi soha bālabidhu bhāla. 106.

चौपाई-caupāī:

बैठे सोह कामरिपु कैसें । धरें सरीरु सांतरसु जैसें ॥
baiṭhe soha kāmaripu kaiseṁ, dhareṁ sarīru sāṁtarasu jaiseṁ.
पारबती भल अवसरु जानी । गईं संभु पहिं मातु भवानी ॥
pārabatī bhala avasaru jānī, gaīṁ saṁbhu pahiṁ mātu bhavānī.
जानि प्रिया आदरु अति कीन्हा । बाम भाग आसनु हर दीन्हा ॥
jāni priyā ādaru ati kīnhā, bāma bhāga āsanu hara dīnhā.
बैठीं सिव समीप हरषाई । पूरुब जन्म कथा चित आई ॥
baiṭhīṁ siva samīpa haraṣāī, pūruba janma kathā cita āī.
पति हियँ हेतु अधिक अनुमानी । बिहसि उमा बोलीं प्रिय बानी ॥
pati hiyaṁ hetu adhika anumānī, bihasi umā bolīṁ priya bānī.
कथा जो सकल लोक हितकारी । सोइ पूछन चह सैलकुमारी ॥
kathā jo sakala loka hitakārī, soi pūchana caha sailakumārī.
बिस्वनाथ मम नाथ पुरारी । त्रिभुवन महिमा बिदित तुम्हारी ॥
bisvanātha mama nātha purārī, tribhuvana mahimā bidita tumhārī.
चर अरु अचर नाग नर देवा । सकल करहिं पद पंकज सेवा ॥
cara aru acara nāga nara devā, sakala karahiṁ pada paṁkaja sevā.

दोहा-dohā:

प्रभु समरथ सर्बग्य सिव सकल कला गुन धाम ।
prabhu samaratha sarbagya siva sakala kalā guna dhāma,
जोग ग्यान बैराग्य निधि प्रनत कलपतरु नाम ॥ १०७ ॥
joga gyāna bairāgya nidhi pranata kalapataru nāma. 107.

चौपाई-caupāī:

जौं मो पर प्रसन्न सुखरासी । जानिअ सत्य मोहि निज दासी ॥
jauṁ mo para prasanna sukharāsī, jānia satya mohi nija dāsī.
तौ प्रभु हरहु मोर अग्याना । कहि रघुनाथ कथा बिधि नाना ॥
tau prabhu harahu mora agyānā, kahi raghunātha kathā bidhi nānā.
जासु भवनु सुरतरु तर होई । सहि कि दरिद्र जनित दुखु सोई ॥
jāsu bhavanu surataru tara hoī, sahi ki daridra janita dukhu soī.
ससिभूषन अस हृदयँ बिचारी । हरहु नाथ मम मति भ्रम भारी ॥
sasibhūṣana asa hṛdayaṁ bicārī, harahu nātha mama mati bhrama bhārī.
प्रभु जे मुनि परमारथबादी । कहहिं राम कहुँ ब्रह्म अनादी ॥
prabhu je muni paramārathabādī, kahahiṁ rāma kahuṁ brahma anādī.

सेस सारदा बेद पुराना । सकल करहिं रघुपति गुन गाना ॥
sesa sāradā beda purānā, sakala karahiṁ raghupati guna gānā.
तुम्ह पुनि राम राम दिन राती । सादर जपहु अनँग आराती ॥
tumha puni rāma rāma dina rātī, sādara japahu anaṁga ārātī.
रामु सो अवध नृपति सुत सोई । की अज अगुन अलखगति कोई ॥
rāmu so avadha nṛpati suta soī, kī aja aguna alakhagati koī.

दोहा-dohā:

जौं नृप तनय त ब्रह्म किमि नारि बिरहँ मति भोरि ।
jauṁ nṛpa tanaya ta brahma kimi nāri birahaṁ mati bhori,
देखि चरित महिमा सुनत भ्रमति बुद्धि अति मोरि ॥१०८॥
dekhi carita mahimā sunata bhramati buddhi ati mori. 108.

चौपाई-caupāī:

जौं अनीह ब्यापक बिभु कोऊ । कहहु बुझाइ नाथ मोहि सोऊ ॥
jauṁ anīha byāpaka bibhu koū, kahahu bujhāi nātha mohi soū.
अग्य जानि रिस उर जनि धरहू । जेहि बिधि मोह मिटै सोइ करहू ॥
agya jāni risa ura jani dharahū, jehi bidhi moha miṭai soi karahū.
मैं बन दीखि राम प्रभुताई । अति भय बिकल न तुम्हहि सुनाई ॥
maiṁ bana dīkhi rāma prabhutāī, ati bhaya bikala na tumhahi sunāī.
तदपि मलिन मन बोधु न आवा । सो फलु भली भाँति हम पावा ॥
tadapi malina mana bodhu na āvā, so phalu bhalī bhāṁti hama pāvā.
अजहूँ कछु संसउ मन मोरें । करहु कृपा बिनवउँ कर जोरें ॥
ajahūṁ kachu saṁsau mana moreṁ, karahu kṛpā binavauṁ kara joreṁ.
प्रभु तब मोहि बहु भाँति प्रबोधा । नाथ सो समुझि करहु जनि क्रोधा ॥
prabhu taba mohi bahu bhāṁti prabodhā, nātha so samujhi karahu jani krodhā.
तब कर अस बिमोह अब नाहीं । रामकथा पर रुचि मन माहीं ॥
taba kara asa bimoha aba nāhīṁ, rāmakathā para ruci mana māhīṁ.
कहहु पुनीत राम गुन गाथा । भुजगराज भूषन सुरनाथा ॥
kahahu punīta rāma guna gāthā, bhujagarāja bhūṣana suranāthā.

दोहा-dohā:

बंदउँ पद धरि धरनि सिरु बिनय करउँ कर जोरि ।
baṁdauṁ pada dhari dharani siru binaya karauṁ kara jori,
बरनहु रघुबर बिसद जसु श्रुति सिद्धांत निचोरि ॥१०९॥
baranahu raghubara bisada jasu śruti siddhāṁta nicori. 109.

चौपाई-caupāī:

जदपि जोषिता नहिं अधिकारी । दासी मन क्रम बचन तुम्हारी ॥
jadapi joṣitā nahiṁ adhikārī, dāsī mana krama bacana tumhārī.
गूढउ तत्व न साधु दुरावहिं । आरत अधिकारी जहँ पावहिं ॥
gūṛhau tatva na sādhu durāvahiṁ, ārata adhikārī jahaṁ pāvahiṁ.
अति आरति पूछउँ सुरराया । रघुपति कथा कहहु करि दाया ॥
ati ārati pūchauṁ surarāyā, raghupati kathā kahahu kari dāyā.
प्रथम सो कारन कहहु बिचारी । निर्गुन ब्रह्म सगुन बपु धारी ॥
prathama so kārana kahahu bicārī, nirguna brahma saguna bapu dhārī.
पुनि प्रभु कहहु राम अवतारा । बालचरित पुनि कहहु उदारा ॥
puni prabhu kahahu rāma avatārā, bālacarita puni kahahu udārā.
कहहु जथा जानकी बिबाहीं । राज तजा सो दूषन काहीं ॥
kahahu jathā jānakī bibāhīṁ, rāja tajā so dūṣana kāhīṁ.
बन बसि कीन्हे चरित अपारा । कहहु नाथ जिमि रावन मारा ॥
bana basi kīnhe carita apārā, kahahu nātha jimi rāvana mārā.
राज बैठि कीन्हीं बहु लीला । सकल कहहु संकर सुखलीला ॥
rāja baiṭhi kīnhīṁ bahu līlā, sakala kahahu saṁkara sukhalīlā.

दोहा-dohā:

बहुरि कहहु करुनायतन कीन्ह जो अचरज राम ।
bahuri kahahu karunāyatana kīnha jo acaraja rāma,
प्रजा सहित रघुबंसमनि किमि गवने निज धाम ॥११०॥
prajā sahita raghubaṁsamani kimi gavane nija dhāma. 110.

चौपाई-caupāī:

पुनि प्रभु कहहु सो तत्व बखानी । जेहिं बिग्यान मगन मुनि ग्यानी ॥
puni prabhu kahahu so tatva bakhānī, jehiṁ bigyāna magana muni gyānī.
भगति ग्यान बिग्यान बिरागा । पुनि सब बरनहु सहित बिभागा ॥
bhagati gyāna bigyāna birāgā, puni saba baranahu sahita bibhāgā.
औरउ राम रहस्य अनेका । कहहु नाथ अति बिमल बिबेका ॥
aurau rāma rahasya anekā, kahahu nātha ati bimala bibekā.
जो प्रभु मैं पूछा नहिं होई । सोउ दयाल राखहु जनि गोई ॥
jo prabhu maiṁ pūchā nahiṁ hoī, sou dayāla rākhahu jani goī.
तुम्ह त्रिभुवन गुर बेद बखाना । आन जीव पाँवर का जाना ॥
tumha tribhuvana gura beda bakhānā, āna jīva pāṁvara kā jānā.
प्रस्न उमा कै सहज सुहाई । छल बिहीन सुनि सिव मन भाई ॥
prasna umā kai sahaja suhāī, chala bihīna suni siva mana bhāī.
हर हियँ रामचरित सब आए । प्रेम पुलक लोचन जल छाए ॥
hara hiyaṁ rāmacarita saba āe, prema pulaka locana jala chāe.
श्रीरघुनाथ रूप उर आवा । परमानंद अमित सुख पावा ॥
śrīraghunātha rūpa ura āvā, paramānaṁda amita sukha pāvā.

दोहा-dohā:

मगन ध्यानरस दंड जुग पुनि मन बाहेर कीन्ह ।
magana dhyānarasa daṁḍa juga puni mana bāhera kīnha,
रघुपति चरित महेस तब हरषित बरनै लीन्ह ॥१११॥
raghupati carita mahesa taba haraṣita baranai līnha. 111.

चौपाई-caupāī:

झूठेउ सत्य जाहि बिनु जानें । जिमि भुजंग बिनु रजु पहिचानें ॥
jhūṭheu satya jāhi binu jāneṁ, jimi bhujaṁga binu raju pahicāneṁ.
जेहि जानें जग जाइ हेराई । जागें जथा सपन भ्रम जाई ॥
jehi jāneṁ jaga jāi herāī, jāgeṁ jathā sapana bhrama jāī.
बंदउँ बालरूप सोइ रामू । सब सिधि सुलभ जपत जिसु नामू ॥
baṁdauṁ bālarūpa soi rāmū, saba sidhi sulabha japata jisu nāmū.
मंगल भवन अमंगल हारी । द्रवउ सो दसरथ अजिर बिहारी ॥
maṁgala bhavana amaṁgala hārī, dravau so dasaratha ajira bihārī.
करि प्रनाम रामहि त्रिपुरारी । हरषि सुधा सम गिरा उचारी ॥
kari pranāma rāmahi tripurārī, haraṣi sudhā sama girā ucārī.
धन्य धन्य गिरिराजकुमारी । तुम्ह समान नहिं कोउ उपकारी ॥
dhanya dhanya girirājakumārī, tumha samāna nahiṁ kou upakārī.
पूँछेहु रघुपति कथा प्रसंगा । सकल लोक जग पावनि गंगा ॥
pūṁchehu raghupati kathā prasaṁgā, sakala loka jaga pāvani gaṁgā.
तुम्ह रघुबीर चरन अनुरागी । कीन्हिहु प्रस्न जगत हित लागी ॥
tumha raghubīra carana anurāgī, kīnhihu prasna jagata hita lāgī.

दोहा-dohā:

राम कृपा तें पारबति सपनेहुँ तव मन माहिं ।
rāma kṛpā teṁ pārabati sapanehuṁ tava mana māhiṁ,
सोक मोह संदेह भ्रम मम बिचार कछु नाहिं ॥११२॥
soka moha saṁdeha bhrama mama bicāra kachu nāhiṁ. 112.

चौपाई-caupāī:

तदपि असंका कीन्हिहु सोई । कहत सुनत सब कर हित होई ॥
tadapi asaṁkā kīnhihu soī, kahata sunata saba kara hita hoī.

जिन्ह हरि कथा सुनी नहिं काना । श्रवन रंध्र अहिभवन समाना ॥
jinha hari kathā sunī nahiṁ kānā, śravana raṁdhra ahibhavana samānā.
नयनन्हि संत दरस नहिं देखा । लोचन मोरपंख कर लेखा ॥
nayananhi saṁta darasa nahiṁ dekhā, locana morapaṁkha kara lekhā.
ते सिर कटु तुंबरि समतूला । जे न नमत हरि गुर पद मूला ॥
te sira kaṭu tuṁbari samatūlā, je na namata hari gura pada mūlā.
जिन्ह हरिभगति हृदयँ नहिं आनी । जीवत सव समान तेइ प्रानी ॥
jinha haribhagati hṛdayaṁ nahiṁ ānī, jīvata sava samāna tei prānī.
जो नहिं करइ राम गुन गाना । जीह सो दादुर जीह समाना ॥
jo nahiṁ karai rāma guna gānā, jīha so dādura jīha samānā.
कुलिस कठोर निठुर सोइ छाती । सुनि हरिचरित न जो हरषाती ॥
kulisa kaṭhora niṭhura soi chātī, suni haricarita na jo haraṣātī.
गिरिजा सुनहु राम कै लीला । सुर हित दनुज बिमोहनसीला ॥
girijā sunahu rāma kai līlā, sura hita danuja bimohanasīlā.

दोहा-dohā:

रामकथा सुरधेनु सम सेवत सब सुख दानि ।
rāmakathā suradhenu sama sevata saba sukha dāni,
सतसमाज सुरलोक सब को न सुनै अस जानि ॥११३॥
satasamāja suraloka saba ko na sunai asa jāni. 113.

चौपाई-caupāī:

रामकथा सुंदर कर तारी । संसय बिहग उड़ावनिहारी ॥
rāmakathā suṁdara kara tārī, saṁsaya bihaga uṛāvanihārī.
रामकथा कलि बिटप कुठारी । सादर सुनु गिरिराजकुमारी ॥
rāmakathā kali biṭapa kuṭhārī, sādara sunu girirājakumārī.
राम नाम गुन चरित सुहाए । जनम करम अगनित श्रुति गाए ॥
rāma nāma guna carita suhāe, janama karama aganita śruti gāe.
जथा अनंत राम भगवाना । तथा कथा कीरति गुन नाना ॥
jathā anaṁta rāma bhagavānā, tathā kathā kīrati guna nānā.
तदपि जथा श्रुत जसि मति मोरी । कहिहउँ देखि प्रीति अति तोरी ॥
tadapi jathā śruta jasi mati morī, kahihauṁ dekhi prīti ati torī.
उमा प्रस्न तव सहज सुहाई । सुखद संतसंमत मोहि भाई ॥
umā prasna tava sahaja suhāī, sukhada saṁtasaṁmata mohi bhāī.
एक बात नहिं मोहि सोहानी । जदपि मोह बस कहेहु भवानी ॥
eka bāta nahiṁ mohi sohānī, jadapi moha basa kahehu bhavānī.
तुम्ह जो कहा राम कोउ आना । जेहि श्रुति गाव धरहिं मुनि ध्याना ॥
tumha jo kahā rāma kou ānā, jehi śruti gāva dharahiṁ muni dhyānā.

दोहा-dohā:

कहहिं सुनहिं अस अधम नर ग्रसे जे मोह पिसाच ।
kahahiṁ sunahiṁ asa adhama nara grase je moha pisāca,
पाषंडी हरि पद बिमुख जानहिं झूठ न साच ॥११४॥
pāṣaṁḍī hari pada bimukha jānahiṁ jhūṭha na sāca. 114.

चौपाई-caupāī:

अग्य अकोबिद अंध अभागी । काई बिषय मुकुर मन लागी ॥
agya akobida aṁdha abhāgī, kāī biṣaya mukura mana lāgī.
लंपट कपटी कुटिल बिसेषी । सपनेहुँ संतसभा नहिं देखी ॥
laṁpaṭa kapaṭī kuṭila biseṣī, sapanehuṁ saṁtasabhā nahiṁ dekhī.
कहहिं ते बेद असंमत बानी । जिन्ह कें सूझ लाभु नहिं हानी ॥
kahahiṁ te beda asaṁmata bānī, jinha keṁ sūjha lābhu nahiṁ hānī.
मुकुर मलिन अरु नयन बिहीना । राम रूप देखहिं किमि दीना ॥
mukura malina aru nayana bihīnā, rāma rūpa dekhahiṁ kimi dīnā.
जिन्ह कें अगुन न सगुन बिबेका । जल्पहिं कल्पित बचन अनेका ॥
jinha keṁ aguna na saguna bibekā, jalpahiṁ kalpita bacana anekā.
हरिमाया बस जगत भ्रमाहीं । तिन्हहि कहत कछु अघटित नाहीं ॥
harimāyā basa jagata bhramāhīṁ, tinhahi kahata kachu aghaṭita nāhīṁ.
बातुल भूत बिबस मतवारे । ते नहिं बोलहिं बचन बिचारे ॥
bātula bhūta bibasa matavāre, te nahiṁ bolahiṁ bacana bicāre.
जिन्ह कृत महामोह मद पाना । तिन्ह कर कहा करिअ नहिं काना ॥
jinha kṛta mahāmoha mada pānā, tinha kara kahā karia nahiṁ kānā.

सोरठा-soraṭhā:

अस निज हृदयँ बिचारि तजु संसय भजु राम पद ।
asa nija hṛdayaṁ bicāri taju saṁsaya bhaju rāma pada,
सुनु गिरिराज कुमारि भ्रम तम रबि कर बचन मम ॥११५॥
sunu girirāja kumāri bhrama tama rabi kara bacana mama. 115.

चौपाई-caupāī:

सगुनहि अगुनहि नहिं कछु भेदा । गावहिं मुनि पुरान बुध बेदा ॥
sagunahi agunahi nahiṁ kachu bhedā, gāvahiṁ muni purāna budha bedā.
अगुन अरुप अलख अज जोई । भगत प्रेम बस सगुन सो होई ॥
aguna arupa alakha aja joī, bhagata prema basa saguna so hoī.
जो गुन रहित सगुन सोइ कैसें । जलु हिम उपल बिलग नहिं जैसें ॥
jo guna rahita saguna soi kaiseṁ, jalu hima upala bilaga nahiṁ jaiseṁ.
जासु नाम भ्रम तिमिर पतंगा । तेहि किमि कहिअ बिमोह प्रसंगा ॥
jāsu nāma bhrama timira pataṁgā, tehi kimi kahia bimoha prasaṁgā.
राम सच्चिदानंद दिनेसा । नहिं तहँ मोह निसा लवलेसा ॥
rāma saccidānaṁda dinesā, nahiṁ tahaṁ moha nisā lavalesā.
सहज प्रकासरुप भगवाना । नहिं तहँ पुनि बिग्यान बिहाना ॥
sahaja prakāsarupa bhagavānā, nahiṁ tahaṁ puni bigyāna bihānā.
हरष बिषाद ग्यान अग्याना । जीव धर्म अहमिति अभिमाना ॥
haraṣa biṣāda gyāna agyānā, jīva dharma ahamiti abhimānā.
राम ब्रह्म ब्यापक जग जाना । परमानंद परेस पुराना ॥
rāma brahma byāpaka jaga jānā, paramānaṁda paresa purānā.

दोहा-dohā:

पुरुष प्रसिद्ध प्रकास निधि प्रगट परावर नाथ ।
puruṣa prasiddha prakāsa nidhi pragaṭa parāvara nātha,
रघुकुलमनि मम स्वामि सोइ कहि सिवँ नायउ माथ ॥११६॥
raghukulamani mama svāmi soi kahi sivaṁ nāyau mātha. 116.

चौपाई-caupāī:

निज भ्रम नहिं समुझहिं अग्यानी । प्रभु पर मोह धरहिं जड़ प्रानी ॥
nija bhrama nahiṁ samujhahiṁ agyānī, prabhu para moha dharahiṁ jaṛa prānī.
जथा गगन घन पटल निहारी । झाँपेउ भानु कहहिं कुबिचारी ॥
jathā gagana ghana paṭala nihārī, jhāṁpeu bhānu kahahiṁ kubicārī.
चितव जो लोचन अंगुलि लाएँ । प्रगट जुगल ससि तेहि के भाएँ ॥
citava jo locana aṁguli lāeṁ, pragaṭa jugala sasi tehi ke bhāeṁ.
उमा राम बिषइक अस मोहा । नभ तम धूम धूरि जिमि सोहा ॥
umā rāma biṣaika asa mohā, nabha tama dhūma dhūri jimi sohā.
बिषय करन सुर जीव समेता । सकल एक तें एक सचेता ॥
biṣaya karana sura jīva sametā, sakala eka teṁ eka sacetā.
सब कर परम प्रकासक जोई । राम अनादि अवधपति सोई ॥
saba kara parama prakāsaka joī, rāma anādi avadhapati soī.
जगत प्रकास्य प्रकासक रामू । मायाधीस ग्यान गुन धामू ॥
jagata prakāsya prakāsaka rāmū, māyādhīsa gyāna guna dhāmū.
जासु सत्यता तें जड माया । भास सत्य इव मोह सहाया ॥
jāsu satyatā teṁ jaḍa māyā, bhāsa satya iva moha sahāyā.

दोहा-dohā:

रजत सीप महुँ भास जिमि जथा भानु कर बारि।
rajata sīpa mahuṁ bhāsa jimi jathā bhānu kara bāri,
जदपि मृषा तिहुँ काल सोइ भ्रम न सकइ कोउ टारि ॥११७॥
jadapi mṛṣā tihuṁ kāla soi bhrama na sakai kou ṭāri. 117.

चौपाई-caupāī:

एहि बिधि जग हरि आश्रित रहई। जदपि असत्य देत दुख अहई ॥
ehi bidhi jaga hari āśrita rahaī, jadapi asatya deta dukha ahaī.
जौं सपनें सिर काटै कोई। बिनु जागें न दूरि दुख होई ॥
jauṁ sapaneṁ sira kāṭai koī, binu jāgeṁ na dūri dukha hoī.
जासु कृपाँ अस भ्रम मिटि जाई। गिरिजा सोइ कृपाल रघुराई ॥
jāsu kṛpāṁ asa bhrama miṭi jāī, girijā soi kṛpāla raghurāī.
आदि अंत कोउ जासु न पावा। मति अनुमानि निगम अस गावा ॥
ādi aṁta kou jāsu na pāvā, mati anumāni nigama asa gāvā.
बिनु पद चलइ सुनइ बिनु काना। कर बिनु करम करइ बिधि नाना ॥
binu pada calai sunai binu kānā, kara binu karama karai bidhi nānā.
आनन रहित सकल रस भोगी। बिनु बानी बकता बड़ जोगी ॥
ānana rahita sakala rasa bhogī, binu bānī bakatā baṛa jogī.
तन बिनु परस नयन बिनु देखा। ग्रहइ घ्रान बिनु बास असेषा ॥
tana binu parasa nayana binu dekhā, grahai ghrāna binu bāsa aseṣā.
असि सब भाँति अलौकिक करनी। महिमा जासु जाइ नहिं बरनी ॥
asi saba bhāṁti alaukika karanī, mahimā jāsu jāi nahiṁ baranī.

दोहा-dohā:

जेहि इमि गावहिं बेद बुध जाहि धरहिं मुनि ध्यान।
jehi imi gāvahiṁ beda budha jāhi dharahiṁ muni dhyāna,
सोइ दसरथ सुत भगत हित कोसलपति भगवान ॥११८॥
soi dasaratha suta bhagata hita kosalapati bhagavāna. 118.

चौपाई-caupāī:

कासीं मरत जंतु अवलोकी। जासु नाम बल करउँ बिसोकी ॥
kāsīṁ marata jaṁtu avalokī, jāsu nāma bala karauṁ bisokī.
सोइ प्रभु मोर चराचर स्वामी। रघुबर सब उर अंतरजामी ॥
soi prabhu mora carācara svāmī, raghubara saba ura aṁtarajāmī.
बिबसहुँ जासु नाम नर कहहीं। जनम अनेक रचित अघ दहहीं ॥
bibasahuṁ jāsu nāma nara kahahīṁ, janama aneka racita agha dahahīṁ.
सादर सुमिरन जे नर करहीं। भव बारिधि गोपद इव तरहीं ॥
sādara sumirana je nara karahīṁ, bhava bāridhi gopada iva tarahīṁ.
राम सो परमातमा भवानी। तहँ भ्रम अति अबिहित तव बानी ॥
rāma so paramātamā bhavānī, tahaṁ bhrama ati abihita tava bānī.
अस संसय आनत उर माहीं। ग्यान बिराग सकल गुन जाहीं ॥
asa saṁsaya ānata ura māhīṁ, gyāna birāga sakala guna jāhīṁ.
सुनि सिव के भ्रम भंजन बचना। मिटि गै सब कुतरक कै रचना ॥
suni siva ke bhrama bhaṁjana bacanā, miṭi gai saba kutaraka kai racanā.
भइ रघुपति पद प्रीति प्रतीती। दारुन असंभावना बीती ॥
bhai raghupati pada prīti pratītī, dāruna asaṁbhāvanā bītī.

दोहा-dohā:

पुनि पुनि प्रभु पद कमल गहि जोरि पंकरुह पानि।
puni puni prabhu pada kamala gahi jori paṁkaruha pāni,
बोलीं गिरिजा बचन बर मनहुँ प्रेम रस सानि ॥११९॥
bolīṁ girijā bacana bara manahuṁ prema rasa sāni. 119.

चौपाई-caupāī:

ससि कर सम सुनि गिरा तुम्हारी। मिटा मोह सरदातप भारी ॥
sasi kara sama suni girā tumhārī, miṭā moha saradātapa bhārī.
तुम्ह कृपाल सबु संसउ हरेऊ। राम स्वरुप जानि मोहि परेऊ ॥
tumha kṛpāla sabu saṁsau hareū, rāma svarupa jāni mohi pareū.
नाथ कृपाँ अब गयउ बिषादा। सुखी भयउँ प्रभु चरन प्रसादा ॥
nātha kṛpāṁ aba gayau biṣādā, sukhī bhayauṁ prabhu carana prasādā.
अब मोहि आपनि किंकरि जानी। जदपि सहज जड़ नारि अयानी ॥
aba mohi āpani kiṁkari jānī, jadapi sahaja jaṛa nāri ayānī.
प्रथम जो मैं पूछा सोइ कहहू। जौं मो पर प्रसन्न प्रभु अहहू ॥
prathama jo maiṁ pūchā soi kahahū, jauṁ mo para prasanna prabhu ahahū.
राम ब्रह्म चिनमय अबिनासी। सर्ब रहित सब उर पुर बासी ॥
rāma brahma cinamaya abināsī, sarba rahita saba ura pura bāsī.
नाथ धरेउ नरतनु केहि हेतू। मोहि समुझाइ कहहु बृषकेतू ॥
nātha dhareu naratanu kehi hetū, mohi samujhāi kahahu bṛṣaketū.
उमा बचन सुनि परम बिनीता। रामकथा पर प्रीति पुनीता ॥
umā bacana suni parama binītā, rāmakathā para prīti punītā.

दोहा-dohā:

हियँ हरषे कामारि तब संकर सहज सुजान।
hiyaṁ harașe kāmāri taba saṁkara sahaja sujāna,
बहु बिधि उमहि प्रसंसि पुनि बोले कृपानिधान ॥१२०क॥
bahu bidhi umahi prasaṁsi puni bole kṛpānidhāna. 120(ka).

मासपारायण चौथा विश्राम

नवाह्नपारायण पहला विश्राम

māsapārāyaṇa cauthā viśrāma
navāhnapārāyaṇa pahalā viśrāma
(Pause 4 for a Thirty-Day Recitation)
(Pause 1 for a Nine-Day Recitation)

सोरठा-sorațhā:

सुनु सुभ कथा भवानि रामचरितमानस बिमल।
sunu subha kathā bhavāni rāmacaritamānasa bimala,
कहा भुसुंडि बखानि सुना बिहग नायक गरुड ॥१२०ख॥
kahā bhusuṁḍi bakhāni sunā bihaga nāyaka garuḍa. 120(kha).

सो संबाद उदार जेहि बिधि भा आगें कहब।
so saṁbāda udāra jehi bidhi bhā āgeṁ kahaba,
सुनहु राम अवतार चरित परम सुंदर अनघ ॥१२०ग॥
sunahu rāma avatāra carita parama suṁdara anagha. 120(ga).

हरि गुन नाम अपार कथा रूप अगनित अमित।
hari guna nāma apāra kathā rūpa aganita amita,
मैं निज मति अनुसार कहउँ उमा सादर सुनहु ॥१२०घ॥
maiṁ nija mati anusāra kahauṁ umā sādara sunahu. 120(gha.

चौपाई-caupāī:

सुनु गिरिजा हरिचरित सुहाए। बिपुल बिसद निगमागम गाए ॥
sunu girijā haricarita suhāe, bipula bisada nigamāgama gāe.
हरि अवतार हेतु जेहि होई। इदमित्थं कहि जाइ न सोई ॥
hari avatāra hetu jehi hoī, idamitthaṁ kahi jāi na soī.
राम अतर्क्य बुद्धि मन बानी। मत हमार अस सुनहि सयानी ॥
rāma atarkya buddhi mana bānī, mata hamāra asa sunahi sayānī.
तदपि संत मुनि बेद पुराना। जस कछु कहहिं स्वमति अनुमाना ॥
tadapi saṁta muni beda purānā, jasa kachu kahahiṁ svamati anumānā.
तस मैं सुमुखि सुनावउँ तोही। समुझि परइ जस कारन मोही ॥
tasa maiṁ sumukhi sunāvauṁ tohī, samujhi parai jasa kārana mohī.
जब जब होइ धरम कै हानी। बाढहिं असुर अधम अभिमानी ॥
jaba jaba hoi dharama kai hānī, bāḍhahiṁ asura adhama abhimānī.

करहिं अनीति जाइ नहिं बरनी । सीदहिं बिप्र धेनु सुर धरनी ॥
karahiṁ anīti jāi nahiṁ baranī, sīdahiṁ bipra dhenu sura dharanī.
तब तब प्रभु धरि बिबिध सरीरा । हरहिं कृपानिधि सज्जन पीरा ॥
taba taba prabhu dhari bibidha sarīrā, harahiṁ kṛpānidhi sajjana pīrā.

दोहा-dohā:

असुर मारि थापहिं सुरन्ह राखहिं निज श्रुति सेतु ।
asura māri thāpahiṁ suranha rākhahiṁ nija śruti setu,
जग बिस्तारहिं बिसद जस राम जन्म कर हेतु ॥१२१॥
jaga bistārahiṁ bisada jasa rāma janma kara hetu. 121.

चौपाई-caupāī:

सोइ जस गाइ भगत भव तरहीं । कृपासिंधु जन हित तनु धरहीं ॥
soi jasa gāi bhagata bhava tarahīṁ, kṛpāsiṁdhu jana hita tanu dharahīṁ.
राम जनम के हेतु अनेका । परम बिचित्र एक तें एका ॥
rāma janama ke hetu anekā, parama bicitra eka teṁ ekā.
जनम एक दुइ कहउँ बखानी । सावधान सुनु सुमति भवानी ॥
janama eka dui kahauṁ bakhānī, sāvadhāna sunu sumati bhavānī.
द्वारपाल हरि के प्रिय दोऊ । जय अरु बिजय जान सब कोऊ ॥
dvārapāla hari ke priya doū, jaya aru bijaya jāna saba koū.
बिप्र श्राप तें दूनउ भाई । तामस असुर देह तिन्ह पाई ॥
bipra śrāpa teṁ dūnau bhāī, tāmasa asura deha tinha pāī.
कनककसिपु अरु हाटक लोचन । जगत बिदित सुरपति मद मोचन ॥
kanakakasipu aru hāṭaka locana, jagata bidita surapati mada mocana.
बिजई समर बीर बिख्याता । धरि बराह बपु एक निपाता ॥
bijaī samara bīra bikhyātā, dhari barāha bapu eka nipātā.
होइ नरहरि दूसर पुनि मारा । जन प्रहलाद सुजस बिस्तारा ॥
hoi narahari dūsara puni mārā, jana prahalāda sujasa bistārā.

दोहा-dohā:

भए निसाचर जाइ तेइ महाबीर बलवान ।
bhae nisācara jāi tei mahābīra balavāna,
कुंभकरन रावण सुभट सुर बिजई जग जान ॥१२२॥
kuṁbhakarana rāvaṇa subhaṭa sura bijaī jaga jāna. 122.

चौपाई-caupāī:

मुकुत न भए हते भगवाना । तीनि जनम द्विज बचन प्रवाना ॥
mukuta na bhae hate bhagavānā, tīni janama dvija bacana pravānā.
एक बार तिन्ह के हित लागी । धरेउ सरीर भगत अनुरागी ॥
eka bāra tinha ke hita lāgī, dhareu sarīra bhagata anurāgī.
कस्यप अदिति तहाँ पितु माता । दसरथ कौसल्या बिख्याता ॥
kasyapa aditi tahāṁ pitu mātā, dasaratha kausalyā bikhyātā.
एक कलप एहि बिधि अवतारा । चरित्र पवित्र किए संसारा ॥
eka kalapa ehi bidhi avatārā, caritra pavitra kie saṁsārā.
एक कलप सुर देखि दुखारे । समर जलंधर सन सब हारे ॥
eka kalapa sura dekhi dukhāre, samara jalaṁdhara sana saba hāre.
संभु कीन्ह संग्राम अपारा । दनुज महाबल मरइ न मारा ॥
saṁbhu kīnha saṁgrāma apārā, danuja mahābala marai na mārā.
परम सती असुराधिप नारी । तेहिं बल ताहि न जितहिं पुरारी ॥
parama satī asurādhipa nārī, tehiṁ bala tāhi na jitahiṁ purārī.

दोहा-dohā:

छल करि टारेउ तासु ब्रत प्रभु सुर कारज कीन्ह ।
chala kari ṭāreu tāsu brata prabhu sura kāraja kīnha,
जब तेहिं जानेउ मरम तब श्राप कोप करि दीन्ह ॥१२३॥
jaba tehiṁ jāneu marama taba śrāpa kopa kari dīnha. 123.

चौपाई-caupāī:

तासु श्राप हरि दीन्ह प्रमाना । कौतुकनिधि कृपाल भगवाना ॥
tāsu śrāpa hari dīnha pramānā, kautukanidhi kṛpāla bhagavānā.
तहाँ जलंधर रावन भयऊ । रन हति राम परम पद दयऊ ॥
tahāṁ jalaṁdhara rāvana bhayaū, rana hati rāma parama pada dayaū.
एक जनम कर कारन एहा । जेहि लागि राम धरी नरदेहा ॥
eka janama kara kārana ehā, jehi lāgi rāma dharī naradehā.
प्रति अवतार कथा प्रभु केरी । सुनु मुनि बरनी कबिन्ह घनेरी ॥
prati avatāra kathā prabhu kerī, sunu muni baranī kabinha ghanerī.
नारद श्राप दीन्ह एक बारा । कलप एक तेहि लगि अवतारा ॥
nārada śrāpa dīnha eka bārā, kalapa eka tehi lagi avatārā.
गिरिजा चकित भईं सुनि बानी । नारद बिष्नुभगत पुनि ग्यानी ॥
girijā cakita bhaīṁ suni bānī, nārada biṣnubhagata puni gyānī.
कारन कवन श्राप मुनि दीन्हा । का अपराध रमापति कीन्हा ॥
kārana kavana śrāpa muni dīnhā, kā aparādha ramāpati kīnhā.
यह प्रसंग मोहि कहहु पुरारी । मुनि मन मोह आचरज भारी ॥
yaha prasaṁga mohi kahahu purārī, muni mana moha ācaraja bhārī.

दोहा-dohā:

बोले बिहसि महेस तब ग्यानी मूढ़ न कोइ ।
bole bihasi mahesa taba gyānī mūṛha na koi,
जेहि जस रघुपति करहिं जब सो तस तेहि छन होइ ॥१२४क॥
jehi jasa raghupati karahiṁ jaba so tasa tehi chana hoi. 124(ka).

सोरठा-soraṭhā:

कहउँ राम गुन गाथ भरद्वाज सादर सुनहु ।
kahauṁ rāma guna gātha bharadvāja sādara sunahu,
भव भंजन रघुनाथ भजु तुलसी तजि मान मद ॥१२४ख॥
bhava bhaṁjana raghunātha bhaju tulasī taji māna mada. 124(kha).

चौपाई-caupāī:

हिमगिरि गुहा एक अति पावनि । बह समीप सुरसरी सुहावनि ॥
himagiri guhā eka ati pāvani, baha samīpa surasarī suhāvani.
आश्रम परम पुनीत सुहावा । देखि देवरिषि मन अति भावा ॥
āśrama parama punīta suhāvā, dekhi devariṣi mana ati bhāvā.
निरखि सैल सरि बिपिन बिभागा । भयउ रमापति पद अनुरागा ॥
nirakhi saila sari bipina bibhāgā, bhayau ramāpati pada anurāgā.
सुमिरत हरिहि श्राप गति बाधी । सहज बिमल मन लागि समाधी ॥
sumirata harihi śrāpa gati bādhī, sahaja bimala mana lāgi samādhī.
मुनि गति देखि सुरेस डेराना । कामहि बोलि कीन्ह सनमाना ॥
muni gati dekhi suresa ḍerānā, kāmahi boli kīnha sanamānā.
सहित सहाय जाहु मम हेतू । चकेउ हरषि हियँ जलचरकेतू ॥
sahita sahāya jāhu mama hetū, cakeu haraṣi hiyaṁ jalacaraketū.
सुनासीर मन महुँ असि त्रासा । चहत देवरिषि मम पुर बासा ॥
sunāsīra mana mahuṁ asi trāsā, cahata devariṣi mama pura bāsā.
जे कामी लोलुप जग माहीं । कुटिल काक इव सबहि डेराहीं ॥
je kāmī lolupa jaga māhīṁ, kuṭila kāka iva sabahi ḍerāhīṁ.

दोहा-dohā:

सूख हाड़ लै भाग सठ स्वान निरखि मृगराज ।
sūkha hāṛa lai bhāga saṭha svāna nirakhi mṛgarāja,
छीनि लेइ जनि जान जड़ तिमि सुरपतिहि न लाज ॥१२५॥
chīni lei jani jāna jaṛa timi surapatihi na lāja. 125.

चौपाई-caupāī:

तेहि आश्रमहिं मदन जब गयऊ । निज मायाँ बसंत निरमयऊ ॥
tehi āśramahiṁ madana jaba gayaū, nija māyāṁ basaṁta niramayaū.

कुसुमित बिबिध बिटप बहुरंगा । कूजहिं कोकिल गुंजहिं भृंगा ॥
kusumita bibidha biṭapa bahuraṁgā, kūjahiṁ kokila guṁjahiṁ bhṛṁgā.
चली सुहावनि त्रिबिध बयारी । काम कृसानु बढ़ावनिहारी ॥
calī suhāvani tribidha bayārī, kāma kṛsānu baṛhāvanihārī.
रंभादिक सुरनारि नबीना । सकल असमसर कला प्रबीना ॥
raṁbhādika suranāri nabīnā, sakala asamasara kalā prabīnā.
करहिं गान बहु तान तरंगा । बहुबिधि क्रीड़हिं पानि पतंगा ॥
karahiṁ gāna bahu tāna taraṁgā, bahubidhi krīṛahiṁ pāni pataṁgā.
देखि सहाय मदन हरषाना । कीन्हेसि पुनि प्रपंच बिधि नाना ॥
dekhi sahāya madana haraṣānā, kīnhesi puni prapaṁca bidhi nānā.
काम कला कछु मुनिहि न ब्यापी । निज भयँ डरेउ मनोभव पापी ॥
kāma kalā kachu munihi na byāpī, nija bhayaṁ ḍareu manobhava pāpī.
सीम कि चाँपि सकइ कोउ तासू । बड़ रखवार रमापति जासू ॥
sīma ki cāṁpi sakai kou tāsū, baṛa rakhavāra ramāpati jāsū.

दोहा-dohā:

सहित सहाय सभीत अति मानि हारि मन मैन ।
sahita sahāya sabhīta ati māni hāri mana maina,
गहेसि जाइ मुनि चरन तब कहि सुठि आरत बैन ॥ १२६ ॥
gahesi jāi muni carana taba kahi suṭhi ārata baina. 126.

चौपाई-caupāī:

भयउ न नारद मन कछु रोषा । कहि प्रिय बचन काम परितोषा ॥
bhayau na nārada mana kachu roṣā, kahi priya bacana kāma paritoṣā.
नाइ चरन सिरु आयसु पाई । गयउ मदन तब सहित सहाई ॥
nāi carana siru āyasu pāī, gayau madana taba sahita sahāī.
मुनि सुसीलता आपनि करनी । सुरपति सभाँ जाइ सब बरनी ॥
muni susīlatā āpani karanī, surapati sabhāṁ jāi saba baranī.
सुनि सब कें मन अचरजु आवा । मुनिहि प्रसंसि हरिहि सिरु नावा ॥
suni saba keṁ mana acaraju āvā, munihi prasaṁsi harihi siru nāvā.
तब नारद गवने सिव पाहीं । जिता काम अहमिति मन माहीं ॥
taba nārada gavane siva pāhīṁ, jitā kāma ahamiti mana māhīṁ.
मार चरित संकरहि सुनाए । अतिप्रिय जानि महेस सिखाए ॥
māra carita saṁkarahi sunāe, atipriya jāni mahesa sikhāe.
बार बार बिनवउँ मुनि तोही । जिमि यह कथा सुनायहु मोही ॥
bāra bāra binavauṁ muni tohī, jimi yaha kathā sunāyahu mohī.
तिमि जनि हरिहि सुनावहु कबहूँ । चलेहुँ प्रसंग दुराएहु तबहूँ ॥
timi jani harihi sunāvahu kabahūṁ, calehuṁ prasaṁga durāehu tabahūṁ.

दोहा-dohā:

संभु दीन्ह उपदेस हित नहिं नारदहि सोहान ।
saṁbhu dīnha upadesa hita nahiṁ nāradahi sohāna,
भरद्वाज कौतुक सुनहु हरि इच्छा बलवान ॥ १२७ ॥
bharadvāja kautuka sunahu hari icchā balavāna. 127.

चौपाई-caupāī:

राम कीन्ह चाहहिं सोइ होई । करै अन्यथा अस नहिं कोई ॥
rāma kīnha cāhahiṁ soi hoī, karai anyathā asa nahiṁ koī.
संभु बचन मुनि मन नहिं भाए । तब बिरंचि के लोक सिधाए ॥
saṁbhu bacana muni mana nahiṁ bhāe, taba biraṁci ke loka sidhāe.
एक बार करतल बर बीना । गावत हरि गुन गान प्रबीना ॥
eka bāra karatala bara bīnā, gāvata hari guna gāna prabīnā.
छीरसिंधु गवने मुनिनाथा । जहँ बस श्रीनिवास श्रुतिमाथा ॥
chīrasiṁdhu gavane munināthā, jahaṁ basa śrīnivāsa śrutimāthā.
हरषि मिले उठि रमानिकेता । बैठे आसन रिषिहि समेता ॥
haraṣi mile uṭhi ramāniketā, baiṭhe āsana riṣihi sametā.
बोले बिहसि चराचर राया । बहुते दिनन कीन्हि मुनि दाया ॥
bole bihasi carācara rāyā, bahute dinana kīnhi muni dāyā.
काम चरित नारद सब भाषे । जद्यपि प्रथम बरजि सिवँ राखे ॥
kāma carita nārada saba bhāṣe, jadyapi prathama baraji sivaṁ rākhe.
अति प्रचंड रघुपति कै माया । जेहि न मोह अस को जग जाया ॥
ati pracaṁḍa raghupati kai māyā, jehi na moha asa ko jaga jāyā.

दोहा-dohā:

रूख बदन करि बचन मृदु बोले श्रीभगवान ।
rūkha badana kari bacana mṛdu bole śrībhagavāna,
तुम्हरे सुमिरन तें मिटहिं मोह मार मद मान ॥ १२८ ॥
tumhare sumirana teṁ miṭahiṁ moha māra mada māna. 128.

चौपाई-caupāī:

सुनु मुनि मोह होइ मन ताकें । ग्यान बिराग हृदय नहिं जाकें ॥
sunu muni moha hoi mana tākeṁ, gyāna birāga hṛdaya nahiṁ jākeṁ.
ब्रह्मचरज ब्रत रत मतिधीरा । तुम्हहि कि करइ मनोभव पीरा ॥
brahmacaraja brata rata matidhīrā, tumhahi ki karai manobhava pīrā.
नारद कहेउ सहित अभिमाना । कृपा तुम्हारि सकल भगवाना ॥
nārada kaheu sahita abhimānā, kṛpā tumhāri sakala bhagavānā.
करुनानिधि मन दीख बिचारी । उर अंकुरेउ गरब तरु भारी ॥
karunānidhi mana dīkha bicārī, ura aṁkureu garaba taru bhārī.
बेगि सो मैं डारिहउँ उखारी । पन हमार सेवक हितकारी ॥
begi so maiṁ ḍārihauṁ ukhārī, pana hamāra sevaka hitakārī.
मुनि कर हित मम कौतुक होई । अवसि उपाय करबि मैं सोई ॥
muni kara hita mama kautuka hoī, avasi upāya karabi maiṁ soī.
तब नारद हरि पद सिर नाई । चले हृदयँ अहमिति अधिकाई ॥
taba nārada hari pada sira nāī, cale hṛdayaṁ ahamiti adhikāī.
श्रीपति निज माया तब प्रेरी । सुनहु कठिन करनी तेहि केरी ॥
śrīpati nija māyā taba prerī, sunahu kaṭhina karanī tehi kerī.

दोहा-dohā:

बिरचेउ मग महुँ नगर तेहिं सत जोजन बिस्तार ।
biraceu maga mahuṁ nagara tehiṁ sata jojana bistāra,
श्रीनिवासपुर तें अधिक रचना बिबिध प्रकार ॥ १२९ ॥
śrīnivāsapura teṁ adhika racanā bibidha prakāra. 129.

चौपाई-caupāī:

बसहिं नगर सुंदर नर नारी । जनु बहु मनसिज रति तनुधारी ॥
basahiṁ nagara suṁdara nara nārī, janu bahu manasija rati tanudhārī.
तेहिं पुर बसइ सीलनिधि राजा । अगनित हय गय सेन समाजा ॥
tehiṁ pura basai sīlanidhi rājā, aganita haya gaya sena samājā.
सत सुरेस सम बिभव बिलासा । रूप तेज बल नीति निवासा ॥
sata suresa sama bibhava bilāsā, rūpa teja bala nīti nivāsā.
बिस्वमोहनी तासु कुमारी । श्री बिमोह जिसु रूपु निहारी ॥
bisvamohanī tāsu kumārī, śrī bimoha jisu rūpu nihārī.
सोइ हरिमाया सब गुन खानी । सोभा तासु कि जाइ बखानी ॥
soi harimāyā saba guna khānī, sobhā tāsu ki jāi bakhānī.
करइ स्वयंबर सो नृपबाला । आए तहँ अगनित महिपाला ॥
karai svayaṁbara so nṛpabālā, āe tahaṁ aganita mahipālā.
मुनि कौतुकी नगर तेहिं गयऊ । पुरबासिन्ह सब पूछत भयऊ ॥
muni kautukī nagara tehiṁ gayaū, purabāsinha saba pūchata bhayaū.
सुनि सब चरित भूपगृहँ आए । करि पूजा नृप मुनि बैठाए ॥
suni saba carita bhūpagṛhaṁ āe, kari pūjā nṛpa muni baiṭhāe.

दोहा-dohā:

आनि देखाई नारदहि भूपति राजकुमारि ।
āni dekhāī nāradahi bhūpati rājakumāri,
कहहु नाथ गुन दोष सब एहि के हृदयँ बिचारि ॥१३०॥
kahahu nātha guna doṣa saba ehi ke hṛdayaṁ bicāri. 130.

चौपाई-caupāī:

देखि रूप मुनि बिरति बिसारी । बड़ी बार लगि रहे निहारी ॥
dekhi rūpa muni birati bisārī, baṛī bāra lagi rahe nihārī.
लच्छन तासु बिलोकि भुलाने । हृदयँ हरष नहिं प्रगट बखाने ॥
lacchana tāsu biloki bhulāne, hṛdayaṁ haraṣa nahiṁ pragaṭa bakhāne.
जो एहि बरइ अमर सोइ होई । समरभूमि तेहि जीत न कोई ॥
jo ehi barai amara soi hoī, samarabhūmi tehi jīta na koī.
सेवहिं सकल चराचर ताही । बरइ सीलनिधि कन्या जाही ॥
sevahiṁ sakala carācara tāhī, barai sīlanidhi kanyā jāhī.
लच्छन सब बिचारि उर राखे । कछुक बनाइ भूप सन भाषे ॥
lacchana saba bicāri ura rākhe, kachuka banāi bhūpa sana bhāṣe.
सुता सुलच्छन कहि नृप पाहीं । नारद चले सोच मन माहीं ॥
sutā sulacchana kahi nṛpa pāhīṁ, nārada cale soca mana māhīṁ.
करौं जाइ सोइ जतन बिचारी । जेहि प्रकार मोहि बरै कुमारी ॥
karauṁ jāi soi jatana bicārī, jehi prakāra mohi barai kumārī.
जप तप कछु न होइ तेहि काला । हे बिधि मिलइ कवन बिधि बाला ॥
japa tapa kachu na hoi tehi kālā, he bidhi milai kavana bidhi bālā.

दोहा-dohā:

एहि अवसर चाहिअ परम सोभा रूप बिसाल ।
ehi avasara cāhia parama sobhā rūpa bisāla,
जो बिलोकि रीझै कुअँरि तब मेलै जयमाल ॥१३१॥
jo biloki rījhai kuaṁri taba melai jayamāla. 131.

चौपाई-caupāī:

हरि सन मागौं सुंदरताई । होइहि जात गहरु अति भाई ॥
hari sana māgauṁ suṁdaratāī, hoihi jāta gaharu ati bhāī.
मोरें हित हरि सम नहिं कोऊ । एहि अवसर सहाय सोइ होऊ ॥
moreṁ hita hari sama nahiṁ koū, ehi avasara sahāya soi hoū.
बहुबिधि बिनय कीन्हि तेहि काला । प्रगटेउ प्रभु कौतुकी कृपाला ॥
bahubidhi binaya kīnhi tehi kālā, pragaṭeu prabhu kautukī kṛpālā.
प्रभु बिलोकि मुनि नयन जुड़ाने । होइहि काजु हिएँ हरषाने ॥
prabhu biloki muni nayana juṛāne, hoihi kāju hieṁ haraṣāne.
अति आरति कहि कथा सुनाई । करहु कृपा करि होहु सहाई ॥
ati ārati kahi kathā sunāī, karahu kṛpā kari hohu sahāī.
आपन रूप देहु प्रभु मोही । आन भाँति नहिं पावौं ओही ॥
āpana rūpa dehu prabhu mohī, āna bhāṁti nahiṁ pāvauṁ ohī.
जेहि बिधि नाथ होइ हित मोरा । करहु सो बेगि दास मैं तोरा ॥
jehi bidhi nātha hoi hita morā, karahu so begi dāsa maiṁ torā.
निज माया बल देखि बिसाला । हियँ हँसि बोले दीनदयाला ॥
nija māyā bala dekhi bisālā, hiyaṁ haṁsi bole dīnadayālā.

दोहा-dohā:

जेहि बिधि होइहि परम हित नारद सुनहु तुम्हार ।
jehi bidhi hoihi parama hita nārada sunahu tumhāra,
सोइ हम करब न आन कछु बचन न मृषा हमार ॥१३२॥
soi hama karaba na āna kachu bacana na mṛṣā hamāra. 132.

चौपाई-caupāī:

कुपथ माग रुज ब्याकुल रोगी । बैद न देइ सुनहु मुनि जोगी ॥
kupatha māga ruja byākula rogī, baida na dei sunahu muni jogī.
एहि बिधि हित तुम्हार मैं ठयऊ । कहि अस अंतरहित प्रभु भयऊ ॥
ehi bidhi hita tumhāra maiṁ ṭhayaū, kahi asa aṁtarahita prabhu bhayaū.
माया बिबस भए मुनि मूढ़ा । समुझी नहिं हरि गिरा निगूढ़ा ॥
māyā bibasa bhae muni mūṛhā, samujhī nahiṁ hari girā nigūṛhā.
गवने तुरत तहाँ रिषिराई । जहाँ स्वयंबर भूमि बनाई ॥
gavane turata tahāṁ riṣirāī, jahāṁ svayaṁbara bhūmi banāī.
निज निज आसन बैठे राजा । बहु बनाव करि सहित समाजा ॥
nija nija āsana baiṭhe rājā, bahu banāva kari sahita samājā.
मुनि मन हरष रूप अति मोरें । मोहि तजि आनहि बरिहि न भोरें ॥
muni mana haraṣa rūpa ati moreṁ, mohi taji ānahi barihi na bhoreṁ.
मुनि हित कारन कृपानिधाना । दीन्ह कुरूप न जाइ बखाना ॥
muni hita kārana kṛpānidhānā, dīnha kurūpa na jāi bakhānā.
सो चरित्र लखि काहुँ न पावा । नारद जानि सबहिं सिर नावा ॥
so caritra lakhi kāhuṁ na pāvā, nārada jāni sabahiṁ sira nāvā.

दोहा-dohā:

रहे तहाँ दुइ रुद्र गन ते जानहिं सब भेउ ।
rahe tahāṁ dui rudra gana te jānahiṁ saba bheu,
बिप्रबेष देखत फिरहिं परम कौतुकी तेउ ॥१३३॥
biprabeṣa dekhata phirahiṁ parama kautukī teu. 133.

चौपाई-caupāī:

जेहिं समाज बैठे मुनि जाई । हृदयँ रूप अहमिति अधिकाई ॥
jehiṁ samāja baiṭhe muni jāī, hṛdayaṁ rūpa ahamiti adhikāī.
तहँ बैठ महेस गन दोऊ । बिप्रबेष गति लखइ न कोऊ ॥
tahaṁ baiṭha mahesa gana doū, biprabeṣa gati lakhai na koū.
करहिं कूटि नारदहि सुनाई । नीकि दीन्हि हरि सुंदरताई ॥
karahiṁ kūṭi nāradahi sunāī, nīki dīnhi hari suṁdaratāī.
रीझिहि राजकुअँरि छबि देखी । इन्हहि बरिहि हरि जानि बिसेषी ॥
rījhihi rājakuaṁri chabi dekhī, inhahi barihi hari jāni biseṣī.
मुनिहि मोह मन हाथ पराएँ । हँसहिं संभु गन अति सचु पाएँ ॥
munihi moha mana hātha parāeṁ, haṁsahiṁ saṁbhu gana ati sacu pāeṁ.
जदपि सुनहिं मुनि अटपटि बानी । समुझि न परइ बुद्धि भ्रम सानी ॥
jadapi sunahiṁ muni aṭapaṭi bānī, samujhi na parai buddhi bhrama sānī.
काहुँ न लखा सो चरित बिसेषा । सो सरूप नृपकन्याँ देखा ॥
kāhuṁ na lakhā so carita biseṣā, so sarūpa nṛpakanyāṁ dekhā.
मर्कट बदन भयंकर देही । देखत हृदयँ क्रोध भा तेही ॥
markaṭa badana bhayaṁkara dehī, dekhata hṛdayaṁ krodha bhā tehī.

दोहा-dohā:

सखीं संग लै कुअँरि तब चलि जनु राजमराल ।
sakhīṁ saṁga lai kuaṁri taba cali janu rājamarāla,
देखत फिरइ महीप सब कर सरोज जयमाल ॥१३४॥
dekhata phirai mahīpa saba kara saroja jayamāla. 134.

चौपाई-caupāī:

जेहि दिसि बैठे नारद फूली । सो दिसि तेहिं न बिलोकी भूली ॥
jehi disi baiṭhe nārada phūlī, so disi tehiṁ na bilokī bhūlī.
पुनि पुनि मुनि उकसहिं अकुलाहीं । देखि दसा हर गन मुसुकाहीं ॥
puni puni muni ukasahiṁ akulāhīṁ, dekhi dasā hara gana musukāhīṁ.
धरि नृपतनु तहँ गयउ कृपाला । कुअँरि हरषि मेलेउ जयमाला ॥
dhari nṛpatanu tahaṁ gayau kṛpālā, kuaṁri haraṣi meleu jayamālā.
दुलहिनि लै गे लच्छिनिवासा । नृपसमाज सब भयउ निरासा ॥
dulahini lai ge lacchinivāsā, nṛpasamāja saba bhayau nirāsā.
मुनि अति बिकल मोहँ मति नाठी । मनि गिरि गई छूटि जनु गाँठी ॥
muni ati bikala mohaṁ mati nāṭhī, mani giri gaī chūṭi janu gāṁṭhī.

तब हर गन बोले मुसुकाई । निज मुख मुकुर बिलोकहु जाई ॥
taba hara gana bole musukāī, nija mukha mukura bilokahu jāī.
अस कहि दोउ भागे भयँ भारी । बदन दीख मुनि बारि निहारी ॥
asa kahi dou bhāge bhayaṁ bhārī, badana dīkha muni bāri nihārī.
बेषु बिलोकि क्रोध अति बाढ़ा । तिन्हहि सराप दीन्ह अति गाढ़ा ॥
beṣu biloki krodha ati bāṛhā, tinhahi sarāpa dīnha ati gāṛhā.

दोहा-dohā:

होहु निसाचर जाइ तुम्ह कपटी पापी दोउ ।
hohu nisācara jāi tumha kapaṭī pāpī dou,
हँसेहु हमहि सो लेहु फल बहुरि हँसेहु मुनि कोउ ॥१३५॥
haṁsehu hamahi so lehu phala bahuri haṁsehu muni kou. 135.

चौपाई-caupāī:

पुनि जल दीख रूप निज पावा । तदपि हृदयँ संतोष न आवा ॥
puni jala dīkha rūpa nija pāvā, tadapi hṛdayaṁ saṁtoṣa na āvā.
फरकत अधर कोप मन माहीं । सपदी चले कमलापति पाहीं ॥
pharakata adhara kopa mana māhīṁ, sapadī cale kamalāpati pāhīṁ.
देहउँ श्राप कि मरिहउँ जाई । जगत मोरि उपहास कराई ॥
dehauṁ śrāpa ki marihauṁ jāī, jagata mori upahāsa karāī.
बीचहिं पंथ मिले दनुजारी । संग रमा सोइ राजकुमारी ॥
bīcahiṁ paṁtha mile danujārī, saṁga ramā soi rājakumārī.
बोले मधुर बचन सुरसाईं । मुनि कहँ चले बिकल की नाईं ॥
bole madhura bacana surasāīṁ, muni kahaṁ cale bikala kī nāīṁ.
सुनत बचन उपजा अति क्रोधा । माया बस न रहा मन बोधा ॥
sunata bacana upajā ati krodhā, māyā basa na rahā mana bodhā.
पर संपदा सकहु नहिं देखी । तुम्हरें इरिषा कपट बिसेषी ॥
para saṁpadā sakahu nahiṁ dekhī, tumhareṁ iriṣā kapaṭa biseṣī.
मथत सिंधु रुद्रहि बौरायहु । सुरन्ह प्रेरि बिष पान करायहु ॥
mathata siṁdhu rudrahi baurāyahu, suranha preri biṣa pāna karāyahu.

दोहा-dohā:

असुर सुरा बिष संकरहि आपु रमा मनि चारु ।
asura surā biṣa saṁkarahi āpu ramā mani cāru,
स्वारथ साधक कुटिल तुम्ह सदा कपट ब्यवहारु ॥१३६॥
svāratha sādhaka kuṭila tumha sadā kapaṭa byavahāru. 136.

चौपाई-caupāī:

परम स्वतंत्र न सिर पर कोई । भावइ मनहि करहु तुम्ह सोई ॥
parama svataṁtra na sira para koī, bhāvai manahi karahu tumha soī.
भलेहि मंद मंदेहि भल करहू । बिसमय हरष न हियँ कछु धरहू ॥
bhalehi maṁda maṁdehi bhala karahū, bisamaya haraṣa na hiyaṁ kachu dharahū.
डहकि डहकि परिचेहु सब काहू । अति असंक मन सदा उछाहू ॥
ḍahaki ḍahaki paricehu saba kāhū, ati asaṁka mana sadā uchāhū.
करम सुभासुभ तुम्हहि न बाधा । अब लगि तुम्हहि न काहूँ साधा ॥
karama subhāsubha tumhahi na bādhā, aba lagi tumhahi na kāhūṁ sādhā.
भले भवन अब बायन दीन्हा । पावहुगे फल आपन कीन्हा ॥
bhale bhavana aba bāyana dīnhā, pāvahuge phala āpana kīnhā.
बंचेहु मोहि जवनि धरि देहा । सोइ तनु धरहु श्राप मम एहा ॥
baṁcehu mohi javani dhari dehā, soi tanu dharahu śrāpa mama ehā.
कपि आकृति तुम्ह कीन्हि हमारी । करिहहिं कीस सहाय तुम्हारी ॥
kapi ākṛti tumha kīnhi hamārī, karihahiṁ kīsa sahāya tumhārī.
मम अपकार कीन्ह तुम्ह भारी । नारि बिरहँ तुम्ह होब दुखारी ॥
mama apakāra kīnha tumha bhārī, nāri birahaṁ tumha hoba dukhārī.

दोहा-dohā:

श्राप सीस धरि हरषि हियँ प्रभु बहु बिनती कीन्हि ।
śrāpa sīsa dhari haraṣi hiyaṁ prabhu bahu binatī kīnhi,
निज माया कै प्रबलता करषि कृपानिधि लीन्हि ॥१३७॥
nija māyā kai prabalatā karaṣi kṛpānidhi līnhi. 137.

चौपाई-caupāī:

जब हरि माया दूरि निवारी । नहिं तहँ रमा न राजकुमारी ॥
jaba hari māyā dūri nivārī, nahiṁ tahaṁ ramā na rājakumārī.
तब मुनि अति सभीत हरि चरना । गहे पाहि प्रनतारति हरना ॥
taba muni ati sabhīta hari caranā, gahe pāhi pranatārati haranā.
मृषा होउ मम श्राप कृपाला । मम इच्छा कह दीनदयाला ॥
mṛṣā hou mama śrāpa kṛpālā, mama icchā kaha dīnadayālā.
मैं दुर्बचन कहे बहुतेरे । कह मुनि पाप मिटिहिं किमि मेरे ॥
maiṁ durbacana kahe bahutere, kaha muni pāpa miṭihiṁ kimi mere.
जपहु जाइ संकर सत नामा । होइहि हृदयँ तुरत बिश्रामा ॥
japahu jāi saṁkara sata nāmā, hoihi hṛdayaṁ turata biśrāmā.
कोउ नहिं सिव समान प्रिय मोरें । असि परतीति तजहु जनि भोरें ॥
kou nahiṁ siva samāna priya moreṁ, asi paratīti tajahu jani bhoreṁ.
जेहि पर कृपा न करहिं पुरारी । सो न पाव मुनि भगति हमारी ॥
jehi para kṛpā na karahiṁ purārī, so na pāva muni bhagati hamārī.
अस उर धरि महि बिचरहु जाई । अब न तुम्हहि माया निअराई ॥
asa ura dhari mahi bicarahu jāī, aba na tumhahi māyā niarāī.

दोहा-dohā:

बहुबिधि मुनिहि प्रबोधि प्रभु तब भए अंतरधान ।
bahubidhi munihi prabodhi prabhu taba bhae aṁtaradhāna,
सत्यलोक नारद चले करत राम गुन गान ॥१३८॥
satyaloka nārada cale karata rāma guna gāna. 138.

चौपाई-caupāī:

हर गन मुनिहि जात पथ देखी । बिगतमोह मन हरष बिसेषी ॥
hara gana munihi jāta patha dekhī, bigatamoha mana haraṣa biseṣī.
अति सभीत नारद पहिं आए । गहि पद आरत बचन सुनाए ॥
ati sabhīta nārada pahiṁ āe, gahi pada ārata bacana sunāe.
हर गन हम न बिप्र मुनिराया । बड़ अपराध कीन्ह फल पाया ॥
hara gana hama na bipra munirāyā, baṛa aparādha kīnha phala pāyā.
श्राप अनुग्रह करहु कृपाला । बोले नारद दीनदयाला ॥
śrāpa anugraha karahu kṛpālā, bole nārada dīnadayālā.
निसिचर जाइ होहु तुम्ह दोऊ । बैभव बिपुल तेज बल होऊ ॥
nisicara jāi hohu tumha doū, baibhava bipula teja bala hoū.
भुजबल बिस्व जितब तुम्ह जहिआ । धरिहहिं बिष्नु मनुज तनु तहिआ ॥
bhujabala bisva jitaba tumha jahiā, dharihahiṁ biṣnu manuja tanu tahiā.
समर मरन हरि हाथ तुम्हारा । होइहहु मुकुत न पुनि संसारा ॥
samara marana hari hātha tumhārā, hoihahu mukuta na puni saṁsārā.
चले जुगल मुनि पद सिर नाई । भए निसाचर कालहि पाई ॥
cale jugala muni pada sira nāī, bhae nisācara kālahi pāī.

दोहा-dohā:

एक कलप एहि हेतु प्रभु लीन्ह मनुज अवतार ।
eka kalapa ehi hetu prabhu līnha manuja avatāra,
सुर रंजन सज्जन सुखद हरि भंजन भुबि भार ॥१३९॥
sura raṁjana sajjana sukhada hari bhaṁjana bhubi bhāra. 139.

चौपाई-caupāī:

एहि बिधि जनम करम हरि केरे । सुंदर सुखद बिचित्र घनेरे ॥
ehi bidhi janama karama hari kere, suṁdara sukhada bicitra ghanere.

कलप कलप प्रति प्रभु अवतरहीं । चारु चरित नानाबिधि करहीं ॥
kalapa kalapa prati prabhu avatarahīṁ, cāru carita nānābidhi karahīṁ.

तब तब कथा मुनीसन्ह गाई । परम पुनीत प्रबंध बनाई ॥
taba taba kathā munīsanha gāī, parama punīta prabaṁdha banāī.

बिबिध प्रसंग अनूप बखाने । करहिं न सुनि आचरजु सयाने ॥
bibidha prasaṁga anūpa bakhāne, karahiṁ na suni ācaraju sayāne.

हरि अनंत हरिकथा अनंता । कहहिं सुनहिं बहुबिधि सब संता ॥
hari anaṁta harikathā anaṁtā, kahahiṁ sunahiṁ bahubidhi saba saṁtā.

रामचंद्र के चरित सुहाए । कलप कोटि लगि जाहिं न गाए ॥
rāmacaṁdra ke carita suhāe, kalapa koṭi lagi jāhiṁ na gāe.

यह प्रसंग मैं कहा भवानी । हरिमायाँ मोहहिं मुनि ग्यानी ॥
yaha prasaṁga maiṁ kahā bhavānī, harimāyām̐ mohahiṁ muni gyānī.

प्रभु कौतुकी प्रनत हितकारी । सेवत सुलभ सकल दुख हारी ॥
prabhu kautukī pranata hitakārī, sevata sulabha sakala dukha hārī.

सोरठा-*soraṭhā:*

सुर नर मुनि कोउ नाहिं जेहि न मोह माया प्रबल ।
sura nara muni kou nāhiṁ jehi na moha māyā prabala,

अस बिचारि मन माहिं भजिअ महामाया पतिहि ॥ १४० ॥
asa bicāri mana māhiṁ bhajia mahāmāyā patihi. 140.

चौपाई-*caupāī:*

अपर हेतु सुनु सैलकुमारी । कहउँ बिचित्र कथा बिस्तारी ॥
apara hetu sunu sailakumārī, kahaum̐ bicitra kathā bistārī.

जेहि कारन अज अगुन अरूपा । ब्रह्म भयउ कोसलपुर भूपा ॥
jehi kārana aja aguna arūpā, brahma bhayau kosalapura bhūpā.

जो प्रभु बिपिन फिरत तुम्ह देखा । बंधु समेत धरें मुनिबेषा ॥
jo prabhu bipina phirata tumha dekhā, baṁdhu sameta dhareṁ munibeṣā.

जासु चरित अवलोकि भवानी । सती सरीर रहिहु बौरानी ॥
jāsu carita avaloki bhavānī, satī sarīra rahihu baurānī.

अजहुँ न छाया मिटति तुम्हारी । तासु चरित सुनु भ्रम रुज हारी ॥
ajahum̐ na chāyā miṭati tumhārī, tāsu carita sunu bhrama ruja hārī.

लीला कीन्हि जो तेहिं अवतारा । सो सब कहिहउँ मति अनुसारा ॥
līlā kīnhi jo tehiṁ avatārā, so saba kahihaum̐ mati anusārā.

भरद्वाज सुनि संकर बानी । सकुचि सप्रेम उमा मुसुकानी ॥
bharadvāja suni saṁkara bānī, sakuci saprema umā musukānī.

लगे बहुरि बरनै बृषकेतू । सो अवतार भयउ जेहि हेतू ॥
lage bahuri baranai bṛṣaketū, so avatāra bhayau jehi hetū.

दोहा-*dohā:*

सो मैं तुम्ह सन कहउँ सबु सुनु मुनीस मन लाइ ।
so maiṁ tumha sana kahaum̐ sabu sunu munīsa mana lāi,

राम कथा कलि मल हरनि मंगल करनि सुहाइ ॥ १४१ ॥
rāma kathā kali mala harani maṁgala karani suhāi. 141.

चौपाई-*caupāī:*

स्वायंभू मनु अरु सतरूपा । जिन्ह तें भै नरसृष्टि अनूपा ॥
svāyambhū manu aru satarūpā, jinha teṁ bhai narasṛṣṭi anūpā.

दंपति धरम आचरन नीका । अजहुँ गाव श्रुति जिन्ह कै लीका ॥
daṁpati dharama ācarana nīkā, ajahum̐ gāva śruti jinha kai līkā.

नृप उत्तानपाद सुत तासू । ध्रुव हरि भगत भयउ सुत जासू ॥
nṛpa uttānapāda suta tāsū, dhruva hari bhagata bhayau suta jāsū.

लघु सुत नाम प्रियब्रत ताही । बेद पुरान प्रसंसहि जाही ॥
laghu suta nāma priyabrata tāhī, beda purāna prasaṁsahi jāhī.

देवहूति पुनि तासु कुमारी । जो मुनि कर्दम कै प्रिय नारी ॥
devahūti puni tāsu kumārī, jo muni kardama kai priya nārī.

आदिदेव प्रभु दीनदयाला । जठर धरेउ जेहिं कपिल कृपाला ॥
ādideva prabhu dīnadayālā, jaṭhara dhareu jehiṁ kapila kṛpālā.

सांख्य सास्त्र जिन्ह प्रगट बखाना । तत्व बिचार निपुन भगवाना ॥
sāṁkhya sāstra jinha pragaṭa bakhānā, tatva bicāra nipuna bhagavānā.

तेहिं मनु राज कीन्ह बहु काला । प्रभु आयसु सब बिधि प्रतिपाला ॥
tehiṁ manu rāja kīnha bahu kālā, prabhu āyasu saba bidhi pratipālā.

सोरठा-*soraṭhā:*

होइ न बिषय बिराग भवन बसत भा चौथपन ।
hoi na biṣaya birāga bhavana basata bhā cauthapana,

हृदयँ बहुत दुख लाग जनम गयउ हरिभगति बिनु ॥ १४२ ॥
hṛdayam̐ bahuta dukha lāga janama gayau haribhagati binu. 142.

चौपाई-*caupāī:*

बरबस राज सुतहि तब दीन्हा । नारि समेत गवन बन कीन्हा ॥
barabasa rāja sutahi taba dīnhā, nāri sameta gavana bana kīnhā.

तीरथ बर नैमिष बिख्याता । अति पुनीत साधक सिधि दाता ॥
tīratha bara naimiṣa bikhyātā, ati punīta sādhaka sidhi dātā.

बसहिं तहाँ मुनि सिद्ध समाजा । तहँ हियँ हरषि चलेउ मनु राजा ॥
basahiṁ tahām̐ muni siddha samājā, taham̐ hiyam̐ haraṣi caleu manu rājā.

पंथ जात सोहहिं मतिधीरा । ग्यान भगति जनु धरें सरीरा ॥
paṁtha jāta sohahiṁ matidhīrā, gyāna bhagati janu dhareṁ sarīrā.

पहुँचे जाइ धेनुमति तीरा । हरषि नहाने निरमल नीरा ॥
pahum̐ce jāi dhenumati tīrā, haraṣi nahāne niramala nīrā.

आए मिलन सिद्ध मुनि ग्यानी । धरम धुरंधर नृपरिषि जानी ॥
āe milana siddha muni gyānī, dharama dhuraṁdhara nṛpariṣi jānī.

जहँ जहँ तीरथ रहे सुहाए । मुनिन्ह सकल सादर करवाए ॥
jaham̐ jaham̐ tīratha rahe suhāe, muninha sakala sādara karavāe.

कृस सरीर मुनिपट परिधाना । सत समाज नित सुनहिं पुराना ॥
kṛsa sarīra munipaṭa paridhānā, sata samāja nita sunahiṁ purānā.

दोहा-*dohā:*

द्वादस अच्छर मंत्र पुनि जपहिं सहित अनुराग ।
dvādasa acchara maṁtra puni japahiṁ sahita anurāga,

बासुदेव पद पंकरुह दंपति मन अति लाग ॥ १४३ ॥
bāsudeva pada paṁkaruha daṁpati mana ati lāga. 143.

चौपाई-*caupāī:*

करहिं अहार साक फल कंदा । सुमिरहिं ब्रह्म सच्चिदानंदा ॥
karahiṁ ahāra sāka phala kaṁdā, sumirahiṁ brahma saccidānaṁdā.

पुनि हरि हेतु करन तप लागे । बारि अधार मूल फल त्यागे ॥
puni hari hetu karana tapa lāge, bāri adhāra mūla phala tyāge.

उर अभिलाष निरंतर होई । देखिअ नयन परम प्रभु सोई ॥
ura abhilāṣa niraṁtara hoī, dekhia nayana parama prabhu soī.

अगुन अखंड अनंत अनादी । जेहि चिंतहिं परमारथबादी ॥
aguna akhaṁḍa anaṁta anādī, jehi ciṁtahiṁ paramārathabādī.

नेति नेति जेहि बेद निरूपा । निजानंद निरुपाधि अनूपा ॥
neti neti jehi beda nirūpā, nijānaṁda nirupādhi anūpā.

संभु बिरंचि बिष्नु भगवाना । उपजहिं जासु अंस तें नाना ॥
saṁbhu biraṁci biṣnu bhagavānā, upajahiṁ jāsu aṁsa teṁ nānā.

ऐसेउ प्रभु सेवक बस अहई । भगत हेतु लीलातनु गहई ॥
aiseu prabhu sevaka basa ahaī, bhagata hetu līlātanu gahaī.

जौं यह बचन सत्य श्रुति भाषा । तौ हमार पूजिहि अभिलाषा ॥
jauṁ yaha bacana satya śruti bhāṣā, tau hamāra pūjihi abhilāṣā.

दोहा-dohā:

एहि बिधि बीते बरष षट सहस बारि आहार ।
ehi bidhi bīte baraṣa ṣaṭa sahasa bāri āhāra,
संबत सप्त सहस्र पुनि रहे समीर अधार ॥ १४४॥
saṁbata sapta sahasra puni rahe samīra adhāra. 144.

चौपाई-caupāī:

बरष सहस दस त्यागेउ सोऊ । ठाढ़े रहे एक पद दोऊ ॥
baraṣa sahasa dasa tyāgeu soū, ṭhāṛhe rahe eka pada doū.
बिधि हरि हर तप देखि अपारा । मनु समीप आए बहु बारा ॥
bidhi hari hara tapa dekhi apārā, manu samīpa āe bahu bārā.
मागहु बर बहु भाँति लोभाए । परम धीर नहिं चलहिं चलाए ॥
māgahu bara bahu bhām̐ti lobhāe, parama dhīra nahiṁ calahiṁ calāe.
अस्थिमात्र होइ रहे सरीरा । तदपि मनाग मनहिं नहिं पीरा ॥
asthimātra hoi rahe sarīrā, tadapi manāga manahiṁ nahiṁ pīrā.
प्रभु सर्बग्य दास निज जानी । गति अनन्य तापस नृप रानी ॥
prabhu sarbagya dāsa nija jānī, gati ananya tāpasa nṛpa rānī.
मागु मागु बरु भै नभ बानी । परम गभीर कृपामृत सानी ॥
māgu māgu baru bhai nabha bānī, parama gabhīra kṛpāmṛta sānī.
मृतक जिआवनि गिरा सुहाई । श्रवन रंध्र होइ उर जब आई ॥
mṛtaka jiāvani girā suhāī, śravana raṁdhra hoi ura jaba āī.
हृष्टपुष्ट तन भए सुहाए । मानहुँ अबहिं भवन ते आए ॥
hṛṣṭapuṣṭa tana bhae suhāe, mānahum̐ abahiṁ bhavana te āe.

दोहा-dohā:

श्रवन सुधा सम बचन सुनि पुलक प्रफुल्लित गात ।
śravana sudhā sama bacana suni pulaka praphullita gāta,
बोले मनु करि दंडवत प्रेम न हृदयँ समात ॥ १४५॥
bole manu kari daṁḍavata prema na hṛdayam̐ samāta. 145.

चौपाई-caupāī:

सुनु सेवक सुरतरु सुरधेनू । बिधि हरि हर बंदित पद रेनू ॥
sunu sevaka surataru suradhenū, bidhi hari hara baṁdita pada renū.
सेवत सुलभ सकल सुख दायक । प्रनतपाल सचराचर नायक ॥
sevata sulabha sakala sukha dāyaka, pranatapāla sacarācara nāyaka.
जौं अनाथ हित हम पर नेहू । तौ प्रसन्न होइ यह बर देहू ॥
jauṁ anātha hita hama para nehū, tau prasanna hoi yaha bara dehū.
जो सरूप बस सिव मन माहीं । जेहि कारन मुनि जतन कराहीं ॥
jo sarūpa basa siva mana māhīṁ, jehi kārana muni jatana karāhīṁ.
जो भुसुंडि मन मानस हंसा । सगुन अगुन जेहि निगम प्रसंसा ॥
jo bhusuṁḍi mana mānasa haṁsā, saguna aguna jehi nigama prasaṁsā.
देखहिं हम सो रूप भरि लोचन । कृपा करहु प्रनतारति मोचन ॥
dekhahiṁ hama so rūpa bhari locana, kṛpā karahu pranatārati mocana.
दंपति बचन परम प्रिय लागे । मुदुल बिनीत प्रेम रस पागे ॥
daṁpati bacana parama priya lāge, mudula binīta prema rasa pāge.
भगत बछल प्रभु कृपानिधाना । बिस्वबास प्रगटे भगवाना ॥
bhagata bachala prabhu kṛpānidhānā, bisvabāsa pragaṭe bhagavānā.

दोहा-dohā:

नील सरोरुह नील मनि नील नीरधर स्याम ।
nīla saroruha nīla mani nīla nīradhara syāma,
लाजहिं तन सोभा निरखि कोटि कोटि सत काम ॥ १४६॥
lājahiṁ tana sobhā nirakhi koṭi koṭi sata kāma. 146.

चौपाई-caupāī:

सरद मयंक बदन छबि सींवा । चारु कपोल चिबुक दर ग्रीवा ॥
sarada mayaṁka badana chabi sīṁvā, cāru kapola cibuka dara grīvā.
अधर अरुन रद सुंदर नासा । बिधु कर निकर बिनिंदक हासा ॥
adhara aruna rada suṁdara nāsā, bidhu kara nikara biniṁdaka hāsā.
नव अंबुज अंबक छबि नीकी । चितवनि ललित भावँती जी की ॥
nava aṁbuja aṁbaka chabi nīkī, citavani lalita bhāvam̐tī jī kī.
भृकुटि मनोज चाप छबि हारी । तिलक ललाट पटल दुतिकारी ॥
bhṛkuṭi manoja cāpa chabi hārī, tilaka lalāṭa paṭala dutikārī.
कुंडल मकर मुकुट सिर भ्राजा । कुटिल केस जनु मधुप समाजा ॥
kuṁḍala makara mukuṭa sira bhrājā, kuṭila kesa janu madhupa samājā.
उर श्रीबत्स रुचिर बनमाला । पदिक हार भूषन मनिजाला ॥
ura śrībatsa rucira banamālā, padika hāra bhūṣana manijālā.
केहरि कंधर चारु जनेऊ । बाहु बिभूषन सुंदर तेऊ ॥
kehari kaṁdhara cāru janeū, bāhu bibhūṣana suṁdara teū.
करि कर सरिस सुभग भुजदंडा । कटि निषंग कर सर कोदंडा ॥
kari kara sarisa subhaga bhujadaṁḍā, kaṭi niṣaṁga kara sara kodaṁḍā.

दोहा-dohā:

तड़ित बिनिंदक पीत पट उदर रेख बर तीनि ।
taṛita biniṁdaka pīta paṭa udara rekha bara tīni,
नाभि मनोहर लेति जनु जमुन भवँर छबि छीनि ॥ १४७॥
nābhi manohara leti janu jamuna bhavam̐ra chabi chīni. 147.

चौपाई-caupāī:

पद राजीव बरनि नहिं जाहीं । मुनि मन मधुप बसहिं जेन्ह माहीं ॥
pada rājīva barani nahiṁ jāhīṁ, muni mana madhupa basahiṁ jenha māhīṁ.
बाम भाग सोभति अनुकूला । आदिसक्ति छबिनिधि जगमूला ॥
bāma bhāga sobhati anukūlā, ādisakti chabinidhi jagamūlā.
जासु अंस उपजहिं गुनखानी । अगनित लच्छि उमा ब्रह्मानी ॥
jāsu aṁsa upajahiṁ gunakhānī, aganita lacchi umā brahmānī.
भृकुटि बिलास जासु जग होई । राम बाम दिसि सीता सोई ॥
bhṛkuṭi bilāsa jāsu jaga hoī, rāma bāma disi sītā soī.
छबिसमुद्र हरि रूप बिलोकी । एकटक रहे नयन पट रोकी ॥
chabisamudra hari rūpa bilokī, ekaṭaka rahe nayana paṭa rokī.
चितवहिं सादर रूप अनूपा । तृप्ति न मानहिं मनु सतरूपा ॥
citavahiṁ sādara rūpa anūpā, tṛpti na mānahiṁ manu satarūpā.
हरष बिबस तन दसा भुलानी । परे दंड इव गहि पद पानी ॥
haraṣa bibasa tana dasā bhulānī, pare daṁḍa iva gahi pada pānī.
सिर परसे प्रभु निज कर कंजा । तुरत उठाए करुनापुंजा ॥
sira parase prabhu nija kara kaṁjā, turata uṭhāe karunāpuṁjā.

दोहा-dohā:

बोले कृपानिधान पुनि अति प्रसन्न मोहि जानि ।
bole kṛpānidhāna puni ati prasanna mohi jāni,
मागहु बर जोइ भाव मन महादानि अनुमानि ॥ १४८॥
māgahu bara joi bhāva mana mahādāni anumāni. 148.

चौपाई-caupāī:

सुनि प्रभु बचन जोरि जुग पानी । धरि धीरजु बोली मृदु बानी ॥
suni prabhu bacana jori juga pānī, dhari dhīraju bolī mṛdu bānī.
नाथ देखि पद कमल तुम्हारे । अब पूरे सब काम हमारे ॥
nātha dekhi pada kamala tumhāre, aba pūre saba kāma hamāre.
एक लालसा बड़ि उर माहीं । सुगम अगम कहि जाति सो नाहीं ॥
eka lālasā baṛi ura māhīṁ, sugama agama kahi jāti so nāhīṁ.
तुम्हहि देत अति सुगम गोसाईं । अगम लाग मोहि निज कृपनाईं ॥
tumhahi deta ati sugama gosāīṁ, agama lāga mohi nija kṛpanāīṁ.
जथा दरिद्र बिबुधतरु पाई । बहु संपति मागत सकुचाई ॥
jathā daridra bibudhataru pāī, bahu saṁpati māgata sakucāī.

तासु प्रभाउ जान नहिं सोई । तथा हृदयँ मम संसय होई ॥
tāsu prabhāu jāna nahiṁ soī, tathā hṛdayaṁ mama saṁsaya hoī.
सो तुम्ह जानहु अंतरजामी । पुरवहु मोर मनोरथ स्वामी ॥
so tumha jānahu aṁtarajāmī, puravahu mora manoratha svāmī.
सकुच बिहाइ मागु नृप मोही । मोरें नहिं अदेय कछु तोही ॥
sakuca bihāi māgu nṛpa mohī, moreṁ nahiṁ adeya kachu tohī.

दोहा-dohā:

दानि सिरोमनि कृपानिधि नाथ कहउँ सतिभाउ ।
dāni siromani kṛpānidhi nātha kahauṁ satibhāu,
चाहउँ तुम्हहि समान सुत प्रभु सन कवन दुराउ ॥ १४९ ॥
cāhauṁ tumhahi samāna suta prabhu sana kavana durāu. 149.

चौपाई-caupāī:

देखि प्रीति सुनि बचन अमोले । एवमस्तु करुनानिधि बोले ॥
dekhi prīti suni bacana amole, evamastu karunānidhi bole.
आपु सरिस खोजौं कहँ जाई । नृप तव तनय होब मैं आई ॥
āpu sarisa khojauṁ kahaṁ jāī, nṛpa tava tanaya hoba maiṁ āī.
सतरूपहि बिलोकि कर जोरें । देबि मागु बरु जो रुचि तोरें ॥
satarūpahi biloki kara joreṁ, debi māgu baru jo ruci toreṁ.
जो बरु नाथ चतुर नृप मागा । सोइ कृपाल मोहि अति प्रिय लागा ॥
jo baru nātha catura nṛpa māgā, soi kṛpāla mohi ati priya lāgā.
प्रभु परंतु सुठि होति ढिठाई । जदपि भगत हित तुम्हहि सोहाई ॥
prabhu paraṁtu suṭhi hoti ḍhiṭhāī, jadapi bhagata hita tumhahi sohāī.
तुम्ह ब्रह्मादि जनक जग स्वामी । ब्रह्म सकल उर अंतरजामी ॥
tumha brahmādi janaka jaga svāmī, brahma sakala ura aṁtarajāmī.
अस समुझत मन संसय होई । कहा जो प्रभु प्रवान पुनि सोई ॥
asa samujhata mana saṁsaya hoī, kahā jo prabhu pravāna puni soī.
जे निज भगत नाथ तव अहहीं । जो सुख पावहिं जो गति लहहीं ॥
je nija bhagata nātha tava ahahīṁ, jo sukha pāvahiṁ jo gati lahahīṁ.

दोहा-dohā:

सोइ सुख सोइ गति सोइ भगति सोइ निज चरन सनेहु ।
soi sukha soi gati soi bhagati soi nija carana sanehu,
सोइ बिबेक सोइ रहनि प्रभु हमहि कृपा करि देहु ॥ १५० ॥
soi bibeka soi rahani prabhu hamahi kṛpā kari dehu. 150.

चौपाई-caupāī:

सुनि मृदु गूढ़ रुचिर बर रचना । कृपासिंधु बोले मृदु बचना ॥
suni mṛdu gūṛha rucira bara racanā, kṛpāsiṁdhu bole mṛdu bacanā.
जो कछु रुचि तुम्हरे मन माहीं । मैं सो दीन्ह सब संसय नाहीं ॥
jo kachu ruci tumhare mana māhīṁ, maiṁ so dīnha saba saṁsaya nāhīṁ.
मातु बिबेक अलौकिक तोरें । कबहुँ न मिटिहि अनुग्रह मोरें ॥
mātu bibeka alaukika toreṁ, kabahuṁ na miṭihi anugraha moreṁ.
बंदि चरन मनु कहेउ बहोरी । अवर एक बिनती प्रभु मोरी ॥
baṁdi carana manu kaheu bahorī, avara eka binatī prabhu morī.
सुत बिषइक तव पद रति होऊ । मोहि बड़ मूढ़ कहै किन कोऊ ॥
suta biṣaika tava pada rati hoū, mohi baṛa mūṛha kahai kina koū.
मनि बिनु फनि जिमि जल बिनु मीना । मम जीवन तिमि तुम्हहि अधीना ॥
mani binu phani jimi jala binu mīnā, mama jīvana timi tumhahi adhīnā.
अस बरु मागि चरन गहि रहेऊ । एवमस्तु करुनानिधि कहेऊ ॥
asa baru māgi carana gahi raheū, evamastu karunānidhi kaheū.
अब तुम्ह मम अनुसासन मानी । बसहु जाइ सुरपति रजधानी ॥
aba tumha mama anusāsana mānī, basahu jāi surapati rajadhānī.

सोरठा-soraṭhā:

तहँ करि भोग बिसाल तात गएँ कछु काल पुनि ।
tahaṁ kari bhoga bisāla tāta gaeṁ kachu kāla puni,
होइहहु अवध भुआल तब मैं होब तुम्हार सुत ॥ १५१ ॥
hoihahu avadha bhuāla taba maiṁ hoba tumhāra suta. 151.

चौपाई-caupāī:

इच्छामय नरबेष सँवारें । होइहउँ प्रगट निकेत तुम्हारे ॥
icchāmaya narabeṣa saṁvāreṁ, hoihauṁ pragaṭa niketa tumhāre.
अंसन्ह सहित देह धरि ताता । करिहउँ चरित भगत सुखदाता ॥
aṁsanha sahita deha dhari tātā, karihauṁ carita bhagata sukhadātā.
जे सुनि सादर नर बड़भागी । भव तरिहहिं ममता मद त्यागी ॥
je suni sādara nara baṛabhāgī, bhava tarihahiṁ mamatā mada tyāgī.
आदिसक्ति जेहिं जग उपजाया । सोउ अवतरिहि मोरि यह माया ॥
ādisakti jehiṁ jaga upajāyā, sou avatarihi mori yaha māyā.
पुरउब मैं अभिलाष तुम्हारा । सत्य सत्य पन सत्य हमारा ॥
purauba maiṁ abhilāṣa tumhārā, satya satya pana satya hamārā.
पुनि पुनि अस कहि कृपानिधाना । अंतरधान भए भगवाना ॥
puni puni asa kahi kṛpānidhānā, aṁtaradhāna bhae bhagavānā.
दंपति उर धरि भगत कृपाला । तेहिं आश्रम निवसे कछु काला ॥
daṁpati ura dhari bhagata kṛpālā, tehiṁ āśrama nivase kachu kālā.
समय पाइ तनु तजि अनयासा । जाइ कीन्ह अमरावति बासा ॥
samaya pāi tanu taji anayāsā, jāi kīnha amarāvati bāsā.

दोहा-dohā:

यह इतिहास पुनीत अति उमहि कही बृषकेतु ।
yaha itihāsa punīta ati umahi kahī bṛṣaketu,
भरद्वाज सुनु अपर पुनि राम जनम कर हेतु ॥ १५२ ॥
bharadvāja sunu apara puni rāma janama kara hetu. 152.

मासपारायण पाँचवाँ विश्राम

māsapārāyaṇa pāṁcavāṁ viśrāma

(Pause 5 for a Thirty-Day Recitation)

चौपाई-caupāī:

सुनु मुनि कथा पुनीत पुरानी । जो गिरिजा प्रति संभु बखानी ॥
sunu muni kathā punīta purānī, jo girijā prati saṁbhu bakhānī.
बिस्व बिदित एक कैकय देसू । सत्यकेतु तहँ बसइ नरेसू ॥
bisva bidita eka kaikaya desū, satyaketu tahaṁ basai naresū.
धरम धुरंधर नीति निधाना । तेज प्रताप सील बलवाना ॥
dharama dhuraṁdhara nīti nidhānā, teja pratāpa sīla balavānā.
तेहि कें भए जुगल सुत बीरा । सब गुन धाम महा रनधीरा ॥
tehi keṁ bhae jugala suta bīrā, saba guna dhāma mahā ranadhīrā.
राज धनी जो जेठ सुत आही । नाम प्रतापभानु अस ताही ॥
rāja dhanī jo jeṭha suta āhī, nāma pratāpabhānu asa tāhī.
अपर सुतहि अरिमर्दन नामा । भुजबल अतुल अचल संग्रामा ॥
apara sutahi arimardana nāmā, bhujabala atula acala saṁgrāmā.
भाइहि भाइहि परम समीती । सकल दोष छल बरजित प्रीती ॥
bhāihi bhāihi parama samītī, sakala doṣa chala barajita prītī.
जेठे सुतहि राज नृप दीन्हा । हरि हित आपु गवन बन कीन्हा ॥
jeṭhe sutahi rāja nṛpa dīnhā, hari hita āpu gavana bana kīnhā.

दोहा-dohā:

जब प्रतापरबि भयउ नृप फिरी दोहाई देस ।
jaba pratāparabi bhayau nṛpa phirī dohāī desa,
प्रजा पाल अति बेदबिधि कतहुँ नहीं अघ लेस ॥ १५३ ॥
prajā pāla ati bedabidhi katahuṁ nahīṁ agha lesa. 153.

चौपाई-caupāī:

नृप हितकारक सचिव सयाना । नाम धरमरुचि सुक्र समाना ॥
nṛpa hitakāraka saciva sayānā, nāma dharamaruci sukra samānā.
सचिव सयान बंधु बलबीरा । आपु प्रतापपुंज रनधीरा ॥
saciva sayāna baṁdhu balabīrā, āpu pratāpapuṁja ranadhīrā.
सेन संग चतुरंग अपारा । अमित सुभट सब समर जुझारा ॥
sena saṁga caturaṁga apārā, amita subhaṭa saba samara jujhārā.
सेन बिलोकि राउ हरषाना । अरु बाजे गहगहे निसाना ॥
sena biloki rāu haraṣānā, aru bāje gahagahe nisānā.
बिजय हेतु कटकई बनाई । सुदिन साधि नृप चलेउ बजाई ॥
bijaya hetu kaṭakaī banāī, sudina sādhi nṛpa caleu bajāī.
जहँ तहँ परीं अनेक लराईं । जीते सकल भूप बरिआईं ॥
jahaṁ tahaṁ parīṁ aneka larāīṁ, jīte sakala bhūpa bariāīṁ.
सप्त दीप भुजबल बस कीन्हे । लै लै दंड छाड़ि नृप दीन्हे ॥
sapta dīpa bhujabala basa kīnhe, lai lai daṁḍa chāṛi nṛpa dīnhe.
सकल अवनि मंडल तेहि काला । एक प्रतापभानु महिपाला ॥
sakala avani maṁḍala tehi kālā, eka pratāpabhānu mahipālā.

दोहा-dohā:

स्वबस बिस्व करि बाहुबल निज पुर कीन्ह प्रबेसु ।
svabasa bisva kari bāhubala nija pura kīnha prabesu,
अरथ धरम कामादि सुख सेवइ समयँ नरेसु ॥ १५४ ॥
aratha dharama kāmādi sukha sevai samayaṁ naresu. 154.

चौपाई-caupāī:

भूप प्रतापभानु बल पाई । कामधेनु भै भूमि सुहाई ॥
bhūpa pratāpabhānu bala pāī, kāmadhenu bhai bhūmi suhāī.
सब दुख बरजित प्रजा सुखारी । धरमसील सुंदर नर नारी ॥
saba dukha barajita prajā sukhārī, dharamasīla suṁdara nara nārī.
सचिव धरमरुचि हरि पद प्रीती । नृप हित हेतु सिखव नित नीती ॥
saciva dharamaruci hari pada prītī, nṛpa hita hetu sikhava nita nītī.
गुर सुर संत पितर महिदेवा । करइ सदा नृप सब कै सेवा ॥
gura sura saṁta pitara mahidevā, karai sadā nṛpa saba kai sevā.
भूप धरम जे बेद बखाने । सकल करइ सादर सुख माने ॥
bhūpa dharama je beda bakhāne, sakala karai sādara sukha māne.
दिन प्रति देह बिबिध बिधि दाना । सुनइ सास्त्र बर बेद पुराना ॥
dina prati deha bibidha bidhi dānā, sunai sāstra bara beda purānā.
नाना बापीं कूप तड़ागा । सुमन बाटिका सुंदर बागा ॥
nānā bāpīṁ kūpa taṛāgā, sumana bāṭikā suṁdara bāgā.
बिप्रभवन सुरभवन सुहाए । सब तीरथन्ह बिचित्र बनाए ॥
biprabhavana surabhavana suhāe, saba tīrathanha bicitra banāe.

दोहा-dohā:

जहँ लगि कहे पुरान श्रुति एक एक सब जाग ।
jahaṁ lagi kahe purāna śruti eka eka saba jāga,
बार सहस्र सहस्र नृप किए सहित अनुराग ॥ १५५ ॥
bāra sahasra sahasra nṛpa kie sahita anurāga. 155.

चौपाई-caupāī:

हृदयँ न कछु फल अनुसंधाना । भूप बिबेकी परम सुजाना ॥
hṛdayaṁ na kachu phala anusaṁdhānā, bhūpa bibekī parama sujānā.
करइ जे धरम करम मन बानी । बासुदेव अर्पित नृप ग्यानी ॥
karai je dharama karama mana bānī, bāsudeva arpita nṛpa gyānī.
चढ़ि बर बाजि बार एक राजा । मृगया कर सब साजि समाजा ॥
caṛhi bara bāji bāra eka rājā, mṛgayā kara saba sāji samājā.
बिंध्याचल गभीर बन गयऊ । मृग पुनीत बहु मारत भयऊ ॥
biṁdhyācala gabhīra bana gayaū, mṛga punīta bahu mārata bhayaū.
फिरत बिपिन नृप दीख बराहू । जनु बन दुरेउ ससिहि ग्रसि राहू ॥
phirata bipina nṛpa dīkha barāhū, janu bana dureu sasihi grasi rāhū.
बड़ बिधु नहिं समात मुख माहीं । मनहुँ क्रोध बस उगिलत नाहीं ॥
baṛa bidhu nahiṁ samāta mukha māhīṁ, manahuṁ krodha basa ugilata nāhīṁ.
कोल कराल दसन छबि गाई । तनु बिसाल पीवर अधिकाई ॥
kola karāla dasana chabi gāī, tanu bisāla pīvara adhikāī.
घुरुघुरात हय आरौ पाएँ । चकित बिलोकत कान उठाएँ ॥
ghurughurāta haya ārau pāeṁ, cakita bilokata kāna uṭhāeṁ.

दोहा-dohā:

नील महीधर सिखर सम देखि बिसाल बराहु ।
nīla mahīdhara sikhara sama dekhi bisāla barāhu,
चपरि चलेउ हय सुटुकि नृप हाँकि न होइ निबाहु ॥ १५६ ॥
capari caleu haya suṭuki nṛpa hāṁki na hoi nibāhu. 156.

चौपाई-caupāī:

आवत देखि अधिक रव बाजी । चलेउ बराह मरुत गति भाजी ॥
āvata dekhi adhika rava bājī, caleu barāha maruta gati bhājī.
तुरत कीन्ह नृप सर संधाना । महि मिलि गयउ बिलोकत बाना ॥
turata kīnha nṛpa sara saṁdhānā, mahi mili gayau bilokata bānā.
तकि तकि तीर महीस चलावा । करि छल सुअर सरीर बचावा ॥
taki taki tīra mahīsa calāvā, kari chala suara sarīra bacāvā.
प्रगटत दुरत जाइ मृग भागा । रिस बस भूप चलेउ सँग लागा ॥
pragaṭata durata jāi mṛga bhāgā, risa basa bhūpa caleu saṁga lāgā.
गयउ दूरि घन गहन बराहू । जहँ नाहिन गज बाजि निबाहू ॥
gayau dūri ghana gahana barāhū, jahaṁ nāhina gaja bāji nibāhū.
अति अकेल बन बिपुल कलेसू । तदपि न मृग मग तजइ नरेसू ॥
ati akela bana bipula kalesū, tadapi na mṛga maga tajai naresū.
कोल बिलोकि भूप बड़ धीरा । भागि पैठ गिरिगुहाँ गभीरा ॥
kola biloki bhūpa baṛa dhīrā, bhāgi paiṭha giriguhāṁ gabhīrā.
अगम देखि नृप अति पछिताई । फिरेउ महाबन परेउ भुलाई ॥
agama dekhi nṛpa ati pachitāī, phireu mahābana pareu bhulāī.

दोहा-dohā:

खेद खिन्न छुद्धित तृषित राजा बाजि समेत ।
kheda khinna chuddhita tṛṣita rājā bāji sameta,
खोजत ब्याकुल सरित सर जल बिनु भयउ अचेत ॥ १५७ ॥
khojata byākula sarita sara jala binu bhayau aceta. 157.

चौपाई-caupāī:

फिरत बिपिन आश्रम एक देखा । तहँ बस नृपति कपट मुनिबेषा ॥
phirata bipina āśrama eka dekhā, tahaṁ basa nṛpati kapaṭa munibeṣā.
जासु देस नृप लीन्ह छड़ाई । समर सेन तजि गयउ पराई ॥
jāsu desa nṛpa līnha chaṛāī, samara sena taji gayau parāī.
समय प्रतापभानु कर जानी । आपन अति असमय अनुमानी ॥
samaya pratāpabhānu kara jānī, āpana ati asamaya anumānī.
गयउ न गृह मन बहुत गलानी । मिला न राजहि नृप अभिमानी ॥
gayau na gṛha mana bahuta galānī, milā na rājahi nṛpa abhimānī.
रिस उर मारि रंक जिमि राजा । बिपिन बसइ तापस कें साजा ॥
risa ura māri raṁka jimi rājā, bipina basai tāpasa keṁ sājā.
तासु समीप गवन नृप कीन्हा । यह प्रतापरबि तेहिं तब चीन्हा ॥
tāsu samīpa gavana nṛpa kīnhā, yaha pratāparabi tehiṁ taba cīnhā.
राउ तृषित नहिं सो पहिचाना । देखि सुबेष महामुनि जाना ॥
rāu tṛṣita nahiṁ so pahicānā, dekhi subeṣa mahāmuni jānā.
उतरि तुरग तें कीन्ह प्रनामा । परम चतुर न कहेउ निज नामा ॥
utari turaga teṁ kīnha pranāmā, parama catura na kaheu nija nāmā.

दोहा-dohā:

भूपति तृषित बिलोकि तेहिं सरबरु दीन्ह देखाइ।
bhūpati tṛṣita biloki tehiṁ sarabaru dīnha dekhāi,
मज्जन पान समेत हय कीन्ह नृपति हरषाइ ॥१५८॥
majjana pāna sameta haya kīnha nṛpati haraṣāi. 158.

चौपाई-caupāī:

गै श्रम सकल सुखी नृप भयऊ। निज आश्रम तापस लै गयऊ॥
gai śrama sakala sukhī nṛpa bhayaū, nija āśrama tāpasa lai gayaū.
आसन दीन्ह अस्त रबि जानी। पुनि तापस बोलेउ मृदु बानी॥
āsana dīnha asta rabi jānī, puni tāpasa boleu mṛdu bānī.
को तुम्ह कस बन फिरहु अकेलें। सुंदर जुबा जीव परहेलें॥
ko tumha kasa bana phirahu akeleṁ, suṁdara jubā jīva paraheleṁ.
चक्रबर्ति के लच्छन तोरें। देखत दया लागि अति मोरें॥
cakrabarti ke lacchana toreṁ, dekhata dayā lāgi ati moreṁ.
नाम प्रतापभानु अवनीसा। तासु सचिव मैं सुनहु मुनीसा॥
nāma pratāpabhānu avanīsā, tāsu saciva maiṁ sunahu munīsā.
फिरत अहेरें परेउँ भुलाई। बड़ें भाग देखउँ पद आई॥
phirata ahereṁ pareuँ bhulāī, baṛeṁ bhāga dekhauँ pada āī.
हम कहँ दुर्लभ दरस तुम्हारा। जानत हौं कछु भल होनिहारा॥
hama kahaँ durlabha darasa tumhārā, jānata hauṁ kachu bhala honihārā.
कह मुनि तात भयउ अँधियारा। जोजन सत्तरि नगरु तुम्हारा॥
kaha muni tāta bhayau aँdhiyārā, jojana sattari nagaru tumhārā.

दोहा-dohā:

निसा घोर गंभीर बन पंथ न सुनहु सुजान।
nisā ghora gaṁbhīra bana paṁtha na sunahu sujāna,
बसहु आजु अस जानि तुम्ह जाएहु होत बिहान ॥१५९क॥
basahu āju asa jāni tumha jāehu hota bihāna. 159(ka).
तुलसी जसि भवतब्यता तैसी मिलइ सहाइ।
tulasī jasi bhavatabyatā taisī milai sahāi,
आपुनु आवइ ताहि पहिं ताहि तहाँ लै जाइ ॥१५९ख॥
āpunu āvai tāhi pahiṁ tāhi tahāँ lai jāi. 159(kha).

चौपाई-caupāī:

भलेहिं नाथ आयसु धरि सीसा। बाँधि तुरग तरु बैठ महीसा॥
bhalehiṁ nātha āyasu dhari sīsā, bāँdhi turaga taru baiṭha mahīsā.
नृप बहु भाँति प्रसंसेउ ताही। चरन बंदि निज भाग्य सराही॥
nṛpa bahu bhāँti prasaṁseu tāhī, carana baṁdi nija bhāgya sarāhī.
पुनि बोलेउ मृदु गिरा सुहाई। जानि पिता प्रभु करउँ ढिठाई॥
puni boleu mṛdu girā suhāī, jāni pitā prabhu karauँ ḍhiṭhāī.
मोहि मुनिस सुत सेवक जानी। नाथ नाम निज कहहु बखानी॥
mohi munisa suta sevaka jānī, nātha nāma nija kahahu bakhānī.
तेहि न जान नृप नृपहि सो जाना। भूप सुहृद सो कपट सयाना॥
tehi na jāna nṛpa nṛpahi so jānā, bhūpa suhṛda so kapaṭa sayānā.
बैरी पुनि छत्री पुनि राजा। छल बल कीन्ह चहइ निज काजा॥
bairī puni chatrī puni rājā, chala bala kīnha cahai nija kājā.
समुझि राजसुख दुखित अराती। अवाँ अनल इव सुलगइ छाती॥
samujhi rājasukha dukhita arātī, avāँ anala iva sulagai chātī.
सरल बचन नृप के सुनि काना। बयर सँभारि हृदयँ हरषाना॥
sarala bacana nṛpa ke suni kānā, bayara saँbhāri hṛdayaँ haraṣānā.

दोहा-dohā:

कपट बोरि बानी मृदुल बोलेउ जुगुति समेत।
kapaṭa bori bānī mṛdula boleu juguti sameta,
नाम हमार भिखारि अब निर्धन रहित निकेत ॥१६०॥
nāma hamāra bhikhāri aba nirdhana rahita niketa. 160.

चौपाई-caupāī:

कह नृप जे बिग्यान निधाना। तुम्ह सारिखे गलित अभिमाना॥
kaha nṛpa je bigyāna nidhānā, tumha sārikhe galita abhimānā.
सदा रहहिं अपनपौ दुराएँ। सब बिधि कुसल कुबेष बनाएँ॥
sadā rahahiṁ apanapau durāeँ, saba bidhi kusala kubeṣa banāeँ.
तेहि तें कहहिं संत श्रुति टेरें। परम अकिंचन प्रिय हरि केरें॥
tehi teṁ kahahiṁ saṁta śruti ṭereṁ, parama akiṁcana priya hari kereṁ.
तुम्ह सम अधन भिखारि अगेहा। होत बिरंचि सिवहि संदेहा॥
tumha sama adhana bhikhāri agehā, hota biraṁci sivahi saṁdehā.
जोसि सोसि तव चरन नमामी। मो पर कृपा करिअ अब स्वामी॥
josi sosi tava carana namāmī, mo para kṛpā karia aba svāmī.
सहज प्रीति भूपति कै देखी। आपु बिषय बिस्वास बिसेषी॥
sahaja prīti bhūpati kai dekhī, āpu biṣaya bisvāsa biseṣī.
सब प्रकार राजहि अपनाई। बोलेउ अधिक सनेह जनाई॥
saba prakāra rājahi apanāī, boleu adhika saneha janāī.
सुनु सतिभाउ कहउँ महिपाला। इहाँ बसत बीते बहु काला॥
sunu satibhāu kahauँ mahipālā, ihāँ basata bīte bahu kālā.

दोहा-dohā:

अब लगि मोहि न मिलेउ कोउ मैं न जनावउँ काहु।
aba lagi mohi na mileu kou maiṁ na janāvauँ kāhu,
लोकमान्यता अनल सम कर तप कानन दाहु ॥१६१क॥
lokamānyatā anala sama kara tapa kānana dāhu. 161(ka).

सोरठा-soraṭhā:

तुलसी देखि सुबेषु भूलहिं मूढ़ न चतुर नर।
tulasī dekhi subeṣu bhūlahiṁ mūṛha na catura nara,
सुंदर केकिहि पेखु बचन सुधा सम असन अहि ॥१६१ख॥
suṁdara kekihi pekhu bacana sudhā sama asana ahi. 161(kha).

चौपाई-caupāī:

तातें गुपुत रहउँ जग माहीं। हरि तजि किमपि प्रयोजन नाहीं॥
tāteṁ guputa rahauँ jaga māhīṁ, hari taji kimapi prayojana nāhīṁ.
प्रभु जानत सब बिनहिं जनाएँ। कहहु कवनि सिधि लोक रिझाएँ॥
prabhu jānata saba binahiṁ janāeँ, kahahu kavani sidhi loka rijhāeँ.
तुम्ह सुचि सुमति परम प्रिय मोरें। प्रीति प्रतीति मोहि पर तोरें॥
tumha suci sumati parama priya moreṁ, prīti pratīti mohi para toreṁ.
अब जौं तात दुरावउँ तोही। दारुन दोष घटइ अति मोही॥
aba jauṁ tāta durāvauँ tohī, dāruna doṣa ghaṭai ati mohī.
जिमि जिमि तापसु कथइ उदासा। तिमि तिमि नृपहि उपज बिस्वासा॥
jimi jimi tāpasu kathai udāsā, timi timi nṛpahi upaja bisvāsā.
देखा स्वबस कर्म मन बानी। तब बोला तापस बगध्यानी॥
dekhā svabasa karma mana bānī, taba bolā tāpasa bagadhyānī.
नाम हमार एकतनु भाई। सुनि नृप बोलेउ पुनि सिरु नाई॥
nāma hamāra ekatanu bhāī, suni nṛpa boleu puni siru nāī.
कहहु नाम कर अरथ बखानी। मोहि सेवक अति आपन जानी॥
kahahu nāma kara aratha bakhānī, mohi sevaka ati āpana jānī.

दोहा-dohā:

आदिसृष्टि उपजी जबहिं तब उतपति भै मोरि ।
ādisṛṣṭi upajī jabahiṁ taba utapati bhai mori,
नाम एकतनु हेतु तेहि देह न धरी बहोरि ॥१६२॥
nāma ekatanu hetu tehi deha na dharī bahori. 162.

चौपाई-caupāī:

जनि आचरजु करहु मन माहीं । सुत तप तें दुर्लभ कछु नाहीं ॥
jani ācaraju karahu mana māhīṁ, suta tapa teṁ durlabha kachu nāhīṁ.
तपबल तें जग सृजइ बिधाता । तपबल बिष्नु भए परित्राता ॥
tapabala teṁ jaga sṛjai bidhātā, tapabala biṣnu bhae paritrātā.
तपबल संभु करहिं संघारा । तप तें अगम न कछु संसारा ॥
tapabala saṁbhu karahiṁ saṁghārā, tapa teṁ agama na kachu saṁsārā.
भयउ नृपहि सुनि अति अनुरागा । कथा पुरातन कहै सो लागा ॥
bhayau nṛpahi suni ati anurāgā, kathā purātana kahai so lāgā.
करम धरम इतिहास अनेका । करइ निरूपन बिरति बिबेका ॥
karama dharama itihāsa anekā, karai nirūpana birati bibekā.
उदभव पालन प्रलय कहानी । कहेसि अमित आचरज बखानी ॥
udabhava pālana pralaya kahānī, kahesi amita ācaraja bakhānī.
सुनि महीप तापस बस भयऊ । आपन नाम कहन तब लयऊ ॥
suni mahīpa tāpasa basa bhayaū, āpana nāma kahana taba layaū.
कह तापस नृप जानउँ तोही । कीन्हेहु कपट लाग भल मोही ॥
kaha tāpasa nṛpa jānauṁ tohī, kīnhehu kapaṭa lāga bhala mohī.

सोरठा-sorathā:

सुनु महीस असि नीति जहँ तहँ नाम न कहहिं नृप ।
sunu mahīsa asi nīti jahaṁ tahaṁ nāma na kahahiṁ nṛpa,
मोहि तोहि पर अति प्रीति सोइ चतुरता बिचारि तव ॥१६३॥
mohi tohi para ati prīti soi caturatā bicāri tava. 163.

चौपाई-caupāī:

नाम तुम्हार प्रताप दिनेसा । सत्यकेतु तव पिता नरेसा ॥
nāma tumhāra pratāpa dinesā, satyaketu tava pitā naresā.
गुर प्रसाद सब जानिअ राजा । कहिअ न आपन जानि अकाजा ॥
gura prasāda saba jānia rājā, kahia na āpana jāni akājā.
देखि तात तव सहज सुधाई । प्रीति प्रतीति नीति निपुनाई ॥
dekhi tāta tava sahaja sudhāī, prīti pratīti nīti nipunāī.
उपजि परी ममता मन मोरें । कहउँ कथा निज पूछे तोरें ॥
upaji parī mamatā mana moreṁ, kahauṁ kathā nija pūche toreṁ.
अब प्रसन्न मैं संसय नाहीं । मागु जो भूप भाव मन माहीं ॥
aba prasanna maiṁ saṁsaya nāhīṁ, māgu jo bhūpa bhāva mana māhīṁ.
सुनि सुबचन भूपति हरषाना । गहि पद बिनय कीन्हि बिधि नाना ॥
suni subacana bhūpati haraṣānā, gahi pada binaya kīnhi bidhi nānā.
कृपासिंधु मुनि दरसन तोरें । चारि पदारथ करतल मोरें ॥
kṛpāsiṁdhu muni darasana toreṁ, cāri padāratha karatala moreṁ.
प्रभुहि तथापि प्रसन्न बिलोकी । मागि अगम बर होउँ असोकी ॥
prabhuhi tathāpi prasanna bilokī, māgi agama bara houṁ asokī.

दोहा-dohā:

जरा मरन दुख रहित तनु समर जितै जनि कोउ ।
jarā marana dukha rahita tanu samara jitai jani kou,
एकछत्र रिपुहीन महि राज कलप सत होउ ॥१६४॥
ekachatra ripuhīna mahi rāja kalapa sata hou. 164.

चौपाई-caupāī:

कह तापस नृप ऐसेइ होऊ । कारन एक कठिन सुनु सोऊ ॥
kaha tāpasa nṛpa aisei hoū, kārana eka kaṭhina sunu soū.
कालउ तुअ पद नाइहि सीसा । एक बिप्रकुल छाड़ि महीसा ॥
kālau tua pada nāihi sīsā, eka biprakula chāṛi mahīsā.
तपबल बिप्र सदा बरिआरा । तिन्ह के कोप न कोउ रखवारा ॥
tapabala bipra sadā bariārā, tinha ke kopa na kou rakhavārā.
जौं बिप्रन्ह बस करहु नरेसा । तौ तुअ बस बिधि बिष्नु महेसा ॥
jauṁ bipranha basa karahu naresā, tau tua basa bidhi biṣnu mahesā.
चल न ब्रह्मकुल सन बरिआई । सत्य कहउँ दोउ भुजा उठाई ॥
cala na brahmakula sana bariāī, satya kahauṁ dou bhujā uṭhāī.
बिप्र श्राप बिनु सुनु महिपाला । तोर नास नहिं कवनेहुँ काला ॥
bipra śrāpa binu sunu mahipālā, tora nāsa nahiṁ kavanehuṁ kālā.
हरषेउ राउ बचन सुनि तासू । नाथ न होइ मोर अब नासू ॥
haraṣeu rāu bacana suni tāsū, nātha na hoi mora aba nāsū.
तव प्रसाद प्रभु कृपानिधाना । मो कहुँ सर्ब काल कल्याना ॥
tava prasāda prabhu kṛpānidhānā, mo kahuṁ sarba kāla kalyānā.

दोहा-dohā:

एवमस्तु कहि कपटमुनि बोला कुटिल बहोरि ।
evamastu kahi kapaṭamuni bolā kuṭila bahori,
मिलब हमार भुलाब निज कहहु त हमहि न खोरि ॥१६५॥
milaba hamāra bhulāba nija kahahu ta hamahi na khori. 165.

चौपाई-caupāī:

तातें मैं तोहि बरजउँ राजा । कहें कथा तव परम अकाजा ॥
tāteṁ maiṁ tohi barajauṁ rājā, kaheṁ kathā tava parama akājā.
छठें श्रवन यह परत कहानी । नास तुम्हार सत्य मम बानी ॥
chaṭheṁ śravana yaha parata kahānī, nāsa tumhāra satya mama bānī.
यह प्रगटें अथवा द्विजश्रापा । नास तोर सुनु भानुप्रतापा ॥
yaha pragaṭeṁ athavā dvijaśrāpā, nāsa tora sunu bhānupratāpā.
आन उपायँ निधन तव नाहीं । जौं हरि हर कोपहिं मन माहीं ॥
āna upāyaṁ nidhana tava nāhīṁ, jauṁ hari hara kopahiṁ mana māhīṁ.
सत्य नाथ पद गहि नृप भाषा । द्विज गुर कोप कहहु को राखा ॥
satya nātha pada gahi nṛpa bhāṣā, dvija gura kopa kahahu ko rākhā.
राखइ गुर जौं कोप बिधाता । गुर बिरोध नहिं कोउ जग त्राता ॥
rākhai gura jauṁ kopa bidhātā, gura birodha nahiṁ kou jaga trātā.
जौं न चलब हम कहे तुम्हारें । होउ नास नहिं सोच हमारें ॥
jauṁ na calaba hama kahe tumhāreṁ, hou nāsa nahiṁ soca hamāreṁ.
एकहिं डर डरपत मन मोरा । प्रभु महिदेव श्राप अति घोरा ॥
ekahiṁ ḍara ḍarapata mana morā, prabhu mahideva śrāpa ati ghorā.

दोहा-dohā:

होहिं बिप्र बस कवन बिधि कहहु कृपा करि सोउ ।
hohiṁ bipra basa kavana bidhi kahahu kṛpā kari sou,
तुम्ह तजि दीनदयाल निज हितू न देखउँ कोउ ॥१६६॥
tumha taji dīnadayāla nija hitū na dekhauṁ kou. 166.

चौपाई-caupāī:

सुनु नृप बिबिध जतन जग माहीं । कष्टसाध्य पुनि होहिं कि नाहीं ॥
sunu nṛpa bibidha jatana jaga māhīṁ, kaṣṭasādhya puni hohiṁ ki nāhīṁ.
अहइ एक अति सुगम उपाई । तहाँ परंतु एक कठिनाई ॥
ahai eka ati sugama upāī, tahāṁ paraṁtu eka kaṭhināī.
मम आधीन जुगुति नृप सोई । मोर जाब तव नगर न होई ॥
mama ādhīna juguti nṛpa soī, mora jāba tava nagara na hoī.
आजु लगें अरु जब तें भयऊँ । काहू के गृह ग्राम न गयऊँ ॥
āju lageṁ aru jaba teṁ bhayaūṁ, kāhū ke gṛha grāma na gayaūṁ.
जौं न जाउँ तव होइ अकाजू । बना आइ असमंजस आजू ॥
jauṁ na jāuṁ tava hoi akājū, banā āi asamaṁjasa ājū.

सुनि महीस बोलेउ मृदु बानी । नाथ निगम असि नीति बखानी ॥
suni mahīsa boleu mṛdu bānī, nātha nigama asi nīti bakhānī.
बड़े सनेह लघुन्ह पर करहीं । गिरि निज सिरनि सदा तृन धरहीं ॥
baṛe saneha laghunha para karahīṁ, giri nija sirani sadā tṛna dharahīṁ.
जलधि अगाध मौलि बह फेनू । संतत धरनि धरत सिर रेनू ॥
jaladhi agādha mauli baha phenū, saṁtata dharani dharata sira renū.

दोहा-dohā:

अस कहि गहे नरेस पद स्वामी होहु कृपाल ।
asa kahi gahe naresa pada svāmī hohu kṛpāla,
मोहि लागि दुख सहिअ प्रभु सज्जन दीनदयाल ॥ १६७॥
mohi lāgi dukha sahia prabhu sajjana dīnadayāla. 167.

चौपाई-caupāī:

जानि नृपहि आपन आधीना । बोला तापस कपट प्रबीना ॥
jāni nṛpahi āpana ādhīnā, bolā tāpasa kapaṭa prabīnā.
सत्य कहउँ भूपति सुनु तोही । जग नाहिन दुर्लभ कछु मोही ॥
satya kahauṁ bhūpati sunu tohī, jaga nāhina durlabha kachu mohī.
अवसि काज मैं करिहउँ तोरा । मन तन बचन भगत तैं मोरा ॥
avasi kāja maiṁ karihauṁ torā, mana tana bacana bhagata taiṁ morā.
जोग जुगुति तप मंत्र प्रभाऊ । फलइ तबहिं जब करिअ दुराऊ ॥
joga juguti tapa maṁtra prabhāū, phalai tabahiṁ jaba karia durāū.
जौं नरेस मैं करौं रसोई । तुम्ह परुसहु मोहि जान न कोई ॥
jauṁ naresa maiṁ karauṁ rasoī, tumha parusahu mohi jāna na koī.
अन्न सो जोइ जोइ भोजन करई । सोइ सोइ तव आयसु अनुसरई ॥
anna so joi joi bhojana karaī, soi soi tava āyasu anusaraī.
पुनि तिन्ह के गृह जेवँइ जोऊ । तव बस होइ भूप सुनु सोऊ ॥
puni tinha ke gṛha jevaṁi joū, tava basa hoi bhūpa sunu soū.
जाइ उपाय रचहु नृप एहू । संबत भरि संकलप करेहू ॥
jāi upāya racahu nṛpa ehū, saṁbata bhari saṁkalapa karehū.

दोहा-dohā:

नित नूतन द्विज सहस सत बरेहु सहित परिवार ।
nita nūtana dvija sahasa sata barehu sahita parivāra,
मैं तुम्हरे संकलप लगि दिनहिं करबि जेवनार ॥ १६८॥
maiṁ tumhare saṁkalapa lagi dinahiṁ karabi jevanāra. 168.

चौपाई-caupāī:

एहि बिधि भूप कष्ट अति थोरें । होइहहिं सकल बिप्र बस तोरें ॥
ehi bidhi bhūpa kaṣṭa ati thoreṁ, hoihahiṁ sakala bipra basa toreṁ.
करिहहिं बिप्र होम मख सेवा । तेहिं प्रसंग सहजेहिं बस देवा ॥
karihahiṁ bipra homa makha sevā, tehiṁ prasaṁga sahajehiṁ basa devā.
और एक तोहि कहउँ लखाऊ । मैं एहिं बेष न आउब काऊ ॥
aura eka tohi kahauṁ lakhāū, maiṁ ehiṁ beṣa na āuba kāū.
तुम्हरे उपरोहित कहुँ राया । हरि आनब मैं करि निज माया ॥
tumhare uparohita kahuṁ rāyā, hari ānaba maiṁ kari nija māyā.
तपबल तेहि करि आपु समाना । रखिहउँ इहाँ बरष परवाना ॥
tapabala tehi kari āpu samānā, rakhihauṁ ihāṁ baraṣa paravānā.
मैं धरि तासु बेषु सुनु राजा । सब बिधि तोर सँवारब काजा ॥
maiṁ dhari tāsu beṣu sunu rājā, saba bidhi tora saṁvāraba kājā.
गै निसि बहुत सयन अब कीजे । मोहि तोहि भूप भेंट दिन तीजे ॥
gai nisi bahuta sayana aba kīje, mohi tohi bhūpa bheṁṭa dina tīje.
मैं तपबल तोहि तुरग समेता । पहुँचैहउँ सोवतहि निकेता ॥
maiṁ tapabala tohi turaga sametā, pahuṁcaihauṁ sovatahi niketā.

दोहा-dohā:

मैं आउब सोइ बेषु धरि पहिचानेहु तब मोहि ।
maiṁ āuba soi beṣu dhari pahicānehu taba mohi,
जब एकांत बोलाइ सब कथा सुनावौं तोहि ॥ १६९॥
jaba ekāṁta bolāi saba kathā sunāvauṁ tohi. 169.

चौपाई-caupāī:

सयन कीन्ह नृप आयसु मानी । आसन जाइ बैठ छलग्यानी ॥
sayana kīnha nṛpa āyasu mānī, āsana jāi baiṭha chalagyānī.
श्रमित भूप निद्रा अति आई । सो किमि सोव सोच अधिकाई ॥
śramita bhūpa nidrā ati āī, so kimi sova soca adhikāī.
कालकेतु निसिचर तहँ आवा । जेहिं सूकर होइ नृपहि भुलावा ॥
kālaketu nisicara tahaṁ āvā, jehiṁ sūkara hoi nṛpahi bhulāvā.
परम मित्र तापस नृप केरा । जानइ सो अति कपट घनेरा ॥
parama mitra tāpasa nṛpa kerā, jānai so ati kapaṭa ghanerā.
तेहि के सत सुत अरु दस भाई । खल अति अजय देव दुखदाई ॥
tehi ke sata suta aru dasa bhāī, khala ati ajaya deva dukhadāī.
प्रथमहिं भूप समर सब मारे । बिप्र संत सुर देखि दुखारे ॥
prathamahiṁ bhūpa samara saba māre, bipra saṁta sura dekhi dukhāre.
तेहिं खल पाछिल बयरु सँभारा । तापस नृप मिलि मंत्र बिचारा ॥
tehiṁ khala pāchila bayaru saṁbhārā, tāpasa nṛpa mili maṁtra bicārā.
जेहिं रिपु छय सोइ रचेन्हि उपाऊ । भावी बस न जान कछु राऊ ॥
jehiṁ ripu chaya soi racenhi upāū, bhāvī basa na jāna kachu rāū.

दोहा-dohā:

रिपु तेजसी अकेल अपि लघु करि गनिअ न ताहु ।
ripu tejasī akela api laghu kari gania na tāhu,
अजहुँ देत दुख रबि ससिहि सिर अवसेषित राहु ॥ १७०॥
ajahuṁ deta dukha rabi sasihi sira avaseṣita rāhu. 170.

चौपाई-caupāī:

तापस नृप निज सखहि निहारी । हरषि मिलेउ उठि भयउ सुखारी ॥
tāpasa nṛpa nija sakhahi nihārī, haraṣi mileu uṭhi bhayau sukhārī.
मित्रहि कहि सब कथा सुनाई । जातुधान बोला सुख पाई ॥
mitrahi kahi saba kathā sunāī, jātudhāna bolā sukha pāī.
अब साधेउँ रिपु सुनहु नरेसा । जौं तुम्ह कीन्ह मोर उपदेसा ॥
aba sādheuṁ ripu sunahu naresā, jauṁ tumha kīnha mora upadesā.
परिहरि सोच रहहु तुम्ह सोई । बिनु औषध बिआधि बिधि खोई ॥
parihari soca rahahu tumha soī, binu auṣadha biādhi bidhi khoī.
कुल समेत रिपु मूल बहाई । चौथें दिवस मिलब मैं आई ॥
kula sameta ripu mūla bahāī, cautheṁ divasa milaba maiṁ āī.
तापस नृपहि बहुत परितोषी । चला महाकपटी अतिरोषी ॥
tāpasa nṛpahi bahuta paritoṣī, calā mahākapaṭī atiroṣī.
भानुप्रतापहि बाजि समेता । पहुँचाएसि छन माझ निकेता ॥
bhānupratāpahi bāji sametā, pahuṁcāesi chana mājha niketā.
नृपहि नारि पहिं सयन कराई । हयगृहँ बाँधेसि बाजि बनाई ॥
nṛpahi nāri pahiṁ sayana karāī, hayagṛhaṁ bāṁdhesi bāji banāī.

दोहा-dohā:

राजा के उपरोहितहि हरि लै गयउ बहोरि ।
rājā ke uparohitahi hari lai gayau bahori,
लै राखेसि गिरि खोह महुँ मायाँ करि मति भोरि ॥ १७१॥
lai rākhesi giri khoha mahuṁ māyāṁ kari mati bhori. 171.

चौपाई-caupāī:

आपु बिरचि उपरोहित रूपा । परेउ जाइ तेहि सेज अनूपा ॥
āpu biraci uparohita rūpā, pareu jāi tehi seja anūpā.

जागेउ नृप अनभएँ बिहाना । देखि भवन अति अचरजु माना ॥
jāgeu nṛpa anabhaeṁ bihānā, dekhi bhavana ati acaraju mānā.
मुनि महिमा मन महुँ अनुमानी । उठेउ गवँहिं जेहिं जान न रानी ॥
muni mahimā mana mahuṁ anumānī, uṭheu gavaṁhiṁ jehiṁ jāna na rānī.
कानन गयउ बाजि चढ़ि तेहीं । पुर नर नारि न जानेउ केहीं ॥
kānana gayau bāji caṛhi tehīṁ, pura nara nāri na jāneu kehīṁ.
गएँ जाम जुग भूपति आवा । घर घर उत्सव बाज बधावा ॥
gaeṁ jāma juga bhūpati āvā, ghara ghara utsava bāja badhāvā.
उपरोहितहि देख जब राजा । चकित बिलोक सुमिरि सोइ काजा ॥
uparohitahi dekha jaba rājā, cakita biloka sumiri soi kājā.
जुग सम नृपहि गए दिन तीनी । कपटी मुनि पद रह मति लीनी ॥
juga sama nṛpahi gae dina tīnī, kapaṭī muni pada raha mati līnī.
समय जानि उपरोहित आवा । नृपहि मते सब कहि समुझावा ॥
samaya jāni uparohita āvā, nṛpahi mate saba kahi samujhāvā.

दोहा-dohā:

नृप हरषेउ पहिचानि गुरु भ्रम बस रहा न चेत ।
nṛpa haraṣeu pahicāni guru bhrama basa rahā na ceta,
बरे तुरत सत सहस बर बिप्र कुटुंब समेत ॥ १७२ ॥
bare turata sata sahasa bara bipra kuṭuṁba sameta. 172.

चौपाई-caupāī:

उपरोहित जेवनार बनाई । छरस चारि बिधि जसि श्रुति गाई ॥
uparohita jevanāra banāī, charasa cāri bidhi jasi śruti gāī.
मायामय तेहिं कीन्हि रसोई । बिंजन बहु गनि सकइ न कोई ॥
māyāmaya tehiṁ kīnhi rasoī, biṁjana bahu gani sakai na koī.
बिबिध मृगन्ह कर आमिष राँधा । तेहि महुँ बिप्र माँसु खल साँधा ॥
bibidha mṛganha kara āmiṣa rāṁdhā, tehi mahuṁ bipra māṁsu khala sāṁdhā.
भोजन कहुँ सब बिप्र बोलाए । पद पखारि सादर बैठाए ॥
bhojana kahuṁ saba bipra bolāe, pada pakhāri sādara baiṭhāe.
परुसन जबहिं लाग महिपाला । भै अकासबानी तेहि काला ॥
parusana jabahiṁ lāga mahipālā, bhai akāsabānī tehi kālā.
बिप्रबृंद उठि उठि गृह जाहू । है बड़ि हानि अन्न जनि खाहू ॥
biprabṛṁda uṭhi uṭhi gṛha jāhū, hai baṛi hāni anna jani khāhū.
भयउ रसोईं भूसुर माँसू । सब द्विज उठे मानि बिस्वासू ॥
bhayau rasoīṁ bhūsura māṁsū, saba dvija uṭhe māni bisvāsū.
भूप बिकल मति मोहँ भुलानी । भावी बस न आव मुख बानी ॥
bhūpa bikala mati mohaṁ bhulānī, bhāvī basa na āva mukha bānī.

दोहा-dohā:

बोले बिप्र सकोप तब नहिं कछु कीन्ह बिचार ।
bole bipra sakopa taba nahiṁ kachu kīnha bicāra,
जाइ निसाचर होहु नृप मूढ़ सहित परिवार ॥ १७३ ॥
jāi nisācara hohu nṛpa mūṛha sahita parivāra. 173.

चौपाई-caupāī:

छत्रबंधु तैं बिप्र बोलाई । घालै लिए सहित समुदाई ॥
chatrabaṁdhu taiṁ bipra bolāī, ghālai lie sahita samudāī.
ईस्वर राखा धरम हमारा । जैहसि तैं समेत परिवारा ॥
īsvara rākhā dharama hamārā, jaihasi taiṁ sameta parivārā.
संबत मध्य नास तव होऊ । जलदाता न रहिहि कुल कोऊ ॥
saṁbata madhya nāsa tava hoū, jaladātā na rahihi kula koū.
नृप सुनि श्राप बिकल अति त्रासा । भै बहोरि बर गिरा अकासा ॥
nṛpa suni śrāpa bikala ati trāsā, bhai bahori bara girā akāsā.
बिप्रहु श्राप बिचारि न दीन्हा । नहिं अपराध भूप कछु कीन्हा ॥
biprahu śrāpa bicāri na dīnhā, nahiṁ aparādha bhūpa kachu kīnhā.
चकित बिप्र सब सुनि नभबानी । भूप गयउ जहँ भोजन खानी ॥
cakita bipra saba suni nabhabānī, bhūpa gayau jahaṁ bhojana khānī.
तहँ न असन नहिं बिप्र सुआरा । फिरेउ राउ मन सोच अपारा ॥
tahaṁ na asana nahiṁ bipra suārā, phireu rāu mana soca apārā.
सब प्रसंग महिसुरन्ह सुनाई । त्रसित परेउ अवनीं अकुलाई ॥
saba prasaṁga mahisuranha sunāī, trasita pareu avanīṁ akulāī.

दोहा-dohā:

भूपति भावी मिटइ नहिं जदपि न दूषन तोर ।
bhūpati bhāvī miṭai nahiṁ jadapi na dūṣana tora,
किएँ अन्यथा होइ नहिं बिप्रश्राप अति घोर ॥ १७४ ॥
kieṁ anyathā hoi nahiṁ bipraśrāpa ati ghora. 174.

चौपाई-caupāī:

अस कहि सब महिदेव सिधाए । समाचार पुरलोगन्ह पाए ॥
asa kahi saba mahideva sidhāe, samācāra puraloganha pāe.
सोचहिं दूषन दैवहि देहीं । बिचरत हंस काग किय जेहीं ॥
socahiṁ dūṣana daivahi dehīṁ, bicarata haṁsa kāga kiya jehīṁ.
उपरोहितहि भवन पहुँचाई । असुर तापसहि खबरि जनाई ॥
uparohitahi bhavana pahuṁcāī, asura tāpasahi khabari janāī.
तेहिं खल जहँ तहँ पत्र पठाए । सजि सजि सेन भूप सब धाए ॥
tehiṁ khala jahaṁ tahaṁ patra paṭhāe, saji saji sena bhūpa saba dhāe.
घेरेन्हि नगर निसान बजाई । बिबिध भाँति नित होइ लराई ॥
gherenhi nagara nisāna bajāī, bibidha bhāṁti nita hoi larāī.
जूझे सकल सुभट करि करनी । बंधु समेत परेउ नृप धरनी ॥
jūjhe sakala subhaṭa kari karanī, baṁdhu sameta pareu nṛpa dharanī.
सत्यकेतु कुल कोउ नहिं बाँचा । बिप्रश्राप किमि होइ असाँचा ॥
satyaketu kula kou nahiṁ bāṁcā, bipraśrāpa kimi hoi asāṁcā.
रिपु जिति सब नृप नगर बसाई । निज पुर गवने जय जसु पाई ॥
ripu jiti saba nṛpa nagara basāī, nija pura gavane jaya jasu pāī.

दोहा-dohā:

भरद्वाज सुनु जाहि जब होइ बिधाता बाम ।
bharadvāja sunu jāhi jaba hoi bidhātā bāma,
धूरि मेरुसम जनक जम ताहि ब्यालसम दाम ॥ १७५ ॥
dhūri merusama janaka jama tāhi byālasama dāma. 175.

चौपाई-caupāī:

काल पाइ मुनि सुनु सोइ राजा । भयउ निसाचर सहित समाजा ॥
kāla pāi muni sunu soi rājā, bhayau nisācara sahita samājā.
दस सिर ताहि बीस भुजदंडा । रावन नाम बीर बरिबंडा ॥
dasa sira tāhi bīsa bhujadaṁḍā, rāvana nāma bīra baribaṁḍā.
भूप अनुज अरिमर्दन नामा । भयउ सो कुंभकरन बलधामा ॥
bhūpa anuja arimardana nāmā, bhayau so kuṁbhakarana baladhāmā.
सचिव जो रहा धरमरुचि जासू । भयउ बिमात्र बंधु लघु तासू ॥
saciva jo rahā dharamaruci jāsū, bhayau bimātra baṁdhu laghu tāsū.
नाम बिभीषन जेहि जग जाना । बिष्नुभगत बिग्यान निधाना ॥
nāma bibhīṣana jehi jaga jānā, biṣnubhagata bigyāna nidhānā.
रहे जे सुत सेवक नृप केरे । भए निसाचर घोर घनेरे ॥
rahe je suta sevaka nṛpa kere, bhae nisācara ghora ghanere.
कामरूप खल जिनस अनेका । कुटिल भयंकर बिगत बिबेका ॥
kāmarūpa khala jinasa anekā, kuṭila bhayaṁkara bigata bibekā.
कृपा रहित हिंसक सब पापी । बरनि न जाहिं बिस्व परितापी ॥
kṛpā rahita hiṁsaka saba pāpī, barani na jāhiṁ bisva paritāpī.

दोहा-dohā:

उपजे जदपि पुलस्त्यकुल पावन अमल अनूप।
upaje jadapi pulastyakula pāvana amala anūpa,
तदपि महीसुर श्राप बस भए सकल अघरूप॥१७६॥
tadapi mahīsura śrāpa basa bhae sakala agharūpa. 176.

चौपाई-caupāī:

कीन्ह बिबिध तप तीनिहुँ भाई। परम उग्र नहिं बरनि सो जाई॥
kīnha bibidha tapa tīnihuṁ bhāī, parama ugra nahiṁ barani so jāī.
गयउ निकट तप देखि बिधाता। मागहु बर प्रसन्न मैं ताता॥
gayau nikaṭa tapa dekhi bidhātā, māgahu bara prasanna maiṁ tātā.
करि बिनती पद गहि दससीसा। बोलेउ बचन सुनहु जगदीसा॥
kari binatī pada gahi dasasīsā, boleu bacana sunahu jagadīsā.
हम काहू के मरहिं न मारें। बानर मनुज जाति दुइ बारें॥
hama kāhū ke marahiṁ na māreṁ, bānara manuja jāti dui bāreṁ.
एवमस्तु तुम्ह बड़ तप कीन्हा। मैं ब्रह्माँ मिलि तेहि बर दीन्हा॥
evamastu tumha baṛa tapa kīnhā, maiṁ brahmāṁ mili tehi bara dīnhā.
पुनि प्रभु कुंभकरन पहिं गयऊ। तेहि बिलोकि मन बिसमय भयऊ॥
puni prabhu kuṁbhakarana pahiṁ gayaū, tehi biloki mana bisamaya bhayaū.
जौं एहिं खल नित करब अहारू। होइहि सब उजारि संसारू॥
jauṁ ehiṁ khala nita karaba ahārū, hoihi saba ujāri saṁsārū.
सारद प्रेरि तासु मति फेरी। मागेसि नीद मास षट केरी॥
sārada preri tāsu mati pherī, māgesi nīda māsa ṣaṭa kerī.

दोहा-dohā:

गए बिभीषन पास पुनि कहेउ पुत्र बर मागु।
gae bibhīṣana pāsa puni kaheu putra bara māgu,
तेहिं मागेउ भगवंत पद कमल अमल अनुरागु॥१७७॥
tehiṁ māgeu bhagavaṁta pada kamala amala anurāgu. 177.

चौपाई-caupāī:

तिन्हहि देइ बर ब्रह्म सिधाए। हरषित ते अपने गृह आए॥
tinhahi dei bara brahma sidhāe, haraṣita te apane gṛha āe.
मय तनुजा मंदोदरि नामा। परम सुंदरी नारि ललामा॥
maya tanujā maṁdodari nāmā, parama suṁdarī nāri lalāmā.
सोइ मयँ दीन्हि रावनहि आनी। होइहि जातुधानपति जानी॥
soi mayaṁ dīnhi rāvanahi ānī, hoihi jātudhānapati jānī.
हरषित भयउ नारि भलि पाई। पुनि दोउ बंधु बिआहेसि जाई॥
haraṣita bhayau nāri bhali pāī, puni dou baṁdhu biāhesi jāī.
गिरि त्रिकूट एक सिंधु मझारी। बिधि निर्मित दुर्गम अति भारी॥
giri trikūṭa eka siṁdhu majhārī, bidhi nirmita durgama ati bhārī.
सोइ मय दानवँ बहुरि सँवारा। कनक रचित मनिभवन अपारा॥
soi maya dānavaṁ bahuri saṁvārā, kanaka racita manibhavana apārā.
भोगावति जसि अहिकुल बासा। अमरावति जसि सक्रनिवासा॥
bhogāvati jasi ahikula bāsā, amarāvati jasi sakranivāsā.
तिन्ह तें अधिक रम्य अति बंका। जग बिख्यात नाम तेहि लंका॥
tinha teṁ adhika ramya ati baṁkā, jaga bikhyāta nāma tehi laṁkā.

दोहा-dohā:

खाईं सिंधु गभीर अति चारिहुँ दिसि फिरि आव।
khāīṁ siṁdhu gabhīra ati cārihuṁ disi phiri āva,
कनक कोट मनि खचित दृढ बरनि न जाइ बनाव॥१७८क॥
kanaka koṭa mani khacita dṛṛha barani na jāi banāva. 178(ka).

हरि प्रेरित जेहिं कलप जोइ जातुधानपति होइ।
hari prerita jehiṁ kalapa joi jātudhānapati hoi,
सूर प्रतापी अतुलबल दल समेत बस सोइ॥१७८ख॥
sūra pratāpī atulabala dala sameta basa soi. 178(kha).

चौपाई-caupāī:

रहे तहाँ निसिचर भट भारे। ते सब सुरन्ह समर संघारे॥
rahe tahāṁ nisicara bhaṭa bhāre, te saba suranha samara saṁghāre.
अब तहँ रहहिं सक्र के प्रेरे। रच्छक कोटि जच्छपति केरे॥
aba tahaṁ rahahiṁ sakra ke prere, racchaka koṭi jacchapati kere.
दसमुख कतहुँ खबरि असि पाई। सेन साजि गढ़ घेरेसि जाई॥
dasamukha katahuṁ khabari asi pāī, sena sāji gaṛha gheresi jāī.
देखि बिकट भट बड़ि कटकाई। जच्छ जीव लै गए पराई॥
dekhi bikaṭa bhaṭa baṛi kaṭakāī, jaccha jīva lai gae parāī.
फिरि सब नगर दसानन देखा। गयउ सोच सुख भयउ बिसेषा॥
phiri saba nagara dasānana dekhā, gayau soca sukha bhayau biseṣā.
सुंदर सहज अगम अनुमानी। कीन्हि तहाँ रावन रजधानी॥
suṁdara sahaja agama anumānī, kīnhi tahāṁ rāvana rajadhānī.
जेहि जस जोग बाँटि गृह दीन्हे। सुखी सकल रजनीचर कीन्हे॥
jehi jasa joga bāṁṭi gṛha dīnhe, sukhī sakala rajanīcara kīnhe.
एक बार कुबेर पर धावा। पुष्पक जान जीति लै आवा॥
eka bāra kubera para dhāvā, puṣpaka jāna jīti lai āvā.

दोहा-dohā:

कौतुकहीं कैलास पुनि लीन्हेसि जाइ उठाइ।
kautukahīṁ kailāsa puni līnhesi jāi uṭhāi,
मनहुँ तौलि निज बाहुबल चला बहुत सुख पाइ॥१७९॥
manahuṁ tauli nija bāhubala calā bahuta sukha pāi. 179.

चौपाई-caupāī:

सुख संपति सुत सेन सहाई। जय प्रताप बल बुद्धि बड़ाई॥
sukha saṁpati suta sena sahāī, jaya pratāpa bala buddhi baṛāī.
नित नूतन सब बाढ़त जाई। जिमि प्रतिलाभ लोभ अधिकाई॥
nita nūtana saba bāṛhata jāī, jimi pratilābha lobha adhikāī.
अतिबल कुंभकरन अस भ्राता। जेहि कहुँ नहिं प्रतिभट जग जाता॥
atibala kuṁbhakarana asa bhrātā, jehi kahuṁ nahiṁ pratibhaṭa jaga jātā.
करइ पान सोवइ षट मासा। जागत होइ तिहूँ पुर त्रासा॥
karai pāna sovai ṣaṭa māsā, jāgata hoi tihūṁ pura trāsā.
जौं दिन प्रति अहार कर सोई। बिस्व बेगि सब चौपट होई॥
jauṁ dina prati ahāra kara soī, bisva begi saba caupaṭa hoī.
समर धीर नहिं जाइ बखाना। तेहि सम अमित बीर बलवाना॥
samara dhīra nahiṁ jāi bakhānā, tehi sama amita bīra balavānā.
बारिदनाद जेठ सुत तासू। भट महुँ प्रथम लीक जग जासू॥
bāridanāda jeṭha suta tāsū, bhaṭa mahuṁ prathama līka jaga jāsū.
जेहि न होइ रन सनमुख कोई। सुरपुर नितहिं परावन होई॥
jehi na hoi rana sanamukha koī, surapura nitahiṁ parāvana hoī.

दोहा-dohā:

कुमुख अकंपन कुलिसरद धूमकेतु अतिकाय।
kumukha akaṁpana kulisarada dhūmaketu atikāya,
एक एक जग जीति सक ऐसे सुभट निकाय॥१८०॥
eka eka jaga jīti saka aise subhaṭa nikāya. 180.

चौपाई-caupāī:

कामरूप जानहिं सब माया। सपनेहुँ जिन्ह कें धरम न दाया॥
kāmarūpa jānahiṁ saba māyā, sapanehuṁ jinha keṁ dharama na dāyā.
दसमुख बैठ सभाँ एक बारा। देखि अमित आपन परिवारा॥

dasamukha baiṭha sabhāṁ eka bārā, dekhi amita āpana parivārā.
सुत समूह जन परिजन नाती । गनै को पार निसाचर जाती ॥
suta samūha jana parijana nātī, ganai ko pāra nisācara jātī.
सेन बिलोकि सहज अभिमानी । बोला बचन क्रोध मद सानी ॥
sena biloki sahaja abhimānī, bolā bacana krodha mada sānī.
सुनहु सकल रजनीचर जूथा । हमरे बैरी बिबुध बरूथा ॥
sunahu sakala rajanīcara jūthā, hamare bairī bibudha barūthā.
ते सनमुख नहिं करहिं लराई । देखि सबल रिपु जाहिं पराई ॥
te sanamukha nahiṁ karahiṁ larāī, dekhi sabala ripu jāhiṁ parāī.
तेन्ह कर मरन एक बिधि होई । कहउँ बुझाइ सुनहु अब सोई ॥
tenha kara marana eka bidhi hoī, kahaum̐ bujhāi sunahu aba soī.
द्विजभोजन मख होम सराधा । सब कै जाइ करहु तुम्ह बाधा ॥
dvijabhojana makha homa sarādhā, saba kai jāi karahu tumha bādhā.

दोहा-dohā:

छुधा छीन बलहीन सुर सहजेहिं मिलिहहिं आइ ।
chudhā chīna balahīna sura sahajehiṁ milihahiṁ āi,
तब मारिहउँ कि छाड़िहउँ भली भाँति अपनाइ ॥१८१॥
taba mārihaum̐ ki chāṛihaum̐ bhalī bhām̐ti apanāi. 181.

चौपाई-caupāī:

मेघनाद कहुँ पुनि हँकरावा । दीन्ही सिख बलु बयरु बढ़ावा ॥
meghanāda kahum̐ puni ham̐karāvā, dīnhī sikha balu bayaru baṛhāvā.
जे सुर समर धीर बलवाना । जिन्ह कें लरिबे कर अभिमाना ॥
je sura samara dhīra balavānā, jinha keṁ laribe kara abhimānā.
तिन्हहि जीति रन आनेसु बाँधी । उठि सुत पितु अनुसासन काँधी ॥
tinhahi jīti rana ānesu bām̐dhī, uṭhi suta pitu anusāsana kām̐dhī.
एहि बिधि सबही अग्या दीन्ही । आपुनु चलेउ गदा कर लीन्ही ॥
ehi bidhi sabahī agyā dīnhī, āpunu caleu gadā kara līnhī.
चलत दसानन डोलति अवनी । गर्जत गर्भ स्रवहिं सुर रवनी ॥
calata dasānana ḍolati avanī, garjata garbha sravahiṁ sura ravanī.
रावन आवत सुनेउ सकोहा । देवन्ह तके मेरु गिरि खोहा ॥
rāvana āvata suneu sakohā, devanha take meru giri khohā.
दिगपालन्ह के लोक सुहाए । सूने सकल दसानन पाए ॥
digapālanha ke loka suhāe, sūne sakala dasānana pāe.
पुनि पुनि सिंघनाद करि भारी । देइ देवतन्ह गारि पचारी ॥
puni puni siṁghanāda kari bhārī, dei devatanha gāri pacārī.
रन मद मत्त फिरइ जग धावा । प्रतिभट खोजत कतहुँ न पावा ॥
rana mada matta phirai jaga dhāvā, pratibhaṭa khojata katahum̐ na pāvā.
रबि ससि पवन बरुन धनधारी । अगिनि काल जम सब अधिकारी ॥
rabi sasi pavana baruna dhanadhārī, agini kāla jama saba adhikārī.
किंनर सिद्ध मनुज सुर नागा । हठि सबही के पंथहिं लागा ॥
kiṁnara siddha manuja sura nāgā, haṭhi sabahī ke paṁthahiṁ lāgā.
ब्रह्मसृष्टि जहँ लगि तनुधारी । दसमुख बसबर्ती नर नारी ॥
brahmasṛṣṭi jaham̐ lagi tanudhārī, dasamukha basabartī nara nārī.
आयसु करहिं सकल भयभीता । नवहिं आइ नित चरन बिनीता ॥
āyasu karahiṁ sakala bhayabhītā, navahiṁ āi nita carana binītā.

दोहा-dohā:

भुजबल बिस्व बस्य करि राखेसि कोउ न सुतंत्र ।
bhujabala bisva basya kari rākhesi kou na sutaṁtra,
मंडलीक मनि रावन राज करइ निज मंत्र ॥१८२क॥
maṁḍalīka mani rāvana rāja karai nija maṁtra. 182(ka).

देव जच्छ गंधर्व नर किंनर नाग कुमारि ।
deva jaccha gaṁdharva nara kiṁnara nāga kumāri,
जीति बरीं निज बाहुबल बहु सुंदर बर नारि ॥१८२ख॥
jīti barīṁ nija bāhubala bahu suṁdara bara nāri. 182kha.

चौपाई-caupāī:

इंद्रजीत सन जो कछु कहेऊ । सो सब जनु पहिलेहिं करि रहेऊ ॥
iṁdrajīta sana jo kachu kaheū, so saba janu pahilehiṁ kari raheū.
प्रथमहिं जिन्ह कहुँ आयसु दीन्हा । तिन्ह कर चरित सुनहु जो कीन्हा ॥
prathamahiṁ jinha kahum̐ āyasu dīnhā, tinha kara carita sunahu jo kīnhā.
देखत भीमरूप सब पापी । निसिचर निकर देव परितापी ॥
dekhata bhīmarūpa saba pāpī, nisicara nikara deva paritāpī.
करहिं उपद्रव असुर निकाया । नाना रूप धरहिं करि माया ॥
karahiṁ upadrava asura nikāyā, nānā rūpa dharahiṁ kari māyā.
जेहि बिधि होइ धर्म निर्मूला । सो सब करहिं बेद प्रतिकूला ॥
jehi bidhi hoi dharma nirmūlā, so saba karahiṁ beda pratikūlā.
जेहिं जेहिं देस धेनु द्विज पावहिं । नगर गाउँ पुर आगि लगावहिं ॥
jehiṁ jehiṁ desa dhenu dvija pāvahiṁ, nagara gāum̐ pura āgi lagāvahiṁ.
सुभ आचरन कतहुँ नहिं होई । देव बिप्र गुरू मान न कोई ॥
subha ācarana katahum̐ nahiṁ hoī, deva bipra gurū māna na koī.
नहिं हरिभगति जग्य तप ग्याना । सपनेहुँ सुनिअ न बेद पुराना ॥
nahiṁ haribhagati jagya tapa gyānā, sapanehum̐ sunia na beda purānā.

छंद-chaṁda:

जप जोग बिरागा तप मख भागा श्रवन सुनइ दससीसा ।
japa joga birāgā tapa makha bhāgā śravana sunai dasasīsā,
आपुनु उठि धावइ रहै न पावइ धरि सब घालइ खीसा ॥
āpunu uṭhi dhāvai rahai na pāvai dhari saba ghālai khīsā.
अस भ्रष्ट अचारा भा संसारा धर्म सुनिअ नहिं काना ।
asa bhraṣṭa acārā bhā saṁsārā dharma sunia nahiṁ kānā,
तेहि बहुबिधि त्रासइ देस निकासइ जो कह बेद पुराना ॥
tehi bahubidhi trāsai desa nikāsai jo kaha beda purānā.

सोरठा-soraṭhā:

बरनि न जाइ अनीति घोर निसाचर जो करहिं ।
barani na jāi anīti ghora nisācara jo karahiṁ,
हिंसा पर अति प्रीति तिन्ह के पापहि कवनि मिति ॥१८३॥
hiṁsā para ati prīti tinha ke pāpahi kavani miti. 183.

मासपारायण छठा विश्राम
māsapārāyaṇa chaṭhā viśrāma
(Pause 6 for a Thirty-Day Recitation)

चौपाई-caupāī:

बाढ़े खल बहु चोर जुआरा । जे लंपट परधन परदारा ॥
bāṛhe khala bahu cora juārā, je laṁpaṭa paradhana paradārā.
मानहिं मातु पिता नहिं देवा । साधुन्ह सन करवावहिं सेवा ॥
mānahiṁ mātu pitā nahiṁ devā, sādhunha sana karavāvahiṁ sevā.
जिन्ह के यह आचरन भवानी । ते जानेहु निसिचर सब प्रानी ॥
jinha ke yaha ācarana bhavānī, te jānehu nisicara saba prānī.
अतिसय देखि धर्म कै ग्लानी । परम सभीत धरा अकुलानी ॥
atisaya dekhi dharma kai glānī, parama sabhīta dharā akulānī.
गिरि सरि सिंधु भार नहिं मोही । जस मोहि गरुअ एक पर द्रोही ॥
giri sari siṁdhu bhāra nahiṁ mohī, jasa mohi garua eka para drohī.
सकल धर्म देखइ बिपरीता । कहि न सकइ रावन भय भीता ॥
sakala dharma dekhai biparītā, kahi na sakai rāvana bhaya bhītā.
धेनु रूप धरि हृदयँ बिचारी । गई तहाँ जहँ सुर मुनि झारी ॥
dhenu rūpa dhari hṛdayam̐ bicārī, gaī tahām̐ jaham̐ sura muni jhārī.

निज संताप सुनाएसि रोई । काहू तें कछु काज न होई ॥
nija saṁtāpa sunāesi roī, kāhū teṁ kachu kāja na hoī.

छंद-chaṁda:

सुर मुनि गंधर्बा मिलि करि सर्बा गे बिरंचि के लोका ।
sura muni gaṁdharbā mili kari sarbā ge biraṁci ke lokā,
सँग गोतनुधारी भूमि बिचारी परम बिकल भय सोका ॥
saṁga gotanudhārī bhūmi bicārī parama bikala bhaya sokā.
ब्रह्माँ सब जाना मन अनुमाना मोर कछू न बसाई ।
brahmāṁ saba jānā mana anumānā mora kachū na basāī,
जा करि तैं दासी सो अबिनासी हमरेउ तोर सहाई ॥
jā kari taiṁ dāsī so abināsī hamareu tora sahāī.

सोरठा-soraṭhā:

धरनि धरहि मन धीर कह बिरंचि हरिपद सुमिरु ।
dharani dharahi mana dhīra kaha biraṁci haripada sumiru,
जानत जन की पीर प्रभु भंजिहि दारुन बिपति ॥ १८४॥
jānata jana kī pīra prabhu bhaṁjihi dāruna bipati. 184.

चौपाई-caupāī:

बैठे सुर सब करहिं बिचारा । कहँ पाइअ प्रभु करिअ पुकारा ॥
baiṭhe sura saba karahiṁ bicārā, kahaṁ pāia prabhu karia pukārā.
पुर बैकुंठ जान कह कोई । कोउ कह पयनिधि बस प्रभु सोई ॥
pura baikuṁṭha jāna kaha koī, kou kaha payanidhi basa prabhu soī.
जाके हृदयँ भगति जसि प्रीति । प्रभु तहँ प्रगट सदा तेहिं रीती ॥
jāke hṛdayaṁ bhagati jasi prīti, prabhu tahaṁ pragaṭa sadā tehiṁ rītī.
तेहिं समाज गिरिजा मैं रहेऊँ । अवसर पाइ बचन एक कहेऊँ ॥
tehiṁ samāja girijā maiṁ raheūṁ, avasara pāi bacana eka kaheūṁ.
हरि ब्यापक सर्बत्र समाना । प्रेम तें प्रगट होहिं मैं जाना ॥
hari byāpaka sarbatra samānā, prema teṁ pragaṭa hohiṁ maiṁ jānā.
देस काल दिसि बिदिसिहु माहीं । कहहु सो कहाँ जहाँ प्रभु नाहीं ॥
desa kāla disi bidisihu māhīṁ, kahahu so kahāṁ jahāṁ prabhu nāhīṁ.
अग जगमय सब रहित बिरागी । प्रेम तें प्रभु प्रगटइ जिमि आगी ॥
aga jagamaya saba rahita birāgī, prema teṁ prabhu pragaṭai jimi āgī.
मोर बचन सब के मन माना । साधु साधु करि ब्रह्म बखाना ॥
mora bacana saba ke mana mānā, sādhu sādhu kari brahma bakhānā.

दोहा-dohā:

सुनि बिरंचि मन हरष तन पुलकि नयन बह नीर ।
suni biraṁci mana haraṣa tana pulaki nayana baha nīra,
अस्तुति करत जोरि कर सावधान मतिधीर ॥ १८५॥
astuti karata jori kara sāvadhāna matidhīra. 185.

छंद-chaṁda:

जय जय सुरनायक जन सुखदायक प्रनतपाल भगवंता ।
jaya jaya suranāyaka jana sukhadāyaka pranatapāla bhagavaṁtā,
गो द्विज हितकारी जय असुरारी सिंधुसुता प्रिय कंता ॥
go dvija hitakārī jaya asurārī siṁdhusutā priya kaṁtā.
पालन सुर धरनी अद्भुत करनी मरम न जानइ कोई ।
pālana sura dharanī adbhuta karanī marama na jānai koī,
जो सहज कृपाला दीनदयाला करउ अनुग्रह सोई ॥
jo sahaja kṛpālā dīnadayālā karau anugraha soī.

जय जय अबिनासी सब घट बासी ब्यापक परमानंदा ।
jaya jaya abināsī saba ghaṭa bāsī byāpaka paramānaṁdā,
अबिगत गोतीतं चरित पुनीतं मायारहित मुकुंदा ॥
abigata gotītaṁ carita punītaṁ māyārahita mukuṁdā.
जेहि लागि बिरागी अति अनुरागी बिगतमोह मुनिबृंदा ।
jehi lāgi birāgī ati anurāgī bigatamoha munibṛṁdā,
निसि बासर ध्यावहिं गुन गन गावहिं जयति सच्चिदानंदा ॥
nisi bāsara dhyāvahiṁ guna gana gāvahiṁ jayati saccidānaṁdā.

जेहिं सृष्टि उपाई त्रिबिध बनाई संग सहाय न दूजा ।
jehiṁ sṛṣṭi upāī tribidha banāī saṁga sahāya na dūjā,
सो करउ अघारी चिंत हमारी जानिअ भगति न पूजा ॥
so karau aghārī ciṁta hamārī jānia bhagati na pūjā.
जो भव भय भंजन मुनि मन रंजन गंजन बिपति बरूथा ।
jo bhava bhaya bhaṁjana muni mana raṁjana gaṁjana bipati barūthā,
मन बच क्रम बानी छाड़ि सयानी सरन सकल सुर जूथा ॥
mana baca krama bānī chāṛi sayānī sarana sakala sura jūthā.

सारद श्रुति सेषा रिषय असेषा जा कहुँ कोउ नहिं जाना ।
sārada śruti seṣā riṣaya aseṣā jā kahuṁ kou nahiṁ jānā,
जेहि दीन पिआरे बेद पुकारे द्रवउ सो श्रीभगवाना ॥
jehi dīna piāre beda pukāre dravau so śrībhagavānā.
भव बारिधि मंदर सब बिधि सुंदर गुनमंदिर सुखपुंजा ।
bhava bāridhi maṁdara saba bidhi suṁdara gunamaṁdira sukhapuṁjā,
मुनि सिद्ध सकल सुर परम भयातुर नमत नाथ पद कंजा ॥
muni siddha sakala sura parama bhayātura namata nātha pada kaṁjā.

दोहा-dohā:

जानि सभय सुरभूमि सुनि बचन समेत सनेह ।
jāni sabhaya surabhūmi suni bacana sameta saneha,
गगनगिरा गंभीर भइ हरनि सोक संदेह ॥ १८६॥
gaganagirā gaṁbhīra bhai harani soka saṁdeha. 186.

चौपाई-caupāī:

जनि डरपहु मुनि सिद्ध सुरेसा । तुम्हहि लागि धरिहउँ नर बेसा ॥
jani ḍarapahu muni siddha suresā, tumhahi lāgi dharihauṁ nara besā.
अंसन्ह सहित मनुज अवतारा । लेहउँ दिनकर बंस उदारा ॥
aṁsanha sahita manuja avatārā, lehauṁ dinakara baṁsa udārā.
कस्यप अदिति महातप कीन्हा । तिन्ह कहुँ मैं पूरब बर दीन्हा ॥
kasyapa aditi mahātapa kīnhā, tinha kahuṁ maiṁ pūraba bara dīnhā.
ते दसरथ कौसल्या रूपा । कोसलपुरीं प्रगट नरभूपा ॥
te dasaratha kausalyā rūpā, kosalapurīṁ pragaṭa narabhūpā.
तिन्ह कें गृह अवतरिहउँ जाई । रघुकुल तिलक सो चारिउ भाई ॥
tinha keṁ gṛha avatarihauṁ jāī, raghukula tilaka so cāriu bhāī.
नारद बचन सत्य सब करिहउँ । परम सक्ति समेत अवतरिहउँ ॥
nārada bacana satya saba karihauṁ, parama sakti sameta avatarihauṁ.
हरिहउँ सकल भूमि गरुआई । निर्भय होहु देव समुदाई ॥
harihauṁ sakala bhūmi garuāī, nirbhaya hohu deva samudāī.
गगन ब्रह्मबानी सुनी काना । तुरत फिरे सुर हृदय जुड़ाना ॥
gagana brahmabānī sunī kānā, turata phire sura hṛdaya juṛānā.
तब ब्रह्माँ धरनिहि समुझावा । अभय भई भरोस जियँ आवा ॥
taba brahmāṁ dharanihi samujhāvā, abhaya bhaī bharosa jiyaṁ āvā.

दोहा-dohā:

निज लोकहि बिरंचि गे देवन्ह इहइ सिखाइ ।
nija lokahi biraṁci ge devanha ihai sikhāi,
बानर तनु धरि धरि महि हरि पद सेवहु जाइ ॥ १८७॥
bānara tanu dhari dhari mahi hari pada sevahu jāi. 187.

चौपाई-caupāī:

गए देव सब निज निज धामा । भूमि सहित मन कहुँ बिश्रामा ॥

gae deva saba nija nija dhāmā, bhūmi sahita mana kahuṁ biśrāmā.

जो कछु आयसु ब्रह्माँ दीन्हा । हरषे देव बिलंब न कीन्हा ॥
jo kachu āyasu brahmāṁ dīnhā, haraṣe deva bilaṁba na kīnhā.
बनचर देह धरी छिति माहीं । अतुलित बल प्रताप तिन्ह पाहीं ॥
banacara deha dharī chiti māhīṁ, atulita bala pratāpa tinha pāhīṁ.
गिरि तरु नख आयुध सब बीरा । हरि मारग चितवहिं मतिधीरा ॥
giri taru nakha āyudha saba bīrā, hari māraga citavahiṁ matidhīrā.
गिरि कानन जहँ तहँ भरि पूरी । रहे निज निज अनीक रचि रूरी ॥
giri kānana jahaṁ tahaṁ bhari pūrī, rahe nija nija anīka raci rūrī.
यह सब रुचिर चरित मैं भाषा । अब सो सुनहु जो बीचहिं राखा ॥
yaha saba rucira carita maiṁ bhāṣā, aba so sunahu jo bīcahiṁ rākhā.
अवधपुरीं रघुकुलमनि राऊ । बेद बिदित तेहि दसरथ नाऊँ ॥
avadhapurīṁ raghukulamani rāū, beda bidita tehi dasaratha nāūṁ.
धरम धुरंधर गुननिधि ग्यानी । हृदयँ भगति मति सारँगपानी ॥
dharama dhuraṁdhara gunanidhi gyānī, hṛdayaṁ bhagati mati sāraṁgapānī.

दोहा-dohā:

कौसल्यादि नारि प्रिय सब आचरन पुनीत ।
kausalyādi nāri priya saba ācarana punīta,
पति अनुकूल प्रेम दृढ़ हरि पद कमल बिनीत ॥१८८॥
pati anukūla prema dṛṛha hari pada kamala binīta. 188.

चौपाई-caupāī:

एक बार भूपति मन माहीं । भै गलानि मोरें सुत नाहीं ॥
eka bāra bhūpati mana māhīṁ, bhai galāni moreṁ suta nāhīṁ.
गुर गृह गयउ तुरत महिपाला । चरन लागि करि बिनय बिसाला ॥
gura gṛha gayau turata mahipālā, carana lāgi kari binaya bisālā.
निज दुख सुख सब गुरहि सुनायउ । कहि बसिष्ठ बहुबिधि समुझायउ ॥
nija dukha sukha saba gurahi sunāyau, kahi basiṣṭha bahubidhi samujhāyau.
धरहु धीर होइहहिं सुत चारी । त्रिभुवन बिदित भगत भय हारी ॥
dharahu dhīra hoihahiṁ suta cārī, tribhuvana bidita bhagata bhaya hārī.
सृंगी रिषिहि बसिष्ठ बोलावा । पुत्रकाम सुभ जग्य करावा ॥
sṛṁgī riṣihi basiṣṭha bolāvā, putrakāma subha jagya karāvā.
भगति सहित मुनि आहुति दीन्हें । प्रगटे अगिनि चरू कर लीन्हें ॥
bhagati sahita muni āhuti dīnheṁ, pragaṭe agini carū kara līnheṁ.
जो बसिष्ठ कछु हृदयँ बिचारा । सकल काजु भा सिद्ध तुम्हारा ॥
jo basiṣṭha kachu hṛdayaṁ bicārā, sakala kāju bhā siddha tumhārā.
यह हबि बाँटि देहु नृप जाई । जथा जोग जेहि भाग बनाई ॥
yaha habi bāṁṭi dehu nṛpa jāī, jathā joga jehi bhāga banāī.

दोहा-dohā:

तब अदृस्य भए पावक सकल सभहि समुझाइ ।
taba adṛsya bhae pāvaka sakala sabhahi samujhāi,
परमानंद मगन नृप हरष न हृदयँ समाइ ॥१८९॥
paramānaṁda magana nṛpa haraṣa na hṛdayaṁ samāi. 189.

चौपाई-caupāī:

तबहिं रायँ प्रिय नारि बोलाईं । कौसल्यादि तहाँ चलि आईं ॥
tabahiṁ rāyaṁ priya nāri bolāīṁ, kausalyādi tahāṁ cali āīṁ.
अर्ध भाग कौसल्यहि दीन्हा । उभय भाग आधे कर कीन्हा ॥
ardha bhāga kausalyahi dīnhā, ubhaya bhāga ādhe kara kīnhā.
कैकेई कहँ नृप सो दयऊ । रह्यो सो उभय भाग पुनि भयऊ ॥
kaikeī kahaṁ nṛpa so dayaū, rahyo so ubhaya bhāga puni bhayaū.
कौसल्या कैकेई हाथ धरि । दीन्ह सुमित्रहि मन प्रसन्न करि ॥
kausalyā kaikeī hātha dhari, dīnha sumitrahi mana prasanna kari.
एहि बिधि गर्भसहित सब नारी । भईं हृदयँ हरषित सुख भारी ॥
ehi bidhi garbhasahita saba nārī, bhaīṁ hṛdayaṁ haraṣita sukha bhārī.

जा दिन तें हरि गर्भहिं आए । सकल लोक सुख संपति छाए ॥
jā dina teṁ hari garbhahiṁ āe, sakala loka sukha saṁpati chāe.
मंदिर महँ सब राजहिं रानीं । सोभा सील तेज की खानीं ॥
maṁdira mahaṁ saba rājahiṁ rānīṁ, sobhā sīla teja kī khānīṁ.
सुख जुत कछुक काल चलि गयऊ । जेहिं प्रभु प्रगट सो अवसर भयऊ ॥
sukha juta kachuka kāla cali gayaū, jehiṁ prabhu pragaṭa so avasara bhayaū.

दोहा-dohā:

जोग लगन ग्रह बार तिथि सकल भए अनुकूल ।
joga lagana graha bāra tithi sakala bhae anukūla,
चर अरु अचर हर्षजुत राम जनम सुखमूल ॥१९०॥
cara aru acara harṣajuta rāma janama sukhamūla. 190.

चौपाई-caupāī:

नौमी तिथि मधु मास पुनीता । सुकल पच्छ अभिजित हरिप्रीता ॥
naumī tithi madhu māsa punītā, sukala paccha abhijita haripritā.
मध्यदिवस अति सीत न घामा । पावन काल लोक बिश्रामा ॥
madhyadivasa ati sīta na ghāmā, pāvana kāla loka biśrāmā.
सीतल मंद सुरभि बह बाऊ । हरषित सुर संतन मन चाऊ ॥
sītala maṁda surabhi baha bāū, haraṣita sura saṁtana mana cāū.
बन कुसुमित गिरिगन मनिआरा । स्रवहिं सकल सरिताऽमृतधारा ॥
bana kusumita girigana maniārā, sravahiṁ sakala saritā'mṛtadhārā.
सो अवसर बिरंचि जब जाना । चले सकल सुर साजि बिमाना ॥
so avasara biraṁci jaba jānā, cale sakala sura sāji bimānā.
गगन बिमल संकुल सुर जूथा । गावहिं गुन गंधर्ब बरूथा ॥
gagana bimala saṁkula sura jūthā, gāvahiṁ guna gaṁdharba barūthā.
बरषहिं सुमन सुअंजुलि साजी । गहगहि गगन दुंदुभी बाजी ॥
baraṣahiṁ sumana suaṁjuli sājī, gahagahi gagana duṁdubhī bājī.
अस्तुति करहिं नाग मुनि देवा । बहुबिधि लावहिं निज निज सेवा ॥
astuti karahiṁ nāga muni devā, bahubidhi lāvahiṁ nija nija sevā.

दोहा-dohā:

सुर समूह बिनती करि पहुँचे निज निज धाम ।
sura samūha binatī kari pahuṁce nija nija dhāma,
जगनिवास प्रभु प्रगटे अखिल लोक बिश्राम ॥१९१॥
jaganivāsa prabhu pragaṭe akhila loka biśrāma. 191.

छंद-chaṁda:

भए प्रगट कृपाला दीनदयाला कौसल्या हितकारी ।
bhae pragaṭa kṛpālā dīnadayālā kausalyā hitakārī,
हरषित महतारी मुनि मन हारी अद्भुत रूप बिचारी ॥
haraṣita mahatārī muni mana hārī adbhuta rūpa bicārī.
लोचन अभिरामा तनु घनस्यामा निज आयुध भुज चारी ।
locana abhirāmā tanu ghanasyāmā nija āyudha bhuja cārī,
भूषन बनमाला नयन बिसाला सोभासिंधु खरारी ॥
bhūṣana banamālā nayana bisālā sobhāsiṁdhu kharārī.

कह दुइ कर जोरी अस्तुति तोरी केहि बिधि करौं अनंता ।
kaha dui kara jorī astuti torī kehi bidhi karauṁ anaṁtā,
माया गुन ग्यानातीत अमाना बेद पुरान भनंता ॥
māyā guna gyānātīta amānā beda purāna bhanaṁtā.
करुना सुख सागर सब गुन आगर जेहि गावहिं श्रुति संता ।
karunā sukha sāgara saba guna āgara jehi gāvahiṁ śruti saṁtā,
सो मम हित लागी जन अनुरागी भयउ प्रगट श्रीकंता ॥
so mama hita lāgī jana anurāgī bhayau pragaṭa śrīkaṁtā.

ब्रह्मांड निकाया निर्मित माया रोम रोम प्रति बेद कहै ।
brahmāṁḍa nikāyā nirmita māyā roma roma prati beda kahai,
मम उर सो बासी यह उपहासी सुनत धीर मति थिर न रहै ॥
mama ura so bāsī yaha upahāsī sunata dhīra mati thira na rahai.
उपजा जब ग्याना प्रभु मुसुकाना चरित बहुत बिधि कीन्ह चहै ।
upajā jaba gyānā prabhu musukānā carita bahuta bidhi kīnha cahai,
कहि कथा सुहाई मातु बुझाई जेहि प्रकार सुत प्रेम लहै ॥
kahi kathā suhāī mātu bujhāī jehi prakāra suta prema lahai.

माता पुनि बोली सो मति डोली तजहु तात यह रूपा ।
mātā puni bolī so mati ḍolī tajahu tāta yaha rūpā,
कीजै सिसुलीला अति प्रियसीला यह सुख परम अनूपा ॥
kījai sisulīlā ati priyasīlā yaha sukha parama anūpā.
सुनि बचन सुजाना रोदन ठाना होइ बालक सुरभूपा ।
suni bacana sujānā rodana ṭhānā hoi bālaka surabhūpā,
यह चरित जे गावहिं हरिपद पावहिं ते न परहिं भवकूपा ॥
yaha carita je gāvahiṁ haripada pāvahiṁ te na parahiṁ bhavakūpā.

दोहा-dohā:

बिप्र धेनु सुर संत हित लीन्ह मनुज अवतार ।
bipra dhenu sura saṁta hita līnha manuja avatāra,
निज इच्छा निर्मित तनु माया गुन गो पार ॥१९२॥
nija icchā nirmita tanu māyā guna go pāra. 192.

चौपाई-caupāī:

सुनि सिसु रुदन परम प्रिय बानी । संभ्रम चलि आईं सब रानी ॥
suni sisu rudana parama priya bānī, saṁbhrama cali āīṁ saba rānī.
हरषित जहँ तहँ धाईं दासी । आनँद मगन सकल पुरबासी ॥
haraṣita jaham̐ taham̐ dhāīṁ dāsī, ānam̐da magana sakala purabāsī.
दसरथ पुत्रजन्म सुनि काना । मानहुँ ब्रह्मानंद समाना ॥
dasaratha putrajanma suni kānā, mānahum̐ brahmānaṁda samānā.
परम प्रेम मन पुलक सरीरा । चाहत उठत करत मति धीरा ॥
parama prema mana pulaka sarīrā, cāhata uṭhata karata mati dhīrā.
जाकर नाम सुनत सुभ होई । मोरें गृह आवा प्रभु सोई ॥
jākara nāma sunata subha hoī, moreṁ gṛha āvā prabhu soī.
परमानंद पूरि मन राजा । कहा बोलाइ बजावहु बाजा ॥
paramānaṁda pūri mana rājā, kahā bolāi bajāvahu bājā.
गुर बसिष्ठ कहँ गयउ हँकारा । आए द्विजन सहित नृपद्वारा ॥
gura basiṣṭha kaham̐ gayau ham̐kārā, āe dvijana sahita nṛpadvārā.
अनुपम बालक देखेन्हि जाई । रूप रासि गुन कहि न सिराई ॥
anupama bālaka dekhenhi jāī, rūpa rāsi guna kahi na sirāī.

दोहा-dohā:

नंदीमुख सराध करि जातकरम सब कीन्ह ।
naṁdīmukha sarādha kari jātakarama saba kīnha,
हाटक धेनु बसन मनि नृप बिप्रन्ह कहँ दीन्ह ॥१९३॥
hāṭaka dhenu basana mani nṛpa bipranha kaham̐ dīnha. 193.

चौपाई-caupāī:

ध्वज पताक तोरन पुर छावा । कहि न जाइ जेहि भाँति बनावा ॥
dhvaja patāka torana pura chāvā, kahi na jāi jehi bhām̐ti banāvā.
सुमनबृष्टि अकास तें होई । ब्रह्मानंद मगन सब लोई ॥
sumanabṛṣṭi akāsa teṁ hoī, brahmānaṁda magana saba loī.
बृंद बृंद मिलि चलीं लोगाईं । सहज सिंगार किएँ उठि धाईं ॥
bṛṁda bṛṁda mili calīṁ logāīṁ, sahaja siṁgāra kiem̐ uṭhi dhāīṁ.
कनक कलस मंगल भरि थारा । गावत पैठहिं भूप दुआरा ॥
kanaka kalasa maṁgala bhari thārā, gāvata paiṭhahiṁ bhūpa duārā.
करि आरति नेवछावरि करहीं । बार बार सिसु चरनन्हि परहीं ॥
kari ārati nevachāvari karahīṁ, bāra bāra sisu carananhi parahīṁ.
मागध सूत बंदिगन गायक । पावन गुन गावहिं रघुनायक ॥
māgadha sūta baṁdigana gāyaka, pāvana guna gāvahiṁ raghunāyaka.
सर्बस दान दीन्ह सब काहू । जेहिं पावा राखा नहिं ताहू ॥
sarbasa dāna dīnha saba kāhū, jehiṁ pāvā rākhā nahiṁ tāhū.
मृगमद चंदन कुंकुम कीचा । मची सकल बीथिन्ह बिच बीचा ॥
mṛgamada caṁdana kuṁkuma kīcā, macī sakala bīthinha bica bīcā.

दोहा-dohā:

गृह गृह बाज बधाव सुभ प्रगटे सुषमा कंद ।
gṛha gṛha bāja badhāva subha pragaṭe suṣamā kaṁda,
हरषवंत सब जहँ तहँ नगर नारि नर बृंद ॥१९४॥
haraṣavaṁta saba jaham̐ taham̐ nagara nāri nara bṛṁda. 194.

चौपाई-caupāī:

कैकयसुता सुमित्रा दोऊ । सुंदर सुत जनमत भैं ओऊ ॥
kaikayasutā sumitrā doū, suṁdara suta janamata bhaiṁ oū.
वह सुख संपति समय समाजा । कहि न सकइ सारद अहिराजा ॥
vaha sukha saṁpati samaya samājā, kahi na sakai sārada ahirājā.
अवधपुरी सोहइ एहि भाँती । प्रभुहि मिलन आई जनु राती ॥
avadhapurī sohai ehi bhām̐tī, prabhuhi milana āī janu rātī.
देखि भानु जनु मन सकुचानी । तदपि बनी संध्या अनुमानी ॥
dekhi bhānu janu mana sakucānī, tadapi banī saṁdhyā anumānī.
अगर धूप बहु जनु अँधिआरी । उड़इ अबीर मनहुँ अरुनारी ॥
agara dhūpa bahu janu am̐dhiārī, uṛai abīra manahum̐ arunārī.
मंदिर मनि समूह जनु तारा । नृप गृह कलस सो इंदु उदारा ॥
maṁdira mani samūha janu tārā, nṛpa gṛha kalasa so iṁdu udārā.
भवन बेदधुनि अति मृदु बानी । जनु खग मुखर समयँ जनु सानी ॥
bhavana bedadhuni ati mṛdu bānī, janu khaga mukhara samayam̐ janu sānī.
कौतुक देखि पतंग भुलाना । एक मास तेइँ जात न जाना ॥
kautuka dekhi pataṁga bhulānā, eka māsa teim̐ jāta na jānā.

दोहा-dohā:

मास दिवस कर दिवस भा मरम न जानइ कोइ ।
māsa divasa kara divasa bhā marama na jānai koi,
रथ समेत रबि थाकेउ निसा कवन बिधि होइ ॥१९५॥
ratha sameta rabi thākeu nisā kavana bidhi hoi. 195.

चौपाई-caupāī:

यह रहस्य काहूँ नहिं जाना । दिनमनि चले करत गुनगाना ॥
yaha rahasya kāhūm̐ nahiṁ jānā, dinamani cale karata gunagānā.
देखि महोत्सव सुर मुनि नागा । चले भवन बरनत निज भागा ॥
dekhi mahotsava sura muni nāgā, cale bhavana baranata nija bhāgā.
औरउ एक कहउँ निज चोरी । सुनु गिरिजा अति दृढ़ मति तोरी ॥
aurau eka kahaum̐ nija corī, sunu girijā ati dṛṛha mati torī.
काकभुसुंडि संग हम दोऊ । मनुजरूप जानइ नहिं कोऊ ॥
kākabhusuṁḍi saṁga hama doū, manujarūpa jānai nahiṁ koū.
परमानंद प्रेमसुख फूले । बीथिन्ह फिरहिं मगन मन भूले ॥
paramānaṁda premasukha phūle, bīthinha phirahiṁ magana mana bhūle.
यह सुभ चरित जान पै सोई । कृपा राम कै जापर होई ॥
yaha subha carita jāna pai soī, kṛpā rāma kai jāpara hoī.
तेहि अवसर जो जेहि बिधि आवा । दीन्ह भूप जो जेहि मन भावा ॥
tehi avasara jo jehi bidhi āvā, dīnha bhūpa jo jehi mana bhāvā.
गज रथ तुरग हेम गो हीरा । दीन्हे नृप नानाबिधि चीरा ॥
gaja ratha turaga hema go hīrā, dīnhe nṛpa nānābidhi cīrā.

दोहा-dohā:

मन संतोषे सबन्हि के जहँ तहँ देहिं असीस ।
mana saṁtoṣe sabanhi ke jahaṁ tahaṁ dehiṁ asīsa,
सकल तनय चिर जीवहुँ तुलसिदास के ईस ॥ १९६ ॥
sakala tanaya cira jīvahuṁ tulasidāsa ke īsa. 196.

चौपाई-caupāī:

कछुक दिवस बीते एहि भाँती । जात न जानिअ दिन अरु राती ॥
kachuka divasa bīte ehi bhāṁtī, jāta na jānia dina aru rātī.
नामकरन कर अवसरु जानी । भूप बोलि पठए मुनि ग्यानी ॥
nāmakarana kara avasaru jānī, bhūpa boli paṭhae muni gyānī.
करि पूजा भूपति अस भाषा । धरिअ नाम जो मुनि गुनि राखा ॥
kari pūjā bhūpati asa bhāṣā, dharia nāma jo muni guni rākhā.
इन्ह के नाम अनेक अनूपा । मैं नृप कहब स्वमति अनुरूपा ॥
inha ke nāma aneka anūpā, maiṁ nṛpa kahaba svamati anurūpā.
जो आनंद सिंधु सुखरासी । सीकर तें त्रैलोक सुपासी ॥
jo ānaṁda siṁdhu sukharāsī, sīkara teṁ trailoka supāsī.
सो सुख धाम राम अस नामा । अखिल लोक दायक बिश्रामा ॥
so sukha dhāma rāma asa nāmā, akhila loka dāyaka biśrāmā.
बिस्व भरन पोषन कर जोई । ताकर नाम भरत अस होई ॥
bisva bharana poṣana kara joī, tākara nāma bharata asa hoī.
जाके सुमिरन तें रिपु नासा । नाम सत्रुहन बेद प्रकासा ॥
jāke sumirana teṁ ripu nāsā, nāma satruhana beda prakāsā.

दोहा-dohā:

लच्छन धाम राम प्रिय सकल जगत आधार ।
lacchana dhāma rāma priya sakala jagata ādhāra,
गुरु बसिष्ट तेहि राखा लछिमन नाम उदार ॥ १९७ ॥
guru basiṣṭa tehi rākhā lachimana nāma udāra. 197.

चौपाई-caupāī:

धरे नाम गुर हृदयँ बिचारी । बेद तत्व नृप तव सुत चारी ॥
dhare nāma gura hṛdayaṁ bicārī, beda tatva nṛpa tava suta cārī.
मुनि धन जन सरबस सिव प्राना । बाल केलि रस तेहिं सुख माना ॥
muni dhana jana sarabasa siva prānā, bāla keli rasa tehiṁ sukha mānā.
बारेहि ते निज हित पति जानी । लछिमन राम चरन रति मानी ॥
bārehi te nija hita pati jānī, lachimana rāma carana rati mānī.
भरत सत्रुहन दूनउ भाई । प्रभु सेवक जसि प्रीति बड़ाई ॥
bharata satruhana dūnau bhāī, prabhu sevaka jasi prīti baṛāī.
स्याम गौर सुंदर दोउ जोरी । निरखहिं छबि जननीं तृन तोरी ॥
syāma gaura suṁdara dou jorī, nirakhahiṁ chabi jananīṁ tṛna torī.
चारिउ सील रूप गुन धामा । तदपि अधिक सुखसागर रामा ॥
cāriu sīla rūpa guna dhāmā, tadapi adhika sukhasāgara rāmā.
हृदयँ अनुग्रह इंदु प्रकासा । सूचत किरन मनोहर हासा ॥
hṛdayaṁ anugraha iṁdu prakāsā, sūcata kirana manohara hāsā.
कबहुँ उछंग कबहुँ बर पलना । मातु दुलारइ कहि प्रिय ललना ॥
kabahuṁ uchaṁga kabahuṁ bara palanā, mātu dulārai kahi priya lalanā.

दोहा-dohā:

ब्यापक ब्रह्म निरंजन निर्गुन बिगत बिनोद ।
byāpaka brahma niraṁjana nirguna bigata binoda,
सो अज प्रेम भगति बस कौसल्या कें गोद ॥ १९८ ॥
so aja prema bhagati basa kausalyā keṁ goda. 198.

चौपाई-caupāī:

काम कोटि छबि स्याम सरीरा । नील कंज बारिद गंभीरा ॥
kāma koṭi chabi syāma sarīrā, nīla kaṁja bārida gaṁbhīrā.
अरुन चरन पकंज नख जोती । कमल दलन्हि बैठे जनु मोती ॥
aruna carana pakaṁja nakha jotī, kamala dalanhi baiṭhe janu motī.
रेख कुलिस ध्वज अंकुस सोहे । नूपुर धुनि सुनि मुनि मन मोहे ॥
rekha kulisa dhvaja aṁkusa sohe, nūpura dhuni suni muni mana mohe.
कटि किंकिनी उदर त्रय रेखा । नाभि गभीर जान जेहिं देखा ॥
kaṭi kiṁkinī udara traya rekhā, nābhi gabhīra jāna jehiṁ dekhā.
भुज बिसाल भूषन जुत भूरी । हियँ हरि नख अति सोभा रूरी ॥
bhuja bisāla bhūṣana juta bhūrī, hiyaṁ hari nakha ati sobhā rūrī.
उर मनिहार पदिक की सोभा । बिप्र चरन देखत मन लोभा ॥
ura manihāra padika kī sobhā, bipra carana dekhata mana lobhā.
कंबु कंठ अति चिबुक सुहाई । आनन अमित मदन छबि छाई ॥
kaṁbu kaṁṭha ati cibuka suhāī, ānana amita madana chabi chāī.
दुइ दुइ दसन अधर अरुनारे । नासा तिलक को बरनै पारे ॥
dui dui dasana adhara arunāre, nāsā tilaka ko baranai pāre.
सुंदर श्रवन सुचारु कपोला । अति प्रिय मधुर तोतरे बोला ॥
suṁdara śravana sucāru kapolā, ati priya madhura totare bolā.
चिक्कन कच कुंचित गभुआरे । बहु प्रकार रचि मातु सँवारे ॥
cikkana kaca kuṁcita gabhuāre, bahu prakāra raci mātu saṁvāre.
पीत झगुलिआ तनु पहिराई । जानु पानि बिचरनि मोहि भाई ॥
pīta jhaguliā tanu pahirāī, jānu pāni bicarani mohi bhāī.
रूप सकहिं नहिं कहि श्रुति सेषा । सो जानइ सपनेहुँ जेहिं देखा ॥
rūpa sakahiṁ nahiṁ kahi śruti seṣā, so jānai sapanehuṁ jehiṁ dekhā.

दोहा-dohā:

सुख संदोह मोहपर ग्यान गिरा गोतीत ।
sukha saṁdoha mohapara gyāna girā gotīta,
दंपति परम प्रेम बस कर सिसुचरित पुनीत ॥ १९९ ॥
daṁpati parama prema basa kara sisucarita punīta. 199.

चौपाई-caupāī:

एहि बिधि राम जगत पितु माता । कोसलपुर बासिन्ह सुखदाता ॥
ehi bidhi rāma jagata pitu mātā, kosalapura bāsinha sukhadātā.
जिन्ह रघुनाथ चरन रति मानी । तिन्ह की यह गति प्रगट भवानी ॥
jinha raghunātha carana rati mānī, tinha kī yaha gati pragaṭa bhavānī.
रघुपति बिमुख जतन कर कोरी । कवन सकइ भव बंधन छोरी ॥
raghupati bimukha jatana kara korī, kavana sakai bhava baṁdhana chorī.
जीव चराचर बस कै राखे । सो माया प्रभु सों भय भाखे ॥
jīva carācara basa kai rākhe, so māyā prabhu soṁ bhaya bhākhe.
भृकुटि बिलास नचावइ ताही । अस प्रभु छाड़ि भजिअ कहु काही ॥
bhṛkuṭi bilāsa nacāvai tāhī, asa prabhu chāṛi bhajia kahu kāhī.
मन क्रम बचन छाड़ि चतुराई । भजत कृपा करिहहिं रघुराई ॥
mana krama bacana chāṛi caturāī, bhajata kṛpā karihahiṁ raghurāī.
एहि बिधि सिसुबिनोद प्रभु कीन्हा । सकल नगरबासिन्ह सुख दीन्हा ॥
ehi bidhi sisubinoda prabhu kīnhā, sakala nagarabāsinha sukha dīnhā.
लै उछंग कबहुँक हलरावै । कबहुँ पालनें घालि झुलावै ॥
lai uchaṁga kabahuṁka halarāvai, kabahuṁ pālaneṁ ghāli jhulāvai.

दोहा-dohā:

प्रेम मगन कौसल्या निसि दिन जात न जान ।
prema magana kausalyā nisi dina jāta na jāna,
सुत सनेह बस माता बालचरित कर गान ॥ २०० ॥
suta saneha basa mātā bālacarita kara gāna. 200.

चौपाई-caupāī:

एक बार जननीं अन्हवाए । करि सिंगार पलनाँ पौढ़ाए ॥
eka bāra jananīṁ anhavāe, kari siṁgāra palanāṁ pauṛhāe.

निज कुल इष्टदेव भगवाना । पूजा हेतु कीन्ह अस्नाना ॥
nija kula iṣṭadeva bhagavānā, pūjā hetu kīnha asnānā.
करि पूजा नैबेद्य चढ़ावा । आपु गई जहँ पाक बनावा ॥
kari pūjā naibedya caṛhāvā, āpu gaī jahaṁ pāka banāvā.
बहुरि मातु तहवाँ चलि आई । भोजन करत देख सुत जाई ॥
bahuri mātu tahavāṁ cali āī, bhojana karata dekha suta jāī.
गै जननी सिसु पहिं भयभीता । देखा बाल तहाँ पुनि सूता ॥
gai jananī sisu pahiṁ bhayabhītā, dekhā bāla tahāṁ puni sūtā.
बहुरि आइ देखा सुत सोई । हृदयँ कंप मन धीर न होई ॥
bahuri āi dekhā suta soī, hṛdayaṁ kaṁpa mana dhīra na hoī.
इहाँ उहाँ दुइ बालक देखा । मतिभ्रम मोर कि आन बिसेषा ॥
ihāṁ uhāṁ dui bālaka dekhā, matibhrama mora ki āna biseṣā.
देखि राम जननी अकुलानी । प्रभु हँसि दीन्ह मधुर मुसुकानी ॥
dekhi rāma jananī akulānī, prabhu haṁsi dīnha madhura musukānī.

दोहा-dohā:

देखरावा मातहि निज अद्भुत रुप अखंड ।
dekharāvā mātahi nija adbhuta rupa akhaṁḍa,
रोम रोम प्रति लागे कोटि कोटि ब्रह्मंड ॥२०१॥
roma roma prati lāge koṭi koṭi brahmaṁḍa. 201.

चौपाई-caupāī:

अगनित रबि ससि सिव चतुरानन । बहु गिरि सरित सिंधु महि कानन ॥
aganita rabi sasi siva caturānana, bahu giri sarita siṁdhu mahi kānana.
काल कर्म गुन ग्यान सुभाऊ । सोउ देखा जो सुना न काऊ ॥
kāla karma guna gyāna subhāū, sou dekhā jo sunā na kāū.
देखी माया सब बिधि गाढ़ी । अति सभीत जोरें कर ठाढ़ी ॥
dekhī māyā saba bidhi gāṛhī, ati sabhīta joreṁ kara ṭhāṛhī.
देखा जीव नचावइ जाही । देखी भगति जो छोरइ ताही ॥
dekhā jīva nacāvai jāhī, dekhī bhagati jo chorai tāhī.
तन पुलकित मुख बचन न आवा । नयन मूदि चरननि सिरु नावा ॥
tana pulakita mukha bacana na āvā, nayana mūdi caranani siru nāvā.
बिसमयवंत देखि महतारी । भए बहुरि सिसुरूप खरारी ॥
bisamayavaṁta dekhi mahatārī, bhae bahuri sisurūpa kharārī.
अस्तुति करि न जाइ भय माना । जगत पिता मैं सुत करि जाना ॥
astuti kari na jāi bhaya mānā, jagata pitā maiṁ suta kari jānā.
हरि जननि बहुबिधि समुझाई । यह जनि कतहुँ कहसि सुनु माई ॥
hari janani bahubidhi samujhāī, yaha jani katahuṁ kahasi sunu māī.

दोहा-dohā:

बार बार कौसल्या बिनय करइ कर जोरि ।
bāra bāra kausalyā binaya karai kara jori,
अब जनि कबहूँ ब्यापै प्रभु मोहि माया तोरि ॥२०२॥
aba jani kabahūṁ byāpai prabhu mohi māyā tori. 202.

चौपाई-caupāī:

बालचरित हरि बहुबिधि कीन्हा । अति अनंद दासन्ह कहँ दीन्हा ॥
bālacarita hari bahubidhi kīnhā, ati anaṁda dāsanha kahaṁ dīnhā.
कछुक काल बीतें सब भाई । बड़े भए परिजन सुखदाई ॥
kachuka kāla bīteṁ saba bhāī, baṛe bhae parijana sukhadāī.
चूड़ाकरन कीन्ह गुरु जाई । बिप्रन्ह पुनि दछिना बहु पाई ॥
cūṛākarana kīnha guru jāī, bipranha puni dachinā bahu pāī.
परम मनोहर चरित अपारा । करत फिरत चारिउ सुकुमारा ॥
parama manohara carita apārā, karata phirata cāriu sukumārā.
मन क्रम बचन अगोचर जोई । दसरथ अजिर बिचर प्रभु सोई ॥
mana krama bacana agocara joī, dasaratha ajira bicara prabhu soī.

भोजन करत बोल जब राजा । नहिं आवत तजि बाल समाजा ॥
bhojana karata bola jaba rājā, nahiṁ āvata taji bāla samājā.
कौसल्या जब बोलन जाई । ठुमुकु ठुमुकु प्रभु चलहिं पराई ॥
kausalyā jaba bolana jāī, ṭhumuku ṭhumuku prabhu calahiṁ parāī.
निगम नेति सिव अंत न पावा । ताहि धरै जननी हठि धावा ॥
nigama neti siva aṁta na pāvā, tāhi dharai jananī haṭhi dhāvā.
धूसर धूरि भरें तनु आए । भूपति बिहसि गोद बैठाए ॥
dhūsara dhūri bhareṁ tanu āe, bhūpati bihasi goda baiṭhāe.

दोहा-dohā:

भोजन करत चपल चित इत उत अवसरु पाइ ।
bhojana karata capala cita ita uta avasaru pāi,
भाजि चले किलकत मुख दधि ओदन लपटाइ ॥२०३॥
bhāji cale kilakata mukha dadhi odana lapaṭāi. 203.

चौपाई-caupāī:

बालचरित अति सरल सुहाए । सारद सेष संभु श्रुति गाए ॥
bālacarita ati sarala suhāe, sārada seṣa saṁbhu śruti gāe.
जिन्ह कर मन इन्ह सन नहिं राता । ते जन बंचित किए बिधाता ॥
jinha kara mana inha sana nahiṁ rātā, te jana baṁcita kie bidhātā.
भए कुमार जबहिं सब भ्राता । दीन्ह जनेऊ गुरु पितु माता ॥
bhae kumāra jabahiṁ saba bhrātā, dīnha janeū guru pitu mātā.
गुरगृहँ गए पढ़न रघुराई । अलप काल बिद्या सब आई ॥
guragṛhaṁ gae paṛhana raghurāī, alapa kāla bidyā saba āī.
जाकी सहज स्वास श्रुति चारी । सो हरि पढ़ यह कौतुक भारी ॥
jākī sahaja svāsa śruti cārī, so hari paṛha yaha kautuka bhārī.
बिद्या बिनय निपुन गुन सीला । खेलहिं खेल सकल नृपलीला ॥
bidyā binaya nipuna guna sīlā, khelahiṁ khela sakala nṛpalīlā.
करतल बान धनुष अति सोहा । देखत रूप चराचर मोहा ॥
karatala bāna dhanuṣa ati sohā, dekhata rūpa carācara mohā.
जिन्ह बीथिन्ह बिहरहिं सब भाई । थकित होहिं सब लोग लुगाई ॥
jinha bīthinha biharahiṁ saba bhāī, thakita hohiṁ saba loga lugāī.

दोहा-dohā:

कोसलपुर बासी नर नारि बृद्ध अरु बाल ।
kosalapura bāsī nara nāri bṛddha aru bāla,
प्रानहु ते प्रिय लागत सब कहुँ राम कृपाल ॥२०४॥
prānahu te priya lāgata saba kahuṁ rāma kṛpāla. 204.

चौपाई-caupāī:

बंधु सखा संग लेहिं बोलाई । बन मृगया नित खेलहिं जाई ॥
baṁdhu sakhā saṁga lehiṁ bolāī, bana mṛgayā nita khelahiṁ jāī.
पावन मृग मारहिं जियँ जानी । दिन प्रति नृपहि देखावहिं आनी ॥
pāvana mṛga mārahiṁ jiyaṁ jānī, dina prati nṛpahi dekhāvahiṁ ānī.
जे मृग राम बान के मारे । ते तनु तजि सुरलोक सिधारे ॥
je mṛga rāma bāna ke māre, te tanu taji suraloka sidhāre.
अनुज सखा सँग भोजन करहीं । मातु पिता अग्या अनुसरहीं ॥
anuja sakhā saṁga bhojana karahīṁ, mātu pitā agyā anusarahīṁ.
जेहि बिधि सुखी होहिं पुर लोगा । करहिं कृपानिधि सोइ संजोगा ॥
jehi bidhi sukhī hohiṁ pura logā, karahiṁ kṛpānidhi soi saṁjogā.
बेद पुरान सुनहिं मन लाई । आपु कहहिं अनुजन्ह समुझाई ॥
beda purāna sunahiṁ mana lāī, āpu kahahiṁ anujanha samujhāī.
प्रातकाल उठि कै रघुनाथा । मातु पिता गुरु नावहिं माथा ॥
prātakāla uṭhi kai raghunāthā, mātu pitā guru nāvahiṁ māthā.
आयसु मागि करहिं पुर काजा । देखि चरित हरषइ मन राजा ॥
āyasu māgi karahiṁ pura kājā, dekhi carita haraṣai mana rājā.

दोहा-dohā:

व्यापक अकल अनीह अज निर्गुन नाम न रूप ।
byāpaka akala anīha aja nirguna nāma na rūpa,
भगत हेतु नाना बिधि करत चरित्र अनूप ॥२०५॥
bhagata hetu nānā bidhi karata caritra anūpa. 205.

चौपाई-caupāī:

यह सब चरित कहा मैं गाई । आगिलि कथा सुनहु मन लाई ॥
yaha saba carita kahā maiṁ gāī, āgili kathā sunahu mana lāī.
बिस्वामित्र महामुनि ग्यानी । बसहिं बिपिन सुभ आश्रम जानी ॥
bisvāmitra mahāmuni gyānī, basahiṁ bipina subha āśrama jānī.
जहँ जप जग्य जोग मुनि करहीं । अति मारीच सुबाहुहि डरहीं ॥
jahaṁ japa jagya joga muni karahīṁ, ati mārīca subāhuhi ḍarahīṁ.
देखत जग्य निसाचर धावहिं । करहिं उपद्रव मुनि दुख पावहिं ॥
dekhata jagya nisācara dhāvahiṁ, karahiṁ upadrava muni dukha pāvahiṁ.
गाधितनय मन चिंता ब्यापी । हरि बिनु मरहि न निसिचर पापी ॥
gādhitanaya mana ciṁtā byāpī, hari binu marahi na nisicara pāpī.
तब मुनिबर मन कीन्ह बिचारा । प्रभु अवतरेउ हरन महि भारा ॥
taba munibara mana kīnha bicārā, prabhu avatareu harana mahi bhārā.
एहूँ मिस देखौं पद जाई । करि बिनती आनौं दोउ भाई ॥
ehūṁ misa dekhauṁ pada jāī, kari binatī ānauṁ dou bhāī.
ग्यान बिराग सकल गुन अयना । सो प्रभु मैं देखब भरि नयना ॥
gyāna birāga sakala guna ayanā, so prabhu maiṁ dekhaba bhari nayanā.

दोहा-dohā:

बहुबिधि करत मनोरथ जात लागि नहिं बार ।
bahubidhi karata manoratha jāta lāgi nahiṁ bāra,
करि मज्जन सरऊ जल गए भूप दरबार ॥२०६॥
kari majjana saraū jala gae bhūpa darabāra. 206.

चौपाई-caupāī:

मुनि आगमन सुना जब राजा । मिलन गयऊ लै बिप्र समाजा ॥
muni āgamana sunā jaba rājā, milana gayaū lai bipra samājā.
करि दंडवत मुनिहि सनमानी । निज आसन बैठारेन्हि आनी ॥
kari daṁḍavata munihi sanamānī, nija āsana baiṭhārenhi ānī.
चरन पखारि कीन्हि अति पूजा । मो सम आजु धन्य नहिं दूजा ॥
carana pakhāri kīnhi ati pūjā, mo sama āju dhanya nahiṁ dūjā.
बिबिध भाँति भोजन करवावा । मुनिबर हृदयँ हरष अति पावा ॥
bibidha bhāṁti bhojana karavāvā, munibara hṛdayaṁ haraṣa ati pāvā.
पुनि चरननि मेले सुत चारी । राम देखि मुनि देह बिसारी ॥
puni caranani mele suta cārī, rāma dekhi muni deha bisārī.
भए मगन देखत मुख सोभा । जनु चकोर पूरन ससि लोभा ॥
bhae magana dekhata mukha sobhā, janu cakora pūrana sasi lobhā.
तब मन हरषि बचन कह राऊ । मुनि अस कृपा न कीन्हिहु काऊ ॥
taba mana haraṣi bacana kaha rāū, muni asa kṛpā na kīnhihu kāū.
केहि कारन आगमन तुम्हारा । कहहु सो करत न लावउँ बारा ॥
kehi kārana āgamana tumhārā, kahahu so karata na lāvauṁ bārā.
असुर समूह सतावहिं मोही । मैं जाचन आयउँ नृप तोही ॥
asura samūha satāvahiṁ mohī, maiṁ jācana āyauṁ nṛpa tohī.
अनुज समेत देहु रघुनाथा । निसिचर बध मैं होब सनाथा ॥
anuja sameta dehu raghunāthā, nisicara badha maiṁ hoba sanāthā.

दोहा-dohā:

देहु भूप मन हरषित तजहु मोह अग्यान ।
dehu bhūpa mana haraṣita tajahu moha agyāna,
धर्म सुजस प्रभु तुम्ह कौं इन्ह कहँ अति कल्यान ॥२०७॥
dharma sujasa prabhu tumha kauṁ inha kahaṁ ati kalyāna. 207.

चौपाई-caupāī:

सुनि राजा अति अप्रिय बानी । हृदय कंप मुख दुति कुमुलानी ॥
suni rājā ati apriya bānī, hṛdaya kaṁpa mukha duti kumulānī.
चौथेंपन पायउँ सुत चारी । बिप्र बचन नहिं कहेहु बिचारी ॥
cauthempana pāyauṁ suta cārī, bipra bacana nahiṁ kahehu bicārī.
मागहु भूमि धेनु धन कोसा । सर्बस देउँ आजु सहरोसा ॥
māgahu bhūmi dhenu dhana kosā, sarbasa deuṁ āju saharosā.
देह प्रान तें प्रिय कछु नाहीं । सोउ मुनि देउँ निमिष एक माहीं ॥
deha prāna teṁ priya kachu nāhīṁ, sou muni deuṁ nimiṣa eka māhīṁ.
सब सुत प्रिय मोहि प्रान कि नाईं । राम देत नहिं बनइ गोसाईं ॥
saba suta priya mohi prāna ki nāīṁ, rāma deta nahiṁ banai gosāīṁ.
कहँ निसिचर अति घोर कठोरा । कहँ सुंदर सुत परम किसोरा ॥
kahaṁ nisicara ati ghora kaṭhorā, kahaṁ suṁdara suta parama kisorā.
सुनि नृप गिरा प्रेम रस सानी । हृदयँ हरष माना मुनि ग्यानी ॥
suni nṛpa girā prema rasa sānī, hṛdayaṁ haraṣa mānā muni gyānī.
तब बसिष्ठ बहुबिधि समुझावा । नृप संदेह नास कहँ पावा ॥
taba basiṣṭha bahubidhi samujhāvā, nṛpa saṁdeha nāsa kahaṁ pāvā.
अति आदर दोउ तनय बोलाए । हृदयँ लाइ बहु भाँति सिखाए ॥
ati ādara dou tanaya bolāe, hṛdayaṁ lāi bahu bhāṁti sikhāe.
मेरे प्रान नाथ सुत दोऊ । तुम्ह मुनि पिता आन नहिं कोऊ ॥
mere prāna nātha suta doū, tumha muni pitā āna nahiṁ koū.

दोहा-dohā:

सौंपे भूप रिषिहि सुत बहुबिधि देइ असीस ।
sauṁpe bhūpa riṣihi suta bahubidhi dei asīsa,
जननी भवन गए प्रभु चले नाइ पद सीस ॥२०८क॥
jananī bhavana gae prabhu cale nāi pada sīsa. 208(ka).

सोरठा-soraṭhā:

पुरुषसिंह दोउ बीर हरषि चले मुनि भय हरन ।
puruṣasiṁha dou bīra haraṣi cale muni bhaya harana.
कृपासिंधु मतिधीर अखिल बिस्व कारन करन ॥२०८ख॥
kṛpāsiṁdhu matidhīra akhila bisva kārana karana. 208(kha).

चौपाई-caupāī:

अरुन नयन उर बाहु बिसाला । नील जलज तनु स्याम तमाला ॥
aruna nayana ura bāhu bisālā, nīla jalaja tanu syāma tamālā.
कटि पट पीत कसें बर भाथा । रुचिर चाप सायक दुहुँ हाथा ॥
kaṭi paṭa pīta kaseṁ bara bhāthā, rucira cāpa sāyaka duhuṁ hāthā.
स्याम गौर सुंदर दोउ भाई । बिस्बामित्र महानिधि पाई ॥
syāma gaura suṁdara dou bhāī, bisbāmitra mahānidhi pāī.
प्रभु ब्रह्मन्यदेव मैं जाना । मोहि निति पिता तजेउ भगवाना ॥
prabhu brahmanyadeva maiṁ jānā, mohi niti pitā tajeu bhagavānā.
चले जात मुनि दीन्हि दिखाई । सुनि ताड़का क्रोध करि धाई ॥
cale jāta muni dīnhi dikhāī, suni tāṛakā krodha kari dhāī.
एकहिं बान प्रान हरि लीन्हा । दीन जानि तेहि निज पद दीन्हा ॥
ekahiṁ bāna prāna hari līnhā, dīna jāni tehi nija pada dīnhā.
तब रिषि निज नाथहि जियँ चीन्ही । बिद्यानिधि कहुँ बिद्या दीन्ही ॥
taba riṣi nija nāthahi jiyaṁ cīnhī, bidyānidhi kahuṁ bidyā dīnhī.
जाते लाग न छुधा पिपासा । अतुलित बल तनु तेज प्रकासा ॥

jāte lāga na chudhā pipāsā, atulita bala tanu teja prakāsā.

दोहा-dohā:

आयुध सर्ब समर्पि कै प्रभु निज आश्रम आनि ।
āyudha sarba samarpi kai prabhu nija āśrama āni,
कंद मूल फल भोजन दीन्ह भगति हित जानि ॥२०९॥
kaṁda mūla phala bhojana dīnha bhagati hita jāni. 209.

चौपाई-caupāī:

प्रात कहा मुनि सन रघुराई । निर्भय जग्य करहु तुम्ह जाई ॥
prāta kahā muni sana raghurāī, nirbhaya jagya karahu tumha jāī.
होम करन लागे मुनि झारी । आपु रहे मख कीं रखवारी ॥
homa karana lāge muni jhārī, āpu rahe makha kīṁ rakhavārī.
सुनि मारीच निसाचर क्रोही । लै सहाय धावा मुनिद्रोही ॥
suni mārīca nisācara krohī, lai sahāya dhāvā munidrohī.
बिनु फर बान राम तेहि मारा । सत जोजन गा सागर पारा ॥
binu phara bāna rāma tehi mārā, sata jojana gā sāgara pārā.
पावक सर सुबाहु पुनि मारा । अनुज निसाचर कटकु सँघारा ॥
pāvaka sara subāhu puni mārā, anuja nisācara kaṭaku saṁghārā.
मारि असुर द्विज निर्भयकारी । अस्तुति करहिं देव मुनि झारी ॥
māri asura dvija nirbhayakārī, astuti karahiṁ deva muni jhārī.
तहँ पुनि कछुक दिवस रघुराया । रहे कीन्हि बिप्रन्ह पर दाया ॥
tahaṁ puni kachuka divasa raghurāyā, rahe kīnhi bipranha para dāyā.
भगति हेतु बहु कथा पुराना । कहे बिप्र जद्यपि प्रभु जाना ॥
bhagati hetu bahu kathā purānā, kahe bipra jadyapi prabhu jānā.
तब मुनि सादर कहा बुझाई । चरित एक प्रभु देखिअ जाई ॥
taba muni sādara kahā bujhāī, carita eka prabhu dekhia jāī.
धनुषजग्य सुनि रघुकुल नाथा । हरषि चले मुनिबर के साथा ॥
dhanuṣajagya suni raghukula nāthā, haraṣi cale munibara ke sāthā.
आश्रम एक दीख मग माहीं । खग मृग जीव जंतु तहँ नाहीं ॥
āśrama eka dīkha maga māhīṁ, khaga mṛga jīva jaṁtu tahaṁ nāhīṁ.
पूछा मुनिहि सिला प्रभु देखी । सकल कथा मुनि कहा बिसेषी ॥
pūchā munihi silā prabhu dekhī, sakala kathā muni kahā biseṣī.

दोहा-dohā:

गौतम नारि श्राप बस उपल देह धरि धीर ।
gautama nāri śrāpa basa upala deha dhari dhīra,
चरन कमल रज चाहति कृपा करहु रघुबीर ॥२१०॥
carana kamala raja cāhati kṛpā karahu raghubīra. 210.

छंद-chaṁda:

परसत पद पावन सोक नसावन प्रगट भई तपपुंज सही ।
parasata pada pāvana soka nasāvana pragaṭa bhaī tapapuṁja sahī,
देखत रघुनायक जन सुखदायक सनमुख होइ कर जोरि रही ॥
dekhata raghunāyaka jana sukhadāyaka sanamukha hoi kara jori rahī.
अति प्रेम अधीरा पुलक सरीरा मुख नहिं आवइ बचन कही ।
ati prema adhīrā pulaka sarīrā mukha nahiṁ āvai bacana kahī,
अतिसय बड़भागी चरनन्हि लागी जुगल नयन जलधार बही ॥
atisaya baṛabhāgī carananhi lāgī jugala nayana jaladhāra bahī.

धीरजु मन कीन्हा प्रभु कहुँ चीन्हा रघुपति कृपाँ भगति पाई ।
dhīraju mana kīnhā prabhu kahuṁ cīnhā raghupati kṛpāṁ bhagati pāī,
अति निर्मल बानीं अस्तुति ठानी ग्यानगम्य जय रघुराई ॥
ati nirmala bānīṁ astuti ṭhānī gyānagamya jaya raghurāī.
मैं नारि अपावन प्रभु जग पावन रावन रिपु जन सुखदाई ।
maiṁ nāri apāvana prabhu jaga pāvana rāvana ripu jana sukhadāī,
राजीव बिलोचन भव भय मोचन पाहि पाहि सरनहिं आई ॥
rājīva bilocana bhava bhaya mocana pāhi pāhi saranahiṁ āī.

मुनि श्राप जो दीन्हा अति भल कीन्हा परम अनुग्रह मैं माना ।
muni śrāpa jo dīnhā ati bhala kīnhā parama anugraha maiṁ mānā,
देखेउँ भरि लोचन हरि भवमोचन इहइ लाभ संकर जाना ॥
dekheuṁ bhari locana hari bhavamocana ihai lābha saṁkara jānā.
बिनती प्रभु मोरी मैं मति भोरी नाथ न मागउँ बर आना ।
binatī prabhu morī maiṁ mati bhorī nātha na māgauṁ bara ānā,
पद कमल परागा रस अनुरागा मम मन मधुप करै पाना ॥
pada kamala parāgā rasa anurāgā mama mana madhupa karai pānā.

जेहिं पद सुरसरिता परम पुनीता प्रगट भई सिव सीस धरी ।
jehiṁ pada surasaritā parama punītā pragaṭa bhaī siva sīsa dharī,
सोइ पद पंकज जेहि पूजत अज मम सिर धरेउ कृपाल हरी ॥
soi pada paṁkaja jehi pūjata aja mama sira dhareu kṛpāla harī.
एहि भाँति सिधारी गौतम नारी बार बार हरि चरन परी ।
ehi bhāṁti sidhārī gautama nārī bāra bāra hari carana parī,
जो अति मन भावा सो बरु पावा गै पतिलोक अनंद भरी ॥
jo ati mana bhāvā so baru pāvā gai patiloka anaṁda bharī.

दोहा-dohā:

अस प्रभु दीनबंधु हरि कारन रहित दयाल ।
asa prabhu dīnabaṁdhu hari kārana rahita dayāla,
तुलसिदास सठ तेहि भजु छाड़ि कपट जंजाल ॥२११॥
tulasidāsa saṭha tehi bhaju chāṛi kapaṭa jaṁjāla. 211.

मासपारायण सातवाँ विश्राम
māsapārāyaṇa sātavāṁ viśrāma
(Pause 7 for a Thirty-Day Recitation)

चौपाई-caupāī:

चले राम लछिमन मुनि संगा । गए जहाँ जग पावनि गंगा ॥
cale rāma lachimana muni saṁgā, gae jahāṁ jaga pāvani gaṁgā.
गाधिसूनु सब कथा सुनाई । जेहि प्रकार सुरसरि महि आई ॥
gādhisūnu saba kathā sunāī, jehi prakāra surasari mahi āī.
तब प्रभु रिषिन्ह समेत नहाए । बिबिध दान महिदेवन्हि पाए ॥
taba prabhu riṣinha sameta nahāe, bibidha dāna mahidevanhi pāe.
हरषि चले मुनि बृंद सहाया । बेगि बिदेह नगर निअराया ॥
haraṣi cale muni bṛṁda sahāyā, begi bideha nagara niarāyā.
पुर रम्यता राम जब देखी । हरषे अनुज समेत बिसेषी ॥
pura ramyatā rāma jaba dekhī, haraṣe anuja sameta biseṣī.
बापीं कूप सरित सर नाना । सलिल सुधासम मनि सोपाना ॥
bāpīṁ kūpa sarita sara nānā, salila sudhāsama mani sopānā.
गुंजत मंजु मत्त रस भृंगा । कूजत कल बहुबरन बिहंगा ॥
guṁjata maṁju matta rasa bhṛṁgā, kūjata kala bahubarana bihaṁgā.
बरन बरन बिकसे बन जाता । त्रिबिध समीर सदा सुखदाता ॥
barana barana bikase bana jātā, tribidha samīra sadā sukhadātā.

दोहा-dohā:

सुमन बाटिका बाग बन बिपुल बिहंग निवास ।
sumana bāṭikā bāga bana bipula bihaṁga nivāsa,
फूलत फलत सुपल्लवत सोहत पुर चहुँ पास ॥२१२॥
phūlata phalata supallavata sohata pura cahuṁ pāsa. 212.

चौपाई-caupāī:

बनइ न बरनत नगर निकाई । जहाँ जाइ मन तहँइँ लोभाई ॥
banai na baranata nagara nikāī, jahāṁ jāi mana tahaṁiṁ lobhāī.
चारु बजारु बिचित्र अँबारी । मनिमय बिधि जनु स्वकर सँवारी ॥
cāru bajāru bicitra aṁbārī, manimaya bidhi janu svakara saṁvārī.

धनिक बनिक बर धनद समाना । बैठे सकल बस्तु लै नाना ॥
dhanika banika bara dhanada samānā, baiṭhe sakala bastu lai nānā.
चौहट सुंदर गलीं सुहाई । संतत रहहिं सुगंध सिंचाई ॥
cauhaṭa suṁdara galīṁ suhāī, saṁtata rahahiṁ sugaṁdha siṁcāī.
मंगलमय मंदिर सब केरें । चित्रित जनु रतिनाथ चितेरें ॥
maṁgalamaya maṁdira saba kereṁ, citrita janu ratinātha citereṁ.
पुर नर नारि सुभग सुचि संता । धरमसील ग्यानी गुनवंता ॥
pura nara nāri subhaga suci saṁtā, dharamasīla gyānī gunavaṁtā.
अति अनूप जहँ जनक निवासू । बिथकहिं बिबुध बिलोकि बिलासू ॥
ati anūpa jahaṁ janaka nivāsū, bithakahiṁ bibudha biloki bilāsū.
होत चकित चित कोट बिलोकी । सकल भुवन सोभा जनु रोकी ॥
hota cakita cita koṭa bilokī, sakala bhuvana sobhā janu rokī.

दोहा-dohā:

धवल धाम मनि पुरट पट सुघटित नाना भाँति ।
dhavala dhāma mani puraṭa paṭa sughaṭita nānā bhām̐ti,
सिय निवास सुंदर सदन सोभा किमि कहि जाति ॥२१३॥
siya nivāsa suṁdara sadana sobhā kimi kahi jāti. 213.

चौपाई-caupāī:

सुभग द्वार सब कुलिस कपाटा । भूप भीर नट मागध भाटा ॥
subhaga dvāra saba kulisa kapāṭā, bhūpa bhīra naṭa māgadha bhāṭā.
बनी बिसाल बाजि गज साला । हय गय रथ संकुल सब काला ॥
banī bisāla bāji gaja sālā, haya gaya ratha saṁkula saba kālā.
सूर सचिव सेनप बहुतेरे । नृपगृह सरिस सदन सब केरे ॥
sūra saciva senapa bahutere, nṛpagṛha sarisa sadana saba kere.
पुर बाहेर सर सरित समीपा । उतरे जहँ तहँ बिपुल महीपा ॥
pura bāhera sara sarita samīpā, utare jahaṁ tahaṁ bipula mahīpā.
देखि अनूप एक अँवराई । सब सुपास सब भाँति सुहाई ॥
dekhi anūpa eka aṁvarāī, saba supāsa saba bhām̐ti suhāī.
कौसिक कहेउ मोर मनु माना । इहाँ रहिअ रघुबीर सुजाना ॥
kausika kaheu mora manu mānā, ihām̐ rahia raghubīra sujānā.
भलेहिं नाथ कहि कृपानिकेता । उतरे तहँ मुनिबृंद समेता ॥
bhalehiṁ nātha kahi kṛpāniketā, utare tahaṁ munibṛṁda sametā.
बिस्वामित्र महामुनि आए । समाचार मिथिलापति पाए ॥
bisvāmitra mahāmuni āe, samācāra mithilāpati pāe.

दोहा-dohā:

संग सचिव सुचि भूरि भट भूसुर बर गुर ग्याति ।
saṁga saciva suci bhūri bhaṭa bhūsura bara gura gyāti,
चले मिलन मुनिनायकहि मुदित राउ एहि भाँति ॥२१४॥
cale milana munināyakahi mudita rāu ehi bhām̐ti. 214.

चौपाई-caupāī:

कीन्ह प्रनामु चरन धरि माथा । दीन्हि असीस मुदित मुनिनाथा ॥
kīnha pranāmu carana dhari māthā, dīnhi asīsa mudita munināthā.
बिप्रबृंद सब सादर बंदे । जानि भाग्य बड़ राउ अनंदे ॥
biprabṛṁda saba sādara baṁde, jāni bhāgya baṛa rāu anaṁde.
कुसल प्रस्न कहि बारहिं बारा । बिस्वामित्र नृपहि बैठारा ॥
kusala prasna kahi bārahiṁ bārā, bisvāmitra nṛpahi baiṭhārā.
तेहि अवसर आए दोउ भाई । गए रहे देखन फुलवाई ॥
tehi avasara āe dou bhāī, gae rahe dekhana phulavāī.
स्याम गौर मृदु बयस किसोरा । लोचन सुखद बिस्व चित चोरा ॥
syāma gaura mṛdu bayasa kisorā, locana sukhada bisva cita corā.
उठे सकल जब रघुपति आए । बिस्वामित्र निकट बैठाए ॥
uṭhe sakala jaba raghupati āe, bisvāmitra nikaṭa baiṭhāe.
भए सब सुखी देखि दोउ भ्राता । बारि बिलोचन पुलकित गाता ॥
bhae saba sukhī dekhi dou bhrātā, bāri bilocana pulakita gātā.
मूरति मधुर मनोहर देखी । भयउ बिदेहु बिदेहु बिसेषी ॥
mūrati madhura manohara dekhī, bhayau bidehu bidehu biseṣī.

दोहा-dohā:

प्रेम मगन मनु जानि नृपु करि बिबेकु धरि धीर ।
prema magana manu jāni nṛpu kari bibeku dhari dhīra,
बोलेउ मुनि पद नाइ सिरु गदगद गिरा गभीर ॥२१५॥
boleu muni pada nāi siru gadagada girā gabhīra. 215.

चौपाई-caupāī:

कहहु नाथ सुंदर दोउ बालक । मुनिकुल तिलक कि नृपकुल पालक ॥
kahahu nātha suṁdara dou bālaka, munikula tilaka ki nṛpakula pālaka.
ब्रह्म जो निगम नेति कहि गावा । उभय बेष धरि की सोइ आवा ॥
brahma jo nigama neti kahi gāvā, ubhaya beṣa dhari kī soi āvā.
सहज बिरागरुप मनु मोरा । थकित होत जिमि चंद चकोरा ॥
sahaja birāgarupa manu morā, thakita hota jimi caṁda cakorā.
ताते प्रभु पूछउँ सतिभाऊ । कहहु नाथ जनि करहु दुराऊ ॥
tāte prabhu pūchaum̐ satibhāū, kahahu nātha jani karahu durāū.
इन्हहि बिलोकत अति अनुरागा । बरबस ब्रह्मसुखहि मन त्यागा ॥
inhahi bilokata ati anurāgā, barabasa brahmasukhahi mana tyāgā.
कह मुनि बिहसि कहेहु नृप नीका । बचन तुम्हार न होइ अलीका ॥
kaha muni bihasi kahehu nṛpa nīkā, bacana tumhāra na hoi alīkā.
ये प्रिय सबहि जहाँ लगि प्रानी । मन मुसुकाहिं रामु सुनि बानी ॥
ye priya sabahi jahām̐ lagi prānī, mana musukāhiṁ rāmu suni bānī.
रघुकुल मनि दसरथ के जाए । मम हित लागि नरेस पठाए ॥
raghukula mani dasaratha ke jāe, mama hita lāgi naresa paṭhāe.

दोहा-dohā:

रामु लखनु दोउ बंधुबर रूप सील बल धाम ।
rāmu lakhanu dou baṁdhubara rūpa sīla bala dhāma,
मख राखेउ सबु साखि जगु जिते असुर संग्राम ॥२१६॥
makha rākheu sabu sākhi jagu jite asura saṁgrāma. 216.

चौपाई-caupāī:

मुनि तव चरन देखि कह राऊ । कहि न सकउँ निज पुन्य प्रभाऊ ॥
muni tava carana dekhi kaha rāū, kahi na sakaum̐ nija punya prabhāū.
सुंदर स्याम गौर दोउ भ्राता । आनँदहू के आनँद दाता ॥
suṁdara syāma gaura dou bhrātā, ānaṁdahū ke ānaṁda dātā.
इन्ह कै प्रीति परसपर पावनि । कहि न जाइ मन भाव सुहावनि ॥
inha kai prīti parasapara pāvani, kahi na jāi mana bhāva suhāvani.
सुनहु नाथ कह मुदित बिदेहू । ब्रह्म जीव इव सहज सनेहू ॥
sunahu nātha kaha mudita bidehū, brahma jīva iva sahaja sanehū.
पुनि पुनि प्रभुहि चितव नरनाहू । पुलक गात उर अधिक उछाहू ॥
puni puni prabhuhi citava naranāhū, pulaka gāta ura adhika uchāhū.
मुनिहि प्रसंसि नाइ पद सीसू । चलेउ लवाइ नगर अवनीसू ॥
munihi prasaṁsi nāi pada sīsū, caleu lavāi nagara avanīsū.
सुंदर सदनु सुखद सब काला । तहाँ बासु लै दीन्ह भुआला ॥
suṁdara sadanu sukhada saba kālā, tahām̐ bāsu lai dīnha bhuālā.
करि पूजा सब बिधि सेवकाई । गयउ राउ गृह बिदा कराई ॥
kari pūjā saba bidhi sevakāī, gayau rāu gṛha bidā karāī.

दोहा-dohā:

रिषय संग रघुबंस मनि करि भोजनु बिश्रामु।
riṣaya saṁga raghubaṁsa mani kari bhojanu biśrāmu,
बैठे प्रभु भ्राता सहित दिवसु रहा भरि जामु॥२१७॥
baiṭhe prabhu bhrātā sahita divasu rahā bhari jāmu. 217.

चौपाई-caupāī:

लखन हृदयँ लालसा बिसेषी। जाइ जनकपुर आइअ देखी॥
lakhana hṛdayaṁ lālasā biseṣī, jāi janakapura āia dekhī.
प्रभु भय बहुरि मुनिहि सकुचाहीं। प्रगट न कहहिं मनहिं मुसुकाहीं॥
prabhu bhaya bahuri munihi sakucāhīṁ, pragaṭa na kahahiṁ manahiṁ musukāhīṁ.
राम अनुज मन की गति जानी। भगत बछलता हियँ हुलसानी॥
rāma anuja mana kī gati jānī, bhagata bachalatā hiyaṁ hulasānī.
परम बिनीत सकुचि मुसुकाई। बोले गुर अनुसासन पाई॥
parama binīta sakuci musukāī, bole gura anusāsana pāī.
नाथ लखनु पुरु देखन चहहीं। प्रभु सकोच डर प्रगट न कहहीं॥
nātha lakhanu puru dekhana cahahīṁ, prabhu sakoca ḍara pragaṭa na kahahīṁ.
जौं राउर आयसु मैं पावौं। नगर देखाइ तुरत लै आवौं॥
jauṁ rāura āyasu maiṁ pāvauṁ, nagara dekhāi turata lai āvauṁ.
सुनि मुनीसु कह बचन सप्रीती। कस न राम तुम्ह राखहु नीती॥
suni munīsu kaha bacana saprītī, kasa na rāma tumha rākhahu nītī.
धरम सेतु पालक तुम्ह ताता। प्रेम बिबस सेवक सुखदाता॥
dharama setu pālaka tumha tātā, prema bibasa sevaka sukhadātā.

दोहा-dohā:

जाइ देखी आवहु नगरु सुख निधान दोउ भाइ।
jāi dekhī āvahu nagaru sukha nidhāna dou bhāi,
करहु सुफल सब के नयन सुंदर बदन देखाइ॥२१८॥
karahu suphala saba ke nayana suṁdara badana dekhāi. 218.

चौपाई-caupāī:

मुनि पद कमल बंदि दोउ भ्राता। चले लोक लोचन सुख दाता॥
muni pada kamala baṁdi dou bhrātā, cale loka locana sukha dātā.
बालक बृंद देखि अति सोभा। लगे संग लोचन मनु लोभा॥
bālaka bṛṁda dekhi ati sobhā, lage saṁga locana manu lobhā.
पीत बसन परिकर कटि भाथा। चारु चाप सर सोहत हाथा॥
pīta basana parikara kaṭi bhāthā, cāru cāpa sara sohata hāthā.
तन अनुहरत सुचंदन खोरी। स्यामल गौर मनोहर जोरी॥
tana anuharata sucaṁdana khorī, syāmala gaura manohara jorī.
केहरि कंधर बाहु बिसाला। उर अति रुचिर नागमनि माला॥
kehari kaṁdhara bāhu bisālā, ura ati rucira nāgamani mālā.
सुभग सोन सरसीरुह लोचन। बदन मयंक तापत्रय मोचन॥
subhaga sona sarasīruha locana, badana mayaṁka tāpatraya mocana.
कानन्हि कनक फूल छबि देहीं। चितवत चितहि चोरि जनु लेहीं॥
kānanhi kanaka phūla chabi dehīṁ, citavata citahi cori janu lehīṁ.
चितवनि चारु भृकुटि बर बाँकी। तिलक रेख सोभा जनु चाँकी॥
citavani cāru bhṛkuṭi bara bāṁkī, tilaka rekha sobhā janu cāṁkī.

दोहा-dohā:

रुचिर चौतनीं सुभग सिर मेचक कुंचित केस।
rucira cautanīṁ subhaga sira mecaka kuṁcita kesa,
नख सिख सुंदर बंधु दोउ सोभा सकल सुदेस॥२१९॥
nakha sikha suṁdara baṁdhu dou sobhā sakala sudesa. 219.

चौपाई-caupāī:

देखन नगरु भूपसुत आए। समाचार पुरबासिन्ह पाए॥
dekhana nagaru bhūpasuta āe, samācāra purabāsinha pāe.
धाए धाम काम सब त्यागी। मनहुँ रंक निधि लूटन लागी॥
dhāe dhāma kāma saba tyāgī, manahuṁ raṁka nidhi lūṭana lāgī.
निरखि सहज सुंदर दोउ भाई। होहिं सुखी लोचन फल पाई॥
nirakhi sahaja suṁdara dou bhāī, hohiṁ sukhī locana phala pāī.
जुबतीं भवन झरोखन्हि लागीं। निरखहिं राम रूप अनुरागीं॥
jubatīṁ bhavana jharokhanhi lāgīṁ, nirakhahiṁ rāma rūpa anurāgīṁ.
कहहिं परसपर बचन सप्रीती। सखि इन्ह कोटि काम छबि जीती॥
kahahiṁ parasapara bacana saprītī, sakhi inha koṭi kāma chabi jītī.
सुर नर असुर नाग मुनि माहीं। सोभा असि कहुँ सुनिअति नाहीं॥
sura nara asura nāga muni māhīṁ, sobhā asi kahuṁ suniati nāhīṁ.
बिष्नु चारि भुज बिधि मुख चारी। बिकट बेष मुख पंच पुरारी॥
biṣnu cāri bhuja bighi mukha cārī, bikaṭa beṣa mukha paṁca purārī.
अपर देउ अस कोउ न आही। यह छबि सखि पटतरिअ जाही॥
apara deu asa kou na āhī, yaha chabi sakhi paṭataria jāhī.

दोहा-dohā:

बय किसोर सुषमा सदन स्याम गौर सुख धाम।
baya kisora suṣamā sadana syāma gaura sukha ghāma,
अंग अंग पर वारिअहिं कोटि कोटि सत काम॥२२०॥
aṁga aṁga para vāriahiṁ koṭi koṭi sata kāma. 220.

चौपाई-caupāī:

कहहु सखी अस को तनुधारी। जो न मोह यह रूप निहारी॥
kahahu sakhī asa ko tanudhārī, jo na moha yaha rūpa nihārī.
कोउ सप्रेम बोली मृदु बानी। जो मैं सुना सो सुनहु सयानी॥
kou saprema bolī mṛdu bānī, jo maiṁ sunā so sunahu sayānī.
ए दोऊ दसरथ के ढोटा। बाल मरालन्हि के कल जोटा॥
e doū dasaratha ke ḍhoṭā, bāla marālanhi ke kala joṭā.
मुनि कौसिक मख के रखवारे। जिन्ह रन अजिर निसाचर मारे॥
muni kausika makha ke rakhavāre, jinha rana ajira nisācara māre.
स्याम गात कल कंज बिलोचन। जो मारीच सुभुज मदु मोचन॥
syāma gāta kala kaṁja bilocana, jo mārīca subhuja madu mocana.
कौसल्या सुत सो सुख खानी। नामु रामु धनु सायक पानी॥
kausalyā suta so sukha khānī, nāmu rāmu dhanu sāyaka pānī.
गौर किसोर बेषु बर काछें। कर सर चाप राम के पाछें॥
gaura kisora beṣu bara kācheṁ, kara sara cāpa rāma ke pācheṁ.
लछिमनु नामु राम लघु भ्राता। सुनु सखि तासु सुमित्रा माता॥
lachimanu nāmu rāma laghu bhrātā, sunu sakhi tāsu sumitrā mātā.

दोहा-dohā:

बिप्रकाजु करि बंधु दोउ मग मुनिबधू उधारि।
biprakāju kari baṁdhu dou maga munibadhū udhāri,
आए देखन चापमख सुनि हरषीं सब नारि॥२२१॥
āe dekhana cāpamakha suni haraṣīṁ saba nārī. 221.

चौपाई-caupāī:

देखि राम छबि कोउ एक कहई। जोगु जानकिहि यह बरु अहई॥
dekhi rāma chabi kou eka kahaī, jogu jānakihi yaha baru ahaī.
जौं सखि इन्हहि देख नरनाहू। पन परिहरि हठि करइ बिबाहू॥
jauṁ sakhi inhahi dekha naranāhū, pana parihari haṭhi karai bibāhū.
कोउ कह ए भूपति पहिचाने। मुनि समेत सादर सनमाने॥
kou kaha e bhūpati pahicāne, muni sameta sādara sanamāne.
सखि परंतु पनु राउ न तजई। बिधि बस हठि अबिबेकहि भजई॥
sakhi paraṁtu panu rāu na tajaī, bidhi basa haṭhi abibekahi bhajaī.
कोउ कह जौं भल अहइ बिधाता। सब कहँ सुनिअ उचित फलदाता॥
kou kaha jauṁ bhala ahai bidhātā, saba kahaṁ sunia ucita phaladātā.

तौ जानकिहि मिलिहि बरु एहू । नाहिन आलि इहाँ संदेहू ॥
tau jānakihi milihi baru ehū, nāhina āli ihāṁ saṁdehū.
जौं बिधि बस अस बनै सँजोगू । तौ कृतकृत्य होइ सब लोगू ॥
jauṁ bidhi basa asa banai saṁjogū, tau kṛtakṛtya hoi saba logū.
सखि हमरें आरति अति तातें । कबहुँक ए आवहिं एहि नातें ॥
sakhi hamareṁ ārati ati tāteṁ, kabahuṁka e āvahiṁ ehi nāteṁ.

दोहा-dohā:

नाहिं त हम कहुँ सुनहु सखि इन्ह कर दरसनु दूरि ।
nāhiṁ ta hama kahuṁ sunahu sakhi inha kara darasanu dūri,
यह संघटु तब होइ जब पुन्य पुराकृत भूरि ॥२२२॥
yaha saṁghaṭu taba hoi jaba punya purākṛta bhūri. 222.

चौपाई-caupāī:

बोली अपर कहेहु सखि नीका । एहिं बिआह अति हित सबही का ॥
bolī apara kahehu sakhi nīkā, ehiṁ biāha ati hita sabahī kā.
कोउ कह संकर चाप कठोरा । ए स्यामल मृदुगात किसोरा ॥
kou kaha saṁkara cāpa kaṭhorā, e syāmala mṛdugāta kisorā.
सबु असमंजस अहइ सयानी । यह सुनि अपर कहइ मृदु बानी ॥
sabu asamaṁjasa ahai sayānī, yaha suni apara kahai mṛdu bānī.
सखि इन्ह कहँ कोउ कोउ अस कहहीं । बड़ प्रभाउ देखत लघु अहहीं ॥
sakhi inha kahaṁ kou kou asa kahahīṁ, baṛa prabhāu dekhata laghu ahahīṁ.
परसि जासु पद पंकज धूरी । तरी अहल्या कृत अघ भूरी ॥
parasi jāsu pada paṁkaja dhūrī, tarī ahalyā kṛta agha bhūrī.
सो कि रहिहि बिनु सिवधनु तोरें । यह प्रतीति परिहरिअ न भोरें ॥
so ki rahihi binu sivadhanu toreṁ, yaha pratīti pariharia na bhoreṁ.
जेहिं बिरंचि रचि सीय सँवारी । तेहिं स्यामल बरु रचेउ बिचारी ॥
jehiṁ biraṁci raci sīya saṁvārī, tehiṁ syāmala baru raceu bicārī.
तासु बचन सुनि सब हरषानीं । ऐसेइ होउ कहहिं मृदु बानीं ॥
tāsu bacana suni saba haraṣānīṁ, aisei hou kahahiṁ mṛdu bānīṁ.

दोहा-dohā:

हियँ हरषहिं बरषहिं सुमन सुमुखि सुलोचनि बृंद ।
hiyaṁ haraṣahiṁ baraṣahiṁ sumana sumukhi sulocani bṛṁda,
जाहिं जहाँ जहँ बंधु दोउ तहँ तहँ परमानंद ॥२२३॥
jāhiṁ jahāṁ jahaṁ baṁdhu dou tahaṁ tahaṁ paramānaṁda. 223.

चौपाई-caupāī:

पुर पूरब दिसि गे दोउ भाई । जहँ धनुमख हित भूमि बनाई ॥
pura pūraba disi ge dou bhāī, jahaṁ dhanumakha hita bhūmi banāī.
अति बिस्तार चारु गच ढारी । बिमल बेदिका रुचिर सँवारी ॥
ati bistāra cāru gaca ḍhārī, bimala bedikā rucira saṁvārī.
चहुँ दिसि कंचन मंच बिसाला । रचे जहाँ बैठहिं महिपाला ॥
cahuṁ disi kaṁcana maṁca bisālā, race jahāṁ baiṭhahiṁ mahipālā.
तेहि पाछें समीप चहुँ पासा । अपर मंच मंडली बिलासा ॥
tehi pācheṁ samīpa cahuṁ pāsā, apara maṁca maṁḍalī bilāsā.
कछुक ऊँचि सब भाँति सुहाई । बैठहिं नगर लोग जहँ जाई ॥
kachuka ūṁci saba bhāṁti suhāī, baiṭhahiṁ nagara loga jahaṁ jāī.
तिन्ह के निकट बिसाल सुहाए । धवल धाम बहुबरन बनाए ॥
tinha ke nikaṭa bisāla suhāe, dhavala dhāma bahubarana banāe.
जहँ बैठें देखहिं सब नारी । जथा जोगु निज कुल अनुहारी ॥
jahaṁ baiṭheṁ dekhahiṁ saba nārī, jathā jogu nija kula anuhārī.
पुर बालक कहि कहि मृदु बचना । सादर प्रभुहि देखावहिं रचना ॥
pura bālaka kahi kahi mṛdu bacanā, sādara prabhuhi dekhāvahiṁ racanā.

दोहा-dohā:

सब सिसु एहि मिस प्रेमबस परसि मनोहर गात ।
saba sisu ehi misa premabasa parasi manohara gāta,
तन पुलकहिं अति हरषु हियँ देखि देखि दोउ भ्रात ॥२२४॥
tana pulakahiṁ ati haraṣu hiyaṁ dekhi dekhi dou bhrāta. 224.

चौपाई-caupāī:

सिसु सब राम प्रेमबस जाने । प्रीति समेत निकेत बखाने ॥
sisu saba rāma premabasa jāne, prīti sameta niketa bakhāne.
निज निज रुचि सब लेहिं बोलाई । सहित सनेह जाहिं दोउ भाई ॥
nija nija ruci saba lehiṁ bolāī, sahita saneha jāhiṁ dou bhāī.
राम देखावहिं अनुजहि रचना । कहि मृदु मधुर मनोहर बचना ॥
rāma dekhāvahiṁ anujahi racanā, kahi mṛdu madhura manohara bacanā.
लव निमेष महुँ भुवन निकाया । रचइ जासु अनुसासन माया ॥
lava nimeṣa mahuṁ bhuvana nikāyā, racai jāsu anusāsana māyā.
भगति हेतु सोइ दीनदयाला । चितवत चकित धनुष मखसाला ॥
bhagati hetu soi dīnadayālā, citavata cakita dhanuṣa makhasālā.
कौतुक देखि चले गुरु पाहीं । जानि बिलंबु त्रास मन माहीं ॥
kautuka dekhi cale guru pāhīṁ, jāni bilaṁbu trāsa mana māhīṁ.
जासु त्रास डर कहुँ डर होई । भजन प्रभाउ देखावत सोई ॥
jāsu trāsa ḍara kahuṁ ḍara hoī, bhajana prabhāu dekhāvata soī.
कहि बातें मृदु मधुर सुहाईं । किए बिदा बालक बरिआईं ॥
kahi bāteṁ mṛdu madhura suhāīṁ, kie bidā bālaka bariāīṁ.

दोहा-dohā:

सभय सप्रेम बिनीत अति सकुच सहित दोउ भाइ ।
sabhaya saprema binīta ati sakuca sahita dou bhāi,
गुर पद पंकज नाइ सिर बैठे आयसु पाइ ॥२२५॥
gura pada paṁkaja nāi sira baiṭhe āyasu pāi. 225.

चौपाई-caupāī:

निसि प्रबेस मुनि आयसु दीन्हा । सबहीं संध्याबंदनु कीन्हा ॥
nisi prabesa muni āyasu dīnhā, sabahīṁ saṁdhyābaṁdanu kīnhā.
कहत कथा इतिहास पुरानी । रुचिर रजनि जुग जाम सिरानी ॥
kahata kathā itihāsa purānī, rucira rajani juga jāma sirānī.
मुनिबर सयन कीन्हि तब जाई । लगे चरन चापन दोउ भाई ॥
munibara sayana kīnhi taba jāī, lage carana cāpana dou bhāī.
जिन्ह के चरन सरोरुह लागी । करत बिबिध जप जोग बिरागी ॥
jinha ke carana saroruha lāgī, karata bibidha japa joga birāgī.
तेइ दोउ बंधु प्रेम जनु जीते । गुर पद कमल पलोटत प्रीते ॥
tei dou baṁdhu prema janu jīte, gura pada kamala paloṭata prīte.
बार बार मुनि अग्या दीन्ही । रघुबर जाइ सयन तब कीन्ही ॥
bāra bāra muni agyā dīnhī, raghubara jāi sayana taba kīnhī.
चापत चरन लखनु उर लाएँ । सभय सप्रेम परम सचु पाएँ ॥
cāpata carana lakhanu ura lāeṁ, sabhaya saprema parama sacu pāeṁ.
पुनि पुनि प्रभु कह सोवहु ताता । पौढ़े धरि उर पद जलजाता ॥
puni puni prabhu kaha sovahu tātā, pauṛhe dhari ura pada jalajātā.

दोहा-dohā:

उठे लखनु निसि बिगत सुनि अरुनसिखा धुनि कान ।
uṭhe lakhanu nisi bigata suni arunasikhā dhuni kāna,
गुर तें पहिलेहिं जगतपति जागे रामु सुजान ॥२२६॥
gura teṁ pahilehiṁ jagatapati jāge rāmu sujāna. 226.

चौपाई-caupāī:

सकल सौच करि जाइ नहाए । नित्य निबाहि मुनिहि सिर नाए ॥
sakala sauca kari jāi nahāe, nitya nibāhi munihi sira nāe.

समय जानि गुर आयसु पाई । लेन प्रसून चले दोउ भाई ॥
samaya jāni gura āyasu pāī, lena prasūna cale dou bhāī.
भूप बागु बर देखेउ जाई । जहँ बसंत रितु रही लोभाई ॥
bhūpa bāgu bara dekheu jāī, jahaṁ basaṁta ritu rahī lobhāī.
लागे बिटप मनोहर नाना । बरन बरन बर बेलि बिताना ॥
lāge biṭapa manohara nānā, barana barana bara beli bitānā.
नव पल्लव फल सुमन सुहाए । निज संपति सुर रूख लजाए ॥
nava pallava phala sumana suhāe, nija saṁpati sura rūkha lajāe.
चातक कोकिल कीर चकोरा । कूजत बिहग नटत कल मोरा ॥
cātaka kokila kīra cakorā, kūjata bihaga naṭata kala morā.
मध्य बाग सरु सोह सुहावा । मनि सोपान बिचित्र बनावा ॥
madhya bāga saru soha suhāvā, mani sopāna bicitra banāvā.
बिमल सलिलु सरसिज बहुरंगा । जलखग कूजत गुंजत भृंगा ॥
bimala salilu sarasija bahuraṁgā, jalakhaga kūjata guṁjata bhṛṁgā.

दोहा-dohā:

बागु तड़ागु बिलोकि प्रभु हरषे बंधु समेत ।
bāgu taṛāgu biloki prabhu haraṣe baṁdhu sameta,
परम रम्य आरामु यहु जो रामहि सुख देत ॥२२७॥
parama ramya ārāmu yahu jo rāmahi sukha deta. 227.

चौपाई-caupāī:

चहुँ दिसि चितइ पूँछि मालीगन । लगे लेन दल फूल मुदित मन ॥
cahuṁ disi citai pūṁchi māligana, lage lena dala phūla mudita mana.
तेहि अवसर सीता तहँ आई । गिरिजा पूजन जननि पठाई ॥
tehi avasara sītā tahaṁ āī, girijā pūjana janani paṭhāī.
संग सखीं सब सुभग सयानीं । गावहिं गीत मनोहर बानीं ॥
saṁga sakhīṁ saba subhaga sayānīṁ, gāvahiṁ gīta manohara bānīṁ.
सर समीप गिरिजा गृह सोहा । बरनि न जाइ देखि मनु मोहा ॥
sara samīpa girijā gṛha sohā, barani na jāi dekhi manu mohā.
मज्जनु करि सर सखिन्ह समेता । गई मुदित मन गौरि निकेता ॥
majjanu kari sara sakhinha sametā, gaī mudita mana gauri niketā.
पूजा कीन्हि अधिक अनुरागा । निज अनुरूप सुभग बरु मागा ॥
pūjā kīnhi adhika anurāgā, nija anurūpa subhaga baru māgā.
एक सखी सिय संगु बिहाई । गई रही देखन फुलवाई ॥
eka sakhī siya saṁgu bihāī, gaī rahī dekhana phulavāī.
तेहिं दोउ बंधु बिलोके जाई । प्रेम बिबस सीता पहिं आई ॥
tehiṁ dou baṁdhu biloke jāī, prema bibasa sītā pahiṁ āī.

दोहा-dohā:

तासु दसा देखि सखिन्ह पुलक गात जलु नैन ।
tāsu dasā dekhi sakhinha pulaka gāta jalu naina,
कहु कारनु निज हरष कर पूछहिं सब मृदु बैन ॥२२८॥
kahu kāranu nija haraṣa kara pūchahiṁ saba mṛdu baina. 228.

चौपाई-caupāī:

देखन बागु कुअँर दुइ आए । बय किसोर सब भाँति सुहाए ॥
dekhana bāgu kuaṁra dui āe, baya kisora saba bhāṁti suhāe.
स्याम गौर किमि कहौं बखानी । गिरा अनयन नयन बिनु बानी ॥
syāma gaura kimi kahauṁ bakhānī, girā anayana nayana binu bānī.
सुनि हरषीं सब सखीं सयानी । सिय हियँ अति उतकंठा जानी ॥
suni haraṣīṁ saba sakhīṁ sayānī, siya hiyaṁ ati utakaṁṭhā jānī.
एक कहइ नृपसुत तेइ आली । सुने जे मुनि सँग आए काली ॥
eka kahai nṛpasuta tei ālī, sune je muni saṁga āe kālī.
जिन्ह निज रूप मोहनी डारी । कीन्हे स्वबस नगर नर नारी ॥
jinha nija rūpa mohanī ḍārī, kīnhe svabasa nagara nara nārī.
बरनत छबि जहँ तहँ सब लोगू । अवसि देखिअहिं देखन जोगू ॥
baranata chabi jahaṁ tahaṁ saba logū, avasi dekhiahiṁ dekhana jogū.
तासु बचन अति सियहि सोहाने । दरस लागि लोचन अकुलाने ॥
tāsu bacana ati siyahi sohāne, darasa lāgi locana akulāne.
चली अग्र करि प्रिय सखि सोई । प्रीति पुरातन लखइ न कोई ॥
calī agra kari priya sakhi soī, prīti purātana lakhai na koī.

दोहा-dohā:

सुमिरि सीय नारद बचन उपजी प्रीति पुनीत ।
sumiri sīya nārada bacana upajī prīti punīta,
चकित बिलोकति सकल दिसि जनु सिसु मृगी सभीत ॥२२९॥
cakita bilokati sakala disi janu sisu mṛgī sabhīta. 229.

चौपाई-caupāī:

कंकन किंकिनि नूपुर धुनि सुनि । कहत लखन सन रामु हृदयँ गुनि ॥
kaṁkana kiṁkini nūpura dhuni suni, kahata lakhana sana rāmu hṛdayaṁ guni.
मानहुँ मदन दुंदुभी दीन्ही । मनसा बिस्व बिजय कहँ कीन्ही ॥
mānahuṁ madana duṁdubhī dīnhī. manasā bisva bijaya kahaṁ kīnhī.
अस कहि फिरि चितए तेहि ओरा । सिय मुख ससि भए नयन चकोरा ॥
asa kahi phiri citae tehi orā, siya mukha sasi bhae nayana cakorā.
भए बिलोचन चारु अचंचल । मनहुँ सकुचि निमि तजे दिगंचल ॥
bhae bilocana cāru acaṁcala, manahuṁ sakuci nimi taje digaṁcala.
देखि सीय सोभा सुखु पावा । हृदयँ सराहत बचनु न आवा ॥
dekhi sīya sobhā sukhu pāvā, hṛdayaṁ sarāhata bacanu na āvā.
जनु बिरंचि सब निज निपुनाई । बिरचि बिस्व कहँ प्रगटि देखाई ॥
janu biraṁci saba nija nipunāī, biraci bisva kahaṁ pragaṭi dekhāī.
सुंदरता कहुँ सुंदर करई । छबिगृहँ दीपसिखा जनु बरई ॥
suṁdaratā kahuṁ suṁdara karaī, chabigṛhaṁ dīpasikhā janu baraī.
सब उपमा कबि रहे जुठारी । केहिं पटतरौं बिदेहकुमारी ॥
saba upamā kabi rahe juṭhārī, kehiṁ paṭataraum bidehakumārī.

दोहा-dohā:

सिय सोभा हियँ बरनि प्रभु आपनि दसा बिचारि ।
siya sobhā hiyaṁ barani prabhu āpani dasā bicāri,
बोले सुचि मन अनुज सन बचन समय अनुहारि ॥२३०॥
bole suci mana anuja sana bacana samaya anuhāri. 230.

चौपाई-caupāī:

तात जनकतनया यह सोई । धनुषजग्य जेहि कारन होई ॥
tāta janakatanayā yaha soī, dhanuṣajagya jehi kārana hoī.
पूजन गौरि सखीं लै आईं । करत प्रकासु फिरइ फुलवाईं ॥
pūjana gauri sakhīṁ lai āīṁ, karata prakāsu phirai phulavāīṁ.
जासु बिलोकि अलौकिक सोभा । सहज पुनीत मोर मनु छोभा ॥
jāsu biloki alaukika sobhā, sahaja punīta mora manu chobhā.
सो सबु कारन जान बिधाता । फरकहिं सुभद अंग सुनु भ्राता ॥
so sabu kārana jāna bidhātā, pharakahiṁ subhada aṁga sunu bhrātā.
रघुबंसिन्ह कर सहज सुभाऊ । मनु कुपंथ पगु धरइ न काऊ ॥
raghubaṁsinha kara sahaja subhāū, manu kupaṁtha pagu dharai na kāū.
मोहि अतिसय प्रतीति मन केरी । जेहिं सपनेहुँ परनारि न हेरी ॥
mohi atisaya pratīti mana kerī, jehiṁ sapanehuṁ paranāri na herī.
जिन्ह कै लहहिं न रिपु रन पीठी । नहिं पावहिं परतिय मनु डीठी ॥
jinha kai lahahiṁ na ripu rana pīṭhī, nahiṁ pāvahiṁ paratiya manu ḍīṭhī.
मंगन लहहिं न जिन्ह कै नाहीं । ते नरबर थोरे जग माहीं ॥
maṁgana lahahiṁ na jinha kai nāhīṁ, te narabara thore jaga māhīṁ.

दोहा-dohā:

करत बतकही अनुज सन मन सिय रूप लोभान ।
karata batakahī anuja sana mana siya rūpa lobhāna,
मुख सरोज मकरंद छबि करइ मधुप इव पान ॥२३१॥
mukha saroja makaraṁda chabi karai madhupa iva pāna. 231.

चौपाई-caupāī:

चितवति चकित चहूँ दिसि सीता । कहँ गए नृपकिसोर मनु चिंता ॥
citavati cakita cahūm̐ disi sītā, kahaṁ gae nṛpakisora manu ciṁtā.
जहँ बिलोक मृग सावक नैनी । जनु तहँ बरिस कमल सित श्रेनी ॥
jahaṁ biloka mṛga sāvaka nainī, janu tahaṁ barisa kamala sita śrenī.
लता ओट तब सखिन्ह लखाए । स्यामल गौर किसोर सुहाए ॥
latā oṭa taba sakhinha lakhāe, syāmala gaura kisora suhāe.
देखि रूप लोचन ललचाने । हरषे जनु निज निधि पहिचाने ॥
dekhi rūpa locana lalacāne, haraṣe janu nija nidhi pahicāne.
थके नयन रघुपति छबि देखें । पलकन्हिहूँ परिहरीं निमेषें ॥
thake nayana raghupati chabi dekheṁ, palakanhihūm̐ pariharīṁ nimeṣeṁ.
अधिक सनेहँ देह भै भोरी । सरद ससिहि जनु चितव चकोरी ॥
adhika sanehaṁ deha bhai bhorī, sarada sasihi janu citava cakorī.
लोचन मग रामहि उर आनी । दीन्हे पलक कपाट सयानी ॥
locana maga rāmahi ura ānī, dīnhe palaka kapāṭa sayānī.
जब सिय सखिन्ह प्रेमबस जानी । कहि न सकहिं कछु मन सकुचानी ॥
jaba siya sakhinha premabasa jānī, kahi na sakahiṁ kachu mana sakucānī.

दोहा-dohā:

लताभवन तें प्रगट भे तेहि अवसर दोउ भाइ ।
latābhavana teṁ pragaṭa bhe tehi avasara dou bhāi,
निकसे जनु जुग बिमल बिधु जलद पटल बिलगाइ ॥२३२॥
nikase janu juga bimala bidhu jalada paṭala bilagāi. 232.

चौपाई-caupāī:

सोभा सीवँ सुभग दोउ बीरा । नील पीत जलजाभ सरीरा ॥
sobhā sīvaṁ subhaga dou bīrā, nīla pīta jalajābha sarīrā.
मोरपंख सिर सोहत नीके । गुच्छ बीच बिच कुसुम कली के ॥
morapaṁkha sira sohata nīke, guccha bīca bica kusuma kalī ke.
भाल तिलक श्रमबिंदु सुहाए । श्रवन सुभग भूषन छबि छाए ॥
bhāla tilaka śramabiṁdu suhāe, śravana subhaga bhūṣana chabi chāe.
बिकट भृकुटि कच घूघरवारे । नव सरोज लोचन रतनारे ॥
bikaṭa bhṛkuṭi kaca ghūgharavāre, nava saroja locana ratanāre.
चारु चिबुक नासिका कपोला । हास बिलास लेत मनु मोला ॥
cāru cibuka nāsikā kapolā, hāsa bilāsa leta manu molā.
मुखछबि कहि न जाइ मोहि पाहीं । जो बिलोकि बहु काम लजाहीं ॥
mukhachabi kahi na jāi mohi pāhīṁ, jo biloki bahu kāma lajāhīṁ.
उर मनि माल कंबु कल गीवा । काम कलभ कर भुज बलसींवा ॥
ura mani māla kaṁbu kala gīvā, kāma kalabha kara bhuja balasīṁvā.
सुमन समेत बाम कर दोना । सावँर कुअँर सखी सुठि लोना ॥
sumana sameta bāma kara donā, sāvaṁra kuaṁra sakhī suṭhi lonā.

दोहा-dohā:

केहरि कटि पट पीत धर सुषमा सील निधान ।
kehari kaṭi paṭa pīta dhara suṣamā sīla nidhāna,
देखि भानुकुलभूषनहि बिसरा सखिन्ह अपान ॥२३३॥
dekhi bhānukulabhūṣanahi bisarā sakhinha apāna. 233.

चौपाई-caupāī:

धरि धीरजु एक आलि सयानी । सीता सन बोली गहि पानी ॥
dhari dhīraju eka āli sayānī, sītā sana bolī gahi pānī.
बहुरि गौरि कर ध्यान करेहू । भूपकिसोर देखि किन लेहू ॥
bahuri gauri kara dhyāna karehū, bhūpakisora dekhi kina lehū.
सकुचि सीयँ तब नयन उघारे । सनमुख दोउ रघुसिंघ निहारे ॥
sakuci sīyaṁ taba nayana ughāre, sanamukha dou raghusiṁgha nihāre.
नख सिख देखि राम कै सोभा । सुमिरि पिता पनु मनु अति छोभा ॥
nakha sikha dekhi rāma kai sobhā, sumiri pitā panu manu ati chobhā.
परबस सखिन्ह लखी जब सीता । भयउ गहरु सब कहहिं सभीता ॥
parabasa sakhinha lakhī jaba sītā, bhayau gaharu saba kahahiṁ sabhītā.
पुनि आउब एहि बेरिआँ काली । अस कहि मन बिहसी एक आली ॥
puni āuba ehi beriāṁ kālī, asa kahi mana bihasī eka ālī.
गूढ़ गिरा सुनि सिय सकुचानी । भयउ बिलंबु मातु भय मानी ॥
gūṛha girā suni siya sakucānī, bhayau bilaṁbu mātu bhaya mānī.
धरि बड़ि धीर रामु उर आने । फिरी अपनपउ पितुबस जाने ॥
dhari baṛi dhīra rāmu ura āne, phirī apanapau pitubasa jāne.

दोहा-dohā:

देखन मिस मृग बिहग तरु फिरइ बहोरि बहोरि ।
dekhana misa mṛga bihaga taru phirai bahori bahori,
निरखि निरखि रघुबीर छबि बाढ़इ प्रीति न थोरि ॥२३४॥
nirakhi nirakhi raghubīra chabi bāṛhai prīti na thori. 234.

चौपाई-caupāī:

जानि कठिन सिवचाप बिसूरति । चली राखि उर स्यामल मूरति ॥
jāni kaṭhina sivacāpa bisūrati, calī rākhi ura syāmala mūrati.
प्रभु जब जात जानकी जानी । सुख सनेह सोभा गुन खानी ॥
prabhu jaba jāta jānakī jānī, sukha saneha sobhā guna khānī.
परम प्रेममय मृदु मसि कीन्ही । चारु चित्त भीतीं लिखि लीन्ही ॥
parama premamaya mṛdu masi kīnhī, cāru citta bhītīṁ likhi līnhī.
गई भवानी भवन बहोरी । बंदि चरन बोली कर जोरी ॥
gaī bhavānī bhavana bahorī, baṁdi carana bolī kara jorī.
जय जय गिरिबरराज किसोरी । जय महेस मुख चंद चकोरी ॥
jaya jaya giribararāja kisorī, jaya mahesa mukha caṁda cakorī.
जय गजबदन षडानन माता । जगत जननि दामिनि दुति गाता ॥
jaya gajabadana ṣaḍānana mātā, jagata janani dāmini duti gātā.
नहिं तव आदि मध्य अवसाना । अमित प्रभाउ बेदु नहिं जाना ॥
nahiṁ tava ādi madhya avasānā, amita prabhāu bedu nahiṁ jānā.
भव भव बिभव पराभव कारिनि । बिस्व बिमोहनि स्वबस बिहारिनि ॥
bhava bhava bibhava parābhava kārini, bisva bimohani svabasa bihārini.

दोहा-dohā:

पतिदेवता सुतीय महुँ मातु प्रथम तव रेख ।
patidevatā sutīya mahum̐ mātu prathama tava rekha,
महिमा अमित न सकहिं कहि सहस सारदा सेष ॥२३५॥
mahimā amita na sakahiṁ kahi sahasa sāradā seṣa. 235.

चौपाई-caupāī:

सेवत तोहि सुलभ फल चारी । बरदायनी पुरारि पिआरी ॥
sevata tohi sulabha phala cārī, baradāyanī purāri piārī.
देबि पूजि पद कमल तुम्हारे । सुर नर मुनि सब होहिं सुखारे ॥
debi pūji pada kamala tumhāre, sura nara muni saba hohiṁ sukhāre.
मोर मनोरथु जानहु नीकें । बसहु सदा उर पुर सबही कें ॥
mora manorathu jānahu nīkeṁ, basahu sadā ura pura sabahī keṁ.
कीन्हेउँ प्रगट न कारन तेहीं । अस कहि चरन गहे बैदेहीं ॥
kīnheum̐ pragaṭa na kārana tehīṁ, asa kahi carana gahe baidehīṁ.
बिनय प्रेम बस भई भवानी । खसी माल मूरति मुसुकानी ॥
binaya prema basa bhaī bhavānī, khasī māla mūrati musukānī.

kari muni carana saroja pranāmā, āyasu pāi kīnha biśrāmā.

सादर सियँ प्रसादु सिर धरेऊ । बोली गौरि हरषु हियँ भरेऊ ॥
sādara siyam̐ prasādu sira dhareū, bolī gauri haraṣu hiyam̐ bhareū.

सुनु सिय सत्य असीस हमारी । पूजिहि मन कामना तुम्हारी ॥
sunu siya satya asīsa hamārī, pūjihi mana kāmanā tumhārī.

नारद बचन सदा सुचि साचा । सो बरु मिलिहि जाहिं मनु राचा ॥
nārada bacana sadā suci sācā, so baru milihi jāhiṁ manu rācā.

छंद-chaṁda:

मनु जाहिं राचेउ मिलिहि सो बरु सहज सुंदर साँवरो ।
manu jāhiṁ rāceu milihi so baru sahaja suṁdara sām̐varo,

करुना निधान सुजान सीलु सनेहु जानत रावरो ॥
karunā nidhāna sujāna sīlu sanehu jānata rāvaro.

एहि भाँति गौरि असीस सुनि सिय सहित हियँ हरषीं अली ।
ehi bhām̐ti gauri asīsa suni siya sahita hiyam̐ haraṣīṁ alī,

तुलसी भवानिहि पूजि पुनि पुनि मुदित मन मंदिर चली ॥
tulasī bhavānihi pūji puni puni mudita mana maṁdira calī.

सोरठा-soraṭhā:

जानि गौरि अनुकूल सिय हिय हरषु न जाइ कहि ।
jāni gauri anukūla siya hiya haraṣu na jāi kahi,

मंजुल मंगल मूल बाम अंग फरकन लगे ॥२३६॥
maṁjula maṁgala mūla bāma aṁga pharakana lage. 236.

चौपाई-caupāī:

हृदयँ सराहत सीय लोनाई । गुर समीप गवने दोउ भाई ॥
hṛdayam̐ sarāhata sīya lonāī, gura samīpa gavane dou bhāī.

राम कहा सबु कौसिक पाहीं । सरल सुभाउ छुअत छल नाहीं ॥
rāma kahā sabu kausika pāhīṁ, sarala subhāu chuata chala nāhīṁ.

सुमन पाइ मुनि पूजा कीन्ही । पुनि असीस दुहु भाइन्ह दीन्ही ॥
sumana pāi muni pūjā kīnhī, puni asīsa duhu bhāinha dīnhī.

सुफल मनोरथ होहुँ तुम्हारे । रामु लखनु सुनि भए सुखारे ॥
suphala manoratha hohum̐ tumhāre, rāmu lakhanu suni bhae sukhāre.

करि भोजनु मुनिबर बिग्यानी । लगे कहन कछु कथा पुरानी ॥
kari bhojanu munibara bigyānī, lage kahana kachu kathā purānī.

बिगत दिवसु गुरु आयसु पाई । संध्या करन चले दोउ भाई ॥
bigata divasu guru āyasu pāī, saṁdhyā karana cale dou bhāī.

प्राची दिसि ससि उयउ सुहावा । सिय मुख सरिस देखि सुखु पावा ॥
prācī disi sasi uyau suhāvā, siya mukha sarisa dekhi sukhu pāvā.

बहुरि बिचारु कीन्ह मन माहीं । सीय बदन सम हिमकर नाहीं ॥
bahuri bicāru kīnha mana māhīṁ, sīya badana sama himakara nāhīṁ.

दोहा-dohā:

जनमु सिंधु पुनि बंधु बिषु दिन मलीन सकलंक ।
janamu siṁdhu puni baṁdhu biṣu dina malīna sakalaṁka,

सिय मुख समता पाव किमि चंदु बापुरो रंक ॥२३७॥
siya mukha samatā pāva kimi caṁdu bāpuro raṁka. 237.

चौपाई-caupāī:

घटइ बढ़इ बिरहिनि दुखदाई । ग्रसइ राहु निज संधिहिं पाई ॥
ghaṭai baṛhai birahini dukhadāī, grasai rāhu nija saṁdhihiṁ pāī.

कोक सोकप्रद पंकज द्रोही । अवगुन बहुत चंद्रमा तोही ॥
koka sokaprada paṁkaja drohī, avaguna bahuta caṁdramā tohī.

बैदेही मुख पटतर दीन्हे । होइ दोष बड़ अनुचित कीन्हे ॥
baidehī mukha paṭatara dīnhe, hoi doṣa baṛa anucita kīnhe.

सिय मुख छबि बिधु ब्याज बखानी । गुरु पहिं चले निसा बड़ि जानी ॥
siya mukha chabi bidhu byāja bakhānī, guru pahiṁ cale nisā baṛi jānī.

करि मुनि चरन सरोज प्रनामा । आयसु पाइ कीन्ह बिश्रामा ॥

बिगत निसा रघुनायक जागे । बंधु बिलोकि कहन अस लागे ॥
bigata nisā raghunāyaka jāge, baṁdhu biloki kahana asa lāge.

उयउ अरुन अवलोकहु ताता । पंकज कोक लोक सुखदाता ॥
uyau aruna avalokahu tātā, paṁkaja koka loka sukhadātā.

बोले लखनु जोरि जुग पानी । प्रभु प्रभाउ सूचक मृदु बानी ॥
bole lakhanu jori juga pānī, prabhu prabhāu sūcaka mṛdu bānī.

दोहा-dohā:

अरुनोदयँ सकुचे कुमुद उडगन जोति मलीन ।
arunodayam̐ sakuce kumuda uḍagana joti malīna,

जिमि तुम्हार आगमन सुनि भए नृपति बलहीन ॥२३८॥
jimi tumhāra āgamana suni bhae nṛpati balahīna. 238.

चौपाई-caupāī:

नृप सब नखत करहिं उजिआरी । टारि न सकहिं चाप तम भारी ॥
nṛpa saba nakhata karahiṁ ujiārī, ṭāri na sakahiṁ cāpa tama bhārī.

कमल कोक मधुकर खग नाना । हरषे सकल निसा अवसाना ॥
kamala koka madhukara khaga nānā, haraṣe sakala nisā avasānā.

ऐसेहिं प्रभु सब भगत तुम्हारे । होइहहिं टूटें धनुष सुखारे ॥
aisehiṁ prabhu saba bhagata tumhāre, hoihahiṁ ṭūṭeṁ dhanuṣa sukhāre.

उयउ भानु बिनु श्रम तम नासा । दुरे नखत जग तेजु प्रकासा ॥
uyau bhānu binu śrama tama nāsā, dure nakhata jaga teju prakāsā.

रबि निज उदय ब्याज रघुराया । प्रभु प्रतापु सब नृपन्ह दिखाया ॥
rabi nija udaya byāja raghurāyā, prabhu pratāpu saba nṛpanha dikhāyā.

तव भुज बल महिमा उदघाटी । प्रगटी धनु बिघटन परिपाटी ॥
tava bhuja bala mahimā udaghāṭī, pragaṭī dhanu bighaṭana paripāṭī.

बंधु बचन सुनि प्रभु मुसुकाने । होइ सुचि सहज पुनीत नहाने ॥
baṁdhu bacana suni prabhu musukāne, hoi suci sahaja punīta nahāne.

नित्यक्रिया करि गुरु पहिं आए । चरन सरोज सुभग सिर नाए ॥
nityakriyā kari guru pahiṁ āe, carana saroja subhaga sira nāe.

सतानंदु तब जनक बोलाए । कौसिक मुनि पहिं तुरत पठाए ॥
satānaṁdu taba janaka bolāe, kausika muni pahiṁ turata paṭhāe.

जनक बिनय तिन्ह आइ सुनाई । हरषे बोलि लिए दोउ भाई ॥
janaka binaya tinha āi sunāī, haraṣe boli lie dou bhāī.

दोहा-dohā:

सतानंद पद बंदि प्रभु बैठे गुर पहिं जाइ ।
satānaṁda pada baṁdi prabhu baiṭhe gura pahiṁ jāi,

चलहु तात मुनि कहेउ तब पठवा जनक बोलाइ ॥२३९॥
calahu tāta muni kaheu taba paṭhavā janaka bolāi. 239.

मासपारायण आठवाँ विश्राम

नवाह्नपारायण दूसरा विश्राम

māsapārāyaṇa āṭhavām̐ viśrāma
navāhnapārāyaṇa dūsarā viśrāma
(Pause 8 for a Thirty-Day Recitation)
(Pause 2 for a Nine-Day Recitation)

चौपाई-caupāī:

सीय स्वयंबरु देखिअ जाई । ईसु काहि धौं देइ बड़ाई ॥
sīya svayaṁbaru dekhia jāī, īsu kāhi dhauṁ dei baṛāī.

लखन कहा जस भाजनु सोई । नाथ कृपा तव जापर होई ॥
lakhana kahā jasa bhājanu soī, nātha kṛpā tava jāpara hoī.

हरषे मुनि सब सुनि बर बानी । दीन्हि असीस सबहिं सुखु मानी ॥
haraṣe muni saba suni bara bānī, dīnhi asīsa sabahiṁ sukhu mānī.

पुनि मुनिबृंद समेत कृपाला । देखन चले धनुषमख साला ॥
puni munibṛṁda sameta kṛpālā, dekhana cale dhanuṣamakha sālā.

रंगभूमि आए दोउ भाई । असि सुधि सब पुरबासिन्ह पाई ॥

raṁgabhūmi āe dou bhāī, asi sudhi saba purabāsinha pāī.
चले सकल गृह काज बिसारी । बाल जुबान जरठ नर नारी ॥
cale sakala gṛha kāja bisārī, bāla jubāna jaraṭha nara nārī.
देखी जनक भीर भै भारी । सुचि सेवक सब लिए हँकारी ॥
dekhī janaka bhīra bhai bhārī, suci sevaka saba lie haṁkārī.
तुरत सकल लोगन्ह पहिं जाहू । आसन उचित देहू सब काहू ॥
turata sakala loganha pahiṁ jāhū, āsana ucita dehū saba kāhū.

दोहा-dohā:

कहि मृदु बचन बिनीत तिन्ह बैठारे नर नारि ।
kahi mṛdu bacana binīta tinha baiṭhāre nara nāri,
उत्तम मध्यम नीच लघु निज निज थल अनुहारि ॥२४०॥
uttama madhyama nīca laghu nija nija thala anuhāri. 240.

चौपाई-caupāī:

राजकुअँर तेहि अवसर आए । मनहुँ मनोहरता तन छाए ॥
rājakuaṁra tehi avasara āe, manahuṁ manoharatā tana chāe.
गुन सागर नागर बर बीरा । सुंदर स्यामल गौर सरीरा ॥
guna sāgara nāgara bara bīrā, suṁdara syāmala gaura sarīrā.
राज समाज बिराजत रूरे । उडगन महुँ जनु जुग बिधु पूरे ॥
rāja samāja birājata rūre, uḍagana mahuṁ janu juga bidhu pūre.
जिन्ह कें रही भावना जैसी । प्रभु मूरति तिन्ह देखी तैसी ॥
jinha keṁ rahī bhāvanā jaisī, prabhu mūrati tinha dekhī taisī.
देखहिं रूप महा रनधीरा । मनहुँ बीर रसु धरें सरीरा ॥
dekhahiṁ rūpa mahā ranadhīrā, manahuṁ bīra rasu dhareṁ sarīrā.
डरे कुटिल नृप प्रभुहि निहारी । मनहुँ भयानक मूरति भारी ॥
ḍare kuṭila nṛpa prabhuhi nihārī, manahuṁ bhayānaka mūrati bhārī.
रहे असुर छल छोनिप बेषा । तिन्ह प्रभु प्रगट कालसम देखा ॥
rahe asura chala chonipa beṣā, tinha prabhu pragaṭa kālasama dekhā.
पुरबासिन्ह देखे दोउ भाई । नरभूषन लोचन सुखदाई ॥
purabāsinha dekhe dou bhāī, narabhūṣana locana sukhadāī.

दोहा-dohā:

नारि बिलोकहिं हरषि हियँ निज निज रुचि अनुरूप ।
nāri bilokahiṁ haraṣi hiyaṁ nija nija ruci anurūpa,
जनु सोहत सिंगार धरि मूरति परम अनूप ॥२४१॥
janu sohata siṁgāra dhari mūrati parama anūpa. 241.

चौपाई-caupāī:

बिदुषन्ह प्रभु बिराटमय दीसा । बहु मुख कर पग लोचन सीसा ॥
biduṣanha prabhu birāṭamaya dīsā, bahu mukha kara paga locana sīsā.
जनक जाति अवलोकहिं कैसें । सजन सगे प्रिय लागहिं जैसें ॥
janaka jāti avalokahiṁ kaiseṁ, sajana sage priya lāgahiṁ jaiseṁ.
सहित बिदेह बिलोकहिं रानी । सिसु सम प्रीति न जाति बखानी ॥
sahita bideha bilokahiṁ rānī, sisu sama prīti na jāti bakhānī.
जोगिन्ह परम तत्वमय भासा । सांत सुद्ध सम सहज प्रकासा ॥
joginha parama tatvamaya bhāsā, sāṁta suddha sama sahaja prakāsā.
हरिभगतन्ह देखे दोउ भ्राता । इष्टदेव इव सब सुख दाता ॥
haribhagatanha dekhe dou bhrātā, iṣṭadeva iva saba sukha dātā.
रामहि चितव भायँ जेहि सीया । सो सनेहु सुखु नहिं कथनीया ॥
rāmahi citava bhāyaṁ jehi sīyā, so sanehu sukhu nahiṁ kathanīyā.
उर अनुभवति न कहि सक सोऊ । कवन प्रकार कहै कबि कोऊ ॥
ura anubhavati na kahi saka soū, kavana prakāra kahai kabi koū.
एहि बिधि रहा जाहि जस भाऊ । तेहिं तस देखेउ कोसलराऊ ॥
ehi bidhi rahā jāhi jasa bhāū, tehiṁ tasa dekheu kosalarāū.

दोहा-dohā:

राजत राज समाज महुँ कोसलराज किसोर ।
rājata rāja samāja mahuṁ kosalarāja kisora,
सुंदर स्यामल गौर तन बिस्व बिलोचन चोर ॥२४२॥
suṁdara syāmala gaura tana bisva bilocana cora. 242.

चौपाई-caupāī:

सहज मनोहर मूरति दोऊ । कोटि काम उपमा लघु सोऊ ॥
sahaja manohara mūrati doū, koṭi kāma upamā laghu soū.
सरद चंद निंदक मुख नीके । नीरज नयन भावते जी के ॥
sarada caṁda niṁdaka mukha nīke, nīraja nayana bhāvate jī ke.
चितवनि चारु मार मनु हरनी । भावति हृदय जाति नहीं बरनी ॥
citavani cāru māra manu haranī, bhāvati hṛdaya jāti nahīṁ baranī.
कल कपोल श्रुति कुंडल लोला । चिबुक अधर सुंदर मृदु बोला ॥
kala kapola śruti kuṁḍala lolā, cibuka adhara suṁdara mṛdu bolā.
कुमुदबंधु कर निंदक हाँसा । भृकुटी बिकट मनोहर नासा ॥
kumudabaṁdhu kara niṁdaka hāṁsā, bhṛkuṭī bikaṭa manohara nāsā.
भाल बिसाल तिलक झलकाहीं । कच बिलोकि अलि अवलि लजाहीं ॥
bhāla bisāla tilaka jhalakāhīṁ, kaca biloki ali avali lajāhīṁ.
पीत चौतनीं सिरन्हि सुहाईं । कुसुम कलीं बिच बीच बनाईं ॥
pīta cautanīṁ siranhi suhāīṁ, kusuma kalīṁ bica bīca banāīṁ.
रेखें रुचिर कंबु कल गीवाँ । जनु त्रिभुवन सुषमा की सीवाँ ॥
rekheṁ rucira kaṁbu kala gīvāṁ, janu tribhuvana suṣamā kī sīvāṁ.

दोहा-dohā:

कुंजर मनि कंठा कलित उरन्हि तुलसिका माल ।
kuṁjara mani kaṁṭhā kalita uranhi tulasikā māla,
बृषभ कंध केहरि ठवनि बल निधि बाहु बिसाल ॥२४३॥
bṛṣabha kaṁdha kehari ṭhavani bala nidhi bāhu bisāla. 243.

चौपाई-caupāī:

कटि तूनीर पीत पट बाँधें । कर सर धनुष बाम बर काँधें ॥
kaṭi tūnīra pīta paṭa bāṁdheṁ, kara sara dhanuṣa bāma bara kāṁdheṁ.
पीत जग्य उपबीत सुहाए । नख सिख मंजु महाछबि छाए ॥
pīta jagya upabīta suhāe, nakha sikha maṁju mahāchabi chāe.
देखि लोग सब भए सुखारे । एकटक लोचन चलत न तारे ॥
dekhi loga saba bhae sukhāre, ekaṭaka locana calata na tāre.
हरषे जनकु देखि दोउ भाई । मुनि पद कमल गहे तब जाई ॥
harașe janaku dekhi dou bhāī, muni pada kamala gahe taba jāī.
करि बिनती निज कथा सुनाई । रंग अवनि सब मुनिहि देखाई ॥
kari binatī nija kathā sunāī, raṁga avani saba munihi dekhāī.
जहँ जहँ जाहिं कुअँर बर दोऊ । तहँ तहँ चकित चितव सबु कोऊ ॥
jahaṁ jahaṁ jāhiṁ kuaṁra bara doū, tahaṁ tahaṁ cakita citava sabu koū.
निज निज रुख रामहि सबु देखा । कोउ न जान कछु मरमु बिसेषा ॥
nija nija rukha rāmahi sabu dekhā, kou na jāna kachu maramu biseṣā.
भलि रचना मुनि नृप सन कहेऊ । राजाँ मुदित महासुख लहेऊ ॥
bhali racanā muni nṛpa sana kaheū, rājāṁ mudita mahāsukha laheū.

दोहा-dohā:

सब मंचन्ह तें मंचु एक सुंदर बिसद बिसाल ।
saba maṁcanha teṁ maṁcu eka suṁdara bisada bisāla,
मुनि समेत दोउ बंधु तहँ बैठारे महिपाल ॥२४४॥
muni sameta dou baṁdhu tahaṁ baiṭhāre mahipāla. 244.

चौपाई-caupāī:

प्रभुहि देखि सब नृप हियँ हारे । जनु राकेस उदय भएँ तारे ॥
prabhuhi dekhi saba nṛpa hiyaṁ hāre, janu rākesa udaya bhaeṁ tāre.

असि प्रतीति सब के मन माहीं । राम चाप तोरब सक नाहीं ॥
asi pratīti saba ke mana māhīṁ, rāma cāpa toraba saka nāhīṁ.
बिनु भंजेहुँ भव धनुषु बिसाला । मेलिहि सीय राम उर माला ॥
binu bhaṁjehuṁ bhava dhanuṣu bisālā, melihi sīya rāma ura mālā.
अस बिचारि गवनहु घर भाई । जसु प्रतापु बलु तेजु गवाँई ॥
asa bicāri gavanahu ghara bhāī, jasu pratāpu balu teju gavāṁī.
बिहसे अपर भूप सुनि बानी । जे अबिबेक अंध अभिमानी ॥
bihase apara bhūpa suni bānī, je abibeka aṁdha abhimānī.
तोरेहुँ धनुषु ब्याहु अवगाहा । बिनु तोरें को कुअँरि बिआहा ॥
torehuṁ dhanuṣu byāhu avagāhā, binu toreṁ ko kuaṁri biāhā.
एक बार कालउ किन होऊ । सिय हित समर जितब हम सोऊ ॥
eka bāra kālau kina hoū, siya hita samara jitaba hama soū.
यह सुनि अवर महिप मुसुकाने । धरमसील हरिभगत सयाने ॥
yaha suni avara mahipa musukāne, dharamasīla haribhagata sayāne.

सोरठा-sorathā:

सीय बिआहबि राम गरब दूरि करि नृपन्ह के ।
sīya biāhabi rāma garaba dūri kari nṛpanha ke,
जीति को सक संग्राम दसरथ के रन बाँकुरे ॥२४५॥
jīti ko saka saṁgrāma dasaratha ke rana bāṁkure. 245.

चौपाई-caupāī:

ब्यर्थ मरहु जनि गाल बजाई । मन मोदकन्हि कि भूख बुताई ॥
byartha marahu jani gāla bajāī, mana modakanhi ki bhūkha butāī.
सिख हमारि सुनि परम पुनीता । जगदंबा जानहु जियँ सीता ॥
sikha hamāri suni parama punītā, jagadaṁbā jānahu jiyaṁ sītā.
जगत पिता रघुपतिहि बिचारी । भरि लोचन छबि लेहु निहारी ॥
jagata pitā raghupatihi bicārī, bhari locana chabi lehu nihārī.
सुंदर सुखद सकल गुन रासी । ए दोउ बंधु संभु उर बासी ॥
suṁdara sukhada sakala guna rāsī, e dou baṁdhu saṁbhu ura bāsī.
सुधा समुद्र समीप बिहाई । मृगजलु निरखि मरहु कत धाई ॥
sudhā samudra samīpa bihāī, mṛgajalu nirakhi marahu kata dhāī.
करहु जाइ जा कहुँ जोइ भावा । हम तौ आजु जनम फलु पावा ॥
karahu jāi jā kahuṁ joi bhāvā, hama tau āju janama phalu pāvā.
अस कहि भले भूप अनुरागे । रूप अनूप बिलोकन लागे ॥
asa kahi bhale bhūpa anurāge, rūpa anūpa bilokana lāge.
देखहिं सुर नभ चढ़े बिमाना । बरषहिं सुमन करहिं कल गाना ॥
dekhahiṁ sura nabha caṛhe bimānā, baraṣahiṁ sumana karahiṁ kala gānā.

दोहा-dohā:

जानि सुअवसरु सीय तब पठई जनक बोलाइ ।
jāni suavasaru sīya taba paṭhaī janaka bolāi,
चतुर सखीं सुंदर सकल सादर चलीं लवाइ ॥२४६॥
catura sakhīṁ suṁdara sakala sādara calīṁ lavāi. 246.

चौपाई-caupāī:

सिय सोभा नहिं जाइ बखानी । जगदंबिका रूप गुन खानी ॥
siya sobhā nahiṁ jāi bakhānī, jagadaṁbikā rūpa guna khānī.
उपमा सकल मोहि लघु लागीं । प्राकृत नारि अंग अनुरागीं ॥
upamā sakala mohi laghu lāgīṁ, prākṛta nāri aṁga anurāgīṁ.
सिय बरनिअ तेइ उपमा देई । कुकबि कहाइ अजसु को लेई ॥
siya barania tei upamā deī, kukabi kahāi ajasu ko leī.
जौं पटतरिअ तीय सम सीया । जग असि जुबति कहाँ कमनीया ॥
jauṁ paṭataria tīya sama sīyā, jaga asi jubati kahāṁ kamanīyā.
गिरा मुखर तन अरध भवानी । रति अति दुखित अतनु पति जानी ॥
girā mukhara tana aradha bhavānī, rati ati dukhita atanu pati jānī.
बिष बारुनी बंधु प्रिय जेही । कहिअ रमासम किमि बैदेही ॥
biṣa bārunī baṁdhu priya jehī, kahia ramāsama kimi baidehī.
जौं छबि सुधा पयोनिधि होई । परम रूपमय कच्छपु सोई ॥
jauṁ chabi sudhā payonidhi hoī, parama rūpamaya kacchapu soī.
सोभा रजु मंदरु सिंगारू । मथै पानि पंकज निज मारू ॥
sobhā raju maṁdaru siṁgārū, mathai pāni paṁkaja nija mārū.

दोहा-dohā:

एहि बिधि उपजै लच्छि जब सुंदरता सुख मूल ।
ehi bidhi upajai lacchi jaba suṁdaratā sukha mūla,
तदपि सकोच समेत कबि कहहिं सीय समतूल ॥२४७॥
tadapi sakoca sameta kabi kahahiṁ sīya samatūla. 247.

चौपाई-caupāī:

चलीं संग लै सखीं सयानी । गावत गीत मनोहर बानी ॥
calīṁ saṁga lai sakhīṁ sayānī, gāvata gīta manohara bānī.
सोह नवल तनु सुंदर सारी । जगत जननि अतुलित छबि भारी ॥
soha navala tanu suṁdara sārī, jagata janani atulita chabi bhārī.
भूषन सकल सुदेस सुहाए । अंग अंग रचि सखिन्ह बनाए ॥
bhūṣana sakala sudesa suhāe, aṁga aṁga raci sakhinha banāe.
रंगभूमि जब सिय पगु धारी । देखि रूप मोहे नर नारी ॥
raṁgabhūmi jaba siya pagu dhārī, dekhi rūpa mohe nara nārī.
हरषि सुरन्ह दुंदुभीं बजाईं । बरषि प्रसून अपछरा गाईं ॥
harași suranha duṁdubhīṁ bajāīṁ, barași prasūna apacharā gāīṁ.
पानि सरोज सोह जयमाला । अवचट चितए सकल भुआला ॥
pāni saroja soha jayamālā, avacaṭa citae sakala bhuālā.
सीय चकित चित रामहि चाहा । भए मोहबस सब नरनाहा ॥
sīya cakita cita rāmahi cāhā, bhae mohabasa saba naranāhā.
मुनि समीप देखे दोउ भाई । लगे ललकि लोचन निधि पाई ॥
muni samīpa dekhe dou bhāī, lage lalaki locana nidhi pāī.

दोहा-dohā:

गुरजन लाज समाजु बड़ देखि सीय सकुचानि ।
gurajana lāja samāju baṛa dekhi sīya sakucāni,
लागि बिलोकन सखिन्ह तन रघुबीरहि उर आनि ॥२४८॥
lāgi bilokana sakhinha tana raghubīrahi ura āni. 248.

चौपाई-caupāī:

राम रूपु अरु सिय छबि देखें । नर नारिन्ह परिहरीं निमेषें ॥
rāma rūpu aru siya chabi dekheṁ, nara nārinha pariharīṁ nimeṣeṁ.
सोचहिं सकल कहत सकुचाहीं । बिधि सन बिनय करहिं मन माहीं ॥
socahiṁ sakala kahata sakucāhīṁ, bidhi sana binaya karahiṁ mana māhīṁ.
हरु बिधि बेगि जनक जड़ताई । मति हमारि असि देहि सुहाई ॥
haru bidhi begi janaka jaṛatāī, mati hamāri asi dehi suhāī.
बिनु बिचार पनु तजि नरनाहू । सीय राम कर करै बिबाहू ॥
binu bicāra panu taji naranāhū, sīya rāma kara karai bibāhū.
जगु भल कहिहि भाव सब काहू । हठ कीन्हें अंतहुँ उर दाहू ॥
jagu bhala kahihi bhāva saba kāhū, haṭha kīnheṁ aṁtahuṁ ura dāhū.
एहिं लालसाँ मगन सब लोगू । बरु साँवरो जानकी जोगू ॥
ehiṁ lālasāṁ magana saba logū, baru sāṁvaro jānakī jogū.
तब बंदीजन जनक बोलाए । बिरिदावली कहत चलि आए ॥
taba baṁdījana janaka bolāe, biridāvalī kahata cali āe.
कह नृपु जाइ कहहु पन मोरा । चले भाट हियँ हरषु न थोरा ॥
kaha nṛpu jāi kahahu pana morā, cale bhāṭa hiyaṁ haraṣu na thorā.

दोहा-dohā:

बोले बंदी बचन बर सुनहु सकल महिपाल ।
bole baṁdī bacana bara sunahu sakala mahipāla,
पन बिदेह कर कहहिं हम भुजा उठाइ बिसाल ॥२४९॥
pana bideha kara kahahiṁ hama bhujā uṭhāi bisāla. 249.

चौपाई-caupāī:

नृप भुजबलु बिधु सिवधनु राहू । गरुअ कठोर बिदित सब काहू ॥
nṛpa bhujabalu bidhu sivadhanu rāhū, garua kaṭhora bidita saba kāhū.
रावनु बानु महाभट भारे । देखि सरासन गवँहिं सिधारे ॥
rāvanu bānu mahābhaṭa bhāre, dekhi sarāsana gavaṁhiṁ sidhāre.
सोइ पुरारि कोदंडु कठोरा । राज समाज आजु जोइ तोरा ॥
soi purāri kodaṁḍu kaṭhorā, rāja samāja āju joi torā.
त्रिभुवन जय समेत बैदेही । बिनहिं बिचार बरइ हठि तेही ॥
tribhuvana jaya sameta baidehī, binahiṁ bicāra barai haṭhi tehī.
सुनि पन सकल भूप अभिलाषे । भटमानी अतिसय मन माखे ॥
suni pana sakala bhūpa abhilāṣe, bhaṭamānī atisaya mana mākhe.
परिकर बाँधि उठे अकुलाई । चले इष्टदेवन्ह सिर नाई ॥
parikara bāṁdhi uṭhe akulāī, cale iṣṭadevanha sira nāī.
तमकि ताकि तकि सिवधनु धरहीं । उठइ न कोटि भाँति बलु करहीं ॥
tamaki tāki taki sivadhanu dharahīṁ, uṭhai na koṭi bhāṁti balu karahīṁ.
जिन्ह के कछु बिचारु मन माहीं । चाप समीप महीप न जाहीं ॥
jinha ke kachu bicāru mana māhīṁ, cāpa samīpa mahīpa na jāhīṁ.

दोहा-dohā:

तमकि धरहिं धनु मूढ़ नृप उठइ न चलहिं लजाइ ।
tamaki dharahiṁ dhanu mūṛha nṛpa uṭhai na calahiṁ lajāi,
मनहुँ पाइ भट बाहुबलु अधिकु अधिकु गरुआइ ॥२५०॥
manahuṁ pāi bhaṭa bāhubalu adhiku adhiku garuāi. 250.

चौपाई-caupāī:

भूप सहस दस एकहि बारा । लगे उठावन टरइ न टारा ॥
bhūpa sahasa dasa ekahi bārā, lage uṭhāvana ṭarai na ṭārā.
डगइ न संभु सरासनु कैसें । कामी बचन सती मनु जैसें ॥
ḍagai na saṁbhu sarāsanu kaiseṁ, kāmī bacana satī manu jaiseṁ.
सब नृप भए जोगु उपहासी । जैसें बिनु बिराग संन्यासी ॥
saba nṛpa bhae jogu upahāsī, jaiseṁ binu birāga saṁnyāsī.
कीरति बिजय बीरता भारी । चले चाप कर बरबस हारी ॥
kīrati bijaya bīratā bhārī, cale cāpa kara barabasa hārī.
श्रीहत भए हारि हियँ राजा । बैठे निज निज जाइ समाजा ॥
śrīhata bhae hāri hiyaṁ rājā, baiṭhe nija nija jāi samājā.
नृपन्ह बिलोकि जनकु अकुलाने । बोले बचन रोष जनु साने ॥
nṛpanha biloki janaku akulāne, bole bacana roṣa janu sāne.
दीप दीप के भूपति नाना । आए सुनि हम जो पनु ठाना ॥
dīpa dīpa ke bhūpati nānā, āe suni hama jo panu ṭhānā.
देव दनुज धरि मनुज सरीरा । बिपुल बीर आए रनधीरा ॥
deva danuja dhari manuja sarīrā, bipula bīra āe ranadhīrā.

दोहा-dohā:

कुअँरि मनोहर बिजय बड़ि कीरति अति कमनीय ।
kuaṁri manohara bijaya baṛi kīrati ati kamanīya,
पावनिहार बिरंचि जनु रचेउ न धनु दमनीय ॥२५१॥
pāvanihāra biraṁci janu raceu na dhanu damanīya. 251.

चौपाई-caupāī:

कहहु काहि यहु लाभु न भावा । काहुँ न संकर चाप चढ़ावा ॥
kahahu kāhi yahu lābhu na bhāvā, kāhuṁ na saṁkara cāpa caṛhāvā.
रहउ चढ़ाउब तोरब भाई । तिलु भरि भूमि न सके छड़ाई ॥
rahau caṛhāuba toraba bhāī, tilu bhari bhūmi na sake chaṛāī.
अब जनि कोउ माखै भट मानी । बीर बिहीन मही मैं जानी ॥
aba jani kou mākhai bhaṭa mānī, bīra bihīna mahī maiṁ jānī.
तजहु आस निज निज गृह जाहू । लिखा न बिधि बैदेहि बिबाहू ॥
tajahu āsa nija nija gṛha jāhū, likhā na bidhi baidehi bibāhū.
सुकृतु जाइ जौं पनु परिहरऊँ । कुअँरि कुआरि रहउ का करऊँ ॥
sukṛtu jāi jauṁ panu pariharaūṁ, kuaṁri kuāri rahau kā karaūṁ.
जौं जनतेउँ बिनु भट भुबि भाई । तौ पनु करि होतेउँ न हँसाई ॥
jauṁ janateuṁ binu bhaṭa bhubi bhāī, tau panu kari hoteuṁ na haṁsāī.
जनक बचन सुनि सब नर नारी । देखि जानकिहि भए दुखारी ॥
janaka bacana suni saba nara nārī, dekhi jānakihi bhae dukhārī.
माखे लखनु कुटिल भइँ भौंहें । रदपट फरकत नयन रिसौंहें ॥
mākhe lakhanu kuṭila bhaiṁ bhauṁheṁ, radapaṭa pharakata nayana risauṁheṁ.

दोहा-dohā:

कहि न सकत रघुबीर डर लगे बचन जनु बान ।
kahi na sakata raghubīra ḍara lage bacana janu bāna,
नाइ राम पद कमल सिरु बोले गिरा प्रमान ॥२५२॥
nāi rāma pada kamala siru bole girā pramāna. 252.

चौपाई-caupāī:

रघुबंसिन्ह महुँ जहँ कोउ होई । तेहिं समाज अस कहइ न कोई ॥
raghubaṁsinha mahuṁ jahaṁ kou hoī, tehiṁ samāja asa kahai na koī.
कही जनक जसि अनुचित बानी । बिद्यमान रघुकुल मनि जानी ॥
kahī janaka jasi anucita bānī, bidyamāna raghukula mani jānī.
सुनहु भानुकुल पंकज भानू । कहउँ सुभाउ न कछु अभिमानू ॥
sunahu bhānukula paṁkaja bhānū, kahauṁ subhāu na kachu abhimānū.
जौं तुम्हारि अनुसासन पावौं । कंदुक इव ब्रह्मांड उठावौं ॥
jauṁ tumhāri anusāsana pāvauṁ, kaṁduka iva brahmāṁḍa uṭhāvauṁ.
काचे घट जिमि डारौं फोरी । सकउँ मेरु मूलक जिमि तोरी ॥
kāce ghaṭa jimi ḍārauṁ phorī, sakauṁ meru mūlaka jimi torī.
तव प्रताप महिमा भगवाना । को बापुरो पिनाक पुराना ॥
tava pratāpa mahimā bhagavānā, ko bāpuro pināka purānā.
नाथ जानि अस आयसु होऊ । कौतुकु करौं बिलोकिअ सोऊ ॥
nātha jāni asa āyasu hoū, kautuku karauṁ bilokia soū.
कमल नाल जिमि चाप चढ़ावौं । जोजन सत प्रमान लै धावौं ॥
kamala nāla jimi cāp caṛhāvauṁ, jojana sata pramāna lai dhāvauṁ.

दोहा-dohā:

तोरौं छत्रक दंड जिमि तव प्रताप बल नाथ ।
torauṁ chatraka daṁḍa jimi tava pratāpa bala nātha,
जौं न करौं प्रभु पद सपथ कर न धरौं धनु भाथ ॥२५३॥
jauṁ na karauṁ prabhu pada sapatha kara na dharauṁ dhanu bhātha. 253.

चौपाई-caupāī:

लखन सकोप बचन जे बोले । डगमगानि महि दिग्गज डोले ॥
lakhana sakopa bacana je bole, ḍagamagāni mahi diggaja ḍole.
सकल लोग सब भूप डेराने । सिय हियँ हरषु जनकु सकुचाने ॥
sakala loga saba bhūpa ḍerāne, siya hiyaṁ haraṣu janaku sakucāne.
गुर रघुपति सब मुनि मन माहीं । मुदित भए पुनि पुनि पुलकाहीं ॥
gura raghupati saba muni mana māhīṁ, mudita bhae puni puni pulakāhīṁ.
सयनहिं रघुपति लखनु नेवारे । प्रेम समेत निकट बैठारे ॥
sayanahiṁ raghupati lakhanu nevāre, prema sameta nikaṭa baiṭhāre.
बिस्वामित्र समय सुभ जानी । बोले अति सनेहमय बानी ॥
bisvāmitra samaya subha jānī, bole ati sanehamaya bānī.

उठहु राम भंजहु भवचापा । मेटहु तात जनक परितापा ॥
uṭhahu rāma bhaṁjahu bhavacāpā, meṭahu tāta janaka paritāpā.
सुनि गुरु बचन चरन सिरु नावा । हरषु बिषादु न कछु उर आवा ॥
suni guru bacana carana siru nāvā, haraṣu biṣādu na kachu ura āvā.
ठाढ़े भए उठि सहज सुभाएँ । ठवनि जुबा मृगराजु लजाएँ ॥
ṭhāṛhe bhae uṭhi sahaja subhāeṁ, ṭhavani jubā mṛgarāju lajāeṁ.

दोहा-dohā:

उदित उदयगिरि मंच पर रघुबर बालपतंग ।
udita udayagiri maṁca para raghubara bālapataṁga,
बिकसे संत सरोज सब हरषे लोचन भृंग ॥२५४॥
bikase saṁta saroja saba harase locana bhṛṁga. 254.

चौपाई-caupāī:

नृपन्ह केरि आसा निसि नासी । बचन नखत अवली न प्रकासी ॥
nṛpanha keri āsā nisi nāsī, bacana nakhata avalī na prakāsī.
मानी महिप कुमुद सकुचाने । कपटी भूप उलूक लुकाने ॥
mānī mahipa kumuda sakucāne, kapaṭī bhūpa ulūka lukāne.
भए बिसोक कोक मुनि देवा । बरिसहिं सुमन जनावहिं सेवा ॥
bhae bisoka koka muni devā, barisahiṁ sumana janāvahiṁ sevā.
गुर पद बंदि सहित अनुरागा । राम मुनिन्ह सन आयसु मागा ॥
gura pada baṁdi sahita anurāgā, rāma muninha sana āyasu māgā.
सहजहिं चले सकल जग स्वामी । मत्त मंजु बर कुंजर गामी ॥
sahajahiṁ cale sakala jaga svāmī, matta maṁju bara kuṁjara gāmī.
चलत राम सब पुर नर नारी । पुलक पूरि तन भए सुखारी ॥
calata rāma saba pura nara nārī, pulaka pūri tana bhae sukhārī.
बंदि पितर सुर सुकृत सँभारे । जौं कछु पुन्य प्रभाउ हमारे ॥
baṁdi pitara sura sukṛta saṁbhāre, jauṁ kachu punya prabhāu hamāre.
तौ सिवधनु मृनाल की नाईं । तोरहुँ राम गनेस गोसाईं ॥
tau sivadhanu mṛnāla kī nāīṁ, torahuṁ rāma ganesa gosāīṁ.

दोहा-dohā:

रामहि प्रेम समेत लखि सखिन्ह समीप बोलाइ ।
rāmahi prema sameta lakhi sakhinha samīpa bolāi,
सीता मातु सनेह बस बचन कहइ बिलखाइ ॥२५५॥
sītā mātu saneha basa bacana kahai bilakhāi. 255.

चौपाई-caupāī:

सखि सब कौतुकु देखनिहारे । जेउ कहावत हितू हमारे ॥
sakhi saba kautuku dekhanihāre, jeu kahāvata hitū hamāre.
कोउ न बुझाइ कहइ गुर पाहीं । ए बालक असि हठ भलि नाहीं ॥
kou na bujhāi kahai gura pāhīṁ, e bālaka asi haṭha bhali nāhīṁ.
रावन बान छुआ नहिं चापा । हारे सकल भूप करि दापा ॥
rāvana bāna chuā nahiṁ cāpā, hāre sakala bhūpa kari dāpā.
सो धनु राजकुअँर कर देहीं । बाल मराल कि मंदर लेहीं ॥
so dhanu rājakuaṁra kara dehīṁ, bāla marāla ki maṁdara lehīṁ.
भूप सयानप सकल सिरानी । सखि बिधि गति कछु जाति न जानी ॥
bhūpa sayānapa sakala sirānī, sakhi bidhi gati kachu jāti na jānī.
बोली चतुर सखी मृदु बानी । तेजवंत लघु गनिअ न रानी ॥
bolī catura sakhī mṛdu bānī, tejavaṁta laghu gania na rānī.
कहँ कुंभज कहँ सिंधु अपारा । सोषेउ सुजसु सकल संसारा ॥
kahaṁ kuṁbhaja kahaṁ siṁdhu apārā, soṣeu sujasu sakala saṁsārā.
रबि मंडल देखत लघु लागा । उदयँ तासु तिभुवन तम भागा ॥
rabi maṁḍala dekhata laghu lāgā, udayaṁ tāsu tibhuvana tama bhāgā.

दोहा-dohā:

मंत्र परम लघु जासु बस बिधि हरि हर सुर सर्ब ।
maṁtra parama laghu jāsu basa bidhi hari hara sura sarba,
महामत्त गजराज कहुँ बस कर अंकुस खर्ब ॥२५६॥
mahāmatta gajarāja kahuṁ basa kara aṁkusa kharba. 256.

चौपाई-caupāī:

काम कुसुम धनु सायक लीन्हे । सकल भुवन अपनें बस कीन्हे ॥
kāma kusuma dhanu sāyaka līnhe, sakala bhuvana apaneṁ basa kīnhe.
देबि तजिअ संसउ अस जानी । भंजब धनुषु राम सुनु रानी ॥
debi tajia saṁsau asa jānī, bhaṁjaba dhanuṣu rāma sunu rānī.
सखी बचन सुनि भै परतीती । मिटा बिषादु बढ़ी अति प्रीती ॥
sakhī bacana suni bhai paratītī, miṭā biṣādu baṛhī ati prītī.
तब रामहि बिलोकि बैदेही । सभय हृदयँ बिनवति जेहि तेही ॥
taba rāmahi biloki baidehī, sabhaya hṛdayaṁ binavati jehi tehī.
मनहीं मन मनाव अकुलानी । होहु प्रसन्न महेस भवानी ॥
manahīṁ mana manāva akulānī, hohu prasanna mahesa bhavānī.
करहु सफल आपनि सेवकाई । करि हितु हरहु चाप गरुआई ॥
karahu saphala āpani sevakāī, kari hitu harahu cāpa garuāī.
गननायक बरदायक देवा । आजु लगें कीन्हिउँ तुअ सेवा ॥
gananāyaka baradāyaka devā, āju lageṁ kīnhiuṁ tua sevā.
बार बार बिनती सुनि मोरी । करहु चाप गुरुता अति थोरी ॥
bāra bāra binatī suni morī, karahu cāpa gurutā ati thorī.

दोहा-dohā:

देखि देखि रघुबीर तन सुर मनाव धरि धीर ।
dekhi dekhi raghubīra tana sura manāva dhari dhīra,
भरे बिलोचन प्रेम जल पुलकावली सरीर ॥२५७॥
bhare bilocana prema jala pulakāvalī sarīra. 257.

चौपाई-caupāī:

नीकें निरखि नयन भरि सोभा । पितु पनु सुमिरि बहुरि मनु छोभा ॥
nīkeṁ nirakhi nayana bhari sobhā, pitu panu sumiri bahuri manu chobhā.
अहह तात दारुनि हठ ठानी । समुझत नहिं कछु लाभु न हानी ॥
ahaha tāta dāruni haṭha ṭhānī, samujhata nahiṁ kachu lābhu na hānī.
सचिव सभय सिख देइ न कोई । बुध समाज बड़ अनुचित होई ॥
saciva sabhaya sikha dei na koī, budha samāja baṛa anucita hoī.
कहँ धनु कुलिसहु चाहि कठोरा । कहँ स्यामल मृदुगात किसोरा ॥
kahaṁ dhanu kulisahu cāhi kaṭhorā, kahaṁ syāmala mṛdugāta kisorā.
बिधि केहि भाँति धरौं उर धीरा । सिरस सुमन कन बेधिअ हीरा ॥
bidhi kehi bhāṁti dharauṁ ura dhīrā, sirasa sumana kana bedhia hīrā.
सकल सभा कै मति भै भोरी । अब मोहि संभुचाप गति तोरी ॥
sakala sabhā kai mati bhai bhorī, aba mohi saṁbhucāpa gati torī.
निज जड़ता लोगन्ह पर डारी । होहि हरुअ रघुपतिहि निहारी ॥
nija jaṛatā loganha para ḍārī, hohi harua raghupatihi nihārī.
अति परिताप सीय मन माहीं । लव निमेष जुग सय सम जाहीं ॥
ati paritāpa sīya mana māhīṁ, lava nimeṣa juga saya sama jāhīṁ.

दोहा-dohā:

प्रभुहि चितइ पुनि चितव महि राजत लोचन लोल ।
prabhuhi citai puni citava mahi rājata locana lola,
खेलत मनसिज मीन जुग जनु बिधु मंडल डोल ॥२५८॥
khelata manasija mīna juga janu bidhu maṁḍala ḍola. 258.

चौपाई-caupāī:

गिरा अलिनि मुख पंकज रोकी । प्रगट न लाज निसा अवलोकी ॥
girā alini mukha paṁkaja rokī, pragaṭa na lāja nisā avalokī.

लोचन जलु रह लोचन कोना । जैसें परम कृपन कर सोना ॥
locana jalu raha locana konā, jaiseṁ parama kṛpana kara sonā.
सकुची ब्याकुलता बड़ि जानी । धरि धीरजु प्रतीति उर आनी ॥
sakucī byākulatā baṛi jānī, dhari dhīraju pratīti ura ānī.
तन मन बचन मोर पनु साचा । रघुपति पद सरोज चितु राचा ॥
tana mana bacana mora panu sācā, raghupati pada saroja citu rācā.
तौ भगवानु सकल उर बासी । करिहि मोहि रघुबर कै दासी ॥
tau bhagavānu sakala ura bāsī, karihi mohi raghubara kai dāsī.
जेहि कें जेहि पर सत्य सनेहू । सो तेहि मिलइ न कछु संदेहू ॥
jehi keṁ jehi para satya sanehū, so tehi milai na kachu saṁdehū.
प्रभु तन चितइ प्रेम तन ठाना । कृपानिधान राम सबु जाना ॥
prabhu tana citai prema tana ṭhānā, kṛpānidhāna rāma sabu jānā.
सियहि बिलोकि तकेउ धनु कैसें । चितव गरुरु लघु ब्यालहि जैसें ॥
siyahi biloki takeu dhanu kaiseṁ, citava garuru laghu byālahi jaiseṁ.

दोहा-dohā:

लखन लखेउ रघुबंसमनि ताकेउ हर कोदंडु ।
lakhana lakheu raghubaṁsamani tākeu hara kodaṁḍu,
पुलकि गात बोले बचन चरन चापि ब्रह्मांडु ॥२५९॥
pulaki gāta bole bacana carana cāpi brahmāṁḍu. 259.

चौपाई-caupāī:

दिसिकुंजरहु कमठ अहि कोला । धरहु धरनि धरि धीर न डोला ॥
disikuṁjarahu kamaṭha ahi kolā, dharahu dharani dhari dhīra na ḍolā.
रामु चहहिं संकर धनु तोरा । होहु सजग सुनि आयसु मोरा ॥
rāmu cahahiṁ saṁkara dhanu torā, hohu sajaga suni āyasu morā.
चाप समीप रामु जब आए । नर नारिन्ह सुर सुकृत मनाए ॥
cāpa samīpa rāmu jaba āe, nara nārinha sura sukṛta manāe.
सब कर संसउ अरु अग्यानू । मंद महीपन्ह कर अभिमानू ॥
saba kara saṁsau aru agyānū, maṁda mahīpanha kara abhimānū.
भृगुपति केरि गरब गरुआई । सुर मुनिबरन्ह केरि कदराई ॥
bhṛgupati keri garaba garuāī, sura munibaranha keri kadarāī.
सिय कर सोचु जनक पछितावा । रानिन्ह कर दारुन दुख दावा ॥
siya kara socu janaka pachitāvā, rāninha kara dāruna dukha dāvā.
संभुचाप बड बोहितु पाई । चढे जाइ सब संगु बनाई ॥
saṁbhucāpa baḍa bohitu pāī, caḍhe jāi saba saṁgu banāī.
राम बाहुबल सिंधु अपारू । चहत पारु नहिं कोउ कड़हारू ॥
rāma bāhubala siṁdhu apārū, cahata pāru nahiṁ kou kaṛahārū.

दोहा-dohā:

राम बिलोके लोग सब चित्र लिखे से देखि ।
rāma biloke loga saba citra likhe se dekhi,
चितई सीय कृपायतन जानी बिकल बिसेषि ॥२६०॥
citaī sīya kṛpāyatana jānī bikala biseṣi. 260.

चौपाई-caupāī:

देखी बिपुल बिकल बैदेही । निमिष बिहात कलप सम तेही ॥
dekhī bipula bikala baidehī, nimiṣa bihāta kalapa sama tehī.
तृषित बारि बिनु जो तनु त्यागा । मुएँ करइ का सुधा तड़ागा ॥
tṛṣita bāri binu jo tanu tyāgā, mueṁ karai kā sudhā taṛāgā.
का बरषा सब कृषी सुखानें । समय चुकें पुनि का पछितानें ॥
kā baraṣā saba kṛṣī sukhāneṁ, samaya cukeṁ puni kā pachitāneṁ.
अस जियँ जानि जानकी देखी । प्रभु पुलके लखि प्रीति बिसेषी ॥
asa jiyaṁ jāni jānakī dekhī, prabhu pulake lakhi prīti biseṣī.
गुरहि प्रनामु मनहिं मन कीन्हा । अति लाघवँ उठाइ धनु लीन्हा ॥
gurahi pranāmu manahiṁ mana kīnhā, ati lāghavaṁ uṭhāi dhanu līnhā.

दमकेउ दामिनि जिमि जब लयऊ । पुनि नभ धनु मंडल सम भयऊ ॥
damakeu dāmini jimi jaba layaū, puni nabha dhanu maṁḍala sama bhayaū.
लेत चढ़ावत खैंचत गाढ़ें । काहुँ न लखा देख सबु ठाढ़ें ॥
leta caṛhāvata khaiṁcata gāṛheṁ, kāhuṁ na lakhā dekha sabu ṭhāṛheṁ.
तेहि छन राम मध्य धनु तोरा । भरे भुवन धुनि घोर कठोरा ॥
tehi chana rāma madhya dhanu torā, bhare bhuvana dhuni ghora kaṭhorā.

छंद-chaṁda:

भरे भुवन घोर कठोर रव रबि बाजि तजि मारगु चले ।
bhare bhuvana ghora kaṭhora rava rabi bāji taji māragu cale,
चिक्करहिं दिग्गज डोल महि अहि कोल कूरुम कलमले ॥
cikkarahiṁ diggaja ḍola mahi ahi kola kūruma kalamale.
सुर असुर मुनि कर कान दीन्हें सकल बिकल बिचारहीं ।
sura asura muni kara kāna dīnheṁ sakala bikala bicārahīṁ,
कोदंड खंडेउ राम तुलसी जयति बचन उचारहीं ॥
kodaṁḍa khaṁḍeu rāma tulasī jayati bacana ucārahīṁ.

सोरठा-soraṭhā:

संकर चापु जहाजु सागरु रघुबर बाहुबलु ।
saṁkara cāpu jahāju sāgaru raghubara bāhubalu,
बूड सो सकल समाजु चढ़ा जो प्रथमहिं मोह बस ॥२६१॥
būṛa so sakala samāju caṛhā jo prathamahiṁ moha basa. 261.

चौपाई-caupāī:

प्रभु दोउ चापखंड महि डारे । देखि लोग सब भए सुखारे ॥
prabhu dou cāpakhaṁḍa mahi ḍāre, dekhi loga saba bhae sukhāre.
कौसिकरुप पयोनिधि पावन । प्रेम बारि अवगाहु सुहावन ॥
kausikarupa payonidhi pāvana, prema bāri avagāhu suhāvana.
रामरूप राकेसु निहारी । बढ़त बीचि पुलकावलि भारी ॥
rāmarūpa rākesu nihārī, baṛhata bīci pulakāvali bhārī.
बाजे नभ गहगहे निसाना । देवबधू नाचहिं करि गाना ॥
bāje nabha gahagahe nisānā, devabadhū nācahiṁ kari gānā.
ब्रह्मादिक सुर सिद्ध मुनीसा । प्रभुहि प्रसंसहिं देहिं असीसा ॥
brahmādika sura siddha munīsā, prabhuhi prasaṁsahiṁ dehiṁ asīsā.
बरिसहिं सुमन रंग बहु माला । गावहिं किंनर गीत रसाला ॥
barisahiṁ sumana raṁga bahu mālā, gāvahiṁ kiṁnara gīta rasālā.
रही भुवन भरि जय जय बानी । धनुषभंग धुनि जात न जानी ॥
rahī bhuvana bhari jaya jaya bānī, dhanuṣabhaṁga dhuni jāta na jānī.
मुदित कहहिं जहँ तहँ नर नारी । भंजेउ राम संभुधनु भारी ॥
mudita kahahiṁ jahaṁ tahaṁ nara nārī, bhaṁjeu rāma saṁbhudhanu bhārī.

दोहा-dohā:

बंदी मागध सूतगन बिरुद बदहिं मतिधीर ।
baṁdī māgadha sūtagana biruda badahiṁ matidhīra,
करहिं निछावरि लोग सब हय गय धन मनि चीर ॥२६२॥
karahiṁ nichāvari loga saba haya gaya dhana mani cīra. 262.

चौपाई-caupāī:

झाँझि मृदंग संख सहनाई । भेरि ढोल दुंदुभी सुहाई ॥
jhāṁjhi mṛdaṁga saṁkha sahanāī, bheri ḍhola duṁdubhī suhāī.
बाजहिं बहु बाजने सुहाए । जहँ तहँ जुबतिन्ह मंगल गाए ॥
bājahiṁ bahu bājane suhāe, jahaṁ tahaṁ jubatinha maṁgala gāe.
सखिन्ह सहित हरषी अति रानी । सूखत धान परा जनु पानी ॥
sakhinha sahita haraṣī ati rānī, sūkhata dhāna parā janu pānī.
जनक लहेउ सुखु सोचु बिहाई । पैरत थकें थाह जनु पाई ॥
janaka laheu sukhu socu bihāī, pairata thakeṁ thāha janu pāī.
श्रीहत भए भूप धनु टूटे । जैसें दिवस दीप छबि छूटे ॥

śrīhata bhae bhūpa dhanu ṭūṭe, jaiseṁ divasa dīpa chabi chūṭe.

सीय सुखहि बरनिअ केहि भाँती । जनु चातकी पाइ जलु स्वाती ॥
sīya sukhahi barania kehi bhām̐tī, janu cātakī pāi jalu svātī.
रामहि लखनु बिलोकत कैसें । ससिहि चकोर किसोरकु जैसें ॥
rāmahi lakhanu bilokata kaiseṁ, sasihi cakora kisoraku jaiseṁ.
सतानंद तब आयसु दीन्हा । सीताँ गमनु राम पहिं कीन्हा ॥
satānaṁda taba āyasu dīnhā, sītām̐ gamanu rāma pahiṁ kīnhā.

दोहा-dohā:

संग सखीं सुंदर चतुर गावहिं मंगलचार ।
saṁga sakhīṁ suṁdara catura gāvahiṁ maṁgalacāra,
गवनी बाल मराल गति सुषमा अंग अपार ॥२६३॥
gavanī bāla marāla gati suṣamā aṁga apāra. 263.

चौपाई-caupāī:

सखिन्ह मध्य सिय सोहति कैसें । छबिगन मध्य महाछबि जैसें ॥
sakhinha madhya siya sohati kaiseṁ, chabigana madhya mahāchabi jaiseṁ.
कर सरोज जयमाल सुहाई । बिस्व बिजय सोभा जेहिं छाई ॥
kara saroja jayamāla suhāī, bisva bijaya sobhā jehiṁ chāī.
तन सकोचु मन परम उछाहू । गूढ़ प्रेमु लखि परइ न काहू ॥
tana sakocu mana parama uchāhū, gūṛha premu lakhi parai na kāhū.
जाइ समीप राम छबि देखी । रहि जनु कुअँरि चित्र अवरेखी ॥
jāi samīpa rāma chabi dekhī, rahi janu kuam̐ri citra avarekhī.
चतुर सखीं लखि कहा बुझाई । पहिरावहु जयमाल सुहाई ॥
catura sakhīṁ lakhi kahā bujhāī, pahirāvahu jayamāla suhāī.
सुनत जुगल कर माल उठाई । प्रेम बिबस पहिराइ न जाई ॥
sunata jugala kara māla uṭhāī, prema bibasa pahirāi na jāī.
सोहत जनु जुग जलज सनाला । ससिहि सभीत देत जयमाला ॥
sohata janu juga jalaja sanālā, sasihi sabhīta deta jayamālā.
गावहिं छबि अवलोकि सहेली । सियँ जयमाल राम उर मेली ॥
gāvahiṁ chabi avaloki sahelī, siyam̐ jayamāla rāma ura melī.

सोरठा-soraṭhā:

रघुबर उर जयमाल देखि देव बरिसहिं सुमन ।
raghubara ura jayamāla dekhi deva barisahiṁ sumana,
सकुचे सकल भुआल जनु बिलोकि रबि कुमुदगन ॥२६४॥
sakuce sakala bhuāla janu biloki rabi kumudagana. 264.

चौपाई-caupāī:

पुर अरु ब्योम बाजने बाजे । खल भए मलिन साधु सब राजे ॥
pura aru byoma bājane bāje, khala bhae malina sādhu saba rāje.
सुर किंनर नर नाग मुनीसा । जय जय जय कहि देहिं असीसा ॥
sura kiṁnara nara nāga munīsā, jaya jaya jaya kahi dehiṁ asīsā.
नाचहिं गावहिं बिबुध बधूटीं । बार बार कुसुमांजलि छूटीं ॥
nācahiṁ gāvahiṁ bibudha badhūṭīṁ, bāra bāra kusumāṁjali chūṭīṁ.
जहँ तहँ बिप्र बेदधुनि करहीं । बंदी बिरिदावलि उच्चरहीं ॥
jaham̐ taham̐ bipra bedadhuni karahīṁ, baṁdī biridāvali uccarahīṁ.
महि पाताल नाक जसु ब्यापा । राम बरी सिय भंजेउ चापा ॥
mahi pātāla nāka jasu byāpā, rāma barī siya bhaṁjeu cāpā.
करहिं आरती पुर नर नारी । देहिं निछावरि बित्त बिसारी ॥
karahiṁ āratī pura nara nārī, dehiṁ nichāvari bitta bisārī.
सोहति सीय राम कै जोरी । छबि सिंगारु मनहुँ एक ठोरी ॥
sohati sīya rāma kai jorī, chabi siṁgāru manahum̐ eka ṭhorī.
सखीं कहहिं प्रभुपद गहु सीता । करति न चरन परस अति भीता ॥
sakhīṁ kahahiṁ prabhupada gahu sītā, karati na carana parasa ati bhītā.

दोहा-dohā:

गौतम तिय गति सुरति करि नहिं परसति पग पानि ।
gautama tiya gati surati kari nahiṁ parasati paga pāni,
मन बिहसे रघुबंसमनि प्रीति अलौकिक जानि ॥२६५॥
mana bihase raghubaṁsamani prīti alaukika jāni. 265.

चौपाई-caupāī:

तब सिय देखि भूप अभिलाषे । कूर कपूत मूढ़ मन माखे ॥
taba siya dekhi bhūpa abhilāṣe, kūra kapūta mūṛha mana mākhe.
उठि उठि पहिरि सनाह अभागे । जहँ तहँ गाल बजावन लागे ॥
uṭhi uṭhi pahiri sanāha abhāge, jaham̐ taham̐ gāla bajāvana lāge.
लेहु छड़ाइ सीय कह कोऊ । धरि बाँधहु नृप बालक दोऊ ॥
lehu chaṛāi sīya kaha koū, dhari bām̐dhahu nṛpa bālaka doū.
तोरें धनुषु चाड़ नहिं सरई । जीवत हमहि कुअँरि को बरई ॥
toreṁ dhanuṣu cāṛa nahiṁ saraī, jīvata hamahi kuam̐ri ko baraī.
जौं बिदेहु कछु करै सहाई । जीतहु समर सहित दोउ भाई ॥
jauṁ bidehu kachu karai sahāī, jītahu samara sahita dou bhāī.
साधु भूप बोले सुनि बानी । राजसमाजहि लाज लजानी ॥
sādhu bhūpa bole suni bānī, rājasamājahi lāja lajānī.
बलु प्रतापु बीरता बड़ाई । नाक पिनाकहि संग सिधाई ॥
balu pratāpu bīratā baṛāī, nāka pinākahi saṁga sidhāī.
सोइ सूरता कि अब कहुँ पाई । असि बुधि तौ बिधि मुहँ मसि लाई ॥
soi sūratā ki aba kahum̐ pāī, asi budhi tau bidhi muham̐ masi lāī.

दोहा-dohā:

देखहु रामहि नयन भरि तजि इरिषा मदु कोहु ।
dekhahu rāmahi nayana bhari taji iriṣā madu kohu,
लखन रोषु पावकु प्रबल जानि सलभ जनि होहु ॥२६६॥
lakhana roṣu pāvaku prabala jāni salabha jani hohu. 266.

चौपाई-caupāī:

बैनतेय बलि जिमि चह कागू । जिमि ससु चहै नाग अरि भागू ॥
bainateya bali jimi caha kāgū, jimi sasu cahai nāga ari bhāgū.
जिमि चह कुसल अकारन कोही । सब संपदा चहै सिवद्रोही ॥
jimi caha kusala akārana kohī, saba saṁpadā cahai sivadrohī.
लोभी लोलुप कल कीरति चहई । अकलंकता कि कामी लहई ॥
lobhī lolupa kala kīrati cahaī, akalaṁkatā ki kāmī lahaī.
हरि पद बिमुख परम गति चाहा । तस तुम्हार लालचु नरनाहा ॥
hari pada bimukha parama gati cāhā, tasa tumhāra lālacu naranāhā.
कोलाहलु सुनि सीय सकानी । सखीं लवाइ गईं जहँ रानी ॥
kolāhalu suni sīya sakānī, sakhīṁ lavāi gaīṁ jaham̐ rānī.
रामु सुभायँ चले गुरु पाहीं । सिय सनेहु बरनत मन माहीं ॥
rāmu subhāyam̐ cale guru pāhīṁ, siya sanehu baranata mana māhīṁ.
रानिन्ह सहित सोचबस सीया । अब धौं बिधिहि काह करनीया ॥
rāninha sahita socabasa sīyā, aba dhauṁ bidhihi kāha karanīyā.
भूप बचन सुनि इत उत तकहीं । लखनु राम डर बोलि न सकहीं ॥
bhūpa bacana suni ita uta takahīṁ, lakhanu rāma ḍara boli na sakahīṁ.

दोहा-dohā:

अरुन नयन भृकुटी कुटिल चितवत नृपन्ह सकोप ।
aruna nayana bhṛkuṭī kuṭila citavata nṛpanha sakopa,
मनहुँ मत्त गजगन निरखि सिंघकिसोरहि चोप ॥२६७॥
manahum̐ matta gajagana nirakhi siṁghakisorahi copa. 267.

चौपाई-caupāī:

खरभरु देखि बिकल पुर नारीं । सब मिलि देहिं महीपन्ह गारीं ॥
kharabharu dekhi bikala pura nārīṁ, saba mili dehiṁ mahīpanha gārīṁ.

तेहिं अवसर सुनि सिवधनु भंगा । आयउ भृगुकुल कमल पतंगा ॥
tehiṁ avasara suni sivadhanu bhaṁgā, āyau bhṛgukula kamala pataṁgā.
देखि महीप सकल सकुचाने । बाज झपट जनु लवा लुकाने ॥
dekhi mahīpa sakala sakucāne, bāja jhapaṭa janu lavā lukāne.
गौरि सरीर भूति भल भ्राजा । भाल बिसाल त्रिपुंड बिराजा ॥
gauri sarīra bhūti bhala bhrājā, bhāla bisāla tripuṁḍa birājā.
सीस जटा ससिबदनु सुहावा । रिसबस कछुक अरुन होइ आवा ॥
sīsa jaṭā sasibadanu suhāvā, risabasa kachuka aruna hoi āvā.
भृकुटी कुटिल नयन रिस राते । सहजहुँ चितवत मनहुँ रिसाते ॥
bhṛkuṭī kuṭila nayana risa rāte, sahajahuṁ citavata manahuṁ risāte.
बृषभ कंध उर बाहु बिसाला । चारु जनेउ माल मृगछाला ॥
bṛṣabha kaṁdha ura bāhu bisālā, cāru janeu māla mṛgachālā.
कटि मुनिबसन तून दुइ बाँधें । धनु सर कर कुठारु कल काँधें ॥
kaṭi munibasana tūna dui bāṁdheṁ, dhanu sara kara kuṭhāru kala kāṁdheṁ.

दोहा-dohā:

सांत बेषु करनी कठिन बरनि न जाइ सरुप ।
sāṁta beṣu karanī kaṭhina barani na jāi sarupa,
धरि मुनितनु जनु बीर रसु आयउ जहँ सब भूप ॥२६८॥
dhari munitanu janu bīra rasu āyau jahaṁ saba bhūpa. 268.

चौपाई-caupāī:

देखत भृगुपति बेषु कराला । उठे सकल भय बिकल भुआला ॥
dekhata bhṛgupati beṣu karālā, uṭhe sakala bhaya bikala bhuālā.
पितु समेत कहि कहि निज नामा । लगे करन सब दंड प्रनामा ॥
pitu sameta kahi kahi nija nāmā, lage karana saba daṁḍa pranāmā.
जेहि सुभायँ चितवहिं हितु जानी । सो जानइ जनु आइ खुटानी ॥
jehi subhāyaṁ citavahiṁ hitu jānī, so jānai janu āi khuṭānī.
जनक बहोरि आइ सिरु नावा । सीय बोलाइ प्रनामु करावा ॥
janaka bahori āi siru nāvā, sīya bolāi pranāmu karāvā.
आसिष दीन्हि सखीं हरषानीं । निज समाज लै गईं सयानीं ॥
āsiṣa dīnhi sakhīṁ haraṣānīṁ, nija samāja lai gaīṁ sayānīṁ.
बिस्वामित्रु मिले पुनि आई । पद सरोज मेले दोउ भाई ॥
bisvāmitru mile puni āī, pada saroja mele dou bhāī.
रामु लखनु दसरथ के ढोटा । दीन्हि असीस देखि भल जोटा ॥
rāmu lakhanu dasaratha ke ḍhoṭā, dīnhi asīsa dekhi bhala joṭā.
रामहि चितइ रहे थकि लोचन । रूप अपार मार मद मोचन ॥
rāmahi citai rahe thaki locana, rūpa apāra māra mada mocana.

दोहा-dohā:

बहुरि बिलोकि बिदेह सन कहहु काह अति भीर ।
bahuri biloki bideha sana kahahu kāha ati bhīra,
पूछत जानि अजान जिमि ब्यापेउ कोपु सरीर ॥२६९॥
pūchata jāni ajāna jimi byāpeu kopu sarīra. 269.

चौपाई-caupāī:

समाचार कहि जनक सुनाए । जेहि कारन महीप सब आए ॥
samācāra kahi janaka sunāe, jehi kārana mahīpa saba āe.
सुनत बचन फिरि अनत निहारे । देखे चापखंड महि डारे ॥
sunata bacana phiri anata nihāre, dekhe cāpakhaṁḍa mahi ḍāre.
अति रिस बोले बचन कठोरा । कहु जड़ जनक धनुष कै तोरा ॥
ati risa bole bacana kaṭhorā, kahu jaṛa janaka dhanuṣa kai torā.
बेगि देखाउ मूढ़ न त आजू । उलटउँ महि जहँ लहि तव राजू ॥
begi dekhāu mūṛha na ta ājū, ulaṭauṁ mahi jahaṁ lahi tava rājū.
अति डरु उतरु देत नृपु नाहीं । कुटिल भूप हरषे मन माहीं ॥
ati ḍaru utaru deta nṛpu nāhīṁ, kuṭila bhūpa haraṣe mana māhīṁ.

सुर मुनि नाग नगर नर नारी । सोचहिं सकल त्रास उर भारी ॥
sura muni nāga nagara nara nārī, socahiṁ sakala trāsa ura bhārī.
मन पछिताति सीय महतारी । बिधि अब सँवरी बात बिगारी ॥
mana pachitāti sīya mahatārī, bidhi aba saṁvarī bāta bigārī.
भृगुपति कर सुभाउ सुनि सीता । अरध निमेष कलप सम बीता ॥
bhṛgupati kara subhāu suni sītā, aradha nimeṣa kalapa sama bītā.

दोहा-dohā:

सभय बिलोके लोग सब जानि जानकी भीरु ।
sabhaya biloke loga saba jāni jānakī bhīru,
हृदयँ न हरषु बिषादु कछु बोले श्रीरघुबीरु ॥२७०॥
hṛdayaṁ na haraṣu biṣādu kachu bole śrīraghubīru. 270.

मासपारायण नवाँ विश्राम
māsapārāyaṇa navāṁ viśrāma
(Pause 9 for a Thirty-Day Recitation)

चौपाई-caupāī:

नाथ संभुधनु भंजनिहारा । होइहि केउ एक दास तुम्हारा ॥
nātha saṁbhudhanu bhaṁjanihārā, hoihi keu eka dāsa tumhārā.
आयसु काह कहिअ किन मोही । सुनि रिसाइ बोले मुनि कोही ॥
āyasu kāha kahia kina mohī, suni risāi bole muni kohī.
सेवकु सो जो करै सेवकाई । अरि करनी करि करिअ लराई ॥
sevaku so jo karai sevakāī, ari karanī kari karia larāī.
सुनहु राम जेहिं सिवधनु तोरा । सहसबाहु सम सो रिपु मोरा ॥
sunahu rāma jehiṁ sivadhanu torā, sahasabāhu sama so ripu morā.
सो बिलगाउ बिहाइ समाजा । न त मारे जैहहिं सब राजा ॥
so bilagāu bihāi samājā, na ta māre jaihahiṁ saba rājā.
सुनि मुनि बचन लखन मुसुकाने । बोले परसुधरहि अपमाने ॥
suni muni bacana lakhana musukāne, bole parasudharahi apamāne.
बहु धनुहीं तोरीं लरिकाईं । कबहुँ न असि रिस कीन्हि गोसाईं ॥
bahu dhanuhīṁ toriṁ larikāīṁ, kabahuṁ na asi risa kīnhi gosāīṁ.
एहि धनु पर ममता केहि हेतू । सुनि रिसाइ कह भृगुकुलकेतू ॥
ehi dhanu para mamatā kehi hetū, suni risāi kaha bhṛgukulaketū.

दोहा-dohā:

रे नृप बालक काल बस बोलत तोहि न सँभार ।
re nṛpa bālaka kāla basa bolata tohi na saṁbhāra,
धनुही सम तिपुरारि धनु बिदित सकल संसार ॥२७१॥
dhanuhī sama tipurāri dhanu bidita sakala saṁsāra. 271.

चौपाई-caupāī:

लखन कहा हँसि हमरें जाना । सुनहु देव सब धनुष समाना ॥
lakhana kahā haṁsi hamareṁ jānā, sunahu deva saba dhanuṣa samānā.
का छति लाभु जून धनु तोरें । देखा राम नयन के भोरें ॥
kā chati lābhu jūna dhanu toreṁ, dekhā rāma nayana ke bhoreṁ.
छुअत टूट रघुपतिहु न दोसू । मुनि बिनु काज करिअ कत रोसू ॥
chuata ṭūṭa raghupatihu na dosū, muni binu kāja karia kata rosū.
बोले चितइ परसु की ओरा । रे सठ सुनेहि सुभाउ न मोरा ॥
bole citai parasu kī orā, re saṭha sunehi subhāu na morā.
बालकु बोलि बधउँ नहिं तोही । केवल मुनि जड़ जानहि मोही ॥
bālaku boli badhauṁ nahiṁ tohī, kevala muni jaṛa jānahi mohī.
बाल ब्रह्मचारी अति कोही । बिस्व बिदित छत्रियकुल द्रोही ॥
bāla brahmacārī ati kohī, bisva bidita chatriyakula drohī.
भुजबल भूमि भूप बिनु कीन्ही । बिपुल बार महिदेवन्ह दीन्ही ॥
bhujabala bhūmi bhūpa binu kīnhī, bipula bāra mahidevanha dīnhī.
सहसबाहु भुज छेदनिहारा । परसु बिलोकु महीपकुमारा ॥
sahasabāhu bhuja chedanihārā, parasu biloku mahīpakumārā.

दोहा-dohā:

मातु पितहि जनि सोचबस करसि महीसकिसोर ।
mātu pitahi jani socabasa karasi mahīsakisora,
गर्भन्ह के अर्भक दलन परसु मोर अति घोर ॥ २७२॥
garbhanha ke arbhaka dalana parasu mora ati ghora. 272.

चौपाई-caupāī:

बिहसि लखनु बोले मृदु बानी । अहो मुनीसु महा भटमानी ॥
bihasi lakhanu bole mṛdu bānī, aho munīsu mahā bhaṭamānī.
पुनि पुनि मोहि देखाव कुठारू । चहत उड़ावन फूँकि पहारू ॥
puni puni mohi dekhāva kuṭhārū, cahata uṛāvana phūm̐ki pahārū.
इहाँ कुम्हड़बतिया कोउ नाहीं । जे तरजनी देखि मरि जाहीं ॥
ihām̐ kumhaṛabatiyā kou nāhīṁ, je tarajanī dekhi mari jāhīṁ.
देखि कुठारु सरासन बाना । मैं कछु कहा सहित अभिमाना ॥
dekhi kuṭhāru sarāsana bānā, maiṁ kachu kahā sahita abhimānā.
भृगुसुत समुझि जनेउ बिलोकी । जो कछु कहहु सहउँ रिस रोकी ॥
bhṛgusuta samujhi janeu bilokī, jo kachu kahahu sahaum̐ risa rokī.
सुर महिसुर हरिजन अरु गाई । हमरें कुल इन्ह पर न सुराई ॥
sura mahisura harijana aru gāī, hamareṁ kula inha para na surāī.
बधें पापु अपकीरति हारें । मारतहूँ पा परिअ तुम्हारें ॥
badheṁ pāpu apakīrati hāreṁ, māratahūm̐ pā paria tumhāreṁ.
कोटि कुलिस सम बचनु तुम्हारा । ब्यर्थ धरहु धनु बान कुठारा ॥
koṭi kulisa sama bacanu tumhārā, byartha dharahu dhanu bāna kuṭhārā.

दोहा-dohā:

जो बिलोकि अनुचित कहेउँ छमहु महामुनि धीर ।
jo biloki anucita kaheum̐ chamahu mahāmuni dhīra,
सुनि सरोष भृगुबंसमनि बोले गिरा गभीर ॥ २७३॥
suni saroṣa bhṛgubaṁsamani bole girā gabhīra. 273.

चौपाई-caupāī:

कौसिक सुनहु मंद यहु बालकु । कुटिल कालबस निज कुल घालकु ॥
kausika sunahu maṁda yahu bālaku, kuṭila kālabasa nija kula ghālaku.
भानु बंस राकेस कलंकू । निपट निरंकुस अबुध असंकू ॥
bhānu baṁsa rākesa kalaṁkū, nipaṭa niraṁkusa abudha asaṁkū.
काल कवलु होइहि छन माहीं । कहउँ पुकारि खोरि मोहि नाहीं ॥
kāla kavalu hoihi chana māhīṁ, kahaum̐ pukāri khori mohi nāhīṁ.
तुम्ह हटकहु जौं चहहु उबारा । कहि प्रतापु बलु रोषु हमारा ॥
tumha haṭakahu jauṁ cahahu ubārā, kahi pratāpu balu roṣu hamārā.
लखन कहेउ मुनि सुजसु तुम्हारा । तुम्हहि अछत को बरनै पारा ॥
lakhana kaheu muni sujasu tumhārā, tumhahi achata ko baranai pārā.
अपने मुँह तुम्ह आपनि करनी । बार अनेक भाँति बहु बरनी ॥
apane mum̐ha tumha āpani karanī, bāra aneka bhām̐ti bahu baranī.
नहिं संतोषु त पुनि कछु कहहू । जनि रिस रोकि दुसह दुख सहहू ॥
nahiṁ saṁtoṣu ta puni kachu kahahū, jani risa roki dusaha dukha sahahū.
बीरब्रती तुम्ह धीर अछोभा । गारी देत न पावहु सोभा ॥
bīrabratī tumha dhīra achobhā, gārī deta na pāvahu sobhā.

दोहा-dohā:

सूर समर करनी करहिं कहि न जनावहिं आपु ।
sūra samara karanī karahiṁ kahi na janāvahiṁ āpu,
बिद्यमान रन पाइ रिपु कायर कथहिं प्रतापु ॥ २७४॥
bidyamāna rana pāi ripu kāyara kathahiṁ pratāpu. 274.

चौपाई-caupāī:

तुम्ह तौ कालु हाँक जनु लावा । बार बार मोहि लागि बोलावा ॥
tumha tau kālu hām̐ka janu lāvā, bāra bāra mohi lāgi bolāvā.
सुनत लखन के बचन कठोरा । परसु सुधारि धरेउ कर घोरा ॥
sunata lakhana ke bacana kaṭhorā, parasu sudhāri dhareu kara ghorā.
अब जनि देइ दोसु मोहि लोगू । कटुबादी बालकु बधजोगू ॥
aba jani dei dosu mohi logū, kaṭubādī bālaku badhajogū.
बाल बिलोकि बहुत मैं बाँचा । अब यहु मरनिहार भा साँचा ॥
bāla biloki bahuta maiṁ bām̐cā, aba yahu maranihāra bhā sām̐cā.
कौसिक कहा छमिअ अपराधू । बाल दोष गुन गनहिं न साधू ॥
kausika kahā chamia aparādhū, bāla doṣa guna ganahiṁ na sādhū.
खर कुठार मैं अकरुन कोही । आगें अपराधी गुरुद्रोही ॥
khara kuṭhāra maiṁ akaruna kohī, āgeṁ aparādhī gurudrohī.
उतर देत छोड़उँ बिनु मारें । केवल कौसिक सील तुम्हारें ॥
utara deta choṛaum̐ binu māreṁ, kevala kausika sīla tumhāreṁ.
न त एहि काटि कुठार कठोरें । गुरहि उरिन होतेउँ श्रम थोरें ॥
na ta ehi kāṭi kuṭhāra kaṭhoreṁ, gurahi urina hoteum̐ śrama thoreṁ.

दोहा-dohā:

गाधिसूनु कह हृदयँ हँसि मुनिहि हरिअरइ सूझ ।
gādhisūnu kaha hṛdayam̐ ham̐si munihi hariarai sūjha,
अयमय खाँड न ऊखमय अजहुँ न बूझ अबूझ ॥ २७५॥
ayamaya khām̐ḍa na ūkhamaya ajahum̐ na būjha abūjha. 275.

चौपाई-caupāī:

कहेउ लखन मुनि सीलु तुम्हारा । को नहिं जान बिदित संसारा ॥
kaheu lakhana muni sīlu tumhārā, ko nahiṁ jāna bidita saṁsārā.
माता पितहि उरिन भए नीकें । गुर रिनु रहा सोचु बड़ जीकें ॥
mātā pitahi urina bhae nīkeṁ, gura rinu rahā socu baṛa jīkeṁ.
सो जनु हमरेहि माथे काढ़ा । दिन चलि गए ब्याज बड़ बाढ़ा ॥
so janu hamarehi māthe kāṛhā, dina cali gae byāja baṛa bāṛhā.
अब आनिअ ब्यवहरिआ बोली । तुरत देउँ मैं थैली खोली ॥
aba ānia byavahariā bolī, turata deum̐ maiṁ thailī kholī.
सुनि कटु बचन कुठार सुधारा । हाय हाय सब सभा पुकारा ॥
suni kaṭu bacana kuṭhāra sudhārā, hāya hāya saba sabhā pukārā.
भृगुबर परसु देखावहु मोही । बिप्र बिचारि बचउँ नृपद्रोही ॥
bhṛgubara parasu dekhāvahu mohī, bipra bicāri bacaum̐ nṛpadrohī.
मिले न कबहुँ सुभट रन गाढ़े । द्विज देवता घरहि के बाढ़े ॥
mile na kabahum̐ subhaṭa rana gāṛhe, dvija devatā gharahi ke bāṛhe.
अनुचित कहि सब लोग पुकारे । रघुपति सयनहिं लखनु नेवारे ॥
anucita kahi saba loga pukāre, raghupati sayanahiṁ lakhanu nevāre.

दोहा-dohā:

लखन उतर आहुति सरिस भृगुबर कोपु कृसानु ।
lakhana utara āhuti sarisa bhṛgubara kopu kṛsānu,
बढ़त देखि जल सम बचन बोले रघुकुलभानु ॥ २७६॥
baṛhata dekhi jala sama bacana bole raghukulabhānu. 276.

चौपाई-caupāī:

नाथ करहु बालक पर छोहू । सूध दूधमुख करिअ न कोहू ॥
nātha karahu bālaka para chohū, sūdha dūdhamukha karia na kohū.
जौं पै प्रभु प्रभाउ कछु जाना । तौ कि बराबरि करत अयाना ॥
jauṁ pai prabhu prabhāu kachu jānā, tau ki barābari karata ayānā.
जौं लरिका कछु अचगरि करहीं । गुर पितु मातु मोद मन भरहीं ॥
jauṁ larikā kachu acagari karahīṁ, gura pitu mātu moda mana bharahīṁ.
करिअ कृपा सिसु सेवक जानी । तुम्ह सम सील धीर मुनि ग्यानी ॥
karia kṛpā sisu sevaka jānī, tumha sama sīla dhīra muni gyānī.
राम बचन सुनि कछुक जुड़ाने । कहि कछु लखनु बहुरि मुसुकाने ॥
rāma bacana suni kachuka juṛāne, kahi kachu lakhanu bahuri musukāne.

हँसत देखि नख सिख रिस ब्यापी । राम तोर भ्राता बड़ पापी ॥
haṁsata dekhi nakha sikha risa byāpī, rāma tora bhrātā baṛa pāpī.
गौर सरीर स्याम मन माहीं । कालकूटमुख पयमुख नाहीं ॥
gaura sarīra syāma mana māhīṁ, kālakūṭamukha payamukha nāhīṁ.
सहज टेढ़ अनुहरइ न तोही । नीचु मीचु सम देख न मोही ॥
sahaja ṭeṛha anuharai na tohī, nīcu mīcu sama dekha na mohī.

दोहा-dohā:

लखन कहेउ हँसि सुनहु मुनि क्रोधु पाप कर मूल ।
lakhana kaheu haṁsi sunahu muni krodhu pāpa kara mūla,
जेहि बस जन अनुचित करहिं चरहिं बिस्व प्रतिकूल ॥२७७॥
jehi basa jana anucita karahiṁ carahiṁ bisva pratikūla. 277.

चौपाई-caupāī:

मैं तुम्हार अनुचर मुनिराया । परिहरि कोपु करिअ अब दाया ॥
maiṁ tumhāra anucara munirāyā, parihari kopu karia aba dāyā.
टूट चाप नहिं जुरिहि रिसाने । बैठिअ होइहिं पाय पिराने ॥
ṭūṭa cāpa nahiṁ jurihi risāne, baiṭhia hoihiṁ pāya pirāne.
जौं अति प्रिय तौ करिअ उपाई । जोरिअ कोउ बड़ गुनी बोलाई ॥
jauṁ ati priya tau karia upāī, joria kou baṛa gunī bolāī.
बोलत लखनहिं जनकु डेराहीं । मष्ट करहु अनुचित भल नाहीं ॥
bolata lakhanahiṁ janaku ḍerāhīṁ, maṣṭa karahu anucita bhala nāhīṁ.
थर थर काँपहिं पुर नर नारी । छोट कुमार खोट बड़ भारी ॥
thara thara kāṁpahiṁ pura nara nārī, choṭa kumāra khoṭa baṛa bhārī.
भृगुपति सुनि सुनि निरभय बानी । रिस तन जरइ होइ बल हानी ॥
bhṛgupati suni suni nirabhaya bānī, risa tana jarai hoi bala hānī.
बोले रामहि देइ निहोरा । बचउँ बिचारि बंधु लघु तोरा ॥
bole rāmahi dei nihorā, bacauṁ bicāri baṁdhu laghu torā.
मनु मलीन तनु सुंदर कैसें । बिष रस भरा कनक घटु जैसें ॥
manu malīna tanu suṁdara kaiseṁ, biṣa rasa bharā kanaka ghaṭu jaiseṁ.

दोहा-dohā:

सुनि लछिमन बिहसे बहुरि नयन तरेरे राम ।
suni lachimana bihase bahuri nayana tarere rāma,
गुर समीप गवने सकुचि परिहरि बानी बाम ॥२७८॥
gura samīpa gavane sakuci parihari bānī bāma. 278.

चौपाई-caupāī:

अति बिनीत मृदु सीतल बानी । बोले रामु जोरि जुग पानी ॥
ati binīta mṛdu sītala bānī, bole rāmu jori juga pānī.
सुनहु नाथ तुम्ह सहज सुजाना । बालक बचनु करिअ नहिं काना ॥
sunahu nātha tumha sahaja sujānā, bālaka bacanu karia nahiṁ kānā.
बररै बालकु एकु सुभाऊ । इन्हहि न संत बिदूषहिं काऊ ॥
bararai bālaku eku subhāū, inhahi na saṁta bidūṣahiṁ kāū.
तेहिं नाहीं कछु काज बिगारा । अपराधी मैं नाथ तुम्हारा ॥
tehiṁ nāhīṁ kachu kāja bigārā, aparādhī maiṁ nātha tumhārā.
कृपा कोपु बधु बँधब गोसाईं । मो पर करिअ दास की नाईं ॥
kṛpā kopu badhu baṁdhaba gosāīṁ, mo para karia dāsa kī nāīṁ.
कहिअ बेगि जेहि बिधि रिस जाई । मुनिनायक सोइ करौं उपाई ॥
kahia begi jehi bidhi risa jāī, munināyaka soi karauṁ upāī.
कह मुनि राम जाइ रिस कैसें । अजहुँ अनुज तव चितव अनैसें ॥
kaha muni rāma jāi risa kaiseṁ, ajahuṁ anuja tava citava anaiseṁ.
एहि कें कंठ कुठारु न दीन्हा । तौ मैं काह कोपु करि कीन्हा ॥
ehi keṁ kaṁṭha kuṭhāru na dīnhā, tau maiṁ kāha kopu kari kīnhā.

दोहा-dohā:

गर्भ स्रवहिं अवनिप रवनि सुनि कुठार गति घोर ।
garbha sravahiṁ avanipa ravani suni kuṭhāra gati ghora,
परसु अछत देखउँ जिअत बैरी भूपकिसोर ॥२७९॥
parasu achata dekhauṁ jiata bairī bhūpakisora. 279.

चौपाई-caupāī:

बहइ न हाथु दहइ रिस छाती । भा कुठारु कुंठित नृपघाती ॥
bahai na hāthu dahai risa chātī, bhā kuṭhāru kuṁṭhita nṛpaghātī.
भयउ बाम बिधि फिरेउ सुभाऊ । मोरे हृदयँ कृपा कसि काऊ ॥
bhayau bāma bidhi phireu subhāū, more hṛdayaṁ kṛpā kasi kāū.
आजु दया दुखु दुसह सहावा । सुनि सौमित्रि बिहसि सिरु नावा ॥
āju dayā dukhu dusaha sahāvā, suni saumitri bihasi siru nāvā.
बाउ कृपा मूरति अनुकूला । बोलत बचन झरत जनु फूला ॥
bāu kṛpā mūrati anukūlā, bolata bacana jharata janu phūlā.
जौं पै कृपाँ जरिहिं मुनि गाता । क्रोध भएँ तनु राख बिधाता ॥
jauṁ pai kṛpāṁ jarihiṁ muni gātā, krodha bhaeṁ tanu rākha bidhātā.
देखु जनक हठि बालकु एहू । कीन्ह चहत जड़ जमपुर गेहू ॥
dekhu janaka haṭhi bālaku ehū, kīnha cahata jaṛa jamapura gehū.
बेगि करहु किन आँखिन्ह ओटा । देखत छोट खोट नृप ढोटा ॥
begi karahu kina āṁkhinha oṭā, dekhata choṭa khoṭa nṛpa ḍhoṭā.
बिहसे लखनु कहा मन माहीं । मूदें आँखि कतहुँ कोउ नाहीं ॥
bihase lakhanu kahā mana māhīṁ, mūdeṁ āṁkhi katahuṁ kou nāhīṁ.

दोहा-dohā:

परसुरामु तब राम प्रति बोले उर अति क्रोधु ।
parasurāmu taba rāma prati bole ura ati krodhu,
संभु सरासनु तोरि सठ करसि हमार प्रबोधु ॥२८०॥
saṁbhu sarāsanu tori saṭha karasi hamāra prabodhu. 280.

चौपाई-caupāī:

बंधु कहइ कटु संमत तोरें । तू छल बिनय करसि कर जोरें ॥
baṁdhu kahai kaṭu saṁmata toreṁ, tū chala binaya karasi kara joreṁ.
करु परितोषु मोर संग्रामा । नाहिं त छाड़ कहाउब रामा ॥
karu paritoṣu mora saṁgrāmā, nāhiṁ ta chāṛa kahāuba rāmā.
छलु तजि करहि समरु सिवद्रोही । बंधु सहित न त मारउँ तोही ॥
chalu taji karahi samaru sivadrohī, baṁdhu sahita na ta mārauṁ tohī.
भृगुपति बकहिं कुठार उठाएँ । मन मुसुकाहिं रामु सिर नाएँ ॥
bhṛgupati bakahiṁ kuṭhāra uṭhāeṁ, mana musukāhiṁ rāmu sira nāeṁ.
गुनह लखन कर हम पर रोषू । कतहुँ सुधाइहु ते बड़ दोषू ॥
gunaha lakhana kara hama para roṣū, katahuṁ sudhāihu te baṛa doṣū.
टेढ़ जानि सब बंदइ काहू । बक्र चंद्रमहि ग्रसइ न राहू ॥
ṭeṛha jāni saba baṁdai kāhū, bakra caṁdramahi grasai na rāhū.
राम कहेउ रिस तजिअ मुनीसा । कर कुठारु आगें यह सीसा ॥
rāma kaheu risa tajia munīsā, kara kuṭhāru āgeṁ yaha sīsā.
जेहिं रिस जाइ करिअ सोइ स्वामी । मोहि जानिअ आपन अनुगामी ॥
jehiṁ risa jāi karia soi svāmī, mohi jānia āpana anugāmī.

दोहा-dohā:

प्रभुहि सेवकहि समरु कस तजहु बिप्रबर रोसु ।
prabhuhi sevakahi samaru kasa tajahu biprabara rosu,
बेषु बिलोकें कहेसि कछु बालकहू नहिं दोसु ॥२८१॥
beṣu bilokeṁ kahesi kachu bālakahū nahiṁ dosu. 281.

चौपाई-caupāī:

देखि कुठार बान धनु धारी । भै लरिकहि रिस बीरु बिचारी ॥
dekhi kuṭhāra bāna dhanu dhārī, bhai larikahi risa bīru bicārī.

नामु जान पै तुम्हहि न चीन्हा । बंस सुभायँ उतरु तेहिं दीन्हा ॥
nāmu jāna pai tumhahi na cīnhā, baṁsa subhāyaṁ utaru tehiṁ dīnhā.
जौं तुम्ह औतेहु मुनि की नाईं । पद रज सिर सिसु धरत गोसाईं ॥
jauṁ tumha autehu muni kī nāīṁ, pada raja sira sisu dharata gosāīṁ.
छमहु चूक अनजानत केरी । चहिअ बिप्र उर कृपा घनेरी ॥
chamahu cūka anajānata kerī, cahia bipra ura kṛpā ghanerī.
हमहि तुम्हहि सरिबरि कसि नाथा । कहहु न कहाँ चरन कहँ माथा ॥
hamahi tumhahi saribari kasi nāthā, kahahu na kahāṁ carana kahaṁ māthā.
राम मात्र लघु नाम हमारा । परसु सहित बड़ नाम तोहारा ॥
rāma mātra laghu nāma hamārā, parasu sahita baṛa nāma tohārā.
देव एकु गुनु धनुष हमारें । नव गुन परम पुनीत तुम्हारें ॥
deva eku gunu dhanuṣa hamāreṁ, nava guna parama punīta tumhāreṁ.
सब प्रकार हम तुम्ह सन हारे । छमहु बिप्र अपराध हमारे ॥
saba prakāra hama tumha sana hāre, chamahu bipra aparādha hamāre.

दोहा-dohā:

बार बार मुनि बिप्रबर कहा राम सन राम ।
bāra bāra muni biprabara kahā rāma sana rāma,
बोले भृगुपति सरुष हसि तहूँ बंधु सम बाम ॥२८२॥
bole bhṛgupati saruṣa hasi tahūṁ baṁdhu sama bāma. 282.

चौपाई-caupāī:

निपटहिं द्विज करि जानहि मोही । मैं जस बिप्र सुनावउँ तोही ॥
nipaṭahiṁ dvija kari jānahi mohī, maiṁ jasa bipra sunāvauṁ tohī.
चाप स्रुवा सर आहुति जानू । कोपु मोर अति घोर कृसानू ॥
cāpa srruvā sara āhuti jānū, kopu mora ati ghora kṛsānū.
समिधि सेन चतुरंग सुहाई । महा महीप भए पसु आई ॥
samidhi sena caturaṁga suhāī, mahā mahīpa bhae pasu āī.
मैं एहिं परसु काटि बलि दीन्हे । समर जग्य जप कोटिन्ह कीन्हे ॥
maiṁ ehiṁ parasu kāṭi bali dīnhe, samara jagya japa koṭinha kīnhe.
मोर प्रभाउ बिदित नहिं तोरें । बोलसि निदरि बिप्र के भोरें ॥
mora prabhāu bidita nahiṁ toreṁ, bolasi nidari bipra ke bhoreṁ.
भंजेउ चापु दापु बड़ बाढ़ा । अहमिति मनहुँ जीति जगु ठाढ़ा ॥
bhaṁjeu cāpu dāpu baṛa bāṛhā, ahamiti manahuṁ jīti jagu ṭhāṛhā.
राम कहा मुनि कहहु बिचारी । रिस अति बड़ि लघु चूक हमारी ॥
rāma kahā muni kahahu bicārī, risa ati baṛi laghu cūka hamārī.
छुअतहिं टूट पिनाक पुराना । मैं केहि हेतु करौं अभिमाना ॥
chuatahiṁ ṭūṭa pināka purānā, maiṁ kehi hetu karauṁ abhimānā.

दोहा-dohā:

जौं हम निदरहिं बिप्र बदि सत्य सुनहु भृगुनाथ ।
jauṁ hama nidarahiṁ bipra badi satya sunahu bhṛgunātha,
तौ अस को जग सुभटु जेहि भय बस नावहिं माथ ॥२८३॥
tau asa ko jaga subhaṭu jehi bhaya basa nāvahiṁ mātha. 283.

चौपाई-caupāī:

देव दनुज भूपति भट नाना । समबल अधिक होउ बलवाना ॥
deva danuja bhūpati bhaṭa nānā, samabala adhika hou balavānā.
जौं रन हमहि पचारै कोऊ । लरहिं सुखेन कालु किन होऊ ॥
jauṁ rana hamahi pacārai koū, larahiṁ sukhena kālu kina hoū.
छत्रिय तनु धरि समर सकाना । कुल कलंकु तेहि पावँर आना ॥
chatriya tanu dhari samara sakānā, kula kalaṁku tehi pāvaṁra ānā.
कहउँ सुभाउ न कुलहि प्रसंसी । कालहु डरहिं न रन रघुबंसी ॥
kahauṁ subhāu na kulahi prasaṁsī, kālahu ḍarahiṁ na rana raghubaṁsī.
बिप्रबंस कै असि प्रभुताई । अभय होइ जो तुम्हहि डेराई ॥
biprabaṁsa kai asi prabhutāī, abhaya hoi jo tumhahi ḍerāī.
सुनि मृदु गूढ़ बचन रघुपति के । उघरे पटल परसुधर मति के ॥
suni mṛdu gūṛha bacana raghupati ke, ughare paṭala parasudhara mati ke.
राम रमापति कर धनु लेहू । खैंचहु मिटै मोर संदेहू ॥
rāma ramāpati kara dhanu lehū, khaiṁcahu miṭai mora saṁdehū.
देत चापु आपुहिं चलि गयऊ । परसुराम मन बिसमय भयऊ ॥
deta cāpu āpuhiṁ cali gayaū, parasurāma mana bisamaya bhayaū.

दोहा-dohā:

जाना राम प्रभाउ तब पुलक प्रफुल्लित गात ।
jānā rāma prabhāu taba pulaka praphullita gāta,
जोरि पानि बोले बचन हृदयँ न प्रेमु अमात ॥२८४॥
jori pāni bole bacana hṛdayaṁ na premu amāta. 284.

चौपाई-caupāī:

जय रघुबंस बनज बन भानू । गहन दनुज कुल दहन कृसानू ॥
jaya raghubaṁsa banaja bana bhānū, gahana danuja kula dahana kṛsānū.
जय सुर बिप्र धेनु हितकारी । जय मद मोह कोह भ्रम हारी ॥
jaya sura bipra dhenu hitakārī, jaya mada moha koha bhrama hārī.
बिनय सील करुना गुन सागर । जयति बचन रचना अति नागर ॥
binaya sīla karunā guna sāgara, jayati bacana racanā ati nāgara.
सेवक सुखद सुभग सब अंगा । जय सरीर छबि कोटि अनंगा ॥
sevaka sukhada subhaga saba aṁgā, jaya sarīra chabi koṭi anaṁgā.
करौं काह मुख एक प्रसंसा । जय महेस मन मानस हंसा ॥
karauṁ kāha mukha eka prasaṁsā, jaya mahesa mana mānasa haṁsā.
अनुचित बहुत कहेउँ अग्याता । छमहु छमामंदिर दोउ भ्राता ॥
anucita bahuta kaheuṁ agyātā, chamahu chamāmaṁdira dou bhrātā.
कहि जय जय जय रघुकुलकेतू । भृगुपति गए बनहि तप हेतू ॥
kahi jaya jaya jaya raghukulaketū, bhṛgupati gae banahi tapa hetū.
अपभयँ कुटिल महीप डेराने । जहँ तहँ कायर गवँहिं पराने ॥
apabhayaṁ kuṭila mahīpa ḍerāne, jahaṁ tahaṁ kāyara gavaṁhiṁ parāne.

दोहा-dohā:

देवन्ह दीन्हीं दुंदुभीं प्रभु पर बरषहिं फूल ।
devanha dīnhīṁ duṁdubhīṁ prabhu para baraṣahiṁ phūla,
हरषे पुर नर नारि सब मिटी मोहमय सूल ॥२८५॥
haraṣe pura nara nāri saba miṭī mohamaya sūla. 285.

चौपाई-caupāī:

अति गहगहे बाजने बाजे । सबहिं मनोहर मंगल साजे ॥
ati gahagahe bājane bāje, sabahiṁ manohara maṁgala sāje.
जूथ जूथ मिलि सुमुखि सुनयनीं । करहिं गान कल कोकिलबयनीं ॥
jūtha jūtha mili sumukhi sunayanīṁ, karahiṁ gāna kala kokilabayanīṁ.
सुखु बिदेह कर बरनि न जाई । जन्मदरिद्र मनहुँ निधि पाई ॥
sukhu bideha kara barani na jāī, janmadaridra manahuṁ nidhi pāī.
बिगत त्रास भइ सीय सुखारी । जनु बिधु उदयँ चकोरकुमारी ॥
bigata trāsa bhai sīya sukhārī, janu bidhu udayaṁ cakorakumārī.
जनक कीन्ह कौसिकहि प्रनामा । प्रभु प्रसाद धनु भंजेउ रामा ॥
janaka kīnha kausikahi pranāmā, prabhu prasāda dhanu bhaṁjeu rāmā.
मोहि कृतकृत्य कीन्ह दुहुँ भाईं । अब जो उचित सो कहिअ गोसाईं ॥
mohi kṛtakṛtya kīnha duhuṁ bhāīṁ, aba jo ucita so kahia gosāīṁ.
कह मुनि सुनु नरनाथ प्रबीना । रहा बिबाहु चाप आधीना ॥
kaha muni sunu naranātha prabīnā, rahā bibāhu cāpa ādhīnā.
टूटतहीं धनु भयउ बिबाहू । सुर नर नाग बिदित सब काहू ॥
ṭūṭatahīṁ dhanu bhayau bibāhū, sura nara nāga bidita saba kāhū.

दोहा-dohā:

तदपि जाइ तुम्ह करहु अब जथा बंस ब्यवहारु ।
tadapi jāi tumha karahu aba jathā baṁsa byavahāru,
बूझि बिप्र कुलबृद्ध गुर बेद बिदित आचारु ॥२८६॥
būjhi bipra kulabṛddha gura beda bidita ācāru. 286.

चौपाई-caupāī:

दूत अवधपुर पठवहु जाई । आनहिं नृप दसरथहि बोलाई ॥
dūta avadhapura paṭhavahu jāī, ānahiṁ nṛpa dasarathahi bolāī.
मुदित राउ कहि भलेहिं कृपाला । पठए दूत बोलि तेहि काला ॥
mudita rāu kahi bhalehiṁ kṛpālā, paṭhae dūta boli tehi kālā.
बहुरि महाजन सकल बोलाए । आइ सबन्हि सादर सिर नाए ॥
bahuri mahājana sakala bolāe, āi sabanhi sādara sira nāe.
हाट बाट मंदिर सुरबासा । नगरु सँवारहु चारिहुँ पासा ॥
hāṭa bāṭa maṁdira surabāsā, nagaru saṁvārahu cārihuṁ pāsā.
हरषि चले निज निज गृह आए । पुनि परिचारक बोलि पठाए ॥
harasi cale nija nija gṛha āe, puni paricāraka boli paṭhāe.
रचहु बिचित्र बितान बनाई । सिर धरि बचन चले सचु पाई ॥
racahu bicitra bitāna banāī, sira dhari bacana cale sacu pāī.
पठए बोलि गुनी तिन्ह नाना । जे बितान बिधि कुसल सुजाना ॥
paṭhae boli gunī tinha nānā, je bitāna bidhi kusala sujānā.
बिधिहि बंदि तिन्ह कीन्ह अरंभा । बिरचे कनक कदलि के खंभा ॥
bidhihi baṁdi tinha kīnha araṁbhā, birace kanaka kadali ke khaṁbhā.

दोहा-dohā:

हरित मनिन्ह के पत्र फल पदुमराग के फूल ।
harita maninha ke patra phala padumarāga ke phūla,
रचना देखि बिचित्र अति मनु बिरंचि कर भूल ॥२८७॥
racanā dekhi bicitra ati manu biraṁci kara bhūla. 287.

चौपाई-caupāī:

बेनु हरित मनिमय सब कीन्हे । सरल सपरब परहिं नहिं चीन्हे ॥
benu harita manimaya saba kīnhe, sarala saparaba parahiṁ nahiṁ cīnhe.
कनक कलित अहिबेलि बनाई । लखि नहिं परइ सपरन सुहाई ॥
kanaka kalita ahibeli banāī, lakhi nahiṁ parai saparana suhāī.
तेहि के रचि पचि बंध बनाए । बिच बिच मुकुता दाम सुहाए ॥
tehi ke raci paci baṁdha banāe, bica bica mukutā dāma suhāe.
मानिक मरकत कुलिस पिरोजा । चीरि कोरि पचि रचे सरोजा ॥
mānika marakata kulisa pirojā, cīri kori paci race sarojā.
किए भृंग बहुरंग बिहंगा । गुंजहिं कूजहिं पवन प्रसंगा ॥
kie bhṛṁga bahuraṁga bihaṁgā, guṁjahiṁ kūjahiṁ pavana prasaṁgā.
सुर प्रतिमा खंभन गढ़ि काढ़ीं । मंगल द्रब्य लिएँ सब ठाढ़ीं ॥
sura pratimā khaṁbhana gaṛhi kāṛhīṁ, maṁgala drabya lieṁ saba ṭhāṛhīṁ.
चौकें भाँति अनेक पुराईं । सिंधुर मनिमय सहज सुहाईं ॥
caukeṁ bhāṁti aneka purāīṁ, siṁdhura manimaya sahaja suhāīṁ.

दोहा-dohā:

सौरभ पल्लव सुभग सुठि किए नीलमनि कोरि ।
saurabha pallava subhaga suṭhi kie nīlamani kori,
हेम बौर मरकत घवरि लसत पाटमय डोरि ॥२८८॥
hema baura marakata ghavari lasata pāṭamaya ḍori. 288.

चौपाई-caupāī:

रचे रुचिर बर बंदनिवारे । मनहुँ मनोभवँ फंद सँवारे ॥
race rucira bara baṁdanivāre, manahuṁ manobhavaṁ phaṁda saṁvāre.
मंगल कलस अनेक बनाए । ध्वज पताक पट चमर सुहाए ॥
maṁgala kalasa aneka banāe, dhvaja patāka paṭa camara suhāe.
दीप मनोहर मनिमय नाना । जाइ न बरनि बिचित्र बिताना ॥
dīpa manohara manimaya nānā, jāi na barani bicitra bitānā.
जेहिं मंडप दुलहिनि बैदेही । सो बरनै असि मति कबि केही ॥
jehiṁ maṁḍapa dulahini baidehī, so baranai asi mati kabi kehī.
दूलहु रामु रूप गुन सागर । सो बितानु तिहुँ लोक उजागर ॥
dūlahu rāmu rūpa guna sāgara, so bitānu tihuṁ loka ujāgara.
जनक भवन कै सोभा जैसी । गृह गृह प्रति पुर देखिअ तैसी ॥
janaka bhavana kai sobhā jaisī, gṛha gṛha prati pura dekhia taisī.
जेहिं तेरहुति तेहि समय निहारी । तेहि लघु लगहिं भुवन दस चारी ॥
jehiṁ terahuti tehi samaya nihārī, tehi laghu lagahiṁ bhuvana dasa cārī.
जो संपदा नीच गृह सोहा । सो बिलोकि सुरनायक मोहा ॥
jo saṁpadā nīca gṛha sohā, so biloki suranāyaka mohā.

दोहा-dohā:

बसइ नगर जेहिं लच्छि करि कपट नारि बर बेषु ।
basai nagara jehiṁ lacchi kari kapaṭa nāri bara beṣu,
तेहि पुर कै सोभा कहत सकुचहिं सारद सेषु ॥२८९॥
tehi pura kai sobhā kahata sakucahiṁ sārada seṣu. 289.

चौपाई-caupāī:

पहुँचे दूत राम पुर पावन । हरषे नगर बिलोकि सुहावन ॥
pahuṁce dūta rāma pura pāvana, harașe nagara biloki suhāvana.
भूप द्वार तिन्ह खबरि जनाई । दसरथ नृप सुनि लिए बोलाई ॥
bhūpa dvāra tinha khabari janāī, dasaratha nṛpa suni lie bolāī.
करि प्रनामु तिन्ह पाती दीन्ही । मुदित महीप आपु उठि लीन्ही ॥
kari pranāmu tinha pātī dīnhī, mudita mahīpa āpu uṭhi līnhī.
बारि बिलोचन बाँचत पाती । पुलक गात आई भरि छाती ॥
bāri bilocana bāṁcata pātī, pulaka gāta āī bhari chātī.
रामु लखनु उर कर बर चीठी । रहि गए कहत न खाटी मीठी ॥
rāmu lakhanu ura kara bara cīṭhī, rahi gae kahata na khāṭī mīṭhī.
पुनि धरि धीर पत्रिका बाँची । हरषी सभा बात सुनि साँची ॥
puni dhari dhīra patrikā bāṁcī, harașī sabhā bāta suni sāṁcī.
खेलत रहे तहाँ सुधि पाई । आए भरतु सहित हित भाई ॥
khelata rahe tahāṁ sudhi pāī, āe bharatu sahita hita bhāī.
पूछत अति सनेहँ सकुचाई । तात कहाँ तें पाती आई ॥
pūchata ati sanehaṁ sakucāī, tāta kahāṁ teṁ pātī āī.

दोहा-dohā:

कुसल प्रानप्रिय बंधु दोउ अहहिं कहहु केहिं देस ।
kusala prānapriya baṁdhu dou ahahiṁ kahahu kehiṁ desa,
सुनि सनेह साने बचन बाची बहुरि नरेस ॥२९०॥
suni saneha sāne bacana bācī bahuri naresa. 290.

चौपाई-caupāī:

सुनि पाती पुलके दोउ भ्राता । अधिक सनेहु समात न गाता ॥
suni pātī pulake dou bhrātā, adhika sanehu samāta na gātā.
प्रीति पुनीत भरत कै देखी । सकल सभाँ सुखु लहेउ बिसेषी ॥
prīti punīta bharata kai dekhī, sakala sabhāṁ sukhu laheu biseṣī.
तब नृप दूत निकट बैठारे । मधुर मनोहर बचन उचारे ॥
taba nṛpa dūta nikaṭa baiṭhāre, madhura manohara bacana ucāre.
भैया कहहु कुसल दोउ बारे । तुम्ह नीकें निज नयन निहारे ॥
bhaiyā kahahu kusala dou bāre, tumha nīkeṁ nija nayana nihāre.
स्यामल गौर धरें धनु भाथा । बय किसोर कौसिक मुनि साथा ॥
syāmala gaura dhareṁ dhanu bhāthā, baya kisora kausika muni sāthā.
पहिचानहु तुम्ह कहहु सुभाऊ । प्रेम बिबस पुनि पुनि कह राऊ ॥
pahicānahu tumha kahahu subhāū, prema bibasa puni puni kaha rāū.

जा दिन तें मुनि गए लवाई । तब तें आजु साँचि सुधि पाई ॥
jā dina teṁ muni gae lavāī, taba teṁ āju sāṁci sudhi pāī.
कहहु बिदेह कवन बिधि जाने । सुनि प्रिय बचन दूत मुसुकाने ॥
kahahu bideha kavana bidhi jāne, suni priya bacana dūta musukāne.

दोहा-dohā:

सुनहु महीपति मुकुट मनि तुम्ह सम धन्य न कोउ ।
sunahu mahīpati mukuṭa mani tumha sama dhanya na kou,
रामु लखनु जिन्ह के तनय बिस्व बिभूषन दोउ ॥२९१॥
rāmu lakhanu jinha ke tanaya bisva bibhūṣana dou. 291.

चौपाई-caupāī:

पूछन जोगु न तनय तुम्हारे । पुरुषसिंघ तिहु पुर उजिआरे ॥
pūchana jogu na tanaya tumhāre, puruṣasiṁgha tihu pura ujiāre.
जिन्ह के जस प्रताप कें आगे । ससि मलीन रबि सीतल लागे ॥
jinha ke jasa pratāpa keṁ āge, sasi malīna rabi sītala lāge.
तिन्ह कहँ कहिअ नाथ किमि चीन्हे । देखिअ रबि कि दीप कर लीन्हे ॥
tinha kahaṁ kahia nātha kimi cīnhe, dekhia rabi ki dīpa kara līnhe.
सीय स्वयंबर भूप अनेका । समिटे सुभट एक तें एका ॥
sīya svayaṁbara bhūpa anekā, samiṭe subhaṭa eka teṁ ekā.
संभु सरासनु काहुँ न टारा । हारे सकल बीर बरिआरा ॥
saṁbhu sarāsanu kāhuṁ na ṭārā, hāre sakala bīra bariārā.
तीनि लोक महँ जे भटमानी । सभ कै सकति संभु धनु भानी ॥
tīni loka mahaṁ je bhaṭamānī, sabha kai sakati saṁbhu dhanu bhānī.
सकइ उठाइ सरासुर मेरू । सोउ हियँ हारि गयउ करि फेरू ॥
sakai uṭhāi sarāsura merū, sou hiyaṁ hāri gayau kari pherū.
जेहिं कौतुक सिवसैलु उठावा । सोउ तेहि सभाँ पराभउ पावा ॥
jehiṁ kautuka sivasailu uṭhāvā, sou tehi sabhāṁ parābhau pāvā.

दोहा-dohā:

तहाँ राम रघुबंस मनि सुनिअ महा महिपाल ।
tahāṁ rāma raghubaṁsa mani sunia mahā mahipāla,
भंजेउ चाप प्रयास बिनु जिमि गज पंकज नाल ॥२९२॥
bhaṁjeu cāpa prayāsa binu jimi gaja paṁkaja nāla. 292.

चौपाई-caupāī:

सुनि सरोष भृगुनायकु आए । बहुत भाँति तिन्ह आँखि देखाए ॥
suni saroṣa bhṛgunāyaku āe, bahuta bhāṁti tinha āṁkhi dekhāe.
देखि राम बलु निज धनु दीन्हा । करि बहु बिनय गवनु बन कीन्हा ॥
dekhi rāma balu nija dhanu dīnhā, kari bahu binaya gavanu bana kīnhā.
राजन रामु अतुलबल जैसें । तेज निधान लखनु पुनि तैसें ॥
rājana rāmu atulabala jaiseṁ, teja nidhāna lakhanu puni taiseṁ.
कंपहिं भूप बिलोकत जाकें । जिमि गज हरि किसोर के ताकें ॥
kaṁpahiṁ bhūpa bilokata jākeṁ, jimi gaja hari kisora ke tākeṁ.
देव देखि तव बालक दोऊ । अब न आँखि तर आवत कोऊ ॥
deva dekhi tava bālaka doū, aba na āṁkhi tara āvata koū.
दूत बचन रचना प्रिय लागी । प्रेम प्रताप बीर रस पागी ॥
dūta bacana racanā priya lāgī, prema pratāpa bīra rasa pāgī.
सभा समेत राउ अनुरागे । दूतन्ह देन निछावरि लागे ॥
sabhā sameta rāu anurāge, dūtanha dena nichāvari lāge.
कहि अनीति ते मूदहिं काना । धरमु बिचारि सबहिं सुखु माना ॥
kahi anīti te mūdahiṁ kānā, dharamu bicāri sabahiṁ sukhu mānā.

दोहा-dohā:

तब उठि भूप बसिष्ट कहुँ दीन्हि पत्रिका जाइ ।
taba uṭhi bhūpa basiṣṭa kahuṁ dīnhi patrikā jāi,
कथा सुनाई गुरहि सब सादर दूत बोलाइ ॥२९३॥
kathā sunāī gurahi saba sādara dūta bolāi. 293.

चौपाई-caupāī:

सुनि बोले गुर अति सुखु पाई । पुन्य पुरुष कहुँ महि सुख छाई ॥
suni bole gura ati sukhu pāī, punya puruṣa kahuṁ mahi sukha chāī.
जिमि सरिता सागर महुँ जाहीं । जद्यपि ताहि कामना नाहीं ॥
jimi saritā sāgara mahuṁ jāhīṁ, jadyapi tāhi kāmanā nāhīṁ.
तिमि सुख संपति बिनहिं बोलाएँ । धरमसील पहिं जाहिं सुभाएँ ॥
timi sukha saṁpati binahiṁ bolāeṁ, dharamasīla pahiṁ jāhiṁ subhāeṁ.
तुम्ह गुर बिप्र धेनु सुर सेबी । तसि पुनीत कौसल्या देबी ॥
tumha gura bipra dhenu sura sebī, tasi punīta kausalyā debī.
सुकृती तुम्ह समान जग माहीं । भयउ न है कोउ होनेउ नाहीं ॥
sukṛtī tumha samāna jaga māhīṁ, bhayau na hai kou honeu nāhīṁ.
तुम्ह ते अधिक पुन्य बड़ काकें । राजन राम सरिस सुत जाकें ॥
tumha te adhika punya baṛa kākeṁ, rājana rāma sarisa suta jākeṁ.
बीर बिनीत धरम ब्रत धारी । गुन सागर बर बालक चारी ॥
bīra binīta dharama brata dhārī, guna sāgara bara bālaka cārī.
तुम्ह कहुँ सर्ब काल कल्याना । सजहु बरात बजाइ निसाना ॥
tumha kahuṁ sarba kāla kalyānā, sajahu barāta bajāi nisānā.

दोहा-dohā:

चलहु बेगि सुनि गुर बचन भलेहिं नाथ सिरु नाइ ।
calahu begi suni gura bacana bhalehiṁ nātha siru nāi,
भूपति गवने भवन तब दूतन्ह बासु देवाइ ॥२९४॥
bhūpati gavane bhavana taba dūtanha bāsu devāi. 294.

चौपाई-caupāī:

राजा सबु रनिवास बोलाई । जनक पत्रिका बाचि सुनाई ॥
rājā sabu ranivāsa bolāī, janaka patrikā bāci sunāī.
सुनि संदेसु सकल हरषानीं । अपर कथा सब भूप बखानीं ॥
suni saṁdesu sakala haraṣānīṁ, apara kathā saba bhūpa bakhānīṁ.
प्रेम प्रफुल्लित राजहिं रानी । मनहुँ सिखिनि सुनि बारिद बानी ॥
prema praphullita rājahiṁ rānī, manahuṁ sikhini suni bārida bānī.
मुदित असीस देहिं गुर नारीं । अति आनंद मगन महतारीं ॥
mudita asīsa dehiṁ gura nārīṁ, ati ānaṁda magana mahatārīṁ.
लेहिं परस्पर अति प्रिय पाती । हृदयँ लगाइ जुड़ावहिं छाती ॥
lehiṁ paraspara ati priya pātī, hṛdayaṁ lagāi juṛāvahiṁ chātī.
राम लखन कै कीरति करनी । बारहिं बार भूपबर बरनी ॥
rāma lakhana kai kīrati karanī, bārahiṁ bāra bhūpabara baranī.
मुनि प्रसादु कहि द्वार सिधाए । रानिन्ह तब महिदेव बोलाए ॥
muni prasādu kahi dvāra sidhāe, rāninha taba mahideva bolāe.
दिए दान आनंद समेता । चले बिप्रबर आसिष देता ॥
die dāna ānaṁda sametā, cale biprabara āsiṣa detā.

सोरठा-sorathā:

जाचक लिए हँकारि दीन्हि निछावरि कोटि बिधि ।
jācaka lie haṁkāri dīnhi nichāvari koṭi bidhi,
चिरु जीवहुँ सुत चारि चक्रबर्ति दसरत्थ के ॥२९५॥
ciru jīvahuṁ suta cāri cakrabarti dasarattha ke. 295.

चौपाई-caupāī:

कहत चले पहिरें पट नाना । हरषि हने गहगहे निसाना ॥
kahata cale pahireṁ paṭa nānā, haraṣi hane gahagahe nisānā.

समाचार सब लोगन्ह पाए । लागे घर घर होन बधाए ॥
samācāra saba loganha pāe, lāge ghara ghara hona badhāe.

भुवन चारि दस भरा उछाहू । जनकसुता रघुबीर बिआहू ॥
bhuvana cāri dasa bharā uchāhū, janakasutā raghubīra biāhū.

सुनि सुभ कथा लोग अनुरागे । मग गृह गलीं सँवारन लागे ॥
suni subha kathā loga anurāge, maga gṛha galīṁ saṁvārana lāge.

जद्यपि अवध सदैव सुहावनि । राम पुरी मंगलमय पावनि ॥
jadyapi avadha sadaiva suhāvani, rāma purī maṁgalamaya pāvani.

तदपि प्रीति कै प्रीति सुहाई । मंगल रचना रची बनाई ॥
tadapi prīti kai prīti suhāī, maṁgala racanā racī banāī.

ध्वज पताक पट चामर चारु । छावा परम बिचित्र बजारू ॥
dhvaja patāka paṭa cāmara cāru, chāvā parama bicitra bajārū.

कनक कलस तोरन मनि जाला । हरद दूब दधि अच्छत माला ॥
kanaka kalasa torana mani jālā, harada dūba dadhi acchata mālā.

दोहा-dohā:

मंगलमय निज निज भवन लोगन्ह रचे बनाइ ।
maṁgalamaya nija nija bhavana loganha race banāi,
बीथीं सींचीं चतुरसम चौकें चारु पुराइ ॥२९६॥
bīthīṁ sīṁcīṁ caturasama caukeṁ cāru purāi. 296.

चौपाई-caupāī:

जहँ तहँ जूथ जूथ मिलि भामिनि । सजि नव सप्त सकल दुति दामिनि ॥
jahaṁ tahaṁ jūtha jūtha mili bhāmini, saji nava sapta sakala duti dāmini.

बिधुबदनीं मृग सावक लोचनि । निज सरुप रति मानु बिमोचनि ॥
bidhubadanīṁ mṛga sāvaka locani, nija sarupa rati mānu bimocani.

गावहिं मंगल मंजुल बानीं । सुनि कल रव कलकंठि लजानीं ॥
gāvahiṁ maṁgala maṁjula bānīṁ, suni kala rava kalakaṁṭhi lajānīṁ.

भूप भवन किमि जाइ बखाना । बिस्व बिमोहन रचेउ बिताना ॥
bhūpa bhavana kimi jāi bakhānā, bisva bimohana raceu bitānā.

मंगल द्रब्य मनोहर नाना । राजत बाजत बिपुल निसाना ॥
maṁgala drabya manohara nānā, rājata bājata bipula nisānā.

कतहुँ बिरिद बंदी उच्चरहीं । कतहुँ बेद धुनि भूसुर करहीं ॥
katahuṁ birida baṁdī uccarahīṁ, katahuṁ beda dhuni bhūsura karahīṁ.

गावहिं सुंदरि मंगल गीता । लै लै नामु रामु अरु सीता ॥
gāvahiṁ suṁdari maṁgala gītā, lai lai nāmu rāmu aru sītā.

बहुत उछाहु भवनु अति थोरा । मानहुँ उमगि चला चहु ओरा ॥
bahuta uchāhu bhavanu ati thorā, mānahuṁ umagi calā cahu orā.

दोहा-dohā:

सोभा दसरथ भवन कइ को कबि बरनै पार ।
sobhā dasaratha bhavana kai ko kabi baranai pāra,
जहाँ सकल सुर सीस मनि राम लीन्ह अवतार ॥२९७॥
jahāṁ sakala sura sīsa mani rāma līnha avatāra. 297.

चौपाई-caupāī:

भूप भरत पुनि लिए बोलाई । हय गय स्यंदन साजहु जाई ॥
bhūpa bharata puni lie bolāī, haya gaya syaṁdana sājahu jāī.

चलहु बेगि रघुबीर बराता । सुनत पुलक पूरे दोउ भ्राता ॥
calahu begi raghubīra barātā, sunata pulaka pūre dou bhrātā.

भरत सकल साहनी बोलाए । आयसु दीन्ह मुदित उठि धाए ॥
bharata sakala sāhanī bolāe, āyasu dīnha mudita uṭhi dhāe.

रचि रुचि जीन तुरग तिन्ह साजे । बरन बरन बर बाजि बिराजे ॥
raci ruci jīna turaga tinha sāje, barana barana bara bāji birāje.

सुभग सकल सुठि चंचल करनी । अय इव जरत धरत पग धरनी ॥
subhaga sakala suṭhi caṁcala karanī, aya iva jarata dharata paga dharanī.

नाना जाति न जाहिं बखाने । निदरि पवनु जनु चहत उड़ाने ॥
nānā jāti na jāhiṁ bakhāne, nidari pavanu janu cahata uṛāne.

तिन्ह सब छयल भए असवारा । भरत सरिस बय राजकुमारा ॥
tinha saba chayala bhae asavārā, bharata sarisa baya rājakumārā.

सब सुंदर सब भूषनधारी । कर सर चाप तून कटि भारी ॥
saba suṁdara saba bhūṣanadhārī, kara sara cāpa tūna kaṭi bhārī.

दोहा-dohā:

छरे छबीले छयल सब सूर सुजान नबीन ।
chare chabīle chayala saba sūra sujāna nabīna,
जुग पदचर असवार प्रति जे असिकला प्रबीन ॥२९८॥
juga padacara asavāra prati je asikalā prabīna. 298.

चौपाई-caupāī:

बाँधें बिरद बीर रन गाढ़े । निकसि भए पुर बाहेर ठाढ़े ॥
bāṁdheṁ birada bīra rana gāṛhe, nikasi bhae pura bāhera ṭhāṛhe.

फेरहिं चतुर तुरग गति नाना । हरषहिं सुनि सुनि पनव निसाना ॥
pherahiṁ catura turaga gati nānā, haraṣahiṁ suni suni panava nisānā.

रथ सारथिन्ह बिचित्र बनाए । ध्वज पताक मनि भूषन लाए ॥
ratha sārathinha bicitra banāe, dhvaja patāka mani bhūṣana lāe.

चवँर चारु किंकिनि धुनि करहीं । भानु जान सोभा अपहरहीं ॥
cavaṁra cāru kiṁkini dhuni karahīṁ, bhānu jāna sobhā apaharahīṁ.

सावँकरन अगनित हय होते । ते तिन्ह रथन्ह सारथिन्ह जोते ॥
sāvaṁkarana aganita haya hote, te tinha rathanha sārathinha jote.

सुंदर सकल अलंकृत सोहे । जिन्हहि बिलोकत मुनि मन मोहे ॥
suṁdara sakala alaṁkṛta sohe, jinhahi bilokata muni mana mohe.

जे जल चलहिं थलहि की नाईं । टाप न बूड़ बेग अधिकाईं ॥
je jala calahiṁ thalahi kī nāīṁ, ṭāpa na būṛa bega adhikāīṁ.

अस्त्र सस्त्र सबु साजु बनाई । रथी सारथिन्ह लिए बोलाई ॥
astra sastra sabu sāju banāī, rathī sārathinha lie bolāī.

दोहा-dohā:

चढ़ि चढ़ि रथ बाहेर नगर लागी जुरन बरात ।
caṛhi caṛhi ratha bāhera nagara lāgī jurana barāta,
होत सगुन सुंदर सबहि जो जेहि कारज जात ॥२९९॥
hota saguna suṁdara sabahi jo jehi kāraja jāta. 299.

चौपाई-caupāī:

कलित करिबरन्हि परीं अँबारीं । कहि न जाहिं जेहि भाँति सँवारीं ॥
kalita karibaranhi parīṁ aṁbārīṁ, kahi na jāhiṁ jehi bhāṁti saṁvārīṁ.

चले मत्त गज घंट बिराजी । मनहुँ सुभग सावन घन राजी ॥
cale matta gaja ghaṁṭa birājī, manahuṁ subhaga sāvana ghana rājī.

बाहन अपर अनेक बिधाना । सिबिका सुभग सुखासन जाना ॥
bāhana apara aneka bidhānā, sibikā subhaga sukhāsana jānā.

तिन्ह चढ़ि चले बिप्रबर बृंदा । जनु तनु धरें सकल श्रुति छंदा ॥
tinha caṛhi cale biprabara bṛṁdā, janu tanu dhareṁ sakala śruti chaṁdā.

मागध सूत बंदि गुनगायक । चले जान चढ़ि जो जेहि लायक ॥
māgadha sūta baṁdi gunagāyaka, cale jāna caṛhi jo jehi lāyaka.

बेसर ऊँट बृषभ बहु जाती । चले बस्तु भरि अगनित भाँती ॥
besara ūṁṭa bṛṣabha bahu jātī, cale bastu bhari aganita bhāṁtī.

कोटिन्ह काँवरि चले कहारा । बिबिध बस्तु को बरनै पारा ॥
koṭinha kāṁvari cale kahārā, bibidha bastu ko baranai pārā.

चले सकल सेवक समुदाई । निज निज साजु समाजु बनाई ॥
cale sakala sevaka samudāī, nija nija sāju samāju banāī.

दोहा-dohā:

सब कें उर निर्भर हरषु पूरित पुलक सरीर ।
saba kem̐ ura nirbhara haraṣu pūrita pulaka sarīra,
कबहिं देखिबे नयन भरि रामु लखनु दोउ बीर ॥ ३०० ॥
kabahiṁ dekhibe nayana bhari rāmu lakhanu dou bīra. 300.

चौपाई-caupāī:

गरजहिं गज घंटा धुनि घोरा । रथ रव बाजि हिंस चहु ओरा ॥
garajahiṁ gaja ghaṁṭā dhuni ghorā, ratha rava bāji hiṁsa cahu orā.
निदरि घनहि घुर्म्मरहिं निसाना । निज पराइ कछु सुनिअ न काना ॥
nidari ghanahi ghurmmarahiṁ nisānā, nija parāi kachu sunia na kānā.
महा भीर भूपति के द्वारें । रज होइ जाइ पषान पबारें ॥
mahā bhīra bhūpati ke dvārem, raja hoi jāi paṣāna pabārem.
चढ़ी अटारिन्ह देखहिं नारीं । लिएँ आरती मंगल थारीं ॥
caṛhī aṭārinha dekhahiṁ nārīṁ, liem̐ āratī maṁgala thārīṁ.
गावहिं गीत मनोहर नाना । अति आनंदु न जाइ बखाना ॥
gāvahiṁ gīta manohara nānā, ati ānaṁdu na jāi bakhānā.
तब सुमंत्र दुइ स्यंदन साजी । जोते रबि हय निंदक बाजी ॥
taba sumaṁtra dui syaṁdana sājī, jote rabi haya niṁdaka bājī.
दोउ रथ रुचिर भूप पहिं आने । नहिं सारद पहिं जाहिं बखाने ॥
dou ratha rucira bhūpa pahiṁ āne, nahiṁ sārada pahiṁ jāhiṁ bakhāne.
राज समाजु एक रथ साजा । दूसर तेज पुंज अति भ्राजा ॥
rāja samāju eka ratha sājā, dūsara teja puṁja ati bhrājā.

दोहा-dohā:

तेहिं रथ रुचिर बसिष्ठ कहुँ हरषि चढ़ाइ नरेसु ।
tehiṁ ratha rucira basiṣṭha kahum̐ haraṣi caṛhāi naresu,
आपु चढ़ेउ स्यंदन सुमिरि हर गुर गौरि गनेसु ॥ ३०१ ॥
āpu caṛheu syaṁdana sumiri hara gura gauri ganesu. 301.

चौपाई-caupāī:

सहित बसिष्ठ सोह नृप कैसें । सुर गुर संग पुरंदर जैसें ॥
sahita basiṣṭha soha nṛpa kaisem, sura gura saṁga puraṁdara jaisem.
करि कुल रीति बेद बिधि राऊ । देखि सबहि सब भाँति बनाऊ ॥
kari kula rīti beda bidhi rāū, dekhi sabahi saba bhām̐ti banāū.
सुमिरि रामु गुर आयसु पाई । चले महीपति संख बजाई ॥
sumiri rāmu gura āyasu pāī, cale mahīpati saṁkha bajāī.
हरषे बिबुध बिलोकि बराता । बरषहिं सुमन सुमंगल दाता ॥
haraṣe bibudha biloki barātā, baraṣahiṁ sumana sumaṁgala dātā.
भयउ कोलाहल हय गय गाजे । ब्योम बरात बाजने बाजे ॥
bhayau kolāhala haya gaya gāje, byoma barāta bājane bāje.
सुर नर नारि सुमंगल गाईं । सरस राग बाजहिं सहनाईं ॥
sura nara nāri sumaṁgala gāīṁ, sarasa rāga bājahiṁ sahanāīṁ.
घंट घंटि धुनि बरनि न जाहीं । सरव करहिं पाइक फहराहीं ॥
ghaṁṭa ghaṁṭi dhuni barani na jāhīṁ, sarava karahiṁ pāika phaharāhīṁ.
करहिं बिदूषक कौतुक नाना । हास कुसल कल गान सुजाना ॥
karahiṁ bidūṣaka kautuka nānā, hāsa kusala kala gāna sujānā.

दोहा-dohā:

तुरग नचावहिं कुअँर बर अकनि मृदंग निसान ।
turaga nacāvahiṁ kuam̐ra bara akani mṛdaṁga nisāna,
नागर नट चितवहिं चकित डगहिं न ताल बँधान ॥ ३०२ ॥
nāgara naṭa citavahiṁ cakita ḍagahiṁ na tāla bam̐dhāna. 302.

चौपाई-caupāī:

बनइ न बरनत बनी बराता । होहिं सगुन सुंदर सुभदाता ॥
banai na baranata banī barātā, hohiṁ saguna suṁdara subhadātā.
चारा चाषु बाम दिसि लेई । मनहुँ सकल मंगल कहि देई ॥
cārā cāṣu bāma disi leī, manahum̐ sakala maṁgala kahi deī.
दाहिन काग सुखेत सुहावा । नकुल दरसु सब काहूँ पावा ॥
dāhina kāga sukheta suhāvā, nakula darasu saba kāhūm̐ pāvā.
सानुकूल बह त्रिबिध बयारी । सघट सबाल आव बर नारी ॥
sānukūla baha tribidha bayārī, saghaṭa sabāla āva bara nārī.
लोवा फिरि फिरि दरसु देखावा । सुरभी सनमुख सिसुहि पिआवा ॥
lovā phiri phiri darasu dekhāvā, surabhī sanamukha sisuhi piāvā.
मृगमाला फिरि दाहिनि आई । मंगल गन जनु दीन्हि देखाई ॥
mṛgamālā phiri dāhini āī, maṁgala gana janu dīnhi dekhāī.
छेमकरी कह छेम बिसेषी । स्यामा बाम सुतरु पर देखी ॥
chemakarī kaha chema biseṣī, syāmā bāma sutaru para dekhī.
सनमुख आयउ दधि अरु मीना । कर पुस्तक दुइ बिप्र प्रबीना ॥
sanamukha āyau dadhi aru mīnā, kara pustaka dui bipra prabīnā.

दोहा-dohā:

मंगलमय कल्यानमय अभिमत फल दातार ।
maṁgalamaya kalyānamaya abhimata phala dātāra,
जनु सब साचे होन हित भए सगुन एक बार ॥ ३०३ ॥
janu saba sāce hona hita bhae saguna eka bāra. 303.

चौपाई-caupāī:

मंगल सगुन सुगम सब ताकें । सगुन ब्रह्म सुंदर सुत जाकें ॥
maṁgala saguna sugama saba tākem, saguna brahma suṁdara suta jākem.
राम सरिस बरु दुलहिनि सीता । समधी दसरथु जनकु पुनीता ॥
rāma sarisa baru dulahini sītā, samadhī dasarathu janaku punītā.
सुनि अस ब्याहु सगुन सब नाचे । अब कीन्हे बिरंचि हम साँचे ॥
suni asa byāhu saguna saba nāce, aba kīnhe biraṁci hama sām̐ce.
एहि बिधि कीन्ह बरात पयाना । हय गय गाजहिं हने निसाना ॥
ehi bidhi kīnha barāta payānā, haya gaya gājahiṁ hane nisānā.
आवत जानि भानुकुल केतू । सरितन्हि जनक बँधाए सेतू ॥
āvata jāni bhānukula ketū, saritanhi janaka bam̐dhāe setū.
बीच बीच बर बास बनाए । सुरपुर सरिस संपदा छाए ॥
bīca bīca bara bāsa banāe, surapura sarisa saṁpadā chāe.
असन सयन बर बसन सुहाए । पावहिं सब निज निज मन भाए ॥
asana sayana bara basana suhāe, pāvahiṁ saba nija nija mana bhāe.
नित नूतन सुख लखि अनुकूले । सकल बरातिन्ह मंदिर भूले ॥
nita nūtana sukha lakhi anukūle, sakala barātinha maṁdira bhūle.

दोहा-dohā:

आवत जानि बरात बर सुनि गहगहे निसान ।
āvata jāni barāta bara suni gahagahe nisāna,
सजि गज रथ पदचर तुरग लेन चले अगवान ॥ ३०४ ॥
saji gaja ratha padacara turaga lena cale agavāna. 304.

मासपारायण दसवाँ विश्राम
māsapārāyaṇa dasavām̐ viśrāma
(Pause 10 for a Thirty-Day Recitation)

चौपाई-caupāī:

कनक कलस भरि कोपर थारा । भाजन ललित अनेक प्रकारा ॥
kanaka kalasa bhari kopara thārā, bhājana lalita aneka prakārā.
भरे सुधासम सब पकवाने । नाना भाँति न जाहिं बखाने ॥
bhare sudhāsama saba pakavāne, nānā bhām̐ti na jāhiṁ bakhāne.
फल अनेक बर बस्तु सुहाईं । हरषि भेंट हित भूप पठाईं ॥
phala aneka bara bastu suhāīṁ, haraṣi bhem̐ṭa hita bhūpa paṭhāīṁ.
भूषन बसन महामनि नाना । खग मृग हय गय बहु बिधि जाना ॥
bhūṣana basana mahāmani nānā, khaga mṛga haya gaya bahu bidhi jānā.

मंगल सगुन सुगंध सुहाए । बहुत भाँति महिपाल पठाए ॥
maṁgala saguna sugaṁdha suhāe, bahuta bhāṁti mahipāla paṭhāe.
दधि चिउरा उपहार अपारा । भरि भरि काँवरि चले कहारा ॥
dadhi ciurā upahāra apārā, bhari bhari kāṁvari cale kahārā.
अगवानन्ह जब दीखि बराता । उर आनंदु पुलक भर गाता ॥
agavānanha jaba dīkhi barātā, ura ānaṁdu pulaka bhara gātā.
देखि बनाव सहित अगवाना । मुदित बरातिन्ह हने निसाना ॥
dekhi banāva sahita agavānā, mudita barātinha hane nisānā.

दोहा-dohā:

हरषि परसपर मिलन हित कछुक चले बगमेल ।
haraṣi parasapara milana hita kachuka cale bagamela,
जनु आनंद समुद्र दुइ मिलत बिहाइ सुबेल ॥३०५॥
janu ānaṁda samudra dui milata bihāi subela. 305.

चौपाई-caupāī:

बरषि सुमन सुर सुंदरि गावहिं । मुदित देव दुंदुभीं बजावहिं ॥
baraṣi sumana sura suṁdari gāvahiṁ, mudita deva duṁdubhīṁ bajāvahiṁ.
बस्तु सकल राखीं नृप आगें । बिनय कीन्हि तिन्ह अति अनुरागें ॥
bastu sakala rākhīṁ nṛpa āgeṁ, binaya kīnhi tinha ati anurāgeṁ.
प्रेम समेत रायँ सबु लीन्हा । भै बकसीस जाचकन्हि दीन्हा ॥
prema sameta rāyaṁ sabu līnhā, bhai bakasīsa jācakanhi dīnhā.
करि पूजा मान्यता बड़ाई । जनवासे कहुँ चले लवाई ॥
kari pūjā mānyatā baṛāī, janavāse kahuṁ cale lavāī.
बसन बिचित्र पाँवड़े परहीं । देखि धनहु धन मदु परिहरहीं ॥
basana bicitra pāṁvaṛe parahīṁ, dekhi dhanahu dhana madu pariharahīṁ.
अति सुंदर दीन्हेउ जनवासा । जहँ सब कहुँ सब भाँति सुपासा ॥
ati suṁdara dīnheu janavāsā, jahaṁ saba kahuṁ saba bhāṁti supāsā.
जानी सियँ बरात पुर आई । कछु निज महिमा प्रगटि जनाई ॥
jānī siyaṁ barāta pura āī, kachu nija mahimā pragaṭi janāī.
हृदयँ सुमिरि सब सिद्धि बोलाईं । भूप पहुनई करन पठाईं ॥
hṛdayaṁ sumiri saba siddhi bolāīṁ, bhūpa pahunaī karana paṭhāīṁ.

दोहा-dohā:

सिधि सब सिय आयसु अकनि गईं जहाँ जनवास ।
sidhi saba siya āyasu akani gaīṁ jahāṁ janavāsa,
लिएँ संपदा सकल सुख सुरपुर भोग बिलास ॥३०६॥
lieṁ saṁpadā sakala sukha surapura bhoga bilāsa. 306.

चौपाई-caupāī:

निज निज बास बिलोकि बराती । सुर सुख सकल सुलभ सब भाँती ॥
nija nija bāsa biloki barātī, sura sukha sakala sulabha saba bhāṁtī.
बिभव भेद कछु कोउ न जाना । सकल जनक कर करहिं बखाना ॥
bibhava bheda kachu kou na jānā, sakala janaka kara karahiṁ bakhānā.
सिय महिमा रघुनायक जानी । हरषे हृदयँ हेतु पहिचानी ॥
siya mahimā raghunāyaka jānī, haraṣe hṛdayaṁ hetu pahicānī.
पितु आगमनु सुनत दोउ भाई । हृदयँ न अति आनंदु अमाई ॥
pitu āgamanu sunata dou bhāī, hṛdayaṁ na ati ānaṁdu amāī.
सकुचन्ह कहि न सकत गुरु पाहीं । पितु दरसन लालचु मन माहीं ॥
sakucanha kahi na sakata guru pāhīṁ, pitu darasana lālacu mana māhīṁ.
बिस्वामित्र बिनय बड़ि देखी । उपजा उर संतोषु बिसेषी ॥
bisvāmitra binaya baṛi dekhī, upajā ura saṁtoṣu biseṣī.
हरषि बंधु दोउ हृदयँ लगाए । पुलक अंग अंबक जल छाए ॥
haraṣi baṁdhu dou hṛdayaṁ lagāe, pulaka aṁga aṁbaka jala chāe.
चले जहाँ दसरथु जनवासे । मनहुँ सरोबर तकेउ पिआसे ॥
cale jahāṁ dasarathu janavāse, manahuṁ sarobara takeu piāse.

दोहा-dohā:

भूप बिलोके जबहिं मुनि आवत सुतन्ह समेत ।
bhūpa biloke jabahiṁ muni āvata sutanha sameta,
उठे हरषि सुखसिंधु महुँ चले थाह सी लेत ॥३०७॥
uṭhe haraṣi sukhasiṁdhu mahuṁ cale thāha sī leta. 307.

चौपाई-caupāī:

मुनिहि दंडवत कीन्ह महीसा । बार बार पद रज धरि सीसा ॥
munihi daṁḍavata kīnha mahīsā, bāra bāra pada raja dhari sīsā.
कौसिक राउ लिये उर लाई । कहि असीस पूछी कुसलाई ॥
kausika rāu liye ura lāī, kahi asīsa pūchī kusalāī.
पुनि दंडवत करत दोउ भाई । देखि नृपति उर सुखु न समाई ॥
puni daṁḍavata karata dou bhāī, dekhi nṛpati ura sukhu na samāī.
सुत हियँ लाइ दुसह दुख मेटे । मृतक सरीर प्रान जनु भेंटे ॥
suta hiyaṁ lāi dusaha dukha meṭe, mṛtaka sarīra prāna janu bheṁṭe.
पुनि बसिष्ठ पद सिर तिन्ह नाए । प्रेम मुदित मुनिबर उर लाए ॥
puni basiṣṭha pada sira tinha nāe, prema mudita munibara ura lāe.
बिप्र बृंद बंदे दुहुँ भाईं । मनभावती असीसें पाईं ॥
bipra bṛṁda baṁde duhuṁ bhāīṁ, manabhāvatī asīseṁ pāīṁ.
भरत सहानुज कीन्ह प्रनामा । लिए उठाइ लाइ उर रामा ॥
bharata sahānuja kīnha pranāmā, lie uṭhāi lāi ura rāmā.
हरषे लखन देखि दोउ भ्राता । मिले प्रेम परिपूरित गाता ॥
haraṣe lakhana dekhi dou bhrātā, mile prema paripūrita gātā.

दोहा-dohā:

पुरजन परिजन जातिजन जाचक मंत्री मीत ।
purajana parijana jātijana jācaka maṁtrī mīta,
मिले जथाबिधि सबहि प्रभु परम कृपाल बिनीत ॥३०८॥
mile jathābidhi sabahi prabhu parama kṛpāla binīta. 308.

चौपाई-caupāī:

रामहि देखि बरात जुड़ानी । प्रीति कि रीति न जाति बखानी ॥
rāmahi dekhi barāta juṛānī, prīti ki rīti na jāti bakhānī.
नृप समीप सोहहिं सुत चारी । जनु धन धरमादिक तनुधारी ॥
nṛpa samīpa sohahiṁ suta cārī, janu dhana dharamādika tanudhārī.
सुतन्ह समेत दसरथहि देखी । मुदित नगर नर नारि बिसेषी ॥
sutanha sameta dasarathahi dekhī, mudita nagara nara nāri biseṣī.
सुमन बरिसि सुर हनहिं निसाना । नाकनटीं नाचहिं करि गाना ॥
sumana barisi sura hanahiṁ nisānā, nākanaṭīṁ nācahiṁ kari gānā.
सतानंद अरु बिप्र सचिव गन । मागध सूत बिदुष बंदीजन ॥
satānaṁda aru bipra saciva gana, māgadha sūta biduṣa baṁdījana.
सहित बरात राउ सनमाना । आयसु मागि फिरे अगवाना ॥
sahita barāta rāu sanamānā, āyasu māgi phire agavānā.
प्रथम बरात लगन तें आई । तातें पुर प्रमोदु अधिकाई ॥
prathama barāta lagana teṁ āī, tāteṁ pura pramodu adhikāī.
ब्रह्मानंदु लोग सब लहहीं । बढ़हुँ दिवस निसि बिधि सन कहहीं ॥
brahmānaṁdu loga saba lahahīṁ, baṛhahuṁ divasa nisi bidhi sana kahahīṁ.

दोहा-dohā:

रामु सीय सोभा अवधि सुकृत अवधि दोउ राज ।
rāmu sīya sobhā avadhi sukṛta avadhi dou rāja,
जहँ जहँ पुरजन कहहिं अस मिलि नर नारि समाज ॥३०९॥
jahaṁ jahaṁ purajana kahahiṁ asa mili nara nāri samāja.,309.

चौपाई-caupāī:

जनक सुकृत मूरति बैदेही । दसरथ सुकृत रामु धरें देही ॥
janaka sukṛta mūrati baidehī, dasaratha sukṛta rāmu dhareṁ dehī.

इन्ह सम काहुँ न सिव अवराधे । काहुँ न इन्ह समान फल लाधे ॥
inha sama kāhuṁ na siva avarādhe, kāhuṁ na inha samāna phala lādhe.
इन्ह सम कोउ न भयउ जग माहीं । है नहिं कतहूँ होनेउ नाहीं ॥
inha sama kou na bhayau jaga māhīṁ, hai nahiṁ katahūṁ honeu nāhīṁ.
हम सब सकल सुकृत कै रासी । भए जग जनमि जनकपुर बासी ॥
hama saba sakala sukṛta kai rāsī, bhae jaga janami janakapura bāsī.
जिन्ह जानकी राम छबि देखी । को सुकृती हम सरिस बिसेषी ॥
jinha jānakī rāma chabi dekhī, ko sukṛtī hama sarisa biseṣī.
पुनि देखब रघुबीर बिआहू । लेब भली बिधि लोचन लाहू ॥
puni dekhaba raghubīra biāhū, leba bhalī bidhi locana lāhū.
कहहिं परसपर कोकिलबयनीं । एहि बिआहँ बड़ लाभु सुनयनीं ॥
kahahiṁ parasapara kokilabayanīṁ, ehi biāhaṁ baṛa lābhu sunayanīṁ.
बड़ें भाग बिधि बात बनाई । नयन अतिथि होइहहिं दोउ भाई ॥
baṛeṁ bhāga bidhi bāta banāī, nayana atithi hoihahiṁ dou bhāī.

दोहा-dohā:

बारहिं बार सनेह बस जनक बोलाउब सीय ।
bārahiṁ bāra saneha basa janaka bolāuba sīya,
लेन आइहहिं बंधु दोउ कोटि काम कमनीय ॥३१०॥
lena āihahiṁ baṁdhu dou koṭi kāma kamanīya. 310.

चौपाई-caupāī:

बिबिध भाँति होइहि पहुनाई । प्रिय न काहि अस सासुर माई ॥
bibidha bhāṁti hoihi pahunāī, priya na kāhi asa sāsura māī.
तब तब राम लखनहि निहारी । होइहहिं सब पुर लोग सुखारी ॥
taba taba rāma lakhanahi nihārī, hoihahiṁ saba pura loga sukhārī.
सखि जस राम लखन कर जोटा । तैसेइ भूप संग दुइ ढोटा ॥
sakhi jasa rāma lakhana kara joṭā, taisei bhūpa saṁga dui ḍhoṭā.
स्याम गौर सब अंग सुहाए । ते सब कहहिं देखि जे आए ॥
syāma gaura saba aṁga suhāe, te saba kahahiṁ dekhi je āe.
कहा एक मैं आजु निहारे । जनु बिरंचि निज हाथ सँवारे ॥
kahā eka maiṁ āju nihāre, janu biraṁci nija hātha saṁvāre.
भरतु रामही की अनुहारी । सहसा लखि न सकहिं नर नारी ॥
bharatu rāmahī kī anuhārī, sahasā lakhi na sakahiṁ nara nārī.
लखनु सत्रुसूदनु एकरूपा । नख सिख ते सब अंग अनूपा ॥
lakhanu satrusūdanu ekarūpā, nakha sikha te saba aṁga anūpā.
मन भावहिं मुख बरनि न जाहीं । उपमा कहुँ त्रिभुवन कोउ नाहीं ॥
mana bhāvahiṁ mukha barani na jāhīṁ, upamā kahuṁ tribhuvana kou nāhīṁ.

छंद-chaṁda:

उपमा न कोउ कह दास तुलसी कतहुँ कबि कोबिद कहैं ।
upamā na kou kaha dāsa tulasī katahuṁ kabi kobida kahaiṁ,
बल बिनय बिद्या सील सोभा सिंधु इन्ह से एइ अहैं ॥
bala binaya bidyā sīla sobhā siṁdhu inha se ei ahaiṁ.
पुर नारि सकल पसारि अंचल बिधिहि बचन सुनावहीं ।
pura nāri sakala pasāri aṁcala bidhihi bacana sunāvahīṁ,
ब्याहिअहुँ चारिउ भाइ एहिं पुर हम सुमंगल गावहीं ॥
byāhiahuṁ cāriu bhāi ehiṁ pura hama sumaṁgala gāvahīṁ.

सोरठा-soraṭhā:

कहहिं परस्पर नारि बारि बिलोचन पुलक तन ।
kahahiṁ paraspara nāri bāri bilocana pulaka tana,
सखि सबु करब पुरारि पुन्य पयोनिधि भूप दोउ ॥३११॥
sakhi sabu karaba purāri punya payonidhi bhūpa dou. 311.

चौपाई-caupāī:

एहि बिधि सकल मनोरथ करहीं । आनँद उमगि उमगि उर भरहीं ॥
ehi bidhi sakala manoratha karahīṁ, ānaṁda umagi umagi ura bharahīṁ.
जे नृप सीय स्वयंबर आए । देखि बंधु सब तिन्ह सुख पाए ॥
je nṛpa sīya svayaṁbara āe, dekhi baṁdhu saba tinha sukha pāe.
कहत राम जसु बिसद बिसाला । निज निज भवन गए महिपाला ॥
kahata rāma jasu bisada bisālā, nija nija bhavana gae mahipālā.
गए बीति कुछ दिन एहि भाँती । प्रमुदित पुरजन सकल बराती ॥
gae bīti kucha dina ehi bhāṁtī, pramudita purajana sakala barātī.
मंगल मूल लगन दिनु आवा । हिम रितु अगहनु मासु सुहावा ॥
maṁgala mūla lagana dinu āvā, hima ritu agahanu māsu suhāvā.
ग्रह तिथि नखतु जोगु बर बारू । लगन सोधि बिधि कीन्ह बिचारू ॥
graha tithi nakhatu jogu bara bārū, lagana sodhi bidhi kīnha bicārū.
पठै दीन्हि नारद सन सोई । गनी जनक के गनकन्ह जोई ॥
paṭhai dīnhi nārada sana soī, ganī janaka ke ganakanha joī.
सुनी सकल लोगन्ह यह बाता । कहहिं जोतिषी आहिं बिधाता ॥
sunī sakala loganha yaha bātā, kahahiṁ jotiṣī āhiṁ bidhātā.

दोहा-dohā:

धेनुधूरि बेला बिमल सकल सुमंगल मूल ।
dhenudhūri belā bimala sakala sumaṁgala mūla,
बिप्रन्ह कहेउ बिदेह सन जानि सगुन अनुकूल ॥३१२॥
bipranha kaheu bideha sana jāni saguna anukūla. 312.

चौपाई-caupāī:

उपरोहितहि कहेउ नरनाहा । अब बिलंब कर कारनु काहा ॥
uparohitahi kaheu naranāhā, aba bilaṁba kara kāranu kāhā.
सतानंद तब सचिव बोलाए । मंगल सकल साजि सब ल्याए ॥
satānaṁda taba saciva bolāe, maṁgala sakala sāji saba lyāe.
संख निसान पनव बहु बाजे । मंगल कलस सगुन सुभ साजे ॥
saṁkha nisāna panava bahu bāje, maṁgala kalasa saguna subha sāje.
सुभग सुआसिनि गावहिं गीता । करहिं बेद धुनि बिप्र पुनीता ॥
subhaga suāsini gāvahiṁ gītā, karahiṁ beda dhuni bipra punītā.
लेन चले सादर एहि भाँती । गए जहाँ जनवास बराती ॥
lena cale sādara ehi bhāṁtī, gae jahāṁ janavāsa barātī.
कोसलपति कर देखि समाजू । अति लघु लाग तिन्हहि सुरराजू ॥
kosalapati kara dekhi samājū, ati laghu lāga tinhahi surarājū.
भयउ समउ अब धारिअ पाऊ । यह सुनि परा निसानहिं घाऊ ॥
bhayau samau aba dhāria pāū, yaha suni parā nisānahiṁ ghāū.
गुरहि पूछि करि कुल बिधि राजा । चले संग मुनि साधु समाजा ॥
gurahi pūchi kari kula bidhi rājā, cale saṁga muni sādhu samājā.

दोहा-dohā:

भाग्य बिभव अवधेस कर देखि देव ब्रह्मादि ।
bhāgya bibhava avadhesa kara dekhi deva brahmādi,
लगे सराहन सहस मुख जानि जनम निज बादि ॥३१३॥
lage sarāhana sahasa mukha jāni janama nija bādi. 313.

चौपाई-caupāī:

सुरन्ह सुमंगल अवसरु जाना । बरषहिं सुमन बजाइ निसाना ॥
suranha sumaṁgala avasaru jānā, baraṣahiṁ sumana bajāi nisānā.
सिव ब्रह्मादिक बिबुध बरूथा । चढ़े बिमानन्हि नाना जूथा ॥
siva brahmādika bibudha barūthā, caṛhe bimānanhi nānā jūthā.
प्रेम पुलक तन हृदयँ उछाहू । चले बिलोकन राम बिआहू ॥
prema pulaka tana hṛdayaṁ uchāhū, cale bilokana rāma biāhū.
देखि जनकपुरु सुर अनुरागे । निज निज लोक सबहिं लघु लागे ॥
dekhi janakapuru sura anurāge, nija nija loka sabahiṁ laghu lāge.
चितवहिं चकित बिचित्र बिताना । रचना सकल अलौकिक नाना ॥
citavahiṁ cakita bicitra bitānā, racanā sakala alaukika nānā.

नगर नारि नर रूप निधाना । सुघर सुधरम सुसील सुजाना ॥
nagara nāri nara rūpa nidhānā, sughara sudharama susīla sujānā.
तिन्हहि देखि सब सुर सुरनारीं । भए नखत जनु बिधु उजिआरीं ॥
tinhahi dekhi saba sura suranārīṁ, bhae nakhata janu bidhu ujiārīṁ.
बिधिहि भयउ आचरजु बिसेषी । निज करनी कछु कतहुँ न देखी ॥
bidhihi bhayau ācaraju biseṣī, nija karanī kachu katahuṁ na dekhī.

दोहा-dohā:

सिवँ समुझाए देव सब जनि आचरज भुलाहु ।
sivaṁ samujhāe deva saba jani ācaraja bhulāhu,
हृदयँ बिचारहु धीर धरि सिय रघुबीर बिआहु ॥ ३१४ ॥
hṛdayaṁ bicārahu dhīra dhari siya raghubīra biāhu. 314.

चौपाई-caupāī:

जिन्ह कर नामु लेत जग माहीं । सकल अमंगल मूल नसाहीं ॥
jinha kara nāmu leta jaga māhīṁ, sakala amaṁgala mūla nasāhīṁ.
करतल होहिं पदारथ चारी । तेइ सिय रामु कहेउ कामारी ॥
karatala hohiṁ padāratha cārī, tei siya rāmu kaheu kāmārī.
एहि बिधि संभु सुरन्ह समुझावा । पुनि आगें बर बसह चलावा ॥
ehi bidhi saṁbhu suranha samujhāvā, puni āgeṁ bara basaha calāvā.
देवन्ह देखे दसरथु जाता । महामोद मन पुलकित गाता ॥
devanha dekhe dasarathu jātā, mahāmoda mana pulakita gātā.
साधु समाज संग महिदेवा । जनु तनु धरें करहिं सुख सेवा ॥
sādhu samāja saṁga mahidevā, janu tanu dhareṁ karahiṁ sukha sevā.
सोहत साथ सुभग सुत चारी । जनु अपबरग सकल तनुधारी ॥
sohata sātha subhaga suta cārī, janu apabaraga sakala tanudhārī.
मरकत कनक बरन बर जोरी । देखि सुरन्ह भै प्रीति न थोरी ॥
marakata kanaka barana bara jorī, dekhi suranha bhai prīti na thorī.
पुनि रामहि बिलोकि हियँ हरषे । नृपहि सराहि सुमन तिन्ह बरषे ॥
puni rāmahi biloki hiyaṁ haraṣe, nṛpahi sarāhi sumana tinha baraṣe.

दोहा-dohā:

राम रूपु नख सिख सुभग बारहिं बार निहारि ।
rāma rūpu nakha sikha subhaga bārahiṁ bāra nihāri,
पुलक गात लोचन सजल उमा समेत पुरारि ॥ ३१५ ॥
pulaka gāta locana sajala umā sameta purāri. 315.

चौपाई-caupāī:

केकि कंठ दुति स्यामल अंगा । तड़ित बिनिंदक बसन सुरंगा ॥
keki kaṁṭha duti syāmala aṁgā, taṛita biniṁdaka basana suraṁgā.
ब्याह बिभूषन बिबिध बनाए । मंगल सब सब भाँति सुहाए ॥
byāha bibhūṣana bibidha banāe, maṁgala saba saba bhāṁti suhāe.
सरद बिमल बिधु बदनु सुहावन । नयन नवल राजीव लजावन ॥
sarada bimala bidhu badanu suhāvana, nayana navala rājīva lajāvana.
सकल अलौकिक सुंदरताई । कहि न जाइ मनहीं मन भाई ॥
sakala alaukika suṁdaratāī, kahi na jāi manahīṁ mana bhāī.
बंधु मनोहर सोहहिं संगा । जात नचावत चपल तुरंगा ॥
baṁdhu manohara sohahiṁ saṁgā, jāta nacāvata capala turaṁgā.
राजकुअँर बर बाजि देखावहिं । बंस प्रसंसक बिरिद सुनावहिं ॥
rājakuaṁra bara bāji dekhāvahiṁ, baṁsa prasaṁsaka birida sunāvahiṁ.
जेहि तुरंग पर रामु बिराजे । गति बिलोकि खगनायकु लाजे ॥
jehi turaṁga para rāmu birāje, gati biloki khaganāyaku lāje.
कहि न जाइ सब भाँति सुहावा । बाजि बेषु जनु काम बनावा ॥
kahi na jāi saba bhāṁti suhāvā, bāji beṣu janu kāma banāvā.

छंद-chaṁda:

जनु बाजि बेषु बनाइ मनसिजु राम हित अति सोहई ।
janu bāji beṣu banāi manasiju rāma hita ati sohaī,
आपनें बय बल रूप गुन गति सकल भुवन बिमोहई ॥
āpaneṁ baya bala rūpa guna gati sakala bhuvana bimohaī.
जगमगत जीनु जराव जोति सुमोति मनि मानिक लगे ।
jagamagata jīnu jarāva joti sumoti mani mānika lage,
किंकिनि ललाम लगामु ललित बिलोकि सुर नर मुनि ठगे ॥
kiṁkini lalāma lagāmu lalita biloki sura nara muni ṭhage.

दोहा-dohā:

प्रभु मनसहिं लयलीन मनु चलत बाजि छबि पाव ।
prabhu manasahiṁ layalīna manu calata bāji chabi pāva,
भूषित उड़गन तड़ित घनु जनु बर बरहि नचाव ॥ ३१६ ॥
bhūṣita uṛagana taṛita ghanu janu bara barahi nacāva. 316.

चौपाई-caupāī:

जेहिं बर बाजि रामु असवारा । तेहि सारदउ न बरनै पारा ॥
jehiṁ bara bāji rāmu asavārā, tehi sāradau na baranai pārā.
संकरु राम रूप अनुरागे । नयन पंचदस अति प्रिय लागे ॥
saṁkaru rāma rūpa anurāge, nayana paṁcadasa ati priya lāge.
हरि हित सहित रामु जब जोहे । रमा समेत रमापति मोहे ॥
hari hita sahita rāmu jaba johe, ramā sameta ramāpati mohe.
निरखि राम छबि बिधि हरषाने । आठइ नयन जानि पछिताने ॥
nirakhi rāma chabi bidhi haraṣāne, āṭhai nayana jāni pachitāne.
सुर सेनप उर बहुत उछाहू । बिधि ते डेवढ़ लोचन लाहू ॥
sura senapa ura bahuta uchāhū, bidhi te ḍevaṛha locana lāhū.
रामहि चितव सुरेस सुजाना । गौतम श्रापु परम हित माना ॥
rāmahi citava suresa sujānā, gautama śrāpu parama hita mānā.
देव सकल सुरपतिहि सिहाहीं । आजु पुरंदर सम कोउ नाहीं ॥
deva sakala surapatihi sihāhīṁ, āju puraṁdara sama kou nāhīṁ.
मुदित देवगन रामहि देखी । नृपसमाज दुहुँ हरषु बिसेषी ॥
mudita devagana rāmahi dekhī, nṛpasamāja duhuṁ haraṣu biseṣī.

छंद-chaṁda:

अति हरषु राजसमाज दुहु दिसि दुंदुभीं बाजहिं घनी ।
ati haraṣu rājasamāja duhu disi duṁdubhīṁ bājahiṁ ghanī,
बरषहिं सुमन सुर हरषि कहि जय जयति जय रघुकुलमनी ॥
baraṣahiṁ sumana sura haraṣi kahi jaya jayati jaya raghukulamanī.
एहि भाँति जानि बरात आवत बाजने बहु बाजहीं ।
ehi bhāṁti jāni barāta āvata bājane bahu bājahīṁ,
रानी सुआसिनि बोलि परिछनि हेतु मंगल साजहीं ॥
rānī suāsini boli parichani hetu maṁgala sājahīṁ.

दोहा-dohā:

सजि आरती अनेक बिधि मंगल सकल सँवारि ।
saji āratī aneka bidhi maṁgala sakala saṁvāri,
चलीं मुदित परिछनि करन गजगामिनि बर नारि ॥ ३१७ ॥
calīṁ mudita parichani karana gajagāmini bara nāri. 317.

चौपाई-caupāī:

बिधुबदनीं सब सब मृगलोचनि । सब निज तन छबि रति मदु मोचनि ॥
bidhubadanīṁ saba saba mṛgalocani, saba nija tana chabi rati madu mocani.
पहिरें बरन बरन बर चीरा । सकल बिभूषन सजें सरीरा ॥
pahireṁ barana barana bara cīrā, sakala bibhūṣana sajeṁ sarīrā.
सकल सुमंगल अंग बनाएँ । करहिं गान कलकंठि लजाएँ ॥
sakala sumaṁgala aṁga banāeṁ, karahiṁ gāna kalakaṁṭhi lajāeṁ.
कंकन किंकिनि नूपुर बाजहिं । चालि बिलोकि काम गज लाजहिं ॥
kaṁkana kiṁkini nūpura bājahiṁ, cāli biloki kāma gaja lājahiṁ.

बाजहिं बाजने बिबिध प्रकारा । नभ अरु नगर सुमंगलचारा ॥
bājahiṁ bājane bibidha prakārā, nabha aru nagara sumaṁgalacārā.
सची सारदा रमा भवानी । जे सुरतिय सुचि सहज सयानी ॥
sacī sāradā ramā bhavānī, je suratiya suci sahaja sayānī.
कपट नारि बर बेष बनाई । मिलीं सकल रनिवासहिं जाई ॥
kapaṭa nāri bara beṣa banāī, milīṁ sakala ranivāsahiṁ jāī.
करहिं गान कल मंगल बानीं । हरष बिबस सब काहुँ न जानीं ॥
karahiṁ gāna kala maṁgala bānīṁ, haraṣa bibasa saba kāhuṁ na jānīṁ.

छंद-chaṁda:

को जान केहि आनंद बस सब ब्रह्मु बर परिछन चली ।
ko jāna kehi ānaṁda basa saba brahmu bara parichana calī,
कल गान मधुर निसान बरषहिं सुमन सुर सोभा भली ॥
kala gāna madhura nisāna baraṣahiṁ sumana sura sobhā bhalī.
आनंदकंदु बिलोकि दूलहु सकल हियँ हरषित भई ।
ānaṁdakaṁdu biloki dūlahu sakala hiyaṁ haraṣita bhaī,
अंभोज अंबक अंबु उमगि सुअंग पुलकावलि छई ॥
aṁbhoja aṁbaka aṁbu umagi suaṁga pulakāvali chaī.

दोहा-dohā:

जो सुखु भा सिय मातु मन देखि राम बर बेषु ।
jo sukhu bhā siya mātu mana dekhi rāma bara beṣu,
सो न सकहिं कहि कलप सत सहस सारदा सेषु ॥३१८॥
so na sakahiṁ kahi kalapa sata sahasa sāradā seṣu. 318.

चौपाई-caupāī:

नयन नीरु हटि मंगल जानी । परिछनि करहिं मुदित मन रानी ॥
nayana nīru haṭi maṁgala jānī, parichani karahiṁ mudita mana rānī.
बेद बिहित अरु कुल आचारू । कीन्ह भली बिधि सब ब्यवहारू ॥
beda bihita aru kula ācārū, kīnha bhalī bidhi saba byavahārū.
पंच सबद धुनि मंगल गाना । पट पाँवड़े परहिं बिधि नाना ॥
paṁca sabada dhuni maṁgala gānā, paṭa pāṁvaṛe parahiṁ bidhi nānā.
करि आरती अरघु तिन्ह दीन्हा । राम गमनु मंडप तब कीन्हा ॥
kari āratī araghu tinha dīnhā, rāma gamanu maṁḍapa taba kīnhā.
दसरथु सहित समाज बिराजे । बिभव बिलोकि लोकपति लाजे ॥
dasarathu sahita samāja birāje, bibhava biloki lokapati lāje.
समयँ समयँ सुर बरषहिं फूला । सांति पढ़हिं महिसुर अनुकूला ॥
samayaṁ samayaṁ sura baraṣahiṁ phūlā, sāṁti paṛhahiṁ mahisura anukūlā.
नभ अरु नगर कोलाहल होई । आपनि पर कछु सुनइ न कोई ॥
nabha aru nagara kolāhala hoī, āpani para kachu sunai na koī.
एहि बिधि रामु मंडपहिं आए । अरघु देइ आसन बैठाए ॥
ehi bidhi rāmu maṁḍapahiṁ āe, araghu dei āsana baiṭhāe.

छंद-chaṁda:

बैठारि आसन आरती करि निरखि बरु सुखु पावहीं ।
baiṭhāri āsana āratī kari nirakhi baru sukhu pāvahīṁ,
मनि बसन भूषन भूरि वारहिं नारि मंगल गावहीं ॥
mani basana bhūṣana bhūri vārahiṁ nāri maṁgala gāvahīṁ.
ब्रह्मादि सुरबर बिप्र बेष बनाइ कौतुक देखहीं ।
brahmādi surabara bipra beṣa banāi kautuka dekhahīṁ,
अवलोकि रघुकुल कमल रबि छबि सुफल जीवन लेखहीं ॥
avaloki raghukula kamala rabi chabi suphala jīvana lekhahīṁ.

दोहा-dohā:

नाऊ बारी भाट नट राम निछावरि पाइ ।
nāū bārī bhāṭa naṭa rāma nichāvari pāi,
मुदित असीसहिं नाइ सिर हरषु न हृदयँ समाइ ॥३१९॥
mudita asīsahiṁ nāi sira haraṣu na hṛdayaṁ samāi. 319.

चौपाई-caupāī:

मिले जनकु दसरथु अति प्रीतीं । करि बैदिक लौकिक सब रीतीं ॥
mile janaku dasarathu ati prītīṁ, kari baidika laukika saba rītīṁ.
मिलत महा दोउ राज बिराजे । उपमा खोजि खोजि कबि लाजे ॥
milata mahā dou rāja birāje, upamā khoji khoji kabi lāje.
लही न कतहुँ हारि हियँ मानी । इन्ह सम एइ उपमा उर आनी ॥
lahī na katahuṁ hāri hiyaṁ mānī, inha sama ei upamā ura ānī.
सामध देखि देव अनुरागे । सुमन बरषि जसु गावन लागे ॥
sāmadha dekhi deva anurāge, sumana baraṣi jasu gāvana lāge.
जगु बिरंचि उपजावा जब तें । देखे सुने ब्याह बहु तब तें ॥
jagu biraṁci upajāvā jaba teṁ, dekhe sune byāha bahu taba teṁ.
सकल भाँति सम साजु समाजू । सम समधी देखे हम आजू ॥
sakala bhāṁti sama sāju samājū, sama samadhī dekhe hama ājū.
देव गिरा सुनि सुंदर साँची । प्रीति अलौकिक दुहु दिसि माची ॥
deva girā suni suṁdara sāṁcī, prīti alaukika duhu disi mācī.
देत पाँवड़े अरघु सुहाए । सादर जनकु मंडपहिं ल्याए ॥
deta pāṁvaṛe araghu suhāe, sādara janaku maṁḍapahiṁ lyāe.

छंद-chaṁda:

मंडपु बिलोकि बिचित्र रचनाँ रुचिरताँ मुनि मन हरे ।
maṁḍapu biloki bicitra racanāṁ ruciratāṁ muni mana hare,
निज पानि जनक सुजान सब कहुँ आनि सिंघासन धरे ॥
nija pāni janaka sujāna saba kahuṁ āni siṁghāsana dhare.
कुल इष्ट सरिस बसिष्ट पूजे बिनय करि आसिष लही ।
kula iṣṭa sarisa basiṣṭa pūje binaya kari āsiṣa lahī,
कौसिकहि पूजत परम प्रीति कि रीति तौ न परै कही ॥
kausikahi pūjata parama prīti ki rīti tau na parai kahī.

दोहा-dohā:

बामदेव आदिक रिषय पूजे मुदित महीस ।
bāmadeva ādika riṣaya pūje mudita mahīsa,
दिए दिब्य आसन सबहि सब सन लही असीस ॥३२०॥
die dibya āsana sabahi saba sana lahī asīsa. 320.

चौपाई-caupāī:

बहुरि कीन्हि कोसलपति पूजा । जानि ईस सम भाउ न दूजा ॥
bahuri kīnhi kosalapati pūjā, jāni īsa sama bhāu na dūjā.
कीन्हि जोरि कर बिनय बड़ाई । कहि निज भाग्य बिभव बहुताई ॥
kīnhi jori kara binaya baṛāī, kahi nija bhāgya bibhava bahutāī.
पूजे भूपति सकल बराती । समधी सम सादर सब भाँती ॥
pūje bhūpati sakala barātī, samadhī sama sādara saba bhāṁtī.
आसन उचित दिए सब काहू । कहौं काह मुख एक उछाहू ॥
āsana ucita die saba kāhū, kahauṁ kāha mukha eka uchāhū.
सकल बरात जनक सनमानी । दान मान बिनती बर बानी ॥
sakala barāta janaka sanamānī, dāna māna binatī bara bānī.
बिधि हरि हरु दिसिपति दिनराऊ । जे जानहिं रघुबीर प्रभाऊ ॥
bidhi hari haru disipati dinarāū, je jānahiṁ raghubīra prabhāū.
कपट बिप्र बर बेष बनाएँ । कौतुक देखहिं अति सचु पाएँ ॥
kapaṭa bipra bara beṣa banāeṁ, kautuka dekhahiṁ ati sacu pāeṁ.
पूजे जनक देव सम जानें । दिए सुआसन बिनु पहिचानें ॥

pūje janaka deva sama jāneṁ, die suāsana binu pahicāneṁ.

छँद-chaṁda:

पहिचान को केहि जान सबहि अपान सुधि भोरी भई ।
pahicāna ko kehi jāna sabahi apāna sudhi bhorī bhaī,
आनंद कंदु बिलोकि दूलहु उभय दिसि आनँद मई ॥
ānaṁda kaṁdu biloki dūlahu ubhaya disi ānaṁda maī.
सुर लखे राम सुजान पूजे मानसिक आसन दए ।
sura lakhe rāma sujāna pūje mānasika āsana dae,
अवलोकि सीलु सुभाउ प्रभु को बिबुध मन प्रमुदित भए ॥
avaloki sīlu subhāu prabhu ko bibudha mana pramudita bhae.

दोहा-dohā:

रामचंद्र मुख चंद्र छबि लोचन चारु चकोर ।
rāmacaṁdra mukha caṁdra chabi locana cāru cakora,
करत पान सादर सकल प्रेमु प्रमोदु न थोर ॥३२१॥
karata pāna sādara sakala premu pramodu na thora. 321.

चौपाई-caupāī:

समउ बिलोकि बसिष्ठ बोलाए । सादर सतानंदु सुनि आए ॥
samau biloki basiṣṭha bolāe, sādara satānaṁdu suni āe.
बेगि कुअँरि अब आनहु जाई । चले मुदित मुनि आयसु पाई ॥
begi kuaṁri aba ānahu jāī, cale mudita muni āyasu pāī.
रानी सुनि उपरोहित बानी । प्रमुदित सखिन्ह समेत सयानी ॥
rānī suni uparohita bānī, pramudita sakhinha sameta sayānī.
बिप्र बधू कुलबृद्ध बोलाईं । करि कुल रीति सुमंगल गाईं ॥
bipra badhū kulabṛddha bolāīṁ, kari kula rīti sumaṁgala gāīṁ.
नारि बेष जे सुर बर बामा । सकल सुभायँ सुंदरी स्यामा ॥
nāri beṣa je sura bara bāmā, sakala subhāyaṁ suṁdarī syāmā.
तिन्हहि देखि सुखु पावहिं नारीं । बिनु पहिचानि प्रानहु ते प्यारीं ॥
tinhahi dekhi sukhu pāvahiṁ nārīṁ, binu pahicāni prānahu te pyārīṁ.
बार बार सनमानहिं रानी । उमा रमा सारद सम जानी ॥
bāra bāra sanamānahiṁ rānī, umā ramā sārada sama jānī.
सीय सँवारि समाजु बनाई । मुदित मंडपहिं चलीं लवाई ॥
sīya saṁvāri samāju banāī, mudita maṁḍapahiṁ calīṁ lavāī.

छँद-chaṁda:

चलि ल्याइ सीतहि सखीं सादर सजि सुमंगल भामिनीं ।
cali lyāi sītahi sakhīṁ sādara saji sumaṁgala bhāminīṁ,
नवसप्त साजें सुंदरी सब मत्त कुंजर गामिनीं ॥
navasapta sājeṁ suṁdarī saba matta kuṁjara gāminīṁ.
कल गान सुनि मुनि ध्यान त्यागहिं काम कोकिल लाजहीं ।
kala gāna suni muni dhyāna tyāgahiṁ kāma kokila lājahīṁ,
मंजीर नूपुर कलित कंकन ताल गती बर बाजहीं ॥
maṁjīra nūpura kalita kaṁkana tāla gatī bara bājahīṁ.

दोहा-dohā:

सोहति बनिता बृंद महुँ सहज सुहावनि सीय ।
sohati banitā bṛṁda mahuṁ sahaja suhāvani sīya,
छबि ललना गन मध्य जनु सुषमा तिय कमनीय ॥३२२॥
chabi lalanā gana madhya janu suṣamā tiya kamanīya. 322.

चौपाई-caupāī:

सिय सुंदरता बरनि न जाई । लघु मति बहुत मनोहरताई ॥
siya suṁdaratā barani na jāī, laghu mati bahuta manoharatāī.
आवत दीखि बरातिन्ह सीता । रूप रासि सब भाँति पुनीता ॥
āvata dīkhi barātinha sītā, rūpa rāsi saba bhāṁti punītā.
सबहि मनहिं मन किए प्रनामा । देखि राम भए पूरनकामा ॥
sabahi manahiṁ mana kie pranāmā, dekhi rāma bhae pūranakāmā.
हरषे दसरथ सुतन्ह समेता । कहि न जाइ उर आनँदु जेता ॥
harașe dasaratha sutanha sametā, kahi na jāi ura ānaṁdu jetā.
सुर प्रनामु करि बरिसहिं फूला । मुनि असीस धुनि मंगल मूला ॥
sura pranāmu kari barisahiṁ phūlā, muni asīsa dhuni maṁgala mūlā.
गान निसान कोलाहलु भारी । प्रेम प्रमोद मगन नर नारी ॥
gāna nisāna kolāhalu bhārī, prema pramoda magana nara nārī.
एहि बिधि सीय मंडपहिं आई । प्रमुदित सांति पढ़हिं मुनिराई ॥
ehi bidhi sīya maṁḍapahiṁ āī, pramudita sāṁti paṛhahiṁ munirāī.
तेहि अवसर कर बिधि ब्यवहारू । दुहुँ कुलगुर सब कीन्ह अचारू ॥
tehi avasara kara bidhi byavahārū, duhuṁ kulagura saba kīnha acārū.

छँद-chaṁda:

आचारु करि गुर गौरि गनपति मुदित बिप्र पुजावहीं ।
ācāru kari gura gauri ganapati mudita bipra pujāvahīṁ,
सुर प्रगटि पूजा लेहिं देहिं असीस अति सुखु पावहीं ॥
sura pragaṭi pūjā lehiṁ dehiṁ asīsa ati sukhu pāvahīṁ.
मधुपर्क मंगल द्रब्य जो जेहि समय मुनि मन महुँ चहैं ।
madhuparka maṁgala drabya jo jehi samaya muni mana mahuṁ cahaiṁ,
भरे कनक कोपर कलस सो तब लिएहिं परिचारक रहैं ॥१॥
bhare kanaka kopara kalasa so taba liehiṁ paricāraka rahaiṁ. 1.

कुल रीति प्रीति समेत रबि कहि देत सबु सादर कियो ।
kula rīti prīti sameta rabi kahi deta sabu sādara kiyo,
एहि भाँति देव पुजाइ सीतहि सुभग सिंघासनु दियो ॥
ehi bhāṁti deva pujāi sītahi subhaga siṁghāsanu diyo.
सिय राम अवलोकनि परसपर प्रेम काहु न लखि परै ।
siya rāma avalokani parasapara prema kāhu na lakhi parai,
मन बुद्धि बर बानी अगोचर प्रगट कबि कैसें करै ॥२॥
mana buddhi bara bānī agocara pragaṭa kabi kaiseṁ karai. 2.

दोहा-dohā:

होम समय तनु धरि अनलु अति सुख आहुति लेहिं ।
homa samaya tanu dhari analu ati sukha āhuti lehiṁ,
बिप्र बेष धरि बेद सब कहि बिबाह बिधि देहिं ॥३२३॥
bipra beṣa dhari beda saba kahi bibāha bidhi dehiṁ. 323.

चौपाई-caupāī:

जनक पाटमहिषी जग जानी । सीय मातु किमि जाइ बखानी ॥
janaka pāṭamahiṣī jaga jānī, sīya mātu kimi jāi bakhānī.
सुजसु सुकृत सुख सुंदरताई । सब समेटि बिधि रची बनाई ॥
sujasu sukṛta sukha suṁdaratāī, saba sameṭi bidhi racī banāī.
समउ जानि मुनिबरन्ह बोलाईं । सुनत सुआसिनि सादर ल्याईं ॥
samau jāni munibaranha bolāīṁ, sunata suāsini sādara lyāīṁ.
जनक बाम दिसि सोह सुनयना । हिमगिरि संग बनि जनु मयना ॥
janaka bāma disi soha sunayanā, himagiri saṁga bani janu mayanā.
कनक कलस मनि कोपर रूरे । सुचि सुगंध मंगल जल पूरे ॥
kanaka kalasa mani kopara rūre, suci sugaṁdha maṁgala jala pūre.
निज कर मुदित रायँ अरु रानी । धरे राम के आगें आनी ॥
nija kara mudita rāyaṁ aru rānī, dhare rāma ke āgeṁ ānī.
पढ़हिं बेद मुनि मंगल बानी । गगन सुमन झरि अवसरु जानी ॥
paṛhahiṁ beda muni maṁgala bānī, gagana sumana jhari avasaru jānī.
बरु बिलोकि दंपति अनुरागे । पाय पुनीत पखारन लागे ॥
baru biloki daṁpati anurāge, pāya punīta pakhārana lāge.

छँद-chaṁda:

लागे पखारन पाय पंकज प्रेम तन पुलकावली ।
lāge pakhārana pāya paṁkaja prema tana pulakāvalī,

नभ नगर गान निसान जय धुनि उमगि जनु चहुँ दिसि चली ॥
nabha nagara gāna nisāna jaya dhuni umagi janu cahum̐ disi calī.
जे पद सरोज मनोज अरि उर सर सदैव बिराजहीं ।
je pada saroja manoja ari ura sara sadaiva birājahīṁ,
जे सकृत सुमिरत बिमलता मन सकल कलि मल भाजहीं ॥ १ ॥
je sakṛta sumirata bimalatā mana sakala kali mala bhājahīṁ. 1.

जे परसि मुनिबनिता लही गति रही जो पातकमई ।
je parasi munibanitā lahī gati rahī jo pātakamaī,
मकरंदु जिन्ह को संभु सिर सुचिता अवधि सुर बरनई ॥
makaraṁdu jinha ko saṁbhu sira sucitā avadhi sura baranaī.
करि मधुप मन मुनि जोगिजन जे सेइ अभिमत गति लहैं ।
kari madhupa mana muni jogijana je sei abhimata gati lahaiṁ,
ते पद पखारत भाग्यभाजनु जनकु जय जय सब कहैं ॥ २ ॥
te pada pakhārata bhāgyabhājanu janaku jaya jaya saba kahaiṁ. 2.

बर कुअँरि करतल जोरि साखोचारु दोउ कुलगुर करैं ।
bara kuam̐ri karatala jori sākhocāru dou kulagura karaiṁ,
भयो पानिगहनु बिलोकि बिधि सुर मनुज मुनि आँनद भरैं ॥
bhayo pānigahanu biloki bidhi sura manuja muni ām̐nada bharaiṁ.
सुखमूल दूलहु देखि दंपति पुलक तन हुलस्यो हियो ।
sukhamūla dūlahu dekhi daṁpati pulaka tana hulasyo hiyo,
करि लोक बेद बिधानु कन्यादानु नृपभूषन कियो ॥ ३ ॥
kari loka beda bidhānu kanyādānu nṛpabhūṣana kiyo. 3.

हिमवंत जिमि गिरिजा महेसहि हरिहि श्री सागर दई ।
himavaṁta jimi girijā mahesahi harihi śrī sāgara daī,
तिमि जनक रामहि सिय समरपी बिस्व कल कीरति नई ॥
timi janaka rāmahi siya samarapī bisva kala kīrati naī.
क्यों करै बिनय बिदेहु कियो बिदेहु मूरति सावँरीं ।
kyoṁ karai binaya bidehu kiyo bidehu mūrati sāvam̐rīṁ,
करि होमु बिधिवत गाँठि जोरी होन लागीं भावँरीं ॥ ४ ॥
kari homu bidhivata gām̐ṭhi jorī hona lāgīṁ bhāvam̐rīṁ. 4.

दोहा-dohā:

जय धुनि बंदी बेद धुनि मंगल गान निसान ।
jaya dhuni baṁdī beda dhuni maṁgala gāna nisāna,
सुनि हरषहिं बरषहिं बिबुध सुरतरु सुमन सुजान ॥ ३२४ ॥
suni haraṣahiṁ baraṣahiṁ bibudha surataru sumana sujāna. 324.

चौपाई-caupāī:

कुअँरु कुअँरि कल भावँरि देहीं । नयन लाभु सब सादर लेहीं ॥
kuam̐ru kuam̐ri kala bhāvam̐ri dehīṁ, nayana lābhu saba sādara lehīṁ.
जाइ न बरनि मनोहर जोरी । जो उपमा कछु कहौं सो थोरी ॥
jāi na barani manohara jorī, jo upamā kachu kahauṁ so thorī.
राम सीय सुंदर प्रतिछाहीं । जगमगात मनि खंभन माहीं ॥
rāma sīya suṁdara pratichāhīṁ, jagamagāta mani khaṁbhana māhīṁ.
मनहुँ मदन रति धरि बहु रूपा । देखत राम बिआहु अनूपा ॥
manahum̐ madana rati dhari bahu rūpā, dekhata rāma biāhu anūpā.
दरस लालसा सकुच न थोरी । प्रगटत दुरत बहोरि बहोरी ॥
darasa lālasā sakuca na thorī, pragaṭata durata bahori bahorī.
भए मगन सब देखनिहारे । जनक समान अपान बिसारे ॥
bhae magana saba dekhanihāre, janaka samāna apāna bisāre.
प्रमुदित मुनिन्ह भाँवरीं फेरीं । नेगसहित सब रीति निबेरीं ॥
pramudita muninha bhām̐varīṁ pherīṁ, negasahita saba rīti niberīṁ.
राम सीय सिर सेंदुर देहीं । सोभा कहि न जाति बिधि केहीं ॥
rāma sīya sira seṁdura dehīṁ, sobhā kahi na jāti bidhi kehīṁ.
अरुन पराग जलजु भरि नीकें । ससिहि भूष अहि लोभ अमी कें ॥
aruna parāga jalaju bhari nīkeṁ, sasihi bhūṣa ahi lobha amī keṁ.
बहुरि बसिष्ठ दीन्हि अनुसासन । बरु दुलहिनि बैठे एक आसन ॥
bahuri basiṣṭha dīnhi anusāsana, baru dulahini baiṭhe eka āsana.

छंद-chaṁda:

बैठे बरासन रामु जानकि मुदित मन दसरथु भए ।
baiṭhe barāsana rāmu jānaki mudita mana dasarathu bhae,
तनु पुलक पुनि पुनि देखि अपनें सुकृत सुरतरु फल नए ॥
tanu pulaka puni puni dekhi apaneṁ sukṛta surataru phala nae.
भरि भुवन रहा उछाहु राम बिबाहु भा सबहीं कहा ।
bhari bhuvana rahā uchāhu rāma bibāhu bhā sabahīṁ kahā,
केहि भाँति बरनि सिरात रसना एक यहु मंगलु महा ॥ १ ॥
kehi bhām̐ti barani sirāta rasanā eka yahu maṁgalu mahā. 1.

तब जनक पाइ बसिष्ठ आयसु ब्याह साज सँवारि कै ।
taba janaka pāi basiṣṭha āyasu byāha sāja sam̐vāri kai,
माँडवी श्रुतिकीरति उरमिला कुअँरि लईं हँकारि कै ॥
mām̐ḍavī śrutikīrati uramilā kuam̐ri laīṁ ham̐kāri kai.
कुसकेतु कन्या प्रथम जो गुन सील सुख सोभामई ।
kusaketu kanyā prathama jo guna sīla sukha sobhāmaī,
सब रीति प्रीति समेत करि सो ब्याहि नृप भरतहि दई ॥ २ ॥
saba rīti prīti sameta kari so byāhi nṛpa bharatahi daī. 2.

जानकी लघु भगिनी सकल सुंदरि सिरोमनि जानि कै ।
jānakī laghu bhaginī sakala suṁdari siromani jāni kai,
सो तनय दीन्ही ब्याहि लखनहि सकल बिधि सनमानि कै ॥
so tanaya dīnhī byāhi lakhanahi sakala bidhi sanamāni kai.
जेहि नामु श्रुतकीरति सुलोचनि सुमुखि सब गुन आगरी ।
jehi nāmu śrutakīrati sulocani sumukhi saba guna āgarī,
सो दई रिपुसूदनहि भूपति रूप सील उजागरी ॥ ३ ॥
so daī ripusūdanahi bhūpati rūpa sīla ujāgarī. 3.

अनुरुप बर दुलहिनि परस्पर लखि सकुच हियँ हरषहीं ।
anurupa bara dulahini paraspara lakhi sakuca hiyam̐ haraṣahīṁ,
सब मुदित सुंदरता सराहहिं सुमन सुर गन बरषहीं ॥
saba mudita suṁdaratā sarāhahiṁ sumana sura gana baraṣahīṁ.
सुंदरी सुंदर बरन्ह सह सब एक मंडप राजहीं ।
suṁdarī suṁdara baranha saha saba eka maṁḍapa rājahīṁ,
जनु जीव उर चारिउ अवस्था बिभुन सहित बिराजहीं ॥ ४ ॥
janu jīva ura cāriu avasthā bibhuna sahita birājahīṁ. 4.

दोहा-dohā:

मुदित अवधपति सकल सुत बधुन्ह समेत निहारि ।
mudita avadhapati sakala suta badhunha sameta nihāri,
जनु पाए महिपाल मनि क्रियन्ह सहित फल चारि ॥ ३२५ ॥
janu pāe mahipāla mani kriyanha sahita phala cāri. 325.

चौपाई-caupāī:

जसि रघुबीर ब्याह बिधि बरनी । सकल कुअँर ब्याहे तेहिं करनी ॥
jasi raghubīra byāha bidhi baranī, sakala kuam̐ra byāhe tehiṁ karanī.
कहि न जाइ कछु दाइज भूरी । रहा कनक मनि मंडपु पूरी ॥
kahi na jāi kachu dāija bhūrī, rahā kanaka mani maṁḍapu pūrī.
कंबल बसन बिचित्र पटोरे । भाँति भाँति बहु मोल न थोरे ॥

kaṁbala basana bicitra paṭore, bhāṁti bhāṁti bahu mola na thore.

गज रथ तुरग दास अरु दासी । धेनु अलंकृत कामदुहा सी ॥
gaja ratha turaga dāsa aru dāsī, dhenu alaṁkṛta kāmaduhā sī.

बस्तु अनेक करिअ किमि लेखा । कहि न जाइ जानहिं जिन्ह देखा ॥
bastu aneka karia kimi lekhā, kahi na jāi jānahiṁ jinha dekhā.

लोकपाल अवलोकि सिहाने । लीन्ह अवधपति सबु सुखु माने ॥
lokapāla avaloki sihāne, līnha avadhapati sabu sukhu māne.

दीन्ह जाचकन्हि जो जेहि भावा । उबरा सो जनवासेहिं आवा ॥
dīnha jācakanhi jo jehi bhāvā, ubarā so janavāsehiṁ āvā.

तब कर जोरि जनकु मृदु बानी । बोले सब बरात सनमानी ॥
taba kara jori janaku mṛdu bānī, bole saba barāta sanamānī.

छंद-chaṁda:

सनमानि सकल बरात आदर दान बिनय बड़ाइ कै ।
sanamāni sakala barāta ādara dāna binaya baṛāi kai,
प्रमुदित महा मुनि बृंद बंदे पूजि प्रेम लड़ाइ कै ॥
pramudita mahā muni bṛṁda baṁde pūji prema laṛāi kai.
सिरु नाइ देव मनाइ सब सन कहत कर संपुट किएँ ।
siru nāi deva manāi saba sana kahata kara saṁpuṭa kieṁ,
सुर साधु चाहत भाउ सिंधु कि तोष जल अंजलि दिएँ ॥ १ ॥
sura sādhu cāhata bhāu siṁdhu ki toṣa jala aṁjali dieṁ. 1.

कर जोरि जनकु बहोरि बंधु समेत कोसलराय सों ।
kara jori janaku bahori baṁdhu sameta kosalarāya soṁ,
बोले मनोहर बयन सानि सनेह सील सुभाय सों ॥
bole manohara bayana sāni saneha sīla subhāya soṁ.
संबंध राजन रावरें हम बड़े अब सब बिधि भए ।
saṁbaṁdha rājana rāvareṁ hama baṛe aba saba bidhi bhae,
एहि राज साज समेत सेवक जानिबे बिनु गथ लए ॥ २ ॥
ehi rāja sāja sameta sevaka jānibe binu gatha lae. 2.

ए दारिका परिचारिका करि पालिबीं करुना नई ।
e dārikā paricārikā kari pālibīṁ karunā naī,
अपराधु छमिबो बोलि पठए बहुत हौं ढीट्यो कई ॥
aparādhu chamibo boli paṭhae bahuta hauṁ ḍhīṭyo kaī.
पुनि भानुकुलभूषन सकल सनमान निधि समधी किए ।
puni bhānukulabhūṣana sakala sanamāna nidhi samadhī kie,
कहि जाति नहिं बिनती परस्पर प्रेम परिपूरन हिए ॥ ३ ॥
kahi jāti nahiṁ binatī paraspara prema paripūrana hie. 3.

बृंदारका गन सुमन बरिसहिं राउ जनवासेहि चले ।
bṛṁdārakā gana sumana barisahiṁ rāu janavāsehi cale,
दुंदुभी जय धुनि बेद धुनि नभ नगर कौतूहल भले ॥
duṁdubhī jaya dhuni beda dhuni nabha nagara kautūhala bhale.
तब सखीं मंगल गान करत मुनीस आयसु पाइ कै ।
taba sakhīṁ maṁgala gāna karata munīsa āyasu pāi kai,
दूलह दुलहिनिन्ह सहित सुंदरि चलीं कोहबर ल्याइ कै ॥ ४ ॥
dūlaha dulahininha sahita suṁdari calīṁ kohabara lyāi kai. 4.

दोहा-dohā:

पुनि पुनि रामहि चितव सिय सकुचति मनु सकुचै न ।
puni puni rāmahi citava siya sakucati manu sakucai na,
हरत मनोहर मीन छबि प्रेम पिआसे नैन ॥ ३२६ ॥
harata manohara mīna chabi prema piāse naina. 326.

मासपारायण ग्यारहवाँ विश्राम
māsapārāyaṇa gyārahavāṁ viśrāma
(Pause 11 for a Thirty-Day Recitation)

चौपाई-caupāī:

स्याम सरीरु सुभायँ सुहावन । सोभा कोटि मनोज लजावन ॥
syāma sarīru subhāyaṁ suhāvana, sobhā koṭi manoja lajāvana.

जावक जुत पद कमल सुहाए । मुनि मन मधुप रहत जिन्ह छाए ॥
jāvaka juta pada kamala suhāe, muni mana madhupa rahata jinha chāe.

पीत पुनीत मनोहर धोती । हरति बाल रबि दामिनि जोती ॥
pīta punīta manohara dhotī, harati bāla rabi dāmini jotī.

कल किंकिनि कटि सूत्र मनोहर । बाहु बिसाल बिभूषन सुंदर ॥
kala kiṁkini kaṭi sūtra manohara, bāhu bisāla bibhūṣana suṁdara.

पीत जनेउ महाछबि देई । कर मुद्रिका चोरि चितु लेई ॥
pīta janeu mahāchabi deī, kara mudrikā cori citu leī.

सोहत ब्याह साज सब साजे । उर आयत उरभूषन राजे ॥
sohata byāha sāja saba sāje, ura āyata urabhūṣana rāje.

पिअर उपरना काखासोती । दुहुँ आँचरन्हि लगे मनि मोती ॥
piara uparanā kākhāsotī, duhuṁ āṁcaranhi lage mani motī.

नयन कमल कल कुंडल काना । बदनु सकल सौंदर्ज निधाना ॥
nayana kamala kala kuṁḍala kānā, badanu sakala sauṁdarja nidhānā.

सुंदर भृकुटि मनोहर नासा । भाल तिलकु रुचिरता निवासा ॥
suṁdara bhṛkuṭi manohara nāsā, bhāla tilaku ruciratā nivāsā.

सोहत मौरु मनोहर माथे । मंगलमय मुकुता मनि गाथे ॥
sohata mauru manohara māthe, maṁgalamaya mukutā mani gāthe.

छंद-chaṁda:

गाथे महामनि मौर मंजुल अंग सब चित चोरहीं ।
gāthe mahāmani maura maṁjula aṁga saba cita corahīṁ,
पुर नारि सुर सुंदरीं बरहि बिलोकि सब तिन तोरहीं ॥
pura nāri sura suṁdarīṁ barahi biloki saba tina torahīṁ.
मनि बसन भूषन वारि आरति करहिं मंगल गावहिं ।
mani basana bhūṣana vāri ārati karahiṁ maṁgala gāvahiṁ,
सुर सुमन बरिसहिं सूत मागध बंदि सुजसु सुनावहीं ॥ १ ॥
sura sumana barisahiṁ sūta māgadha baṁdi sujasu sunāvahīṁ. 1.

कोहबरहिं आने कुअँरु कुअँरि सुआसिनिन्ह सुख पाइ कै ।
kohabarahiṁ āne kuaṁra kuaṁri suāsininha sukha pāi kai,
अति प्रीति लौकिक रीति लागीं करन मंगल गाइ कै ॥
ati prīti laukika rīti lāgīṁ karana maṁgala gāi kai.
लहकौरि गौरि सिखाव रामहि सीय सन सारद कहैं ।
lahakauri gauri sikhāva rāmahi sīya sana sārada kahaiṁ,
रनिवासु हास बिलास रस बस जन्म को फलु सब लहैं ॥ २ ॥
ranivāsu hāsa bilāsa rasa basa janma ko phalu saba lahaiṁ. 2.

निज पानि मनि महुँ देखिअति मूरति सुरूपनिधान की ।
nija pāni mani mahuṁ dekhiati mūrati surūpanidhāna kī,
चालति न भुजबल्ली बिलोकनि बिरह भय बस जानकी ॥
cālati na bhujaballī bilokani biraha bhaya basa jānakī.
कौतुक बिनोद प्रमोदु प्रेमु न जाइ कहि जानहिं अलीं ।
kautuka binoda pramodu premu na jāi kahi jānahiṁ alīṁ,
बर कुअँरि सुंदर सकल सखीं लवाइ जनवासेहि चलीं ॥ ३ ॥
bara kuaṁri suṁdara sakala sakhīṁ lavāi janavāsehi calīṁ. 3.

तेहि समय सुनिअ असीस जहँ तहँ नगर नभ आनँदु महा ।
tehi samaya sunia asīsa jahaṁ tahaṁ nagara nabha ānaṁdu mahā,

चिरु जिअहुँ जोरीं चारु चारयो मुदित मन सबहीं कहा ॥
ciru jiahuṁ jorīṁ cāru cārayo mudita mana sabahīṁ kahā.
जोगींद्र सिद्ध मुनीस देव बिलोकि प्रभु दुंदुभि हनी ।
jogīṁdra siddha munīsa deva biloki prabhu duṁdubhi hanī,
चले हरषि बरषि प्रसून निज निज लोक जय जय जय भनी ॥४॥
cale haraṣi baraṣi prasūna nija nija loka jaya jaya jaya bhanī. 4.

दोहा-dohā:

सहित बधूटिन्ह कुअँर सब तब आए पितु पास ।
sahita badhūṭinha kuaṁra saba taba āe pitu pāsa,
सोभा मंगल मोद भरि उमगेउ जनु जनवास ॥३२७॥
sobhā maṁgala moda bhari umageu janu janavāsa. 327.

चौपाई-caupāī:

पुनि जेवनार भई बहु भाँती । पठए जनक बोलाइ बराती ॥
puni jevanāra bhaī bahu bhāṁtī, paṭhae janaka bolāi barātī.
परत पाँवड़े बसन अनूपा । सुतन्ह समेत गवन कियो भूपा ॥
parata pāṁvaṛe basana anūpā, sutanha sameta gavana kiyo bhūpā.
सादर सब के पाय पखारे । जथाजोगु पीढ़न्ह बैठारे ॥
sādara saba ke pāya pakhāre, jathājogu pīṛhanha baiṭhāre.
धोए जनक अवधपति चरना । सीलु सनेहु जाइ नहिं बरना ॥
dhoe janaka avadhapati caranā, sīlu sanehu jāi nahiṁ baranā.
बहुरि राम पद पंकज धोए । जे हर हृदय कमल महुँ गोए ॥
bahuri rāma pada paṁkaja dhoe, je hara hṛdaya kamala mahuṁ goe.
तीनिउ भाई राम सम जानी । धोए चरन जनक निज पानी ॥
tīniu bhāī rāma sama jānī, dhoe carana janaka nija pānī.
आसन उचित सबहि नृप दीन्हे । बोलि सूपकारी सब लीन्हे ॥
āsana ucita sabahi nṛpa dīnhe, boli sūpakārī saba līnhe.
सादर लगे परन पनवारे । कनक कील मनि पान सँवारे ॥
sādara lage parana panavāre, kanaka kīla mani pāna saṁvāre.

दोहा-dohā:

सूपोदन सुरभी सरपि सुंदर स्वादु पुनीत ।
sūpodana surabhī sarapi suṁdara svādu punīta,
छन महुँ सब कें परुसि गे चतुर सुआर बिनीत ॥३२८॥
chana mahuṁ saba keṁ parusi ge catura suāra binīta. 328.

चौपाई-caupāī:

पंच कवल करि जेवन लागे । गारि गान सुनि अति अनुरागे ॥
paṁca kavala kari jevana lāge, gāri gāna suni ati anurāge.
भाँति अनेक परे पकवाने । सुधा सरिस नहिं जाहिं बखाने ॥
bhāṁti aneka pare pakavāne, sudhā sarisa nahiṁ jāhiṁ bakhāne.
परुसन लगे सुआर सुजाना । बिंजन बिबिध नाम को जाना ॥
parusana lage suāra sujānā, biṁjana bibidha nāma ko jānā.
चारि भाँति भोजन बिधि गाई । एक एक बिधि बरनि न जाई ॥
cāri bhāṁti bhojana bidhi gāī, eka eka bidhi barani na jāī.
छरस रुचिर बिंजन बहु जाती । एक एक रस अगनित भाँती ॥
charasa rucira biṁjana bahu jātī, eka eka rasa aganita bhāṁtī.
जेवँत देहिं मधुर धुनि गारी । लै लै नाम पुरुष अरु नारी ॥
jevaṁta dehiṁ madhura dhuni gārī, lai lai nāma puruṣa aru nārī.
समय सुहावनि गारि बिराजा । हँसत राउ सुनि सहित समाजा ॥
samaya suhāvani gāri birājā, haṁsata rāu suni sahita samājā.
एहि बिधि सबहीं भोजनु कीन्हा । आदर सहित आचमनु दीन्हा ॥
ehi bidhi sabahīṁ bhojanu kīnhā, ādara sahita ācamanu dīnhā.

दोहा-dohā:

देइ पान पूजे जनक दसरथु सहित समाज ।
dei pāna pūje janaka dasarathu sahita samāja,
जनवासेहि गवने मुदित सकल भूप सिरताज ॥३२९॥
janavāsehi gavane mudita sakala bhūpa siratāja. 329.

चौपाई-caupāī:

नित नूतन मंगल पुर माहीं । निमिष सरिस दिन जामिनि जाहीं ॥
nita nūtana maṁgala pura māhīṁ, nimiṣa sarisa dina jāmini jāhīṁ.
बड़े भोर भूपतिमनि जागे । जाचक गुन गन गावन लागे ॥
baṛe bhora bhūpatimani jāge, jācaka guna gana gāvana lāge.
देखि कुअँर बर बधुन्ह समेता । किमि कहि जात मोदु मन जेता ॥
dekhi kuaṁra bara badhunha sametā, kimi kahi jāta modu mana jetā.
प्रातक्रिया करि गे गुरु पाहीं । महाप्रमोदु प्रेमु मन माहीं ॥
prātakriyā kari ge guru pāhīṁ, mahāpramodu premu mana māhīṁ.
करि प्रनामु पूजा कर जोरी । बोले गिरा अमिअँ जनु बोरी ॥
kari pranāmu pūjā kara jorī, bole girā amiaṁ janu borī.
तुम्हरी कृपाँ सुनहु मुनिराजा । भयउँ आजु मैं पूरनकाजा ॥
tumharī kṛpāṁ sunahu munirājā, bhayauṁ āju maiṁ pūranakājā.
अब सब बिप्र बोलाइ गोसाईं । देहु धेनु सब भाँति बनाईं ॥
aba saba bipra bolāi gosāīṁ, dehu dhenu saba bhāṁti banāīṁ.
सुनि गुर करि महिपाल बड़ाई । पुनि पठए मुनि बृंद बोलाई ॥
suni gura kari mahipāla baṛāī, puni paṭhae muni bṛṁda bolāī.

दोहा-dohā:

बामदेउ अरु देवरिषि बालमीकि जाबालि ।
bāmadeu aru devariṣi bālamīki jābāli,
आए मुनिबर निकर तब कौसिकादि तपसालि ॥३३०॥
āe munibara nikara taba kausikādi tapasāli. 330.

चौपाई-caupāī:

दंड प्रनाम सबहि नृप कीन्हे । पूजि सप्रेम बरासन दीन्हे ॥
daṁḍa pranāma sabahi nṛpa kīnhe, pūji saprema barāsana dīnhe.
चारि लच्छ बर धेनु मगाईं । कामसुरभि सम सील सुहाईं ॥
cāri laccha bara dhenu magāīṁ, kāmasurabhi sama sīla suhāīṁ.
सब बिधि सकल अलंकृत कीन्हीं । मुदित महिप महिदेवन्ह दीन्हीं ॥
saba bidhi sakala alaṁkṛta kīnhīṁ, mudita mahipa mahidevanha dīnhīṁ.
करत बिनय बहु बिधि नरनाहू । लहेउँ आजु जग जीवन लाहू ॥
karata binaya bahu bidhi naranāhū, laheuṁ āju jaga jīvana lāhū.
पाइ असीस महीसु अनंदा । लिए बोलि पुनि जाचक बृंदा ॥
pāi asīsa mahīsu anaṁdā, lie boli puni jācaka bṛṁdā.
कनक बसन मनि हय गय स्यंदन । दिए बूझि रुचि रबिकुलनंदन ॥
kanaka basana mani haya gaya syaṁdana, die būjhi ruci rabikulanaṁdana.
चले पढ़त गावत गुन गाथा । जय जय जय दिनकर कुल नाथा ॥
cale paṛhata gāvata guna gāthā, jaya jaya jaya dinakara kula nāthā.
एहि बिधि राम बिआह उछाहू । सकइ न बरनि सहस मुख जाहू ॥
ehi bidhi rāma biāha uchāhū, sakai na barani sahasa mukha jāhū.

दोहा-dohā:

बार बार कौसिक चरन सीसु नाइ कह राउ ।
bāra bāra kausika carana sīsu nāi kaha rāu,
यह सबु सुखु मुनिराज तव कृपा कटाच्छ पसाउ ॥३३१॥
yaha sabu sukhu munirāja tava kṛpā kaṭāccha pasāu. 331.

चौपाई-caupāī:

जनक सनेहु सीलु करतूती । नृपु सब भाँति सराह बिभूती ॥
janaka sanehu sīlu karatūtī, nṛpu saba bhāṁti sarāha bibhūtī.

दिन उठि बिदा अवधपति मागा । राखहिं जनकु सहित अनुरागा ॥
dina uṭhi bidā avadhapati māgā, rākhahiṁ janaku sahita anurāgā.
नित नूतन आदरु अधिकाई । दिन प्रति सहस भाँति पहुनाई ॥
nita nūtana ādaru adhikāī, dina prati sahasa bhāṁti pahunāī.
नित नव नगर अनंद उछाहू । दसरथ गवनु सोहाइ न काहू ॥
nita nava nagara anaṁda uchāhū, dasaratha gavanu sohāi na kāhū.
बहुत दिवस बीते एहि भाँती । जनु सनेह रजु बँधे बराती ॥
bahuta divasa bīte ehi bhāṁtī, janu saneha raju baṁdhe barātī.
कौसिक सतानंद तब जाई । कहा बिदेह नृपहि समुझाई ॥
kausika satānaṁda taba jāī, kahā bideha nṛpahi samujhāī.
अब दसरथ कहँ आयसु देहू । जद्यपि छाडि न सकहु सनेहू ॥
aba dasaratha kahaṁ āyasu dehū, jadyapi chāṛi na sakahu sanehū.
भलेहिं नाथ कहि सचिव बोलाए । कहि जय जीव सीस तिन्ह नाए ॥
bhalehiṁ nātha kahi saciva bolāe, kahi jaya jīva sīsa tinha nāe.

दोहा-dohā:

अवधनाथु चाहत चलन भीतर करहु जनाउ ।
avadhanāthu cāhata calana bhītara karahu janāu,
भए प्रेमबस सचिव सुनि बिप्र सभासद राउ ॥ ३३२ ॥
bhae premabasa saciva suni bipra sabhāsada rāu. 332.

चौपाई-caupāī:

पुरबासी सुनि चलिहि बराता । बूझत बिकल परस्पर बाता ॥
purabāsī suni calihi barātā, būjhata bikala paraspara bātā.
सत्य गवनु सुनि सब बिलखाने । मनहुँ साँझ सरसिज सकुचाने ॥
satya gavanu suni saba bilakhāne, manahuṁ sāṁjha sarasija sakucāne.
जहँ जहँ आवत बसे बराती । तहँ तहँ सिद्ध चला बहु भाँती ॥
jahaṁ jahaṁ āvata base barātī, tahaṁ tahaṁ siddha calā bahu bhāṁtī.
बिबिध भाँति मेवा पकवाना । भोजन साजु न जाइ बखाना ॥
bibidha bhāṁti mevā pakavānā, bhojana sāju na jāi bakhānā.
भरि भरि बसहँ अपार कहारा । पठई जनक अनेक सुसारा ॥
bhari bhari basahaṁ apāra kahārā, paṭhaī janaka aneka susārā.
तुरग लाख रथ सहस पचीसा । सकल सँवारे नख अरु सीसा ॥
turaga lākha ratha sahasa pacīsā, sakala saṁvāre nakha aru sīsā.
मत्त सहस दस सिंधुर साजे । जिन्हहि देखि दिसिकुंजर लाजे ॥
matta sahasa dasa siṁdhura sāje, jinhahi dekhi disikuṁjara lāje.
कनक बसन मनि भरि भरि जाना । महिषीं धेनु बस्तु बिधि नाना ॥
kanaka basana mani bhari bhari jānā, mahiṣīṁ dhenu bastu bidhi nānā.

दोहा-dohā:

दाइज अमित न सकिअ कहि दीन्ह बिदेहँ बहोरि ।
dāija amita na sakia kahi dīnha bidehaṁ bahori,
जो अवलोकत लोकपति लोक संपदा थोरि ॥ ३३३ ॥
jo avalokata lokapati loka saṁpadā thori. 333.

चौपाई-caupāī:

सबु समाजु एहि भाँति बनाई । जनक अवधपुर दीन्ह पठाई ॥
sabu samāju ehi bhāṁti banāī, janaka avadhapura dīnha paṭhāī.
चलिहि बरात सुनत सब रानीं । बिकल मीनगन जनु लघु पानीं ॥
calihi barāta sunata saba rānīṁ, bikala mīnagana janu laghu pānīṁ.
पुनि पुनि सीय गोद करि लेहीं । देइ असीस सिखावनु देहीं ॥
puni puni sīya goda kari lehīṁ, dei asīsa sikhāvanu dehīṁ.
होएहु संतत पियहि पिआरी । चिरु अहिबात असीस हमारी ॥
hoehu saṁtata piyahi piārī, ciru ahibāta asīsa hamārī.
सासु ससुर गुर सेवा करेहू । पति रुख लखि आयसु अनुसरेहू ॥
sāsu sasura gura sevā karehū, pati rukha lakhi āyasu anusarehū.
अति सनेह बस सखीं सयानी । नारि धरम सिखवहिं मृदु बानी ॥
ati saneha basa sakhīṁ sayānī, nāri dharama sikhavahiṁ mṛdu bānī.
सादर सकल कुअँरि समुझाईं । रानिन्ह बार बार उर लाईं ॥
sādara sakala kuaṁri samujhāīṁ, rāninha bāra bāra ura lāīṁ.
बहुरि बहुरि भेटहिं महतारीं । कहहिं बिरंचि रचीं कत नारीं ॥
bahuri bahuri bheṭahiṁ mahatārīṁ, kahahiṁ biraṁci racīṁ kata nārīṁ.

दोहा-dohā:

तेहि अवसर भाइन्ह सहित रामु भानु कुल केतु ।
tehi avasara bhāinha sahita rāmu bhānu kula ketu,
चले जनक मंदिर मुदित बिदा करावन हेतु ॥ ३३४ ॥
cale janaka maṁdira mudita bidā karāvana hetu. 334.

चौपाई-caupāī:

चारिउ भाइ सुभायँ सुहाए । नगर नारि नर देखन धाए ॥
cāriu bhāi subhāyaṁ suhāe, nagara nāri nara dekhana dhāe.
कोउ कह चलन चहत हहिं आजू । कीन्ह बिदेह बिदा कर साजू ॥
kou kaha calana cahata hahiṁ ājū, kīnha bideha bidā kara sājū.
लेहु नयन भरि रूप निहारी । प्रिय पाहुने भूप सुत चारी ॥
lehu nayana bhari rūpa nihārī, priya pāhune bhūpa suta cārī.
को जानै केहिं सुकृत सयानी । नयन अतिथि कीन्हे बिधि आनी ॥
ko jānai kehiṁ sukṛta sayānī, nayana atithi kīnhe bidhi ānī.
मरनसीलु जिमि पाव पिऊषा । सुरतरु लहै जनम कर भूखा ॥
maranasīlu jimi pāva piūṣā, surataru lahai janama kara bhūkhā.
पाव नारकी हरिपदु जैसें । इन्ह कर दरसनु हम कहँ तैसें ॥
pāva nārakī haripadu jaiseṁ, inha kara darasanu hama kahaṁ taiseṁ.
निरखि राम सोभा उर धरहू । निज मन फनि मूरति मनि करहू ॥
nirakhi rāma sobhā ura dharahū, nija mana phani mūrati mani karahū.
एहि बिधि सबहि नयन फलु देता । गए कुअँर सब राज निकेता ॥
ehi bidhi sabahi nayana phalu detā, gae kuaṁra saba rāja niketā.

दोहा-dohā:

रूप सिंधु सब बंधु लखि हरषि उठा रनिवासु ।
rūpa siṁdhu saba baṁdhu lakhi haraṣi uṭhā ranivāsu,
करहिं निछावरि आरती महा मुदित मन सासु ॥ ३३५ ॥
karahiṁ nichāvari āratī mahā mudita mana sāsu. 335.

चौपाई-caupāī:

देखि राम छबि अति अनुरागीं । प्रेमबिबस पुनि पुनि पद लागीं ॥
dekhi rāma chabi ati anurāgīṁ, premabibasa puni puni pada lāgīṁ.
रही न लाज प्रीति उर छाई । सहज सनेहु बरनि किमि जाई ॥
rahī na lāja prīti ura chāī, sahaja sanehu barani kimi jāī.
भाइन्ह सहित उबटि अन्हवाए । छरस असन अति हेतु जेवाँए ॥
bhāinha sahita ubaṭi anhavāe, charasa asana ati hetu jevāṁe.
बोले रामु सुअवसरु जानी । सील सनेह सकुचमय बानी ॥
bole rāmu suavasaru jānī, sīla saneha sakucamaya bānī.
राउ अवधपुर चहत सिधाए । बिदा होन हम इहाँ पठाए ॥
rāu avadhapura cahata sidhāe, bidā hona hama ihāṁ paṭhāe.
मातु मुदित मन आयसु देहू । बालक जानि करब नित नेहू ॥
mātu mudita mana āyasu dehū, bālaka jāni karaba nita nehū.
सुनत बचन बिलखेउ रनिवासू । बोलि न सकहिं प्रेमबस सासू ॥
sunata bacana bilakheu ranivāsū, boli na sakahiṁ premabasa sāsū.
हृदयँ लगाइ कुअँरि सब लीन्ही । पतिन्ह सौंपि बिनती अति कीन्ही ॥
hṛdayaṁ lagāi kuaṁri saba līnhī, patinha sauṁpi binatī ati kīnhī.

छंद-chaṁda:

करि बिनय सिय रामहि समरपी जोरि कर पुनि पुनि कहै ।

kari binaya siya rāmahi samarapī jori kara puni puni kahai,

बलि जाँउ तात सुजान तुम्ह कहुँ बिदित गति सब की अहै ॥

bali jāṁu tāta sujāna tumha kahuṁ bidita gati saba kī ahai.

परिवार पुरजन मोहि राजहि प्रानप्रिय सिय जानिबी ।

parivāra purajana mohi rājahi prānapriya siya jānibī,

तुलसीस सीलु सनेहु लखि निज किंकरी करि मानिबी ॥

tulasīsa sīlu sanehu lakhi nija kiṁkarī kari mānibī.

सोरठा-*soraṭhā:*

तुम्ह परिपूरन काम जान सिरोमनि भावप्रिय ।

tumha paripūrana kāma jāna siromani bhāvapriya,

जन गुन गाहक राम दोष दलन करुनायतन ॥ ३३६ ॥

jana guna gāhaka rāma doṣa dalana karunāyatana. 336.

चौपाई-*caupāī:*

अस कहि रही चरन गहि रानी । प्रेम पंक जनु गिरा समानी ॥

asa kahi rahī carana gahi rānī, prema paṁka janu girā samānī.

सुनि सनेहसानी बर बानी । बहुबिधि राम सासु सनमानी ॥

suni sanehasānī bara bānī, bahubidhi rāma sāsu sanamānī.

राम बिदा मागत कर जोरी । कीन्ह प्रनामु बहोरि बहोरी ॥

rāma bidā māgata kara jorī, kīnha pranāmu bahori bahorī.

पाइ असीस बहुरि सिरु नाई । भाइन्ह सहित चले रघुराई ॥

pāi asīsa bahuri siru nāī, bhāinha sahita cale raghurāī.

मंजु मधुर मूरति उर आनी । भईं सनेह सिथिल सब रानी ॥

maṁju madhura mūrati ura ānī, bhaīṁ saneha sithila saba rānī.

पुनि धीरजु धरि कुअँरि हँकारी । बार बार भेटहिं महतारीं ॥

puni dhīraju dhari kuaṁri haṁkārī, bāra bāra bheṭahiṁ mahatārīṁ.

पहुँचावहिं फिरि मिलहिं बहोरी । बढ़ी परस्पर प्रीति न थोरी ॥

pahuṁcāvahiṁ phiri milahiṁ bahorī, baṛhī paraspara prīti na thorī.

पुनि पुनि मिलत सखिन्ह बिलगाई । बाल बच्छ जिमि धेनु लवाई ॥

puni puni milata sakhinha bilagāī, bāla baccha jimi dhenu lavāī.

दोहा-*dohā:*

प्रेमबिबस नर नारि सब सखिन्ह सहित रनिवासु ।

premabibasa nara nāri saba sakhinha sahita ranivāsu,

मानहुँ कीन्ह बिदेहपुर करुनाँ बिरहँ निवासु ॥ ३३७ ॥

mānahuṁ kīnha bidehapura karunāṁ birahaṁ nivāsu. 337.

चौपाई-*caupāī:*

सुक सारिका जानकी ज्याए । कनक पिंजरन्हि राखि पढ़ाए ॥

suka sārikā jānakī jyāe, kanaka piṁjaranhi rākhi paṛhāe.

ब्याकुल कहहिं कहाँ बैदेही । सुनि धीरजु परिहरइ न केही ॥

byākula kahahiṁ kahāṁ baidehī, suni dhīraju pariharai na kehī.

भए बिकल खग मृग एहि भाँति । मनुज दसा कैसें कहि जाती ॥

bhae bikala khaga mṛga ehi bhāṁti, manuja dasā kaiseṁ kahi jātī.

बंधु समेत जनकु तब आए । प्रेम उमगि लोचन जल छाए ॥

baṁdhu sameta janaku taba āe, prema umagi locana jala chāe.

सीय बिलोकि धीरता भागी । रहे कहावत परम बिरागी ॥

sīya biloki dhīratā bhāgī, rahe kahāvata parama birāgī.

लीन्हि रायँ उर लाइ जानकी । मिटी महामरजाद ग्यान की ॥

līnhi rāyaṁ ura lāi jānakī, miṭī mahāmarajāda gyāna kī.

समुझावत सब सचिव सयाने । कीन्ह बिचारु न अवसर जाने ॥

samujhāvata saba saciva sayāne, kīnha bicāru na avasara jāne.

बारहिं बार सुता उर लाईं । सजि सुंदर पालकीं मगाईं ॥

bārahiṁ bāra sutā ura lāīṁ, saji suṁdara pālakīṁ magāīṁ.

दोहा-*dohā:*

प्रेमबिबस परिवारु सबु जानि सुलगन नरेस ।

premabibasa parivāru sabu jāni sulagana naresa,

कुअँरि चढ़ाईं पालकिन्ह सुमिरे सिद्धि गनेस ॥ ३३८ ॥

kuaṁri caṛhāīṁ pālakinha sumire siddhi ganesa. 338.

चौपाई-*caupāī:*

बहुबिधि भूप सुता समुझाईं । नारिधरमु कुलरीति सिखाईं ॥

bahubidhi bhūpa sutā samujhāīṁ, nāridharamu kularīti sikhāīṁ.

दासीं दास दिए बहुतेरे । सुचि सेवक जे प्रिय सिय केरे ॥

dāsīṁ dāsa die bahutere, suci sevaka je priya siya kere.

सीय चलत ब्याकुल पुरबासी । होहिं सगुन सुभ मंगल रासी ॥

sīya calata byākula purabāsī, hohiṁ saguna subha maṁgala rāsī.

भूसुर सचिव समेत समाजा । संग चले पहुँचावन राजा ॥

bhūsura saciva sameta samājā, saṁga cale pahuṁcāvana rājā.

समय बिलोकि बाजने बाजे । रथ गज बाजि बरातिन्ह साजे ॥

samaya biloki bājane bāje, ratha gaja bāji barātinha sāje.

दसरथ बिप्र बोलि सब लीन्हे । दान मान परिपूरन कीन्हे ॥

dasaratha bipra boli saba līnhe, dāna māna paripūrana kīnhe.

चरन सरोज धूरि धरि सीसा । मुदित महीपति पाइ असीसा ॥

carana saroja dhūri dhari sīsā, mudita mahīpati pāi asīsā.

सुमिरि गजाननु कीन्ह पयाना । मंगलमूल सगुन भए नाना ॥

sumiri gajānanu kīnha payānā, maṁgalamūla saguna bhae nānā.

दोहा-*dohā:*

सुर प्रसून बरषहिं हरषि करहिं अपछरा गान ।

sura prasūna baraṣahiṁ haraṣi karahiṁ apacharā gāna,

चले अवधपति अवधपुर मुदित बजाइ निसान ॥ ३३९ ॥

cale avadhapati avadhapura mudita bajāi nisāna. 339.

चौपाई-*caupāī:*

नृप करि बिनय महाजन फेरे । सादर सकल मागने टेरे ॥

nṛpa kari binaya mahājana phere, sādara sakala māgane ṭere.

भूषन बसन बाजि गज दीन्हे । प्रेम पोषि ठाढ़े सब कीन्हे ॥

bhūṣana basana bāji gaja dīnhe, prema poṣi ṭhāṛhe saba kīnhe.

बार बार बिरिदावलि भाषी । फिरे सकल रामहि उर राखी ॥

bāra bāra biridāvali bhāṣī, phire sakala rāmahi ura rākhī.

बहुरि बहुरि कोसलपति कहहीं । जनकु प्रेमबस फिरै न चहहीं ॥

bahuri bahuri kosalapati kahahīṁ, janaku premabasa phirai na cahahīṁ.

पुनि कह भूपति बचन सुहाए । फिरिअ महीस दूरि बड़ि आए ॥

puni kaha bhūpati bacana suhāe, phiria mahīsa dūri baṛi āe.

राउ बहोरि उतरि भए ठाढ़े । प्रेम प्रबाह बिलोचन बाढ़े ॥

rāu bahori utari bhae ṭhāṛhe, prema prabāha bilocana bāṛhe.

तब बिदेह बोले कर जोरी । बचन सनेह सुधाँ जनु बोरी ॥

taba bideha bole kara jorī, bacana saneha sudhāṁ janu borī.

करौं कवन बिधि बिनय बनाई । महाराज मोहि दीन्हि बड़ाई ॥

karauṁ kavana bidhi binaya banāī, mahārāja mohi dīnhi baṛāī.

दोहा-*dohā:*

कोसलपति समधी सजन सनमाने सब भाँति ।

kosalapati samadhī sajana sanamāne saba bhāṁti,

मिलनि परसपर बिनय अति प्रीति न हृदयँ समाति ॥ ३४० ॥

milani parasapara binaya ati prīti na hṛdayaṁ samāti. 340.

चौपाई-*caupāī:*

मुनि मंडलिहि जनक सिरु नावा । आसिरबादु सबहि सन पावा ॥

muni maṁḍalihi janaka siru nāvā, āsirabādu sabahi sana pāvā.

सादर पुनि भेंटे जामाता । रूप सील गुन निधि सब भ्राता ॥
sādara puni bheṁṭe jāmātā, rūpa sīla guna nidhi saba bhrātā.

जोरि पंकरुह पानि सुहाए । बोले बचन प्रेम जनु जाए ॥
jori paṁkaruha pāni suhāe, bole bacana prema janu jāe.

राम करौं केहि भाँति प्रसंसा । मुनि महेस मन मानस हंसा ॥
rāma karauṁ kehi bhāṁti prasaṁsā, muni mahesa mana mānasa haṁsā.

करहिं जोग जोगी जेहि लागी । कोहु मोहु ममता मदु त्यागी ॥
karahiṁ joga jogī jehi lāgī, kohu mohu mamatā madu tyāgī.

ब्यापकु ब्रह्मु अलखु अबिनासी । चिदानंदु निरगुन गुनरासी ॥
byāpaku brahmu alakhu abināsī, cidānaṁdu niraguna gunarāsī.

मन समेत जेहि जान न बानी । तरकि न सकहिं सकल अनुमानी ॥
mana sameta jehi jāna na bānī, taraki na sakahiṁ sakala anumānī.

महिमा निगमु नेति कहि कहई । जो तिहुँ काल एकरस रहई ॥
mahimā nigamu neti kahi kahaī, jo tihuṁ kāla ekarasa rahaī.

दोहा-dohā:

नयन बिषय मो कहुँ भयउ सो समस्त सुख मूल ।
nayana biṣaya mo kahuṁ bhayau so samasta sukha mūla,

सबइ लाभु जग जीव कहँ भएँ ईसु अनुकूल ॥ ३४१ ॥
sabai lābhu jaga jīva kahaṁ bhaeṁ īsu anukūla. 341.

चौपाई-caupāī:

सबहि भाँति मोहि दीन्हि बड़ाई । निज जन जानि लीन्ह अपनाई ॥
sabahi bhāṁti mohi dīnhi baṛāī, nija jana jāni līnha apanāī.

होहिं सहस दस सारद सेषा । करहिं कलप कोटिक भरि लेखा ॥
hohiṁ sahasa dasa sārada seṣā, karahiṁ kalapa koṭika bhari lekhā.

मोर भाग्य राउर गुन गाथा । कहि न सिराहिं सुनहु रघुनाथा ॥
mora bhāgya rāura guna gāthā, kahi na sirāhiṁ sunahu raghunāthā.

मैं कछु कहउँ एक बल मोरें । तुम्ह रीझहु सनेह सुठि थोरें ॥
maiṁ kachu kahauṁ eka bala moreṁ, tumha rījhahu saneha suṭhi thoreṁ.

बार बार मागउँ कर जोरें । मनु परिहरै चरन जनि भोरें ॥
bāra bāra māgauṁ kara joreṁ, manu pariharai carana jani bhoreṁ.

सुनि बर बचन प्रेम जनु पोषे । पूरनकाम रामु परितोषे ॥
suni bara bacana prema janu poṣe, pūranakāma rāmu paritoṣe.

करि बर बिनय ससुर सनमाने । पितु कौसिक बसिष्ठ सम जाने ॥
kari bara binaya sasura sanamāne, pitu kausika basiṣṭha sama jāne.

बिनती बहुरि भरत सन कीन्ही । मिलि सप्रेमु पुनि आसिष दीन्ही ॥
binatī bahuri bharata sana kīnhī, mili sapremu puni āsiṣa dīnhī.

दोहा-dohā:

मिले लखन रिपुसूदनहि दीन्हि असीस महीस ।
mile lakhana ripusūdanahi dīnhi asīsa mahīsa,

भए परसपर प्रेमबस फिरि फिरि नावहिं सीस ॥ ३४२ ॥
bhae parasapara premabasa phiri phiri nāvahiṁ sīsa. 342.

चौपाई-caupāī:

बार बार करि बिनय बड़ाई । रघुपति चले संग सब भाई ॥
bāra bāra kari binaya baṛāī, raghupati cale saṁga saba bhāī.

जनक गहे कौसिक पद जाई । चरन रेनु सिर नयनन्ह लाई ॥
janaka gahe kausika pada jāī, carana renu sira nayananha lāī.

सुनु मुनीस बर दरसन तोरें । अगमु न कछु प्रतीति मन मोरें ॥
sunu munīsa bara darasana toreṁ, agamu na kachu pratīti mana moreṁ.

जो सुखु सुजसु लोकपति चहहीं । करत मनोरथ सकुचत अहहीं ॥
jo sukhu sujasu lokapati cahahīṁ, karata manoratha sakucata ahahīṁ.

सो सुखु सुजसु सुलभ मोहि स्वामी । सब सिधि तव दरसन अनुगामी ॥
so sukhu sujasu sulabha mohi svāmī, saba sidhi tava darasana anugāmī.

कीन्हि बिनय पुनि पुनि सिरु नाई । फिरे महीसु आसिषा पाई ॥
kīnhi binaya puni puni siru nāī, phire mahīsu āsiṣā pāī.

चली बरात निसान बजाई । मुदित छोट बड़ सब समुदाई ॥
calī barāta nisāna bajāī, mudita choṭa baṛa saba samudāī.

रामहि निरखि ग्राम नर नारी । पाइ नयन फलु होहिं सुखारी ॥
rāmahi nirakhi grāma nara nārī, pāi nayana phalu hohiṁ sukhārī.

दोहा-dohā:

बीच बीच बर बास करि मग लोगन्ह सुख देत ।
bīca bīca bara bāsa kari maga loganha sukha deta,

अवध समीप पुनीत दिन पहुँची आइ जनेत ॥ ३४३ ॥
avadha samīpa punīta dina pahuṁcī āi janeta. 343.

चौपाई-caupāī:

हने निसान पनव बर बाजे । भेरि संख धुनि हय गय गाजे ॥
hane nisāna panava bara bāje, bheri saṁkha dhuni haya gaya gāje.

झाँझि बिरव डिंडिमीं सुहाई । सरस राग बाजहिं सहनाई ॥
jhāṁjhi birava ḍiṁḍimīṁ suhāī, sarasa rāga bājahiṁ sahanāī.

पुर जन आवत अकनि बराता । मुदित सकल पुलकावलि गाता ॥
pura jana āvata akani barātā, mudita sakala pulakāvali gātā.

निज निज सुंदर सदन सँवारे । हाट बाट चौहट पुर द्वारे ॥
nija nija suṁdara sadana saṁvāre, hāṭa bāṭa cauhaṭa pura dvāre.

गलीं सकल अरगजाँ सिंचाईं । जहँ तहँ चौकें चारु पुराईं ॥
galīṁ sakala aragajāṁ siṁcāīṁ, jahaṁ tahaṁ caukeṁ cāru purāīṁ.

बना बजारु न जाइ बखाना । तोरन केतु पताक बिताना ॥
banā bajāru na jāi bakhānā, torana ketu patāka bitānā.

सफल पूगफल कदलि रसाला । रोपे बकुल कदंब तमाला ॥
saphala pūgaphala kadali rasālā, rope bakula kadaṁba tamālā.

लगे सुभग तरु परसत धरनी । मनिमय आलबाल कल करनी ॥
lage subhaga taru parasata dharanī, manimaya ālabāla kala karanī.

दोहा-dohā:

बिबिध भाँति मंगल कलस गृह गृह रचे सँवारि ।
bibidha bhāṁti maṁgala kalasa gṛha gṛha race saṁvāri,

सुर ब्रह्मादि सिहाहिं सब रघुबर पुरी निहारि ॥ ३४४ ॥
sura brahmādi sihāhiṁ saba raghubara purī nihāri. 344.

चौपाई-caupāī:

भूप भवनु तेहि अवसर सोहा । रचना देखि मदन मनु मोहा ॥
bhūpa bhavanu tehi avasara sohā, racanā dekhi madana manu mohā.

मंगल सगुन मनोहरताई । रिधि सिधि सुख संपदा सुहाई ॥
maṁgala saguna manoharatāī, ridhi sidhi sukha saṁpadā suhāī.

जनु उछाह सब सहज सुहाए । तनु धरि धरि दसरथ गृहँ छाए ॥
janu uchāha saba sahaja suhāe, tanu dhari dhari dasaratha gṛhaṁ chāe.

देखन हेतु राम बैदेही । कहहु लालसा होहि न केही ॥
dekhana hetu rāma baidehī, kahahu lālasā hohi na kehī.

जूथ जूथ मिलि चलीं सुआसिनि । निज छबि निदरहिं मदन बिलासिनि ॥
jūtha jūtha mili calīṁ suāsini, nija chabi nidarahiṁ madana bilāsini.

सकल सुमंगल सजें आरती । गावहिं जनु बहु बेष भारती ॥
sakala sumaṁgala sajeṁ āratī, gāvahiṁ janu bahu beṣa bhāratī.

भूपति भवन कोलाहलु होई । जाइ न बरनि समउ सुखु सोई ॥
bhūpati bhavana kolāhalu hoī, jāi na barani samau sukhu soī.

कौसल्यादि राम महतारीं । प्रेमबिबस तन दसा बिसारीं ॥
kausalyādi rāma mahatārīṁ, premabibasa tana dasā bisārīṁ.

दोहा-dohā:

दिए दान बिप्रन्ह बिपुल पूजि गनेस पुरारि ।
die dāna bipranha bipula pūji ganesa purāri,
प्रमुदित परम दरिद्र जनु पाइ पदारथ चारि ॥ ३४५ ॥
pramudita parama daridra janu pāi padāratha cāri. 345.

चौपाई-caupāī:

मोद प्रमोद बिबस सब माता । चलहिं न चरन सिथिल भए गाता ॥
moda pramoda bibasa saba mātā, calahiṁ na carana sithila bhae gātā.
राम दरस हित अति अनुरागीं । परिछनि साजु सजन सब लागीं ॥
rāma darasa hita ati anurāgīṁ, parichani sāju sajana saba lāgīṁ.
बिबिध बिधान बाजने बाजे । मंगल मुदित सुमित्राँ साजे ॥
bibidha bidhāna bājane bāje, maṁgala mudita sumitrām̐ sāje.
हरद दूब दधि पल्लव फूला । पान पूगफल मंगल मूला ॥
harada dūba dadhi pallava phūlā, pāna pūgaphala maṁgala mūlā.
अच्छत अंकुर लोचन लाजा । मंजुल मंजरि तुलसि बिराजा ॥
acchata aṁkura locana lājā, maṁjula maṁjari tulasi birājā.
छुहे पुरट घट सहज सुहाए । मदन सकुन जनु नीड़ बनाए ॥
chuhe puraṭa ghaṭa sahaja suhāe, madana sakuna janu nīṛa banāe.
सगुन सुगंध न जाहिं बखानी । मंगल सकल सजहिं सब रानी ॥
saguna sugaṁdha na jāhiṁ bakhānī, maṁgala sakala sajahiṁ saba rānī.
रचीं आरतीं बहुत बिधाना । मुदित करहिं कल मंगल गाना ॥
racīṁ āratīṁ bahuta bidhānā, mudita karahiṁ kala maṁgala gānā.

दोहा-dohā:

कनक थार भरि मंगलन्हि कमल करन्हि लिएँ मात ।
kanaka thāra bhari maṁgalanhi kamala karanhi liem̐ māta,
चलीं मुदित परिछनि करन पुलक पल्लवित गात ॥ ३४६ ॥
calīṁ mudita parichani karana pulaka pallavita gāta. 346.

चौपाई-caupāī:

धूप धूम नभु मेचक भयऊ । सावन घन घमंडु जनु ठयऊ ॥
dhūpa dhūma nabhu mecaka bhayaū, sāvana ghana ghamaṁḍu janu ṭhayaū.
सुरतरु सुमन माल सुर बरषहिं । मनहुँ बलाक अवलि मनु करषहिं ॥
surataru sumana māla sura baraṣahiṁ, manahum̐ balāka avali manu karaṣahiṁ.
मंजुल मनिमय बंदनिवारे । मनहुँ पाकरिपु चाप सँवारे ॥
maṁjula manimaya baṁdanivāre, manahum̐ pākaripu cāpa sam̐vāre.
प्रगटहिं दुरहिं अटन्ह पर भामिनि । चारु चपल जनु दमकहिं दामिनि ॥
pragaṭahiṁ durahiṁ aṭanha para bhāmini, cāru capala janu damakahiṁ dāmini.
दुंदुभि धुनि घन गरजनि घोरा । जाचक चातक दादुर मोरा ॥
duṁdubhi dhuni ghana garajani ghorā, jācaka cātaka dādura morā.
सुर सुगंध सुचि बरषहिं बारी । सुखी सकल ससि पुर नर नारी ॥
sura sugaṁdha suci baraṣahiṁ bārī, sukhī sakala sasi pura nara nārī.
समउ जानी गुर आयसु दीन्हा । पुर प्रबेसु रघुकुलमनि कीन्हा ॥
samau jānī gura āyasu dīnhā, pura prabesu raghukulamani kīnhā.
सुमिरि संभु गिरिजा गनराजा । मुदित महीपति सहित समाजा ॥
sumiri saṁbhu girijā ganarājā, mudita mahīpati sahita samājā.

दोहा-dohā:

होहिं सगुन बरषहिं सुमन सुर दुंदुभीं बजाइ ।
hohiṁ saguna baraṣahiṁ sumana sura duṁdubhīṁ bajāi,
बिबुध बधू नाचहिं मुदित मंजुल मंगल गाइ ॥ ३४७ ॥
bibudha badhū nācahiṁ mudita maṁjula maṁgala gāi. 347.

चौपाई-caupāī:

मागध सूत बंदि नट नागर । गावहिं जसु तिहु लोक उजागर ॥
māgadha sūta baṁdi naṭa nāgara, gāvahiṁ jasu tihu loka ujāgara.
जय धुनि बिमल बेद बर बानी । दस दिसि सुनिअ सुमंगल सानी ॥
jaya dhuni bimala beda bara bānī, dasa disi sunia sumaṁgala sānī.
बिपुल बाजने बाजन लागे । नभ सुर नगर लोग अनुरागे ॥
bipula bājane bājana lāge, nabha sura nagara loga anurāge.
बने बराती बरनि न जाहीं । महा मुदित मन सुख न समाहीं ॥
bane barātī barani na jāhīṁ, mahā mudita mana sukha na samāhīṁ.
पुरबासिन्ह तब राय जोहारे । देखत रामहि भए सुखारे ॥
purabāsinha taba rāya johāre, dekhata rāmahi bhae sukhāre.
करहिं निछावरि मनिगन चीरा । बारि बिलोचन पुलक सरीरा ॥
karahiṁ nichāvari manigana cīrā, bāri bilocana pulaka sarīrā.
आरति करहिं मुदित पुर नारी । हरषहिं निरखि कुअँर बर चारी ॥
ārati karahiṁ mudita pura nārī, haraṣahiṁ nirakhi kuam̐ra bara cārī.
सिबिका सुभग ओहार उघारी । देखि दुलहिनिन्ह होहिं सुखारी ॥
sibikā subhaga ohāra ughārī, dekhi dulahininha hohiṁ sukhārī.

दोहा-dohā:

एहि बिधि सबही देत सुखु आए राजदुआर ।
ehi bidhi sabahī deta sukhu āe rājaduāra,
मुदित मातु परिछनि करहिं बधुन्ह समेत कुमार ॥ ३४८ ॥
mudita mātu parichani karahiṁ badhunha sameta kumāra. 348.

चौपाई-caupāī:

करहिं आरती बारहिं बारा । प्रेमु प्रमोदु कहै को पारा ॥
karahiṁ āratī bārahiṁ bārā, premu pramodu kahai ko pārā.
भूषन मनि पट नाना जाती । करहिं निछावरि अगनित भाँती ॥
bhūṣana mani paṭa nānā jātī, karahiṁ nichāvari aganita bhām̐tī.
बधुन्ह समेत देखि सुत चारी । परमानंद मगन महतारी ॥
badhunha sameta dekhi suta cārī, paramānaṁda magana mahatārī.
पुनि पुनि सीय राम छबि देखी । मुदित सफल जग जीवन लेखी ॥
puni puni sīya rāma chabi dekhī, mudita saphala jaga jīvana lekhī.
सखीं सीय मुख पुनि पुनि चाही । गान करहिं निज सुकृत सराही ॥
sakhīṁ sīya mukha puni puni cāhī, gāna karahiṁ nija sukṛta sarāhī.
बरषहिं सुमन छनहिं छन देवा । नाचहिं गावहिं लावहिं सेवा ॥
baraṣahiṁ sumana chanahiṁ chana devā, nācahiṁ gāvahiṁ lāvahiṁ sevā.
देखि मनोहर चारिउ जोरीं । सारद उपमा सकल ढँढोरीं ॥
dekhi manohara cāriu jorīṁ, sārada upamā sakala ḍham̐ḍhorīṁ.
देत न बनहिं निपट लघु लागीं । एकटक रहीं रूप अनुरागीं ॥
deta na banahiṁ nipaṭa laghu lāgīṁ, ekaṭaka rahīṁ rūpa anurāgīṁ.

दोहा-dohā:

निगम नीति कुल रीति करि अरघ पाँवड़े देत ।
nigama nīti kula rīti kari aragha pām̐vaṛe deta,
बधुन्ह सहित सुत परिछि सब चलीं लवाइ निकेत ॥ ३४९ ॥
badhunha sahita suta parichi saba calīṁ lavāi niketa. 349.

चौपाई-caupāī:

चारि सिंघासन सहज सुहाए । जनु मनोज निज हाथ बनाए ॥
cāri siṁghāsana sahaja suhāe, janu manoja nija hātha banāe.
तिन्ह पर कुअँरि कुअँर बैठारे । सादर पाय पुनीत पखारे ॥
tinha para kuam̐ri kuam̐ra baiṭhāre, sādara pāya punīta pakhāre.
धूप दीप नैबेद बेद बिधि । पूजे बर दुलहिनि मंगलनिधि ॥
dhūpa dīpa naibeda beda bidhi, pūje bara dulahini maṁgalanidhi.
बारहिं बार आरती करहीं । ब्यजन चारु चामर सिर ढरहीं ॥
bārahiṁ bāra āratī karahīṁ, byajana cāru cāmara sira ḍharahīṁ.
बस्तु अनेक निछावरि होहीं । भरीं प्रमोद मातु सब सोहीं ॥
bastu aneka nichāvari hohīṁ, bharīṁ pramoda mātu saba sohīṁ.

पावा परम तत्व जनु जोगीं । अमृतु लहेउ जनु संतत रोगीं ॥
pāvā parama tatva janu jogīṁ, amṛtu laheu janu saṁtata rogīṁ.
जनम रंक जनु पारस पावा । अंधहि लोचन लाभु सुहावा ॥
janama raṁka janu pārasa pāvā, aṁdhahi locana lābhu suhāvā.
मूक बदन जनु सारद छाई । मानहुँ समर सूर जय पाई ॥
mūka badana janu sārada chāī, mānahuṁ samara sūra jaya pāī.

दोहा-dohā:

एहि सुख ते सत कोटि गुन पावहिं मातु अनंदु ।
ehi sukha te sata koṭi guna pāvahiṁ mātu anaṁdu,
भाइन्ह सहित बिआहि घर आए रघुकुलचंदु ॥३५०क॥
bhāinha sahita biāhi ghara āe raghukulacaṁdu. 350(ka).

लोक रीति जननीं करहिं बर दुलहिनि सकुचाहिं ।
loka rīti jananīṁ karahiṁ bara dulahini sakucāhiṁ,
मोदु बिनोदु बिलोकि बड़ रामु मनहिं मुसुकाहिं ॥३५०ख॥
modu binodu biloki baṛa rāmu manahiṁ musukāhiṁ. 350(kha).

चौपाई-caupāī:

देव पितर पूजे बिधि नीकी । पूजीं सकल बासना जी की ॥
deva pitara pūje bidhi nīkī, pūjīṁ sakala bāsanā jī kī.
सबहि बंदि मागहिं बरदाना । भाइन्ह सहित राम कल्याना ॥
sabahi baṁdi māgahiṁ baradānā, bhāinha sahita rāma kalyānā.
अंतरहित सुर आसिष देहीं । मुदित मातु अंचल भरि लेहीं ॥
aṁtarahita sura āsiṣa dehīṁ, mudita mātu aṁcala bhari lehīṁ.
भूपति बोलि बराती लीन्हे । जान बसन मनि भूषन दीन्हे ॥
bhūpati boli barātī līnhe, jāna basana mani bhūṣana dīnhe.
आयसु पाइ राखि उर रामहि । मुदित गए सब निज निज धामहि ॥
āyasu pāi rākhi ura rāmahi, mudita gae saba nija nija dhāmahi.
पुर नर नारि सकल पहिराए । घर घर बाजन लगे बधाए ॥
pura nara nāri sakala pahirāe, ghara ghara bājana lage badhāe.
जाचक जन जाचहिं जोइ जोई । प्रमुदित राउ देहिं सोइ सोई ॥
jācaka jana jācahiṁ joi joī, pramudita rāu dehiṁ soi soī.
सेवक सकल बजनिआ नाना । पूरन किए दान सनमाना ॥
sevaka sakala bajaniā nānā, pūrana kie dāna sanamānā.

दोहा-dohā:

देहिं असीस जोहारि सब गावहिं गुन गन गाथ ।
dehiṁ asīsa johāri saba gāvahiṁ guna gana gātha,
तब गुर भूसुर सहित गृहँ गवनु कीन्ह नरनाथ ॥३५१॥
taba gura bhūsura sahita gṛhaṁ gavanu kīnha naranātha. 351.

चौपाई-caupāī:

जो बसिष्ट अनुसासन दीन्ही । लोक बेद बिधि सादर कीन्ही ॥
jo basiṣṭa anusāsana dīnhī, loka beda bidhi sādara kīnhī.
भूसुर भीर देखि सब रानी । सादर उठीं भाग्य बड़ जानी ॥
bhūsura bhīra dekhi saba rānī, sādara uṭhīṁ bhāgya baṛa jānī.
पाय पखारि सकल अन्हवाए । पूजि भली बिधि भूप जेवाँए ॥
pāya pakhāri sakala anhavāe, pūji bhalī bidhi bhūpa jevāṁe.
आदर दान प्रेम परिपोषे । देत असीस चले मन तोषे ॥
ādara dāna prema paripoṣe, deta asīsa cale mana toṣe.
बहु बिधि कीन्हि गाधिसुत पूजा । नाथ मोहि सम धन्य न दूजा ॥
bahu bidhi kīnhi gādhisuta pūjā, nātha mohi sama dhanya na dūjā.
कीन्हि प्रसंसा भूपति भूरी । रानिन्ह सहित लीन्हि पग धूरी ॥
kīnhi prasaṁsā bhūpati bhūrī, rāninha sahita līnhi paga dhūrī.
भीतर भवन दीन्ह बर बासू । मन जोगवत रह नृपु रनिवासू ॥
bhītara bhavana dīnha bara bāsū, mana jogavata raha nṛpu ranivāsū.
पूजे गुर पद कमल बहोरी । कीन्हि बिनय उर प्रीति न थोरी ॥
pūje gura pada kamala bahorī, kīnhi binaya ura prīti na thorī.

दोहा-dohā:

बधुन्ह समेत कुमार सब रानिन्ह सहित महीसु ।
badhunha sameta kumāra saba rāninha sahita mahīsu,
पुनि पुनि बंदत गुर चरन देत असीस मुनीसु ॥३५२॥
puni puni baṁdata gura carana deta asīsa munīsu. 352.

चौपाई-caupāī:

बिनय कीन्हि उर अति अनुरागें । सुत संपदा राखि सब आगें ॥
binaya kīnhi ura ati anurāgeṁ, suta saṁpadā rākhi saba āgeṁ.
नेगु मागि मुनिनायक लीन्हा । आसिरबादु बहुत बिधि दीन्हा ॥
negu māgi munināyaka līnhā, āsirabādu bahuta bidhi dīnhā.
उर धरि रामहि सीय समेता । हरषि कीन्ह गुर गवनु निकेता ॥
ura dhari rāmahi sīya sametā, haraṣi kīnha gura gavanu niketā.
बिप्रबधू सब भूप बोलाईं । चैल चारु भूषन पहिराईं ॥
biprabadhū saba bhūpa bolāīṁ, caila cāru bhūṣana pahirāīṁ.
बहुरि बोलाइ सुआसिनि लीन्हीं । रुचि बिचारि पहिरावनि दीन्हीं ॥
bahuri bolāi suāsini līnhīṁ, ruci bicāri pahirāvani dīnhīṁ.
नेगी नेग जोग सब लेहीं । रुचि अनुरुप भूपमनि देहीं ॥
negī nega joga saba lehīṁ, ruci anurupa bhūpamani dehīṁ.
प्रिय पाहुने पूज्य जे जाने । भूपति भली भाँति सनमाने ॥
priya pāhune pūjya je jāne, bhūpati bhalī bhāṁti sanamāne.
देव देखि रघुबीर बिबाहू । बरषि प्रसून प्रसंसि उछाहू ॥
deva dekhi raghubīra bibāhū, baraṣi prasūna prasaṁsi uchāhū.

दोहा-dohā:

चले निसान बजाइ सुर निज निज पुर सुख पाइ ।
cale nisāna bajāi sura nija nija pura sukha pāi,
कहत परसपर राम जसु प्रेम न हृदयँ समाइ ॥३५३॥
kahata parasapara rāma jasu prema na hṛdayaṁ samāi. 353.

चौपाई-caupāī:

सब बिधि सबहि समदि नरनाहू । रहा हृदयँ भरि पूरि उछाहू ॥
saba bidhi sabahi samadi naranāhū, rahā hṛdayaṁ bhari pūri uchāhū.
जहँ रनिवासु तहाँ पगु धारे । सहित बहूटिन्ह कुअँर निहारे ॥
jahaṁ ranivāsu tahāṁ pagu dhāre, sahita bahūṭinha kuaṁra nihāre.
लिए गोद करि मोद समेता । को कहि सकइ भयउ सुखु जेता ॥
lie goda kari moda sametā, ko kahi sakai bhayau sukhu jetā.
बधू सप्रेम गोद बैठारीं । बार बार हियँ हरषि दुलारीं ॥
badhū saprema goda baiṭhārīṁ, bāra bāra hiyaṁ haraṣi dulārīṁ.
देखि समाजु मुदित रनिवासू । सब कें उर अनंद कियो बासू ॥
dekhi samāju mudita ranivāsū, saba keṁ ura anaṁda kiyo bāsū.
कहेउ भूप जिमि भयउ बिबाहू । सुनि सुनि हरषु होत सब काहू ॥
kaheu bhūpa jimi bhayau bibāhū, suni suni haraṣu hota saba kāhū.
जनक राज गुन सीलु बड़ाई । प्रीति रीति संपदा सुहाई ॥
janaka rāja guna sīlu baṛāī, prīti rīti saṁpadā suhāī.
बहुबिधि भूप भाट जिमि बरनी । रानीं सब प्रमुदित सुनि करनी ॥
bahubidhi bhūpa bhāṭa jimi baranī, rānīṁ saba pramudita suni karanī.

दोहा-dohā:

सुतन्ह समेत नहाइ नृप बोलि बिप्र गुर ग्याति ।
sutanha sameta nahāi nṛpa boli bipra gura gyāti,
भोजन कीन्ह अनेक बिधि घरी पंच गइ राति ॥३५४॥
bhojana kīnha aneka bidhi gharī paṁca gai rāti. 354.

चौपाई-caupāī:

मंगलगान करहिं बर भामिनि । भै सुखमूल मनोहर जामिनि ॥
maṁgalagāna karahiṁ bara bhāmini, bhai sukhamūla manohara jāmini.

अँचइ पान सब काहूँ पाए । स्त्रग सुगंध भूषित छबि छाए ॥
aṁcai pāna saba kāhūṁ pāe, sraga sugaṁdha bhūṣita chabi chāe.

रामहि देखि रजायसु पाई । निज निज भवन चले सिर नाई ॥
rāmahi dekhi rajāyasu pāī, nija nija bhavana cale sira nāī.

प्रेमु प्रमोदु बिनोदु बढ़ाई । समउ समाजु मनोहरताई ॥
premu pramodu binodu baṛhāī, samau samāju manoharatāī.

कहि न सकहिं सत सारद सेसू । बेद बिरंचि महेस गनेसू ॥
kahi na sakahiṁ sata sārada sesū, beda biraṁci mahesa ganesū.

सो मैं कहौं कवन बिधि बरनी । भूमिनागु सिर धरइ कि धरनी ॥
so maiṁ kahauṁ kavana bidhi baranī, bhūmināgu sira dharai ki dharanī.

नृप सब भाँति सबहि सनमानी । कहि मृदु बचन बोलाईं रानी ॥
nṛpa saba bhāṁti sabahi sanamānī, kahi mṛdu bacana bolāīṁ rānī.

बधू लरिकनीं पर घर आईं । राखेहु नयन पलक की नाईं ॥
badhū larikanīṁ para ghara āīṁ, rākhehu nayana palaka kī nāīṁ.

दोहा-dohā:

लरिका श्रमित उनीद बस सयन करावहु जाइ ।
larikā śramita unīda basa sayana karāvahu jāi,
अस कहि गे बिश्रामगृहँ राम चरन चितु लाइ ॥ ३५५ ॥
asa kahi ge biśrāmagṛhaṁ rāma carana citu lāi. 355.

चौपाई-caupāī:

भूप बचन सुनि सहज सुहाए । जरित कनक मनि पलँग डसाए ॥
bhūpa bacana suni sahaja suhāe, jarita kanaka mani palaṁga ḍasāe.

सुभग सुरभि पय फेन समाना । कोमल कलित सुपेतीं नाना ॥
subhaga surabhi paya phena samānā, komala kalita supetīṁ nānā.

उपबरहन बर बरनि न जाहीं । स्त्रग सुगंध मनिमंदिर माहीं ॥
upabarahana bara barani na jāhīṁ, sraga sugaṁdha manimaṁdira māhīṁ.

रतनदीप सुठि चारु चँदोवा । कहत न बनइ जान जेहिं जोवा ॥
ratanadīpa suṭhi cāru caṁdovā, kahata na banai jāna jehiṁ jovā.

सेज रुचिर रचि रामु उठाए । प्रेम समेत पलँग पौढ़ाए ॥
seja rucira raci rāmu uṭhāe, prema sameta palaṁga pauṛhāe.

अग्या पुनि पुनि भाइन्ह दीन्ही । निज निज सेज सयन तिन्ह कीन्ही ॥
agyā puni puni bhāinha dīnhī, nija nija seja sayana tinha kīnhī.

देखि स्याम मृदु मंजुल गाता । कहहिं सप्रेम बचन सब माता ॥
dekhi syāma mṛdu maṁjula gātā, kahahiṁ saprema bacana saba mātā.

मारग जात भयावनि भारी । केहि बिधि तात ताड़का मारी ॥
māraga jāta bhayāvani bhārī, kehi bidhi tāta tāṛakā mārī.

दोहा-dohā:

घोर निसाचर बिकट भट समर गनहिं नहिं काहु ।
ghora nisācara bikaṭa bhaṭa samara ganahiṁ nahiṁ kāhu,
मारे सहित सहाय किमि खल मारीच सुबाहु ॥ ३५६ ॥
māre sahita sahāya kimi khala mārīca subāhu. 356.

चौपाई-caupāī:

मुनि प्रसाद बलि तात तुम्हारी । ईस अनेक करवरें टारी ॥
muni prasāda bali tāta tumhārī, īsa aneka karavareṁ ṭārī.

मख रखवारी करि दुहुँ भाईं । गुरु प्रसाद सब बिद्या पाईं ॥
makha rakhavārī kari duhuṁ bhāīṁ, guru prasāda saba bidyā pāīṁ.

मुनितिय तरी लगत पग धूरी । कीरति रही भुवन भरि पूरी ॥
munitiya tarī lagata paga dhūrī, kīrati rahī bhuvana bhari pūrī.

कमठ पीठि पबि कूट कठोरा । नृप समाज महुँ सिव धनु तोरा ॥
kamaṭha pīṭhi pabi kūṭa kaṭhorā, nṛpa samāja mahuṁ siva dhanu torā.

बिस्व बिजय जसु जानकि पाई । आए भवन ब्याहि सब भाई ॥
bisva bijaya jasu jānaki pāī, āe bhavana byāhi saba bhāī.

सकल अमानुष करम तुम्हारे । केवल कौसिक कृपाँ सुधारे ॥
sakala amānuṣa karama tumhāre, kevala kausika kṛpāṁ sudhāre.

आजु सुफल जग जनमु हमारा । देखि तात बिधुबदन तुम्हारा ॥
āju suphala jaga janamu hamārā, dekhi tāta bidhubadana tumhārā.

जे दिन गए तुम्हहि बिनु देखें । ते बिरंचि जनि पारहिं लेखें ॥
je dina gae tumhahi binu dekheṁ, te biraṁci jani pārahiṁ lekheṁ.

दोहा-dohā:

राम प्रतोषीं मातु सब कहि बिनीत बर बैन ।
rāma pratoṣīṁ mātu saba kahi binīta bara baina,
सुमिरि संभु गुर बिप्र पद किए नीदबस नैन ॥ ३५७ ॥
sumiri saṁbhu gura bipra pada kie nīdabasa naina. 357.

चौपाई-caupāī:

नीदउँ बदन सोह सुठि लोना । मनहुँ साँझ सरसीरुह सोना ॥
nīdauṁ badana soha suṭhi lonā, manahuṁ sāṁjha sarasīruha sonā.

घर घर करहिं जागरन नारीं । देहिं परसपर मंगल गारीं ॥
ghara ghara karahiṁ jāgarana nārīṁ, dehiṁ parasapara maṁgala gārīṁ.

पुरी बिराजति राजति रजनी । रानीं कहहिं बिलोकहु सजनी ॥
purī birājati rājati rajanī, rānīṁ kahahiṁ bilokahu sajanī.

सुंदर बधुन्ह सासु लै सोईं । फनिकन्ह जनु सिरमनि उर गोईं ॥
suṁdara badhunha sāsu lai soīṁ, phanikanha janu siramani ura goīṁ.

प्रात पुनीत काल प्रभु जागे । अरुनचूड़ बर बोलन लागे ॥
prāta punīta kāla prabhu jāge, arunacūṛa bara bolana lāge.

बंदि मागधन्हि गुनगन गाए । पुरजन द्वार जोहारन आए ॥
baṁdi māgadhanhi gunagana gāe, purajana dvāra johārana āe.

बंदि बिप्र सुर गुर पितु माता । पाइ असीस मुदित सब भ्राता ॥
baṁdi bipra sura gura pitu mātā, pāi asīsa mudita saba bhrātā.

जननिन्ह सादर बदन निहारे । भूपति संग द्वार पगु धारे ॥
jananinha sādara badana nihāre, bhūpati saṁga dvāra pagu dhāre.

दोहा-dohā:

कीन्हि सौच सब सहज सुचि सरित पुनीत नहाइ ।
kīnhi sauca saba sahaja suci sarita punīta nahāi,
प्रातक्रिया करि तात पहिं आए चारिउ भाइ ॥ ३५८ ॥
prātakriyā kari tāta pahiṁ āe cāriu bhāi. 358.

नवाह्नपारायण तीसरा विश्राम
navāhnapārāyaṇa tīsarā viśrāma
(Pause 3 for a Nine-Day Recitation)

चौपाई-caupāī:

भूप बिलोकि लिए उर लाई । बैठे हरषि रजायसु पाई ॥
bhūpa biloki lie ura lāī, baiṭhe haraṣi rajāyasu pāī.

देखि रामु सब सभा जुड़ानी । लोचन लाभ अवधि अनुमानी ॥
dekhi rāmu saba sabhā juṛānī, locana lābha avadhi anumānī.

पुनि बसिष्टु मुनि कौसिकु आए । सुभग आसनन्हि मुनि बैठाए ॥
puni basiṣṭu muni kausiku āe, subhaga āsananhi muni baiṭhāe.

सुतन्ह समेत पूजि पद लागे । निरखि रामु दोउ गुर अनुरागे ॥
sutanha sameta pūji pada lāge, nirakhi rāmu dou gura anurāge.

कहहिं बसिष्टु धरम इतिहासा । सुनहिं महीसु सहित रनिवासा ॥
kahahiṁ basiṣṭu dharama itihāsā, sunahiṁ mahīsu sahita ranivāsā.

मुनि मन अगम गाधिसुत करनी । मुदित बसिष्ट बिपुल बिधि बरनी ॥
muni mana agama gādhisuta karanī, mudita basiṣṭa bipula bidhi baranī.

बोले बामदेउ सब साँची । कीरति कलित लोक तिहुँ माची ॥
bole bāmadeu saba sāṁcī, kīrati kalita loka tihuṁ mācī.

सुनि आनंदु भयउ सब काहू । राम लखन उर अधिक उछाहू ॥
suni ānaṁdu bhayau saba kāhū, rāma lakhana ura adhika uchāhū.

दोहा-dohā:

मंगल मोद उछाह नित जाहिं दिवस एहि भाँति ।
maṁgala moda uchāha nita jāhiṁ divasa ehi bhāṁti,
उमगी अवध अनंद भरि अधिक अधिक अधिकाति ॥ ३५९ ॥
umagī avadha anaṁda bhari adhika adhika adhikāti. 359.

चौपाई-caupāī:

सुदिन सोधि कल कंकन छोरे । मंगल मोद बिनोद न थोरे ॥
sudina sodhi kala kaṁkana chore, maṁgala moda binoda na thore.
नित नव सुखु सुर देखि सिहाहीं । अवध जन्म जाचहिं बिधि पाहीं ॥
nita nava sukhu sura dekhi sihāhīṁ, avadha janma jācahiṁ bidhi pāhīṁ.
बिस्वामित्रु चलन नित चहहीं । राम सप्रेम बिनय बस रहहीं ॥
bisvāmitru calana nita cahahīṁ, rāma saprema binaya basa rahahīṁ.
दिन दिन सयगुन भूपति भाऊ । देखि सराह महामुनिराऊ ॥
dina dina sayaguna bhūpati bhāū, dekhi sarāha mahāmunirāū.
मागत बिदा राउ अनुरागे । सुतन्ह समेत ठाढ़ भे आगे ॥
māgata bidā rāu anurāge, sutanha sameta ṭhāṛha bhe āge.
नाथ सकल संपदा तुम्हारी । मैं सेवकु समेत सुत नारी ॥
nātha sakala saṁpadā tumhārī, maiṁ sevaku sameta suta nārī.
करब सदा लरिकन्ह पर छोहू । दरसनु देत रहब मुनि मोहू ॥
karaba sadā larikanha para chohū, darasanu deta rahaba muni mohū.
अस कहि राउ सहित सुत रानी । परेउ चरन मुख आव न बानी ॥
asa kahi rāu sahita suta rānī, pareu carana mukha āva na bānī.
दीन्हि असीस बिप्र बहु भाँती । चले न प्रीति रीति कहि जाती ॥
dīnhi asīsa bipra bahu bhāṁtī, cale na prīti rīti kahi jātī.
रामु सप्रेम संग सब भाई । आयसु पाइ फिरे पहुँचाई ॥
rāmu saprema saṁga saba bhāī, āyasu pāi phire pahuṁcāī.

दोहा-dohā:

राम रूपु भूपति भगति ब्याहु उछाहु अनंदु ।
rāma rūpu bhūpati bhagati byāhu uchāhu anaṁdu,
जात सराहत मनहिं मन मुदित गाधिकुलचंदु ॥ ३६० ॥
jāta sarāhata manahiṁ mana mudita gādhikulacaṁdu. 360.

चौपाई-caupāī:

बामदेव रघुकुल गुर ग्यानी । बहुरि गाधिसुत कथा बखानी ॥
bāmadeva raghukula gura gyānī, bahuri gādhisuta kathā bakhānī.
सुनि मुनि सुजसु मनहिं मन राऊ । बरनत आपन पुन्य प्रभाऊ ॥
suni muni sujasu manahiṁ mana rāū, baranata āpana punya prabhāū.
बहुरे लोग रजायसु भयऊ । सुतन्ह समेत नृपति गृहँ गयऊ ॥
bahure loga rajāyasu bhayaū, sutanha sameta nṛpati gṛhaṁ gayaū.
जहँ तहँ राम ब्याहु सबु गावा । सुजसु पुनीत लोक तिहुँ छावा ॥
jahaṁ tahaṁ rāma byāhu sabu gāvā, sujasu punīta loka tihuṁ chāvā.
आए ब्याहि रामु घर जब तें । बसइ अनंद अवध सब तब तें ॥
āe byāhi rāmu ghara jaba teṁ, basai anaṁda avadha saba taba teṁ.
प्रभु बिबाहँ जस भयउ उछाहू । सकहिं न बरनि गिरा अहिनाहू ॥
prabhu bibāhaṁ jasa bhayau uchāhū, sakahiṁ na barani girā ahināhū.
कबिकुल जीवनु पावन जानी । राम सीय जसु मंगल खानी ॥
kabikula jīvanu pāvana jānī, rāma sīya jasu maṁgala khānī.
तेहि ते मैं कछु कहा बखानी । करन पुनीत हेतु निज बानी ॥
tehi te maiṁ kachu kahā bakhānī, karana punīta hetu nija bānī.

छंद-chaṁda:

निज गिरा पावनि करन कारन राम जसु तुलसीं कह्यो ।
nija girā pāvani karana kārana rāma jasu tulasīṁ kahyo,
रघुबीर चरित अपार बारिधि पारु कबि कौनें लह्यो ॥
raghubīra carita apāra bāridhi pāru kabi kauneṁ lahyo.
उपबीत ब्याह उछाह मंगल सुनि जे सादर गावहीं ।
upabīta byāha uchāha maṁgala suni je sādara gāvahīṁ,
बैदेहि राम प्रसाद ते जन सर्बदा सुखु पावहीं ॥
baidehi rāma prasāda te jana sarbadā sukhu pāvahīṁ.

सोरठा-soraṭhā:

सिय रघुबीर बिबाहु जे सप्रेम गावहिं सुनहिं ।
siya raghubīra bibāhu je saprema gāvahiṁ sunahiṁ,
तिन्ह कहुँ सदा उछाहु मंगलायतन राम जसु ॥ ३६१ ॥
tinha kahuṁ sadā uchāhu maṁgalāyatana rāma jasu. 361.

मासपारायण बारहवाँ विश्राम
māsapārāyaṇa bārahavāṁ viśrāma
(Pause 12 for a Thirty-Day Recitation)

—::—

— जय श्रीसीताराम —

सीताराम सीताराम सीताराम राम राम । रामराम रामराम रामराम सीताराम ॥
सीताराम सीताराम सीताराम राम राम । रामराम रामराम रामराम सीताराम ॥

इति श्रीमद्रामचरितमानसे सकलकलिकलुषविध्वंसने प्रथमः सोपानः समाप्तः

iti śrīmadrāmacaritamānase sakalakalikaluṣavidhvaṁsane prathamaḥ sopānaḥ samāptaḥ

सीताराम
सीताराम सीताराम
सीताराम सीताराम
सीताराम सीताराम

ॐ

सीताराम सीताराम सीताराम
सीताराम सीताराम सीताराम सीताराम सीताराम
सीताराम सीताराम सीताराम सीताराम सीताराम सीताराम

श्रीजानकीवल्लभो विजयते
śrījānakīvallabho vijayate

श्रीरामचरितमानस
śrīrāmacaritamānasa

द्वितीय सोपान - अयोध्याकाण्ड
dvitīya sopāna - ayodhyākāṇḍa

श्लोक-śloka:

यस्याङ्के च विभाति भूधरसुता देवापगा मस्तके
yasyāṅke ca vibhāti bhūdharasutā devāpagā mastake
भाले बालविधुर्गले च गरलं यस्योरसि व्यालराट् ।
bhāle bālavidhurgale ca garalaṁ yasyorasi vyālarāṭ,
सोऽयं भूतिविभूषणः सुरवरः सर्वाधिपः सर्वदा
so'yaṁ bhūtivibhūṣaṇaḥ suravaraḥ sarvādhipaḥ sarvadā
शर्वः सर्वगतः शिवः शशिनिभः श्रीशङ्करः पातु माम् ॥ १ ॥
śarvaḥ sarvagataḥ śivaḥ śaśinibhaḥ śrīśaṅkaraḥ pātu mām. 1.

प्रसन्नतां या न गताभिषेकतस्तथा न मम्ले वनवासदुःखतः ।
prasannatāṁ yā na gatābhiṣekatastathā na mamle vanavāsaduḥkhataḥ,
मुखाम्बुजश्री रघुनन्दनस्य मे सदास्तु सा मञ्जुलमङ्गलप्रदा ॥ २ ॥
mukhāmbujaśrī raghunandanasya me sadāstu sā mañjulamaṅgalapradā. 2.

नीलाम्बुजश्यामलकोमलाङ्गं सीतासमारोपितवामभागम् ।
nīlāmbujaśyāmalakomalāṅgaṁ sītāsamāropitavāmabhāgam,
पाणौ महासायकचारुचापं नमामि रामं रघुवंशनाथम् ॥ ३ ॥
pāṇau mahāsāyakacārucāpaṁ namāmi rāmaṁ raghuvaṁśanātham. 3.

दोहा-dohā:

श्रीगुरु चरन सरोज रज निज मनु मुकुरु सुधारि ।
śrīguru carana saroja raja nija manu mukuru sudhāri,
बरनउँ रघुबर बिमल जसु जो दायकु फल चारि ॥
baranauṁ raghubara bimala jasu jo dāyaku phala cāri.

चौपाई-caupāī:

जब तें रामु ब्याहि घर आए । नित नव मंगल मोद बधाए ॥
jaba teṁ rāmu byāhi ghara āe, nita nava maṁgala moda badhāe.
भुवन चारिदस भूधर भारी । सुकृत मेघ बरषहिं सुख बारी ॥
bhuvana cāridasa bhūdhara bhārī, sukṛta megha baraṣahiṁ sukha bārī.
रिधि सिधि संपति नदीं सुहाई । उमगि अवध अंबुधि कहुँ आई ॥
ridhi sidhi saṁpati nadīṁ suhāī, umagi avadha aṁbudhi kahuṁ āī.
मनिगन पुर नर नारि सुजाती । सुचि अमोल सुंदर सब भाँती ॥
manigana pura nara nāri sujātī, suci amola suṁdara saba bhāṁtī.
कहि न जाइ कछु नगर बिभूती । जनु एतनिअ बिरंचि करतूती ॥
kahi na jāi kachu nagara bibhūtī, janu etania biraṁci karatūtī.
सब बिधि सब पुर लोग सुखारी । रामचंद मुख चंदु निहारी ॥
saba bidhi saba pura loga sukhārī, rāmacaṁda mukha caṁdu nihārī.
मुदित मातु सब सखीं सहेली । फलित बिलोकि मनोरथ बेली ॥
mudita mātu saba sakhīṁ sahelī, phalita biloki manoratha belī.
राम रूपु गुन सीलु सुभाऊ । प्रमुदित होइ देखि सुनि राऊ ॥
rāma rūpu guna sīlu subhāū, pramudita hoi dekhi suni rāū.

दोहा-dohā:

सब कें उर अभिलाषु अस कहहिं मनाइ महेसु ।
saba keṁ ura abhilāṣu asa kahahiṁ manāi mahesu,
आप अछत जुबराज पद रामहि देउ नरेसु ॥ १ ॥
āpa achata jubarāja pada rāmahi deu naresu. 1.

चौपाई-caupāī:

एक समय सब सहित समाजा । राजसभाँ रघुराजु बिराजा ॥
eka samaya saba sahita samājā, rājasabhāṁ raghurāju birājā.
सकल सुकृत मूरति नरनाहू । राम सुजसु सुनि अतिहि उछाहू ॥
sakala sukṛta mūrati naranāhū, rāma sujasu suni atihi uchāhū.
नृप सब रहहिं कृपा अभिलाषें । लोकप करहिं प्रीति रुख राखें ॥
nṛpa saba rahahiṁ kṛpā abhilāṣeṁ, lokapa karahiṁ prīti rukha rākheṁ.
तिभुवन तीनि काल जग माहीं । भूरि भाग दसरथ सम नाहीं ॥
tibhuvana tīni kāla jaga māhīṁ, bhūri bhāga dasaratha sama nāhīṁ.
मंगलमूल रामु सुत जासू । जो कछु कहिअ थोर सबु तासू ॥
maṁgalamūla rāmu suta jāsū, jo kachu kahia thora sabu tāsū.
रायँ सुभायँ मुकुरु कर लीन्हा । बदनु बिलोकि मुकुटु सम कीन्हा ॥
rāyaṁ subhāyaṁ mukuru kara līnhā, badanu biloki mukuṭu sama kīnhā.
श्रवन समीप भए सित केसा । मनहुँ जरठपनु अस उपदेसा ॥
śravana samīpa bhae sita kesā, manahuṁ jaraṭhapanu asa upadesā.
नृप जुबराजु राम कहुँ देहू । जीवन जनम लाहु किन लेहू ॥
nṛpa jubarāju rāma kahuṁ dehū, jīvana janama lāhu kina lehū.

दोहा-dohā:

यह बिचारु उर आनि नृप सुदिनु सुअवसरु पाइ ।
yaha bicāru ura āni nṛpa sudinu suavasaru pāi,
प्रेम पुलकि तन मुदित मन गुरहि सुनायउ जाइ ॥ २ ॥
prema pulaki tana mudita mana gurahi sunāyau jāi. 2.

चौपाई-caupāī:

कहइ भुआलु सुनिअ मुनिनायक । भए राम सब बिधि सब लायक ॥
kahai bhuālu sunia munināyaka, bhae rāma saba bidhi saba lāyaka.

सेवक सचिव सकल पुरबासी । जे हमारे अरि मित्र उदासी ॥
sevaka saciva sakala purabāsī, je hamāre ari mitra udāsī.
सबहि रामु प्रिय जेहि बिधि मोही । प्रभु असीस जनु तनु धरि सोही ॥
sabahi rāmu priya jehi bidhi mohī, prabhu asīsa janu tanu dhari sohī.
बिप्र सहित परिवार गोसाईं । करहिं छोहु सब रौरिहि नाईं ॥
bipra sahita parivāra gosāīṁ, karahiṁ chohu saba raurihi nāīṁ.
जे गुर चरन रेनु सिर धरहीं । ते जनु सकल बिभव बस करहीं ॥
je gura carana renu sira dharahīṁ, te janu sakala bibhava basa karahīṁ.
मोहि सम यहु अनुभयउ न दूजें । सबु पायउँ रज पावनि पूजें ॥
mohi sama yahu anubhayau na dūjeṁ, sabu pāyauṁ raja pāvani pūjeṁ.
अब अभिलाषु एकु मन मोरें । पूजिहि नाथ अनुग्रह तोरें ॥
aba abhilāṣu eku mana moreṁ, pūjihi nātha anugraha toreṁ.
मुनि प्रसन्न लखि सहज सनेहू । कहेउ नरेस रजायसु देहू ॥
muni prasanna lakhi sahaja sanehū, kaheu naresa rajāyasu dehū.

दोहा-dohā:

राजन राउर नामु जसु सब अभिमत दातार ।
rājana rāura nāmu jasu saba abhimata dātāra,
फल अनुगामी महिप मनि मन अभिलाषु तुम्हार ॥३॥
phala anugāmī mahipa mani mana abhilāṣu tumhāra. 3.

चौपाई-caupāī:

सब बिधि गुरु प्रसन्न जियँ जानी । बोलेउ राउ रहँसि मृदु बानी ॥
saba bidhi guru prasanna jiyaṁ jānī, boleu rāu rahaṁsi mṛdu bānī.
नाथ रामु करिअहिं जुबराजू । कहिअ कृपा करि करिअ समाजू ॥
nātha rāmu kariahiṁ jubarājū, kahia kṛpā kari karia samājū.
मोहि अछत यहु होइ उछाहू । लहहिं लोग सब लोचन लाहू ॥
mohi achata yahu hoi uchāhū, lahahiṁ loga saba locana lāhū.
प्रभु प्रसाद सिव सबइ निबाहीं । यह लालसा एक मन माहीं ॥
prabhu prasāda siva sabai nibāhīṁ, yaha lālasā eka mana māhīṁ.
पुनि न सोच तनु रहउ कि जाऊ । जेहिं न होइ पाछें पछिताऊ ॥
puni na soca tanu rahau ki jāū, jehiṁ na hoi pācheṁ pachitāū.
सुनि मुनि दसरथ बचन सुहाए । मंगल मोद मूल मन भाए ॥
suni muni dasaratha bacana suhāe, maṁgala moda mūla mana bhāe.
सुनु नृप जासु बिमुख पछिताहीं । जासु भजन बिनु जरनि न जाहीं ॥
sunu nṛpa jāsu bimukha pachitāhīṁ, jāsu bhajana binu jarani na jāhīṁ.
भयउ तुम्हार तनय सोइ स्वामी । रामु पुनीत प्रेम अनुगामी ॥
bhayau tumhāra tanaya soi svāmī, rāmu punīta prema anugāmī.

दोहा-dohā:

बेगि बिलंबु न करिअ नृप साजिअ सबुइ समाजु ।
begi bilaṁbu na karia nṛpa sājia sabui samāju,
सुदिन सुमंगलु तबहिं जब रामु होहिं जुबराजु ॥४॥
sudina sumaṁgalu tabahiṁ jaba rāmu hohiṁ jubarāju. 4.

चौपाई-caupāī:

मुदित महीपति मंदिर आए । सेवक सचिव सुमंत्रु बोलाए ॥
mudita mahīpati maṁdira āe, sevaka saciva sumaṁtru bolāe.
कहि जयजीव सीस तिन्ह नाए । भूप सुमंगल बचन सुनाए ॥
kahi jayajīva sīsa tinha nāe, bhūpa sumaṁgala bacana sunāe.
जौं पाँचहि मत लागै नीका । करहु हरषि हियँ रामहि टीका ॥
jauṁ pāṁcahi mata lāgai nīkā, karahu haraṣi hiyaṁ rāmahi ṭīkā.
मंत्री मुदित सुनत प्रिय बानी । अभिमत बिरवँ परेउ जनु पानी ॥
maṁtrī mudita sunata priya bānī, abhimata biravaṁ pareu janu pānī.
बिनती सचिव करहिं कर जोरी । जिअहु जगतपति बरिस करोरी ॥
binatī saciva karahiṁ kara jorī, jiahu jagatapati barisa karorī.
जग मंगल भल काजु बिचारा । बेगिअ नाथ न लाइअ बारा ॥
jaga maṁgala bhala kāju bicārā, begia nātha na lāia bārā.
नृपहि मोदु सुनि सचिव सुभाषा । बढ़त बौंड़ जनु लही सुसाखा ॥
nṛpahi modu suni saciva subhāṣā, baṛhata bauṁṛa janu lahī susākhā.

दोहा-dohā:

कहेउ भूप मुनिराज कर जोइ जोइ आयसु होइ ।
kaheu bhūpa munirāja kara joi joi āyasu hoi,
राम राज अभिषेक हित बेगि करहु सोइ सोइ ॥५॥
rāma rāja abhiṣeka hita begi karahu soi soi. 5.

चौपाई-caupāī:

हरषि मुनीस कहेउ मृदु बानी । आनहु सकल सुतीरथ पानी ॥
haraṣi munīsa kaheu mṛdu bānī, ānahu sakala sutīratha pānī.
औषध मूल फूल फल पाना । कहे नाम गनि मंगल नाना ॥
auṣadha mūla phūla phala pānā, kahe nāma gani maṁgala nānā.
चामर चरम बसन बहु भाँती । रोम पाट पट अगनित जाती ॥
cāmara carama basana bahu bhāṁtī, roma pāṭa paṭa aganita jātī.
मनिगन मंगल बस्तु अनेका । जो जग जोगु भूप अभिषेका ॥
manigana maṁgala bastu anekā, jo jaga jogu bhūpa abhiṣekā.
बेद बिदित कहि सकल बिधाना । कहेउ रचहु पुर बिबिध बिताना ॥
beda bidita kahi sakala bidhānā, kaheu racahu pura bibidha bitānā.
सफल रसाल पूगफल केरा । रोपहु बीथिन्ह पुर चहुँ फेरा ॥
saphala rasāla pūgaphala kerā, ropahu bīthinha pura cahuṁ pherā.
रचहु मंजु मनि चौकें चारू । कहहु बनावन बेगि बजारू ॥
racahu maṁju mani caukeṁ cārū, kahahu banāvana begi bajārū.
पूजहु गनपति गुर कुलदेवा । सब बिधि करहु भूमिसुर सेवा ॥
pūjahu ganapati gura kuladevā, saba bidhi karahu bhūmisura sevā.

दोहा-dohā:

ध्वज पताक तोरन कलस सजहु तुरग रथ नाग ।
dhvaja patāka torana kalasa sajahu turaga ratha nāga,
सिर धरि मुनिबर बचन सबु निज निज काजहिं लाग ॥६॥
sira dhari munibara bacana sabu nija nija kājahiṁ lāga. 6.

चौपाई-caupāī:

जो मुनीस जेहि आयसु दीन्हा । सो तेहिं काजु प्रथम जनु कीन्हा ॥
jo munīsa jehi āyasu dīnhā, so tehiṁ kāju prathama janu kīnhā.
बिप्र साधु सुर पूजत राजा । करत राम हित मंगल काजा ॥
bipra sādhu sura pūjata rājā, karata rāma hita maṁgala kājā.
सुनत राम अभिषेक सुहावा । बाज गहागह अवध बधावा ॥
sunata rāma abhiṣeka suhāvā, bāja gahāgaha avadha badhāvā.
राम सीय तन सगुन जनाए । फरकहिं मंगल अंग सुहाए ॥
rāma sīya tana saguna janāe, pharakahiṁ maṁgala aṁga suhāe.
पुलकि सप्रेम परसपर कहहीं । भरत आगमनु सूचक अहहीं ॥
pulaki saprema parasapara kahahīṁ, bharata āgamanu sūcaka ahahīṁ.
भए बहुत दिन अति अवसेरी । सगुन प्रतीति भेंट प्रिय केरी ॥
bhae bahuta dina ati avaserī, saguna pratīti bheṁṭa priya kerī.
भरत सरिस प्रिय को जग माहीं । इहइ सगुन फलु दूसर नाहीं ॥
bharata sarisa priya ko jaga māhīṁ, ihai saguna phalu dūsara nāhīṁ.
रामहि बंधु सोच दिन राती । अंडन्हि कमठ हृदउ जेहि भाँती ॥
rāmahi baṁdhu soca dina rātī, aṁḍanhi kamaṭha hṛdau jehi bhāṁtī.

दोहा-dohā:

एहि अवसर मंगलु परम सुनि रहँसेउ रनिवासु ।
ehi avasara maṁgalu parama suni rahaṁseu ranivāsu,
सोभत लखि बिधु बढ़त जनु बारिधि बीचि बिलासु ॥७॥
sobhata lakhi bidhu baṛhata janu bāridhi bīci bilāsu. 7.

चौपाई-caupāī:

प्रथम जाइ जिन्ह बचन सुनाए । भूषन बसन भूरि तिन्ह पाए ॥
prathama jāi jinha bacana sunāe, bhūṣana basana bhūri tinha pāe.
प्रेम पुलकि तन मन अनुरागीं । मंगल कलस सजन सब लागीं ॥
prema pulaki tana mana anurāgīṁ, maṁgala kalasa sajana saba lāgīṁ.
चौकें चारु सुमित्राँ पुरी । मनिमय बिबिध भाँति अति रुरी ॥
caukeṁ cāru sumitrāṁ purī, manimaya bibidha bhāṁti ati rurī.
आनँद मगन राम महतारी । दिए दान बहु बिप्र हँकारी ॥
ānaṁda magana rāma mahatārī, die dāna bahu bipra haṁkārī.
पूजीं ग्रामदेबि सुर नागा । कहेउ बहोरि देन बलिभागा ॥
pūjīṁ grāmadebi sura nāgā, kaheu bahori dena balibhāgā.
जेहि बिधि होइ राम कल्यानू । देहु दया करि सो बरदानू ॥
jehi bidhi hoi rāma kalyānū, dehu dayā kari so baradānū.
गावहिं मंगल कोकिलबयनीं । बिधुबदनीं मृगसावकनयनीं ॥
gāvahiṁ maṁgala kokilabayanīṁ, bidhubadanīṁ mṛgasāvakanayanīṁ.

दोहा-dohā:

राम राज अभिषेकु सुनि हियँ हरषे नर नारि ।
rāma rāja abhiṣeku suni hiyaṁ haraṣe nara nāri,
लगे सुमंगल सजन सब बिधि अनुकूल बिचारि ॥८॥
lage sumaṁgala sajana saba bidhi anukūla bicāri. 8.

चौपाई-caupāī:

तब नरनाहँ बसिष्ठु बोलाए । रामधाम सिख देन पठाए ॥
taba naranāhaṁ basiṣṭhu bolāe, rāmadhāma sikha dena paṭhāe.
गुर आगमनु सुनत रघुनाथा । द्वार आइ पद नायउ माथा ॥
gura āgamanu sunata raghunāthā, dvāra āi pada nāyau māthā.
सादर अरघ देइ घर आने । सोरह भाँति पूजि सनमाने ॥
sādara aragha dei ghara āne, soraha bhāṁti pūji sanamāne.
गहे चरन सिय सहित बहोरी । बोले रामु कमल कर जोरी ॥
gahe carana siya sahita bahorī, bole rāmu kamala kara jorī.
सेवक सदन स्वामि आगमनू । मंगल मूल अमंगल दमनू ॥
sevaka sadana svāmi āgamanū, maṁgala mūla amaṁgala damanū.
तदपि उचित जनु बोलि सप्रीती । पठइअ काज नाथ असि नीती ॥
tadapi ucita janu boli saprītī, paṭhaia kāja nātha asi nītī.
प्रभुता तजि प्रभु कीन्ह सनेहू । भयउ पुनीत आजु यहु गेहू ॥
prabhutā taji prabhu kīnha sanehū, bhayau punīta āju yahu gehū.
आयसु होइ सो करौं गोसाईं । सेवकु लहइ स्वामि सेवकाईं ॥
āyasu hoi so karauṁ gosāīṁ, sevaku lahai svāmi sevakāīṁ.

दोहा-dohā:

सुनि सनेह साने बचन मुनि रघुबरहि प्रसंस ।
suni saneha sāne bacana muni raghubarahi prasaṁsa,
राम कस न तुम्ह कहहु अस हंस बंस अवतंस ॥९॥
rāma kasa na tumha kahahu asa haṁsa baṁsa avataṁsa. 9.

चौपाई-caupāī:

बरनि राम गुन सीलु सुभाऊ । बोले प्रेम पुलकि मुनिराऊ ॥
barani rāma guna sīlu subhāū, bole prema pulaki munirāū.
भूप सजेउ अभिषेक समाजू । चाहत देन तुम्हहि जुबराजू ॥
bhūpa sajeu abhiṣeka samājū, cāhata dena tumhahi jubarājū.
राम करहु सब संजम आजू । जौं बिधि कुसल निबाहै काजू ॥
rāma karahu saba saṁjama ājū, jauṁ bidhi kusala nibāhai kājū.
गुरु सिख देइ राय पहिं गयउ । राम हृदयँ अस बिसमउ भयऊ ॥
guru sikha dei rāya pahiṁ gayau, rāma hṛdayaṁ asa bisamau bhayaū.
जनमे एक संग सब भाई । भोजन सयन केलि लरिकाई ॥
janame eka saṁga saba bhāī, bhojana sayana keli larikāī.
करनबेध उपबीत बिआहा । संग संग सब भए उछाहा ॥
karanabedha upabīta biāhā, saṁga saṁga saba bhae uchāhā.
बिमल बंस यहु अनुचित एकू । बंधु बिहाइ बड़ेहि अभिषेकू ॥
bimala baṁsa yahu anucita ekū, baṁdhu bihāi baṛehi abhiṣekū.
प्रभु सप्रेम पछितानि सुहाई । हरउ भगत मन कै कुटिलाई ॥
prabhu saprema pachitāni suhāī, harau bhagata mana kai kuṭilāī.

दोहा-dohā:

तेहि अवसर आए लखन मगन प्रेम आनंद ।
tehi avasara āe lakhana magana prema ānaṁda,
सनमाने प्रिय बचन कहि रघुकुल कैरव चंद ॥१०॥
sanamāne priya bacana kahi raghukula kairava caṁda. 10.

चौपाई-caupāī:

बाजहिं बाजने बिबिध बिधाना । पुर प्रमोदु नहिं जाइ बखाना ॥
bājahiṁ bājane bibidha bidhānā, pura pramodu nahiṁ jāi bakhānā.
भरत आगमनु सकल मनावहिं । आवहुँ बेगि नयन फलु पावहिं ॥
bharata āgamanu sakala manāvahiṁ, āvahuṁ begi nayana phalu pāvahiṁ.
हाट बाट घर गलीं अथाईं । कहहिं परसपर लोग लोगाईं ॥
hāṭa bāṭa ghara galīṁ athāīṁ, kahahiṁ parasapara loga logāīṁ.
कालि लगन भलि केतिक बारा । पूजिहि बिधि अभिलाषु हमारा ॥
kāli lagana bhali ketika bārā, pūjihi bidhi abhilāṣu hamārā.
कनक सिंघासन सीय समेता । बैठहिं रामु होइ चित चेता ॥
kanaka siṁghāsana sīya sametā, baiṭhahiṁ rāmu hoi cita cetā.
सकल कहहिं कब होइहि काली । बिघन मनावहिं देव कुचाली ॥
sakala kahahiṁ kaba hoihi kālī, bighana manāvahiṁ deva kucālī.
तिन्हहि सोहाइ न अवध बधावा । चोरहि चंदिनि राति न भावा ॥
tinhahi sohāi na avadha badhāvā, corahi caṁdini rāti na bhāvā.
सारद बोलि बिनय सुर करहीं । बारहिं बार पाय लै परहीं ॥
sārada boli binaya sura karahīṁ, bārahiṁ bāra pāya lai parahīṁ.

दोहा-dohā:

बिपति हमारि बिलोकि बड़ि मातु करिअ सोइ आजु ।
bipati hamāri biloki baṛi mātu karia soi āju,
रामु जाहिं बन राजु तजि होइ सकल सुरकाजु ॥११॥
rāmu jāhiṁ bana rāju taji hoi sakala surakāju. 11.

चौपाई-caupāī:

सुनि सुर बिनय ठाढ़ि पछिताती । भइउँ सरोज बिपिन हिमराती ॥
suni sura binaya ṭhāṛhi pachitātī, bhaiuṁ saroja bipina himarātī.
देखि देव पुनि कहहिं निहोरी । मातु तोहि नहिं थोरिउ खोरी ॥
dekhi deva puni kahahiṁ nihorī, mātu tohi nahiṁ thoriu khorī.
बिसमय हरष रहित रघुराऊ । तुम्ह जानहु सब राम प्रभाऊ ॥
bisamaya haraṣa rahita raghurāū, tumha jānahu saba rāma prabhāū.
जीव करम बस सुख दुख भागी । जाइअ अवध देव हित लागी ॥
jīva karama basa sukha dukha bhāgī, jāia avadha deva hita lāgī.
बार बार गहि चरन सँकोची । चली बिचारि बिबुध मति पोची ॥
bāra bāra gahi carana saṁkocī, calī bicāri bibudha mati pocī.
ऊँच निवासु नीचि करतूती । देखि न सकहिं पराइ बिभूती ॥
ūṁca nivāsu nīci karatūtī, dekhi na sakahiṁ parāi bibhūtī.

आगिल काजु बिचारि बहोरी । करिहहिं चाह कुसल कबि मोरी ॥
āgila kāju bicāri bahorī, karihahiṁ cāha kusala kabi morī.
हरषि हृदयँ दसरथ पुर आई । जनु ग्रह दसा दुसह दुखदाई ॥
haraṣi hṛdayaṁ dasaratha pura āī, janu graha dasā dusaha dukhadāī.

दोहा-dohā:

नामु मंथरा मंदमति चेरी कैकइ केरि ।
nāmu maṁtharā maṁdamati cerī kaikai keri,
अजस पेटारी ताहि करि गई गिरा मति फेरि ॥ १२ ॥
ajasa peṭārī tāhi kari gaī girā mati pheri. 12.

चौपाई-caupāī:

दीख मंथरा नगरु बनावा । मंजुल मंगल बाज बधावा ॥
dīkha maṁtharā nagaru banāvā, maṁjula maṁgala bāja badhāvā.
पूछेसि लोगन्ह काह उछाहू । राम तिलकु सुनि भा उर दाहू ॥
pūchesi loganha kāha uchāhū, rāma tilaku suni bhā ura dāhū.
करइ बिचारु कुबुद्धि कुजाती । होइ अकाजु कवनि बिधि राती ॥
karai bicāru kubuddhi kujātī, hoi akāju kavani bidhi rātī.
देखि लागि मधु कुटिल किराती । जिमि गवँ तकइ लेउँ केहि भाँती ॥
dekhi lāgi madhu kuṭila kirātī, jimi gavaṁ takai leuṁ kehi bhāṁtī.
भरत मातु पहिं गइ बिलखानी । का अनमनि हसि कह हँसि रानी ॥
bharata mātu pahiṁ gai bilakhānī, kā anamani hasi kaha haṁsi rānī.
ऊतरु देइ न लेइ उसासू । नारि चरित करि ढारइ आँसू ॥
ūtaru dei na lei usāsū, nāri carita kari ḍhārai āṁsū.
हँसि कह रानि गालु बड़ तोरें । दीन्ह लखन सिख अस मन मोरें ॥
haṁsi kaha rāni gālu baṛa toreṁ, dīnha lakhana sikha asa mana moreṁ.
तबहुँ न बोल चेरि बड़ि पापिनि । छाड़इ स्वास कारि जनु साँपिनि ॥
tabahuṁ na bola ceri baṛi pāpini, chāṛai svāsa kāri janu sāṁpini.

दोहा-dohā:

सभय रानि कह कहसि किन कुसल रामु महिपालु ।
sabhaya rāni kaha kahasi kina kusala rāmu mahipālu,
लखनु भरतु रिपुदमनु सुनि भा कुबरी उर सालु ॥ १३ ॥
lakhanu bharatu ripudamanu suni bhā kubarī ura sālu. 13.

चौपाई-caupāī:

कत सिख देइ हमहि कोउ माई । गालु करब केहि कर बलु पाई ॥
kata sikha dei hamahi kou māī, gālu karaba kehi kara balu pāī.
रामहि छाड़ि कुसल केहि आजू । जेहि जनेसु देइ जुबराजू ॥
rāmahi chāṛi kusala kehi ājū, jehi janesu dei jubarājū.
भयउ कौसिलहि बिधि अति दाहिन । देखत गरब रहत उर नाहिन ॥
bhayau kausilahi bidhi ati dāhina, dekhata garaba rahata ura nāhina.
देखहु कस न जाइ सब सोभा । जो अवलोकि मोर मनु छोभा ॥
dekhahu kasa na jāi saba sobhā, jo avaloki mora manu chobhā.
पूतु बिदेस न सोचु तुम्हारें । जानति हहु बस नाहु हमारें ॥
pūtu bidesa na socu tumhāreṁ, jānati hahu basa nāhu hamāreṁ.
नीद बहुत प्रिय सेज तुराई । लखहु न भूप कपट चतुराई ॥
nīda bahuta priya seja turāī, lakhahu na bhūpa kapaṭa caturāī.
सुनि प्रिय बचन मलिन मनु जानी । झुकी रानि अब रहु अरगानी ॥
suni priya bacana malina manu jānī, jhukī rāni aba rahu aragānī.
पुनि अस कबहुँ कहसि घरफोरी । तब धरि जीभ कढ़ावउँ तोरी ॥
puni asa kabahuṁ kahasi gharaphorī, taba dhari jībha kaṛhāvauṁ torī.

दोहा-dohā:

काने खोरे कूबरे कुटिल कुचाली जानि ।
kāne khore kūbare kuṭila kucālī jāni,
तिय बिसेषि पुनि चेरि कहि भरतमातु मुसुकानि ॥ १४ ॥
tiya biseṣi puni ceri kahi bharatamātu musukāni. 14.

चौपाई-caupāī:

प्रियबादिनि सिख दीन्हिउँ तोही । सपनेहुँ तो पर कोपु न मोही ॥
priyabādini sikha dīnhiuṁ tohī, sapanehuṁ to para kopu na mohī.
सुदिनु सुमंगल दायकु सोई । तोर कहा फुर जेहि दिन होई ॥
sudinu sumaṁgala dāyaku soī, tora kahā phura jehi dina hoī.
जेठ स्वामि सेवक लघु भाई । यह दिनकर कुल रीति सुहाई ॥
jeṭha svāmi sevaka laghu bhāī, yaha dinakara kula rīti suhāī.
राम तिलकु जौं साँचेहुँ काली । देउँ मागु मन भावत आली ॥
rāma tilaku jauṁ sāṁcehuṁ kālī, deuṁ māgu mana bhāvata ālī.
कौसल्या सम सब महतारी । रामहि सहज सुभायँ पिआरी ॥
kausalyā sama saba mahatārī, rāmahi sahaja subhāyaṁ piārī.
मो पर करहिं सनेहु बिसेषी । मैं करि प्रीति परीछा देखी ॥
mo para karahiṁ sanehu biseṣī, maiṁ kari prīti parīchā dekhī.
जौं बिधि जनमु देइ करि छोहू । होहुँ राम सिय पूत पुतोहू ॥
jauṁ bidhi janamu dei kari chohū, hohuṁ rāma siya pūta putohū.
प्रान तें अधिक रामु प्रिय मोरें । तिन्ह कें तिलक छोभु कस तोरें ॥
prāna teṁ adhika rāmu priya moreṁ, tinha keṁ tilaka chobhu kasa toreṁ.

दोहा-dohā:

भरत सपथ तोहि सत्य कहु परिहरि कपट दुराउ ।
bharata sapatha tohi satya kahu parihari kapaṭa durāu,
हरष समय बिसमउ करसि कारन मोहि सुनाउ ॥ १५ ॥
haraṣa samaya bisamau karasi kārana mohi sunāu. 15.

चौपाई-caupāī:

एकहिं बार आस सब पूजी । अब कछु कहब जीभ करि दूजी ॥
ekahiṁ bāra āsa saba pūjī, aba kachu kahaba jībha kari dūjī.
फोरै जोगु कपारु अभागा । भलेउ कहत दुख रउरेहि लागा ॥
phorai jogu kapāru abhāgā, bhaleu kahata dukha raurehi lāgā.
कहहिं झूठि फुरि बात बनाई । ते प्रिय तुम्हहि करुइ मैं माई ॥
kahahiṁ jhūṭhi phuri bāta banāī, te priya tumhahi karui maiṁ māī.
हमहुँ कहबि अब ठकुरसोहाती । नाहिं त मौन रहब दिनु राती ॥
hamahuṁ kahabi aba ṭhakurasohātī, nāhiṁ ta mauna rahaba dinu rātī.
करि कुरूप बिधि परबस कीन्हा । बवा सो लुनिअ लहिअ जो दीन्हा ॥
kari kurūpa bidhi parabasa kīnhā, bavā so lunia lahia jo dīnhā.
कोउ नृप होउ हमहि का हानी । चेरि छाड़ि अब होब कि रानी ॥
kou nṛpa hou hamahi kā hānī, ceri chāṛi aba hoba ki rānī.
जारै जोगु सुभाउ हमारा । अनभल देखि न जाइ तुम्हारा ॥
jārai jogu subhāu hamārā, anabhala dekhi na jāi tumhārā.
तातें कछुक बात अनुसारी । छमिअ देबि बड़ि चूक हमारी ॥
tāteṁ kachuka bāta anusārī, chamia debi baṛi cūka hamārī.

दोहा-dohā:

गूढ़ कपट प्रिय बचन सुनि तीय अधरबुधि रानि ।
gūṛha kapaṭa priya bacana suni tīya adharabudhi rāni,
सुरमाया बस बैरिनिहि सुहृद जानि पतिआनि ॥ १६ ॥
suramāyā basa bairinihi suhṛda jāni patiāni. 16.

चौपाई-caupāī:

सादर पुनि पुनि पूँछति ओही । सबरी गान मृगी जनु मोही ॥
sādara puni puni pūṁchati ohī, sabarī gāna mṛgī janu mohī.

तसि मति फिरी अहइ जसि भाबी । रहसी चेरि घात जनु फाबी ॥
tasi mati phirī ahai jasi bhābī, rahasī ceri ghāta janu phābī.
तुम्ह पूँछहु मैं कहत डेराऊँ । धरेहु मोर घरफोरी नाऊँ ॥
tumha pūm̐chahu maiṁ kahata ḍerāūm̐, dharehu mora gharaphorī nāūm̐.
सजि प्रतीति बहुबिधि गढ़ि छोली । अवध साढ़साती तब बोली ॥
saji pratīti bahubidhi gaṛhi cholī, avadha sāṛhasātī taba bolī.
प्रिय सिय रामु कहा तुम्ह रानी । रामहि तुम्ह प्रिय सो फुरि बानी ॥
priya siya rāmu kahā tumha rānī, rāmahi tumha priya so phuri bānī.
रहा प्रथम अब ते दिन बीते । समउ फिरें रिपु होहिं पिरीते ॥
rahā prathama aba te dina bīte, samau phireṁ ripu hohiṁ pirīte.
भानु कमल कुल पोषनिहारा । बिनु जल जारि करइ सोइ छारा ॥
bhānu kamala kula poṣanihārā, binu jala jāri karai soi chārā.
जरि तुम्हारि चह सवति उखारी । रूँधहु करि उपाउ बर बारी ॥
jari tumhāri caha savati ukhārī, rūm̐dhahu kari upāu bara bārī.

दोहा-dohā:

तुम्हहि न सोचु सोहाग बल निज बस जानहु राउ ।
tumhahi na socu sohāga bala nija basa jānahu rāu,
मन मलीन मुह मीठ नृपु राउर सरल सुभाउ ॥ १७ ॥
mana malīna muha mīṭha nṛpu rāura sarala subhāu. 17.

चौपाई-caupāī:

चतुर गँभीर राम महतारी । बीचु पाइ निज बात सँवारी ॥
catura gam̐bhīra rāma mahatārī, bīcu pāi nija bāta sam̐vārī.
पठए भरतु भूप ननिअउरें । राम मातु मत जानव रउरें ॥
paṭhae bharatu bhūpa naniaureṁ, rāma mātu mata jānava raureṁ.
सेवहिं सकल सवति मोहि नीकें । गरबित भरत मातु बल पी कें ॥
sevahiṁ sakala savati mohi nīkeṁ, garabita bharata mātu bala pī keṁ.
सालु तुम्हार कौसिलहि माई । कपट चतुर नहिं होइ जनाई ॥
sālu tumhāra kausilahi māī, kapaṭa catura nahiṁ hoi janāī.
राजहि तुम्ह पर प्रेमु बिसेषी । सवति सुभाउ सकइ नहिं देखी ॥
rājahi tumha para premu biseṣī, savati subhāu sakai nahiṁ dekhī.
रचि प्रपंचु भूपहि अपनाई । राम तिलक हित लगन धराई ॥
raci prapaṁcu bhūpahi apanāī, rāma tilaka hita lagana dharāī.
यह कुल उचित राम कहुँ टीका । सबहि सोहाइ मोहि सुठि नीका ॥
yaha kula ucita rāma kahum̐ ṭīkā, sabahi sohāi mohi suṭhi nīkā.
आगिलि बात समुझि डरु मोही । देउ दैउ फिरि सो फलु ओही ॥
āgili bāta samujhi ḍaru mohī, deu daiu phiri so phalu ohī.

दोहा-dohā:

रचि पचि कोटिक कुटिलपन कीन्हेसि कपट प्रबोधु ।
raci paci koṭika kuṭilapana kīnhesi kapaṭa prabodhu,
कहिसि कथा सत सवति कै जेहि बिधि बाढ़ बिरोधु ॥ १८ ॥
kahisi kathā sata savati kai jehi bidhi bāṛha birodhu. 18.

चौपाई-caupāī:

भावी बस प्रतीति उर आई । पूँछ रानि पुनि सपथ देवाई ॥
bhāvī basa pratīti ura āī, pūm̐cha rāni puni sapatha devāī.
का पूँछहु तुम्ह अबहुँ न जाना । निज हित अनहित पसु पहिचाना ॥
kā pūm̐chahu tumha abahum̐ na jānā, nija hita anahita pasu pahicānā.
भयउ पाखु दिन सजत समाजू । तुम्ह पाई सुधि मोहि सन आजू ॥
bhayau pākhu dina sajata samājū, tumha pāī sudhi mohi sana ājū.
खाइअ पहिरिअ राज तुम्हारें । सत्य कहें नहिं दोषु हमारें ॥
khāia pahiria rāja tumhāreṁ, satya kaheṁ nahiṁ doṣu hamāreṁ.
जौं असत्य कछु कहब बनाई । तौ बिधि देइहि हमहि सजाई ॥
jauṁ asatya kachu kahaba banāī, tau bidhi deihi hamahi sajāī.
रामहि तिलक कालि जौं भयऊ । तुम्ह कहुँ बिपति बीजु बिधि बयऊ ॥
rāmahi tilaka kāli jauṁ bhayaū, tumha kahum̐ bipati bīju bidhi bayaū.
रेख खँचाइ कहउँ बलु भाषी । भामिनि भइहु दूध कइ माखी ॥
rekha kham̐cāi kahaum̐ balu bhāṣī, bhāmini bhaihu dūdha kai mākhī.
जौं सुत सहित करहु सेवकाई । तौ घर रहहु न आन उपाई ॥
jauṁ suta sahita karahu sevakāī, tau ghara rahahu na āna upāī.

दोहा-dohā:

कद्रूँ बिनतहि दीन्ह दुखु तुम्हहि कौसिलाँ देब ।
kadrūm̐ binatahi dīnha dukhu tumhahi kausilām̐ deba,
भरतु बंदिगृह सेइहहिं लखनु राम के नेब ॥ १९ ॥
bharatu baṁdigṛha seihahiṁ lakhanu rāma ke neba. 19.

चौपाई-caupāī:

कैकयसुता सुनत कटु बानी । कहि न सकइ कछु सहमि सुखानी ॥
kaikayasutā sunata kaṭu bānī, kahi na sakai kachu sahami sukhānī.
तन पसेउ कदली जिमि काँपी । कुबरीं दसन जीभ तब चाँपी ॥
tana paseu kadalī jimi kām̐pī, kubarīṁ dasana jībha taba cām̐pī.
कहि कहि कोटिक कपट कहानी । धीरजु धरहु प्रबोधिसि रानी ॥
kahi kahi koṭika kapaṭa kahānī, dhīraju dharahu prabodhisi rānī.
फिरा करमु प्रिय लागि कुचाली । बकिहि सराहइ मानि मराली ॥
phirā karamu priya lāgi kucālī, bakihi sarāhai māni marālī.
सुनु मंथरा बात फुरि तोरी । दहिनि आँखि नित फरकइ मोरी ॥
sunu maṁtharā bāta phuri torī, dahini ām̐khi nita pharakai morī.
दिन प्रति देखउँ राति कुसपने । कहउँ न तोहि मोह बस अपने ॥
dina prati dekhaum̐ rāti kusapane, kahaum̐ na tohi moha basa apane.
काह करौं सखि सूध सुभाऊ । दाहिन बाम न जानउँ काऊ ॥
kāha karauṁ sakhi sūdha subhāū, dāhina bāma na jānaum̐ kāū.

दोहा-dohā:

अपनें चलत न आजु लगि अनभल काहुक कीन्ह ।
apaneṁ calata na āju lagi anabhala kāhuka kīnha,
केहिं अघ एकहि बार मोहि दैअँ दुसह दुखु दीन्ह ॥ २० ॥
kehiṁ agha ekahi bāra mohi daiam̐ dusaha dukhu dīnha. 20.

चौपाई-caupāī:

नैहर जनमु भरब बरु जाई । जिअत न करबि सवति सेवकाई ॥
naihara janamu bharaba baru jāī, jiata na karabi savati sevakāī.
अरि बस दैउ जिआवत जाही । मरनु नीक तेहि जीवन चाही ॥
ari basa daiu jiāvata jāhī, maranu nīka tehi jīvana cāhī.
दीन बचन कह बहुबिधि रानी । सुनि कुबरीं तियमाया ठानी ॥
dīna bacana kaha bahubidhi rānī, suni kubarīṁ tiyamāyā ṭhānī.
अस कस कहहु मानि मन ऊना । सुखु सोहागु तुम्ह कहुँ दिन दूना ॥
asa kasa kahahu māni mana ūnā, sukhu sohāgu tumha kahum̐ dina dūnā.
जेहिं राउर अति अनभल ताका । सोइ पाइहि यहु फलु परिपाका ॥
jehiṁ rāura ati anabhala tākā, soi pāihi yahu phalu paripākā.
जब तें कुमत सुना मैं स्वामिनि । भूख न बासर नींद न जामिनि ॥
jaba teṁ kumata sunā maiṁ svāmini, bhūkha na bāsara nīṁda na jāmini.
पूँछेउँ गुनिन्ह रेख तिन्ह खाँची । भरत भुआल होहिं यह साँची ॥
pūm̐cheum̐ guninha rekha tinha khām̐cī, bharata bhuāla hohiṁ yaha sām̐cī.
भामिनि करहु त कहौं उपाऊ । है तुम्हरीं सेवा बस राऊ ॥
bhāmini karahu ta kahauṁ upāū, hai tumharīṁ sevā basa rāū.

दोहा-dohā:

परउँ कूप तुअ बचन पर सकउँ पूत पति त्यागि ।
paraum̐ kūpa tua bacana para sakaum̐ pūta pati tyāgi,
कहसि मोर दुखु देखि बड़ कस न करब हित लागि ॥२१॥
kahasi mora dukhu dekhi baṛa kasa na karaba hita lāgi. 21.

चौपाई-caupāī:

कुबरीं करि कबुली कैकेई । कपट छुरी उर पाहन टेई ॥
kubarīṁ kari kabulī kaikeī, kapaṭa churī ura pāhana ṭeī.
लखइ न रानि निकट दुखु कैसें । चरइ हरित तिन बलिपसु जैसें ॥
lakhai na rāni nikaṭa dukhu kaiseṁ, carai harita tina balipasu jaiseṁ.
सुनत बात मृदु अंत कठोरी । देति मनहुँ मधु माहुर घोरी ॥
sunata bāta mṛdu aṁta kaṭhorī, deti manahum̐ madhu māhura ghorī.
कहइ चेरि सुधि अहइ कि नाही । स्वामिनि कहिहु कथा मोहि पाहीं ॥
kahai ceri sudhi ahai ki nāhī, svāmini kahihu kathā mohi pāhīṁ.
दुइ बरदान भूप सन थाती । मागहु आजु जुड़ावहु छाती ॥
dui baradāna bhūpa sana thātī, māgahu āju juṛāvahu chātī.
सुतहि राजु रामहि बनबासू । देहु लेहु सब सवति हुलासू ॥
sutahi rāju rāmahi banabāsū, dehu lehu saba savati hulāsū.
भूपति राम सपथ जब करई । तब मागेहु जेहिं बचनु न टरई ॥
bhūpati rāma sapatha jaba karaī, taba māgehu jehiṁ bacanu na ṭaraī.
होइ अकाजु आजु निसि बीतें । बचनु मोर प्रिय मानेहु जी तें ॥
hoi akāju āju nisi bīteṁ, bacanu mora priya mānehu jī teṁ.

दोहा-dohā:

बड़ कुघातु करि पातकिनि कहेसि कोपगृहँ जाहु ।
baṛa kughātu kari pātakini kahesi kopagṛham̐ jāhu,
काजु सँवारेहु सजग सबु सहसा जनि पतिआहु ॥२२॥
kāju sam̐vārehu sajaga sabu sahasā jani patiāhu. 22.

चौपाई-caupāī:

कुबरिहि रानि प्रानप्रिय जानी । बार बार बड़ि बुद्धि बखानी ॥
kubarihi rāni prānapriya jānī, bāra bāra baṛi buddhi bakhānī.
तोहि सम हित न मोर संसारा । बहे जात कइ भइसि अधारा ॥
tohi sama hita na mora saṁsārā, bahe jāta kai bhaisi adhārā.
जौं बिधि पुरब मनोरथु काली । करौं तोहि चख पूतरि आली ॥
jauṁ bidhi puraba manorathu kālī, karauṁ tohi cakha pūtari ālī.
बहुबिधि चेरिहि आदरु देई । कोपभवन गवनि कैकेई ॥
bahubidhi cerihi ādaru deī, kopabhavana gavani kaikeī.
बिपति बीजु बरषा रितु चेरी । भुइँ भइ कुमति कैकई केरी ॥
bipati bīju baraṣā ritu cerī, bhuim̐ bhai kumati kaikaī kerī.
पाइ कपट जलु अंकुर जामा । बर दोउ दल दुख फल परिनामा ॥
pāi kapaṭa jalu aṁkura jāmā, bara dou dala dukha phala parināmā.
कोप समाजु साजि सबु सोई । राजु करत निज कुमति बिगोई ॥
kopa samāju sāji sabu soī, rāju karata nija kumati bigoī.
राउर नगर कोलाहलु होई । यह कुचालि कछु जान न कोई ॥
rāura nagara kolāhalu hoī, yaha kucāli kachu jāna na koī.

दोहा-dohā:

प्रमुदित पुर नर नारि सब सजहिं सुमंगलचार ।
pramudita pura nara nāri saba sajahiṁ sumaṁgalacāra,
एक प्रबिसहिं एक निर्गमहिं भीर भूप दरबार ॥२३॥
eka prabisahiṁ eka nirgamahiṁ bhīra bhūpa darabāra. 23.

चौपाई-caupāī:

बाल सखा सुन हियँ हरषाहीं । मिलि दस पाँच राम पहिं जाहीं ॥
bāla sakhā suna hiyam̐ haraṣāhīṁ, mili dasa pām̐ca rāma pahiṁ jāhīṁ.
प्रभु आदरहिं प्रेमु पहिचानी । पूँछहिं कुसल खेम मृदु बानी ॥
prabhu ādarahiṁ premu pahicānī, pūm̐chahiṁ kusala khema mṛdu bānī.
फिरहिं भवन प्रिय आयसु पाई । करत परसपर राम बड़ाई ॥
phirahiṁ bhavana priya āyasu pāī, karata parasapara rāma baṛāī.
को रघुबीर सरिस संसारा । सीलु सनेह निबाहनिहारा ॥
ko raghubīra sarisa saṁsārā, sīlu saneha nibāhanihārā.
जेहिं जेहिं जोनि करम बस भ्रमहीं । तहँ तहँ ईसु देउ यह हमहीं ॥
jehiṁ jehiṁ joni karama basa bhramahīṁ, taham̐ taham̐ īsu deu yaha hamahīṁ.
सेवक हम स्वामी सियनाहू । होउ नात यह ओर निबाहू ॥
sevaka hama svāmī siyanāhū, hou nāta yaha ora nibāhū.
अस अभिलाषु नगर सब काहू । कैकयसुता हृदयँ अति दाहू ॥
asa abhilāṣu nagara saba kāhū, kaikayasutā hṛdayam̐ ati dāhū.
को न कुसंगति पाइ नसाई । रहइ न नीच मतें चतुराई ॥
ko na kusaṁgati pāi nasāī, rahai na nīca mateṁ caturāī.

दोहा-dohā:

साँझ समय सानंद नृपु गयउ कैकई गेहँ ।
sām̐jha samaya sānaṁda nṛpu gayau kaikaī geham̐,
गवनु निठुरता निकट किय जनु धरि देह सनेहँ ॥२४॥
gavanu niṭhuratā nikaṭa kiya janu dhari deha saneham̐. 24.

चौपाई-caupāī:

कोपभवन सुनि सकुचेउ राऊ । भय बस अगहुड़ परइ न पाऊ ॥
kopabhavana suni sakuceu rāū, bhaya basa agahuṛa parai na pāū.
सुरपति बसइ बाहँबल जाकें । नरपति सकल रहहिं रुख ताकें ॥
surapati basai bāham̐bala jākeṁ, narapati sakala rahahiṁ rukha tākeṁ.
सो सुनि तिय रिस गयउ सुखाई । देखहु काम प्रताप बड़ाई ॥
so suni tiya risa gayau sukhāī, dekhahu kāma pratāpa baṛāī.
सूल कुलिस असि अँगवनिहारे । ते रतिनाथ सुमन सर मारे ॥
sūla kulisa asi aṁgavanihāre, te ratinātha sumana sara māre.
सभय नरेसु प्रिया पहिं गयऊ । देखि दसा दुखु दारुन भयऊ ॥
sabhaya naresu priyā pahiṁ gayaū, dekhi dasā dukhu dāruna bhayaū.
भूमि सयन पटु मोट पुराना । दिए डारि तन भूषन नाना ॥
bhūmi sayana paṭu moṭa purānā, die ḍāri tana bhūṣana nānā.
कुमतिहि कसि कुबेषता फाबी । अन अहिवातु सूच जनु भाबी ॥
kumatihi kasi kubeṣatā phābī, ana ahivātu sūca janu bhābī.
जाइ निकट नृपु कह मृदु बानी । प्रानप्रिया केहि हेतु रिसानी ॥
jāi nikaṭa nṛpu kaha mṛdu bānī, prānapriyā kehi hetu risānī.

छंद-chaṁda:

केहि हेतु रानि रिसानि परसत पानि पतिहि नेवारई ।
kehi hetu rāni risāni parasata pāni patihi nevāraī,
मानहुँ सरोष भुअंग भामिनि बिषम भाँति निहारई ॥
mānahum̐ saroṣa bhuaṁga bhāmini biṣama bhām̐ti nihāraī.
दोउ बासना रसना दसन बर मरम ठाहरु देखई ।
dou bāsanā rasanā dasana bara marama ṭhāharu dekhaī,
तुलसी नृपति भवतब्यता बस काम कौतुक लेखई ॥
tulasī nṛpati bhavatabyatā basa kāma kautuka lekhaī.

सोरठा-soraṭhā:

बार बार कह राउ सुमुखि सुलोचनि पिकबचनि ।
bāra bāra kaha rāu sumukhi sulocani pikabacani,
कारन मोहि सुनाउ गजगामिनि निज कोप कर ॥२५॥
kārana mohi sunāu gajagāmini nija kopa kara. 25.

चौपाई-caupāī:

अनहित तोर प्रिया केइँ कीन्हा । केहि दुइ सिर केहि जमु चह लीन्हा ॥

anahita tora priyā keiṁ kīnhā, kehi dui sira kehi jamu caha līnhā.

कहु केहि रंकहि करौं नरेसू । कहु केहि नृपहि निकासौं देसू ॥
kahu kehi raṁkahi karauṁ naresū, kahu kehi nṛpahi nikāsauṁ desū.

सकउँ तोर अरि अमरउ मारी । काह कीट बपुरे नर नारी ॥
sakauṁ tora ari amarau mārī, kāha kīṭa bapure nara nārī.

जानसि मोर सुभाउ बरोरू । मनु तव आनन चंद चकोरू ॥
jānasi mora subhāu barorū, manu tava ānana caṁda cakorū.

प्रिया प्रान सुत सरबसु मोरें । परिजन प्रजा सकल बस तोरें ॥
priyā prāna suta sarabasu moreṁ, parijana prajā sakala basa toreṁ.

जौं कछु कहौं कपटु करि तोही । भामिनि राम सपथ सत मोही ॥
jauṁ kachu kahauṁ kapaṭu kari tohī, bhāmini rāma sapatha sata mohī.

बिहसि मागु मनभावति बाता । भूषन सजहि मनोहर गाता ॥
bihasi māgu manabhāvati bātā, bhūṣana sajahi manohara gātā.

घरी कुघरी समुझि जियँ देखू । बेगि प्रिया परिहरहि कुबेषू ॥
gharī kugharī samujhi jiyaṁ dekhū, begi priyā pariharahi kubeṣū.

दोहा-dohā:

यह सुनि मन गुनि सपथ बड़ि बिहसि उठी मतिमंद ।
yaha suni mana guni sapatha baṛi bihasi uṭhī matimaṁda,
भूषन सजति बिलोकि मृगु मनहुँ किरातिनि फंद ॥२६॥
bhūṣana sajati biloki mṛgu manahuṁ kirātini phaṁda. 26.

चौपाई-caupāī:

पुनि कह राउ सुहृद जियँ जानी । प्रेम पुलकि मृदु मंजुल बानी ॥
puni kaha rāu suhṛda jiyaṁ jānī, prema pulaki mṛdu maṁjula bānī.

भामिनि भयउ तोर मनभावा । घर घर नगर अनंद बधावा ॥
bhāmini bhayau tora manabhāvā, ghara ghara nagara anaṁda badhāvā.

रामहि देउँ कालि जुबराजू । सजहि सुलोचनि मंगल साजू ॥
rāmahi deuṁ kāli jubarājū, sajahi sulocani maṁgala sājū.

दलकि उठेउ सुनि हृदउ कठोरू । जनु छुइ गयउ पाक बरतोरू ॥
dalaki uṭheu suni hṛdau kaṭhorū, janu chui gayau pāka baratorū.

ऐसिउ पीर बिहसि तेहिं गोई । चोर नारि जिमि प्रगटि न रोई ॥
aisiu pīra bihasi tehiṁ goī, cora nāri jimi pragaṭi na roī.

लखहिं न भूप कपट चतुराई । कोटि कुटिल मनि गुरू पढ़ाई ॥
lakhahiṁ na bhūpa kapaṭa caturāī, koṭi kuṭila mani gurū paṛhāī.

जद्यपि नीति निपुन नरनाहू । नारिचरित जलनिधि अवगाहू ॥
jadyapi nīti nipuna naranāhū, nāricarita jalanidhi avagāhū.

कपट सनेहु बढ़ाइ बहोरी । बोली बिहसि नयन मुहु मोरी ॥
kapaṭa sanehu baṛhāi bahorī, bolī bihasi nayana muhu morī.

दोहा-dohā:

मागु मागु पै कहहु पिय कबहुँ न देहु न लेहु ।
māgu māgu pai kahahu piya kabahuṁ na dehu na lehu,
देन कहेहु बरदान दुइ तेउ पावत संदेहु ॥२७॥
dena kahehu baradāna dui teu pāvata saṁdehu. 27.

चौपाई-caupāī:

जानेउँ मरमु राउ हँसि कहई । तुम्हहि कोहाब परम प्रिय अहई ॥
jāneuṁ maramu rāu haṁsi kahaī, tumhahi kohāba parama priya ahaī.

थाती राखि न मागिहु काऊ । बिसरि गयउ मोहि भोर सुभाऊ ॥
thātī rākhi na māgihu kāū, bisari gayau mohi bhora subhāū.

झूठेहुँ हमहि दोषु जनि देहू । दुइ कै चारि मागि मकु लेहू ॥
jhūṭhehuṁ hamahi doṣu jani dehū, dui kai cāri māgi maku lehū.

रघुकुल रीति सदा चलि आई । प्रान जाहुँ बरु बचनु न जाई ॥
raghukula rīti sadā cali āī, prāna jāhuṁ baru bacanu na jāī.

नहिं असत्य सम पातक पुंजा । गिरि सम होहिं कि कोटिक गुंजा ॥
nahiṁ asatya sama pātaka puṁjā, giri sama hohiṁ ki koṭika guṁjā.

सत्यमूल सब सुकृत सुहाए । बेद पुरान बिदित मनु गाए ॥
satyamūla saba sukṛta suhāe, beda purāna bidita manu gāe.

तेहि पर राम सपथ करि आई । सुकृत सनेह अवधि रघुराई ॥
tehi para rāma sapatha kari āī, sukṛta saneha avadhi raghurāī.

बात दृढ़ाइ कुमति हँसि बोली । कुमत कुबिहग कुलह जनु खोली ॥
bāta dṛṛhāi kumati haṁsi bolī, kumata kubihaga kulaha janu kholī.

दोहा-dohā:

भूप मनोरथ सुभग बनु सुख सुबिहंग समाजु ।
bhūpa manoratha subhaga banu sukha subihaṁga samāju,
भिल्लिनि जिमि छाड़न चहति बचनु भयंकरु बाजु ॥२८॥
bhillini jimi chāṛana cahati bacanu bhayaṁkaru bāju. 28.

मासपारायण तेरहवाँ विश्राम
māsapārāyaṇa terahavāṁ viśrāma
(Pause 13 for a Thirty-Day Recitation)

चौपाई-caupāī:

सुनहु प्रानप्रिय भावत जी का । देहु एक बर भरतहि टीका ॥
sunahu prānapriya bhāvata jī kā, dehu eka bara bharatahi ṭīkā.

मागउँ दूसर बर कर जोरी । पुरवहु नाथ मनोरथ मोरी ॥
māgauṁ dūsara bara kara jorī, puravahu nātha manoratha morī.

तापस बेष बिसेषि उदासी । चौदह बरिस रामु बनबासी ॥
tāpasa beṣa biseṣi udāsī, caudaha barisa rāmu banabāsī.

सुनि मृदु बचन भूप हियँ सोकू । ससि कर छुअत बिकल जिमि कोकू ॥
suni mṛdu bacana bhūpa hiyaṁ sokū, sasi kara chuata bikala jimi kokū.

गयउ सहमि नहिं कछु कहि आवा । जनु सचान बन झपटेउ लावा ॥
gayau sahami nahiṁ kachu kahi āvā, janu sacāna bana jhapaṭeu lāvā.

बिबरन भयउ निपट नरपालू । दामिनि हनेउ मनहुँ तरु तालू ॥
bibarana bhayau nipaṭa narapālū, dāmini haneu manahuṁ taru tālū.

माथें हाथ मूदि दोउ लोचन । तनु धरि सोचु लाग जनु सोचन ॥
mātheṁ hātha mūdi dou locana, tanu dhari socu lāga janu socana.

मोर मनोरथु सुरतरु फूला । फरत करिनि जिमि हतेउ समूला ॥
mora manorathu surataru phūlā, pharata karini jimi hateu samūlā.

अवध उजारि कीन्हि कैकेईं । दीन्हिसि अचल बिपति कै नेईं ॥
avadha ujāri kīnhi kaikeīṁ, dīnhisi acala bipati kai neīṁ.

दोहा-dohā:

कवनें अवसर का भयउ गयउँ नारि बिस्वास ।
kavaneṁ avasara kā bhayau gayauṁ nāri bisvāsa,
जोग सिद्धि फल समय जिमि जतिहि अबिद्या नास ॥२९॥
joga siddhi phala samaya jimi jatihi abidyā nāsa. 29.

चौपाई-caupāī:

एहि बिधि राउ मनहिं मन झाँखा । देखि कुभाँति कुमति मन माखा ॥
ehi bidhi rāu manahiṁ mana jhāṁkhā, dekhi kubhāṁti kumati mana mākhā.

भरतु कि राउर पूत न होंही । आनेहु मोल बेसाहि कि मोही ॥
bharatu ki rāura pūta na hoṁhī, ānehu mola besāhi ki mohī.

जो सुनि सरु अस लाग तुम्हारें । काहे न बोलहु बचनु सँभारें ॥
jo suni saru asa lāga tumhāreṁ, kāhe na bolahu bacanu saṁbhāreṁ.

देहु उतरु अनु करहु कि नाहीं । सत्यसंध तुम्ह रघुकुल माहीं ॥
dehu utaru anu karahu ki nāhīṁ, satyasaṁdha tumha raghukula māhīṁ.

देन कहेहु अब जनि बरु देहू । तजहु सत्य जग अपजसु लेहू ॥
dena kahehu aba jani baru dehū, tajahu satya jaga apajasu lehū.

सत्य सराहि कहेहु बरु देना । जानेहु लेइहि मागि चबेना ॥
satya sarāhi kahehu baru denā, jānehu leihi māgi cabenā.

सिबि दधीचि बलि जो कछु भाषा । तनु धनु तजेउ बचन पनु राखा ॥
sibi dadhīci bali jo kachu bhāṣā, tanu dhanu tajeu bacana panu rākhā.

अति कटु बचन कहति कैकेई । मानहुँ लोन जरे पर देई ॥
ati kaṭu bacana kahati kaikeī, mānahuṁ lona jare para deī.

दोहा-dohā:

धरम धुरंधर धीर धरि नयन उघारे रायँ ।
dharama dhuraṁdhara dhīra dhari nayana ughāre rāyaṁ,
सिरु धुनि लीन्हि उसास असि मारेसि मोहि कुठायँ ॥ ३० ॥
siru dhuni līnhi usāsa asi māresi mohi kuṭhāyaṁ. 30.

चौपाई-caupāī:

आगें दीखि जरत रिस भारी । मनहुँ रोष तरवारि उघारी ॥
āgeṁ dīkhi jarata risa bhārī, manahuṁ roṣa taravāri ughārī.
मूठि कुबुद्धि धार निठुराई । धरी कूबरीं सान बनाई ॥
mūṭhi kubuddhi dhāra niṭhurāī, dharī kūbarīṁ sāna banāī.
लखी महीप कराल कठोरा । सत्य कि जीवनु लेइहि मोरा ॥
lakhī mahīpa karāla kaṭhorā, satya ki jīvanu leihi morā.
बोले राउ कठिन करि छाती । बानी सबिनय तासु सोहाती ॥
bole rāu kaṭhina kari chātī, bānī sabinaya tāsu sohātī.
प्रिया बचन कस कहसि कुभाँती । भीर प्रतीति प्रीति करि हाँती ॥
priyā bacana kasa kahasi kubhāṁtī, bhīra pratīti prīti kari hāṁtī.
मोरें भरतु रामु दुइ आँखी । सत्य कहउँ करि संकरू साखी ॥
moreṁ bharatu rāmu dui āṁkhī, satya kahauṁ kari saṁkarū sākhī.
अवसि दूतु मैं पठइब प्राता । ऐहहिं बेगि सुनत दोउ भ्राता ॥
avasi dūtu maiṁ paṭhaiba prātā, aihahiṁ begi sunata dou bhrātā.
सुदिन सोधि सबु साजु सजाई । देउँ भरत कहुँ राजु बजाई ॥
sudina sodhi sabu sāju sajāī, deuṁ bharata kahuṁ rāju bajāī.

दोहा-dohā:

लोभु न रामहि राजु कर बहुत भरत पर प्रीति ।
lobhu na rāmahi rāju kara bahuta bharata para prīti,
मैं बड़ छोट बिचारि जियँ करत रहेउँ नृपनीति ॥ ३१ ॥
maiṁ baṛa choṭa bicāri jiyaṁ karata raheuṁ nṛpanīti. 31.

चौपाई-caupāī:

राम सपथ सत कहउँ सुभाऊ । राममातु कछु कहेउ न काऊ ॥
rāma sapatha sata kahauṁ subhāū, rāmamātu kachu kaheu na kāū.
मैं सबु कीन्ह तोहि बिनु पूँछें । तेहि तें परेउ मनोरथु छूछें ॥
maiṁ sabu kīnha tohi binu pūṁcheṁ, tehi teṁ pareu manorathu chūcheṁ.
रिस परिहरू अब मंगल साजू । कछु दिन गएँ भरत जुबराजू ॥
risa pariharū aba maṁgala sājū, kachu dina gaeṁ bharata jubarājū.
एकहि बात मोहि दुखु लागा । बर दूसर असमंजस मागा ॥
ekahi bāta mohi dukhu lāgā, bara dūsara asamaṁjasa māgā.
अजहूँ हृदय जरत तेहि आँचा । रिस परिहास कि साँचेहुँ साँचा ॥
ajahūṁ hṛdaya jarata tehi āṁcā, risa parihāsa ki sāṁcehuṁ sāṁcā.
कहु तजि रोषु राम अपराधू । सबु कोउ कहइ रामु सुठि साधू ॥
kahu taji roṣu rāma aparādhū, sabu kou kahai rāmu suṭhi sādhū.
तुहूँ सराहसि करसि सनेहू । अब सुनि मोहि भयउ संदेहू ॥
tuhūṁ sarāhasi karasi sanehū, aba suni mohi bhayau saṁdehū.
जासु सुभाउ अरिहि अनुकूला । सो किमि करिहि मातु प्रतिकूला ॥
jāsu subhāu arihi anukūlā, so kimi karihi mātu pratikūlā.

दोहा-dohā:

प्रिया हास रिस परिहरहि मागु बिचारि बिबेकु ।
priyā hāsa risa pariharahi māgu bicāri bibeku,
जेहिं देखौं अब नयन भरि भरत राज अभिषेकु ॥ ३२ ॥
jehiṁ dekhauṁ aba nayana bhari bharata rāja abhiṣeku. 32.

चौपाई-caupāī:

जिऐ मीन बरू बारि बिहीना । मनि बिनु फनिकु जिऐ दुख दीना ॥
jiai mīna barū bāri bihīnā, mani binu phaniku jiai dukha dīnā.
कहउँ सुभाउ न छलु मन माहीं । जीवनु मोर राम बिनु नाहीं ॥
kahauṁ subhāu na chalu mana māhīṁ, jīvanu mora rāma binu nāhīṁ.
समुझि देखु जियँ प्रिया प्रबीना । जीवनु राम दरस आधीना ॥
samujhi dekhu jiyaṁ priyā prabīnā, jīvanu rāma darasa ādhīnā.
सुनि मृदु बचन कुमति अति जरई । मनहुँ अनल आहुति घृत परई ॥
suni mṛdu bacana kumati ati jaraī, manahuṁ anala āhuti ghṛta paraī.
कहइ करहु किन कोटि उपाया । इहाँ न लागिहि राउरि माया ॥
kahai karahu kina koṭi upāyā, ihāṁ na lāgihi rāuri māyā.
देहु कि लेहु अजसु करि नाहीं । मोहि न बहुत प्रपंच सोहाहीं ॥
dehu ki lehu ajasu kari nāhīṁ, mohi na bahuta prapaṁca sohāhīṁ.
रामु साधु तुम्ह साधु सयाने । राममातु भलि सब पहिचाने ॥
rāmu sādhu tumha sādhu sayāne, rāmamātu bhali saba pahicāne.
जस कौसिलाँ मोर भल ताका । तस फलु उन्हहि देउँ करि साका ॥
jasa kausilāṁ mora bhala tākā, tasa phalu unhahi deuṁ kari sākā.

दोहा-dohā:

होत प्रातु मुनिबेष धरि जौं न रामु बन जाहिं ।
hota prātu munibeṣa dhari jauṁ na rāmu bana jāhiṁ,
मोर मरनु राउर अजस नृप समुझिअ मन माहिं ॥ ३३ ॥
mora maranu rāura ajasa nṛpa samujhia mana māhiṁ. 33.

चौपाई-caupāī:

अस कहि कुटिल भई उठि ठाढ़ी । मानहुँ रोष तरंगिनि बाढ़ी ॥
asa kahi kuṭila bhaī uṭhi ṭhāṛhī, mānahuṁ roṣa taraṁgini bāṛhī.
पाप पहार प्रगट भइ सोई । भरी क्रोध जल जाइ न जोई ॥
pāpa pahāra pragaṭa bhai soī, bharī krodha jala jāi na joī.
दोउ बर कूल कठिन हठ धारा । भवँर कूबरी बचन प्रचारा ॥
dou bara kūla kaṭhina haṭha dhārā, bhavaṁra kūbarī bacana pracārā.
ढाहत भूपरूप तरु मूला । चली बिपति बारिधि अनुकूला ॥
ḍhāhata bhūparūpa taru mūlā, calī bipati bāridhi anukūlā.
लखी नरेस बात फुरि साँची । तिय मिस मीचु सीस पर नाची ॥
lakhī naresa bāta phuri sāṁcī, tiya misa mīcu sīsa para nācī.
गहि पद बिनय कीन्ह बैठारी । जनि दिनकर कुल होसि कुठारी ॥
gahi pada binaya kīnha baiṭhārī, jani dinakara kula hosi kuṭhārī.
मागु माथ अबहीं देउँ तोही । राम बिरहँ जनि मारसि मोही ॥
māgu mātha abahīṁ deuṁ tohī, rāma birahaṁ jani mārasi mohī.
राखु राम कहुँ जेहि तेहि भाँती । नाहिं त जरिहि जनम भरि छाती ॥
rākhu rāma kahuṁ jehi tehi bhāṁtī, nāhiṁ ta jarihi janama bhari chātī.

दोहा-dohā:

देखी ब्याधि असाध नृपु परेउ धरनि धुनि माथ ।
dekhī byādhi asādha nṛpu pareu dharani dhuni mātha,
कहत परम आरत बचन राम राम रघुनाथ ॥ ३४ ॥
kahata parama ārata bacana rāma rāma raghunātha. 34.

चौपाई-caupāī:

ब्याकुल राउ सिथिल सब गाता । करिनि कलपतरु मनहुँ निपाता ॥
byākula rāu sithila saba gātā, karini kalapataru manahuṁ nipātā.
कंठु सूख मुख आव न बानी । जनु पाठीनु दीन बिनु पानी ॥
kaṁṭhu sūkha mukha āva na bānī, janu pāṭhīnu dīna binu pānī.
पुनि कह कटु कठोर कैकेई । मनहुँ घाय महुँ माहुर देई ॥
puni kaha kaṭu kaṭhora kaikeī, manahuṁ ghāya mahuṁ māhura deī.
जौं अंतहुँ अस करतबु रहेऊ । मागु मागु तुम्ह केहिं बल कहेऊ ॥
jauṁ aṁtahuṁ asa karatabu raheū, māgu māgu tumha kehiṁ bala kaheū.

दुइ कि होइ एक समय भुआला । हँसब ठठाइ फुलाउब गाला ॥
dui ki hoi eka samaya bhuālā, ham̐saba ṭhaṭhāi phulāuba gālā.
दानि कहाउब अरु कृपनाई । होइ कि खेम कुसल रौताई ॥
dāni kahāuba aru kṛpanāī, hoi ki khema kusala rautāī.
छाड़हु बचनु कि धीरजु धरहू । जनि अबला जिमि करुना करहू ॥
chāṛahu bacanu ki dhīraju dharahū, jani abalā jimi karunā karahū.
तनु तिय तनय धामु धनु धरनी । सत्यसंध कहुँ तृन सम बरनी ॥
tanu tiya tanaya dhāmu dhanu dharanī, satyasaṁdha kahum̐ tṛna sama baranī.

दोहा-dohā:

मरम बचन सुनि राउ कह कहु कछु दोषु न तोर ।
marama bacana suni rāu kaha kahu kachu doṣu na tora,
लागेउ तोहि पिसाच जिमि कालु कहावत मोर ॥३५॥
lāgeu tohi pisāca jimi kālu kahāvata mora. 35.

चौपाई-caupāī:

चहत न भरत भूपतहि भोरें । बिधि बस कुमति बसी जिय तोरें ॥
cahata na bharata bhūpatahi bhoreṁ, bidhi basa kumati basī jiya toreṁ.
सो सबु मोर पाप परिनामू । भयउ कुठाहर जेहिं बिधि बामू ॥
so sabu mora pāpa parināmū, bhayau kuṭhāhara jehiṁ bidhi bāmū.
सुबस बसिहि फिरि अवध सुहाई । सब गुन धाम राम प्रभुताई ॥
subasa basihi phiri avadha suhāī, saba guna dhāma rāma prabhutāī.
करिहहिं भाइ सकल सेवकाई । होइहि तिहुँ पुर राम बड़ाई ॥
karihahiṁ bhāi sakala sevakāī, hoihi tihum̐ pura rāma baṛāī.
तोर कलंकु मोर पछिताऊ । मुएहुँ न मिटिहि न जाइहि काऊ ॥
tora kalaṁku mora pachitāū, muehum̐ na miṭihi na jāihi kāū.
अब तोहि नीक लाग करु सोई । लोचन ओट बैठु मुहु गोई ॥
aba tohi nīka lāga karu soī, locana oṭa baiṭhu muhu goī.
जब लगि जिऔं कहउँ कर जोरी । तब लगि जनि कछु कहसि बहोरी ॥
jaba lagi jiauṁ kahaum̐ kara jorī, taba lagi jani kachu kahasi bahorī.
फिरि पछितैहसि अंत अभागी । मारसि गाइ नहारु लागी ॥
phiri pachitaihasi aṁta abhāgī, mārasi gāi nahāru lāgī.

दोहा-dohā:

परेउ राउ कहि कोटि बिधि काहे करसि निदानु ।
pareu rāu kahi koṭi bidhi kāhe karasi nidānu,
कपट सयानि न कहति कछु जागति मनहुँ मसानु ॥३६॥
kapaṭa sayāni na kahati kachu jāgati manahum̐ masānu. 36.

चौपाई-caupāī:

राम राम रट बिकल भुआलू । जनु बिनु पंख बिहंग बेहालू ॥
rāma rāma raṭa bikala bhuālū, janu binu paṁkha bihaṁga behālū.
हृदयँ मनाव भोरु जनि होई । रामहि जाइ कहै जनि कोई ॥
hṛdayam̐ manāva bhoru jani hoī, rāmahi jāi kahai jani koī.
उदउ करहु जनि रबि रघुकुल गुर । अवध बिलोकि सूल होइहि उर ॥
udau karahu jani rabi raghukula gura, avadha biloki sūla hoihi ura.
भूप प्रीति कैकइ कठिनाई । उभय अवधि बिधि रची बनाई ॥
bhūpa prīti kaikai kaṭhināī, ubhaya avadhi bidhi racī banāī.
बिलपत नृपहि भयउ भिनुसारा । बीना बेनु संख धुनि द्वारा ॥
bilapata nṛpahi bhayau bhinusārā, bīnā benu saṁkha dhuni dvārā.
पढ़हिं भाट गुन गावहिं गायक । सुनत नृपहि जनु लागहिं सायक ॥
paṛhahiṁ bhāṭa guna gāvahiṁ gāyaka, sunata nṛpahi janu lāgahiṁ sāyaka.
मंगल सकल सोहाहिं न कैसें । सहगामिनिहि बिभूषन जैसें ॥
maṁgala sakala sohāhiṁ na kaiseṁ, sahagāminihi bibhūṣana jaiseṁ.
तेहिं निसि नीद परी नहिं काहू । राम दरस लालसा उछाहू ॥
tehiṁ nisi nīda parī nahiṁ kāhū, rāma darasa lālasā uchāhū.

दोहा-dohā:

द्वार भीर सेवक सचिव कहहिं उदित रबि देखि ।
dvāra bhīra sevaka saciva kahahiṁ udita rabi dekhi,
जागेउ अजहुँ न अवधपति कारनु कवनु बिसेषि ॥३७॥
jāgeu ajahum̐ na avadhapati kāranu kavanu biseṣi. 37.

चौपाई-caupāī:

पछिले पहर भूपु नित जागा । आजु हमहि बड़ अचरजु लागा ॥
pachile pahara bhūpu nita jāgā, āju hamahi baṛa acaraju lāgā.
जाहु सुमंत्र जगावहु जाई । कीजिअ काजु रजायसु पाई ॥
jāhu sumaṁtra jagāvahu jāī, kījia kāju rajāyasu pāī.
गए सुमंत्रु तब राउर माहीं । देखि भयावन जात डेराहीं ॥
gae sumaṁtru taba rāura māhīṁ, dekhi bhayāvana jāta ḍerāhīṁ.
धाइ खाइ जनु जाइ न हेरा । मानहुँ बिपति बिषाद बसेरा ॥
dhāi khāi janu jāi na herā, mānahum̐ bipati biṣāda baserā.
पूछें कोउ न ऊतरु देई । गए जेहिं भवन भूप कैकेई ॥
pūcheṁ kou na ūtaru deī, gae jehiṁ bhavana bhūpa kaikeī.
कहि जयजीव बैठ सिरु नाई । देखि भूप गति गयउ सुखाई ॥
kahi jayajīva baiṭha siru nāī, dekhi bhūpa gati gayau sukhāī.
सोच बिकल बिबरन महि परेऊ । मानहुँ कमल मूलु परिहरेऊ ॥
soca bikala bibarana mahi pareū, mānahum̐ kamala mūlu parihareū.
सचिउ सभीत सकइ नहिं पूछी । बोली असुभ भरी सुभ छूछी ॥
saciu sabhīta sakai nahiṁ pūchī, bolī asubha bharī subha chūchī.

दोहा-dohā:

परी न राजहि नीद निसि हेतु जान जगदीसु ।
parī na rājahi nīda nisi hetu jāna jagadīsu,
रामु रामु रटि भोरु किय कहइ न मरमु महीसु ॥३८॥
rāmu rāmu raṭi bhoru kiya kahai na maramu mahīsu. 38.

चौपाई-caupāī:

आनहु रामहि बेगि बोलाई । समाचार तब पूँछेहु आई ॥
ānahu rāmahi begi bolāī, samācāra taba pūm̐chehu āī.
चलेउ सुमंत्रु राय रूख जानी । लखी कुचालि कीन्हि कछु रानी ॥
caleu sumaṁtru rāya rūkha jānī, lakhī kucāli kīnhi kachu rānī.
सोच बिकल मग परइ न पाऊ । रामहि बोलि कहिहि का राऊ ॥
soca bikala maga parai na pāū, rāmahi boli kahihi kā rāū.
उर धरि धीरजु गयउ दुआरें । पूँछहिं सकल देखि मनु मारें ॥
ura dhari dhīraju gayau duāreṁ, pūm̐chahiṁ sakala dekhi manu māreṁ.
समाधानु करि सो सबही का । गयउ जहाँ दिनकर कुल टीका ॥
samādhānu kari so sabahī kā, gayau jahām̐ dinakara kula ṭīkā.
राम सुमंत्रहि आवत देखा । आदरु कीन्ह पिता सम लेखा ॥
rāma sumaṁtrahi āvata dekhā, ādaru kīnha pitā sama lekhā.
निरखि बदनु कहि भूप रजाई । रघुकुलदीपहि चलेउ लेवाई ॥
nirakhi badanu kahi bhūpa rajāī, raghukuladīpahi caleu levāī.
रामु कुभाँति सचिव सँग जाहीं । देखि लोग जहँ तहँ बिलखाहीं ॥
rāmu kubhām̐ti saciva sam̐ga jāhīṁ, dekhi loga jaham̐ taham̐ bilakhāhīṁ.

दोहा-dohā:

जाइ दीख रघुबंसमनि नरपति निपट कुसाजु ।
jāi dīkha raghubaṁsamani narapati nipaṭa kusāju,
सहमि परेउ लखि सिंघिनिहि मनहुँ बृद्ध गजराजु ॥३९॥
sahami pareu lakhi siṁghinihi manahum̐ bṛddha gajarāju. 39.

चौपाई-caupāī:

सूखहिं अधर जरइ सबु अंगू । मनहुँ दीन मनिहीन भुअंगू ॥
sūkhahiṁ adhara jarai sabu aṁgū, manahum̐ dīna manihīna bhuaṁgū.

सरुष समीप दीखि कैकेई । मानहुँ मीचु घरीं गनि लेई ॥
saruṣa samīpa dīkhi kaikeī, mānahuṁ mīcu gharīṁ gani leī.
करुनामय मृदु राम सुभाऊ । प्रथम दीख दुखु सुना न काऊ ॥
karunāmaya mṛdu rāma subhāū, prathama dīkha dukhu sunā na kāū.
तदपि धीर धरि समउ बिचारी । पूँछी मधुर बचन महतारी ॥
tadapi dhīra dhari samau bicārī, pūṁchī madhura bacana mahatārī.
मोहि कहु मातु तात दुख कारन । करिअ जतन जेहिं होइ निवारन ॥
mohi kahu mātu tāta dukha kārana, karia jatana jehiṁ hoi nivārana.
सुनहु राम सबु कारन एहू । राजहि तुम्ह पर बहुत सनेहू ॥
sunahu rāma sabu kārana ehū, rājahi tumha para bahuta sanehū.
देन कहेन्हि मोहि दुइ बरदाना । मागेउँ जो कछु मोहि सोहाना ॥
dena kahenhi mohi dui baradānā, māgeuṁ jo kachu mohi sohānā.
सो सुनि भयउ भूप उर सोचू । छाड़ि न सकहिं तुम्हार सँकोचू ॥
so suni bhayau bhūpa ura socū, chāṛi na sakahiṁ tumhāra saṁkocū.

दोहा-dohā:

सुत सनेहु इत बचनु उत संकट परेउ नरेसु ।
suta sanehu ita bacanu uta saṁkaṭa pareu naresu,
सकहु न आयसु धरहु सिर मेटहु कठिन कलेसु ॥४०॥
sakahu na āyasu dharahu sira meṭahu kaṭhina kalesu. 40.

चौपाई-caupāī:

निधरक बैठि कहइ कटु बानी । सुनत कठिनता अति अकुलानी ॥
nidharaka baiṭhi kahai kaṭu bānī, sunata kaṭhinatā ati akulānī.
जीभ कमान बचन सर नाना । मनहुँ महिप मृदु लच्छ समाना ॥
jībha kamāna bacana sara nānā, manahuṁ mahipa mṛdu laccha samānā.
जनु कठोरपनु धरें सरीरू । सिखइ धनुषबिद्या बर बीरू ॥
janu kaṭhorapanu dhareṁ sarīrū, sikhai dhanuṣabidyā bara bīrū.
सबु प्रसंगु रघुपतिहि सुनाई । बैठि मनहुँ तनु धरि निठुराई ॥
sabu prasaṁgu raghupatihi sunāī, baiṭhi manahuṁ tanu dhari niṭhurāī.
मन मुसुकाइ भानुकुल भानू । रामु सहज आनंद निधानू ॥
mana musukāi bhānukula bhānū, rāmu sahaja ānaṁda nidhānū.
बोले बचन बिगत सब दूषन । मृदु मंजुल जनु बाग बिभूषन ॥
bole bacana bigata saba dūṣana, mṛdu maṁjula janu bāga bibhūṣana.
सुनु जननी सोइ सुतु बड़भागी । जो पितु मातु बचन अनुरागी ॥
sunu jananī soi sutu baṛabhāgī, jo pitu mātu bacana anurāgī.
तनय मातु पितु तोषनिहारा । दुर्लभ जननि सकल संसारा ॥
tanaya mātu pitu toṣanihārā, durlabha janani sakala saṁsārā.

दोहा-dohā:

मुनिगन मिलनु बिसेषि बन सबहि भाँति हित मोर ।
munigana milanu biseṣi bana sabahi bhāṁti hita mora,
तेहि महँ पितु आयसु बहुरि संमत जननी तोर ॥४१॥
tehi mahaṁ pitu āyasu bahuri saṁmata jananī tora. 41.

चौपाई-caupāī:

भरतु प्रानप्रिय पावहिं राजू । बिधि सब बिधि मोहि सनमुख आजू ॥
bharatu prānapriya pāvahiṁ rājū, bidhi saba bidhi mohi sanamukha ājū.
जौं न जाउँ बन ऐसेहु काजा । प्रथम गनिअ मोहि मूढ़ समाजा ॥
jauṁ na jāuṁ bana aisehu kājā, prathama gania mohi mūṛha samājā.
सेवहिं अरँडु कलपतरु त्यागी । परिहरि अमृत लेहिं बिषु मागी ॥
sevahiṁ araṁḍu kalapataru tyāgī, parihari amṛta lehiṁ biṣu māgī.
तेउ न पाइ अस समउ चुकाहीं । देखु बिचारि मातु मन माहीं ॥
teu na pāi asa samau cukāhīṁ, dekhu bicāri mātu mana māhīṁ.
अंब एक दुखु मोहि बिसेषी । निपट बिकल नरनायकु देखी ॥
aṁba eka dukhu mohi biseṣī, nipaṭa bikala naranāyaku dekhī.
थोरिहिं बात पितहि दुख भारी । होति प्रतीति न मोहि महतारी ॥
thorihiṁ bāta pitahi dukha bhārī, hoti pratīti na mohi mahatārī.
राउ धीर गुन उदधि अगाधू । भा मोहि तें कछु बड़ अपराधू ॥
rāu dhīra guna udadhi agādhū, bhā mohi teṁ kachu baṛa aparādhū.
जातें मोहि न कहत कछु राऊ । मोरि सपथ तोहि कहु सतिभाऊ ॥
jāteṁ mohi na kahata kachu rāū, mori sapatha tohi kahu satibhāū.

दोहा-dohā:

सहज सरल रघुबर बचन कुमति कुटिल करि जान ।
sahaja sarala raghubara bacana kumati kuṭila kari jāna,
चलइ जोंक जल बक्रगति जद्यपि सलिलु समान ॥४२॥
calai joṁka jala bakragati jadyapi salilu samāna. 42.

चौपाई-caupāī:

रहसी रानि राम रुख पाई । बोली कपट सनेहु जनाई ॥
rahasī rāni rāma rukha pāī, bolī kapaṭa sanehu janāī.
सपथ तुम्हार भरत कै आना । हेतु न दूसर मैं कछु जाना ॥
sapatha tumhāra bharata kai ānā, hetu na dūsara maiṁ kachu jānā.
तुम्ह अपराध जोगु नहिं ताता । जननी जनक बंधु सुखदाता ॥
tumha aparādha jogu nahiṁ tātā, jananī janaka baṁdhu sukhadātā.
राम सत्य सबु जो कछु कहहू । तुम्ह पितु मातु बचन रत अहहू ॥
rāma satya sabu jo kachu kahahū, tumha pitu mātu bacana rata ahahū.
पितहि बुझाइ कहहु बलि सोई । चौथेंपन जेहिं अजसु न होई ॥
pitahi bujhāi kahahu bali soī, cauthempana jehiṁ ajasu na hoī.
तुम्ह सम सुअन सुकृत जेहिं दीन्हे । उचित न तासु निरादरु कीन्हे ॥
tumha sama suana sukṛta jehiṁ dīnhe, ucita na tāsu nirādaru kīnhe.
लागहिं कुमुख बचन सुभ कैसे । मगहँ गयादिक तीरथ जैसे ॥
lāgahiṁ kumukha bacana subha kaise, magahaṁ gayādika tīratha jaise.
रामहि मातु बचन सब भाए । जिमि सुरसरि गत सलिल सुहाए ॥
rāmahi mātu bacana saba bhāe, jimi surasari gata salila suhāe.

दोहा-dohā:

गइ मुरुछा रामहि सुमिरि नृप फिरि करवट लीन्ह ।
gai muruchā rāmahi sumiri nṛpa phiri karavaṭa līnha,
सचिव राम आगमन कहि बिनय समय सम कीन्ह ॥४३॥
saciva rāma āgamana kahi binaya samaya sama kīnha. 43.

चौपाई-caupāī:

अवनिप अकनि रामु पगु धारे । धरि धीरजु तब नयन उघारे ॥
avanipa akani rāmu pagu dhāre, dhari dhīraju taba nayana ughāre.
सचिवँ सँभारि राउ बैठारे । चरन परत नृप रामु निहारे ॥
sacivaṁ saṁbhāri rāu baiṭhāre, carana parata nṛpa rāmu nihāre.
लिए सनेह बिकल उर लाई । गै मनि मनहुँ फनिक फिरि पाई ॥
lie saneha bikala ura lāī, gai mani manahuṁ phanika phiri pāī.
रामहि चितइ रहेउ नरनाहू । चला बिलोचन बारि प्रबाहू ॥
rāmahi citai raheu naranāhū, calā bilocana bāri prabāhū.
सोक बिबस कछु कहै न पारा । हृदयँ लगावत बारहिं बारा ॥
soka bibasa kachu kahai na pārā, hṛdayaṁ lagāvata bārahiṁ bārā.
बिधिहि मनाव राउ मन माहीं । जेहिं रघुनाथ न कानन जाहीं ॥
bidhihi manāva rāu mana māhīṁ, jehiṁ raghunātha na kānana jāhīṁ.
सुमिरि महेसहि कहइ निहोरी । बिनती सुनहु सदासिव मोरी ॥
sumiri mahesahi kahai nihorī, binatī sunahu sadāsiva morī.
आसुतोष तुम्ह अवढर दानी । आरति हरहु दीन जनु जानी ॥
āsutoṣa tumha avaḍhara dānī, ārati harahu dīna janu jānī.

दोहा-dohā:

तुम्ह प्रेरक सब के हृदयँ सो मति रामहि देहु ।
tumha preraka saba ke hṛdayam̐ so mati rāmahi dehu,
बचनु मोर तजि रहहिं घर परिहरि सीलु सनेहु ॥ ४४॥
bacanu mora taji rahahiṁ ghara parihari sīlu sanehu. 44.

चौपाई-caupāī:

अजसु होउ जग सुजसु नसाऊ । नरक परौं बरु सुरपुरु जाऊ ॥
ajasu hou jaga sujasu nasāū, naraka paraum̐ baru surapuru jāū.
सब दुख दुसह सहावहु मोही । लोचन ओट रामु जनि होंही ॥
saba dukha dusaha sahāvahu mohī, locana oṭa rāmu jani hoṁhī.
अस मन गुनइ राउ नहिं बोला । पीपर पात सरिस मनु डोला ॥
asa mana gunai rāu nahiṁ bolā, pīpara pāta sarisa manu ḍolā.
रघुपति पितहि प्रेमबस जानी । पुनि कछु कहिहि मातु अनुमानी ॥
raghupati pitahi premabasa jānī, puni kachu kahihi mātu anumānī.
देस काल अवसर अनुसारी । बोले बचन बिनीत बिचारी ॥
desa kāla avasara anusārī, bole bacana binīta bicārī.
तात कहउँ कछु करउँ ढिठाई । अनुचितु छमब जानि लरिकाई ॥
tāta kahaum̐ kachu karaum̐ ḍhiṭhāī, anucitu chamaba jāni larikāī.
अति लघु बात लागि दुखु पावा । काहुँ न मोहि कहि प्रथम जनावा ॥
ati laghu bāta lāgi dukhu pāvā, kāhum̐ na mohi kahi prathama janāvā.
देखि गोसाईंहि पूँछिउँ माता । सुनि प्रसंगु भए सीतल गाता ॥
dekhi gosāiṁhi pūm̐chium̐ mātā, suni prasaṁgu bhae sītala gātā.

दोहा-dohā:

मंगल समय सनेह बस सोच परिहरिअ तात ।
maṁgala samaya saneha basa soca pariharia tāta,
आयसु देइअ हरषि हियँ कहि पुलके प्रभु गात ॥ ४५॥
āyasu deia haraṣi hiyam̐ kahi pulake prabhu gāta. 45.

चौपाई-caupāī:

धन्य जनमु जगतीतल तासू । पितहि प्रमोदु चरित सुनि जासू ॥
dhanya janamu jagatītala tāsū, pitahi pramodu carita suni jāsū.
चारि पदारथ करतल ताकें । प्रिय पितु मातु प्रान सम जाकें ॥
cāri padāratha karatala tākeṁ, priya pitu mātu prāna sama jākeṁ.
आयसु पालि जनम फलु पाई । ऐहउँ बेगिहिं होउ रजाई ॥
āyasu pāli janama phalu pāī, aihaum̐ begihiṁ hou rajāī.
बिदा मातु सन आवउँ मागी । चलिहउँ बनहि बहुरि पग लागी ॥
bidā mātu sana āvaum̐ māgī, calihaum̐ banahi bahuri paga lāgī.
अस कहि राम गवनु तब कीन्हा । भूप सोक बस उतरु न दीन्हा ॥
asa kahi rāma gavanu taba kīnhā, bhūpa soka basa utaru na dīnhā.
नगर ब्यापि गइ बात सुतीछी । छुअत चढ़ी जनु सब तन बीछी ॥
nagara byāpi gai bāta sutīchī, chuata caṛhī janu saba tana bīchī.
सुनि भए बिकल सकल नर नारी । बेलि बिटप जिमि देखि दवारी ॥
suni bhae bikala sakala nara nārī, beli biṭapa jimi dekhi davārī.
जो जहँ सुनइ धुनइ सिरु सोई । बड़ बिषादु नहिं धीरजु होई ॥
jo jaham̐ sunai dhunai siru soī, baṛa biṣādu nahiṁ dhīraju hoī.

दोहा-dohā:

मुख सुखाहिं लोचन स्त्रवहिं सोकु न हृदयँ समाइ ।
mukha sukhāhiṁ locana sravahiṁ soku na hṛdayam̐ samāi,
मनहुँ करुन रस कटकई उतरी अवध बजाइ ॥ ४६॥
manahum̐ karuna rasa kaṭakaī utarī avadha bajāi. 46.

चौपाई-caupāī:

मिलेहि माझ बिधि बात बेगारी । जहँ तहँ देहिं कैकइहि गारी ॥
milehi mājha bidhi bāta begārī, jaham̐ taham̐ dehiṁ kaikahi gārī.
एहि पापिनिहि बूझि का परेऊ । छाइ भवन पर पावकु धरेऊ ॥
ehi pāpinihi būjhi kā pareū, chāi bhavana para pāvaku dhareū.
निज कर नयन काढ़ि चह दीखा । डारि सुधा बिषु चाहत चीखा ॥
nija kara nayana kāṛhi caha dīkhā, ḍāri sudhā biṣu cāhata cīkhā.
कुटिल कठोर कुबुद्धि अभागी । भइ रघुबंस बेनु बन आगी ॥
kuṭila kaṭhora kubuddhi abhāgī, bhai raghubaṁsa benu bana āgī.
पालव बैठि पेड़ु एहिं काटा । सुख महुँ सोक ठाटु धरि ठाटा ॥
pālava baiṭhi peṛu ehiṁ kāṭā, sukha mahum̐ soka ṭhāṭu dhari ṭhāṭā.
सदा रामु एहि प्रान समाना । कारन कवन कुटिलपनु ठाना ॥
sadā rāmu ehi prāna samānā, kārana kavana kuṭilapanu ṭhānā.
सत्य कहहिं कबि नारि सुभाऊ । सब बिधि अगहु अगाध दुराऊ ॥
satya kahahiṁ kabi nāri subhāū, saba bidhi agahu agādha durāū.
निज प्रतिबिंबु बरुकु गहि जाई । जानि न जाइ नारि गति भाई ॥
nija pratibiṁbu baruku gahi jāī, jāni na jāi nāri gati bhāī.

दोहा-dohā:

काह न पावकु जारि सक का न समुद्र समाइ ।
kāha na pāvaku jāri saka kā na samudra samāi,
का न करै अबला प्रबल केहि जग कालु न खाइ ॥ ४७॥
kā na karai abalā prabala kehi jaga kālu na khāi. 47.

चौपाई-caupāī:

का सुनाइ बिधि काह सुनावा । का देखाइ चह काह देखावा ॥
kā sunāi bidhi kāha sunāvā, kā dekhāi caha kāha dekhāvā.
एक कहहिं भल भूप न कीन्हा । बरु बिचारि नहिं कुमतिहि दीन्हा ॥
eka kahahiṁ bhala bhūpa na kīnhā, baru bicāri nahiṁ kumatihi dīnhā.
जो हठि भयउ सकल दुख भाजनु । अबला बिबस ग्यानु गुनु गा जनु ॥
jo haṭhi bhayau sakala dukha bhājanu, abalā bibasa gyānu gunu gā janu.
एक धरम परमिति पहिचाने । नृपहि दोसु नहिं देहिं सयाने ॥
eka dharama paramiti pahicāne, nṛpahi dosu nahiṁ dehiṁ sayāne.
सिबि दधीचि हरिचंद कहानी । एक एक सन कहहिं बखानी ॥
sibi dadhīci haricaṁda kahānī, eka eka sana kahahiṁ bakhānī.
एक भरत कर संमत कहहीं । एक उदास भायँ सुनि रहहीं ॥
eka bharata kara saṁmata kahahīṁ, eka udāsa bhāyam̐ suni rahahīṁ.
कान मूदि कर रद गहि जीहा । एक कहहिं यह बात अलीहा ॥
kāna mūdi kara rada gahi jīhā, eka kahahiṁ yaha bāta alīhā.
सुकृत जाहिं अस कहत तुम्हारे । रामु भरत कहुँ प्रानपिआरे ॥
sukṛta jāhiṁ asa kahata tumhāre, rāmu bharata kahum̐ prānapiāre.

दोहा-dohā:

चंदु चवै बरु अनल कन सुधा होइ बिषतूल ।
caṁdu cavai baru anala kana sudhā hoi biṣatūla,
सपनेहुँ कबहुँ न करहिं किछु भरतु राम प्रतिकूल ॥ ४८॥
sapanehum̐ kabahum̐ na karahiṁ kichu bharatu rāma pratikūla. 48.

चौपाई-caupāī:

एक बिधातहि दूषनु देहीं । सुधा देखाइ दीन्ह बिषु जेहीं ॥
eka bidhātahi dūṣanu dehīṁ, sudhā dekhāi dīnha biṣu jehīṁ.
खरभरु नगर सोचु सब काहू । दुसह दाहु उर मिटा उछाहू ॥
kharabharu nagara socu saba kāhū, dusaha dāhu ura miṭā uchāhū.
बिप्रबधू कुलमान्य जठेरी । जे प्रिय परम कैकई केरी ॥
biprabadhū kulamānya jaṭherī, je priya parama kaikaī kerī.
लगीं देन सिख सीलु सराही । बचन बानसम लागहिं ताही ॥
lagīṁ dena sikha sīlu sarāhī, bacana bānasama lāgahiṁ tāhī.
भरतु न मोहि प्रिय राम समाना । सदा कहहु यहु सबु जगु जाना ॥
bharatu na mohi priya rāma samānā, sadā kahahu yahu sabu jagu jānā.

करहु राम पर सहज सनेहू । केहिं अपराध आजु बनु देहू ॥
karahu rāma para sahaja sanehū, kehiṁ aparādha āju banu dehū.
कबहुँ न कियहु सवति आरेसू । प्रीति प्रतीति जान सबु देसू ॥
kabahum̐ na kiyahu savati āresū, prīti pratīti jāna sabu desū.
कौसल्याँ अब काह बिगारा । तुम्ह जेहि लागि बज्र पुर पारा ॥
kausalyām̐ aba kāha bigārā, tumha jehi lāgi bajra pura pārā.

दोहा-dohā:

सीय कि पिय सँगु परिहरिहि लखनु कि रहिहहिं धाम ।
sīya ki piya saṁgu pariharihi lakhanu ki rahihahiṁ dhāma,
राजु कि भूँजब भरत पुर नृपु कि जिइहि बिनु राम ॥४९॥
rāju ki bhūm̐jaba bharata pura nṛpu ki jiihi binu rāma. 49.

चौपाई-caupāī:

अस बिचारि उर छाड़हु कोहू । सोक कलंक कोठि जनि होहू ॥
asa bicāri ura chāṛahu kohū, soka kalaṁka koṭhi jani hohū.
भरतहि अवसि देहु जुबराजू । कानन काह राम कर काजू ॥
bharatahi avasi dehu jubarājū, kānana kāha rāma kara kājū.
नाहिन रामु राज के भूखे । धरम धुरीन बिषय रस रूखे ॥
nāhina rāmu rāja ke bhūkhe, dharama dhurīna biṣaya rasa rūkhe.
गुर गृह बसहुँ रामु तजि गेहू । नृप सन अस बरु दूसर लेहू ॥
gura gṛha basahum̐ rāmu taji gehū, nṛpa sana asa baru dūsara lehū.
जौं नहिं लगिहहु कहें हमारे । नहिं लागिहि कछु हाथ तुम्हारे ॥
jauṁ nahiṁ lagihahu kaheṁ hamāre, nahiṁ lāgihi kachu hātha tumhāre.
जौं परिहास कीन्हि कछु होई । तौ कहि प्रगट जनावहु सोई ॥
jauṁ parihāsa kīnhi kachu hoī, tau kahi pragaṭa janāvahu soī.
राम सरिस सुत कानन जोगू । काह कहिहि सुनि तुम्ह कहुँ लोगू ॥
rāma sarisa suta kānana jogū, kāha kahihi suni tumha kahum̐ logū.
उठहु बेगि सोइ करहु उपाई । जेहि बिधि सोकु कलंकु नसाई ॥
uṭhahu begi soi karahu upāī, jehi bidhi soku kalaṁku nasāī.

छंद-chaṁda:

जेहि भाँति सोकु कलंकु जाइ उपाय करि कुल पालही ।
jehi bhām̐ti soku kalaṁku jāi upāya kari kula pālahī,
हठि फेरु रामहि जात बन जनि बात दूसरि चालही ॥
haṭhi pheru rāmahi jāta bana jani bāta dūsari cālahī.
जिमि भानु बिनु दिनु प्रान बिनु तनु चंद बिनु जिमि जामिनी ।
jimi bhānu binu dinu prāna binu tanu caṁda binu jimi jāminī,
तिमि अवध तुलसीदास प्रभु बिनु समुझि धौं जियँ भामिनी ॥
timi avadha tulasīdāsa prabhu binu samujhi dhauṁ jiyam̐ bhāminī.

सोरठा-soraṭhā:

सखिन्ह सिखावनु दीन्ह सुनत मधुर परिनाम हित ।
sakhinha sikhāvanu dīnha sunata madhura parināma hita,
तेइँ कछु कान न कीन्ह कुटिल प्रबोधी कूबरी ॥५०॥
teiṁ kachu kāna na kīnha kuṭila prabodhī kūbarī. 50.

चौपाई-caupāī:

उतरु न देइ दुसह रिस रूखी । मृगिन्ह चितव जनु बाघिनि भूखी ॥
utaru na dei dusaha risa rūkhī, mṛginha citava janu bāghini bhūkhī.
ब्याधि असाधि जानि तिन्ह त्यागी । चलीं कहत मतिमंद अभागी ॥
byādhi asādhi jāni tinha tyāgī, calīṁ kahata matimaṁda abhāgī.
राजु करत यह दैअँ बिगोई । कीन्हेसि अस जस करइ न कोई ॥
rāju karata yaha daiam̐ bigoī, kīnhesi asa jasa karai na koī.
एहि बिधि बिलपहिं पुर नर नारीं । देहिं कुचालिहि कोटिक गारीं ॥
ehi bidhi bilapahiṁ pura nara nārīṁ, dehiṁ kucālihi koṭika gārīṁ.
जरहिं बिषम जर लेहिं उसासा । कवनि राम बिनु जीवन आसा ॥
jarahiṁ biṣama jara lehiṁ usāsā, kavani rāma binu jīvana āsā.
बिपुल बियोग प्रजा अकुलानी । जनु जलचर गन सूखत पानी ॥
bipula biyoga prajā akulānī, janu jalacara gana sūkhata pānī.
अति बिषाद बस लोग लोगाईं । गए मातु पहिं रामु गोसाईं ॥
ati biṣāda basa loga logāīṁ, gae mātu pahiṁ rāmu gosāīṁ.
मुख प्रसन्न चित चौगुन चाऊ । मिटा सोचु जनि राखै राऊ ॥
mukha prasanna cita cauguna cāū, miṭā socu jani rākhai rāū.

दोहा-dohā:

नव गयंदु रघुबीर मनु राजु अलान समान ।
nava gayaṁdu raghubīra manu rāju alāna samāna,
छूट जानि बन गवनु सुनि उर अनंदु अधिकान ॥५१॥
chūṭa jāni bana gavanu suni ura anaṁdu adhikāna. 51.

चौपाई-caupāī:

रघुकुलतिलक जोरि दोउ हाथा । मुदित मातु पद नायउ माथा ॥
raghukulatilaka jori dou hāthā, mudita mātu pada nāyau māthā.
दीन्हि असीस लाइ उर लीन्हे । भूषन बसन निछावरि कीन्हे ॥
dīnhi asīsa lāi ura līnhe, bhūṣana basana nichāvari kīnhe.
बार बार मुख चुंबति माता । नयन नेह जलु पुलकित गाता ॥
bāra bāra mukha cuṁbati mātā, nayana neha jalu pulakita gātā.
गोद राखि पुनि हृदयँ लगाए । स्रवत प्रेमरस पयद सुहाए ॥
goda rākhi puni hṛdayam̐ lagāe, sravata premarasa payada suhāe.
प्रेमु प्रमोदु न कछु कहि जाई । रंक धनद पदबी जनु पाई ॥
premu pramodu na kachu kahi jāī, raṁka dhanada padabī janu pāī.
सादर सुंदर बदनु निहारी । बोली मधुर बचन महतारी ॥
sādara suṁdara badanu nihārī, bolī madhura bacana mahatārī.
कहहु तात जननी बलिहारी । कबहिं लगन मुद मंगलकारी ॥
kahahu tāta jananī balihārī, kabahiṁ lagana muda maṁgalakārī.
सुकृत सील सुख सीवँ सुहाई । जनम लाभ कइ अवधि अघाई ॥
sukṛta sīla sukha sīvam̐ suhāī, janama lābha kai avadhi aghāī.

दोहा-dohā:

जेहि चाहत नर नारि सब अति आरत एहि भाँति ।
jehi cāhata nara nāri saba ati ārata ehi bhām̐ti,
जिमि चातक चातकि तृषित बृष्टि सरद रितु स्वाति ॥५२॥
jimi cātaka cātaki tṛṣita bṛṣṭi sarada ritu svāti. 52.

चौपाई-caupāī:

तात जाउँ बलि बेगि नहाहू । जो मन भाव मधुर कछु खाहू ॥
tāta jāum̐ bali begi nahāhū, jo mana bhāva madhura kachu khāhū.
पितु समीप तब जाएहु भैआ । भइ बड़ि बार जाइ बलि मैआ ॥
pitu samīpa taba jāehu bhaiā, bhai baṛi bāra jāi bali maiā.
मातु बचन सुनि अति अनुकूला । जनु सनेह सुरतरु के फूला ॥
mātu bacana suni ati anukūlā, janu saneha surataru ke phūlā.
सुख मकरंद भरे श्रियमूला । निरखि राम मनु भवरुँ न भूला ॥
sukha makaraṁda bhare śriyamūlā, nirakhi rāma manu bhavarum̐ na bhūlā.
धरम धुरीन धरम गति जानी । कहेउ मातु सन अति मृदु बानी ॥
dharama dhurīna dharama gati jānī, kaheu mātu sana ati mṛdu bānī.
पिताँ दीन्ह मोहि कानन राजू । जहँ सब भाँति मोर बड़ काजू ॥
pitām̐ dīnha mohi kānana rājū, jaham̐ saba bhām̐ti mora baṛa kājū.
आयसु देहि मुदित मन माता । जेहिं मुद मंगल कानन जाता ॥
āyasu dehi mudita mana mātā, jehiṁ muda maṁgala kānana jātā.
जनि सनेह बस डरपसि भोरें । आनँदु अंब अनुग्रह तोरें ॥
jani saneha basa ḍarapasi bhoreṁ, ānam̐du aṁba anugraha toreṁ.

दोहा-dohā:

बरष चारिदस बिपिन बसि करि पितु बचन प्रमान ।
baraṣa cāridasa bipina basi kari pitu bacana pramāna,
आइ पाय पुनि देखिहउँ मनु जनि करसि मलान ॥५३॥
āi pāya puni dekhihaum̐ manu jani karasi malāna. 53.

चौपाई-caupāī:

बचन बिनीत मधुर रघुबर के । सर सम लगे मातु उर करके ॥
bacana binīta madhura raghubara ke, sara sama lage mātu ura karake.
सहमि सूखि सुनि सीतलि बानी । जिमि जवास परें पावस पानी ॥
sahami sūkhi suni sītali bānī, jimi javāsa pareṁ pāvasa pānī.
कहि न जाइ कछु हृदय बिषादू । मनहुँ मृगी सुनि केहरि नादू ॥
kahi na jāi kachu hṛdaya biṣādū, manahum̐ mṛgī suni kehari nādū.
नयन सजल तन थर थर काँपी । माजहि खाइ मीन जनु मापी ॥
nayana sajala tana thara thara kām̐pī, mājahi khāi mīna janu māpī.
धरि धीरजु सुत बदनु निहारी । गदगद बचन कहति महतारी ॥
dhari dhīraju suta badanu nihārī, gadagada bacana kahati mahatārī.
तात पितहि तुम्ह प्रानपिआरे । देखि मुदित नित चरित तुम्हारे ॥
tāta pitahi tumha prānapiāre, dekhi mudita nita carita tumhāre.
राजु देन कहुँ सुभ दिन साधा । कहेउ जान बन केहिं अपराधा ॥
rāju dena kahum̐ subha dina sādhā, kaheu jāna bana kehiṁ aparādhā.
तात सुनावहु मोहि निदानू । को दिनकर कुल भयउ कृसानू ॥
tāta sunāvahu mohi nidānū, ko dinakara kula bhayau kṛsānū.

दोहा-dohā:

निरखि राम रुख सचिवसुत कारनु कहेउ बुझाइ ।
nirakhi rāma rukha sacivasuta kāranu kaheu bujhāi,
सुनि प्रसंगु रहि मूक जिमि दसा बरनि नहिं जाइ ॥५४॥
suni prasaṁgu rahi mūka jimi dasā barani nahiṁ jāi. 54.

चौपाई-caupāī:

राखि न सकइ न कहि सक जाहू । दुहूँ भाँति उर दारुन दाहू ॥
rākhi na sakai na kahi saka jāhū, duhūm̐ bhām̐ti ura dāruna dāhū.
लिखत सुधाकर गा लिखि राहू । बिधि गति बाम सदा सब काहू ॥
likhata sudhākara gā likhi rāhū, bidhi gati bāma sadā saba kāhū.
धरम सनेह उभयँ मति घेरी । भइ गति साँप छुछुंदरि केरी ॥
dharama saneha ubhayam̐ mati gherī, bhai gati sām̐pa chuchuṁdari kerī.
राखउँ सुतहि करउँ अनुरोधू । धरमु जाइ अरु बंधु बिरोधू ॥
rākhaum̐ sutahi karaum̐ anurodhū, dharamu jāi aru baṁdhu birodhū.
कहउँ जान बन तौ बड़ि हानी । संकट सोच बिबस भइ रानी ॥
kahaum̐ jāna bana tau baṛi hānī, saṁkaṭa soca bibasa bhai rānī.
बहुरि समुझि तिय धरमु सयानी । रामु भरतु दोउ सुत सम जानी ॥
bahuri samujhi tiya dharamu sayānī, rāmu bharatu dou suta sama jānī.
सरल सुभाउ राम महतारी । बोली बचन धीर धरि भारी ॥
sarala subhāu rāma mahatārī, bolī bacana dhīra dhari bhārī.
तात जाउँ बलि कीन्हेहु नीका । पितु आयसु सब धरमक टीका ॥
tāta jāum̐ bali kīnhehu nīkā, pitu āyasu saba dharamaka ṭīkā.

दोहा-dohā:

राजु देन कहि दीन्ह बनु मोहि न सो दुख लेसु ।
rāju dena kahi dīnha banu mohi na so dukha lesu,
तुम्ह बिनु भरतहि भूपतिहि प्रजहि प्रचंड कलेसु ॥५५॥
tumha binu bharatahi bhūpatihi prajahi pracaṁḍa kalesu. 55.

चौपाई-caupāī:

जौं केवल पितु आयसु ताता । तौ जनि जाहु जानि बड़ि माता ॥
jauṁ kevala pitu āyasu tātā, tau jani jāhu jāni baṛi mātā.
जौं पितु मातु कहेउ बन जाना । तौ कानन सत अवध समाना ॥
jauṁ pitu mātu kaheu bana jānā, tau kānana sata avadha samānā.
पितु बनदेव मातु बनदेवी । खग मृग चरन सरोरुह सेवी ॥
pitu banadeva mātu banadevī, khaga mṛga carana saroruha sevī.
अंतहुँ उचित नृपहिं बनबासू । बय बिलोकि हियँ होइ हराँसू ॥
aṁtahum̐ ucita nṛpahiṁ banabāsū, baya biloki hiyam̐ hoi harām̐sū.
बड़भागी बनु अवध अभागी । जो रघुबंसतिलक तुम्ह त्यागी ॥
baṛabhāgī banu avadha abhāgī, jo raghubaṁsatilaka tumha tyāgī.
जौं सुत कहौं संग मोहि लेहू । तुम्हरे हृदयँ होइ संदेहू ॥
jauṁ suta kahauṁ saṁga mohi lehū, tumhare hṛdayam̐ hoi saṁdehū.
पूत परम प्रिय तुम्ह सबही के । प्रान प्रान के जीवन जी के ॥
pūta parama priya tumha sabahī ke, prāna prāna ke jīvana jī ke.
ते तुम्ह कहहु मातु बन जाऊँ । मैं सुनि बचन बैठि पछिताऊँ ॥
te tumha kahahu mātu bana jāūm̐, maiṁ suni bacana baiṭhi pachitāūm̐.

दोहा-dohā:

यह बिचारि नहिं करउँ हठ झूठ सनेहु बढ़ाइ ।
yaha bicāri nahiṁ karaum̐ haṭha jhūṭha sanehu baṛhāi,
मानि मातु कर नात बलि सुरति बिसरि जनि जाइ ॥५६॥
māni mātu kara nāta bali surati bisari jani jāi. 56.

चौपाई-caupāī:

देव पितर सब तुम्हहि गोसाईं । राखहुँ पलक नयन की नाईं ॥
deva pitara saba tumhahi gosāīṁ, rākhahum̐ palaka nayana kī nāīṁ.
अवधि अंबु प्रिय परिजन मीना । तुम्ह करुनाकर धरम धुरीना ॥
avadhi aṁbu priya parijana mīnā, tumha karunākara dharama dhurīnā.
अस बिचारि सोइ करहु उपाई । सबहि जिअत जेहिं भेंटहु आई ॥
asa bicāri soi karahu upāī, sabahi jiata jehiṁ bheṁṭahu āī.
जाहु सुखेन बनहि बलि जाऊँ । करि अनाथ जन परिजन गाऊँ ॥
jāhu sukhena banahi bali jāūm̐, kari anātha jana parijana gāūm̐.
सब कर आजु सुकृत फल बीता । भयउ कराल कालु बिपरीता ॥
saba kara āju sukṛta phala bītā, bhayau karāla kālu biparītā.
बहुबिधि बिलपि चरन लपटानी । परम अभागिनि आपुहि जानी ॥
bahubidhi bilapi carana lapaṭānī, parama abhāgini āpuhi jānī.
दारुन दुसह दाहु उर ब्यापा । बरनि न जाहिं बिलाप कलापा ॥
dāruna dusaha dāhu ura byāpā, barani na jāhiṁ bilāpa kalāpā.
राम उठाइ मातु उर लाई । कहि मृदु बचन बहुरि समुझाई ॥
rāma uṭhāi mātu ura lāī, kahi mṛdu bacana bahuri samujhāī.

दोहा-dohā:

समाचार तेहि समय सुनि सीय उठी अकुलाइ ।
samācāra tehi samaya suni sīya uṭhī akulāi,
जाइ सासु पद कमल जुग बंदि बैठि सिरु नाइ ॥५७॥
jāi sāsu pada kamala juga baṁdi baiṭhi siru nāi. 57.

चौपाई-caupāī:

दीन्हि असीस सासु मृदु बानी । अति सुकुमारि देखि अकुलानी ॥
dīnhi asīsa sāsu mṛdu bānī, ati sukumāri dekhi akulānī.
बैठि नमितमुख सोचति सीता । रूप रासि पति प्रेम पुनीता ॥
baiṭhi namitamukha socati sītā, rūpa rāsi pati prema punītā.
चलन चहत बन जीवननाथू । केहि सुकृती सन होइहि साथू ॥
calana cahata bana jīvananāthū, kehi sukṛtī sana hoihi sāthū.
की तनु प्रान कि केवल प्राना । बिधि करतबु कछु जाइ न जाना ॥
kī tanu prāna ki kevala prānā, bidhi karatabu kachu jāi na jānā.
चारु चरन नख लेखति धरनी । नूपुर मुखर मधुर कबि बरनी ॥
cāru carana nakha lekhati dharanī, nūpura mukhara madhura kabi baranī.

मनहुँ प्रेम बस बिनती करहीं । हमहि सीय पद जनि परिहरहीं ॥
manahuṁ prema basa binatī karahīṁ, hamahi sīya pada jani pariharahīṁ.
मंजु बिलोचन मोचति बारी । बोली देखि राम महतारी ॥
maṁju bilocana mocati bārī, bolī dekhi rāma mahatārī.
तात सुनहु सिय अति सुकुमारी । सासु ससुर परिजनहि पिआरी ॥
tāta sunahu siya ati sukumārī, sāsu sasura parijanahi piārī.

दोहा-dohā:

पिता जनक भूपाल मनि ससुर भानुकुल भानु ।
pitā janaka bhūpāla mani sasura bhānukula bhānu,
पति रबिकुल कैरव बिपिन बिधु गुन रूप निधानु ॥५८॥
pati rabikula kairava bipina bidhu guna rūpa nidhānu. 58.

चौपाई-caupāī:

मैं पुनि पुत्रबधू प्रिय पाई । रूप रासि गुन सील सुहाई ॥
maiṁ puni putrabadhū priya pāī, rūpa rāsi guna sīla suhāī.
नयन पुतरि करि प्रीति बढ़ाई । राखेउँ प्रान जानकिहिं लाई ॥
nayana putari kari prīti baṛhāī, rākheuṁ prāna jānakihiṁ lāī.
कलपबेलि जिमि बहुबिधि लाली । सींचि सनेह सलिल प्रतिपाली ॥
kalapabeli jimi bahubidhi lālī, sīṁci saneha salila pratipālī.
फूलत फलत भयउ बिधि बामा । जानि न जाइ काह परिनामा ॥
phūlata phalata bhayau bidhi bāmā, jāni na jāi kāha parināmā.
पलँग पीठ तजि गोद हिंडोरा । सियँ न दीन्ह पगु अवनि कठोरा ॥
palaṁga pīṭha taji goda hiṁḍorā, siyaṁ na dīnha pagu avani kaṭhorā.
जिअनमूरि जिमि जोगवत रहऊँ । दीप बाति नहिं टारन कहऊँ ॥
jianamūri jimi jogavata rahaūṁ, dīpa bāti nahiṁ ṭārana kahaūṁ.
सोइ सिय चलन चहति बन साथा । आयसु काह होइ रघुनाथा ॥
soi siya calana cahati bana sāthā, āyasu kāha hoi raghunāthā.
चंद किरन रस रसिक चकोरी । रबि रुख नयन सकइ किमि जोरी ॥
caṁda kirana rasa rasika cakorī, rabi rukha nayana sakai kimi jorī.

दोहा-dohā:

करि केहरि निसिचर चरहिं दुष्ट जंतु बन भूरि ।
kari kehari nisicara carahiṁ duṣṭa jaṁtu bana bhūri,
बिष बाटिकाँ कि सोह सुत सुभग सजीवनि मूरि ॥५९॥
biṣa bāṭikāṁ ki soha suta subhaga sajīvani mūri. 59.

चौपाई-caupāī:

बन हित कोल किरात किसोरी । रचीं बिरंचि बिषय सुख भोरी ॥
bana hita kola kirāta kisorī, racīṁ biraṁci biṣaya sukha bhorī.
पाहनकृमि जिमि कठिन सुभाऊ । तिन्हहि कलेसु न कानन काऊ ॥
pāhanakṛmi jimi kaṭhina subhāū, tinhahi kalesu na kānana kāū.
कै तापस तिय कानन जोगू । जिन्ह तप हेतु तजा सब भोगू ॥
kai tāpasa tiya kānana jogū, jinha tapa hetu tajā saba bhogū.
सिय बन बसिहि तात केहि भाँती । चित्रलिखित कपि देखि डेराती ॥
siya bana basihi tāta kehi bhāṁtī, citralikhita kapi dekhi ḍerātī.
सुरसर सुभग बनज बन चारी । डाबर जोगु कि हंसकुमारी ॥
surasara subhaga banaja bana cārī, ḍābara jogu ki haṁsakumārī.
अस बिचारि जस आयसु होई । मैं सिख देउँ जानकिहि सोई ॥
asa bicāri jasa āyasu hoī, maiṁ sikha deuṁ jānakihi soī.
जौं सिय भवन रहै कह अंबा । मोहि कहँ होइ बहुत अवलंबा ॥
jauṁ siya bhavana rahai kaha aṁbā, mohi kahaṁ hoi bahuta avalaṁbā.
सुनि रघुबीर मातु प्रिय बानी । सील सनेह सुधाँ जनु सानी ॥
suni raghubīra mātu priya bānī, sīla saneha sudhāṁ janu sānī.

दोहा-dohā:

कहि प्रिय बचन बिबेकमय कीन्हि मातु परितोष ।
kahi priya bacana bibekamaya kīnhi mātu paritoṣa,
लगे प्रबोधन जानकिहि प्रगटि बिपिन गुन दोष ॥६०॥
lage prabodhana jānakihi pragaṭi bipina guna doṣa. 60.

मासपारायण चौदहवाँ विश्राम

māsapārāyaṇa caudahavāṁ viśrāma
(Pause 14 for a Thirty-Day Recitation)

चौपाई-caupāī:

मातु समीप कहत सकुचाहीं । बोले समउ समुझि मन माहीं ॥
mātu samīpa kahata sakucāhīṁ, bole samau samujhi mana māhīṁ.
राजकुमारि सिखावनु सुनहू । आन भाँति जियँ जनि कछु गुनहू ॥
rājakumāri sikhāvanu sunahū, āna bhāṁti jiyaṁ jani kachu gunahū.
आपन मोर नीक जौं चहहू । बचनु हमार मानि गृह रहहू ॥
āpana mora nīka jauṁ cahahū, bacanu hamāra māni gṛha rahahū.
आयसु मोर सासु सेवकाई । सब बिधि भामिनि भवन भलाई ॥
āyasu mora sāsu sevakāī, saba bidhi bhāmini bhavana bhalāī.
एहि ते अधिक धरमु नहिं दूजा । सादर सासु ससुर पद पूजा ॥
ehi te adhika dharamu nahiṁ dūjā, sādara sāsu sasura pada pūjā.
जब जब मातु करिहि सुधि मोरी । होइहि प्रेम बिकल मति भोरी ॥
jaba jaba mātu karihi sudhi morī, hoihi prema bikala mati bhorī.
तब तब तुम्ह कहि कथा पुरानी । सुंदरि समुझाएहु मृदु बानी ॥
taba taba tumha kahi kathā purānī, suṁdari samujhāehu mṛdu bānī.
कहउँ सुभायँ सपथ सत मोही । सुमुखि मातु हित राखउँ तोही ॥
kahauṁ subhāyaṁ sapatha sata mohī, sumukhi mātu hita rākhauṁ tohī.

दोहा-dohā:

गुर श्रुति संमत धरम फलु पाइअ बिनहिं कलेस ।
gura śruti saṁmata dharama phalu pāia binahiṁ kalesa,
हठ बस सब संकट सहे गालव नहुष नरेस ॥६१॥
haṭha basa saba saṁkaṭa sahe gālava nahuṣa naresa. 61.

चौपाई-caupāī:

मैं पुनि करि प्रवान पितु बानी । बेगि फिरब सुनु सुमुखि सयानी ॥
maiṁ puni kari pravāna pitu bānī, begi phiraba sunu sumukhi sayānī.
दिवस जात नहिं लागिहि बारा । सुंदरि सिखवनु सुनहु हमारा ॥
divasa jāta nahiṁ lāgihi bārā, suṁdari sikhavanu sunahu hamārā.
जौं हठ करहु प्रेम बस बामा । तौ तुम्ह दुखु पाउब परिनामा ॥
jauṁ haṭha karahu prema basa bāmā, tau tumha dukhu pāuba parināmā.
काननु कठिन भयंकरु भारी । घोर घामु हिम बारि बयारी ॥
kānanu kaṭhina bhayaṁkaru bhārī, ghora ghāmu hima bāri bayārī.
कुस कंटक मग काँकर नाना । चलब पयादेहिं बिनु पदत्राना ॥
kusa kaṁṭaka maga kāṁkara nānā, calaba payādehiṁ binu padatrānā.
चरन कमल मृदु मंजु तुम्हारे । मारग अगम भूमिधर भारे ॥
carana kamala mṛdu maṁju tumhāre, māraga agama bhūmidhara bhāre.
कंदर खोह नदीं नद नारे । अगम अगाध न जाहिं निहारे ॥
kaṁdara khoha nadīṁ nada nāre, agama agādha na jāhiṁ nihāre.
भालु बाघ बृक केहरि नागा । करहिं नाद सुनि धीरजु भागा ॥
bhālu bāgha bṛka kehari nāgā, karahiṁ nāda suni dhīraju bhāgā.

दोहा-dohā:

भूमि सयन बलकल बसन असनु कंद फल मूल ।
bhūmi sayana balakala basana asanu kaṁda phala mūla,
ते कि सदा सब दिन मिलहिं सबुइ समय अनुकूल ॥६२॥
te ki sadā saba dina milahiṁ sabui samaya anukūla. 62.

चौपाई-caupāī:

नर अहार रजनीचर चरहीं । कपट बेष बिधि कोटिक करहीं ॥
nara ahāra rajanīcara carahīṁ, kapaṭa beṣa bidhi koṭika karahīṁ.
लागइ अति पहार कर पानी । बिपिन बिपति नहिं जाइ बखानी ॥
lāgai ati pahāra kara pānī, bipina bipati nahiṁ jāi bakhānī.
ब्याल कराल बिहग बन घोरा । निसिचर निकर नारि नर चोरा ॥
byāla karāla bihaga bana ghorā, nisicara nikara nāri nara corā.
डरपहिं धीर गहन सुधि आएँ । मृगलोचनि तुम्ह भीरु सुभाएँ ॥
ḍarapahiṁ dhīra gahana sudhi āeṁ, mṛgalocani tumha bhīru subhāeṁ.
हंसगवनि तुम्ह नहिं बन जोगू । सुनि अपजसु मोहि देइहि लोगू ॥
haṁsagavani tumha nahiṁ bana jogū, suni apajasu mohi deihi logū.
मानस सलिल सुधाँ प्रतिपाली । जिअइ कि लवन पयोधि मराली ॥
mānasa salila sudhāṁ pratipālī, jiai ki lavana payodhi marālī.
नव रसाल बन बिहरनसीला । सोह कि कोकिल बिपिन करीला ॥
nava rasāla bana biharanasīlā, soha ki kokila bipina karīlā.
रहहु भवन अस हृदयँ बिचारी । चंदबदनि दुखु कानन भारी ॥
rahahu bhavana asa hṛdayaṁ bicārī, caṁdabadani dukhu kānana bhārī.

दोहा-dohā:

सहज सुहृद गुर स्वामि सिख जो न करइ सिर मानि ।
sahaja suhṛda suhda gura svāmi sikha jo na karai sira māni,
सो पछिताइ अघाइ उर अवसि होइ हित हानि ॥ ६३ ॥
so pachitāi aghāi ura avasi hoi hita hāni. 63.

चौपाई-caupāī:

सुनि मृदु बचन मनोहर पिय के । लोचन ललित भरे जल सिय के ॥
suni mṛdu bacana manohara piya ke, locana lalita bhare jala siya ke.
सीतल सिख दाहक भइ कैसें । चकइहि सरद चंद निसि जैसें ॥
sītala sikha dāhaka bhai kaiseṁ, cakaihi sarada caṁda nisi jaiseṁ.
उतरु न आव बिकल बैदेही । तजन चहत सुचि स्वामि सनेही ॥
utaru na āva bikala baidehī, tajana cahata suci svāmi sanehī.
बरबस रोकि बिलोचन बारी । धरि धीरजु उर अवनिकुमारी ॥
barabasa roki bilocana bārī, dhari dhīraju ura avanikumārī.
लागि सासु पग कह कर जोरी । छमबि देबि बड़ि अबिनय मोरी ॥
lāgi sāsu paga kaha kara jorī, chamabi debi baṛi abinaya morī.
दीन्हि प्रानपति मोहि सिख सोई । जेहि बिधि मोर परम हित होई ॥
dīnhi prānapati mohi sikha soī, jehi bidhi mora parama hita hoī.
मैं पुनि समुझि दीखि मन माहीं । पिय बियोग सम दुखु जग नाहीं ॥
maiṁ puni samujhi dīkhi mana māhīṁ, piya biyoga sama dukhu jaga nāhīṁ.

दोहा-dohā:

प्राननाथ करुनायतन सुंदर सुखद सुजान ।
prānanātha karunāyatana suṁdara sukhada sujāna,
तुम्ह बिनु रघुकुल कुमुद बिधु सुरपुर नरक समान ॥ ६४ ॥
tumha binu raghukula kumuda bidhu surapura naraka samāna. 64.

चौपाई-caupāī:

मातु पिता भगिनी प्रिय भाई । प्रिय परिवारु सुहृद समुदाई ॥
mātu pitā bhaginī priya bhāī, priya parivāru suhṛda samudāī.
सासु ससुर गुर सजन सहाई । सुत सुंदर सुसील सुखदाई ॥
sāsu sasura gura sajana sahāī, suta suṁdara susīla sukhadāī.
जहँ लगि नाथ नेह अरु नाते । पिय बिनु तियहि तरनिहु ते ताते ॥
jahaṁ lagi nātha neha aru nāte, piya binu tiyahi taranihu te tāte.
तनु धनु धामु धरनि पुर राजू । पति बिहीन सबु सोक समाजू ॥
tanu dhanu dhāmu dharani pura rājū, pati bihīna sabu soka samājū.
भोग रोगसम भूषन भारू । जम जातना सरिस संसारू ॥
bhoga rogasama bhūṣana bhārū, jama jātanā sarisa saṁsārū.
प्राननाथ तुम्ह बिनु जग माहीं । मो कहुँ सुखद कतहुँ कछु नाहीं ॥
prānanātha tumha binu jaga māhīṁ, mo kahuṁ sukhada katahuṁ kachu nāhīṁ.
जिय बिनु देह नदी बिनु बारी । तैसिअ नाथ पुरुष बिनु नारी ॥
jiya binu deha nadī binu bārī, taisia nātha puruṣa binu nārī.
नाथ सकल सुख साथ तुम्हारें । सरद बिमल बिधु बदनु निहारें ॥
nātha sakala sukha sātha tumhāreṁ, sarada bimala bidhu badanu nihāreṁ.

दोहा-dohā:

खग मृग परिजन नगरु बनु बलकल बिमल दुकूल ।
khaga mṛga parijana nagaru banu balakala bimala dukūla,
नाथ साथ सुरसदन सम परनसाल सुख मूल ॥ ६५ ॥
nātha sātha surasadana sama paranasāla sukha mūla. 65.

चौपाई-caupāī:

बनदेबीं बनदेव उदारा । करिहहिं सासु ससुर सम सारा ॥
banadebīṁ banadeva udārā, karihahiṁ sāsu sasura sama sārā.
कुस किसलय साथरी सुहाई । प्रभु सँग मंजु मनोज तुराई ॥
kusa kisalaya sātharī suhāī, prabhu saṁga maṁju manoja turāī.
कंद मूल फल अमिअ अहारू । अवध सौध सत सरिस पहारू ॥
kaṁda mūla phala amia ahārū, avadha saudha sata sarisa pahārū.
छिनु छिनु प्रभु पद कमल बिलोकी । रहिहउँ मुदित दिवस जिमि कोकी ॥
chinu chinu prabhu pada kamala bilokī, rahihauṁ mudita divasa jimi kokī.
बन दुख नाथ कहे बहुतेरे । भय बिषाद परिताप घनेरे ॥
bana dukha nātha kahe bahutere, bhaya biṣāda paritāpa ghanere.
प्रभु बियोग लवलेस समाना । सब मिलि होहिं न कृपानिधाना ॥
prabhu biyoga lavalesa samānā, saba mili hohiṁ na kṛpānidhānā.
अस जियँ जानि सुजान सिरोमनि । लेइअ संग मोहि छाड़िअ जनि ॥
asa jiyaṁ jāni sujāna siromani, leia saṁga mohi chāṛia jani.
बिनती बहुत करौं का स्वामी । करुनामय उर अंतरजामी ॥
binatī bahuta karauṁ kā svāmī, karunāmaya ura aṁtarajāmī.

दोहा-dohā:

राखिअ अवध जो अवधि लगि रहत न जनिअहिं प्रान ।
rākhia avadha jo avadhi lagi rahata na janiahiṁ prāna,
दीनबंधु सुंदर सुखद सील सनेह निधान ॥ ६६ ॥
dīnabaṁdhu suṁdara sukhada sīla saneha nidhāna. 66.

चौपाई-caupāī:

मोहि मग चलत न होइहि हारी । छिनु छिनु चरन सरोज निहारी ॥
mohi maga calata na hoihi hārī, chinu chinu carana saroja nihārī.
सबहि भाँति पिय सेवा करिहौं । मारग जनित सकल श्रम हरिहौं ॥
sabahi bhāṁti piya sevā karihauṁ, māraga janita sakala śrama harihauṁ.
पाय पखारि बैठि तरु छाहीं । करिहउँ बाउ मुदित मन माहीं ॥
pāya pakhāri baiṭhi taru chāhīṁ, karihauṁ bāu mudita mana māhīṁ.
श्रम कन सहित स्याम तनु देखें । कहँ दुख समउ प्रानपति पेखें ॥
śrama kana sahita syāma tanu dekheṁ, kahaṁ dukha samau prānapati pekheṁ.
सम महि तृन तरुपल्लव डासी । पाय पलोटिहि सब निसि दासी ॥
sama mahi tṛna tarupallava ḍāsī, pāya paloṭihi saba nisi dāsī.
बार बार मृदु मूरति जोही । लागिहि तात बयारि न मोही ॥
bāra bāra mṛdu mūrati johī, lāgihi tāta bayāri na mohī.
को प्रभु सँग मोहि चितवनिहारा । सिंघबधुहि जिमि ससक सिआरा ॥
ko prabhu saṁga mohi citavanihārā, siṁghabadhuhi jimi sasaka siārā.
मैं सुकुमारि नाथ बन जोगू । तुम्हहि उचित तप मो कहुँ भोगू ॥
maiṁ sukumāri nātha bana jogū, tumhahi ucita tapa mo kahuṁ bhogū.

दोहा-*dohā*:

ऐसेउ बचन कठोर सुनि जौं न हृदउ बिलगान।
aiseu bacana kaṭhora suni jauṁ na hṛdau bilagāna,
तौ प्रभु बिषम बियोग दुख सहिहहिं पावँर प्रान॥६७॥
tau prabhu biṣama biyoga dukha sahihahiṁ pāvam̐ra prāna. 67.

चौपाई-*caupāī*:

अस कहि सीय बिकल भइ भारी। बचन बियोगु न सकी सँभारी॥
asa kahi sīya bikala bhai bhārī, bacana biyogu na sakī sam̐bhārī.
देखि दसा रघुपति जियँ जाना। हठि राखें नहिं राखिहि प्राना॥
dekhi dasā raghupati jiyam̐ jānā, haṭhi rākheṁ nahiṁ rākhihi prānā.
कहेउ कृपाल भानुकुलनाथा। परिहरि सोचु चलहु बन साथा॥
kaheu kṛpāla bhānukulanāthā, parihari socu calahu bana sāthā.
नहिं बिषाद कर अवसरु आजू। बेगि करहु बन गवन समाजू॥
nahiṁ biṣāda kara avasaru ājū, begi karahu bana gavana samājū.
कहि प्रिय बचन प्रिया समुझाई। लगे मातु पद आसिष पाई॥
kahi priya bacana priyā samujhāī, lage mātu pada āsiṣa pāī.
बेगि प्रजा दुख मेटब आई। जननी निठुर बिसरि जनि जाई॥
begi prajā dukha meṭaba āī, jananī niṭhura bisari jani jāī.
फिरिहि दसा बिधि बहुरि कि मोरी। देखिहउँ नयन मनोहर जोरी॥
phirihi dasā bidhi bahuri ki morī, dekhihauṁ nayana manohara jorī.
सुदिन सुघरी तात कब होइहि। जननी जिअत बदन बिधु जोइहि॥
sudina sugharī tāta kaba hoihi, jananī jiata badana bidhu joihi.

दोहा-*dohā*:

बहुरि बच्छ कहि लालु कहि रघुपति रघुबर तात।
bahuri baccha kahi lālu kahi raghupati raghubara tāta,
कबहिं बोलाइ लगाइ हियँ हरषि निरखिहउँ गात॥६८॥
kabahiṁ bolāi lagāi hiyam̐ haraṣi nirakhihauṁ gāta. 68.

चौपाई-*caupāī*:

लखि सनेह कातरि महतारी। बचनु न आव बिकल भइ भारी॥
lakhi saneha kātari mahatārī, bacanu na āva bikala bhai bhārī.
राम प्रबोधु कीन्ह बिधि नाना। समउ सनेहु न जाइ बखाना॥
rāma prabodhu kīnha bidhi nānā, samau sanehu na jāi bakhānā.
तब जानकी सासु पग लागी। सुनिअ माय मैं परम अभागी॥
taba jānakī sāsu paga lāgī, sunia māya maiṁ parama abhāgī.
सेवा समय दैअँ बनु दीन्हा। मोर मनोरथु सफल न कीन्हा॥
sevā samaya daiam̐ banu dīnhā, mora manorathu saphala na kīnhā.
तजब छोभु जनि छाडिअ छोहू। करमु कठिन कछु दोसु न मोहू॥
tajaba chobhu jani chāḍia chohū, karamu kaṭhina kachu dosu na mohū.
सुनि सिय बचन सासु अकुलानी। दसा कवनि बिधि कहौं बखानी॥
suni siya bacana sāsu akulānī, dasā kavani bidhi kahauṁ bakhānī.
बारहिं बार लाइ उर लीन्ही। धरि धीरजु सिख आसिष दीन्ही॥
bārahiṁ bāra lāi ura līnhī, dhari dhīraju sikha āsiṣa dīnhī.
अचल होउ अहिवातु तुम्हारा। जब लगि गंग जमुन जल धारा॥
acala hou ahivātu tumhārā, jaba lagi gaṁga jamuna jala dhārā.

दोहा-*dohā*:

सीतहि सासु असीस सिख दीन्ह अनेक प्रकार।
sītahi sāsu asīsa sikha dīnha aneka prakāra,
चली नाइ पद पदुम सिरु अति हित बारहिं बार॥६९॥
calī nāi pada paduma siru ati hita bārahiṁ bāra. 69.

चौपाई-*caupāī*:

समाचार जब लछिमन पाए। ब्याकुल बिलख बदन उठि धाए॥
samācāra jaba lachimana pāe, byākula bilakha badana uṭhi dhāe.
कंप पुलक तन नयन सनीरा। गहे चरन अति प्रेम अधीरा॥
kaṁpa pulaka tana nayana sanīrā, gahe carana ati prema adhīrā.
कहि न सकत कछु चितवत ठाढ़े। मीनु दीन जनु जल तें काढ़े॥
kahi na sakata kachu citavata ṭhāṛhe, mīnu dīna janu jala teṁ kāṛhe.
सोचु हृदयँ बिधि का होनिहारा। सबु सुखु सुकृतु सिरान हमारा॥
socu hṛdayam̐ bidhi kā honihārā, sabu sukhu sukṛtu sirāna hamārā.
मो कहुँ काह कहब रघुनाथा। राखिहहिं भवन कि लेहहिं साथा॥
mo kahuṁ kāha kahaba raghunāthā, rakhihahiṁ bhavana ki lehahiṁ sāthā.
राम बिलोकि बंधु कर जोरें। देह गेह सब सन तृनु तोरें॥
rāma biloki baṁdhu kara joreṁ, deha geha saba sana tṛnu toreṁ.
बोले बचनु राम नय नागर। सील सनेह सरल सुख सागर॥
bole bacanu rāma naya nāgara, sīla saneha sarala sukha sāgara.
तात प्रेम बस जनि कदराहू। समुझि हृदयँ परिनाम उछाहू॥
tāta prema basa jani kadarāhū, samujhi hṛdayam̐ parināma uchāhū.

दोहा-*dohā*:

मातु पिता गुरु स्वामि सिख सिर धरि करहिं सुभायँ।
mātu pitā guru svāmi sikha sira dhari karahiṁ subhāyam̐,
लहेउ लाभु तिन्ह जनम कर नतरु जनमु जग जायँ॥७०॥
laheu lābhu tinha janama kara nataru janamu jaga jāyam̐. 70.

चौपाई-*caupāī*:

अस जियँ जानि सुनहु सिख भाई। करहु मातु पितु पद सेवकाई॥
asa jiyam̐ jāni sunahu sikha bhāī, karahu mātu pitu pada sevakāī.
भवन भरतु रिपुसूदनु नाहीं। राउ बृद्ध मम दुखु मन माहीं॥
bhavana bharatu ripusūdanu nāhīṁ, rāu bṛddha mama dukhu mana māhīṁ.
मैं बन जाउँ तुम्हहि लेइ साथा। होइ सबहि बिधि अवध अनाथा॥
maiṁ bana jāuṁ tumhahi lei sāthā, hoi sabahi bidhi avadha anāthā.
गुरु पितु मातु प्रजा परिवारू। सब कहुँ परइ दुसह दुख भारू॥
guru pitu mātu prajā parivārū, saba kahuṁ parai dusaha dukha bhārū.
रहहु करहु सब कर परितोषू। नतरु तात होइहि बड़ दोषू॥
rahahu karahu saba kara paritoṣū, nataru tāta hoihi baṛa doṣū.
जासु राज प्रिय प्रजा दुखारी। सो नृपु अवसि नरक अधिकारी॥
jāsu rāja priya prajā dukhārī, so nṛpu avasi naraka adhikārī.
रहहु तात असि नीति बिचारी। सुनत लखनु भए ब्याकुल भारी॥
rahahu tāta asi nīti bicārī, sunata lakhanu bhae byākula bhārī.
सिअरें बचन सूखि गए कैसें। परसत तुहिन तामरसु जैसें॥
siareṁ bacana sūkhi gae kaiseṁ, parasata tuhina tāmarasu jaiseṁ.

दोहा-*dohā*:

उतरु न आवत प्रेम बस गहे चरन अकुलाइ।
utaru na āvata prema basa gahe carana akulāi,
नाथ दासु मैं स्वामि तुम्ह तजहु त काह बसाइ॥७१॥
nātha dāsu maiṁ svāmi tumha tajahu ta kāha basāi. 71.

चौपाई-*caupāī*:

दीन्हि मोहि सिख नीकि गोसाईं। लागि अगम अपनी कदराईं॥
dīnhi mohi sikha nīki gosāīṁ, lāgi agama apanī kadarāīṁ.
नरबर धीर धरम धुर धारी। निगम नीति कहुँ ते अधिकारी॥
narabara dhīra dharama dhura dhārī, nigama nīti kahuṁ te adhikārī.
मैं सिसु प्रभु सनेहँ प्रतिपाला। मंदरु मेरु कि लेहिं मराला॥
maiṁ sisu prabhu saneham̐ pratipālā, maṁdaru meru ki lehiṁ marālā.
गुर पितु मातु न जानउँ काहू। कहउँ सुभाउ नाथ पतिआहू॥
gura pitu mātu na jānauṁ kāhū, kahauṁ subhāu nātha patiāhū.
जहँ लगि जगत सनेह सगाई। प्रीति प्रतीति निगम निजु गाई॥
jaham̐ lagi jagata saneha sagāī, prīti pratīti nigama niju gāī.

मोरे सबइ एक तुम्ह स्वामी । दीनबंधु उर अंतरजामी ॥
more sabai eka tumha svāmī, dīnabaṁdhu ura aṁtarajāmī.
धरम नीति उपदेसिअ ताही । कीरति भूति सुगति प्रिय जाही ॥
dharama nīti upadesia tāhī, kīrati bhūti sugati priya jāhī.
मन क्रम बचन चरन रत होई । कृपासिंधु परिहरिअ कि सोई ॥
mana krama bacana carana rata hoī, kṛpāsiṁdhu pariharia ki soī.

दोहा-dohā:

करुनासिंधु सुबंधु के सुनि मृदु बचन बिनीत ।
karunāsiṁdhu subaṁdhu ke suni mṛdu bacana binīta,
समुझाए उर लाइ प्रभु जानि सनेहँ सभीत ॥७२॥
samujhāe ura lāi prabhu jāni sanehaṁ sabhīta. 72.

चौपाई-caupāī:

मागहु बिदा मातु सन जाई । आवहु बेगि चलहु बन भाई ॥
māgahu bidā mātu sana jāī, āvahu begi calahu bana bhāī.
मुदित भए सुनि रघुबर बानी । भयउ लाभ बड़ गइ बड़ि हानी ॥
mudita bhae suni raghubara bānī, bhayau lābha baṛa gai baṛi hānī.
हरषित हृदयँ मातु पहिं आए । मनहुँ अंध फिरि लोचन पाए ॥
haraṣita hṛdayaṁ mātu pahiṁ āe, manahuṁ aṁdha phiri locana pāe.
जाइ जननि पग नायउ माथा । मनु रघुनंदन जानकि साथा ॥
jāi janani paga nāyau māthā, manu raghunaṁdana jānaki sāthā.
पूँछे मातु मलिन मन देखी । लखन कही सब कथा बिसेषी ॥
pūṁche mātu malina mana dekhī, lakhana kahī saba kathā biseṣī.
गई सहमि सुनि बचन कठोरा । मृगी देखि दव जनु चहु ओरा ॥
gaī sahami suni bacana kaṭhorā, mṛgī dekhi dava janu cahu orā.
लखन लखेउ भा अनरथ आजू । एहिं सनेह बस करब अकाजू ॥
lakhana lakheu bhā anaratha ājū, ehiṁ saneha basa karaba akājū.
मागत बिदा सभय सकुचाहीं । जाइ संग बिधि कहिहि कि नाहीं ॥
māgata bidā sabhaya sakucāhīṁ, jāi saṁga bidhi kahihi ki nāhīṁ.

दोहा-dohā:

समुझि सुमित्राँ राम सिय रूपु सुसीलु सुभाउ ।
samujhi sumitrāṁ rāma siya rūpu susīlu subhāu,
नृप सनेहु लखि धुनेउ सिरु पापिनि दीन्ह कुदाउ ॥७३॥
nṛpa sanehu lakhi dhuneu siru pāpini dīnha kudāu. 73.

चौपाई-caupāī:

धीरजु धरेउ कुअवसर जानी । सहज सुहृद बोली मृदु बानी ॥
dhīraju dhareu kuavasara jānī, sahaja suhṛda bolī mṛdu bānī.
तात तुम्हारि मातु बैदेही । पिता रामु सब भाँति सनेही ॥
tāta tumhāri mātu baidehī, pitā rāmu saba bhāṁti sanehī.
अवध तहाँ जहँ राम निवासू । तहँइँ दिवसु जहँ भानु प्रकासू ॥
avadha tahāṁ jahaṁ rāma nivāsū, tahaṁiṁ divasu jahaṁ bhānu prakāsū.
जौं पै सीय रामु बन जाहीं । अवध तुम्हार काजु कछु नाहीं ॥
jauṁ pai sīya rāmu bana jāhīṁ, avadha tumhāra kāju kachu nāhīṁ.
गुर पितु मातु बंधु सुर साईं । सेइअहिं सकल प्रान की नाईं ॥
gura pitu mātu baṁdhu sura sāīṁ, seiahiṁ sakala prāna kī nāīṁ.
रामु प्रानप्रिय जीवन जी के । स्वारथ रहित सखा सबही के ॥
rāmu prānapriya jīvana jī ke, svāratha rahita sakhā sabahī ke.
पूजनीय प्रिय परम जहाँ तें । सब मानिअहिं राम के नातें ॥
pūjanīya priya parama jahāṁ teṁ, saba māniahiṁ rāma ke nāteṁ.
अस जियँ जानि संग बन जाहू । लेहु तात जग जीवन लाहू ॥
asa jiyaṁ jāni saṁga bana jāhū, lehu tāta jaga jīvana lāhū.

दोहा-dohā:

भूरि भाग भाजनु भयहु मोहि समेत बलि जाउँ ।
bhūri bhāga bhājanu bhayahu mohi sameta bali jāuṁ,
जौं तुम्हरें मन छाड़ि छलु कीन्ह राम पद ठाउँ ॥७४॥
jauṁ tumhareṁ mana chāṛi chalu kīnha rāma pada ṭhāuṁ. 74.

चौपाई-caupāī:

पुत्रवती जुबती जग सोई । रघुपति भगतु जासु सुतु होई ॥
putravatī jubatī jaga soī, raghupati bhagatu jāsu sutu hoī.
नतरु बाँझ भलि बादि बिआनी । राम बिमुख सुत तें हित जानी ॥
nataru bāṁjha bhali bādi biānī, rāma bimukha suta teṁ hita jānī.
तुम्हरेहिं भाग रामु बन जाहीं । दूसर हेतु तात कछु नाहीं ॥
tumharehiṁ bhāga rāmu bana jāhīṁ, dūsara hetu tāta kachu nāhīṁ.
सकल सुकृत कर बड़ फलु एहू । राम सीय पद सहज सनेहू ॥
sakala sukṛta kara baṛa phalu ehū, rāma sīya pada sahaja sanehū.
राग रोषु इरिषा मदु मोहू । जनि सपनेहुँ इन्ह के बस होहू ॥
rāga roṣu iriṣā madu mohū, jani sapanehuṁ inha ke basa hohū.
सकल प्रकार बिकार बिहाई । मन क्रम बचन करेहु सेवकाई ॥
sakala prakāra bikāra bihāī, mana krama bacana karehu sevakāī.
तुम्ह कहुँ बन सब भाँति सुपासू । सँग पितु मातु रामु सिय जासू ॥
tumha kahuṁ bana saba bhāṁti supāsū, saṁga pitu mātu rāmu siya jāsū.
जेहिं न रामु बन लहहिं कलेसू । सुत सोइ करेहु इहइ उपदेसू ॥
jehiṁ na rāmu bana lahahiṁ kalesū, suta soi karehu ihai upadesū.

छंद-chaṁda:

उपदेसु यहु जेहिं तात तुम्हरे राम सिय सुख पावहीं ।
upadesu yahu jehiṁ tāta tumhare rāma siya sukha pāvahīṁ,
पितु मातु प्रिय परिवार पुर सुख सुरति बन बिसरावहीं ॥
pitu mātu priya parivāra pura sukha surati bana bisarāvahīṁ,
तुलसी प्रभुहि सिख देइ आयसु दीन्ह पुनि आसिष दई ।
tulasī prabhuhi sikha dei āyasu dīnha puni āsiṣa daī,
रति होउ अबिरल अमल सिय रघुबीर पद नित नित नई ॥
rati hou abirala amala siya raghubīra pada nita nita naī.

सोरठा-soraṭhā:

मातु चरन सिरु नाइ चले तुरत संकित हृदयँ ।
mātu carana siru nāi cale turata saṁkita hṛdayaṁ,
बागुर बिषम तोराइ मनहुँ भाग मृगु भाग बस ॥७५॥
bāgura biṣama torāi manahuṁ bhāga mṛgu bhāga basa. 75.

चौपाई-caupāī:

गए लखनु जहँ जानकिनाथू । भे मन मुदित पाइ प्रिय साथू ॥
gae lakhanu jahaṁ jānakināthū, bhe mana mudita pāi priya sāthū.
बंदि राम सिय चरन सुहाए । चले संग नृपमंदिर आए ॥
baṁdi rāma siya carana suhāe, cale saṁga nṛpamaṁdira āe.
कहहिं परसपर पुर नर नारी । भलि बनाइ बिधि बात बिगारी ॥
kahahiṁ parasapara pura nara nārī, bhali banāi bidhi bāta bigārī.
तन कृस मन दुखु बदन मलीने । बिकल मनहुँ माखी मधु छीने ॥
tana kṛsa mana dukhu badana malīne, bikala manahuṁ mākhī madhu chīne.
कर मीजहिं सिरु धुनि पछिताहीं । जनु बिन पंख बिहग अकुलाहीं ॥
kara mījahiṁ siru dhuni pachitāhīṁ, janu bina paṁkha bihaga akulāhīṁ.
भइ बड़ि भीर भूप दरबारा । बरनि न जाइ बिषादु अपारा ॥
bhai baṛi bhīra bhūpa darabārā, barani na jāi biṣādu apārā.
सचिवँ उठाइ राउ बैठारे । कहि प्रिय बचन रामु पगु धारे ॥
sacivaṁ uṭhāi rāu baiṭhāre, kahi priya bacana rāmu pagu dhāre.
सिय समेत दोउ तनय निहारी । ब्याकुल भयउ भूमिपति भारी ॥

siya sameta dou tanaya nihārī, byākula bhayau bhūmipati bhārī.

दोहा-dohā:

सीय सहित सुत सुभग दोउ देखि देखि अकुलाइ ।
sīya sahita suta subhaga dou dekhi dekhi akulāi,
बारहिं बार सनेह बस राउ लेइ उर लाइ ॥७६॥
bārahiṁ bāra saneha basa rāu lei ura lāi. 76.

चौपाई-caupāī:

सकइ न बोलि बिकल नरनाहू । सोक जनित उर दारुन दाहू ॥
sakai na boli bikala naranāhū, soka janita ura dāruna dāhū.
नाइ सीसु पद अति अनुरागा । उठि रघुबीर बिदा तब मागा ॥
nāi sīsu pada ati anurāgā, uṭhi raghubīra bidā taba māgā.
पितु असीस आयसु मोहि दीजै । हरष समय बिसमउ कत कीजै ॥
pitu asīsa āyasu mohi dījai, haraṣa samaya bisamau kata kījai.
तात किएँ प्रिय प्रेम प्रमादू । जसु जग जाइ होइ अपबादू ॥
tāta kieṁ priya prema pramādū, jasu jaga jāi hoi apabādū.
सुनि सनेह बस उठि नरनाहाँ । बैठारे रघुपति गहि बाहाँ ॥
suni saneha basa uṭhi naranāhāṁ, baiṭhāre raghupati gahi bāhāṁ.
सुनहु तात तुम्ह कहुँ मुनि कहहीं । रामु चराचर नायक अहहीं ॥
sunahu tāta tumha kahuṁ muni kahahīṁ, rāmu carācara nāyaka ahahīṁ.
सुभ अरु असुभ करम अनुहारी । ईसु देइ फलु हृदयँ बिचारी ॥
subha aru asubha karama anuhārī, īsu dei phalu hṛdayaṁ bicārī.
करइ जो करम पाव फल सोई । निगम नीति असि कह सबु कोई ॥
karai jo karama pāva phala soī, nigama nīti asi kaha sabu koī.

दोहा-dohā:

औरु करै अपराधु कोउ और पाव फल भोगु ।
auru karai aparādhu kou aura pāva phala bhogu,
अति बिचित्र भगवंत गति को जग जानै जोगु ॥७७॥
ati bicitra bhagavaṁta gati ko jaga jānai jogu. 77.

चौपाई-caupāī:

रायँ राम राखन हित लागी । बहुत उपाय किए छलु त्यागी ॥
rāyaṁ rāma rākhana hita lāgī, bahuta upāya kie chalu tyāgī.
लखी राम रुख रहत न जाने । धरम धुरंधर धीर सयाने ॥
lakhī rāma rukha rahata na jāne, dharama dhuraṁdhara dhīra sayāne.
तब नृप सीय लाइ उर लीन्ही । अति हित बहुत भाँति सिख दीन्ही ॥
taba nṛpa sīya lāi ura līnhī, ati hita bahuta bhāṁti sikha dīnhī.
कहि बन के दुख दुसह सुनाए । सासु ससुर पितु सुख समुझाए ॥
kahi bana ke dukha dusaha sunāe, sāsu sasura pitu sukha samujhāe.
सिय मनु राम चरन अनुरागा । घरु न सुगमु बनु बिषमु न लागा ॥
siya manu rāma carana anurāgā, gharu na sugamu banu biṣamu na lāgā.
औरउ सबहिं सीय समुझाई । कहि कहि बिपिन बिपति अधिकाई ॥
aurau sabahiṁ sīya samujhāī, kahi kahi bipina bipati adhikāī.
सचिव नारि गुर नारि सयानी । सहित सनेह कहहिं मृदु बानी ॥
saciva nāri gura nāri sayānī, sahita saneha kahahiṁ mṛdu bānī.
तुम्ह कहुँ तौ न दीन्ह बनबासू । करहु जो कहहिं ससुर गुर सासू ॥
tumha kahuṁ tau na dīnha banabāsū, karahu jo kahahiṁ sasura gura sāsū.

दोहा-dohā:

सिख सीतलि हित मधुर मृदु सुनि सीतहि न सोहानि ।
sikha sītali hita madhura mṛdu suni sītahi na sohāni,
सरद चंद चंदिनि लगत जनु चकई अकुलानि ॥७८॥
sarada caṁda caṁdini lagata janu cakaī akulāni. 78.

चौपाई-caupāī:

सीय सकुच बस उतरु न देई । सो सुनि तमकि उठी कैकेई ॥
sīya sakuca basa utaru na deī, so suni tamaki uṭhī kaikeī.
मुनि पट भूषन भाजन आनी । आगें धरि बोली मृदु बानी ॥
muni paṭa bhūṣana bhājana ānī, āgeṁ dhari bolī mṛdu bānī.
नृपहि प्रानप्रिय तुम्ह रघुबीरा । सील सनेह न छाड़िहि भीरा ॥
nṛpahi prānapriya tumha raghubīrā, sīla saneha na chāṛihi bhīrā.
सुकृतु सुजसु परलोकु नसाऊ । तुम्हहि जान बन कहिहि न काऊ ॥
sukṛtu sujasu paraloku nasāū, tumhahi jāna bana kahihi na kāū.
अस बिचारि सोइ करहु जो भावा । राम जननि सिख सुनि सुखु पावा ॥
asa bicāri soi karahu jo bhāvā, rāma janani sikha suni sukhu pāvā.
भूपहि बचन बानसम लागे । करहिं न प्रान पयान अभागे ॥
bhūpahi bacana bānasama lāge, karahiṁ na prāna payāna abhāge.
लोग बिकल मुरुछित नरनाहू । काह करिअ कछु सूझ न काहू ॥
loga bikala muruchita naranāhū, kāha karia kachu sūjha na kāhū.
रामु तुरत मुनि बेषु बनाई । चले जनक जननिहि सिरु नाई ॥
rāmu turata muni beṣu banāī, cale janaka jananihi siru nāī.

दोहा-dohā:

सजि बन साजु समाजु सबु बनिता बंधु समेत ।
saji bana sāju samāju sabu banitā baṁdhu sameta,
बंदि बिप्र गुर चरन प्रभु चले करि सबहि अचेत ॥७९॥
baṁdi bipra gura carana prabhu cale kari sabahi aceta. 79.

चौपाई-caupāī:

निकसि बसिष्ठ द्वार भए ठाढ़े । देखे लोग बिरह दव दाढ़े ॥
nikasi basiṣṭha dvāra bhae ṭhāṛhe, dekhe loga biraha dava dāṛhe.
कहि प्रिय बचन सकल समुझाए । बिप्र बृंद रघुबीर बोलाए ॥
kahi priya bacana sakala samujhāe, bipra bṛṁda raghubīra bolāe.
गुर सन कहि बरषासन दीन्हे । आदर दान बिनय बस कीन्हे ॥
gura sana kahi baraṣāsana dīnhe, ādara dāna binaya basa kīnhe.
जाचक दान मान संतोषे । मीत पुनीत प्रेम परितोषे ॥
jācaka dāna māna saṁtoṣe, mīta punīta prema paritoṣe.
दासीं दास बोलाइ बहोरी । गुरहि सौंपि बोले कर जोरी ॥
dāsīṁ dāsa bolāi bahorī, gurahi sauṁpi bole kara jorī.
सब कै सार सँभार गोसाईं । करबि जनक जननी की नाईं ॥
saba kai sāra saṁbhāra gosāīṁ, karabi janaka jananī kī nāīṁ.
बारहिं बार जोरि जुग पानी । कहत रामु सब सन मृदु बानी ॥
bārahiṁ bāra jori juga pānī, kahata rāmu saba sana mṛdu bānī.
सोइ सब भाँति मोर हितकारी । जेहि तें रहै भुआल सुखारी ॥
soi saba bhāṁti mora hitakārī, jehi teṁ rahai bhuāla sukhārī.

दोहा-dohā:

मातु सकल मोरे बिरहँ जेहिं न होहिं दुख दीन ।
mātu sakala more birahaṁ jehiṁ na hohiṁ dukha dīna,
सोइ उपाउ तुम्ह करेहु सब पुर जन परम प्रबीन ॥८०॥
soi upāu tumha karehu saba pura jana parama prabīna. 80.

चौपाई-caupāī:

एहि बिधि राम सबहि समुझावा । गुर पद पदुम हरषि सिरु नावा ॥
ehi bidhi rāma sabahi samujhāvā, gura pada paduma haraṣi siru nāvā.
गनपती गौरि गिरीसु मनाई । चले असीस पाइ रघुराई ॥
ganapatī gauri girīsu manāī, cale asīsa pāi raghurāī.
राम चलत अति भयउ बिषादू । सुनि न जाइ पुर आरत नादू ॥
rāma calata ati bhayau biṣādū, suni na jāi pura ārata nādū.
कुसगुन लंक अवध अति सोकू । हरष बिषाद बिबस सुरलोकू ॥
kusaguna laṁka avadha ati sokū, haraṣa biṣāda bibasa suralokū.
गइ मुरुछा तब भूपति जागे । बोलि सुमंत्रु कहन अस लागे ॥
gai muruchā taba bhūpati jāge, boli sumaṁtru kahana asa lāge.

रामु चले बन प्रान न जाहीं । केहि सुख लागि रहत तन माहीं ॥
rāmu cale bana prāna na jāhīṁ, kehi sukha lāgi rahata tana māhīṁ.
एहि तें कवन ब्यथा बलवाना । जो दुखु पाइ तजहिं तनु प्राना ॥
ehi teṁ kavana byathā balavānā, jo dukhu pāi tajahiṁ tanu prānā.
पुनि धरि धीर कहइ नरनाहू । लै रथु संग सखा तुम्ह जाहू ॥
puni dhari dhīra kahai naranāhū, lai rathu saṁga sakhā tumha jāhū.

दोहा-dohā:

सुठि सुकुमार कुमार दोउ जनकसुता सुकुमारि ।
suṭhi sukumāra kumāra dou janakasutā sukumāri,
रथ चढ़ाइ देखराइ बनु फिरेहु गएँ दिन चारि ॥८१॥
ratha caṛhāi dekharāi banu phirehu gaem̐ dina cāri. 81.

चौपाई-caupāī:

जौं नहिं फिरहिं धीर दोउ भाई । सत्यसंध दृढ़ब्रत रघुराई ॥
jauṁ nahiṁ phirahiṁ dhīra dou bhāī, satyasaṁdha dṛṛhabrata raghurāī.
तौ तुम्ह बिनय करेहु कर जोरी । फेरिअ प्रभु मिथिलेसकिसोरी ॥
tau tumha binaya karehu kara jorī, pheria prabhu mithilesakisorī.
जब सिय कानन देखि डेराई । कहेहु मोरि सिख अवसरु पाई ॥
jaba siya kānana dekhi ḍerāī, kahehu mori sikha avasaru pāī.
सासु ससुर अस कहेउ सँदेसू । पुत्रि फिरिअ बन बहुत कलेसू ॥
sāsu sasura asa kaheu sam̐desū, putri phiria bana bahuta kalesū.
पितुगृह कबहुँ कबहुँ ससुरारी । रहेहु जहाँ रुचि होइ तुम्हारी ॥
pitugṛha kabahum̐ kabahum̐ sasurārī, rahehu jahām̐ ruci hoi tumhārī.
एहि बिधि करेहु उपाय कदंबा । फिरइ त होइ प्रान अवलंबा ॥
ehi bidhi karehu upāya kadaṁbā, phirai ta hoi prāna avalaṁbā.
नाहिं त मोर मरनु परिनामा । कछु न बसाइ भएँ बिधि बामा ॥
nāhiṁ ta mora maranu parināmā, kachu na basāi bhaem̐ bidhi bāmā.
अस कहि मुरुछि परा महि राऊ । रामु लखनु सिय आनि देखाऊ ॥
asa kahi muruchi parā mahi rāū, rāmu lakhanu siya āni dekhāū.

दोहा-dohā:

पाइ रजायसु नाइ सिरु रथु अति बेग बनाइ ।
pāi rajāyasu nāi siru rathu ati bega banāi,
गयउ जहाँ बाहेर नगर सीय सहित दोउ भाइ ॥८२॥
gayau jahām̐ bāhera nagara sīya sahita dou bhāi. 82.

चौपाई-caupāī:

तब सुमंत्र नृप बचन सुनाए । करि बिनती रथ रामु चढ़ाए ॥
taba sumaṁtra nṛpa bacana sunāe, kari binatī ratha rāmu caṛhāe.
चढ़ि रथ सीय सहित दोउ भाई । चले हृदयँ अवधहि सिरु नाई ॥
caṛhi ratha sīya sahita dou bhāī, cale hṛdayam̐ avadhahi siru nāī.
चलत रामु लखि अवध अनाथा । बिकल लोग सब लागे साथा ॥
calata rāmu lakhi avadha anāthā, bikala loga saba lāge sāthā.
कृपासिंधु बहुबिधि समुझावहिं । फिरहिं प्रेम बस पुनि फिरि आवहिं ॥
kṛpāsiṁdhu bahubidhi samujhāvahiṁ, phirahiṁ prema basa puni phiri āvahiṁ.
लागति अवध भयावनि भारी । मानहुँ कालराति अँधिआरी ॥
lāgati avadha bhayāvani bhārī, mānahum̐ kālarāti am̐dhiārī.
घोर जंतु सम पुर नर नारी । डरपहिं एकहि एक निहारी ॥
ghora jaṁtu sama pura nara nārī, ḍarapahiṁ ekahi eka nihārī.
घर मसान परिजन जनु भूता । सुत हित मीत मनहुँ जमदूता ॥
ghara masāna parijana janu bhūtā, suta hita mīta manahum̐ jamadūtā.
बागन्ह बिटप बेलि कुम्हिलाहीं । सरित सरोवर देखि न जाहीं ॥
bāganha biṭapa beli kumhilāhīṁ, sarita sarovara dekhi na jāhīṁ.

दोहा-dohā:

हय गय कोटिन्ह केलिमृग पुरपसु चातक मोर ।
haya gaya koṭinha kelimṛga purapasu cātaka mora,
पिक रथांग सुक सारिका सारस हंस चकोर ॥८३॥
pika rathāṁga suka sārikā sārasa haṁsa cakora. 83.

चौपाई-caupāī:

राम बियोग बिकल सब ठाढ़े । जहँ तहँ मनहुँ चित्र लिखि काढ़े ॥
rāma biyoga bikala saba ṭhāṛhe, jaham̐ taham̐ manahum̐ citra likhi kāṛhe.
नगरु सफल बनु गहबर भारी । खग मृग बिपुल सकल नर नारी ॥
nagaru saphala banu gahabara bhārī, khaga mṛga bipula sakala nara nārī.
बिधि कैकई किरातिनि कीन्ही । जेहिं दव दुसह दसहुँ दिसि दीन्ही ॥
bidhi kaikaī kirātini kīnhī, jehiṁ dava dusaha dasahum̐ disi dīnhī.
सहि न सके रघुबर बिरहागी । चले लोग सब ब्याकुल भागी ॥
sahi na sake raghubara birahāgī, cale loga saba byākula bhāgī.
सबहिं बिचारु कीन्ह मन माहीं । राम लखन सिय बिनु सुखु नाहीं ॥
sabahiṁ bicāru kīnha mana māhīṁ, rāma lakhana siya binu sukhu nāhīṁ.
जहाँ रामु तहँ सबुइ समाजू । बिनु रघुबीर अवध नहिं काजू ॥
jahām̐ rāmu taham̐ sabui samājū, binu raghubīra avadha nahiṁ kājū.
चले साथ अस मंत्रु दृढ़ाई । सुर दुर्लभ सुख सदन बिहाई ॥
cale sātha asa maṁtru dṛṛhāī, sura durlabha sukha sadana bihāī.
राम चरन पंकज प्रिय जिन्हही । बिषय भोग बस करहिं कि तिन्हही ॥
rāma carana paṁkaja priya jinhahī, biṣaya bhoga basa karahiṁ ki tinhahī.

दोहा-dohā:

बालक बृद्ध बिहाइ गृहँ लगे लोग सब साथ ।
bālaka bṛddha bihāi gṛham̐ lage loga saba sātha,
तमसा तीर निवासु किय प्रथम दिवस रघुनाथ ॥८४॥
tamasā tīra nivāsu kiya prathama divasa raghunātha. 84.

चौपाई-caupāī:

रघुपति प्रजा प्रेमबस देखी । सदय हृदयँ दुखु भयउ बिसेषी ॥
raghupati prajā premabasa dekhī, sadaya hṛdayam̐ dukhu bhayau biseṣī.
करुनामय रघुनाथ गोसाँई । बेगि पाइअहिं पीर पराई ॥
karunāmaya raghunātha gosām̐ī, begi pāiahiṁ pīra parāī.
कहि सप्रेम मृदु बचन सुहाए । बहुबिधि राम लोग समुझाए ॥
kahi saprema mṛdu bacana suhāe, bahubidhi rāma loga samujhāe.
किए धरम उपदेस घनेरे । लोग प्रेम बस फिरहिं न फेरे ॥
kie dharama upadesa ghanere, loga prema basa phirahiṁ na phere.
सीलु सनेहु छाड़ि नहिं जाई । असमंजस बस भे रघुराई ॥
sīlu sanehu chāṛi nahiṁ jāī, asamaṁjasa basa bhe raghurāī.
लोग सोग श्रम बस गए सोई । कछुक देवमायाँ मति मोई ॥
loga soga śrama basa gae soī, kachuka devamāyām̐ mati moī.
जबहिं जाम जुग जामिनि बीती । राम सचिव सन कहेउ सप्रीती ॥
jabahiṁ jāma juga jāmini bītī, rāma saciva sana kaheu saprītī.
खोज मारि रथु हाँकहु ताता । आन उपायँ बनिहि नहिं बाता ॥
khoja māri rathu hām̐kahu tātā, āna upāyam̐ banihi nahiṁ bātā.

दोहा-dohā:

राम लखन सिय जान चढ़ि संभु चरन सिरु नाइ ।
rāma lakhana siya jāna caṛhi saṁbhu carana siru nāi,
सचिवँ चलायउ तुरत रथु इत उत खोज दुराइ ॥८५॥
sacivam̐ calāyau turata rathu ita uta khoja durāi. 85.

चौपाई-caupāī:

जागे सकल लोग भएँ भोरू । गे रघुनाथ भयउ अति सोरू ॥
jāge sakala loga bhaem̐ bhorū, ge raghunātha bhayau ati sorū.

रथ कर खोज कतहुँ नहिं पावहिं । राम राम कहि चहुँ दिसि धावहिं ॥
ratha kara khoja katahuṁ nahiṁ pāvahiṁ, rāma rāma kahi cahuṁ disi dhāvahiṁ.
मनहुँ बारिनिधि बूड़ जहाजू । भयउ बिकल बड़ बनिक समाजू ॥
manahuṁ bārinidhi būṛa jahājū, bhayau bikala baṛa banika samājū.
एकहि एक देहिं उपदेसू । तजे राम हम जानि कलेसू ॥
ekahi eka dehiṁ upadesū, taje rāma hama jāni kalesū.
निंदहिं आपु सराहहिं मीना । धिग जीवनु रघुबीर बिहीना ॥
niṁdahiṁ āpu sarāhahiṁ mīnā, dhiga jīvanu raghubīra bihīnā.
जौं पै प्रिय बियोगु बिधि कीन्हा । तौ कस मरनु न मागें दीन्हा ॥
jauṁ pai priya biyogu bidhi kīnhā, tau kasa maranu na māgeṁ dīnhā.
एहि बिधि करत प्रलाप कलापा । आए अवध भरे परितापा ॥
ehi bidhi karata pralāpa kalāpā, āe avadha bhare paritāpā.
बिषम बियोगु न जाइ बखाना । अवधि आस सब राखहिं प्राना ॥
biṣama biyogu na jāi bakhānā, avadhi āsa saba rākhahiṁ prānā.

दोहा-dohā:

राम दरस हित नेम ब्रत लगे करन नर नारि ।
rāma darasa hita nema brata lage karana nara nāri,
मनहुँ कोक कोकी कमल दीन बिहीन तमारि ॥८६॥
manahuṁ koka kokī kamala dīna bihīna tamāri. 86.

चौपाई-caupāī:

सीता सचिव सहित दोउ भाई । सृंगबेरपुर पहुँचे जाई ॥
sītā saciva sahita dou bhāī, sṛṁgaberapura pahuṁce jāī.
उतरे राम देवसरि देखी । कीन्ह दंडवत हरषु बिसेषी ॥
utare rāma devasari dekhī, kīnha daṁḍavata haraṣu biseṣī.
लखन सचिवँ सियँ किए प्रनामा । सबहि सहित सुखु पायउ रामा ॥
lakhana sacivaṁ siyaṁ kie pranāmā, sabahi sahita sukhu pāyau rāmā.
गंग सकल मुद मंगल मूला । सब सुख करनि हरनि सब सूला ॥
gaṁga sakala muda maṁgala mūlā, saba sukha karani harani saba sūlā.
कहि कहि कोटिक कथा प्रसंगा । रामु बिलोकहिं गंग तरंगा ॥
kahi kahi koṭika kathā prasaṁgā, rāmu bilokahiṁ gaṁga taraṁgā.
सचिवहि अनुजहि प्रियहि सुनाई । बिबुध नदी महिमा अधिकाई ॥
sacivahi anujahi priyahi sunāī, bibudha nadī mahimā adhikāī.
मज्जनु कीन्ह पंथ श्रम गयऊ । सुचि जलु पिअत मुदित मन भयऊ ॥
majjanu kīnha paṁtha śrama gayaū, suci jalu piata mudita mana bhayaū.
सुमिरत जाहि मिटइ श्रम भारू । तेहि श्रम यह लौकिक ब्यवहारू ॥
sumirata jāhi miṭai śrama bhārū, tehi śrama yaha laukika byavahārū.

दोहा-dohā:

सुद्ध सचिदानंदमय कंद भानुकुल केतु ।
suddha sacidānaṁdamaya kaṁda bhānukula ketu,
चरित करत नर अनुहरत संसृति सागर सेतु ॥८७॥
carita karata nara anuharata saṁsṛti sāgara setu. 87.

चौपाई-caupāī:

यह सुधि गुहँ निषाद जब पाई । मुदित लिए प्रिय बंधु बोलाई ॥
yaha sudhi guhaṁ niṣāda jaba pāī, mudita lie priya baṁdhu bolāī.
लिए फल मूल भेंट भरि भारा । मिलन चलेउ हियँ हरषु अपारा ॥
lie phala mūla bheṁṭa bhari bhārā, milana caleu hiyaṁ haraṣu apārā.
करि दंडवत भेंट धरि आगें । प्रभुहि बिलोकत अति अनुरागें ॥
kari daṁḍavata bheṁṭa dhari āgeṁ, prabhuhi bilokata ati anurāgeṁ.
सहज सनेह बिबस रघुराई । पूँछी कुसल निकट बैठाई ॥
sahaja saneha bibasa raghurāī, pūṁchī kusala nikaṭa baiṭhāī.
नाथ कुसल पद पंकज देखें । भयउँ भागभाजन जन लेखें ॥
nātha kusala pada paṁkaja dekheṁ, bhayauṁ bhāgabhājana jana lekheṁ.

देव धरनि धनु धामु तुम्हारा । मैं जनु नीचु सहित परिवारा ॥
deva dharani dhanu dhāmu tumhārā, maiṁ janu nīcu sahita parivārā.
कृपा करिअ पुर धारिअ पाऊ । थापिय जनु सबु लोगु सिहाऊ ॥
kṛpā karia pura dhāria pāū, thāpiya janu sabu logu sihāū.
कहेहु सत्य सबु सखा सुजाना । मोहि दीन्ह पितु आयसु आना ॥
kahehu satya sabu sakhā sujānā, mohi dīnha pitu āyasu ānā.

दोहा-dohā:

बरष चारिदस बासु बन मुनि ब्रत बेषु अहारु ।
baraṣa cāridasa bāsu bana muni brata beṣu ahāru,
ग्राम बासु नहिं उचित सुनि गुहहि भयउ दुखु भारु ॥८८॥
grāma bāsu nahiṁ ucita suni guhahi bhayau dukhu bhāru. 88.

चौपाई-caupāī:

राम लखन सिय रूप निहारी । कहहिं सप्रेम ग्राम नर नारी ॥
rāma lakhana siya rūpa nihārī, kahahiṁ saprema grāma nara nārī.
ते पितु मातु कहहु सखि कैसे । जिन्ह पठए बन बालक ऐसे ॥
te pitu mātu kahahu sakhi kaise, jinha paṭhae bana bālaka aise.
एक कहहिं भल भूपति कीन्हा । लोयन लाहु हमहि बिधि दीन्हा ॥
eka kahahiṁ bhala bhūpati kīnhā, loyana lāhu hamahi bidhi dīnhā.
तब निषादपति उर अनुमाना । तरु सिंसुपा मनोहर जाना ॥
taba niṣādapati ura anumānā, taru siṁsupā manohara jānā.
लै रघुनाथहि ठाउँ देखावा । कहेउ राम सब भाँति सुहावा ॥
lai raghunāthahi ṭhāuṁ dekhāvā, kaheu rāma saba bhāṁti suhāvā.
पुरजन करि जोहारु घर आए । रघुबर संध्या करन सिधाए ॥
purajana kari johāru ghara āe, raghubara saṁdhyā karana sidhāe.
गुहँ सँवारि साँथरी डसाई । कुस किसलयमय मृदुल सुहाई ॥
guhaṁ saṁvāri sāṁtharī ḍasāī, kusa kisalayamaya mṛdula suhāī.
सुचि फल मूल मधुर मृदु जानी । दोना भरि भरि राखेसि पानी ॥
suci phala mūla madhura mṛdu jānī, donā bhari bhari rākhesi pānī.

दोहा-dohā:

सिय सुमंत्र भ्राता सहित कंद मूल फल खाइ ।
siya sumaṁtra bhrātā sahita kaṁda mūla phala khāi,
सयन कीन्ह रघुबंसमनि पाय पलोटत भाइ ॥८९॥
sayana kīnha raghubaṁsamani pāya paloṭata bhāi. 89.

चौपाई-caupāī:

उठे लखनु प्रभु सोवत जानी । कहि सचिवहि सोवन मृदु बानी ॥
uṭhe lakhanu prabhu sovata jānī, kahi sacivahi sovana mṛdu bānī.
कछुक दूरि सजि बान सरासन । जागन लगे बैठि बीरासन ॥
kachuka dūri saji bāna sarāsana, jāgana lage baiṭhi bīrāsana.
गुँह बोलाइ पाहरू प्रतीती । ठावँ ठावँ राखे अति प्रीती ॥
guṁha bolāi pāharū pratītī, ṭhāvaṁ ṭhāvaṁ rākhe ati prītī.
आपु लखन पहिं बैठेउ जाई । कटि भाथी सर चाप चढ़ाई ॥
āpu lakhana pahiṁ baiṭheu jāī, kaṭi bhāthī sara cāpa caṛhāī.
सोवत प्रभुहि निहारि निषादू । भयउ प्रेम बस हृदयँ बिषादू ॥
sovata prabhuhi nihāri niṣādū, bhayau prema basa hṛdayaṁ biṣādū.
तनु पुलकित जलु लोचन बहई । बचन सप्रेम लखन सन कहई ॥
tanu pulakita jalu locana bahaī, bacana saprema lakhana sana kahaī.
भूपति भवन सुभायँ सुहावा । सुरपति सदनु न पटतर पावा ॥
bhūpati bhavana subhāyaṁ suhāvā, surapati sadanu na paṭatara pāvā.
मनिमय रचित चारु चौबारे । जनु रतिपति निज हाथ सँवारे ॥
manimaya racita cāru caubāre, janu ratipati nija hātha saṁvāre.

दोहा-dohā:

सुचि सुबिचित्र सुभोगमय सुमन सुगंध सुबास ।
suci subicitra subhogamaya sumana sugaṁdha subāsa,
पलँग मंजु मनिदीप जहँ सब बिधि सकल सुपास ॥९०॥
palaṁga maṁju manidīpa jahaṁ saba bidhi sakala supāsa. 90.

चौपाई-caupāī:

बिबिध बसन उपधान तुराईं । छीर फेन मृदु बिसद सुहाईं ॥
bibidha basana upadhāna turāīṁ, chīra phena mṛdu bisada suhāīṁ.
तहँ सिय रामु सयन निसि करहीं । निज छबि रति मनोज मदु हरहीं ॥
tahaṁ siya rāmu sayana nisi karahīṁ, nija chabi rati manoja madu harahīṁ.
ते सिय रामु साथरीं सोए । श्रमित बसन बिनु जाहिं न जोए ॥
te siya rāmu sātharīṁ soe, śramita basana binu jāhiṁ na joe.
मातु पिता परिजन पुरबासी । सखा सुसील दास अरु दासी ॥
mātu pitā parijana purabāsī, sakhā susīla dāsa aru dāsī.
जोगवहिं जिन्हहि प्रान की नाईं । महि सोवत तेइ राम गोसाईं ॥
jogavahiṁ jinhahi prāna kī nāīṁ, mahi sovata tei rāma gosāīṁ.
पिता जनक जग बिदित प्रभाऊ । ससुर सुरेस सखा रघुराऊ ॥
pitā janaka jaga bidita prabhāū, sasura suresa sakhā raghurāū.
रामचंदु पति सो बैदेही । सोवत महि बिधि बाम न केही ॥
rāmacaṁdu pati so baidehī, sovata mahi bidhi bāma na kehī.
सिय रघुबीर कि कानन जोगू । करम प्रधान सत्य कह लोगू ॥
siya raghubīra ki kānana jogū, karama pradhāna satya kaha logū.

दोहा-dohā:

कैकयनंदिनि मंदमति कठिन कुटिलपनु कीन्ह ।
kaikayanaṁdini maṁdamati kaṭhina kuṭilapanu kīnha,
जेहिं रघुनंदन जानकिहि सुख अवसर दुखु दीन्ह ॥९१॥
jehiṁ raghunaṁdana jānakihi sukha avasara dukhu dīnha. 91.

चौपाई-caupāī:

भइ दिनकर कुल बिटप कुठारी । कुमति कीन्ह सब बिस्व दुखारी ॥
bhai dinakara kula biṭapa kuṭhārī, kumati kīnha saba bisva dukhārī.
भयउ बिषादु निषादहि भारी । राम सीय महि सयन निहारी ॥
bhayau biṣādu niṣādahi bhārī, rāma sīya mahi sayana nihārī.
बोले लखन मधुर मृदु बानी । ग्यान बिराग भगति रस सानी ॥
bole lakhana madhura mṛdu bānī, gyāna birāga bhagati rasa sānī.
काहु न कोउ सुख दुख कर दाता । निज कृत करम भोग सबु भ्राता ॥
kāhu na kou sukha dukha kara dātā, nija kṛta karama bhoga sabu bhrātā.
जोग बियोग भोग भल मंदा । हित अनहित मध्यम भ्रम फंदा ॥
joga biyoga bhoga bhala maṁdā, hita anahita madhyama bhrama phaṁdā.
जनमु मरनु जहँ लगि जग जालू । संपती बिपति करमु अरु कालू ॥
janamu maranu jahaṁ lagi jaga jālū, saṁpatī bipati karamu aru kālū.
धरनि धामु धनु पुर परिवारू । सरगु नरकु जहँ लगि ब्यवहारू ॥
dharani dhāmu dhanu pura parivārū, saragu naraku jahaṁ lagi byavahārū.
देखिअ सुनिअ गुनिअ मन माहीं । मोह मूल परमारथु नाहीं ॥
dekhia sunia gunia mana māhīṁ, moha mūla paramārathu nāhīṁ.

दोहा-dohā:

सपनें होइ भिखारि नृपु रंकु नाकपति होइ ।
sapaneṁ hoi bhikhāri nṛpu raṁku nākapati hoi,
जागें लाभु न हानि कछु तिमि प्रपंच जियँ जोइ ॥९२॥
jāgeṁ lābhu na hāni kachu timi prapaṁca jiyaṁ joi. 92.

चौपाई-caupāī:

अस बिचारि नहिं कीजिअ रोसू । काहुहि बादि न देइअ दोसू ॥
asa bicāri nahiṁ kījaa rosū, kāhuhi bādi na deia dosū.
मोह निसाँ सबु सोवनिहारा । देखिअ सपन अनेक प्रकारा ॥
moha nisāṁ sabu sovanihārā, dekhia sapana aneka prakārā.
एहिं जग जामिनि जागहिं जोगी । परमारथी प्रपंच बियोगी ॥
ehiṁ jaga jāmini jāgahiṁ jogī, paramārathī prapaṁca biyogī.
जानिअ तबहिं जीव जग जागा । जब जब बिषय बिलास बिरागा ॥
jānia tabahiṁ jīva jaga jāgā, jaba jaba biṣaya bilāsa birāgā.
होइ बिबेकु मोह भ्रम भागा । तब रघुनाथ चरन अनुरागा ॥
hoi bibeku moha bhrama bhāgā, taba raghunātha carana anurāgā.
सखा परम परमारथु एहू । मन क्रम बचन राम पद नेहू ॥
sakhā parama paramārathu ehū, mana krama bacana rāma pada nehū.
राम ब्रह्म परमारथ रूपा । अबिगत अलख अनादि अनूपा ॥
rāma brahma paramāratha rūpā, abigata alakha anādi anūpā.
सकल बिकार रहित गतभेदा । कहि नित नेति निरूपहिं बेदा ॥
sakala bikāra rahita gatabhedā, kahi nita neti nirūpahiṁ bedā.

दोहा-dohā:

भगत भूमि भूसुर सुरभि सुर हित लागि कृपाल ।
bhagata bhūmi bhūsura surabhi sura hita lāgi kṛpāla,
करत चरित धरि मनुज तनु सुनत मिटहिं जग जाल ॥९३॥
karata carita dhari manuja tanu sunata miṭahiṁ jaga jāla. 93.

मासपारायण पंद्रहवा विश्राम
māsapārāyaṇa paṁdrahavā viśrāma
(Pause 15 for a Thirty-Day Recitation)

चौपाई-caupāī:

सखा समुझि अस परिहरि मोहू । सिय रघुबीर चरन रत होहू ॥
sakhā samujhi asa parihari mohū, siya raghubīra carana rata hohū.
कहत राम गुन भा भिनुसारा । जागे जग मंगल सुखदारा ॥
kahata rāma guna bhā bhinusārā, jāge jaga maṁgala sukhadārā.
सकल सौच करि राम नहावा । सुचि सुजान बट छीर मगावा ॥
sakala sauca kari rāma nahāvā, suci sujāna baṭa chīra magāvā.
अनुज सहित सिर जटा बनाए । देखि सुमंत्र नयन जल छाए ॥
anuja sahita sira jaṭā banāe, dekhi sumaṁtra nayana jala chāe.
हृदयँ दाहु अति बदन मलीना । कह कर जोरि बचन अति दीना ॥
hṛdayaṁ dāhu ati badana malīnā, kaha kara jori bacana ati dīnā.
नाथ कहेउ अस कोसलनाथा । लै रथु जाहु राम कें साथा ॥
nātha kaheu asa kosalanāthā, lai rathu jāhu rāma keṁ sāthā.
बनु देखाइ सुरसरि अन्हवाई । आनेहु फेरि बेगि दोउ भाई ॥
banu dekhāi surasari anhavāī, ānehu pheri begi dou bhāī.
लखनु रामु सिय आनेहु फेरी । संसय सकल सँकोच निबेरी ॥
lakhanu rāmu siya ānehu pherī, saṁsaya sakala saṁkoca niberī.

दोहा-dohā:

नृप अस कहेउ गोसाइँ जस कहइ करौं बलि सोइ ।
nṛpa asa kaheu gosāiṁ jasa kahai karauṁ bali soi,
करि बिनती पायन्ह परेउ दीन्ह बाल जिमि रोइ ॥९४॥
kari binatī pāyanha pareu dīnha bāla jimi roi. 94.

चौपाई-caupāī:

तात कृपा करि कीजिअ सोई । जातें अवध अनाथ न होई ॥
tāta kṛpā kari kījia soī, jāteṁ avadha anātha na hoī.
मंत्रिहि राम उठाइ प्रबोधा । तात धरम मतु तुम्ह सबु सोधा ॥
maṁtrihi rāma uṭhāi prabodhā, tāta dharama matu tumha sabu sodhā.
सिबि दधीच हरिचंद नरेसा । सहे धरम हित कोटि कलेसा ॥
sibi dadhīca haricaṁda naresā, sahe dharama hita koṭi kalesā.
रंतिदेव बलि भूप सुजाना । धरमु धरेउ सहि संकट नाना ॥
raṁtideva bali bhūpa sujānā, dharamu dhareu sahi saṁkaṭa nānā.

धरमु न दूसर सत्य समाना । आगम निगम पुरान बखाना ॥
dharamu na dūsara satya samānā, āgama nigama purāna bakhānā.
मैं सोइ धरमु सुलभ करि पावा । तजें तिहूँ पुर अपजसु छावा ॥
maiṁ soi dharamu sulabha kari pāvā, tajeṁ tihūm̐ pura apajasu chāvā.
संभावित कहुँ अपजस लाहू । मरन कोटि सम दारुन दाहू ॥
saṁbhāvita kahuṁ apajasa lāhū, marana koṭi sama dāruna dāhū.
तुम्ह सन तात बहुत का कहऊँ । दिएँ उतरु फिरि पातकु लहऊँ ॥
tumha sana tāta bahuta kā kahaūm̐, diem̐ utaru phiri pātaku lahaūm̐.

दोहा-dohā:

पितु पद गहि कहि कोटि नति बिनय करब कर जोरि ।
pitu pada gahi kahi koṭi nati binaya karaba kara jori,
चिंता कवनिहु बात कै तात करिअ जनि मोरि ॥९५॥
ciṁtā kavanihu bāta kai tāta karia jani mori. 95.

चौपाई-caupāī:

तुम्ह पुनि पितु सम अति हित मोरें । बिनती करउँ तात कर जोरें ॥
tumha puni pitu sama ati hita moreṁ, binatī karaum̐ tāta kara joreṁ.
सब बिधि सोइ करतब्य तुम्हारें । दुख न पाव पितु सोच हमारें ॥
saba bidhi soi karatabya tumhāreṁ, dukha na pāva pitu soca hamāreṁ.
सुनि रघुनाथ सचिव संबादू । भयउ सपरिजन बिकल निषादू ॥
suni raghunātha saciva saṁbādū, bhayau saparijana bikala niṣādū.
पुनि कछु लखन कही कटु बानी । प्रभु बरजे बड़ अनुचित जानी ॥
puni kachu lakhana kahī kaṭu bānī, prabhu baraje baṛa anucita jānī.
सकुचि राम निज सपथ देवाई । लखन सँदेसु कहिअ जनि जाई ॥
sakuci rāma nija sapatha devāī, lakhana sam̐desu kahia jani jāī.
कह सुमंत्रु पुनि भूप सँदेसू । सहि न सकिहि सिय बिपिन कलेसू ॥
kaha sumaṁtru puni bhūpa sam̐desū, sahi na sakihi siya bipina kalesū.
जेहि बिधि अवध आव फिरि सीया । सोइ रघुबरहि तुम्हहि करनीया ॥
jehi bidhi avadha āva phiri sīyā, soi raghubarahi tumhahi karanīyā.
नतरु निपट अवलंब बिहीना । मैं न जिअब जिमि जल बिनु मीना ॥
nataru nipaṭa avalaṁba bihīnā, maiṁ na jiaba jimi jala binu mīnā.

दोहा-dohā:

मइकें ससुरें सकल सुख जबहिं जहाँ मनु मान ।
maikeṁ sasureṁ sakala sukha jabahiṁ jahām̐ manu māna,
तँह तब रहिहि सुखेन सिय जब लगि बिपति बिहान ॥९६॥
tam̐ha taba rahihi sukhena siya jaba lagi bipati bihāna. 96.

चौपाई-caupāī:

बिनती भूप कीन्ह जेहि भाँती । आरति प्रीति न सो कहि जाती ॥
binatī bhūpa kīnha jehi bhām̐tī, ārati prīti na so kahi jātī.
पितु सँदेसु सुनि कृपानिधाना । सियहि दीन्ह सिख कोटि बिधाना ॥
pitu sam̐desu suni kṛpānidhānā, siyahi dīnha sikha koṭi bidhānā.
सासु ससुर गुर प्रिय परिवारू । फिरहु त सब कर मिटै खभारू ॥
sāsu sasura gura priya parivārū, phirahu ta saba kara miṭai khabhārū.
सुनि पति बचन कहति बैदेही । सुनहु प्रानपति परम सनेही ॥
suni pati bacana kahati baidehī, sunahu prānapati parama sanehī.
प्रभु करुनामय परम बिबेकी । तनु तजि रहति छाँह किमि छेंकी ॥
prabhu karunāmaya parama bibekī, tanu taji rahati chām̐ha kimi cheṁkī.
प्रभा जाइ कहँ भानु बिहाई । कहँ चंद्रिका चंदु तजि जाई ॥
prabhā jāi kaham̐ bhānu bihāī, kaham̐ caṁdrikā caṁdu taji jāī.
पतिहि प्रेममय बिनय सुनाई । कहति सचिव सन गिरा सुहाई ॥
patihi premamaya binaya sunāī, kahati saciva sana girā suhāī.
तुम्ह पितु ससुर सरिस हितकारी । उतरु देउँ फिरि अनुचित भारी ॥
tumha pitu sasura sarisa hitakārī, utaru deum̐ phiri anucita bhārī.

दोहा-dohā:

आरति बस सनमुख भइउँ बिलगु न मानब तात ।
ārati basa sanamukha bhaium̐ bilagu na mānaba tāta,
आरजसुत पद कमल बिनु बादि जहाँ लगि नात ॥९७॥
ārajasuta pada kamala binu bādi jahām̐ lagi nāta. 97.

चौपाई-caupāī:

पितु बैभव बिलास मैं डीठा । नृप मनि मुकुट मिलित पद पीठा ॥
pitu baibhava bilāsa maiṁ ḍīṭhā, nṛpa mani mukuṭa milita pada pīṭhā.
सुखनिधान अस पितु गृह मोरें । पिय बिहीन मन भाव न भोरें ॥
sukhanidhāna asa pitu gṛha moreṁ, piya bihīna mana bhāva na bhoreṁ.
ससुर चक्कवइ कोसलराऊ । भुवन चारिदस प्रगट प्रभाऊ ॥
sasura cakkavai kosalarāū, bhuvana cāridasa pragaṭa prabhāū.
आगें होइ जेहि सुरपति लेई । अरध सिंघासन आसनु देई ॥
āgeṁ hoi jehi surapati leī, aradha siṁghāsana āsanu deī.
ससुर एतादृस अवध निवासू । प्रिय परिवारु मातु सम सासू ॥
sasura etādṛsa avadha nivāsū, priya parivāru mātu sama sāsū.
बिनु रघुपति पद पदुम परागा । मोहि केउ सपनेहुँ सुखद न लागा ॥
binu raghupati pada paduma parāgā, mohi keu sapanehum̐ sukhada na lāgā.
अगम पंथ बनभूमि पहारा । करि केहरि सर सरित अपारा ॥
agama paṁtha banabhūmi pahārā, kari kehari sara sarita apārā.
कोल किरात कुरंग बिहंगा । मोहि सब सुखद प्रानपति संगा ॥
kola kirāta kuraṁga bihaṁgā, mohi saba sukhada prānapati saṁgā.

दोहा-dohā:

सासु ससुर सन मोरि हुँति बिनय करबि परि पायँ ।
sāsu sasura sana mori hum̐ti binaya karabi pari pāyam̐,
मोर सोचु जनि करिअ कछु मैं बन सुखी सुभायँ ॥९८॥
mora socu jani karia kachu maiṁ bana sukhī subhāyam̐. 98.

चौपाई-caupāī:

प्राननाथ प्रिय देवर साथा । बीर धुरीन धरें धनु भाथा ॥
prānanātha priya devara sāthā, bīra dhurīna dhareṁ dhanu bhāthā.
नहिं मग श्रमु भ्रमु दुख मन मोरें । मोहि लगि सोचु करिअ जनि भोरें ॥
nahiṁ maga śramu bhramu dukha mana moreṁ, mohi lagi socu karia jani bhoreṁ.
सुनि सुमंत्रु सिय सीतलि बानी । भयउ बिकल जनु फनि मनि हानी ॥
suni sumaṁtru siya sītali bānī, bhayau bikala janu phani mani hānī.
नयन सूझ नहिं सुनइ न काना । कहि न सकइ कछु अति अकुलाना ॥
nayana sūjha nahiṁ sunai na kānā, kahi na sakai kachu ati akulānā.
राम प्रबोधु कीन्ह बहु भाँती । तदपि होति नहिं सीतलि छाती ॥
rāma prabodhu kīnha bahu bhām̐tī, tadapi hoti nahiṁ sītali chātī.
जतन अनेक साथ हित कीन्हे । उचित उतर रघुनंदन दीन्हे ॥
jatana aneka sātha hita kīnhe, ucita utara raghunaṁdana dīnhe.
मेटि जाइ नहिं राम रजाई । कठिन करम गति कछु न बसाई ॥
meṭi jāi nahiṁ rāma rajāī, kaṭhina karama gati kachu na basāī.
राम लखन सिय पद सिरु नाई । फिरेउ बनिक जिमि मूर गवाँई ॥
rāma lakhana siya pada siru nāī, phireu banika jimi mūra gavām̐ī.

दोहा-dohā:

रथु हाँकेउ हय राम तन हेरि हेरि हिहिनाहिं ।
rathu hām̐keu haya rāma tana heri heri hihināhiṁ,
देखि निषाद बिषादबस धुनहिं सीस पछिताहिं ॥९९॥
dekhi niṣāda biṣādabasa dhunahiṁ sīsa pachitāhiṁ. 99.

चौपाई-caupāī:

जासु बियोग बिकल पसु ऐसें । प्रजा मातु पितु जिइहहिं कैसें ॥
jāsu biyoga bikala pasu aiseṁ, prajā mātu pitu jiihahiṁ kaiseṁ.

बरबस राम सुमंत्रु पठाए । सुरसरि तीर आपु तब आए ॥
barabasa rāma sumaṁtru paṭhāe, surasari tīra āpu taba āe.
मागी नाव न केवटु आना । कहइ तुम्हार मरमु मैं जाना ॥
māgī nāva na kevaṭu ānā, kahai tumhāra maramu maiṁ jānā.
चरन कमल रज कहुँ सबु कहई । मानुष करनि मूरि कछु अहई ॥
carana kamala raja kahuṁ sabu kahaī, mānuṣa karani mūri kachu ahaī.
छुअत सिला भइ नारि सुहाई । पाहन तें न काठ कठिनाई ॥
chuata silā bhai nāri suhāī, pāhana teṁ na kāṭha kaṭhināī.
तरनिउ मुनि घरिनी होइ जाई । बाट परइ मोरि नाव उड़ाई ॥
taraniu muni gharinī hoi jāī, bāṭa parai mori nāva uṛāī.
एहिं प्रतिपालउँ सबु परिवारू । नहिं जानउँ कछु अउर कबारू ॥
ehiṁ pratipālauṁ sabu parivārū, nahiṁ jānauṁ kachu aura kabārū.
जौं प्रभु पार अवसि गा चहहू । मोहि पद पदुम पखारन कहहू ॥
jauṁ prabhu pāra avasi gā cahahū, mohi pada paduma pakhārana kahahū.

छंद-chaṁda:

पद कमल धोइ चढ़ाइ नाव न नाथ उतराई चहौं ।
pada kamala dhoi caṛhāi nāva na nātha utarāī cahauṁ,
मोहि राम राउरि आन दसरथ सपथ सब साची कहौं ॥
mohi rāma rāuri āna dasaratha sapatha saba sācī kahauṁ.
बरु तीर मारहुँ लखनु पै जब लगि न पाय पखारिहौं ।
baru tīra mārahuṁ lakhanu pai jaba lagi na pāya pakhārihauṁ,
तब लगि न तुलसीदास नाथ कृपाल पारु उतारिहौं ॥
taba lagi na tulasīdāsa nātha kṛpāla pāru utārihauṁ.

सोरठा-sorathā:

सुनि केवट के बैन प्रेम लपेटे अटपटे ।
suni kevaṭa ke baina prema lapeṭe aṭapaṭe,
बिहसे करुनाऐन चितइ जानकी लखन तन ॥१००॥
bihase karunāaina citai jānakī lakhana tana. 100.

चौपाई-caupāī:

कृपासिंधु बोले मुसुकाई । सोइ करु जेहिं तव नाव न जाई ॥
kṛpāsiṁdhu bole musukāī, soi karu jehiṁ tava nāva na jāī.
बेगि आनु जल पाय पखारू । होत बिलंबु उतारहि पारू ॥
begi ānu jala pāya pakhārū, hota bilaṁbu utārahi pārū.
जासु नाम सुमिरत एक बारा । उतरहिं नर भवसिंधु अपारा ॥
jāsu nāma sumirata eka bārā, utarahiṁ nara bhavasiṁdhu apārā.
सोइ कृपालु केवटहि निहोरा । जेहिं जगु किय तिहु पगहु ते थोरा ॥
soi kṛpālu kevaṭahi nihorā, jehiṁ jagu kiya tihu pagahu te thorā.
पद नख निरखि देवसरि हरषी । सुनि प्रभु बचन मोहँ मति करषी ॥
pada nakha nirakhi devasari haraṣī, suni prabhu bacana mohaṁ mati karaṣī.
केवट राम रजायसु पावा । पानि कठवता भरि लेइ आवा ॥
kevaṭa rāma rajāyasu pāvā, pāni kaṭhavatā bhari lei āvā.
अति आनंद उमगि अनुरागा । चरन सरोज पखारन लागा ॥
ati ānaṁda umagi anurāgā, carana saroja pakhārana lāgā.
बरषि सुमन सुर सकल सिहाहीं । एहि सम पुन्यपुंज कोउ नाहीं ॥
baraṣi sumana sura sakala sihāhiṁ, ehi sama punyapuṁja kou nāhiṁ.

दोहा-dohā:

पद पखारि जलु पान करि आपु सहित परिवार ।
pada pakhāri jalu pāna kari āpu sahita parivāra,
पितर पारु करि प्रभुहि पुनि मुदित गयउ लेइ पार ॥१०१॥
pitara pāru kari prabhuhi puni mudita gayau lei pāra. 101.

चौपाई-caupāī:

उतरि ठाड़ भए सुरसरि रेता । सीय रामु गुह लखन समेता ॥
utari ṭhāṛa bhae surasari retā, sīya rāmu guha lakhana sametā.
केवट उतरि दंडवत कीन्हा । प्रभुहि सकुच एहि नहिं कछु दीन्हा ॥
kevaṭa utari daṁḍavata kīnhā, prabhuhi sakuca ehi nahiṁ kachu dīnhā.
पिय हिय की सिय जाननिहारी । मनि मुदरी मन मुदित उतारी ॥
piya hiya kī siya jānanihārī, mani mudarī mana mudita utārī.
कहेउ कृपाल लेहि उतराई । केवट चरन गहे अकुलाई ॥
kaheu kṛpāla lehi utarāī, kevaṭa carana gahe akulāī.
नाथ आजु मैं काह न पावा । मिटे दोष दुख दारिद दावा ॥
nātha āju maiṁ kāha na pāvā, miṭe doṣa dukha dārida dāvā.
बहुत काल मैं कीन्हि मजूरी । आजु दीन्ह बिधि बनि भलि भूरी ॥
bahuta kāla maiṁ kīnhi majūrī, āju dīnha bidhi bani bhali bhūrī.
अब कछु नाथ न चाहिअ मोरें । दीनदयाल अनुग्रह तोरें ॥
aba kachu nātha na cāhia moreṁ, dīnadayāla anugraha toreṁ.
फिरती बार मोहि जो देबा । सो प्रसादु मैं सिर धरि लेबा ॥
phiratī bāra mohi jo debā, so prasādu maiṁ sira dhari lebā.

दोहा-dohā:

बहुत कीन्ह प्रभु लखन सियँ नहिं कछु केवटु लेइ ।
bahuta kīnha prabhu lakhana siyaṁ nahiṁ kachu kevaṭu lei,
बिदा कीन्ह करुनायतन भगति बिमल बरु देइ ॥१०२॥
bidā kīnha karunāyatana bhagati bimala baru dei. 102.

चौपाई-caupāī:

तब मज्जनु करि रघुकुलनाथा । पूजि पारथिव नायउ माथा ॥
taba majjanu kari raghukulanāthā, pūji pārathiva nāyau māthā.
सियँ सुरसरिहि कहेउ कर जोरी । मातु मनोरथ पुरउबि मोरी ॥
siyaṁ surasarihi kaheu kara jorī, mātu manoratha puraubi morī.
पति देवर संग कुसल बहोरी । आइ करौं जेहिं पूजा तोरी ॥
pati devara saṁga kusala bahorī, āi karauṁ jehiṁ pūjā torī.
सुनि सिय बिनय प्रेम रस सानी । भइ तब बिमल बारि बर बानी ॥
suni siya binaya prema rasa sānī, bhai taba bimala bāri bara bānī.
सुनु रघुबीर प्रिया बैदेही । तव प्रभाउ जग बिदित न केही ॥
sunu raghubīra priyā baidehī, tava prabhāu jaga bidita na kehī.
लोकप होहिं बिलोकत तोरें । तोहि सेवहिं सब सिधि कर जोरें ॥
lokapa hohiṁ bilokata toreṁ, tohi sevahiṁ saba sidhi kara joreṁ.
तुम्ह जो हमहि बड़ि बिनय सुनाई । कृपा कीन्हि मोहि दीन्हि बड़ाई ॥
tumha jo hamahi baṛi binaya sunāī, kṛpā kīnhi mohi dīnhi baṛāī.
तदपि देबि मैं देबि असीसा । सफल होन हित निज बागीसा ॥
tadapi debi maiṁ debi asīsā, saphala hona hita nija bāgīsā.

दोहा-dohā:

प्राननाथ देवर सहित कुसल कोसला आइ ।
prānanātha devara sahita kusala kosalā āi,
पूजिहि सब मनकामना सुजसु रहिहि जग छाइ ॥१०३॥
pūjihi saba manakāmanā sujasu rahihi jaga chāi. 103.

चौपाई-caupāī:

गंग बचन सुनि मंगल मूला । मुदित सीय सुरसरि अनुकूला ॥
gaṁga bacana suni maṁgala mūlā, mudita sīya surasari anukūlā.
तब प्रभु गुहहि कहेउ घर जाहू । सुनत सूख मुखु भा उर दाहू ॥
taba prabhu guhahi kaheu ghara jāhū, sunata sūkha mukhu bhā ura dāhū.
दीन बचन गुह कह कर जोरी । बिनय सुनहु रघुकुलमनि मोरी ॥
dīna bacana guha kaha kara jorī, binaya sunahu raghukulamani morī.
नाथ साथ रहि पंथु देखाई । करि दिन चारि चरन सेवकाई ॥
nātha sātha rahi paṁthu dekhāī, kari dina cāri carana sevakāī.
जेहिं बन जाइ रहब रघुराई । परनकुटी मैं करबि सुहाई ॥
jehiṁ bana jāi rahaba raghurāī, paranakuṭī maiṁ karabi suhāī.

तब मोहि कहँ जसि देब रजाई । सोइ करिहउँ रघुबीर दोहाई ॥
taba mohi kahaṁ jasi deba rajāī, soi karihauṁ raghubīra dohāī.
सहज सनेह राम लखि तासू । संग लीन्ह गुह हृदयँ हुलासू ॥
sahaja saneha rāma lakhi tāsū, saṁga līnha guha hṛdayaṁ hulāsū.
पुनि गुहँ ग्याति बोलि सब लीन्हे । करि परितोषु बिदा तब कीन्हे ॥
puni guhaṁ gyāti boli saba līnhe, kari paritoṣu bidā taba kīnhe.

दोहा-dohā:

तब गनपति सिव सुमिरि प्रभु नाइ सुरसरिहि माथ ।
taba ganapati siva sumiri prabhu nāi surasarihi mātha,
सखा अनुज सिय सहित बन गवनु कीन्ह रघुनाथ ॥१०४॥
sakhā anuja siya sahita bana gavanu kīnha radhunātha. 104.

चौपाई-caupāī:

तेहि दिन भयउ बिटप तर बासू । लखन सखाँ सब कीन्ह सुपासू ॥
tehi dina bhayau biṭapa tara bāsū, lakhana sakhāṁ saba kīnha supāsū.
प्रात प्रातकृत करि रघुराई । तीरथराजु दीख प्रभु जाई ॥
prāta prātakṛta kari raghurāī, tīratharāju dīkha prabhu jāī.
सचिव सत्य श्रद्धा प्रिय नारी । माधव सरिस मीतु हितकारी ॥
saciva satya śraddhā priya nārī, mādhava sarisa mītu hitakārī.
चारि पदारथ भरा भँडारु । पुन्य प्रदेस देस अति चारु ॥
cāri padāratha bharā bhaṁḍāru, punya pradesa desa ati cāru.
छेत्रु अगम गढ़ु गाढ़ सुहावा । सपनेहुँ नहिं प्रतिपच्छिन्ह पावा ॥
chetru agama gaṛhu gāṛha suhāvā, sapanehuṁ nahiṁ pratipacchinha pāvā.
सेन सकल तीरथ बर बीरा । कलुष अनीक दलन रनधीरा ॥
sena sakala tīratha bara bīrā, kaluṣa anīka dalana ranadhīrā.
संगमु सिंहासनु सुठि सोहा । छत्रु अखयबटु मुनि मनु मोहा ॥
saṁgamu siṁhāsanu suṭhi sohā, chatru akhayabaṭu muni manu mohā.
चवँर जमुन अरु गंग तरंगा । देखि होहिं दुख दारिद भंगा ॥
cavaṁra jamuna aru gaṁga taraṁgā, dekhi hohiṁ dukha dārida bhaṁgā.

दोहा-dohā:

सेवहिं सुकृति साधु सुचि पावहिं सब मनकाम ।
sevahiṁ sukṛti sādhu suci pāvahiṁ saba manakāma,
बंदी बेद पुरान गन कहहिं बिमल गुन ग्राम ॥१०५॥
baṁdī beda purāna gana kahahiṁ bimala guna grāma. 105.

चौपाई-caupāī:

को कहि सकइ प्रयाग प्रभाऊ । कलुष पुंज कुंजर मृगराऊ ॥
ko kahi sakai prayāga prabhāū, kaluṣa puṁja kuṁjara mṛgarāū.
अस तीरथपति देखि सुहावा । सुख सागर रघुबर सुखु पावा ॥
asa tīrathapati dekhi suhāvā, sukha sāgara raghubara sukhu pāvā.
कहि सिय लखनहि सखहि सुनाई । श्रीमुख तीरथराज बड़ाई ॥
kahi siya lakhanahi sakhahi sunāī, śrīmukha tīratharāja baṛāī.
करि प्रनामु देखत बन बागा । कहत महातम अति अनुरागा ॥
kari pranāmu dekhata bana bāgā, kahata mahātama ati anurāgā.
एहि बिधि आइ बिलोकी बेनी । सुमिरत सकल सुमंगल देनी ॥
ehi bidhi āi bilokī benī, sumirata sakala sumaṁgala denī.
मुदित नहाइ कीन्हि सिव सेवा । पूजि जथाबिधि तीरथ देवा ॥
mudita nahāi kīnhi siva sevā, pūji jathābidhi tīratha devā.
तब प्रभु भरद्वाज पहिं आए । करत दंडवत मुनि उर लाए ॥
taba prabhu bharadvāja pahiṁ āe, karata daṁḍavata muni ura lāe.
मुनि मन मोद न कछु कहि जाई । ब्रह्मानंद रासि जनु पाई ॥
muni mana moda na kachu kahi jāī, brahmānaṁda rāsi janu pāī.

दोहा-dohā:

दीन्हि असीस मुनीस उर अति अनंदु अस जानि ।
dīnhi asīsa munīsa ura ati anaṁdu asa jāni,
लोचन गोचर सुकृत फल मनहुँ किए बिधि आनि ॥१०६॥
locana gocara sukṛta phala manahuṁ kie bidhi āni. 106.

चौपाई-caupāī:

कुसल प्रस्न करि आसन दीन्हे । पूजि प्रेम परिपूरन कीन्हे ॥
kusala prasna kari āsana dīnhe, pūji prema paripūrana kīnhe.
कंद मूल फल अंकुर नीके । दिए आनि मुनि मनहुँ अमी के ॥
kaṁda mūla phala aṁkura nīke, die āni muni manahuṁ amī ke.
सीय लखन जन सहित सुहाए । अति रुचि राम मूल फल खाए ॥
sīya lakhana jana sahita suhāe, ati ruci rāma mūla phala khāe.
भए बिगतश्रम रामु सुखारे । भरद्वाज मृदु बचन उचारे ॥
bhae bigataśrama rāmu sukhāre, bharadvāja mṛdu bacana ucāre.
आजु सुफल तपु तीरथ त्यागू । आजु सुफल जप जोग बिरागू ॥
āju suphala tapu tīratha tyāgū, āju suphala japa joga birāgū.
सफल सकल सुभ साधन साजू । राम तुम्हहि अवलोकत आजू ॥
saphala sakala subha sādhana sājū, rāma tumhahi avalokata ājū.
लाभ अवधि सुख अवधि न दूजी । तुम्हरें दरस आस सब पूजी ॥
lābha avadhi sukha avadhi na dūjī, tumhareṁ darasa āsa saba pūjī.
अब करि कृपा देहु बर एहू । निज पद सरसिज सहज सनेहू ॥
aba kari kṛpā dehu bara ehū, nija pada sarasija sahaja sanehū.

दोहा-dohā:

करम बचन मन छाड़ि छलु जब लगि जनु न तुम्हार ।
karama bacana mana chāṛi chalu jaba lagi janu na tumhāra,
तब लगि सुखु सपनेहुँ नहीं किएँ कोटि उपचार ॥१०७॥
taba lagi sukhu sapanehuṁ nahīṁ kieṁ koṭi upacāra. 107.

चौपाई-caupāī:

सुनि मुनि बचन रामु सकुचाने । भाव भगति आनंद अघाने ॥
suni muni bacana rāmu sakucāne, bhāva bhagati ānaṁda aghāne.
तब रघुबर मुनि सुजसु सुहावा । कोटि भाँति कहि सबहि सुनावा ॥
taba raghubara muni sujasu suhāvā, koṭi bhāṁti kahi sabahi sunāvā.
सो बड सो सब गुन गन गेहू । जेहि मुनीस तुम्ह आदर देहू ॥
so baḍa so saba guna gana gehū, jehi munīsa tumha ādara dehū.
मुनि रघुबीर परसपर नवहीं । बचन अगोचर सुखु अनुभवहीं ॥
muni raghubīra parasapara navahīṁ, bacana agocara sukhu anubhavahīṁ.
यह सुधि पाइ प्रयाग निवासी । बटु तापस मुनि सिद्ध उदासी ॥
yaha sudhi pāi prayāga nivāsī, baṭu tāpasa muni siddha udāsī.
भरद्वाज आश्रम सब आए । देखन दसरथ सुअन सुहाए ॥
bharadvāja āśrama saba āe, dekhana dasaratha suana suhāe.
राम प्रनाम कीन्ह सब काहू । मुदित भए लहि लोयन लाहू ॥
rāma pranāma kīnha saba kāhū, mudita bhae lahi loyana lāhū.
देहिं असीस परम सुखु पाई । फिरे सराहत सुंदरताई ॥
dehiṁ asīsa parama sukhu pāī, phire sarāhata suṁdaratāī.

दोहा-dohā:

राम कीन्ह बिश्राम निसि प्रात प्रयाग नहाइ ।
rāma kīnha biśrāma nisi prāta prayāga nahāi,
चले सहित सिय लखन जन मुदित मुनिहि सिरु नाइ ॥१०८॥
cale sahita siya lakhana jana mudita munihi siru nāi. 108.

चौपाई-caupāī:

राम सप्रेम कहेउ मुनि पाहीं । नाथ कहिअ हम केहि मग जाहीं ॥
rāma saprema kaheu muni pāhīṁ, nātha kahia hama kehi maga jāhīṁ.

मुनि मन बिहसि राम सन कहहीं । सुगम सकल मग तुम्ह कहुँ अहहीं ॥
muni mana bihasi rāma sana kahahiṁ, sugama sakala maga tumha kahuṁ ahahiṁ.
साथ लागि मुनि सिष्य बोलाए । सुनि मन मुदित पचासक आए ॥
sātha lāgi muni siṣya bolāe, suni mana mudita pacāsaka āe.
सबन्हि राम पर प्रेम अपारा । सकल कहहिं मगु दीख हमारा ॥
sabanhi rāma para prema apārā, sakala kahahiṁ magu dīkha hamārā.
मुनि बटु चारि संग तब दीन्हे । जिन्ह बहु जनम सुकृत सब कीन्हे ॥
muni baṭu cāri saṁga taba dīnhe, jinha bahu janama sukṛta saba kīnhe.
करि प्रनामु रिषि आयसु पाई । प्रमुदित हृदयँ चले रघुराई ॥
kari pranāmu riṣi āyasu pāī, pramudita hṛdayaṁ cale raghurāī.
ग्राम निकट जब निकसहि जाई । देखहि दरसु नारि नर धाई ॥
grāma nikaṭa jaba nikasahi jāī, dekhahi darasu nāri nara dhāī.
होहिं सनाथ जनम फलु पाई । फिरहिं दुखित मनु संग पठाई ॥
hohiṁ sanātha janama phalu pāī, phirahiṁ dukhita manu saṁga paṭhāī.

दोहा-dohā:

बिदा किए बटु बिनय करि फिरे पाइ मन काम ।
bidā kie baṭu binaya kari phire pāi mana kāma,
उतरि नहाए जमुन जल जो सरीर सम स्याम ॥ १०९ ॥
utari nahāe jamuna jala jo sarīra sama syāma. 109.

चौपाई-caupāī:

सुनत तीरबासी नर नारी । धाए निज निज काज बिसारी ॥
sunata tīrabāsī nara nārī, dhāe nija nija kāja bisārī.
लखन राम सिय सुंदरताई । देखि करहिं निज भाग्य बड़ाई ॥
lakhana rāma siya suṁdaratāī, dekhi karahiṁ nija bhāgya baṛāī.
अति लालसा बसहिं मन माहीं । नाउँ गाउँ बूझत सकुचाहीं ॥
ati lālasā basahiṁ mana māhīṁ, nāuṁ gāuṁ būjhata sakucāhīṁ.
जे तिन्ह महुँ बयबिरिध सयाने । तिन्ह करि जुगुति रामु पहिचाने ॥
je tinha mahuṁ bayabiridha sayāne, tinha kari juguti rāmu pahicāne.
सकल कथा तिन्ह सबहि सुनाई । बनहि चले पितु आयसु पाई ॥
sakala kathā tinha sabahi sunāī, banahi cale pitu āyasu pāī.
सुनि सबिषाद सकल पछिताहीं । रानी रायँ कीन्ह भल नाहीं ॥
suni sabiṣāda sakala pachitāhīṁ, rānī rāyaṁ kīnha bhala nāhīṁ.
तेहि अवसर एक तापसु आवा । तेजपुंज लघुबयस सुहावा ॥
tehi avasara eka tāpasu āvā, tejapuṁja laghubayasa suhāvā.
कबि अलखित गति बेषु बिरागी । मन क्रम बचन राम अनुरागी ॥
kabi alakhita gati beṣu birāgī, mana krama bacana rāma anurāgī.

दोहा-dohā:

सजल नयन तन पुलकि निज इष्टदेउ पहिचानि ।
sajala nayana tana pulaki nija iṣṭadeu pahicāni,
परेउ दंड जिमि धरनितल दसा न जाइ बखानि ॥ ११० ॥
pareu daṁḍa jimi dharanitala dasā na jāi bakhāni. 110.

चौपाई-caupāī:

राम सप्रेम पुलकि उर लावा । परम रंक जनु पारसु पावा ॥
rāma saprema pulaki ura lāvā, parama raṁka janu pārasu pāvā.
मनहुँ प्रेमु परमारथु दोऊ । मिलत धरें तन कह सबु कोऊ ॥
manahuṁ premu paramārathu doū, milata dhareṁ tana kaha sabu koū.
बहुरि लखन पायन्ह सोइ लागा । लीन्ह उठाइ उमगि अनुरागा ॥
bahuri lakhana pāyanha soi lāgā, līnha uṭhāi umagi anurāgā.
पुनि सिय चरन धूरि धरि सीसा । जननि जानि सिसु दीन्हि असीसा ॥
puni siya carana dhūri dhari sīsā, janani jāni sisu dīnhi asīsā.
कीन्ह निषाद दंडवत तेही । मिलेउ मुदित लखि राम सनेही ॥
kīnha niṣāda daṁḍavata tehī, mileu mudita lakhi rāma sanehī.

पिअत नयन पुट रूपु पियूषा । मुदित सुअसनु पाइ जिमि भूखा ॥
piata nayana puṭa rūpu piyūṣā, mudita suasanu pāi jimi bhūkhā.
ते पितु मातु कहहु सखि कैसे । जिन्ह पठए बन बालक ऐसे ॥
te pitu mātu kahahu sakhi kaise, jinha paṭhae bana bālaka aise.
राम लखन सिय रूपु निहारी । होहिं सनेह बिकल नर नारी ॥
rāma lakhana siya rūpu nihārī, hohiṁ saneha bikala nara nārī.

दोहा-dohā:

तब रघुबीर अनेक बिधि सखहि सिखावनु दीन्ह ।
taba raghubīra aneka bidhi sakhahi sikhāvanu dīnha,
राम रजायसु सीस धरि भवन गवनु तेइँ कीन्ह ॥ १११ ॥
rāma rajāyasu sīsa dhari bhavana gavanu teiṁ kīnha. 111.

चौपाई-caupāī:

पुनि सियँ राम लखन कर जोरी । जमुनहि कीन्ह प्रनामु बहोरी ॥
puni siyaṁ rāma lakhana kara jorī, jamunahi kīnha pranāmu bahorī.
चले ससीय मुदित दोउ भाई । रबितनुजा कइ करत बड़ाई ॥
cale sasīya mudita dou bhāī, rabitanujā kai karata baṛāī.
पथिक अनेक मिलहिं मग जाता । कहहिं सप्रेम देखि दोउ भ्राता ॥
pathika aneka milahiṁ maga jātā, kahahiṁ saprema dekhi dou bhrātā.
राज लखन सब अंग तुम्हारें । देखि सोचु अति हृदय हमारें ॥
rāja lakhana saba aṁga tumhāreṁ, dekhi socu ati hṛdaya hamāreṁ.
मारग चलहु पयादेहि पाएँ । ज्योतिषु झूठ हमारें भाएँ ॥
māraga calahu payādehi pāeṁ, jyotiṣu jhūṭha hamāreṁ bhāeṁ.
अगमु पंथ गिरि कानन भारी । तेहि महँ साथ नारि सुकुमारी ॥
agamu paṁtha giri kānana bhārī, tehi mahaṁ sātha nāri sukumārī.
करि केहरि बन जाइ न जोई । हम सँग चलहि जो आयसु होई ॥
kari kehari bana jāi na joī, hama saṁga calahi jo āyasu hoī.
जाब जहाँ लगि तहँ पहुँचाई । फिरब बहोरि तुम्हहि सिरु नाई ॥
jāba jahāṁ lagi tahaṁ pahuṁcāī, phiraba bahori tumhahi siru nāī.

दोहा-dohā:

एहि बिधि पूँछहिं प्रेम बस पुलक गात जलु नैन ।
ehi bidhi pūṁchahiṁ prema basa pulaka gāta jalu naina,
कृपासिंधु फेरहिं तिन्हहि कहि बिनीत मृदु बैन ॥ ११२ ॥
kṛpāsiṁdhu pherahiṁ tinhahi kahi binīta mṛdu baina. 112.

चौपाई-caupāī:

जे पुर गाँव बसहिं मग माहीं । तिन्हहि नाग सुर नगर सिहाहीं ॥
je pura gāṁva basahiṁ maga māhīṁ, tinhahi nāga sura nagara sihāhīṁ.
केहि सुकृतीं केहि घरीं बसाए । धन्य पुन्यमय परम सुहाए ॥
kehi sukṛtīṁ kehi gharīṁ basāe, dhanya punyamaya parama suhāe.
जहँ जहँ राम चरन चलि जाहीं । तिन्ह समान अमरावति नाहीं ॥
jahaṁ jahaṁ rāma carana cali jāhīṁ, tinha samāna amarāvati nāhīṁ.
पुन्यपुंज मग निकट निवासी । तिन्हहि सराहहिं सुरपुरबासी ॥
punyapuṁja maga nikaṭa nivāsī, tinhahi sarāhahiṁ surapurabāsī.
जे भरि नयन बिलोकहिं रामहि । सीता लखन सहित घनस्यामहि ॥
je bhari nayana bilokahiṁ rāmahi, sītā lakhana sahita ghanasyāmahi.
जे सर सरित राम अवगाहहिं । तिन्हहि देव सर सरित सराहहिं ॥
je sara sarita rāma avagāhahiṁ, tinhahi deva sara sarita sarāhahiṁ.
जेहि तरु तर प्रभु बैठहिं जाई । करहिं कलपतरु तासु बड़ाई ॥
jehi taru tara prabhu baiṭhahiṁ jāī, karahiṁ kalapataru tāsu baṛāī.
परसि राम पद पदुम परागा । मानति भूमि भूरि निज भागा ॥
parasi rāma pada paduma parāgā, mānati bhūmi bhūri nija bhāgā.

दोहा-dohā:

छाँह करहिं घन बिबुधगन बरषहिं सुमन सिहाहिं ।
chām̐ha karahiṁ ghana bibudhagana baraṣahiṁ sumana sihāhiṁ,
देखत गिरि बन बिहग मृग रामु चले मग जाहिं ॥ ११३ ॥
dekhata giri bana bihaga mṛga rāmu cale maga jāhiṁ. 113.

चौपाई-caupāī:

सीता लखन सहित रघुराई । गाँव निकट जब निकसहिं जाई ॥
sītā lakhana sahita raghurāī, gām̐va nikaṭa jaba nikasahiṁ jāī.
सुनि सब बाल बृद्ध नर नारी । चलहिं तुरत गृहकाजु बिसारी ॥
suni saba bāla bṛddha nara nārī, calahiṁ turata gṛhakāju bisārī.
राम लखन सिय रूप निहारी । पाइ नयनफलु होहिं सुखारी ॥
rāma lakhana siya rūpa nihārī, pāi nayanaphalu hohiṁ sukhārī.
सजल बिलोचन पुलक सरीरा । सब भए मगन देखि दोउ बीरा ॥
sajala bilocana pulaka sarīrā, saba bhae magana dekhi dou bīrā.
बरनि न जाइ दसा तिन्ह केरी । लहि जनु रंकन्ह सुरमनि ढेरी ॥
barani na jāi dasā tinha kerī, lahi janu raṁkanha suramani ḍherī.
एकन्ह एक बोलि सिख देहीं । लोचन लाहु लेहु छन एहीं ॥
ekanha eka boli sikha dehīṁ, locana lāhu lehu chana ehīṁ.
रामहि देखि एक अनुरागे । चितवत चले जाहिं सँग लागे ॥
rāmahi dekhi eka anurāge, citavata cale jāhiṁ saṁga lāge.
एक नयन मग छबि उर आनी । होहिं सिथिल तन मन बर बानी ॥
eka nayana maga chabi ura ānī, hohiṁ sithila tana mana bara bānī.

दोहा-dohā:

एक देखि बट छाँह भलि डासि मृदुल तृन पात ।
eka dekhi baṭa chām̐ha bhali ḍāsi mṛdula tṛna pāta,
कहहिं गवाँइअ छिनुकु श्रमु गवनब अबहिं कि प्रात ॥ ११४ ॥
kahahiṁ gavām̐ia chinuku śramu gavanaba abahiṁ ki prāta. 114.

चौपाई-caupāī:

एक कलस भरि आनहिं पानी । अँचइअ नाथ कहहिं मृदु बानी ॥
eka kalasa bhari ānahiṁ pānī, aṁcaia nātha kahahiṁ mṛdu bānī.
सुनि प्रिय बचन प्रीति अति देखी । राम कृपाल सुसील बिसेषी ॥
suni priya bacana prīti ati dekhī, rāma kṛpāla susīla biseṣī.
जानी श्रमित सीय मन माहीं । घरिक बिलंबु कीन्ह बट छाहीं ॥
jānī śramita sīya mana māhīṁ, gharika bilaṁbu kīnha baṭa chāhīṁ.
मुदित नारि नर देखहिं सोभा । रूप अनूप नयन मनु लोभा ॥
mudita nāri nara dekhahiṁ sobhā, rūpa anūpa nayana manu lobhā.
एकटक सब सोहहिं चहुँ ओरा । रामचंद्र मुख चंद चकोरा ॥
ekaṭaka saba sohahiṁ cahum̐ orā, rāmacaṁdra mukha caṁda cakorā.
तरुन तमाल बरन तनु सोहा । देखत कोटि मदन मनु मोहा ॥
taruna tamāla barana tanu sohā, dekhata koṭi madana manu mohā.
दामिनि बरन लखन सुठि नीके । नख सिख सुभग भावते जी के ॥
dāmini barana lakhana suṭhi nīke, nakha sikha subhaga bhāvate jī ke.
मुनिपट कटिन्ह कसें तूनीरा । सोहहिं कर कमलनि धनु तीरा ॥
munipaṭa kaṭinha kaseṁ tūnīrā, sohahiṁ kara kamalani dhanu tīrā.

दोहा-dohā:

जटा मुकुट सीसनि सुभग उर भुज नयन बिसाल ।
jaṭā mukuṭa sīsani subhaga ura bhuja nayana bisāla,
सरद परब बिधु बदन बर लसत स्वेद कन जाल ॥ ११५ ॥
sarada paraba bidhu badana bara lasata sveda kana jāla. 115.

चौपाई-caupāī:

बरनि न जाइ मनोहर जोरी । सोभा बहुत थोरि मति मोरी ॥
barani na jāi manohara jorī, sobhā bahuta thori mati morī.
राम लखन सिय सुंदरताई । सब चितवहिं चित मन मति लाई ॥
rāma lakhana siya suṁdaratāī, saba citavahiṁ cita mana mati lāī.
थके नारि नर प्रेम पिआसे । मनहुँ मृगी मृग देखि दिआ से ॥
thake nāri nara prema piāse, manahum̐ mṛgī mṛga dekhi diā se.
सीय समीप ग्रामतिय जाहीं । पूँछत अति सनेहँ सकुचाहीं ॥
sīya samīpa grāmatiya jāhīṁ, pūm̐chata ati saneham̐ sakucāhīṁ.
बार बार सब लागहिं पाएँ । कहहिं बचन मृदु सरल सुभाएँ ॥
bāra bāra saba lāgahiṁ pāeṁ, kahahiṁ bacana mṛdu sarala subhāeṁ.
राजकुमारि बिनय हम करहीं । तिय सुभायँ कछु पूँछत डरहीं ॥
rājakumāri binaya hama karahīṁ, tiya subhāyam̐ kachu pūm̐chata ḍarahīṁ.
स्वामिनि अबिनय छमबि हमारी । बिलगु न मानब जानि गवाँरी ॥
svāmini abinaya chamabi hamārī, bilagu na mānaba jāni gavām̐rī.
राजकुअँर दोउ सहज सलोने । इन्ह तें लही दुति मरकत सोने ॥
rājakuam̐ra dou sahaja salone, inha teṁ lahī duti marakata sone.

दोहा-dohā:

स्यामल गौर किसोर बर सुंदर सुषमा ऐन ।
syāmala gaura kisora bara suṁdara suṣamā aina,
सरद सर्बरीनाथ मुखु सरद सरोरुह नैन ॥ ११६ ॥
sarada sarbarīnātha mukhu sarada saroruha naina. 116.

मासपारायण सोलहवाँ विश्राम
नवाह्नपारायण चौथा विश्राम
māsapārāyaṇa solahavām̐ viśrāma
navāhnapārāyaṇa cauthā viśrāma
(Pause 16 for a Thirty-Day Recitation)
(Pause 4 for a Nine-Day Recitation)

चौपाई-caupāī:

कोटि मनोज लजावनिहारे । सुमुखि कहहु को आहिं तुम्हारे ॥
koṭi manoja lajāvanihāre, sumukhi kahahu ko āhiṁ tumhāre.
सुनि सनेहमय मंजुल बानी । सकुची सिय मन महुँ मुसुकानी ॥
suni sanehamaya maṁjula bānī, sakucī siya mana mahum̐ musukānī.
तिन्हहि बिलोकि बिलोकति धरनी । दुहुँ सकोच सकुचित बरबरनी ॥
tinhahi biloki bilokati dharanī, duhum̐ sakoca sakucita barabaranī.
सकुचि सप्रेम बाल मृग नयनी । बोली मधुर बचन पिकबयनी ॥
sakuci saprema bāla mṛga nayanī, bolī madhura bacana pikabayanī.
सहज सुभाय सुभग तन गोरे । नामु लखनु लघु देवर मोरे ॥
sahaja subhāya subhaga tana gore, nāmu lakhanu laghu devara more.
बहुरि बदनु बिधु अंचल ढाँकी । पिय तन चितइ भौंह करि बाँकी ॥
bahuri badanu bidhu aṁcala ḍhām̐kī, piya tana citai bhauṁha kari bām̐kī.
खंजन मंजु तिरीछे नयननि । निज पति कहेउ तिन्हहि सियँ सयननि ॥
khaṁjana maṁju tirīche nayanani, nija pati kaheu tinhahi siyam̐ sayanani.
भईं मुदित सब ग्रामबधूटीं । रंकन्ह राय रासि जनु लूटीं ॥
bhaiṁ mudita saba grāmabadhūṭīṁ, raṁkanha rāya rāsi janu lūṭīṁ.

दोहा-dohā:

अति सप्रेम सिय पायँ परि बहुबिधि देहिं असीस ।
ati saprema siya pāyam̐ pari bahubidhi dehiṁ asīsa,
सदा सोहागिनि होहु तुम्ह जब लगि महि अहि सीस ॥ ११७ ॥
sadā sohāgini hohu tumha jaba lagi mahi ahi sīsa. 117.

चौपाई-caupāī:

पारबती सम पतिप्रिय होहू । देबि न हम पर छाड़ब छोहू ॥
pārabatī sama patipriya hohū, debi na hama para chāṛaba chohū.
पुनि पुनि बिनय करिअ कर जोरी । जौं एहि मारग फिरिअ बहोरी ॥
puni puni binaya karia kara jorī, jauṁ ehi māraga phiria bahorī.
दरसनु देब जानि निज दासी । लखीं सीयँ सब प्रेम पिआसी ॥
darasanu deba jāni nija dāsī, lakhīṁ sīyam̐ saba prema piāsī.

मधुर बचन कहि कहि परितोषीं । जनु कुमुदिनीं कौमुदीं पोषीं ॥
madhura bacana kahi kahi paritoṣīṁ, janu kumudinīṁ kaumudīṁ poṣīṁ.
तबहिं लखन रघुबर रुख जानी । पूँछेउ मगु लोगन्हि मृदु बानी ॥
tabahiṁ lakhana raghubara rukha jānī, pūm̐cheu magu loganhi mṛdu bānī.
सुनत नारि नर भए दुखारी । पुलकित गात बिलोचन बारी ॥
sunata nāri nara bhae dukhārī, pulakita gāta bilocana bārī.
मिटा मोदु मन भए मलीने । बिधि निधि दीन्ह लेत जनु छीने ॥
miṭā modu mana bhae malīne, bidhi nidhi dīnha leta janu chīne.
समुझि करम गति धीरजु कीन्हा । सोधि सुगम मगु तिन्ह कहि दीन्हा ॥
samujhi karama gati dhīraju kīnhā, sodhi sugama magu tinha kahi dīnhā.

दोहा-dohā:

लखन जानकी सहित तब गवनु कीन्ह रघुनाथ ।
lakhana jānakī sahita taba gavanu kīnha raghunātha,
फेरे सब प्रिय बचन कहि लिए लाइ मन साथ ॥ ११८ ॥
phere saba priya bacana kahi lie lāi mana sātha. 118.

चौपाई-caupāī:

फिरत नारि नर अति पछिताहीं । दैअहि दोषु देहिं मन माहीं ॥
phirata nāri nara ati pachitāhīṁ, daiahi doṣu dehiṁ mana māhīṁ.
सहित बिषाद परसपर कहहीं । बिधि करतब उलटे सब अहहीं ॥
sahita biṣāda parasapara kahahīṁ, bidhi karataba ulaṭe saba ahahīṁ.
निपट निरंकुस निठुर निसंकू । जेहिं ससि कीन्ह सरुज सकलंकू ॥
nipaṭa niraṁkusa niṭhura nisaṁkū, jehiṁ sasi kīnha saruja sakalaṁkū.
रूख कलपतरु सागरु खारा । तेहिं पठए बन राजकुमारा ॥
rūkha kalapataru sāgaru khārā, tehiṁ paṭhae bana rājakumārā.
जौं पै इन्हहि दीन्ह बनबासू । कीन्ह बादि बिधि भोग बिलासू ॥
jauṁ pai inhahi dīnha banabāsū, kīnha bādi bidhi bhoga bilāsū.
ए बिचरहिं मग बिनु पदत्राना । रचे बादि बिधि बाहन नाना ॥
e bicarahiṁ maga binu padatrānā, race bādi bidhi bāhana nānā.
ए महि परहिं डासि कुस पाता । सुभग सेज कत सृजत बिधाता ॥
e mahi parahiṁ ḍāsi kusa pātā, subhaga seja kata sṛjata bidhātā.
तरुबर बास इन्हहि बिधि दीन्हा । धवल धाम रचि रचि श्रमु कीन्हा ॥
tarubara bāsa inhahi bidhi dīnhā, dhavala dhāma raci raci śramu kīnhā.

दोहा-dohā:

जौं ए मुनि पट धर जटिल सुंदर सुठि सुकुमार ।
jauṁ e muni paṭa dhara jaṭila suṁdara suṭhi sukumāra,
बिबिध भाँति भूषन बसन बादि किए करतार ॥ ११९ ॥
bibidha bhām̐ti bhūṣana basana bādi kie karatāra. 119.

चौपाई-caupāī:

जौं ए कंद मूल फल खाहीं । बादि सुधादि असन जग माहीं ॥
jauṁ e kaṁda mūla phala khāhīṁ, bādi sudhādi asana jaga māhīṁ.
एक कहहिं ए सहज सुहाए । आपु प्रगट भए बिधि न बनाए ॥
eka kahahiṁ e sahaja suhāe, āpu pragaṭa bhae bidhi na banāe.
जहँ लगि बेद कही बिधि करनी । श्रवन नयन मन गोचर बरनी ॥
jaham̐ lagi beda kahī bidhi karanī, śravana nayana mana gocara baranī.
देखहु खोजि भुअन दस चारी । कहँ अस पुरुष कहाँ असि नारी ॥
dekhahu khoji bhuana dasa cārī, kaham̐ asa puruṣa kahām̐ asi nārī.
इन्हहि देखि बिधि मनु अनुरागा । पटतर जोग बनावै लागा ॥
inhahi dekhi bidhi manu anurāgā, paṭatara joga banāvai lāgā.
कीन्ह बहुत श्रम ऐक न आए । तेहिं इरिषा बन आनि दुराए ॥
kīnha bahuta śrama aika na āe, tehiṁ iriṣā bana āni durāe.
एक कहहिं हम बहुत न जानहिं । आपुहि परम धन्य करि मानहिं ॥
eka kahahiṁ hama bahuta na jānahiṁ, āpuhi parama dhanya kari mānahiṁ.
ते पुनि पुन्यपुंज हम लेखे । जे देखहिं देखिहहिं जिन्ह देखे ॥
te puni punyapuṁja hama lekhe, je dekhahiṁ dekhihahiṁ jinha dekhe.

दोहा-dohā:

एहि बिधि कहि कहि बचन प्रिय लेहिं नयन भरि नीर ।
ehi bidhi kahi kahi bacana priya lehiṁ nayana bhari nīra,
किमि चलिहहिं मारग अगम सुठि सुकुमार सरीर ॥ १२० ॥
kimi calihahiṁ māraga agama suṭhi sukumāra sarīra. 120.

चौपाई-caupāī:

नारि सनेह बिकल बस होहीं । चकईं साँझ समय जनु सोहीं ॥
nāri saneha bikala basa hohīṁ, cakaīṁ sām̐jha samaya janu sohīṁ.
मृदु पद कमल कठिन मगु जानी । गहबरि हृदयँ कहहिं बर बानी ॥
mṛdu pada kamala kaṭhina magu jānī, gahabari hṛdayam̐ kahahiṁ bara bānī.
परसत मृदुल चरन अरुनारे । सकुचति महि जिमि हृदय हमारे ॥
parasata mṛdula carana arunāre, sakucati mahi jimi hṛdaya hamāre.
जौं जगदीस इन्हहि बनु दीन्हा । कस न सुमनमय मारगु कीन्हा ॥
jauṁ jagadīsa inhahi banu dīnhā, kasa na sumanamaya māragu kīnhā.
जौं मागा पाइअ बिधि पाहीं । ए रखिअहिं सखि आँखिन्ह माहीं ॥
jauṁ māgā pāia bidhi pāhīṁ, e rakhiahiṁ sakhi ām̐khinha māhīṁ.
जे नर नारि न अवसर आए । तिन्ह सिय रामु न देखन पाए ॥
je nara nāri na avasara āe, tinha siya rāmu na dekhana pāe.
सुनि सुरुपु बूझहिं अकुलाई । अब लगि गए कहाँ लगि भाई ॥
suni surupu būjhahiṁ akulāī, aba lagi gae kahām̐ lagi bhāī.
समरथ धाइ बिलोकहिं जाई । प्रमुदित फिरहिं जनमफलु पाई ॥
samaratha dhāi bilokahiṁ jāī, pramudita phirahiṁ janamaphalu pāī.

दोहा-dohā:

अबला बालक बृद्ध जन कर मीजहिं पछिताहिं ।
abalā bālaka bṛddha jana kara mījahiṁ pachitāhiṁ,
होहिं प्रेमबस लोग इमि रामु जहाँ जहँ जाहिं ॥ १२१ ॥
hohiṁ premabasa loga imi rāmu jahām̐ jaham̐ jāhiṁ. 121.

चौपाई-caupāī:

गावँ गावँ अस होइ अनंदू । देखि भानुकुल कैरव चंदू ॥
gāvam̐ gāvam̐ asa hoi anaṁdū, dekhi bhānukula kairava caṁdū.
जे कछु समाचार सुनि पावहिं । ते नृप रानिहि दोसु लगावहिं ॥
je kachu samācāra suni pāvahiṁ, te nṛpa rānihi dosu lagāvahiṁ.
कहहिं एक अति भल नरनाहू । दीन्ह हमहि जोइ लोचन लाहू ॥
kahahiṁ eka ati bhala naranāhū, dīnha hamahi joi locana lāhū.
कहहिं परसपर लोग लोगाईं । बातें सरल सनेह सुहाईं ॥
kahahiṁ parasapara loga logāīṁ, bāteṁ sarala saneha suhāīṁ.
ते पितु मातु धन्य जिन्ह जाए । धन्य सो नगरु जहाँ तें आए ॥
te pitu mātu dhanya jinha jāe, dhanya so nagaru jahām̐ teṁ āe.
धन्य सो देसु सैलु बन गाऊँ । जहँ जहँ जाहिं धन्य सोइ ठाऊँ ॥
dhanya so desu sailu bana gāūm̐, jaham̐ jaham̐ jāhiṁ dhanya soi ṭhāūm̐.
सुखु पायउ बिरंचि रचि तेही । ए जेहि के सब भाँति सनेही ॥
sukhu pāyau biraṁci raci tehī, e jehi ke saba bhām̐ti sanehī.
राम लखन पथि कथा सुहाई । रही सकल मग कानन छाई ॥
rāma lakhana pathi kathā suhāī, rahī sakala maga kānana chāī.

दोहा-dohā:

एहि बिधि रघुकुल कमल रबि मग लोगन्ह सुख देत ।
ehi bidhi raghukula kamala rabi maga loganha sukha deta,
जाहिं चले देखत बिपिन सिय सौमित्रि समेत ॥ १२२ ॥
jāhiṁ cale dekhata bipina siya saumitri sameta. 122.

चौपाई-caupāī:

आगें रामु लखनु बने पाछें । तापस बेष बिराजत काछें ॥
āgeṁ rāmu lakhanu bane pācheṁ, tāpasa beṣa birājata kācheṁ.
उभय बीच सिय सोहति कैसें । ब्रह्म जीव बिच माया जैसें ॥
ubhaya bīca siya sohati kaiseṁ, brahma jīva bica māyā jaiseṁ.
बहुरि कहउँ छबि जसि मन बसई । जनु मधु मदन मध्य रति लसई ॥
bahuri kahauṁ chabi jasi mana basaī, janu madhu madana madhya rati lasaī.
उपमा बहुरि कहउँ जियँ जोही । जनु बुध बिधु बिच रोहिनि सोही ॥
upamā bahuri kahauṁ jiyaṁ johī, janu budha bidhu bica rohini sohī.
प्रभु पद रेख बीच बिच सीता । धरति चरन मग चलति सभीता ॥
prabhu pada rekha bīca bica sītā, dharati carana maga calati sabhītā.
सीय राम पद अंक बराएँ । लखन चलहिं मगु दाहिन लाएँ ॥
sīya rāma pada aṁka barāeṁ, lakhana calahiṁ magu dāhina lāeṁ.
राम लखन सिय प्रीति सुहाई । बचन अगोचर किमि कहि जाई ॥
rāma lakhana siya prīti suhāī, bacana agocara kimi kahi jāī.
खग मृग मगन देखि छबि होहीं । लिए चोरि चित राम बटोहीं ॥
khaga mṛga magana dekhi chabi hohīṁ, lie cori cita rāma baṭohīṁ.

दोहा-dohā:

जिन्ह जिन्ह देखे पथिक प्रिय सिय समेत दोउ भाइ ।
jinha jinha dekhe pathika priya siya sameta dou bhāi,
भव मगु अगमु अनंदु तेइ बिनु श्रम रहे सिराइ ॥ १२३॥
bhava magu agamu anaṁdu tei binu śrama rahe sirāi. 123.

चौपाई-caupāī:

अजहुँ जासु उर सपनेहुँ काऊ । बसहुँ लखनु सिय रामु बटाऊ ॥
ajahuṁ jāsu ura sapanehuṁ kāū, basahuṁ lakhanu siya rāmu baṭāū.
राम धाम पथ पाइहि सोई । जो पथ पाव कबहुँ मुनि कोई ॥
rāma dhāma patha pāihi soī, jo patha pāva kabahuṁ muni koī.
तब रघुबीर श्रमित सिय जानी । देखि निकट बटु सीतल पानी ॥
taba raghubīra śramita siya jānī, dekhi nikaṭa baṭu sītala pānī.
तहँ बसि कंद मूल फल खाई । प्रात नहाइ चले रघुराई ॥
tahaṁ basi kaṁda mūla phala khāī, prāta nahāi cale raghurāī.
देखत बन सर सैल सुहाए । बालमीकि आश्रम प्रभु आए ॥
dekhata bana sara saila suhāe, bālamīki āśrama prabhu āe.
राम दीख मुनि बासु सुहावन । सुंदर गिरि काननु जलु पावन ॥
rāma dīkha muni bāsu suhāvana, suṁdara giri kānanu jalu pāvana.
सरनि सरोज बिटप बन फूले । गुंजत मंजु मधुप रस भूले ॥
sarani saroja biṭapa bana phūle, guṁjata maṁju madhupa rasa bhūle.
खग मृग बिपुल कोलाहल करहीं । बिरहित बैर मुदित मन चरहीं ॥
khaga mṛga bipula kolāhala karahīṁ, birahita baira mudita mana carahīṁ.

दोहा-dohā:

सुचि सुंदर आश्रमु निरखि हरषे राजिवनेन ।
suci suṁdara āśramu nirakhi harașe rājivanena,
सुनि रघुबर आगमनु मुनि आगें आयउ लेन ॥ १२४॥
suni raghubara āgamanu muni āgeṁ āyau lena. 124.

चौपाई-caupāī:

मुनि कहुँ राम दंडवत कीन्हा । आसिरबादु बिप्रबर दीन्हा ॥
muni kahuṁ rāma daṁḍavata kīnhā, āsirabādu biprabara dīnhā.
देखि राम छबि नयन जुड़ाने । करि सनमानु आश्रमहिं आने ॥
dekhi rāma chabi nayana juṛāne, kari sanamānu āśramahiṁ āne.
मुनिबर अतिथि प्रानप्रिय पाए । कंद मूल फल मधुर मगाए ॥
munibara atithi prānapriya pāe, kaṁda mūla phala madhura magāe.
सिय सौमित्रि राम फल खाए । तब मुनि आश्रम दिए सुहाए ॥
siya saumitri rāma phala khāe, taba muni āśrama die suhāe.

बालमीकि मन आनँदु भारी । मंगल मूरति नयन निहारी ॥
bālamīki mana ānaṁdu bhārī, maṁgala mūrati nayana nihārī.
तब कर कमल जोरि रघुराई । बोले बचन श्रवन सुखदाई ॥
taba kara kamala jori raghurāī, bole bacana śravana sukhadāī.
तुम्ह त्रिकाल दरसी मुनिनाथा । बिस्व बदर जिमि तुम्हरें हाथा ॥
tumha trikāla darasī munināthā, bisva badara jimi tumhareṁ hāthā.
अस कहि प्रभु सब कथा बखानी । जेहि जेहि भाँति दीन्ह बनु रानी ॥
asa kahi prabhu saba kathā bakhānī, jehi jehi bhāṁti dīnha banu rānī.

दोहा-dohā:

तात बचन पुनि मातु हित भाइ भरत अस राउ ।
tāta bacana puni mātu hita bhāi bharata asa rāu,
मो कहुँ दरस तुम्हार प्रभु सबु मम पुन्य प्रभाउ ॥ १२५॥
mo kahuṁ darasa tumhāra prabhu sabu mama punya prabhāu. 125.

चौपाई-caupāī:

देखि पाय मुनिराय तुम्हारे । भए सुकृत सब सुफल हमारे ॥
dekhi pāya munirāya tumhāre, bhae sukṛta saba suphala hamāre.
अब जहँ राउर आयसु होई । मुनि उदबेगु न पावै कोई ॥
aba jahaṁ rāura āyasu hoī, muni udabegu na pāvai koī.
मुनि तापस जिन्ह तें दुखु लहहीं । ते नरेस बिनु पावक दहहीं ॥
muni tāpasa jinha teṁ dukhu lahahīṁ, te naresa binu pāvaka dahahīṁ.
मंगल मूल बिप्र परितोषू । दहइ कोटि कुल भूसुर रोषू ॥
maṁgala mūla bipra paritoṣū, dahai koṭi kula bhūsura roṣū.
अस जियँ जानि कहिअ सोइ ठाऊँ । सिय सौमित्रि सहित जहँ जाऊँ ॥
asa jiyaṁ jāni kahia soi ṭhāūṁ, siya saumitri sahita jahaṁ jāūṁ.
तहँ रचि रुचिर परन तृन साला । बासु करौं कछु काल कृपाला ॥
tahaṁ raci rucira parana tṛna sālā, bāsu karauṁ kachu kāla kṛpālā.
सहज सरल सुनि रघुबर बानी । साधु साधु बोले मुनि ग्यानी ॥
sahaja sarala suni raghubara bānī, sādhu sādhu bole muni gyānī.
कस न कहहु अस रघुकुलकेतू । तुम्ह पालक संतत श्रुति सेतू ॥
kasa na kahahu asa raghukulaketū, tumha pālaka saṁtata śruti setū.

छंद-chaṁda:

श्रुति सेतु पालक राम तुम्ह जगदीस माया जानकी ।
śruti setu pālaka rāma tumha jagadīsa māyā jānakī,
जो सृजति जगु पालति हरति रूख पाइ कृपानिधान की ॥
jo sṛjati jagu pālati harati rūkha pāi kṛpānidhāna kī.
जो सहससीसु अहीसु महिधरु लखनु सचराचर धनी ।
jo sahasasīsu ahīsu mahidharu lakhanu sacarācara dhanī,
सुर काज धरि नरराज तनु चले दलन खल निसिचर अनी ॥
sura kāja dhari nararāja tanu cale dalana khala nisicara anī.

सोरठा-soraṭhā:

राम सरुप तुम्हार बचन अगोचर बुद्धिपर ।
rāma sarupa tumhāra bacana agocara buddhipara,
अबिगत अकथ अपार नेति नेति नित निगम कह ॥ १२६॥
abigata akatha apāra neti neti nita nigama kaha. 126.

चौपाई-caupāī:

जगु पेखन तुम्ह देखनिहारे । बिधि हरि संभु नचावनिहारे ॥
jagu pekhana tumha dekhanihāre, bidhi hari saṁbhu nacāvanihāre.
तेउ न जानहिं मरमु तुम्हारा । औरु तुम्हहि को जाननिहारा ॥
teu na jānahiṁ maramu tumhārā, auru tumhahi ko jānanihārā.
सोइ जानइ जेहि देहु जनाई । जानत तुम्हहि तुम्हइ होइ जाई ॥
soi jānai jehi dehu janāī, jānata tumhahi tumhai hoi jāī.
तुम्हरिहि कृपाँ तुम्हहि रघुनंदन । जानहिं भगत भगत उर चंदन ॥

tumharihi kṛpāṁ tumhahi raghunaṁdana, jānahiṁ bhagata bhagata ura caṁdana.
चिदानंदमय देह तुम्हारी । बिगत बिकार जान अधिकारी ॥
cidānaṁdamaya deha tumhārī, bigata bikāra jāna adhikārī.
नर तनु धरेहु संत सुर काजा । कहहु करहु जस प्राकृत राजा ॥
nara tanu dharehu saṁta sura kājā, kahahu karahu jasa prākṛta rājā.
राम देखि सुनि चरित तुम्हारे । जड़ मोहहिं बुध होहिं सुखारे ॥
rāma dekhi suni carita tumhāre, jaṛa mohahiṁ budha hohiṁ sukhāre.
तुम्ह जो कहहु करहु सबु साँचा । जस काछिअ तस चाहिअ नाचा ॥
tumha jo kahahu karahu sabu sāṁcā, jasa kāchia tasa cāhia nācā.

दोहा-dohā:

पूँछेहु मोहि कि रहौं कहँ मैं पूँछत सकुचाउँ ।
pūṁchehu mohi ki rahauṁ kahaṁ maiṁ pūṁchata sakucāuṁ,
जहँ न होहु तहँ देहु कहि तुम्हहि देखावौं ठाउँ ॥ १२७॥
jahaṁ na hohu tahaṁ dehu kahi tumhahi dekhāvauṁ ṭhāuṁ. 127.

चौपाई-caupāī:

सुनि मुनि बचन प्रेम रस साने । सकुचि राम मन महुँ मुसुकाने ॥
suni muni bacana prema rasa sāne, sakuci rāma mana mahuṁ musukāne.
बालमीकि हँसि कहहिं बहोरी । बानी मधुर अमिअ रस बोरी ॥
bālamīki haṁsi kahahiṁ bahorī, bānī madhura amia rasa borī.
सुनहु राम अब कहउँ निकेता । जहाँ बसहु सिय लखन समेता ॥
sunahu rāma aba kahauṁ niketā, jahāṁ basahu siya lakhana sametā.
जिन्ह के श्रवन समुद्र समाना । कथा तुम्हारि सुभग सरि नाना ॥
jinha ke śravana samudra samānā, kathā tumhāri subhaga sari nānā.
भरहिं निरंतर होहिं न पूरे । तिन्ह के हिय तुम्ह कहुँ गृह रूरे ॥
bharahiṁ niraṁtara hohiṁ na pūre, tinha ke hiya tumha kahuṁ gṛha rūre.
लोचन चातक जिन्ह करि राखे । रहहिं दरस जलधर अभिलाषे ॥
locana cātaka jinha kari rākhe, rahahiṁ darasa jaladhara abhilāṣe.
निदरहिं सरित सिंधु सर भारी । रूप बिंदु जल होहिं सुखारी ॥
nidarahiṁ sarita siṁdhu sara bhārī, rūpa biṁdu jala hohiṁ sukhārī.
तिन्ह कें हृदय सदन सुखदायक । बसहु बंधु सिय सह रघुनायक ॥
tinha keṁ hṛdaya sadana sukhadāyaka, basahu baṁdhu siya saha raghunāyaka.

दोहा-dohā:

जसु तुम्हार मानस बिमल हंसिनि जीहा जासु ।
jasu tumhāra mānasa bimala haṁsini jīhā jāsu,
मुकुताहल गुन गन चुनइ राम बसहु हियँ तासु ॥ १२८॥
mukutāhala guna gana cunai rāma basahu hiyaṁ tāsu. 128.

चौपाई-caupāī:

प्रभु प्रसाद सुचि सुभग सुबासा । सादर जासु लहइ नित नासा ॥
prabhu prasāda suci subhaga subāsā, sādara jāsu lahai nita nāsā.
तुम्हहि निबेदित भोजन करहीं । प्रभु प्रसाद पट भूषन धरहीं ॥
tumhahi nibedita bhojana karahīṁ, prabhu prasāda paṭa bhūṣana dharahīṁ.
सीस नवहिं सुर गुरु द्विज देखी । प्रीति सहित करि बिनय बिसेषी ॥
sīsa navahiṁ sura guru dvija dekhī, prīti sahita kari binaya biseṣī.
कर नित करहिं राम पद पूजा । राम भरोस हृदयँ नहिं दूजा ॥
kara nita karahiṁ rāma pada pūjā, rāma bharosa hṛdayaṁ nahiṁ dūjā.
चरन राम तीरथ चलि जाहीं । राम बसहु तिन्ह के मन माहीं ॥
carana rāma tīratha cali jāhīṁ, rāma basahu tinha ke mana māhīṁ.
मंत्रराजु नित जपहिं तुम्हारा । पूजहिं तुम्हहि सहित परिवारा ॥
maṁtrarāju nita japahiṁ tumhārā, pūjahiṁ tumhahi sahita parivārā.
तरपन होम करहिं बिधि नाना । बिप्र जेवाँइ देहिं बहु दाना ॥
tarapana homa karahiṁ bidhi nānā, bipra jevāṁi dehiṁ bahu dānā.
तुम्ह तें अधिक गुरहि जियँ जानी । सकल भायँ सेवहिं सनमानी ॥
tumha teṁ adhika gurahi jiyaṁ jānī, sakala bhāyaṁ sevahiṁ sanamānī.

दोहा-dohā:

सबु करि मागहिं एक फलु राम चरन रति होउ ।
sabu kari māgahiṁ eka phalu rāma carana rati hou,
तिन्ह कें मन मंदिर बसहु सिय रघुनंदन दोउ ॥ १२९॥
tinha keṁ mana maṁdira basahu siya raghunaṁdana dou. 129.

चौपाई-caupāī:

काम कोह मद मान न मोहा । लोभ न छोभ न राग न द्रोहा ॥
kāma koha mada māna na mohā, lobha na chobha na rāga na drohā.
जिन्ह कें कपट दंभ नहिं माया । तिन्ह कें हृदय बसहु रघुराया ॥
jinha keṁ kapaṭa daṁbha nahiṁ māyā, tinha keṁ hṛdaya basahu raghurāyā.
सब के प्रिय सब के हितकारी । दुख सुख सरिस प्रसंसा गारी ॥
saba ke priya saba ke hitakārī, dukha sukha sarisa prasaṁsā gārī.
कहहिं सत्य प्रिय बचन बिचारी । जागत सोवत सरन तुम्हारी ॥
kahahiṁ satya priya bacana bicārī, jāgata sovata sarana tumhārī.
तुम्हहि छाड़ि गति दूसरि नाहीं । राम बसहु तिन्ह के मन माहीं ॥
tumhahi chāṛi gati dūsari nāhīṁ, rāma basahu tinha ke mana māhīṁ.
जननी सम जानहिं परनारी । धनु पराव बिष तें बिष भारी ॥
jananī sama jānahiṁ paranārī, dhanu parāva biṣa teṁ biṣa bhārī.
जे हरषहिं पर संपति देखी । दुखित होहिं पर बिपति बिसेषी ॥
je haraṣahiṁ para saṁpati dekhī, dukhita hohiṁ para bipati biseṣī.
जिन्हहि राम तुम्ह प्रानपिआरे । तिन्ह के मन सुभ सदन तुम्हारे ॥
jinhahi rāma tumha prānapiāre, tinha ke mana subha sadana tumhāre.

दोहा-dohā:

स्वामि सखा पितु मातु गुर जिन्ह के सब तुम्ह तात ।
svāmi sakhā pitu mātu gura jinha ke saba tumha tāta,
मन मंदिर तिन्ह कें बसहु सीय सहित दोउ भ्रात ॥ १३०॥
mana maṁdira tinha keṁ basahu sīya sahita dou bhrāta. 130.

चौपाई-caupāī:

अवगुन तजि सब के गुन गहहीं । बिप्र धेनु हित संकट सहहीं ॥
avaguna taji saba ke guna gahahīṁ, bipra dhenu hita saṁkaṭa sahahīṁ.
नीति निपुन जिन्ह कइ जग लीका । घर तुम्हार तिन्ह कर मनु नीका ॥
nīti nipuna jinha kai jaga līkā, ghara tumhāra tinha kara manu nīkā.
गुन तुम्हार समुझइ निज दोसा । जेहि सब भाँति तुम्हार भरोसा ॥
guna tumhāra samujhai nija dosā, jehi saba bhāṁti tumhāra bharosā.
राम भगत प्रिय लागहिं जेही । तेहि उर बसहु सहित बैदेही ॥
rāma bhagata priya lāgahiṁ jehī, tehi ura basahu sahita baidehī.
जाति पाँति धनु धरमु बड़ाई । प्रिय परिवार सदन सुखदाई ॥
jāti pāṁti dhanu dharamu baṛāī, priya parivāra sadana sukhadāī.
सब तजि तुम्हहि रहइ उर लाई । तेहि के हृदयँ रहहु रघुराई ॥
saba taji tumhahi rahai ura lāī, tehi ke hṛdayaṁ rahahu raghurāī.
सरगु नरकु अपबरगु समाना । जहँ तहँ देख धरें धनु बाना ॥
saragu naraku apabaragu samānā, jahaṁ tahaṁ dekha dhareṁ dhanu bānā.
करम बचन मन राउर चेरा । राम करहु तेहि कें उर डेरा ॥
karama bacana mana rāura cerā, rāma karahu tehi keṁ ura ḍerā.

दोहा-dohā:

जाहि न चाहिअ कबहुँ कछु तुम्ह सन सहज सनेहु ।
jāhi na cāhia kabahuṁ kachu tumha sana sahaja sanehu,
बसहु निरंतर तासु मन सो राउर निज गेहु ॥ १३१॥
basahu niraṁtara tāsu mana so rāura nija gehu. 131.

चौपाई-caupāī:

एहि बिधि मुनिबर भवन देखाए । बचन सप्रेम राम मन भाए ॥
ehi bidhi munibara bhavana dekhāe, bacana saprema rāma mana bhāe.

कह मुनि सुनहु भानुकुलनायक । आश्रम कहउँ समय सुखदायक ॥
kaha muni sunahu bhānukulanāyaka, āśrama kahauṁ samaya sukhadāyaka.
चित्रकूट गिरि करहु निवासू । तहँ तुम्हार सब भाँति सुपासू ॥
citrakūṭa giri karahu nivāsū, tahaṁ tumhāra saba bhāṁti supāsū.
सैलु सुहावन कानन चारू । करि केहरि मृग बिहग बिहारू ॥
sailu suhāvana kānana cārū, kari kehari mṛga bihaga bihārū.
नदी पुनीत पुरान बखानी । अत्रिप्रिया निज तपबल आनी ॥
nadī punīta purāna bakhānī, atripriyā nija tapabala ānī.
सुरसरि धार नाउँ मंदाकिनि । जो सब पातक पोतक डाकिनि ॥
surasari dhāra nāuṁ maṁdākini, jo saba pātaka potaka ḍākini.
अत्रि आदि मुनिबर बहु बसहीं । करहिं जोग जप तप तन कसहीं ॥
atri ādi munibara bahu basahīṁ, karahiṁ joga japa tapa tana kasahīṁ.
चलहु सफल श्रम सब कर करहू । राम देहु गौरव गिरिबरहू ॥
calahu saphala śrama saba kara karahū, rāma dehu gaurava giribarahū.

दोहा-dohā:

चित्रकूट महिमा अमित कही महामुनि गाइ ।
citrakūṭa mahimā amita kahī mahāmuni gāi,
आए नहाए सरित बर सिय समेत दोउ भाइ ॥ १३२ ॥
āe nahāe sarita bara siya sameta dou bhāi. 132.

चौपाई-caupāī:

रघुबर कहेउ लखन भल घाटू । करहु कतहुँ अब ठाहर ठाटू ॥
raghubara kaheu lakhana bhala ghāṭū, karahu katahuṁ aba ṭhāhara ṭhāṭū.
लखन दीख पय उतर करारा । चहुँ दिसि फिरेउ धनुष जिमि नारा ॥
lakhana dīkha paya utara karārā, cahuṁ disi phireu dhanuṣa jimi nārā.
नदी पनच सर सम दम दाना । सकल कलुष कलि साउज नाना ॥
nadī panaca sara sama dama dānā, sakala kaluṣa kali sāuja nānā.
चित्रकूट जनु अचल अहेरी । चुकइ न घात मार मुठभेरी ॥
citrakūṭa janu acala aherī, cukai na ghāta māra muṭhabherī.
अस कहि लखन ठाउँ देखरावा । थलु बिलोकि रघुबर सुखु पावा ॥
asa kahi lakhana ṭhāuṁ dekharāvā, thalu biloki raghubara sukhu pāvā.
रमेउ राम मनु देवन्ह जाना । चले सहित सुर थपति प्रधाना ॥
rameu rāma manu devanha jānā, cale sahita sura thapati pradhānā.
कोल किरात बेष सब आए । रचे परन तृन सदन सुहाए ॥
kola kirāta beṣa saba āe, race parana tṛna sadana suhāe.
बरनि न जाहिं मंजु दुइ साला । एक ललित लघु एक बिसाला ॥
barani na jāhiṁ maṁju dui sālā, eka lalita laghu eka bisālā.

दोहा-dohā:

लखन जानकी सहित प्रभु राजत रुचिर निकेत ।
lakhana jānakī sahita prabhu rājata rucira niketa,
सोह मदनु मुनि बेष जनु रति रितुराज समेत ॥ १३३ ॥
soha madanu muni beṣa janu rati riturāja sameta. 133.

मासपारायण सत्रहँवा विश्राम
māsapārāyaṇa satrahaṁvā viśrāma
(Pause 17 for a Thirty-Day Recitation)

चौपाई-caupāī:

अमर नाग किंनर दिसिपाला । चित्रकूट आए तेहि काला ॥
amara nāga kiṁnara disipālā, citrakūṭa āe tehi kālā.
राम प्रनामु कीन्ह सब काहू । मुदित देव लहि लोचन लाहू ॥
rāma pranāmu kīnha saba kāhū, mudita deva lahi locana lāhū.
बरषि सुमन कह देव समाजू । नाथ सनाथ भए हम आजू ॥
baraṣi sumana kaha deva samājū, nātha sanātha bhae hama ājū.
करि बिनती दुख दुसह सुनाए । हरषित निज निज सदन सिधाए ॥
kari binatī dukha dusaha sunāe, haraṣita nija nija sadana sidhāe.

चित्रकूट रघुनंदनु छाए । समाचार सुनि सुनि मुनि आए ॥
citrakūṭa raghunaṁdanu chāe, samācāra suni suni muni āe.
आवत देखि मुदित मुनिबृंदा । कीन्ह दंडवत रघुकुल चंदा ॥
āvata dekhi mudita munibṛṁdā, kīnha daṁḍavata raghukula caṁdā.
मुनि रघुबरहि लाइ उर लेहीं । सुफल होन हित आसिष देहीं ॥
muni raghubarahi lāi ura lehīṁ, suphala hona hita āsiṣa dehīṁ.
सिय सौमित्रि राम छबि देखहिं । साधन सकल सफल करि लेखहिं ॥
siya saumitri rāma chabi dekhahiṁ, sādhana sakala saphala kari lekhahiṁ.

दोहा-dohā:

जथाजोग सनमानि प्रभु बिदा किए मुनिबृंद ।
jathājoga sanamāni prabhu bidā kie munibṛṁda,
करहिं जोग जप जाग तप निज आश्रमन्हि सुछंद ॥ १३४ ॥
karahiṁ joga japa jāga tapa nija āśramanhi suchaṁda. 134.

चौपाई-caupāī:

यह सुधि कोल किरातन्ह पाई । हरषे जनु नव निधि घर आई ॥
yaha sudhi kola kirātanha pāī, haraṣe janu nava nidhi ghara āī.
कंद मूल फल भरि भरि दोना । चले रंक जनु लूटन सोना ॥
kaṁda mūla phala bhari bhari donā, cale raṁka janu lūṭana sonā.
तिन्ह महँ जिन्ह देखे दोउ भ्राता । अपर तिन्हहि पूँछहिं मगु जाता ॥
tinha mahaṁ jinha dekhe dou bhrātā, apara tinhahi pūṁchahiṁ magu jātā.
कहत सुनत रघुबीर निकाई । आइ सबन्हि देखे रघुराई ॥
kahata sunata raghubīra nikāī, āi sabanhi dekhe raghurāī.
करहिं जोहारु भेंट धरि आगे । प्रभुहि बिलोकहिं अति अनुरागे ॥
karahiṁ johāru bheṁṭa dhari āge, prabhuhi bilokahiṁ ati anurāge.
चित्र लिखे जनु जहँ तहँ ठाढ़े । पुलक सरीर नयन जल बाढ़े ॥
citra likhe janu jahaṁ tahaṁ ṭhāṛhe, pulaka sarīra nayana jala bāṛhe.
राम सनेह मगन सब जाने । कहि प्रिय बचन सकल सनमाने ॥
rāma saneha magana saba jāne, kahi priya bacana sakala sanamāne.
प्रभुहि जोहारि बहोरि बहोरी । बचन बिनीत कहहिं कर जोरी ॥
prabhuhi johāri bahori bahorī, bacana binīta kahahiṁ kara jorī.

दोहा-dohā:

अब हम नाथ सनाथ सब भए देखि प्रभु पाय ।
aba hama nātha sanātha saba bhae dekhi prabhu pāya,
भाग हमारें आगमनु राउर कोसलराय ॥ १३५ ॥
bhāga hamāreṁ āgamanu rāura kosalarāya. 135.

चौपाई-caupāī:

धन्य भूमि बन पंथ पहारा । जहँ जहँ नाथ पाउ तुम्ह धारा ॥
dhanya bhūmi bana paṁtha pahārā, jahaṁ jahaṁ nātha pāu tumha dhārā.
धन्य बिहग मृग काननचारी । सफल जनम भए तुम्हहि निहारी ॥
dhanya bihaga mṛga kānanacārī, saphala janama bhae tumhahi nihārī.
हम सब धन्य सहित परिवारा । दीख दरसु भरि नयन तुम्हारा ॥
hama saba dhanya sahita parivārā, dīkha darasu bhari nayana tumhārā.
कीन्ह बासु भल ठाउँ बिचारी । इहाँ सकल रितु रहब सुखारी ॥
kīnha bāsu bhala ṭhāuṁ bicārī, ihāṁ sakala ritu rahaba sukhārī.
हम सब भाँति करब सेवकाई । करि केहरि अहि बाघ बराई ॥
hama saba bhāṁti karaba sevakāī, kari kehari ahi bāgha barāī.
बन बेहड़ गिरि कंदर खोहा । सब हमार प्रभु पग पग जोहा ॥
bana behaṛa giri kaṁdara khohā, saba hamāra prabhu paga paga johā.
तहँ तहँ तुम्हहि अहेर खेलाउब । सर निरझर जलठाउँ देखाउब ॥
tahaṁ tahaṁ tumhahi ahera khelāuba, sara nirajhara jalaṭhāuṁ dekhāuba.
हम सेवक परिवार समेता । नाथ न सकुचब आयसु देता ॥
hama sevaka parivāra sametā, nātha na sakucaba āyasu detā.

दोहा-dohā:

बेद बचन मुनि मन अगम ते प्रभु करुना ऐन ।
beda bacana muni mana agama te prabhu karunā aina,
बचन किरातन्ह के सुनत जिमि पितु बालक बैन ॥ १३६ ॥
bacana kirātanha ke sunata jimi pitu bālaka baina. 136.

चौपाई-caupāī:

रामहि केवल प्रेमु पिआरा । जानि लेउ जो जाननिहारा ॥
rāmahi kevala premu piārā, jāni leu jo jānanihārā.
राम सकल बनचर तब तोषे । कहि मृदु बचन प्रेम परिपोषे ॥
rāma sakala banacara taba toṣe, kahi mṛdu bacana prema paripoṣe.
बिदा किए सिर नाइ सिधाए । प्रभु गुन कहत सुनत घर आए ॥
bidā kie sira nāi sidhāe, prabhu guna kahata sunata ghara āe.
एहि बिधि सिय समेत दोउ भाई । बसहिं बिपिन सुर मुनि सुखदाई ॥
ehi bidhi siya sameta dou bhāī, basahiṁ bipina sura muni sukhadāī.
जब तें आइ रहे रघुनायकु । तब तें भयउ बनु मंगलदायकु ॥
jaba teṁ āi rahe raghunāyaku, taba teṁ bhayau banu maṁgaladāyaku.
फूलहिं फलहिं बिटप बिधि नाना । मंजु बलित बर बेलि बिताना ॥
phūlahiṁ phalahiṁ biṭapa bidhi nānā, maṁju balita bara beli bitānā.
सुरतरु सरिस सुभायँ सुहाए । मनहुँ बिबुध बन परिहरि आए ॥
surataru sarisa subhāyaṁ suhāe, manahuṁ bibudha bana parihari āe.
गंज मंजुतर मधुकर श्रेनी । त्रिबिध बयारि बहइ सुख देनी ॥
gaṁja maṁjutara madhukara śrenī, tribidha bayāri bahai sukha denī.

दोहा-dohā:

नीलकंठ कलकंठ सुक चातक चक्क चकोर ।
nīlakaṁṭha kalakaṁṭha suka cātaka cakka cakora,
भाँति भाँति बोलहिं बिहग श्रवन सुखद चित चोर ॥ १३७ ॥
bhāṁti bhāṁti bolahiṁ bihaga śravana sukhada cita cora. 137.

चौपाई-caupāī:

करि केहरि कपि कोल कुरंगा । बिगतबैर बिचरहिं सब संगा ॥
kari kehari kapi kola kuraṁgā, bigatabaira bicarahiṁ saba saṁgā.
फिरत अहेर राम छबि देखी । होहिं मुदित मृगबृंद बिसेषी ॥
phirata ahera rāma chabi dekhī, hohiṁ mudita mṛgabṛṁda biseṣī.
बिबुध बिपिन जहँ लगि जग माहीं । देखि राम बनु सकल सिहाहीं ॥
bibudha bipina jahaṁ lagi jaga māhīṁ, dekhi rāma banu sakala sihāhīṁ.
सुरसरि सरसइ दिनकर कन्या । मेकलसुता गोदावरि धन्या ॥
surasari sarasai dinakara kanyā, mekalasutā godāvari dhanyā.
सब सर सिंधु नदीं नद नाना । मंदाकिनि कर करहिं बखाना ॥
saba sara siṁdhu nadīṁ nada nānā, maṁdākini kara karahiṁ bakhānā.
उदय अस्त गिरि अरु कैलासू । मंदर मेरु सकल सुरबासू ॥
udaya asta giri aru kailāsū, maṁdara meru sakala surabāsū.
सैल हिमाचल आदिक जेते । चित्रकूट जसु गावहिं तेते ॥
saila himācala ādika jete, citrakūṭa jasu gāvahiṁ tete.
बिंधि मुदित मन सुखु न समाई । श्रम बिनु बिपुल बड़ाई पाई ॥
biṁdhi mudita mana sukhu na samāī, śrama binu bipula baṛāī pāī.

दोहा-dohā:

चित्रकूट के बिहग मृग बेलि बिटप तृन जाति ।
citrakūṭa ke bihaga mṛga beli biṭapa tṛna jāti,
पुन्य पुंज सब धन्य अस कहहिं देव दिन राति ॥ १३८ ॥
punya puṁja saba dhanya asa kahahiṁ deva dina rāti. 138.

चौपाई-caupāī:

नयनवंत रघुबरहि बिलोकी । पाइ जनम फल होहिं बिसोकी ॥
nayanavaṁta raghubarahi bilokī, pāi janama phala hohiṁ bisokī.
परसि चरन रज अचर सुखारी । भए परम पद के अधिकारी ॥
parasi carana raja acara sukhārī, bhae parama pada ke adhikārī.
सो बनु सैलु सुभायँ सुहावन । मंगलमय अति पावन पावन ॥
so banu sailu subhāyaṁ suhāvana, maṁgalamaya ati pāvana pāvana.
महिमा कहिअ कवनि बिधि तासू । सुखसागर जहँ कीन्ह निवासू ॥
mahimā kahia kavani bidhi tāsū, sukhasāgara jahaṁ kīnha nivāsū.
पय पयोधि तजि अवध बिहाई । जहँ सिय लखनु रामु रहे आई ॥
paya payodhi taji avadha bihāī, jahaṁ siya lakhanu rāmu rahe āī.
कहि न सकहिं सुषमा जसि कानन । जौं सत सहस होहिं सहसानन ॥
kahi na sakahiṁ suṣamā jasi kānana, jauṁ sata sahasa hohiṁ sahasānana.
सो मैं बरनि कहौं बिधि केहीं । डाबर कमठ कि मंदर लेहीं ॥
so maiṁ barani kahauṁ bidhi kehīṁ, ḍābara kamaṭha ki maṁdara lehīṁ.
सेवहिं लखनु करम मन बानी । जाइ न सीलु सनेहु बखानी ॥
sevahiṁ lakhanu karama mana bānī, jāi na sīlu sanehu bakhānī.

दोहा-dohā:

छिनु छिनु लखि सिय राम पद जानि आपु पर नेहु ।
chinu chinu lakhi siya rāma pada jāni āpu para nehu,
करत न सपनेहुँ लखनु चितु बंधु मातु पितु गेहु ॥ १३९ ॥
karata na sapanehuṁ lakhanu citu baṁdhu mātu pitu gehu. 139.

चौपाई-caupāī:

राम संग सिय रहति सुखारी । पुर परिजन गृह सुरति बिसारी ॥
rāma saṁga siya rahati sukhārī, pura parijana gṛha surati bisārī.
छिनु छिनु पिय बिधु बदनु निहारी । प्रमुदित मनहुँ चकोरकुमारी ॥
chinu chinu piya bidhu badanu nihārī, pramudita manahuṁ cakorakumārī.
नाह नेहु नित बढ़त बिलोकी । हरषित रहति दिवस जिमि कोकी ॥
nāha nehu nita baṛhata bilokī, haraṣita rahati divasa jimi kokī.
सिय मनु राम चरन अनुरागा । अवध सहस सम बनु प्रिय लागा ॥
siya manu rāma carana anurāgā, avadha sahasa sama banu priya lāgā.
परनकुटी प्रिय प्रियतम संगा । प्रिय परिवारु कुरंग बिहंगा ॥
paranakuṭī priya priyatama saṁgā, priya parivāru kuraṁga bihaṁgā.
सासु ससुर सम मुनितिय मुनिबर । असनु अमिअ सम कंद मूल फर ॥
sāsu sasura sama munitiya munibara, asanu amia sama kaṁda mūla phara.
नाथ साथ साँथरी सुहाई । मयन सयन सय सम सुखदाई ॥
nātha sātha sāṁtharī suhāī, mayana sayana saya sama sukhadāī.
लोकप होहिं बिलोकत जासू । तेहि कि मोहि सक बिषय बिलासू ॥
lokapa hohiṁ bilokata jāsū, tehi ki mohi saka biṣaya bilāsū.

दोहा-dohā:

सुमिरत रामहि तजहिं जन तृन सम बिषय बिलासु ।
sumirata rāmahi tajahiṁ jana tṛna sama biṣaya bilāsu,
रामप्रिया जग जननि सिय कछु न आचरजु तासु ॥ १४० ॥
rāmapriyā jaga janani siya kachu na ācaraju tāsu. 140.

चौपाई-caupāī:

सीय लखन जेहि बिधि सुखु लहहीं । सोइ रघुनाथ करहिं सोइ कहहीं ॥
sīya lakhana jehi bidhi sukhu lahahīṁ, soi raghunātha karahiṁ soi kahahīṁ.
कहहिं पुरातन कथा कहानी । सुनहिं लखनु सिय अति सुखु मानी ॥
kahahiṁ purātana kathā kahānī, sunahiṁ lakhanu siya ati sukhu mānī.
जब जब रामु अवध सुधि करहीं । तब तब बारि बिलोचन भरहीं ॥
jaba jaba rāmu avadha sudhi karahīṁ, taba taba bāri bilocana bharahīṁ.
सुमिरि मातु पितु परिजन भाई । भरत सनेहु सीलु सेवकाई ॥
sumiri mātu pitu parijana bhāī, bharata sanehu sīlu sevakāī.
कृपासिंधु प्रभु होहिं दुखारी । धीरजु धरहिं कुसमउ बिचारी ॥
kṛpāsiṁdhu prabhu hohiṁ dukhārī, dhīraju dharahiṁ kusamau bicārī.

लखि सिय लखनु बिकल होइ जाहीं। जिमि पुरुषहि अनुसर परिछाहीं॥
lakhi siya lakhanu bikala hoi jāhīṁ, jimi puruṣahi anusara parichāhīṁ.
प्रिया बंधु गति लखि रघुनंदनु। धीर कृपाल भगत उर चंदनु॥
priyā baṁdhu gati lakhi raghunaṁdanu, dhīra kṛpāla bhagata ura caṁdanu.
लगे कहन कछु कथा पुनीता। सुनि सुखु लहहिं लखनु अरु सीता॥
lage kahana kachu kathā punītā, suni sukhu lahahiṁ lakhanu aru sītā.

दोहा-dohā:

रामु लखन सीता सहित सोहत परन निकेत।
rāmu lakhana sītā sahita sohata parana niketa,
जिमि बासव बस अमरपुर सची जयंत समेत॥१४१॥
jimi bāsava basa amarapura sacī jayaṁta sameta. 141.

चौपाई-caupāī:

जोगवहिं प्रभु सिय लखनहिं कैसें। पलक बिलोचन गोलक जैसें॥
jogavahiṁ prabhu siya lakhanahiṁ kaiseṁ, palaka bilocana golaka jaiseṁ.
सेवहिं लखनु सीय रघुबीरहि। जिमि अबिबेकी पुरुष सरीरहि॥
sevahiṁ lakhanu sīya raghubīrahi, jimi abibekī puruṣa sarīrahi.
एहि बिधि प्रभु बन बसहिं सुखारी। खग मृग सुर तापस हितकारी॥
ehi bidhi prabhu bana basahiṁ sukhārī, khaga mṛga sura tāpasa hitakārī.
कहेउँ राम बन गवनु सुहावा। सुनहु सुमंत्र अवध जिमि आवा॥
kaheuṁ rāma bana gavanu suhāvā, sunahu sumaṁtra avadha jimi āvā.
फिरेउ निषादु प्रभुहि पहुँचाई। सचिव सहित रथ देखेसि आई॥
phireu niṣādu prabhuhi pahuṁcāī, saciva sahita ratha dekhesi āī.
मंत्री बिकल बिलोकि निषादू। कहि न जाइ जस भयउ बिषादू॥
maṁtrī bikala biloki niṣādū, kahi na jāi jasa bhayau biṣādū.
राम राम सिय लखन पुकारी। परेउ धरनितल ब्याकुल भारी॥
rāma rāma siya lakhana pukārī, pareu dharanitala byākula bhārī.
देखि दखिन दिसि हय हिहिनाहीं। जनु बिनु पंख बिहग अकुलाहीं॥
dekhi dakhina disi haya hihināhīṁ, janu binu paṁkha bihaga akulāhīṁ.

दोहा-dohā:

नहिं तृन चरहिं पिअहिं जलु मोचहिं लोचन बारि।
nahiṁ tṛna carahiṁ piahiṁ jalu mocahiṁ locana bāri,
ब्याकुल भए निषाद सब रघुबर बाजि निहारि॥१४२॥
byākula bhae niṣāda saba raghubara bāji nihāri. 142.

चौपाई-caupāī:

धरि धीरजु तब कहइ निषादू। अब सुमंत्र परिहरहु बिषादू॥
dhari dhīraju taba kahai niṣādū, aba sumaṁtra pariharahu biṣādū.
तुम्ह पंडित परमारथ ग्याता। धरहु धीर लखि बिमुख बिधाता॥
tumha paṁḍita paramāratha gyātā, dharahu dhīra lakhi bimukha bidhātā.
बिबिध कथा कहि कहि मृदु बानी। रथ बैठारेउ बरबस आनी॥
bibidha kathā kahi kahi mṛdu bānī, ratha baiṭhāreu barabasa ānī.
सोक सिथिल रथ सकइ न हाँकी। रघुबर बिरह पीर उर बाँकी॥
soka sithila ratha sakai na hāṁkī, raghubara biraha pīra ura bāṁkī.
चरफराहिं मग चलहिं न घोरे। बन मृग मनहुँ आनि रथ जोरे॥
carapharāhiṁ maga calahiṁ na ghore, bana mṛga manahuṁ āni ratha jore.
अढ़ुकि परहिं फिरि हेरहिं पीछें। राम बियोगि बिकल दुख तीछें॥
aṛhuki parahiṁ phiri herahiṁ pīcheṁ, rāma biyogi bikala dukha tīcheṁ.
जो कह रामु लखनु बैदेही। हिंकरि हिंकरि हित हेरहिं तेही॥
jo kaha rāmu lakhanu baidehī, hiṁkari hiṁkari hita herahiṁ tehī.
बाजि बिरह गति कहि किमि जाती। बिनु मनि फनिक बिकल जेहि भाँती॥
bāji biraha gati kahi kimi jātī, binu mani phanika bikala jehi bhāṁtī.

दोहा-dohā:

भयउ निषादु बिषादबस देखत सचिव तुरंग।
bhayau niṣādu biṣādabasa dekhata saciva turaṁga,
बोलि सुसेवक चारि तब दिए सारथी संग॥१४३॥
boli susevaka cāri taba die sārathī saṁga. 143.

चौपाई-caupāī:

गुह सारथिहि फिरेउ पहुँचाई। बिरहु बिषादु बरनि नहिं जाई॥
guha sārathihi phireu pahuṁcāī, birahu biṣādu barani nahiṁ jāī.
चले अवध लेइ रथहि निषादा। होहिं छनहिं छन मगन बिषादा॥
cale avadha lei rathahi niṣādā, hohiṁ chanahiṁ chana magana biṣādā.
सोच सुमंत्र बिकल दुख दीना। धिग जीवन रघुबीर बिहीना॥
soca sumaṁtra bikala dukha dīnā, dhiga jīvana raghubīra bihīnā.
रहिहि न अंतहुँ अधम सरीरू। जसु न लहेउ बिछुरत रघुबीरू॥
rahihi na aṁtahuṁ adhama sarīrū, jasu na laheu bichurata raghubīrū.
भए अजस अघ भाजन प्राना। कवन हेतु नहिं करत पयाना॥
bhae ajasa agha bhājana prānā, kavana hetu nahiṁ karata payānā.
अहह मंद मनु अवसर चूका। अजहुँ न हृदय होत दुइ टूका॥
ahaha maṁda manu avasara cūkā, ajahuṁ na hṛdaya hota dui ṭūkā.
मीजि हाथ सिरु धुनि पछिताई। मनहुँ कृपन धन रासि गवाँई॥
mīji hātha siru dhuni pachitāī, manahuṁ kṛpana dhana rāsi gavāṁī.
बिरिद बाँधि बर बीरु कहाई। चलेउ समर जनु सुभट पराई॥
birida bāṁdhi bara bīru kahāī, caleu samara janu subhaṭa parāī.

दोहा-dohā:

बिप्र बिबेकी बेदबिद संमत साधु सुजाति।
bipra bibekī bedabida saṁmata sādhu sujāti,
जिमि धोखें मदपान कर सचिव सोच तेहि भाँति॥१४४॥
jimi dhokheṁ madapāna kara saciva soca tehi bhāṁti. 144.

चौपाई-caupāī:

जिमि कुलीन तिय साधु सयानी। पतिदेवता करम मन बानी॥
jimi kulīna tiya sādhu sayānī, patidevatā karama mana bānī.
रहै करम बस परिहरि नाहू। सचिव हृदयँ तिमि दारुन दाहू॥
rahai karama basa parihari nāhū, saciva hṛdayaṁ timi dāruna dāhū.
लोचन सजल डीठि भइ थोरी। सुनइ न श्रवन बिकल मति भोरी॥
locana sajala ḍīṭhi bhai thorī, sunai na śravana bikala mati bhorī.
सूखहिं अधर लागि मुँह लाटी। जिउ न जाइ उर अवधि कपाटी॥
sūkhahiṁ adhara lāgi muṁha lāṭī, jiu na jāi ura avadhi kapāṭī.
बिबरन भयउ न जाइ निहारी। मारेसि मनहुँ पिता महतारी॥
bibarana bhayau na jāi nihārī, māresi manahuṁ pitā mahatārī.
हानि गलानि बिपुल मन ब्यापी। जमपुर पंथ सोच जिमि पापी॥
hāni galāni bipula mana byāpī, jamapura paṁtha soca jimi pāpī.
बचनु न आव हृदयँ पछिताई। अवध काह मैं देखब जाई॥
bacanu na āva hṛdayaṁ pachitāī, avadha kāha maiṁ dekhaba jāī.
राम रहित रथ देखिहि जोई। सकुचिहि मोहि बिलोकत सोई॥
rāma rahita ratha dekhihi joī, sakucihi mohi bilokata soī.

दोहा-dohā:

धाइ पूँछिहहिं मोहि जब बिकल नगर नर नारि।
dhāi pūṁchihahiṁ mohi jaba bikala nagara nara nāri,
उतरु देब मैं सबहि तब हृदयँ बज्रु बैठारि॥१४५॥
utaru deba maiṁ sabahi taba hṛdayaṁ bajru baiṭhāri. 145.

चौपाई-caupāī:

पुछिहहिं दीन दुखित सब माता। कहब काह मैं तिन्हहि बिधाता॥
puchihahiṁ dīna dukhita saba mātā, kahaba kāha maiṁ tinhahi bidhātā.

पूछिहि जबहिं लखन महतारी । कहिहउँ कवन सँदेस सुखारी ॥
pūchihi jabahiṁ lakhana mahatārī, kahihauṁ kavana saṁdesa sukhārī.
राम जननि जब आइहि धाई । सुमिरि बच्छु जिमि धेनु लवाई ॥
rāma janani jaba āihi dhāī, sumiri bacchu jimi dhenu lavāī.
पूँछत उतरु देब मैं तेही । गे बनु राम लखनु बैदेही ॥
pūṁchata utaru deba maiṁ tehī, ge banu rāma lakhanu baidehī.
जोइ पूँछिहि तेहि ऊतरु देबा । जाइ अवध अब यहु सुखु लेबा ॥
joi pūṁchihi tehi ūtaru debā, jāi avadha aba yahu sukhu lebā.
पूँछिहि जबहिं राउ दुख दीना । जिवनु जासु रघुनाथ अधीना ॥
pūṁchihi jabahiṁ rāu dukha dīnā, jivanu jāsu raghunātha adhīnā.
देहउँ उतरु कौनु मुहु लाई । आयउँ कुसल कुअँर पहुँचाई ॥
dehauṁ utaru kaunu muhu lāī, āyauṁ kusala kuaṁra pahuṁcāī.
सुनत लखन सिय राम सँदेसू । तृन जिमि तनु परिहरिहि नरेसू ॥
sunata lakhana siya rāma saṁdesū, tṛna jimi tanu pariharihi naresū.

दोहा-dohā:

हृदउ न बिदरेउ पंक जिमि बिछुरत प्रीतमु नीरु ।
hṛdau na bidareu paṁka jimi bichurata prītamu nīru,
जानत हौं मोहि दीन्ह बिधि यहु जातना सरीरु ॥ १४६ ॥
jānata hauṁ mohi dīnha bidhi yahu jātanā sarīru. 146.

चौपाई-caupāī:

एहि बिधि करत पंथ पछितावा । तमसा तीर तुरत रथु आवा ॥
ehi bidhi karata paṁtha pachitāvā, tamasā tīra turata rathu āvā.
बिदा किए करि बिनय निषादा । फिरे पायँ परि बिकल बिषादा ॥
bidā kie kari binaya niṣādā, phire pāyaṁ pari bikala biṣādā.
पैठत नगर सचिव सकुचाई । जनु मारेसि गुर बाँभन गाई ॥
paiṭhata nagara saciva sakucāī, janu māresi gura bāṁbhana gāī.
बैठि बिटप तर दिवसु गवाँवा । साँझ समय तब अवसरु पावा ॥
baiṭhi biṭapa tara divasu gavāṁvā, sāṁjha samaya taba avasaru pāvā.
अवध प्रबेसु कीन्ह अँधिआरें । पैठ भवन रथु राखि दुआरें ॥
avadha prabesu kīnha aṁdhiāreṁ, paiṭha bhavana rathu rākhi duāreṁ.
जिन्ह जिन्ह समाचार सुनि पाए । भूप द्वार रथु देखन आए ॥
jinha jinha samācāra suni pāe, bhūpa dvāra rathu dekhana āe.
रथु पहिचानि बिकल लखि घोरे । गरहिं गात जिमि आतप ओरे ॥
rathu pahicāni bikala lakhi ghore, garahiṁ gāta jimi ātapa ore.
नगर नारि नर ब्याकुल कैसें । निघटत नीर मीनगन जैसें ॥
nagara nāri nara byākula kaiseṁ, nighaṭata nīra mīnagana jaiseṁ.

दोहा-dohā:

सचिव आगमनु सुनत सबु बिकल भयउ रनिवासु ।
saciva āgamanu sunata sabu bikala bhayau ranivāsu,
भवन भयंकरु लाग तेहि मानहुँ प्रेत निवासु ॥ १४७ ॥
bhavana bhayaṁkaru lāga tehi mānahuṁ preta nivāsu. 147.

चौपाई-caupāī:

अति आरति सब पूँछहिं रानी । उतरु न आव बिकल भइ बानी ॥
ati ārati saba pūṁchahiṁ rānī, utaru na āva bikala bhai bānī.
सुनइ न श्रवन नयन नहिं सूझा । कहहु कहाँ नृपु तेहि तेहि बूझा ॥
sunai na śravana nayana nahiṁ sūjhā, kahahu kahāṁ nṛpu tehi tehi būjhā.
दासिन्ह दीख सचिव बिकलाई । कौसल्या गृहँ गईं लवाई ॥
dāsinha dīkha saciva bikalāī, kausalyā gṛhaṁ gaīṁ lavāī.
जाइ सुमंत्र दीख कस राजा । अमिअ रहित जनु चंदु बिराजा ॥
jāi sumaṁtra dīkha kasa rājā, amia rahita janu caṁdu birājā.
आसन सयन बिभूषन हीना । परेउ भूमितल निपट मलीना ॥
āsana sayana bibhūṣana hīnā, pareu bhūmitala nipaṭa malīnā.

लेइ उसासु सोच एहि भाँती । सुरपुर तें जनु खँसेउ जजाती ॥
lei usāsu soca ehi bhāṁtī, surapura teṁ janu khaṁseu jajātī.
लेत सोच भरि छिनु छिनु छाती । जनु जरि पंख परेउ संपाती ॥
leta soca bhari chinu chinu chātī, janu jari paṁkha pareu saṁpātī.
राम राम कह राम सनेही । पुनि कह राम लखन बैदेही ॥
rāma rāma kaha rāma sanehī, puni kaha rāma lakhana baidehī.

दोहा-dohā:

देखि सचिवँ जय जीव कहि कीन्हेउ दंड प्रनामु ।
dekhi sacivaṁ jaya jīva kahi kīnheu daṁḍa pranāmu,
सुनत उठेउ ब्याकुल नृपति कहु सुमंत्र कहँ रामु ॥ १४८ ॥
sunata uṭheu byākula nṛpati kahu sumaṁtra kahaṁ rāmu. 148.

चौपाई-caupāī:

भूप सुमंत्रु लीन्ह उर लाई । बूड़त कछु अधार जनु पाई ॥
bhūpa sumaṁtru līnha ura lāī, būṛata kachu adhāra janu pāī.
सहित सनेह निकट बैठारी । पूँछत राउ नयन भरि बारी ॥
sahita saneha nikaṭa baiṭhārī, pūṁchata rāu nayana bhari bārī.
राम कुसल कहु सखा सनेही । कहँ रघुनाथु लखनु बैदेही ॥
rāma kusala kahu sakhā sanehī, kahaṁ raghunāthu lakhanu baidehī.
आने फेरि कि बनहि सिधाए । सुनत सचिव लोचन जल छाए ॥
āne pheri ki banahi sidhāe, sunata saciva locana jala chāe.
सोक बिकल पुनि पूँछ नरेसू । कहु सिय राम लखन संदेसू ॥
soka bikala puni pūṁcha naresū, kahu siya rāma lakhana saṁdesū.
राम रूप गुन सील सुभाऊ । सुमिरि सुमिरि उर सोचत राऊ ॥
rāma rūpa guna sīla subhāū, sumiri sumiri ura socata rāū.
राउ सुनाइ दीन्ह बनबासू । सुनि मन भयउ न हरषु हराँसू ॥
rāu sunāi dīnha banabāsū, suni mana bhayau na haraṣu harāṁsū.
सो सुत बिछुरत गए न प्राना । को पापी बड़ मोहि समाना ॥
so suta bichurata gae na prānā, ko pāpī baṛa mohi samānā.

दोहा-dohā:

सखा रामु सिय लखनु जहँ तहाँ मोहि पहुँचाउ ।
sakhā rāmu siya lakhanu jahaṁ tahāṁ mohi pahuṁcāu,
नाहिं त चाहत चलन अब प्रान कहउँ सतिभाउ ॥ १४९ ॥
nāhiṁ ta cāhata calana aba prāna kahauṁ satibhāu. 149.

चौपाई-caupāī:

पुनि पुनि पूँछत मंत्रिहि राऊ । प्रियतम सुअन सँदेस सुनाऊ ॥
puni puni pūṁchata maṁtrihi rāū, priyatama suana saṁdesa sunāū.
करहि सखा सोइ बेगि उपाऊ । रामु लखनु सिय नयन देखाऊ ॥
karahi sakhā soi begi upāū, rāmu lakhanu siya nayana dekhāū.
सचिव धीर धरि कह मृदु बानी । महाराज तुम्ह पंडित ग्यानी ॥
saciva dhīra dhari kaha mṛdu bānī, mahārāja tumha paṁḍita gyānī.
बीर सुधीर धुरंधर देवा । साधु समाजु सदा तुम्ह सेवा ॥
bīra sudhīra dhuraṁdhara devā, sādhu samāju sadā tumha sevā.
जनम मरन सब दुख सुख भोगा । हानि लाभु प्रिय मिलन बियोगा ॥
janama marana saba dukha sukha bhogā, hāni lābhu priya milana biyogā.
काल करम बस होहिं गोसाईं । बरबस राति दिवस की नाईं ॥
kāla karama basa hohiṁ gosāīṁ, barabasa rāti divasa kī nāīṁ.
सुख हरषहिं जड़ दुख बिलखाहीं । दोउ सम धीर धरहिं मन माहीं ॥
sukha haraṣahiṁ jaṛa dukha bilakhāhīṁ, dou sama dhīra dharahiṁ mana māhīṁ.
धीरज धरहु बिबेकु बिचारी । छाड़िअ सोच सकल हितकारी ॥
dhīraja dharahu bibeku bicārī, chāṛia soca sakala hitakārī.

दोहा-dohā:

प्रथम बासु तमसा भयउ दूसर सुरसरि तीर ।
prathama bāsu tamasā bhayau dūsara surasari tīra,
न्हाइ रहे जलपानु करि सिय समेत दोउ बीर ॥१५०॥
nhāi rahe jalapānu kari siya sameta dou bīra. 150.

चौपाई-caupāī:

केवट कीन्हि बहुत सेवकाई । सो जामिनि सिंगरौर गवाँई ॥
kevaṭa kīnhi bahuta sevakāī, so jāmini siṁgaraura gavā̐ī.
होत प्रात बट छीरु मगावा । जटा मुकुट निज सीस बनावा ॥
hota prāta baṭa chīru magāvā, jaṭā mukuṭa nija sīsa banāvā.
राम सखाँ तब नाव मगाई । प्रिया चढ़ाइ चढ़े रघुराई ॥
rāma sakhā̐ṁ taba nāva magāī, priyā caṛhāi caṛhe raghurāī.
लखन बान धनु धरे बनाई । आपु चढ़े प्रभु आयसु पाई ॥
lakhana bāna dhanu dhare banāī, āpu caṛhe prabhu āyasu pāī.
बिकल बिलोकि मोहि रघुबीरा । बोले मधुर बचन धरि धीरा ॥
bikala biloki mohi raghubīrā, bole madhura bacana dhari dhīrā.
तात प्रनामु तात सन कहेहू । बार बार पद पंकज गहेहू ॥
tāta pranāmu tāta sana kahehū, bāra bāra pada paṁkaja gahehū.
करबि पायँ परि बिनय बहोरी । तात करिअ जनि चिंता मोरी ॥
karabi pāya̐ṁ pari binaya bahorī, tāta karia jani ciṁtā morī.
बन मग मंगल कुसल हमारें । कृपा अनुग्रह पुन्य तुम्हारें ॥
bana maga maṁgala kusala hamāreṁ, kṛpā anugraha punya tumhāreṁ.

छंद-chaṁda:

तुम्हरें अनुग्रह तात कानन जात सब सुखु पाइहौं ।
tumhareṁ anugraha tāta kānana jāta saba sukhu pāihauṁ,
प्रतिपालि आयसु कुसल देखन पाय पुनि फिरि आइहौं ॥
pratipāli āyasu kusala dekhana pāya puni phiri āihauṁ.
जननीं सकल परितोषि परि परि पायँ करि बिनती घनी ।
jananīṁ sakala paritoṣi pari pari pāya̐ṁ kari binatī ghanī,
तुलसी करेहु सोइ जतनु जेहिं कुसली रहहिं कोसलधनी ॥
tulasī karehu soi jatanu jehiṁ kusalī rahahiṁ kosaladhanī.

सोरठा-soraṭhā:

गुर सन कहब सँदेसु बार बार पद पदुम गहि ।
gura sana kahaba sa̐ṁdesu bāra bāra pada paduma gahi,
करब सोइ उपदेसु जेहिं न सोच मोहि अवधपति ॥१५१॥
karaba soi upadesu jehiṁ na soca mohi avadhapati. 151.

चौपाई-caupāī:

पुरजन परिजन सकल निहोरी । तात सुनाएहु बिनती मोरी ॥
purajana parijana sakala nihorī, tāta sunāehu binatī morī.
सोइ सब भाँति मोर हितकारी । जातें रह नरनाहु सुखारी ॥
soi saba bhā̐ṁti mora hitakārī, jāteṁ raha naranāhu sukhārī.
कहब सँदेसु भरत के आएँ । नीति न तजिअ राजपदु पाएँ ॥
kahaba sa̐ṁdesu bharata ke āe̐ṁ, nīti na tajia rājapadu pāe̐ṁ.
पालेहु प्रजहि करम मन बानी । सेएहु मातु सकल सम जानी ॥
pālehu prajahi karama mana bānī, seehu mātu sakala sama jānī.
ओर निबाहेहु भायप भाई । करि पितु मातु सुजन सेवकाई ॥
ora nibāhehu bhāyapa bhāī, kari pitu mātu sujana sevakāī.
तात भाँति तेहि राखब राऊ । सोच मोर जेहिं करै न काऊ ॥
tāta bhā̐ṁti tehi rākhaba rāū, soca mora jehiṁ karai na kāū.
लखन कहे कछु बचन कठोरा । बरजि राम पुनि मोहि निहोरा ॥
lakhana kahe kachu bacana kaṭhorā, baraji rāma puni mohi nihorā.
बार बार निज सपथ देवाई । कहबि न तात लखन लरिकाई ॥
bāra bāra nija sapatha devāī, kahabi na tāta lakhana larikāī.

दोहा-dohā:

कहि प्रनामु कछु कहन लिय सिय भइ सिथिल सनेह ।
kahi pranāmu kachu kahana liya siya bhai sithila saneha,
थकित बचन लोचन सजल पुलक पल्लवित देह ॥१५२॥
thakita bacana locana sajala pulaka pallavita deha. 152.

चौपाई-caupāī:

तेहि अवसर रघुबर रूख पाई । केवट पारहि नाव चलाई ॥
tehi avasara raghubara rūkha pāī, kevaṭa pārahi nāva calāī.
रघुकुलतिलक चले एहि भाँती । देखउँ ठाढ़ कुलिस धरि छाती ॥
raghukulatilaka cale ehi bhā̐ṁtī, dekhau̐ṁ ṭhāṛha kulisa dhari chātī.
मैं आपन किमि कहौं कलेसू । जिअत फिरेउँ लेइ राम सँदेसू ॥
maiṁ āpana kimi kahauṁ kalesū, jiata phireu̐ṁ lei rāma sa̐ṁdesū.
अस कहि सचिव बचन रहि गयऊ । हानि गलानि सोच बस भयऊ ॥
asa kahi saciva bacana rahi gayaū, hāni galāni soca basa bhayaū.
सूत बचन सुनतहिं नरनाहू । परेउ धरनि उर दारुन दाहू ॥
sūta bacana sunatahiṁ naranāhū, pareu dharani ura dāruna dāhū.
तलफत बिषम मोह मन मापा । माजा मनहुँ मीन कहुँ ब्यापा ॥
talaphata biṣama moha mana māpā, mājā manahu̐ṁ mīna kahu̐ṁ byāpā.
करि बिलाप सब रोवहिं रानी । महा बिपति किमि जाइ बखानी ॥
kari bilāpa saba rovahiṁ rānī, mahā bipati kimi jāi bakhānī.
सुनि बिलाप दुखहू दुखु लागा । धीरजहू कर धीरजु भागा ॥
suni bilāpa dukhahū dukhu lāgā, dhīrajahū kara dhīraju bhāgā.

दोहा-dohā:

भयउ कोलाहलु अवध अति सुनि नृप राउर सोरु ।
bhayau kolāhalu avadha ati suni nṛpa rāura soru,
बिपुल बिहग बन परेउ निसि मानहुँ कुलिस कठोरु ॥१५३॥
bipula bihaga bana pareu nisi mānahu̐ṁ kulisa kaṭhoru. 153.

चौपाई-caupāī:

प्रान कंठगत भयउ भुआलू । मनि बिहीन जनु ब्याकुल ब्यालू ॥
prāna kaṁṭhagata bhayau bhuālū, mani bihīna janu byākula byālū.
इंद्रीं सकल बिकल भइँ भारी । जनु सर सरसिज बनु बिनु बारी ॥
iṁdrīṁ sakala bikala bhai̐ṁ bhārī, janu sara sarasija banu binu bārī.
कौसल्याँ नृपु दीख मलाना । रबिकुल रबि अँथयउ जियँ जाना ॥
kausalyā̐ṁ nṛpu dīkha malānā, rabikula rabi a̐ṁthayau jiya̐ṁ jānā.
उर धरि धीर राम महतारी । बोली बचन समय अनुसारी ॥
ura dhari dhīra rāma mahatārī, bolī bacana samaya anusārī.
नाथ समुझि मन करिअ बिचारू । राम बियोग पयोधि अपारू ॥
nātha samujhi mana karia bicārū, rāma biyoga payodhi apārū.
करनधार तुम्ह अवध जहाजू । चढ़ेउ सकल प्रिय पथिक समाजू ॥
karanadhāra tumha avadha jahājū, caṛheu sakala priya pathika samājū.
धीरजु धरिअ त पाइअ पारू । नाहिं त बूड़िहि सबु परिवारू ॥
dhīraju dharia ta pāia pārū, nāhiṁ ta būṛihi sabu parivārū.
जौं जियँ धरिअ बिनय पिय मोरी । रामु लखनु सिय मिलहिं बहोरी ॥
jauṁ jiya̐ṁ dharia binaya piya morī, rāmu lakhanu siya milahiṁ bahorī.

दोहा-dohā:

प्रिया बचन मृदु सुनत नृपु चितयउ आँखि उघारि ।
priyā bacana mṛdu sunata nṛpu citayau ā̐ṁkhi ughāri,
तलफत मीन मलीन जनु सींचत सीतल बारि ॥१५४॥
talaphata mīna malīna janu sīṁcata sītala bāri. 154.

चौपाई-caupāī:

धरि धीरजु उठि बैठ भुआलू । कहु सुमंत्र कहँ राम कृपालू ॥
dhari dhīraju uṭhi baiṭha bhuālū, kahu sumaṁtra kaha̐ṁ rāma kṛpālū.

कहाँ लखनु कहँ रामु सनेही । कहँ प्रिय पुत्रबधू बैदेही ॥
kahāṁ lakhanu kahaṁ rāmu sanehī, kahaṁ priya putrabadhū baidehī.
बिलपत राउ बिकल बहु भाँती । भइ जुग सरिस सिराति न राती ॥
bilapata rāu bikala bahu bhāṁtī, bhai juga sarisa sirāti na rātī.
तापस अंध साप सुधि आई । कौसल्यहि सब कथा सुनाई ॥
tāpasa aṁdha sāpa sudhi āī, kausalyahi saba kathā sunāī.
भयउ बिकल बरनत इतिहासा । राम रहित धिग जीवन आसा ॥
bhayau bikala baranata itihāsā, rāma rahita dhiga jīvana āsā.
सो तनु राखि करब मैं काहा । जेहिं न प्रेम पनु मोर निबाहा ॥
so tanu rākhi karaba maiṁ kāhā, jehiṁ na prema panu mora nibāhā.
हा रघुनंदन प्रान पिरीते । तुम्ह बिनु जिअत बहुत दिन बीते ॥
hā raghunaṁdana prāna pirīte, tumha binu jiata bahuta dina bīte.
हा जानकी लखन हा रघुबर । हा पितु हित चित चातक जलधर ॥
hā jānakī lakhana hā raghubara, hā pitu hita cita cātaka jaladhara.

दोहा-dohā:

राम राम कहि राम कहि राम राम कहि राम ।
rāma rāma kahi rāma kahi rāma rāma kahi rāma,
तनु परिहरि रघुबर बिरहँ राउ गयउ सुरधाम ॥ १५५ ॥
tanu parihari raghubara birahaṁ rāu gayau suradhāma. 155.

चौपाई-caupāī:

जिअन मरन फलु दसरथ पावा । अंड अनेक अमल जसु छावा ॥
jiana marana phalu dasaratha pāvā, aṁḍa aneka amala jasu chāvā.
जिअत राम बिधु बदनु निहारा । राम बिरह करि मरनु सँवारा ॥
jiata rāma bidhu badanu nihārā, rāma biraha kari maranu saṁvārā.
सोक बिकल सब रोवहिं रानी । रूपु सीलु बलु तेजु बखानी ॥
soka bikala saba rovahiṁ rānī, rūpu sīlu balu teju bakhānī.
करहिं बिलाप अनेक प्रकारा । परहिं भूमितल बारहिं बारा ॥
karahiṁ bilāpa aneka prakārā, parahiṁ bhūmitala bārahiṁ bārā.
बिलपहिं बिकल दास अरु दासी । घर घर रुदनु करहिं पुरबासी ॥
bilapahiṁ bikala dāsa aru dāsī, ghara ghara rudanu karahiṁ purabāsī.
अँथयउ आजु भानुकुल भानू । धरम अवधि गुन रूप निधानू ॥
aṁthayau āju bhānukula bhānū, dharama avadhi guna rūpa nidhānū.
गारीं सकल कैकइहि देहीं । नयन बिहीन कीन्ह जग जेहीं ॥
gārīṁ sakala kaikaihi dehīṁ, nayana bihīna kīnha jaga jehīṁ.
एहि बिधि बिलपत रैनि बिहानी । आए सकल महामुनि ग्यानी ॥
ehi bidhi bilapata raini bihānī, āe sakala mahāmuni gyānī.

दोहा-dohā:

तब बसिष्ठ मुनि समय सम कहि अनेक इतिहास ।
taba basiṣṭha muni samaya sama kahi aneka itihāsa,
सोक नेवारेउ सबहि कर निज बिग्यान प्रकास ॥ १५६ ॥
soka nevāreu sabahi kara nija bigyāna prakāsa. 156.

चौपाई-caupāī:

तेल नावँ भरि नृप तनु राखा । दूत बोलाइ बहुरि अस भाषा ॥
tela nāvaṁ bhari nṛpa tanu rākhā, dūta bolāi bahuri asa bhāṣā.
धावहु बेगि भरत पहिं जाहू । नृप सुधि कतहुँ कहहु जनि काहू ॥
dhāvahu begi bharata pahiṁ jāhū, nṛpa sudhi katahuṁ kahahu jani kāhū.
एतनेइ कहेहु भरत सन जाई । गुर बोलाई पठयउ दोउ भाई ॥
etanei kahehu bharata sana jāī, gura bolāī paṭhayau dou bhāī.
सुनि मुनि आयसु धावन धाए । चले बेग बर बाजि लजाए ॥
suni muni āyasu dhāvana dhāe, cale bega bara bāji lajāe.
अनरथु अवध अरंभेउ जब तें । कुसगुन होहिं भरत कहुँ तब तें ॥
anarathu avadha araṁbheu jaba teṁ, kusaguna hohiṁ bharata kahuṁ taba teṁ.
देखहिं राति भयानक सपना । जागि करहिं कटु कोटि कलपना ॥
dekhahiṁ rāti bhayānaka sapanā, jāgi karahiṁ kaṭu koṭi kalapanā.
बिप्र जेवाँइ देहिं दिन दाना । सिव अभिषेक करहिं बिधि नाना ॥
bipra jevāṁi dehiṁ dina dānā, siva abhiṣeka karahiṁ bidhi nānā.
मागहिं हृदयँ महेस मनाई । कुसल मातु पितु परिजन भाई ॥
māgahiṁ hṛdayaṁ mahesa manāī, kusala mātu pitu parijana bhāī.

दोहा-dohā:

एहि बिधि सोचत भरत मन धावन पहुँचे आइ ।
ehi bidhi socata bharata mana dhāvana pahuṁce āi,
गुर अनुसासन श्रवन सुनि चले गनेसु मनाइ ॥ १५७ ॥
gura anusāsana śravana suni cale ganesu manāi. 157.

चौपाई-caupāī:

चले समीर बेग हय हाँके । नाघत सरित सैल बन बाँके ॥
cale samīra bega haya hāṁke, nāghata sarita saila bana bāṁke.
हृदयँ सोचु बड़ कछु न सोहाई । अस जानहिं जियँ जाउँ उड़ाई ॥
hṛdayaṁ socu baṛa kachu na sohāī, asa jānahiṁ jiyaṁ jāuṁ uṛāī.
एक निमेष बरस सम जाई । एहि बिधि भरत नगर निअराई ॥
eka nimeṣa barasa sama jāī, ehi bidhi bharata nagara niarāī.
असगुन होहिं नगर पैठारा । रटहिं कुभाँति कुखेत करारा ॥
asaguna hohiṁ nagara paiṭhārā, raṭahiṁ kubhāṁti kukheta karārā.
खर सिआर बोलहिं प्रतिकूला । सुनि सुनि होइ भरत मन सूला ॥
khara siāra bolahiṁ pratikūlā, suni suni hoi bharata mana sūlā.
श्रीहत सर सरिता बन बागा । नगरु बिसेषि भयावनु लागा ॥
śrīhata sara saritā bana bāgā, nagaru biseṣi bhayāvanu lāgā.
खग मृग हय गय जाहिं न जोए । राम बियोग कुरोग बिगोए ॥
khaga mṛga haya gaya jāhiṁ na joe, rāma biyoga kuroga bigoe.
नगर नारि नर निपट दुखारी । मनहुँ सबन्हि सब संपति हारी ॥
nagara nāri nara nipaṭa dukhārī, manahuṁ sabanhi saba saṁpati hārī.

दोहा-dohā:

पुरजन मिलहिं न कहहिं कछु गवँहिं जोहारहिं जाहिं ।
purajana milahiṁ na kahahiṁ kachu gavaṁhiṁ johārahiṁ jāhiṁ,
भरत कुसल पूँछि न सकहिं भय बिषाद मन माहिं ॥ १५८ ॥
bharata kusala pūṁchi na sakahiṁ bhaya biṣāda mana māhiṁ. 158.

चौपाई-caupāī:

हाट बाट नहिं जाइ निहारी । जनु पुर दहँ दिसि लागि दवारी ॥
hāṭa bāṭa nahiṁ jāi nihārī, janu pura dahaṁ disi lāgi davārī.
आवत सुत सुनि कैकयनंदिनि । हरषी रबिकुल जलरुह चंदिनि ॥
āvata suta suni kaikayanaṁdini, haraṣī rabikula jalaruha caṁdini.
सजि आरती मुदित उठि धाई । द्वारेहिं भेंटि भवन लेइ आई ॥
saji āratī mudita uṭhi dhāī, dvārehiṁ bheṁṭi bhavana lei āī.
भरत दुखित परिवारु निहारा । मानहुँ तुहिन बनज बनु मारा ॥
bharata dukhita parivāru nihārā, mānahuṁ tuhina banaja banu mārā.
कैकेई हरषित एहि भाँति । मनहुँ मुदित दव लाइ किराती ॥
kaikeī haraṣita ehi bhāṁti, manahuṁ mudita dava lāi kirātī.
सुतहि ससोच देखि मनु मारें । पूँछति नैहर कुसल हमारें ॥
sutahi sasoca dekhi manu māreṁ, pūṁchati naihara kusala hamāreṁ.
सकल कुसल कहि भरत सुनाई । पूँछी निज कुल कुसल भलाई ॥
sakala kusala kahi bharata sunāī, pūṁchī nija kula kusala bhalāī.
कहु कहँ तात कहाँ सब माता । कहँ सिय राम लखन प्रिय भ्राता ॥
kahu kahaṁ tāta kahāṁ saba mātā, kahaṁ siya rāma lakhana priya bhrātā.

दोहा-dohā:

सुनि सुत बचन सनेहमय कपट नीर भरि नैन ।
suni suta bacana sanehamaya kapaṭa nīra bhari naina,
भरत श्रवन मन सूल सम पापिनि बोली बैन ॥१५९॥
bharata śravana mana sūla sama pāpini bolī baina. 159.

चौपाई-caupāī:

तात बात मैं सकल सँवारी । भै मंथरा सहाय बिचारी ॥
tāta bāta maiṁ sakala saṁvārī, bhai maṁtharā sahāya bicārī.
कछुक काज बिधि बीच बिगारेउ । भूपति सुरपति पुर पगु धारेउ ॥
kachuka kāja bidhi bīca bigāreu, bhūpati surapati pura pagu dhāreu.
सुनत भरतु भए बिबस बिषादा । जनु सहमेउ करि केहरि नादा ॥
sunata bharatu bhae bibasa biṣādā, janu sahameu kari kehari nādā.
तात तात हा तात पुकारी । परे भूमितल ब्याकुल भारी ॥
tāta tāta hā tāta pukārī, pare bhūmitala byākula bhārī.
चलत न देखन पायउँ तोही । तात न रामहि सौंपेहु मोही ॥
calata na dekhana pāyauṁ tohī, tāta na rāmahi sauṁpehu mohī.
बहुरि धीर धरि उठे सँभारी । कहु पितु मरन हेतु महतारी ॥
bahuri dhīra dhari uṭhe saṁbhārī, kahu pitu marana hetu mahatārī.
सुनि सुत बचन कहति कैकेई । मरमु पाँछि जनु माहुर देई ॥
suni suta bacana kahati kaikeī, maramu pāṁchi janu māhura deī.
आदिहु तें सब आपनि करनी । कुटिल कठोर मुदित मन बरनी ॥
ādihu teṁ saba āpani karanī, kuṭila kaṭhora mudita mana baranī.

दोहा-dohā:

भरतहि बिसरेउ पितु मरन सुनत राम बन गौनु ।
bharatahi bisareu pitu marana sunata rāma bana gaunu,
हेतु अपनपउ जानि जियँ थकित रहे धरि मौनु ॥१६०॥
hetu apanapau jāni jiyaṁ thakita rahe dhari maunu. 160.

चौपाई-caupāī:

बिकल बिलोकि सुतहि समुझावति । मनहुँ जरे पर लोनु लगावति ॥
bikala biloki sutahi samujhāvati, manahuṁ jare para lonu lagāvati.
तात राउ नहिं सोचै जोगू । बिढ़इ सुकृत जसु कीन्हेउ भोगू ॥
tāta rāu nahiṁ socai jogū, biṛhai sukṛta jasu kīnheu bhogū.
जीवत सकल जनम फल पाए । अंत अमरपति सदन सिधाए ॥
jīvata sakala janama phala pāe, aṁta amarapati sadana sidhāe.
अस अनुमानि सोच परिहरहू । सहित समाज राज पुर करहू ॥
asa anumāni soca pariharahū, sahita samāja rāja pura karahū.
सुनि सुठि सहमेउ राजकुमारू । पाकें छत जनु लाग अँगारू ॥
suni suṭhi sahameu rājakumārū, pākeṁ chata janu lāga aṁgārū.
धीरज धरि भरि लेहिं उसासा । पापिनि सबहि भाँति कुल नासा ॥
dhīraja dhari bhari lehiṁ usāsā, pāpini sabahi bhāṁti kula nāsā.
जौं पै कुरुचि रही अति तोही । जनमत काहे न मारे मोही ॥
jauṁ pai kuruci rahī ati tohī, janamata kāhe na māre mohī.
पेड़ काटि तैं पालउ सींचा । मीन जिअन निति बारि उलीचा ॥
peṛa kāṭi taiṁ pālau sīṁcā, mīna jiana niti bāri ulīcā.

दोहा-dohā:

हंसबंसु दसरथु जनकु राम लखन से भाइ ।
haṁsabaṁsu dasarathu janaku rāma lakhana se bhāi,
जननी तूँ जननी भई बिधि सन कछु न बसाइ ॥१६१॥
jananī tūṁ jananī bhaī bidhi sana kachu na basāi. 161.

चौपाई-caupāī:

जब तैं कुमति कुमत जियँ ठयऊ । खंड खंड होइ हृदउ न गयऊ ॥
jaba taiṁ kumati kumata jiyaṁ ṭhayaū, khaṁḍa khaṁḍa hoi hṛdau na gayaū.
बर मागत मन भइ नहिं पीरा । गरि न जीह मुहँ परेउ न कीरा ॥
bara māgata mana bhai nahiṁ pīrā, gari na jīha muhaṁ pareu na kīrā.
भूपँ प्रतीति तोरि किमि कीन्ही । मरन काल बिधि मति हरि लीन्ही ॥
bhūpaṁ pratīti tori kimi kīnhī, marana kāla bidhi mati hari līnhī.
बिधिहुँ न नारि हृदय गति जानी । सकल कपट अघ अवगुन खानी ॥
bidhihuṁ na nāri hṛdaya gati jānī, sakala kapaṭa agha avaguna khānī.
सरल सुसील धरम रत राऊ । सो किमि जानै तीय सुभाऊ ॥
sarala susīla dharama rata rāū, so kimi jānai tīya subhāū.
अस को जीव जंतु जग माहीं । जेहि रघुनाथ प्रानप्रिय नाहीं ॥
asa ko jīva jaṁtu jaga māhīṁ, jehi raghunātha prānapriya nāhīṁ.
भे अति अहित रामु तेउ तोही । को तू अहसि सत्य कहु मोही ॥
bhe ati ahita rāmu teu tohī, ko tū ahasi satya kahu mohī.
जो हसि सो हसि मुहँ मसि लाई । आँखि ओट उठि बैठहि जाई ॥
jo hasi so hasi muhaṁ masi lāī, āṁkhi oṭa uṭhi baiṭhahi jāī.

दोहा-dohā:

राम बिरोधी हृदय तें प्रगट कीन्ह बिधि मोहि ।
rāma birodhī hṛdaya teṁ pragaṭa kīnha bidhi mohi,
मो समान को पातकी बादि कहउँ कछु तोहि ॥१६२॥
mo samāna ko pātakī bādi kahauṁ kachu tohi. 162.

चौपाई-caupāī:

सुनि सत्रुघुन मातु कुटिलाई । जरहिं गात रिस कछु न बसाई ॥
suni satrughuna mātu kuṭilāī, jarahiṁ gāta risa kachu na basāī.
तेहि अवसर कुबरी तहँ आई । बसन बिभूषन बिबिध बनाई ॥
tehi avasara kubarī tahaṁ āī, basana bibhūṣana bibidha banāī.
लखि रिस भरेउ लखन लघु भाई । बरत अनल घृत आहुति पाई ॥
lakhi risa bhareu lakhana laghu bhāī, barata anala ghṛta āhuti pāī.
हुमगि लात तकि कूबर मारा । परि मुह भर महि करत पुकारा ॥
humagi lāta taki kūbara mārā, pari muha bhara mahi karata pukārā.
कूबर टूटेउ फूट कपारू । दलित दसन मुख रुधिर प्रचारू ॥
kūbara ṭūṭeu phūṭa kapārū, dalita dasana mukha rudhira pracārū.
आह दइअ मैं काह नसावा । करत नीक फलु अनइस पावा ॥
āha daia maiṁ kāha nasāvā, karata nīka phalu anaisa pāvā.
सुनि रिपुहन लखि नख सिख खोटी । लगे घसीटन धरि धरि झोंटी ॥
suni ripuhana lakhi nakha sikha khoṭī, lage ghasīṭana dhari dhari jhoṁṭī.
भरत दयानिधि दीन्हि छड़ाई । कौसल्या पहिं गे दोउ भाई ॥
bharata dayānidhi dīnhi chaṛāī, kausalyā pahiṁ ge dou bhāī.

दोहा-dohā:

मलिन बसन बिबरन बिकल कृस सरीर दुख भार ।
malina basana bibarana bikala kṛsa sarīra dukha bhāra,
कनक कलप बर बेलि बन मानहुँ हनी तुसार ॥१६३॥
kanaka kalapa bara beli bana mānahuṁ hanī tusāra. 163.

चौपाई-caupāī:

भरतहि देखि मातु उठि धाई । मुरुछित अवनि परी झइँ आई ॥
bharatahi dekhi mātu uṭhi dhāī, muruchita avani parī jhaiṁ āī.
देखत भरतु बिकल भए भारी । परे चरन तन दसा बिसारी ॥
dekhata bharatu bikala bhae bhārī, pare carana tana dasā bisārī.
मातु तात कहँ देहि देखाई । कहँ सिय रामु लखनु दोउ भाई ॥
mātu tāta kahaṁ dehi dekhāī, kahaṁ siya rāmu lakhanu dou bhāī.
कैकइ कत जनमी जग माझा । जौं जनमि त भइ काहे न बाँझा ॥
kaikai kata janamī jaga mājhā, jauṁ janami ta bhai kāhe na bāṁjhā.
कुल कलंकु जेहिं जनमेउ मोही । अपजस भाजन प्रियजन द्रोही ॥
kula kalaṁku jehiṁ janameu mohī, apajasa bhājana priyajana drohī.

को तिभुवन मोहि सरिस अभागी । गति असि तोरि मातु जेहि लागी ॥
ko tibhuvana mohi sarisa abhāgī, gati asi tori mātu jehi lāgī.
पितु सुरपुर बन रघुबर केतू । मैं केवल सब अनरथ हेतू ॥
pitu surapura bana raghubara ketū, maiṁ kevala saba anaratha hetū.
धिग मोहि भयउँ बेनु बन आगी । दुसह दाह दुख दूषन भागी ॥
dhiga mohi bhayauṁ benu bana āgī, dusaha dāha dukha dūṣana bhāgī.

दोहा-dohā:

मातु भरत के बचन मृदु सुनि सुनि उठी सँभारि ।
mātu bharata ke bacana mṛdu suni suni uṭhī saṁbhāri,
लिए उठाइ लगाइ उर लोचन मोचति बारि ॥ १६४ ॥
lie uṭhāi lagāi ura locana mocati bāri. 164.

चौपाई-caupāī:

सरल सुभाय मायँ हियँ लाए । अति हित मनहुँ राम फिरि आए ॥
sarala subhāya māyaṁ hiyaṁ lāe, ati hita manahuṁ rāma phiri āe.
भेंटेउ बहुरि लखन लघु भाई । सोकु सनेहु न हृदयँ समाई ॥
bhemṭeu bahuri lakhana laghu bhāī, soku sanehu na hṛdayaṁ samāī.
देखि सुभाउ कहत सबु कोई । राम मातु अस काहे न होई ॥
dekhi subhāu kahata sabu koī, rāma mātu asa kāhe na hoī.
माताँ भरतु गोद बैठारे । आँसु पोंछि मृदु बचन उचारे ॥
mātāṁ bharatu goda baiṭhāre, āṁsu poṁchi mṛdu bacana ucāre.
अजहुँ बच्छ बलि धीरज धरहू । कुसमउ समुझि सोक परिहरहू ॥
ajahuṁ baccha bali dhīraja dharahū, kusamau samujhi soka pariharahū.
जनि मानहु हियँ हानि गलानी । काल करम गति अघटित जानी ॥
jani mānahu hiyaṁ hāni galānī, kāla karama gati aghaṭita jānī.
काहुहि दोसु देहु जनि ताता । भा मोहि सब बिधि बाम बिधाता ॥
kāhuhi dosu dehu jani tātā, bhā mohi saba bidhi bāma bidhātā.
जो एतेहुँ दुख मोहि जिआवा । अजहुँ को जानइ का तेहि भावा ॥
jo etehuṁ dukha mohi jiāvā, ajahuṁ ko jānai kā tehi bhāvā.

दोहा-dohā:

पितु आयस भूषन बसन तात तजे रघुबीर ।
pitu āyasa bhūṣana basana tāta taje raghubīra,
बिसमउ हरषु न हृदयँ कछु पहिरे बलकल चीर ॥ १६५ ॥
bisamau haraṣu na hṛdayaṁ kachu pahire balakala cīra. 165.

चौपाई-caupāī:

मुख प्रसन्न मन रंग न रोषू । सब कर सब बिधि करि परितोषू ॥
mukha prasanna mana raṁga na roṣū, saba kara saba bidhi kari paritoṣū.
चले बिपिन सुनि सिय सँग लागी । रहइ न राम चरन अनुरागी ॥
cale bipina suni siya saṁga lāgī, rahai na rāma carana anurāgī.
सुनतहिं लखनु चले उठि साथा । रहहिं न जतन किए रघुनाथा ॥
sunatahiṁ lakhanu cale uṭhi sāthā, rahahiṁ na jatana kie raghunāthā.
तब रघुपति सबही सिरु नाई । चले संग सिय अरु लघु भाई ॥
taba raghupati sabahī siru nāī, cale saṁga siya aru laghu bhāī.
रामु लखनु सिय बनहि सिधाए । गइउँ न संग न प्रान पठाए ॥
rāmu lakhanu siya banahi sidhāe, gaiuṁ na saṁga na prāna paṭhāe.
यहु सबु भा इन्ह आँखिन्ह आगें । तउ न तजा तनु जीव अभागें ॥
yahu sabu bhā inha āṁkhinha āgeṁ, tau na tajā tanu jīva abhāgeṁ.
मोहि न लाज निज नेहु निहारी । राम सरिस सुत मैं महतारी ॥
mohi na lāja nija nehu nihārī, rāma sarisa suta maiṁ mahatārī.
जिऐ मरै भल भूपति जाना । मोर हृदय सत कुलिस समाना ॥
jiai marai bhala bhūpati jānā, mora hṛdaya sata kulisa samānā.

दोहा-dohā:

कौसल्या के बचन सुनि भरत सहित रनिवासु ।
kausalyā ke bacana suni bharata sahita ranivāsu,
ब्याकुल बिलपत राजगृह मानहुँ सोक नेवासु ॥ १६६ ॥
byākula bilapata rājagṛha mānahuṁ soka nevāsu. 166.

चौपाई-caupāī:

बिलपहिं बिकल भरत दोउ भाई । कौसल्याँ लिए हृदयँ लगाई ॥
bilapahiṁ bikala bharata dou bhāī, kausalyāṁ lie hṛdayaṁ lagāī.
भाँति अनेक भरतु समुझाए । कहि बिबेकमय बचन सुनाए ॥
bhāṁti aneka bharatu samujhāe, kahi bibekamaya bacana sunāe.
भरतहुँ मातु सकल समुझाईं । कहि पुरान श्रुति कथा सुहाईं ॥
bharatahuṁ mātu sakala samujhāīṁ, kahi purāna śruti kathā suhāīṁ.
छल बिहीन सुचि सरल सुबानी । बोले भरत जोरि जुग पानी ॥
chala bihīna suci sarala subānī, bole bharata jori juga pānī.
जे अघ मातु पिता सुत मारें । गाइ गोठ महिसुर पुर जारें ॥
je agha mātu pitā suta māreṁ, gāi goṭha mahisura pura jāreṁ.
जे अघ तिय बालक बध कीन्हें । मीत महीपति माहुर दीन्हें ॥
je agha tiya bālaka badha kīnheṁ, mīta mahīpati māhura dīnheṁ.
जे पातक उपपातक अहहीं । करम बचन मन भव कबि कहहीं ॥
je pātaka upapātaka ahahīṁ, karama bacana mana bhava kabi kahahīṁ.
ते पातक मोहि होहुँ बिधाता । जौं यहु होइ मोर मत माता ॥
te pātaka mohi hohuṁ bidhātā, jauṁ yahu hoi mora mata mātā.

दोहा-dohā:

जे परिहरि हरि हर चरन भजहिं भूतगन घोर ।
je parihari hari hara carana bhajahiṁ bhūtagana ghora,
तेहि कइ गति मोहि देउ बिधि जौं जननी मत मोर ॥ १६७ ॥
tehi kai gati mohi deu bidhi jauṁ jananī mata mora. 167.

चौपाई-caupāī:

बेचहिं बेदु धरमु दुहि लेहीं । पिसुन पराय पाप कहि देहीं ॥
becahiṁ bedu dharamu duhi lehīṁ, pisuna parāya pāpa kahi dehīṁ.
कपटी कुटिल कलहप्रिय क्रोधी । बेद बिदूषक बिस्व बिरोधी ॥
kapaṭī kuṭila kalahapriya krodhī, beda bidūṣaka bisva birodhī.
लोभी लंपट लोलुपचारा । जे ताकहिं परधनु परदारा ॥
lobhī lampaṭa lolupacārā, je tākahiṁ paradhanu paradārā.
पावौं मैं तिन्ह कै गति घोरा । जौं जननी यहु संमत मोरा ॥
pāvauṁ maiṁ tinha kai gati ghorā, jauṁ jananī yahu saṁmata morā.
जे नहिं साधुसंग अनुरागे । परमारथ पथ बिमुख अभागे ॥
je nahiṁ sādhusaṁga anurāge, paramāratha patha bimukha abhāge.
जे न भजहिं हरि नरतनु पाई । जिन्हहि न हरि हर सुजसु सोहाई ॥
je na bhajahiṁ hari naratanu pāī, jinhahi na hari hara sujasu sohāī.
तजि श्रुतिपंथु बाम पथ चलहीं । बंचक बिरचि बेष जगु छलहीं ॥
taji śrutipaṁthu bāma patha calahīṁ, baṁcaka biraci beṣa jagu chalahīṁ.
तिन्ह कै गति मोहि संकर देऊ । जननी जौं यहु जानौं भेऊ ॥
tinha kai gati mohi saṁkara deū, jananī jauṁ yahu jānauṁ bheū.

दोहा-dohā:

मातु भरत के बचन सुनि साँचे सरल सुभायँ ।
mātu bharata ke bacana suni sāṁce sarala subhāyaṁ,
कहति राम प्रिय तात तुम्ह सदा बचन मन कायँ ॥ १६८ ॥
kahati rāma priya tāta tumha sadā bacana mana kāyaṁ. 168.

चौपाई-caupāī:

राम प्रानहु तें प्रान तुम्हारे । तुम्ह रघुपतिहि प्रानहु तें प्यारे ॥
rāma prānahu teṁ prāna tumhāre, tumha raghupatihi prānahu teṁ pyāre.

बिधु बिष चवै स्त्रवै हिमु आगी । होइ बारिचर बारि बिरागी ॥
bidhu biṣa cavai sravai himu āgī, hoi bāricara bāri birāgī.
भएँ ग्यानु बरु मिटै न मोहू । तुम्ह रामहि प्रतिकूल न होहू ॥
bhaeṁ gyānu baru miṭai na mohū, tumha rāmahi pratikūla na hohū.
मत तुम्हार यहु जो जग कहहीं । सो सपनेहुँ सुख सुगति न लहहीं ॥
mata tumhāra yahu jo jaga kahahīṁ, so sapanehuṁ sukha sugati na lahahīṁ.
अस कहि मातु भरतु हियँ लाए । थन पय स्त्रवहिं नयन जल छाए ॥
asa kahi mātu bharatu hiyaṁ lāe, thana paya sravahiṁ nayana jala chāe.
करत बिलाप बहुत यहि भाँती । बैठेहिं बीति गई सब राती ॥
karata bilāpa bahuta yahi bhāṁtī, baiṭhehiṁ bīti gaī saba rātī.
बामदेउ बसिष्ठ तब आए । सचिव महाजन सकल बोलाए ॥
bāmadeu basiṣṭha taba āe, saciva mahājana sakala bolāe.
मुनि बहु भाँति भरत उपदेसे । कहि परमारथ बचन सुदेसे ॥
muni bahu bhāṁti bharata upadese, kahi paramāratha bacana sudese.

दोहा-dohā:

तात हृदयँ धीरजु धरहु करहु जो अवसर आजु ।
tāta hṛdayaṁ dhīraju dharahu karahu jo avasara āju,
उठे भरत गुर बचन सुनि करन कहेउ सबु साजु ॥ १६९ ॥
uṭhe bharata gura bacana suni karana kaheu sabu sāju. 169.

चौपाई-caupāī:

नृपतनु बेद बिदित अन्हवावा । परम बिचित्र बिमानु बनावा ॥
nṛpatanu beda bidita anhavāvā, parama bicitra bimānu banāvā.
गहि पद भरत मातु सब राखी । रहीं रानि दरसन अभिलाषी ॥
gahi pada bharata mātu saba rākhī, rahīṁ rāni darasana abhilāṣī.
चंदन अगर भार बहु आए । अमित अनेक सुगंध सुहाए ॥
caṁdana agara bhāra bahu āe, amita aneka sugaṁdha suhāe.
सरजु तीर रचि चिता बनाई । जनु सुरपुर सोपान सुहाई ॥
saraju tīra raci citā banāī, janu surapura sopāna suhāī.
एहि बिधि दाह क्रिया सब कीन्ही । बिधिवत न्हाइ तिलांजुलि दीन्ही ॥
ehi bidhi dāha kriyā saba kīnhī, bidhivata nhāi tilāṁjuli dīnhī.
सोधि सुमृति सब बेद पुराना । कीन्ह भरत दसगात बिधाना ॥
sodhi sumṛti saba beda purānā, kīnha bharata dasagāta bidhānā.
जहँ जस मुनिबर आयसु दीन्हा । तहँ तस सहस भाँति सबु कीन्हा ॥
jahaṁ jasa munibara āyasu dīnhā, tahaṁ tasa sahasa bhāṁti sabu kīnhā.
भए बिसुद्ध दिए सब दाना । धेनु बाजि गज बाहन नाना ॥
bhae bisuddha die saba dānā, dhenu bāji gaja bāhana nānā.

दोहा-dohā:

सिंघासन भूषन बसन अन्न धरनि धन धाम ।
siṁghāsana bhūṣana basana anna dharani dhana dhāma,
दिए भरत लहि भूमिसुर भे परिपूरन काम ॥ १७० ॥
die bharata lahi bhūmisura bhe paripūrana kāma. 170.

चौपाई-caupāī:

पितु हित भरत कीन्हि जसि करनी । सो मुख लाख जाइ नहिं बरनी ॥
pitu hita bharata kīnhi jasi karanī, so mukha lākha jāi nahiṁ baranī.
सुदिनु सोधि मुनिबर तब आए । सचिव महाजन सकल बोलाए ॥
sudinu sodhi munibara taba āe, saciva mahājana sakala bolāe.
बैठे राजसभाँ सब जाई । पठए बोलि भरत दोउ भाई ॥
baiṭhe rājasabhāṁ saba jāī, paṭhae boli bharata dou bhāī.
भरतु बसिष्ठ निकट बैठारे । नीति धरममय बचन उचारे ॥
bharatu basiṣṭha nikaṭa baiṭhāre, nīti dharamamaya bacana ucāre.
प्रथम कथा सब मुनिबर बरनी । कैकइ कुटिल कीन्हि जसि करनी ॥
prathama kathā saba munibara baranī, kaikai kuṭila kīnhi jasi karanī.

भूप धरमब्रतु सत्य सराहा । जेहिं तनु परिहरि प्रेमु निबाहा ॥
bhūpa dharamabratu satya sarāhā, jehiṁ tanu parihari premu nibāhā.
कहत राम गुन सील सुभाऊ । सजल नयन पुलकेउ मुनिराऊ ॥
kahata rāma guna sīla subhāū, sajala nayana pulakeu munirāū.
बहुरि लखन सिय प्रीति बखानी । सोक सनेह मगन मुनि ग्यानी ॥
bahuri lakhana siya prīti bakhānī, soka saneha magana muni gyānī.

दोहा-dohā:

सुनहु भरत भावी प्रबल बिलखि कहेउ मुनिनाथ ।
sunahu bharata bhāvī prabala bilakhi kaheu muninātha,
हानि लाभु जीवनु मरनु जसु अपजसु बिधि हाथ ॥ १७१ ॥
hāni lābhu jīvanu maranu jasu apajasu bidhi hātha. 171.

चौपाई-caupāī:

अस बिचारि केहि देइअ दोसू । ब्यरथ काहि पर कीजिअ रोसू ॥
asa bicāri kehi deia dosū, byaratha kāhi para kījia rosū.
तात बिचारु करहु मन माहीं । सोच जोगु दसरथु नृपु नाहीं ॥
tāta bicāru karahu mana māhīṁ, soca jogu dasarathu nṛpu nāhīṁ.
सोचिअ बिप्र जो बेद बिहीना । तजि निज धरमु बिषय लयलीना ॥
socia bipra jo beda bihīnā, taji nija dharamu biṣaya layalīnā.
सोचिअ नृपति जो नीति न जाना । जेहि न प्रजा प्रिय प्रान समाना ॥
socia nṛpati jo nīti na jānā, jehi na prajā priya prāna samānā.
सोचिअ बयसु कृपन धनवानू । जो न अतिथि सिव भगति सुजानू ॥
socia bayasu kṛpana dhanavānū, jo na atithi siva bhagati sujānū.
सोचिअ सूद्रु बिप्र अवमानी । मुखर मानप्रिय ग्यान गुमानी ॥
socia sūdru bipra avamānī, mukhara mānapriya gyāna gumānī.
सोचिअ पुनि पति बंचक नारी । कुटिल कलहप्रिय इच्छाचारी ॥
socia puni pati baṁcaka nārī, kuṭila kalahapriya icchācārī.
सोचिअ बटु निज ब्रतु परिहरई । जो नहिं गुर आयसु अनुसरई ॥
socia baṭu nija bratu pariharaī, jo nahiṁ gura āyasu anusaraī.

दोहा-dohā:

सोचिअ गृही जो मोह बस करइ करम पथ त्याग ।
socia gṛhī jo moha basa karai karama patha tyāga,
सोचिअ जती प्रपंच रत बिगत बिबेक बिराग ॥ १७२ ॥
socia jatī prapaṁca rata bigata bibeka birāga. 172.

चौपाई-caupāī:

बैखानस सोइ सोचै जोगू । तपु बिहाइ जेहि भावइ भोगू ॥
baikhānasa soi socai jogū, tapu bihāi jehi bhāvai bhogū.
सोचिअ पिसुन अकारन क्रोधी । जननि जनक गुर बंधु बिरोधी ॥
socia pisuna akārana krodhī, janani janaka gura baṁdhu birodhī.
सब बिधि सोचिअ पर अपकारी । निज तनु पोषक निरदय भारी ॥
saba bidhi socia para apakārī, nija tanu poṣaka niradaya bhārī.
सोचनीय सबहीं बिधि सोई । जो न छाड़ि छलु हरि जन होई ॥
socanīya sabahīṁ bidhi soī, jo na chāṛi chalu hari jana hoī.
सोचनीय नहिं कोसलराऊ । भुवन चारिदस प्रगट प्रभाऊ ॥
socanīya nahiṁ kosalarāū, bhuvana cāridasa pragaṭa prabhāū.
भयउ न अहइ न अब होनिहारा । भूप भरत जस पिता तुम्हारा ॥
bhayau na ahai na aba honihārā, bhūpa bharata jasa pitā tumhārā.
बिधि हरि हरु सुरपति दिसिनाथा । बरनहिं सब दसरथ गुन गाथा ॥
bidhi hari haru surapati disināthā, baranahiṁ saba dasaratha guna gāthā.

दोहा-dohā:

कहहु तात केहि भाँति कोउ करिहि बड़ाई तासु ।
kahahu tāta kehi bhām̐ti kou karihi baṛāī tāsu,
राम लखन तुम्ह सत्रुहन सरिस सुअन सुचि जासु ॥ १७३ ॥
rāma lakhana tumha satruhana sarisa suana suci jāsu. 173.

चौपाई-caupāī:

सब प्रकार भूपति बड़भागी । बादि बिषादु करिअ तेहि लागी ॥
saba prakāra bhūpati baṛabhāgī, bādi biṣādu karia tehi lāgī.
यहु सुनि समुझि सोचु परिहरहू । सिर धरि राज रजायसु करहू ॥
yahu suni samujhi socu pariharahū, sira dhari rāja rajāyasu karahū.
रायँ राजपदु तुम्ह कहुँ दीन्हा । पिता बचनु फुर चाहिअ कीन्हा ॥
rāyam̐ rājapadu tumha kahum̐ dīnhā, pitā bacanu phura cāhia kīnhā.
तजे रामु जेहिं बचनहि लागी । तनु परिहरेउ राम बिरहागी ॥
taje rāmu jehiṁ bacanahi lāgī, tanu parihareu rāma birahāgī.
नृपहि बचन प्रिय नहिं प्रिय प्राना । करहु तात पितु बचन प्रवाना ॥
nṛpahi bacana priya nahiṁ priya prānā, karahu tāta pitu bacana pravānā.
करहु सीस धरि भूप रजाई । हइ तुम्ह कहँ सब भाँति भलाई ॥
karahu sīsa dhari bhūpa rajāī, hai tumha kaham̐ saba bhām̐ti bhalāī.
परसुराम पितु अग्या राखी । मारी मातु लोक सब साखी ॥
parasurāma pitu agyā rākhī, mārī mātu loka saba sākhī.
तनय जजातिहि जौबनु दयऊ । पितु अग्याँ अघ अजसु न भयऊ ॥
tanaya jajātihi jaubanu dayaū, pitu agyām̐ agha ajasu na bhayaū.

दोहा-dohā:

अनुचित उचित बिचारु तजि जे पालहिं पितु बैन ।
anucita ucita bicāru taji je pālahiṁ pitu baina,
ते भाजन सुख सुजस के बसहिं अमरपति ऐन ॥ १७४ ॥
te bhājana sukha sujasa ke basahiṁ amarapati aina. 174.

चौपाई-caupāī:

अवसि नरेस बचन फुर करहू । पालहु प्रजा सोकु परिहरहू ॥
avasi naresa bacana phura karahū, pālahu prajā soku pariharahū.
सुरपुर नृपु पाइहि परितोषू । तुम्ह कहुँ सुकृतु सुजसु नहिं दोषू ॥
surapura nṛpu pāihi paritoṣū, tumha kahum̐ sukṛtu sujasu nahiṁ doṣū.
बेद बिदित संमत सबही का । जेहि पितु देइ सो पावइ टीका ॥
beda bidita saṁmata sabahī kā, jehi pitu dei so pāvai ṭīkā.
करहु राजु परिहरहु गलानी । मानहु मोर बचन हित जानी ॥
karahu rāju pariharahu galānī, mānahu mora bacana hita jānī.
सुनि सुखु लहब राम बैदेहीं । अनुचित कहब न पंडित केहीं ॥
suni sukhu lahaba rāma baidehīṁ, anucita kahaba na paṁḍita kehīṁ.
कौसल्यादि सकल महतारीं । तेउ प्रजा सुख होहिं सुखारीं ॥
kausalyādi sakala mahatārīṁ, teu prajā sukha hohiṁ sukhārīṁ.
परम तुम्हार राम कर जानिहि । सो सब बिधि तुम्ह सन भल मानिहि ॥
parama tumhāra rāma kara jānihi, so saba bidhi tumha sana bhala mānihi.
सौंपेहु राजु राम के आएँ । सेवा करेहु सनेह सुहाएँ ॥
sauṁpehu rāju rāma ke āem̐, sevā karehu saneha suhāem̐.

दोहा-dohā:

कीजिअ गुर आयसु अवसि कहहिं सचिव कर जोरि ।
kījia gura āyasu avasi kahahiṁ saciva kara jori,
रघुपति आएँ उचित जस तस तब करब बहोरि ॥ १७५ ॥
raghupati āem̐ ucita jasa tasa taba karaba bahori. 175.

चौपाई-caupāī:

कौसल्या धरि धीरजु कहई । पूत पथ्य गुर आयसु अहई ॥
kausalyā dhari dhīraju kahaī, pūta pathya gura āyasu ahaī.
सो आदरिअ करिअ हित मानी । तजिअ बिषादु काल गति जानी ॥
so ādaria karia hita mānī, tajia biṣādu kāla gati jānī.
बन रघुपति सुरपुर नरनाहू । तुम्ह एहि भाँति तात कदराहू ॥
bana raghupati surapura naranāhū, tumha ehi bhām̐ti tāta kadarāhū.
परिजन प्रजा सचिव सब अंबा । तुम्हही सुत सब कहँ अवलंबा ॥
parijana prajā saciva saba aṁbā, tumhahī suta saba kaham̐ avalaṁbā.
लखि बिधि बाम कालु कठिनाई । धीरजु धरहु मातु बलि जाई ॥
lakhi bidhi bāma kālu kaṭhināī, dhīraju dharahu mātu bali jāī.
सिर धरि गुर आयसु अनुसरहू । प्रजा पालि परिजन दुखु हरहू ॥
sira dhari gura āyasu anusarahū, prajā pāli parijana dukhu harahū.
गुर के बचन सचिव अभिनंदनु । सुने भरत हिय हित जनु चंदनु ॥
gura ke bacana saciva abhinaṁdanu, sune bharata hiya hita janu caṁdanu.
सुनी बहोरि मातु मृदु बानी । सील सनेह सरल रस सानी ॥
sunī bahori mātu mṛdu bānī, sīla saneha sarala rasa sānī.

छंद-chaṁda:

सानी सरल रस मातु बानी सुनि भरतु ब्याकुल भए ।
sānī sarala rasa mātu bānī suni bharatu byākula bhae,
लोचन सरोरुह स्रवत सींचत बिरह उर अंकुर नए ॥
locana saroruha sravata sīṁcata biraha ura aṁkura nae.
सो दसा देखत समय तेहि बिसरी सबहि सुधि देह की ।
so dasā dekhata samaya tehi bisarī sabahi sudhi deha kī,
तुलसी सराहत सकल सादर सीवँ सहज सनेह की ॥
tulasī sarāhata sakala sādara sīvam̐ sahaja saneha kī.

सोरठा-soraṭhā:

भरतु कमल कर जोरि धीर धुरंधर धीर धरि ।
bharatu kamala kara jori dhīra dhuraṁdhara dhīra dhari,
बचन अमिअँ जनु बोरि देत उचित उत्तर सबहि ॥ १७६ ॥
bacana amiam̐ janu bori deta ucita uttara sabahi. 176.

मासपारायण अठारहवाँ विश्राम
māsapārāyaṇa aṭhārahavām̐ viśrāma
(Pause 18 for a Thirty-Day Recitation)

चौपाई-caupāī:

मोहि उपदेसु दीन्ह गुर नीका । प्रजा सचिव संमत सबही का ॥
mohi upadesu dīnha gura nīkā, prajā saciva saṁmata sabahī kā.
मातु उचित धरि आयसु दीन्हा । अवसि सीस धरि चाहउँ कीन्हा ॥
mātu ucita dhari āyasu dīnhā, avasi sīsa dhari cāhaum̐ kīnhā.
गुर पितु मातु स्वामि हित बानी । सुनि मन मुदित करिअ भलि जानी ॥
gura pitu mātu svāmi hita bānī, suni mana mudita karia bhali jānī.
उचित कि अनुचित किएँ बिचारू । धरमु जाइ सिर पातक भारू ॥
ucita ki anucita kiem̐ bicārū, dharamu jāi sira pātaka bhārū.
तुम्ह तौ देहु सरल सिख सोई । जो आचरत मोर भल होई ॥
tumha tau dehu sarala sikha soī, jo ācarata mora bhala hoī.
जद्यपि यह समुझत हउँ नीकें । तदपि होत परितोषु न जी कें ॥
jadyapi yaha samujhata haum̐ nīkeṁ, tadapi hota paritoṣu na jī keṁ.
अब तुम्ह बिनय मोरि सुनि लेहू । मोहि अनुहरत सिखावनु देहू ॥
aba tumha binaya mori suni lehū, mohi anuharata sikhāvanu dehū.
ऊतरु देउँ छमब अपराधू । दुखित दोष गुन गनहिं न साधू ॥
ūtaru deum̐ chamaba aparādhū, dukhita doṣa guna ganahiṁ na sādhū.

दोहा-dohā:

पितु सुरपुर सिय रामु बन करन कहहु मोहि राजु ।
pitu surapura siya rāmu bana karana kahahu mohi rāju,
एहि तें जानहु मोर हित कै आपन बड़ काजु ॥ १७७ ॥
ehi teṁ jānahu mora hita kai āpana baṛa kāju. 177.

चौपाई-caupāī:

हित हमार सियपति सेवकाईं । सो हरि लीन्ह मातु कुटिलाईं ॥
hita hamāra siyapati sevakāīṁ, so hari līnha mātu kuṭilāīṁ.

मैं अनुमानि दीख मन माहीं । आन उपायँ मोर हित नाहीं ॥
maiṁ anumāni dīkha mana māhīṁ, āna upāyam̐ mora hita nāhīṁ.

सोक समाजु राजु केहि लेखें । लखन राम सिय बिनु पद देखें ॥
soka samāju rāju kehi lekheṁ, lakhana rāma siya binu pada dekheṁ.

बादि बसन बिनु भूषन भारू । बादि बिरति बिनु ब्रह्म बिचारू ॥
bādi basana binu bhūṣana bhārū, bādi birati binu brahma bicārū.

सरुज सरीर बादि बहु भोगा । बिनु हरिभगति जायँ जप जोगा ॥
saruja sarīra bādi bahu bhogā, binu haribhagati jāyam̐ japa jogā.

जायँ जीव बिनु देह सुहाई । बादि मोर सबु बिनु रघुराई ॥
jāyam̐ jīva binu deha suhāī, bādi mora sabu binu raghurāī.

जाउँ राम पहिं आयसु देहू । एकहिं आँक मोर हित एहू ॥
jāum̐ rāma pahiṁ āyasu dehū, ekahiṁ ām̐ka mora hita ehū.

मोहि नृप करि भल आपन चहहू । सोउ सनेह जड़ता बस कहहू ॥
mohi nṛpa kari bhala āpana cahahū, sou saneha jaṛatā basa kahahū.

दोहा-dohā:

कैकेई सुअ कुटिलमति राम बिमुख गतलाज ।
kaikeī sua kuṭilamati rāma bimukha gatalāja,

तुम्ह चाहत सुखु मोहबस मोहि से अधम कें राज ॥ १७८ ॥
tumha cāhata sukhu mohabasa mohi se adhama keṁ rāja. 178.

चौपाई-caupāī:

कहउँ साँचु सब सुनि पतिआहू । चाहिअ धरमसील नरनाहू ॥
kahaum̐ sām̐cu saba suni patiāhū, cāhia dharamasīla naranāhū.

मोहि राजु हठि देइहहु जबहीं । रसा रसातल जाइहि तबहीं ॥
mohi rāju haṭhi deihahu jabahīṁ, rasā rasātala jāihi tabahīṁ.

मोहि समान को पाप निवासू । जेहि लगि सीय राम बनबासू ॥
mohi samāna ko pāpa nivāsū, jehi lagi sīya rāma banabāsū.

रायँ राम कहुँ काननु दीन्हा । बिछुरत गमनु अमरपुर कीन्हा ॥
rāyam̐ rāma kahum̐ kānanu dīnhā, bichurata gamanu amarapura kīnhā.

मैं सठु सब अनरथ कर हेतू । बैठ बात सब सुनउँ सचेतू ॥
maiṁ saṭhu saba anaratha kara hetū, baiṭha bāta saba sunaum̐ sacetū.

बिनु रघुबीर बिलोकि अबासू । रहे प्रान सहि जग उपहासू ॥
binu raghubīra biloki abāsū, rahe prāna sahi jaga upahāsū.

राम पुनीत बिषय रस रूखे । लोलुप भूमि भोग के भूखे ॥
rāma punīta biṣaya rasa rūkhe, lolupa bhūmi bhoga ke bhūkhe.

कहँ लगि कहौं हृदय कठिनाई । निदरि कुलिसु जेहिं लही बड़ाई ॥
kaham̐ lagi kahauṁ hṛdaya kaṭhināī, nidari kulisu jehiṁ lahī baṛāī.

दोहा-dohā:

कारन तें कारजु कठिन होइ दोसु नहिं मोर ।
kārana teṁ kāraju kaṭhina hoi dosu nahiṁ mora,

कुलिस अस्थि तें उपल तें लोह कराल कठोर ॥ १७९ ॥
kulisa asthi teṁ upala teṁ loha karāla kaṭhora. 179.

चौपाई-caupāī:

कैकेई भव तनु अनुरागे । पावँर प्रान अघाइ अभागे ॥
kaikeī bhava tanu anurāge, pāvam̐ra prāna aghāi abhāge.

जौं प्रिय बिरहँ प्रान प्रिय लागे । देखब सुनब बहुत अब आगे ॥
jauṁ priya biraham̐ prāna priya lāge, dekhaba sunaba bahuta aba āge.

लखन राम सिय कहुँ बनु दीन्हा । पठइ अमरपुर पति हित कीन्हा ॥
lakhana rāma siya kahum̐ banu dīnhā, paṭhai amarapura pati hita kīnhā.

लीन्ह बिधवपन अपजसु आपू । दीन्हेउ प्रजहि सोकु संतापू ॥
līnha bidhavapana apajasu āpū, dīnheu prajahi soku saṁtāpū.

मोहि दीन्ह सुखु सुजसु सुराजू । कीन्ह कैकईं सब कर काजू ॥
mohi dīnha sukhu sujasu surājū, kīnha kaikaīṁ saba kara kājū.

एहि तें मोर काह अब नीका । तेहि पर देन कहहु तुम्ह टीका ॥
ehi teṁ mora kāha aba nīkā, tehi para dena kahahu tumha ṭīkā.

कैकइ जठर जनमि जग माहीं । यह मोहि कहँ कछु अनुचित नाहीं ॥
kaikai jaṭhara janami jaga māhīṁ, yaha mohi kaham̐ kachu anucita nāhīṁ.

मोरि बात सब बिधिहिं बनाई । प्रजा पाँच कत करहु सहाई ॥
mori bāta saba bidhihiṁ banāī, prajā pām̐ca kata karahu sahāī.

दोहा-dohā:

ग्रह ग्रहीत पुनि बात बस तेहि पुनि बीछी मार ।
graha grahīta puni bāta basa tehi puni bīchī māra,

तेहि पिआइअ बारुनी कहहु काह उपचार ॥ १८० ॥
tehi piāia bārunī kahahu kāha upacāra. 180.

चौपाई-caupāī:

कैकइ सुअन जोगु जग जोई । चतुर बिरंचि दीन्ह मोहि सोई ॥
kaikai suana jogu jaga joī, catura biraṁci dīnha mohi soī.

दसरथ तनय राम लघु भाई । दीन्हि मोहि बिधि बादि बड़ाई ॥
dasaratha tanaya rāma laghu bhāī, dīnhi mohi bidhi bādi baṛāī.

तुम्ह सब कहहु कढ़ावन टीका । राय रजायसु सब कहँ नीका ॥
tumha saba kahahu kaṛhāvana ṭīkā, rāya rajāyasu saba kaham̐ nīkā.

उतरु देउँ केहि बिधि केहि केही । कहहु सुखेन जथा रुचि जेही ॥
utaru deum̐ kehi bidhi kehi kehī, kahahu sukhena jathā ruci jehī.

मोहि कुमातु समेत बिहाई । कहहु कहिहि के कीन्ह भलाई ॥
mohi kumātu sameta bihāī, kahahu kahihi ke kīnha bhalāī.

मो बिनु को सचराचर माहीं । जेहि सिय रामु प्रानप्रिय नाहीं ॥
mo binu ko sacarācara māhīṁ, jehi siya rāmu prānapriya nāhīṁ.

परम हानि सब कहँ बड़ लाहू । अदिनु मोर नहि दूषन काहू ॥
parama hāni saba kaham̐ baṛa lāhū, adinu mora nahi dūṣana kāhū.

संसय सील प्रेम बस अहहू । सबुइ उचित सब जो कछु कहहू ॥
saṁsaya sīla prema basa ahahū, sabui ucita saba jo kachu kahahū.

दोहा-dohā:

राम मातु सुठि सरलचित मो पर प्रेमु बिसेषि ।
rāma mātu suṭhi saralacita mo para premu biseṣi,

कहइ सुभाय सनेह बस मोरि दीनता देखि ॥ १८१ ॥
kahai subhāya saneha basa mori dīnatā dekhi. 181.

चौपाई-caupāī:

गुर बिबेक सागर जगु जाना । जिन्हहि बिस्व कर बदर समाना ॥
gura bibeka sāgara jagu jānā, jinhahi bisva kara badara samānā.

मो कहँ तिलक साज सज सोऊ । भएँ बिधि बिमुख बिमुख सबु कोऊ ॥
mo kaham̐ tilaka sāja saja soū, bhaem̐ bidhi bimukha bimukha sabu koū.

परिहरि रामु सीय जग माहीं । कोउ न कहिहि मोर मत नाहीं ॥
parihari rāmu sīya jaga māhīṁ, kou na kahihi mora mata nāhīṁ.

सो मैं सुनब सहब सुखु मानी । अंतहुँ कीच तहाँ जहँ पानी ॥
so maiṁ sunaba sahaba sukhu mānī, aṁtahum̐ kīca tahām̐ jaham̐ pānī.

डरु न मोहि जग कहिहि कि पोचू । परलोकहु कर नाहिन सोचू ॥
ḍaru na mohi jaga kahihi ki pocū, paralokahu kara nāhina socū.

एकइ उर बस दुसह दवारी । मोहि लगि भे सिय रामु दुखारी ॥
ekai ura basa dusaha davārī, mohi lagi bhe siya rāmu dukhārī.

जीवन लाहु लखन भल पावा । सबु तजि राम चरन मनु लावा ॥
jīvana lāhu lakhana bhala pāvā, sabu taji rāma carana manu lāvā.

मोर जनम रघुबर बन लागी । झूठ काह पछिताउँ अभागी ॥
mora janama raghubara bana lāgī, jhūṭha kāha pachitāum̐ abhāgī.

दोहा-dohā:

आपनि दारुन दीनता कहउँ सबहि सिरु नाइ ।
āpani dāruna dīnatā kahauṁ sabahi siru nāi,
देखें बिनु रघुनाथ पद जिय कै जरनि न जाइ ॥ १८२॥
dekheṁ binu raghunātha pada jiya kai jarani na jāi. 182.

चौपाई-caupāī:

आन उपाउ मोहि नहिं सूझा । को जिय कै रघुबर बिनु बूझा ॥
āna upāu mohi nahiṁ sūjhā, ko jiya kai raghubara binu būjhā.
एकहिं आँक इहइ मन माहीं । प्रातकाल चलिहउँ प्रभु पाहीं ॥
ekahiṁ āṁka ihai mana māhīṁ, prātakāla calihauṁ prabhu pāhīṁ.
जद्यपि मैं अनभल अपराधी । भै मोहि कारन सकल उपाधी ॥
jadyapi maiṁ anabhala aparādhī, bhai mohi kārana sakala upādhī.
तदपि सरन सनमुख मोहि देखी । छमि सब करिहहिं कृपा बिसेषी ॥
tadapi sarana sanamukha mohi dekhī, chami saba karihahiṁ kṛpā biseṣī.
सील सकुच सुठि सरल सुभाऊ । कृपा सनेह सदन रघुराऊ ॥
sīla sakuca suṭhi sarala subhāū, kṛpā saneha sadana raghurāū.
अरिहुक अनभल कीन्ह न रामा । मैं सिसु सेवक जद्यपि बामा ॥
arihuka anabhala kīnha na rāmā, maiṁ sisu sevaka jadyapi bāmā.
तुम्ह पै पाँच मोर भल मानी । आयसु आसिष देहु सुबानी ॥
tumha pai pāṁca mora bhala mānī, āyasu āsiṣa dehu subānī.
जेहिं सुनि बिनय मोहि जनु जानी । आवहिं बहुरि रामु रजधानी ॥
jehiṁ suni binaya mohi janu jānī, āvahiṁ bahuri rāmu rajadhānī.

दोहा-dohā:

जद्यपि जनमु कुमातु तें मैं सठु सदा सदोस ।
jadyapi janamu kumātu teṁ maiṁ saṭhu sadā sadosa,
आपन जानि न त्यागिहहिं मोहि रघुबीर भरोस ॥ १८३॥
āpana jāni na tyāgihahiṁ mohi raghubīra bharosa. 183.

चौपाई-caupāī:

भरत बचन सब कहँ प्रिय लागे । राम सनेह सुधाँ जनु पागे ॥
bharata bacana saba kahaṁ priya lāge, rāma saneha sudhāṁ janu pāge.
लोग बियोग बिषम बिष दागे । मंत्र सबीज सुनत जनु जागे ॥
loga biyoga biṣama biṣa dāge, maṁtra sabīja sunata janu jāge.
मातु सचिव गुर पुर नर नारी । सकल सनेहँ बिकल भए भारी ॥
mātu saciva gura pura nara nārī, sakala sanehaṁ bikala bhae bhārī.
भरतहि कहहिं सराहि सराही । राम प्रेम मूरति तनु आही ॥
bharatahi kahahi sarāhi sarāhī, rāma prema mūrati tanu āhī.
तात भरत अस काहे न कहहू । प्रान समान राम प्रिय अहहू ॥
tāta bharata asa kāhe na kahahū, prāna samāna rāma priya ahahū.
जो पावँरु अपनी जड़ताईं । तुम्हहि सुगाइ मातु कुटिलाईं ॥
jo pāvaṁru apanī jaṛatāīṁ, tumhahi sugāi mātu kuṭilāīṁ.
सो सठु कोटिक पुरुष समेता । बसिहि कलप सत नरक निकेता ॥
so saṭhu koṭika puruṣa sametā, basihi kalapa sata naraka niketā.
अहि अघ अवगुन नहिं मनि गहई । हरइ गरल दुख दारिद दहई ॥
ahi agha avaguna nahiṁ mani gahaī, harai garala dukha dārida dahaī.

दोहा-dohā:

अवसि चलिअ बन रामु जहँ भरत मंत्रु भल कीन्ह ।
avasi calia bana rāmu jahaṁ bharata maṁtru bhala kīnha,
सोक सिंधु बूडत सबहि तुम्ह अवलंबनु दीन्ह ॥ १८४॥
soka siṁdhu būṛata sabahi tumha avalaṁbanu dīnha. 184.

चौपाई-caupāī:

भा सब कें मन मोदु न थोरा । जनु घन धुनि सुनि चातक मोरा ॥
bhā saba keṁ mana modu na thorā, janu ghana dhuni suni cātaka morā.
चलत प्रात लखि निरनउ नीके । भरतु प्रानप्रिय भे सबही के ॥
calata prāta lakhi niranau nīke, bharatu prānapriya bhe sabahī ke.
मुनिहि बंदि भरतहि सिरु नाई । चले सकल घर बिदा कराई ॥
munihi baṁdi bharatahi siru nāī, cale sakala ghara bidā karāī.
धन्य भरत जीवनु जग माहीं । सीलु सनेहु सराहत जाहीं ॥
dhanya bharata jīvanu jaga māhīṁ, sīlu sanehu sarāhata jāhīṁ.
कहहिं परसपर भा बड़ काजू । सकल चलै कर साजहिं साजू ॥
kahahiṁ parasapara bhā baṛa kājū, sakala calai kara sājahiṁ sājū.
जेहि राखहिं रहु घर रखवारी । सो जानइ जनु गरदनि मारी ॥
jehi rākhahiṁ rahu ghara rakhavārī, so jānai janu garadani mārī.
कोउ कह रहन कहिअ नहिं काहू । को न चहइ जग जीवन लाहू ॥
kou kaha rahana kahia nahiṁ kāhū, ko na cahai jaga jīvana lāhū.

दोहा-dohā:

जरउ सो संपति सदन सुखु सुहृद मातु पितु भाइ ।
jarau so saṁpati sadana sukhu suhṛda mātu pitu bhāi,
सनमुख होत जो राम पद करै न सहस सहाइ ॥ १८५॥
sanamukha hota jo rāma pada karai na sahasa sahāi. 185.

चौपाई-caupāī:

घर घर साजहिं बाहन नाना । हरषु हृदयँ परभात पयाना ॥
ghara ghara sājahiṁ bāhana nānā, haraṣu hṛdayaṁ parabhāta payānā.
भरत जाइ घर कीन्ह बिचारू । नगरु बाजि गज भवन भँडारू ॥
bharata jāi ghara kīnha bicārū, nagaru bāji gaja bhavana bhaṁḍārū.
संपति सब रघुपति कै आही । जौ बिनु जतन चलौं तजि ताही ॥
saṁpati saba raghupati kai āhī, jau binu jatana calauṁ taji tāhī.
तौ परिनाम न मोरि भलाई । पाप सिरोमनि साइँ दोहाई ॥
tau parināma na mori bhalāī, pāpa siromani sāiṁ dohāī.
करइ स्वामि हित सेवकु सोई । दूषन कोटि देइ किन कोई ॥
karai svāmi hita sevaku soī, dūṣana koṭi dei kina koī.
अस बिचारि सुचि सेवक बोले । जे सपनेहुँ निज धरम न डोले ॥
asa bicāri suci sevaka bole, je sapanehuṁ nija dharama na ḍole.
कहि सबु मरमु धरमु भल भाषा । जो जेहि लायक सो तेहिं राखा ॥
kahi sabu maramu dharamu bhala bhāṣā, jo jehi lāyaka so tehiṁ rākhā.
करि सबु जतनु राखि रखवारे । राम मातु पहिं भरतु सिधारे ॥
kari sabu jatanu rākhi rakhavāre, rāma mātu pahiṁ bharatu sidhāre.

दोहा-dohā:

आरत जननी जानि सब भरत सनेह सुजान ।
ārata jananī jāni saba bharata saneha sujāna,
कहेउ बनावन पालकीं सजन सुखासन जान ॥ १८६॥
kaheu banāvana pālakīṁ sajana sukhāsana jāna. 186.

चौपाई-caupāī:

चक्क चक्कि जिमि पुर नर नारी । चहत प्रात उर आरत भारी ॥
cakka cakki jimi pura nara nārī, cahata prāta ura ārata bhārī.
जागत सब निसि भयउ बिहाना । भरत बोलाए सचिव सुजाना ॥
jāgata saba nisi bhayau bihānā, bharata bolāe saciva sujānā.
कहेउ लेहु सबु तिलक समाजू । बनहिं देब मुनि रामहि राजू ॥
kaheu lehu sabu tilaka samājū, banahiṁ deba muni rāmahi rājū.
बेगि चलहु सुनि सचिव जोहारे । तुरत तुरग रथ नाग सँवारे ॥
begi calahu suni saciva johāre, turata turaga ratha nāga saṁvāre.
अरुंधती अरु अगिनि समाऊ । रथ चढ़ि चले प्रथम मुनिराऊ ॥
aruṁdhatī aru agini samāū, ratha caṛhi cale prathama munirāū.
बिप्र बृंद चढ़ि बाहन नाना । चले सकल तप तेज निधाना ॥
bipra bṛṁda caṛhi bāhana nānā, cale sakala tapa teja nidhānā.

नगर लोग सब सजि सजि जाना । चित्रकूट कहँ कीन्ह पयाना ॥
nagara loga saba saji saji jānā, citrakūṭa kahaṁ kīnha payānā.
सिबिका सुभग न जाहिं बखानी । चढ़ि चढ़ि चलत भईं सब रानी ॥
sibikā subhaga na jāhiṁ bakhānī, caṛhi caṛhi calata bhaīṁ saba rānī.

दोहा-dohā:

सौंपि नगर सुचि सेवकनि सादर सकल चलाइ ।
saumpi nagara suci sevakani sādara sakala calāi,
सुमिरि राम सिय चरन तब चले भरत दोउ भाइ ॥१८७॥
sumiri rāma siya carana taba cale bharata dou bhāi. 187.

चौपाई-caupāī:

राम दरस बस सब नर नारी । जनु करि करिनि चले तकि बारी ॥
rāma darasa basa saba nara nārī, janu kari karini cale taki bārī.
बन सिय रामु समुझि मन माहीं । सानुज भरत पयादेहिं जाहीं ॥
bana siya rāmu samujhi mana māhīṁ, sānuja bharata payādehiṁ jāhīṁ.
देखि सनेहु लोग अनुरागे । उतरि चले हय गय रथ त्यागे ॥
dekhi sanehu loga anurāge, utari cale haya gaya ratha tyāge.
जाइ समीप राखि निज डोली । राम मातु मृदु बानी बोली ॥
jāi samīpa rākhi nija ḍolī, rāma mātu mṛdu bānī bolī.
तात चढ़हु रथ बलि महतारी । होइहि प्रिय परिवारु दुखारी ॥
tāta caṛhahu ratha bali mahatārī, hoihi priya parivāru dukhārī.
तुम्हरें चलत चलिहि सबु लोगू । सकल सोक कृस नहिं मग जोगू ॥
tumhareṁ calata calihi sabu logū, sakala soka kṛsa nahiṁ maga jogū.
सिर धरि बचन चरन सिरु नाई । रथ चढ़ि चलत भए दोउ भाई ॥
sira dhari bacana carana siru nāī, ratha caṛhi calata bhae dou bhāī.
तमसा प्रथम दिवस करि बासू । दूसर गोमति तीर निवासू ॥
tamasā prathama divasa kari bāsū, dūsara gomati tīra nivāsū.

दोहा-dohā:

पय अहार फल असन एक निसि भोजन एक लोग ।
paya ahāra phala asana eka nisi bhojana eka loga,
करत राम हित नेम ब्रत परिहरि भूषन भोग ॥१८८॥
karata rāma hita nema brata parihari bhūṣana bhoga. 188.

चौपाई-caupāī:

सई तीर बसि चले बिहाने । सृंगबेरपुर सब निअराने ॥
saī tīra basi cale bihāne, sṛṁgaberapura saba niarāne.
समाचार सब सुने निषादा । हृदयँ बिचार करइ सबिषादा ॥
samācāra saba sune niṣādā, hṛdayaṁ bicāra karai sabiṣādā.
कारन कवन भरतु बन जाहीं । है कछु कपट भाउ मन माहीं ॥
kārana kavana bharatu bana jāhīṁ, hai kachu kapaṭa bhāu mana māhīṁ.
जौं पै जियँ न होति कुटिलाई । तौ कत लीन्ह संग कटकाई ॥
jauṁ pai jiyaṁ na hoti kuṭilāī, tau kata līnha saṁga kaṭakāī.
जानहिं सानुज रामहि मारी । करउँ अकंटक राजु सुखारी ॥
jānahiṁ sānuja rāmahi mārī, karauṁ akaṁṭaka rāju sukhārī.
भरत न राजनीति उर आनी । तब कलंकु अब जीवन हानी ॥
bharata na rājanīti ura ānī, taba kalaṁku aba jīvana hānī.
सकल सुरासुर जुरहिं जुझारा । रामहि समर न जीतनिहारा ॥
sakala surāsura jurahiṁ jujhārā, rāmahi samara na jītanihārā.
का आचरजु भरतु अस करहीं । नहिं बिष बेलि अमिअ फल फरहीं ॥
kā ācaraju bharatu asa karahīṁ, nahiṁ biṣa beli amia phala pharahīṁ.

दोहा-dohā:

अस बिचारि गुहँ ग्याति सन कहेउ सजग सब होहु ।
asa bicāri guhaṁ gyāti sana kaheu sajaga saba hohu,
हथवाँसहु बोरहु तरनि कीजिअ घाटारोहु ॥१८९॥
hathavāṁsahu borahu tarani kījia ghāṭārohu. 189.

चौपाई-caupāī:

होहु सँजोइल रोकहु घाटा । ठाटहु सकल मरै के ठाटा ॥
hohu saṁjoila rokahu ghāṭā, ṭhāṭahu sakala marai ke ṭhāṭā.
सनमुख लोह भरत सन लेऊँ । जिअत न सुरसरि उतरन देऊँ ॥
sanamukha loha bharata sana leūṁ, jiata na surasari utarana deūṁ.
समर मरनु पुनि सुरसरि तीरा । राम काजु छनभंगु सरीरा ॥
samara maranu puni surasari tīrā, rāma kāju chanabhaṁgu sarīrā.
भरत भाइ नृपु मैं जन नीचू । बड़ें भाग असि पाइअ मीचू ॥
bharata bhāi nṛpu maiṁ jana nīcū, baṛeṁ bhāga asi pāia mīcū.
स्वामि काज करिहउँ रन रारी । जस धवलिहउँ भुवन दस चारी ॥
svāmi kāja karihauṁ rana rārī, jasa dhavalihauṁ bhuvana dasa cārī.
तजउँ प्रान रघुनाथ निहोरें । दुहूँ हाथ मुद मोदक मोरें ॥
tajauṁ prāna raghunātha nihoreṁ, duhūṁ hātha muda modaka moreṁ.
साधु समाज न जाकर लेखा । राम भगत महुँ जासु न रेखा ॥
sādhu samāja na jākara lekhā, rāma bhagata mahuṁ jāsu na rekhā.
जायँ जिअत जग सो महि भारू । जननी जौबन बिटप कुठारू ॥
jāyaṁ jiata jaga so mahi bhārū, jananī jaubana biṭapa kuṭhārū.

दोहा-dohā:

बिगत बिषाद निषादपति सबहि बढ़ाइ उछाहु ।
bigata biṣāda niṣādapati sabahi baṛhāi uchāhu,
सुमिरि राम मागेउ तुरत तरकस धनुष सनाहु ॥१९०॥
sumiri rāma māgeu turata tarakasa dhanuṣa sanāhu. 190.

चौपाई-caupāī:

बेगहु भाइहु सजहु सँजोऊ । सुनि रजाइ कदराइ न कोऊ ॥
begahu bhāihu sajahu saṁjoū, suni rajāi kadarāi na koū.
भलेहिं नाथ सब कहहिं सहरषा । एकहिं एक बढ़ावइ करषा ॥
bhalehiṁ nātha saba kahahiṁ saharaṣā, ekahiṁ eka baṛhāvai karaṣā.
चले निषाद जोहारि जोहारी । सूर सकल रन रूचइ रारी ॥
cale niṣāda johāri johārī, sūra sakala rana rūcai rārī.
सुमिरि राम पद पंकज पनहीं । भाथीं बाँधि चढ़ाइन्हि धनहीं ॥
sumiri rāma pada paṁkaja panahīṁ, bhāthīṁ bāṁdhi caṛhāinhi dhanahīṁ.
अँगरी पहिरि कूँड़ि सिर धरहीं । फरसा बाँस सेल सम करहीं ॥
aṁgarī pahiri kūṁṛi sira dharahīṁ, pharasā bāṁsa sela sama karahīṁ.
एक कुसल अति ओड़न खाँड़े । कूदहिं गगन मनहुँ छिति छाँड़े ॥
eka kusala ati oṛana khāṁṛe, kūdahiṁ gagana manahuṁ chiti chāṁṛe.
निज निज साजु समाजु बनाई । गुह राउतहि जोहारे जाई ॥
nija nija sāju samāju banāī, guha rāutahi johāre jāī.
देखि सुभट सब लायक जाने । लै लै नाम सकल सनमाने ॥
dekhi subhaṭa saba lāyaka jāne, lai lai nāma sakala sanamāne.

दोहा-dohā:

भाइहु लावहु धोख जनि आजु काज बड़ मोहि ।
bhāihu lāvahu dhokha jani āju kāja baṛa mohi,
सुनि सरोष बोले सुभट बीर अधीर न होहि ॥१९१॥
suni saroṣa bole subhaṭa bīra adhīra na hohi. 191.

चौपाई-caupāī:

राम प्रताप नाथ बल तोरे । करहिं कटकु बिनु भट बिनु घोरे ॥
rāma pratāpa nātha bala tore, karahiṁ kaṭaku binu bhaṭa binu ghore.

जीवत पाउ न पाछें धरहीं । रुंड मुंडमय मेदिनि करहीं ॥
jīvata pāu na pācheṁ dharahīṁ, ruṁḍa muṁḍamaya medini karahīṁ.
दीख निषादनाथ भल टोलू । कहेउ बजाउ जुझाऊ ढोलू ॥
dīkha niṣādanātha bhala ṭolū, kaheu bajāu jujhāū ḍholū.
एतना कहत छींक भइ बाँए । कहेउ सगुनिअन्ह खेत सुहाए ॥
etanā kahata chīṁka bhai bāṁe, kaheu sagunianha kheta suhāe.
बूढ़ु एकु कह सगुन बिचारी । भरतहि मिलिअ न होइहि रारी ॥
būṛhu eku kaha saguna bicārī, bharatahi milia na hoihi rārī.
रामहि भरतु मनावन जाहीं । सगुन कहइ अस बिग्रहु नाहीं ॥
rāmahi bharatu manāvana jāhīṁ, saguna kahai asa bigrahu nāhīṁ.
सुनि गुह कहइ नीक कह बूढ़ा । सहसा करि पछिताहिं बिमूढ़ा ॥
suni guha kahai nīka kaha būṛhā, sahasā kari pachitāhiṁ bimūṛhā.
भरत सुभाउ सीलु बिनु बूझें । बड़ि हित हानि जानि बिनु जूझें ॥
bharata subhāu sīlu binu būjheṁ, baṛi hita hāni jāni binu jūjheṁ.

दोहा-dohā:

गहहु घाट भट समिटि सब लेउँ मरम मिलि जाइ ।
gahahu ghāṭa bhaṭa samiṭi saba leuṁ marama mili jāi,
बूझि मित्र अरि मध्य गति तस तब करिहउँ आइ ॥१९२॥
būjhi mitra ari madhya gati tasa taba karihauṁ āi. 192.

चौपाई-caupāī:

लखब सनेहु सुभायँ सुहाएँ । बैरु प्रीति नहिं दुरइँ दुराएँ ॥
lakhaba sanehu subhāyaṁ suhāeṁ, bairu prīti nahiṁ duraiṁ durāeṁ.
अस कहि भेंट सँजोवन लागे । कंद मूल फल खग मृग मागे ॥
asa kahi bheṁṭa saṁjovana lāge, kaṁda mūla phala khaga mṛga māge.
मीन पीन पाठीन पुराने । भरि भरि भार कहारन्ह आने ॥
mīna pīna pāṭhīna purāne, bhari bhari bhāra kahāranha āne.
मिलन साजु सजि मिलन सिधाए । मंगल मूल सगुन सुभ पाए ॥
milana sāju saji milana sidhāe, maṁgala mūla saguna subha pāe.
देखि दूरि तें कहि निज नामू । कीन्ह मुनीसहि दंड प्रनामू ॥
dekhi dūri teṁ kahi nija nāmū, kīnha munīsahi daṁḍa pranāmū.
जानि रामप्रिय दीन्हि असीसा । भरतहि कहेउ बुझाइ मुनीसा ॥
jāni rāmapriya dīnhi asīsā, bharatahi kaheu bujhāi munīsā.
राम सखा सुनि संदनु त्यागा । चले उतरि उमगत अनुरागा ॥
rāma sakhā suni saṁdanu tyāgā, cale utari umagata anurāgā.
गाउँ जाति गुहँ नाउँ सुनाई । कीन्ह जोहारु माथ महि लाई ॥
gāuṁ jāti guhaṁ nāuṁ sunāī, kīnha johāru mātha mahi lāī.

दोहा-dohā:

करत दंडवत देखि तेहि भरत लीन्ह उर लाइ ।
karata daṁḍavata dekhi tehi bharata līnha ura lāi,
मनहुँ लखन सन भेंट भइ प्रेम न हृदयँ समाइ ॥१९३॥
manahuṁ lakhana sana bheṁṭa bhai prema na hṛdayaṁ samāi. 193.

चौपाई-caupāī:

भेंटत भरतु ताहि अति प्रीती । लोग सिहाहिं प्रेम कै रीती ॥
bheṁṭata bharatu tāhi ati prītī, loga sihāhiṁ prema kai rītī.
धन्य धन्य धुनि मंगल मूला । सुर सराहि तेहि बरिसहिं फूला ॥
dhanya dhanya dhuni maṁgala mūlā, sura sarāhi tehi barisahiṁ phūlā.
लोक बेद सब भाँतिहिं नीचा । जासु छाँह छुइ लेइअ सींचा ॥
loka beda saba bhāṁtihiṁ nīcā, jāsu chāṁha chui leia sīṁcā.
तेहि भरि अंक राम लघु भ्राता । मिलत पुलक परिपूरित गाता ॥
tehi bhari aṁka rāma laghu bhrātā, milata pulaka paripūrita gātā.
राम राम कहि जे जमुहाहीं । तिन्हहि न पाप पुंज समुहाहीं ॥
rāma rāma kahi je jamuhāhīṁ, tinhahi na pāpa puṁja samuhāhīṁ.
यह तौ राम लाइ उर लीन्हा । कुल समेत जगु पावन कीन्हा ॥
yaha tau rāma lāi ura līnhā, kula sameta jagu pāvana kīnhā.
करमनास जलु सुरसरि परई । तेहि को कहहु सीस नहिं धरई ॥
karamanāsa jalu surasari paraī, tehi ko kahahu sīsa nahiṁ dharaī.
उलटा नामु जपत जगु जाना । बालमीकि भए ब्रह्म समाना ॥
ulaṭā nāmu japata jagu jānā, bālamīki bhae brahma samānā.

दोहा-dohā:

स्वपच सबर खस जमन जड़ पावँर कोल किरात ।
svapaca sabara khasa jamana jaṛa pāvaṁra kola kirāta,
रामु कहत पावन परम होत भुवन बिख्यात ॥१९४॥
rāmu kahata pāvana parama hota bhuvana bikhyāta. 194.

चौपाई-caupāī:

नहिं अचिरिजु जुग जुग चलि आई । केहि न दीन्हि रघुबीर बड़ाई ॥
nahiṁ aciriju juga juga cali āī, kehi na dīnhi raghubīra baṛāī.
राम नाम महिमा सुर कहहीं । सुनि सुनि अवध लोग सुखु लहहीं ॥
rāma nāma mahimā sura kahahīṁ, suni suni avadha loga sukhu lahahīṁ.
रामसखहि मिलि भरत सप्रेमा । पूँछी कुसल सुमंगल खेमा ॥
rāmasakhahi mili bharata sapremā, pūṁchī kusala sumaṁgala khemā.
देखि भरत कर सीलु सनेहू । भा निषाद तेहि समय बिदेहू ॥
dekhi bharata kara sīlu sanehū, bhā niṣāda tehi samaya bidehū.
सकुच सनेहु मोदु मन बाढ़ा । भरतहि चितवत एकटक ठाढ़ा ॥
sakuca sanehu modu mana bāṛhā, bharatahi citavata ekaṭaka ṭhāṛhā.
धरि धीरजु पद बंदि बहोरी । बिनय सप्रेम करत कर जोरी ॥
dhari dhīraju pada baṁdi bahorī, binaya saprema karata kara jorī.
कुसल मूल पद पंकज पेखी । मैं तिहुँ काल कुसल निज लेखी ॥
kusala mūla pada paṁkaja pekhī, maiṁ tihuṁ kāla kusala nija lekhī.
अब प्रभु परम अनुग्रह तोरें । सहित कोटि कुल मंगल मोरें ॥
aba prabhu parama anugraha toreṁ, sahita koṭi kula maṁgala moreṁ.

दोहा-dohā:

समुझि मोरि करतूति कुलु प्रभु महिमा जियँ जोइ ।
samujhi mori karatūti kulu prabhu mahimā jiyaṁ joi,
जो न भजइ रघुबीर पद जग बिधि बंचित सोइ ॥१९५॥
jo na bhajai raghubīra pada jaga bidhi baṁcita soi. 195.

चौपाई-caupāī:

कपटी कायर कुमति कुजाती । लोक बेद बाहेर सब भाँती ॥
kapaṭī kāyara kumati kujātī, loka beda bāhera saba bhāṁtī.
राम कीन्ह आपन जबही तें । भयउँ भुवन भूषन तबही तें ॥
rāma kīnha āpana jabahī teṁ, bhayauṁ bhuvana bhūṣana tabahī teṁ.
देखि प्रीति सुनि बिनय सुहाई । मिलेउ बहोरि भरत लघु भाई ॥
dekhi prīti suni binaya suhāī, mileu bahori bharata laghu bhāī.
कहि निषाद निज नाम सुबानीं । सादर सकल जोहारीं रानीं ॥
kahi niṣāda nija nāma subānīṁ, sādara sakala johārīṁ rānīṁ.
जानि लखन सम देहिं असीसा । जिअहु सुखी सय लाख बरीसा ॥
jāni lakhana sama dehiṁ asīsā, jiahu sukhī saya lākha barīsā.
निरखि निषादु नगर नर नारी । भए सुखी जनु लखनु निहारी ॥
nirakhi niṣādu nagara nara nārī, bhae sukhī janu lakhanu nihārī.
कहहिं लहेउ एहिं जीवन लाहू । भेंटेउ रामभद्र भरि बाहू ॥
kahahiṁ laheu ehiṁ jīvana lāhū, bheṁṭeu rāmabhadra bhari bāhū.
सुनि निषादु निज भाग बड़ाई । प्रमुदित मन लइ चलेउ लेवाई ॥
suni niṣādu nija bhāga baṛāī, pramudita mana lai caleu levāī.

दोहा-dohā:

सनकारे सेवक सकल चले स्वामि रुख पाइ।
sanakāre sevaka sakala cale svāmi rukha pāi,
घर तरु तर सर बाग बन बास बनाएन्हि जाइ॥१९६॥
ghara taru tara sara bāga bana bāsa banāenhi jāi. 196.

चौपाई-caupāī:

सृंगबेरपुर भरत दीख जब। भे सनेहँ सब अंग सिथिल तब॥
sṛṁgaberapura bharata dīkha jaba, bhe sanehaṁ saba aṁga sithila taba.
सोहत दिएँ निषादहि लागू। जनु तनु धरें बिनय अनुरागू॥
sohata dieṁ niṣādahi lāgū, janu tanu dhareṁ binaya anurāgū.
एहि बिधि भरत सेनु सबु संगा। दीखि जाइ जग पावनि गंगा॥
ehi bidhi bharata senu sabu saṁgā, dīkhi jāi jaga pāvani gaṁgā.
रामघाट कहँ कीन्ह प्रनामू। भा मनु मगनु मिले जनु रामू॥
rāmaghāṭa kahaṁ kīnha pranāmū, bhā manu maganu mile janu rāmū.
करहिं प्रनाम नगर नर नारी। मुदित ब्रह्ममय बारि निहारी॥
karahiṁ pranāma nagara nara nārī, mudita brahmamaya bāri nihārī.
करि मज्जनु मागहिं कर जोरी। रामचंद्र पद प्रीति न थोरी॥
kari majjanu māgahiṁ kara jorī, rāmacaṁdra pada prīti na thorī.
भरत कहेउ सुरसरि तव रेनू। सकल सुखद सेवक सुरधेनू॥
bharata kaheu surasari tava renū, sakala sukhada sevaka suradhenū.
जोरि पानि बर मागउँ एहू। सीय राम पद सहज सनेहू॥
jori pāni bara māgauṁ ehū, sīya rāma pada sahaja sanehū.

दोहा-dohā:

एहि बिधि मज्जनु भरतु करि गुर अनुसासन पाइ।
ehi bidhi majjanu bharatu kari gura anusāsana pāi,
मातु नहानीं जानि सब डेरा चले लवाइ॥१९७॥
mātu nahānīṁ jāni saba ḍerā cale lavāi. 197.

चौपाई-caupāī:

जहँ तहँ लोगन्ह डेरा कीन्हा। भरत सोधु सबही कर लीन्हा॥
jahaṁ tahaṁ loganha ḍerā kīnhā, bharata sodhu sabahī kara līnhā.
सुर सेवा करि आयसु पाई। राम मातु पहिं गे दोउ भाई॥
sura sevā kari āyasu pāī, rāma mātu pahiṁ ge dou bhāī.
चरन चाँपि कहि कहि मृदु बानी। जननीं सकल भरत सनमानी॥
carana cāṁpi kahi kahi mṛdu bānī, jananīṁ sakala bharata sanamānī.
भाइहि सौंपि मातु सेवकाई। आपु निषादहि लीन्ह बोलाई॥
bhāihi sauṁpi mātu sevakāī, āpu niṣādahi līnha bolāī.
चले सखा कर सों कर जोरें। सिथिल सरीरु सनेह न थोरें॥
cale sakhā kara soṁ kara joreṁ, sithila sarīru saneha na thoreṁ.
पूँछत सखहि सो ठाउँ देखाऊ। नेकु नयन मन जरनि जुड़ाऊ॥
pūṁchata sakhahi so ṭhāuṁ dekhāū, neku nayana mana jarani juṛāū.
जहँ सिय रामु लखनु निसि सोए। कहत भरे जल लोचन कोए॥
jahaṁ siya rāmu lakhanu nisi soe, kahata bhare jala locana koe.
भरत बचन सुनि भयउ बिषादू। तुरत तहाँ लइ गयउ निषादू॥
bharata bacana suni bhayau biṣādū, turata tahāṁ lai gayau niṣādū.

दोहा-dohā:

जहँ सिंसुपा पुनीत तर रघुबर किय बिश्रामु।
jahaṁ siṁsupā punīta tara raghubara kiya biśrāmu,
अति सनेहँ सादर भरत कीन्हेउ दंड प्रनामु॥१९८॥
ati sanehaṁ sādara bharata kīnheu daṁḍa pranāmu. 198.

चौपाई-caupāī:

कुस साँथरी निहारि सुहाई। कीन्ह प्रनामु प्रदच्छिन जाई॥
kusa sāṁtharī nihāri suhāī, kīnha pranāmu pradacchina jāī.
चरन रेख रज आँखिन्ह लाई। बनइ न कहत प्रीति अधिकाई॥
carana rekha raja āṁkhinha lāī, banai na kahata prīti adhikāī.
कनक बिंदु दुइ चारिक देखे। राखे सीस सीय सम लेखे॥
kanaka biṁdu dui cārika dekhe, rākhe sīsa sīya sama lekhe.
सजल बिलोचन हृदयँ गलानी। कहत सखा सन बचन सुबानी॥
sajala bilocana hṛdayaṁ galānī, kahata sakhā sana bacana subānī.
श्रीहत सीय बिरहँ दुतिहीना। जथा अवध नर नारि बिलीना॥
śrīhata sīya birahaṁ dutihīnā, jathā avadha nara nāri bilīnā.
पिता जनक देउँ पटतर केही। करतल भोगु जोगु जग जेही॥
pitā janaka deuṁ paṭatara kehī, karatala bhogu jogu jaga jehī.
ससुर भानुकुल भानु भुआलू। जेहि सिहात अमरावतिपालू॥
sasura bhānukula bhānu bhuālū, jehi sihāta amarāvatipālū.
प्राननाथु रघुनाथ गोसाईं। जो बड़ होत सो राम बड़ाईं॥
prānanāthu raghunātha gosāīṁ, jo baṛa hota so rāma baṛāīṁ.

दोहा-dohā:

पति देवता सुतीय मनि सीय साँथरी देखि।
pati devatā sutīya mani sīya sāṁtharī dekhi,
बिहरत हृदउ न हहरि हर पबि तें कठिन बिसेषि॥१९९॥
biharata hṛdau na hahari hara pabi teṁ kaṭhina biseṣi. 199.

चौपाई-caupāī:

लालन जोगु लखन लघु लोने। भे न भाइ अस अहहिं न होने॥
lālana jogu lakhana laghu lone, bhe na bhāi asa ahahiṁ na hone.
पुरजन प्रिय पितु मातु दुलारे। सिय रघुबीरहि प्रानपिआरे॥
purajana priya pitu mātu dulāre, siya raghubīrahi prānapiāre.
मृदु मूरति सुकुमार सुभाऊ। तात बाउ तन लाग न काऊ॥
mṛdu mūrati sukumāra subhāū, tāta bāu tana lāga na kāū.
ते बन सहहिं बिपति सब भाँती। निदरे कोटि कुलिस एहिं छाती॥
te bana sahahiṁ bipati saba bhāṁtī, nidare koṭi kulisa ehiṁ chātī.
राम जनमि जगु कीन्ह उजागर। रूप सील सुख सब गुन सागर॥
rāma janami jagu kīnha ujāgara, rūpa sīla sukha saba guna sāgara.
पुरजन परिजन गुर पितु माता। राम सुभाउ सबहि सुखदाता॥
purajana parijana gura pitu mātā, rāma subhāu sabahi sukhadātā.
बैरिउ राम बड़ाई करहीं। बोलनि मिलनि बिनय मन हरहीं॥
bairiu rāma baṛāī karahīṁ, bolani milani binaya mana harahīṁ.
सारद कोटि कोटि सत सेषा। करि न सकहिं प्रभु गुन गन लेखा॥
sārada koṭi koṭi sata seṣā, kari na sakahiṁ prabhu guna gana lekhā.

दोहा-dohā:

सुखस्वरुप रघुबंसमनि मंगल मोद निधान।
sukhasvarupa raghubaṁsamani maṁgala moda nidhāna,
ते सोवत कुस डासि महि बिधि गति अति बलवान॥२००॥
te sovata kusa ḍāsi mahi bidhi gati ati balavāna. 200.

चौपाई-caupāī:

राम सुना दुखु कान न काऊ। जीवनतरु जिमि जोगवइ राऊ॥
rāma sunā dukhu kāna na kāū, jīvanataru jimi jogavai rāū.
पलक नयन फनि मनि जेहि भाँती। जोगवहिं जननि सकल दिन राती॥
palaka nayana phani mani jehi bhāṁtī, jogavahiṁ janani sakala dina rātī.
ते अब फिरत बिपिन पदचारी। कंद मूल फल फूल अहारी॥
te aba phirata bipina padacārī, kaṁda mūla phala phūla ahārī.
धिग कैकई अमंगल मूला। भइसि प्रान प्रियतम प्रतिकूला॥
dhiga kaikaī amaṁgala mūlā, bhaisi prāna priyatama pratikūlā.
मैं धिग धिग अघ उदधि अभागी। सबु उतपातु भयउ जेहि लागी॥
maiṁ dhiga dhiga agha udadhi abhāgī, sabu utapātu bhayau jehi lāgī.

कुल कलंकु करि सृजेउ बिधाताँ । साइँदोह मोहि कीन्ह कुमाताँ ॥
kula kalaṁku kari sṛjeu bidhātāṁ, sāiṁdoha mohi kīnha kumātāṁ.
सुनि सप्रेम समुझाव निषादू । नाथ करिअ कत बादि बिषादू ॥
suni saprema samujhāva niṣādū, nātha karia kata bādi biṣādū.
राम तुम्हहि प्रिय तुम्ह प्रिय रामहि । यह निरजोसु दोसु बिधि बामहि ॥
rāma tumhahi priya tumha priya rāmahi, yaha nirajosu dosu bidhi bāmahi.

छंद-chaṁda:

बिधि बाम की करनी कठिन जेहिं मातु कीन्ही बावरी ।
bidhi bāma kī karanī kaṭhina jehiṁ mātu kīnhī bāvarī,
तेहि राति पुनि पुनि करहिं प्रभु सादर सरहना रावरी ॥
tehi rāti puni puni karahiṁ prabhu sādara sarahanā rāvarī.
तुलसी न तुम्ह सो राम प्रीतमु कहतु हौं सौंहें किएँ ।
tulasī na tumha so rāma prītamu kahatu hauṁ sauṁheṁ kieṁ,
परिनाम मंगल जानि अपने आनिए धीरजु हिएँ ॥
parināma maṁgala jāni apane ānie dhīraju hieṁ.

सोरठा-soraṭhā:

अंतरजामी रामु सकुच सप्रेम कृपायतन ।
aṁtarajāmī rāmu sakuca saprema kṛpāyatana,
चलिअ करिअ बिश्रामु यह बिचारि दृढ़ आनि मन ॥ २०१ ॥
calia karia biśrāmu yaha bicāri dṛṛha āni mana. 201.

चौपाई-caupāī:

सखा बचन सुनि उर धरि धीरा । बास चले सुमिरत रघुबीरा ॥
sakhā bacana suni ura dhari dhīrā, bāsa cale sumirata raghubīrā.
यह सुधि पाइ नगर नर नारी । चले बिलोकन आरत भारी ॥
yaha sudhi pāi nagara nara nārī, cale bilokana ārata bhārī.
परदखिना करि करहिं प्रनामा । देहिं कैकइहि खोरि निकामा ॥
paradakhinā kari karahiṁ pranāmā, dehiṁ kaikaihi khori nikāmā.
भरि भरि बारि बिलोचन लेहीं । बाम बिधातहि दूषन देहीं ॥
bhari bhari bāri bilocana lehīṁ, bāma bidhātahi dūṣana dehīṁ.
एक सराहहिं भरत सनेहू । कोउ कह नृपति निबाहेउ नेहू ॥
eka sarāhahiṁ bharata sanehū, kou kaha nṛpati nibāheu nehū.
निंदहिं आपु सराहि निषादहि । को कहि सकइ बिमोह बिषादहि ॥
niṁdahiṁ āpu sarāhi niṣādahi, ko kahi sakai bimoha biṣādahi.
एहि बिधि राति लोगु सबु जागा । भा भिनुसार गुदारा लागा ॥
ehi bidhi rāti logu sabu jāgā, bhā bhinusāra gudārā lāgā.
गुरहि सुनावँ चढ़ाइ सुहाईं । नईं नाव सब मातु चढ़ाईं ॥
gurahi sunāvaṁ caṛhāi suhāīṁ, naīṁ nāva saba mātu caṛhāīṁ.
दंड चारि महँ भा सबु पारा । उतरि भरत तब सबहि सँभारा ॥
daṁḍa cāri mahaṁ bhā sabu pārā, utari bharata taba sabahi saṁbhārā.

दोहा-dohā:

प्रातक्रिया करि मातु पद बंदि गुरहि सिरु नाइ ।
prātakriyā kari mātu pada baṁdi gurahi siru nāi,
आगें किए निषाद गन दीन्हेउ कटकु चलाइ ॥ २०२ ॥
āgeṁ kie niṣāda gana dīnheu kaṭaku calāi. 202.

चौपाई-caupāī:

कियउ निषादनाथु अगुआईं । मातु पालकीं सकल चलाईं ॥
kiyau niṣādanāthu aguāīṁ, mātu pālakīṁ sakala calāīṁ.
साथ बोलाइ भाइ लघु दीन्हा । बिप्रन्ह सहित गवनु गुर कीन्हा ॥
sātha bolāi bhāi laghu dīnhā, bipranha sahita gavanu gura kīnhā.
आपु सुरसरिहि कीन्ह प्रनामू । सुमिरे लखन सहित सिय रामू ॥
āpu surasarihi kīnha pranāmū, sumire lakhana sahita siya rāmū.
गवने भरत पयादेहिं पाए । कोतल संग जाहिं डोरिआए ॥
gavane bharata payadehiṁ pāe, kotala saṁga jāhiṁ ḍoriāe.
कहहिं सुसेवक बारहिं बारा । होइअ नाथ अस्व असवारा ॥
kahahiṁ susevaka bārahiṁ bārā, hoia nātha asva asavārā.
रामु पयादेहि पायँ सिधाए । हम कहँ रथ गज बाजि बनाए ॥
rāmu payadehi pāyaṁ sidhāe, hama kahaṁ ratha gaja bāji banāe.
सिर भर जाउँ उचित अस मोरा । सब तें सेवक धरमु कठोरा ॥
sira bhara jāuṁ ucita asa morā, saba teṁ sevaka dharamu kaṭhorā.
देखि भरत गति सुनि मृदु बानी । सब सेवक गन गरहिं गलानी ॥
dekhi bharata gati suni mṛdu bānī, saba sevaka gana garahiṁ galānī.

दोहा-dohā:

भरत तीसरे पहर कहँ कीन्ह प्रबेसु प्रयाग ।
bharata tīsare pahara kahaṁ kīnha prabesu prayāga,
कहत राम सिय राम सिय उमगि उमगि अनुराग ॥ २०३ ॥
kahata rāma siya rāma siya umagi umagi anurāga. 203.

चौपाई-caupāī:

झलका झलकत पायन्ह कैसें । पंकज कोस ओस कन जैसें ॥
jhalakā jhalakata pāyanha kaiseṁ, paṁkaja kosa osa kana jaiseṁ.
भरत पयादेहिं आए आजू । भयउ दुखित सुनि सकल समाजू ॥
bharata payādehiṁ āe ājū, bhayau dukhita suni sakala samājū.
खबरि लीन्ह सब लोग नहाए । कीन्ह प्रनामु त्रिबेनिहिं आए ॥
khabari līnha saba loga nahāe, kīnha pranāmu tribenihiṁ āe.
सबिधि सितासित नीर नहाने । दिए दान महिसुर सनमाने ॥
sabidhi sitāsita nīra nahāne, die dāna mahisura sanamāne.
देखत स्यामल धवल हलोरे । पुलकि सरीर भरत कर जोरे ॥
dekhata syāmala dhavala halore, pulaki sarīra bharata kara jore.
सकल काम प्रद तीरथराऊ । बेद बिदित जग प्रगट प्रभाऊ ॥
sakala kāma prada tīratharāū, beda bidita jaga pragaṭa prabhāū.
मागउँ भीख त्यागि निज धरमू । आरत काह न करइ कुकरमू ॥
māgauṁ bhīkha tyāgi nija dharamū, ārata kāha na karai kukaramū.
अस जियँ जानि सुजान सुदानी । सफल करहिं जग जाचक बानी ॥
asa jiyaṁ jāni sujāna sudānī, saphala karahiṁ jaga jācaka bānī.

दोहा-dohā:

अरथ न धरम न काम रुचि गति न चहउँ निरबान ।
aratha na dharama na kāma ruci gati na cahauṁ nirabāna,
जनम जनम रति राम पद यह बरदानु न आन ॥ २०४ ॥
janama janama rati rāma pada yaha baradānu na āna. 204.

चौपाई-caupāī:

जानहुँ राम कुटिल करि मोही । लोग कहउ गुर साहिब द्रोही ॥
jānahuṁ rāma kuṭila kari mohī, loga kahau gura sāhiba drohī.
सीता राम चरन रति मोरें । अनुदिन बढ़उ अनुग्रह तोरें ॥
sītā rāma carana rati moreṁ, anudina baṛhau anugraha toreṁ.
जलदु जनम भरि सुरति बिसारउ । जाचत जलु पबि पाहन डारउ ॥
jaladu janama bhari surati bisārau, jācata jalu pabi pāhana ḍārau.
चातकु रटनि घटें घटि जाई । बढ़ें प्रेमु सब भाँति भलाई ॥
cātaku raṭani ghaṭeṁ ghaṭi jāī, baṛheṁ premu saba bhāṁti bhalāī.
कनकहिं बान चढ़इ जिमि दाहें । तिमि प्रियतम पद नेम निबाहें ॥
kanakahiṁ bāna caṛhai jimi dāheṁ, timi priyatama pada nema nibāheṁ.
भरत बचन सुनि माझ त्रिबेनी । भइ मृदु बानि सुमंगल देनी ॥
bharata bacana suni mājha tribenī, bhai mṛdu bāni sumaṁgala denī.
तात भरत तुम्ह सब बिधि साधू । राम चरन अनुराग अगाधू ॥
tāta bharata tumha saba bidhi sādhū, rāma carana anurāga agādhū.
बादि गलानि करहु मन माहीं । तुम्ह सम रामहि कोउ प्रिय नाहीं ॥

bādi galāni karahu mana māhīṁ, tumha sama rāmahi kou priya nāhīṁ.

दोहा-dohā:

तनु पुलकेउ हियँ हरषु सुनि बेनि बचन अनुकूल ।
tanu pulakeu hiyaṁ haraṣu suni beni bacana anukūla,
भरत धन्य कहि धन्य सुर हरषित बरषहिं फूल ॥२०५॥
bharata dhanya kahi dhanya sura harașita barașahiṁ phūla. 205.

चौपाई-caupāī:

प्रमुदित तीरथराज निवासी । बैखानस बटु गृही उदासी ॥
pramudita tīratharāja nivāsī, baikhānasa baṭu gṛhī udāsī.
कहहिं परसपर मिलि दस पाँचा । भरत सनेहु सीलु सुचि साँचा ॥
kahahiṁ parasapara mili dasa pāṁcā, bharata sanehu sīlu suci sāṁcā.
सुनत राम गुन ग्राम सुहाए । भरद्वाज मुनिबर पहिं आए ॥
sunata rāma guna grāma suhāe, bharadvāja munibara pahiṁ āe.
दंड प्रनामु करत मुनि देखे । मूरतिमंत भाग्य निज लेखे ॥
daṁḍa pranāmu karata muni dekhe, mūratimaṁta bhāgya nija lekhe.
धाइ उठाइ लाइ उर लीन्हे । दीन्हि असीस कृतारथ कीन्हे ॥
dhāi uṭhāi lāi ura līnhe, dīnhi asīsa kṛtāratha kīnhe.
आसनु दीन्ह नाइ सिरु बैठे । चहत सकुच गृहँ जनु भजि पैठे ॥
āsanu dīnha nāi siru baiṭhe, cahata sakuca gṛhaṁ janu bhaji paiṭhe.
मुनि पूँछब कछु यह बड़ सोचू । बोले रिषि लखि सीलु सँकोचू ॥
muni pūṁchaba kachu yaha baṛa socū, bole riṣi lakhi sīlu saṁkocū.
सुनहु भरत हम सब सुधि पाई । बिधि करतब पर किछु न बसाई ॥
sunahu bharata hama saba sudhi pāī, bidhi karataba para kichu na basāī.

दोहा-dohā:

तुम्ह गलानि जियँ जनि करहु समुझि मातु करतूति ।
tumha galāni jiyaṁ jani karahu samujhi mātu karatūti,
तात कैकइहि दोसु नहिं गई गिरा मति धूति ॥२०६॥
tāta kaikaihi dosu nahiṁ gaī girā mati dhūti. 206.

चौपाई-caupāī:

यहउ कहत भल कहिहि न कोऊ । लोकु बेदु बुध संमत दोऊ ॥
yahau kahata bhala kahihi na koū, loku bedu budha saṁmata doū.
तात तुम्हार बिमल जसु गाई । पाइहि लोकउ बेदु बड़ाई ॥
tāta tumhāra bimala jasu gāī, pāihi lokau bedu baṛāī.
लोक बेद संमत सबु कहई । जेहि पितु देइ राजु सो लहई ॥
loka beda saṁmata sabu kahaī, jehi pitu dei rāju so lahaī.
राउ सत्यब्रत तुम्हहि बोलाई । देत राजु सुखु धरमु बड़ाई ॥
rāu satyabrata tumhahi bolāī, deta rāju sukhu dharamu baṛāī.
राम गवनु बन अनरथ मूला । जो सुनि सकल बिस्व भइ सूला ॥
rāma gavanu bana anaratha mūlā, jo suni sakala bisva bhai sūlā.
सो भावी बस रानि अयानी । करि कुचालि अंतहुँ पछितानी ॥
so bhāvī basa rāni ayānī, kari kucāli aṁtahuṁ pachitānī.
तहँउँ तुम्हार अलप अपराधू । कहै सो अधम अयान असाधू ॥
tahaṁuṁ tumhāra alapa aparādhū, kahai so adhama ayāna asādhū.
करतेहु राजु त तुम्हहि न दोषू । रामहि होत सुनत संतोषू ॥
karatehu rāju ta tumhahi na doṣū, rāmahi hota sunata saṁtoṣū.

दोहा-dohā:

अब अति कीन्हेहु भरत भल तुम्हहि उचित मत एहु ।
aba ati kīnhehu bharata bhala tumhahi ucita mata ehu,
सकल सुमंगल मूल जग रघुबर चरन सनेहु ॥२०७॥
sakala sumaṁgala mūla jaga raghubara carana sanehu. 207.

चौपाई-caupāī:

सो तुम्हार धनु जीवनु प्राना । भूरिभाग को तुम्हहि समाना ॥
so tumhāra dhanu jīvanu prānā, bhūribhāga ko tumhahi samānā.
यह तुम्हार आचरजु न ताता । दसरथ सुअन राम प्रिय भ्राता ॥
yaha tumhāra ācaraju na tātā, dasaratha suana rāma priya bhrātā.
सुनहु भरत रघुबर मन माहीं । पेम पात्रु तुम्ह सम कोउ नाहीं ॥
sunahu bharata raghubara mana māhīṁ, pema pātru tumha sama kou nāhīṁ.
लखन राम सीतहि अति प्रीती । निसि सब तुम्हहि सराहत बीती ॥
lakhana rāma sītahi ati prītī, nisi saba tumhahi sarāhata bītī.
जाना मरमु नहात प्रयागा । मगन होहिं तुम्हरें अनुरागा ॥
jānā maramu nahāta prayāgā, magana hohiṁ tumhareṁ anurāgā.
तुम्ह पर अस सनेहु रघुबर कें । सुख जीवन जग जस जड़ नर कें ॥
tumha para asa sanehu raghubara keṁ, sukha jīvana jaga jasa jaṛa nara keṁ.
यह न अधिक रघुबीर बड़ाई । प्रनत कुटुंब पाल रघुराई ॥
yaha na adhika raghubīra baṛāī, pranata kuṭuṁba pāla raghurāī.
तुम्ह तौ भरत मोर मत एहू । धरें देह जनु राम सनेहू ॥
tumha tau bharata mora mata ehū, dhareṁ deha janu rāma sanehū.

दोहा-dohā:

तुम्ह कहँ भरत कलंक यह हम सब कहँ उपदेसु ।
tumha kahaṁ bharata kalaṁka yaha hama saba kahaṁ upadesu,
राम भगति रस सिद्धि हित भा यह समउ गनेसु ॥२०८॥
rāma bhagati rasa siddhi hita bhā yaha samau ganesu. 208.

चौपाई-caupāī:

नव बिधु बिमल तात जसु तोरा । रघुबर किंकर कुमुद चकोरा ॥
nava bidhu bimala tāta jasu torā, raghubara kiṁkara kumuda cakorā.
उदित सदा अँथइहि कबहूँ ना । घटिहि न जग नभ दिन दिन दूना ॥
udita sadā aṁthaihi kabahūṁ nā, ghaṭihi na jaga nabha dina dina dūnā.
कोक तिलोक प्रीति अति करिही । प्रभु प्रताप रबि छबिहि न हरिही ॥
koka tiloka prīti ati karihī, prabhu pratāpa rabi chabihi na harihī.
निसि दिन सुखद सदा सब काहू । ग्रसिहि न कैकइ करतबु राहू ॥
nisi dina sukhada sadā saba kāhū, grasihi na kaikai karatabu rāhū.
पूरन राम सुपेम पियूषा । गुर अवमान दोष नहिं दूषा ॥
pūrana rāma supema piyūṣā, gura avamāna doṣa nahiṁ dūṣā.
राम भगत अब अमिअँ अघाहूँ । कीन्हेहु सुलभ सुधा बसुधाहूँ ॥
rāma bhagata aba amiaṁ aghāhūṁ, kīnhehu sulabha sudhā basudhāhūṁ.
भूप भगीरथ सुरसरि आनी । सुमिरत सकल सुंमगल खानी ॥
bhūpa bhagīratha surasari ānī, sumirata sakala suṁmagala khānī.
दसरथ गुन गन बरनि न जाहीं । अधिकु कहा जेहि सम जग नाहीं ॥
dasaratha guna gana barani na jāhīṁ, adhiku kahā jehi sama jaga nāhīṁ.

दोहा-dohā:

जासु सनेह सकोच बस राम प्रगट भए आइ ।
jāsu saneha sakoca basa rāma pragaṭa bhae āi,
जे हर हिय नयननि कबहुँ निरखे नहीं अघाइ ॥२०९॥
je hara hiya nayanani kabahuṁ nirakhe nahīṁ aghāi. 209.

चौपाई-caupāī:

कीरति बिधु तुम्ह कीन्ह अनूपा । जहँ बस राम पेम मृगरूपा ॥
kīrati bidhu tumha kīnha anūpā, jahaṁ basa rāma pema mṛgarūpā.
तात गलानि करहु जियँ जाएँ । डरहु दरिद्रहि पारसु पाएँ ॥
tāta galāni karahu jiyaṁ jāeṁ, ḍarahu daridrahi pārasu pāeṁ.
सुनहु भरत हम झूठ न कहहीं । उदासीन तापस बन रहहीं ॥
sunahu bharata hama jhūṭha na kahahīṁ, udāsīna tāpasa bana rahahīṁ.
सब साधन कर सुफल सुहावा । लखन राम सिय दरसनु पावा ॥
saba sādhana kara suphala suhāvā, lakhana rāma siya darasanu pāvā.
तेहि फल कर फलु दरस तुम्हारा । सहित पयाग सुभाग हमारा ॥
tehi phala kara phalu darasa tumhārā, sahita payāga subhāga hamārā.

भरत धन्य तुम्ह जसु जगु जयऊ । कहि अस पेम मगन पुनि भयऊ ॥
bharata dhanya tumha jasu jagu jayaū, kahi asa pema magana puni bhayaū.
सुनि मुनि बचन सभासद हरषे । साधु सराहि सुमन सुर बरषे ॥
suni muni bacana sabhāsada haraṣe, sādhu sarāhi sumana sura baraṣe.
धन्य धन्य धुनि गगन पयागा । सुनि सुनि भरतु मगन अनुरागा ॥
dhanya dhanya dhuni gagana payāgā, suni suni bharatu magana anurāgā.

दोहा-dohā:

पुलक गात हियँ रामु सिय सजल सरोरुह नैन ।
pulaka gāta hiyaṁ rāmu siya sajala saroruha naina,
करि प्रनामु मुनि मंडलिहि बोले गदगद बैन ॥२१०॥
kari pranāmu muni maṁḍalihi bole gadagada baina. 210.

चौपाई-caupāī:

मुनि समाजु अरु तीरथराजू । साँचिहुँ सपथ अघाइ अकाजू ॥
muni samāju aru tīratharājū, sāṁcihuṁ sapatha aghāi akājū.
एहिं थल जौं किछु कहिअ बनाई । एहि सम अधिक न अघ अधमाई ॥
ehiṁ thala jauṁ kichu kahia banāī, ehi sama adhika na agha adhamāī.
तुम्ह सर्बग्य कहउँ सतिभाऊ । उर अंतरजामी रघुराऊ ॥
tumha sarbagya kahauṁ satibhāū, ura aṁtarajāmī raghurāū.
मोहि न मातु करतब कर सोचू । नहिं दुखु जियँ जगु जानिहि पोचू ॥
mohi na mātu karataba kara socū, nahiṁ dukhu jiyaṁ jagu jānihi pocū.
नाहिन डरु बिगरिहि परलोकू । पितहु मरन कर मोहि न सोकू ॥
nāhina ḍaru bigarihi paralokū, pitahu marana kara mohi na sokū.
सुकृत सुजस भरि भुअन सुहाए । लछिमन राम सरिस सुत पाए ॥
sukṛta sujasa bhari bhuana suhāe, lachimana rāma sarisa suta pāe.
राम बिरहँ तजि तनु छनभंगू । भूप सोच कर कवन प्रसंगू ॥
rāma birahaṁ taji tanu chanabhaṁgū, bhūpa soca kara kavana prasaṁgū.
राम लखन सिय बिनु पग पनहीं । करि मुनि बेष फिरहिं बन बनहीं ॥
rāma lakhana siya binu paga panahīṁ, kari muni beṣa phirahiṁ bana banahīṁ.

दोहा-dohā:

अजिन बसन फल असन महि सयन डासि कुस पात ।
ajina basana phala asana mahi sayana ḍāsi kusa pāta,
बसि तरु तर नित सहत हिम आतप बरषा बात ॥२११॥
basi taru tara nita sahata hima ātapa baraṣā bāta. 211.

चौपाई-caupāī:

एहि दुख दाहँ दहइ दिन छाती । भूख न बासर नीद न राती ॥
ehi dukha dāhaṁ dahai dina chātī, bhūkha na bāsara nīda na rātī.
एहि कुरोग कर औषधु नाहीं । सोधेउँ सकल बिस्व मन माहीं ॥
ehi kuroga kara auṣadhu nāhīṁ, sodheuṁ sakala bisva mana māhīṁ.
मातु कुमत बढ़ई अघ मूला । तेहिं हमार हित कीन्ह बँसूला ॥
mātu kumata baṛhaī agha mūlā, tehiṁ hamāra hita kīnha baṁsūlā.
कलि कुकाठ कर कीन्ह कुजंत्रू । गाड़ि अवधि पढ़ि कठिन कुमंत्रू ॥
kali kukāṭha kara kīnha kujaṁtrū, gāṛi avadhi paṛhi kaṭhina kumaṁtrū.
मोहि लगि यहु कुठाटु तेहिं ठाटा । घालेसि सब जगु बारहबाटा ॥
mohi lagi yahu kuṭhāṭu tehiṁ ṭhāṭā, ghālesi saba jagu bārahabāṭā.
मिटइ कुजोगु राम फिरि आएँ । बसइ अवध नहिं आन उपाएँ ॥
miṭai kujogu rāma phiri āeṁ, basai avadha nahiṁ āna upāeṁ.
भरत बचन सुनि मुनि सुखु पाई । सबहिं कीन्हि बहु भाँति बड़ाई ॥
bharata bacana suni muni sukhu pāī, sabahiṁ kīnhi bahu bhāṁti baṛāī.
तात करहु जनि सोचु बिसेषी । सब दुखु मिटिहि राम पग देखी ॥
tāta karahu jani socu biseṣī, saba dukhu miṭihi rāma paga dekhī.

दोहा-dohā:

करि प्रबोधु मुनिबर कहेउ अतिथि पेमप्रिय होहु ।
kari prabodhu munibara kaheu atithi pemapriya hohu,
कंद मूल फल फूल हम देहिं लेहु करि छोहु ॥२१२॥
kaṁda mūla phala phūla hama dehiṁ lehu kari chohu. 212.

चौपाई-caupāī:

सुनि मुनि बचन भरत हियँ सोचू । भयउ कुअवसर कठिन सँकोचू ॥
suni muni bacana bharata hiyaṁ socū, bhayau kuavasara kaṭhina saṁkocū.
जानि गरुइ गुर गिरा बहोरी । चरन बंदि बोले कर जोरी ॥
jāni garui gura girā bahorī, carana baṁdi bole kara jorī.
सिर धरि आयसु करिअ तुम्हारा । परम धरम यहु नाथ हमारा ॥
sira dhari āyasu karia tumhārā, parama dharama yahu nātha hamārā.
भरत बचन मुनिबर मन भाए । सुचि सेवक सिष निकट बोलाए ॥
bharata bacana munibara mana bhāe, suci sevaka siṣa nikaṭa bolāe.
चाहिअ कीन्हि भरत पहुनाई । कंद मूल फल आनहु जाई ॥
cāhia kīnhi bharata pahunāī, kaṁda mūla phala ānahu jāī.
भलेहीं नाथ कहि तिन्ह सिर नाए । प्रमुदित निज निज काज सिधाए ॥
bhalehīṁ nātha kahi tinha sira nāe, pramudita nija nija kāja sidhāe.
मुनिहि सोच पाहुन बड़ नेवता । तसि पूजा चाहिअ जस देवता ॥
munihi soca pāhuna baṛa nevatā, tasi pūjā cāhia jasa devatā.
सुनि रिधि सिधि अनिमादिक आईं । आयसु होइ सो करहिं गोसाईं ॥
suni ridhi sidhi animādika āīṁ, āyasu hoi so karahiṁ gosāīṁ.

दोहा-dohā:

राम बिरह ब्याकुल भरतु सानुज सहित समाज ।
rāma biraha byākula bharatu sānuja sahita samāja,
पहुनाई करि हरहु श्रम कहा मुदित मुनिराज ॥२१३॥
pahunāī kari harahu śrama kahā mudita munirāja. 213.

चौपाई-caupāī:

रिधि सिधि सिर धरि मुनिबर बानी । बड़भागिनि आपुहि अनुमानी ॥
ridhi sidhi sira dhari munibara bānī, baṛabhāgini āpuhi anumānī.
कहहिं परसपर सिधि समुदाई । अतुलित अतिथि राम लघु भाई ॥
kahahiṁ parasapara sidhi samudāī, atulita atithi rāma laghu bhāī.
मुनि पद बंदि करिअ सोइ आजू । होइ सुखी सब राज समाजू ॥
muni pada baṁdi karia soi ājū, hoi sukhī saba rāja samājū.
अस कहि रचेउ रुचिर गृह नाना । जेहि बिलोकि बिलखाहिं बिमाना ॥
asa kahi raceu rucira gṛha nānā, jehi biloki bilakhāhiṁ bimānā.
भोग बिभूति भूरि भरि राखे । देखत जिन्हहि अमर अभिलाषे ॥
bhoga bibhūti bhūri bhari rākhe, dekhata jinhahi amara abhilāṣe.
दासीं दास साजु सब लीन्हें । जोगवत रहहिं मनहि मनु दीन्हें ॥
dāsīṁ dāsa sāju saba līnheṁ, jogavata rahahiṁ manahi manu dīnheṁ.
सब समाजु सजि सिधि पल माहीं । जे सुख सुरपुर सपनेहुँ नाहीं ॥
saba samāju saji sidhi pala māhīṁ, je sukha surapura sapanehuṁ nāhīṁ.
प्रथमहिं बास दिए सब केही । सुंदर सुखद जथा रुचि जेही ॥
prathamahiṁ bāsa die saba kehī, suṁdara sukhada jathā ruci jehī.

दोहा-dohā:

बहुरि सपरिजन भरत कहुँ रिषि अस आयसु दीन्ह ।
bahuri saparijana bharata kahuṁ riṣi asa āyasu dīnha,
बिधि बिसमय दायकु बिभव मुनिबर तपबल कीन्ह ॥२१४॥
bidhi bisamaya dāyaku bibhava munibara tapabala kīnha. 214.

चौपाई-caupāī:

मुनि प्रभाउ जब भरत बिलोका । सब लघु लगे लोकपति लोका ॥
muni prabhāu jaba bharata bilokā, saba laghu lage lokapati lokā.

सुख समाजु नहिं जाइ बखानी । देखत बिरति बिसारहिं ग्यानी ॥
sukha samāju nahiṁ jāi bakhānī, dekhata birati bisārahiṁ gyānī.
आसन सयन सुबसन बिताना । बन बाटिका बिहग मृग नाना ॥
āsana sayana subasana bitānā, bana bāṭikā bihaga mṛga nānā.
सुरभि फूल फल अमिअ समाना । बिमल जलासय बिबिध बिधाना ॥
surabhi phūla phala amia samānā, bimala jalāsaya bibidha bidhānā.
असन पान सुचि अमिअ अमी से । देखि लोग सकुचात जमी से ॥
asana pāna suci amia amī se, dekhi loga sakucāta jamī se.
सुर सुरभी सुरतरु सबही कें । लखि अभिलाषु सुरेस सची कें ॥
sura surabhī surataru sabahī keṁ, lakhi abhilāṣu suresa sacī keṁ.
रितु बसंत बह त्रिबिध बयारी । सब कहँ सुलभ पदारथ चारी ॥
ritu basaṁta baha tribidha bayārī, saba kahaṁ sulabha padāratha cārī.
स्त्रक चंदन बनितादिक भोगा । देखि हरष बिसमय बस लोगा ॥
sraka caṁdana banitādika bhogā, dekhi haraṣa bisamaya basa logā.

दोहा-dohā:

संपति चकई भरतु चक मुनि आयस खेलवार ।
saṁpati cakaī bharatu caka muni āyasa khelavāra,
तेहि निसि आश्रम पिंजराँ राखे भा भिनुसार ॥२१५॥
tehi nisi āśrama piṁjarāṁ rākhe bhā bhinusāra. 215.

मासपारायण उन्नीसवाँ विश्राम
māsapārāyaṇa unnīsavāṁ viśrāma
(Pause 19 for a Thirty-Day Recitation)

चौपाई-caupāī:

कीन्ह निमज्जनु तीरथराजा । नाइ मुनिहि सिरु सहित समाजा ॥
kīnha nimajjanu tīratharājā, nāi munihi siru sahita samājā.
रिषि आयसु असीस सिर राखी । करि दंडवत बिनय बहु भाषी ॥
riṣi āyasu asīsa sira rākhī, kari daṁḍavata binaya bahu bhāṣī.
पथ गति कुसल साथ सब लीन्हें । चले चित्रकूटहिं चितु दीन्हें ॥
patha gati kusala sātha saba līnheṁ, cale citrakūṭahiṁ citu dīnheṁ.
रामसखा कर दीन्हें लागू । चलत देह धरि जनु अनुरागू ॥
rāmasakhā kara dīnheṁ lāgū, calata deha dhari janu anurāgū.
नहिं पद त्रान सीस नहिं छाया । पेमु नेमु ब्रतु धरमु अमाया ॥
nahiṁ pada trāna sīsa nahiṁ chāyā, pemu nemu bratu dharamu amāyā.
लखन राम सिय पंथ कहानी । पूँछत सखहि कहत मृदु बानी ॥
lakhana rāma siya paṁtha kahānī, pūṁchata sakhahi kahata mṛdu bānī.
राम बास थल बिटप बिलोकें । उर अनुराग रहत नहिं रोकें ॥
rāma bāsa thala biṭapa bilokeṁ, ura anurāga rahata nahiṁ rokeṁ.
देखि दसा सुर बरिसहिं फूला । भइ मृदु महि मगु मंगल मूला ॥
dekhi dasā sura barisahiṁ phūlā, bhai mṛdu mahi magu maṁgala mūlā.

दोहा-dohā:

किएँ जाहिं छाया जलद सुखद बहइ बर बात ।
kieṁ jāhiṁ chāyā jalada sukhada bahai bara bāta,
तस मगु भयउ न राम कहँ जस भा भरतहि जात ॥२१६॥
tasa magu bhayau na rāma kahaṁ jasa bhā bharatahi jāta. 216.

चौपाई-caupāī:

जड़ चेतन मग जीव घनेरे । जे चितए प्रभु जिन्ह प्रभु हेरे ॥
jaṛa cetana maga jīva ghanere, je citae prabhu jinha prabhu here.
ते सब भए परम पद जोगू । भरत दरस मेटा भव रोगू ॥
te saba bhae parama pada jogū, bharata darasa meṭā bhava rogū.
यह बड़ि बात भरत कइ नाहीं । सुमिरत जिनहि रामु मन माहीं ॥
yaha baṛi bāta bharata kai nāhīṁ, sumirata jinahi rāmu mana māhīṁ.
बारक राम कहत जग जेऊ । होत तरन तारन नर तेऊ ॥
bāraka rāma kahata jaga jeū, hota tarana tārana nara teū.

भरतु राम प्रिय पुनि लघु भ्राता । कस न होइ मगु मंगलदाता ॥
bharatu rāma priya puni laghu bhrātā, kasa na hoi magu maṁgaladātā.
सिद्ध साधु मुनिबर अस कहहीं । भरतहि निरखि हरषु हियँ लहहीं ॥
siddha sādhu munibara asa kahahīṁ, bharatahi nirakhi haraṣu hiyaṁ lahahīṁ.
देखि प्रभाउ सुरेसहि सोचू । जगु भल भलेहि पोच कहुँ पोचू ॥
dekhi prabhāu suresahi socū, jagu bhala bhalehi poca kahuṁ pocū.
गुर सन कहेउ करिअ प्रभु सोई । रामहि भरतहि भेंट न होई ॥
gura sana kaheu karia prabhu soī, rāmahi bharatahi bheṭa na hoī.

दोहा-dohā:

रामु सँकोची प्रेम बस भरत सपेम पयोधि ।
rāmu saṁkocī prema basa bharata sapema payodhi,
बनी बात बेगरन चहति करिअ जतनु छलु सोधि ॥२१७॥
banī bāta begarana cahati karia jatanu chalu sodhi. 217.

चौपाई-caupāī:

बचन सुनत सुरगुरु मुसुकाने । सहसनयन बिनु लोचन जाने ॥
bacana sunata suraguru musukāne, sahasanayana binu locana jāne.
मायापति सेवक सन माया । करइ त उलटि परइ सुरराया ॥
māyāpati sevaka sana māyā, karai ta ulaṭi parai surarāyā.
तब किछु कीन्ह राम रुख जानी । अब कुचालि करि होइहि हानी ॥
taba kichu kīnha rāma rukha jānī, aba kucāli kari hoihi hānī.
सुनु सुरेस रघुनाथ सुभाऊ । निज अपराध रिसाहिं न काऊ ॥
sunu suresa raghunātha subhāū, nija aparādha risāhiṁ na kāū.
जो अपराधु भगत कर करई । राम रोष पावक सो जरई ॥
jo aparādhu bhagata kara karaī, rāma roṣa pāvaka so jaraī.
लोकहुँ बेद बिदित इतिहासा । यह महिमा जानहिं दुरबासा ॥
lokahuṁ beda bidita itihāsā, yaha mahimā jānahiṁ durabāsā.
भरत सरिस को राम सनेही । जगु जप राम रामु जप जेही ॥
bharata sarisa ko rāma sanehī, jagu japa rāma rāmu japa jehī.

दोहा-dohā:

मनहुँ न आनिअ अमरपति रघुबर भगत अकाजु ।
manahuṁ na ānia amarapati raghubara bhagata akāju,
अजसु लोक परलोक दुख दिन दिन सोक समाजु ॥२१८॥
ajasu loka paraloka dukha dina dina soka samāju. 218.

चौपाई-caupāī:

सुनु सुरेस उपदेसु हमारा । रामहि सेवकु परम पिआरा ॥
sunu suresa upadesu hamārā, rāmahi sevaku parama piārā.
मानत सुखु सेवक सेवकाईं । सेवक बैर बैरु अधिकाईं ॥
mānata sukhu sevaka sevakāīṁ, sevaka baira bairu adhikāīṁ.
जद्यपि सम नहिं राग न रोषू । गहहिं न पाप पूनु गुन दोषू ॥
jadyapi sama nahiṁ rāga na roṣū, gahahiṁ na pāpa pūnu guna doṣū.
करम प्रधान बिस्व करि राखा । जो जस करइ सो तस फलु चाखा ॥
karama pradhāna bisva kari rākhā, jo jasa karai so tasa phalu cākhā.
तदपि करहिं सम बिषम बिहारा । भगत अभगत हृदय अनुसारा ॥
tadapi karahiṁ sama biṣama bihārā, bhagata abhagata hṛdaya anusārā.
अगुन अलेप अमान एकरस । रामु सगुन भए भगत पेम बस ॥
aguna alepa amāna ekarasa, rāmu saguna bhae bhagata pema basa.
राम सदा सेवक रुचि राखी । बेद पुरान साधु सुर साखी ॥
rāma sadā sevaka ruci rākhī, beda purāna sādhu sura sākhī.
अस जियँ जानि तजहु कुटिलाई । करहु भरत पद प्रीति सुहाई ॥
asa jiyaṁ jāni tajahu kuṭilāī, karahu bharata pada prīti suhāī.

दोहा-dohā:

राम भगत परहित निरत पर दुख दुखी दयाल ।
rāma bhagata parahita nirata para dukha dukhī dayāla,
भगत सिरोमनि भरत तें जनि डरपहु सुरपाल ॥२१९॥
bhagata siromani bharata teṁ jani ḍarapahu surapāla. 219.

चौपाई-caupāī:

सत्यसंध प्रभु सुर हितकारी । भरत राम आयस अनुसारी ॥
satyasaṁdha prabhu sura hitakārī, bharata rāma āyasa anusārī.
स्वारथ बिबस बिकल तुम्ह होहू । भरत दोसु नहिं राउर मोहू ॥
svāratha bibasa bikala tumha hohū, bharata dosu nahiṁ rāura mohū.
सुनि सुरबर सुरगुर बर बानी । भा प्रमोदु मन मिटी गलानी ॥
suni surabara suragura bara bānī, bhā pramodu mana miṭī galānī.
बरषि प्रसून हरषि सुरराऊ । लगे सराहन भरत सुभाऊ ॥
baraṣi prasūna haraṣi surarāū, lage sarāhana bharata subhāū.
एहि बिधि भरत चले मग जाहीं । दसा देखि मुनि सिद्ध सिहाहीं ॥
ehi bidhi bharata cale maga jāhīṁ, dasā dekhi muni siddha sihāhīṁ.
जबहिं रामु कहि लेहिं उसासा । उमगत पेमु मनहँ चहु पासा ॥
jabahiṁ rāmu kahi lehiṁ usāsā, umagata pemu manahaṁ cahu pāsā.
द्रवहिं बचन सुनि कुलिस पषाना । पुरजन पेमु न जाइ बखाना ॥
dravahiṁ bacana suni kulisa paṣānā, purajana pemu na jāi bakhānā.
बीच बास करि जमुनहिं आए । निरखि नीरु लोचन जल छाए ॥
bīca bāsa kari jamunahiṁ āe, nirakhi nīru locana jala chāe.

दोहा-dohā:

रघुबर बरन बिलोकि बर बारि समेत समाज ।
raghubara barana biloki bara bāri sameta samāja,
होत मगन बारिधि बिरह चढ़े बिबेक जहाज ॥२२०॥
hota magana bāridhi biraha caṛhe bibeka jahāja. 220.

चौपाई-caupāī:

जमुन तीर तेहि दिन करि बासू । भयउ समय सम सबहि सुपासू ॥
jamuna tīra tehi dina kari bāsū, bhayau samaya sama sabahi supāsū.
रातिहिं घाट घाट की तरनी । आईं अगनित जाहिं न बरनी ॥
rātihiṁ ghāṭa ghāṭa kī taranī, āīṁ aganita jāhiṁ na baranī.
प्रात पार भए एकहि खेवाँ । तोषे रामसखा की सेवाँ ॥
prāta pāra bhae ekahi khevāṁ, toṣe rāmasakhā kī sevāṁ.
चले नहाइ नदिहि सिर नाई । साथ निषादनाथ दोउ भाई ॥
cale nahāi nadihi sira nāī, sātha niṣādanātha dou bhāī.
आगें मुनिबर बाहन आछें । राजसमाज जाइ सबु पाछें ॥
āgeṁ munibara bāhana ācheṁ, rājasamāja jāi sabu pācheṁ.
तेहि पाछें दोउ बंधु पयादें । भूषन बसन बेष सुठि सादें ॥
tehi pācheṁ dou baṁdhu payādeṁ, bhūṣana basana beṣa suṭhi sādeṁ.
सेवक सुहृद सचिवसुत साथा । सुमिरत लखनु सीय रघुनाथा ॥
sevaka suhṛda sacivasuta sāthā, sumirata lakhanu sīya raghunāthā.
जहँ जहँ राम बास बिश्रामा । तहँ तहँ करहिं सप्रेम प्रनामा ॥
jahaṁ jahaṁ rāma bāsa biśrāmā, tahaṁ tahaṁ karahiṁ saprema pranāmā.

दोहा-dohā:

मगबासी नर नारि सुनि धाम काम तजि धाइ ।
magabāsī nara nāri suni dhāma kāma taji dhāi,
देखि सरूप सनेह सब मुदित जनम फलु पाइ ॥२२१॥
dekhi sarūpa saneha saba mudita janama phalu pāi. 221.

चौपाई-caupāī:

कहहिं सपेम एक एक पाहीं । रामु लखनु सखि होहिं कि नाहीं ॥
kahahiṁ sapema eka eka pāhīṁ, rāmu lakhanu sakhi hohiṁ ki nāhīṁ.
बय बपु बरन रूपु सोइ आली । सीलु सनेहु सरिस सम चाली ॥
baya bapu barana rūpu soi ālī, sīlu sanehu sarisa sama cālī.
बेषु न सो सखि सीय न संगा । आगें अनी चली चतुरंगा ॥
beṣu na so sakhi sīya na saṁgā, āgeṁ anī calī caturaṁgā.
नहिं प्रसन्न मुख मानस खेदा । सखि संदेहु होइ एहिं भेदा ॥
nahiṁ prasanna mukha mānasa khedā, sakhi saṁdehu hoi ehiṁ bhedā.
तासु तरक तियगन मन मानी । कहहिं सकल तेहि सम न सयानी ॥
tāsu taraka tiyagana mana mānī, kahahiṁ sakala tehi sama na sayānī.
तेहि सराहि बानी फुरि पूजी । बोली मधुर बचन तिय दूजी ॥
tehi sarāhi bānī phuri pūjī, bolī madhura bacana tiya dūjī.
कहि सपेम सब कथाप्रसंगू । जेहि बिधि राम राज रस भंगू ॥
kahi sapema saba kathāprasaṁgū, jehi bidhi rāma rāja rasa bhaṁgū.
भरतहि बहुरि सराहन लागी । सील सनेह सुभाय सुभागी ॥
bharatahi bahuri sarāhana lāgī, sīla saneha subhāya subhāgī.

दोहा-dohā:

चलत पयादें खात फल पिता दीन्ह तजि राजु ।
calata payādeṁ khāta phala pitā dīnha taji rāju,
जात मनावन रघुबरहि भरत सरिस को आजु ॥२२२॥
jāta manāvana raghubarahi bharata sarisa ko āju. 222.

चौपाई-caupāī:

भायप भगति भरत आचरनू । कहत सुनत दुख दूषन हरनू ॥
bhāyapa bhagati bharata ācaranū, kahata sunata dukha dūṣana haranū.
जो किछु कहब थोर सखि सोई । राम बंधु अस काहे न होई ॥
jo kichu kahaba thora sakhi soī, rāma baṁdhu asa kāhe na hoī.
हम सब सानुज भरतहि देखें । भइन्ह धन्य जुबती जन लेखें ॥
hama saba sānuja bharatahi dekheṁ, bhainha dhanya jubatī jana lekheṁ.
सुनि गुन देखि दसा पछिताहीं । कैकइ जननि जोगु सुतु नाहीं ॥
suni guna dekhi dasā pachitāhīṁ, kaikai janani jogu sutu nāhīṁ.
कोउ कह दूषनु रानिहि नाहिन । बिधि सबु कीन्ह हमहि जो दाहिन ॥
kou kaha dūṣanu rānihi nāhina, bidhi sabu kīnha hamahi jo dāhina.
कहँ हम लोक बेद बिधि हीनी । लघु तिय कुल करतूति मलीनी ॥
kahaṁ hama loka beda bidhi hīnī, laghu tiya kula karatūti malīnī.
बसहिं कुदेस कुगाँव कुबामा । कहँ यह दरसु पुन्य परिनामा ॥
basahiṁ kudesa kugāṁva kubāmā, kahaṁ yaha darasu punya parināmā.
अस अनंदु अचिरिजु प्रति ग्रामा । जनु मरुभूमि कलपतरु जामा ॥
asa anaṁdu aciriju prati grāmā, janu marubhūmi kalapataru jāmā.

दोहा-dohā:

भरत दरसु देखत खुलेउ मग लोगन्ह कर भागु ।
bharata darasu dekhata khuleu maga loganha kara bhāgu,
जनु सिंघलबासिन्ह भयउ बिधि बस सुलभ प्रयागु ॥२२३॥
janu siṁghalabāsinha bhayau bidhi basa sulabha prayāgu. 223.

चौपाई-caupāī:

निज गुन सहित राम गुन गाथा । सुनत जाहिं सुमिरत रघुनाथा ॥
nija guna sahita rāma guna gāthā, sunata jāhiṁ sumirata raghunāthā.
तीरथ मुनि आश्रम सुरधामा । निरखि निमज्जहिं करहिं प्रनामा ॥
tīratha muni āśrama suradhāmā, nirakhi nimajjahiṁ karahiṁ pranāmā.
मनहीं मन मागहिं बरु एहू । सीय राम पद पदुम सनेहू ॥
manahīṁ mana māgahiṁ baru ehū, sīya rāma pada paduma sanehū.
मिलहिं किरात कोल बनबासी । बैखानस बटु जती उदासी ॥
milahiṁ kirāta kola banabāsī, baikhānasa baṭu jatī udāsī.
करि प्रनामु पूँछहिं जेहि तेही । केहि बन लखनु रामु बैदेही ॥
kari pranāmu pūṁchahiṁ jehi tehī, kehi bana lakhanu rāmu baidehī.

ते प्रभु समाचार सब कहहीं। भरतहि देखि जनम फलु लहहीं॥
te prabhu samācāra saba kahahīṁ, bharatahi dekhi janama phalu lahahīṁ.
जे जन कहहिं कुसल हम देखे। ते प्रिय राम लखन सम लेखे॥
je jana kahahiṁ kusala hama dekhe, te priya rāma lakhana sama lekhe.
एहि बिधि बूझत सबहि सुबानी। सुनत राम बनबास कहानी॥
ehi bidhi būjhata sabahi subānī, sunata rāma banabāsa kahānī.

दोहा-dohā:

तेहि बासर बसि प्रातहीं चले सुमिरि रघुनाथ।
tehi bāsara basi prātahīṁ cale sumiri raghunātha,
राम दरस की लालसा भरत सरिस सब साथ॥२२४॥
rāma darasa kī lālasā bharata sarisa saba sātha. 224.

चौपाई-caupāī:

मंगल सगुन होहिं सब काहू। फरकहिं सुखद बिलोचन बाहू॥
maṁgala saguna hohiṁ saba kāhū, pharakahiṁ sukhada bilocana bāhū.
भरतहि सहित समाज उछाहू। मिलिहहिं रामु मिटिहि दुख दाहू॥
bharatahi sahita samāja uchāhū, milihahiṁ rāmu miṭihi dukha dāhū.
करत मनोरथ जस जियँ जाके। जाहिं सनेह सुराँ सब छाके॥
karata manoratha jasa jiyaṁ jāke, jāhiṁ saneha surāṁ saba chāke.
सिथिल अंग पग मग डगि डोलहिं। बिहबल बचन पेम बस बोलहिं॥
sithila aṁga paga maga ḍagi ḍolahiṁ, bihabala bacana pema basa bolahiṁ.
रामसखाँ तेहि समय देखावा। सैल सिरोमनि सहज सुहावा॥
rāmasakhāṁ tehi samaya dekhāvā, saila siromani sahaja suhāvā.
जासु समीप सरित पय तीरा। सीय समेत बसहिं दोउ बीरा॥
jāsu samīpa sarita paya tīrā, sīya sameta basahiṁ dou bīrā.
देखि करहिं सब दंड प्रनामा। कहि जय जानकि जीवन रामा॥
dekhi karahiṁ saba daṁḍa pranāmā, kahi jaya jānaki jīvana rāmā.
प्रेम मगन अस राज समाजू। जनु फिरि अवध चले रघुराजू॥
prema magana asa rāja samājū, janu phiri avadha cale raghurājū.

दोहा-dohā:

भरत प्रेमु तेहि समय जस तस कहि सकइ न सेषु।
bharata premu tehi samaya jasa tasa kahi sakai na seṣu,
कबिहि अगम जिमि ब्रह्मसुखु अह मम मलिन जनेषु॥२२५॥
kabihi agama jimi brahmasukhu aha mama malina janeṣu. 225.

चौपाई-caupāī:

सकल सनेह सिथिल रघुबर कें। गए कोस दुइ दिनकर ढरकें॥
sakala saneha sithila raghubara keṁ, gae kosa dui dinakara ḍharakeṁ.
जलु थलु देखि बसे निसि बीतें। कीन्ह गवन रघुनाथ पिरीतें॥
jalu thalu dekhi base nisi bīteṁ, kīnha gavana raghunātha pirīteṁ.
उहाँ रामु रजनी अवसेषा। जागे सीयँ सपन अस देखा॥
uhāṁ rāmu rajanī avaseṣā, jāge sīyaṁ sapana asa dekhā.
सहित समाज भरत जनु आए। नाथ बियोग ताप तन ताए॥
sahita samāja bharata janu āe, nātha biyoga tāpa tana tāe.
सकल मलिन मन दीन दुखारी। देखीं सासु आन अनुहारी॥
sakala malina mana dīna dukhārī, dekhīṁ sāsu āna anuhārī.
सुनि सिय सपन भरे जल लोचन। भए सोचबस सोच बिमोचन॥
suni siya sapana bhare jala locana, bhae socabasa soca bimocana.
लखन सपन यह नीक न होई। कठिन कुचाह सुनाइहि कोई॥
lakhana sapana yaha nīka na hoī, kaṭhina kucāha sunāihi koī.
अस कहि बंधु समेत नहाने। पूजि पुरारि साधु सनमाने॥
asa kahi baṁdhu sameta nahāne, pūji purāri sādhu sanamāne.

छंद-chaṁda:

सनमानि सुर मुनि बंदि बैठे उतर दिसि देखत भए।
sanamāni sura muni baṁdi baiṭhe utara disi dekhata bhae,
नभ धूरि खग मृग भूरि भागे बिकल प्रभु आश्रम गए॥
nabha dhūri khaga mṛga bhūri bhāge bikala prabhu āśrama gae.
तुलसी उठे अवलोकि कारनु काह चित सचकित रहे।
tulasī uṭhe avaloki kāranu kāha cita sacakita rahe,
सब समाचार किरात कोलन्हि आइ तेहि अवसर कहे॥
saba samācāra kirāta kolanhi āi tehi avasara kahe.

दोहा-dohā:

सुनत सुमंगल बैन मन प्रमोद तन पुलक भर।
sunata sumaṁgala baina mana pramoda tana pulaka bhara,
सरद सरोरुह नैन तुलसी भरे सनेह जल॥२२६॥
sarada saroruha naina tulasī bhare saneha jala. 226.

चौपाई-caupāī:

बहुरि सोचबस भे सियरवनू। कारन कवन भरत आगवनू॥
bahuri socabasa bhe siyaravanū, kārana kavana bharata āgavanū.
एक आइ अस कहा बहोरी। सेन संग चतुरंग न थोरी॥
eka āi asa kahā bahorī, sena saṁga caturaṁga na thorī.
सो सुनि रामहि भा अति सोचू। इत पितु बच इत बंधु सकोचू॥
so suni rāmahi bhā ati socū, ita pitu baca ita baṁdhu sakocū.
भरत सुभाउ समुझि मन माहीं। प्रभु चित हित थिति पावत नाहीं॥
bharata subhāu samujhi mana māhīṁ, prabhu cita hita thiti pāvata nāhīṁ.
समाधान तब भा यह जाने। भरतु कहे महुँ साधु सयाने॥
samādhāna taba bhā yaha jāne, bharatu kahe mahuṁ sādhu sayāne.
लखन लखेउ प्रभु हृदयँ खभारू। कहत समय सम नीति बिचारू॥
lakhana lakheu prabhu hṛdayaṁ khabhārū, kahata samaya sama nīti bicārū.
बिनु पूछें कछु कहउँ गोसाईं। सेवकु समयँ न ढीठ ढिठाईं॥
binu pūcheṁ kachu kahauṁ gosāīṁ, sevaku samayaṁ na ḍhīṭha ḍhiṭhāīṁ.
तुम्ह सर्बग्य सिरोमनि स्वामी। आपनि समुझि कहउँ अनुगामी॥
tumha sarbagya siromani svāmī, āpani samujhi kahauṁ anugāmī.

दोहा-dohā:

नाथ सुहृद सुठि सरल चित सील सनेह निधान।
nātha suhṛda suṭhi sarala cita sīla saneha nidhāna,
सब पर प्रीति प्रतीति जियँ जानिअ आपु समान॥२२७॥
saba para prīti pratīti jiyaṁ jānia āpu samāna. 227.

चौपाई-caupāī:

बिषई जीव पाइ प्रभुताई। मूढ़ मोह बस होहिं जनाई॥
biṣaī jīva pāi prabhutāī, mūṛha moha basa hohiṁ janāī.
भरतु नीति रत साधु सुजाना। प्रभु पद प्रेमु सकल जगु जाना॥
bharatu nīti rata sādhu sujānā, prabhu pada premu sakala jagu jānā.
तेऊ आजु राम पदु पाई। चले धरम मरजाद मेटाई॥
teū āju rāma padu pāī, cale dharama marajāda meṭāī.
कुटिल कुबंध कुअवसरु ताकी। जानि राम बनबास एकाकी॥
kuṭila kubaṁdha kuavasaru tākī, jāni rāma banabāsa ekākī.
करि कुमंत्रु मन साजि समाजू। आए करै अकंटक राजू॥
kari kumaṁtru mana sāji samājū, āe karai akaṁṭaka rājū.
कोटि प्रकार कलपि कुटलाई। आए दल बटोरि दोउ भाई॥
koṭi prakāra kalapi kuṭalāī, āe dala baṭori dou bhāī.
जौं जियँ होति न कपट कुचाली। केहि सोहाति रथ बाजि गजाली॥
jauṁ jiyaṁ hoti na kapaṭa kucālī, kehi sohāti ratha bāji gajālī.
भरतहि दोसु देइ को जाएँ। जग बौराइ राज पदु पाएँ॥
bharatahi dosu dei ko jāeṁ, jaga baurāi rāja padu pāeṁ.

दोहा-dohā:

ससि गुर तिय गामी नघुषु चढ़ेउ भूमिसुर जान ।
sasi gura tiya gāmī naghuṣu caṛheu bhūmisura jāna,
लोक बेद तें बिमुख भा अधम न बेन समान ॥२२८॥
loka beda teṁ bimukha bhā adhama na bena samāna. 228.

चौपाई-caupāī:

सहसबाहु सुरनाथु त्रिसंकू । केहि न राजमद दीन्ह कलंकू ॥
sahasabāhu suranāthu trisaṁkū, kehi na rājamada dīnha kalaṁkū.
भरत कीन्ह यह उचित उपाऊ । रिपु रिन रंच न राखब काऊ ॥
bharata kīnha yaha ucita upāū, ripu rina raṁca na rākhaba kāū.
एक कीन्हि नहिं भरत भलाई । निदरे रामु जानि असहाई ॥
eka kīnhi nahiṁ bharata bhalāī, nidare rāmu jāni asahāī.
समुझि परिहि सोउ आजु बिसेषी । समर सरोष राम मुखु पेखी ॥
samujhi parihi sou āju biseṣī, samara saroṣa rāma mukhu pekhī.
एतना कहत नीति रस भूला । रन रस बिटपु पुलक मिस फूला ॥
etanā kahata nīti rasa bhūlā, rana rasa biṭapu pulaka misa phūlā.
प्रभु पद बंदि सीस रज राखी । बोले सत्य सहज बलु भाषी ॥
prabhu pada baṁdi sīsa raja rākhī, bole satya sahaja balu bhāṣī.
अनुचित नाथ न मानब मोरा । भरत हमहि उपचार न थोरा ॥
anucita nātha na mānaba morā, bharata hamahi upacāra na thorā.
कहँ लगि सहिअ रहिअ मनु मारें । नाथ साथ धनु हाथ हमारें ॥
kahaṁ lagi sahia rahia manu māreṁ, nātha sātha dhanu hātha hamāreṁ.

दोहा-dohā:

छत्रि जाति रघुकुल जनमु राम अनुग जगु जान ।
chatri jāti raghukula janamu rāma anuga jagu jāna,
लातहुँ मारें चढ़ति सिर नीच को धूरि समान ॥२२९॥
lātahuṁ māreṁ caṛhati sira nīca ko dhūri samāna. 229.

चौपाई-caupāī:

उठि कर जोरि रजायसु मागा । मनहुँ बीर रस सोवत जागा ॥
uṭhi kara jori rajāyasu māgā, manahuṁ bīra rasa sovata jāgā.
बाँधि जटा सिर कसि कटि भाथा । साजि सरासनु सायकु हाथा ॥
bāṁdhi jaṭā sira kasi kaṭi bhāthā, sāji sarāsanu sāyaku hāthā.
आजु राम सेवक जसु लेऊँ । भरतहि समर सिखावन देऊँ ॥
āju rāma sevaka jasu leūṁ, bharatahi samara sikhāvana deūṁ.
राम निरादर कर फलु पाई । सोवहुँ समर सेज दोउ भाई ॥
rāma nirādara kara phalu pāī, sovahuṁ samara seja dou bhāī.
आइ बना भल सकल समाजू । प्रगट करउँ रिस पाछिल आजू ॥
āi banā bhala sakala samājū, pragaṭa karauṁ risa pāchila ājū.
जिमि करि निकर दलइ मृगराजू । लेइ लपेटि लवा जिमि बाजू ॥
jimi kari nikara dalai mṛgarājū, lei lapeṭi lavā jimi bājū.
तैसेहिं भरतहि सेन समेता । सानुज निदरि निपातउँ खेता ॥
taisehiṁ bharatahi sena sametā, sānuja nidari nipātauṁ khetā.
जौं सहाय कर संकरु आई । तौ मारउँ रन राम दोहाई ॥
jauṁ sahāya kara saṁkaru āī, tau māraum̐ rana rāma dohāī.

दोहा-dohā:

अति सरोष माखे लखनु लखि सुनि सपथ प्रवान ।
ati saroṣa mākhe lakhanu lakhi suni sapatha pravāna,
सभय लोक सब लोकपति चाहत भभरि भगान ॥२३०॥
sabhaya loka saba lokapati cāhata bhabhari bhagāna. 230.

चौपाई-caupāī:

जगु भय मगन गगन भइ बानी । लखन बाहुबलु बिपुल बखानी ॥
jagu bhaya magana gagana bhai bānī, lakhana bāhubalu bipula bakhānī.
तात प्रताप प्रभाउ तुम्हारा । को कहि सकइ को जाननिहारा ॥
tāta pratāpa prabhāu tumhārā, ko kahi sakai ko jānanihārā.
अनुचित उचित काजु किछु होऊ । समुझि करिअ भल कह सबु कोऊ ॥
anucita ucita kāju kichu hoū, samujhi karia bhala kaha sabu koū.
सहसा करि पाछें पछिताहीं । कहहिं बेद बुध ते बुध नाहीं ॥
sahasā kari pācheṁ pachitāhīṁ, kahahiṁ beda budha te budha nāhīṁ.
सुनि सुर बचन लखन सकुचाने । राम सीयँ सादर सनमाने ॥
suni sura bacana lakhana sakucāne, rāma sīyaṁ sādara sanamāne.
कही तात तुम्ह नीति सुहाई । सब तें कठिन राजमदु भाई ॥
kahī tāta tumha nīti suhāī, saba teṁ kaṭhina rājamadu bhāī.
जो अचवँत नृप मातहिं तेई । नाहिन साधुसभा जेहिं सेई ॥
jo acavaṁta nṛpa mātahiṁ teī, nāhina sādhusabhā jehiṁ seī.
सुनहु लखन भल भरत सरीसा । बिधि प्रपंच महँ सुना न दीसा ॥
sunahu lakhana bhala bharata sarīsā, bidhi prapaṁca mahaṁ sunā na dīsā.

दोहा-dohā:

भरतहि होइ न राजमदु बिधि हरि हर पद पाइ ।
bharatahi hoi na rājamadu bidhi hari hara pada pāi,
कबहुँ कि काँजी सीकरनि छीरसिंधु बिनसाइ ॥२३१॥
kabahuṁ ki kāṁjī sīkarani chīrasiṁdhu binasāi. 231.

चौपाई-caupāī:

तिमिरु तरुन तरनिहि मकु गिलई । गगनु मगन मकु मेघहिं मिलई ॥
timiru taruna taranihi maku gilaī, gaganu magana maku meghahiṁ milaī.
गोपद जल बूड़हिं घटजोनी । सहज छमा बरु छाड़ै छोनी ॥
gopada jala būṛahiṁ ghaṭajonī, sahaja chamā baru chāṛai chonī.
मसक फूँक मकु मेरु उड़ाई । होइ न नृपमदु भरतहि भाई ॥
masaka phūṁka maku meru uṛāī, hoi na nṛpamadu bharatahi bhāī.
लखन तुम्हार सपथ पितु आना । सुचि सुबंधु नहिं भरत समाना ॥
lakhana tumhāra sapatha pitu ānā, suci subaṁdhu nahiṁ bharata samānā.
सगुनु खीरु अवगुन जलु ताता । मिलइ रचइ परपंचु बिधाता ॥
sagunu khīru avaguna jalu tātā, milai racai parapaṁcu bidhātā.
भरतु हंस रबिबंस तड़ागा । जनमि कीन्ह गुन दोष बिभागा ॥
bharatu haṁsa rabibaṁsa taṛāgā, janami kīnha guna doṣa bibhāgā.
गहि गुन पय तजि अवगुन बारी । निज जस जगत कीन्हि उजिआरी ॥
gahi guna paya taji avaguna bārī, nija jasa jagata kīnhi ujiārī.
कहत भरत गुन सीलु सुभाऊ । पेम पयोधि मगन रघुराऊ ॥
kahata bharata guna sīlu subhāū, pema payodhi magana raghurāū.

दोहा-dohā:

सुनि रघुबर बानी बिबुध देखि भरत पर हेतु ।
suni raghubara bānī bibudha dekhi bharata para hetu,
सकल सराहत राम सो प्रभु को कृपानिकेतु ॥२३२॥
sakala sarāhata rāma so prabhu ko kṛpāniketu. 232.

चौपाई-caupāī:

जौं न होत जग जनम भरत को । सकल धरम धुर धरनि धरत को ॥
jauṁ na hota jaga janama bharata ko, sakala dharama dhura dharani dharata ko.
कबि कुल अगम भरत गुन गाथा । को जानइ तुम्ह बिनु रघुनाथा ॥
kabi kula agama bharata guna gāthā, ko jānai tumha binu raghunāthā.
लखन राम सियँ सुनि सुर बानी । अति सुखु लहेउ न जाइ बखानी ॥
lakhana rāma siyaṁ suni sura bānī, ati sukhu laheu na jāi bakhānī.
इहाँ भरतु सब सहित सहाए । मंदाकिनीं पुनीत नहाए ॥
ihāṁ bharatu saba sahita sahāe, maṁdākinīṁ punīta nahāe.
सरित समीप राखि सब लोगा । मागि मातु गुर सचिव नियोगा ॥
sarita samīpa rākhi saba logā, māgi mātu gura saciva niyogā.

चले भरतु जहँ सिय रघुराई । साथ निषादनाथु लघु भाई ॥
cale bharatu jahaṁ siya raghurāī, sātha niṣādanāthu laghu bhāī.
समुझि मातु करतब सकुचाहीं । करत कुतरक कोटि मन माहीं ॥
samujhi mātu karataba sakucāhīṁ, karata kutaraka koṭi mana māhīṁ.
रामु लखनु सिय सुनि मम नाऊँ । उठि जनि अनत जाहिं तजि ठाऊँ ॥
rāmu lakhanu siya suni mama nāūṁ, uṭhi jani anata jāhiṁ taji ṭhāūṁ.

दोहा-dohā:

मातु मते महुँ मानि मोहि जो कछु करहिं सो थोर ।
mātu mate mahuṁ māni mohi jo kachu karahiṁ so thora,
अघ अवगुन छमि आदरहिं समुझि आपनी ओर ॥२३३॥
agha avaguna chami ādarahiṁ samujhi āpanī ora. 233.

चौपाई-caupāī:

जौं परिहरहिं मलिन मनु जानी । जौं सनमानहिं सेवकु मानी ॥
jauṁ pariharahiṁ malina manu jānī, jauṁ sanamānahiṁ sevaku mānī.
मोरें सरन रामहि की पनही । राम सुस्वामि दोसु सब जनही ॥
moreṁ sarana rāmahi kī panahī, rāma susvāmi dosu saba janahī.
जग जस भाजन चातक मीना । नेम पेम निज निपुन नबीना ॥
jaga jasa bhājana cātaka mīnā, nema pema nija nipuna nabīnā.
अस मन गुनत चले मग जाता । सकुच सनेहँ सिथिल सब गाता ॥
asa mana gunata cale maga jātā, sakuca sanehaṁ sithila saba gātā.
फेरति मनहुँ मातु कृत खोरी । चलत भगति बल धीरज धोरी ॥
pherati manahuṁ mātu kṛta khorī, calata bhagati bala dhīraja dhorī.
जब समुझत रघुनाथ सुभाऊ । तब पथ परत उताइल पाऊ ॥
jaba samujhata raghunātha subhāū, taba patha parata utāila pāū.
भरत दसा तेहि अवसर कैसी । जल प्रबाहँ जल अलि गति जैसी ॥
bharata dasā tehi avasara kaisī, jala prabāhaṁ jala ali gati jaisī.
देखि भरत कर सोचु सनेहू । भा निषाद तेहि समयँ बिदेहू ॥
dekhi bharata kara socu sanehū, bhā niṣāda tehi samayaṁ bidehū.

दोहा-dohā:

लगे होन मंगल सगुन सुनि गुनि कहत निषादु ।
lage hona maṁgala saguna suni guni kahata niṣādu,
मिटिहि सोचु होइहि हरषु पुनि परिनाम बिषादु ॥२३४॥
miṭihi socu hoihi haraṣu puni parināma biṣādu. 234.

चौपाई-caupāī:

सेवक बचन सत्य सब जाने । आश्रम निकट जाइ निअराने ॥
sevaka bacana satya saba jāne, āśrama nikaṭa jāi niarāne.
भरत दीख बन सैल समाजू । मुदित छुधित जनु पाइ सुनाजू ॥
bharata dīkha bana saila samājū, mudita chudhita janu pāi sunājū.
ईति भीति जनु प्रजा दुखारी । त्रिबिध ताप पीड़ित ग्रह मारी ॥
īti bhīti janu prajā dukhārī, tribidha tāpa pīṛita graha mārī.
जाइ सुराज सुदेस सुखारी । होहिं भरत गति तेहि अनुहारी ॥
jāi surāja sudesa sukhārī, hohiṁ bharata gati tehi anuhārī.
राम बास बन संपति भ्राजा । सुखी प्रजा जनु पाइ सुराजा ॥
rāma bāsa bana saṁpati bhrājā, sukhī prajā janu pāi surājā.
सचिव बिरागु बिबेकु नरेसू । बिपिन सुहावन पावन देसू ॥
saciva birāgu bibeku naresū, bipina suhāvana pāvana desū.
भट जम नियम सैल रजधानी । सांति सुमति सुचि सुंदर रानी ॥
bhaṭa jama niyama saila rajadhānī, sāṁti sumati suci suṁdara rānī.
सकल अंग संपन्न सुराऊ । राम चरन आश्रित चित चाऊ ॥
sakala aṁga saṁpanna surāū, rāma carana āśrita cita cāū.

दोहा-dohā:

जीति मोह महिपालु दल सहित बिबेक भुआलु ।
jīti moha mahipālu dala sahita bibeka bhuālu,
करत अकंटक राजु पुरँ सुख संपदा सुकालु ॥२३५॥
karata akaṁṭaka rāju puraṁ sukha saṁpadā sukālu. 235.

चौपाई-caupāī:

बन प्रदेस मुनि बास घनेरे । जनु पुर नगर गाउँ गन खेरे ॥
bana pradesa muni bāsa ghanere, janu pura nagara gāuṁ gana khere.
बिपुल बिचित्र बिहग मृग नाना । प्रजा समाजु न जाइ बखाना ॥
bipula bicitra bihaga mṛga nānā, prajā samāju na jāi bakhānā.
खगहा करि हरि बाघ बराहा । देखि महिष बृष साजु सराहा ॥
khagahā kari hari bāgha barāhā, dekhi mahiṣa bṛṣa sāju sarāhā.
बयरु बिहाइ चरहिं एक संगा । जहँ तहँ मनहुँ सेन चतुरंगा ॥
bayaru bihāi carahiṁ eka saṁgā, jahaṁ tahaṁ manahuṁ sena caturaṁgā.
झरना झरहिं मत्त गज गाजहिं । मनहुँ निसान बिबिधि बिधि बाजहिं ॥
jharanā jharahiṁ matta gaja gājahiṁ, manahuṁ nisāna bibidhi bidhi bājahiṁ.
चक चकोर चातक सुक पिक गन । कूजत मंजु मराल मुदित मन ॥
caka cakora cātaka suka pika gana, kūjata maṁju marāla mudita mana.
अलिगन गावत नाचत मोरा । जनु सुराज मंगल चहु ओरा ॥
aligana gāvata nācata morā, janu surāja maṁgala cahu orā.
बेलि बिटप तृन सफल सफूला । सब समाजु मुद मंगल मूला ॥
beli biṭapa tṛna saphala saphūlā, saba samāju muda maṁgala mūlā.

दोहा-dohā:

राम सैल सोभा निरखि भरत हृदयँ अति पेमु ।
rāma saila sobhā nirakhi bharata hṛdayaṁ ati pemu,
तापस तप फलु पाइ जिमि सुखी सिरानें नेमु ॥२३६॥
tāpasa tapa phalu pāi jimi sukhī sirāneṁ nemu. 236.

मासपारायण बीसवाँ विश्राम

नवाह्नपारायण पाँचवाँ विश्राम

māsapārāyaṇa bīsavāṁ viśrāma
navāhnapārāyaṇa pāṁcavāṁ viśrāma
(Pause 20 for a Thirty-Day Recitation)
(Pause 5 for a Nine-Day Recitation)

चौपाई-caupāī:

तब केवट ऊँचें चढ़ि धाई । कहेउ भरत सन भुजा उठाई ॥
taba kevaṭa ūṁceṁ caṛhi dhāī, kaheu bharata sana bhujā uṭhāī.
नाथ देखिअहिं बिटप बिसाला । पाकरि जंबु रसाल तमाला ॥
nātha dekhiahiṁ biṭapa bisālā, pākari jaṁbu rasāla tamālā.
जिन्ह तरुबरन्ह मध्य बटु सोहा । मंजु बिसाल देखि मनु मोहा ॥
jinha tarubaranha madhya baṭu sohā, maṁju bisāla dekhi manu mohā.
नील सघन पल्लव फल लाला । अबिरल छाहँ सुखद सब काला ॥
nīla saghana pallava phala lālā, abirala chāhaṁ sukhada saba kālā.
मानहुँ तिमिर अरुनमय रासी । बिरची बिधि सँकेलि सुषमा सी ॥
mānahuṁ timira arunamaya rāsī, biracī bidhi saṁkeli suṣamā sī.
ए तरु सरित समीप गोसाँई । रघुबर परनकुटी जहँ छाई ॥
e taru sarita samīpa gosāṁī, raghubara paranakuṭī jahaṁ chāī.
तुलसी तरुबर बिबिध सुहाए । कहुँ कहुँ सियँ कहुँ लखन लगाए ॥
tulasī tarubara bibidha suhāe, kahuṁ kahuṁ siyaṁ kahuṁ lakhana lagāe.
बट छायाँ बेदिका बनाई । सियँ निज पानि सरोज सुहाई ॥
baṭa chāyāṁ bedikā banāī, siyaṁ nija pāni saroja suhāī.

दोहा-dohā:

जहाँ बैठि मुनिगन सहित नित सिय रामु सुजान ।
jahāṁ baiṭhi munigana sahita nita siya rāmu sujāna,
सुनहिं कथा इतिहास सब आगम निगम पुरान ॥२३७॥
sunahiṁ kathā itihāsa saba āgama nigama purāna. 237.

चौपाई-caupāī:

सखा बचन सुनि बिटप निहारी । उमगे भरत बिलोचन बारी ॥
sakhā bacana suni biṭapa nihārī, umage bharata bilocana bārī.
करत प्रनाम चले दोउ भाई । कहत प्रीति सारद सकुचाई ॥
karata pranāma cale dou bhāī, kahata prīti sārada sakucāī.
हरषहिं निरखि राम पद अंका । मानहुँ पारसु पायउ रंका ॥
haraṣahiṁ nirakhi rāma pada aṁkā, mānahuṁ pārasu pāyau raṁkā.
रज सिर धरि हियँ नयनन्हि लावहिं । रघुबर मिलन सरिस सुख पावहिं ॥
raja sira dhari hiyaṁ nayananhi lāvahiṁ, raghubara milana sarisa sukha pāvahiṁ.
देखि भरत गति अकथ अतीवा । प्रेम मगन मृग खग जड़ जीवा ॥
dekhi bharata gati akatha atīvā, prema magana mṛga khaga jaṛa jīvā.
सखहि सनेह बिबस मग भूला । कहि सुपंथ सुर बरषहिं फूला ॥
sakhahi saneha bibasa maga bhūlā, kahi supaṁtha sura baraṣahiṁ phūlā.
निरखि सिद्ध साधक अनुरागे । सहज सनेहु सराहन लागे ॥
nirakhi siddha sādhaka anurāge, sahaja sanehu sarāhana lāge.
होत न भूतल भाउ भरत को । अचर सचर चर अचर करत को ॥
hota na bhūtala bhāu bharata ko, acara sacara cara acara karata ko.

दोहा-dohā:

पेम अमिअ मंदरु बिरहु भरतु पयोधि गँभीर ।
pema amia maṁdaru birahu bharatu payodhi gaṁbhīra,
मथि प्रगटेउ सुर साधु हित कृपासिंधु रघुबीर ॥२३८॥
mathi pragaṭeu sura sādhu hita kṛpāsiṁdhu raghubīra. 238.

चौपाई-caupāī:

सखा समेत मनोहर जोटा । लखेउ न लखन सघन बन ओटा ॥
sakhā sameta manohara joṭā, lakheu na lakhana saghana bana oṭā.
भरत दीख प्रभु आश्रमु पावन । सकल सुमंगल सदनु सुहावन ॥
bharata dīkha prabhu āśramu pāvana, sakala sumaṁgala sadanu suhāvana.
करत प्रबेस मिटे दुख दावा । जनु जोगीं परमारथु पावा ॥
karata prabesa miṭe dukha dāvā, janu jogīṁ paramārathu pāvā.
देखे भरत लखन प्रभु आगे । पूँछे बचन कहत अनुरागे ॥
dekhe bharata lakhana prabhu āge, pūṁche bacana kahata anurāge.
सीस जटा कटि मुनि पट बाँधें । तून कसें कर सरु धनु काँधें ॥
sīsa jaṭā kaṭi muni paṭa bāṁdheṁ, tūna kaseṁ kara saru dhanu kāṁdheṁ.
बेदी पर मुनि साधु समाजू । सीय सहित राजत रघुराजू ॥
bedī para muni sādhu samājū, sīya sahita rājata raghurājū.
बलकल बसन जटिल तनु स्यामा । जनु मुनि बेष कीन्ह रति कामा ॥
balakala basana jaṭila tanu syāmā, janu muni beṣa kīnha rati kāmā.
कर कमलनि धनु सायकु फेरत । जिय की जरनि हरत हँसि हेरत ॥
kara kamalani dhanu sāyaku pherata, jiya kī jarani harata haṁsi herata.

दोहा-dohā:

लसत मंजु मुनि मंडली मध्य सीय रघुचंदु ।
lasata maṁju muni maṁḍalī madhya sīya raghucaṁdu,
ग्यान सभाँ जनु तनु धरें भगति सच्चिदानंदु ॥२३९॥
gyāna sabhāṁ janu tanu dhareṁ bhagati saccidānaṁdu. 239.

चौपाई-caupāī:

सानुज सखा समेत मगन मन । बिसरे हरष सोक सुख दुख गन ॥
sānuja sakhā sameta magana mana, bisare haraṣa soka sukha dukha gana.
पाहि नाथ कहि पाहि गोसाईं । भूतल परे लकुट की नाईं ॥
pāhi nātha kahi pāhi gosāīṁ, bhūtala pare lakuṭa kī nāīṁ.
बचन सपेम लखन पहिचाने । करत प्रनामु भरत जियँ जाने ॥
bacana sapema lakhana pahicāne, karata pranāmu bharata jiyaṁ jāne.
बंधु सनेह सरस एहि ओरा । उत साहिब सेवा बस जोरा ॥
baṁdhu saneha sarasa ehi orā, uta sāhiba sevā basa jorā.
मिलि न जाइ नहिं गुदरत बनई । सुकबि लखन मन की गति भनई ॥
mili na jāi nahiṁ gudarata banaī, sukabi lakhana mana kī gati bhanaī.
रहे राखि सेवा पर भारू । चढ़ी चंग जनु खैंच खेलारू ॥
rahe rākhi sevā para bhārū, caṛhī caṁga janu khaiṁca khelārū.
कहत सप्रेम नाइ महि माथा । भरत प्रनाम करत रघुनाथा ॥
kahata saprema nāi mahi māthā, bharata pranāma karata raghunāthā.
उठे रामु सुनि पेम अधीरा । कहुँ पट कहुँ निषंग धनु तीरा ॥
uṭhe rāmu suni pema adhīrā, kahuṁ paṭa kahuṁ niṣaṁga dhanu tīrā.

दोहा-dohā:

बरबस लिए उठाइ उर लाए कृपानिधान ।
barabasa lie uṭhāi ura lāe kṛpānidhāna,
भरत राम की मिलनि लखि बिसरे सबहि अपान ॥२४०॥
bharata rāma kī milani lakhi bisare sabahi apāna. 240.

चौपाई-caupāī:

मिलनि प्रीति किमि जाइ बखानी । कबिकुल अगम करम मन बानी ॥
milani prīti kimi jāi bakhānī, kabikula agama karama mana bānī.
परम पेम पूरन दोउ भाई । मन बुधि चित अहमिति बिसराई ॥
parama pema pūrana dou bhāī, mana budhi cita ahamiti bisarāī.
कहहु सुपेम प्रगट को करई । केहि छाया कबि मति अनुसरई ॥
kahahu supema pragaṭa ko karaī, kehi chāyā kabi mati anusaraī.
कबिहि अरथ आखर बलु साँचा । अनुहरि ताल गतिहि नटु नाचा ॥
kabihi aratha ākhara balu sāṁcā, anuhari tāla gatihi naṭu nācā.
अगम सनेह भरत रघुबर को । जहँ न जाइ मनु बिधि हरि हर को ॥
agama saneha bharata raghubara ko, jahaṁ na jāi manu bidhi hari hara ko.
सो मैं कुमति कहौं केहि भाँती । बाज सुराग कि गाँडर ताँती ॥
so maiṁ kumati kahauṁ kehi bhāṁtī, bāja surāga ki gāṁḍara tāṁtī.
मिलनि बिलोकि भरत रघुबर की । सुरगन सभय धकधकी धरकी ॥
milani biloki bharata raghubara kī, suragana sabhaya dhakadhakī dharakī.
समुझाए सुरगुरु जड़ जागे । बरषि प्रसून प्रसंसन लागे ॥
samujhāe suraguru jaṛa jāge, baraṣi prasūna prasaṁsana lāge.

दोहा-dohā:

मिलि सपेम रिपुसूदनहि केवटु भेंटेउ राम ।
mili sapema ripusūdanahi kevaṭu bheṁṭeu rāma,
भूरि भायँ भेंटे भरत लछिमन करत प्रनाम ॥२४१॥
bhūri bhāyaṁ bheṁṭe bharata lachimana karata pranāma. 241.

चौपाई-caupāī:

भेंटेउ लखन ललकि लघु भाई । बहुरि निषादु लीन्ह उर लाई ॥
bheṁṭeu lakhana lalaki laghu bhāī, bahuri niṣādu līnha ura lāī.
पुनि मुनिगन दुहुँ भाइन्ह बंदे । अभिमत आसिष पाइ अनंदे ॥
puni munigana duhuṁ bhāinha baṁde, abhimata āsiṣa pāi anaṁde.
सानुज भरत उमगि अनुरागा । धरि सिर सिय पद पदुम परागा ॥
sānuja bharata umagi anurāgā, dhari sira siya pada paduma parāgā.
पुनि पुनि करत प्रनाम उठाए । सिर कर कमल परसि बैठाए ॥
puni puni karata pranāma uṭhāe, sira kara kamala parasi baiṭhāe.
सीयँ असीस दीन्हि मन माहीं । मगन सनेहँ देह सुधि नाहीं ॥
sīyaṁ asīsa dīnhi mana māhīṁ, magana sanehaṁ deha sudhi nāhīṁ.

सब बिधि सानुकूल लखि सीता। भे निसोच उर अपडर बीता॥
saba bidhi sānukūla lakhi sītā, bhe nisoca ura apaḍara bītā.
कोउ किछु कहइ न कोउ किछु पूँछा। प्रेम भरा मन निज गति छूँछा॥
kou kichu kahai na kou kichu pūm̐chā, prema bharā mana nija gati chūm̐chā.
तेहि अवसर केवटु धीरजु धरि। जोरि पानि बिनवत प्रनामु करि॥
tehi avasara kevaṭu dhīraju dhari, jori pāni binavata pranāmu kari.

दोहा-dohā:

नाथ साथ मुनिनाथ के मातु सकल पुर लोग।
nātha sātha muninātha ke mātu sakala pura loga,
सेवक सेनप सचिव सब आए बिकल बियोग॥२४२॥
sevaka senapa saciva saba āe bikala biyoga. 242.

चौपाई-caupāī:

सीलसिंधु सुनि गुर आगवनू। सिय समीप राखे रिपुदवनू॥
sīlasiṁdhu suni gura āgavanū, siya samīpa rākhe ripudavanū.
चले सबेग रामु तेहि काला। धीर धरम धुर दीनदयाला॥
cale sabega rāmu tehi kālā, dhīra dharama dhura dīnadayālā.
गुरहि देखि सानुज अनुरागे। दंड प्रनाम करन प्रभु लागे॥
gurahi dekhi sānuja anurāge, daṁḍa pranāma karana prabhu lāge.
मुनिबर धाइ लिए उर लाई। प्रेम उमगि भेंटे दोउ भाई॥
munibara dhāi lie ura lāī, prema umagi bheṁṭe dou bhāī.
प्रेम पुलकि केवट कहि नामू। कीन्ह दूरि तें दंड प्रनामू॥
prema pulaki kevaṭa kahi nāmū, kīnha dūri teṁ daṁḍa pranāmū.
रामसखा रिषि बरबस भेंटा। जनु महि लुठत सनेह समेटा॥
rāmasakhā riṣi barabasa bheṁṭā, janu mahi luṭhata saneha sameṭā.
रघुपति भगति सुमंगल मूला। नभ सराहि सुर बरिसहिं फूला॥
raghupati bhagati sumaṁgala mūlā, nabha sarāhi sura barisahiṁ phūlā.
एहि सम निपट नीच कोउ नाहीं। बड़ बसिष्ठ सम को जग माहीं॥
ehi sama nipaṭa nīca kou nāhīṁ, baṛa basiṣṭha sama ko jaga māhīṁ.

दोहा-dohā:

जेहि लखि लखनहु तें अधिक मिले मुदित मुनिराउ।
jehi lakhi lakhanahu teṁ adhika mile mudita munirāu,
सो सीतापति भजन को प्रगट प्रताप प्रभाउ॥२४३॥
so sītāpati bhajana ko pragaṭa pratāpa prabhāu. 243.

चौपाई-caupāī:

आरत लोग राम सबु जाना। करुनाकर सुजान भगवाना॥
ārata loga rāma sabu jānā, karunākara sujāna bhagavānā.
जो जेहि भायँ रहा अभिलाषी। तेहि तेहि कै तसि तसि रुख राखी॥
jo jehi bhāyam̐ rahā abhilāṣī, tehi tehi kai tasi tasi rukha rākhī.
सानुज मिलि पल महुँ सब काहू। कीन्ह दूरि दुखु दारुन दाहू॥
sānuja mili pala mahum̐ saba kāhū, kīnha dūri dukhu dāruna dāhū.
यह बड़ि बात राम कै नाहीं। जिमि घट कोटि एक रबि छाहीं॥
yaha baṛi bāta rāma kai nāhīṁ, jimi ghaṭa koṭi eka rabi chāhīṁ.
मिलि केवटहि उमगि अनुरागा। पुरजन सकल सराहहिं भागा॥
mili kevaṭahi umagi anurāgā, purajana sakala sarāhahiṁ bhāgā.
देखीं राम दुखित महतारीं। जनु सुबेलि अवलीं हिम मारीं॥
dekhīṁ rāma dukhita mahatārīṁ, janu subeli avalīṁ hima mārīṁ.
प्रथम राम भेंटी कैकेई। सरल सुभायँ भगति मति भेई॥
prathama rāma bheṁṭī kaikeī, sarala subhāyam̐ bhagati mati bheī.
पग परि कीन्ह प्रबोधु बहोरी। काल करम बिधि सिर धरि खोरी॥
paga pari kīnha prabodhu bahorī, kāla karama bidhi sira dhari khorī.

दोहा-dohā:

भेटीं रघुबर मातु सब करि प्रबोधु परितोषु।
bhetīṁ raghubara mātu saba kari prabodhu paritoṣu,
अंब ईस आधीन जगु काहु न देइअ दोषु॥२४४॥
aṁba īsa ādhīna jagu kāhu na deia doṣu. 244.

चौपाई-caupāī:

गुरतिय पद बंदे दुहु भाई। सहित बिप्रतिय जे सँग आईं॥
guratiya pada baṁde duhu bhāīṁ, sahita bipratiya je saṁga āīṁ.
गंग गौरि सम सब सनमानीं। देहिं असीस मुदित मृदु बानीं॥
gaṁga gauri sama saba sanamānīṁ, dehiṁ asīsa mudita mṛdu bānīṁ.
गहि पद लगे सुमित्रा अंका। जनु भेंटी संपति अति रंका॥
gahi pada lage sumitrā aṁkā, janu bheṁṭī saṁpati ati raṁkā.
पुनि जननी चरननि दोउ भ्राता। परे पेम ब्याकुल सब गाता॥
puni jananī caranani dou bhrātā, pare pema byākula saba gātā.
अति अनुराग अंब उर लाए। नयन सनेह सलिल अन्हवाए॥
ati anurāga aṁba ura lāe, nayana saneha salila anhavāe.
तेहि अवसर कर हरष बिषादू। किमि कबि कहै मूक जिमि स्वादू॥
tehi avasara kara haraṣa biṣādū, kimi kabi kahai mūka jimi svādū.
मिलि जननिहि सानुज रघुराऊ। गुर सन कहेउ कि धारिअ पाऊ॥
mili jananihi sānuja raghurāū, gura sana kaheu ki dhāria pāū.
पुरजन पाइ मुनीस नियोगू। जल थल तकि तकि उतरेउ लोगू॥
purajana pāi munīsa niyogū, jala thala taki taki utareu logū.

दोहा-dohā:

महिसुर मंत्री मातु गुर गने लोग लिए साथ।
mahisura maṁtrī mātu gura gane loga lie sātha,
पावन आश्रम गवनु किय भरत लखन रघुनाथ॥२४५॥
pāvana āśrama gavanu kiya bharata lakhana raghunātha. 245.

चौपाई-caupāī:

सीय आइ मुनिबर पग लागी। उचित असीस लही मन मागी॥
sīya āi munibara paga lāgī, ucita asīsa lahī mana māgī.
गुरपतिनिहि मुनितियन्ह समेता। मिली पेमु कहि जाइ न जेता॥
gurapatinihi munitiyanha sametā, milī pemu kahi jāi na jetā.
बंदि बंदि पग सिय सबही के। आसिरबचन लहे प्रिय जी के॥
baṁdi baṁdi paga siya sabahī ke, āsirabacana lahe priya jī ke.
सासु सकल जब सीयँ निहारीं। मूदे नयन सहमि सुकुमारीं॥
sāsu sakala jaba sīyam̐ nihārīṁ, mūde nayana sahami sukumārīṁ.
परीं बधिक बस मनहुँ मरालीं। काह कीन्ह करतार कुचालीं॥
parīṁ badhika basa manahum̐ marālīṁ, kāha kīnha karatāra kucālīṁ.
तिन्ह सिय निरखि निपट दुखु पावा। सो सबु सहिअ जो दैउ सहावा॥
tinha siya nirakhi nipaṭa dukhu pāvā, so sabu sahia jo daiu sahāvā.
जनकसुता तब उर धरि धीरा। नील नलिन लोयन भरि नीरा॥
janakasutā taba ura dhari dhīrā, nīla nalina loyana bhari nīrā.
मिली सकल सासुन्ह सिय जाई। तेहि अवसर करुना महि छाई॥
milī sakala sāsunha siya jāī, tehi avasara karunā mahi chāī.

दोहा-dohā:

लागि लागि पग सबनि सिय भेंटति अति अनुराग।
lāgi lāgi paga sabani siya bheṁṭati ati anurāga,
हृदयँ असीसहिं पेम बस रहिअहु भरी सोहाग॥२४६॥
hṛdayam̐ asīsahiṁ pema basa rahiahu bharī sohāga. 246.

चौपाई-caupāī:

बिकल सनेहँ सीय सब रानीं। बैठन सबहि कहेउ गुर ग्यानीं॥
bikala saneham̐ sīya saba rānīṁ, baiṭhana sabahi kaheu gura gyānīṁ.

कहि जग गति मायिक मुनिनाथा । कहे कछुक परमारथ गाथा ॥
kahi jaga gati māyika munināthā, kahe kachuka paramāratha gāthā.
नृप कर सुरपुर गवनु सुनावा । सुनि रघुनाथ दुसह दुखु पावा ॥
nṛpa kara surapura gavanu sunāvā, suni raghunātha dusaha dukhu pāvā.
मरन हेतु निज नेहु बिचारी । भे अति बिकल धीर धुर धारी ॥
marana hetu nija nehu bicārī, bhe ati bikala dhīra dhura dhārī.
कुलिस कठोर सुनत कटु बानी । बिलपत लखन सीय सब रानी ॥
kulisa kaṭhora sunata kaṭu bānī, bilapata lakhana sīya saba rānī.
सोक बिकल अति सकल समाजू । मानहुँ राजु अकाजेउ आजू ॥
soka bikala ati sakala samājū, mānahum̐ rāju akājeu ājū.
मुनिबर बहुरि राम समुझाए । सहित समाज सुसरित नहाए ॥
munibara bahuri rāma samujhāe, sahita samāja susarita nahāe.
ब्रतु निरंबु तेहि दिन प्रभु कीन्हा । मुनिहु कहें जलु काहुँ न लीन्हा ॥
bratu niraṁbu tehi dina prabhu kīnhā, munihu kaheṁ jalu kāhum̐ na līnhā.

दोहा-dohā:

भोरु भएँ रघुनंदनहि जो मुनि आयसु दीन्ह ।
bhoru bhaem̐ raghunaṁdanahi jo muni āyasu dīnha.
श्रद्धा भगति समेत प्रभु सो सबु सादरु कीन्ह ॥२४७॥
śraddhā bhagati sameta prabhu so sabu sādaru kīnha. 247.

चौपाई-caupāī:

करि पितु क्रिया बेद जसि बरनी । भे पुनीत पातक तम तरनी ॥
kari pitu kriyā beda jasi baranī, bhe punīta pātaka tama taranī.
जासु नाम पावक अघ तूला । सुमिरत सकल सुमंगल मूला ॥
jāsu nāma pāvaka agha tūlā, sumirata sakala sumaṁgala mūlā.
सुद्ध सो भयउ साधु संमत अस । तीरथ आवाहन सुरसरि जस ॥
suddha so bhayau sādhu saṁmata asa, tīratha āvāhana surasari jasa.
सुद्ध भएँ दुइ बासर बीते । बोले गुर सन राम पिरीते ॥
suddha bhaem̐ dui bāsara bīte, bole gura sana rāma pirīte.
नाथ लोग सब निपट दुखारी । कंद मूल फल अंबु अहारी ॥
nātha loga saba nipaṭa dukhārī, kaṁda mūla phala aṁbu ahārī.
सानुज भरतु सचिव सब माता । देखि मोहि पल जिमि जुग जाता ॥
sānuja bharatu saciva saba mātā, dekhi mohi pala jimi juga jātā.
सब समेत पुर धारिअ पाऊ । आपु इहाँ अमरावति राऊ ॥
saba sameta pura dhāria pāū, āpu ihām̐ amarāvati rāū.
बहुत कहेउँ सब कियउँ ढिठाई । उचित होइ तस करिअ गोसाँई ॥
bahuta kaheum̐ saba kiyaum̐ ḍhiṭhāī, ucita hoi tasa karia gosām̐ī.

दोहा-dohā:

धर्म सेतु करुनायतन कस न कहहु अस राम ।
dharma setu karunāyatana kasa na kahahu asa rāma,
लोग दुखित दिन दुइ दरस देखि लहहुँ बिश्राम ॥२४८॥
loga dukhita dina dui darasa dekhi lahahum̐ biśrāma. 248.

चौपाई-caupāī:

राम बचन सुनि सभय समाजू । जनु जलनिधि महुँ बिकल जहाजू ॥
rāma bacana suni sabhaya samājū, janu jalanidhi mahum̐ bikala jahājū.
सुनि गुर गिरा सुमंगल मूला । भयउ मनहुँ मारुत अनुकूला ॥
suni gura girā sumaṁgala mūlā, bhayau manahum̐ māruta anukūlā.
पावन पयँ तिहुँ काल नहाहीं । जो बिलोकि अघ ओघ नसाहीं ॥
pāvana payam̐ tihum̐ kāla nahāhīṁ, jo biloki agha ogha nasāhīṁ.
मंगलमूरति लोचन भरि भरि । निरखहिं हरषि दंडवत करि करि ॥
maṁgalamūrati locana bhari bhari, nirakhahiṁ haraṣi daṁḍavata kari kari.
राम सैल बन देखन जाहीं । जहँ सुख सकल सकल दुख नाहीं ॥
rāma saila bana dekhana jāhīṁ, jaham̐ sukha sakala sakala dukha nāhīṁ.

झरना झरहिं सुधासम बारी । त्रिबिध तापहर त्रिबिध बयारी ॥
jharanā jharahiṁ sudhāsama bārī, tribidha tāpahara tribidha bayārī.
बिटप बेलि तृन अगनित जाती । फल प्रसून पल्लव बहु भाँती ॥
biṭapa beli tṛna aganita jātī, phala prasūna pallava bahu bhām̐tī.
सुंदर सिला सुखद तरु छाहीं । जाइ बरनि बन छबि केहि पाहीं ॥
suṁdara silā sukhada taru chāhīṁ, jāi barani bana chabi kehi pāhīṁ.

दोहा-dohā:

सरनि सरोरुह जल बिहग कूजत गुंजत भृंग ।
sarani saroruha jala bihaga kūjata guṁjata bhṛṁga,
बैर बिगत बिहरत बिपिन मृग बिहंग बहुरंग ॥२४९॥
baira bigata biharata bipina mṛga bihaṁga bahuraṁga. 249.

चौपाई-caupāī:

कोल किरात भिल्ल बनबासी । मधु सुचि सुंदर स्वादु सुधा सी ॥
kola kirāta bhilla banabāsī, madhu suci suṁdara svādu sudhā sī.
भरि भरि परन पुटीं रचि रुरी । कंद मूल फल अंकुर जूरी ॥
bhari bhari parana puṭīṁ raci rurī, kaṁda mūla phala aṁkura jūrī.
सबहि देहिं करि बिनय प्रनामा । कहि कहि स्वाद भेद गुन नामा ॥
sabahi dehiṁ kari binaya pranāmā, kahi kahi svāda bheda guna nāmā.
देहिं लोग बहु मोल न लेहीं । फेरत राम दोहाई देहीं ॥
dehiṁ loga bahu mola na lehīṁ, pherata rāma dohāī dehīṁ.
कहहिं सनेह मगन मृदु बानी । मानत साधु पेम पहिचानी ॥
kahahiṁ saneha magana mṛdu bānī, mānata sādhu pema pahicānī.
तुम्ह सुकृती हम नीच निषादा । पावा दरसनु राम प्रसादा ॥
tumha sukṛtī hama nīca niṣādā, pāvā darasanu rāma prasādā.
हमहि अगम अति दरसु तुम्हारा । जस मरु धरनि देवधुनि धारा ॥
hamahi agama ati darasu tumhārā, jasa maru dharani devadhuni dhārā.
राम कृपाल निषाद नेवाजा । परिजन प्रजउ चहिअ जस राजा ॥
rāma kṛpāla niṣāda nevājā, parijana prajau cahia jasa rājā.

दोहा-dohā:

यह जियँ जानि सँकोचु तजि करिअ छोहु लखि नेहु ।
yaha jiyam̐ jāni sam̐kocu taji karia chohu lakhi nehu,
हमहि कृतारथ करन लगि फल तृन अंकुर लेहु ॥२५०॥
hamahi kṛtāratha karana lagi phala tṛna aṁkura lehu. 250.

चौपाई-caupāī:

तुम्ह प्रिय पाहुने बन पगु धारे । सेवा जोगु न भाग हमारे ॥
tumha priya pāhune bana pagu dhāre, sevā jogu na bhāga hamāre.
देब काह हम तुम्हहि गोसाँई । ईंधनु पात किरात मिताई ॥
deba kāha hama tumhahi gosām̐ī, īṁdhanu pāta kirāta mitāī.
यह हमारि अति बड़ि सेवकाई । लेहिं न बासन बसन चोराई ॥
yaha hamāri ati baṛi sevakāī, lehiṁ na bāsana basana corāī.
हम जड़ जीव जीव गन घाती । कुटिल कुचाली कुमति कुजाती ॥
hama jaṛa jīva jīva gana ghātī, kuṭila kucālī kumati kujātī.
पाप करत निसि बासर जाहीं । नहिं पट कटि नहिं पेट अघाहीं ॥
pāpa karata nisi bāsara jāhīṁ, nahiṁ paṭa kaṭi nahiṁ peṭa aghāhīṁ.
सपनेहुँ धरम बुद्धि कस काऊ । यह रघुनंदन दरस प्रभाऊ ॥
sapanehum̐ dharama buddhi kasa kāū, yaha raghunaṁdana darasa prabhāū.
जब तें प्रभु पद पदुम निहारे । मिटे दुसह दुख दोष हमारे ॥
jaba teṁ prabhu pada paduma nihāre, miṭe dusaha dukha doṣa hamāre.
बचन सुनत पुरजन अनुरागे । तिन्ह के भाग सराहन लागे ॥
bacana sunata purajana anurāge, tinha ke bhāga sarāhana lāge.

छंद-chaṁda:

लागे सराहन भाग सब अनुराग बचन सुनावहीं ।

lāge sarāhana bhāga saba anurāga bacana sunāvahīṁ,
बोलनि मिलनि सिय राम चरन सनेहु लखि सुखु पावहीं ॥
bolani milani siya rāma carana sanehu lakhi sukhu pāvahīṁ.
नर नारि निदरहिं नेहु निज सुनि कोल भिल्लनि की गिरा ।
nara nāri nidarahiṁ nehu nija suni kola bhillani kī girā,
तुलसी कृपा रघुबंसमनि की लोह लै लौका तिरा ॥
tulasī kṛpā raghubaṁsamani kī loha lai laukā tirā.

सोरठा-soraṭhā:

बिहरहिं बन चहु ओर प्रतिदिन प्रमुदित लोग सब ।
biharahiṁ bana cahu ora pratidina pramudita loga saba,
जल ज्यों दादुर मोर भए पीन पावस प्रथम ॥ २५१ ॥
jala jyoṁ dādura mora bhae pīna pāvasa prathama. 251.

चौपाई-caupāī:

पुर जन नारि मगन अति प्रीती । बासर जाहिं पलक सम बीती ॥
pura jana nāri magana ati prītī, bāsara jāhiṁ palaka sama bītī.
सीय सासु प्रति बेष बनाई । सादर करइ सरिस सेवकाई ॥
sīya sāsu prati beṣa banāī, sādara karai sarisa sevakāī.
लखा न मरमु राम बिनु काहूँ । माया सब सिय माया माहूँ ॥
lakhā na maramu rāma binu kāhūṁ, māyā saba siya māyā māhūṁ.
सीयँ सासु सेवा बस कीन्हीं । तिन्ह लहि सुख सिख आसिष दीन्हीं ॥
sīyaṁ sāsu sevā basa kīnhīṁ, tinha lahi sukha sikha āsiṣa dīnhīṁ.
लखि सिय सहित सरल दोउ भाई । कुटिल रानि पछितानि अघाई ॥
lakhi siya sahita sarala dou bhāī, kuṭila rāni pachitāni aghāī.
अवनि जमहि जाचति कैकेई । महि न बीचु बिधि मीचु न देई ॥
avani jamahi jācati kaikeī, mahi na bīcu bidhi mīcu na deī.
लोकहुँ बेद बिदित कबि कहहीं । राम बिमुख थलु नरक न लहहीं ॥
lokahuṁ beda bidita kabi kahahīṁ, rāma bimukha thalu naraka na lahahīṁ.
यहु संसउ सब के मन माहीं । राम गवनु बिधि अवध कि नाहीं ॥
yahu saṁsau saba ke mana māhīṁ, rāma gavanu bidhi avadha ki nāhīṁ.

दोहा-dohā:

निसि न नीद नहिं भूख दिन भरतु बिकल सुचि सोच ।
nisi na nīda nahiṁ bhūkha dina bharatu bikala suci soca,
नीच कीच बिच मगन जस मीनहि सलिल सँकोच ॥ २५२ ॥
nīca kīca bica magana jasa mīnahi salila saṁkoca. 252.

चौपाई-caupāī:

कीन्हि मातु मिस काल कुचाली । ईति भीति जस पाकत साली ॥
kīnhi mātu misa kāla kucālī, īti bhīti jasa pākata sālī.
केहि बिधि होइ राम अभिषेकू । मोहि अवकलत उपाउ न एकू ॥
kehi bidhi hoi rāma abhiṣekū, mohi avakalata upāu na ekū.
अवसि फिरहिं गुर आयसु मानी । मुनि पुनि कहब राम रुचि जानी ॥
avasi phirahiṁ gura āyasu mānī, muni puni kahaba rāma ruci jānī.
मातु कहेहुँ बहुरहिं रघुराऊ । राम जननि हठ करबि कि काऊ ॥
mātu kahehuṁ bahurahiṁ raghurāū, rāma janani haṭha karabi ki kāū.
मोहि अनुचर कर केतिक बाता । तेहि महँ कुसमउ बाम बिधाता ॥
mohi anucara kara ketika bātā, tehi mahaṁ kusamau bāma bidhātā.
जौं हठ करउँ त निपट कुकरमू । हरगिरि तें गुरु सेवक धरमू ॥
jauṁ haṭha karauṁ ta nipaṭa kukaramū, haragiri teṁ guru sevaka dharamū.
एकउ जुगुति न मन ठहरानी । सोचत भरतहि रैनि बिहानी ॥
ekau juguti na mana ṭhaharānī, socata bharatahi raini bihānī.
प्रात नहाइ प्रभुहि सिर नाई । बैठत पठए रिषयँ बोलाई ॥
prāta nahāi prabhuhi sira nāī, baiṭhata paṭhae riṣayaṁ bolāī.

दोहा-dohā:

गुर पद कमल प्रनामु करि बैठे आयसु पाइ ।
gura pada kamala pranāmu kari baiṭhe āyasu pāi,
बिप्र महाजन सचिव सब जुरे सभासद आइ ॥ २५३ ॥
bipra mahājana saciva saba jure sabhāsada āi. 253.

चौपाई-caupāī:

बोले मुनिबरु समय समाना । सुनहु सभासद भरत सुजाना ॥
bole munibaru samaya samānā, sunahu sabhāsada bharata sujānā.
धरम धुरीन भानुकुल भानू । राजा रामु स्वबस भगवानू ॥
dharama dhurīna bhānukula bhānū, rājā rāmu svabasa bhagavānū.
सत्यसंध पालक श्रुति सेतू । राम जनमु जग मंगल हेतू ॥
satyasaṁdha pālaka śruti setū, rāma janamu jaga maṁgala hetū.
गुर पितु मातु बचन अनुसारी । खल दलु दलन देव हितकारी ॥
gura pitu mātu bacana anusārī, khala dalu dalana deva hitakārī.
नीति प्रीति परमारथ स्वारथु । कोउ न राम सम जान जथारथु ॥
nīti prīti paramāratha svārathu, kou na rāma sama jāna jathārathu.
बिधि हरि हरु ससि रबि दिसिपाला । माया जीव करम कुलि काला ॥
bidhi hari haru sasi rabi disipālā, māyā jīva karama kuli kālā.
अहिप महिप जहँ लगि प्रभुताई । जोग सिद्धि निगमागम गाई ॥
ahipa mahipa jahaṁ lagi prabhutāī, joga siddhi nigamāgama gāī.
करि बिचार जियँ देखहु नीकें । राम रजाइ सीस सबही कें ॥
kari bicāra jiyaṁ dekhahu nīkeṁ, rāma rajāi sīsa sabahī keṁ.

दोहा-dohā:

राखें राम रजाइ रुख हम सब कर हित होइ ।
rākheṁ rāma rajāi rukha hama saba kara hita hoi,
समुझि सयाने करहु अब सब मिलि संमत सोइ ॥ २५४ ॥
samujhi sayāne karahu aba saba mili saṁmata soi. 254.

चौपाई-caupāī:

सब कहुँ सुखद राम अभिषेकू । मंगल मोद मूल मग एकू ॥
saba kahuṁ sukhada rāma abhiṣekū, maṁgala moda mūla maga ekū.
केहि बिधि अवध चलहिं रघुराऊ । कहहु समुझि सोइ करिअ उपाऊ ॥
kehi bidhi avadha calahiṁ raghurāū, kahahu samujhi soi karia upāū.
सब सादर सुनि मुनिबर बानी । नय परमारथ स्वारथ सानी ॥
saba sādara suni munibara bānī, naya paramāratha svāratha sānī.
उतरु न आव लोग भए भोरे । तब सिरु नाइ भरत कर जोरे ॥
utaru na āva loga bhae bhore, taba siru nāi bharata kara jore.
भानुबंस भए भूप घनेरे । अधिक एक तें एक बड़ेरे ॥
bhānubaṁsa bhae bhūpa ghanere, adhika eka teṁ eka baṛere.
जनम हेतु सब कहँ पितु माता । करम सुभासुभ देइ बिधाता ॥
janam hetu saba kahaṁ pitu mātā, karama subhāsubha dei bidhātā.
दलि दुख सजइ सकल कल्याना । अस असीस राउरि जगु जाना ॥
dali dukha sajai sakala kalyānā, asa asīsa rāuri jagu jānā.
सो गोसाइँ बिधि गति जेहिं छेंकी । सकइ को टारि टेक जो टेकी ॥
so gosāiṁ bidhi gati jehiṁ cheṁkī, sakai ko ṭāri ṭeka jo ṭekī.

दोहा-dohā:

बूझिअ मोहि उपाउ अब सो सब मोर अभागु ।
būjhia mohi upāu aba so saba mora abhāgu,
सुनि सनेहमय बचन गुर उर उमगा अनुरागु ॥ २५५ ॥
suni sanehamaya bacana gura ura umagā anurāgu. 255.

चौपाई-caupāī:

तात बात फुरि राम कृपाहीं । राम बिमुख सिधि सपनेहुँ नाहीं ॥
tāta bāta phuri rāma kṛpāhīṁ, rāma bimukha sidhi sapanehuṁ nāhīṁ.

सकुचउँ तात कहत एक बाता । अरध तजहिं बुध सरबस जाता ॥
sakucaum̐ tāta kahata eka bātā, aradha tajahiṁ budha sarabasa jātā.
तुम्ह कानन गवनहु दोउ भाई । फेरिअहिं लखन सीय रघुराई ॥
tumha kānana gavanahu dou bhāī, pheriahiṁ lakhana sīya raghurāī.
सुनि सुबचन हरषे दोउ भ्राता । भे प्रमोद परिपूरन गाता ॥
suni subacana haraṣe dou bhrātā, bhe pramoda paripūrana gātā.
मन प्रसन्न तन तेजु बिराजा । जनु जिय राउ रामु भए राजा ॥
mana prasanna tana teju birājā, janu jiya rāu rāmu bhae rājā.
बहुत लाभ लोगन्ह लघु हानी । सम दुख सुख सब रोवहिं रानी ॥
bahuta lābha loganha laghu hānī, sama dukha sukha saba rovahiṁ rānī.
कहहिं भरतु मुनि कहा सो कीन्हे । फलु जग जीवन्ह अभिमत दीन्हे ॥
kahahiṁ bharatu muni kahā so kīnhe, phalu jaga jīvanha abhimata dīnhe.
कानन करउँ जनम भरि बासू । एहिं तें अधिक न मोर सुपासू ॥
kānana karaum̐ janama bhari bāsū, ehiṁ teṁ adhika na mora supāsū.

दोहा-dohā:

अंतरजामी रामु सिय तुम्ह सरबग्य सुजान ।
aṁtarajāmī rāmu siya tumha sarabagya sujāna,
जौं फुर कहहु त नाथ निज कीजिअ बचनु प्रवान ॥ २५६ ॥
jauṁ phura kahahu ta nātha nija kījia bacanu pravāna. 256.

चौपाई-caupāī:

भरत बचन सुनि देखि सनेहू । सभा सहित मुनि भए बिदेहू ॥
bharata bacana suni dekhi sanehū, sabhā sahita muni bhae bidehū.
भरत महा महिमा जलरासी । मुनि मति ठाढ़ि तीर अबला सी ॥
bharata mahā mahimā jalarāsī, muni mati ṭhāṛhi tīra abalā sī.
गा चह पार जतनु हियँ हेरा । पावति नाव न बोहितु बेरा ॥
gā caha pāra jatanu hiyam̐ herā, pāvati nāva na bohitu berā.
औरु करिहि को भरत बड़ाई । सरसी सीपि कि सिंधु समाई ॥
auru karihi ko bharata baṛāī, sarasī sīpi ki siṁdhu samāī.
भरतु मुनिहि मन भीतर भाए । सहित समाज राम पहिं आए ॥
bharatu munihi mana bhītara bhāe, sahita samāja rāma pahiṁ āe.
प्रभु प्रनामु करि दीन्ह सुआसनु । बैठे सब सुनि मुनि अनुसासनु ॥
prabhu pranāmu kari dīnha suāsanu, baiṭhe saba suni muni anusāsanu.
बोले मुनिबरु बचन बिचारी । देस काल अवसर अनुहारी ॥
bole munibaru bacana bicārī, desa kāla avasara anuhārī.
सुनहु राम सरबग्य सुजाना । धरम नीति गुन ग्यान निधाना ॥
sunahu rāma sarabagya sujānā, dharama nīti guna gyāna nidhānā.

दोहा-dohā:

सब के उर अंतर बसहु जानहु भाउ कुभाउ ।
saba ke ura aṁtara basahu jānahu bhāu kubhāu,
पुरजन जननी भरत हित होइ सो कहिअ उपाउ ॥ २५७ ॥
purajana jananī bharata hita hoi so kahia upāu. 257.

चौपाई-caupāī:

आरत कहहिं बिचारि न काऊ । सूझ जूआरिहि आपन दाऊ ॥
ārata kahahiṁ bicāri na kāū, sūjha jūārihi āpana dāū.
सुनि मुनि बचन कहत रघुराऊ । नाथ तुम्हारेहि हाथ उपाऊ ॥
suni muni bacana kahata raghurāū, nātha tumhārehi hātha upāū.
सब कर हित रुख राउरि राखें । आयसु किएँ मुदित फुर भाषें ॥
saba kara hita rukha rāuri rākheṁ, āyasu kieṁ mudita phura bhāṣeṁ.
प्रथम जो आयसु मो कहुँ होई । माथें मानि करौं सिख सोई ॥
prathama jo āyasu mo kahum̐ hoī, mātheṁ māni karauṁ sikha soī.
पुनि जेहि कहँ जस कहब गोसाईं । सो सब भाँति घटिहि सेवकाईं ॥
puni jehi kaham̐ jasa kahaba gosāīṁ, so saba bhām̐ti ghaṭihi sevakāīṁ.
कह मुनि राम सत्य तुम्ह भाषा । भरत सनेहँ बिचारु न राखा ॥
kaha muni rāma satya tumha bhāṣā, bharata saneham̐ bicāru na rākhā.
तेहि तें कहउँ बहोरि बहोरी । भरत भगति बस भइ मति मोरी ॥
tehi teṁ kahaum̐ bahori bahorī, bharata bhagati basa bhai mati morī.
मोरें जान भरत रुचि राखि । जो कीजिअ सो सुभ सिव साखी ॥
moreṁ jāna bharata ruci rākhi, jo kījia so subha siva sākhī.

दोहा-dohā:

भरत बिनय सादर सुनिअ करिअ बिचारु बहोरि ।
bharata binaya sādara sunia karia bicāru bahori,
करब साधुमत लोकमत नृपनय निगम निचोरि ॥ २५८ ॥
karaba sādhumata lokamata nṛpanaya nigama nicori. 258.

चौपाई-caupāī:

गुर अनुरागु भरत पर देखी । राम हृदयँ आनंदु बिसेषी ॥
gura anurāgu bharata para dekhī, rāma hṛdayam̐ ānaṁdu biseṣī.
भरतहि धरम धुरंधर जानी । निज सेवक तन मानस बानी ॥
bharatahi dharama dhuraṁdhara jānī, nija sevaka tana mānasa bānī.
बोले गुर आयस अनुकूला । बचन मंजु मृदु मंगलमूला ॥
bole gura āyasa anukūlā, bacana maṁju mṛdu maṁgalamūlā.
नाथ सपथ पितु चरन दोहाई । भयउ न भुअन भरत सम भाई ॥
nātha sapatha pitu carana dohāī, bhayau na bhuana bharata sama bhāī.
जे गुर पद अंबुज अनुरागी । ते लोकहुँ बेदहुँ बड़भागी ॥
je gura pada aṁbuja anurāgī, te lokahum̐ bedahum̐ baṛabhāgī.
राउर जा पर अस अनुरागू । को कहि सकइ भरत कर भागू ॥
rāura jā para asa anurāgū, ko kahi sakai bharata kara bhāgū.
लखि लघु बंधु बुद्धि सकुचाई । करत बदन पर भरत बड़ाई ॥
lakhi laghu baṁdhu buddhi sakucāī, karata badana para bharata baṛāī.
भरतु कहहिं सोइ किएँ भलाई । अस कहि राम रहे अरगाई ॥
bharatu kahahiṁ soi kieṁ bhalāī, asa kahi rāma rahe aragāī.

दोहा-dohā:

तब मुनि बोले भरत सन सब सँकोचु तजि तात ।
taba muni bole bharata sana saba sam̐kocu taji tāta,
कृपासिंधु प्रिय बंधु सन कहहु हृदय कै बात ॥ २५९ ॥
kṛpāsiṁdhu priya baṁdhu sana kahahu hṛdaya kai bāta. 259.

चौपाई-caupāī:

सुनि मुनि बचन राम रुख पाई । गुरु साहिब अनुकूल अघाई ॥
suni muni bacana rāma rukha pāī, guru sāhiba anukūla aghāī.
लखि अपनें सिर सबु छरु भारू । कहि न सकहिं कछु करहिं बिचारू ॥
lakhi apaneṁ sira sabu charu bhārū, kahi na sakahiṁ kachu karahiṁ bicārū.
पुलकि सरीर सभाँ भए ठाढे । नीरज नयन नेह जल बाढ़े ॥
pulaki sarīra sabhām̐ bhae ṭhāṛhe, nīraja nayana neha jala bāṛhe.
कहब मोर मुनिनाथ निबाहा । एहि तें अधिक कहौं मैं काहा ॥
kahaba mora muninātha nibāhā, ehi teṁ adhika kahauṁ maiṁ kāhā.
मैं जानउँ निज नाथ सुभाऊ । अपराधिहु पर कोह न काऊ ॥
maiṁ jānaum̐ nija nātha subhāū, aparādhihu para koha na kāū.
मो पर कृपा सनेहु बिसेषी । खेलत खुनिस न कबहूँ देखी ॥
mo para kṛpā sanehu biseṣī, khelata khunisa na kabahūm̐ dekhī.
सिसुपन तें परिहरेउँ न संगू । कबहुँ न कीन्ह मोर मन भंगू ॥
sisupana teṁ parihareum̐ na saṁgū, kabahum̐ na kīnha mora mana bhaṁgū.
मैं प्रभु कृपा रीति जियँ जोही । हारेहुँ खेल जितावहिं मोही ॥
maiṁ prabhu kṛpā rīti jiyam̐ johī, hārehum̐ khela jitāvahiṁ mohī.

दोहा-dohā:

महूँ सनेह सकोच बस सनमुख कही न बैन ।
mahūm̐ saneha sakoca basa sanamukha kahī na baina,
दरसन तृपित न आजु लगि पेम पिआसे नैन ॥२६०॥
darasana tṛpita na āju lagi pema piāse naina. 260.

चौपाई-caupāī:

बिधि न सकेउ सहि मोर दुलारा । नीच बीचु जननी मिस पारा ॥
bidhi na sakeu sahi mora dulārā, nīca bīcu jananī misa pārā.
यहउ कहत मोहि आजु न सोभा । अपनीं समुझि साधु सुचि को भा ॥
yahau kahata mohi āju na sobhā, apanīṁ samujhi sādhu suci ko bhā.
मातु मंदि मैं साधु सुचाली । उर अस आनत कोटि कुचाली ॥
mātu maṁdi maiṁ sādhu sucālī, ura asa ānata koṭi kucālī.
फरइ कि कोदव बालि सुसाली । मुकता प्रसव कि संबुक काली ॥
pharai ki kodava bāli susālī, mukatā prasava ki saṁbuka kālī.
सपनेहुँ दोसक लेसु न काहू । मोर अभाग उदधि अवगाहू ॥
sapanehum̐ dosaka lesu na kāhū, mora abhāga udadhi avagāhū.
बिनु समुझें निज अघ परिपाकू । जारिउँ जायँ जननि कहि काकू ॥
binu samujheṁ nija agha paripākū, jārium̐ jāyam̐ janani kahi kākū.
हृदयँ हेरि हारेउँ सब ओरा । एकहि भाँति भलेहिं भल मोरा ॥
hṛdayam̐ heri hāreum̐ saba orā, ekahi bhām̐ti bhalehiṁ bhala morā.
गुर गोसाइँ साहिब सिय रामू । लागत मोहि नीक परिनामू ॥
gura gosāim̐ sāhiba siya rāmū, lāgata mohi nīka parināmū.

दोहा-dohā:

साधु सभाँ गुर प्रभु निकट कहउँ सुथल सतिभाउ ।
sādhu sabhām̐ gura prabhu nikaṭa kahaum̐ suthala satibhāu,
प्रेम प्रपंचु कि झूठ फुर जानहिं मुनि रघुराउ ॥२६१॥
prema prapaṁcu ki jhūṭha phura jānahiṁ muni raghurāu. 261.

चौपाई-caupāī:

भूपति मरन पेम पनु राखी । जननी कुमति जगतु सबु साखी ॥
bhūpati marana pema panu rākhī, jananī kumati jagatu sabu sākhī.
देखि न जाहिं बिकल महतारीं । जरहिं दुसह जर पुर नर नारीं ॥
dekhi na jāhiṁ bikala mahatārīṁ, jarahiṁ dusaha jara pura nara nārīṁ.
महीं सकल अनरथ कर मूला । सो सुनि समुझि सहिउँ सब सूला ॥
mahīṁ sakala anaratha kara mūlā, so suni samujhi sahium̐ saba sūlā.
सुनि बन गवनु कीन्ह रघुनाथा । करि मुनि बेष लखन सिय साथा ॥
suni bana gavanu kīnha raghunāthā, kari muni beṣa lakhana siya sāthā.
बिनु पानहिन्ह पयादेहि पाएँ । संकरु साखि रहेउँ एहि घाएँ ॥
binu pānahinha payādehi pāem̐, saṁkaru sākhi raheum̐ ehi ghāem̐.
बहुरि निहार निषाद सनेहू । कुलिस कठिन उर भयउ न बेहू ॥
bahuri nihāra niṣāda sanehū, kulisa kaṭhina ura bhayau na behū.
अब सबु आँखिन्ह देखेउँ आई । जिअत जीव जड़ सबइ सहाई ॥
aba sabu ām̐khinha dekheum̐ āī, jiata jīva jaṛa sabai sahāī.
जिन्हहि निरखि मग साँपिनि बीछी । तजहिं बिषम बिषु तामस तीछी ॥
jinhahi nirakhi maga sām̐pini bīchī, tajahiṁ biṣama biṣu tāmasa tīchī.

दोहा-dohā:

तेइ रघुनंदनु लखनु सिय अनहित लागे जाहि ।
tei raghunaṁdanu lakhanu siya anahita lāge jāhi,
तासु तनय तजि दुसह दुख दैउ सहावइ काहि ॥२६२॥
tāsu tanaya taji dusaha dukha daiu sahāvai kāhi. 262.

चौपाई-caupāī:

सुनि अति बिकल भरत बर बानी । आरति प्रीति बिनय नय सानी ॥
suni ati bikala bharata bara bānī, ārati prīti binaya naya sānī.
सोक मगन सब सभाँ खभारू । मनहुँ कमल बन परेउ तुसारू ॥
soka magana saba sabhām̐ khabhārū, manahum̐ kamala bana pareu tusārū.
कहि अनेक बिधि कथा पुरानी । भरत प्रबोधु कीन्ह मुनि ग्यानी ॥
kahi aneka bidhi kathā purānī, bharata prabodhu kīnha muni gyānī.
बोले उचित बचन रघुनंदू । दिनकर कुल कैरव बन चंदू ॥
bole ucita bacana raghunaṁdū, dinakara kula kairava bana caṁdū.
तात जायँ जियँ करहु गलानी । ईस अधीन जीव गति जानी ॥
tāta jāyam̐ jiyam̐ karahu galānī, īsa adhīna jīva gati jānī.
तीनि काल तिभुअन मत मोरें । पुन्यसिलोक तात तर तोरें ॥
tīni kāla tibhuana mata moreṁ, punyasiloka tāta tara toreṁ.
उर आनत तुम्ह पर कुटिलाई । जाइ लोकु परलोकु नसाई ॥
ura ānata tumha para kuṭilāī, jāi loku paraloku nasāī.
दोसु देहिं जननिहि जड़ तेई । जिन्ह गुर साधु सभा नहिं सेई ॥
dosu dehiṁ jananihi jaṛa teī, jinha gura sādhu sabhā nahiṁ seī.

दोहा-dohā:

मिटिहहिं पाप प्रपंच सब अखिल अमंगल भार ।
miṭihahiṁ pāpa prapaṁca saba akhila amaṁgala bhāra,
लोक सुजसु परलोक सुखु सुमिरत नामु तुम्हार ॥२६३॥
loka sujasu paraloka sukhu sumirata nāmu tumhāra. 263.

चौपाई-caupāī:

कहउँ सुभाउ सत्य सिव साखी । भरत भूमि रह राउरि राखी ॥
kahaum̐ subhāu satya siva sākhī, bharata bhūmi raha rāuri rākhī.
तात कुतरक करहु जनि जाएँ । बैर पेम नहिं दुरइ दुराएँ ॥
tāta kutaraka karahu jani jāem̐, baira pema nahiṁ durai durāem̐.
मुनि गन निकट बिहग मृग जाहीं । बाधक बधिक बिलोकि पराहीं ॥
muni gana nikaṭa bihaga mṛga jāhīṁ, bādhaka badhika biloki parāhīṁ.
हित अनहित पसु पच्छिउ जाना । मानुष तनु गुन ग्यान निधाना ॥
hita anahita pasu pacchiu jānā, mānuṣa tanu guna gyāna nidhānā.
तात तुम्हहि मैं जानउँ नीकें । करौं काह असमंजस जीकें ॥
tāta tumhahi maiṁ jānaum̐ nīkeṁ, karauṁ kāha asamaṁjasa jīkeṁ.
राखेउ रायँ सत्य मोहि त्यागी । तनु परिहरेउ पेम पन लागी ॥
rākheu rāyam̐ satya mohi tyāgī, tanu parihareu pema pana lāgī.
तासु बचन मेटत मन सोचू । तेहि तें अधिक तुम्हार सँकोचू ॥
tāsu bacana meṭata mana socū, tehi teṁ adhika tumhāra saṁkocū.
ता पर गुर मोहि आयसु दीन्हा । अवसि जो कहहु चहउँ सोइ कीन्हा ॥
tā para gura mohi āyasu dīnhā, avasi jo kahahu cahaum̐ soi kīnhā.

दोहा-dohā:

मनु प्रसन्न करि सकुच तजि कहहु करौं सोइ आजु ।
manu prasanna kari sakuca taji kahahu karauṁ soi āju,
सत्यसंध रघुबर बचन सुनि भा सुखी समाजु ॥२६४॥
satyasaṁdha raghubara bacana suni bhā sukhī samāju. 264.

चौपाई-caupāī:

सुर गन सहित सभय सुरराजू । सोचहिं चाहत होन अकाजू ॥
sura gana sahita sabhaya surarājū, socahiṁ cāhata hona akājū.
बनत उपाउ करत कछु नाहीं । राम सरन सब गे मन माहीं ॥
banata upāu karata kachu nāhīṁ, rāma sarana saba ge mana māhīṁ.
बहुरि बिचारि परस्पर कहहीं । रघुपति भगत भगति बस अहहीं ॥
bahuri bicāri paraspara kahahīṁ, raghupati bhagata bhagati basa ahahīṁ.
सुधि करि अंबरीष दुरबासा । भे सुर सुरपति निपट निरासा ॥
sudhi kari aṁbarīṣa durabāsā, bhe sura surapati nipaṭa nirāsā.
सहे सुरन्ह बहु काल बिषादा । नरहरि किए प्रगट प्रहलादा ॥
sahe suranha bahu kāla biṣādā, narahari kie pragaṭa prahalādā.

लगि लगि कान कहहिं धुनि माथा। अब सुर काज भरत के हाथा॥
lagi lagi kāna kahahiṁ dhuni māthā, aba sura kāja bharata ke hāthā.
आन उपाउ न देखिअ देवा। मानत रामु सुसेवक सेवा॥
āna upāu na dekhia devā, mānata rāmu susevaka sevā.
हियँ सपेम सुमिरहु सब भरतहि। निज गुन सील राम बस करतहि॥
hiyaṁ sapema sumirahu saba bharatahi, nija guna sīla rāma basa karatahi.

दोहा-dohā:

सुनि सुर मत सुरगुर कहेउ भल तुम्हार बड़ भागु।
suni sura mata suragura kaheu bhala tumhāra baṛa bhāgu,
सकल सुमंगल मूल जग भरत चरन अनुरागु॥२६५॥
sakala sumaṁgala mūla jaga bharata carana anurāgu. 265.

चौपाई-caupāī:

सीतापति सेवक सेवकाई। कामधेनु सय सरिस सुहाई॥
sītāpati sevaka sevakāī, kāmadhenu saya sarisa suhāī.
भरत भगति तुम्हरें मन आई। तजहु सोचु बिधि बात बनाई॥
bharata bhagati tumhareṁ mana āī, tajahu socu bidhi bāta banāī.
देखु देवपति भरत प्रभाऊ। सहज सुभायँ बिबस रघुराऊ॥
dekhu devapati bharata prabhāū, sahaja subhāyaṁ bibasa raghurāū.
मन थिर करहु देव डरु नाहीं। भरतहि जानि राम परिछाहीं॥
mana thira karahu deva ḍaru nāhīṁ, bharatahi jāni rāma parichāhīṁ.
सुनि सुरगुर सुर संमत सोचू। अंतरजामी प्रभुहि सकोचू॥
suni suragura sura saṁmata socū, aṁtarajāmī prabhuhi sakocū.
निज सिर भारु भरत जियँ जाना। करत कोटि बिधि उर अनुमाना॥
nija sira bhāru bharata jiyaṁ jānā, karata koṭi bidhi ura anumānā.
करि बिचारु मन दीन्ही ठीका। राम रजायस आपन नीका॥
kari bicāru mana dīnhī ṭhīkā, rāma rajāyasa āpana nīkā.
निज पन तजि राखेउ पनु मोरा। छोहु सनेहु कीन्ह नहिं थोरा॥
nija pana taji rākheu panu morā, chohu sanehu kīnha nahiṁ thorā.

दोहा-dohā:

कीन्ह अनुग्रह अमित अति सब बिधि सीतानाथ।
kīnha anugraha amita ati saba bidhi sītānātha,
करि प्रनामु बोले भरतु जोरि जलज जुग हाथ॥२६६॥
kari pranāmu bole bharatu jori jalaja juga hātha. 266.

चौपाई-caupāī:

कहौं कहावौं का अब स्वामी। कृपा अंबुनिधि अंतरजामी॥
kahauṁ kahāvauṁ kā aba svāmī, kṛpā aṁbunidhi aṁtarajāmī.
गुर प्रसन्न साहिब अनुकूला। मिटी मलिन मन कलपित सूला॥
gura prasanna sāhiba anukūlā, miṭī malina mana kalapita sūlā.
अपडर डरेउँ न सोच समूलें। रबिहि न दोसु देव दिसि भूलें॥
apaḍara ḍareuṁ na soca samūleṁ, rabihi na dosu deva disi bhūleṁ.
मोर अभागु मातु कुटिलाई। बिधि गति बिषम काल कठिनाई॥
mora abhāgu mātu kuṭilāī, bidhi gati biṣama kāla kaṭhināī.
पाउ रोपि सब मिलि मोहि घाला। प्रनतपाल पन आपन पाला॥
pāu ropi saba mili mohi ghālā, pranatapāla pana āpana pālā.
यह नइ रीति न राउरि होई। लोकहुँ बेद बिदित नहिं गोई॥
yaha nai rīti na rāuri hoī, lokahuṁ beda bidita nahiṁ goī.
जगु अनभल भल एकु गोसाईं। कहिअ होइ भल कासु भलाईं॥
jagu anabhala bhala eku gosāīṁ, kahia hoi bhala kāsu bhalāīṁ.
देउ देवतरु सरिस सुभाऊ। सनमुख बिमुख न काहुहि काऊ॥
deu devataru sarisa subhāū, sanamukha bimukha na kāhuhi kāū.

दोहा-dohā:

जाइ निकट पहिचानि तरु छाहँ समनि सब सोच।
jāi nikaṭa pahicāni taru chāhaṁ samani saba soca,
मागत अभिमत पाव जग राउ रंकु भल पोच॥२६७॥
māgata abhimata pāva jaga rāu raṁku bhala poca. 267.

चौपाई-caupāī:

लखि सब बिधि गुर स्वामि सनेहू। मिटेउ छोभु नहिं मन संदेहू॥
lakhi saba bidhi gura svāmi sanehū, miṭeu chobhu nahiṁ mana saṁdehū.
अब करुनाकर कीजिअ सोई। जन हित प्रभु चित छोभु न होई॥
aba karunākara kījia soī, jana hita prabhu cita chobhu na hoī.
जो सेवकु साहिबहि सँकोची। निज हित चहइ तासु मति पोची॥
jo sevaku sāhibahi saṁkocī, nija hita cahai tāsu mati pocī.
सेवक हित साहिब सेवकाई। करै सकल सुख लोभ बिहाई॥
sevaka hita sāhiba sevakāī, karai sakala sukha lobha bihāī.
स्वारथु नाथ फिरें सबही का। किएँ रजाइ कोटि बिधि नीका॥
svārathu nātha phireṁ sabahī kā, kieṁ rajāi koṭi bidhi nīkā.
यह स्वारथ परमारथ सारु। सकल सुकृत फल सुगति सिंगारु॥
yaha svāratha paramāratha sāru, sakala sukṛta phala sugati siṁgāru.
देव एक बिनती सुनि मोरी। उचित होइ तस करब बहोरी॥
deva eka binatī suni morī, ucita hoi tasa karaba bahorī.
तिलक समाजु साजि सबु आना। करिअ सुफल प्रभु जौं मनु माना॥
tilaka samāju sāji sabu ānā, karia suphala prabhu jauṁ manu mānā.

दोहा-dohā:

सानुज पठइअ मोहि बन कीजिअ सबहि सनाथ।
sānuja paṭhaia mohi bana kījia sabahi sanātha,
नतरु फेरिअहिं बंधु दोउ नाथ चलौं मैं साथ॥२६८॥
nataru pheriahiṁ baṁdhu dou nātha calauṁ maiṁ sātha. 268.

चौपाई-caupāī:

नतरु जाहिं बन तीनिउ भाई। बहुरिअ सीय सहित रघुराई॥
nataru jāhiṁ bana tīniu bhāī, bahuria sīya sahita raghurāī.
जेहि बिधि प्रभु प्रसन्न मन होई। करुना सागर कीजिअ सोई॥
jehi bidhi prabhu prasanna mana hoī, karunā sāgara kījia soī.
देवँ दीन्ह सबु मोहि अभारु। मोरें नीति न धरम बिचारु॥
devaṁ dīnha sabu mohi abhāru, moreṁ nīti na dharama bicāru.
कहउँ बचन सब स्वारथ हेतू। रहत न आरत कें चित चेतू॥
kahauṁ bacana saba svāratha hetū, rahata na ārata keṁ cita cetū.
उतरु देइ सुनि स्वामि रजाई। सो सेवकु लखि लाज लजाई॥
utaru dei suni svāmi rajāī, so sevaku lakhi lāja lajāī.
अस मैं अवगुन उदधि अगाधू। स्वामि सनेहँ सराहत साधू॥
asa maiṁ avaguna udadhi agādhū, svāmi sanehaṁ sarāhata sādhū.
अब कृपाल मोहि सो मत भावा। सकुच स्वामि मन जाइँ न पावा॥
aba kṛpāla mohi so mata bhāvā, sakuca svāmi mana jāiṁ na pāvā.
प्रभु पद सपथ कहउँ सति भाऊ। जग मंगल हित एक उपाऊ॥
prabhu pada sapatha kahauṁ sati bhāū, jaga maṁgala hita eka upāū.

दोहा-dohā:

प्रभु प्रसन्न मन सकुच तजि जो जेहि आयसु देब।
prabhu prasanna mana sakuca taji jo jehi āyasu deba,
सो सिर धरि धरि करिहि सबु मिटिहि अनट अवरेब॥२६९॥
so sira dhari dhari karihi sabu miṭihi anaṭa avareba. 269.

चौपाई-caupāī:

भरत बचन सुचि सुनि सुर हरषे। साधु सराहि सुमन सुर बरषे॥
bharata bacana suci suni sura haraṣe, sādhu sarāhi sumana sura baraṣe.

असमंजस बस अवध नेवासी । प्रमुदित मन तापस बनबासी ॥
asamaṁjasa basa avadha nevāsī, pramudita mana tāpasa banabāsī.
चुपहिं रहे रघुनाथ सँकोची । प्रभु गति देखि सभा सब सोची ॥
cupahiṁ rahe raghunātha saṁkocī, prabhu gati dekhi sabhā saba socī.
जनक दूत तेहि अवसर आए । मुनि बसिष्ठँ सुनि बेगि बोलाए ॥
janaka dūta tehi avasara āe, muni basiṣṭhaṁ suni begi bolāe.
करि प्रनाम तिन्ह रामु निहारे । बेषु देखि भए निपट दुखारे ॥
kari pranāma tinha rāmu nihāre, beṣu dekhi bhae nipaṭa dukhāre.
दूतन्ह मुनिबर बूझी बाता । कहहु बिदेह भूप कुसलाता ॥
dūtanha munibara būjhī bātā, kahahu bideha bhūpa kusalātā.
सुनि सकुचाइ नाइ महि माथा । बोले चर बर जोरें हाथा ॥
suni sakucāi nāi mahi māthā, bole cara bara joreṁ hāthā.
बूझब राउर सादर साईं । कुसल हेतु सो भयउ गोसाईं ॥
būjhaba rāura sādara sāīṁ, kusala hetu so bhayau gosāīṁ.

दोहा-dohā:

नाहिं त कोसल नाथ कें साथ कुसल गइ नाथ ।
nāhiṁ ta kosala nātha keṁ sātha kusala gai nātha,
मिथिला अवध बिसेष तें जगु सब भयउ अनाथ ॥२७०॥
mithilā avadha biseṣa teṁ jagu saba bhayau anātha. 270.

चौपाई-caupāī:

कोसलपति गति सुनि जनकौरा । भे सब लोक सोक बस बौरा ॥
kosalapati gati suni janakaurā, bhe saba loka soka basa baurā.
जेहिं देखे तेहि समय बिदेहू । नामु सत्य अस लाग न केहू ॥
jehiṁ dekhe tehi samaya bidehū, nāmu satya asa lāga na kehū.
रानि कुचालि सुनत नरपालहि । सूझ न कछु जस मनि बिनु ब्यालहि ॥
rāni kucāli sunata narapālahi, sūjha na kachu jasa mani binu byālahi.
भरत राज रघुबर बनबासू । भा मिथिलेसहि हृदयँ हराँसू ॥
bharata rāja raghubara banabāsū, bhā mithilesahi hṛdayaṁ harāṁsū.
नृप बूझे बुध सचिव समाजू । कहहु बिचारि उचित का आजू ॥
nṛpa būjhe budha saciva samājū, kahahu bicāri ucita kā ājū.
समुझि अवध असमंजस दोऊ । चलिअ कि रहिअ न कह कछु कोऊ ॥
samujhi avadha asamaṁjasa doū, calia ki rahia na kaha kachu koū.
नृपहि धीर धरि हृदयँ बिचारी । पठए अवध चतुर चर चारी ॥
nṛpahi dhīra dhari hṛdayaṁ bicārī, paṭhae avadha catura cara cārī.
बूझि भरत सति भाउ कुभाऊ । आएहु बेगि न होइ लखाऊ ॥
būjhi bharata sati bhāu kubhāū, āehu begi na hoi lakhāū.

दोहा-dohā:

गए अवध चर भरत गति बूझि देखि करतूति ।
gae avadha cara bharata gati būjhi dekhi karatūti,
चले चित्रकूटहि भरतु चार चले तेरहूति ॥२७१॥
cale citrakūṭahi bharatu cāra cale terahūti. 271.

चौपाई-caupāī:

दूतन्ह आइ भरत कइ करनी । जनक समाज जथामति बरनी ॥
dūtanha āi bharata kai karanī, janaka samāja jathāmati baranī.
सुनि गुर परिजन सचिव महीपति । भे सब सोच सनेहँ बिकल अति ॥
suni gura parijana saciva mahīpati, bhe saba soca sanehaṁ bikala ati.
धरि धीरजु करि भरत बड़ाई । लिए सुभट साहनी बोलाई ॥
dhari dhīraju kari bharata baṛāī, lie subhaṭa sāhanī bolāī.
घर पुर देस राखि रखवारे । हय गय रथ बहु जान सँवारे ॥
ghara pura desa rākhi rakhavāre, haya gaya ratha bahu jāna saṁvāre.
दुघरी साधि चले ततकाला । किए बिश्रामु न मग महीपाला ॥
dugharī sādhi cale tatakālā, kie biśrāmu na maga mahīpālā.

भोरहिं आजु नहाइ प्रयागा । चले जमुन उतरन सबु लागा ॥
bhorahiṁ āju nahāi prayāgā, cale jamuna utarana sabu lāgā.
खबरि लेन हम पठए नाथा । तिन्ह कहि अस महि नायउ माथा ॥
khabari lena hama paṭhae nāthā, tinha kahi asa mahi nāyau māthā.
साथ किरात छ सातक दीन्हे । मुनिबर तुरत बिदा चर कीन्हे ॥
sātha kirāta cha sātaka dīnhe, munibara turata bidā cara kīnhe.

दोहा-dohā:

सुनत जनक आगवनु सबु हरषेउ अवध समाजु ।
sunata janaka āgavanu sabu haraṣeu avadha samāju,
रघुनंदनहि सकोचु बड़ सोच बिबस सुरराजु ॥२७२॥
raghunaṁdanahi sakocu baṛa soca bibasa surarāju. 272.

चौपाई-caupāī:

गरइ गलानि कुटिल कैकेई । काहि कहै केहि दूषनु देई ॥
garai galāni kuṭila kaikeī, kāhi kahai kehi dūṣanu deī.
अस मन आनि मुदित नर नारी । भयउ बहोरि रहब दिन चारी ॥
asa mana āni mudita nara nārī, bhayau bahori rahaba dina cārī.
एहि प्रकार गत बासर सोऊ । प्रात नहान लाग सबु कोऊ ॥
ehi prakāra gata bāsara soū, prāta nahāna lāga sabu koū.
करि मज्जनु पूजहिं नर नारी । गनप गौरि तिपुरारि तमारी ॥
kari majjanu pūjahiṁ nara nārī, ganapa gauri tipurāri tamārī.
रमा रमन पद बंदि बहोरी । बिनवहिं अंजुलि अंचल जोरी ॥
ramā ramana pada baṁdi bahorī, binavahiṁ aṁjuli aṁcala jorī.
राजा रामु जानकी रानी । आनँद अवधि अवध रजधानी ॥
rājā rāmu jānakī rānī, ānaṁda avadhi avadha rajadhānī.
सुबस बसउ फिरि सहित समाजा । भरतहि रामु करहुँ जुबराजा ॥
subasa basau phiri sahita samājā, bharatahi rāmu karahuṁ jubarājā.
एहि सुख सुधाँ सींचि सब काहू । देव देहु जग जीवन लाहू ॥
ehi sukha sudhāṁ sīṁci saba kāhū, deva dehu jaga jīvana lāhū.

दोहा-dohā:

गुर समाज भाइन्ह सहित राम राजु पुर होउ ।
gura samāja bhāinha sahita rāma rāju pura hou,
अछत राम राजा अवध मरिअ माग सबु कोउ ॥२७३॥
achata rāma rājā avadha maria māga sabu kou. 273.

चौपाई-caupāī:

सुनि सनेहमय पुरजन बानी । निंदहिं जोग बिरति मुनि ग्यानी ॥
suni sanehamaya purajana bānī, niṁdahiṁ joga birati muni gyānī.
एहि बिधि नित्यकरम करि पुरजन । रामहि करहिं प्रनाम पुलकि तन ॥
ehi bidhi nityakarama kari purajana, rāmahi karahiṁ pranāma pulaki tana.
ऊँच नीच मध्यम नर नारी । लहहिं दरसु निज निज अनुहारी ॥
ūṁca nīca madhyama nara nārī, lahahiṁ darasu nija nija anuhārī.
सावधान सबही सनमानहिं । सकल सराहत कृपानिधानहिं ॥
sāvadhāna sabahī sanamānahiṁ, sakala sarāhata kṛpānidhānahiṁ.
लरिकाइहि तें रघुबर बानी । पालत नीति प्रीति पहिचानी ॥
larikāihi teṁ raghubara bānī, pālata nīti prīti pahicānī.
सील सकोच सिंधु रघुराऊ । सुमुख सुलोचन सरल सुभाऊ ॥
sīla sakoca siṁdhu raghurāū, sumukha sulocana sarala subhāū.
कहत राम गुन गन अनुरागे । सब निज भाग सराहन लागे ॥
kahata rāma guna gana anurāge, saba nija bhāga sarāhana lāge.
हम सम पुन्य पुंज जग थोरे । जिन्हहि रामु जानत करि मोरे ॥
hama sama punya puṁja jaga thore, jinhahi rāmu jānata kari more.

दोहा-dohā:

प्रेम मगन तेहि समय सब सुनि आवत मिथिलेसु ।
prema magana tehi samaya saba suni āvata mithilesu,
सहित सभा संभ्रम उठेउ रबिकुल कमल दिनेसु ॥ २७४ ॥
sahita sabhā saṁbhrama uṭheu rabikula kamala dinesu. 274.

चौपाई-caupāī:

भाइ सचिव गुर पुरजन साथा । आगें गवनु कीन्ह रघुनाथा ॥
bhāi saciva gura purajana sāthā, āgeṁ gavanu kīnha raghunāthā.
गिरिबरु दीख जनकपति जबहीं । करि प्रनामु रथ त्यागेउ तबहीं ॥
giribaru dīkha janakapati jabahīṁ, kari pranāmu ratha tyāgeu tabahīṁ.
राम दरस लालसा उछाहू । पथ श्रम लेसु कलेसु न काहू ॥
rāma darasa lālasā uchāhū, patha śrama lesu kalesu na kāhū.
मन तहँ जहँ रघुबर बैदेही । बिनु मन तन दुख सुख सुधि केही ॥
mana tahaṁ jahaṁ raghubara baidehī, binu mana tana dukha sukha sudhi kehī.
आवत जनकु चले एहि भाँती । सहित समाज प्रेम मति माती ॥
āvata janaku cale ehi bhāṁtī, sahita samāja prema mati mātī.
आए निकट देखि अनुरागे । सादर मिलन परसपर लागे ॥
āe nikaṭa dekhi anurāge, sādara milana parasapara lāge.
लगे जनक मुनिजन पद बंदन । रिषिन्ह प्रनामु कीन्ह रघुनंदन ॥
lage janaka munijana pada baṁdana, riṣinha pranāmu kīnha raghunaṁdana.
भाइन्ह सहित रामु मिलि राजहि । चले लवाइ समेत समाजहि ॥
bhāinha sahita rāmu mili rājahi, cale lavāi sameta samājahi.

दोहा-dohā:

आश्रम सागर सांत रस पूरन पावन पाथु ।
āśrama sāgara sāṁta rasa pūrana pāvana pāthu,
सेन मनहुँ करुना सरित लिएँ जाहिं रघुनाथु ॥ २७५ ॥
sena manahuṁ karunā sarita lieṁ jāhiṁ raghunāthu. 275.

चौपाई-caupāī:

बोरति ग्यान बिराग करारे । बचन ससोक मिलत नद नारे ॥
borati gyāna birāga karāre, bacana sasoka milata nada nāre.
सोच उसास समीर तंरगा । धीरज तट तरुबर कर भंगा ॥
soca usāsa samīra taṁragā, dhīraja taṭa tarubara kara bhaṁgā.
बिषम बिषाद तोरावति धारा । भय भ्रम भवँर अबर्त अपारा ॥
biṣama biṣāda torāvati dhārā, bhaya bhrama bhavaṁra abarta apārā.
केवट बुध बिद्या बड़ि नावा । सकहिं न खेइ ऐक नहिं आवा ॥
kevaṭa budha bidyā baṛi nāvā, sakahiṁ na khei aika nahiṁ āvā.
बनचर कोल किरात बिचारे । थके बिलोकि पथिक हियँ हारे ॥
banacara kola kirāta bicāre, thake biloki pathika hiyaṁ hāre.
आश्रम उदधि मिली जब जाई । मनहुँ उठेउ अंबुधि अकुलाई ॥
āśrama udadhi milī jaba jāī, manahuṁ uṭheu aṁbudhi akulāī.
सोक बिकल दोउ राज समाजा । रहा न ग्यानु न धीरजु लाजा ॥
soka bikala dou rāja samājā, rahā na gyānu na dhīraju lājā.
भूप रूप गुन सील सराही । रोवहिं सोक सिंधु अवगाही ॥
bhūpa rūpa guna sīla sarāhī, rovahiṁ soka siṁdhu avagāhī.

छंद-chaṁda:

अवगाहि सोक समुद्र सोचहिं नारि नर ब्याकुल महा ।
avagāhi soka samudra socahiṁ nāri nara byākula mahā,
दै दोष सकल सरोष बोलहिं बाम बिधि कीन्हो कहा ॥
dai doṣa sakala saroṣa bolahiṁ bāma bidhi kīnho kahā.
सुर सिद्ध तापस जोगिजन मुनि देखि दसा बिदेह की ।
sura siddha tāpasa jogijana muni dekhi dasā bideha kī,
तुलसी न समरथु कोउ जो तरि सकै सरित सनेह की ॥
tulasī na samarathu kou jo tari sakai sarita saneha kī.

सोरठा-sorathā:

किए अमित उपदेस जहँ तहँ लोगन्ह मुनिबरन्ह ।
kie amita upadesa jahaṁ tahaṁ loganha munibaranha,
धीरजु धरिअ नरेस कहेउ बसिष्ठ बिदेह सन ॥ २७६ ॥
dhīraju dharia naresa kaheu basiṣṭha bideha sana. 276.

चौपाई-caupāī:

जासु ग्यानु रबि भव निसि नासा । बचन किरन मुनि कमल बिकासा ॥
jāsu gyānu rabi bhava nisi nāsā, bacana kirana muni kamala bikāsā.
तेहि कि मोह ममता निअराई । यह सिय राम सनेह बड़ाई ॥
tehi ki moha mamatā niarāī, yaha siya rāma saneha baṛāī.
बिषई साधक सिद्ध सयाने । त्रिबिध जीव जग बेद बखाने ॥
biṣaī sādhaka siddha sayāne, tribidha jīva jaga beda bakhāne.
राम सनेह सरस मन जासू । साधु सभाँ बड़ आदर तासू ॥
rāma saneha sarasa mana jāsū, sādhu sabhāṁ baṛa ādara tāsū.
सोह न राम पेम बिनु ग्यानू । करनधार बिनु जिमि जलजानू ॥
soha na rāma pema binu gyānū, karanadhāra binu jimi jalajānū.
मुनि बहुबिधि बिदेहु समुझाए । रामघाट सब लोग नहाए ॥
muni bahubidhi bidehu samujhāe, rāmaghāṭa saba loga nahāe.
सकल सोक संकुल नर नारी । सो बासरु बीतेउ बिनु बारी ॥
sakala soka saṁkula nara nārī, so bāsaru bīteu binu bārī.
पसु खग मृगन्ह न कीन्ह अहारू । प्रिय परिजन कर कौन बिचारू ॥
pasu khaga mṛganha na kīnha ahārū, priya parijana kara kauna bicārū.

दोहा-dohā:

दोउ समाज निमिराजु रघुराजु नहाने प्रात ।
dou samāja nimirāju raghurāju nahāne prāta,
बैठे सब बट बिटप तर मन मलीन कृस गात ॥ २७७ ॥
baiṭhe saba baṭa biṭapa tara mana malīna kṛsa gāta. 277.

चौपाई-caupāī:

जे महिसुर दसरथ पुर बासी । जे मिथिलापति नगर निवासी ॥
je mahisura dasaratha pura bāsī, je mithilāpati nagara nivāsī.
हंस बंस गुर जनक पुरोधा । जिन्ह जग मगु परमारथु सोधा ॥
haṁsa baṁsa gura janaka purodhā, jinha jaga magu paramārathu sodhā.
लगे कहन उपदेस अनेका । सहित धरम नय बिरति बिबेका ॥
lage kahana upadesa anekā, sahita dharama naya birati bibekā.
कौसिक कहि कहि कथा पुरानीं । समुझाई सब सभा सुबानीं ॥
kausika kahi kahi kathā purānīṁ, samujhāī saba sabhā subānīṁ.
तब रघुनाथ कौसिकहि कहेऊ । नाथ कालि जल बिनु सबु रहेऊ ॥
taba raghunātha kausikahi kaheū, nātha kāli jala binu sabu raheū.
मुनि कह उचित कहत रघुराई । गयउ बीति दिन पहर अढ़ाई ॥
muni kaha ucita kahata raghurāī, gayau bīti dina pahara aṛhāī.
रिषि रुख लखि कह तेरहुतिराजू । इहाँ उचित नहिं असन अनाजू ॥
riṣi rukha lakhi kaha terahutirājū, ihāṁ ucita nahiṁ asana anājū.
कहा भूप भल सबहि सोहाना । पाइ रजायसु चले नहाना ॥
kahā bhūpa bhala sabahi sohānā, pāi rajāyasu cale nahānā.

दोहा-dohā:

तेहि अवसर फल फूल दल मूल अनेक प्रकार ।
tehi avasara phala phūla dala mūla aneka prakāra,
लइ आए बनचर बिपुल भरि भरि काँवरि भार ॥ २७८ ॥
lai āe banacara bipula bhari bhari kāṁvari bhāra. 278.

चौपाई-caupāī:

कामद भे गिरि राम प्रसादा । अवलोकत अपहरत बिषादा ॥
kāmada bhe giri rāma prasādā, avalokata apaharata biṣādā.

सर सरिता बन भूमि बिभागा । जनु उमगत आनँद अनुरागा ॥
sara saritā bana bhūmi bibhāgā, janu umagata ānaṁda anurāgā.
बेलि बिटप सब सफल सफूला । बोलत खग मृग अलि अनुकूला ॥
beli biṭapa saba saphala saphūlā, bolata khaga mṛga ali anukūlā.
तेहि अवसर बन अधिक उछाहू । त्रिबिध समीर सुखद सब काहू ॥
tehi avasara bana adhika uchāhū, tribidha samīra sukhada saba kāhū.
जाइ न बरनि मनोहरताई । जनु महि करति जनक पहुनाई ॥
jāi na barani manoharatāī, janu mahi karati janaka pahunāī.
तब सब लोग नहाइ नहाई । राम जनक मुनि आयसु पाई ॥
taba saba loga nahāi nahāī, rāma janaka muni āyasu pāī.
देखि देखि तरुबर अनुरागे । जहँ तहँ पुरजन उतरन लागे ॥
dekhi dekhi tarubara anurāge, jahaṁ tahaṁ purajana utarana lāge.
दल फल मूल कंद बिधि नाना । पावन सुंदर सुधा समाना ॥
dala phala mūla kaṁda bidhi nānā, pāvana suṁdara sudhā samānā.

दोहा-dohā:

सादर सब कहँ रामगुर पठए भरि भरि भार ।
sādara saba kahaṁ rāmagura paṭhae bhari bhari bhāra,
पूजि पितर सुर अतिथि गुर लगे करन फरहार ॥२७९॥
pūji pitara sura atithi gura lage karana pharahāra. 279.

चौपाई-caupāī:

एहि बिधि बासर बीते चारी । रामु निरखि नर नारि सुखारी ॥
ehi bidhi bāsara bīte cārī, rāmu nirakhi nara nāri sukhārī.
दुहु समाज असि रुचि मन माहीं । बिनु सिय राम फिरब भल नाहीं ॥
duhu samāja asi ruci mana māhīṁ, binu siya rāma phiraba bhala nāhīṁ.
सीता राम संग बनबासू । कोटि अमरपुर सरिस सुपासू ॥
sītā rāma saṁga banabāsū, koṭi amarapura sarisa supāsū.
परिहरि लखन रामु बैदेही । जेहि घरु भाव बाम बिधि तेही ॥
parihari lakhana rāmu baidehī, jehi gharu bhāva bāma bidhi tehī.
दाहिन दइउ होइ जब सबही । राम समीप बसिअ बन तबही ॥
dāhina daiu hoi jaba sabahī, rāma samīpa basia bana tabahī.
मंदाकिनि मज्जनु तिहु काला । राम दरसु मुद मंगल माला ॥
maṁdākini majjanu tihu kālā, rāma darasu muda maṁgala mālā.
अटनु राम गिरि बन तापस थल । असनु अमिअ सम कंद मूल फल ॥
aṭanu rāma giri bana tāpasa thala, asanu amia sama kaṁda mūla phala.
सुख समेत संबत दुइ साता । पल सम होहिं न जनिअहिं जाता ॥
sukha sameta saṁbata dui sātā, pala sama hohiṁ na janiahiṁ jātā.

दोहा-dohā:

एहि सुख जोग न लोग सब कहहिं कहाँ अस भागु ।
ehi sukha joga na loga saba kahahiṁ kahāṁ asa bhāgu,
सहज सुभायँ समाज दुहु राम चरन अनुरागु ॥२८०॥
sahaja subhāyaṁ samāja duhu rāma carana anurāgu. 280.

चौपाई-caupāī:

एहि बिधि सकल मनोरथ करहीं । बचन सप्रेम सुनत मन हरहीं ॥
ehi bidhi sakala manoratha karahīṁ, bacana saprema sunata mana harahīṁ.
सीय मातु तेहि समय पठाईं । दासीं देखि सुअवसरु आईं ॥
sīya mātu tehi samaya paṭhāīṁ, dāsīṁ dekhi suavasaru āīṁ.
सावकास सुनि सब सिय सासू । आयउ जनकराज रनिवासू ॥
sāvakāsa suni saba siya sāsū, āyau janakarāja ranivāsū.
कौसल्याँ सादर सनमानी । आसन दिए समय सम आनी ॥
kausalyāṁ sādara sanamānī, āsana die samaya sama ānī.
सीलु सनेह सकल दुहु ओरा । द्रवहिं देखि सुनि कुलिस कठोरा ॥
sīlu saneha sakala duhu orā, dravahiṁ dekhi suni kulisa kaṭhorā.

पुलक सिथिल तन बारि बिलोचन । महि नख लिखन लगीं सब सोचन ॥
pulaka sithila tana bāri bilocana, mahi nakha likhana lagīṁ saba socana.
सब सिय राम प्रीति कि सि मूरती । जनु करुना बहु बेष बिसूरति ॥
saba siya rāma prīti ki si mūratī, janu karunā bahu beṣa bisūrati.
सीय मातु कह बिधि बुधि बाँकी । जो पय फेनु फोर पबि टाँकी ॥
sīya mātu kaha bidhi budhi bāṁkī, jo paya phenu phora pabi ṭāṁkī.

दोहा-dohā:

सुनिअ सुधा देखिअहिं गरल सब करतूति कराल ।
sunia sudhā dekhiahiṁ garala saba karatūti karāla,
जहँ तहँ काक उलूक बक मानस सकृत मराल ॥२८१॥
jahaṁ tahaṁ kāka ulūka baka mānasa sakṛta marāla. 281.

चौपाई-caupāī:

सुनि ससोच कह देबि सुमित्रा । बिधि गति बड़ि बिपरीत बिचित्रा ॥
suni sasoca kaha debi sumitrā, bidhi gati baṛi biparīta bicitrā.
जो सृजि पालइ हरइ बहोरी । बाल केलि सम बिधि मति भोरी ॥
jo sṛji pālai harai bahorī, bāla keli sama bidhi mati bhorī.
कौसल्या कह दोसु न काहू । करम बिबस दुख सुख छति लाहू ॥
kausalyā kaha dosu na kāhū, karama bibasa dukha sukha chati lāhū.
कठिन करम गति जान बिधाता । जो सुभ असुभ सकल फल दाता ॥
kaṭhina karama gati jāna bidhātā, jo subha asubha sakala phala dātā.
ईस रजाइ सीस सबही कें । उतपति थिति लय बिषहु अमी कें ॥
īsa rajāi sīsa sabahī keṁ, utapati thiti laya biṣahu amī keṁ.
देबि मोह बस सोचिअ बादी । बिधि प्रपंचु अस अचल अनादी ॥
debi moha basa socia bādī, bidhi prapaṁcu asa acala anādī.
भूपति जिअब मरब उर आनी । सोचिअ सखि लखि निज हित हानी ॥
bhūpati jiaba maraba ura ānī, socia sakhi lakhi nija hita hānī.
सीय मातु कह सत्य सुबानी । सुकृती अवधि अवधपति रानी ॥
sīya mātu kaha satya subānī, sukṛtī avadhi avadhapati rānī.

दोहा-dohā:

लखनु रामु सिय जाहुँ बन भल परिनाम न पोचु ।
lakhanu rāmu siya jāhuṁ bana bhala parināma na pocu,
गहबरि हियँ कह कौसिला मोहि भरत कर सोचु ॥२८२॥
gahabari hiyaṁ kaha kausilā mohi bharata kara socu. 282.

चौपाई-caupāī:

ईस प्रसाद असीस तुम्हारी । सुत सुतबधू देवसरि बारी ॥
īsa prasāda asīsa tumhārī, suta sutabadhū devasari bārī.
राम सपथ मैं कीन्हि न काऊ । सो करि कहउँ सखी सति भाऊ ॥
rāma sapatha maiṁ kīnhi na kāū, so kari kahauṁ sakhī sati bhāū.
भरत सील गुन बिनय बड़ाई । भायप भगति भरोस भलाई ॥
bharata sīla guna binaya baṛāī, bhāyapa bhagati bharosa bhalāī.
कहत सारदहु कर मति हीचे । सागर सीप कि जाहिं उलीचे ॥
kahata sāradahu kara mati hīce, sāgara sīpa ki jāhiṁ ulīce.
जानउँ सदा भरत कुलदीपा । बार बार मोहि कहेउ महीपा ॥
jānauṁ sadā bharata kuladīpā, bāra bāra mohi kaheu mahīpā.
कसें कनकु मनि पारिखि पाएँ । पुरुष परिखिअहिं समयँ सुभाएँ ॥
kaseṁ kanaku mani pārikhi pāeṁ, puruṣa parikhiahiṁ samayaṁ subhāeṁ.
अनुचित आजु कहब अस मोरा । सोक सनेहँ सयानप थोरा ॥
anucita āju kahaba asa morā, soka sanehaṁ sayānapa thorā.
सुनि सुरसरि सम पावनि बानी । भईं सनेह बिकल सब रानी ॥
suni surasari sama pāvani bānī, bhaīṁ saneha bikala saba rānī.

दोहा-dohā:

कौसल्या कह धीर धरि सुनहु देबि मिथिलेसि ।
kausalyā kaha dhīra dhari sunahu debi mithilesi,
को बिबेकनिधि बल्लभहि तुम्हहि सकइ उपदेसि ॥२८३॥
ko bibekanidhi ballabhahi tumhahi sakai upadesi. 283.

चौपाई-caupāī:

रानि राय सन अवसरु पाई । अपनी भाँति कहब समुझाई ॥
rāni rāya sana avasaru pāī, apanī bhām̐ti kahaba samujhāī.
रखिअहिं लखनु भरतु गवनहिं बन । जौं यह मत मानै महीप मन ॥
rakhiahiṁ lakhanu bharatu gavanahiṁ bana, jauṁ yaha mata mānai mahīpa mana.
तौ भल जतनु करब सुबिचारी । मोरें सोचु भरत कर भारी ॥
tau bhala jatanu karaba subicārī, moreṁ socu bharata kara bhārī.
गूढ़ सनेह भरत मन माही । रहें नीक मोहि लागत नाहीं ॥
gūṛha saneha bharata mana māhī, raheṁ nīka mohi lāgata nāhīṁ.
लखि सुभाउ सुनि सरल सुबानी । सब भइ मगन करुन रस रानी ॥
lakhi subhāu suni sarala subānī, saba bhai magana karuna rasa rānī.
नभ प्रसून झरि धन्य धन्य धुनि । सिथिल सनेहँ सिद्ध जोगी मुनि ॥
nabha prasūna jhari dhanya dhanya dhuni, sithila saneham̐ siddha jogī muni.
सबु रनिवासु बिथकि लखि रहेऊ । तब धरि धीर सुमित्राँ कहेऊ ॥
sabu ranivāsu bithaki lakhi raheū, taba dhari dhīra sumitrām̐ kaheū.
देबि दंड जुग जामिनि बीती । राम मातु सुनी उठी सप्रीती ॥
debi daṁḍa juga jāmini bītī, rāma mātu sunī uṭhī saprītī.

दोहा-dohā:

बेगि पाउ धारिअ थलहि कह सनेहँ सतिभाय ।
begi pāu dhāria thalahi kaha saneham̐ satibhāya,
हमरें तौ अब ईस गति के मिथिलेस सहाय ॥२८४॥
hamareṁ tau aba īsa gati ke mithilesa sahāya. 284.

चौपाई-caupāī:

लखि सनेह सुनि बचन बिनीता । जनकप्रिया गह पाय पुनीता ॥
lakhi saneha suni bacana binītā, janakapriyā gaha pāya punītā.
देबि उचित असि बिनय तुम्हारी । दसरथ घरिनि राम महतारी ॥
debi ucita asi binaya tumhārī, dasaratha gharini rāma mahatārī.
प्रभु अपने नीचहु आदरहीं । अगिनि धूम गिरि सिर तिनु धरहीं ॥
prabhu apane nīcahu ādarahīṁ, agini dhūma giri sira tinu dharahīṁ.
सेवकु राउ करम मन बानी । सदा सहाय महेसु भवानी ॥
sevaku rāu karama mana bānī, sadā sahāya mahesu bhavānī.
रउरे अंग जोगु जग को है । दीप सहाय कि दिनकर सोहै ॥
raure aṁga jogu jaga ko hai, dīpa sahāya ki dinakara sohai.
रामु जाइ बनु करि सुर काजू । अचल अवधपुर करिहहिं राजू ॥
rāmu jāi banu kari sura kājū, acala avadhapura karihahiṁ rājū.
अमर नाग नर राम बाहुबल । सुख बसिहहिं अपनें अपनें थल ॥
amara nāga nara rāma bāhubala, sukha basihahiṁ apaneṁ apaneṁ thala.
यह सब जागबलिक कहि राखा । देबि न होइ मुधा मुनि भाषा ॥
yaha saba jāgabalika kahi rākhā, debi na hoi mudhā muni bhāṣā.

दोहा-dohā:

अस कहि पग परि पेम अति सिय हित बिनय सुनाइ ।
asa kahi paga pari pema ati siya hita binaya sunāi,
सिय समेत सियमातु तब चली सुआयसु पाइ ॥२८५॥
siya sameta siyamātu taba calī suāyasu pāi. 285.

चौपाई-caupāī:

प्रिय परिजनहि मिली बैदेही । जो जेहि जोगु भाँति तेहि तेही ॥
priya parijanahi milī baidehī, jo jehi jogu bhām̐ti tehi tehī.
तापस बेष जानकी देखी । भा सबु बिकल बिषाद बिसेषी ॥
tāpasa beṣa jānakī dekhī, bhā sabu bikala biṣāda biseṣī.
जनक राम गुर आयसु पाई । चले थलहि सिय देखी आई ॥
janaka rāma gura āyasu pāī, cale thalahi siya dekhī āī.
लीन्हि लाइ उर जनक जानकी । पाहुन पावन पेम प्रान की ॥
līnhi lāi ura janaka jānakī, pāhuna pāvana pema prāna kī.
उर उमगेउ अंबुधि अनुरागू । भयउ भूप मनु मनहुँ पयागू ॥
ura umageu aṁbudhi anurāgū, bhayau bhūpa manu manahum̐ payāgū.
सिय सनेह बटु बाढ़त जोहा । ता पर राम पेम सिसु सोहा ॥
siya saneha baṭu bāṛhata johā, tā para rāma pema sisu sohā.
चिरजीवी मुनि ग्यान बिकल जनु । बूड़त लहेउ बाल अवलंबनु ॥
cirajīvī muni gyāna bikala janu, būṛata laheu bāla avalaṁbanu.
मोह मगन मति नहिं बिदेह की । महिमा सिय रघुबर सनेह की ॥
moha magana mati nahiṁ bideha kī, mahimā siya raghubara saneha kī.

दोहा-dohā:

सिय पितु मातु सनेह बस बिकल न सकी सँभारि ।
siya pitu mātu saneha basa bikala na sakī sam̐bhāri,
धरनिसुताँ धीरजु धरेउ समउ सुधरमु बिचारि ॥२८६॥
dharanisutām̐ dhīraju dhareu samau sudharamu bicāri. 286.

चौपाई-caupāī:

तापस बेष जनक सिय देखी । भयउ पेमु परितोषु बिसेषी ॥
tāpasa beṣa janaka siya dekhī, bhayau pemu paritoṣu biseṣī.
पुत्रि पबित्र किए कुल दोऊ । सुजस धवल जगु कह सबु कोऊ ॥
putri pabitra kie kula doū, sujasa dhavala jagu kaha sabu koū.
जिति सुरसरि कीरति सरि तोरी । गवनु कीन्ह बिधि अंड करोरी ॥
jiti surasari kīrati sari torī, gavanu kīnha bidhi aṁḍa karorī.
गंग अवनि थल तीनि बड़ेरे । एहिं किए साधु समाज घनेरे ॥
gaṁga avani thala tīni baṛere, ehiṁ kie sādhu samāja ghanere.
पितु कह सत्य सनेहँ सुबानी । सीय सकुच महुँ मनहुँ समानी ॥
pitu kaha satya saneham̐ subānī, sīya sakuca mahum̐ manahum̐ samānī.
पुनि पितु मातु लीन्हि उर लाई । सिख आसिष हित दीन्हि सुहाई ॥
puni pitu mātu līnhi ura lāī, sikha āsiṣa hita dīnhi suhāī.
कहति न सीय सकुचि मन माहीं । इहाँ बसब रजनीं भल नाहीं ॥
kahati na sīya sakuci mana māhīṁ, ihām̐ basaba rajanīṁ bhala nāhīṁ.
लखि रुख रानि जनायउ राऊ । हृदयँ सराहत सीलु सुभाऊ ॥
lakhi rukha rāni janāyau rāū, hṛdayam̐ sarāhata sīlu subhāū.

दोहा-dohā:

बार बार मिलि भेंटि सिय बिदा कीन्हि सनमानि ।
bāra bāra mili bheṁṭi siya bidā kīnhi sanamāni,
कही समय सिर भरत गति रानि सुबानि सयानि ॥२८७॥
kahī samaya sira bharata gati rāni subāni sayāni. 287.

चौपाई-caupāī:

सुनि भूपाल भरत ब्यवहारू । सोन सुगंध सुधा ससि सारू ॥
suni bhūpāla bharata byavahārū, sona sugaṁdha sudhā sasi sārū.
मूदे सजल नयन पुलके तन । सुजसु सराहन लगे मुदित मन ॥
mūde sajala nayana pulake tana, sujasu sarāhana lage mudita mana.
सावधान सुनु सुमुखि सुलोचनि । भरत कथा भव बंध बिमोचनि ॥
sāvadhāna sunu sumukhi sulocani, bharata kathā bhava baṁdha bimocani.
धरम राजनय ब्रह्मबिचारू । इहाँ जथामति मोर प्रचारू ॥
dharama rājanaya brahmabicārū, ihām̐ jathāmati mora pracārū.
सो मति मोरि भरत महिमाही । कहै काह छलि छुअति न छाँही ॥
so mati mori bharata mahimāhī, kahai kāha chali chuati na chām̐hī.

बिधि गनपति अहिपति सिव सारद। कबि कोबिद बुध बुद्धि बिसारद॥
bidhi ganapati ahipati siva sārada, kabi kobida budha buddhi bisārada.
भरत चरित कीरति करतूती। धरम सील गुन बिमल बिभूती॥
bharata carita kīrati karatūtī, dharama sīla guna bimala bibhūtī.
समुझत सुनत सुखद सब काहू। सुचि सुरसरि रुचि निदर सुधाहू॥
samujhata sunata sukhada saba kāhū, suci surasari ruci nidara sudhāhū.

दोहा-dohā:

निरवधि गुन निरुपम पुरुषु भरतु भरत सम जानि।
niravadhi guna nirupama puruṣu bharatu bharata sama jāni,
कहिअ सुमेरु कि सेर सम कबिकुल मति सकुचानि॥२८८॥
kahia sumeru ki sera sama kabikula mati sakucāni. 288.

चौपाई-caupāī:

अगम सबहि बरनत बरबरनी। जिमि जलहीन मीन गमु धरनी॥
agama sabahi baranata barabaranī, jimi jalahīna mīna gamu dharanī.
भरत अमित महिमा सुनु रानी। जानहिं रामु न सकहिं बखानी॥
bharata amita mahimā sunu rānī, jānahiṁ rāmu na sakahiṁ bakhānī.
बरनि सप्रेम भरत अनुभाऊ। तिय जिय की रुचि लखि कह राऊ॥
barani saprema bharata anubhāū, tiya jiya kī ruci lakhi kaha rāū.
बहुरहिं लखनु भरतु बन जाहीं। सब कर भल सब के मन माहीं॥
bahurahiṁ lakhanu bharatu bana jāhīṁ, saba kara bhala saba ke mana māhīṁ.
देबि परंतु भरत रघुबर की। प्रीति प्रतीति जाइ नहिं तरकी॥
debi paraṁtu bharata raghubara kī, prīti pratīti jāi nahiṁ tarakī.
भरतु अवधि सनेह ममता की। जद्यपि रामु सीम समता की॥
bharatu avadhi saneha mamatā kī, jadyapi rāmu sīma samatā kī.
परमारथ स्वारथ सुख सारे। भरत न सपनेहुँ मनहुँ निहारे॥
paramāratha svāratha sukha sāre, bharata na sapanehuṁ manahuṁ nihāre.
साधन सिद्धि राम पग नेहू। मोहि लखि परत भरत मत एहू॥
sādhana siddhi rāma paga nehū, mohi lakhi parata bharata mata ehū.

दोहा-dohā:

भोरेहुँ भरत न पेलिहहिं मनसहुँ राम रजाइ।
bhorehuṁ bharata na pelihahiṁ manasahuṁ rāma rajāi,
करिअ न सोचु सनेह बस कहेउ भूप बिलखाइ॥२८९॥
karia na socu saneha basa kaheu bhūpa bilakhāi. 289.

चौपाई-caupāī:

राम भरत गुन गनत सप्रीती। निसि दंपतिहि पलक सम बीती॥
rāma bharata guna ganata saprītī, nisi daṁpatihi palaka sama bītī.
राज समाज प्रात जुग जागे। न्हाइ न्हाइ सुर पूजन लागे॥
rāja samāja prāta juga jāge, nhāi nhāi sura pūjana lāge.
गे नहाइ गुर पहीं रघुराई। बंदि चरन बोले रुख पाई॥
ge nahāi gura pahīṁ raghurāī, baṁdi carana bole rukha pāī.
नाथ भरतु पुरजन महतारी। सोक बिकल बनबास दुखारी॥
nātha bharatu purajana mahatārī, soka bikala banabāsa dukhārī.
सहित समाज राउ मिथिलेसू। बहुत दिवस भए सहत कलेसू॥
sahita samāja rāu mithilesū, bahuta divasa bhae sahata kalesū.
उचित होइ सोइ कीजिअ नाथा। हित सबही कर रौरें हाथा॥
ucita hoi soi kījia nāthā, hita sabahī kara raureṁ hāthā.
अस कहि अति सकुचे रघुराऊ। मुनि पुलके लखि सीलु सुभाऊ॥
asa kahi ati sakuce raghurāū, muni pulake lakhi sīlu subhāū.
तुम्ह बिनु राम सकल सुख साजा। नरक सरिस दुहु राज समाजा॥
tumha binu rāma sakala sukha sājā, naraka sarisa duhu rāja samājā.

दोहा-dohā:

प्रान प्रान के जीव के जिव सुख के सुख राम।
prāna prāna ke jīva ke jiva sukha ke sukha rāma,
तुम्ह तजि तात सोहात गृह जिन्हहि तिन्हहि बिधि बाम॥२९०॥
tumha taji tāta sohāta gṛha jinhahi tinhahi bidhi bāma. 290.

चौपाई-caupāī:

सो सुखु करमु धरमु जरि जाऊ। जहँ न राम पद पंकज भाऊ॥
so sukhu karamu dharamu jari jāū, jahaṁ na rāma pada paṁkaja bhāū.
जोगु कुजोगु ग्यानु अग्यानू। जहँ नहिं राम पेम परधानू॥
jogu kujogu gyānu agyānū, jahaṁ nahiṁ rāma pema paradhānū.
तुम्ह बिनु दुखी सुखी तुम्ह तेहीं। तुम्ह जानहु जिय जो जेहि केहीं॥
tumha binu dukhī sukhī tumha tehīṁ, tumha jānahu jiya jo jehi kehīṁ.
राउर आयसु सिर सबही कें। बिदित कृपालहि गति सब नीकें॥
rāura āyasu sira sabahī keṁ, bidita kṛpālahi gati saba nīkeṁ.
आपु आश्रमहि धारिअ पाऊ। भयउ सनेह सिथिल मुनिराऊ॥
āpu āśramahi dhāria pāū, bhayau saneha sithila munirāū.
करि प्रनामु तब रामु सिधाए। रिषि धरि धीर जनक पहिं आए॥
kari pranāmu taba rāmu sidhāe, riṣi dhari dhīra janaka pahiṁ āe.
राम बचन गुरु नृपहि सुनाए। सील सनेह सुभायँ सुहाए॥
rāma bacana guru nṛpahi sunāe, sīla saneha subhāyaṁ suhāe.
महाराज अब कीजिअ सोई। सब कर धरम सहित हित होई॥
mahārāja aba kījia soī, saba kara dharama sahita hita hoī.

दोहा-dohā:

ग्यान निधान सुजान सुचि धरम धीर नरपाल।
gyāna nidhāna sujāna suci dharama dhīra narapāla,
तुम्ह बिनु असमंजस समन को समरथ एहि काल॥२९१॥
tumha binu asamaṁjasa samana ko samaratha ehi kāla. 291.

चौपाई-caupāī:

सुनि मुनि बचन जनक अनुरागे। लखि गति ग्यानु बिरागु बिरागे॥
suni muni bacana janaka anurāge, lakhi gati gyānu birāgu birāge.
सिथिल सनेहँ गुनत मन माहीं। आए इहाँ कीन्ह भल नाहीं॥
sithila sanehaṁ gunata mana māhīṁ, āe ihāṁ kīnha bhala nāhīṁ.
रामहि रायँ कहेउ बन जाना। कीन्ह आपु प्रिय प्रेम प्रवाना॥
rāmahi rāyaṁ kaheu bana jānā, kīnha āpu priya prema pravānā.
हम अब बन तें बनहि पठाई। प्रमुदित फिरब बिबेक बड़ाई॥
hama aba bana teṁ banahi paṭhāī, pramudita phiraba bibeka baṛāī.
तापस मुनि महिसुर सुनि देखी। भए प्रेम बस बिकल बिसेषी॥
tāpasa muni mahisura suni dekhī, bhae prema basa bikala biseṣī.
समउ समुझि धरि धीरजु राजा। चले भरत पहिं सहित समाजा॥
samau samujhi dhari dhīraju rājā, cale bharata pahiṁ sahita samājā.
भरत आइ आगें भइ लीन्हे। अवसर सरिस सुआसन दीन्हे॥
bharata āi āgeṁ bhai līnhe, avasara sarisa suāsana dīnhe.
तात भरत कह तेरहुति राऊ। तुम्हहि बिदित रघुबीर सुभाऊ॥
tāta bharata kaha terahuti rāū, tumhahi bidita raghubīra subhāū.

दोहा-dohā:

राम सत्यब्रत धरम रत सब कर सीलु सनेहु।
rāma satyabrata dharama rata saba kara sīlu sanehu,
संकट सहत सकोच बस कहिअ जो आयसु देहु॥२९२॥
saṁkaṭa sahata sakoca basa kahia jo āyasu dehu. 292.

चौपाई-caupāī:

सुनि तन पुलकि नयन भरि बारी। बोले भरतु धीर धरि भारी॥
suni tana pulaki nayana bhari bārī, bole bharatu dhīra dhari bhārī.

प्रभु प्रिय पूज्य पिता सम आपू । कुलगुरु सम हित माय न बापू ॥
prabhu priya pūjya pitā sama āpū, kulaguru sama hita māya na bāpū.
कौसिकादि मुनि सचिव समाजू । ग्यान अंबुनिधि आपुनु आजू ॥
kausikādi muni saciva samājū, gyāna aṁbunidhi āpunu ājū.
सिसु सेवकु आयसु अनुगामी । जानि मोहि सिख देइअ स्वामी ॥
sisu sevaku āyasu anugāmī, jāni mohi sikha deia svāmī.
एहिं समाज थल बूझब राउर । मौन मलिन मैं बोलब बाउर ॥
ehiṁ samāja thala būjhaba rāura, mauna malina maiṁ bolaba bāura.
छोटे बदन कहउँ बड़ि बाता । छमब तात लखि बाम बिधाता ॥
choṭe badana kahauṁ baṛi bātā, chamaba tāta lakhi bāma bidhātā.
आगम निगम प्रसिद्ध पुराना । सेवाधरमु कठिन जगु जाना ॥
āgama nigama prasiddha purānā, sevādharamu kaṭhina jagu jānā.
स्वामि धरम स्वारथहि बिरोधू । बैरु अंध प्रेमहि न प्रबोधू ॥
svāmi dharama svārathahi birodhū, bairu aṁdha premahi na prabodhū.

दोहा-dohā:

राखि राम रुख धरमु ब्रतु पराधीन मोहि जानि ।
rākhi rāma rukha dharamu bratu parādhīna mohi jāni,
सब कें संमत सर्ब हित करिअ पेमु पहिचानि ॥२९३॥
saba keṁ saṁmata sarba hita karia pemu pahicāni. 293.

चौपाई-caupāī:

भरत बचन सुनि देखि सुभाऊ । सहित समाज सराहत राऊ ॥
bharata bacana suni dekhi subhāū, sahita samāja sarāhata rāū.
सुगम अगम मृदु मंजु कठोरे । अरथु अमित अति आखर थोरे ॥
sugama agama mṛdu maṁju kaṭhore, arathu amita ati ākhara thore.
ज्यों मुखु मुकुर मुकुरु निज पानी । गहि न जाइ अस अद्भुत बानी ॥
jyoṁ mukhu mukura mukuru nija pānī, gahi na jāi asa adbhuta bānī.
भूप भरतु मुनि सहित समाजू । गे जहँ बिबुध कुमुद द्विजराजू ॥
bhūpa bharatu muni sahita samājū, ge jahaṁ bibudha kumuda dvijarājū.
सुनि सुधि सोच बिकल सब लोगा । मनहुँ मीनगन नव जल जोगा ॥
suni sudhi soca bikala saba logā, manahuṁ mīnagana nava jala jogā.
देवँ प्रथम कुलगुर गति देखी । निरखि बिदेह सनेह बिसेषी ॥
devaṁ prathama kulagura gati dekhī, nirakhi bideha saneha biseṣī.
राम भगतिमय भरतु निहारे । सुर स्वारथी हहरि हियँ हारे ॥
rāma bhagatimaya bharatu nihāre, sura svārathī hahari hiyaṁ hāre.
सब कोउ राम पेममय पेखा । भउ अलेख सोच बस लेखा ॥
saba kou rāma pemamaya pekhā, bhau alekha soca basa lekhā.

दोहा-dohā:

रामु सनेह सकोच बस कह ससोच सुरराजु ।
rāmu saneha sakoca basa kaha sasoca surarāju,
रचहु प्रपंचहि पंच मिलि नाहिं त भयउ अकाजु ॥२९४॥
racahu prapaṁcahi paṁca mili nāhiṁ ta bhayau akāju. 294.

चौपाई-caupāī:

सुरन्ह सुमिरि सारदा सराही । देबि देव सरनागत पाही ॥
suranha sumiri sāradā sarāhī, debi deva saranāgata pāhī.
फेरि भरत मति करि निज माया । पालु बिबुध कुल करि छल छाया ॥
pheri bharata mati kari nija māyā, pālu bibudha kula kari chala chāyā.
बिबुध बिनय सुनि देबि सयानी । बोली सुर स्वारथ जड़ जानी ॥
bibudha binaya suni debi sayānī, bolī sura svāratha jaṛa jānī.
मो सन कहहु भरत मति फेरू । लोचन सहस न सूझ सुमेरू ॥
mo sana kahahu bharata mati pherū, locana sahasa na sūjha sumerū.
बिधि हरि हर माया बड़ि भारी । सोउ न भरत मति सकइ निहारी ॥
bidhi hari hara māyā baṛi bhārī, sou na bharata mati sakai nihārī.
सो मति मोहि कहत करु भोरी । चंदिनि कर कि चंडकर चोरी ॥
so mati mohi kahata karu bhorī, caṁdini kara ki caṁḍakara corī.
भरत हृदयँ सिय राम निवासू । तहँ कि तिमिर जहँ तरनि प्रकासू ॥
bharata hṛdayaṁ siya rāma nivāsū, tahaṁ ki timira jahaṁ tarani prakāsū.
अस कहि सारद गइ बिधि लोका । बिबुध बिकल निसि मानहुँ कोका ॥
asa kahi sārada gai bidhi lokā, bibudha bikala nisi mānahuṁ kokā.

दोहा-dohā:

सुर स्वारथी मलीन मन कीन्ह कुमंत्र कुठाटु ।
sura svārathī malīna mana kīnha kumaṁtra kuṭhāṭu,
रचि प्रपंच माया प्रबल भय भ्रम अरति उचाटु ॥२९५॥
raci prapaṁca māyā prabala bhaya bhrama arati ucāṭu. 295.

चौपाई-caupāī:

करि कुचालि सोचत सुरराजू । भरत हाथ सबु काजु अकाजू ॥
kari kucāli socata surarājū, bharata hātha sabu kāju akājū.
गए जनकु रघुनाथ समीपा । सनमाने सब रबिकुल दीपा ॥
gae janaku raghunātha samīpā, sanamāne saba rabikula dīpā.
समय समाज धरम अबिरोधा । बोले तब रघुबंस पुरोधा ॥
samaya samāja dharama abirodhā, bole taba raghubaṁsa purodhā.
जनक भरत संबादु सुनाई । भरत कहाउति कही सुहाई ॥
janaka bharata saṁbādu sunāī, bharata kahāuti kahī suhāī.
तात राम जस आयसु देहू । सो सबु करै मोर मत एहू ॥
tāta rāma jasa āyasu dehū, so sabu karai mora mata ehū.
सुनि रघुनाथ जोरि जुग पानी । बोले सत्य सरल मृदु बानी ॥
suni raghunātha jori juga pānī, bole satya sarala mṛdu bānī.
बिद्यमान आपुनि मिथिलेसू । मोर कहब सब भाँति भदेसू ॥
bidyamāna āpuni mithilesū, mora kahaba saba bhāṁti bhadesū.
राउर राय रजायसु होई । राउरि सपथ सही सिर सोई ॥
rāura rāya rajāyasu hoī, rāuri sapatha sahī sira soī.

दोहा-dohā:

राम सपथ सुनि मुनि जनकु सकुचे सभा समेत ।
rāma sapatha suni muni janaku sakuce sabhā sameta,
सकल बिलोकत भरत मुखु बनइ न ऊतरु देत ॥२९६॥
sakala bilokata bharata mukhu banai na ūtaru deta. 296.

चौपाई-caupāī:

सभा सकुच बस भरत निहारी । रामबंधु धरि धीरजु भारी ॥
sabhā sakuca basa bharata nihārī, rāmabaṁdhu dhari dhīraju bhārī.
कुसमउ देखि सनेहु सँभारा । बढ़त बिंधि जिमि घटज निवारा ॥
kusamau dekhi sanehu saṁbhārā, baṛhata biṁdhi jimi ghaṭaja nivārā.
सोक कनकलोचन मति छोनी । हरी बिमल गुन गन जगजोनी ॥
soka kanakalocana mati chonī, harī bimala guna gana jagajonī.
भरत बिबेक बराहँ बिसाला । अनायास उधरी तेहि काला ॥
bharata bibeka barāhaṁ bisālā, anāyāsa udharī tehi kālā.
करि प्रनामु सब कहँ कर जोरे । रामु राउ गुर साधु निहोरे ॥
kari pranāmu saba kahaṁ kara jore, rāmu rāu gura sādhu nihore.
छमब आजु अति अनुचित मोरा । कहउँ बदन मृदु बचन कठोरा ॥
chamaba āju ati anucita morā, kahauṁ badana mṛdu bacana kaṭhorā.
हियँ सुमिरी सारदा सुहाई । मानस तें मुख पंकज आई ॥
hiyaṁ sumirī sāradā suhāī, mānasa teṁ mukha paṁkaja āī.
बिमल बिबेक धरम नय साली । भरत भारती मंजु मराली ॥
bimala bibeka dharama naya sālī, bharata bhāratī maṁju marālī.

दोहा-dohā:

निरखि बिबेक बिलोचनन्हि सिथिल सनेहँ समाजु ।
nirakhi bibeka bilocananhi sithila sanehaṁ samāju,
करि प्रनामु बोले भरतु सुमिरि सीय रघुराजु ॥२९७॥
kari pranāmu bole bharatu sumiri sīya raghurāju. 297.

चौपाई-caupāī:

प्रभु पितु मातु सुहृद गुर स्वामी । पूज्य परम हित अंतरजामी ॥
prabhu pitu mātu suhṛda gura svāmī, pūjya parama hita aṁtarajāmī.
सरल सुसाहिबु सील निधानू । प्रनतपाल सर्बग्य सुजानू ॥
sarala susāhibu sīla nidhānū, pranatapāla sarbagya sujānū.
समरथ सरनागत हितकारी । गुनगाहकु अवगुन अघ हारी ॥
samaratha saranāgata hitakārī, gunagāhaku avaguna agha hārī.
स्वामि गोसाँइहि सरिस गोसाईं । मोहि समान मैं साइँ दोहाईं ॥
svāmi gosāṁihi sarisa gosāīṁ, mohi samāna maiṁ sāiṁ dohāīṁ.
प्रभु पितु बचन मोह बस पेली । आयउँ इहाँ समाजु सकेली ॥
prabhu pitu bacana moha basa pelī, āyauṁ ihāṁ samāju sakelī.
जग भल पोच ऊँच अरु नीचू । अमिअ अमरपद माहुरु मीचू ॥
jaga bhala poca ūṁca aru nīcū, amia amarapada māhuru mīcū.
राम रजाइ मेट मन माहीं । देखा सुना कतहुँ कोउ नाहीं ॥
rāma rajāi meṭa mana māhīṁ, dekhā sunā katahuṁ kou nāhīṁ.
सो मैं सब बिधि कीन्हि ढिठाई । प्रभु मानी सनेह सेवकाई ॥
so maiṁ saba bidhi kīnhi ḍhiṭhāī, prabhu mānī saneha sevakāī.

दोहा-dohā:

कृपाँ भलाई आपनी नाथ कीन्ह भल मोर ।
kṛpāṁ bhalāīṁ āpanī nātha kīnha bhala mora,
दूषन भे भूषन सरिस सुजसु चारु चहु ओर ॥२९८॥
dūṣana bhe bhūṣana sarisa sujasu cāru cahu ora. 298.

चौपाई-caupāī:

राउरि रीति सुबानि बड़ाई । जगत बिदित निगमागम गाई ॥
rāuri rīti subāni baṛāī, jagata bidita nigamāgama gāī.
कूर कुटिल खल कुमति कलंकी । नीच निसील निरीस निसंकी ॥
kūra kuṭila khala kumati kalaṁkī, nīca nisīla nirīsa nisaṁkī.
तेउ सुनि सरन सामुहें आए । सकृत प्रनामु किहें अपनाए ॥
teu suni sarana sāmuheṁ āe, sakṛta pranāmu kiheṁ apanāe.
देखि दोष कबहुँ न उर आने । सुनि गुन साधु समाज बखाने ॥
dekhi doṣa kabahuṁ na ura āne, suni guna sādhu samāja bakhāne.
को साहिब सेवकहि नेवाजी । आपु समाज साज सब साजी ॥
ko sāhiba sevakahi nevājī, āpu samāja sāja saba sājī.
निज करतूति न समुझिअ सपनें । सेवक सकुच सोचु उर अपनें ॥
nija karatūti na samujhia sapaneṁ, sevaka sakuca socu ura apaneṁ.
सो गोसाइँ नहिं दूसर कोपी । भुजा उठाइ कहउँ पन रोपी ॥
so gosāiṁ nahiṁ dūsara kopī, bhujā uṭhāi kahauṁ pana ropī.
पसु नाचत सुक पाठ प्रबीना । गुन गति नट पाठक आधीना ॥
pasu nācata suka pāṭha prabīnā, guna gati naṭa pāṭhaka ādhīnā.

दोहा-dohā:

यों सुधारि सनमानि जन किए साधु सिरमोर ।
yoṁ sudhāri sanamāni jana kie sādhu siramora,
को कृपाल बिनु पालिहै बिरिदावलि बरजोर ॥२९९॥
ko kṛpāla binu pālihai biridāvali barajora. 299.

चौपाई-caupāī:

सोक सनेहँ कि बाल सुभाएँ । आयउँ लाइ रजायसु बाएँ ॥
soka sanehaṁ ki bāla subhāeṁ, āyauṁ lāi rajāyasu bāeṁ.
तबहुँ कृपाल हेरि निज ओरा । सबहि भाँति भल मानेउ मोरा ॥
tabahuṁ kṛpāla heri nija orā, sabahi bhāṁti bhala māneu morā.
देखेउँ पाय सुमंगल मूला । जानेउँ स्वामि सहज अनुकूला ॥
dekheuṁ pāya sumaṁgala mūlā, jāneuṁ svāmi sahaja anukūlā.
बड़े समाज बिलोकेउँ भागू । बड़ीं चूक साहिब अनुरागू ॥
baṛe samāja bilokeuṁ bhāgū, baṛīṁ cūka sāhiba anurāgū.
कृपा अनुग्रहु अंगु अघाई । कीन्हि कृपानिधि सब अधिकाई ॥
kṛpā anugrahu aṁgu aghāī, kīnhi kṛpānidhi saba adhikāī.
राखा मोर दुलार गोसाईं । अपनें सील सुभायँ भलाईं ॥
rākhā mora dulāra gosāīṁ, apaneṁ sīla subhāyaṁ bhalāīṁ.
नाथ निपट मैं कीन्हि ढिठाई । स्वामि समाज सकोच बिहाई ॥
nātha nipaṭa maiṁ kīnhi ḍhiṭhāī, svāmi samāja sakoca bihāī.
अबिनय बिनय जथारुचि बानी । छमिहि देउ अति आरति जानी ॥
abinaya binaya jathāruci bānī, chamihi deu ati ārati jānī.

दोहा-dohā:

सुहृद सुजान सुसाहिबहि बहुत कहब बड़ि खोरि ।
suhṛda sujāna susāhibahi bahuta kahaba baṛi khori,
आयसु देइअ देव अब सबइ सुधारी मोरि ॥३००॥
āyasu deia deva aba sabai sudhārī mori. 300.

चौपाई-caupāī:

प्रभु पद पदुम पराग दोहाई । सत्य सुकृत सुख सीवँ सुहाई ॥
prabhu pada paduma parāga dohāī, satya sukṛta sukha sīvaṁ suhāī.
सो करि कहउँ हिए अपने की । रुचि जागत सोवत सपने की ॥
so kari kahauṁ hie apane kī, ruci jāgata sovata sapane kī.
सहज सनेहँ स्वामि सेवकाई । स्वारथ छल फल चारि बिहाई ॥
sahaja sanehaṁ svāmi sevakāī, svāratha chala phala cāri bihāī.
अग्या सम न सुसाहिब सेवा । सो प्रसादु जन पावै देवा ॥
agyā sama na susāhiba sevā, so prasādu jana pāvai devā.
अस कहि प्रेम बिबस भए भारी । पुलक सरीर बिलोचन बारी ॥
asa kahi prema bibasa bhae bhārī, pulaka sarīra bilocana bārī.
प्रभु पद कमल गहे अकुलाई । समउ सनेहु न सो कहि जाई ॥
prabhu pada kamala gahe akulāī, samau sanehu na so kahi jāī.
कृपासिंधु सनमानि सुबानी । बैठाए समीप गहि पानी ॥
kṛpāsiṁdhu sanamāni subānī, baiṭhāe samīpa gahi pānī.
भरत बिनय सुनि देखि सुभाऊ । सिथिल सनेहँ सभा रघुराऊ ॥
bharata binaya suni dekhi subhāū, sithila sanehaṁ sabhā raghurāū.

छंद-chaṁda:

रघुराउ सिथिल सनेहँ साधु समाज मुनि मिथिला धनी ।
raghurāu sithila sanehaṁ sādhu samāja muni mithilā dhanī,
मन महुँ सराहत भरत भायप भगति की महिमा घनी ॥
mana mahuṁ sarāhata bharata bhāyapa bhagati kī mahimā ghanī.
भरतहि प्रसंसत बिबुध बरषत सुमन मानस मलिन से ।
bharatahi prasaṁsata bibudha baraṣata sumana mānasa malina se,
तुलसी बिकल सब लोग सुनि सकुचे निसागम नलिन से ॥
tulasī bikala saba loga suni sakuce nisāgama nalina se.

सोरठा-soraṭhā:

देखि दुखारी दीन दुहु समाज नर नारि सब ।
dekhi dukhārī dīna duhu samāja nara nāri saba,
मघवा महा मलीन मुए मारि मंगल चहत ॥३०१॥
maghavā mahā malīna mue māri maṁgala cahata. 301.

चौपाई-caupāī:

कपट कुचालि सीवँ सुरराजू । पर अकाज प्रिय आपन काजू ॥

kapaṭa kucāli sīvaṁ surarājū, para akāja priya āpana kājū.
काक समान पाकरिपु रीती । छली मलीन कतहुँ न प्रतीती ॥
kāka samāna pākaripu rītī, chalī malīna katahuṁ na pratītī.
प्रथम कुमत करि कपटु सँकेला । सो उचाटु सब कें सिर मेला ॥
prathama kumata kari kapaṭu saṁkelā, so ucāṭu saba keṁ sira melā.
सुरमायाँ सब लोग बिमोहे । राम प्रेम अतिसय न बिछोहे ॥
suramāyāṁ saba loga bimohe, rāma prema atisaya na bichohe.
भय उचाट बस मन थिर नाहीं । छन बन रुचि छन सदन सोहाहीं ॥
bhaya ucāṭa basa mana thira nāhīṁ, chana bana ruci chana sadana sohāhīṁ.
दुबिध मनोगति प्रजा दुखारी । सरित सिंधु संगम जनु बारी ॥
dubidha manogati prajā dukhārī, sarita siṁdhu saṁgama janu bārī.
दुचित कतहुँ परितोषु न लहहीं । एक एक सन मरमु न कहहीं ॥
ducita katahuṁ paritoṣu na lahahīṁ, eka eka sana maramu na kahahīṁ.
लखि हियँ हँसि कह कृपानिधानू । सरिस स्वान मघवान जुबानू ॥
lakhi hiyaṁ haṁsi kaha kṛpānidhānū, sarisa svāna maghavāna jubānū.

दोहा-dohā:

भरतु जनकु मुनिजन सचिव साधु सचेत बिहाइ ।
bharatu janaku munijana saciva sādhu saceta bihāi,
लागि देवमाया सबहि जथाजोगु जनु पाइ ॥३०२॥
lāgi devamāyā sabahi jathājogu janu pāi. 302.

चौपाई-caupāī:

कृपासिंधु लखि लोग दुखारे । निज सनेहँ सुरपति छल भारे ॥
kṛpāsiṁdhu lakhi loga dukhāre, nija sanehaṁ surapati chala bhāre.
सभा राउ गुर महिसुर मंत्री । भरत भगति सब कै मति जंत्री ॥
sabhā rāu gura mahisura maṁtrī, bharata bhagati saba kai mati jaṁtrī.
रामहि चितवत चित्र लिखे से । सकुचत बोलत बचन सिखे से ॥
rāmahi citavata citra likhe se, sakucata bolata bacana sikhe se.
भरत प्रीति नति बिनय बड़ाई । सुनत सुखद बरनत कठिनाई ॥
bharata prīti nati binaya baṛāī, sunata sukhada baranata kaṭhināī.
जासु बिलोकि भगति लवलेसू । प्रेम मगन मुनिगन मिथिलेसू ॥
jāsu biloki bhagati lavalesū, prema magana munigana mithilesū.
महिमा तासु कहै किमि तुलसी । भगति सुभायँ सुमति हियँ हुलसी ॥
mahimā tāsu kahai kimi tulasī, bhagati subhāyaṁ sumati hiyaṁ hulasī.
आपु छोटि महिमा बड़ि जानी । कबिकुल कानि मानि सकुचानी ॥
āpu choṭi mahimā baṛi jānī, kabikula kāni māni sakucānī.
कहि न सकति गुन रुचि अधिकाई । मति गति बाल बचन की नाई ॥
kahi na sakati guna ruci adhikāī, mati gati bāla bacana kī nāī.

दोहा-dohā:

भरत बिमल जसु बिमल बिधु सुमति चकोरकुमारि ।
bharata bimala jasu bimala bidhu sumati cakorakumāri,
उदित बिमल जन हृदय नभ एकटक रही निहारि ॥३०३॥
udita bimala jana hṛdaya nabha ekaṭaka rahī nihāri. 303.

चौपाई-caupāī:

भरत सुभाउ न सुगम निगमहूँ । लघु मति चापलता कबि छमहूँ ॥
bharata subhāu na sugama nigamahūṁ, laghu mati cāpalatā kabi chamahūṁ.
कहत सुनत सति भाउ भरत को । सीय राम पद होइ न रत को ॥
kahata sunata sati bhāu bharata ko, sīya rāma pada hoi na rata ko.
सुमिरत भरतहि प्रेमु राम को । जेहि न सुलभु तेहि सरिस बाम को ॥
sumirata bharatahi premu rāma ko, jehi na sulabhu tehi sarisa bāma ko.
देखि दयाल दसा सबही की । राम सुजान जानि जन जी की ॥
dekhi dayāla dasā sabahī kī, rāma sujāna jāni jana jī kī.
धरम धुरीन धीर नय नागर । सत्य सनेह सील सुख सागर ॥
dharama dhurīna dhīra naya nāgara, satya saneha sīla sukha sāgara.
देसु कालु लखि समउ समाजू । नीति प्रीति पालक रघुराजू ॥
desu kālu lakhi samau samājū, nīti prīti pālaka raghurājū.
बोले बचन बानि सरबसु से । हित परिनाम सुनत ससि रसु से ॥
bole bacana bāni sarabasu se, hita parināma sunata sasi rasu se.
तात भरत तुम्ह धरम धुरीना । लोक बेद बिद प्रेम प्रबीना ॥
tāta bharata tumha dharama dhurīnā, loka beda bida prema prabīnā.

दोहा-dohā:

करम बचन मानस बिमल तुम्ह समान तुम्ह तात ।
karama bacana mānasa bimala tumha samāna tumha tāta,
गुर समाज लघु बंधु गुन कुसमयँ किमि कहि जात ॥३०४॥
gura samāja laghu baṁdhu guna kusamayaṁ kimi kahi jāta. 304.

चौपाई-caupāī:

जानहु तात तरनि कुल रीती । सत्यसंध पितु कीरति प्रीती ॥
jānahu tāta tarani kula rītī, satyasaṁdha pitu kīrati prītī.
समउ समाजु लाज गुरजन की । उदासीन हित अनहित मन की ॥
samau samāju lāja gurajana kī, udāsīna hita anahita mana kī.
तुम्हहि बिदित सबही कर करमू । आपन मोर परम हित धरमू ॥
tumhahi bidita sabahī kara karamū, āpana mora parama hita dharamū.
मोहि सब भाँति भरोस तुम्हारा । तदपि कहउँ अवसर अनुसारा ॥
mohi saba bhāṁti bharosa tumhārā, tadapi kahauṁ avasara anusārā.
तात तात बिनु बात हमारी । केवल गुरकुल कृपाँ सँभारी ॥
tāta tāta binu bāta hamārī, kevala gurakula kṛpāṁ saṁbhārī.
नतरु प्रजा परिजन परिवारू । हमहि सहित सबु होत खुआरू ॥
nataru prajā parijana parivārū, hamahi sahita sabu hota khuārū.
जौं बिनु अवसर अथवँ दिनेसू । जग केहि कहहु न होइ कलेसू ॥
jauṁ binu avasara athavaṁ dinesū, jaga kehi kahahu na hoi kalesū.
तस उतपातु तात बिधि कीन्हा । मुनि मिथिलेस राखि सबु लीन्हा ॥
tasa utapātu tāta bidhi kīnhā, muni mithilesa rākhi sabu līnhā.

दोहा-dohā:

राज काज सब लाज पति धरम धरनि धन धाम ।
rāja kāja saba lāja pati dharama dharani dhana dhāma,
गुर प्रभाउ पालिहि सबहि भल होइहि परिनाम ॥३०५॥
gura prabhāu pālihi sabahi bhala hoihi parināma. 305.

चौपाई-caupāī:

सहित समाज तुम्हार हमारा । घर बन गुर प्रसाद रखवारा ॥
sahita samāja tumhāra hamārā, ghara bana gura prasāda rakhavārā.
मातु पिता गुर स्वामि निदेसू । सकल धरम धरनीधर सेसू ॥
mātu pitā gura svāmi nidesū, sakala dharama dharanīdhara sesū.
सो तुम्ह करहु करावहु मोहू । तात तरनिकुल पालक होहू ॥
so tumha karahu karāvahu mohū, tāta taranikula pālaka hohū.
साधक एक सकल सिधि देनी । कीरति सुगति भूतिमय बेनी ॥
sādhaka eka sakala sidhi denī, kīrati sugati bhūtimaya benī.
सो बिचारि सहि संकटु भारी । करहु प्रजा परिवारु सुखारी ॥
so bicāri sahi saṁkaṭu bhārī, karahu prajā parivāru sukhārī.
बाँटी बिपति सबहिं मोहि भाई । तुम्हहि अवधि भरि बड़ि कठिनाई ॥
bāṁṭī bipati sabahiṁ mohi bhāī, tumhahi avadhi bhari baṛi kaṭhināī.
जानि तुम्हहि मृदु कहउँ कठोरा । कुसमयँ तात न अनुचित मोरा ॥
jāni tumhahi mṛdu kahauṁ kaṭhorā, kusamayaṁ tāta na anucita morā.
होहिं कुठायँ सुबंधु सहाए । ओड़िअहिं हाथ असनिहु के घाए ॥
hohiṁ kuṭhāyaṁ subaṁdhu sahāe, oṛiahiṁ hātha asanihu ke ghāe.

दोहा-dohā:

सेवक कर पद नयन से मुख सो साहिबु होइ ।
sevaka kara pada nayana se mukha so sāhibu hoi,
तुलसी प्रीति कि रीति सुनि सुकबि सराहहिं सोइ ॥ ३०६ ॥
tulasī prīti ki rīti suni sukabi sarāhahiṁ soi. 306.

चौपाई-caupāī:

सभा सकल सुनि रघुबर बानी । प्रेम पयोधि अमिअँ जनु सानी ॥
sabhā sakala suni raghubara bānī, prema payodhi amia janu sānī.
सिथिल समाज सनेह समाधी । देखि दसा चुप सारद साधी ॥
sithila samāja saneha samādhī, dekhi dasā cupa sārada sādhī.
भरतहि भयउ परम संतोषू । सनमुख स्वामि बिमुख दुख दोषू ॥
bharatahi bhayau parama saṁtoṣū, sanamukha svāmi bimukha dukha doṣū.
मुख प्रसन्न मन मिटा बिषादू । भा जनु गूँगेहि गिरा प्रसादू ॥
mukha prasanna mana miṭā biṣādū, bhā janu gūṁgehi girā prasādū.
कीन्ह सप्रेम प्रनामु बहोरी । बोले पानि पंकरुह जोरी ॥
kīnha saprema pranāmu bahorī, bole pāni paṁkaruha jorī.
नाथ भयउ सुखु साथ गए को । लहेउँ लाहु जग जनमु भए को ॥
nātha bhayau sukhu sātha gae ko, laheuṁ lāhu jaga janamu bhae ko.
अब कृपाल जस आयसु होई । करौं सीस धरि सादर सोई ॥
aba kṛpāla jasa āyasu hoī, karauṁ sīsa dhari sādara soī.
सो अवलंब देव मोहि देई । अवधि पारु पावौं जेहि सेई ॥
so avalaṁba deva mohi deī, avadhi pāru pāvauṁ jehi seī.

दोहा-dohā:

देव देव अभिषेक हित गुर अनुसासनु पाइ ।
deva deva abhiṣeka hita gura anusāsanu pāi,
आनेउँ सब तीरथ सलिलु तेहि कहँ काह रजाइ ॥ ३०७ ॥
āneuṁ saba tīratha salilu tehi kahaṁ kāha rajāi. 307.

चौपाई-caupāī:

एकु मनोरथु बड़ मन माहीं । सभयँ सकोच जात कहि नाहीं ॥
eku manorathu baṛa mana māhīṁ, sabhayaṁ sakoca jāta kahi nāhīṁ.
कहहु तात प्रभु आयसु पाई । बोले बानि सनेह सुहाई ॥
kahahu tāta prabhu āyasu pāī, bole bāni saneha suhāī.
चित्रकूट सुचि थल तीरथ बन । खग मृग सर सरि निर्झर गिरिगन ॥
citrakūṭa suci thala tīratha bana, khaga mṛga sara sari nirjhara girigana.
प्रभु पद अंकित अवनि बिसेषी । आयसु होइ त आवौं देखी ॥
prabhu pada aṁkita avani biseṣī, āyasu hoi ta āvauṁ dekhī.
अवसि अत्रि आयसु सिर धरहू । तात बिगतभय कानन चरहू ॥
avasi atri āyasu sira dharahū, tāta bigatabhaya kānana carahū.
मुनि प्रसाद बनु मंगल दाता । पावन परम सुहावन भ्राता ॥
muni prasāda banu maṁgala dātā, pāvana parama suhāvana bhrātā.
रिषिनायकु जहँ आयसु देहीं । राखेहु तीरथ जलु थल तेहीं ॥
riṣināyaku jahaṁ āyasu dehīṁ, rākhehu tīratha jalu thala tehīṁ.
सुनि प्रभु बचन भरत सुखु पावा । मुनि पद कमल मुदित सिरु नावा ॥
suni prabhu bacana bharata sukhu pāvā, muni pada kamala mudita siru nāvā.

दोहा-dohā:

भरत राम संबादु सुनि सकल सुमंगल मूल ।
bharata rāma saṁbādu suni sakala sumaṁgala mūla,
सुर स्वारथी सराहि कुल बरषत सुरतरु फूल ॥ ३०८ ॥
sura svārathī sarāhi kula baraṣata surataru phūla. 308.

चौपाई-caupāī:

धन्य भरत जय राम गोसाईं । कहत देव हरषत बरिआईं ॥
dhanya bharata jaya rāma gosāīṁ, kahata deva haraṣata bariāīṁ.
मुनि मिथिलेस सभाँ सब काहू । भरत बचन सुनि भयउ उछाहू ॥
muni mithilesa sabhāṁ saba kāhū, bharata bacana suni bhayau uchāhū.
भरत राम गुन ग्राम सनेहू । पुलकि प्रसंसत राउ बिदेहू ॥
bharata rāma guna grāma sanehū, pulaki prasaṁsata rāu bidehū.
सेवक स्वामि सुभाउ सुहावन । नेमु पेमु अति पावन पावन ॥
sevaka svāmi subhāu suhāvana, nemu pemu ati pāvana pāvana.
मति अनुसार सराहन लागे । सचिव सभासद सब अनुरागे ॥
mati anusāra sarāhana lāge, saciva sabhāsada saba anurāge.
सुनि सुनि राम भरत संबादू । दुहु समाज हियँ हरषु बिषादू ॥
suni suni rāma bharata saṁbādū, duhu samāja hiyaṁ haraṣu biṣādū.
राम मातु दुखु सुखु सम जानी । कहि गुन राम प्रबोधीं रानी ॥
rāma mātu dukhu sukhu sama jānī, kahi guna rāma prabodhīṁ rānī.
एक कहहिं रघुबीर बड़ाई । एक सराहत भरत भलाई ॥
eka kahahiṁ raghubīra baṛāī, eka sarāhata bharata bhalāī.

दोहा-dohā:

अत्रि कहेउ तब भरत सन सैल समीप सुकूप ।
atri kaheu taba bharata sana saila samīpa sukūpa,
राखिअ तीरथ तोय तहँ पावन अमिअ अनूप ॥ ३०९ ॥
rākhia tīratha toya tahaṁ pāvana amia anūpa. 309.

चौपाई-caupāī:

भरत अत्रि अनुसासन पाई । जल भाजन सब दिए चलाई ॥
bharata atri anusāsana pāī, jala bhājana saba die calāī.
सानुज आपु अत्रि मुनि साधू । सहित गए जहँ कूप अगाधू ॥
sānuja āpu atri muni sādhū, sahita gae jahaṁ kūpa agādhū.
पावन पाथ पुन्यथल राखा । प्रमुदित प्रेम अत्रि अस भाषा ॥
pāvana pātha punyathala rākhā, pramudita prema atri asa bhāṣā.
तात अनादि सिद्ध थल एहू । लोपेउ काल बिदित नहिं केहू ॥
tāta anādi siddha thala ehū, lopeu kāla bidita nahiṁ kehū.
तब सेवकन्ह सरस थलु देखा । कीन्ह सुजल हित कूप बिसेषा ॥
taba sevakanha sarasa thalu dekhā, kīnha sujala hita kūpa biseṣā.
बिधि बस भयउ बिस्व उपकारू । सुगम अगम अति धरम बिचारू ॥
bidhi basa bhayau bisva upakārū, sugama agama ati dharama bicārū.
भरतकूप अब कहिहहिं लोगा । अति पावन तीरथ जल जोगा ॥
bharatakūpa aba kahihahiṁ logā, ati pāvana tīratha jala jogā.
प्रेम सनेम निमज्जत प्रानी । होइहहिं बिमल करम मन बानी ॥
prema sanema nimajjata prānī, hoihahiṁ bimala karama mana bānī.

दोहा-dohā:

कहत कूप महिमा सकल गए जहाँ रघुराउ ।
kahata kūpa mahimā sakala gae jahāṁ raghurāu,
अत्रि सुनायउ रघुबरहि तीरथ पुन्य प्रभाउ ॥ ३१० ॥
atri sunāyau raghubarahi tīratha punya prabhāu. 310.

चौपाई-caupāī:

कहत धरम इतिहास सप्रीती । भयउ भोरु निसि सो सुख बीती ॥
kahata dharama itihāsa saprītī, bhayau bhoru nisi so sukha bītī.
नित्य निबाहि भरत दोउ भाई । राम अत्रि गुर आयसु पाई ॥
nitya nibāhi bharata dou bhāī, rāma atri gura āyasu pāī.
सहित समाज साज सब सादें । चले राम बन अटन पयादें ॥
sahita samāja sāja saba sādeṁ, cale rāma bana aṭana payādeṁ.
कोमल चरन चलत बिनु पनहीं । भइ मृदु भूमि सकुचि मन मनहीं ॥
komala carana calata binu panahīṁ, bhai mṛdu bhūmi sakuci mana manahīṁ.
कुस कंटक काँकरीं कुराईं । कटुक कठोर कुबस्तु दुराईं ॥
kusa kaṁṭaka kāṁkarīṁ kurāīṁ, kaṭuka kaṭhora kubastu durāīṁ.

महि मंजुल मृदु मारग कीन्हे । बहत समीर त्रिबिध सुख लीन्हे ॥
mahi maṁjula mṛdu māraga kīnhe, bahata samīra tribidha sukha līnhe.
सुमन बरषि सुर घन करि छाहीं । बिटप फूलि फलि तृन मृदुताहीं ॥
sumana baraṣi sura ghana kari chāhīṁ, biṭapa phūli phali tṛna mṛdutāhīṁ.
मृग बिलोकि खग बोलि सुबानी । सेवहिं सकल राम प्रिय जानी ॥
mṛga biloki khaga boli subānī, sevahiṁ sakala rāma priya jānī.

दोहा-dohā:

सुलभ सिद्धि सब प्राकृतहु राम कहत जमुहात ।
sulabha siddhi saba prākṛtahu rāma kahata jamuhāta,
राम प्रानप्रिय भरत कहुँ यह न होइ बड़ि बात ॥ ३११ ॥
rāma prānapriya bharata kahuṁ yaha na hoi baṛi bāta. 311.

चौपाई-caupāī:

एहि बिधि भरतु फिरत बन माहीं । नेमु प्रेमु लखि मुनि सकुचाहीं ॥
ehi bidhi bharatu phirata bana māhīṁ, nemu premu lakhi muni sakucāhīṁ.
पुन्य जलाश्रय भूमि बिभागा । खग मृग तरु तृन गिरि बन बागा ॥
punya jalāśraya bhūmi bibhāgā, khaga mṛga taru tṛna giri bana bāgā.
चारु बिचित्र पबित्र बिसेषी । बूझत भरतु दिब्य सब देखी ॥
cāru bicitra pabitra biseṣī, būjhata bharatu dibya saba dekhī.
सुनि मन मुदित कहत रिषिराऊ । हेतु नाम गुन पुन्य प्रभाऊ ॥
suni mana mudita kahata riṣirāū, hetu nāma guna punya prabhāū.
कतहुँ निमज्जन कतहुँ प्रनामा । कतहुँ बिलोकत मन अभिरामा ॥
katahuṁ nimajjana katahuṁ pranāmā, katahuṁ bilokata mana abhirāmā.
कतहुँ बैठि मुनि आयसु पाई । सुमिरत सीय सहित दोउ भाई ॥
katahuṁ baiṭhi muni āyasu pāī, sumirata sīya sahita dou bhāī.
देखि सुभाउ सनेहु सुसेवा । देहिं असीस मुदित बनदेवा ॥
dekhi subhāu sanehu susevā, dehiṁ asīsa mudita banadevā.
फिरहिं गएँ दिनु पहर अढ़ाई । प्रभु पद कमल बिलोकहिं आई ॥
phirahiṁ gaeṁ dinu pahara aṛhāī, prabhu pada kamala bilokahiṁ āī.

दोहा-dohā:

देखे थल तीरथ सकल भरत पाँच दिन माझ ।
dekhe thala tīratha sakala bharata pāṁca dina mājha,
कहत सुनत हरि हर सुजसु गयउ दिवसु भइ साँझ ॥ ३१२ ॥
kahata sunata hari hara sujasu gayau divasu bhai sāṁjha. 312.

चौपाई-caupāī:

भोर न्हाइ सबु जुरा समाजू । भरत भूमिसुर तेरहुति राजू ॥
bhora nhāi sabu jurā samājū, bharata bhūmisura terahuti rājū.
भल दिन आजु जानि मन माहीं । रामु कृपाल कहत सकुचाहीं ॥
bhala dina āju jāni mana māhīṁ, rāmu kṛpāla kahata sakucāhīṁ.
गुर नृप भरत सभा अवलोकी । सकुचि राम फिरि अवनि बिलोकी ॥
gura nṛpa bharata sabhā avalokī, sakuci rāma phiri avani bilokī.
सील सराहि सभा सब सोची । कहुँ न राम सम स्वामि सँकोची ॥
sīla sarāhi sabhā saba socī, kahuṁ na rāma sama svāmi saṁkocī.
भरत सुजान राम रुख देखी । उठि सप्रेम धरि धीर बिसेषी ॥
bharata sujāna rāma rukha dekhī, uṭhi saprema dhari dhīra biseṣī.
करि दंडवत कहत कर जोरी । राखीं नाथ सकल रुचि मोरी ॥
kari daṁḍavata kahata kara jorī, rākhīṁ nātha sakala ruci morī.
मोहि लगि सहेउ सबहिं संतापू । बहुत भाँति दुखु पावा आपू ॥
mohi lagi saheu sabahiṁ saṁtāpū, bahuta bhāṁti dukhu pāvā āpū.
अब गोसाइँ मोहि देउ रजाई । सेवौं अवध अवधि भरि जाई ॥
aba gosāiṁ mohi deu rajāī, sevauṁ avadha avadhi bhari jāī.

दोहा-dohā:

जेहिं उपाय पुनि पाय जनु देखै दीनदयाल ।
jehiṁ upāya puni pāya janu dekhai dīnadayāla,
सो सिख देइअ अवधि लगि कोसलपाल कृपाल ॥ ३१३ ॥
so sikha deia avadhi lagi kosalapāla kṛpāla. 313.

चौपाई-caupāī:

पुरजन परिजन प्रजा गोसाईं । सब सुचि सरस सनेहँ सगाईं ॥
purajana parijana prajā gosāīṁ, saba suci sarasa sanehaṁ sagāīṁ.
राउर बदि भल भव दुख दाहू । प्रभु बिनु बादि परम पद लाहू ॥
rāura badi bhala bhava dukha dāhū, prabhu binu bādi parama pada lāhū.
स्वामि सुजानु जानि सब ही की । रुचि लालसा रहनि जन जी की ॥
svāmi sujānu jāni saba hī kī, ruci lālasā rahani jana jī kī.
प्रनतपालु पालिहि सब काहू । देउ दुहू दिसि ओर निबाहू ॥
pranatapālu pālihi saba kāhū, deu duhū disi ora nibāhū.
अस मोहि सब बिधि भूरि भरोसो । किएँ बिचारु न सोचु खरो सो ॥
asa mohi saba bidhi bhūri bharoso, kieṁ bicāru na socu kharo so.
आरति मोर नाथ कर छोहू । दुहुँ मिलि कीन्ह ढीठु हठि मोहू ॥
ārati mora nātha kara chohū, duhuṁ mili kīnha ḍhīṭhu haṭhi mohū.
यह बड़ दोषु दूरि करि स्वामी । तजि सकोच सिखइअ अनुगामी ॥
yaha baṛa doṣu dūri kari svāmī, taji sakoca sikhaia anugāmī.
भरत बिनय सुनि सबहिं प्रसंसी । खीर नीर बिबरन गति हंसी ॥
bharata binaya suni sabahiṁ prasaṁsī, khīra nīra bibarana gati haṁsī.

दोहा-dohā:

दीनबंधु सुनि बंधु के बचन दीन छलहीन ।
dīnabaṁdhu suni baṁdhu ke bacana dīna chalahīna,
देस काल अवसर सरिस बोले रामु प्रबीन ॥ ३१४ ॥
desa kāla avasara sarisa bole rāmu prabīna. 314.

चौपाई-caupāī:

तात तुम्हारि मोरि परिजन की । चिंता गुरहि नृपहि घर बन की ॥
tāta tumhāri mori parijana kī, ciṁtā gurahi nṛpahi ghara bana kī.
माथे पर गुर मुनि मिथिलेसू । हमहि तुम्हहि सपनेहुँ न कलेसू ॥
māthe para gura muni mithilesū, hamahi tumhahi sapanehuṁ na kalesū.
मोर तुम्हार परम पुरुषारथु । स्वारथु सुजसु धरमु परमारथु ॥
mora tumhāra parama puruṣārathu, svārathu sujasu dharamu paramārathu.
पितु आयसु पालिहिं दुहु भाईं । लोक बेद भल भूप भलाईं ॥
pitu āyasu pālihiṁ duhu bhāīṁ, loka beda bhala bhūpa bhalāīṁ.
गुरु पितु मातु स्वामि सिख पालें । चलेहुँ कुमग पग परहिं न खालें ॥
guru pitu mātu svāmi sikha pāleṁ, calehuṁ kumaga paga parahiṁ na khāleṁ.
अस बिचारि सब सोच बिहाई । पालहु अवध अवधि भरि जाई ॥
asa bicāri saba soca bihāī, pālahu avadha avadhi bhari jāī.
देसु कोसु परिजन परिवारू । गुर पद रजहिं लाग छरुभारू ॥
desu kosu parijana parivārū, gura pada rajahiṁ lāga charubhārū.
तुम्ह मुनि मातु सचिव सिख मानी । पालेहु पुहुमि प्रजा रजधानी ॥
tumha muni mātu saciva sikha mānī, pālehu puhumi prajā rajadhānī.

दोहा-dohā:

मुखिआ मुखु सो चाहिऐ खान पान कहुँ एक ।
mukhiā mukhu so cāhiai khāna pāna kahuṁ eka,
पालइ पोषइ सकल अँग तुलसी सहित बिबेक ॥ ३१५ ॥
pālai poṣai sakala aṁga tulasī sahita bibeka. 315.

चौपाई-caupāī:

राजधरम सरबसु एतनोई । जिमि मन माहँ मनोरथ गोई ॥
rājadharama sarabasu etanoī, jimi mana māhaṁ manoratha goī.

बंधु प्रबोधु कीन्ह बहु भाँती । बिनु अधार मन तोषु न साँती ॥
baṁdhu prabodhu kīnha bahu bhām̐tī, binu adhāra mana toṣu na sām̐tī.
भरत सील गुर सचिव समाजू । सकुच सनेह बिबस रघुराजू ॥
bharata sīla gura saciva samājū, sakuca saneha bibasa raghurājū.
प्रभु करि कृपा पाँवरीं दीन्हीं । सादर भरत सीस धरि लीन्हीं ॥
prabhu kari kṛpā pām̐varīṁ dīnhīṁ, sādara bharata sīsa dhari līnhīṁ.
चरनपीठ करुनानिधान के । जनु जुग जामिक प्रजा प्रान के ॥
caranapīṭha karunānidhāna ke, janu juga jāmika prajā prāna ke.
संपुट भरत सनेह रतन के । आखर जुग जनु जीव जतन के ॥
saṁpuṭa bharata saneha ratana ke, ākhara juga janu jīva jatana ke.
कुल कपाट कर कुसल करम के । बिमल नयन सेवा सुधरम के ॥
kula kapāṭa kara kusala karama ke, bimala nayana sevā sudharama ke.
भरत मुदित अवलंब लहे तें । अस सुख जस सिय रामु रहे तें ॥
bharata mudita avalaṁba lahe teṁ, asa sukha jasa siya rāmu rahe teṁ.

दोहा-dohā:

मागेउ बिदा प्रनामु करि राम लिए उर लाइ ।
māgeu bidā pranāmu kari rāma lie ura lāi,
लोग उचाटे अमरपति कुटिल कुअवसरु पाइ ॥ ३१६ ॥
loga ucāṭe amarapati kuṭila kuavasaru pāi. 316.

चौपाई-caupāī:

सो कुचालि सब कहँ भइ नीकी । अवधि आस सम जीवनि जी की ॥
so kucāli saba kaham̐ bhai nīkī, avadhi āsa sama jīvani jī kī.
नतरु लखन सिय सम बियोगा । हहरि मरत सब लोग कुरोगा ॥
nataru lakhana siya sama biyogā, hahari marata saba loga kurogā.
रामकृपाँ अवरेब सुधारी । बिबुध धारि भइ गुनद गोहारी ॥
rāmakṛpām̐ avareba sudhārī, bibudha dhāri bhai gunada gohārī.
भेंटत भुज भरि भाइ भरत सो । राम प्रेम रसु कहि न परत सो ॥
bheṁṭata bhuja bhari bhāi bharata so, rāma prema rasu kahi na parata so.
तन मन बचन उमग अनुरागा । धीर धुरंधर धीरजु त्यागा ॥
tana mana bacana umaga anurāgā, dhīra dhuraṁdhara dhīraju tyāgā.
बारिज लोचन मोचत बारी । देखि दसा सुर सभा दुखारी ॥
bārija locana mocata bārī, dekhi dasā sura sabhā dukhārī.
मुनिगन गुर धुर धीर जनक से । ग्यान अनल मन कसें कनक से ॥
munigana gura dhura dhīra janaka se, gyāna anala mana kaseṁ kanaka se.
जे बिरंचि निरलेप उपाए । पदुम पत्र जिमि जग जल जाए ॥
je biraṁci niralepa upāe, paduma patra jimi jaga jala jāe.

दोहा-dohā:

तेउ बिलोकि रघुबर भरत प्रीति अनूप अपार ।
teu biloki raghubara bharata prīti anūpa apāra,
भए मगन मन तन बचन सहित बिराग बिचार ॥ ३१७ ॥
bhae magana mana tana bacana sahita birāga bicāra. 317.

चौपाई-caupāī:

जहाँ जनक गुर गति मति भोरी । प्राकृत प्रीति कहत बड़ि खोरी ॥
jahām̐ janaka gura gati mati bhorī, prākṛta prīti kahata baṛi khorī.
बरनत रघुबर भरत बियोगू । सुनि कठोर कबि जानिहि लोगू ॥
baranata raghubara bharata biyogū, suni kaṭhora kabi jānihi logū.
सो सकोच रसु अकथ सुबानी । समउ सनेहु सुमिरि सकुचानी ॥
so sakoca rasu akatha subānī, samau sanehu sumiri sakucānī.
भेंटि भरतु रघुबर समुझाए । पुनि रिपुदवनु हरषि हियँ लाए ॥
bheṁṭi bharatu raghubara samujhāe, puni ripudavanu haraṣi hiyam̐ lāe.
सेवक सचिव भरत रुख पाई । निज निज काज लगे सब जाई ॥
sevaka saciva bharata rukha pāī, nija nija kāja lage saba jāī.

सुनि दारुन दुखु दुहूँ समाजा । लगे चलन के साजन साजा ॥
suni dāruna dukhu duhūm̐ samājā, lage calana ke sājana sājā.
प्रभु पद पदुम बंदि दोउ भाई । चले सीस धरि राम रजाई ॥
prabhu pada paduma baṁdi dou bhāī, cale sīsa dhari rāma rajāī.
मुनि तापस बनदेव निहोरी । सब सनमानि बहोरि बहोरी ॥
muni tāpasa banadeva nihorī, saba sanamāni bahori bahorī.

दोहा-dohā:

लखनहि भेंटि प्रनामु करि सिर धरि सिय पद धूरि ।
lakhanahi bheṁṭi pranāmu kari sira dhari siya pada dhūri,
चले सप्रेम असीस सुनि सकल सुमंगल मूरि ॥ ३१८ ॥
cale saprema asīsa suni sakala sumaṁgala mūri. 318.

चौपाई-caupāī:

सानुज राम नृपहि सिर नाई । कीन्हि बहुत बिधि बिनय बड़ाई ॥
sānuja rāma nṛpahi sira nāī, kīnhi bahuta bidhi binaya baṛāī.
देव दया बस बड़ दुखु पायउ । सहित समाज काननहिं आयउ ॥
deva dayā basa baṛa dukhu pāyau, sahita samāja kānanahiṁ āyau.
पुर पगु धारिअ देइ असीसा । कीन्ह धीर धरि गवनु महीसा ॥
pura pagu dhāria dei asīsā, kīnha dhīra dhari gavanu mahīsā.
मुनि महिदेव साधु सनमाने । बिदा किए हरि हर सम जाने ॥
muni mahideva sādhu sanamāne, bidā kie hari hara sama jāne.
सासु समीप गए दोउ भाई । फिरे बंदि पग आसिष पाई ॥
sāsu samīpa gae dou bhāī, phire baṁdi paga āsiṣa pāī.
कौसिक बामदेव जाबाली । पुरजन परिजन सचिव सुचाली ॥
kausika bāmadeva jābālī, purajana parijana saciva sucālī.
जथा जोगु करि बिनय प्रनामा । बिदा किए सब सानुज रामा ॥
jathā jogu kari binaya pranāmā, bidā kie saba sānuja rāmā.
नारि पुरुष लघु मध्य बड़ेरे । सब सनमानि कृपानिधि फेरे ॥
nāri puruṣa laghu madhya baṛere, saba sanamāni kṛpānidhi phere.

दोहा-dohā:

भरत मातु पद बंदि प्रभु सुचि सनेहँ मिलि भेंटि ।
bharata mātu pada baṁdi prabhu suci saneham̐ mili bheṁṭi,
बिदा कीन्ह सजि पालकी सकुच सोच सब मेटि ॥ ३१९ ॥
bidā kīnha saji pālakī sakuca soca saba meṭi. 319.

चौपाई-caupāī:

परिजन मातु पितहि मिलि सीता । फिरी प्रानप्रिय प्रेम पुनीता ॥
parijana mātu pitahi mili sītā, phirī prānapriya prema punītā.
करि प्रनामु भेंटीं सब सासू । प्रीति कहत कबि हियँ न हुलासू ॥
kari pranāmu bheṁṭīṁ saba sāsū, prīti kahata kabi hiyam̐ na hulāsū.
सुनि सिख अभिमत आसिष पाई । रही सीय दुहु प्रीति समाई ॥
suni sikha abhimata āsiṣa pāī, rahī sīya duhu prīti samāī.
रघुपति पटु पालकीं मगाईं । करि प्रबोधु सब मातु चढ़ाईं ॥
raghupati paṭu pālakīṁ magāīṁ, kari prabodhu saba mātu caṛhāīṁ.
बार बार हिलि मिलि दुहु भाईं । सम सनेहँ जननी पहुँचाईं ॥
bāra bāra hili mili duhu bhāīṁ, sama saneham̐ jananī pahum̐cāīṁ.
साजि बाजि गज बाहन नाना । भरत भूप दल कीन्ह पयाना ॥
sāji bāji gaja bāhana nānā, bharata bhūpa dala kīnha payānā.
हृदयँ रामु सिय लखन समेता । चले जाहिं सब लोग अचेता ॥
hṛdayam̐ rāmu siya lakhana sametā, cale jāhiṁ saba loga acetā.
बसह बाजि गज पसु हियँ हारें । चले जाहिं परबस मन मारें ॥
basaha bāji gaja pasu hiyam̐ hāreṁ, cale jāhiṁ parabasa mana māreṁ.

दोहा-dohā:

गुर गुरतिय पद बंदि प्रभु सीता लखन समेत ।
gura guratiya pada baṁdi prabhu sītā lakhana sameta,
फिरे हरष बिसमय सहित आए परन निकेत ॥३२०॥
phire haraṣa bisamaya sahita āe parana niketa. 320.

चौपाई-caupāī:

बिदा कीन्ह सनमानि निषादू । चलेउ हृदयँ बड़ बिरह बिषादू ॥
bidā kīnha sanamāni niṣādū, caleu hṛdayaṁ baṛa biraha biṣādū.
कोल किरात भिल्ल बनचारी । फेरे फिरे जोहारि जोहारी ॥
kola kirāta bhilla banacārī, phere phire johāri johārī.
प्रभु सिय लखन बैठि बट छाहीं । प्रिय परिजन बियोग बिलखाहीं ॥
prabhu siya lakhana baiṭhi baṭa chāhīṁ, priya parijana biyoga bilakhāhīṁ.
भरत सनेह सुभाउ सुबानी । प्रिया अनुज सन कहत बखानी ॥
bharata saneha subhāu subānī, priyā anuja sana kahata bakhānī.
प्रीति प्रतीति बचन मन करनी । श्रीमुख राम प्रेम बस बरनी ॥
prīti pratīti bacana mana karanī, śrīmukha rāma prema basa baranī.
तेहि अवसर खग मृग जल मीना । चित्रकूट चर अचर मलीना ॥
tehi avasara khaga mṛga jala mīnā, citrakūṭa cara acara malīnā.
बिबुध बिलोकि दसा रघुबर की । बरषि सुमन कहि गति घर घर की ॥
bibudha biloki dasā raghubara kī, baraṣi sumana kahi gati ghara ghara kī.
प्रभु प्रनामु करि दीन्ह भरोसो । चले मुदित मन डर न खरो सो ॥
prabhu pranāmu kari dīnha bharoso, cale mudita mana ḍara na kharo so.

दोहा-dohā:

सानुज सीय समेत प्रभु राजत परन कुटीर ।
sānuja sīya sameta prabhu rājata parana kuṭīra,
भगति ग्यानु बैराग्य जनु सोहत धरें सरीर ॥३२१॥
bhagati gyānu bairāgya janu sohata dhareṁ sarīra. 321.

चौपाई-caupāī:

मुनि महिसुर गुर भरत भुआलू । राम बिरहँ सबु साजु बिहालू ॥
muni mahisura gura bharata bhuālū, rāma birahaṁ sabu sāju bihālū.
प्रभु गुन ग्राम गनत मन माहीं । सब चुपचाप चले मग जाहीं ॥
prabhu guna grāma ganata mana māhīṁ, saba cupacāpa cale maga jāhīṁ.
जमुना उतरि पार सबु भयऊ । सो बासरु बिनु भोजन गयऊ ॥
jamunā utari pāra sabu bhayaū, so bāsaru binu bhojana gayaū.
उतरि देवसरि दूसर बासू । रामसखाँ सब कीन्ह सुपासू ॥
utari devasari dūsara bāsū, rāmasakhāṁ saba kīnha supāsū.
सई उतरि गोमतीं नहाए । चौथें दिवस अवधपुर आए ॥
saī utari gomatīṁ nahāe, cautheṁ divasa avadhapura āe.
जनकु रहे पुर बासर चारी । राज काज सब साज सँभारी ॥
janaku rahe pura bāsara cārī, rāja kāja saba sāja saṁbhārī.
सौंपि सचिव गुर भरतहि राजू । तेरहुति चले साजि सबु साजू ॥
sauṁpi saciva gura bharatahi rājū, terahuti cale sāji sabu sājū.
नगर नारि नर गुर सिख मानी । बसे सुखेन राम रजधानी ॥
nagara nāri nara gura sikha mānī, base sukhena rāma rajadhānī.

दोहा-dohā:

राम दरस लगि लोग सब करत नेम उपबास ।
rāma darasa lagi loga saba karata nema upabāsa,
तजि तजि भूषन भोग सुख जिअत अवधि कीं आस ॥३२२॥
taji taji bhūṣana bhoga sukha jiata avadhi kīṁ āsa. 322.

चौपाई-caupāī:

सचिव सुसेवक भरत प्रबोधे । निज निज काज पाइ सिख ओधे ॥
saciva susevaka bharata prabodhe, nija nija kāja pāi sikha odhe.
पुनि सिख दीन्हि बोलि लघु भाई । सौंपी सकल मातु सेवकाई ॥
puni sikha dīnhi boli laghu bhāī, sauṁpī sakala mātu sevakāī.
भूसुर बोलि भरत कर जोरे । करि प्रनाम बय बिनय निहोरे ॥
bhūsura boli bharata kara jore, kari pranāma baya binaya nihore.
ऊँच नीच कारजु भल पोचू । आयसु देब न करब सँकोचू ॥
ūṁca nīca kāraju bhala pocū, āyasu deba na karaba saṁkocū.
परिजन पुरजन प्रजा बोलाए । समाधानु करि सुबस बसाए ॥
parijana purajana prajā bolāe, samādhānu kari subasa basāe.
सानुज गे गुर गेहँ बहोरी । करि दंडवत कहत कर जोरी ॥
sānuja ge gura gehaṁ bahorī, kari daṁḍavata kahata kara jorī.
आयसु होइ त रहौं सनेमा । बोले मुनि तन पुलकि सपेमा ॥
āyasu hoi ta rahauṁ sanemā, bole muni tana pulaki sapemā.
समुझव कहब करब तुम्ह जोई । धरम सारु जग होइहि सोई ॥
samujhava kahaba karaba tumha joī, dharama sāru jaga hoihi soī.

दोहा-dohā:

सुनि सिख पाइ असीस बड़ि गनक बोलि दिनु साधि ।
suni sikha pāi asīsa baṛi ganaka boli dinu sādhi,
सिंघासन प्रभु पादुका बैठारे निरुपाधि ॥३२३॥
siṁghāsana prabhu pādukā baiṭhāre nirupādhi. 323.

चौपाई-caupāī:

राम मातु गुर पद सिरु नाई । प्रभु पद पीठ रजायसु पाई ॥
rāma mātu gura pada siru nāī, prabhu pada pīṭha rajāyasu pāī.
नंदिगावँ करि परन कुटीरा । कीन्ह निवासु धरम धुर धीरा ॥
naṁdigāvaṁ kari parana kuṭīrā, kīnha nivāsu dharama dhura dhīrā.
जटाजूट सिर मुनिपट धारी । महि खनि कुस साँथरी सँवारी ॥
jaṭājūṭa sira munipaṭa dhārī, mahi khani kusa sāṁtharī saṁvārī.
असन बसन बासन ब्रत नेमा । करत कठिन रिषि धरम सप्रेमा ॥
asana basana bāsana brata nemā, karata kaṭhina riṣi dharama sapremā.
भूषन बसन भोग सुख भूरी । मन तन बचन तजे तिन तूरी ॥
bhūṣana basana bhoga sukha bhūrī, mana tana bacana taje tina tūrī.
अवध राजु सुर राजु सिहाई । दसरथ धनु सुनि धनदु लजाई ॥
avadha rāju sura rāju sihāī, dasaratha dhanu suni dhanadu lajāī.
तेहिं पुर बसत भरत बिनु रागा । चंचरीक जिमि चंपक बागा ॥
tehiṁ pura basata bharata binu rāgā, caṁcarīka jimi caṁpaka bāgā.
रमा बिलासु राम अनुरागी । तजत बमन जिमि जन बड़भागी ॥
ramā bilāsu rāma anurāgī, tajata bamana jimi jana baṛabhāgī.

दोहा-dohā:

राम पेम भाजन भरतु बड़े न एहिं करतूति ।
rāma pema bhājana bharatu baṛe na ehiṁ karatūti,
चातक हंस सराहिअत टेंक बिबेक बिभूति ॥३२४॥
cātaka haṁsa sarāhiata ṭeṁka bibeka bibhūti. 324.

चौपाई-caupāī:

देह दिनहुँ दिन दूबरि होई । घटइ तेजु बलु मुख छबि सोई ॥
deha dinahuṁ dina dūbari hoī, ghaṭai teju balu mukha chabi soī.
नित नव राम प्रेम पनु पीना । बढ़त धरम दलु मनु न मलीना ॥
nita nava rāma prema panu pīnā, baṛhata dharama dalu manu na malīnā.
जिमि जलु निघटत सरद प्रकासे । बिलसत बेतस बनज बिकासे ॥
jimi jalu nighaṭata sarada prakāse, bilasata betasa banaja bikāse.
सम दम संजम नियम उपासा । नखत भरत हिय बिमल अकासा ॥
sama dama saṁjama niyama upāsā, nakhata bharata hiya bimala akāsā.
ध्रुव बिस्वासु अवधि राका सी । स्वामि सुरति सुरबीथि बिकासी ॥
dhruva bisvāsu avadhi rākā sī, svāmi surati surabīthi bikāsī.

राम पेम बिधु अचल अदोषा । सहित समाज सोह नित चोखा ॥
rāma pema bidhu acala adoṣā, sahita samāja soha nita cokhā.
भरत रहनि समुझनि करतूती । भगति बिरति गुन बिमल बिभूती ॥
bharata rahani samujhani karatūtī, bhagati birati guna bimala bibhūtī.
बरनत सकल सुकबि सकुचाहीं । सेस गनेस गिरा गमु नाहीं ॥
baranata sakala sukabi sakucāhīṁ, sesa ganesa girā gamu nāhīṁ.

दोहा-*dohā:*

नित पूजत प्रभु पाँवरी प्रीति न हृदयँ समाति ।
nita pūjata prabhu pām̐varī prīti na hṛdayam̐ samāti.
मागि मागि आयसु करत राज काज बहु भाँति ॥ ३२५ ॥
māgi māgi āyasu karata rāja kāja bahu bhām̐ti. 325.

चौपाई-*caupāī:*

पुलक गात हियँ सिय रघुबीरू । जीह नामु जप लोचन नीरू ॥
pulaka gāta hiyam̐ siya raghubīrū, jīha nāmu japa locana nīrū.
लखन राम सिय कानन बसहीं । भरतु भवन बसि तप तनु कसहीं ॥
lakhana rāma siya kānana basahīṁ, bharatu bhavana basi tapa tanu kasahīṁ.
दोउ दिसि समुझि कहत सबु लोगू । सब बिधि भरत सराहन जोगू ॥
dou disi samujhi kahata sabu logū, saba bidhi bharata sarāhana jogū.
सुनि ब्रत नेम साधु सकुचाहीं । देखि दसा मुनिराज लजाहीं ॥
suni brata nema sādhu sakucāhīṁ, dekhi dasā munirāja lajāhīṁ.
परम पुनीत भरत आचरनू । मधुर मंजु मुद मंगल करनू ॥
parama punīta bharata ācaranū, madhura mam̐ju muda mam̐gala karanū.
हरन कठिन कलि कलुष कलेसू । महामोह निसि दलन दिनेसू ॥
harana kaṭhina kali kaluṣa kalesū, mahāmoha nisi dalana dinesū.
पाप पुंज कुंजर मृगराजू । समन सकल संताप समाजू ॥
pāpa pum̐ja kum̐jara mṛgarājū, samana sakala sam̐tāpa samājū.
जन रंजन भंजन भव भारू । राम सनेह सुधाकर सारू ॥
jana ram̐jana bham̐jana bhava bhārū, rāma saneha sudhākara sārū.

छंद-*cham̐da:*

सिय राम प्रेम पियूष पूरन होत जनमु न भरत को ।
siya rāma prema piyūṣa pūrana hota janamu na bharata ko,
मुनि मन अगम जम नियम सम दम बिषम ब्रत आचरत को ॥
muni mana agama jama niyama sama dama biṣama brata ācarata ko.
दुख दाह दारिद दंभ दूषन सुजस मिस अपहरत को ।
dukha dāha dārida dam̐bha dūṣana sujasa misa apaharata ko,
कलिकाल तुलसी से सठन्हि हठि राम सनमुख करत को ॥
kalikāla tulasī se saṭhanhi haṭhi rāma sanamukha karata ko.

सोरठा-*soraṭhā:*

भरत चरित करि नेमु तुलसी जो सादर सुनहिं ।
bharata carita kari nemu tulasī jo sādara sunahiṁ,
सीय राम पद पेमु अवसि होइ भव रस बिरति ॥ ३२६ ॥
sīya rāma pada pemu avasi hoi bhava rasa birati. 326.

मासपारायण इक्कीसवाँ विश्राम
māsapārāyaṇa ikkīsavām̐ viśrāma
(Pause 21 for a Thirty-Day Recitation)

—::—

— जय श्रीसीताराम —

सीताराम सीताराम सीताराम राम राम । रामराम रामराम रामराम सीताराम ॥
सीताराम सीताराम सीताराम राम राम । रामराम रामराम रामराम सीताराम ॥

इति श्रीमद्रामचरितमानसे सकलकलिकलुषविध्वंसने द्वितीयः सोपानः समाप्तः
iti śrīmadrāmacaritamānase sakalakalikaluṣavidhvam̐sane dvitīyaḥ sopānaḥ samāptaḥ

श्रीजानकीवल्लभो विजयते

śrījānakīvallabho vijayate

श्रीरामचरितमानस

śrīrāmacaritamānasa

तृतीय सोपान - अरण्यकाण्ड

tṛtīya sopāna - araṇyakāṇḍa

श्लोक-śloka:

मूलं धर्मतरोर्विवेकजलधेः पूर्णेन्दुमानन्ददं
mūlaṁ dharmatarorvivekajaladheḥ pūrṇendumānandadaṁ
वैराग्याम्बुजभास्करं ह्यघघनध्वान्तापहं तापहम् ।
vairāgyāmbujabhāskaraṁ hyaghaghanadhvāntāpahaṁ tāpaham,
मोहाम्भोधरपूगपाटनविधौ स्वःसम्भवं शङ्करं
mohāmbhodharapūgapāṭanavidhau svaḥsambhavaṁ śaṅkaraṁ
वन्दे ब्रह्मकुलं कलङ्कशमनं श्रीरामभूपप्रियम् ॥ १ ॥
vande brahmakulaṁ kalaṁkaśamanaṁ śrīrāmabhūpapriyam. 1.

सान्द्रानन्दपयोदसौभगतनुं पीताम्बरं सुन्दरं
sāndrānandapayodasaubhagatanuṁ pītāmbaraṁ sundaraṁ
पाणौ बाणशरासनं कटिलसत्तूणीरभारं वरम् ।
pāṇau bāṇaśarāsanaṁ kaṭilasattūṇīrabhāraṁ varam,
राजीवायतलोचनं धृतजटाजूटेन संशोभितं
rājīvāyatalocanaṁ dhṛtajaṭājūṭena saṁśobhitaṁ
सीतालक्ष्मणसंयुतं पथिगतं रामाभिरामं भजे ॥ २ ॥
sītālakṣmaṇasaṁyutaṁ pathigataṁ rāmābhirāmaṁ bhaje. 2.

सोरठा-sorathā:

उमा राम गुन गूढ़ पंडित मुनि पावहिं बिरति ।
umā rāma guna gūṛha paṁḍita muni pāvahiṁ birati,
पावहिं मोह बिमूढ़ जे हरि बिमुख न धर्म रति ॥
pāvahiṁ moha bimūṛha je hari bimukha na dharma rati.

चौपाई-caupāī:

पुर नर भरत प्रीति मैं गाई । मति अनुरूप अनूप सुहाई ॥
pura nara bharata prīti maiṁ gāī, mati anurūpa anūpa suhāī.
अब प्रभु चरित सुनहु अति पावन । करत जे बन सुर नर मुनि भावन ॥
aba prabhu carita sunahu ati pāvana, karata je bana sura nara muni bhāvana.
एक बार चुनि कुसुम सुहाए । निज कर भूषन राम बनाए ॥
eka bāra cuni kusuma suhāe, nija kara bhūṣana rāma banāe.
सीतहि पहिराए प्रभु सादर । बैठे फटिक सिला पर सुंदर ॥
sītahi pahirāe prabhu sādara, baiṭhe phaṭika silā para suṁdara.
सुरपति सुत धरि बायस बेषा । सठ चाहत रघुपति बल देखा ॥
surapati suta dhari bāyasa beṣā, saṭha cāhata raghupati bala dekhā.
जिमि पिपीलिका सागर थाहा । महा मंदमति पावन चाहा ॥
jimi pipīlikā sāgara thāhā, mahā maṁdamati pāvana cāhā.
सीता चरन चोंच हति भागा । मूढ़ मंदमति कारन कागा ॥
sītā carana coṁca hati bhāgā, mūṛha maṁdamati kārana kāgā.
चला रुधिर रघुनायक जाना । सींक धनुष सायक संधाना ॥
calā rudhira raghunāyaka jānā, sīṁka dhanuṣa sāyaka saṁdhānā.

दोहा-dohā:

अति कृपाल रघुनायक सदा दीन पर नेह ।
ati kṛpāla raghunāyaka sadā dīna para neha,
ता सन आइ कीन्ह छलु मूरख अवगुन गेह ॥ १ ॥
tā sana āi kīnha chalu mūrakha avaguna geha. 1.

चौपाई-caupāī:

प्रेरित मंत्र ब्रह्मसर धावा । चला भाजि बायस भय पावा ॥
prerita maṁtra brahmasara dhāvā, calā bhāji bāyasa bhaya pāvā.
धरि निज रुप गयउ पितु पाहीं । राम बिमुख राखा तेहि नाहीं ॥
dhari nija rupa gayau pitu pāhīṁ, rāma bimukha rākhā tehi nāhīṁ.
भा निरास उपजी मन त्रासा । जथा चक्र भय रिषि दुर्बासा ॥
bhā nirāsa upajī mana trāsā, jathā cakra bhaya riṣi durbāsā.
ब्रह्मधाम सिवपुर सब लोका । फिरा श्रमित ब्याकुल भय सोका ॥
brahmadhāma sivapura saba lokā, phirā śramita byākula bhaya sokā.
काहूँ बैठन कहा न ओही । राखि को सकइ राम कर द्रोही ॥
kāhūṁ baiṭhana kahā na ohī, rākhi ko sakai rāma kara drohī.
मातु मृत्यु पितु समन समाना । सुधा होइ बिष सुनु हरिजाना ॥
mātu mṛtyu pitu samana samānā, sudhā hoi biṣa sunu harijānā.
मित्र करइ सत रिपु कै करनी । ता कहँ बिबुधनदी बैतरनी ॥
mitra karai sata ripu kai karanī, tā kahaṁ bibudhanadī baitaranī.
सब जगु ताहि अनलहु ते ताता । जो रघुबीर बिमुख सुनु भ्राता ॥
saba jagu tāhi analahu te tātā, jo raghubīra bimukha sunu bhrātā.
नारद देखा बिकल जयंता । लागि दया कोमल चित संता ॥
nārada dekhā bikala jayaṁtā, lāgi dayā komala cita saṁtā.
पठवा तुरत राम पहिं ताही । कहेसि पुकारि प्रनत हित पाही ॥
paṭhavā turata rāma pahiṁ tāhī, kahesi pukāri pranata hita pāhī.
आतुर सभय गहेसि पद जाई । त्राहि त्राहि दयाल रघुराई ॥
ātura sabhaya gahesi pada jāī, trāhi trāhi dayāla raghurāī.
अतुलित बल अतुलित प्रभुताई । मैं मतिमंद जानि नहिं पाई ॥
atulita bala atulita prabhutāī, maiṁ matimaṁda jāni nahiṁ pāī.

निज कृत कर्म जनित फल पायउँ । अब प्रभु पाहि सरन तकि आयउँ ॥
nija kṛta karma janita phala pāyauṁ, aba prabhu pāhi sarana taki āyauṁ.
सुनि कृपाल अति आरत बानी । एकनयन करि तजा भवानी ॥
suni kṛpāla ati ārata bānī, ekanayana kari tajā bhavānī.

सोरठा-soraṭhā:

कीन्ह मोह बस द्रोह जद्यपि तेहि कर बध उचित ।
kīnha moha basa droha jadyapi tehi kara badha ucita,
प्रभु छाड़ेउ करि छोह को कृपाल रघुबीर सम ॥२॥
prabhu chāṛeu kari choha ko kṛpāla raghubīra sama. 2.

चौपाई-caupāī:

रघुपति चित्रकूट बसि नाना । चरित किए श्रुति सुधा समाना ॥
raghupati citrakūṭa basi nānā, carita kie śruti sudhā samānā.
बहुरि राम अस मन अनुमाना । होइहि भीर सबहिं मोहि जाना ॥
bahuri rāma asa mana anumānā, hoihi bhīra sabahiṁ mohi jānā.
सकल मुनिन्ह सन बिदा कराई । सीता सहित चले द्वौ भाई ॥
sakala muninha sana bidā karāī, sītā sahita cale dvau bhāī.
अत्रि के आश्रम जब प्रभु गयऊ । सुनत महामुनि हरषित भयऊ ॥
atri ke āśrama jaba prabhu gayaū, sunata mahāmuni haraṣita bhayaū.
पुलकित गात अत्रि उठि धाए । देखि रामु आतुर चलि आए ॥
pulakita gāta atri uṭhi dhāe, dekhi rāmu ātura cali āe.
करत दंडवत मुनि उर लाए । प्रेम बारि द्वौ जन अन्हवाए ॥
karata daṁḍavata muni ura lāe, prema bāri dvau jana anhavāe.
देखि राम छबि नयन जुड़ाने । सादर निज आश्रम तब आने ॥
dekhi rāma chabi nayana juṛāne, sādara nija āśrama taba āne.
करि पूजा कहि बचन सुहाए । दिए मूल फल प्रभु मन भाए ॥
kari pūjā kahi bacana suhāe, die mūla phala prabhu mana bhāe.

सोरठा-soraṭhā:

प्रभु आसन आसीन भरि लोचन सोभा निरखि ।
prabhu āsana āsīna bhari locana sobhā nirakhi,
मुनिबर परम प्रबीन जोरि पानि अस्तुति करत ॥३॥
munibara parama prabīna jori pāni astuti karata. 3.

छंद-chaṁda:

नमामि भक्त वत्सलं । कृपालु शील कोमलं ॥
namāmi bhakta vatsalaṁ, kṛpālu śīla komalaṁ.
भजामि ते पदांबुजं । अकामिनां स्वधामदं ॥
bhajāmi te padāṁbujaṁ, akāmināṁ svadhāmadaṁ.
निकाम श्याम सुंदरं । भवाम्बुनाथ मंदरं ॥
nikāma śyāma suṁdaraṁ, bhavāmbunātha maṁdaraṁ.
प्रफुल्ल कंज लोचनं । मदादि दोष मोचनं ॥
praphulla kaṁja locanaṁ, madādi doṣa mocanaṁ.
प्रलंब बाहु विक्रमं । प्रभोऽप्रमेय वैभवं ॥
pralaṁba bāhu vikramaṁ, prabho'prameya vaibhavaṁ.
निषंग चाप सायकं । धरं त्रिलोक नायकं ॥
niṣaṁga cāpa sāyakaṁ, dharaṁ triloka nāyakaṁ.
दिनेश वंश मंडनं । महेश चाप खंडनं ॥
dineśa vaṁśa maṁḍanaṁ, maheśa cāpa khaṁḍanaṁ.
मुनींद्र संत रंजनं । सुरारि बृंद भंजनं ॥
munīṁdra saṁta raṁjanaṁ, surāri bṛṁda bhaṁjanaṁ.
मनोज वैरि वंदितं । अजादि देव सेवितं ॥
manoja vairi vaṁditaṁ, ajādi deva sevitaṁ.
विशुद्ध बोध विग्रहं । समस्त दूषणापहं ॥
viśuddha bodha vigrahaṁ, samasta dūṣaṇāpahaṁ.

नमामि इंदिरा पतिं । सुखाकरं सतां गतिं ॥
namāmi iṁdirā patiṁ, sukhākaraṁ satāṁ gatiṁ.
भजे सशक्ति सानुजं । शची पति प्रियानुजं ॥
bhaje saśakti sānujaṁ, śacī pati priyānujaṁ.
त्वदंघ्रि मूल ये नराः । भजंति हीन मत्सराः ॥
tvadaṁghri mūla ye narāḥ, bhajaṁti hīna matsarāḥ.
पतंति नो भवार्णवे । वितर्क वीचि संकुले ॥
pataṁti no bhavārṇave, vitarka vīci saṁkule.
विविक्त वासिनः सदा । भजंति मुक्तये मुदा ॥
vivikta vāsinaḥ sadā, bhajaṁti muktaye mudā.
निरस्य इंद्रियादिकं । प्रयांति ते गतिं स्वकं ॥
nirasya iṁdriyādikaṁ, prayāṁti te gatiṁ svakaṁ.
तमेकमद्भुतं प्रभुं । निरीहमीश्वरं विभुं ॥
tamekamadbhutaṁ prabhuṁ, nirīhamīśvaraṁ vibhuṁ.
जगद्गुरुं च शाश्वतं । तुरीयमेव केवलं ॥
jagadguruṁ ca śāśvataṁ, turīyameva kevalaṁ.
भजामि भाव वल्लभं । कुयोगिनां सुदुर्लभं ॥
bhajāmi bhāva vallabhaṁ, kuyogināṁ sudurlabhaṁ.
स्वभक्त कल्प पादपं । समं सुसेव्यमन्वहं ॥
svabhakta kalpa pādapaṁ, samaṁ susevyamanvahaṁ.
अनूप रूप भूपतिं । नतोऽहमुर्विजा पतिं ॥
anūpa rūpa bhūpatiṁ, nato'hamurvijā patiṁ.
प्रसीद मे नमामि ते । पदाब्ज भक्ति देहि मे ॥
prasīda me namāmi te, padābja bhakti dehi me.
पठंति ये स्तवं इदं । नरादरेण ते पदं ॥
paṭhaṁti ye stavaṁ idaṁ, narādareṇa te padaṁ.
व्रजंति नात्र संशयं । त्वदीय भक्ति संयुताः ॥
vrajaṁti nātra saṁśayaṁ, tvadīya bhakti saṁyutāḥ.

दोहा-dohā:

बिनती करि मुनि नाइ सिरु कह कर जोरि बहोरि ।
binatī kari muni nāi siru kaha kara jori bahori,
चरन सरोरुह नाथ जनि कबहुँ तजै मति मोरि ॥४॥
carana saroruha nātha jani kabahuṁ tajai mati mori. 4.

चौपाई-caupāī:

अनुसुइया के पद गहि सीता । मिली बहोरि सुसील बिनीता ॥
anusuiyā ke pada gahi sītā, milī bahori susīla binītā.
रिषिपतिनी मन सुख अधिकाई । आसिष देइ निकट बैठाई ॥
riṣipatinī mana sukha adhikāī, āsiṣa dei nikaṭa baiṭhāī.
दिब्य बसन भूषन पहिराए । जे नित नूतन अमल सुहाए ॥
dibya basana bhūṣana pahirāe, je nita nūtana amala suhāe.
कह रिषिबधू सरस मृदु बानी । नारिधर्म कछु ब्याज बखानी ॥
kaha riṣibadhū sarasa mṛdu bānī, nāridharma kachu byāja bakhānī.
मातु पिता भ्राता हितकारी । मितप्रद सब सुनु राजकुमारी ॥
mātu pitā bhrātā hitakārī, mitaprada saba sunu rājakumārī.
अमित दानि भर्ता बयदेही । अधम सो नारि जो सेव न तेही ॥
amita dāni bhartā bayadehī, adhama so nāri jo seva na tehī.
धीरज धर्म मित्र अरु नारी । आपद काल परिखिअहिं चारी ॥
dhīraja dharma mitra aru nārī, āpada kāla parikhiahiṁ cārī.
बृद्ध रोगबस जड़ धनहीना । अंध बधिर क्रोधी अति दीना ॥
bṛddha rogabasa jaṛa dhanahīnā, aṁdha badhira krodhī ati dīnā.
ऐसेहु पति कर किएँ अपमाना । नारि पाव जमपुर दुख नाना ॥
aisehu pati kara kieṁ apamānā, nāri pāva jamapura dukha nānā.

एकइ धर्म एक ब्रत नेमा । कायँ बचन मन पति पद प्रेमा ॥
ekai dharma eka brata nemā, kāyam̐ bacana mana pati pada premā.
जग पतिब्रता चारि बिधि अहहीं । बेद पुरान संत सब कहहीं ॥
jaga patibratā cāri bidhi ahahīṁ, beda purāna saṁta saba kahahīṁ.
उत्तम के अस बस मन माहीं । सपनेहुँ आन पुरुष जग नाहीं ॥
uttama ke asa basa mana māhīṁ, sapanehum̐ āna puruṣa jaga nāhīṁ.
मध्यम परपति देखइ कैसें । भ्राता पिता पुत्र निज जैसें ॥
madhyama parapati dekhai kaiseṁ, bhrātā pitā putra nija jaiseṁ.
धर्म बिचारि समुझि कुल रहई । सो निकिष्ट त्रिय श्रुति अस कहई ॥
dharma bicāri samujhi kula rahaī, so nikiṣṭa triya śruti asa kahaī.
बिनु अवसर भय तें रह जोई । जानेहु अधम नारि जग सोई ॥
binu avasara bhaya teṁ raha joī, jānehu adhama nāri jaga soī.
पति बंचक परपति रति करई । रौरव नरक कल्प सत परई ॥
pati baṁcaka parapati rati karaī, raurava naraka kalpa sata paraī.
छन सुख लागि जनम सत कोटी । दुख न समुझ तेहि सम को खोटी ॥
chana sukha lāgi janama sata koṭī, dukha na samujha tehi sama ko khoṭī.
बिनु श्रम नारि परम गति लहई । पतिब्रत धर्म छाड़ि छल गहई ॥
binu śrama nāri parama gati lahaī, patibrata dharma chāṛi chala gahaī.
पति प्रतिकूल जनम जहँ जाई । बिधवा होइ पाइ तरुनाई ॥
pati pratikūla janama jaham̐ jāī, bidhavā hoi pāi tarunāī.

सोरठा-sorathā:

सहज अपावनि नारि पति सेवत सुभ गति लहइ ।
sahaja apāvani nāri pati sevata subha gati lahai,
जासु गावत श्रुति चारि अजहुँ तुलसिका हरिहि प्रिय ॥५क॥
jasu gāvata śruti cāri ajahum̐ tulasikā harihi priya. 5ka.
सुनु सीता तव नाम सुमिरि नारि पतिब्रत करहिं ।
sunu sītā tava nāma sumiri nāri patibrata karahiṁ,
तोहि प्रानप्रिय राम कहिउँ कथा संसार हित ॥५ख॥
tohi prānapriya rāma kahium̐ kathā saṁsāra hita. 5kha.

चौपाई-caupāī:

सुनि जानकीं परम सुखु पावा । सादर तासु चरन सिरु नावा ॥
suni jānakīṁ parama sukhu pāvā, sādara tāsu carana siru nāvā.
तब मुनि सन कह कृपानिधाना । आयसु होइ जाउँ बन आना ॥
taba muni sana kaha kṛpānidhānā, āyasu hoi jāum̐ bana ānā.
संतत मो पर कृपा करेहू । सेवक जानि तजेहु जनि नेहू ॥
saṁtata mo para kṛpā karehū, sevaka jāni tajehu jani nehū.
धर्म धुरंधर प्रभु कै बानी । सुनि सप्रेम बोले मुनि ग्यानी ॥
dharma dhuraṁdhara prabhu kai bānī, suni saprema bole muni gyānī.
जासु कृपा अज सिव सनकादी । चहत सकल परमारथ बादी ॥
jāsu kṛpā aja siva sanakādī, cahata sakala paramāratha bādī.
ते तुम्ह राम अकाम पिआरे । दीन बंधु मृदु बचन उचारे ॥
te tumha rāma akāma piāre, dīna baṁdhu mṛdu bacana ucāre.
अब जानी मैं श्री चतुराई । भजी तुम्हहि सब देव बिहाई ॥
aba jānī maiṁ śrī caturāī, bhajī tumhahi saba deva bihāī.
जेहि समान अतिसय नहिं कोई । ता कर सील कस न अस होई ॥
jehi samāna atisaya nahiṁ koī, tā kara sīla kasa na asa hoī.
केहि बिधि कहौं जाहु अब स्वामी । कहहु नाथ तुम्ह अंतरजामी ॥
kehi bidhi kahauṁ jāhu aba svāmī, kahahu nātha tumha aṁtarajāmī.
अस कहि प्रभु बिलोकि मुनि धीरा । लोचन जल बह पुलक सरीरा ॥
asa kahi prabhu biloki muni dhīrā, locana jala baha pulaka sarīrā.

छंद-chaṁda:

तन पुलक निर्भर प्रेम पूरन नयन मुख पंकज दिए ।
tana pulaka nirbhara prema pūrana nayana mukha paṁkaja die,
मन ग्यान गुन गोतीत प्रभु मैं दीख जप तप का किए ॥
mana gyāna guna gotīta prabhu maiṁ dīkha japa tapa kā kie.
जप जोग धर्म समूह तें नर भगति अनुपम पावई ।
japa joga dharma samūha teṁ nara bhagati anupama pāvaī,
रघुबीर चरित पुनीत निसि दिन दास तुलसी गावई ॥
radhubīra carita punīta nisi dina dāsa tulasī gāvaī.

दोहा-dohā:

कलिमल समन दमन मन राम सुजस सुखमूल ।
kalimala samana damana mana rāma sujasa sukhamūla,
सादर सुनहिं जे तिन्ह पर राम रहहिं अनुकूल ॥६क॥
sādara sunahiṁ je tinha para rāma rahahiṁ anukūla. 6(ka).

सोरठा-sorathā:

कठिन काल मल कोस धर्म न ग्यान न जोग जप ।
kaṭhina kāla mala kosa dharma na gyāna na joga japa,
परिहरि सकल भरोस रामहि भजहिं ते चतुर नर ॥६ख॥
parihari sakala bharosa rāmahi bhajahiṁ te catura nara. 6(kha).

चौपाई-caupāī:

मुनि पद कमल नाइ करि सीसा । चले बनहि सुर नर मुनि ईसा ॥
muni pada kamala nāi kari sīsā, cale banahi sura nara muni īsā.
आगें राम अनुज पुनि पाछें । मुनि बर बेष बने अति काछें ॥
āgeṁ rāma anuja puni pācheṁ, muni bara beṣa bane ati kācheṁ.
उभय बीच श्री सोहइ कैसी । ब्रह्म जीव बिच माया जैसी ॥
ubhaya bīca śrī sohai kaisī, brahma jīva bica māyā jaisī.
सरिता बन गिरि अवघट घाटा । पति पहिचानि देहिं बर बाटा ॥
saritā bana giri avaghaṭa ghāṭā, pati pahicāni dehiṁ bara bāṭā.
जहँ जहँ जाहिं देव रघुराया । करहिं मेघ तहँ तहँ नभ छाया ॥
jaham̐ jaham̐ jāhiṁ deva raghurāyā, karahiṁ medha taham̐ taham̐ nabha chāyā.
मिला असुर बिराध मग जाता । आवतहीं रघुबीर निपाता ॥
milā asura birādha maga jātā, āvatahīṁ raghubīra nipātā.
तुरतहिं रुचिर रूप तेहिं पावा । देखि दुखी निज धाम पठावा ॥
turatahim̐ rucira rūpa tehim̐ pāvā, dekhi dukhī nija dhāma paṭhāvā.
पुनि आए जहँ मुनि सरभंगा । सुंदर अनुज जानकी संगा ॥
puni āe jaham̐ muni sarabhaṁgā, suṁdara anuja jānakī saṁgā.

दोहा-dohā:

देखि राम मुख पंकज मुनिबर लोचन भृंग ।
dekhi rāma mukha paṁkaja munibara locana bhṛṁga,
सादर पान करत अति धन्य जन्म सरभंग ॥७॥
sādara pāna karata ati dhanya janma sarabhaṁga. 7.

चौपाई-caupāī:

कह मुनि सुनु रघुबीर कृपाला । संकर मानस राजमराला ॥
kaha muni sunu raghubīra kṛpālā, saṁkara mānasa rājamarālā.
जात रहेउँ बिरंचि के धामा । सुनेउँ श्रवन बन ऐहहि रामा ॥
jāta raheum̐ biraṁci ke dhāmā, suneum̐ śravana bana aihahi rāmā.
चितवत पंथ रहेउँ दिन राती । अब प्रभु देखि जुड़ानी छाती ॥
citavata paṁtha raheum̐ dina rātī, aba prabhu dekhi juṛānī chātī.
नाथ सकल साधन मैं हीना । कीन्हीं कृपा जानि जन दीना ॥
nātha sakala sādhana maiṁ hīnā, kīnhī kṛpā jāni jana dīnā.
सो कछु देव न मोहि निहोरा । निज पन राखेउ जन मन चोरा ॥
so kachu deva na mohi nihorā, nija pana rākheu jana mana corā.
तब लगि रहहु दीन हित लागी । जब लगि मिलौं तुम्हहि तनु त्यागी ॥
taba lagi rahahu dīna hita lāgī, jaba lagi milauṁ tumhahi tanu tyāgī.

जोग जग्य जप तप ब्रत कीन्हा । प्रभु कहँ देइ भगति बर लीन्हा ॥
joga jagya japa tapa brata kīnhā, prabhu kahaṁ dei bhagati bara līnhā.
एहि बिधि सर रचि मुनि सरभंगा । बैठे हृदयँ छाड़ि सब संगा ॥
ehi bidhi sara raci muni sarabhaṁgā, baiṭhe hṛdayaṁ chāṛi saba saṁgā.

दोहा-dohā:

सीता अनुज समेत प्रभु नील जलद तनु स्याम ।
sītā anuja sameta prabhu nīla jalada tanu syāma,
मम हियँ बसहु निरंतर सगुनरुप श्रीराम ॥८॥
mama hiyaṁ basahu niraṁtara sagunarupa śrīrāma. 8.

चौपाई-caupāī:

अस कहि जोग अगिनि तनु जारा । राम कृपाँ बैकुंठ सिधारा ॥
asa kahi joga agini tanu jārā, rāma kṛpāṁ baikuṁṭha sidhārā.
ताते मुनि हरि लीन न भयऊ । प्रथमहिं भेद भगति बर लयऊ ॥
tāte muni hari līna na bhayaū, prathamahiṁ bheda bhagati bara layaū.
रिषि निकाय मुनि बर गति देखी । सुखी भए निज हृदयँ बिसेषी ॥
riṣi nikāya muni bara gati dekhī, sukhī bhae nija hṛdayaṁ biseṣī.
अस्तुति करहिं सकल मुनि बृंदा । जयति प्रनत हित करुना कंदा ॥
astuti karahiṁ sakala muni bṛṁdā, jayati pranata hita karunā kaṁdā.
पुनि रघुनाथ चले बन आगे । मुनिबर बृंद बिपुल सँग लागे ॥
puni raghunātha cale bana āge, munibara bṛṁda bipula saṁga lāge.
अस्थि समूह देखि रघुराया । पूछी मुनिन्ह लागि अति दाया ॥
asthi samūha dekhi raghurāyā, pūchī muninha lāgi ati dāyā.
जानतहूँ पूछिअ कस स्वामी । सबदरसी तुम्ह अंतरजामी ॥
jānatahūṁ pūchia kasa svāmī, sabadarasī tumha aṁtarajāmī.
निसिचर निकर सकल मुनि खाए । सुनि रघुबीर नयन जल छाए ॥
nisicara nikara sakala muni khāe, suni raghubīra nayana jala chāe.

दोहा-dohā:

निसिचर हीन करउँ महि भुज उठाइ पन कीन्ह ।
nisicara hīna karauṁ mahi bhuja uṭhāi pana kīnha,
सकल मुनिन्ह के आश्रमन्हि जाइ जाइ सुख दीन्ह ॥९॥
sakala muninha ke āśramanhi jāi jāi sukha dīnha. 9.

चौपाई-caupāī:

मुनि अगस्ति कर सिष्य सुजाना । नाम सुतीछन रति भगवाना ॥
muni agasti kara siṣya sujānā, nāma sutīchana rati bhagavānā.
मन क्रम बचन राम पद सेवक । सपनेहु आन भरोस न देवक ॥
mana krama bacana rāma pada sevaka, sapanehu āna bharosa na devaka.
प्रभु आगवनु श्रवन सुनि पावा । करत मनोरथ आतुर धावा ॥
prabhu āgavanu śravana suni pāvā, karata manoratha ātura dhāvā.
हे बिधि दीनबंधु रघुराया । मो से सठ पर करिहहिं दाया ॥
he bidhi dīnabaṁdhu raghurāyā, mo se saṭha para karihahiṁ dāyā.
सहित अनुज मोहि राम गोसाईं । मिलिहहिं निज सेवक की नाईं ॥
sahita anuja mohi rāma gosāīṁ, milihahiṁ nija sevaka kī nāīṁ.
मोरे जियँ भरोस दृढ़ नाहीं । भगति बिरति न ग्यान मन माहीं ॥
more jiyaṁ bharosa dṛṛha nāhīṁ, bhagati birati na gyāna mana māhīṁ.
नहिं सतसंग जोग जप जागा । नहिं दृढ़ चरन कमल अनुरागा ॥
nahiṁ satasaṁga joga japa jāgā, nahiṁ dṛṛha carana kamala anurāgā.
एक बानि करुनानिधान की । सो प्रिय जाकें गति न आन की ॥
eka bāni karunānidhāna kī, so priya jākeṁ gati na āna kī.
होइहैं सुफल आजु मम लोचन । देखि बदन पंकज भव मोचन ॥
hoihaiṁ suphala āju mama locana, dekhi badana paṁkaja bhava mocana.
निर्भर प्रेम मगन मुनि ग्यानी । कहि न जाइ सो दसा भवानी ॥
nirbhara prema magana muni gyānī, kahi na jāi so dasā bhavānī.

दिसि अरु बिदिसि पंथ नहिं सूझा । को मैं चलेउँ कहाँ नहिं बूझा ॥
disi aru bidisi paṁtha nahiṁ sūjhā, ko maiṁ caleuṁ kahāṁ nahiṁ būjhā.
कबहुँक फिरि पाछें पुनि जाई । कबहुँक नृत्य करइ गुन गाई ॥
kabahuṁka phiri pācheṁ puni jāī, kabahuṁka nṛtya karai guna gāī.
अबिरल प्रेम भगति मुनि पाई । प्रभु देखैं तरु ओट लुकाई ॥
abirala prema bhagati muni pāī, prabhu dekhaiṁ taru oṭa lukāī.
अतिसय प्रीति देखि रघुबीरा । प्रगटे हृदयँ हरन भव भीरा ॥
atisaya prīti dekhi raghubīrā, pragaṭe hṛdayaṁ harana bhava bhīrā.
मुनि मग माझ अचल होइ बैसा । पुलक सरीर पनस फल जैसा ॥
muni maga mājha acala hoi baisā, pulaka sarīra panasa phala jaisā.
तब रघुनाथ निकट चलि आए । देखि दसा निज जन मन भाए ॥
taba raghunātha nikaṭa cali āe, dekhi dasā nija jana mana bhāe.
मुनिहि राम बहु भाँति जगावा । जाग न ध्यान जनित सुख पावा ॥
munihi rāma bahu bhāṁti jagāvā, jāga na dhyāna janita sukha pāvā.
भूप रूप तब राम दुरावा । हृदयँ चतुर्भुज रूप देखावा ॥
bhūpa rūpa taba rāma durāvā, hṛdayaṁ caturbhuja rūpa dekhāvā.
मुनि अकुलाइ उठा तब कैसें । बिकल हीन मनि फनि बर जैसें ॥
muni akulāi uṭhā taba kaiseṁ, bikala hīna mani phani bara jaiseṁ.
आगें देखि राम तन स्यामा । सीता अनुज सहित सुख धामा ॥
āgeṁ dekhi rāma tana syāmā, sītā anuja sahita sukha dhāmā.
परेउ लकुट इव चरनन्हि लागी । प्रेम मगन मुनिबर बड़भागी ॥
pareu lakuṭa iva carananhi lāgī, prema magana munibara baṛabhāgī.
भुज बिसाल गहि लिए उठाई । परम प्रीति राखे उर लाई ॥
bhuja bisāla gahi lie uṭhāī, parama prīti rākhe ura lāī.
मुनिहि मिलत अस सोह कृपाला । कनक तरुहि जनु भेंट तमाला ॥
munihi milata asa soha kṛpālā, kanaka taruhi janu bheṁṭa tamālā.
राम बदनु बिलोक मुनि ठाढ़ा । मानहुँ चित्र माझ लिखि काढ़ा ॥
rāma badanu biloka muni ṭhāṛhā, mānahuṁ citra mājha likhi kāṛhā.

दोहा-dohā:

तब मुनि हृदयँ धीर धरि गहि पद बारहिं बार ।
taba muni hṛdayaṁ dhīra dhari gahi pada bārahiṁ bāra,
निज आश्रम प्रभु आनि करि पूजा बिबिध प्रकार ॥१०॥
nija āśrama prabhu āni kari pūjā bibidha prakāra. 10.

चौपाई-caupāī:

कह मुनि प्रभु सुनु बिनती मोरी । अस्तुति करौं कवन बिधि तोरी ॥
kaha muni prabhu sunu binatī morī, astuti karauṁ kavana bidhi torī.
महिमा अमित मोरि मति थोरी । रबि सन्मुख खद्योत अँजोरी ॥
mahimā amita mori mati thorī, rabi sanmukha khadyota aṁjorī.
श्याम तामरस दाम शरीरं । जटा मुकुट परिधन मुनिचीरं ॥
śyāma tāmarasa dāma śarīraṁ, jaṭā mukuṭa paridhana municīraṁ.
पाणि चाप शर कटि तूणीरं । नौमि निरंतर श्रीरघुवीरं ॥
pāṇi cāpa śara kaṭi tūṇīraṁ, naumi niraṁtara śrīraghuvīraṁ.
मोह विपिन घन दहन कृशानुः । संत सरोरुह कानन भानुः ॥
moha vipina ghana dahana kṛśānuḥ, saṁta saroruha kānana bhānuḥ.
निशिचर करि वरूथ मृगराजः । त्रातु सदा नो भव खग बाजः ॥
niśicara kari varūtha mṛgarājaḥ, trātu sadā no bhava khaga bājaḥ.
अरुण नयन राजीव सुवेशं । सीता नयन चकोर निशेशं ॥
aruṇa nayana rājīva suveśaṁ, sītā nayana cakora niśeśaṁ.
हर हृदि मानस बाल मरालं । नौमि राम उर बाहु विशालं ॥
hara hṛdi mānasa bāla marālaṁ, naumi rāma ura bāhu viśālaṁ.
संशय सर्प ग्रसन उरगादः । शमन सुकर्कश तर्क विषादः ॥
saṁśaya sarpa grasana uragādaḥ, śamana sukarkaśa tarka viṣādaḥ.

भव भंजन रंजन सुर यूथः । त्रातु सदा नो कृपा वरूथः ॥
bhava bhaṁjana raṁjana sura yūthaḥ, trātu sadā no kṛpā varūthaḥ.
निर्गुण सगुण विषम सम रूपं । ज्ञान गिरा गोतीतमनूपं ॥
nirguṇa saguṇa viṣama sama rūpaṁ, jñāna girā gotītamanūpaṁ.
अमलमखिलमनवद्यमपारं । नौमि राम भंजन महि भारं ॥
amalamakhilamanavadyamapāraṁ, naumi rāma bhaṁjana mahi bhāraṁ.
भक्त कल्पपादप आरामः । तर्जन क्रोध लोभ मद कामः ॥
bhakta kalpapādapa ārāmaḥ, tarjana krodha lobha mada kāmaḥ.
अति नागर भव सागर सेतुः । त्रातु सदा दिनकर कुल केतुः ॥
ati nāgara bhava sāgara setuḥ, trātu sadā dinakara kula ketuḥ.
अतुलित भुज प्रताप बल धामः । कलि मल विपुल विभंजन नामः ॥
atulita bhuja pratāpa bala dhāmaḥ, kali mala vipula vibhaṁjana nāmaḥ.
धर्म वर्म नर्मद गुण ग्रामः । संतत शं तनोतु मम रामः ॥
dharma varma narmada guṇa grāmaḥ, saṁtata śaṁ tanotu mama rāmaḥ.
जदपि बिरज ब्यापक अबिनासी । सब के हृदयँ निरंतर बासी ॥
jadapi biraja byāpaka abināsī, saba ke hṛdayaṁ niraṁtara bāsī.
तदपि अनुज श्री सहित खरारी । बसतु मनसि मम काननचारी ॥
tadapi anuja śrī sahita kharārī, basatu manasi mama kānanacārī.
जे जानहिं ते जानहुँ स्वामी । सगुन अगुन उर अंतरजामी ॥
je jānahiṁ te jānahuṁ svāmī, saguna aguna ura aṁtarajāmī.
जो कोसल पति राजिव नयना । करउ सो राम हृदय मम अयना ॥
jo kosala pati rājiva nayanā, karau so rāma hṛdaya mama ayanā,
अस अभिमान जाइ जनि भोरे । मैं सेवक रघुपति पति मोरे ॥
asa abhimāna jāi jani bhore, maiṁ sevaka raghupati pati more.
सुनि मुनि बचन राम मन भाए । बहुरि हरषि मुनिबर उर लाए ॥
suni muni bacana rāma mana bhāe, bahuri haraṣi munibara ura lāe.
परम प्रसन्न जानु मुनि मोही । जो बर मागहु देउँ सो तोही ॥
parama prasanna jānu muni mohī, jo bara māgahu deuṁ so tohī.
मुनि कह मैं बर कबहुँ न जाचा । समुझि न परइ झूठ का साचा ॥
muni kaha maiṁ bara kabahuṁ na jācā, samujhi na parai jhūṭha kā sācā.
तुम्हहि नीक लागै रघुराई । सो मोहि देहु दास सुखदाई ॥
tumhahi nīka lāgai raghurāī, so mohi dehu dāsa sukhadāī.
अबिरल भगति बिरति बिग्याना । होहु सकल गुन ग्यान निधाना ॥
abirala bhagati birati bigyānā, hohu sakala guna gyāna nidhānā.
प्रभु जो दीन्ह सो बरु मैं पावा । अब सो देहु मोहि जो भावा ॥
prabhu jo dīnha so baru maiṁ pāvā, aba so dehu mohi jo bhāvā.

दोहा-dohā:

अनुज जानकी सहित प्रभु चाप बान धर राम ।
anuja jānakī sahita prabhu cāpa bāna dhara rāma,
मम हिय गगन इंदु इव बसहु सदा निहकाम ॥ ११ ॥
mama hiya gagana iṁdu iva basahu sadā nihakāma. 11.

चौपाई-caupāī:

एवमस्तु करि रमानिवासा । हरषि चले कुंभज रिषि पासा ॥
evamastu kari ramānivāsā, haraṣi cale kuṁbhaja riṣi pāsā.
बहुत दिवस गुर दरसनु पाएँ । भए मोहि एहिं आश्रम आएँ ॥
bahuta divasa gura darasanu pāeṁ, bhae mohi ehiṁ āśrama āeṁ.
अब प्रभु संग जाउँ गुर पाहीं । तुम्ह कहँ नाथ निहोरा नाहीं ॥
aba prabhu saṁga jāuṁ gura pāhīṁ, tumha kahaṁ nātha nihorā nāhīṁ.
देखि कृपानिधि मुनि चतुराई । लिए संग बिहसे द्वौ भाई ॥
dekhi kṛpānidhi muni caturāī, lie saṁga bihase dvau bhāī.
पंथ कहत निज भगति अनूपा । मुनि आश्रम पहुँचे सुरभूपा ॥
paṁtha kahata nija bhagati anūpā, muni āśrama pahuṁce surabhūpā.
तुरत सुतीछन गुर पहिं गयऊ । करि दंडवत कहत अस भयऊ ॥
turata sutīchana gura pahiṁ gayaū, kari daṁḍavata kahata asa bhayaū.
नाथ कोसलाधीस कुमारा । आए मिलन जगत आधारा ॥
nātha kosalādhīsa kumārā, āe milana jagata ādhārā.
राम अनुज समेत बैदेही । निसि दिनु देव जपत हहु जेही ॥
rāma anuja sameta baidehī, nisi dinu deva japata hahu jehī.
सुनत अगस्ति तुरत उठि धाए । हरि बिलोकि लोचन जल छाए ॥
sunata agasti turata uṭhi dhāe, hari biloki locana jala chāe.
मुनि पद कमल परे द्वौ भाई । रिषि अति प्रीति लिए उर लाई ॥
muni pada kamala pare dvau bhāī, riṣi ati prīti lie ura lāī.
सादर कुसल पूछि मुनि ग्यानी । आसन बर बैठारे आनी ॥
sādara kusala pūchi muni gyānī, āsana bara baiṭhāre ānī.
पुनि करि बहु प्रकार प्रभु पूजा । मोहि सम भाग्यवंत नहिं दूजा ॥
puni kari bahu prakāra prabhu pūjā, mohi sama bhāgyavaṁta nahiṁ dūjā.
जहँ लगि रहे अपर मुनि बृंदा । हरषे सब बिलोकि सुखकंदा ॥
jahaṁ lagi rahe apara muni bṛṁdā, harașe saba biloki sukhakaṁdā.

दोहा-dohā:

मुनि समूह महँ बैठे सन्मुख सब की ओर ।
muni samūha mahaṁ baiṭhe sanmukha saba kī ora,
सरद इंदु तन चितवत मानहुँ निकर चकोर ॥ १२ ॥
sarada iṁdu tana citavata mānahuṁ nikara cakora. 12.

चौपाई-caupāī:

तब रघुबीर कहा मुनि पाहीं । तुम्ह सन प्रभु दुराव कछु नाहीं ॥
taba raghubīra kahā muni pāhīṁ, tumha sana prabhu durāva kachu nāhīṁ.
तुम्ह जानहु जेहि कारन आयउँ । ताते तात न कहि समुझायउँ ॥
tumha jānahu jehi kārana āyauṁ, tāte tāta na kahi samujhāyauṁ.
अब सो मंत्र देहु प्रभु मोही । जेहि प्रकार मारौं मुनिद्रोही ॥
aba so maṁtra dehu prabhu mohī, jehi prakāra māraum munidrohī.
मुनि मुसुकाने सुनि प्रभु बानी । पूछेहु नाथ मोहि का जानी ॥
muni musukāne suni prabhu bānī, pūchehu nātha mohi kā jānī.
तुम्हरेइँ भजन प्रभाव अघारी । जानउँ महिमा कछुक तुम्हारी ॥
tumhareiṁ bhajana prabhāva aghārī, jānauṁ mahimā kachuka tumhārī.
ऊमरि तरु बिसाल तव माया । फल ब्रह्मांड अनेक निकाया ॥
ūmari taru bisāla tava māyā, phala brahmāṁḍa aneka nikāyā.
जीव चराचर जंतु समाना । भीतर बसहिं न जानहिं आना ॥
jīva carācara jaṁtu samānā, bhītara basahiṁ na jānahiṁ ānā.
ते फल भच्छक कठिन कराला । तव भयँ डरत सदा सोउ काला ॥
te phala bhacchaka kaṭhina karālā, tava bhayaṁ ḍarata sadā sou kālā.
ते तुम्ह सकल लोकपति साईं । पूँछेहु मोहि मनुज की नाईं ॥
te tumha sakala lokapati sāīṁ, pūṁchehu mohi manuja kī nāīṁ.
यह बर मागउँ कृपानिकेता । बसहु हृदयँ श्री अनुज समेता ॥
yaha bara māgauṁ kṛpāniketā, basahu hṛdayaṁ śrī anuja sametā.
अबिरल भगति बिरति सतसंगा । चरन सरोरुह प्रीति अभंगा ॥
abirala bhagati birati satasaṁgā, carana saroruha prīti abhaṁgā.
जद्यपि ब्रह्म अखंड अनंता । अनुभव गम्य भजहिं जेहि संता ॥
jadyapi brahma akhaṁḍa anaṁtā, anubhava gamya bhajahiṁ jehi saṁtā.
अस तव रूप बखानउँ जानउँ । फिरि फिरि सगुन ब्रह्म रति मानउँ ॥
asa tava rūpa bakhānauṁ jānauṁ, phiri phiri saguna brahma rati mānauṁ.
संतत दासन्ह देहु बड़ाई । तातें मोहि पूँछेहु रघुराई ॥
saṁtata dāsanha dehu baṛāī, tātem mohi pūṁchehu raghurāī.
है प्रभु परम मनोहर ठाऊँ । पावन पंचबटी तेहि नाऊँ ॥
hai prabhu parama manohara ṭhāūṁ, pāvana paṁcabaṭī tehi nāūṁ.

दंडक बन पुनीत प्रभु करहू। उग्र साप मुनिबर कर हरहू॥
daṁḍaka bana punīta prabhu karahū, ugra sāpa munibara kara harahū.
बास करहु तहँ रघुकुल राया। कीजे सकल मुनिन्ह पर दाया॥
bāsa karahu tahaṁ raghukula rāyā, kīje sakala muninha para dāyā.
चले राम मुनि आयसु पाई। तुरतहिं पंचबटी निअराई॥
cale rāma muni āyasu pāī, turatahiṁ paṁcabaṭī niarāī.

दोहा-dohā:

गीधराज सैं भेंट भइ बहु बिधि प्रीति बढ़ाइ।
gīdharāja saiṁ bheṁṭa bhai bahu bidhi prīti baṛhāi,
गोदावरी निकट प्रभु रहे परन गृह छाइ॥१३॥
godāvarī nikaṭa prabhu rahe parana gṛha chāi. 13.

चौपाई-caupāī:

जब ते राम कीन्ह तहँ बासा। सुखी भए मुनि बीती त्रासा॥
jaba te rāma kīnha tahaṁ bāsā, sukhī bhae muni bītī trāsā.
गिरि बन नदीं ताल छबि छाए। दिन दिन प्रति अति होहिं सुहाए॥
giri bana nadīṁ tāla chabi chāe, dina dina prati ati hohiṁ suhāe.
खग मृग बृंद अनंदित रहहीं। मधुप मधुर गुंजत छबि लहहीं॥
khaga mṛga bṛṁda anaṁdita rahahīṁ, madhupa madhura guṁjata chabi lahahīṁ.
सो बन बरनि न सक अहिराजा। जहाँ प्रगट रघुबीर बिराजा॥
so bana barani na saka ahirājā, jahāṁ pragaṭa raghubīra birājā.
एक बार प्रभु सुख आसीना। लछिमन बचन कहे छलहीना॥
eka bāra prabhu sukha āsīnā, lachimana bacana kahe chalahīnā.
सुर नर मुनि सचराचर साईं। मैं पूछउँ निज प्रभु की नाईं॥
sura nara muni sacarācara sāīṁ, maiṁ pūchauṁ nija prabhu kī nāīṁ.
मोहि समुझाइ कहहु सोइ देवा। सब तजि करौं चरन रज सेवा॥
mohi samujhāi kahahu soi devā, saba taji karauṁ carana raja sevā.
कहहु ग्यान बिराग अरु माया। कहहु सो भगति करहु जेहिं दाया॥
kahahu gyāna birāga aru māyā, kahahu so bhagati karahu jehiṁ dāyā.

दोहा-dohā:

ईस्वर जीव भेद प्रभु सकल कहौ समुझाइ।
īsvara jīva bheda prabhu sakala kahau samujhāi,
जातें होइ चरन रति सोक मोह भ्रम जाइ॥१४॥
jāteṁ hoi carana rati soka moha bhrama jāi. 14.

चौपाई-caupāī:

थोरेहि महँ सब कहउँ बुझाई। सुनहु तात मति मन चित लाई॥
thorehi mahaṁ saba kahauṁ bujhāī, sunahu tāta mati mana cita lāī.
मैं अरु मोर तोर तैं माया। जेहिं बस कीन्हे जीव निकाया॥
maiṁ aru mora tora taiṁ māyā, jehiṁ basa kīnhe jīva nikāyā.
गो गोचर जहँ लगि मन जाई। सो सब माया जानेहु भाई॥
go gocara jahaṁ lagi mana jāī, so saba māyā jānehu bhāī.
तेहि कर भेद सुनहु तुम्ह सोऊ। बिद्या अपर अबिद्या दोऊ॥
tehi kara bheda sunahu tumha soū, bidyā apara abidyā doū.
एक दुष्ट अतिसय दुखरूपा। जा बस जीव परा भवकूपा॥
eka duṣṭa atisaya dukharūpā, jā basa jīva parā bhavakūpā.
एक रचइ जग गुन बस जाकें। प्रभु प्रेरित नहिं निज बल ताकें॥
eka racai jaga guna basa jākeṁ, prabhu prerita nahiṁ nija bala tākeṁ.
ग्यान मान जहँ एकउ नाहीं। देख ब्रह्म समान सब माहीं॥
gyāna māna jahaṁ ekau nāhīṁ, dekha brahma samāna saba māhīṁ.
कहिअ तात सो परम बिरागी। तृन सम सिद्धि तीनि गुन त्यागी॥
kahia tāta so parama birāgī, tṛna sama siddhi tīni guna tyāgī.

दोहा-dohā:

माया ईस न आपु कहुँ जान कहिअ सो जीव।
māyā īsa na āpu kahuṁ jāna kahia so jīva,
बंध मोच्छ प्रद सर्बपर माया प्रेरक सीव॥१५॥
baṁdha moccha prada sarbapara māyā preraka sīva. 15.

चौपाई-caupāī:

धर्म तें बिरति जोग तें ग्याना। ग्यान मोच्छप्रद बेद बखाना॥
dharma teṁ birati joga teṁ gyānā, gyāna mocchaprada beda bakhānā.
जातें बेगि द्रवउँ मैं भाई। सो मम भगति भगत सुखदाई॥
jāteṁ begi dravauṁ maiṁ bhāī, so mama bhagati bhagata sukhadāī.
सो सुतंत्र अवलंब न आना। तेहि आधीन ग्यान बिग्याना॥
so sutaṁtra avalaṁba na ānā, tehi ādhīna gyāna bigyānā.
भगति तात अनुपम सुखमूला। मिलइ जो संत होइँ अनुकूला॥
bhagati tāta anupama sukhamūlā, milai jo saṁta hoiṁ anukūlā.
भगति कि साधन कहउँ बखानी। सुगम पंथ मोहि पावहिं प्रानी॥
bhagati ki sādhana kahauṁ bakhānī, sugama paṁtha mohi pāvahiṁ prānī.
प्रथमहिं बिप्र चरन अति प्रीती। निज निज कर्म निरत श्रुति रीती॥
prathamahiṁ bipra carana ati prītī, nija nija karma nirata śruti rītī.
एहि कर फल पुनि बिषय बिरागा। तब मम धर्म उपज अनुरागा॥
ehi kara phala puni biṣaya birāgā, taba mama dharma upaja anurāgā.
श्रवनादिक नव भक्ति दृढ़ाहीं। मम लीला रति अति मन माहीं॥
śravanādika nava bhakti dṛṛhāhīṁ, mama līlā rati ati mana māhīṁ.
संत चरन पंकज अति प्रेमा। मन क्रम बचन भजन दृढ़ नेमा॥
saṁta carana paṁkaja ati premā, mana krama bacana bhajana dṛṛha nemā.
गुरु पितु मातु बंधु पति देवा। सब मोहि कहँ जानै दृढ़ सेवा॥
guru pitu mātu baṁdhu pati devā, saba mohi kahaṁ jānai dṛṛha sevā.
मम गुन गावत पुलक सरीरा। गदगद गिरा नयन बह नीरा॥
mama guna gāvata pulaka sarīrā, gadagada girā nayana baha nīrā.
काम आदि मद दंभ न जाकें। तात निरंतर बस मैं ताकें॥
kāma ādi mada daṁbha na jākeṁ, tāta niraṁtara basa maiṁ tākeṁ.

दोहा-dohā:

बचन कर्म मन मोरि गति भजनु करहिं निःकाम।
bacana karma mana mori gati bhajanu karahiṁ niḥkāma,
तिन्ह के हृदय कमल महुँ करउँ सदा बिश्राम॥१६॥
tinha ke hṛdaya kamala mahuṁ karauṁ sadā biśrāma. 16.

चौपाई-caupāī:

भगति जोग सुनि अति सुख पावा। लछिमन प्रभु चरनन्हि सिरु नावा॥
bhagati joga suni ati sukha pāvā, lachimana prabhu carananhi siru nāvā.
एहि बिधि गए कछुक दिन बीती। कहत बिराग ग्यान गुन नीती॥
ehi bidhi gae kachuka dina bītī, kahata birāga gyāna guna nītī.
सूपनखा रावन कै बहिनी। दुष्ट हृदय दारुन जस अहिनी॥
sūpanakhā rāvana kai bahinī, duṣṭa hṛdaya dāruna jasa ahinī.
पंचबटी सो गइ एक बारा। देखि बिकल भइ जुगल कुमारा॥
paṁcabaṭī so gai eka bārā, dekhi bikala bhai jugala kumārā.
भ्राता पिता पुत्र उरगारी। पुरुष मनोहर निरखत नारी॥
bhrātā pitā putra uragārī, puruṣa manohara nirakhata nārī.
होइ बिकल सक मनहि न रोकी। जिमि रबिमनि द्रव रबिहि बिलोकी॥
hoi bikala saka manahi na rokī, jimi rabimani drava rabihi bilokī.
रुचिर रुप धरि प्रभु पहिं जाई। बोली बचन बहुत मुसुकाई॥
rucira rupa dhari prabhu pahiṁ jāī, bolī bacana bahuta musukāī.
तुम्ह सम पुरुष न मो सम नारी। यह सँजोग बिधि रचा बिचारी॥
tumha sama puruṣa na mo sama nārī, yaha saṁjoga bidhi racā bicārī.

मम अनुरूप पुरुष जग माहीं । देखेउँ खोजि लोक तिहु नाहीं ॥
mama anurūpa puruṣa jaga māhīṁ, dekheuṁ khoji loka tihu nāhīṁ.
तातें अब लगि रहिउँ कुमारी । मनु माना कछु तुम्हहि निहारी ॥
tāteṁ aba lagi rahiuṁ kumārī, manu mānā kachu tumhahi nihārī.
सीतहि चितइ कही प्रभु बाता । अहइ कुआर मोर लघु भ्राता ॥
sītahi citai kahī prabhu bātā, ahai kuāra mora laghu bhrātā.
गइ लछिमन रिपु भगिनी जानी । प्रभु बिलोकि बोले मृदु बानी ॥
gai lachimana ripu bhaginī jānī, prabhu biloki bole mṛdu bānī.
सुंदरि सुनु मैं उन्ह कर दासा । पराधीन नहिं तोर सुपासा ॥
suṁdari sunu maiṁ unha kara dāsā, parādhīna nahiṁ tora supāsā.
प्रभु समर्थ कोसलपुर राजा । जो कछु करहिं उनहि सब छाजा ॥
prabhu samartha kosalapura rājā, jo kachu karahiṁ unahi saba chājā.
सेवक सुख चह मान भिखारी । ब्यसनी धन सुभ गति बिभिचारी ॥
sevaka sukha caha māna bhikhārī, byasanī dhana subha gati bibhicārī.
लोभी जसु चह चार गुमानी । नभ दुहि दूध चहत ए प्रानी ॥
lobhī jasu caha cāra gumānī, nabha duhi dūdha cahata e prānī.
पुनि फिरि राम निकट सो आई । प्रभु लछिमन पहिं बहुरि पठाई ॥
puni phiri rāma nikaṭa so āī, prabhu lachimana pahiṁ bahuri paṭhāī.
लछिमन कहा तोहि सो बरई । जो तृन तोरि लाज परिहरई ॥
lachimana kahā tohi so baraī, jo tṛna tori lāja pariharaī.
तब खिसिआनि राम पहिं गई । रूप भयंकर प्रगटत भई ॥
taba khisiāni rāma pahiṁ gaī, rūpa bhayaṁkara pragaṭata bhaī.
सीतहि सभय देखि रघुराई । कहा अनुज सन सयन बुझाई ॥
sītahi sabhaya dekhi raghurāī, kahā anuja sana sayana bujhāī.

दोहा-dohā:

लछिमन अति लाघवँ सो नाक कान बिनु कीन्हि ।
lachimana ati lāghavaṁ so nāka kāna binu kīnhi,
ताके कर रावन कहँ मनौ चुनौती दीन्हि ॥१७॥
tāke kara rāvana kahaṁ manau cunautī dīnhi. 17.

चौपाई-caupāī:

नाक कान बिनु भइ बिकरारा । जनु स्त्रव सैल गेरु कै धारा ॥
nāka kāna binu bhai bikarārā, janu srava saila geru kai dhārā.
खर दूषन पहिं गइ बिलपाता । धिग धिग तव पौरुष बल भ्राता ॥
khara dūṣana pahiṁ gai bilapātā, dhiga dhiga tava pauruṣa bala bhrātā.
तेहिं पूछा सब कहेसि बुझाई । जातुधान सुनि सेन बनाई ॥
tehiṁ pūchā saba kahesi bujhāī, jātudhāna suni sena banāī.
धाए निसिचर निकर बरूथा । जनु सपच्छ कज्जल गिरि जूथा ॥
dhāe nisicara nikara barūthā, janu sapaccha kajjala giri jūthā.
नाना बाहन नानाकारा । नानायुध धर घोर अपारा ॥
nānā bāhana nānākārā, nānāyudha dhara ghora apārā.
सुपनखा आगें करि लीनी । असुभ रूप श्रुति नासा हीनी ॥
supanakhā āgeṁ kari līnī, asubha rūpa śruti nāsā hīnī.
असगुन अमित होहिं भयकारी । गनहिं न मृत्यु बिबस सब झारी ॥
asaguna amita hohiṁ bhayakārī, ganahiṁ na mṛtyu bibasa saba jhārī.
गर्जहिं तर्जहिं गगन उड़ाहीं । देखि कटकु भट अति हरषाहीं ॥
garjahiṁ tarjahiṁ gagana uṛāhīṁ, dekhi kaṭaku bhaṭa ati haraṣāhīṁ.
कोउ कह जिअत धरहु द्वौ भाई । धरि मारहु तिय लेहु छड़ाई ॥
kou kaha jiata dharahu dvau bhāī, dhari mārahu tiya lehu chaṛāī.
धूरि पूरि नभ मंडल रहा । राम बोलाइ अनुज सन कहा ॥
dhūri pūri nabha maṁḍala rahā, rāma bolāi anuja sana kahā.
लै जानकिहि जाहु गिरि कंदर । आवा निसिचर कटकु भयंकर ॥
lai jānakihi jāhu giri kaṁdara, āvā nisicara kaṭaku bhayaṁkara.
रहेहु सजग सुनि प्रभु कै बानी । चले सहित श्री सर धनु पानी ॥
rahehu sajaga suni prabhu kai bānī, cale sahita śrī sara dhanu pānī.
देखि राम रिपुदल चलि आवा । बिहसि कठिन कोदंड चढ़ावा ॥
dekhi rāma ripudala cali āvā, bihasi kaṭhina kodaṁḍa caṛhāvā.

छंद-chaṁda:

कोदंड कठिन चढ़ाइ सिर जट जूट बाँधत सोह क्यों ।
kodaṁḍa kaṭhina caṛhāi sira jaṭa jūṭa bāṁdhata soha kyoṁ,
मरकत सयल पर लरत दामिनि कोटि सों जुग भुजग ज्यों ॥
marakata sayala para larata dāmini koṭi soṁ juga bhujaga jyoṁ.
कटि कसि निषंग बिसाल भुज गहि चाप बिसिख सुधारि कै ।
kaṭi kasi niṣaṁga bisāla bhuja gahi cāpa bisikha sudhāri kai,
चितवत मनहुँ मृगराज प्रभु गजराज घटा निहारि कै ॥
citavata manahuṁ mṛgarāja prabhu gajarāja ghaṭā nihāri kai.

सोरठा-soraṭhā:

आइ गए बगमेल धरहु धरहु धावत सुभट ।
āi gae bagamela dharahu dharahu dhāvata subhaṭa,
जथा बिलोकि अकेल बाल रबिहि घेरत दनुज ॥१८॥
jathā biloki akela bāla rabihi gherata danuja. 18.

चौपाई-caupāī:

प्रभु बिलोकि सर सकहिं न डारी । थकित भई रजनीचर धारी ॥
prabhu biloki sara sakahiṁ na ḍārī, thakita bhaī rajanīcara dhārī.
सचिव बोलि बोले खर दूषन । यह कोउ नृपबालक नर भूषन ॥
saciva boli bole khara dūṣana, yaha kou nṛpabālaka nara bhūṣana.
नाग असुर सुर नर मुनि जेते । देखे जिते हते हम केते ॥
nāga asura sura nara muni jete, dekhe jite hate hama kete.
हम भरि जन्म सुनहु सब भाई । देखी नहिं असि सुंदरताई ॥
hama bhari janma sunahu saba bhāī, dekhī nahiṁ asi suṁdaratāī.
जद्यपि भगिनी कीन्हि कुरूपा । बध लायक नहिं पुरुष अनूपा ॥
jadyapi bhaginī kīnhi kurūpā, badha lāyaka nahiṁ puruṣa anūpā.
देहु तुरत निज नारि दुराई । जीअत भवन जाहु द्वौ भाई ॥
dehu turata nija nāri durāī, jīata bhavana jāhu dvau bhāī.
मोर कहा तुम्ह ताहि सुनावहु । तासु बचन सुनि आतुर आवहु ॥
mora kahā tumha tāhi sunāvahu, tāsu bacana suni ātura āvahu.
दूतन्ह कहा राम सन जाई । सुनत राम बोले मुसुकाई ॥
dūtanha kahā rāma sana jāī, sunata rāma bole musukāī.
हम छत्री मृगया बन करहीं । तुम्ह से खल मृग खोजत फिरहीं ॥
hama chatrī mṛgayā bana karahīṁ, tumha se khala mṛga khojata phirahīṁ.
रिपु बलवंत देखि नहिं डरहीं । एक बार कालहु सन लरहीं ॥
ripu balavaṁta dekhi nahiṁ ḍarahīṁ, eka bāra kālahu sana larahīṁ.
जद्यपि मनुज दनुज कुल घालक । मुनि पालक खल सालक बालक ॥
jadyapi manuja danuja kula ghālaka, muni pālaka khala sālaka bālaka.
जौं न होइ बल घर फिरि जाहू । समर बिमुख मैं हतउँ न काहू ॥
jauṁ na hoi bala ghara phiri jāhū, samara bimukha maiṁ hatauṁ na kāhū.
रन चढ़ि करिअ कपट चतुराई । रिपु पर कृपा परम कदराई ॥
rana caṛhi karia kapaṭa caturāī, ripu para kṛpā parama kadarāī.
दूतन्ह जाइ तुरत सब कहेऊ । सुनि खर दूषन उर अति दहेऊ ॥
dūtanha jāi turata saba kaheū, suni khara dūṣana ura ati daheū.

छंद-chaṁda:

उर दहेउ कहेउ कि धरहु धाए बिकट भट रजनीचरा ।
ura daheu kaheu ki dharahu dhāe bikaṭa bhaṭa rajanīcarā,
सर चाप तोमर सक्ति सूल कृपान परिघ परसु धरा ॥
sara cāpa tomara sakti sūla kṛpāna parigha parasu dharā.

प्रभु कीन्हि धनुष टकोर प्रथम कठोर घोर भयावहा ।
prabhu kīnhi dhanuṣa ṭakora prathama kaṭhora ghora bhayāvahā,
भए बधिर ब्याकुल जातुधान न ग्यान तेहि अवसर रहा ॥
bhae badhira byākula jātudhāna na gyāna tehi avasara rahā.

दोहा-dohā:

सावधान होइ धाए जानि सबल आराति ।
sāvadhāna hoi dhāe jāni sabala ārāti,
लागे बरषन राम पर अस्त्र सस्त्र बहुभाँति ॥१९क॥
lāge baraṣana rāma para astra sastra bahubhāṁti. 19(ka).
तिन्ह के आयुध तिल सम करि काटे रघुबीर ।
tinha ke āyudha tila sama kari kāṭe raghubīra,
तानि सरासन श्रवन लगि पुनि छाँड़े निज तीर ॥१९ख॥
tāni sarāsana śravana lagi puni chāṁṛe nija tīra. 19(kha).

छंद-chaṁda:

तब चले बान कराल । फुंकरत जनु बहु ब्याल ॥
taba cale bāna karāla, phuṁkarata janu bahu byāla.
कोपेउ समर श्रीराम । चले बिसिख निसित निकाम ॥
kopeu samara śrīrāma, cale bisikha nisita nikāma.
अवलोकि खर तर तीर । मुरि चले निसिचर बीर ॥
avaloki khara tara tīra, muri cale nisicara bīra.
भए क्रुद्ध तीनिउ भाइ । जो भागि रन ते जाइ ॥
bhae kruddha tīniu bhāi, jo bhāgi rana te jāi.
तेहि बधब हम निज पानि । फिरे मरन मन महुँ ठानि ॥
tehi badhaba hama nija pāni, phire marana mana mahuṁ ṭhāni.
आयुध अनेक प्रकार । सनमुख ते करहिं प्रहार ॥
āyudha aneka prakāra, sanamukha te karahiṁ prahāra.
रिपु परम कोपे जानि । प्रभु धनुष सर संधानि ॥
ripu parama kope jāni, prabhu dhanuṣa sara saṁdhāni.
छाँड़े बिपुल नाराच । लगे कटन बिकट पिसाच ॥
chāṁṛe bipula nārāca, lage kaṭana bikaṭa pisāca.
उर सीस भुज कर चरन । जहँ तहँ लगे महि परन ॥
ura sīsa bhuja kara carana, jahaṁ tahaṁ lage mahi parana.
चिक्करत लागत बान । धर परत कुधर समान ॥
cikkarata lāgata bāna, dhara parata kudhara samāna.
भट कटत तन सत खंड । पुनि उठत करि पाषंड ॥
bhaṭa kaṭata tana sata khaṁḍa, puni uṭhata kari pāṣaṁḍa.
नभ उड़त बहु भुज मुंड । बिनु मौलि धावत रुंड ॥
nabha uṛata bahu bhuja muṁḍa, binu mauli dhāvata ruṁḍa.
खग कंक काक सृगाल । कटकटहिं कठिन कराल ॥
khaga kaṁka kāka sṛgāla, kaṭakaṭahiṁ kaṭhina karāla.

छंद-chaṁda:

कटकटहिं ज़ंबुक भूत प्रेत पिसाच खर्पर संचहीं ।
kaṭakaṭahiṁ zaṁbuka bhūta preta pisāca kharpara saṁcahīṁ,
बेताल बीर कपाल ताल बजाइ जोगिनि नंचहीं ॥
betāla bīra kapāla tāla bajāi jogini naṁcahīṁ.
रघुबीर बान प्रचंड खंडहिं भटन्ह के उर भुज सिरा ।
raghubīra bāna pracaṁḍa khaṁḍahiṁ bhaṭanha ke ura bhuja sirā,
जहँ तहँ परहिं उठि लरहिं धर धरु धरु करहिं भयकर गिरा ॥
jahaṁ tahaṁ parahiṁ uṭhi larahiṁ dhara dharu dharu karahiṁ bhayakara girā.
अंतावरीं गहि उड़त गीध पिसाच कर गहि धावहीं ।
aṁtāvarīṁ gahi uṛata gīdha pisāca kara gahi dhāvahīṁ.
संग्राम पुर बासी मनहुँ बहु बाल गुड़ी उड़ावहीं ॥
saṁgrāma pura bāsī manahuṁ bahu bāla gurī uṛāvahīṁ.
मारे पछारे उर बिदारे बिपुल भट कहँरत परे ।
māre pachāre ura bidāre bipula bhaṭa kahaṁrata pare,
अवलोकि निज दल बिकल भट तिसिरादि खर दूषन फिरे ॥
avaloki nija dala bikala bhaṭa tisirādi khara dūṣana phire.
सर सक्ति तोमर परसु सूल कृपान एकहि बारहीं ।
sara sakti tomara parasu sūla kṛpāna ekahi bārahīṁ,
करि कोप श्रीरघुबीर पर अगनित निसाचर डारहीं ॥
kari kopa śrīraghubīra para aganita nisācara ḍārahīṁ.
प्रभु निमिष महुँ रिपु सर निवारि पचारि डारे सायका ।
prabhu nimiṣa mahuṁ ripu sara nivāri pacāri ḍāre sāyakā,
दस दस बिसिख उर माझ मारे सकल निसिचर नायका ॥
dasa dasa bisikha ura mājha māre sakala nisicara nāyakā.
महि परत उठि भट भिरत मरत न करत माया अति घनी ।
mahi parata uṭhi bhaṭa bhirata marata na karata māyā ati ghanī,
सुर डरत चौदह सहस प्रेत बिलोकि एक अवध धनी ॥
sura ḍarata caudaha sahasa preta biloki eka avadha dhanī.
सुर मुनि सभय प्रभु देखि मायानाथ अति कौतुक करयो ।
sura muni sabhaya prabhu dekhi māyānātha ati kautuka karayo,
देखहिं परसपर राम करि संग्राम रिपुदल लरि मरयो ॥
dekhahiṁ parasapara rāma kari saṁgrāma ripudala lari marayo.

दोहा-dohā:

राम राम कहि तनु तजहिं पावहिं पद निर्बान ।
rāma rāma kahi tanu tajahiṁ pāvahiṁ pada nirbāna,
करि उपाय रिपु मारे छन महुँ कृपानिधान ॥२०क॥
kari upāya ripu māre chana mahuṁ kṛpānidhāna. 20(ka).
हरषित बरषहिं सुमन सुर बाजहिं गगन निसान ।
haraṣita baraṣahiṁ sumana sura bājahiṁ gagana nisāna,
अस्तुति करि करि सब चले सोभित बिबिध बिमान ॥२०ख॥
astuti kari kari saba cale sobhita bibidha bimāna. 20(kha).

चौपाई-caupāī:

जब रघुनाथ समर रिपु जीते । सुर नर मुनि सब के भय बीते ॥
jaba raghunātha samara ripu jīte, sura nara muni saba ke bhaya bīte.
तब लछिमन सीतहि लै आए । प्रभु पद परत हरषि उर लाए ॥
taba lachimana sītahi lai āe, prabhu pada parata haraṣi ura lāe,
सीता चितव स्याम मृदु गाता । परम प्रेम लोचन न अघाता ॥
sītā citava syāma mṛdu gātā, parama prema locana na aghātā.
पंचवटीं बसि श्रीरघुनायक । करत चरित सुर मुनि सुखदायक ॥
paṁcavaṭīṁ basi śrīraghunāyaka, karata carita sura muni sukhadāyaka.
धुआँ देखि खरदूषन केरा । जाइ सुपनखाँ रावन प्रेरा ॥
dhuāṁ dekhi kharadūṣana kerā, jāi supanakhāṁ rāvana prerā.
बोली बचन क्रोध करि भारी । देस कोस कै सुरति बिसारी ॥
bolī bacana krodha kari bhārī, desa kosa kai surati bisārī.
करसि पान सोवसि दिनु राती । सुधि नहिं तव सिर पर आराती ॥
karasi pāna sovasi dinu rātī, sudhi nahiṁ tava sira para ārātī.
राज नीति बिनु धन बिनु धर्मा । हरिहि समर्पे बिनु सतकर्मा ॥
rāja nīti binu dhana binu dharmā, harihi samarpe binu satakarmā.
बिद्या बिनु बिबेक उपजाएँ । श्रम फल पढ़े किएँ अरु पाएँ ॥
bidyā binu bibeka upajāeṁ, śrama phala paṛhe kieṁ aru pāeṁ.
संग ते जती कुमंत्र ते राजा । मान ते ग्यान पान तें लाजा ॥
saṁga te jatī kumaṁtra te rājā, māna te gyāna pāna teṁ lājā.
प्रीति प्रनय बिनु मद ते गुनी । नासहिं बेगि नीति अस सुनी ॥

prīti pranaya binu mada te gunī, nāsahiṁ begi nīti asa sunī.

सोरठा-sorathā:

रिपु रुज पावक पाप प्रभु अहि गनिअ न छोट करि ।
ripu ruja pāvaka pāpa prabhu ahi gania na choṭa kari,
अस कहि बिबिध बिलाप करि लागी रोदन करन ॥२१क॥
asa kahi bibidha bilāpa kari lāgī rodana karana. 21(ka).

दोहा-dohā:

सभा माझ परि ब्याकुल बहु प्रकार कह रोइ ।
sabhā mājha pari byākula bahu prakāra kaha roi,
तोहि जिअत दसकंधर मोरि कि असि गति होइ ॥२१ख॥
tohi jiata dasakaṁdhara mori ki asi gati hoi. 21(kha).

चौपाई-caupāī:

सुनत सभासद उठे अकुलाई । समुझाई गहि बाँह उठाई ॥
sunata sabhāsada uṭhe akulāī, samujhāī gahi bāṁha uṭhāī.
कह लंकेस कहसि निज बाता । केइँ तव नासा कान निपाता ॥
kaha laṁkesa kahasi nija bātā, keiṁ tava nāsā kāna nipātā.
अवध नृपति दसरथ के जाए । पुरुष सिंघ बन खेलन आए ॥
avadha nṛpati dasaratha ke jāe, puruṣa siṁgha bana khelana āe.
समुझि परी मोहि उन्ह कै करनी । रहित निसाचर करिहहिं धरनी ॥
samujhi parī mohi unha kai karanī, rahita nisācara karihahiṁ dharanī.
जिन्ह कर भुजबल पाइ दसानन । अभय भए बिचरत मुनि कानन ॥
jinha kara bhujabala pāi dasānana, abhaya bhae bicarata muni kānana.
देखत बालक काल समाना । परम धीर धन्वी गुन नाना ॥
dekhata bālaka kāla samānā, parama dhīra dhanvī guna nānā.
अतुलित बल प्रताप द्वौ भ्राता । खल बध रत सुर मुनि सुखदाता ॥
atulita bala pratāpa dvau bhrātā, khala badha rata sura muni sukhadātā.
सोभा धाम राम अस नामा । तिन्ह के संग नारि एक स्यामा ॥
sobhā dhāma rāma asa nāmā, tinha ke saṁga nāri eka syāmā.
रुप रासि बिधि नारि सँवारी । रति सत कोटि तासु बलिहारी ॥
rupa rāsi bidhi nāri saṁvārī, rati sata koṭi tāsu balihārī.
तासु अनुज काटे श्रुति नासा । सुनि तव भगिनि करहिं परिहासा ॥
tāsu anuja kāṭe śruti nāsā, suni tava bhagini karahiṁ parihāsā.
खर दूषन सुनि लगे पुकारा । छन महुँ सकल कटक उन्ह मारा ॥
khara dūṣana suni lage pukārā, chana mahuṁ sakala kaṭaka unha mārā.
खर दूषन तिसिरा कर घाता । सुनि दससीस जरे सब गाता ॥
khara dūṣana tisirā kara ghātā, suni dasasīsa jare saba gātā.

दोहा-dohā:

सुपनखहि समुझाइ करि बल बोलेसि बहु भाँति ।
supanakhahi samujhāi kari bala bolesi bahu bhāṁti,
गयउ भवन अति सोचबस नीद परइ नहिं राति ॥२२॥
gayau bhavana ati socabasa nīda parai nahiṁ rāti. 22.

चौपाई-caupāī:

सुर नर असुर नाग खग माहीं । मोरे अनुचर कहँ कोउ नाहीं ॥
sura nara asura nāga khaga māhīṁ, more anucara kahaṁ kou nāhīṁ.
खर दूषन मोहि सम बलवंता । तिन्हहि को मारइ बिनु भगवंता ॥
khara dūṣana mohi sama balavaṁtā, tinhahi ko mārai binu bhagavaṁtā.
सुर रंजन भंजन महि भारा । जौं भगवंत लीन्ह अवतारा ॥
sura raṁjana bhaṁjana mahi bhārā, jauṁ bhagavaṁta līnha avatārā.
तौ मैं जाइ बैरु हठि करऊँ । प्रभु सर प्रान तजें भव तरऊँ ॥
tau maiṁ jāi bairu haṭhi karaūṁ, prabhu sara prāna tajeṁ bhava taraūṁ.
होइहि भजनु न तामस देहा । मन क्रम बचन मंत्र दृढ़ एहा ॥
hoihi bhajanu na tāmasa dehā, mana krama bacana maṁtra dṛṛha ehā.
जौं नररुप भूपसुत कोऊ । हरिहउँ नारि जीति रन दोऊ ॥
jauṁ nararupa bhūpasuta koū, harihauṁ nāri jīti rana doū.
चला अकेल जान चढि तहवाँ । बस मारीच सिंधु तट जहवाँ ॥
calā akela jāna caḍhi tahavāṁ, basa mārīca siṁdhu taṭa jahavāṁ.
इहाँ राम जसि जुगुति बनाई । सुनहु उमा सो कथा सुहाई ॥
ihāṁ rāma jasi juguti banāī, sunahu umā so kathā suhāī.

दोहा-dohā:

लछिमन गए बनहिं जब लेन मूल फल कंद ।
lachimana gae banahiṁ jaba lena mūla phala kaṁda,
जनकसुता सन बोले बिहसि कृपा सुख बृंद ॥२३॥
janakasutā sana bole bihasi kṛpā sukha bṛṁda. 23.

चौपाई-caupāī:

सुनहु प्रिया ब्रत रुचिर सुसीला । मैं कछु करबि ललित नरलीला ॥
sunahu priyā brata rucira susīlā, maiṁ kachu karabi lalita naralīlā.
तुम्ह पावक महुँ करहु निवासा । जौ लगि करौं निसाचर नासा ॥
tumha pāvaka mahuṁ karahu nivāsā, jau lagi karauṁ nisācara nāsā.
जबहिं राम सब कहा बखानी । प्रभु पद धरि हियँ अनल समानी ॥
jabahiṁ rāma saba kahā bakhānī, prabhu pada dhari hiyaṁ anala samānī.
निज प्रतिबिंब राखि तहँ सीता । तैसइ सील रुप सुबिनीता ॥
nija pratibiṁba rākhi tahaṁ sītā, taisai sīla rupa subinītā.
लछिमनहूँ यह मरमु न जाना । जो कछु चरित रचा भगवाना ॥
lachimanahūṁ yaha maramu na jānā, jo kachu carita racā bhagavānā.
दसमुख गयउ जहाँ मारीचा । नाइ माथ स्वारथ रत नीचा ॥
dasamukha gayau jahāṁ mārīcā, nāi mātha svāratha rata nīcā.
नवनि नीच कै अति दुखदाई । जिमि अंकुस धनु उरग बिलाई ॥
navani nīca kai ati dukhadāī, jimi aṁkusa dhanu uraga bilāī.
भयदायक खल कै प्रिय बानी । जिमि अकाल के कुसुम भवानी ॥
bhayadāyaka khala kai priya bānī, jimi akāla ke kusuma bhavānī.

दोहा-dohā:

करि पूजा मारीच तब सादर पूछी बात ।
kari pūjā mārīca taba sādara pūchī bāta,
कवन हेतु मन ब्यग्र अति अकसर आयहु तात ॥२४॥
kavana hetu mana byagra ati akasara āyahu tāta. 24.

चौपाई-caupāī:

दसमुख सकल कथा तेहि आगें । कही सहित अभिमान अभागें ॥
dasamukha sakala kathā tehi āgeṁ, kahī sahita abhimāna abhāgeṁ.
होहु कपट मृग तुम्ह छलकारी । जेहि बिधि हरि आनौं नृपनारी ॥
hohu kapaṭa mṛga tumha chalakārī, jehi bidhi hari ānauṁ nṛpanārī.
तेहिं पुनि कहा सुनहु दससीसा । ते नररुप चराचर ईसा ॥
tehiṁ puni kahā sunahu dasasīsā, te nararupa carācara īsā.
तासों तात बयरु नहिं कीजै । मारें मरिअ जिआएँ जीजै ॥
tāsoṁ tāta bayaru nahiṁ kījai, māreṁ maria jiāeṁ jījai.
मुनि मख राखन गयउ कुमारा । बिनु फर सर रघुपति मोहि मारा ॥
muni makha rākhana gayau kumārā, binu phara sara raghupati mohi mārā.
सत जोजन आयउँ छन माहीं । तिन्ह सन बयरु किएँ भल नाहीं ॥
sata jojana āyauṁ chana māhīṁ, tinha sana bayaru kieṁ bhala nāhīṁ.
भइ मम कीट भृंग की नाई । जहँ तहँ मैं देखउँ दोउ भाई ॥
bhai mama kīṭa bhṛṁga kī nāī, jahaṁ tahaṁ maiṁ dekhauṁ dou bhāī.
जौं नर तात तदपि अति सूरा । तिन्हहि बिरोधि न आइहि पूरा ॥
jauṁ nara tāta tadapi ati sūrā, tinhahi birodhi na āihi pūrā.

दोहा-dohā:

जेहिं ताड़का सुबाहु हति खंडेउ हर कोदंड ।
jehiṁ tāṛakā subāhu hati khaṁḍeu hara kodaṁḍa.
खर दूषन तिसिरा बधेउ मनुज कि अस बरिबंड ॥२५॥
khara dūṣana tisirā badheu manuja ki asa baribaṁḍa. 25.

चौपाई-caupāī:

जाहु भवन कुल कुसल बिचारी । सुनत जरा दीन्हिसि बहु गारी ॥
jāhu bhavana kula kusala bicārī, sunata jarā dīnhisi bahu gārī.
गुरु जिमि मूढ़ करसि मम बोधा । कहु जग मोहि समान को जोधा ॥
guru jimi mūṛha karasi mama bodhā, kahu jaga mohi samāna ko jodhā.
तब मारीच हृदयँ अनुमाना । नवहि बिरोधें नहिं कल्याना ॥
taba mārīca hṛdayaṁ anumānā, navahi birodheṁ nahiṁ kalyānā.
सस्त्री मर्मी प्रभु सठ धनी । बैद बंदि कबि भानस गुनी ॥
sastrī marmī prabhu saṭha dhanī, baida baṁdi kabi bhānasa gunī.
उभय भाँति देखा निज मरना । तब ताकिसि रघुनायक सरना ॥
ubhaya bhāṁti dekhā nija maranā, taba tākisi raghunāyaka saranā.
उतरु देत मोहि बधब अभागें । कस न मरौं रघुपति सर लागें ॥
utaru deta mohi badhaba abhāgeṁ, kasa na marauṁ raghupati sara lāgeṁ.
अस जियँ जानि दसानन संगा । चला राम पद प्रेम अभंगा ॥
asa jiyaṁ jāni dasānana saṁgā, calā rāma pada prema abhaṁgā.
मन अति हरष जनाव न तेही । आजु देखिहउँ परम सनेही ॥
mana ati haraṣa janāva na tehī, āju dekhihauṁ parama sanehī.

छंद-chaṁda:

निज परम प्रीतम देखि लोचन सुफल करि सुख पाइहौं ।
nija parama prītama dekhi locana suphala kari sukha pāihauṁ,
श्री सहित अनुज समेत कृपानिकेत पद मन लाइहौं ॥
śrī sahita anuja sameta kṛpāniketa pada mana lāihauṁ.
निर्बान दायक क्रोध जा कर भगति अबसहि बसकरी ।
nirbāna dāyaka krodha jā kara bhagati abasahi basakarī,
निज पानि सर संधानि सो मोहि बधिहि सुखसागर हरी ॥
nija pāni sara saṁdhāni so mohi badhihi sukhasāgara harī.

दोहा-dohā:

मम पाछें धर धावत धरें सरासन बान ।
mama pācheṁ dhara dhāvata dhareṁ sarāsana bāna,
फिरि फिरि प्रभुहि बिलोकिहउँ धन्य न मो सम आन ॥२६॥
phiri phiri prabhuhi bilokihauṁ dhanya na mo sama āna. 26.

चौपाई-caupāī:

तेहि बन निकट दसानन गयऊ । तब मारीच कपटमृग भयऊ ॥
tehi bana nikaṭa dasānana gayaū, taba mārīca kapaṭamṛga bhayaū.
अति बिचित्र कछु बरनि न जाई । कनक देह मनि रचित बनाई ॥
ati bicitra kachu barani na jāī, kanaka deha mani racita banāī.
सीता परम रुचिर मृग देखा । अंग अंग सुमनोहर बेषा ॥
sītā parama rucira mṛga dekhā, aṁga aṁga sumanohara beṣā.
सुनहु देव रघुबीर कृपाला । एहि मृग कर अति सुंदर छाला ॥
sunahu deva raghubīra kṛpālā, ehi mṛga kara ati suṁdara chālā.
सत्यसंध प्रभु बधि करि एही । आनहु चर्म कहति बैदेही ॥
satyasaṁdha prabhu badhi kari ehī, ānahu carma kahati baidehī.
तब रघुपति जानत सब कारन । उठे हरषि सुर काजु सँवारन ॥
taba raghupati jānata saba kārana, uṭhe haraṣi sura kāju saṁvārana.
मृग बिलोकि कटि परिकर बाँधा । करतल चाप रुचिर सर साँधा ॥
mṛga biloki kaṭi parikara bāṁdhā, karatala cāpa rucira sara sāṁdhā.
प्रभु लछिमनहि कहा समुझाई । फिरत बिपिन निसिचर बहु भाई ॥
prabhu lachimanahi kahā samujhāī, phirata bipina nisicara bahu bhāī.
सीता केरि करेहु रखवारी । बुधि बिबेक बल समय बिचारी ॥
sītā keri karehu rakhavārī, budhi bibeka bala samaya bicārī.
प्रभुहि बिलोकि चला मृग भाजी । धाए रामु सरासन साजी ॥
prabhuhi biloki calā mṛga bhājī, dhāe rāmu sarāsana sājī.
निगम नेति सिव ध्यान न पावा । मायामृग पाछें सो धावा ॥
nigama neti siva dhyāna na pāvā, māyāmṛga pācheṁ so dhāvā.
कबहुँ निकट पुनि दूरि पराई । कबहुँक प्रगटइ कबहुँ छपाई ॥
kabahuṁ nikaṭa puni dūri parāī, kabahuṁka pragaṭai kabahuṁ chapāī.
प्रगटत दुरत करत छल भूरी । एहि बिधि प्रभुहि गयउ लै दूरी ॥
pragaṭata durata karata chala bhūrī, ehi bidhi prabhuhi gayau lai dūrī.
तब तकि राम कठिन सर मारा । धरनि परेउ करि घोर पुकारा ॥
taba taki rāma kaṭhina sara mārā, dharani pareu kari ghora pukārā.
लछिमन कर प्रथमहिं लै नामा । पाछें सुमिरेसि मन महुँ रामा ॥
lachimana kara prathamahiṁ lai nāmā, pācheṁ sumiresi mana mahuṁ rāmā.
प्रान तजत प्रगटेसि निज देहा । सुमिरेसि रामु समेत सनेहा ॥
prāna tajata pragaṭesi nija dehā, sumiresi rāmu sameta sanehā.
अंतर प्रेम तासु पहिचाना । मुनि दुर्लभ गति दीन्हि सुजाना ॥
aṁtara prema tāsu pahicānā, muni durlabha gati dīnhi sujānā.

दोहा-dohā:

बिपुल सुमन सुर बरषहिं गावहिं प्रभु गुन गाथ ।
bipula sumana sura baraṣahiṁ gāvahiṁ prabhu guna gātha,
निज पद दीन्ह असुर कहुँ दीनबंधु रघुनाथ ॥२७॥
nija pada dīnha asura kahuṁ dīnabaṁdhu raghunātha. 27.

चौपाई-caupāī:

खल बधि तुरत फिरे रघुबीरा । सोह चाप कर कटि तूनीरा ॥
khala badhi turata phire raghubīrā, soha cāpa kara kaṭi tūnīrā.
आरत गिरा सुनी जब सीता । कह लछिमन सन परम सभीता ॥
ārata girā sunī jaba sītā, kaha lachimana sana parama sabhītā.
जाहु बेगि संकट अति भ्राता । लछिमन बिहसि कहा सुनु माता ॥
jāhu begi saṁkaṭa ati bhrātā, lachimana bihasi kahā sunu mātā.
भृकुटि बिलास सृष्टि लय होई । सपनेहुँ संकट परइ कि सोई ॥
bhṛkuṭi bilāsa sṛṣṭi laya hoī, sapanehuṁ saṁkaṭa parai ki soī.
मरम बचन जब सीता बोला । हरि प्रेरित लछिमन मन डोला ॥
marama bacana jaba sītā bolā, hari prerita lachimana mana ḍolā.
बन दिसि देव सौंपि सब काहू । चले जहाँ रावन ससि राहू ॥
bana disi deva sauṁpi saba kāhū, cale jahāṁ rāvana sasi rāhū.
सून बीच दसकंधर देखा । आवा निकट जती कें बेषा ॥
sūna bīca dasakaṁdhara dekhā, āvā nikaṭa jatī keṁ beṣā.
जाकें डर सुर असुर डेराहीं । निसि न नीद दिन अन्न न खाहीं ॥
jākeṁ ḍara sura asura ḍerāhīṁ, nisi na nīda dina anna na khāhīṁ.
सो दससीस स्वान की नाईं । इत उत चितइ चला भड़िहाईं ॥
so dasasīsa svāna kī nāīṁ, ita uta citai calā bhaṛihāīṁ.
इमि कुपंथ पग देत खगेसा । रह न तेज तन बुधि बल लेसा ॥
imi kupaṁtha paga deta khagesā, raha na teja tana budhi bala lesā.
नाना बिधि करि कथा सुहाई । राजनीति भय प्रीति देखाई ॥
nānā bidhi kari kathā suhāī, rājanīti bhaya prīti dekhāī.
कह सीता सुनु जती गोसाईं । बोलेहु बचन दुष्ट की नाईं ॥
kaha sītā sunu jatī gosāīṁ, bolehu bacana duṣṭa kī nāīṁ.
तब रावन निज रूप देखावा । भई सभय जब नाम सुनावा ॥
taba rāvana nija rūpa dekhāvā, bhaī sabhaya jaba nāma sunāvā.
कह सीता धरि धीरजु गाढ़ा । आइ गयउ प्रभु रहु खल ठाढ़ा ॥
kaha sītā dhari dhīraju gāṛhā, āi gayau prabhu rahu khala ṭhāṛhā.

जिमि हरिबधुहि छुद्र सस चाहा । भएसि कालबस निसिचर नाहा ॥
jimi haribadhuhi chudra sasa cāhā, bhaesi kālabasa nisicara nāhā.

सुनत बचन दससीस रिसाना । मन महुँ चरन बंदि सुख माना ॥
sunata bacana dasasīsa risānā, mana mahuṁ carana baṁdi sukha mānā.

दोहा-*dohā:*

क्रोधवंत तब रावन लीन्हिसि रथ बैठाइ ।
krodhavaṁta taba rāvana līnhisi ratha baiṭhāi,
चला गगनपथ आतुर भयँ रथ हाँकि न जाइ ॥२८॥
calā gaganapatha ātura bhayaṁ ratha hāṁki na jāi. 28.

चौपाई-*caupāī:*

हा जग एक बीर रघुराया । केहिं अपराध बिसारेहु दाया ॥
hā jaga eka bīra raghurāyā, kehiṁ aparādha bisārehu dāyā.

आरति हरन सरन सुखदायक । हा रघुकुल सरोज दिननायक ॥
ārati harana sarana sukhadāyaka, hā raghukula saroja dinanāyaka.

हा लछिमन तुम्हार नहिं दोसा । सो फलु पायउँ कीन्हेउँ रोसा ॥
hā lachimana tumhāra nahiṁ dosā, so phalu pāyauṁ kīnheuṁ rosā.

बिबिध बिलाप करति बैदेही । भूरि कृपा प्रभु दूरि सनेही ॥
bibidha bilāpa karati baidehī, bhūri kṛpā prabhu dūri sanehī.

बिपति मोरि को प्रभुहि सुनावा । पुरोडास चह रासभ खावा ॥
bipati mori ko prabhuhi sunāvā, puroḍāsa caha rāsabha khāvā.

सीता कै बिलाप सुनि भारी । भए चराचर जीव दुखारी ॥
sītā kai bilāpa suni bhārī, bhae carācara jīva dukhārī.

गीधराज सुनि आरत बानी । रघुकुलतिलक नारि पहिचानी ॥
gīdharāja suni ārata bānī, raghukulatilaka nāri pahicānī.

अधम निसाचर लीन्हें जाई । जिमि मलेछ बस कपिला गाई ॥
adhama nisācara līnheṁ jāī, jimi malecha basa kapilā gāī.

सीते पुत्रि करसि जनि त्रासा । करिहउँ जातुधान कर नासा ॥
sīte putri karasi jani trāsā, karihauṁ jātudhāna kara nāsā.

धावा क्रोधवंत खग कैसें । छूटइ पबि परबत कहुँ जैसें ॥
dhāvā krodhavaṁta khaga kaiseṁ, chūṭai pabi parabata kahuṁ jaiseṁ.

रे रे दुष्ट ठाढ़ किन होही । निर्भय चलेसि न जानेहि मोही ॥
re re duṣṭa ṭhāṛha kina hohī, nirbhaya calesi na jānehi mohī.

आवत देखि कृतांत समाना । फिरि दसकंधर कर अनुमाना ॥
āvata dekhi kṛtāṁta samānā, phiri dasakaṁdhara kara anumānā.

की मैनाक कि खगपति होई । मम बल जान सहित पति सोई ॥
kī maināka ki khagapati hoī, mama bala jāna sahita pati soī.

जाना जरठ जटायू एहा । मम कर तीरथ छाँड़िहि देहा ॥
jānā jaraṭha jaṭāyū ehā, mama kara tīratha chāṁṛihi dehā.

सुनत गीध क्रोधातुर धावा । कह सुनु रावन मोर सिखावा ॥
sunata gīdha krodhātura dhāvā, kaha sunu rāvana mora sikhāvā.

तजि जानकिहि कुसल गृह जाहू । नाहिं त अस होइहि बहुबाहू ॥
taji jānakihi kusala gṛha jāhū, nāhiṁ ta asa hoihi bahubāhū.

राम रोष पावक अति घोरा । होइहि सकल सलभ कुल तोरा ॥
rāma roṣa pāvaka ati ghorā, hoihi sakala salabha kula torā.

उतरु न देत दसानन जोधा । तबहिं गीध धावा करि क्रोधा ॥
utaru na deta dasānana jodhā, tabahiṁ gīdha dhāvā kari krodhā.

धरि कच बिरथ कीन्ह महि गिरा । सीतहि राखि गीध पुनि फिरा ॥
dhari kaca biratha kīnha mahi girā, sītahi rākhi gīdha puni phirā.

चोचन्ह मारि बिदारेसि देही । दंड एक भइ मुरुछा तेही ॥
cocanha māri bidāresi dehī, daṁḍa eka bhai muruchā tehī.

तब सक्रोध निसिचर खिसिआना । काढ़ेसि परम कराल कृपाना ॥
taba sakrodha nisicara khisiānā, kāṛhesi parama karāla kṛpānā.

काटेसि पंख परा खग धरनी । सुमिरि राम करि अदभुत करनी ॥
kāṭesi paṁkha parā khaga dharanī, sumiri rāma kari adabhuta karanī.

सीतहि जानि चढ़ाइ बहोरी । चला उताइल त्रास न थोरी ॥
sītahi jāni caṛhāi bahorī, calā utāila trāsa na thorī.

करति बिलाप जाति नभ सीता । ब्याध बिबस जनु मृगी सभीता ॥
karati bilāpa jāti nabha sītā, byādha bibasa janu mṛgī sabhītā.

गिरि पर बैठे कपिन्ह निहारी । कहि हरि नाम दीन्ह पट डारी ॥
giri para baiṭhe kapinha nihārī, kahi hari nāma dīnha paṭa ḍārī.

एहि बिधि सीतहि सो लै गयऊ । बन असोक महँ राखत भयऊ ॥
ehi bidhi sītahi so lai gayaū, bana asoka mahaṁ rākhata bhayaū.

दोहा-*dohā:*

हारि परा खल बहु बिधि भय अरु प्रीति देखाइ ।
hāri parā khala bahu bidhi bhaya aru prīti dekhāi,
तब असोक पादप तर राखिसि जतन कराइ ॥२९क॥
taba asoka pādapa tara rākhisi jatana karāi. 29(ka).

नवाह्नपारायण छठा विश्राम
navāhnapārāyaṇa chaṭhā viśrāma
(Pause 6 for a Nine-Day Recitation)

दोहा-*dohā:*

जेहि बिधि कपट कुरंग सँग धाइ चले श्रीराम ।
jehi bidhi kapaṭa kuraṁga saṁga dhāi cale śrīrāma,
सो छबि सीता राखि उर रटति रहति हरिनाम ॥२९ख॥
so chabi sītā rākhi ura raṭati rahati harināma. 29(kha).

चौपाई-*caupāī:*

रघुपति अनुजहि आवत देखी । बाहिज चिंता कीन्हि बिसेषी ॥
raghupati anujahi āvata dekhī, bāhija ciṁtā kīnhi biseṣī.

जनकसुता परिहरिहु अकेली । आयहु तात बचन मम पेली ॥
janakasutā pariharihu akelī, āyahu tāta bacana mama pelī.

निसिचर निकर फिरहिं बन माहीं । मम मन सीता आश्रम नाहीं ॥
nisicara nikara phirahiṁ bana māhīṁ, mama mana sītā āśrama nāhīṁ.

गहि पद कमल अनुज कर जोरी । कहेउ नाथ कछु मोहि न खोरी ॥
gahi pada kamala anuja kara jorī, kaheu nātha kachu mohi na khorī.

अनुज समेत गए प्रभु तहवाँ । गोदावरि तट आश्रम जहवाँ ॥
anuja sameta gae prabhu tahavāṁ, godāvari taṭa āśrama jahavāṁ.

आश्रम देखि जानकी हीना । भए बिकल जस प्राकृत दीना ॥
āśrama dekhi jānakī hīnā, bhae bikala jasa prākṛta dīnā.

हा गुन खानि जानकी सीता । रूप सील ब्रत नेम पुनीता ॥
hā guna khāni jānakī sītā, rūpa sīla brata nema punītā.

लछिमन समुझाए बहु भाँती । पूछत चले लता तरु पाँती ॥
lachimana samujhāe bahu bhāṁtī, pūchata cale latā taru pāṁtī.

हे खग मृग हे मधुकर श्रेनी । तुम्ह देखी सीता मृगनैनी ॥
he khaga mṛga he madhukara śrenī, tumha dekhī sītā mṛganainī.

खंजन सुक कपोत मृग मीना । मधुप निकर कोकिला प्रबीना ॥
khaṁjana suka kapota mṛga mīnā, madhupa nikara kokilā prabīnā.

कुंद कली दाड़िम दामिनी । कमल सरद ससि अहिभामिनी ॥
kuṁda kalī dāṛima dāminī, kamala sarada sasi ahibhāminī.

बरुन पास मनोज धनु हंसा । गज केहरि निज सुनत प्रसंसा ॥
baruna pāsa manoja dhanu haṁsā, gaja kehari nija sunata prasaṁsā.

श्रीफल कनक कदलि हरषाहीं । नेकु न संक सकुच मन माहीं ॥
śrīphala kanaka kadali haraṣāhīṁ, neku na saṁka sakuca mana māhīṁ.

सुनु जानकी तोहि बिनु आजू । हरषे सकल पाइ जनु राजू ॥

sunu jānakī tohi binu ājū, haraṣe sakala pāi janu rājū.

किमि सहि जात अनख तोहि पाहीं । प्रिया बेगि प्रगटसि कस नाहीं ॥
kimi sahi jāta anakha tohi pāhīṁ, priyā begi pragaṭasi kasa nāhīṁ.
एहि बिधि खोजत बिलपत स्वामी । मनहुँ महा बिरही अति कामी ॥
ehi bidhi khojata bilapata svāmī, manahuṁ mahā birahī ati kāmī.
पूरनकाम राम सुख रासी । मनुज चरित कर अज अबिनासी ॥
pūranakāma rāma sukha rāsī, manuja carita kara aja abināsī.
आगें परा गीधपति देखा । सुमिरत राम चरन जिन्ह रेखा ॥
āgeṁ parā gīdhapati dekhā, sumirata rāma carana jinha rekhā.

दोहा-dohā:

कर सरोज सिर परसेउ कृपासिंधु रघुबीर ।
kara saroja sira paraseu kṛpāsiṁdhu raghubīra.
निरखि राम छबि धाम मुख बिगत भई सब पीर ॥ ३० ॥
nirakhi rāma chabi dhāma mukha bigata bhaī saba pīra. 30.

चौपाई-caupāī:

तब कह गीध बचन धरि धीरा । सुनहु राम भंजन भव भीरा ॥
taba kaha gīdha bacana dhari dhīrā, sunahu rāma bhaṁjana bhava bhīrā.
नाथ दसानन यह गति कीन्ही । तेहिं खल जनकसुता हरि लीन्ही ॥
nātha dasānana yaha gati kīnhī, tehiṁ khala janakasutā hari līnhī.
लै दच्छिन दिसि गयउ गोसाईं । बिलपति अति कुररी की नाईं ॥
lai dacchina disi gayau gosāīṁ, bilapati ati kurarī kī nāīṁ.
दरस लागी प्रभु राखेउँ प्राना । चलन चहत अब कृपानिधाना ॥
darasa lāgī prabhu rākheuṁ prānā, calana cahata aba kṛpānidhānā.
राम कहा तनु राखहु ताता । मुख मुसुकाइ कही तेहिं बाता ॥
rāma kahā tanu rākhahu tātā, mukha musukāi kahī tehiṁ bātā.
जा कर नाम मरत मुख आवा । अधमउ मुकुत होई श्रुति गावा ॥
jā kara nāma marata mukha āvā, adhamau mukuta hoī śruti gāvā.
सो मम लोचन गोचर आगें । राखौं देह नाथ केहि खाँगें ॥
so mama locana gocara āgeṁ, rākhauṁ deha nātha kehi khāṁgeṁ.
जल भरि नयन कहहिं रघुराई । तात कर्म निज तें गति पाई ॥
jala bhari nayana kahahiṁ raghurāī, tāta karma nija teṁ gati pāī.
परहित बस जिन्ह के मन माहीं । तिन्ह कहुँ जग दुर्लभ कछु नाहीं ॥
parahita basa jinha ke mana māhīṁ, tinha kahuṁ jaga durlabha kachu nāhīṁ.
तनु तजि तात जाहु मम धामा । देउँ काह तुम्ह पूरनकामा ॥
tanu taji tāta jāhu mama dhāmā, deuṁ kāha tumha pūranakāmā.

दोहा-dohā:

सीता हरन तात जनि कहहु पिता सन जाइ ।
sītā harana tāta jani kahahu pitā sana jāi,
जौं मैं राम त कुल सहित कहिहि दसानन आइ ॥ ३१ ॥
jauṁ maiṁ rāma ta kula sahita kahihi dasānana āi. 31.

चौपाई-caupāī:

गीध देह तजि धरि हरि रुपा । भूषन बहु पट पीत अनूपा ॥
gīdha deha taji dhari hari rupā, bhūṣana bahu paṭa pīta anūpā.
स्याम गात बिसाल भुज चारी । अस्तुति करत नयन भरि बारी ॥
syāma gāta bisāla bhuja cārī, astuti karata nayana bhari bārī.

छंद-chaṁda:

जय राम रूप अनूप निर्गुन सगुन गुन प्रेरक सही ।
jaya rāma rūpa anūpa nirguna saguna guna preraka sahī,
दससीस बाहु प्रचंड खंडन चंड सर मंडन मही ॥
dasasīsa bāhu pracaṁḍa khaṁḍana caṁḍa sara maṁḍana mahī.
पाथोद गात सरोज मुख राजीव आयत लोचनं ।
pāthoda gāta saroja mukha rājīva āyata locanaṁ,
नित नौमि रामु कृपाल बाहु बिसाल भव भय मोचनं ॥ १ ॥
nita naumi rāmu kṛpāla bāhu bisāla bhava bhaya mocanaṁ. 1.
बलमप्रमेयमनादिमजमब्यक्तमेकमगोचरं ।
balamaprameyamanādimajamabyaktamekamagocaraṁ,
गोबिंद गोपर द्वंद्वहर बिग्यानघन धरनीधरं ॥
gobiṁda gopara dvaṁdvahara bigyānaghana dharanīdharaṁ.
जे राम मंत्र जपंत संत अनंत जन मन रंजनं ।
je rāma maṁtra japaṁta saṁta anaṁta jana mana raṁjanaṁ,
नित नौमि राम अकाम प्रिय कामादि खल दल गंजनं ॥ २ ॥
nita naumi rāma akāma priya kāmādi khala dala gaṁjanaṁ. 2.
जेहि श्रुति निरंजन ब्रह्म ब्यापक बिरज अज कहि गावहीं ।
jehi śruti niraṁjana brahma byāpaka biraja aja kahi gāvahīṁ,
करि ध्यान ग्यान बिराग जोग अनेक मुनि जेहि पावहीं ॥
kari dhyāna gyāna birāga joga aneka muni jehi pāvahīṁ.
सो प्रगट करुना कंद सोभा बृंद अग जग मोहई ।
so pragaṭa karunā kaṁda sobhā bṛṁda aga jaga mohaī,
मम हृदय पंकज भृंग अंग अनंग बहु छबि सोहई ॥ ३ ॥
mama hṛdaya paṁkaja bhṛṁga aṁga anaṁga bahu chabi sohaī. 3.
जो अगम सुगम सुभाव निर्मल असम सम सीतल सदा ।
jo agama sugama subhāva nirmala asama sama sītala sadā,
पस्यंति जं जोगी जतन करि करत मन गो बस सदा ॥
pasyaṁti jaṁ jogī jatana kari karata mana go basa sadā.
सो राम रमा निवास संतत दास बस त्रिभुवन धनी ।
so rāma ramā nivāsa saṁtata dāsa basa tribhuvana dhanī,
मम उर बसउ सो समन संसृति जासु कीरति पावनी ॥ ४ ॥
mama ura basau so samana saṁsṛti jāsu kīrati pāvanī. 4.

दोहा-dohā:

अबिरल भगति मागि बर गीध गयउ हरिधाम ।
abirala bhagati māgi bara gīdha gayau haridhāma,
तेहि की क्रिया जथोचित निज कर कीन्ही राम ॥ ३२ ॥
tehi kī kriyā jathocita nija kara kīnhī rāma. 32.

चौपाई-caupāī:

कोमल चित अति दीनदयाला । कारन बिनु रघुनाथ कृपाला ॥
komala cita ati dīnadayālā, kārana binu raghunātha kṛpālā.
गीध अधम खग आमिष भोगी । गति दीन्हि जो जाचत जोगी ॥
gīdha adhama khaga āmiṣa bhogī, gati dīnhi jo jācata jogī.
सुनहु उमा ते लोग अभागी । हरि तजि होहिं बिषय अनुरागी ॥
sunahu umā te loga abhāgī, hari taji hohiṁ biṣaya anurāgī.
पुनि सीतहि खोजत द्वौ भाई । चले बिलोकत बन बहुताई ॥
puni sītahi khojata dvau bhāī, cale bilokata bana bahutāī.
संकुल लता बिटप घन कानन । बहु खग मृग तहँ गज पंचानन ॥
saṁkula latā biṭapa ghana kānana, bahu khaga mṛga tahaṁ gaja paṁcānana.
आवत पंथ कबंध निपाता । तेहिं सब कही साप कै बाता ॥
āvata paṁtha kabaṁdha nipātā, tehiṁ saba kahī sāpa kai bātā.
दुरबासा मोहि दीन्ही सापा । प्रभु पद पेखि मिटा सो पापा ॥
durabāsā mohi dīnhī sāpā, prabhu pada pekhi miṭā so pāpā.
सुनु गंधर्ब कहउँ मैं तोही । मोहि न सोहाइ ब्रह्मकुल द्रोही ॥
sunu gaṁdharba kahauṁ maiṁ tohī, mohi na sohāi brahmakula drohī.

दोहा-dohā:

मन क्रम बचन कपट तजि जो कर भूसुर सेव ।
mana krama bacana kapaṭa taji jo kara bhūsura seva,
मोहि समेत बिरंचि सिव बस ताकें सब देव ॥३३॥
mohi sameta biraṁci siva basa tākeṁ saba deva. 33.

चौपाई-caupāī:

सापत ताड़त परुष कहंता । बिप्र पूज्य अस गावहिं संता ॥
sāpata tāṛata paruṣa kahaṁtā, bipra pūjya asa gāvahiṁ saṁtā.
पूजिअ बिप्र सील गुन हीना । सूद्र न गुन गन ग्यान प्रबीना ॥
pūjia bipra sīla guna hīnā, sūdra na guna gana gyāna prabīnā.
कहि निज धर्म ताहि समुझावा । निज पद प्रीति देखि मन भावा ॥
kahi nija dharma tāhi samujhāvā, nija pada prīti dekhi mana bhāvā.
रघुपति चरन कमल सिरु नाई । गयउ गगन आपनि गति पाई ॥
raghupati carana kamala siru nāī, gayau gagana āpani gati pāī.
ताहि देइ गति राम उदारा । सबरी कें आश्रम पगु धारा ॥
tāhi dei gati rāma udārā, sabarī keṁ āśrama pagu dhārā.
सबरी देखि राम गृहँ आए । मुनि के बचन समुझि जियँ भाए ॥
sabarī dekhi rāma gṛhaṁ āe, muni ke bacana samujhi jiyaṁ bhāe.
सरसिज लोचन बाहु बिसाला । जटा मुकुट सिर उर बनमाला ॥
sarasija locana bāhu bisālā, jaṭā mukuṭa sira ura banamālā.
स्याम गौर सुंदर दोउ भाई । सबरी परी चरन लपटाई ॥
syāma gaura suṁdara dou bhāī, sabarī parī carana lapaṭāī.
प्रेम मगन मुख बचन न आवा । पुनि पुनि पद सरोज सिर नावा ॥
prema magana mukha bacana na āvā, puni puni pada saroja sira nāvā.
सादर जल लै चरन पखारे । पुनि सुंदर आसन बैठारे ॥
sādara jala lai carana pakhāre, puni suṁdara āsana baiṭhāre.

दोहा-dohā:

कंद मूल फल सुरस अति दिए राम कहुँ आनि ।
kaṁda mūla phala surasa ati die rāma kahuṁ āni,
प्रेम सहित प्रभु खाए बारंबार बखानि ॥३४॥
prema sahita prabhu khāe bāraṁbāra bakhāni. 34.

चौपाई-caupāī:

पानि जोरि आगें भइ ठाढ़ी । प्रभुहि बिलोकि प्रीति अति बाढ़ी ॥
pāni jori āgeṁ bhai ṭhāṛhī, prabhuhi biloki prīti ati bāṛhī.
केहि बिधि अस्तुति करौं तुम्हारी । अधम जाति मैं जड़मति भारी ॥
kehi bidhi astuti karauṁ tumhārī, adhama jāti maiṁ jaṛamati bhārī.
अधम ते अधम अधम अति नारी । तिन्ह महँ मैं मतिमंद अघारी ॥
adhama te adhama adhama ati nārī, tinha mahaṁ maiṁ matimaṁda aghārī.
कह रघुपति सुनु भामिनि बाता । मानउँ एक भगति कर नाता ॥
kaha raghupati sunu bhāmini bātā, mānauṁ eka bhagati kara nātā.
जाति पाँति कुल धर्म बड़ाई । धन बल परिजन गुन चतुराई ॥
jāti pāṁti kula dharma baṛāī, dhana bala parijana guna caturāī.
भगति हीन नर सोहइ कैसा । बिनु जल बारिद देखिअ जैसा ॥
bhagati hīna nara sohai kaisā, binu jala bārida dekhia jaisā.
नवधा भगति कहउँ तोहि पाहीं । सावधान सुनु धरु मन माहीं ॥
navadhā bhagati kahauṁ tohi pāhīṁ, sāvadhāna sunu dharu mana māhīṁ.
प्रथम भगति संतन्ह कर संगा । दूसरि रति मम कथा प्रसंगा ॥
prathama bhagati saṁtanha kara saṁgā, dūsari rati mama kathā prasaṁgā.

दोहा-dohā:

गुर पद पंकज सेवा तीसरि भगति अमान ।
gura pada paṁkaja sevā tīsari bhagati amāna,
चौथि भगति मम गुन गन करइ कपट तजि गान ॥३५॥
cauthi bhagati mama guna gana karai kapaṭa taji gāna. 35.

चौपाई-caupāī:

मंत्र जाप मम दृढ़ बिस्वासा । पंचम भजन सो बेद प्रकासा ॥
maṁtra jāpa mama dṛṛha bisvāsā, paṁcama bhajana so beda prakāsā.
छठ दम सील बिरति बहु करमा । निरत निरंतर सज्जन धरमा ॥
chaṭha dama sīla birati bahu karamā, nirata niraṁtara sajjana dharamā.
सातवँ सम मोहि मय जग देखा । मोतें संत अधिक करि लेखा ॥
sātavaṁ sama mohi maya jaga dekhā, moteṁ saṁta adhika kari lekhā.
आठवँ जथालाभ संतोषा । सपनेहुँ नहिं देखइ परदोषा ॥
āṭhavaṁ jathālābha saṁtoṣā, sapanehuṁ nahiṁ dekhai paradoṣā.
नवम सरल सब सन छलहीना । मम भरोस हियँ हरष न दीना ॥
navama sarala saba sana chalahīnā, mama bharosa hiyaṁ haraṣa na dīnā.
नव महुँ एकउ जिन्ह कें होई । नारि पुरुष सचराचर कोई ॥
nava mahuṁ ekau jinha keṁ hoī, nāri puruṣa sacarācara koī.
सोइ अतिसय प्रिय भामिनि मोरें । सकल प्रकार भगति दृढ़ तोरें ॥
soi atisaya priya bhāmini moreṁ, sakala prakāra bhagati dṛṛha toreṁ.
जोगि बृंद दुरलभ गति जोई । तो कहुँ आजु सुलभ भइ सोई ॥
jogi bṛṁda duralabha gati joī, to kahuṁ āju sulabha bhai soī.
मम दरसन फल परम अनूपा । जीव पाव निज सहज सरूपा ॥
mama darasana phala parama anūpā, jīva pāva nija sahaja sarūpā.
जनकसुता कइ सुधि भामिनी । जानहि कहु करिबरगामिनी ॥
janakasutā kai sudhi bhāminī, jānahi kahu karibaragāminī.
पंपा सरहि जाहु रघुराई । तहँ होइहि सुग्रीव मिताई ॥
paṁpā sarahi jāhu raghurāī, tahaṁ hoihi sugrīva mitāī.
सो सब कहिहि देव रघुबीरा । जानतहूँ पूछहु मतिधीरा ॥
so saba kahihi deva raghubīrā, jānatahūṁ pūchahu matidhīrā.
बार बार प्रभु पद सिरु नाई । प्रेम सहित सब कथा सुनाई ॥
bāra bāra prabhu pada siru nāī, prema sahita saba kathā sunāī.

छंद-chaṁda:

कहि कथा सकल बिलोकि हरि मुख हृदयँ पद पंकज धरे ।
kahi kathā sakala biloki hari mukha hṛdayaṁ pada paṁkaja dhare,
तजि जोग पावक देह हरि पद लीन भइ जहँ नहिं फिरे ॥
taji joga pāvaka deha hari pada līna bhai jahaṁ nahiṁ phire.
नर बिबिध कर्म अधर्म बहु मत सोकप्रद सब त्यागहू ।
nara bibidha karma adharma bahu mata sokaprada saba tyāgahū,
बिस्वास करि कह दास तुलसी राम पद अनुरागहू ॥
bisvāsa kari kaha dāsa tulasī rāma pada anurāgahū.

दोहा-dohā:

जाति हीन अघ जन्म महि मुक्त कीन्हि असि नारि ।
jāti hīna agha janma mahi mukta kīnhi asi nāri,
महामंद मन सुख चहसि ऐसे प्रभुहि बिसारि ॥३६॥
mahāmaṁda mana sukha cahasi aise prabhuhi bisāri. 36.

चौपाई-caupāī:

चले राम त्यागा बन सोऊ । अतुलित बल नर केहरि दोऊ ॥
cale rāma tyāgā bana soū, atulita bala nara kehari doū.
बिरही इव प्रभु करत बिषादा । कहत कथा अनेक संबादा ॥
birahī iva prabhu karata biṣādā, kahata kathā aneka saṁbādā.
लछिमन देखु बिपिन कइ सोभा । देखत केहि कर मन नहिं छोभा ॥
lachimana dekhu bipina kai sobhā, dekhata kehi kara mana nahiṁ chobhā.

नारि सहित सब खग मृग बृंदा । मानहुँ मोरि करत हहिं निंदा ॥
nāri sahita saba khaga mṛga bṛṁdā, mānahuṁ mori karata hahiṁ niṁdā.
हमहि देखि मृग निकर पराहीं । मृगीं कहहिं तुम्ह कहँ भय नाहीं ॥
hamahi dekhi mṛga nikara parāhīṁ, mṛgīṁ kahahiṁ tumha kahaṁ bhaya nāhīṁ.
तुम्ह आनंद करहु मृग जाए । कंचन मृग खोजन ए आए ॥
tumha ānaṁda karahu mṛga jāe, kaṁcana mṛga khojana e āe.
संग लाइ करिनीं करि लेहीं । मानहुँ मोहि सिखावनु देहीं ॥
saṁga lāi karinīṁ kari lehīṁ, mānahuṁ mohi sikhāvanu dehīṁ.
सास्त्र सुचिंतित पुनि पुनि देखिअ । भूप सुसेवित बस नहिं लेखिअ ॥
sāstra suciṁtita puni puni dekhia, bhūpa susevita basa nahiṁ lekhia.
राखिअ नारि जदपि उर माहीं । जुबती सास्त्र नृपति बस नाहीं ॥
rākhia nāri jadapi ura māhīṁ, jubatī sāstra nṛpati basa nāhīṁ.
देखहु तात बसंत सुहावा । प्रिया हीन मोहि भय उपजावा ॥
dekhahu tāta basaṁta suhāvā, priyā hīna mohi bhaya upajāvā.

दोहा-dohā:

बिरह बिकल बलहीन मोहि जानेसि निपट अकेल ।
biraha bikala balahīna mohi jānesi nipaṭa akela,
सहित बिपिन मधुकर खग मदन कीन्ह बगमेल ॥ ३७क ॥
sahita bipina madhukara khaga madana kīnha bagamela. 37(ka).

देखि गयउ भ्राता सहित तासु दूत सुनि बात ।
dekhi gayau bhrātā sahita tāsu dūta suni bāta,
डेरा कीन्हेउ मनहुँ तब कटकु हटकि मनजात ॥ ३७ख ॥
ḍerā kīnheu manahuṁ taba kaṭaku haṭaki manajāta. 37(kha).

चौपाई-caupāī:

बिटप बिसाल लता अरुझानी । बिबिध बितान दिए जनु तानी ॥
biṭapa bisāla latā arujhānī, bibidha bitāna die janu tānī.
कदलि ताल बर धुजा पताका । देखि न मोह धीर मन जाका ॥
kadali tāla bara dhujā patākā, dekhi na moha dhīra mana jākā.
बिबिध भाँति फूले तरु नाना । जनु बानैत बने बहु बाना ॥
bibidha bhāṁti phūle taru nānā, janu bānaita bane bahu bānā.
कहुँ कहुँ सुन्दर बिटप सुहाए । जनु भट बिलग बिलग होइ छाए ॥
kahuṁ kahuṁ sundara biṭapa suhāe, janu bhaṭa bilaga bilaga hoi chāe.
कूजत पिक मानहुँ गज माते । ढेक महोख ऊँट बिसराते ॥
kūjata pika mānahuṁ gaja māte, ḍheka mahokha ūṁṭa bisarāte.
मोर चकोर कीर बर बाजी । पारावत मराल सब ताजी ॥
mora cakora kīra bara bājī, pārāvata marāla saba tājī.
तीतिर लावक पदचर जूथा । बरनि न जाइ मनोज बरुथा ॥
tītira lāvaka padacara jūthā, barani na jāi manoja baruthā.
रथ गिरि सिला दुंदुभीं झरना । चातक बंदी गुन गन बरना ॥
ratha giri silā duṁdubhīṁ jharanā, cātaka baṁdī guna gana baranā.
मधुकर मुखर भेरि सहनाई । त्रिबिध बयारि बसीठीं आई ॥
madhukara mukhara bheri sahanāī, tribidha bayāri basīṭhīṁ āī.
चतुरंगिनी सेन सँग लीन्हें । बिचरत सबहि चुनौती दीन्हें ॥
caturaṁginī sena saṁga līnheṁ, bicarata sabahi cunautī dīnheṁ.
लछिमन देखत काम अनीका । रहहिं धीर तिन्ह कै जग लीका ॥
lachimana dekhata kāma anīkā, rahahiṁ dhīra tinha kai jaga līkā.
एहि कें एक परम बल नारी । तेहि तें उबर सुभट सोइ भारी ॥
ehi keṁ eka parama bala nārī, tehi teṁ ubara subhaṭa soi bhārī.

दोहा-dohā:

तात तीनि अति प्रबल खल काम क्रोध अरु लोभ ।
tāta tīni ati prabala khala kāma krodha aru lobha,
मुनि बिग्यान धाम मन करहिं निमिष महुँ छोभ ॥ ३८क ॥
muni bigyāna dhāma mana karahiṁ nimiṣa mahuṁ chobha. 38(ka).

लोभ कें इच्छा दंभ बल काम कें केवल नारि ।
lobha keṁ icchā daṁbha bala kāma keṁ kevala nāri,
क्रोध कें परुष बचन बल मुनिबर कहहिं बिचारि ॥ ३८ख ॥
krodha keṁ paruṣa bacana bala munibara kahahiṁ bicāri. 38(kha).

चौपाई-caupāī:

गुनातीत सचराचर स्वामी । राम उमा सब अंतरजामी ॥
gunātīta sacarācara svāmī, rāma umā saba aṁtarajāmī.
कामिन्ह कै दीनता देखाई । धीरन्ह कें मन बिरति दृढ़ाई ॥
kāminha kai dīnatā dekhāī, dhīranha keṁ mana birati dṛṛhāī.
क्रोध मनोज लोभ मद माया । छूटहिं सकल राम कीं दाया ॥
krodha manoja lobha mada māyā, chūṭahiṁ sakala rāma kīṁ dāyā.
सो नर इंद्रजाल नहिं भूला । जा पर होइ सो नट अनुकूला ॥
so nara iṁdrajāla nahiṁ bhūlā, jā para hoi so naṭa anukūlā.
उमा कहउँ मैं अनुभव अपना । सत हरि भजनु जगत सब सपना ॥
umā kahauṁ maiṁ anubhava apanā, sata hari bhajanu jagata saba sapanā.
पुनि प्रभु गए सरोबर तीरा । पंपा नाम सुभग गंभीरा ॥
puni prabhu gae sarobara tīrā, paṁpā nāma subhaga gaṁbhīrā.
संत हृदय जस निर्मल बारी । बाँधे घाट मनोहर चारी ॥
saṁta hṛdaya jasa nirmala bārī, bāṁdhe ghāṭa manohara cārī.
जहँ तहँ पिअहिं बिबिध मृग नीरा । जनु उदार गृह जाचक भीरा ॥
jahaṁ tahaṁ piahiṁ bibidha mṛga nīrā, janu udāra gṛha jācaka bhīrā.

दोहा-dohā:

पुरइनि सघन ओट जल बेगि न पाइअ मर्म ।
puraini saghana oṭa jala begi na pāia marma,
मायाछन्न न देखिऐ जैसें निर्गुन ब्रह्म ॥ ३९क ॥
māyāchanna na dekhiai jaiseṁ nirguna brahma. 39(ka).

सुखी मीन सब एकरस अति अगाध जल माहिं ।
sukhī mīna saba ekarasa ati agādha jala māhiṁ,
जथा धर्मसीलन्ह के दिन सुख संजुत जाहिं ॥ ३९ख ॥
jathā dharmasīlanha ke dina sukha saṁjuta jāhiṁ. 39(kha).

चौपाई-caupāī:

बिकसे सरसिज नाना रंगा । मधुर मुखर गुंजत बहु भृंगा ॥
bikase sarasija nānā raṁgā, madhura mukhara guṁjata bahu bhṛṁgā.
बोलत जलकुक्कुट कलहंसा । प्रभु बिलोकि जनु करत प्रसंसा ॥
bolata jalakukkuṭa kalahaṁsā, prabhu biloki janu karata prasaṁsā.
चक्रबाक बक खग समुदाई । देखत बनइ बरनि नहिं जाई ॥
cakrabāka baka khaga samudāī, dekhata banai barani nahiṁ jāī.
सुंदर खग गन गिरा सुहाई । जात पथिक जनु लेत बोलाई ॥
suṁdara khaga gana girā suhāī, jāta pathika janu leta bolāī.
ताल समीप मुनिन्ह गृह छाए । चहु दिसि कानन बिटप सुहाए ॥
tāla samīpa muninha gṛha chāe, cahu disi kānana biṭapa suhāe.
चंपक बकुल कदंब तमाला । पाटल पनस परास रसाला ॥
caṁpaka bakula kadaṁba tamālā, pāṭala panasa parāsa rasālā.
नव पल्लव कुसुमित तरु नाना । चंचरीक पटली कर गाना ॥
nava pallava kusumita taru nānā, caṁcarīka paṭalī kara gānā.

सीतल मंद सुगंध सुभाऊ । संतत बहइ मनोहर बाऊ ॥
sītala mamda sugamdha subhāū, samtata bahai manohara bāū.
कुहू कुहू कोकिल धुनि करहीं । सुनि रव सरस ध्यान मुनि टरहीं ॥
kuhū kuhū kokila dhuni karahīm, suni rava sarasa dhyāna muni ṭarahīm.

दोहा-dohā:

फल भारन नमि बिटप सब रहे भूमि निअराइ ।
phala bhārana nami biṭapa saba rahe bhūmi niarāi,
पर उपकारी पुरुष जिमि नवहिं सुसंपति पाइ ॥४०॥
para upakārī puruṣa jimi navahim susampati pāi. 40.

चौपाई-caupāī:

देखि राम अति रुचिर तलावा । मज्जनु कीन्ह परम सुख पावा ॥
dekhi rāma ati rucira talāvā, majjanu kīnha parama sukha pāvā.
देखी सुंदर तरुबर छाया । बैठे अनुज सहित रघुराया ॥
dekhī sumdara tarubara chāyā, baiṭhe anuja sahita raghurāyā.
तहँ पुनि सकल देव मुनि आए । अस्तुति करि निज धाम सिधाए ॥
taham̐ puni sakala deva muni āe, astuti kari nija dhāma sidhāe.
बैठे परम प्रसन्न कृपाला । कहत अनुज सन कथा रसाला ॥
baiṭhe parama prasanna kṛpālā, kahata anuja sana kathā rasālā.
बिरहवंत भगवंतहि देखी । नारद मन भा सोच बिसेषी ॥
birahavamta bhagavamtahi dekhī, nārada mana bhā soca biseṣī.
मोर साप करि अंगीकारा । सहत राम नाना दुख भारा ॥
mora sāpa kari amgīkārā, sahata rāma nānā dukha bhārā.
ऐसे प्रभुहि बिलोकउँ जाई । पुनि न बनिहि अस अवसरु आई ॥
aise prabhuhi bilokaum̐ jāī, puni na banihi asa avasaru āī.
यह बिचारि नारद कर बीना । गए जहाँ प्रभु सुख आसीना ॥
yaha bicāri nārada kara bīnā, gae jahām̐ prabhu sukha āsīnā.
गावत राम चरित मृदु बानी । प्रेम सहित बहु भाँति बखानी ॥
gāvata rāma carita mṛdu bānī, prema sahita bahu bhām̐ti bakhānī.
करत दंडवत लिए उठाई । राखे बहुत बार उर लाई ॥
karata damḍavata lie uṭhāī, rākhe bahuta bāra ura lāī.
स्वागत पूँछि निकट बैठारे । लछिमन सादर चरन पखारे ॥
svāgata pūm̐chi nikaṭa baiṭhāre, lachimana sādara carana pakhāre.

दोहा-dohā:

नाना बिधि बिनती करि प्रभु प्रसन्न जियँ जानि ।
nānā bidhi binatī kari prabhu prasanna jiyam̐ jāni,
नारद बोले बचन तब जोरि सरोरुह पानि ॥४१॥
nārada bole bacana taba jori saroruha pāni. 41.

चौपाई-caupāī:

सुनहु उदार सहज रघुनायक । सुंदर अगम सुगम बर दायक ॥
sunahu udāra sahaja raghunāyaka, sumdara agama sugama bara dāyaka.
देहु एक बर मागउँ स्वामी । जद्यपि जानत अंतरजामी ॥
dehu eka bara māgaum̐ svāmī, jadyapi jānata amtarajāmī.
जानहु मुनि तुम्ह मोर सुभाऊ । जन सन कबहुँ कि करउँ दुराऊ ॥
jānahu muni tumha mora subhāū, jana sana kabahum̐ ki karaum̐ durāū.
कवन बस्तु असि प्रिय मोहि लागी । जो मुनिबर न सकहु तुम्ह मागी ॥
kavana bastu asi priya mohi lāgī, jo munibara na sakahu tumha māgī.
जन कहुँ कछु अदेय नहिं मोरें । अस बिस्वास तजहु जनि भोरें ॥
jana kahum̐ kachu adeya nahim morem, asa bisvāsa tajahu jani bhorem.
तब नारद बोले हरषाई । अस बर मागउँ करउँ ढिठाई ॥
taba nārada bole haraṣāī, asa bara māgaum̐ karaum̐ ḍhiṭhāī.
जद्यपि प्रभु के नाम अनेका । श्रुति कह अधिक एक तें एका ॥
jadyapi prabhu ke nāma anekā, śruti kaha adhika eka tem ekā.
राम सकल नामन्ह ते अधिका । होउ नाथ अघ खग गन बधिका ॥
rāma sakala nāmanha te adhikā, hou nātha agha khaga gana badhikā.

दोहा-dohā:

राका रजनी भगति तव राम नाम सोइ सोम ।
rākā rajanī bhagati tava rāma nāma soi soma,
अपर नाम उडगन बिमल बसहुँ भगत उर ब्योम ॥४२क॥
apara nāma uḍagana bimala basahum̐ bhagata ura byoma. 42(ka).
एवमस्तु मुनि सन कहेउ कृपासिंधु रघुनाथ ।
evamastu muni sana kaheu kṛpāsimdhu raghunātha,
तब नारद मन हरष अति प्रभु पद नायउ माथ ॥४२ख॥
taba nārada mana haraṣa ati prabhu pada nāyau mātha. 42(kha).

चौपाई-caupāī:

अति प्रसन्न रघुनाथहि जानी । पुनि नारद बोले मृदु बानी ॥
ati prasanna raghunāthahi jānī, puni nārada bole mṛdu bānī.
राम जबहिं प्रेरेउ निज माया । मोहेहु मोहि सुनहु रघुराया ॥
rāma jabahim prereu nija māyā, mohehu mohi sunahu raghurāyā.
तब बिबाह मैं चाहउँ कीन्हा । प्रभु केहि कारन करै न दीन्हा ॥
taba bibāha maim cāhaum̐ kīnhā, prabhu kehi kārana karai na dīnhā.
सुनु मुनि तोहि कहउँ सहरोसा । भजहिं जे मोहि तजि सकल भरोसा ॥
sunu muni tohi kahaum̐ saharosā, bhajahim je mohi taji sakala bharosā.
करउँ सदा तिन्ह कै रखवारी । जिमि बालक राखइ महतारी ॥
karaum̐ sadā tinha kai rakhavārī, jimi bālaka rākhai mahatārī.
गह सिसु बच्छ अनल अहि धाई । तहँ राखइ जननी अरगाई ॥
gaha sisu baccha anala ahi dhāī, taham̐ rākhai jananī aragāī.
प्रौढ़ भएँ तेहि सुत पर माता । प्रीति करइ नहिं पाछिलि बाता ॥
prauṛha bhaem̐ tehi suta para mātā, prīti karai nahim pāchili bātā.
मोरे प्रौढ़ तनय सम ग्यानी । बालक सुत सम दास अमानी ॥
more prauṛha tanaya sama gyānī, bālaka suta sama dāsa amānī.
जनहि मोर बल निज बल ताही । दुहु कहँ काम क्रोध रिपु आही ॥
janahi mora bala nija bala tāhī, duhu kaham̐ kāma krodha ripu āhī.
यह बिचारि पंडित मोहि भजहीं । पाएहुँ ग्यान भगति नहिं तजहीं ॥
yaha bicāri pamḍita mohi bhajahīm, pāehum̐ gyāna bhagati nahim tajahīm.

दोहा-dohā:

काम क्रोध लोभादि मद प्रबल मोह कै धारि ।
kāma krodha lobhādi mada prabala moha kai dhāri,
तिन्ह महँ अति दारुन दुखद मायारूपी नारि ॥४३॥
tinha maham̐ ati dāruna dukhada māyārūpī nāri. 43.

चौपाई-caupāī:

सुनु मुनि कह पुरान श्रुति संता । मोह बिपिन कहुँ नारि बसंता ॥
sunu muni kaha purāna śruti samtā, moha bipina kahum̐ nāri basamtā.
जप तप नेम जलाश्रय झारी । होइ ग्रीषम सोषइ सब नारी ॥
japa tapa nema jalāśraya jhārī, hoi grīṣama soṣai saba nārī.
काम क्रोध मद मत्सर भेका । इन्हहि हरषप्रद बरषा एका ॥
kāma krodha mada matsara bhekā, inhahi haraṣaprada baraṣā ekā.
दुर्बासना कुमुद समुदाई । तिन्ह कहँ सरद सदा सुखदाई ॥
durbāsanā kumuda samudāī, tinha kaham̐ sarada sadā sukhadāī.
धर्म सकल सरसीरुह बृंदा । होइ हिम तिन्हहि दहइ सुख मंदा ॥
dharma sakala sarasīruha bṛmdā, hoi hima tinhahi dahai sukha mamdā.
पुनि ममता जवास बहुताई । पलुहइ नारि सिसिर रितु पाई ॥
puni mamatā javāsa bahutāī, paluhai nāri sisira ritu pāī.
पाप उलूक निकर सुखकारी । नारि निबिड़ रजनी अँधिआरी ॥
pāpa ulūka nikara sukhakārī, nāri nibiṛa rajanī am̐dhiārī.

बुधि बल सील सत्य सब मीना । बनसी सम त्रिय कहहिं प्रबीना ॥
budhi bala sīla satya saba mīnā, banasī sama triya kahahiṁ prabīnā.

दोहा-dohā:

अवगुन मूल सूलप्रद प्रमदा सब दुख खानि ।
avaguna mūla sūlaprada pramadā saba dukha khāni,
ताते कीन्ह निवारन मुनि मैं यह जियँ जानि ॥४४॥
tāte kīnha nivārana muni maiṁ yaha jiyaṁ jāni. 44.

चौपाई-caupāī:

सुनि रघुपति के बचन सुहाए । मुनि तन पुलक नयन भरि आए ॥
suni raghupati ke bacana suhāe, muni tana pulaka nayana bhari āe.
कहहु कवन प्रभु कै असि रीती । सेवक पर ममता अरु प्रीती ॥
kahahu kavana prabhu kai asi rītī, sevaka para mamatā aru prītī.
जे न भजहिं अस प्रभु भ्रम त्यागी । ग्यान रंक नर मंद अभागी ॥
je na bhajahiṁ asa prabhu bhrama tyāgī, gyāna raṁka nara maṁda abhāgī.
पुनि सादर बोले मुनि नारद । सुनहु राम बिग्यान बिसारद ॥
puni sādara bole muni nārada, sunahu rāma bigyāna bisārada.
संतन्ह के लच्छन रघुबीरा । कहहु नाथ भव भंजन भीरा ॥
saṁtanha ke lacchana raghubīrā, kahahu nātha bhava bhaṁjana bhīrā.
सुनु मुनि संतन्ह के गुन कहऊँ । जिन्ह ते मैं उन्ह कें बस रहऊँ ॥
sunu muni saṁtanha ke guna kahaūṁ, jinha te maiṁ unha keṁ basa rahaūṁ.
षट बिकार जित अनघ अकामा । अचल अकिंचन सुचि सुखधामा ॥
ṣaṭa bikāra jita anagha akāmā, acala akiṁcana suci sukhadhāmā.
अमितबोध अनीह मितभोगी । सत्यसार कबि कोबिद जोगी ॥
amitabodha anīha mitabhogī, satyasāra kabi kobida jogī.
सावधान मानद मदहीना । धीर धर्म गति परम प्रबीना ॥
sāvadhāna mānada madahīnā, dhīra dharma gati parama prabīnā.

दोहा-dohā:

गुनागार संसार दुख रहित बिगत संदेह ।
gunāgāra saṁsāra dukha rahita bigata saṁdeha.
तजि मम चरन सरोज प्रिय तिन्ह कहुँ देह न गेह ॥४५॥
taji mama carana saroja priya tinha kahuṁ deha na geha. 45.

चौपाई-caupāī:

निज गुन श्रवन सुनत सकुचाहीं । पर गुन सुनत अधिक हरषाहीं ॥
nija guna śravana sunata sakucāhīṁ, para guna sunata adhika haraṣāhīṁ.
सम सीतल नहिं त्यागहिं नीती । सरल सुभाउ सबहि सन प्रीती ॥
sama sītala nahiṁ tyāgahiṁ nītī, sarala subhāu sabahi sana prītī.
जप तप ब्रत दम संजम नेमा । गुरु गोबिंद बिप्र पद प्रेमा ॥
japa tapa brata dama saṁjama nemā, guru gobiṁda bipra pada premā.
श्रद्धा छमा मयत्री दाया । मुदिता मम पद प्रीति अमाया ॥
śraddhā chamā mayatrī dāyā, muditā mama pada prīti amāyā.
बिरति बिबेक बिनय बिग्याना । बोध जथारथ बेद पुराना ॥
birati bibeka binaya bigyānā, bodha jathāratha beda purānā.
दंभ मान मद करहिं न काऊ । भूलि न देहिं कुमारग पाऊ ॥
daṁbha māna mada karahiṁ na kāū, bhūli na dehiṁ kumāraga pāū.
गावहिं सुनहिं सदा मम लीला । हेतु रहित परहित रत सीला ॥
gāvahiṁ sunahiṁ sadā mama līlā, hetu rahita parahita rata sīlā.
मुनि सुनु साधुन्ह के गुन जेते । कहि न सकहिं सारद श्रुति तेते ॥
muni sunu sādhunha ke guna jete, kahi na sakahiṁ sārada śruti tete.

छंद-chaṁda:

कहि सक न सारद सेष नारद सुनत पद पंकज गहे ।
kahi saka na sārada seṣa nārada sunata pada paṁkaja gahe,
अस दीनबंधु कृपाल अपने भगत गुन निज मुख कहे ॥
asa dīnabaṁdhu kr̥pāla apane bhagata guna nija mukha kahe.
सिरु नाइ बारहिं बार चरनन्हि ब्रह्मपुर नारद गए ।
siru nāi bārahiṁ bāra caranānhi brahmapura nārada gae.
ते धन्य तुलसीदास आस बिहाइ जे हरि रँग रँए ॥
te dhanya tulasīdāsa āsa bihāi je hari raṁga raṁe.

दोहा-dohā:

रावनारि जसु पावन गावहिं सुनहिं जे लोग ।
rāvanāri jasu pāvana gāvahiṁ sunahiṁ je loga,
राम भगति दृढ़ पावहिं बिनु बिराग जप जोग ॥४६क॥
rāma bhagati dr̥ṛha pāvahiṁ binu birāga japa joga. 46(ka).
दीप सिखा सम जुबति तन मन जनि होसि पतंग ।
dīpa sikhā sama jubati tana mana jani hosi pataṁga,
भजहि राम तजि काम मद करहि सदा सतसंग ॥४६ख॥
bhajahi rāma taji kāma mada karahi sadā satasaṁga. 46(kha).

मासपारायण बाईसवाँ विश्राम
māsapārāyaṇa bāīsavāṁ viśrāma
(Pause 22 for a Thirty-Day Recitation)

—::—

— जय श्रीसीताराम —

सीताराम सीताराम सीताराम सीताराम सीताराम सीताराम सीताराम सीताराम सीताराम सीताराम सीताराम
सीताराम सीताराम सीताराम सीताराम सीताराम सीताराम सीताराम सीताराम सीताराम सीताराम
सीताराम सीताराम सीताराम सीताराम सीताराम सीताराम सीताराम सीताराम सीताराम सीताराम
सीताराम सीताराम सीताराम सीताराम सीताराम सीताराम सीताराम सीताराम सीताराम सीताराम सीताराम

सीताराम सीताराम सीताराम राम राम । रामराम रामराम रामराम सीताराम ॥
सीताराम सीताराम सीताराम राम राम । रामराम रामराम रामराम सीताराम ॥

इति श्रीमद्रामचरितमानसे सकलकलिकलुषविध्वंसने तृतीयः सोपानः समाप्तः

iti śrīmadrāmacaritamānase sakalakalikaluṣavidhvaṁsane tr̥tīyaḥ sopānaḥ samāptaḥ

सीताराम सीताराम
सीताराम सीताराम

ॐ

सीताराम सीताराम सीताराम

श्रीजानकीवल्लभो विजयते
śrījānakīvallabho vijayate

श्रीरामचरितमानस
śrīrāmacaritamānasa
चतुर्थ सोपान - किष्किन्धाकाण्ड
caturtha sopāna - kiṣkindhākāṇḍa

श्लोक-śloka:

कुन्देन्दीवरसुन्दरावतिबलौ विज्ञानधामावुभौ
kundendīvarasundarāvatibalau vijñānadhāmāvubhau
शोभाढ्यौ वरधन्विनौ श्रुतिनुतौ गोविप्रवृन्दप्रियौ ।
śobhāḍhyau varadhanvinau śrutinutau gopravṛndapriyau,
मायामानुषरूपिणौ रघुवरौ सद्धर्मवर्मौं हितौ
māyāmānuṣarūpiṇau raghuvarau saddharmavarmauṁ hitau
सीतान्वेषणतत्परौ पथिगतौ भक्तिप्रदौ तौ हि नः ॥ १ ॥
sītānveṣaṇatatparau pathigatau bhaktipradau tau hi naḥ. 1.

ब्रह्माम्भोधिसमुद्भवं कलिमलप्रध्वंसनं चाव्ययं
brahmāmbhodhisamudbhavaṁ kalimalapradhvaṁsanaṁ cāvyayaṁ
श्रीमच्छम्भुमुखेन्दुसुन्दरवरे संशोभितं सर्वदा ।
śrīmacchambhumukhendusundaravare saṁśobhitaṁ sarvadā,
संसारामयभेषजं सुखकरं श्रीजानकीजीवनं
saṁsārāmayabheṣajaṁ sukhakaraṁ śrījānakījīvanaṁ
धन्यास्ते कृतिनः पिबन्ति सततं श्रीरामनामामृतम् ॥ २ ॥
dhanyāste kṛtinaḥ pibanti satataṁ śrīrāmanāmāmṛtam. 2.

सोरठा-sorathā:

मुक्ति जन्म महि जानि ग्यान खानि अघ हानि कर ।
mukti janma mahi jāni gyāna khāni agha hāni kara
जहँ बस संभु भवानि सो कासी सेइअ कस न ॥
jahaṁ basa saṁbhu bhavāni so kāsī seia kasa na.
जरत सकल सुर बृंद बिषम गरल जेहिं पान किय ।
jarata sakala sura bṛṁda biṣama garala jehiṁ pāna kiya,
तेहि न भजसि मन मंद को कृपाल संकर सरिस ॥
tehi na bhajasi mana maṁda ko kṛpāla saṁkara sarisa.

चौपाई-caupāī:

आगें चले बहुरि रघुराया । रिष्यमूक पर्बत निअराया ॥
āgeṁ cale bahuri raghurāyā, riṣyamūka parbata niarāyā.
तहँ रह सचिव सहित सुग्रीवा । आवत देखि अतुल बल सींवा ॥
tahaṁ raha saciva sahita sugrīvā, āvata dekhi atula bala sīṁvā.
अति सभीत कह सुनु हनुमाना । पुरुष जुगल बल रूप निधाना ॥
ati sabhīta kaha sunu hanumānā, puruṣa jugala bala rūpa nidhānā.
धरि बटु रूप देखु तैं जाई । कहेसु जानि जियँ सयन बुझाई ॥
dhari baṭu rūpa dekhu taiṁ jāī, kahesu jāni jiyaṁ sayana bujhāī.
पठए बालि होहिं मन मैला । भागौं तुरत तजौं यह सैला ॥
paṭhae bāli hohiṁ mana mailā, bhāgauṁ turata tajauṁ yaha sailā.
बिप्र रूप धरि कपि तहँ गयऊ । माथ नाइ पूछत अस भयऊ ॥
bipra rūpa dhari kapi tahaṁ gayaū, mātha nāi pūchata asa bhayaū.
को तुम्ह स्यामल गौर सरीरा । छत्री रूप फिरहु बन बीरा ॥
ko tumha syāmala gaura sarīrā, chatrī rūpa phirahu bana bīrā.
कठिन भूमि कोमल पद गामी । कवन हेतु बिचरहु बन स्वामी ॥
kaṭhina bhūmi komala pada gāmī, kavana hetu bicarahu bana svāmī.
मृदुल मनोहर सुंदर गाता । सहत दुसह बन आतप बाता ॥
mṛdula manohara suṁdara gātā, sahata dusaha bana ātapa bātā.
की तुम्ह तीनि देव महँ कोऊ । नर नारायन की तुम्ह दोऊ ॥
kī tumha tīni deva mahaṁ koū, nara nārāyana kī tumha doū.

दोहा-dohā:

जग कारन तारन भव भंजन धरनी भार ।
jaga kārana tārana bhava bhaṁjana dharanī bhāra,
की तुम्ह अखिल भुवन पति लीन्ह मनुज अवतार ॥ १ ॥
kī tumha akhila bhuvana pati līnha manuja avatāra. 1.

चौपाई-caupāī:

कोसलेस दसरथ के जाए । हम पितु बचन मानि बन आए ॥
kosalesa dasaratha ke jāe, hama pitu bacana māni bana āe.
नाम राम लछिमन दोउ भाई । संग नारि सुकुमारि सुहाई ॥
nāma rāma lachimana dou bhāī, saṁga nāri sukumāri suhāī.
इहाँ हरी निसिचर बैदेही । बिप्र फिरहिं हम खोजत तेही ॥
ihāṁ harī nisicara baidehī, bipra phirahiṁ hama khojata tehī.
आपन चरित कहा हम गाई । कहहु बिप्र निज कथा बुझाई ॥
āpana carita kahā hama gāī, kahahu bipra nija kathā bujhāī.
प्रभु पहिचानि परेउ गहि चरना । सो सुख उमा जाइ नहिं बरना ॥
prabhu pahicāni pareu gahi caranā, so sukha umā jāi nahiṁ baranā.
पुलकित तन मुख आव न बचना । देखत रुचिर बेष कै रचना ॥
pulakita tana mukha āva na bacanā, dekhata rucira beṣa kai racanā.
पुनि धीरजु धरि अस्तुति कीन्ही । हरष हृदयँ निज नाथहि चीन्ही ॥
puni dhīraju dhari astuti kīnhī, haraṣa hṛdayaṁ nija nāthahi cīnhī.
मोर न्याउ मैं पूछा साईं । तुम्ह पूछहु कस नर की नाईं ॥
mora nyāu maiṁ pūchā sāīṁ, tumha pūchahu kasa nara kī nāīṁ.
तव माया बस फिरउँ भुलाना । ता ते मैं नहिं प्रभु पहिचाना ॥

tava māyā basa phiraum̐ bhulānā, tā te maiṁ nahiṁ prabhu pahicānā.

दोहा-dohā:

एकु मैं मंद मोहबस कुटिल हृदय अग्यान ।
eku maiṁ maṁda mohabasa kuṭila hṛdaya agyāna,
पुनि प्रभु मोहि बिसारेउ दीनबंधु भगवान ॥२॥
puni prabhu mohi bisāreu dīnabaṁdhu bhagavāna. 2.

चौपाई-caupāī:

जदपि नाथ बहु अवगुन मोरें । सेवक प्रभुहि परै जनि भोरें ॥
jadapi nātha bahu avaguna moreṁ, sevaka prabhuhi parai jani bhoreṁ.
नाथ जीव तव मायाँ मोहा । सो निस्तरइ तुम्हारेहिं छोहा ॥
nātha jīva tava māyām̐ mohā, so nistarai tumhārehiṁ chohā.
ता पर मैं रघुबीर दोहाई । जानउँ नहिं कछु भजन उपाई ॥
tā para maiṁ raghubīra dohāī, jānaum̐ nahiṁ kachu bhajana upāī.
सेवक सुत पति मातु भरोसें । रहइ असोच बनइ प्रभु पोसें ॥
sevaka suta pati mātu bharoseṁ, rahai asoca banai prabhu poseṁ.
अस कहि परेउ चरन अकुलाई । निज तनु प्रगटि प्रीति उर छाई ॥
asa kahi pareu carana akulāī, nija tanu pragaṭi prīti ura chāī.
तब रघुपति उठाइ उर लावा । निज लोचन जल सींचि जुड़ावा ॥
taba raghupati uṭhāi ura lāvā, nija locana jala sīṁci juṛāvā.
सुनु कपि जियँ मानसि जनि ऊना । तैं मम प्रिय लछिमन ते दूना ॥
sunu kapi jiyam̐ mānasi jani ūnā, taiṁ mama priya lachimana te dūnā.
समदरसी मोहि कह सब कोऊ । सेवक प्रिय अनन्यगति सोऊ ॥
samadarasī mohi kaha saba koū, sevaka priya ananyagati soū.

दोहा-dohā:

सो अनन्य जाकें असि मति न टरइ हनुमंत ।
so ananya jākeṁ asi mati na ṭarai hanumaṁta,
मैं सेवक सचराचर रूप स्वामि भगवंत ॥३॥
maiṁ sevaka sacarācara rūpa svāmi bhagavaṁta. 3.

चौपाई-caupāī:

देखि पवनसुत पति अनुकूला । हृदयँ हरष बीती सब सूला ॥
dekhi pavanasuta pati anukūlā, hṛdayam̐ haraṣa bītī saba sūlā.
नाथ सैल पर कपिपति रहई । सो सुग्रीव दास तव अहई ॥
nātha saila para kapipati rahaī, so sugrīva dāsa tava ahaī.
तेहि सन नाथ मयत्री कीजे । दीन जानि तेहि अभय करीजे ॥
tehi sana nātha mayatrī kīje, dīna jāni tehi abhaya karīje.
सो सीता कर खोज कराइहि । जहँ तहँ मरकट कोटि पठाइहि ॥
so sītā kara khoja karāihi, jaham̐ taham̐ marakaṭa koṭi paṭhāihi.
एहि बिधि सकल कथा समुझाई । लिए दुऔ जन पीठि चढ़ाई ॥
ehi bidhi sakala kathā samujhāī, lie duau jana pīṭhi caṛhāī.
जब सुग्रीवँ राम कहुँ देखा । अतिसय जन्म धन्य करि लेखा ॥
jaba sugrīvam̐ rāma kahum̐ dekhā, atisaya janma dhanya kari lekhā.
सादर मिलेउ नाइ पद माथा । भैंटेउ अनुज सहित रघुनाथा ॥
sādara mileu nāi pada māthā, bheiṁṭeu anuja sahita raghunāthā.
कपि कर मन बिचार एहि रीती । करिहहिं बिधि मो सन ए प्रीती ॥
kapi kara mana bicāra ehi rītī, karihahiṁ bidhi mo sana e prītī.

दोहा-dohā:

तब हनुमंत उभय दिसि की सब कथा सुनाइ ।
taba hanumaṁta ubhaya disi kī saba kathā sunāi,
पावक साखी देइ करि जोरी प्रीति दृढ़ाइ ॥४॥
pāvaka sākhī dei kari jorī prīti dṛṛhāi. 4.

चौपाई-caupāī:

कीन्हि प्रीति कछु बीच न राखा । लछमिन राम चरित सब भाषा ॥
kīnhi prīti kachu bīca na rākhā, lachamina rāma carita saba bhāṣā.
कह सुग्रीव नयन भरि बारी । मिलिहि नाथ मिथिलेसकुमारी ॥
kaha sugrīva nayana bhari bārī, milihi nātha mithilesakumārī.
मंत्रिन्ह सहित इहाँ एक बारा । बैठ रहेउँ मैं करत बिचारा ॥
maṁtrinha sahita ihām̐ eka bārā, baiṭha raheum̐ maiṁ karata bicārā.
गगन पंथ देखी मैं जाता । परबस परी बहुत बिलपाता ॥
gagana paṁtha dekhī maiṁ jātā, parabasa parī bahuta bilapātā.
राम राम हा राम पुकारी । हमहि देखि दीन्हेउ पट डारी ॥
rāma rāma hā rāma pukārī, hamahi dekhi dīnheu paṭa ḍārī.
मागा राम तुरत तेहिं दीन्हा । पट उर लाइ सोच अति कीन्हा ॥
māgā rāma turata tehiṁ dīnhā, paṭa ura lāi soca ati kīnhā.
कह सुग्रीव सुनहु रघुबीरा । तजहु सोच मन आनहु धीरा ॥
kaha sugrīva sunahu raghubīrā, tajahu soca mana ānahu dhīrā.
सब प्रकार करिहउँ सेवकाई । जेहि बिधि मिलिहि जानकी आई ॥
saba prakāra karihaum̐ sevakāī, jehi bidhi milihi jānakī āī.

दोहा-dohā:

सखा बचन सुनि हरषे कृपासिंधु बलसींव ।
sakhā bacana suni haraṣe kṛpāsiṁdhu balasīṁva,
कारन कवन बसहु बन मोहि कहहु सुग्रीव ॥५॥
kārana kavana basahu bana mohi kahahu sugrīva. 5.

चौपाई-caupāī:

नाथ बालि अरु मैं द्वौ भाई । प्रीति रही कछु बरनि न जाई ॥
nātha bāli aru maiṁ dvau bhāī, prīti rahī kachu barani na jāī.
मय सुत मायावी तेहि नाऊँ । आवा सो प्रभु हमरें गाऊँ ॥
maya suta māyāvī tehi nāūm̐, āvā so prabhu hamareṁ gāūm̐.
अर्ध राति पुर द्वार पुकारा । बाली रिपु बल सहै न पारा ॥
ardha rāti pura dvāra pukārā, bālī ripu bala sahai na pārā.
धावा बालि देखि सो भागा । मैं पुनि गयउँ बंधु सँग लागा ॥
dhāvā bāli dekhi so bhāgā, maiṁ puni gayaum̐ baṁdhu sam̐ga lāgā.
गिरिबर गुहाँ पैठ सो जाई । तब बालीं मोहि कहा बुझाई ॥
giribara guhām̐ paiṭha so jāī, taba bālīṁ mohi kahā bujhāī.
परिखेसु मोहि एक पखवारा । नहिं आवौं तब जानेसु मारा ॥
parikhesu mohi eka pakhavārā, nahiṁ āvauṁ taba jānesu mārā.
मास दिवस तहँ रहेउँ खरारी । निसरी रुधिर धार तहँ भारी ॥
māsa divasa taham̐ raheum̐ kharārī, nisarī rudhira dhāra taham̐ bhārī.
बाली हतेसि मोहि मारिहि आई । सिला देइ तहँ चलेउँ पराई ॥
bālī hatesi mohi mārihi āī, silā dei taham̐ caleum̐ parāī.
मंत्रिन्ह पुर देखा बिनु साईं । दीन्हेउ मोहि राज बरिआईं ॥
maṁtrinha pura dekhā binu sāīṁ, dīnheu mohi rāja bariāīṁ.
बालि ताहि मारि गृह आवा । देखि मोहि जियँ भेद बढ़ावा ॥
bāli tāhi māri gṛha āvā, dekhi mohi jiyam̐ bheda baṛhāvā.
रिपु सम मोहि मारेसि अति भारी । हरि लीन्हेसि सर्बसु अरु नारी ॥
ripu sama mohi māresi ati bhārī, hari līnhesi sarbasu aru nārī.
ताकें भय रघुबीर कृपाला । सकल भुवन मैं फिरेउँ बिहाला ॥
tākeṁ bhaya raghubīra kṛpālā, sakala bhuvana maiṁ phireum̐ bihālā.
इहाँ साप बस आवत नाहीं । तदपि सभीत रहउँ मन माहीं ॥
ihām̐ sāpa basa āvata nāhīṁ, tadapi sabhīta rahaum̐ mana māhīṁ.
सुनि सेवक दुख दीनदयाला । फरकि उठीं द्वै भुजा बिसाला ॥
suni sevaka dukha dīnadayālā, pharaki uṭhīṁ dvai bhujā bisālā.

दोहा-dohā:

सुनु सुग्रीव मारिहउँ बालिहि एकहिं बान ।
sunu sugrīva mārihauṁ bālihi ekahiṁ bāna,
ब्रह्म रुद्र सरनागत गएँ न उबरिहिं प्रान ॥ ६ ॥
brahma rudra saranāgata gaeṁ na ubarihiṁ prāna. 6.

चौपाई-caupāī:

जे न मित्र दुख होहिं दुखारी । तिन्हहि बिलोकत पातक भारी ॥
je na mitra dukha hohiṁ dukhārī, tinhahi bilokata pātaka bhārī.
निज दुख गिरि सम रज करि जाना । मित्रक दुख रज मेरु समाना ॥
nija dukha giri sama raja kari jānā, mitraka dukha raja meru samānā.
जिन्ह कें असि मति सहज न आई । ते सठ कत हठि करत मिताई ॥
jinha keṁ asi mati sahaja na āī, te saṭha kata haṭhi karata mitāī.
कुपथ निवारि सुपंथ चलावा । गुन प्रगटै अवगुनन्हि दुरावा ॥
kupatha nivāri supaṁtha calāvā, guna pragaṭai avagunanhi durāvā.
देत लेत मन संक न धरई । बल अनुमान सदा हित करई ॥
deta leta mana saṁka na dharaī, bala anumāna sadā hita karaī.
बिपति काल कर सतगुन नेहा । श्रुति कह संत मित्र गुन एहा ॥
bipati kāla kara sataguna nehā, śruti kaha saṁta mitra guna ehā.
आगें कह मृदु बचन बनाई । पाछें अनहित मन कुटिलाई ॥
āgeṁ kaha mṛdu bacana banāī, pācheṁ anahita mana kuṭilāī.
जा कर चित अहि गति सम भाई । अस कुमित्र परिहरेहिं भलाई ॥
jā kara cita ahi gati sama bhāī, asa kumitra pariharehiṁ bhalāī.
सेवक सठ नृप कृपन कुनारी । कपटी मित्र सूल सम चारी ॥
sevaka saṭha nṛpa kṛpana kunārī, kapaṭī mitra sūla sama cārī.
सखा सोच त्यागहु बल मोरें । सब बिधि घटब काज मैं तोरें ॥
sakhā soca tyāgahu bala moreṁ, saba bidhi ghaṭaba kāja maiṁ toreṁ.
कह सुग्रीव सुनहु रघुबीरा । बालि महाबल अति रनधीरा ॥
kaha sugrīva sunahu raghubīrā, bāli mahābala ati ranadhīrā.
दुंदुभि अस्थि ताल देखराए । बिनु प्रयास रघुनाथ ढहाए ॥
duṁdubhi asthi tāla dekharāe, binu prayāsa raghunātha ḍhahāe.
देखि अमित बल बाढ़ी प्रीती । बालि बधब इन्ह भइ परतीती ॥
dekhi amita bala bāṛhī prītī, bāli badhaba inha bhai paratītī.
बार बार नावइ पद सीसा । प्रभुहि जानि मन हरष कपीसा ॥
bāra bāra nāvai pada sīsā, prabhuhi jāni mana haraṣa kapīsā.
उपजा ग्यान बचन तब बोला । नाथ कृपाँ मन भयउ अलोला ॥
upajā gyāna bacana taba bolā, nātha kṛpāṁ mana bhayau alolā.
सुख संपति परिवार बड़ाई । सब परिहरि करिहउँ सेवकाई ॥
sukha saṁpati parivāra baṛāī, saba parihari karihauṁ sevakāī.
ए सब राम भगति के बाधक । कहहिं संत तव पद अवराधक ॥
e saba rāma bhagati ke bādhaka, kahahiṁ saṁta tava pada avarādhaka.
सत्रु मित्र सुख दुख जग माहीं । माया कृत परमारथ नाहीं ॥
satru mitra sukha dukha jaga māhīṁ, māyā kṛta paramāratha nāhīṁ.
बालि परम हित जासु प्रसादा । मिलेहु राम तुम्ह समन बिषादा ॥
bāli parama hita jāsu prasādā, milehu rāma tumha samana biṣādā.
सपनें जेहि सन होइ लराई । जागें समुझत मन सकुचाई ॥
sapaneṁ jehi sana hoi larāī, jāgeṁ samujhata mana sakucāī.
अब प्रभु कृपा करहु एहि भाँती । सब तजि भजनु करौं दिन राती ॥
aba prabhu kṛpā karahu ehi bhāṁtī, saba taji bhajanu karauṁ dina rātī.
सुनि बिराग संजुत कपि बानी । बोले बिहँसि रामु धनुपानी ॥
suni birāga saṁjuta kapi bānī, bole bihaṁsi rāmu dhanupānī.
जो कछु कहेहु सत्य सब सोई । सखा बचन मम मृषा न होई ॥
jo kachu kahehu satya saba soī, sakhā bacana mama mṛṣā na hoī.
नट मरकट इव सबहि नचावत । रामु खगेस बेद अस गावत ॥
naṭa marakaṭa iva sabahi nacāvata, rāmu khagesa beda asa gāvata.
लै सुग्रीव संग रघुनाथा । चले चाप सायक गहि हाथा ॥
lai sugrīva saṁga raghunāthā, cale cāpa sāyaka gahi hāthā.
तब रघुपति सुग्रीव पठावा । गर्जेसि जाइ निकट बल पावा ॥
taba raghupati sugrīva paṭhāvā, garjesi jāi nikaṭa bala pāvā.
सुनत बालि क्रोधातुर धावा । गहि कर चरन नारि समुझावा ॥
sunata bāli krodhātura dhāvā, gahi kara carana nāri samujhāvā.
सुनु पति जिन्हहि मिलेउ सुग्रीवा । ते द्वौ बंधु तेज बल सींवा ॥
sunu pati jinhahi mileu sugrīvā, te dvau baṁdhu teja bala sīṁvā.
कोसलेस सुत लछिमन रामा । कालहु जीति सकहिं संग्रामा ॥
kosalesa suta lachimana rāmā, kālahu jīti sakahiṁ saṁgrāmā.

दोहा-dohā:

कह बाली सुनु भीरु प्रिय समदरसी रघुनाथ ।
kaha bālī sunu bhīru priya samadarasī raghunātha,
जौं कदाचि मोहि मारहिं तौ पुनि होउँ सनाथ ॥ ७ ॥
jauṁ kadāci mohi mārahiṁ tau puni houṁ sanātha. 7.

चौपाई-caupāī:

अस कहि चला महा अभिमानी । तृन समान सुग्रीवहि जानी ॥
asa kahi calā mahā abhimānī, tṛna samāna sugrīvahi jānī.
भिरे उभौ बाली अति तर्जा । मुठिका मारि महाधुनि गर्जा ॥
bhire ubhau bālī ati tarjā, muṭhikā māri mahādhuni garjā.
तब सुग्रीव बिकल होइ भागा । मुष्टि प्रहार बज्र सम लागा ॥
taba sugrīva bikala hoi bhāgā, muṣṭi prahāra bajra sama lāgā.
मैं जो कहा रघुबीर कृपाला । बंधु न होइ मोर यह काला ॥
maiṁ jo kahā raghubīra kṛpālā, baṁdhu na hoi mora yaha kālā.
एकरूप तुम्ह भ्राता दोऊ । तेहि भ्रम तें नहिं मारेउँ सोऊ ॥
ekarūpa tumha bhrātā doū, tehi bhrama teṁ nahiṁ māreuṁ soū.
कर परसा सुग्रीव सरीरा । तनु भा कुलिस गई सब पीरा ॥
kara parasā sugrīva sarīrā, tanu bhā kulisa gaī saba pīrā.
मेली कंठ सुमन कै माला । पठवा पुनि बल देइ बिसाला ॥
melī kaṁṭha sumana kai mālā, paṭhavā puni bala dei bisālā.
पुनि नाना बिधि भई लराई । बिटप ओट देखहिं रघुराई ॥
puni nānā bidhi bhaī larāī, biṭapa oṭa dekhahiṁ raghurāī.

दोहा-dohā:

बहु छल बल सुग्रीव कर हियँ हारा भय मानि ।
bahu chala bala sugrīva kara hiyaṁ hārā bhaya māni,
मारा बालि राम तब हृदय माझ सर तानि ॥ ८ ॥
mārā bāli rāma taba hṛdaya mājha sara tāni. 8.

चौपाई-caupāī:

परा बिकल महि सर के लागें । पुनि उठि बैठ देखि प्रभु आगें ॥
parā bikala mahi sara ke lāgeṁ, puni uṭhi baiṭha dekhi prabhu āgeṁ.
स्याम गात सिर जटा बनाएँ । अरुन नयन सर चाप चढ़ाएँ ॥
syāma gāta sira jaṭā banāeṁ, aruna nayana sara cāpa caṛhāeṁ.
पुनि पुनि चितइ चरन चित दीन्हा । सुफल जन्म माना प्रभु चीन्हा ॥
puni puni citai carana cita dīnhā, suphala janma mānā prabhu cīnhā.
हृदयँ प्रीति मुख बचन कठोरा । बोला चितइ राम की ओरा ॥
hṛdayaṁ prīti mukha bacana kaṭhorā, bolā citai rāma kī orā.
धर्म हेतु अवतरेहु गोसाईं । मारेहु मोहि ब्याध की नाईं ॥
dharma hetu avatarehu gosāīṁ, mārehu mohi byādha kī nāīṁ.
मैं बैरी सुग्रीव पिआरा । अवगुन कवन नाथ मोहि मारा ॥
maiṁ bairī sugrīva piārā, avaguna kavana nātha mohi mārā.

अनुज बधू भगिनी सुत नारी । सुनु सठ कन्या सम ए चारी ॥
anuja badhū bhaginī suta nārī, sunu saṭha kanyā sama e cārī.
इन्हहि कुदृष्टि बिलोकइ जोई । ताहि बधें कछु पाप न होई ॥
inhahi kudraṣṭi bilokai joī, tāhi badheṁ kachu pāpa na hoī.
मूढ़ तोहि अतिसय अभिमाना । नारि सिखावन करसि न काना ॥
mūṛha tohi atisaya abhimānā, nāri sikhāvana karasi na kānā.
मम भुज बल आश्रित तेहि जानी । मारा चहसि अधम अभिमानी ॥
mama bhuja bala āśrita tehi jānī, mārā cahasi adhama abhimānī.

दोहा-dohā:

सुनहु राम स्वामी सन चल न चातुरी मोरि ।
sunahu rāma svāmī sana cala na cāturī mori,
प्रभु अजहूँ मैं पापी अंतकाल गति तोरि ॥९॥
prabhu ajahūm̐ maiṁ pāpī aṁtakāla gati tori. 9.

चौपाई-caupāī:

सुनत राम अति कोमल बानी । बालि सीस परसेउ निज पानी ॥
sunata rāma ati komala bānī, bāli sīsa paraseu nija pānī.
अचल करौं तनु राखहु प्राना । बालि कहा सुनु कृपानिधाना ॥
acala karauṁ tanu rākhahu prānā, bāli kahā sunu kṛpānidhānā.
जन्म जन्म मुनि जतनु कराहीं । अंत राम कहि आवत नाहीं ॥
janma janma muni jatanu karāhīṁ, aṁta rāma kahi āvata nāhīṁ.
जासु नाम बल संकर कासी । देत सबहि सम गति अबिनासी ॥
jāsu nāma bala saṁkara kāsī, deta sabahi sama gati abināsī.
मम लोचन गोचर सोइ आवा । बहुरि कि प्रभु अस बनिहि बनावा ॥
mama locana gocara soi āvā, bahuri ki prabhu asa banihi banāvā.

छंद-chaṁda:

सो नयन गोचर जासु गुन नित नेति कहि श्रुति गावहीं ।
so nayana gocara jāsu guna nita neti kahi śruti gāvahīṁ,
जिति पवन मन गो निरस करि मुनि ध्यान कबहुँक पावहीं ॥
jiti pavana mana go nirasa kari muni dhyāna kabahum̐ka pāvahīṁ.
मोहि जानि अति अभिमान बस प्रभु कहेउ राखु सरीरही ।
mohi jāni ati abhimāna basa prabhu kaheu rākhu sarīrahī,
अस कवन सठ हठि काटि सुरतरु बारि करिहि बबूरही ॥१॥
asa kavana saṭha haṭhi kāṭi surataru bāri karihi babūrahī. 1.

अब नाथ करि करुना बिलोकहु देहु जो बर मागऊँ ।
aba nātha kari karunā bilokahu dehu jo bara māgaūm̐,
जेहिं जोनि जन्मौं कर्म बस तहँ राम पद अनुरागऊँ ॥
jehiṁ joni janmauṁ karma basa taham̐ rāma pada anurāgaūm̐.
यह तनय मम सम बिनय बल कल्यानप्रद प्रभु लीजिऐ ।
yaha tanaya mama sama binaya bala kalyānaprada prabhu lījiai,
गहि बाहँ सुर नर नाह आपन दास अंगद कीजिऐ ॥२॥
gahi bāham̐ sura nara nāha āpana dāsa aṁgada kījiai. 2.

दोहा-dohā:

राम चरन दृढ़ प्रीति करि बालि कीन्ह तनु त्याग ।
rāma carana dṛṛha prīti kari bāli kīnha tanu tyāga,
सुमन माल जिमि कंठ ते गिरत न जानइ नाग ॥१०॥
sumana māla jimi kaṁṭha te girata na jānai nāga. 10.

चौपाई-caupāī:

राम बालि निज धाम पठावा । नगर लोग सब ब्याकुल धावा ॥
rāma bāli nija dhāma paṭhāvā, nagara loga saba byākula dhāvā.
नाना बिधि बिलाप कर तारा । छूटे केस न देह सँभारा ॥
nānā bidhi bilāpa kara tārā, chūṭe kesa na deha sam̐bhārā.

तारा बिकल देखि रघुराया । दीन्ह ग्यान हरि लीन्ही माया ॥
tārā bikala dekhi raghurāyā, dīnha gyāna hari līnhī māyā.
छिति जल पावक गगन समीरा । पंच रचित अति अधम सरीरा ॥
chiti jala pāvaka gagana samīrā, paṁca racita ati adhama sarīrā.
प्रगट सो तनु तव आगें सोवा । जीव नित्य केहि लगि तुम्ह रोवा ॥
pragaṭa so tanu tava āgeṁ sovā, jīva nitya kehi lagi tumha rovā.
उपजा ग्यान चरन तब लागी । लीन्हेसि परम भगति बर मागी ॥
upajā gyāna carana taba lāgī, līnhesi parama bhagati bara māgī.
उमा दारु जोषित की नाईं । सबहि नचावत रामु गोसाईं ॥
umā dāru joṣita kī nāīṁ, sabahi nacāvata rāmu gosāīṁ.
तब सुग्रीवहि आयसु दीन्हा । मृतक कर्म बिधिवत सब कीन्हा ॥
taba sugrīvahi āyasu dīnhā, mṛtaka karma bidhivata saba kīnhā.
राम कहा अनुजहि समुझाई । राज देहु सुग्रीवहि जाई ॥
rāma kahā anujahi samujhāī, rāja dehu sugrīvahi jāī.
रघुपति चरन नाइ करि माथा । चले सकल प्रेरित रघुनाथा ॥
raghupati carana nāi kari māthā, cale sakala prerita raghunāthā.

दोहा-dohā:

लछिमन तुरत बोलाए पुरजन बिप्र समाज ।
lachimana turata bolāe purajana bipra samāja,
राजु दीन्ह सुग्रीव कहँ अंगद कहँ जुबराज ॥११॥
rāju dīnha sugrīva kaham̐ aṁgada kaham̐ jubarāja. 11.

चौपाई-caupāī:

उमा राम सम हित जग माहीं । गुरु पितु मातु बंधु प्रभु नाहीं ॥
umā rāma sama hita jaga māhīṁ, guru pitu mātu baṁdhu prabhu nāhīṁ.
सुर नर मुनि सब कै यह रीती । स्वारथ लागि करहिं सब प्रीती ॥
sura nara muni saba kai yaha rītī, svāratha lāgi karahiṁ saba prītī.
बालि त्रास ब्याकुल दिन राती । तन बहु ब्रन चिंताँ जर छाती ॥
bāli trāsa byākula dina rātī, tana bahu brana ciṁtām̐ jara chātī.
सोइ सुग्रीव कीन्ह कपिराऊ । अति कृपाल रघुबीर सुभाऊ ॥
soi sugrīva kīnha kapirāū, ati kṛpāla raghubīra subhāū.
जानतहूँ अस प्रभु परिहरहीं । काहे न बिपति जाल नर परहीं ॥
jānatahūm̐ asa prabhu pariharahīṁ, kāhe na bipati jāla nara parahīṁ.
पुनि सुग्रीवहि लीन्ह बोलाई । बहु प्रकार नृपनीति सिखाई ॥
puni sugrīvahi līnha bolāī, bahu prakāra nṛpanīti sikhāī.
कह प्रभु सुनु सुग्रीव हरीसा । पुर न जाउँ दस चारि बरीसा ॥
kaha prabhu sunu sugrīva harīsā, pura na jāum̐ dasa cāri barīsā.
गत ग्रीषम बरषा रितु आई । रहिहउँ निकट सैल पर छाई ॥
gata grīṣama baraṣā ritu āī, rahihaum̐ nikaṭa saila para chāī.
अंगद सहित करहु तुम्ह राजू । संतत हृदयँ धरेहु मम काजू ॥
aṁgada sahita karahu tumha rājū, saṁtata hṛdayam̐ dharehu mama kājū.
जब सुग्रीव भवन फिरि आए । रामु प्रबरषन गिरि पर छाए ॥
jaba sugrīva bhavana phiri āe, rāmu prabaraṣana giri para chāe.

दोहा-dohā:

प्रथमहिं देवन्ह गिरि गुहा राखेउ रुचिर बनाइ ।
prathamahiṁ devanha giri guhā rākheu rucira banāi,
राम कृपानिधि कछु दिन बास करहिंगे आइ ॥१२॥
rāma kṛpānidhi kachu dina bāsa karahiṁge āi. 12.

चौपाई-caupāī:

सुंदर बन कुसुमित अति सोभा । गुंजत मधुप निकर मधु लोभा ॥
suṁdara bana kusumita ati sobhā, guṁjata madhupa nikara madhu lobhā.
कंद मूल फल पत्र सुहाए । भए बहुत जब ते प्रभु आए ॥
kaṁda mūla phala patra suhāe, bhae bahuta jaba te prabhu āe.

देखि मनोहर सैल अनूपा । रहे तहँ अनुज सहित सुरभूपा ॥
dekhi manohara saila anūpā, rahe taham̐ anuja sahita surabhūpā.
मधुकर खग मृग तनु धरि देवा । करहिं सिद्ध मुनि प्रभु कै सेवा ॥
madhukara khaga mṛga tanu dhari devā, karahiṁ siddha muni prabhu kai sevā.
मंगलरुप भयउ बन तब ते । कीन्ह निवास रमापति जब ते ॥
maṁgalarupa bhayau bana taba te, kīnha nivāsa ramāpati jaba te.
फटिक सिला अति सुभ्र सुहाई । सुख आसीन तहाँ द्वौ भाई ॥
phaṭika silā ati subhra suhāī, sukha āsīna tahām̐ dvau bhāī.
कहत अनुज सन कथा अनेका । भगति बिरति नृपनीति बिबेका ॥
kahata anuja sana kathā anekā, bhagati birati nṛpanīti bibekā.
बरषा काल मेघ नभ छाए । गरजत लागत परम सुहाए ॥
baraṣā kāla megha nabha chāe, garajata lāgata parama suhāe.

दोहा-dohā:

लछिमन देखु मोर गन नाचत बारिद पेखि ।
lachimana dekhu mora gana nācata bārida pekhi,
गृही बिरति रत हरष जस बिष्नु भगत कहुँ देखि ॥ १३ ॥
gṛhī birati rata haraṣa jasa biṣnu bhagata kahum̐ dekhi. 13.

चौपाई-caupāī:

घन घमंड नभ गरजत घोरा । प्रिया हीन डरपत मन मोरा ॥
ghana ghamaṁḍa nabha garajata ghorā, priyā hīna ḍarapata mana morā.
दामिनि दमक रह न घन माहीं । खल कै प्रीति जथा थिर नाहीं ॥
dāmini damaka raha na ghana māhīṁ, khala kai prīti jathā thira nāhīṁ.
बरषहिं जलद भूमि निअराएँ । जथा नवहिं बुध बिद्या पाएँ ॥
baraṣahiṁ jalada bhūmi niarāeṁ, jathā navahiṁ budha bidyā pāeṁ.
बूँद अघात सहहिं गिरि कैसें । खल के बचन संत सह जैसें ॥
būṁda aghāta sahahiṁ giri kaiseṁ, khala ke bacana saṁta saha jaiseṁ.
छुद्र नदीं भरि चलीं तोराई । जस थोरेहुँ धन खल इतराई ॥
chudra nadīṁ bhari calīṁ torāī, jasa thorehum̐ dhana khala itarāī.
भूमि परत भा ढाबर पानी । जनु जीवहि माया लपटानी ॥
bhūmi parata bhā ḍhābara pānī, janu jīvahi māyā lapaṭānī.
समिटि समिटि जल भरहिं तलावा । जिमि सदगुन सज्जन पहिं आवा ॥
samiṭi samiṭi jala bharahiṁ talāvā, jimi sadaguna sajjana pahiṁ āvā.
सरिता जल जलनिधि महुँ जाई । होई अचल जिमि जिव हरि पाई ॥
saritā jala jalanidhi mahum̐ jāī, hoī acala jimi jiva hari pāī.

दोहा-dohā:

हरित भूमि तृन संकुल समुझि परहिं नहिं पंथ ।
harita bhūmi tṛna saṁkula samujhi parahiṁ nahiṁ paṁtha,
जिमि पाखंड बाद तें गुप्त होहिं सदग्रंथ ॥ १४ ॥
jimi pākhaṁḍa bāda teṁ gupta hohiṁ sadagraṁtha. 14.

चौपाई-caupāī:

दादुर धुनि चहु दिसा सुहाई । बेद पढ़हिं जनु बटु समुदाई ॥
dādura dhuni cahu disā suhāī, beda paṛhahiṁ janu baṭu samudāī.
नव पल्लव भए बिटप अनेका । साधक मन जस मिलें बिबेका ॥
nava pallava bhae biṭapa anekā, sādhaka mana jasa mileṁ bibekā.
अर्क जवास पात बिनु भयऊ । जस सुराज खल उद्यम गयऊ ॥
arka javāsa pāta binu bhayaū, jasa surāja khala udyama gayaū.
खोजत कतहुँ मिलइ नहिं धूरी । करइ क्रोध जिमि धरमहि दूरी ॥
khojata katahum̐ milai nahiṁ dhūrī, karai krodha jimi dharamahi dūrī.
ससि संपन्न सोह महि कैसी । उपकारी कै संपति जैसी ॥
sasi saṁpanna soha mahi kaisī, upakārī kai saṁpati jaisī.
निसि तम घन खद्योत बिराजा । जनु दंभिन्ह कर मिला समाजा ॥
nisi tama ghana khadyota birājā, janu daṁbhinha kara milā samājā.

महाबृष्टि चलि फूटि किआरीं । जिमि सुतंत्र भएँ बिगरहिं नारीं ॥
mahābṛṣṭi cali phūṭi kiārīṁ, jimi sutaṁtra bhaeṁ bigarahiṁ nārīṁ.
कृषी निरावहिं चतुर किसाना । जिमि बुध तजहिं मोह मद माना ॥
kṛṣī nirāvahiṁ catura kisānā, jimi budha tajahiṁ moha mada mānā.
देखिअत चक्रबाक खग नाहीं । कलिहि पाइ जिमि धर्म पराहीं ॥
dekhiata cakrabāka khaga nāhīṁ, kalihi pāi jimi dharma parāhīṁ.
ऊषर बरषइ तृन नहिं जामा । जिमि हरिजन हियँ उपज न कामा ॥
ūṣara baraṣai tṛna nahiṁ jāmā, jimi harijana hiyaṁ upaja na kāmā.
बिबिध जंतु संकुल महि भ्राजा । प्रजा बाढ़ जिमि पाइ सुराजा ॥
bibidha jaṁtu saṁkula mahi bhrājā, prajā bāṛha jimi pāi surājā.
जहँ तहँ रहे पथिक थकि नाना । जिमि इंद्रिय गन उपजें ग्याना ॥
jaham̐ taham̐ rahe pathika thaki nānā, jimi iṁdriya gana upajeṁ gyānā.

दोहा-dohā:

कबहुँ प्रबल बह मारुत जहँ तहँ मेघ बिलाहिं ।
kabahum̐ prabala baha māruta jaham̐ taham̐ megha bilāhiṁ,
जिमि कपूत के उपजें कुल सद्धर्म नसाहिं ॥ १५क ॥
jimi kapūta ke upajeṁ kula saddharma nasāhiṁ. 15(ka).
कबहुँ दिवस महँ निबिड़ तम कबहुँक प्रगट पतंग ।
kabahum̐ divasa maham̐ nibiṛa tama kabahum̐ka pragaṭa pataṁga,
बिनसइ उपजइ ग्यान जिमि पाइ कुसंग सुसंग ॥ १५ख ॥
binasai upajai gyāna jimi pāi kusaṁga susaṁga. 15(kha).

चौपाई-caupāī:

बरषा बिगत सरद रितु आई । लछिमन देखहु परम सुहाई ॥
baraṣā bigata sarada ritu āī, lachimana dekhahu parama suhāī.
फूलें कास सकल महि छाई । जनु बरषाँ कृत प्रगट बुढ़ाई ॥
phūleṁ kāsa sakala mahi chāī, janu baraṣām̐ kṛta pragaṭa buṛhāī.
उदित अगस्ति पंथ जल सोषा । जिमि लोभहि सोषइ संतोषा ॥
udita agasti paṁtha jala soṣā, jimi lobhahi soṣai saṁtoṣā.
सरिता सर निर्मल जल सोहा । संत हृदय जस गत मद मोहा ॥
saritā sara nirmala jala sohā, saṁta hṛdaya jasa gata mada mohā.
रस रस सूख सरित सर पानी । ममता त्याग करहिं जिमि ग्यानी ॥
rasa rasa sūkha sarita sara pānī, mamatā tyāga karahiṁ jimi gyānī.
जानि सरद रितु खंजन आए । पाइ समय जिमि सुकृत सुहाए ॥
jāni sarada ritu khaṁjana āe, pāi samaya jimi sukṛta suhāe.
पंक न रेनु सोह असि धरनी । नीति निपुन नृप कै जसि करनी ॥
paṁka na renu soha asi dharanī, nīti nipuna nṛpa kai jasi karanī.
जल संकोच बिकल भइँ मीना । अबुध कुटुंबी जिमि धनहीना ॥
jala saṁkoca bikala bhaiṁ mīnā, abudha kuṭumbī jimi dhanahīnā.
बिनु धन निर्मल सोह अकासा । हरिजन इव परिहरि सब आसा ॥
binu dhana nirmala soha akāsā, harijana iva parihari saba āsā.
कहुँ कहुँ बृष्टि सारदी थोरी । कोउ एक पाव भगति जिमि मोरी ॥
kahum̐ kahum̐ bṛṣṭi sāradī thorī, kou eka pāva bhagati jimi morī.

दोहा-dohā:

चले हरषि तजि नगर नृप तापस बनिक भिखारि ।
cale haraṣi taji nagara nṛpa tāpasa banika bhikhāri,
जिमि हरि भगति पाइ श्रम तजहिं आश्रमी चारि ॥ १६ ॥
jimi hari bhagati pāi śrama tajahiṁ āśramī cāri. 16.

चौपाई-caupāī:

सुखी मीन जे नीर अगाधा । जिमि हरि सरन न एकउ बाधा ॥
sukhī mīna je nīra agādhā, jimi hari sarana na ekau bādhā.
फूलें कमल सोह सर कैसा । निर्गुन ब्रह्म सगुन भएँ जैसा ॥
phūleṁ kamala soha sara kaisā, nirguna brahma saguna bhaem̐ jaisā.

गुंजत मधुकर मुखर अनूपा । सुंदर खग रव नाना रूपा ॥
gumjata madhukara mukhara anūpā, sumdara khaga rava nānā rūpā.
चक्रबाक मन दुख निसि पेखी । जिमि दुर्जन पर संपति देखी ॥
cakrabāka mana dukha nisi pekhī, jimi durjana para sampati dekhī.
चातक रटत तृषा अति ओही । जिमि सुख लहइ न संकरद्रोही ॥
cātaka raṭata tṛṣā ati ohī, jimi sukha lahai na samkaradrohī.
सरदातप निसि ससि अपहरई । संत दरस जिमि पातक टरई ॥
saradātapa nisi sasi apaharaī, samta darasa jimi pātaka ṭaraī.
देखि इंदु चकोर समुदाई । चितवहिं जिमि हरिजन हरि पाई ॥
dekhi imdu cakora samudāī, citavahim jimi harijana hari pāī.
मसक दंस बीते हिम त्रासा । जिमि द्विज द्रोह किएँ कुल नासा ॥
masaka damsa bīte hima trāsā, jimi dvija droha kiem kula nāsā.

दोहा-dohā:

भूमि जीव संकुल रहे गए सरद रितु पाइ ।
bhūmi jīva samkula rahe gae sarada ritu pāi,
सदगुर मिलें जाहिं जिमि संसय भ्रम समुदाइ ॥१७॥
sadagura milem jāhim jimi samsaya bhrama samudāi. 17.

चौपाई-caupāī:

बरषा गत निर्मल रितु आई । सुधि न तात सीता कै पाई ॥
baraṣā gata nirmala ritu āī, sudhi na tāta sītā kai pāī.
एक बार कैसेहुँ सुधि जानौं । कालहु जीति निमिष महुँ आनौं ॥
eka bāra kaisehum sudhi jānaum, kālahu jīti nimiṣa mahum ānaum.
कतहुँ रहउ जौं जीवति होई । तात जतन करि आनउँ सोई ॥
katahum rahau jaum jīvati hoī, tāta jatana kari ānaum soī.
सुग्रीवहुँ सुधि मोरि बिसारी । पावा राज कोस पुर नारी ॥
sugrīvahum sudhi mori bisārī, pāvā rāja kosa pura nārī.
जेहिं सायक मारा मैं बाली । तेहिं सर हतौं मूढ़ कहँ काली ॥
jehim sāyaka mārā maim bālī, tehim sara hataum mūṛha kaham kālī.
जासु कृपाँ छूटहिं मद मोहा । ता कहुँ उमा कि सपनेहुँ कोहा ॥
jāsu kṛpām chūṭahim mada mohā, tā kahum umā ki sapanehum kohā.
जानहिं यह चरित्र मुनि ग्यानी । जिन्ह रघुबीर चरन रति मानी ॥
jānahim yaha caritra muni gyānī, jinha raghubīra carana rati mānī.
लछिमन क्रोधवंत प्रभु जाना । धनुष चढ़ाइ गहे कर बाना ॥
lachimana krodhavamta prabhu jānā, dhanuṣa caṛhāi gahe kara bānā.

दोहा-dohā:

तब अनुजहि समुझावा रघुपति करुना सींव ।
taba anujahi samujhāvā raghupati karunā sīmva,
भय देखाइ लै आवहु तात सखा सुग्रीव ॥१८॥
bhaya dekhāi lai āvahu tāta sakhā sugrīva. 18.

चौपाई-caupāī:

इहाँ पवनसुत हृदयँ बिचारा । राम काजु सुग्रीवँ बिसारा ॥
ihām pavanasuta hṛdayam bicārā, rāma kāju sugrīvam bisārā.
निकट जाइ चरनन्हि सिरु नावा । चारिहु बिधि तेहि कहि समुझावा ॥
nikaṭa jāi carananhi siru nāvā, cārihu bidhi tehi kahi samujhāvā.
सुनि सुग्रीवँ परम भय माना । बिषयँ मोर हरि लीन्हेउ ग्याना ॥
suni sugrīvam parama bhaya mānā, biṣayam mora hari līnheu gyānā.
अब मारुतसुत दूत समूहा । पठवहु जहँ तहँ बानर जूहा ॥
aba mārutasuta dūta samūhā, paṭhavahu jaham taham bānara jūhā.
कहहु पाख महुँ आव न जोई । मोरें कर ता कर बध होई ॥
kahahu pākha mahum āva na joī, morem kara tā kara badha hoī.
तब हनुमंत बोलाए दूता । सब कर करि सनमान बहूता ॥
taba hanumamta bolāe dūtā, saba kara kari sanamāna bahūtā.
भय अरु प्रीति नीति देखराई । चले सकल चरनन्हि सिर नाई ॥
bhaya aru prīti nīti dekhrāī, cale sakala carananhi sira nāī.
एहि अवसर लछिमन पुर आए । क्रोध देखि जहँ तहँ कपि धाए ॥
ehi avasara lachimana pura āe, krodha dekhi jaham taham kapi dhāe.

दोहा-dohā:

धनुष चढ़ाइ कहा तब जारि करउँ पुर छार ।
dhanuṣa caṛhāi kahā taba jāri karaum pura chāra,
ब्याकुल नगर देखि तब आयउ बालिकुमार ॥१९॥
byākula nagara dekhi taba āyau bālikumāra. 19.

चौपाई-caupāī:

चरन नाइ सिरु बिनती कीन्ही । लछिमन अभय बाँह तेहि दीन्ही ॥
carana nāi siru binatī kīnhī, lachimana abhaya bāmha tehi dīnhī.
क्रोधवंत लछिमन सुनि काना । कह कपीस अति भयँ अकुलाना ॥
krodhavamta lachimana suni kānā, kaha kapīsa ati bhayam akulānā.
सुनु हनुमंत संग लै तारा । करि बिनती समुझाउ कुमारा ॥
sunu hanumamta samga lai tārā, kari binatī samujhāu kumārā.
तारा सहित जाइ हनुमाना । चरन बंदि प्रभु सुजस बखाना ॥
tārā sahita jāi hanumānā, carana bamdi prabhu sujasa bakhānā.
करि बिनती मंदिर लै आए । चरन पखारि पलँग बैठाए ॥
kari binatī mamdira lai āe, carana pakhāri palamga baiṭhāe.
तब कपीस चरनन्हि सिरु नावा । गहि भुज लछिमन कंठ लगावा ॥
taba kapīsa carananhi siru nāvā, gahi bhuja lachimana kamṭha lagāvā.
नाथ बिषय सम मद कछु नाहीं । मुनि मन मोह करइ छन माहीं ॥
nātha biṣaya sama mada kachu nāhīm, muni mana moha karai chana māhīm.
सुनत बिनीत बचन सुख पावा । लछिमन तेहि बहु बिधि समुझावा ॥
sunata binīta bacana sukha pāvā, lachimana tehi bahu bidhi samujhāvā.
पवन तनय सब कथा सुनाई । जेहि बिधि गए दूत समुदाई ॥
pavana tanaya saba kathā sunāī, jehi bidhi gae dūta samudāī.

दोहा-dohā:

हरषि चले सुग्रीव तब अंगदादि कपि साथ ।
haraṣi cale sugrīva taba amgadādi kapi sātha,
रामानुज आगें करि आए जहँ रघुनाथ ॥२०॥
rāmānuja āgem kari āe jaham raghunātha. 20.

चौपाई-caupāī:

नाइ चरन सिरु कह कर जोरी । नाथ मोहि कछु नाहिन खोरी ॥
nāi carana siru kaha kara jorī, nātha mohi kachu nāhina khorī.
अतिसय प्रबल देव तव माया । छूटइ राम करहु जौं दाया ॥
atisaya prabala deva tava māyā, chūṭai rāma karahu jaum dāyā.
बिषय बस्य सुर नर मुनि स्वामी । मैं पावँर पसु कपि अति कामी ॥
biṣaya basya sura nara muni svāmī, maim pāvamra pasu kapi ati kāmī.
नारि नयन सर जाहि न लागा । घोर क्रोध तम निसि जो जागा ॥
nāri nayana sara jāhi na lāgā, ghora krodha tama nisi jo jāgā.
लोभ पाँस जेहिं गर न बँधाया । सो नर तुम्ह समान रघुराया ॥
lobha pāmsa jehim gara na bamdhāyā, so nara tumha samāna raghurāyā.
यह गुन साधन तें नहिं होई । तुम्हरी कृपाँ पाव कोइ कोई ॥
yaha guna sādhana tem nahim hoī, tumharī kṛpām pāva koi koī.
तब रघुपति बोले मुसुकाई । तुम्ह प्रिय मोहि भरत जिमि भाई ॥
taba raghupati bole musukāī, tumha priya mohi bharata jimi bhāī.
अब सोइ जतनु करहु मन लाई । जेहि बिधि सीता कै सुधि पाई ॥
aba soi jatanu karahu mana lāī, jehi bidhi sītā kai sudhi pāī.

दोहा-dohā:

एहि बिधि होत बतकही आए बानर जूथ ।
ehi bidhi hota batakahī āe bānara jūtha,
नाना बरन सकल दिसि देखिअ कीस बरुथ ॥२१॥
nānā barana sakala disi dekhia kīsa barutha. 21.

चौपाई-caupāī:

बानर कटक उमा मैं देखा । सो मूरुख जो करन चह लेखा ॥
bānara kaṭaka umā maiṁ dekhā, so mūrukha jo karana caha lekhā.
आइ राम पद नावहिं माथा । निरखि बदनु सब होहिं सनाथा ॥
āi rāma pada nāvahiṁ māthā, nirakhi badanu saba hohiṁ sanāthā.
अस कपि एक न सेना माहीं । राम कुसल जेहि पूछी नाहीं ॥
asa kapi eka na senā māhīṁ, rāma kusala jehi pūchī nāhīṁ.
यह कछु नहिं प्रभु कइ अधिकाई । बिस्वरूप ब्यापक रघुराई ॥
yaha kachu nahiṁ prabhu kai adhikāī, bisvarūpa byāpaka raghurāī.
ठाढ़े जहँ तहँ आयसु पाई । कह सुग्रीव सबहि समुझाई ॥
ṭhāṛhe jahaṁ tahaṁ āyasu pāī, kaha sugrīva sabahi samujhāī.
राम काजु अरु मोर निहोरा । बानर जूथ जाहु चहुँ ओरा ॥
rāma kāju aru mora nihorā, bānara jūtha jāhu cahuṁ orā.
जनकसुता कहुँ खोजहु जाई । मास दिवस महँ आएहु भाई ॥
janakasutā kahuṁ khojahu jāī, māsa divasa mahaṁ āehu bhāī.
अवधि मेटि जो बिनु सुधि पाएँ । आवइ बनिहि सो मोहि मराएँ ॥
avadhi meṭi jo binu sudhi pāeṁ, āvai banihi so mohi marāeṁ.

दोहा-dohā:

बचन सुनत सब बानर जहँ तहँ चले तुरंत ।
bacana sunata saba bānara jahaṁ tahaṁ cale turaṁta,
तब सुग्रीवँ बोलाए अंगद नल हनुमंत ॥२२॥
taba sugrīvaṁ bolāe aṁgada nala hanumaṁta. 22.

चौपाई-caupāī:

सुनहु नील अंगद हनुमाना । जामवंत मतिधीर सुजाना ॥
sunahu nīla aṁgada hanumānā, jāmavaṁta matidhīra sujānā.
सकल सुभट मिलि दच्छिन जाहू । सीता सुधि पूँछेउ सब काहू ॥
sakala subhaṭa mili dacchina jāhū, sītā sudhi pūṁcheu saba kāhū.
मन क्रम बचन सो जतन बिचारेहु । रामचंद्र कर काजु सँवारेहु ॥
mana krama bacana so jatana bicārehu, rāmacaṁdra kara kāju saṁvārehu.
भानु पीठि सेइअ उर आगी । स्वामिहि सर्ब भाव छल त्यागी ॥
bhānu pīṭhi seia ura āgī, svāmihi sarba bhāva chala tyāgī.
तजि माया सेइअ परलोका । मिटहिं सकल भवसंभव सोका ॥
taji māyā seia paralokā, miṭahiṁ sakala bhavasaṁbhava sokā.
देह धरे कर यह फलु भाई । भजिअ राम सब काम बिहाई ॥
deha dhare kara yaha phalu bhāī, bhajia rāma saba kāma bihāī.
सोइ गुनग्य सोई बड़भागी । जो रघुबीर चरन अनुरागी ॥
soi gunagya soī baṛabhāgī, jo raghubīra carana anurāgī.
आयसु मागि चरन सिरु नाई । चले हरषि सुमिरत रघुराई ॥
āyasu māgi carana siru nāī, cale haraṣi sumirata raghurāī.
पाछें पवन तनय सिरु नावा । जानि काज प्रभु निकट बोलावा ॥
pācheṁ pavana tanaya siru nāvā, jāni kāja prabhu nikaṭa bolāvā.
परसा सीस सरोरुह पानी । करमुद्रिका दीन्हि जन जानी ॥
parasā sīsa saroruha pānī, karamudrikā dīnhi jana jānī.
बहु प्रकार सीतहि समुझाएहु । कहि बल बिरह बेगि तुम्ह आएहु ॥
bahu prakāra sītahi samujhāehu, kahi bala biraha begi tumha āehu.
हनुमत जन्म सुफल करि माना । चलेउ हृदयँ धरि कृपानिधाना ॥
hanumata janma suphala kari mānā, caleu hṛdayaṁ dhari kṛpānidhānā.
जद्यपि प्रभु जानत सब बाता । राजनीति राखत सुरत्राता ॥
jadyapi prabhu jānata saba bātā, rājanīti rākhata suratrātā.

दोहा-dohā:

चले सकल बन खोजत सरिता सर गिरि खोह ।
cale sakala bana khojata saritā sara giri khoha,
राम काज लयलीन मन बिसरा तन कर छोह ॥२३॥
rāma kāja layalīna mana bisarā tana kara choha. 23.

चौपाई-caupāī:

कतहुँ होइ निसिचर सैं भेटा । प्रान लेहिं एक एक चपेटा ॥
katahuṁ hoi nisicara saiṁ bheṭā, prāna lehiṁ eka eka capeṭā.
बहु प्रकार गिरि कानन हेरहिं । कोउ मुनि मिलइ ताहि सब घेरहिं ॥
bahu prakāra giri kānana herahiṁ, kou muni milai tāhi saba gherahiṁ.
लागि तृषा अतिसय अकुलाने । मिलइ न जल घन गहन भुलाने ॥
lāgi tṛṣā atisaya akulāne, milai na jala ghana gahana bhulāne.
मन हनुमान कीन्ह अनुमाना । मरन चहत सब बिनु जल पाना ॥
mana hanumāna kīnha anumānā, marana cahata saba binu jala pānā.
चढ़ि गिरि सिखर चहूँ दिसि देखा । भूमि बिबर एक कौतुक पेखा ॥
caṛhi giri sikhara cahūṁ disi dekhā, bhūmi bibara eka kautuka pekhā.
चक्रबाक बक हंस उड़ाहीं । बहुतक खग प्रबिसहिं तेहि माहीं ॥
cakrabāka baka haṁsa uṛāhīṁ, bahutaka khaga prabisahiṁ tehi māhīṁ.
गिरि ते उतरि पवनसुत आवा । सब कहुँ लै सोइ बिबर देखावा ॥
giri te utari pavanasuta āvā, saba kahuṁ lai soi bibara dekhāvā.
आगें कै हनुमंतहि लीन्हा । पैठे बिबर बिलंबु न कीन्हा ॥
āgeṁ kai hanumaṁtahi līnhā, paiṭhe bibara bilaṁbu na kīnhā.

दोहा-dohā:

दीख जाइ उपवन बर सर बिगसित बहु कंज ।
dīkha jāi upavana bara sara bigasita bahu kaṁja,
मंदिर एक रुचिर तहँ बैठि नारि तप पुंज ॥२४॥
maṁdira eka rucira tahaṁ baiṭhi nāri tapa puṁja. 24.

चौपाई-caupāī:

दूरि ते ताहि सबन्हि सिर नावा । पूछें निज बृत्तांत सुनावा ॥
dūri te tāhi sabanhi sira nāvā, pūcheṁ nija bṛttāṁta sunāvā.
तेहिं तब कहा करहु जल पाना । खाहु सुरस सुंदर फल नाना ॥
tehiṁ taba kahā karahu jala pānā, khāhu surasa suṁdara phala nānā.
मज्जनु कीन्ह मधुर फल खाए । तासु निकट पुनि सब चलि आए ॥
majjanu kīnha madhura phala khāe, tāsu nikaṭa puni saba cali āe.
तेहिं सब आपनि कथा सुनाई । मैं अब जाब जहाँ रघुराई ॥
tehiṁ saba āpani kathā sunāī, maiṁ aba jāba jahāṁ raghurāī.
मूदहु नयन बिबर तजि जाहू । पैहहु सीतहि जनि पछिताहू ॥
mūdahu nayana bibara taji jāhū, paihahu sītahi jani pachitāhū.
नयन मूदि पुनि देखहिं बीरा । ठाढ़े सकल सिंधु कें तीरा ॥
nayana mūdi puni dekhahiṁ bīrā, ṭhāṛhe sakala siṁdhu keṁ tīrā.
सो पुनि गई जहाँ रघुनाथा । जाइ कमल पद नाएसि माथा ॥
so puni gaī jahāṁ raghunāthā, jāi kamala pada nāesi māthā.
नाना भाँति बिनय तेहिं कीन्ही । अनपायनी भगति प्रभु दीन्ही ॥
nānā bhāṁti binaya tehiṁ kīnhī, anapāyanī bhagati prabhu dīnhī.

दोहा-dohā:

बदरीबन कहुँ सो गई प्रभु अग्या धरि सीस ।
badarībana kahuṁ so gaī prabhu agyā dhari sīsa,
उर धरि राम चरन जुग जे बंदत अज ईस ॥२५॥
ura dhari rāma carana juga je baṁdata aja īsa. 25.

चौपाई-caupāī:

इहाँ बिचारहिं कपि मन माहीं । बीती अवधि काजु कछु नाहीं ॥
ihāṁ bicārahiṁ kapi mana māhīṁ, bītī avadhi kāju kachu nāhīṁ.

सब मिलि कहहिं परस्पर बाता । बिनु सुधि लएँ करब का भ्राता ॥
saba mili kahahiṁ paraspara bātā, binu sudhi laeṁ karaba kā bhrātā.

कह अंगद लोचन भरि बारी । दुहुँ प्रकार भइ मृत्यु हमारी ॥
kaha aṁgada locana bhari bārī, duhuṁ prakāra bhai mṛtyu hamārī.

इहाँ न सुधि सीता कै पाई । उहाँ गएँ मारिहि कपिराई ॥
ihāṁ na sudhi sītā kai pāī, uhāṁ gaeṁ mārihi kapirāī.

पिता बधे पर मारत मोही । राखा राम निहोर न ओही ॥
pitā badhe para mārata mohī, rākhā rāma nihora na ohī.

पुनि पुनि अंगद कह सब पाहीं । मरन भयउ कछु संसय नाहीं ॥
puni puni aṁgada kaha saba pāhīṁ, marana bhayau kachu saṁsaya nāhīṁ.

अंगद बचन सुनत कपि बीरा । बोलि न सकहिं नयन बह नीरा ॥
aṁgada bacana sunata kapi bīrā, boli na sakahiṁ nayana baha nīrā.

छन एक सोच मगन होइ रहे । पुनि अस बचन कहत सब भए ॥
chana eka soca magana hoi rahe, puni asa bacana kahata saba bhae.

हम सीता कै सुधि लीन्हें बिना । नहिं जैहैं जुबराज प्रबीना ॥
hama sītā kai sudhi līnheṁ binā, nahiṁ jaihaiṁ jubarāja prabīnā.

अस कहि लवन सिंधु तट जाई । बैठे कपि सब दर्भ डसाई ॥
asa kahi lavana siṁdhu taṭa jāī, baiṭhe kapi saba darbha ḍasāī.

जामवंत अंगद दुख देखी । कहिं कथा उपदेस बिसेषी ॥
jāmavaṁta aṁgada dukha dekhī, kahiṁ kathā upadesa biseṣī.

तात राम कहुँ नर जनि मानहु । निर्गुन ब्रह्म अजित अज जानहु ॥
tāta rāma kahuṁ nara jani mānahu, nirguna brahma ajita aja jānahu.

हम सब सेवक अति बड़भागी । संतत सगुन ब्रह्म अनुरागी ॥
hama saba sevaka ati baṛabhāgī, saṁtata saguna brahma anurāgī.

दोहा-dohā:

निज इच्छाँ प्रभु अवतरइ सुर महि गो द्विज लागि ।
nija icchāṁ prabhu avatarai sura mahi go dvija lāgi,
सगुन उपासक संग तहँ रहहिं मोच्छ सब त्यागि ॥२६॥
saguna upāsaka saṁga tahaṁ rahahiṁ moccha saba tyāgi. 26.

चौपाई-caupāī:

एहि बिधि कथा कहहिं बहु भाँती । गिरि कंदराँ सुनी संपाती ॥
ehi bidhi kathā kahahiṁ bahu bhāṁtī giri kaṁdarāṁ sunī saṁpātī.

बाहेर होइ देखि बहु कीसा । मोहि अहार दीन्ह जगदीसा ॥
bāhera hoi dekhi bahu kīsā, mohi ahāra dīnha jagadīsā.

आजु सबहि कहँ भच्छन करऊँ । दिन बहु चले अहार बिनु मरऊँ ॥
āju sabahi kahaṁ bhacchana karaūṁ, dina bahu cale ahāra binu maraūṁ.

कबहुँ न मिल भरि उदर अहारा । आजु दीन्ह बिधि एकहिं बारा ॥
kabahuṁ na mila bhari udara ahārā, āju dīnha bidhi ekahiṁ bārā.

डरपे गीध बचन सुनि काना । अब भा मरन सत्य हम जाना ॥
ḍarape gīdha bacana suni kānā, aba bhā marana satya hama jānā.

कपि सब उठे गीध कहँ देखी । जामवंत मन सोच बिसेषी ॥
kapi saba uṭhe gīdha kahaṁ dekhī, jāmavaṁta mana soca biseṣī.

कह अंगद बिचारि मन माहीं । धन्य जटायू सम कोउ नाहीं ॥
kaha aṁgada bicāri mana māhīṁ, dhanya jaṭāyū sama kou nāhīṁ.

राम काज कारन तनु त्यागी । हरि पुर गयउ परम बड़ भागी ॥
rāma kāja kārana tanu tyāgī, hari pura gayau parama baṛa bhāgī.

सुनि खग हरष सोक जुत बानी । आवा निकट कपिन्ह भय मानी ॥
suni khaga haraṣa soka juta bānī, āvā nikaṭa kapinha bhaya mānī.

तिन्हहि अभय करि पूछेसि जाई । कथा सकल तिन्ह ताहि सुनाई ॥
tinhahi abhaya kari pūchesi jāī, kathā sakala tinha tāhi sunāī.

सुनि संपाति बंधु कै करनी । रघुपति महिमा बधुबिधि बरनी ॥
suni saṁpāti baṁdhu kai karanī, raghupati mahimā badhubidhi baranī.

दोहा-dohā:

मोहि लै जाहु सिंधुतट देउँ तिलांजलि ताहि ।
mohi lai jāhu siṁdhutaṭa deuṁ tilāṁjali tāhi,
बचन सहाइ करबि मैं पैहहु खोजहु जाहि ॥२७॥
bacana sahāi karabi maiṁ paihahu khojahu jāhi. 27.

चौपाई-caupāī:

अनुज क्रिया करि सागर तीरा । कहि निज कथा सुनहु कपि बीरा ॥
anuja kriyā kari sāgara tīrā, kahi nija kathā sunahu kapi bīrā.

हम द्वौ बंधु प्रथम तरुनाई । गगन गए रबि निकट उड़ाई ॥
hama dvau baṁdhu prathama tarunāī, gagana gae rabi nikaṭa uṛāī.

तेज न सहि सक सो फिरि आवा । मैं अभिमानी रबि निअरावा ॥
teja na sahi saka so phiri āvā, maiṁ abhimānī rabi niarāvā.

जरे पंख अति तेज अपारा । परेउँ भूमि करि घोर चिकारा ॥
jare paṁkha ati teja apārā, pareuṁ bhūmi kari ghora cikārā.

मुनि एक नाम चंद्रमा ओही । लागी दया देखि करि मोही ॥
muni eka nāma caṁdramā ohī, lāgī dayā dekhi kari mohī.

बहु प्रकार तेहिं ग्यान सुनावा । देह जनित अभिमान छड़ावा ॥
bahu prakāra tehiṁ gyāna sunāvā, deha janita abhimāna chaṛāvā.

त्रेताँ ब्रह्म मनुज तनु धरिही । तासु नारि निसिचर पति हरिही ॥
tretāṁ brahma manuja tanu dharihī, tāsu nāri nisicara pati harihī.

तासु खोज पठइहि प्रभु दूता । तिन्हहि मिलें तैं होब पुनीता ॥
tāsu khoja paṭhaihi prabhu dūtā, tinhahi mileṁ taiṁ hoba punītā.

जमिहहिं पंख करसि जनि चिंता । तिन्हहि देखाइ देहेसु तैं सीता ॥
jamihahiṁ paṁkha karasi jani ciṁtā, tinhahi dekhāi dehesu taiṁ sītā.

मुनि कइ गिरा सत्य भइ आजू । सुनि मम बचन करहु प्रभु काजू ॥
muni kai girā satya bhai ājū, suni mama bacana karahu prabhu kājū.

गिरि त्रिकूट ऊपर बस लंका । तहँ रह रावन सहज असंका ॥
giri trikūṭa ūpara basa laṁkā, tahaṁ raha rāvana sahaja asaṁkā.

तहँ असोक उपबन जहँ रहई । सीता बैठि सोच रत अहई ॥
tahaṁ asoka upabana jahaṁ rahaī, sītā baiṭhi soca rata ahaī.

दोहा-dohā:

मैं देखउँ तुम्ह नाहीं गीघहि दृष्टि अपार ।
maiṁ dekhauṁ tumha nāhi gīghahi dṛṣṭi apāra,
बूढ़ भयउँ न त करतेउँ कछुक सहाय तुम्हार ॥२८॥
būḍha bhayauṁ na ta karateuṁ kachuka sahāya tumhāra. 28.

चौपाई-caupāī:

जो नाघइ सत जोजन सागर । करइ सो राम काज मति आगर ॥
jo nāghai sata jojana sāgara, karai so rāma kāja mati āgara.

मोहि बिलोकि धरहु मन धीरा । राम कृपाँ कस भयउ सरीरा ॥
mohi biloki dharahu mana dhīrā, rāma kṛpāṁ kasa bhayau sarīrā.

पापिउ जा कर नाम सुमिरहीं । अति अपार भवसागर तरहीं ॥
pāpiu jā kara nāma sumirahīṁ, ati apāra bhavasāgara tarahīṁ.

तासु दूत तुम्ह तजि कदराई । राम हृदयँ धरि करहु उपाई ॥
tāsu dūta tumha taji kadarāī, rāma hṛdayaṁ dhari karahu upāī.

अस कहि गरुड़ गीध जब गयऊ । तिन्ह कें मन अति बिसमय भयऊ ॥
asa kahi garuṛa gīdha jaba gayaū, tinha keṁ mana ati bisamaya bhayaū.

निज निज बल सब काहूँ भाषा । पार जाइ कर संसय राखा ॥
nija nija bala saba kāhūṁ bhāṣā, pāra jāi kara saṁsaya rākhā.

जरठ भयउँ अब कहइ रिछेसा । नहिं तन रहा प्रथम बल लेसा ॥
jaraṭha bhayauṁ aba kahai richesā, nahiṁ tana rahā prathama bala lesā.

जबहिं त्रिबिक्रम भए खरारी । तब मैं तरुन रहेउँ बल भारी ॥
jabahiṁ tribikrama bhae kharārī, taba maiṁ taruna raheuṁ bala bhārī.

दोहा-dohā:

बलि बाँधत प्रभु बाढ़ेउ सो तनु बरनि न जाइ ।
bali bāṁdhata prabhu bāṛheu so tanu barani na jāi,
उभय घरी महँ दीन्हीं सात प्रदच्छिन धाइ ॥२९॥
ubhaya gharī mahaṁ dīnhīṁ sāta pradacchina dhāi. 29.

चौपाई-caupāī:

अंगद कहइ जाउँ मैं पारा । जियँ संसय कछु फिरती बारा ॥
aṁgada kahai jāuṁ maiṁ pārā, jiyaṁ saṁsaya kachu phiratī bārā.
जामवंत कह तुम्ह सब लायक । पठइअ किमि सब ही कर नायक ॥
jāmavaṁta kaha tumha saba lāyaka, paṭhaia kimi saba hī kara nāyaka.
कहइ रीछपति सुनु हनुमाना । का चुप साधि रहेहु बलवाना ॥
kahai rīkṣapati sunu hanumānā, kā cupa sādhi rahehu balavānā.
पवन तनय बल पवन समाना । बुधि बिबेक बिग्यान निधाना ॥
pavana tanaya bala pavana samānā, budhi bibeka bigyāna nidhānā.
कवन सो काज कठिन जग माहीं । जो नहिं होइ तात तुम्ह पाहीं ॥
kavana so kāja kaṭhina jaga māhīṁ, jo nahiṁ hoi tāta tumha pāhīṁ.
राम काज लगि तव अवतारा । सुनतहिं भयउ पर्बताकारा ॥
rāma kāja lagi tava avatārā, sunatahiṁ bhayau parbatākārā.
कनक बरन तन तेज बिराजा । मानहुँ अपर गिरिन्ह कर राजा ॥
kanaka barana tana teja birājā, mānahuṁ apara girinha kara rājā.
सिंहनाद करि बारहिं बारा । लीलहिं नाघउँ जलनिधि खारा ॥
siṁhanāda kari bārahiṁ bārā, līlahiṁ nāghauṁ jalanidhi khārā.
सहित सहाय रावनहि मारी । आनउँ इहाँ त्रिकूट उपारी ॥
sahita sahāya rāvanahi mārī, ānauṁ ihāṁ trikūṭa upārī.
जामवंत मैं पूँछउँ तोही । उचित सिखावनु दीजहु मोही ॥
jāmavaṁta maiṁ pūṁchauṁ tohī, ucita sikhāvanu dījahu mohī.
एतना करहु तात तुम्ह जाई । सीतहि देखि कहहु सुधि आई ॥
etanā karahu tāta tumha jāī, sītahi dekhi kahahu sudhi āī.
तब निज भुज बल राजिवनैना । कौतुक लागि संग कपि सेना ॥
taba nija bhuja bala rājivanainā, kautuka lāgi saṁga kapi senā.

छंद-chaṁda:

कपि सेन संग सँघारि निसिचर रामु सीतहि आनिहैं ।
kapi sena saṁga saṁghāri nisicara rāmu sītahi ānihaiṁ,
त्रैलोक पावन सुजसु सुर मुनि नारदादि बखानिहैं ॥
trailoka pāvana sujasu sura muni nāradādi bakhānihaiṁ.
जो सुनत गावत कहत समुझत परम पद नर पावई ।
jo sunata gāvata kahata samujhata parama pada nara pāvaī,
रघुबीर पद पाथोज मधुकर दास तुलसी गावई ॥
raghubīra pada pāthoja madhukara dāsa tulasī gāvaī.

दोहा-dohā:

भव भेषज रघुनाथ जसु सुनहिं जे नर अरु नारि ।
bhava bheṣaja raghunātha jasu sunahiṁ je nara aru nāri,
तिन्ह कर सकल मनोरथ सिद्ध करहिं त्रिसिरारि ॥३०क॥
tinha kara sakala manoratha siddha karahiṁ trisirāri. 30(ka).

सोरठा-soraṭhā:

नीलोत्पल तन स्याम काम कोटि सोभा अधिक ।
nīlotpala tana syāma kāma koṭi sobhā adhika,
सुनिअ तासु गुन ग्राम जासु नाम अघ खग बधिक ॥३०ख॥
sunia tāsu guna grāma jāsu nāma agha khaga badhika. 30(kha).

मासपारायण तेईसवाँ विश्राम
māsapārāyaṇa teīsavāṁ viśrāma
(Pause 23 for a Thirty-Day Recitation)

—::—

— जय श्रीसीताराम —

सीताराम सीताराम सीताराम राम राम । रामराम रामराम रामराम सीताराम ॥
सीताराम सीताराम सीताराम राम राम । रामराम रामराम रामराम सीताराम ॥

इति श्रीमद्रामचरितमानसे सकलकलिकलुषविध्वंसने चतुर्थः सोपानः समाप्तः

iti śrīmadrāmacaritamānase sakalakalikaluṣavidhvaṁsane caturthaḥ sopānaḥ samāptaḥ

सीताराम
सीताराम सीताराम
सीताराम सीताराम
सीताराम सीताराम

ॐ

सीताराम सीताराम सीताराम
सीताराम सीताराम सीताराम सीताराम सीताराम
सीताराम सीताराम सीताराम सीताराम सीताराम सीताराम

श्रीजानकीवल्लभो विजयते
śrījānakīvallabho vijayate

श्रीरामचरितमानस
śrīrāmacaritamānasa

पञ्चम सोपान - सुन्दरकाण्ड
pañcama sopāna - sundarakāṇḍa

शलोक-śloka:

शान्तं शाश्वतमप्रमेयमनघं निर्वाणशान्तिप्रदं
śāntaṁ śāśvatamaprameyamanaghaṁ nirvāṇaśāntipradaṁ
ब्रह्माशम्भुफणीन्द्रसेव्यमनिशं वेदान्तवेद्यं विभुम् ।
brahmāśambhuphaṇīndrasevyamaniśaṁ vedāntavedyaṁ vibhum,
रामाख्यं जगदीश्वरं सुरगुरुं मायामनुष्यं हरिं
rāmākhyaṁ jagadīśvaraṁ suraguruṁ māyāmanuṣyaṁ hariṁ
वन्देऽहं करुणाकरं रघुवरं भूपालचूडामणिम् ॥ १ ॥
vande'haṁ karuṇākaraṁ raghuvaraṁ bhūpālacūrāmaṇim. 1.

नान्या स्पृहा रघुपते हृदयेऽस्मदीये
nānyā spṛhā raghupate hṛdaye'smadīye
सत्यं वदामि च भवानखिलान्तरात्मा ।
satyaṁ vadāmi ca bhavānakhilāntarātmā,
भक्तिं प्रयच्छ रघुपुङ्गव निर्भरां मे
bhaktiṁ prayaccha raghupuṅgava nirbharāṁ me
कामादिदोषरहितं कुरु मानसं च ॥ २ ॥
kāmādidoṣarahitaṁ kuru mānasaṁ ca. 2.

अतुलितबलधामं हेमशैलाभदेहं
atulitabaladhāmaṁ hemaśailābhadehaṁ
दनुजवनकृशानुं ज्ञानिनामग्रगण्यम् ।
danujavanakṛśānuṁ jñānināmagragaṇyam,
सकलगुणनिधानं वानराणामधीशं
sakalaguṇanidhānaṁ vānarāṇāmadhīśaṁ
रघुपतिप्रियभक्तं वातजातं नमामि ॥ ३ ॥
raghupatipriyabhaktaṁ vātajātaṁ namāmi. 3.

चौपाई-caupāī:

जामवंत के बचन सुहाए । सुनि हनुमंत हृदय अति भाए ॥
jāmavaṁta ke bacana suhāe, suni hanumaṁta hṛdaya ati bhāe.
तब लगि मोहि परिखेहु तुम्ह भाई । सहि दुख कंद मूल फल खाई ॥
taba lagi mohi parikhehu tumha bhāī, sahi dukha kaṁda mūla phala khāī.
जब लगि आवौं सीतहि देखी । होइहि काजु मोहि हरष बिसेषी ॥
jaba lagi āvauṁ sītahi dekhī, hoihi kāju mohi haraṣa biseṣī.
यह कहि नाइ सबन्हि कहुँ माथा । चलेउ हरषि हियँ धरि रघुनाथा ॥
yaha kahi nāi sabanhi kahuṁ māthā, caleu harạsi hiyaṁ dhari raghunāthā.

सिंधु तीर एक भूधर सुंदर । कौतुक कूदि चढ़ेउ ता ऊपर ॥
siṁdhu tīra eka bhūdhara suṁdara, kautuka kūdi caṛheu tā ūpara.
बार बार रघुबीर सँभारी । तरकेउ पवनतनय बल भारी ॥
bāra bāra raghubīra saṁbhārī, tarakeu pavanatanaya bala bhārī.
जेहिं गिरि चरन देइ हनुमंता । चलेउ सो गा पाताल तुरंता ॥
jehiṁ giri carana dei hanumaṁtā, caleu so gā pātāla turaṁtā.
जिमि अमोघ रघुपति कर बाना । एही भाँति चलेउ हनुमाना ॥
jimi amogha raghupati kara bānā, ehī bhāṁti caleu hanumānā.
जलनिधि रघुपति दूत बिचारी । तैं मैनाक होहि श्रमहारी ॥
jalanidhi raghupati dūta bicārī, taiṁ maināka hohi śramahārī.

दोहा-dohā:

हनूमान तेहि परसा कर पुनि कीन्ह प्रनाम ।
hanūmāna tehi parasā kara puni kīnha pranāma,
राम काजु कीन्हें बिनु मोहि कहाँ बिश्राम ॥ १ ॥
rāma kāju kīnheṁ binu mohi kahāṁ biśrāma. 1.

चौपाई-caupāī:

जात पवनसुत देवन्ह देखा । जानैं कहुँ बल बुद्धि बिसेषा ॥
jāta pavanasuta devanha dekhā, jānaiṁ kahuṁ bala buddhi biseṣā.
सुरसा नाम अहिन्ह कै माता । पठइन्हि आइ कही तेहिं बाता ॥
surasā nāma ahinha kai mātā, paṭhainhi āi kahī tehiṁ bātā.
आजु सुरन्ह मोहि दीन्ह अहारा । सुनत बचन कह पवनकुमारा ॥
āju suranha mohi dīnha ahārā, sunata bacana kaha pavanakumārā.
राम काजु करि फिरि मैं आवौं । सीता कइ सुधि प्रभुहि सुनावौं ॥
rāma kāju kari phiri maiṁ āvauṁ, sītā kai sudhi prabhuhi sunāvauṁ.
तब तव बदन पैठिहउँ आई । सत्य कहउँ मोहि जान दे माई ॥
taba tava badana paiṭhihauṁ āī, satya kahauṁ mohi jāna de māī.
कवनेहुँ जतन देइ नहिं जाना । ग्रससि न मोहि कहेउ हनुमाना ॥
kavanehuṁ jatana dei nahiṁ jānā, grasasi na mohi kaheu hanumānā.
जोजन भरि तेहिं बदनु पसारा । कपि तनु कीन्ह दुगुन बिस्तारा ॥
jojana bhari tehiṁ badanu pasārā, kapi tanu kīnha duguna bistārā.
सोरह जोजन मुख तेहिं ठयऊ । तुरत पवनसुत बत्तिस भयऊ ॥
soraha jojana mukha tehiṁ ṭhayaū, turata pavanasuta battisa bhayaū.
जस जस सुरसा बदनु बढ़ावा । तासु दून कपि रूप देखावा ॥
jasa jasa surasā badanu baṛhāvā, tāsu dūna kapi rūpa dekhāvā.
सत जोजन तेहिं आनन कीन्हा । अति लघु रूप पवनसुत लीन्हा ॥

sata jojana tehiṁ ānana kīnhā, ati laghu rūpa pavanasuta līnhā.
बदन पइठि पुनि बाहेर आवा । मागा बिदा ताहि सिरु नावा ॥
badana paiṭhi puni bāhera āvā, māgā bidā tāhi siru nāvā.
मोहि सुरन्ह जेहि लागि पठावा । बुधि बल मरमु तोर मै पावा ॥
mohi suranha jehi lāgi paṭhāvā, budhi bala maramu tora mai pāvā.

दोहा-dohā:

राम काजु सबु करिहहु तुम्ह बल बुद्धि निधान ।
rāma kāju sabu karihahu tumha bala buddhi nidhāna,
आसिष देह गई सो हरषि चलेउ हनुमान ॥२॥
āsiṣa deha gaī so haraṣi caleu hanumāna. 2.

चौपाई-caupāī:

निसिचरि एक सिंधु महुँ रहई । करि माया नभु के खग गहई ॥
nisicari eka siṁdhu mahuṁ rahaī, kari māyā nabhu ke khaga gahaī.
जीव जंतु जे गगन उड़ाहीं । जल बिलोकि तिन्ह कै परिछाहीं ॥
jīva jaṁtu je gagana uṛāhīṁ, jala biloki tinha kai parichāhīṁ.
गहइ छाहँ सक सो न उड़ाई । एहि बिधि सदा गगनचर खाई ॥
gahai chāhaṁ saka so na uṛāī, ehi bidhi sadā gaganacara khāī.
सोइ छल हनूमान कहँ कीन्हा । तासु कपटु कपि तुरतहिं चीन्हा ॥
soi chala hanūmāna kahaṁ kīnhā, tāsu kapaṭu kapi turatahiṁ cīnhā.
ताहि मारि मारुतसुत बीरा । बारिधि पार गयउ मतिधीरा ॥
tāhi māri mārutasuta bīrā, bāridhi pāra gayau matidhīrā.
तहाँ जाइ देखी बन सोभा । गुंजत चंचरीक मधु लोभा ॥
tahāṁ jāi dekhī bana sobhā, guṁjata caṁcarīka madhu lobhā.
नाना तरु फल फूल सुहाए । खग मृग बृंद देखि मन भाए ॥
nānā taru phala phūla suhāe, khaga mṛga bṛṁda dekhi mana bhāe.
सैल बिसाल देखि एक आगें । ता पर धाइ चढेउ भय त्यागें ॥
saila bisāla dekhi eka āgeṁ, tā para dhāi caḍheu bhaya tyāgeṁ.
उमा न कछु कपि कै अधिकाई । प्रभु प्रताप जो कालहि खाई ॥
umā na kachu kapi kai adhikāī, prabhu pratāpa jo kālahi khāī.
गिरि पर चढि लंका तेहिं देखी । कहि न जाइ अति दुर्ग बिसेषी ॥
giri para caḍhi laṁkā tehiṁ dekhī, kahi na jāi ati durga biseṣī.
अति उतंग जलनिधि चहु पासा । कनक कोट कर परम प्रकासा ॥
ati utaṁga jalanidhi cahu pāsā, kanaka koṭa kara parama prakāsā.

छंद-chaṁda:

कनक कोट बिचित्र मनि कृत सुंदरायतना घना ।
kanaka koṭa bicitra mani kṛta suṁdarāyatanā ghanā,
चउहट्ट हट्ट सुबट्ट बीथीं चारु पुर बहु बिधि बना ॥
cauhaṭṭa haṭṭa subaṭṭa bīthīṁ cāru pura bahu bidhi banā.
गज बाजि खच्चर निकर पदचर रथ बरूथन्हि को गनै ।
gaja bāji khaccara nikara padacara ratha barūthanhi ko ganai.
बहुरूप निसिचर जूथ अतिबल सेन बरनत नहिं बनै ॥१॥
bahurūpa nisicara jūtha atibala sena baranata nahiṁ banai. 1.

बन बाग उपबन बाटिका सर कूप बापीं सोहहीं ।
bana bāga upabana bāṭikā sara kūpa bāpīṁ sohahīṁ,
नर नाग सुर गंधर्ब कन्या रूप मुनि मन मोहहीं ॥
nara nāga sura gaṁdharba kanyā rūpa muni mana mohahīṁ.
कहुँ माल देह बिसाल सैल समान अतिबल गर्जहीं ।
kahuṁ māla deha bisāla saila samāna atibala garjahīṁ,
नाना अखारेन्ह भिरहिं बहु बिधि एक एकन्ह तर्जहीं ॥२॥
nānā akhārenha bhirahiṁ bahu bidhi eka ekanha tarjahīṁ. 2.

करि जतन भट कोटिन्ह बिकट तन नगर चहुँ दिसि रच्छहीं ।
kari jatana bhaṭa koṭinha bikaṭa tana nagara cahuṁ disi racchahīṁ,
कहुँ महिष मानषु धेनु खर अज खल निसाचर भच्छहीं ॥
kahuṁ mahiṣa mānaṣu dhenu khara aja khala nisācara bhacchahīṁ.
एहि लागि तुलसीदास इन्ह की कथा कछु एक है कही ।
ehi lāgi tulasīdāsa inha kī kathā kachu eka hai kahī,
रघुबीर सर तीरथ सरीरन्हि त्यागि गति पैहहिं सही ॥३॥
raghubīra sara tīratha sarīranhi tyāgi gati paihahiṁ sahī. 3.

दोहा-dohā:

पुर रखवारे देखि बहु कपि मन कीन्ह बिचार ।
pura rakhavāre dekhi bahu kapi mana kīnha bicāra,
अति लघु रूप धरौं निसि नगर करौं पइसार ॥३॥
ati laghu rūpa dharauṁ nisi nagara karauṁ paisāra. 3.

चौपाई-caupāī:

मसक समान रूप कपि धरी । लंकहि चलेउ सुमिरि नरहरी ॥
masaka samāna rūpa kapi dharī, laṁkahi caleu sumiri naraharī.
नाम लंकिनी एक निसिचरी । सो कह चलेसि मोहि निंदरी ॥
nāma laṁkinī eka nisicarī, so kaha calesi mohi niṁdarī.
जानेहि नहीं मरमु सठ मोरा । मोर अहार जहाँ लगि चोरा ॥
jānehi nahīṁ maramu saṭha morā, mora ahāra jahāṁ lagi corā.
मुठिका एक महा कपि हनी । रुधिर बमत धरनीं ढनमनी ॥
muṭhikā eka mahā kapi hanī, rudhira bamata dharanīṁ ḍhanamanī.
पुनि संभारि उठि सो लंका । जोरि पानि कर बिनय संसका ॥
puni saṁbhāri uṭhi so laṁkā, jori pāni kara binaya saṁsakā.
जब रावनहि ब्रह्म बर दीन्हा । चलत बिरंचि कहा मोहि चीन्हा ॥
jaba rāvanahi brahma bara dīnhā, calata biraṁci kahā mohi cīnhā.
बिकल होसि तैं कपि कें मारे । तब जानेसु निसिचर संघारे ॥
bikala hosi taiṁ kapi keṁ māre, taba jānesu nisicara saṁghāre.
तात मोर अति पुन्य बहूता । देखेउँ नयन राम कर दूता ॥
tāta mora ati punya bahūtā, dekheuṁ nayana rāma kara dūtā.

दोहा-dohā:

तात स्वर्ग अपबर्ग सुख धरिअ तुला एक अंग ।
tāta svarga apabarga sukha dharia tulā eka aṁga,
तूल न ताहि सकल मिलि जो सुख लव सतसंग ॥४॥
tūla na tāhi sakala mili jo sukha lava satasaṁga. 4.

चौपाई-caupāī:

प्रबिसि नगर कीजे सब काजा । हृदयँ राखि कोसलपुर राजा ॥
prabisi nagara kīje saba kājā, hṛdayaṁ rākhi kosalapura rājā.
गरल सुधा रिपु करहिं मिताई । गोपद सिंधु अनल सितलाई ॥
garala sudhā ripu karahiṁ mitāī, gopada siṁdhu anala sitalāī.
गरुड़ सुमेरु रेनु सम ताही । राम कृपा करि चितवा जाही ॥
garuṛa sumeru renu sama tāhī, rāma kṛpā kari citavā jāhī.
अति लघु रूप धरेउ हनुमाना । पैठा नगर सुमिरि भगवाना ॥
ati laghu rūpa dhareu hanumānā, paiṭhā nagara sumiri bhagavānā.
मंदिर मंदिर प्रति करि सोधा । देखे जहँ तहँ अगनित जोधा ॥
maṁdira maṁdira prati kari sodhā, dekhe jahaṁ tahaṁ aganita jodhā.
गयउ दसानन मंदिर माहीं । अति बिचित्र कहि जात सो नाहीं ॥
gayau dasānana maṁdira māhīṁ, ati bicitra kahi jāta so nāhīṁ.
सयन किएँ देखा कपि तेही । मंदिर महुँ न दीखि बैदेही ॥
sayana kieṁ dekhā kapi tehī, maṁdira mahuṁ na dīkhi baidehī.
भवन एक पुनि दीख सुहावा । हरि मंदिर तहँ भिन्न बनावा ॥

bhavana eka puni dīkha suhāvā, hari maṁdira tahaṁ bhinna banāvā.

दोहा-dohā:

रामायुध अंकित गृह सोभा बरनि न जाइ ।
rāmāyudha aṁkita gṛha sobhā barani na jāi,
नव तुलसिका बृंद तहँ देखि हरष कपिराइ ॥५॥
nava tulasikā bṛṁda tahaṁ dekhi haraṣa kapirāi. 5.

चौपाई-caupāī:

लंका निसिचर निकर निवासा । इहाँ कहाँ सज्जन कर बासा ॥
laṁkā nisicara nikara nivāsā, ihāṁ kahāṁ sajjana kara bāsā.
मन महुँ तरक करैं कपि लागा । तेहीं समय बिभीषनु जागा ॥
mana mahuṁ taraka karaiṁ kapi lāgā, tehīṁ samaya bibhīṣanu jāgā.
राम राम तेहिं सुमिरन कीन्हा । हृदयँ हरष कपि सज्जन चीन्हा ॥
rāma rāma tehiṁ sumirana kīnhā, hṛdayaṁ haraṣa kapi sajjana cīnhā.
एहि सन हठि करिहउँ पहिचानी । साधु ते होइ न कारज हानी ॥
ehi sana haṭhi karihauṁ pahicānī, sādhu te hoi na kāraja hānī.
बिप्र रुप धरि बचन सुनाए । सुनत बिभीषन उठि तहँ आए ॥
bipra rupa dhari bacana sunāe, sunata bibhīṣana uṭhi tahaṁ āe.
करि प्रनाम पूँछी कुसलाई । बिप्र कहहु निज कथा बुझाई ॥
kari pranāma pūṁchī kusalāī, bipra kahahu nija kathā bujhāī.
की तुम्ह हरि दासन्ह महँ कोई । मोरें हृदय प्रीति अति होई ॥
kī tumha hari dāsanha mahaṁ koī, moreṁ hṛdaya prīti ati hoī.
की तुम्ह रामु दीन अनुरागी । आयहु मोहि करन बड़भागी ॥
kī tumha rāmu dīna anurāgī, āyahu mohi karana baṛabhāgī.

दोहा-dohā:

तब हनुमंत कही सब राम कथा निज नाम ।
taba hanumaṁta kahī saba rāma kathā nija nāma,
सुनत जुगल तन पुलक मन मगन सुमिरि गुन ग्राम ॥६॥
sunata jugala tana pulaka mana magana sumiri guna grāma. 6.

चौपाई-caupāī:

सुनहु पवनसुत रहनि हमारी । जिमि दसनन्हि महुँ जीभ बिचारी ॥
sunahu pavanasuta rahani hamārī, jimi dasananhi mahuṁ jībha bicārī.
तात कबहुँ मोहि जानि अनाथा । करिहहिं कृपा भानुकुल नाथा ॥
tāta kabahuṁ mohi jāni anāthā, karihahiṁ kṛpā bhānukula nāthā.
तामस तनु कछु साधन नाहीं । प्रीति न पद सरोज मन माहीं ॥
tāmasa tanu kachu sādhana nāhīṁ, prīti na pada saroja mana māhīṁ.
अब मोहि भा भरोस हनुमंता । बिनु हरिकृपा मिलहिं नहिं संता ॥
aba mohi bhā bharosa hanumaṁtā, binu harikṛpā milahiṁ nahiṁ saṁtā.
जौं रघुबीर अनुग्रह कीन्हा । तौ तुम्ह मोहि दरसु हठि दीन्हा ॥
jauṁ raghubīra anugraha kīnhā, tau tumha mohi darasu haṭhi dīnhā.
सुनहु बिभीषन प्रभु कै रीती । करहिं सदा सेवक पर प्रीती ॥
sunahu bibhīṣana prabhu kai rītī, karahiṁ sadā sevaka para prītī.
कहहु कवन मैं परम कुलीना । कपि चंचल सबहीं बिधि हीना ॥
kahahu kavana maiṁ parama kulīnā, kapi caṁcala sabahīṁ bidhi hīnā.
प्रात लेइ जो नाम हमारा । तेहि दिन ताहि न मिलै अहारा ॥
prāta lei jo nāma hamārā, tehi dina tāhi na milai ahārā.

दोहा-dohā:

अस मैं अधम सखा सुनु मोहू पर रघुबीर ।
asa maiṁ adhama sakhā sunu mohū para raghubīra,
कीन्ही कृपा सुमिरि गुन भरे बिलोचन नीर ॥७॥
kīnhī kṛpā sumiri guna bhare bilocana nīra. 7.

चौपाई-caupāī:

जानतहूँ अस स्वामि बिसारी । फिरहिं ते काहे न होहिं दुखारी ॥
jānatahūṁ asa svāmi bisārī, phirahiṁ te kāhe na hohiṁ dukhārī.
एहि बिधि कहत राम गुन ग्रामा । पावा अनिर्बाच्य बिश्रामा ॥
ehi bidhi kahata rāma guna grāmā, pāvā anirbācya biśrāmā.
पुनि सब कथा बिभीषन कही । जेहि बिधि जनकसुता तहँ रही ॥
puni saba kathā bibhīṣana kahī, jehi bidhi janakasutā tahaṁ rahī.
तब हनुमंत कहा सुनु भ्राता । देखी चहउँ जानकी माता ॥
taba hanumaṁta kahā sunu bhrātā, dekhī cahauṁ jānakī mātā.
जुगुति बिभीषन सकल सुनाई । चलेउ पवनसुत बिदा कराई ॥
juguti bibhīṣana sakala sunāī, caleu pavanasuta bidā karāī.
करि सोइ रूप गयउ पुनि तहवाँ । बन असोक सीता रह जहवाँ ॥
kari soi rūpa gayau puni tahavāṁ, bana asoka sītā raha jahavāṁ.
देखि मनहि महुँ कीन्ह प्रनामा । बैठेहिं बीति जात निसि जामा ॥
dekhi manahi mahuṁ kīnha pranāmā, baiṭhehiṁ bīti jāta nisi jāmā.
कृस तनु सीस जटा एक बेनी । जपति हृदयँ रघुपति गुन श्रेनी ॥
kṛsa tanu sīsa jaṭā eka benī, japati hṛdayaṁ raghupati guna śrenī.

दोहा-dohā:

निज पद नयन दिएँ मन राम पद कमल लीन ।
nija pada nayana dieṁ mana rāma pada kamala līna,
परम दुखी भा पवनसुत देखि जानकी दीन ॥८॥
parama dukhī bhā pavanasuta dekhi jānakī dīna. 8.

चौपाई-caupāī:

तरु पल्लव महुँ रहा लुकाई । करइ बिचार करौं का भाई ॥
taru pallava mahuṁ rahā lukāī, karai bicāra karauṁ kā bhāī.
तेहि अवसर रावनु तहँ आवा । संग नारि बहु किएँ बनावा ॥
tehi avasara rāvanu tahaṁ āvā, saṁga nāri bahu kieṁ banāvā.
बहु बिधि खल सीतहि समुझावा । साम दान भय भेद देखावा ॥
bahu bidhi khala sītahi samujhāvā, sāma dāna bhaya bheda dekhāvā.
कह रावनु सुनु सुमुखि सयानी । मंदोदरी आदि सब रानी ॥
kaha rāvanu sunu sumukhi sayānī, maṁdodarī ādi saba rānī.
तव अनुचरीं करउँ पन मोरा । एक बार बिलोकु मम ओरा ॥
tava anucarīṁ karauṁ pana morā, eka bāra biloku mama orā.
तृन धरि ओट कहति बैदेही । सुमिरि अवधपति परम सनेही ॥
tṛna dhari oṭa kahati baidehī, sumiri avadhapati parama sanehī.
सुनु दसमुख खद्योत प्रकासा । कबहुँ कि नलिनी करइ बिकासा ॥
sunu dasamukha khadyota prakāsā, kabahuṁ ki nalinī karai bikāsā.
अस मन समुझु कहति जानकी । खल सुधि नहिं रघुबीर बान की ॥
asa mana samujhu kahati jānakī, khala sudhi nahiṁ raghubīra bāna kī.
सठ सूनें हरि आनेहि मोही । अधम निलज्ज लाज नहिं तोही ॥
saṭha sūneṁ hari ānehi mohī, adhama nilajja lāja nahiṁ tohī.

दोहा-dohā:

आपुहि सुनि खद्योत सम रामहि भानु समान ।
āpuhi suni khadyota sama rāmahi bhānu samāna,
परुष बचन सुनि काढ़ि असि बोला अति खिसिआन ॥९॥
paruṣa bacana suni kāṛhi asi bolā ati khisiāna. 9.

चौपाई-caupāī:

सीता तैं मम कृत अपमाना । कटिहउँ तव सिर कठिन कृपाना ॥
sītā taiṁ mama kṛta apamānā, kaṭihauṁ tava sira kaṭhina kṛpānā.
नाहिं त सपदि मानु मम बानी । सुमुखि होति न त जीवन हानी ॥
nāhiṁ ta sapadi mānu mama bānī, sumukhi hoti na ta jīvana hānī.

स्याम सरोज दाम सम सुंदर । प्रभु भुज करि कर सम दसकंधर ॥
syāma saroja dāma sama suṁdara, prabhu bhuja kari kara sama dasakaṁdhara.
सो भुज कंठ कि तव असि घोरा । सुनु सठ अस प्रवान पन मोरा ॥
so bhuja kaṁṭha ki tava asi ghorā, sunu saṭha asa pravāna pana morā.
चंद्रहास हरु मम परितापं । रघुपति बिरह अनल संजातं ॥
caṁdrahāsa haru mama paritāpaṁ, raghupati biraha anala saṁjātaṁ.
सीतल निसित बहसि बर धारा । कह सीता हरु मम दुख भारा ॥
sītala nisita bahasi bara dhārā, kaha sītā haru mama dukha bhārā.
सुनत बचन पुनि मारन धावा । मयतनयाँ कहि नीति बुझावा ॥
sunata bacana puni mārana dhāvā, mayatanayāṁ kahi nīti bujhāvā.
कहेसि सकल निसिचरिन्ह बोलाई । सीतहि बहु बिधि त्रासहु जाई ॥
kahesi sakala nisicarinha bolāī, sītahi bahu bidhi trāsahu jāī.
मास दिवस महुँ कहा न माना । तौ मैं मारबि काढ़ि कृपाना ॥
māsa divasa mahuṁ kahā na mānā, tau maiṁ mārabi kāṛhi kṛpānā.

दोहा-dohā:

भवन गयउ दसकंधर इहाँ पिसाचिनि बृंद ।
bhavana gayau dasakaṁdhara ihāṁ pisācini bṛṁda,
सीतहि त्रास देखावहिं धरहिं रूप बहु मंद ॥ १० ॥
sītahi trāsa dekhāvahiṁ dharahiṁ rūpa bahu maṁda. 10.

चौपाई-caupāī:

त्रिजटा नाम राच्छसी एका । राम चरन रति निपुन बिबेका ॥
trijaṭā nāma rācchasī ekā, rāma carana rati nipuna bibekā.
सबन्हौ बोलि सुनाएसि सपना । सीतहि सेइ करहु हित अपना ॥
sabanhau boli sunāesi sapanā, sītahi sei karahu hita apanā.
सपनें बानर लंका जारी । जातुधान सेना सब मारी ॥
sapaneṁ bānara laṁkā jārī, jātudhāna senā saba mārī.
खर आरूढ़ नगन दससीसा । मुंडित सिर खंडित भुज बीसा ॥
khara ārūṛha nagana dasasīsā, muṁḍita sira khaṁḍita bhuja bīsā.
एहि बिधि सो दच्छिन दिसि जाई । लंका मनहुँ बिभीषन पाई ॥
ehi bidhi so dacchina disi jāī, laṁkā manahuṁ bibhīṣana pāī.
नगर फिरी रघुबीर दोहाई । तब प्रभु सीता बोलि पठाई ॥
nagara phirī raghubīra dohāī, taba prabhu sītā boli paṭhāī.
यह सपना मैं कहउँ पुकारी । होइहि सत्य गएँ दिन चारी ॥
yaha sapanā maiṁ kahauṁ pukārī, hoihi satya gaeṁ dina cārī.
तासु बचन सुनि ते सब डरीं । जनकसुता के चरनन्हि परीं ॥
tāsu bacana suni te saba ḍarīṁ, janakasutā ke carananhi parīṁ.

दोहा-dohā:

जहँ तहँ गईं सकल तब सीता कर मन सोच ।
jahaṁ tahaṁ gaīṁ sakala taba sītā kara mana soca,
मास दिवस बीतें मोहि मारिहि निसिचर पोच ॥ ११ ॥
māsa divasa bīteṁ mohi mārihi nisicara poca. 11.

चौपाई-caupāī:

त्रिजटा सन बोलीं कर जोरी । मातु बिपति संगिनि तैं मोरी ॥
trijaṭā sana bolīṁ kara jorī, mātu bipati saṁgini taiṁ morī.
तजौं देह करु बेगि उपाई । दुसहु बिरहु अब नहिं सहि जाई ॥
tajauṁ deha karu begi upāī, dusahu birahu aba nahiṁ sahi jāī.
आनि काठ रचु चिता बनाई । मातु अनल पुनि देहि लगाई ॥
āni kāṭha racu citā banāī, mātu anala puni dehi lagāī.
सत्य करहि मम प्रीति सयानी । सुनै को श्रवन सूल सम बानी ॥
satya karahi mama prīti sayānī, sunai ko śravana sūla sama bānī.
सुनत बचन पद गहि समुझाएसि । प्रभु प्रताप बल सुजसु सुनाएसि ॥
sunata bacana pada gahi samujhāesi, prabhu pratāpa bala sujasu sunāesi.
निसि न अनल मिल सुनु सुकुमारी । अस कहि सो निज भवन सिधारी ॥
nisi na anala mila sunu sukumārī, asa kahi so nija bhavana sidhārī.
कह सीता बिधि भा प्रतिकूला । मिलिहि न पावक मिटिहि न सूला ॥
kaha sītā bidhi bhā pratikūlā, milihi na pāvaka miṭihi na sūlā.
देखिअत प्रगट गगन अंगारा । अवनि न आवत एकउ तारा ॥
dekhiata pragaṭa gagana aṁgārā, avani na āvata ekau tārā.
पावकमय ससि स्रवत न आगी । मानहुँ मोहि जानि हत भागी ॥
pāvakamaya sasi sravata na āgī, mānahuṁ mohi jāni hata bhāgī.
सुनहि बिनय मम बिटप असोका । सत्य नाम करु हरु मम सोका ॥
sunahi binaya mama biṭapa asokā, satya nāma karu haru mama sokā.
नूतन किसलय अनल समाना । देहि अगिनि जनि करहि निदाना ॥
nūtana kisalaya anala samānā, dehi agini jani karahi nidānā.
देखि परम बिरहाकुल सीता । सो छन कपिहि कलप सम बीता ॥
dekhi parama birahākula sītā, so chana kapihi kalapa sama bītā.

सोरठा-soraṭhā:

कपि करि हृदयँ बिचार दीन्हि मुद्रिका डारि तब ।
kapi kari hṛdayaṁ bicāra dīnhi mudrikā ḍāri taba,
जनु असोक अंगार दीन्ह हरषि उठि कर गहेउ ॥ १२ ॥
janu asoka aṁgāra dīnha haraṣi uṭhi kara gaheu. 12.

चौपाई-caupāī:

तब देखी मुद्रिका मनोहर । राम नाम अंकित अति सुंदर ॥
taba dekhī mudrikā manohara, rāma nāma aṁkita ati suṁdara.
चकित चितव मुदरी पहिचानी । हरष बिषाद हृदयँ अकुलानी ॥
cakita citava mudarī pahicānī, haraṣa biṣāda hṛdayaṁ akulānī.
जीति को सकइ अजय रघुराई । माया तें असि रचि नहिं जाई ॥
jīti ko sakai ajaya raghurāī, māyā teṁ asi raci nahiṁ jāī.
सीता मन बिचार कर नाना । मधुर बचन बोलेउ हनुमाना ॥
sītā mana bicāra kara nānā, madhura bacana boleu hanumānā.
रामचंद्र गुन बरनैं लागा । सुनतहिं सीता कर दुख भागा ॥
rāmacaṁdra guna baranaiṁ lāgā, sunatahiṁ sītā kara dukha bhāgā.
लागीं सुनैं श्रवन मन लाई । आदिहु तें सब कथा सुनाई ॥
lāgīṁ sunaiṁ śravana mana lāī, ādihu teṁ saba kathā sunāī.
श्रवनामृत जेहिं कथा सुहाई । कही सो प्रगट होति किन भाई ॥
śravanāmṛta jehiṁ kathā suhāī, kahī so pragaṭa hoti kina bhāī.
तब हनुमंत निकट चलि गयऊ । फिरि बैठीं मन बिसमय भयऊ ॥
taba hanumaṁta nikaṭa cali gayaū, phiri baiṭhīṁ mana bisamaya bhayaū.
राम दूत मैं मातु जानकी । सत्य सपथ करुनानिधान की ॥
rāma dūta maiṁ mātu jānakī, satya sapatha karunānidhāna kī.
यह मुद्रिका मातु मैं आनी । दीन्हि राम तुम्ह कहँ सहिदानी ॥
yaha mudrikā mātu maiṁ ānī, dīnhi rāma tumha kahaṁ sahidānī.
नर बानरहि संग कहु कैसें । कही कथा भइ संगति जैसें ॥
nara bānarahi saṁga kahu kaiseṁ, kahī kathā bhai saṁgati jaiseṁ.

दोहा-dohā:

कपि के बचन सप्रेम सुनि उपजा मन बिस्वास ।
kapi ke bacana saprema suni upajā mana bisvāsa,
जाना मन क्रम बचन यह कृपासिंधु कर दास ॥ १३ ॥
jānā mana krama bacana yaha kṛpāsiṁdhu kara dāsa. 13.

चौपाई-caupāī:

हरिजन जानि प्रीति अति गाढ़ी । सजल नयन पुलकावलि बाढ़ी ॥
harijana jāni prīti ati gāṛhī, sajala nayana pulakāvali bāṛhī.

बूड़त बिरह जलधि हनुमाना । भयहु तात मो कहुँ जलजाना ॥
būṛata biraha jaladhi hanumānā, bhayahu tāta mo kahum̐ jalajānā.
अब कहु कुसल जाउँ बलिहारी । अनुज सहित सुख भवन खरारी ॥
aba kahu kusala jāum̐ balihārī, anuja sahita sukha bhavana kharārī.
कोमलचित कृपाल रघुराई । कपि केहि हेतु धरी निठुराई ॥
komalacita kṛpāla raghurāī, kapi kehi hetu dharī niṭhurāī.
सहज बानि सेवक सुख दायक । कबहुँक सुरति करत रघुनायक ॥
sahaja bāni sevaka sukha dāyaka, kabahum̐ka surati karata raghunāyaka.
कबहुँ नयन मम सीतल ताता । होइहहिं निरखि स्याम मृदु गाता ॥
kabahum̐ nayana mama sītala tātā, hoihahiṁ nirakhi syāma mṛdu gātā.
बचनु न आव नयन भरे बारी । अहह नाथ हौं निपट बिसारी ॥
bacanu na āva nayana bhare bārī, ahaha nātha hauṁ nipaṭa bisārī.
देखि परम बिरहाकुल सीता । बोला कपि मृदु बचन बिनीता ॥
dekhi parama birahākula sītā, bolā kapi mṛdu bacana binītā.
मातु कुसल प्रभु अनुज समेता । तव दुख दुखी सुकृपा निकेता ॥
mātu kusala prabhu anuja sametā, tava dukha dukhī sukṛpā niketā.
जनि जननी मानहु जियँ ऊना । तुम्ह ते प्रेमु राम कें दूना ॥
jani jananī mānahu jiyam̐ ūnā, tumha te premu rāma keṁ dūnā.

दोहा-dohā:

रघुपति कर संदेसु अब सुनु जननी धरि धीर ।
raghupati kara saṁdesu aba sunu jananī dhari dhīra,
अस कहि कपि गदगद भयउ भरे बिलोचन नीर ॥१४॥
asa kahi kapi gadagada bhayau bhare bilocana nīra. 14.

चौपाई-caupāī:

कहेउ राम बियोग तव सीता । मो कहुँ सकल भए बिपरीता ॥
kaheu rāma biyoga tava sītā, mo kahum̐ sakala bhae biparītā.
नव तरु किसलय मनहुँ कृसानू । काल निसा सम निसि ससि भानू ॥
nava taru kisalaya manahum̐ kṛsānū, kāla nisā sama nisi sasi bhānū.
कुबलय बिपिन कुंत बन सरिसा । बारिद तपत तेल जनु बरिसा ॥
kubalaya bipina kuṁta bana sarisā, bārida tapata tela janu barisā.
जे हित रहे करत तेइ पीरा । उरग स्वास सम त्रिबिध समीरा ॥
je hita rahe karata tei pīrā, uraga svāsa sama tribidha samīrā.
कहेहू तें कछु दुख घटि होई । काहि कहौं यह जान न कोई ॥
kahehū teṁ kachu dukha ghaṭi hoī, kāhi kahauṁ yaha jāna na koī.
तत्व प्रेम कर मम अरु तोरा । जानत प्रिया एकु मनु मोरा ॥
tatva prema kara mama aru torā, jānata priyā eku manu morā.
सो मनु सदा रहत तोहि पाहीं । जानु प्रीति रसु एतनेहि माहीं ॥
so manu sadā rahata tohi pāhīṁ, jānu prīti rasu etanehi māhīṁ.
प्रभु संदेसु सुनत बैदेही । मगन प्रेम तन सुधि नहिं तेही ॥
prabhu saṁdesu sunata baidehī, magana prema tana sudhi nahiṁ tehī.
कह कपि हृदयँ धीर धरु माता । सुमिरु राम सेवक सुखदाता ॥
kaha kapi hṛdayam̐ dhīra dharu mātā, sumiru rāma sevaka sukhadātā.
उर आनहु रघुपति प्रभुताई । सुनि मम बचन तजहु कदराई ॥
ura ānahu raghupati prabhutāī, suni mama bacana tajahu kadarāī.

दोहा-dohā:

निसिचर निकर पतंग सम रघुपति बान कृसानु ।
nisicara nikara pataṁga sama raghupati bāna kṛsānu,
जननी हृदयँ धीर धरु जरे निसाचर जानु ॥१५॥
jananī hṛdayam̐ dhīra dharu jare nisācara jānu. 15.

चौपाई-caupāī:

जौं रघुबीर होति सुधि पाई । करते नहिं बिलंबु रघुराई ॥
jauṁ raghubīra hoti sudhi pāī, karate nahiṁ bilaṁbu raghurāī.
राम बान रबि उएँ जानकी । तम बरूथ कहँ जातुधान की ॥
rāma bāna rabi uem̐ jānakī, tama barūtha kaham̐ jātudhāna kī.
अबहिं मातु मैं जाउँ लवाई । प्रभु आयसु नहिं राम दोहाई ॥
abahiṁ mātu maiṁ jāum̐ lavāī, prabhu āyasu nahiṁ rāma dohāī.
कछुक दिवस जननी धरु धीरा । कपिन्ह सहित अइहहिं रघुबीरा ॥
kachuka divasa jananī dharu dhīrā, kapinha sahita aihahiṁ raghubīrā.
निसिचर मारि तोहि लै जैहहिं । तिहुँ पुर नारदादि जसु गैहहिं ॥
nisicara māri tohi lai jaihahiṁ, tihum̐ pura nāradādi jasu gaihahiṁ.
हैं सुत कपि सब तुम्हहि समाना । जातुधान अति भट बलवाना ॥
haiṁ suta kapi saba tumhahi samānā, jātudhāna ati bhaṭa balavānā.
मोरें हृदय परम संदेहा । सुनि कपि प्रगट कीन्हि निज देहा ॥
moreṁ hṛdaya parama saṁdehā, suni kapi pragaṭa kīnhi nija dehā.
कनक भूधराकार सरीरा । समर भयंकर अतिबल बीरा ॥
kanaka bhūdharākāra sarīrā, samara bhayaṁkara atibala bīrā.
सीता मन भरोस तब भयऊ । पुनि लघु रूप पवनसुत लयऊ ॥
sītā mana bharosa taba bhayaū, puni laghu rūpa pavanasuta layaū.

दोहा-dohā:

सुनु माता साखामृग नहिं बल बुद्धि बिसाल ।
sunu mātā sākhāmṛga nahiṁ bala buddhi bisāla,
प्रभु प्रताप तें गरुड़हि खाइ परम लघु ब्याल ॥१६॥
prabhu pratāpa teṁ garuṛahi khāi parama laghu byāla. 16.

चौपाई-caupāī:

मन संतोष सुनत कपि बानी । भगति प्रताप तेज बल सानी ॥
mana saṁtoṣa sunata kapi bānī, bhagati pratāpa teja bala sānī.
आसिष दीन्हि रामप्रिय जाना । होहु तात बल सील निधाना ॥
āsiṣa dīnhi rāmapriya jānā, hohu tāta bala sīla nidhānā.
अजर अमर गुननिधि सुत होहू । करहुँ बहुत रघुनायक छोहू ॥
ajara amara gunanidhi suta hohū, karahum̐ bahuta raghunāyaka chohū.
करहुँ कृपा प्रभु अस सुनि काना । निर्भर प्रेम मगन हनुमाना ॥
karahum̐ kṛpā prabhu asa suni kānā, nirbhara prema magana hanumānā.
बार बार नाएसि पद सीसा । बोला बचन जोरि कर कीसा ॥
bāra bāra nāesi pada sīsā, bolā bacana jori kara kīsā.
अब कृतकृत्य भयउँ मैं माता । आसिष तव अमोघ बिख्याता ॥
aba kṛtakṛtya bhayaum̐ maiṁ mātā, āsiṣa tava amogha bikhyātā.
सुनहु मातु मोहि अतिसय भूखा । लागि देखि सुंदर फल रूखा ॥
sunahu mātu mohi atisaya bhūkhā, lāgi dekhi suṁdara phala rūkhā.
सुनु सुत करहिं बिपिन रखवारी । परम सुभट रजनीचर भारी ॥
sunu suta karahiṁ bipina rakhavārī, parama subhaṭa rajanīcara bhārī.
तिन्ह कर भय माता मोहि नाहीं । जौं तुम्ह सुख मानहु मन माहीं ॥
tinha kara bhaya mātā mohi nāhīṁ, jauṁ tumha sukha mānahu mana māhīṁ.

दोहा-dohā:

देखि बुद्धि बल निपुन कपि कहेउ जानकीं जाहु ।
dekhi buddhi bala nipuna kapi kaheu jānakīṁ jāhu,
रघुपति चरन हृदयँ धरि तात मधुर फल खाहु ॥१७॥
raghupati carana hṛdayam̐ dhari tāta madhura phala khāhu. 17.

चौपाई-caupāī:

चलेउ नाइ सिरु पैठेउ बागा । फल खाएसि तरु तोरैं लागा ॥
caleu nāi siru paiṭheu bāgā, phala khāesi taru toraiṁ lāgā.
रहे तहाँ बहु भट रखवारे । कछु मारेसि कछु जाइ पुकारे ॥
rahe tahām̐ bahu bhaṭa rakhavāre, kachu māresi kachu jāi pukāre.

नाथ एक आवा कपि भारी । तेहिं असोक बाटिका उजारी ॥
nātha eka āvā kapi bhārī, tehiṁ asoka bāṭikā ujārī.
खाएसि फल अरु बिटप उपारे । रच्छक मर्दि मर्दि महि डारे ॥
khāesi phala aru biṭapa upāre, racchaka mardi mardi mahi ḍāre.
सुनि रावन पठए भट नाना । तिन्हहि देखि गर्जेउ हनुमाना ॥
suni rāvana paṭhae bhaṭa nānā, tinhahi dekhi garjeu hanumānā.
सब रजनीचर कपि संघारे । गए पुकारत कछु अधमारे ॥
saba rajanīcara kapi saṁghāre, gae pukārata kachu adhamāre.
पुनि पठयउ तेहिं अच्छकुमारा । चला संग लै सुभट अपारा ॥
puni paṭhayau tehiṁ acchakumārā, calā saṁga lai subhaṭa apārā.
आवत देखि बिटप गहि तर्जा । ताहि निपाति महाधुनि गर्जा ॥
āvata dekhi biṭapa gahi tarjā, tāhi nipāti mahādhuni garjā.

दोहा-dohā:

कछु मारेसि कछु मर्देसि कछु मिलएसि धरि धूरि ।
kachu māresi kachu mardesi kachu milaesi dhari dhūri,
कछु पुनि जाइ पुकारे प्रभु मर्कट बल भूरि ॥१८॥
kachu puni jāi pukāre prabhu markaṭa bala bhūri. 18.

चौपाई-caupāī:

सुनि सुत बध लंकेस रिसाना । पठएसि मेघनाद बलवाना ॥
suni suta badha laṁkesa risānā, paṭhaesi meghanāda balavānā.
मारसि जनि सुत बांधेसु ताही । देखिअ कपिहि कहाँ कर आही ॥
mārasi jani suta bāṁdhesu tāhī, dekhia kapihi kahāṁ kara āhī.
चला इंद्रजित अतुलित जोधा । बंधु निधन सुनि उपजा क्रोधा ॥
calā iṁdrajita atulita jodhā, baṁdhu nidhana suni upajā krodhā.
कपि देखा दारुन भट आवा । कटकटाइ गर्जा अरु धावा ॥
kapi dekhā dāruna bhaṭa āvā, kaṭakaṭāi garjā aru dhāvā.
अति बिसाल तरु एक उपारा । बिरथ कीन्ह लंकेस कुमारा ॥
ati bisāla taru eka upārā, biratha kīnha laṁkesa kumārā.
रहे महाभट ताके संगा । गहि गहि कपि मर्दइ निज अंगा ॥
rahe mahābhaṭa tāke saṁgā, gahi gahi kapi mardai nija aṁgā.
तिन्हहि निपाति ताहि सन बाजा । भिरे जुगल मानहुँ गजराजा ॥
tinhahi nipāti tāhi sana bājā, bhire jugala mānahuṁ gajarājā.
मुठिका मारि चढ़ा तरु जाई । ताहि एक छन मुरुछा आई ॥
muṭhikā māri caṛhā taru jāī, tāhi eka chana muruchā āī.
उठि बहोरि कीन्हिसि बहु माया । जीति न जाइ प्रभंजन जाया ॥
uṭhi bahori kīnhisi bahu māyā, jīti na jāi prabhaṁjana jāyā.

दोहा-dohā:

ब्रह्म अस्त्र तेहिं साँधा कपि मन कीन्ह बिचार ।
brahma astra tehiṁ sāṁdhā kapi mana kīnha bicāra,
जौं न ब्रह्मसर मानउँ महिमा मिटइ अपार ॥१९॥
jauṁ na brahmasara mānauṁ mahimā miṭai apāra. 19.

चौपाई-caupāī:

ब्रह्मबान कपि कहुँ तेहिं मारा । परतिहुँ बार कटकु संघारा ॥
brahmabāna kapi kahuṁ tehiṁ mārā, paratihuṁ bāra kaṭaku saṁghārā.
तेहिं देखा कपि मुरुछित भयऊ । नागपास बाँधेसि लै गयऊ ॥
tehiṁ dekhā kapi muruchita bhayaū, nāgapāsa bāṁdhesi lai gayaū.
जासु नाम जपि सुनहु भवानी । भव बंधन काटहिं नर ग्यानी ॥
jāsu nāma japi sunahu bhavānī, bhava baṁdhana kāṭahiṁ nara gyānī.
तासु दूत कि बंध तरु आवा । प्रभु कारज लगि कपिहिं बँधावा ॥
tāsu dūta ki baṁdha taru āvā, prabhu kāraja lagi kapihiṁ baṁdhāvā.
कपि बंधन सुनि निसिचर धाए । कौतुक लागि सभाँ सब आए ॥
kapi baṁdhana suni nisicara dhāe, kautuka lāgi sabhāṁ saba āe.
दसमुख सभा दीखि कपि जाई । कहि न जाइ कछु अति प्रभुताई ॥
dasamukha sabhā dīkhi kapi jāī, kahi na jāi kachu ati prabhutāī.
कर जोरें सुर दिसिप बिनीता । भृकुटि बिलोकत सकल सभीता ॥
kara joreṁ sura disipa binītā, bhṛkuṭi bilokata sakala sabhītā.
देखि प्रताप न कपि मन संका । जिमि अहिगन महुँ गरुड़ असंका ॥
dekhi pratāpa na kapi mana saṁkā, jimi ahigana mahuṁ garuṛa asaṁkā.

दोहा-dohā:

कपिहि बिलोकि दसानन बिहसा कहि दुर्बाद ।
kapihi biloki dasānana bihasā kahi durbāda,
सुत बध सुरति कीन्हि पुनि उपजा हृदयँ बिषाद ॥२०॥
suta badha surati kīnhi puni upajā hṛdayaṁ biṣāda. 20.

चौपाई-caupāī:

कह लंकेस कवन तैं कीसा । केहि कें बल घालेहि बन खीसा ॥
kaha laṁkesa kavana taiṁ kīsā, kehi keṁ bala ghālehi bana khīsā.
की धौं श्रवन सुनेहि नहिं मोही । देखउँ अति असंक सठ तोही ॥
kī dhauṁ śravana sunehi nahiṁ mohī, dekhauṁ ati asaṁka saṭha tohī.
मारे निसिचर केहिं अपराधा । कहु सठ तोहि न प्रान कइ बाधा ॥
māre nisicara kehiṁ aparādhā, kahu saṭha tohi na prāna kai bādhā.
सुनु रावन ब्रह्मांड निकाया । पाइ जासु बल बिरचति माया ॥
sunu rāvana brahmāṁḍa nikāyā, pāi jāsu bala biracati māyā.
जाकें बल बिरंचि हरि ईसा । पालत सृजत हरत दससीसा ॥
jākeṁ bala biraṁci hari īsā, pālata sṛjata harata dasasīsā.
जा बल सीस धरत सहसानन । अंडकोस समेत गिरि कानन ॥
jā bala sīsa dharata sahasānana, aṁḍakosa sameta giri kānana.
धरइ जो बिबिध देह सुरत्राता । तुम्ह ते सठन्ह सिखावनु दाता ॥
dharai jo bibidha deha suratrātā, tumha te saṭhanha sikhāvanu dātā.
हर कोदंड कठिन जेहिं भंजा । तेहि समेत नृप दल मद गंजा ॥
hara kodaṁḍa kaṭhina jehiṁ bhaṁjā, tehi sameta nṛpa dala mada gaṁjā.
खर दूषन त्रिसिरा अरु बाली । बधे सकल अतुलित बलसाली ॥
khara dūṣana trisirā aru bālī, badhe sakala atulita balasālī.

दोहा-dohā:

जाके बल लवलेस तें जितेहु चराचर झारि ।
jāke bala lavalesa teṁ jitehu carācara jhāri,
तासु दूत मैं जा करि हरि आनेहु प्रिय नारि ॥२१॥
tāsu dūta maiṁ jā kari hari ānehu priya nāri. 21.

चौपाई-caupāī:

जानउँ मैं तुम्हारि प्रभुताई । सहसबाहु सन परी लराई ॥
jānauṁ maiṁ tumhāri prabhutāī, sahasabāhu sana parī larāī.
समर बालि सन करि जसु पावा । सुनि कपि बचन बिहसि बिहरावा ॥
samara bāli sana kari jasu pāvā, suni kapi bacana bihasi biharāvā.
खायउँ फल प्रभु लागी भूँखा । कपि सुभाव तें तोरेउँ रूखा ॥
khāyauṁ phala prabhu lāgī bhūṁkhā, kapi subhāva teṁ toreuṁ rūkhā.
सब कें देह परम प्रिय स्वामी । मारहिं मोहि कुमारग गामी ॥
saba keṁ deha parama priya svāmī, mārahiṁ mohi kumāraga gāmī.
जिन्ह मोहि मारा ते मैं मारे । तेहि पर बाँधेउँ तनयँ तुम्हारे ॥
jinha mohi mārā te maiṁ māre, tehi para bāṁdheṁ tanayaṁ tumhāre.
मोहि न कछु बाँधे कइ लाजा । कीन्ह चहउँ निज प्रभु कर काजा ॥
mohi na kachu bāṁdhe kai lājā, kīnha cahauṁ nija prabhu kara kājā.
बिनती करउँ जोरि कर रावन । सुनहु मान तजि मोर सिखावन ॥
binatī karauṁ jori kara rāvana, sunahu māna taji mora sikhāvana.

देखहु तुम्ह निज कुलहि बिचारी । भ्रम तजि भजहु भगत भय हारी ॥
dekhahu tumha nija kulahi bicārī, bhrama taji bhajahu bhagata bhaya hārī.
जाकें डर अति काल डेराई । जो सुर असुर चराचर खाई ॥
jākeṁ ḍara ati kāla ḍerāī, jo sura asura carācara khāī.
तासों बयरु कबहुँ नहिं कीजै । मोरे कहें जानकी दीजै ॥
tāsoṁ bayaru kabahuṁ nahiṁ kījai, more kaheṁ jānakī dījai.

दोहा-dohā:

प्रनतपाल रघुनायक करुना सिंधु खरारि ।
pranatapāla raghunāyaka karunā siṁdhu kharāri,
गएँ सरन प्रभु राखिहैं तव अपराध बिसारि ॥२२॥
gaeṁ sarana prabhu rākhihaiṁ tava aparādha bisāri. 22.

चौपाई-caupāī:

राम चरन पंकज उर धरहू । लंका अचल राजु तुम्ह करहू ॥
rāma carana paṁkaja ura dharahū, laṁkā acala rāju tumha karahū.
रिषि पुलस्ति जसु बिमल मंयका । तेहि ससि महुँ जनि होहु कलंका ॥
riṣi pulasti jasu bimala maṁyakā, tehi sasi mahuṁ jani hohu kalaṁkā.
राम नाम बिनु गिरा न सोहा । देखु बिचारि त्यागि मद मोहा ॥
rāma nāma binu girā na sohā, dekhu bicāri tyāgi mada mohā.
बसन हीन नहिं सोह सुरारी । सब भूषन भूषित बर नारी ॥
basana hīna nahiṁ soha surārī, saba bhūṣana bhūṣita bara nārī.
राम बिमुख संपति प्रभुताई । जाइ रही पाई बिनु पाई ॥
rāma bimukha saṁpati prabhutāī, jāi rahī pāī binu pāī.
सजल मूल जिन्ह सरितन्ह नाहीं । बरषि गए पुनि तबहिं सुखाहीं ॥
sajala mūla jinha saritanha nāhīṁ, baraṣi gae puni tabahiṁ sukhāhīṁ.
सुनु दसकंठ कहउँ पन रोपी । बिमुख राम त्राता नहिं कोपी ॥
sunu dasakaṁṭha kahauṁ pana ropī, bimukha rāma trātā nahiṁ kopī.
संकर सहस बिष्नु अज तोही । सकहिं न राखि राम कर द्रोही ॥
saṁkara sahasa biṣnu aja tohī, sakahiṁ na rākhi rāma kara drohī.

दोहा-dohā:

मोहमूल बहु सूल प्रद त्यागहु तम अभिमान ।
mohamūla bahu sūla prada tyāgahu tama abhimāna,
भजहु राम रघुनायक कृपा सिंधु भगवान ॥२३॥
bhajahu rāma raghunāyaka kṛpā siṁdhu bhagavāna. 23.

चौपाई-caupāī:

जदपि कही कपि अति हित बानी । भगति बिबेक बिरति नय सानी ॥
jadapi kahī kapi ati hita bānī, bhagati bibeka birati naya sānī.
बोला बिहसि महा अभिमानी । मिला हमहि कपि गुर बड़ ग्यानी ॥
bolā bihasi mahā abhimānī, milā hamahi kapi gura baṛa gyānī.
मृत्यु निकट आई खल तोही । लागेसि अधम सिखावन मोही ॥
mṛtyu nikaṭa āī khala tohī, lāgesi adhama sikhāvana mohī.
उलटा होइहि कह हनुमाना । मतिभ्रम तोर प्रगट मैं जाना ॥
ulaṭā hoihi kaha hanumānā, matibhrama tora pragaṭa maiṁ jānā.
सुनि कपि बचन बहुत खिसिआना । बेगि न हरहु मूढ़ कर प्राना ॥
suni kapi bacana bahuta khisiānā, begi na harahu mūṛha kara prānā.
सुनत निसाचर मारन धाए । सचिवन्ह सहित बिभीषनु आए ॥
sunata nisācara mārana dhāe, sacivanha sahita bibhīṣanu āe.
नाइ सीस करि बिनय बहूता । नीति बिरोध न मारिअ दूता ॥
nāi sīsa kari binaya bahūtā, nīti birodha na māria dūtā.
आन दंड कछु करिअ गोसाँई । सबहीं कहा मंत्र भल भाई ॥
āna daṁḍa kachu karia gosāṁī, sabahīṁ kahā maṁtra bhala bhāī.
सुनत बिहसि बोला दसकंधर । अंग भंग करि पठइअ बंदर ॥
sunata bihasi bolā dasakaṁdhara, aṁga bhaṁga kari paṭhaia baṁdara.

दोहा-dohā:

कपि कें ममता पूँछ पर सबहि कहउँ समुझाइ ।
kapi keṁ mamatā pūṁcha para sabahi kahauṁ samujhāi,
तेल बोरि पट बाँधि पुनि पावक देहु लगाइ ॥२४॥
tela bori paṭa bāṁdhi puni pāvaka dehu lagāi. 24.

चौपाई-caupāī:

पूँछहीन बानर तहँ जाइहि । तब सठ निज नाथहि लइ आइहि ॥
pūṁchahīna bānara tahaṁ jāihi, taba saṭha nija nāthahi lai āihi.
जिन्ह कै कीन्हिसि बहुत बड़ाई । देखउँ मैं तिन्ह कै प्रभुताई ॥
jinha kai kīnhisi bahuta baṛāī, dekhauṁ maiṁ tinha kai prabhutāī.
बचन सुनत कपि मन मुसुकाना । भइ सहाय सारद मैं जाना ॥
bacana sunata kapi mana musukānā, bhai sahāya sārada maiṁ jānā.
जातुधान सुनि रावन बचना । लागे रचैं मूढ़ सोइ रचना ॥
jātudhāna suni rāvana bacanā, lāge racaiṁ mūṛha soi racanā.
रहा न नगर बसन घृत तेला । बाढ़ी पूँछ कीन्ह कपि खेला ॥
rahā na nagara basana ghṛta telā, bāṛhī pūṁcha kīnha kapi khelā.
कौतुक कहँ आए पुरबासी । मारहिं चरन करहिं बहु हाँसी ॥
kautuka kahaṁ āe purabāsī, mārahiṁ carana karahiṁ bahu hāṁsī.
बाजहिं ढोल देहिं सब तारी । नगर फेरि पुनि पूँछ प्रजारी ॥
bājahiṁ ḍhola dehiṁ saba tārī, nagara pheri puni pūṁcha prajārī.
पावक जरत देखि हनुमंता । भयउ परम लघुरुप तुरंता ॥
pāvaka jarata dekhi hanumaṁtā, bhayau parama laghurupa turaṁtā.
निबुकि चढ़ेउ कपि कनक अटारीं । भईं सभीत निसाचर नारीं ॥
nibuki caṛheu kapi kanaka aṭārīṁ, bhaīṁ sabhīta nisācara nārīṁ.

दोहा-dohā:

हरि प्रेरित तेहि अवसर चले मरुत उनचास ।
hari prerita tehi avasara cale maruta unacāsa,
अट्टहास करि गर्जा कपि बढ़ि लाग अकास ॥२५॥
aṭṭahāsa kari garjā kapi baṛhi lāga akāsa. 25.

चौपाई-caupāī:

देह बिसाल परम हरुआई । मंदिर तें मंदिर चढ़ धाई ॥
deha bisāla parama haruāī, maṁdira teṁ maṁdira caṛha dhāī.
जरइ नगर भा लोग बिहाला । झपट लपट बहु कोटि कराला ॥
jarai nagara bhā loga bihālā, jhapaṭa lapaṭa bahu koṭi karālā.
तात मातु हा सुनिअ पुकारा । एहिं अवसर को हमहि उबारा ॥
tāta mātu hā sunia pukārā, ehiṁ avasara ko hamahi ubārā.
हम जो कहा यह कपि नहिं होई । बानर रूप धरें सुर कोई ॥
hama jo kahā yaha kapi nahiṁ hoī, bānara rūpa dhareṁ sura koī.
साधु अवग्या कर फलु ऐसा । जरइ नगर अनाथ कर जैसा ॥
sādhu avagyā kara phalu aisā, jarai nagara anātha kara jaisā.
जारा नगरु निमिष एक माहीं । एक बिभीषन कर गृह नाहीं ॥
jārā nagaru nimiṣa eka māhīṁ, eka bibhīṣana kara gṛha nāhīṁ.
ता कर दूत अनल जेहिं सिरिजा । जरा न सो तेहि कारन गिरिजा ॥
tā kara dūta anala jehiṁ sirijā, jarā na so tehi kārana girijā.
उलटि पलटि लंका सब जारी । कूदि परा पुनि सिंधु मझारी ॥
ulaṭi palaṭi laṁkā saba jārī, kūdi parā puni siṁdhu majhārī.

दोहा-dohā:

पूँछ बुझाइ खोइ श्रम धरि लघु रूप बहोरि ।
pūm̐cha bujhāi khoi śrama dhari laghu rūpa bahori,
जनकसुता कें आगें ठाढ़ भयउ कर जोरि ॥२६॥
janakasutā keṁ āgeṁ ṭhāṛha bhayau kara jori. 26.

चौपाई-caupāī:

मातु मोहि दीजे कछु चीन्हा । जैसें रघुनायक मोहि दीन्हा ॥
mātu mohi dīje kachu cīnhā, jaiseṁ raghunāyaka mohi dīnhā.
चूड़ामनि उतारि तब दयऊ । हरष समेत पवनसुत लयऊ ॥
cūṛāmani utāri taba dayaū, haraṣa sameta pavanasuta layaū.
कहेहु तात अस मोर प्रनामा । सब प्रकार प्रभु पूरनकामा ॥
kahehu tāta asa mora pranāmā, saba prakāra prabhu pūranakāmā.
दीन दयाल बिरिदु संभारी । हरहु नाथ मम संकट भारी ॥
dīna dayāla biridu saṁbhārī, harahu nātha mama saṁkaṭa bhārī.
तात सक्रसुत कथा सुनाएहु । बान प्रताप प्रभुहि समुझाएहु ॥
tāta sakrasuta kathā sunāehu, bāna pratāpa prabhuhi samujhāehu.
मास दिवस महुँ नाथु न आवा । तौ पुनि मोहि जिअत नहिं पावा ॥
māsa divasa mahum̐ nāthu na āvā, tau puni mohi jiata nahiṁ pāvā.
कहु कपि केहि बिधि राखौं प्राना । तुम्हहू तात कहत अब जाना ॥
kahu kapi kehi bidhi rākhauṁ prānā, tumhahū tāta kahata aba jānā.
तोहि देखि सीतलि भइ छाती । पुनि मो कहुँ सोइ दिनु सो राती ॥
tohi dekhi sītali bhai chātī, puni mo kahum̐ soi dinu so rātī.

दोहा-dohā:

जनकसुतहि समुझाइ करि बहु बिधि धीरजु दीन्ह ।
janakasutahi samujhāi kari bahu bidhi dhīraju dīnha,
चरन कमल सिरु नाइ कपि गवनु राम पहिं कीन्ह ॥२७॥
carana kamala siru nāi kapi gavanu rāma pahiṁ kīnha. 27.

चौपाई-caupāī:

चलत महाधुनि गर्जेसि भारी । गर्भ स्रवहिं सुनि निसिचर नारी ॥
calata mahādhuni garjesi bhārī, garbha sravahiṁ suni nisicara nārī.
नाघि सिंधु एहि पारहि आवा । सबद किलिकिला कपिन्ह सुनावा ॥
nāghi siṁdhu ehi pārahi āvā, sabada kilikilā kapinha sunāvā.
हरषे सब बिलोकि हनुमाना । नूतन जन्म कपिन्ह तब जाना ॥
haraṣe saba biloki hanumānā, nūtana janma kapinha taba jānā.
मुख प्रसन्न तन तेज बिराजा । कीन्हेसि रामचन्द्र कर काजा ॥
mukha prasanna tana teja birājā, kīnhesi rāmacandra kara kājā.
मिले सकल अति भए सुखारी । तलफत मीन पाव जिमि बारी ॥
mile sakala ati bhae sukhārī, talaphata mīna pāva jimi bārī.
चले हरषि रघुनायक पासा । पूँछत कहत नवल इतिहासा ॥
cale haraṣi raghunāyaka pāsā, pūm̐chata kahata navala itihāsā.
तब मधुबन भीतर सब आए । अंगद संमत मधु फल खाए ॥
taba madhubana bhītara saba āe, aṁgada saṁmata madhu phala khāe.
रखवारे जब बरजन लागे । मुष्टि प्रहार हनत सब भागे ॥
rakhavāre jaba barajana lāge, muṣṭi prahāra hanata saba bhāge.

दोहा-dohā:

जाइ पुकारे ते सब बन उजार जुबराज ।
jāi pukāre te saba bana ujāra jubarāja,
सुनि सुग्रीव हरष कपि करि आए प्रभु काज ॥२८॥
suni sugrīva haraṣa kapi kari āe prabhu kāja. 28.

चौपाई-caupāī:

जौं न होति सीता सुधि पाई । मधुबन के फल सकहिं कि खाई ॥
jauṁ na hoti sītā sudhi pāī, madhubana ke phala sakahiṁ ki khāī.
एहि बिधि मन बिचार कर राजा । आइ गए कपि सहित समाजा ॥
ehi bidhi mana bicāra kara rājā, āi gae kapi sahita samājā.
आइ सबन्हि नावा पद सीसा । मिलेउ सबन्हि अति प्रेम कपीसा ॥
āi sabanhi nāvā pada sīsā, mileu sabanhi ati prema kapīsā.
पूँछी कुसल कुसल पद देखी । राम कृपाँ भा काजु बिसेषी ॥
pūm̐chī kusala kusala pada dekhī, rāma kṛpām̐ bhā kāju biseṣī.
नाथ काजु कीन्हेउ हनुमाना । राखे सकल कपिन्ह के प्राना ॥
nātha kāju kīnheu hanumānā, rākhe sakala kapinha ke prānā.
सुनि सुग्रीव बहुरि तेहि मिलेऊ । कपिन्ह सहित रघुपति पहिं चलेऊ ॥
suni sugrīva bahuri tehi mileū, kapinha sahita raghupati pahiṁ caleū.
राम कपिन्ह जब आवत देखा । किएँ काजु मन हरष बिसेषा ॥
rāma kapinha jaba āvata dekhā, kiem̐ kāju mana haraṣa biseṣā.
फटिक सिला बैठे द्वौ भाई । परे सकल कपि चरनन्हि जाई ॥
phaṭika silā baiṭhe dvau bhāī, pare sakala kapi carananhi jāī.

दोहा-dohā:

प्रीति सहित सब भेटे रघुपति करुना पुंज ।
prīti sahita saba bheṭe raghupati karunā puṁja,
पूँछी कुसल नाथ अब कुसल देखि पद कंज ॥२९॥
pūm̐chī kusala nātha aba kusala dekhi pada kaṁja. 29.

चौपाई-caupāī:

जामवंत कह सुनु रघुराया । जा पर नाथ करहु तुम्ह दाया ॥
jāmavaṁta kaha sunu raghurāyā, jā para nātha karahu tumha dāyā.
ताहि सदा सुभ कुसल निरंतर । सुर नर मुनि प्रसन्न ता ऊपर ॥
tāhi sadā subha kusala niraṁtara, sura nara muni prasanna tā ūpara.
सोइ बिजई बिनई गुन सागर । तासु सुजसु त्रैलोक उजागर ॥
soi bijaī binaī guna sāgara, tāsu sujasu trailoka ujāgara.
प्रभु कीं कृपा भयउ सबु काजू । जन्म हमार सुफल भा आजू ॥
prabhu kīṁ kṛpā bhayau sabu kājū, janma hamāra suphala bhā ājū.
नाथ पवनसुत कीन्हि जो करनी । सहसहुँ मुख न जाइ सो बरनी ॥
nātha pavanasuta kīnhi jo karanī, sahasahum̐ mukha na jāi so baranī.
पवनतनय के चरित सुहाए । जामवंत रघुपतिहि सुनाए ॥
pavanatanaya ke carita suhāe, jāmavaṁta raghupatihi sunāe.
सुनत कृपानिधि मन अति भाए । पुनि हनुमान हरषि हियँ लाए ॥
sunata kṛpānidhi mana ati bhāe, puni hanumāna haraṣi hiyam̐ lāe.
कहहु तात केहि भाँति जानकी । रहति करति रच्छा स्वप्रान की ॥
kahahu tāta kehi bhām̐ti jānakī, rahati karati racchā svaprāna kī.

दोहा-dohā:

नाम पाहरु दिवस निसि ध्यान तुम्हार कपाट ।
nāma pāharu divasa nisi dhyāna tumhāra kapāṭa,
लोचन निज पद जंत्रित जाहिं प्रान केहिं बाट ॥३०॥
locana nija pada jaṁtrita jāhiṁ prāna kehiṁ bāṭa. 30.

चौपाई-caupāī:

चलत मोहि चूड़ामनि दीन्ही । रघुपति हृदयँ लाइ सोइ लीन्ही ॥
calata mohi cūṛāmani dīnhī, raghupati hṛdayam̐ lāi soi līnhī.
नाथ जुगल लोचन भरि बारी । बचन कहे कछु जनककुमारी ॥
nātha jugala locana bhari bārī, bacana kahe kachu janakakumārī.
अनुज समेत गहेहु प्रभु चरना । दीन बंधु प्रनतारति हरना ॥
anuja sameta gahehu prabhu caranā, dīna baṁdhu pranatārati haranā.
मन क्रम बचन चरन अनुरागी । केहिं अपराध नाथ हौं त्यागी ॥
mana krama bacana carana anurāgī, kehiṁ aparādha nātha hauṁ tyāgī.
अवगुन एक मोर मैं माना । बिछुरत प्रान न कीन्ह पयाना ॥

avaguna eka mora maiṁ mānā, bichurata prāna na kīnha payānā.

नाथ सो नयनन्हि को अपराधा । निसरत प्रान करहिं हठि बाधा ॥
nātha so nayananhi ko aparādhā, nisarata prāna karahiṁ haṭhi bādhā.

बिरह अगिनि तनु तूल समीरा । स्वास जरइ छन माहिं सरीरा ॥
biraha agini tanu tūla samīrā, svāsa jarai chana māhiṁ sarīrā.

नयन स्रवहिं जलु निज हित लागी । जरैं न पाव देह बिरहागी ॥
nayana sravahiṁ jalu nija hita lāgī, jaraiṁ na pāva deha birahāgī.

सीता कै अति बिपति बिसाला । बिनहिं कहें भलि दीनदयाला ॥
sītā kai ati bipati bisālā, binahiṁ kaheṁ bhali dīnadayālā.

दोहा-dohā:

निमिष निमिष करुनानिधि जाहिं कलप सम बीति ।
nimiṣa nimiṣa karunānidhi jāhiṁ kalapa sama bīti,
बेगि चलिय प्रभु आनिअ भुज बल खल दल जीति ॥३१॥
begi caliya prabhu ānia bhuja bala khala dala jīti. 31.

चौपाई-caupāī:

सुनि सीता दुख प्रभु सुख अयना । भरि आए जल राजिव नयना ॥
suni sītā dukha prabhu sukha ayanā, bhari āe jala rājiva nayanā.

बचन कायँ मन मम गति जाही । सपनेहुँ बूझिअ बिपति कि ताही ॥
bacana kāyaṁ mana mama gati jāhī, sapanehuṁ būjhia bipati ki tāhī.

कह हनुमंत बिपति प्रभु सोई । जब तव सुमिरन भजन न होई ॥
kaha hanumaṁta bipati prabhu soī, jaba tava sumirana bhajana na hoī.

केतिक बात प्रभु जातुधान की । रिपुहि जीति आनिबी जानकी ॥
ketika bāta prabhu jātudhāna kī, ripuhi jīti ānibī jānakī.

सुनु कपि तोहि समान उपकारी । नहिं कोउ सुर नर मुनि तनुधारी ॥
sunu kapi tohi samāna upakārī, nahiṁ kou sura nara muni tanudhārī.

प्रति उपकार करौं का तोरा । सनमुख होइ न सकत मन मोरा ॥
prati upakāra karauṁ kā torā, sanamukha hoi na sakata mana morā.

सुनु सुत तोहि उरिन मैं नाहीं । देखेउँ करि बिचार मन माहीं ॥
sunu suta tohi urina maiṁ nāhīṁ, dekheuṁ kari bicāra mana māhīṁ.

पुनि पुनि कपिहि चितव सुरत्राता । लोचन नीर पुलक अति गाता ॥
puni puni kapihi citava suratrātā, locana nīra pulaka ati gātā.

दोहा-dohā:

सुनि प्रभु बचन बिलोकि मुख गात हरषि हनुमंत ।
suni prabhu bacana biloki mukha gāta haraṣi hanumaṁta,
चरन परेउ प्रेमाकुल त्राहि त्राहि भगवंत ॥३२॥
carana pareu premākula trāhi trāhi bhagavaṁta. 32.

चौपाई-caupāī:

बार बार प्रभु चहइ उठावा । प्रेम मगन तेहि उठब न भावा ॥
bāra bāra prabhu cahai uṭhāvā, prema magana tehi uṭhaba na bhāvā.

प्रभु कर पंकज कपि कें सीसा । सुमिरि सो दसा मगन गौरीसा ॥
prabhu kara paṁkaja kapi keṁ sīsā, sumiri so dasā magana gaurīsā.

सावधान मन करि पुनि संकर । लागे कहन कथा अति सुंदर ॥
sāvadhāna mana kari puni saṁkara, lāge kahana kathā ati suṁdara.

कपि उठाइ प्रभु हृदयँ लगावा । कर गहि परम निकट बैठावा ॥
kapi uṭhāi prabhu hṛdayaṁ lagāvā, kara gahi parama nikaṭa baiṭhāvā.

कहु कपि रावन पालित लंका । केहि बिधि दहेउ दुर्ग अति बंका ॥
kahu kapi rāvana pālita laṁkā, kehi bidhi daheu durga ati baṁkā.

प्रभु प्रसन्न जाना हनुमाना । बोला बचन बिगत अभिमाना ॥
prabhu prasanna jānā hanumānā, bolā bacana bigata abhimānā.

साखामृग कै बड़ि मनुसाई । साखा तें साखा पर जाई ॥
sākhāmṛga kai baṛi manusāī, sākhā teṁ sākhā para jāī.

नाघि सिंधु हाटकपुर जारा । निसिचर गन बधि बिपिन उजारा ॥
nāghi siṁdhu hāṭakapura jārā, nisicara gana badhi bipina ujārā.

सो सब तव प्रताप रघुराई । नाथ न कछू मोरि प्रभुताई ॥
so saba tava pratāpa raghurāī, nātha na kachū mori prabhutāī.

दोहा-dohā:

ता कहुँ प्रभु कछु अगम नहिं जा पर तुम्ह अनुकूल ।
tā kahuṁ prabhu kachu agama nahiṁ jā para tumha anukūla,
तव प्रभावँ बड़वानलहि जारि सकइ खलु तूल ॥३३॥
tava prabhāvaṁ baṛavānalahi jāri sakai khalu tūla. 33.

चौपाई-caupāī:

नाथ भगति अति सुखदायनी । देहु कृपा करि अनपायनी ॥
nātha bhagati ati sukhadāyanī, dehu kṛpā kari anapāyanī.

सुनि प्रभु परम सरल कपि बानी । एवमस्तु तब कहेउ भवानी ॥
suni prabhu parama sarala kapi bānī, evamastu taba kaheu bhavānī.

उमा राम सुभाउ जेहिं जाना । ताहि भजनु तजि भाव न आना ॥
umā rāma subhāu jehiṁ jānā, tāhi bhajanu taji bhāva na ānā.

यह संबाद जासु उर आवा । रघुपति चरन भगति सोइ पावा ॥
yaha saṁbāda jāsu ura āvā, raghupati carana bhagati soi pāvā.

सुनि प्रभु बचन कहहिं कपिबृंदा । जय जय जय कृपाल सुखकंदा ॥
suni prabhu bacana kahahiṁ kapibṛṁdā, jaya jaya jaya kṛpāla sukhakaṁdā.

तब रघुपति कपिपतिहि बोलावा । कहा चलैं कर करहु बनावा ॥
taba raghupati kapipatihi bolāvā, kahā calaiṁ kara karahu banāvā.

अब बिलंबु केहि कारन कीजे । तुरत कपिन्ह कहुँ आयसु दीजे ॥
aba bilaṁbu kehi kārana kīje, turata kapinha kahuṁ āyasu dīje.

कौतुक देखि सुमन बहु बरषी । नभ तें भवन चले सुर हरषी ॥
kautuka dekhi sumana bahu baraṣī, nabha teṁ bhavana cale sura haraṣī.

दोहा-dohā:

कपिपति बेगि बोलाए आए जूथप जूथ ।
kapipati begi bolāe āe jūthapa jūtha,
नाना बरन अतुल बल बानर भालु बरूथ ॥३४॥
nānā barana atula bala bānara bhālu barūtha. 34.

चौपाई-caupāī:

प्रभु पद पंकज नावहिं सीसा । गर्जहिं भालु महाबल कीसा ॥
prabhu pada paṁkaja nāvahiṁ sīsā, garjahiṁ bhālu mahābala kīsā.

देखी राम सकल कपि सेना । चितइ कृपा करि राजिव नैना ॥
dekhī rāma sakala kapi senā, citai kṛpā kari rājiva nainā.

राम कृपा बल पाइ कपिंदा । भए पच्छजुत मनहुँ गिरिंदा ॥
rāma kṛpā bala pāi kapiṁdā, bhae pacchajuta manahuṁ giriṁdā.

हरषि राम तब कीन्ह पयाना । सगुन भए सुंदर सुभ नाना ॥
haraṣi rāma taba kīnha payānā, saguna bhae suṁdara subha nānā.

जासु सकल मंगलमय कीती । तासु पयान सगुन यह नीती ॥
jāsu sakala maṁgalamaya kītī, tāsu payāna saguna yaha nītī.

प्रभु पयान जाना बैदेहीं । फरकि बाम अँग जनु कहि देहीं ॥
prabhu payāna jānā baidehīṁ, pharaki bāma aṁga janu kahi dehīṁ.

जोइ जोइ सगुन जानकिहि होई । असगुन भयउ रावनहि सोई ॥
joi joi saguna jānakihi hoī, asaguna bhayau rāvanahi soī.

चला कटकु को बरनैं पारा । गर्जहिं बानर भालु अपारा ॥
calā kaṭaku ko baranaiṁ pārā, garjahiṁ bānara bhālu apārā.

नख आयुध गिरि पादपधारी । चले गगन महि इच्छाचारी ॥
nakha āyudha giri pādapadhārī, cale gagana mahi icchācārī.

केहरिनाद भालु कपि करहीं । डगमगाहिं दिग्गज चिक्करहीं ॥

keharināda bhālu kapi karahīṁ, ḍagamagāhiṁ diggaja cikkarahīṁ.

छंद-chaṁda:

चिक्करहिं दिग्गज डोल महि गिरि लोल सागर खरभरे ।
cikkarahiṁ diggaja ḍola mahi giri lola sāgara kharabhare,
मन हरष सभ गंधर्ब सुर मुनि नाग किंनर दुख टरे ॥
mana haraṣa sabha gaṁdharba sura muni nāga kiṁnara dukha ṭare.
कटकटहिं मर्कट बिकट भट बहु कोटि कोटिन्ह धावहीं ।
kaṭakaṭahiṁ markaṭa bikaṭa bhaṭa bahu koṭi koṭinha dhāvahīṁ,
जय राम प्रबल प्रताप कोसलनाथ गुन गन गावहीं ॥ १ ॥
jaya rāma prabala pratāpa kosalanātha guna gana gāvahīṁ. 1.

सहि सक न भार उदार अहिपति बार बारहिं मोहई ।
sahi saka na bhāra udāra ahipati bāra bārahiṁ mohaī,
गह दसन पुनि पुनि कमठ पृष्ट कठोर सो किमि सोहई ॥
gaha dasana puni puni kamaṭha pṛṣṭa kaṭhora so kimi sohaī.
रघुबीर रुचिर प्रयान प्रस्थिति जानि परम सुहावनी ।
raghubīra rucira prayāna prasthiti jāni parama suhāvanī,
जनु कमठ खर्पर सर्पराज सो लिखत अबिचल पावनी ॥ २ ॥
janu kamaṭha kharpara sarparāja so likhata abicala pāvanī. 2.

दोहा-dohā:

एहि बिधि जाइ कृपानिधि उतरे सागर तीर ।
ehi bidhi jāi kṛpānidhi utare sāgara tīra,
जहँ तहँ लागे खान फल भालु बिपुल कपि बीर ॥ ३५ ॥
jahaṁ tahaṁ lāge khāna phala bhālu bipula kapi bīra. 35.

चौपाई-caupāī:

उहाँ निसाचर रहहिं ससंका । जब तें जारि गयउ कपि लंका ॥
uhāṁ nisācara rahahiṁ sasaṁkā, jaba teṁ jāri gayau kapi laṁkā.
निज निज गृहँ सब करहिं बिचारा । नहिं निसिचर कुल केर उबारा ॥
nija nija gṛhaṁ saba karahiṁ bicārā, nahiṁ nisicara kula kera ubārā.
जासु दूत बल बरनि न जाई । तेहि आएँ पुर कवन भलाई ॥
jāsu dūta bala barani na jāī, tehi āeṁ pura kavana bhalāī.
दूतिन्ह सन सुनि पुरजन बानी । मंदोदरी अधिक अकुलानी ॥
dūtinha sana suni purajana bānī, maṁdodarī adhika akulānī.
रहसि जोरि कर पति पग लागी । बोली बचन नीति रस पागी ॥
rahasi jori kara pati paga lāgī, bolī bacana nīti rasa pāgī.
कंत करष हरि सन परिहरहू । मोर कहा अति हित हियँ धरहू ॥
kaṁta karaṣa hari sana pariharahū, mora kahā ati hita hiyaṁ dharahū.
समुझत जासु दूत कइ करनी । स्त्रवहिं गर्भ रजनीचर धरनी ॥
samujhata jāsu dūta kai karanī, sravahiṁ garbha rajanīcara dharanī.
तासु नारि निज सचिव बोलाई । पठवहु कंत जो चहहु भलाई ॥
tāsu nāri nija saciva bolāī, paṭhavahu kaṁta jo cahahu bhalāī.
तव कुल कमल बिपिन दुखदाई । सीता सीत निसा सम आई ॥
tava kula kamala bipina dukhadāī, sītā sīta nisā sama āī.
सुनहु नाथ सीता बिनु दीन्हें । हित न तुम्हार संभु अज कीन्हें ॥
sunahu nātha sītā binu dīnheṁ, hita na tumhāra saṁbhu aja kīnheṁ.

दोहा-dohā:

राम बान अहि गन सरिस निकर निसाचर भेक ।
rāma bāna ahi gana sarisa nikara nisācara bheka,
जब लगि ग्रसत न तब लगि जतनु करहु तजि टेक ॥ ३६ ॥
jaba lagi grasata na taba lagi jatanu karahu taji ṭeka. 36.

चौपाई-caupāī:

श्रवन सुनी सठ ता करि बानी । बिहसा जगत बिदित अभिमानी ॥
śravana sunī saṭha tā kari bānī, bihasā jagata bidita abhimānī.
सभय सुभाउ नारि कर साचा । मंगल महुँ भय मन अति काचा ॥
sabhaya subhāu nāri kara sācā, maṁgala mahuṁ bhaya mana ati kācā.
जौं आवइ मर्कट कटकाई । जिअहिं बिचारे निसिचर खाई ॥
jauṁ āvai markaṭa kaṭakāī, jiahiṁ bicāre nisicara khāī.
कंपहिं लोकप जाकीं त्रासा । तासु नारि सभीत बड़ि हासा ॥
kaṁpahiṁ lokapa jākīṁ trāsā, tāsu nāri sabhīta baṛi hāsā.
अस कहि बिहसि ताहि उर लाई । चलेउ सभाँ ममता अधिकाई ॥
asa kahi bihasi tāhi ura lāī, caleu sabhāṁ mamatā adhikāī.
मंदोदरी हृदयँ कर चिंता । भयउ कंत पर बिधि बिपरीता ॥
maṁdodarī hṛdayaṁ kara ciṁtā, bhayau kaṁta para bidhi biparītā.
बैठेउ सभाँ खबरि असि पाई । सिंधु पार सेना सब आई ॥
baiṭheu sabhāṁ khabari asi pāī, siṁdhu pāra senā saba āī.
बूझेसि सचिव उचित मत कहहू । ते सब हँसे मष्ट करि रहहू ॥
būjhesi saciva ucita mata kahahū, te saba haṁse maṣṭa kari rahahū.
जितेहु सुरासुर तब श्रम नाहीं । नर बानर केहि लेखे माहीं ॥
jitehu surāsura taba śrama nāhīṁ, nara bānara kehi lekhe māhīṁ.

दोहा-dohā:

सचिव बैद गुर तीनि जौं प्रिय बोलहिं भय आस ।
saciva baida gura tīni jauṁ priya bolahiṁ bhaya āsa,
राज धर्म तन तीनि कर होइ बेगिहीं नास ॥ ३७ ॥
rāja dharma tana tīni kara hoi begihīṁ nāsa. 37.

चौपाई-caupāī:

सोइ रावन कहुँ बनी सहाई । अस्तुति करहिं सुनाइ सुनाई ॥
soi rāvana kahuṁ banī sahāī, astuti karahiṁ sunāi sunāī.
अवसर जानि बिभीषनु आवा । भ्राता चरन सीसु तेहिं नावा ॥
avasara jāni bibhīṣanu āvā, bhrātā carana sīsu tehiṁ nāvā.
पुनि सिरु नाइ बैठ निज आसन । बोला बचन पाइ अनुसासन ॥
puni siru nāi baiṭha nija āsana, bolā bacana pāi anusāsana.
जौ कृपाल पूँछिहु मोहि बाता । मति अनुरुप कहउँ हित ताता ॥
jau kṛpāla pūṁchihu mohi bātā, mati anurupa kahauṁ hita tātā.
जो आपन चाहै कल्याना । सुजसु सुमति सुभ गति सुख नाना ॥
jo āpana cāhai kalyānā, sujasu sumati subha gati sukha nānā.
सो परनारि लिलार गोसाईं । तजउ चउथि के चंद कि नाईं ॥
so paranāri lilāra gosāīṁ, tajau cauthi ke caṁda ki nāīṁ.
चौदह भुवन एक पति होई । भूतद्रोह तिष्टइ नहिं सोई ॥
caudaha bhuvana eka pati hoī, bhūtadroha tiṣṭai nahiṁ soī.
गुन सागर नागर नर जोऊ । अलप लोभ भल कहइ न कोऊ ॥
guna sāgara nāgara nara joū, alapa lobha bhala kahai na koū.

दोहा-dohā:

काम क्रोध मद लोभ सब नाथ नरक के पंथ ।
kāma krodha mada lobha saba nātha naraka ke paṁtha,
सब परिहरि रघुबीरहि भजहु भजहिं जेहि संत ॥ ३८ ॥
saba parihari raghubīrahi bhajahu bhajahiṁ jehi saṁta. 38.

चौपाई-caupāī:

तात राम नहिं नर भूपाला । भुवनेस्वर कालहु कर काला ॥
tāta rāma nahiṁ nara bhūpālā, bhuvanesvara kālahu kara kālā.
ब्रह्म अनामय अज भगवंता । ब्यापक अजित अनादि अनंता ॥
brahma anāmaya aja bhagavaṁtā, byāpaka ajita anādi anaṁtā.
गो द्विज धेनु देव हितकारी । कृपा सिंधु मानुष तनुधारी ॥
go dvija dhenu deva hitakārī, kṛpā siṁdhu mānuṣa tanudhārī.

जन रंजन भंजन खल ब्राता । बेद धर्म रच्छक सुनु भ्राता ॥
jana raṁjana bhaṁjana khala brātā, beda dharma racchaka sunu bhrātā.
ताहि बयरु तजि नाइअ माथा । प्रनतारति भंजन रघुनाथा ॥
tāhi bayaru taji nāia māthā, pranatārati bhaṁjana raghunāthā.
देहु नाथ प्रभु कहुँ बैदेही । भजहु राम बिनु हेतु सनेही ॥
dehu nātha prabhu kahum̐ baidehī, bhajahu rāma binu hetu sanehī.
सरन गएँ प्रभु ताहु न त्यागा । बिस्व द्रोह कृत अघ जेहि लागा ॥
sarana gaem̐ prabhu tāhu na tyāgā, bisva droha kṛta agha jehi lāgā.
जासु नाम त्रय ताप नसावन । सोइ प्रभु प्रगट समुझु जियँ रावन ॥
jāsu nāma traya tāpa nasāvana, soi prabhu pragaṭa samujhu jiyam̐ rāvana.

दोहा-dohā:

बार बार पद लागउँ बिनय करउँ दससीस ।
bāra bāra pada lāgaum̐ binaya karaum̐ dasasīsa,
परिहरि मान मोह मद भजहु कोसलाधीस ॥३९क॥
parihari māna moha mada bhajahu kosalādhīsa. 39(ka).

मुनि पुलस्ति निज सिष्य सन कहि पठई यह बात ।
muni pulasti nija siṣya sana kahi paṭhaī yaha bāta,
तुरत सो मैं प्रभु सन कही पाइ सुअवसरु तात ॥३९ख॥
turata so maiṁ prabhu sana kahī pāi suavasaru tāta. 39(kha).

चौपाई-caupāī:

माल्यवंत अति सचिव सयाना । तासु बचन सुनि अति सुख माना ॥
mālyavaṁta ati saciva sayānā, tāsu bacana suni ati sukha mānā.
तात अनुज तव नीति बिभूषन । सो उर धरहु जो कहत बिभीषन ॥
tāta anuja tava nīti bibhūṣana, so ura dharahu jo kahata bibhīṣana.
रिपु उतकरष कहत सठ दोऊ । दूरि न करहु इहाँ हइ कोऊ ॥
ripu utakaraṣa kahata saṭha doū, dūri na karahu ihām̐ hai koū.
माल्यवंत गृह गयउ बहोरी । कहइ बिभीषनु पुनि कर जोरी ॥
mālyavaṁta gṛha gayau bahorī, kahai bibhīṣanu puni kara jorī.
सुमति कुमति सब कें उर रहहीं । नाथ पुरान निगम अस कहहीं ॥
sumati kumati saba keṁ ura rahahīṁ, nātha purāna nigama asa kahahīṁ.
जहाँ सुमति तहँ संपति नाना । जहाँ कुमति तहँ बिपति निदाना ॥
jahām̐ sumati taham̐ saṁpati nānā, jahām̐ kumati taham̐ bipati nidānā.
तव उर कुमति बसी बिपरीता । हित अनहित मानहु रिपु प्रीता ॥
tava ura kumati basī biparītā, hita anahita mānahu ripu prītā.
कालराति निसिचर कुल केरी । तेहि सीता पर प्रीति घनेरी ॥
kālarāti nisicara kula kerī, tehi sītā para prīti ghanerī.

दोहा-dohā:

तात चरन गहि मागउँ राखहु मोर दुलार ।
tāta carana gahi māgaum̐ rākhahu mora dulāra,
सीता देहु राम कहुँ अहित न होइ तुम्हार ॥४०॥
sītā dehu rāma kahum̐ ahita na hoi tumhāra. 40.

चौपाई-caupāī:

बुध पुरान श्रुति संमत बानी । कही बिभीषन नीति बखानी ॥
budha purāna śruti saṁmata bānī, kahī bibhīṣana nīti bakhānī.
सुनत दसानन उठा रिसाई । खल तोहि निकट मुत्यु अब आई ॥
sunata dasānana uṭhā risāī, khala tohi nikaṭa mutyu aba āī.
जिअसि सदा सठ मोर जिआवा । रिपु कर पच्छ मूढ़ तोहि भावा ॥
jiasi sadā saṭha mora jiāvā, ripu kara paccha mūṛha tohi bhāvā.
कहसि न खल अस को जग माहीं । भुज बल जाहि जिता मैं नाहीं ॥
kahasi na khala asa ko jaga māhīṁ, bhuja bala jāhi jitā maiṁ nāhīṁ.
मम पुर बसि तपसिन्ह पर प्रीती । सठ मिलु जाइ तिन्हहि कहु नीती ॥
mama pura basi tapasinha para prītī, saṭha milu jāi tinhahi kahu nītī.
अस कहि कीन्हेसि चरन प्रहारा । अनुज गहे पद बारहिं बारा ॥
asa kahi kīnhesi carana prahārā, anuja gahe pada bārahiṁ bārā.
उमा संत कइ इहइ बड़ाई । मंद करत जो करइ भलाई ॥
umā saṁta kai ihai baṛāī, maṁda karata jo karai bhalāī.
तुम्ह पितु सरिस भलेहिं मोहि मारा । रामु भजें हित नाथ तुम्हारा ॥
tumha pitu sarisa bhalehiṁ mohi mārā, rāmu bhajeṁ hita nātha tumhārā.
सचिव संग लै नभ पथ गयऊ । सबहि सुनाइ कहत अस भयऊ ॥
saciva saṁga lai nabha patha gayaū, sabahi sunāi kahata asa bhayaū.

दोहा-dohā:

रामु सत्यसंकल्प प्रभु सभा कालबस तोरि ।
rāmu satyasaṁkalpa prabhu sabhā kālabasa tori,
मैं रघुबीर सरन अब जाउँ देहु जनि खोरि ॥४१॥
maiṁ raghubīra sarana aba jāum̐ dehu jani khori. 41.

चौपाई-caupāī:

अस कहि चला बिभीषनु जबहीं । आयूहीन भए सब तबहीं ॥
asa kahi calā bibhīṣanu jabahīṁ, āyūhīna bhae saba tabahīṁ.
साधु अवग्या तुरत भवानी । कर कल्यान अखिल कै हानी ॥
sādhu avagyā turata bhavānī, kara kalyāna akhila kai hānī.
रावन जबहिं बिभीषन त्यागा । भयउ बिभव बिनु तबहिं अभागा ॥
rāvana jabahiṁ bibhīṣana tyāgā, bhayau bibhava binu tabahiṁ abhāgā.
चलेउ हरषि रघुनायक पाहीं । करत मनोरथ बहु मन माहीं ॥
caleu harași raghunāyaka pāhīṁ, karata manoratha bahu mana māhīṁ.
देखिहउँ जाइ चरन जलजाता । अरुन मृदुल सेवक सुखदाता ॥
dekhihaum̐ jāi carana jalajātā, aruna mṛdula sevaka sukhadātā.
जे पद परसि तरी रिषिनारी । दंडक कानन पावनकारी ॥
je pada parasi tarī riṣinārī, daṁḍaka kānana pāvanakārī.
जे पद जनकसुताँ उर लाए । कपट कुरंग संग धर धाए ॥
je pada janakasutām̐ ura lāe, kapaṭa kuraṁga saṁga dhara dhāe.
हर उर सर सरोज पद जेई । अहोभाग्य मैं देखिहउँ तेई ॥
hara ura sara saroja pada jeī, ahobhāgya maiṁ dekhihaum̐ teī.

दोहा-dohā:

जिन्ह पायन्ह के पादुकन्हि भरतु रहे मन लाइ ।
jinha pāyanha ke pādukanhi bharatu rahe mana lāi,
ते पद आजु बिलोकिहउँ इन्ह नयनन्हि अब जाइ ॥४२॥
te pada āju bilokihaum̐ inha nayananhi aba jāi. 42.

चौपाई-caupāī:

एहि बिधि करत सप्रेम बिचारा । आयउ सपदि सिंधु एहिं पारा ॥
ehi bidhi karata saprema bicārā, āyau sapadi siṁdhu ehiṁ pārā.
कपिन्ह बिभीषनु आवत देखा । जाना कोउ रिपु दूत बिसेषा ॥
kapinha bibhīṣanu āvata dekhā, jānā kou ripu dūta biseṣā.
ताहि राखि कपीस पहिं आए । समाचार सब ताहि सुनाए ॥
tāhi rākhi kapīsa pahiṁ āe, samācāra saba tāhi sunāe.
कह सुग्रीव सुनहु रघुराई । आवा मिलन दसानन भाई ॥
kaha sugrīva sunahu raghurāī, āvā milana dasānana bhāī.
कह प्रभु सखा बूझिऐ काहा । कहइ कपीस सुनहु नरनाहा ॥
kaha prabhu sakhā būjhiai kāhā, kahai kapīsa sunahu naranāhā.
जानि न जाइ निसाचर माया । कामरूप केहि कारन आया ॥
jāni na jāi nisācara māyā, kāmarūpa kehi kārana āyā.
भेद हमार लेन सठ आवा । राखिअ बाँधि मोहि अस भावा ॥

bheda hamāra lena saṭha āvā, rākhia bām̐dhi mohi asa bhāvā.
सखा नीति तुम्ह नीकि बिचारी । मम पन सरनागत भयहारी ॥
sakhā nīti tumha nīki bicārī, mama pana saranāgata bhayahārī.
सुनि प्रभु बचन हरष हनुमाना । सरनागत बच्छल भगवाना ॥
suni prabhu bacana haraṣa hanumānā, saranāgata bacchala bhagavānā.

दोहा-dohā:

सरनागत कहुँ जे तजहिं निज अनहित अनुमानि ।
saranāgata kahum̐ je tajahiṁ nija anahita anumāni,
ते नर पावँर पापमय तिन्हहि बिलोकत हानि ॥४३॥
te nara pāvam̐ra pāpamaya tinhahi bilokata hāni. 43.

चौपाई-caupāī:

कोटि बिप्र बध लागहिं जाहू । आएँ सरन तजउँ नहिं ताहू ॥
koṭi bipra badha lāgahiṁ jāhū, āem̐ sarana tajaum̐ nahiṁ tāhū.
सनमुख होइ जीव मोहि जबहीं । जन्म कोटि अघ नासहिं तबहीं ॥
sanamukha hoi jīva mohi jabahīṁ, janma koṭi agha nāsahiṁ tabahīṁ.
पापवंत कर सहज सुभाऊ । भजनु मोर तेहि भाव न काऊ ॥
pāpavaṁta kara sahaja subhāū, bhajanu mora tehi bhāva na kāū.
जौं पै दुष्टहदय सोइ होई । मोरें सनमुख आव कि सोई ॥
jauṁ pai duṣṭahadaya soi hoī, moreṁ sanamukha āva ki soī.
निर्मल मन जन सो मोहि पावा । मोहि कपट छल छिद्र न भावा ॥
nirmala mana jana so mohi pāvā, mohi kapaṭa chala chidra na bhāvā.
भेद लेन पठवा दससीसा । तबहुँ न कछु भय हानि कपीसा ॥
bheda lena paṭhavā dasasīsā, tabahum̐ na kachu bhaya hāni kapīsā.
जग महुँ सखा निसाचर जेते । लछिमनु हनइ निमिष महुँ तेते ॥
jaga mahum̐ sakhā nisācara jete, lachimanu hanai nimiṣa mahum̐ tete.
जौं सभीत आवा सरनाई । रखिहउँ ताहि प्रान की नाईं ॥
jauṁ sabhīta āvā saranāīṁ, rakhihaum̐ tāhi prāna kī nāīṁ.

दोहा-dohā:

उभय भाँति तेहि आनहु हँसि कह कृपानिकेत ।
ubhaya bhām̐ti tehi ānahu ham̐si kaha kṛpāniketa,
जय कृपाल कहि कपि चले अंगद हनू समेत ॥४४॥
jaya kṛpāla kahi kapi cale aṁgada hanū sameta. 44.

चौपाई-caupāī:

सादर तेहि आगें करि बानर । चले जहाँ रघुपति करुनाकर ॥
sādara tehi āgeṁ kari bānara, cale jahām̐ raghupati karunākara.
दूरिहि ते देखे द्वौ भ्राता । नयनानंद दान के दाता ॥
dūrihi te dekhe dvau bhrātā, nayanānaṁda dāna ke dātā.
बहुरि राम छबिधाम बिलोकी । रहेउ ठटुकि एकटक पल रोकी ॥
bahuri rāma chabidhāma bilokī, raheu ṭhaṭuki ekaṭaka pala rokī.
भुज प्रलंब कंजारुन लोचन । स्यामल गात प्रनत भय मोचन ॥
bhuja pralaṁba kaṁjāruna locana, syāmala gāta pranata bhaya mocana.
सिंघ कंध आयत उर सोहा । आनन अमित मदन मन मोहा ॥
siṁgha kaṁdha āyata ura sohā, ānana amita madana mana mohā.
नयन नीर पुलकित अति गाता । मन धरि धीर कही मृदु बाता ॥
nayana nīra pulakita ati gātā, mana dhari dhīra kahī mṛdu bātā.
नाथ दसानन कर मैं भ्राता । निसिचर बंस जनम सुरत्राता ॥
nātha dasānana kara maiṁ bhrātā, nisicara baṁsa janama suratrātā.
सहज पापप्रिय तामस देहा । जथा उलूकहि तम पर नेहा ॥
sahaja pāpapriya tāmasa dehā, jathā ulūkahi tama para nehā.

दोहा-dohā:

श्रवन सुजसु सुनि आयउँ प्रभु भंजन भव भीर ।
śravana sujasu suni āyaum̐ prabhu bhaṁjana bhava bhīra,
त्राहि त्राहि आरति हरन सरन सुखद रघुबीर ॥४५॥
trāhi trāhi ārati harana sarana sukhada raghubīra. 45.

चौपाई-caupāī:

अस कहि करत दंडवत देखा । तुरत उठे प्रभु हरष बिसेषा ॥
asa kahi karata daṁḍavata dekhā, turata uṭhe prabhu haraṣa biseṣā.
दीन बचन सुनि प्रभु मन भावा । भुज बिसाल गहि हृदयँ लगावा ॥
dīna bacana suni prabhu mana bhāvā, bhuja bisāla gahi hṛdayam̐ lagāvā.
अनुज सहित मिलि ढिग बैठारी । बोले बचन भगत भयहारी ॥
anuja sahita mili ḍhiga baiṭhārī, bole bacana bhagata bhayahārī.
कहु लंकेस सहित परिवारा । कुसल कुठाहर बास तुम्हारा ॥
kahu laṁkesa sahita parivārā, kusala kuṭhāhara bāsa tumhārā.
खल मंडलीं बसहु दिनु राती । सखा धरम निबहइ केहि भाँती ॥
khala maṁḍalīṁ basahu dinu rātī, sakhā dharama nibahai kehi bhām̐tī.
मैं जानउँ तुम्हारि सब रीती । अति नय निपुन न भाव अनीती ॥
maiṁ jānaum̐ tumhāri saba rītī, ati naya nipuna na bhāva anītī.
बरु भल बास नरक कर ताता । दुष्ट संग जनि देइ बिधाता ॥
baru bhala bāsa naraka kara tātā, duṣṭa saṁga jani dei bidhātā.
अब पद देखि कुसल रघुराया । जौं तुम्ह कीन्हि जानि जन दाया ॥
aba pada dekhi kusala raghurāyā, jauṁ tumha kīnhi jāni jana dāyā.

दोहा-dohā:

तब लगि कुसल न जीव कहुँ सपनेहुँ मन बिश्राम ।
taba lagi kusala na jīva kahum̐ sapanehum̐ mana biśrāma,
जब लगि भजत न राम कहुँ सोक धाम तजि काम ॥४६॥
jaba lagi bhajata na rāma kahum̐ soka dhāma taji kāma. 46.

चौपाई-caupāī:

तब लगि हृदयँ बसत खल नाना । लोभ मोह मच्छर मद माना ॥
taba lagi hṛdayam̐ basata khala nānā, lobha moha macchara mada mānā.
जब लगि उर न बसत रघुनाथा । धरें चाप सायक कटि भाथा ॥
jaba lagi ura na basata raghunāthā, dhareṁ cāpa sāyaka kaṭi bhāthā.
ममता तरुन तमी अँधिआरी । राग द्वेष उलूक सुखकारी ॥
mamatā taruna tamī am̐dhiārī, rāga dveṣa ulūka sukhakārī.
तब लगि बसति जीव मन माहीं । जब लगि प्रभु प्रताप रबि नाहीं ॥
taba lagi basati jīva mana māhīṁ, jaba lagi prabhu pratāpa rabi nāhīṁ.
अब मैं कुसल मिटे भय भारे । देखि राम पद कमल तुम्हारे ॥
aba maiṁ kusala miṭe bhaya bhāre, dekhi rāma pada kamala tumhāre.
तुम्ह कृपाल जा पर अनुकूला । ताहि न ब्याप त्रिबिध भव सूला ॥
tumha kṛpāla jā para anukūlā, tāhi na byāpa tribidha bhava sūlā.
मैं निसिचर अति अधम सुभाऊ । सुभ आचरनु कीन्ह नहिं काऊ ॥
maiṁ nisicara ati adhama subhāū, subha ācaranu kīnha nahiṁ kāū.
जासु रूप मुनि ध्यान न आवा । तेहिं प्रभु हरषि हृदयँ मोहि लावा ॥
jāsu rūpa muni dhyāna na āvā, tehiṁ prabhu haraṣi hṛdayam̐ mohi lāvā.

दोहा-dohā:

अहोभाग्य मम अमित अति राम कृपा सुख पुंज ।
ahobhāgya mama amita ati rāma kṛpā sukha puṁja,
देखेउँ नयन बिरंचि सिव सेब्य जुगल पद कंज ॥४७॥
dekheum̐ nayana biraṁci siva sebya jugala pada kaṁja. 47.

चौपाई-caupāī:

सुनहु सखा निज कहउँ सुभाऊ । जान भुसुंडि संभु गिरिजाऊ ॥
sunahu sakhā nija kahaum̐ subhāū, jāna bhusuṁḍi saṁbhu girijāū.

जौं नर होइ चराचर द्रोही । आवे सभय सरन तकि मोही ॥
jauṁ nara hoi carācara drohī, āve sabhaya sarana taki mohī.
तजि मद मोह कपट छल नाना । करउँ सद्य तेहि साधु समाना ॥
taji mada moha kapaṭa chala nānā, karauṁ sadya tehi sādhu samānā.
जननी जनक बंधु सुत दारा । तनु धनु भवन सुहृद परिवारा ॥
jananī janaka baṁdhu suta dārā, tanu dhanu bhavana suhrada parivārā.
सब कै ममता ताग बटोरी । मम पद मनहि बाँध बरि डोरी ॥
saba kai mamatā tāga baṭorī, mama pada manahi bāṁdha bari ḍorī.
समदरसी इच्छा कछु नाहीं । हरष सोक भय नहिं मन माहीं ॥
samadarasī icchā kachu nāhīṁ, haraṣa soka bhaya nahiṁ mana māhīṁ.
अस सज्जन मम उर बस कैसें । लोभी हृदयँ बसइ धनु जैसें ॥
asa sajjana mama ura basa kaiseṁ, lobhī hṛdayaṁ basai dhanu jaiseṁ.
तुम्ह सारिखे संत प्रिय मोरें । धरउँ देह नहिं आन निहोरें ॥
tumha sārikhe saṁta priya moreṁ, dharauṁ deha nahiṁ āna nihoreṁ.

दोहा-dohā:

सगुन उपासक परहित निरत नीति दृढ़ नेम ।
saguna upāsaka parahita nirata nīti dṛṛha nema,
ते नर प्रान समान मम जिन्ह कें द्विज पद प्रेम ॥४८॥
te nara prāna samāna mama jinha keṁ dvija pada prema. 48.

चौपाई-caupāī:

सुनु लंकेस सकल गुन तोरें । तातें तुम्ह अतिसय प्रिय मोरें ॥
sunu laṁkesa sakala guna toreṁ, tāteṁ tumha atisaya priya moreṁ.
राम बचन सुनि बानर जूथा । सकल कहहिं जय कृपा बरूथा ॥
rāma bacana suni bānara jūthā, sakala kahahiṁ jaya kṛpā barūthā.
सुनत बिभीषनु प्रभु कै बानी । नहिं अघात श्रवनामृत जानी ॥
sunata bibhīṣanu prabhu kai bānī, nahiṁ aghāta śravanāmṛta jānī.
पद अंबुज गहि बारहिं बारा । हृदयँ समात न प्रेमु अपारा ॥
pada aṁbuja gahi bārahiṁ bārā, hṛdayaṁ samāta na premu apārā.
सुनहु देव सचराचर स्वामी । प्रनतपाल उर अंतरजामी ॥
sunahu deva sacarācara svāmī, pranatapāla ura aṁtarajāmī.
उर कछु प्रथम बासना रही । प्रभु पद प्रीति सरित सो बही ॥
ura kachu prathama bāsanā rahī, prabhu pada prīti sarita so bahī.
अब कृपाल निज भगति पावनी । देहु सदा सिव मन भावनी ॥
aba kṛpāla nija bhagati pāvanī, dehu sadā siva mana bhāvanī.
एवमस्तु कहि प्रभु रनधीरा । मागा तुरत सिंधु कर नीरा ॥
evamastu kahi prabhu ranadhīrā, māgā turata siṁdhu kara nīrā.
जदपि सखा तव इच्छा नाहीं । मोर दरसु अमोघ जग माहीं ॥
jadapi sakhā tava icchā nāhīṁ, mora darasu amogha jaga māhīṁ.
अस कहि राम तिलक तेहि सारा । सुमन बृष्टि नभ भई अपारा ॥
asa kahi rāma tilaka tehi sārā, sumana bṛṣṭi nabha bhaī apārā.

दोहा-dohā:

रावन क्रोध अनल निज स्वास समीर प्रचंड ।
rāvana krodha anala nija svāsa samīra pracaṁḍa,
जरत बिभीषनु राखेउ दीन्हेउ राजु अखंड ॥४९क॥
jarata bibhīṣanu rākheu dīnheu rāju akhaṁḍa. 49(ka).

जो संपति सिव रावनहि दीन्हि दिएँ दस माथ ।
jo saṁpati siva rāvanahi dīnhi dieṁ dasa mātha,
सोइ संपदा बिभीषनहि सकुचि दीन्ह रघुनाथ ॥४९ख॥
soi saṁpadā bibhīṣanahi sakuci dīnha raghunātha. 49(kha).

चौपाई-caupāī:

अस प्रभु छाड़ि भजहिं जे आना । ते नर पसु बिनु पूँछ बिषाना ॥
asa prabhu chāṛi bhajahiṁ je ānā, te nara pasu binu pūṁcha biṣānā.
निज जन जानि ताहि अपनावा । प्रभु सुभाव कपि कुल मन भावा ॥
nija jana jāni tāhi apanāvā, prabhu subhāva kapi kula mana bhāvā.
पुनि सर्बग्य सर्ब उर बासी । सर्बरूप सब रहित उदासी ॥
puni sarbagya sarba ura bāsī, sarbarūpa saba rahita udāsī.
बोले बचन नीति प्रतिपालक । कारन मनुज दनुज कुल घालक ॥
bole bacana nīti pratipālaka, kārana manuja danuja kula ghālaka.
सुनु कपीस लंकापति बीरा । केहि बिधि तरिअ जलधि गंभीरा ॥
sunu kapīsa laṁkāpati bīrā, kehi bidhi taria jaladhi gaṁbhīrā.
संकुल मकर उरग झष जाती । अति अगाध दुस्तर सब भाँती ॥
saṁkula makara uraga jhaṣa jātī, ati agādha dustara saba bhāṁtī.
कह लंकेस सुनहु रघुनायक । कोटि सिंधु सोषक तव सायक ॥
kaha laṁkesa sunahu raghunāyaka, koṭi siṁdhu soṣaka tava sāyaka.
जद्यपि तदपि नीति असि गाई । बिनय करिअ सागर सन जाई ॥
jadyapi tadapi nīti asi gāī, binaya karia sāgara sana jāī.

दोहा-dohā:

प्रभु तुम्हार कुलगुर जलधि कहिहि उपाय बिचारि ।
prabhu tumhāra kulagura jaladhi kahihi upāya bicāri,
बिनु प्रयास सागर तरिहि सकल भालु कपि धारि ॥५०॥
binu prayāsa sāgara tarihi sakala bhālu kapi dhāri. 50.

चौपाई-caupāī:

सखा कही तुम्ह नीकि उपाई । करिअ दैव जौं होइ सहाई ॥
sakhā kahī tumha nīki upāī, karia daiva jauṁ hoi sahāī.
मंत्र न यह लछिमन मन भावा । राम बचन सुनि अति दुख पावा ॥
maṁtra na yaha lachimana mana bhāvā, rāma bacana suni ati dukha pāvā.
नाथ दैव कर कवन भरोसा । सोषिअ सिंधु करिअ मन रोसा ॥
nātha daiva kara kavana bharosā, soṣia siṁdhu karia mana rosā.
कादर मन कहुँ एक अधारा । दैव दैव आलसी पुकारा ॥
kādara mana kahuṁ eka adhārā, daiva daiva ālasī pukārā.
सुनत बिहसि बोले रघुबीरा । ऐसेहिं करब धरहु मन धीरा ॥
sunata bihasi bole raghubīrā, aisehiṁ karaba dharahu mana dhīrā.
अस कहि प्रभु अनुजहि समुझाई । सिंधु समीप गए रघुराई ॥
asa kahi prabhu anujahi samujhāī, siṁdhu samīpa gae raghurāī.
प्रथम प्रनाम कीन्ह सिरु नाई । बैठे पुनि तट दर्भ डसाई ॥
prathama pranāma kīnha siru nāī, baiṭhe puni taṭa darbha ḍasāī.
जबहिं बिभीषन प्रभु पहिं आए । पाछें रावन दूत पठाए ॥
jabahiṁ bibhīṣana prabhu pahiṁ āe, pācheṁ rāvana dūta paṭhāe.

दोहा-dohā:

सकल चरित तिन्ह देखे धरें कपट कपि देह ।
sakala carita tinha dekhe dhareṁ kapaṭa kapi deha,
प्रभु गुन हृदयँ सराहहिं सरनागत पर नेह ॥५१॥
prabhu guna hṛdayaṁ sarāhahiṁ saranāgata para neha. 51.

चौपाई-caupāī:

प्रगट बखानहिं राम सुभाऊ । अति सप्रेम गा बिसरि दुराऊ ॥
pragaṭa bakhānahiṁ rāma subhāū, ati saprema gā bisari durāū.
रिपु के दूत कपिन्ह तब जाने । सकल बाँधि कपीस पहिं आने ॥
ripu ke dūta kapinha taba jāne, sakala bāṁdhi kapīsa pahiṁ āne.
कह सुग्रीव सुनहु सब बानर । अंग भंग करि पठवहु निसिचर ॥
kaha sugrīva sunahu saba bānara, aṁga bhaṁga kari paṭhavahu nisicara.

सुनि सुग्रीव बचन कपि धाए । बाँधि कटक चहु पास फिराए ॥
suni sugrīva bacana kapi dhāe, bām̐dhi kaṭaka cahu pāsa phirāe.
बहु प्रकार मारन कपि लागे । दीन पुकारत तदपि न त्यागे ॥
bahu prakāra mārana kapi lāge, dīna pukārata tadapi na tyāge.
जो हमार हर नासा काना । तेहि कोसलाधीस कै आना ॥
jo hamāra hara nāsā kānā, tehi kosalādhīsa kai ānā.
सुनि लछिमन सब निकट बोलाए । दया लागि हँसि तुरत छोड़ाए ॥
suni lachimana saba nikaṭa bolāe, dayā lāgi ham̐si turata choṛāe.
रावन कर दीजहु यह पाती । लछिमन बचन बाचु कुलघाती ॥
rāvana kara dījahu yaha pātī, lachimana bacana bācu kulaghātī.

दोहा-dohā:

कहेहु मुखागर मूढ़ सन मम संदेसु उदार ।
kahehu mukhāgara mūṛha sana mama saṁdesu udāra,
सीता देइ मिलेहु न त आवा कालु तुम्हार ॥५२॥
sītā dei milehu na ta āvā kālu tumhāra. 52.

चौपाई-caupāī:

तुरत नाइ लछिमन पद माथा । चले दूत बरनत गुन गाथा ॥
turata nāi lachimana pada māthā, cale dūta baranata guna gāthā.
कहत राम जसु लंकाँ आए । रावन चरन सीस तिन्ह नाए ॥
kahata rāma jasu laṁkām̐ āe, rāvana carana sīsa tinha nāe.
बिहसि दसानन पूँछी बाता । कहसि न सुक आपनि कुसलाता ॥
bihasi dasānana pūm̐chī bātā, kahasi na suka āpani kusalātā.
पुनि कहु खबरि बिभीषन केरी । जाहि मृत्यु आई अति नेरी ॥
puni kahu khabari bibhīṣana kerī, jāhi mṛtyu āī ati nerī.
करत राज लंका सठ त्यागी । होइहि जव कर कीट अभागी ॥
karata rāja laṁkā saṭha tyāgī, hoihi java kara kīṭa abhāgī.
पुनि कहु भालु कीस कटकाई । कठिन काल प्रेरित चलि आई ॥
puni kahu bhālu kīsa kaṭakāī, kaṭhina kāla prerita cali āī.
जिन्ह के जीवन कर रखवारा । भयउ मृदुल चित सिंधु बिचारा ॥
jinha ke jīvana kara rakhavārā, bhayau mṛdula cita siṁdhu bicārā.
कहु तपसिन्ह कै बात बहोरी । जिन्ह के हृदयँ त्रास अति मोरी ॥
kahu tapasinha kai bāta bahorī, jinha ke hṛdayam̐ trāsa ati morī.

दोहा-dohā:

की भइ भेंट कि फिरि गए श्रवन सुजसु सुनि मोर ।
kī bhai bheṁṭa ki phiri gae śravana sujasu suni mora,
कहसि न रिपु दल तेज बल बहुत चकित चित तोर ॥५३॥
kahasi na ripu dala teja bala bahuta cakita cita tora. 53.

चौपाई-caupāī:

नाथ कृपा करि पूँछेहु जैसें । मानहु कहा क्रोध तजि तैसें ॥
nātha kṛpā kari pūm̐chehu jaiseṁ, mānahu kahā krodha taji taiseṁ.
मिला जाइ जब अनुज तुम्हारा । जातहिं राम तिलक तेहि सारा ॥
milā jāi jaba anuja tumhārā, jātahiṁ rāma tilaka tehi sārā.
रावन दूत हमहि सुनि काना । कपिन्ह बाँधि दीन्हे दुख नाना ॥
rāvana dūta hamahi suni kānā, kapinha bām̐dhi dīnhe dukha nānā.
श्रवन नासिका काटैं लागे । राम सपथ दीन्हें हम त्यागे ॥
śravana nāsikā kāṭaiṁ lāge, rāma sapatha dīnheṁ hama tyāge.
पूँछिहु नाथ राम कटकाई । बदन कोटि सत बरनि न जाई ॥
pūm̐chihu nātha rāma kaṭakāī, badana koṭi sata barani na jāī.
नाना बरन भालु कपि धारी । बिकटानन बिसाल भयकारी ॥
nānā barana bhālu kapi dhārī, bikaṭānana bisāla bhayakārī.
जेहिं पुर दहेउ हतेउ सुत तोरा । सकल कपिन्ह महँ तेहि बलु थोरा ॥
jehiṁ pura daheu hateu suta torā, sakala kapinha maham̐ tehi balu thorā.
अमित नाम भट कठिन कराला । अमित नाग बल बिपुल बिसाला ॥
amita nāma bhaṭa kaṭhina karālā, amita nāga bala bipula bisālā.

दोहा-dohā:

द्विबिद मयंद नील नल अंगद गद बिकटासि ।
dvibida mayaṁda nīla nala aṁgada gada bikaṭāsi,
दधिमुख केहरि निसठ सठ जामवंत बलरासि ॥५४॥
dadhimukha kehari nisaṭha saṭha jāmavaṁta balarāsi. 54.

चौपाई-caupāī:

ए कपि सब सुग्रीव समाना । इन्ह सम कोटिन्ह गनइ को नाना ॥
e kapi saba sugrīva samānā, inha sama koṭinha ganai ko nānā.
राम कृपाँ अतुलित बल तिन्हहीं । तृन समान त्रैलोकहि गनहीं ॥
rāma kṛpām̐ atulita bala tinhahīṁ, tṛna samāna trailokahi ganahīṁ.
अस मैं सुना श्रवन दसकंधर । पदुम अठारह जूथप बंदर ॥
asa maiṁ sunā śravana dasakaṁdhara, paduma aṭhāraha jūthapa baṁdara.
नाथ कटक महँ सो कपि नाहीं । जो न तुम्हहि जीतै रन माहीं ॥
nātha kaṭaka maham̐ so kapi nāhīṁ, jo na tumhahi jītai rana māhīṁ.
परम क्रोध मीजहिं सब हाथा । आयसु पै न देहिं रघुनाथा ॥
parama krodha mījahiṁ saba hāthā, āyasu pai na dehiṁ raghunāthā.
सोषहिं सिंधु सहित झष ब्याला । पूरहिं न त भरि कुधर बिसाला ॥
soṣahiṁ siṁdhu sahita jhaṣa byālā, pūrahiṁ na ta bhari kudhara bisālā.
मर्दि गर्द मिलवहिं दससीसा । ऐसेइ बचन कहहिं सब कीसा ॥
mardi garda milavahiṁ dasasīsā, aisei bacana kahahiṁ saba kīsā.
गर्जहिं तर्जहिं सहज असंका । मानहुँ ग्रसन चहत हहिं लंका ॥
garjahiṁ tarjahiṁ sahaja asaṁkā, mānahum̐ grasana cahata hahiṁ laṁkā.

दोहा-dohā:

सहज सूर कपि भालु सब पुनि सिर पर प्रभु राम ।
sahaja sūra kapi bhālu saba puni sira para prabhu rāma,
रावन काल कोटि कहुँ जीति सकहिं संग्राम ॥५५॥
rāvana kāla koṭi kahum̐ jīti sakahiṁ saṁgrāma. 55.

चौपाई-caupāī:

राम तेज बल बुधि बिपुलाई । सेष सहस सत सकहिं न गाई ॥
rāma teja bala budhi bipulāī, seṣa sahasa sata sakahiṁ na gāī.
सक सर एक सोषि सत सागर । तव भ्रातहि पूँछेउ नय नागर ॥
saka sara eka soṣi sata sāgara, tava bhrātahi pūm̐cheu naya nāgara.
तासु बचन सुनि सागर पाहीं । मागत पंथ कृपा मन माहीं ॥
tāsu bacana suni sāgara pāhīṁ, māgata paṁtha kṛpā mana māhīṁ.
सुनत बचन बिहसा दससीसा । जौं असि मति सहाय कृत कीसा ॥
sunata bacana bihasā dasasīsā, jauṁ asi mati sahāya kṛta kīsā.
सहज भीरु कर बचन दृढ़ाई । सागर सन ठानी मचलाई ॥
sahaja bhīru kara bacana dṛṛhāī, sāgara sana ṭhānī macalāī.
मूढ़ मृषा का करसि बड़ाई । रिपु बल बुद्धि थाह मैं पाई ॥
mūṛha mṛṣā kā karasi baṛāī, ripu bala buddhi thāha maiṁ pāī.
सचिव सभीत बिभीषन जाकें । बिजय बिभूति कहाँ जग ताकें ॥
saciva sabhīta bibhīṣana jākeṁ, bijaya bibhūti kahām̐ jaga tākeṁ.
सुनि खल बचन दूत रिस बाढ़ी । समय बिचारि पत्रिका काढ़ी ॥
suni khala bacana dūta risa bāṛhī, samaya bicāri patrikā kāṛhī.
रामानुज दीन्ही यह पाती । नाथ बचाइ जुड़ावहु छाती ॥
rāmānuja dīnhī yaha pātī, nātha bacāi juṛāvahu chātī.
बिहसि बाम कर लीन्ही रावन । सचिव बोलि सठ लाग बचावन ॥
bihasi bāma kara līnhī rāvana, saciva boli saṭha lāga bacāvana.

दोहा-dohā:

बातन्ह मनहि रिझाइ सठ जनि घालसि कुल खीस ।
bātanha manahi rijhāi saṭha jani ghālasi kula khīsa,
राम बिरोध न उबरसि सरन बिष्नु अज ईस ॥५६क॥
rāma birodha na ubarasi sarana biṣnu aja īsa. 56(ka).
की तजि मान अनुज इव प्रभु पद पंकज भृंग ।
kī taji māna anuja iva prabhu pada paṁkaja bhṛṁga,
होहि कि राम सरानल खल कुल सहित पतंग ॥५६ख॥
hohi ki rāma sarānala khala kula sahita pataṁga. 56(kha).

चौपाई-caupāī:

सुनत सभय मन मुख मुसुकाई । कहत दसानन सबहि सुनाई ॥
sunata sabhaya mana mukha musukāī, kahata dasānana sabahi sunāī.
भूमि परा कर गहत अकासा । लघु तापस कर बाग बिलासा ॥
bhūmi parā kara gahata akāsā, laghu tāpasa kara bāga bilāsā.
कह सुक नाथ सत्य सब बानी । समुझहु छाड़ि प्रकृति अभिमानी ॥
kaha suka nātha satya saba bānī, samujhahu chāṛi prakṛti abhimānī.
सुनहु बचन मम परिहरि क्रोधा । नाथ राम सन तजहु बिरोधा ॥
sunahu bacana mama parihari krodhā, nātha rāma sana tajahu birodhā.
अति कोमल रघुबीर सुभाऊ । जद्यपि अखिल लोक कर राऊ ॥
ati komala raghubīra subhāū, jadyapi akhila loka kara rāū.
मिलत कृपा तुम्ह पर प्रभु करिही । उर अपराध न एकउ धरिही ॥
milata kṛpā tumha para prabhu karihī, ura aparādha na ekau dharihī.
जनकसुता रघुनाथहि दीजे । एतना कहा मोर प्रभु कीजे ॥
janakasutā raghunāthahi dīje, etanā kahā mora prabhu kīje.
जब तेहिं कहा देन बैदेही । चरन प्रहार कीन्ह सठ तेही ॥
jaba tehiṁ kahā dena baidehī, carana prahāra kīnha saṭha tehī.
नाइ चरन सिरु चला सो तहाँ । कृपासिंधु रघुनायक जहाँ ॥
nāi carana siru calā so tahāँ, kṛpāsiṁdhu raghunāyaka jahāँ.
करि प्रनामु निज कथा सुनाई । राम कृपाँ आपनि गति पाई ॥
kari pranāmu nija kathā sunāī, rāma kṛpāँ āpani gati pāī.
रिषि अगस्ति कीं साप भवानी । राछस भयउ रहा मुनि ग्यानी ॥
riṣi agasti kīṁ sāpa bhavānī, rāchasa bhayau rahā muni gyānī.
बंदि राम पद बारहिं बारा । मुनि निज आश्रम कहुँ पगु धारा ॥
baṁdi rāma pada bārahiṁ bārā, muni nija āśrama kahuँ pagu dhārā.

दोहा-dohā:

बिनय न मानत जलधि जड़ गए तीनि दिन बीति ।
binaya na mānata jaladhi jaṛa gae tīni dina bīti,
बोले राम सकोप तब भय बिनु होइ न प्रीति ॥५७॥
bole rāma sakopa taba bhaya binu hoi na prīti. 57.

चौपाई-caupāī:

लछिमन बान सरासन आनू । सोषौं बारिधि बिसिख कृसानू ॥
lachimana bāna sarāsana ānū, soṣauṁ bāridhi bisikha kṛsānū.
सठ सन बिनय कुटिल सन प्रीती । सहज कृपन सन सुंदर नीती ॥
saṭha sana binaya kuṭila sana prītī, sahaja kṛpana sana suṁdara nītī.
ममता रत सन ग्यान कहानी । अति लोभी सन बिरति बखानी ॥
mamatā rata sana gyāna kahānī, ati lobhī sana birati bakhānī.
क्रोधिहि सम कामिहि हरि कथा । ऊसर बीज बएँ फल जथा ॥
krodhihi sama kāmihi hari kathā, ūsara bīja baeṁ phala jathā.
अस कहि रघुपति चाप चढ़ावा । यह मत लछिमन के मन भावा ॥
asa kahi raghupati cāpa caṛhāvā, yaha mata lachimana ke mana bhāvā.
संघानेउ प्रभु बिसिख कराला । उठी उदधि उर अंतर ज्वाला ॥
saṁghāneu prabhu bisikha karālā, uṭhī udadhi ura aṁtara jvālā.
मकर उरग झष गन अकुलाने । जरत जंतु जलनिधि जब जाने ॥
makara uraga jhaṣa gana akulāne, jarata jaṁtu jalanidhi jaba jāne.
कनक थार भरि मनि गन नाना । बिप्र रूप आयउ तजि माना ॥
kanaka thāra bhari mani gana nānā, bipra rūpa āyau taji mānā.

दोहा-dohā:

काटेहिं पइ कदरी फरइ कोटि जतन कोउ सींच ।
kāṭehiṁ pai kadarī pharai koṭi jatana kou sīṁca,
बिनय न मान खगेस सुनु डाटेहिं पइ नव नीच ॥५८॥
binaya na māna khagesa sunu ḍāṭehiṁ pai nava nīca. 58.

चौपाई-caupāī:

सभय सिंधु गहि पद प्रभु केरे । छमहु नाथ सब अवगुन मेरे ॥
sabhaya siṁdhu gahi pada prabhu kere, chamahu nātha saba avaguna mere.
गगन समीर अनल जल धरनी । इन्ह कइ नाथ सहज जड़ करनी ॥
gagana samīra anala jala dharanī, inha kai nātha sahaja jaṛa karanī.
तव प्रेरित मायाँ उपजाए । सृष्टि हेतु सब ग्रंथनि गाए ॥
tava prerita māyāँ upajāe, sṛṣṭi hetu saba graṁthani gāe.
प्रभु आयसु जेहि कहँ जस अहई । सो तेहि भाँति रहें सुख लहई ॥
prabhu āyasu jehi kahaँ jasa ahaī, so tehi bhāँti raheṁ sukha lahaī.
प्रभु भल कीन्ह मोहि सिख दीन्ही । मरजादा पुनि तुम्हरी कीन्ही ॥
prabhu bhala kīnha mohi sikha dīnhī, marajādā puni tumharī kīnhī.
ढोल गवाँर सूद्र पसु नारी । सकल ताड़ना के अधिकारी ॥
ḍhola gavāँra sūdra pasu nārī, sakala tāṛanā ke adhikārī.
प्रभु प्रताप मैं जाब सुखाई । उतरिहि कटकु न मोरि बड़ाई ॥
prabhu pratāpa maiṁ jāba sukhāī, utarihi kaṭaku na mori baṛāī.
प्रभु अग्या अपेल श्रुति गाई । करौं सो बेगि जो तुम्हहि सोहाई ॥
prabhu agyā apela śruti gāī, karauṁ so begi jo tumhahi sohāī.

दोहा-dohā:

सुनत बिनीत बचन अति कह कृपाल मुसुकाइ ।
sunata binīta bacana ati kaha kṛpāla musukāi,
जेहि बिधि उतरै कपि कटकु तात सो कहहु उपाइ ॥५९॥
jehi bidhi utarai kapi kaṭaku tāta so kahahu upāi. 59.

चौपाई-caupāī:

नाथ नील नल कपि द्वौ भाई । लरिकाईं रिषि आसिष पाई ॥
nātha nīla nala kapi dvau bhāī, larikāīṁ riṣi āsiṣa pāī.
तिन्ह कें परस किएँ गिरि भारे । तरिहहिं जलधि प्रताप तुम्हारे ॥
tinha keṁ parasa kieँ giri bhāre, tarihahiṁ jaladhi pratāpa tumhāre.
मैं पुनि उर धरि प्रभु प्रभुताई । करिहउँ बल अनुमान सहाई ॥
maiṁ puni ura dhari prabhu prabhutāī, karihauँ bala anumāna sahāī.
एहि बिधि नाथ पयोधि बँधाइअ । जेहिं यह सुजसु लोक तिहुँ गाइअ ॥
ehi bidhi nātha payodhi baँdhāia, jehiṁ yaha sujasu loka tihuँ gāia.
एहिं सर मम उत्तर तट बासी । हतहु नाथ खल नर अघ रासी ॥
ehiṁ sara mama uttara taṭa bāsī, hatahu nātha khala nara agha rāsī.
सुनि कृपाल सागर मन पीरा । तुरतहिं हरी राम रनधीरा ॥
suni kṛpāla sāgara mana pīrā, turatahiṁ harī rāma ranadhīrā.
देखि राम बल पौरुष भारी । हरषि पयोनिधि भयउ सुखारी ॥
dekhi rāma bala pauruṣa bhārī, haraṣi payonidhi bhayau sukhārī.
सकल चरित कहि प्रभुहि सुनावा । चरन बंदि पाथोधि सिधावा ॥
sakala carita kahi prabhuhi sunāvā, carana baṁdi pāthodhi sidhāvā.

छंद-*chaṁda:*

निज भवन गवनेउ सिंधु श्रीरघुपतिहि यह मत भायऊ ।
nija bhavana gavaneu siṁdhu śrīraghupatihi yaha mata bhāyaū,
यह चरित कलि मलहर जथामति दास तुलसी गायऊ ॥
yaha carita kali malahara jathāmati dāsa tulasī gāyaū.
सुख भवन संसय समन दवन बिषाद रघुपति गुन गना ।
sukha bhavana saṁsaya samana davana biṣāda raghupati guna ganā,
तजि सकल आस भरोस गावहि सुनहि संतत सठ मना ॥
taji sakala āsa bharosa gāvahi sunahi saṁtata saṭha manā.

दोहा-*dohā:*

सकल सुमंगल दायक रघुनायक गुन गान ।
sakala sumaṁgala dāyaka raghunāyaka guna gāna,
सादर सुनहिं ते तरहिं भव सिंधु बिना जलजान ॥६०॥
sādara sunahiṁ te tarahiṁ bhava siṁdhu binā jalajāna. 60.

मासपारायण चौबीसवाँ विश्राम
māsapārāyaṇa caubīsavāṁ viśrāma
(Pause 24 for a Thirty-Day Recitation)

—::—

— जय श्रीसीताराम —

सीताराम सीताराम सीताराम राम राम । रामराम रामराम रामराम सीताराम ॥
सीताराम सीताराम सीताराम राम राम । रामराम रामराम रामराम सीताराम ॥

इति श्रीमद्रामचरितमानसे सकलकलिकलुषविध्वंसने पञ्चमः सोपानः समाप्तः
iti śrīmadrāmacaritamānase sakalakalikaluṣavidhvaṁsane pañcamaḥ sopānaḥ samāptaḥ

सीताराम सीताराम

ॐ

श्रीजानकीवल्लभो विजयते
śrījānakīvallabho vijayate

श्रीरामचरितमानस
śrīrāmacaritamānasa

षष्ठ सोपान - लंकाकाण्ड
ṣaṣṭha sopāna - laṁkākāṇḍa

श्लोक-śloka:

रामं कामारिसेव्यं भवभयहरणं कालमत्तेभसिंहं
rāmaṁ kāmārisevyaṁ bhavabhayaharaṇaṁ kālamattebha siṁhaṁ
योगीन्द्रं ज्ञानगम्यं गुणनिधिमजितं निर्गुणं निर्विकारम् ।
yogīndraṁ jñānagamyaṁ guṇanidhimajitaṁ nirguṇaṁ nirvikāram,
मायातीतं सुरेशं खलवधनिरतं ब्रह्मवृन्दैकदेवं
māyātītaṁ sureśaṁ khalavadhanirataṁ brahmavṛndaikadevaṁ
वन्दे कन्दावदातं सरसिजनयनं देवमुर्वीशरूपम् ॥ १ ॥
vande kandāvadātaṁ sarasijanayanaṁ devamurvīśarūpam. 1.

शङ्खेन्द्वाभमतीवसुन्दरतनुं शार्दूलचर्माम्बरं
śaṅkhendvābhamatīvasundaratanuṁ śārdūlacarmāmbaraṁ
कालव्यालकरालभूषणधरं गङ्गाशशाङ्कप्रियम् ।
kālavyālakarālabhūṣaṇadharaṁ gaṅgāśaśāṅkapriyam,
काशीशं कलिकल्मषौघशमनं कल्याणकल्पद्रुमं
kāśīśaṁ kalikalmaṣaughaśamanaṁ kalyāṇakalpadrumaṁ
नौमीड्यं गिरिजापतिं गुणनिधिं कन्दर्पहं शङ्करम् ॥ २ ॥
naumīḍyaṁ girijāpatiṁ guṇanidhiṁ kandarpahaṁ śaṅkaram. 2.

यो ददाति सतां शम्भुः कैवल्यमपि दुर्लभम् ।
yo dadāti satāṁ śambhuḥ kaivalyamapi durlabham,
खलानां दण्डकृद्योऽसौ शङ्करः शं तनोतु मे ॥ ३ ॥
khalānāṁ daṇḍakṛdyo'sau śaṅkaraḥ śaṁ tanotu me. 3.

दोहा-dohā:

लव निमेष परमानु जुग बरष कलप सर चंड ।
lava nimeṣa paramānu juga baraṣa kalapa sara caṁḍa,
भजसि न मन तेहि राम को कालु जासु कोदंड ॥
bhajasi na mana tehi rāma ko kālu jāsu kodaṁḍa.

सोरठा-soraṭhā:

सिंधु बचन सुनि राम सचिव बोलि प्रभु अस कहेउ ।
siṁdhu bacana suni rāma saciva boli prabhu asa kaheu,
अब बिलंबु केहि काम करहु सेतु उतरै कटकु ॥
aba bilaṁbu kehi kāma karahu setu utarai kaṭaku.
सुनहु भानुकुल केतु जामवंत कर जोरि कह ।
sunahu bhānukula ketu jāmavaṁta kara jori kaha,
नाथ नाम तव सेतु नर चढ़ि भव सागर तरहिं ॥
nātha nāma tava setu nara caṛhi bhava sāgara tarahiṁ.

चौपाई-caupāī:

यह लघु जलधि तरत कति बारा । अस सुनि पुनि कह पवनकुमारा ॥
yaha laghu jaladhi tarata kati bārā, asa suni puni kaha pavanakumārā.
प्रभु प्रताप बड़वानल भारी । सोषेउ प्रथम पयोनिधि बारी ॥
prabhu pratāpa baṛavānala bhārī, soṣeu prathama payonidhi bārī.
तव रिपु नारि रुदन जल धारा । भरेउ बहोरि भयउ तेहिं खारा ॥
tava ripu nāri rudana jala dhārā, bhareu bahori bhayau tehiṁ khārā.
सुनि अति उकुति पवनसुत केरी । हरषे कपि रघुपति तन हेरी ॥
suni ati ukuti pavanasuta kerī, haraṣe kapi raghupati tana herī.
जामवंत बोले दोउ भाई । नल नीलहि सब कथा सुनाई ॥
jāmavaṁta bole dou bhāī, nala nīlahi saba kathā sunāī.
राम प्रताप सुमिरि मन माहीं । करहु सेतु प्रयास कछु नाहीं ॥
rāma pratāpa sumiri mana māhīṁ, karahu setu prayāsa kachu nāhīṁ.
बोलि लिए कपि निकर बहोरी । सकल सुनहु बिनती कछु मोरी ॥
boli lie kapi nikara bahorī, sakala sunahu binatī kachu morī.
राम चरन पंकज उर धरहू । कौतुक एक भालु कपि करहू ॥
rāma carana paṁkaja ura dharahū, kautuka eka bhālu kapi karahū.
धावहु मर्कट बिकट बरूथा । आनहु बिटप गिरिन्ह के जूथा ॥
dhāvahu markaṭa bikaṭa barūthā, ānahu biṭapa girinha ke jūthā.
सुनि कपि भालु चले करि हूहा । जय रघुबीर प्रताप समूहा ॥
suni kapi bhālu cale kari hūhā, jaya raghubīra pratāpa samūhā.

दोहा-dohā:

अति उतंग गिरि पादप लीलहिं लेहिं उठाइ ।
ati utaṁga giri pādapa līlahiṁ lehiṁ uṭhāi,
आनि देहिं नल नीलहि रचहिं ते सेतु बनाइ ॥ १ ॥
āni dehiṁ nala nīlahi racahiṁ te setu banāi. 1.

चौपाई-caupāī:

सैल बिसाल आनि कपि देहीं । कंदुक इव नल नील ते लेहीं ॥
saila bisāla āni kapi dehīṁ, kaṁduka iva nala nīla te lehīṁ.
देखि सेतु अति सुंदर रचना । बिहसि कृपानिधि बोले बचना ॥
dekhi setu ati suṁdara racanā, bihasi kṛpānidhi bole bacanā.
परम रम्य उत्तम यह धरनी । महिमा अमित जाइ नहिं बरनी ॥
parama ramya uttama yaha dharanī, mahimā amita jāi nahiṁ baranī.
करिहउँ इहाँ संभु थापना । मोरे हृदयँ परम कलपना ॥
karihauṁ ihāṁ saṁbhu thāpanā, more hṛdayaṁ parama kalapanā.
सुनि कपीस बहु दूत पठाए । मुनिबर सकल बोलि लै आए ॥
suni kapīsa bahu dūta paṭhāe, munibara sakala boli lai āe.
लिंग थापि बिधिवत करि पूजा । सिव समान प्रिय मोहि न दूजा ॥
liṁga thāpi bidhivata kari pūjā, siva samāna priya mohi na dūjā.
सिव द्रोही मम भगत कहावा । सो नर सपनेहुँ मोहि न पावा ॥
siva drohī mama bhagata kahāvā, so nara sapanehuṁ mohi na pāvā.
संकर बिमुख भगति चह मोरी । सो नारकी मूढ़ मति थोरी ॥
saṁkara bimukha bhagati caha morī, so nārakī mūṛha mati thorī.

दोहा-dohā:

संकरप्रिय मम द्रोही सिव द्रोही मम दास ।
saṁkarapriya mama drohī siva drohī mama dāsa,
ते नर करहिं कलप भरि घोर नरक महुँ बास ॥ २ ॥
te nara karahiṁ kalapa bhari dhora naraka mahuṁ bāsa. 2.

चौपाई-caupāī:

जे रामेस्वर दरसनु करिहहिं । ते तनु तजि मम लोक सिधरिहहिं ॥
je rāmesvara darasanu karihahiṁ, te tanu taji mama loka sidharihahiṁ.
जो गंगाजलु आनि चढ़ाइहि । सो साजुज्य मुक्ति नर पाइहि ॥
jo gaṁgājalu āni caṛhāihi, so sājujya mukti nara pāihi.
होइ अकाम जो छल तजि सेइहि । भगति मोरि तेहि संकर देइहि ॥
hoi akāma jo chala taji seihi, bhagati mori tehi saṁkara deihi.
मम कृत सेतु जो दरसनु करिही । सो बिनु श्रम भवसागर तरिही ॥
mama kṛta setu jo darasanu karihī, so binu śrama bhavasāgara tarihī.
राम बचन सब के जिय भाए । मुनिबर निज निज आश्रम आए ॥
rāma bacana saba ke jiya bhāe, munibara nija nija āśrama āe.
गिरिजा रघुपति कै यह रीती । संतत करहिं प्रनत पर प्रीती ॥
girijā raghupati kai yaha rītī, saṁtata karahiṁ pranata para prītī.
बाँधा सेतु नील नल नागर । राम कृपाँ जसु भयउ उजागर ॥
bāṁdhā setu nīla nala nāgara, rāma kṛpāṁ jasu bhayau ujāgara.
बूड़हिं आनहि बोरहिं जेई । भए उपल बोहित सम तेई ॥
būṛahiṁ ānahi borahiṁ jeī, bhae upala bohita sama teī.
महिमा यह न जलधि कइ बरनी । पाहन गुन न कपिन्ह कइ करनी ॥
mahimā yaha na jaladhi kai baranī, pāhana guna na kapinha kai karanī.

दोहा-dohā:

श्री रघुबीर प्रताप ते सिंधु तरे पाषान ।
śrī raghubīra pratāpa te siṁdhu tare pāṣāna,
ते मतिमंद जे राम तजि भजहिं जाइ प्रभु आन ॥ ३ ॥
te matimaṁda je rāma taji bhajahiṁ jāi prabhu āna. 3.

चौपाई-caupāī:

बाँधि सेतु अति सुदृढ़ बनावा । देखि कृपानिधि के मन भावा ॥
bāṁdhi setu ati sudṛṛha banāvā, dekhi kṛpānidhi ke mana bhāvā.
चली सेन कछु बरनि न जाई । गर्जहिं मर्कट भट समुदाई ॥
calī sena kachu barani na jāī, garjahiṁ markaṭa bhaṭa samudāī.
सेतुबंध ढिग चढ़ि रघुराई । चितव कृपाल सिंधु बहुताई ॥
setubaṁdha ḍhiga caṛhi raghurāī, citava kṛpāla siṁdhu bahutāī.
देखन कहुँ प्रभु करुना कंदा । प्रगट भए सब जलचर बृंदा ॥
dekhana kahuṁ prabhu karunā kaṁdā, pragaṭa bhae saba jalacara bṛṁdā.
मकर नक्र नाना झष ब्याला । सत जोजन तन परम बिसाला ॥
makara nakra nānā jhaṣa byālā, sata jojana tana parama bisālā.
अइसेउ एक तिन्हहि जे खाहीं । एकन्ह कें डर तेपि डेराहीं ॥
aiseu eka tinhahi je khāhīṁ, ekanha keṁ ḍara tepi ḍerāhīṁ.
प्रभुहि बिलोकहिं टरहिं न टारे । मन हरषित सब भए सुखारे ॥
prabhuhi bilokahiṁ ṭarahiṁ na ṭāre, mana haraṣita saba bhae sukhāre.
तिन्ह की ओट न देखिअ बारी । मगन भए हरि रूप निहारी ॥
tinha kī oṭa na dekhia bārī, magana bhae hari rūpa nihārī.
चला कटकु प्रभु आयसु पाई । को कहि सक कपि दल बिपुलाई ॥
calā kaṭaku prabhu āyasu pāī, ko kahi saka kapi dala bipulāī.

दोहा-dohā:

सेतुबंध भइ भीर अति कपि नभ पंथ उड़ाहिं ।
setubaṁdha bhai bhīra ati kapi nabha paṁtha uṛāhiṁ,
अपर जलचरन्हि ऊपर चढ़ि चढ़ि पारहि जाहिं ॥ ४ ॥
apara jalacaranhi ūpara caṛhi caṛhi pārahi jāhiṁ. 4.

चौपाई-caupāī:

अस कौतुक बिलोकि द्वौ भाई । बिहँसि चले कृपाल रघुराई ॥
asa kautuka biloki dvau bhāī, bihaṁsi cale kṛpāla raghurāī.
सेन सहित उतरे रघुबीरा । कहि न जाइ कपि जूथप भीरा ॥
sena sahita utare raghubīrā, kahi na jāi kapi jūthapa bhīrā.
सिंधु पार प्रभु डेरा कीन्हा । सकल कपिन्ह कहुँ आयसु दीन्हा ॥
siṁdhu pāra prabhu ḍerā kīnhā, sakala kapinha kahuṁ āyasu dīnhā.
खाहु जाइ फल मूल सुहाए । सुनत भालु कपि जहँ तहँ धाए ॥
khāhu jāi phala mūla suhāe, sunata bhālu kapi jahaṁ tahaṁ dhāe.
सब तरु फरे राम हित लागी । रितु अरु कुरितु काल गति त्यागी ॥
saba taru phare rāma hita lāgī, ritu aru kuritu kāla gati tyāgī.
खाहिं मधुर फल बटप हलावहिं । लंका सन्मुख सिखर चलावहिं ॥
khāhiṁ madhura phala baṭapa halāvahiṁ, laṁkā sanmukha sikhara calāvahiṁ.
जहँ कहुँ फिरत निसाचर पावहिं । घेरि सकल बहु नाच नचावहिं ॥
jahaṁ kahuṁ phirata nisācara pāvahiṁ, gheri sakala bahu nāca nacāvahiṁ.
दसनन्हि काटि नासिका काना । कहि प्रभु सुजसु देहिं तब जाना ॥
dasananhi kāṭi nāsikā kānā, kahi prabhu sujasu dehiṁ taba jānā.
जिन्ह कर नासा कान निपाता । तिन्ह रावनहि कही सब बाता ॥
jinha kara nāsā kāna nipātā, tinha rāvanahi kahī saba bātā.
सुनत श्रवन बारिधि बंधाना । दस मुख बोलि उठा अकुलाना ॥
sunata śravana bāridhi baṁdhānā, dasa mukha boli uṭhā akulānā.

दोहा-dohā:

बांध्यो बननिधि नीरनिधि जलधि सिंधु बारीस ।
bāṁdhyo bananidhi nīranidhi jaladhi siṁdhu bārīsa,
सत्य तोयनिधि कंपति उदधि पयोधि नदीस ॥ ५ ॥
satya toyanidhi kaṁpati udadhi payodhi nadīsa. 5.

चौपाई-caupāī:

निज बिकलता बिचारि बहोरी । बिहँसि गयउ गृह करि भय भोरी ॥
nija bikalatā bicāri bahorī, bihaṁsi gayau gṛha kari bhaya bhorī.
मंदोदरीं सुन्यो प्रभु आयो । कौतुकहीं पाथोधि बँधायो ॥
maṁdodarīṁ sunyo prabhu āyo, kautukahīṁ pāthodhi baṁdhāyo.
कर गहि पतिहि भवन निज आनी । बोली परम मनोहर बानी ॥
kara gahi patihi bhavana nija ānī, bolī parama manohara bānī.
चरन नाइ सिरु अंचलु रोपा । सुनहु बचन पिय परिहरि कोपा ॥
carana nāi siru aṁcalu ropā, sunahu bacana piya parihari kopā.

नाथ बयरु कीजे ताही सों । बुधि बल सकिअ जीति जाही सों ॥
nātha bayaru kīje tāhī soṁ, budhi bala sakia jīti jāhī soṁ.
तुम्हहि रघुपतिहि अंतर कैसा । खलु खद्योत दिनकरहि जैसा ॥
tumhahi raghupatihi aṁtara kaisā, khalu khadyota dinakarahi jaisā.
अतिबल मधु कैटभ जेहिं मारे । महाबीर दितिसुत संघारे ॥
atibala madhu kaiṭabha jehiṁ māre, mahābīra ditisuta saṁghāre.
जेहिं बलि बाँधि सहजभुज मारा । सोइ अवतरेउ हरन महि भारा ॥
jehiṁ bali bāṁdhi sahajabhuja mārā, soi avatareu harana mahi bhārā.
तासु बिरोध न कीजिअ नाथा । काल करम जिव जाकें हाथा ॥
tāsu birodha na kījia nāthā, kāla karama jiva jākeṁ hāthā.

दोहा-dohā:

रामहि सौंपि जानकी नाइ कमल पद माथ ।
rāmahi sauṁpi jānakī nāi kamala pada mātha,
सुत कहुँ राज समर्पि बन जाइ भजिअ रघुनाथ ॥६॥
suta kahuṁ rāja samarpi bana jāi bhajia raghunātha. 6.

चौपाई-caupāī:

नाथ दीनदयाल रघुराई । बाघउ सनमुख गएँ न खाई ॥
nātha dīnadayāla raghurāī, bāghau sanamukha gaeṁ na khāī.
चाहिअ करन सो सब करि बीते । तुम्ह सुर असुर चराचर जीते ॥
cāhia karana so saba kari bīte, tumha sura asura carācara jīte.
संत कहहिं असि नीति दसानन । चौथेंपन जाइहि नृप कानन ॥
saṁta kahahiṁ asi nīti dasānana, cautheṁpana jāihi nṛpa kānana.
तासु भजन कीजिअ तहँ भर्ता । जो कर्ता पालक संहर्ता ॥
tāsu bhajana kījia tahaṁ bhartā, jo kartā pālaka saṁhartā.
सोइ रघुबीर प्रनत अनुरागी । भजहु नाथ ममता सब त्यागी ॥
soi raghuvīra pranata anurāgī, bhajahu nātha mamatā saba tyāgī.
मुनिबर जतनु करहिं जेहि लागी । भूप राजु तजि होहिं बिरागी ॥
munibara jatanu karahiṁ jehi lāgī, bhūpa rāju taji hohiṁ birāgī.
सोइ कोसलधीस रघुराया । आयउ करन तोहि पर दाया ॥
soi kosaladhīsa raghurāyā, āyau karana tohi para dāyā.
जौं पिय मानहु मोर सिखावन । सुजसु होइ तिहुँ पुर अति पावन ॥
jauṁ piya mānahu mora sikhāvana, sujasu hoi tihuṁ pura ati pāvana.

दोहा-dohā:

अस कहि नयन नीर भरि गहि पद कंपित गात ।
asa kahi nayana nīra bhari gahi pada kaṁpita gāta,
नाथ भजहु रघुनाथहि अचल होइ अहिवात ॥७॥
nātha bhajahu raghunāthahi acala hoi ahivāta. 7.

चौपाई-caupāī:

तब रावन मयसुता उठाई । कहै लाग खल निज प्रभुताई ॥
taba rāvana mayasutā uṭhāī, kahai lāga khala nija prabhutāī.
सुनु तैं प्रिया बृथा भय माना । जग जोधा को मोहि समाना ॥
sunu taiṁ priyā bṛthā bhaya mānā, jaga jodhā ko mohi samānā.
बरुन कुबेर पवन जम काला । भुज बल जितेउँ सकल दिगपाला ॥
baruna kubera pavana jama kālā, bhuja bala jiteuṁ sakala digapālā.
देव दनुज नर सब बस मोरें । कवन हेतु उपजा भय तोरें ॥
deva danuja nara saba basa moreṁ, kavana hetu upajā bhaya toreṁ.
नाना बिधि तेहि कहेसि बुझाई । सभाँ बहोरि बैठ सो जाई ॥
nānā bidhi tehi kahesi bujhāī, sabhāṁ bahori baiṭha so jāī.
मंदोदरीं हृदयँ अस जाना । काल बस्य उपजा अभिमाना ॥
maṁdodarīṁ hṛdayaṁ asa jānā, kāla basya upajā abhimānā.
सभाँ आइ मंत्रिन्ह तेहिं बूझा । करब कवन बिधि रिपु सैं जूझा ॥
sabhāṁ āi maṁtrinha tehiṁ būjhā, karaba kavana bidhi ripu saiṁ jūjhā.

कहहिं सचिव सुनु निसिचर नाहा । बार बार प्रभु पूछहु काहा ॥
kahahiṁ saciva sunu nisicara nāhā, bāra bāra prabhu pūchahu kāhā.
कहहु कवन भय करिअ बिचारा । नर कपि भालु अहार हमारा ॥
kahahu kavana bhaya karia bicārā, nara kapi bhālu ahāra hamārā.

दोहा-dohā:

सब के बचन श्रवन सुनि कह प्रहस्त कर जोरि ।
saba ke bacana śravana suni kaha prahasta kara jori,
नीति बिरोध न करिअ प्रभु मंत्रिन्ह मति अति थोरि ॥८॥
nīti birodha na karia prabhu maṁtrinha mati ati thori. 8.

चौपाई-caupāī:

कहहिं सचिव सठ ठकुरसोहाती । नाथ न पूर आव एहि भाँती ॥
kahahiṁ saciva saṭha ṭhakurasohātī, nātha na pūra āva ehi bhāṁtī.
बारिधि नाघि एक कपि आवा । तासु चरित मन महुँ सबु गावा ॥
bāridhi nāghi eka kapi āvā, tāsu carita mana mahuṁ sabu gāvā.
छुधा न रही तुम्हहि तब काहू । जारत नगरु कस न धरि खाहू ॥
chudhā na rahī tumhahi taba kāhū, jārata nagaru kasa na dhari khāhū.
सुनत नीक आगें दुख पावा । सचिवन अस मत प्रभुहि सुनावा ॥
sunata nīka āgeṁ dukha pāvā, sacivana asa mata prabhuhi sunāvā.
जेहिं बारीस बँधायउ हेला । उतरेउ सेन समेत सुबेला ॥
jehiṁ bārīsa baṁdhāyau helā, utareu sena sameta subelā.
सो भनु मनुज खाब हम भाई । बचन कहहिं सब गाल फुलाई ॥
so bhanu manuja khāba hama bhāī, bacana kahahiṁ saba gāla phulāī.
तात बचन मम सुनु अति आदर । जनि मन गुनहु मोहि करि कादर ॥
tāta bacana mama sunu ati ādara, jani mana gunahu mohi kari kādara.
प्रिय बानी जे सुनहिं जे कहहीं । ऐसे नर निकाय जग अहहीं ॥
priya bānī je sunahiṁ je kahahīṁ, aise nara nikāya jaga ahahīṁ.
बचन परम हित सुनत कठोरे । सुनहिं जे कहहिं ते नर प्रभु थोरे ॥
bacana parama hita sunata kaṭhore, sunahiṁ je kahahiṁ te nara prabhu thore.
प्रथम बसीठ पठउ सुनु नीती । सीता देइ करहु पुनि प्रीती ॥
prathama basīṭha paṭhau sunu nītī, sītā dei karahu puni prītī.

दोहा-dohā:

नारि पाइ फिरि जाहिं जौं तौ न बढ़ाइअ रारि ।
nāri pāi phiri jāhiṁ jauṁ tau na baṛhāia rāri,
नाहिं त सन्मुख समर महि तात करिअ हठि मारि ॥९॥
nāhiṁ ta sanmukha samara mahi tāta karia haṭhi māri. 9.

चौपाई-caupāī:

यह मत जौं मानहु प्रभु मोरा । उभय प्रकार सुजसु जग तोरा ॥
yaha mata jauṁ mānahu prabhu morā, ubhaya prakāra sujasu jaga torā.
सुत सन कह दसकंठ रिसाई । असि मति सठ केहिं तोहि सिखाई ॥
suta sana kaha dasakaṁṭha risāī, asi mati saṭha kehiṁ tohi sikhāī.
अबहीं ते उर संसय होई । बेनुमूल सुत भयहु घमोई ॥
abahīṁ te ura saṁsaya hoī, benumūla suta bhayahu ghamoī.
सुनि पितु गिरा परुष अति घोरा । चला भवन कहि बचन कठोरा ॥
suni pitu girā paruṣa ati ghorā, calā bhavana kahi bacana kaṭhorā.
हित मत तोहि न लागत कैसें । काल बिबस कहुँ भेषज जैसें ॥
hita mata tohi na lāgata kaiseṁ, kāla bibasa kahuṁ bheṣaja jaiseṁ.
संध्या समय जानि दससीसा । भवन चलेउ निरखत भुज बीसा ॥
saṁdhyā samaya jāni dasasīsā, bhavana caleu nirakhata bhuja bīsā.
लंका सिखर उपर आगारा । अति बिचित्र तहँ होइ अखारा ॥
laṁkā sikhara upara āgārā, ati bicitra tahaṁ hoi akhārā.
बैठ जाइ तेहिं मंदिर रावन । लागे किंनर गुन गन गावन ॥
baiṭha jāi tehiṁ maṁdira rāvana, lāge kiṁnara guna gana gāvana.

बाजहिं ताल पखाउज बीना । नृत्य करहिं अपछरा प्रबीना ॥
bājahiṁ tāla pakhāuja bīnā, nṛtya karahiṁ apacharā prabīnā.

दोहा-dohā:

सुनासीर सत सरिस सो संतत करइ बिलास ।
sunāsīra sata sarisa so saṁtata karai bilāsa,

परम प्रबल रिपु सीस पर तद्यपि सोच न त्रास ॥१०॥
parama prabala ripu sīsa para tadyapi soca na trāsa. 10.

चौपाई-caupāī:

इहाँ सुबेल सैल रघुबीरा । उतरे सेन सहित अति भीरा ॥
ihāṁ subela saila raghubīrā, utare sena sahita ati bhīrā.

सिखर एक उतंग अति देखी । परम रम्य सम सुभ्र बिसेषी ॥
sikhara eka utaṁga ati dekhī, parama ramya sama subhra biseṣī.

तहँ तरु किसलय सुमन सुहाए । लछिमन रचि निज हाथ डसाए ॥
tahaṁ taru kisalaya sumana suhāe, lachimana raci nija hātha ḍasāe.

ता पर रूचिर मृदुल मृगछाला । तेहिं आसन आसीन कृपाला ॥
tā para rūcira mṛdula mṛgachālā, tehiṁ āsana āsīna kṛpālā.

प्रभु कृत सीस कपीस उछंगा । बाम दहिन दिसि चाप निषंगा ॥
prabhu kṛta sīsa kapīsa uchaṁgā, bāma dahina disi cāpa niṣaṁgā.

दुहुँ कर कमल सुधारत बाना । कह लंकेस मंत्र लगि काना ॥
duhuṁ kara kamala sudhārata bānā, kaha laṁkesa maṁtra lagi kānā.

बड़भागी अंगद हनुमाना । चरन कमल चापत बिधि नाना ॥
baṛabhāgī aṁgada hanumānā, carana kamala cāpata bidhi nānā.

प्रभु पाछें लछिमन बीरासन । कटि निषंग कर बान सरासन ॥
prabhu pācheṁ lachimana bīrāsana, kaṭi niṣaṁga kara bāna sarāsana.

दोहा-dohā:

एहि बिधि कृपा रूप गुन धाम रामु आसीन ।
ehi bidhi kṛpā rūpa guna dhāma rāmu āsīna,

धन्य ते नर एहिं ध्यान जे रहत सदा लयलीन ॥११क॥
dhanya te nara ehiṁ dhyāna je rahata sadā layalīna. 11(ka).

पूरब दिसा बिलोकि प्रभु देखा उदित मंयक ।
pūraba disā biloki prabhu dekhā udita maṁyaka,

कहत सबहि देखहु ससिहि मृगपति सरिस असंक ॥११ख॥
kahata sabahi dekhahu sasihi mṛgapati sarisa asaṁka. 11(kha).

चौपाई-caupāī:

पूरब दिसि गिरिगुहा निवासी । परम प्रताप तेज बल रासी ॥
pūraba disi giriguhā nivāsī, parama pratāpa teja bala rāsī.

मत्त नाग तम कुंभ बिदारी । ससि केसरी गगन बन चारी ॥
matta nāga tama kuṁbha bidārī, sasi kesarī gagana bana cārī.

बिथुरे नभ मुकुताहल तारा । निसि सुंदरी केर सिंगारा ॥
bithure nabha mukutāhala tārā, nisi suṁdarī kera siṁgārā.

कह प्रभु ससि महुँ मेचकताई । कहहु काह निज निज मति भाई ॥
kaha prabhu sasi mahuṁ mecakatāī, kahahu kāha nija nija mati bhāī.

कह सुग्रीव सुनहु रघुराई । ससि महुँ प्रगट भूमि कै झाँई ॥
kaha sugrīva sunahu raghurāī, sasi mahuṁ pragaṭa bhūmi kai jhāṁī.

मारेउ राहु ससिहि कह कोई । उर महँ परी स्यामता सोई ॥
māreu rāhu sasihi kaha koī, ura mahaṁ parī syāmatā soī.

कोउ कह जब बिधि रति मुख कीन्हा । सार भाग ससि कर हरि लीन्हा ॥
kou kaha jaba bidhi rati mukha kīnhā, sāra bhāga sasi kara hari līnhā.

छिद्र सो प्रगट इंदु उर माहीं । तेहि मग देखिअ नभ परिछाहीं ॥
chidra so pragaṭa iṁdu ura māhīṁ, tehi maga dekhia nabha parichāhīṁ.

प्रभु कह गरल बंधु ससि केरा । अति प्रिय निज उर दीन्ह बसेरा ॥
prabhu kaha garala baṁdhu sasi kerā, ati priya nija ura dīnha baserā.

बिष संजुत कर निकर पसारी । जारत बिरहवंत नर नारी ॥
biṣa saṁjuta kara nikara pasārī, jārata birahavaṁta nara nārī.

दोहा-dohā:

कह हनुमंत सुनहु प्रभु ससि तुम्हार प्रिय दास ।
kaha hanumaṁta sunahu prabhu sasi tumhāra priya dāsa,

तव मूरति बिधु उर बसति सोइ स्यामता अभास ॥१२क॥
tava mūrati bidhu ura basati soi syāmatā abhāsa. 12(ka).

नवाह्नपारायण सातवाँ विश्राम
navāhnapārāyaṇa sātavāṁ viśrāma
(Pause 7 for a Nine-Day Recitation)

पवन तनय के बचन सुनि बिहँसे रामु सुजान ।
pavana tanaya ke bacana suni bihaṁse rāmu sujāna,

दच्छिन दिसि अवलोकि प्रभु बोले कृपानिधान ॥१२ख॥
dacchina disi avaloki prabhu bole kṛpānidhāna. 12(kha).

चौपाई-caupāī:

देखु बिभीषन दच्छिन आसा । घन घंमड दामिनि बिलासा ॥
dekhu bibhīṣana dacchina āsā, ghana ghaṁmaḍa dāmini bilāsā.

मधुर मधुर गरजइ घन घोरा । होइ बृष्टि जनि उपल कठोरा ॥
madhura madhura garajai ghana ghorā, hoi bṛṣṭi jani upala kaṭhorā.

कहत बिभीषन सुनहु कृपाला । होइ न तड़ित न बारिद माला ॥
kahata bibhīṣana sunahu kṛpālā, hoi na taṛita na bārida mālā.

लंका सिखर उपर आगारा । तहँ दसकंघर देख अखारा ॥
laṁkā sikhara upara āgārā, tahaṁ dasakaṁghara dekha akhārā.

छत्र मेघडंबर सिर धारी । सोइ जनु जलद घटा अति कारी ॥
chatra meghaḍaṁbara sira dhārī, soi janu jalada ghaṭā ati kārī.

मंदोदरी श्रवन ताटंका । सोइ प्रभु जनु दामिनी दमंका ॥
maṁdodarī śravana tāṭaṁkā, soi prabhu janu dāminī damaṁkā.

बाजहिं ताल मृदंग अनूपा । सोइ रव मधुर सुनहु सुरभूपा ॥
bājahiṁ tāla mṛdaṁga anūpā, soi rava madhura sunahu surabhūpā.

प्रभु मुसुकान समुझि अभिमाना । चाप चढ़ाइ बान संधाना ॥
prabhu musukāna samujhi abhimānā, cāpa caṛhāi bāna saṁdhānā.

दोहा-dohā:

छत्र मुकुट ताटंक तब हते एकहीं बान ।
chatra mukuṭa tāṭaṁka taba hate ekahīṁ bāna,

सब कें देखत महि परे मरमु न कोऊ जान ॥१३क॥
saba keṁ dekhata mahi pare maramu na koū jāna. 13(ka).

अस कौतुक करि राम सर प्रबिसेउ आइ निषंग ।
asa kautuka kari rāma sara prabiseu āi niṣaṁga,

रावन सभा ससंक सब देखि महा रसभंग ॥१३ख॥
rāvana sabhā sasaṁka saba dekhi mahā rasabhaṁga. 13(kha).

चौपाई-caupāī:

कंप न भूमि न मरुत बिसेषा । अस्त्र सस्त्र कछु नयन न देखा ॥
kaṁpa na bhūmi na maruta biseṣā, astra sastra kachu nayana na dekhā.

सोचहिं सब निज हृदय मझारी । असगुन भयउ भयंकर भारी ॥
socahiṁ saba nija hṛdaya majhārī, asaguna bhayau bhayaṁkara bhārī.

दसमुख देखि सभा भय पाई । बिहसि बचन कह जुगुति बनाई ॥
dasamukha dekhi sabhā bhaya pāī, bihasi bacana kaha juguti banāī.

सिरउ गिरे संतत सुभ जाही । मुकुट परे कस असगुन ताही ॥
sirau gire saṁtata subha jāhī, mukuṭa pare kasa asaguna tāhī.

सयन करहु निज निज गृह जाई । गवने भवन सकल सिर नाई ॥
sayana karahu nija nija gṛha jāī, gavane bhavana sakala sira nāī.

मंदोदरी सोच उर बसेऊ । जब ते श्रवनपूर महि खसेऊ ॥
maṁdodarī soca ura baseū, jaba te śravanapūra mahi khaseū.
सजल नयन कह जुग कर जोरी । सुनहु प्रानपति बिनती मोरी ॥
sajala nayana kaha juga kara jorī, sunahu prānapati binatī morī.
कंत राम बिरोध परिहरहू । जानि मनुज जनि हठ मन धरहू ॥
kaṁta rāma birodha pariharahū, jāni manuja jani haṭha mana dharahū.

दोहा-dohā:

बिस्वरुप रघुबंस मनि करहु बचन बिस्वासु ।
bisvarupa raghubaṁsa mani karahu bacana bisvāsu,
लोक कल्पना बेद कर अंग अंग प्रति जासु ॥१४॥
loka kalpanā beda kara aṁga aṁga prati jāsu. 14.

चौपाई-caupāī:

पद पाताल सीस अज धामा । अपर लोक अँग अँग बिश्रामा ॥
pada pātāla sīsa aja dhāmā, apara loka aṁga aṁga biśrāmā.
भृकुटि बिलास भयंकर काला । नयन दिवाकर कच घन माला ॥
bhṛkuṭi bilāsa bhayaṁkara kālā, nayana divākara kaca ghana mālā.
जासु घ्रान अस्विनीकुमारा । निसि अरु दिवस निमेष अपारा ॥
jāsu ghrāna asvinīkumārā, nisi aru divasa nimeṣa apārā.
श्रवन दिसा दस बेद बखानी । मारुत स्वास निगम निज बानी ॥
śravana disā dasa beda bakhānī, māruta svāsa nigama nija bānī.
अधर लोभ जम दसन कराला । माया हास बाहु दिगपाला ॥
adhara lobha jama dasana karālā, māyā hāsa bāhu digapālā.
आनन अनल अंबुपति जीहा । उतपति पालन प्रलय समीहा ॥
ānana anala aṁbupati jīhā, utapati pālana pralaya samīhā.
रोम राजि अष्टादस भारा । अस्थि सैल सरिता नस जारा ॥
roma rāji aṣṭādasa bhārā, asthi saila saritā nasa jārā.
उदर उदधि अधगो जातना । जगमय प्रभु का बहु कलपना ॥
udara udadhi adhago jātanā, jagamaya prabhu kā bahu kalapanā.

दोहा-dohā:

अहंकार सिव बुद्धि अज मन ससि चित्त महान ।
ahaṁkāra siva buddhi aja mana sasi citta mahāna,
मनुज बास सचराचर रुप राम भगवान ॥१५ क॥
manuja bāsa sacarācara rupa rāma bhagavāna. 15 ka.
अस बिचारि सुनु प्रानपति प्रभु सन बयरु बिहाइ ।
asa bicāri sunu prānapati prabhu sana bayaru bihāi,
प्रीति करहु रघुबीर पद मम अहिवात न जाइ ॥१५ ख॥
prīti karahu raghubīra pada mama ahivāta na jāi. 15 kha.

चौपाई-caupāī:

बिहँसा नारि बचन सुनि काना । अहो मोह महिमा बलवाना ॥
bihaṁsā nāri bacana suni kānā, aho moha mahimā balavānā.
नारि सुभाउ सत्य सब कहहीं । अवगुन आठ सदा उर रहहीं ॥
nāri subhāu satya saba kahahīṁ, avaguna āṭha sadā ura rahahīṁ.
साहस अनृत चपलता माया । भय अबिबेक असौच अदाया ॥
sāhasa anṛta capalatā māyā, bhaya abibeka asauca adāyā.
रिपु कर रुप सकल तैं गावा । अति बिसाल भय मोहि सुनावा ॥
ripu kara rupa sakala taiṁ gāvā, ati bisāla bhaya mohi sunāvā.
सो सब प्रिया सहज बस मोरें । समुझि परा प्रसाद अब तोरें ॥
so saba priyā sahaja basa moreṁ, samujhi parā prasāda aba toreṁ.
जानिउँ प्रिया तोरि चतुराई । एहि बिधि कहहु मोरि प्रभुताई ॥
jāniuṁ priyā tori caturāī, ehi bidhi kahahu mori prabhutāī.
तव बतकही गूढ़ मृगलोचनि । समुझत सुखद सुनत भय मोचनि ॥
tava batakahī gūṛha mṛgalocani, samujhata sukhada sunata bhaya mocani.

मंदोदरि मन महुँ अस ठयऊ । पियहि काल बस मतिभ्रम भयऊ ॥
maṁdodari mana mahuṁ asa ṭhayaū, piyahi kāla basa matibhrama bhayaū.

दोहा-dohā:

एहि बिधि करत बिनोद बहु प्रात प्रगट दसकंध ।
ehi bidhi karata binoda bahu prāta pragaṭa dasakaṁdha,
सहज असंक लंकपति सभाँ गयउ मद अंध ॥१६क॥
sahaja asaṁka laṁkapati sabhāṁ gayau mada aṁdha. 16(ka).

सोरठा-sorathā:

फूलइ फरइ न बेत जदपि सुधा बरषहिं जलद ।
phūlai pharai na beta jadapi sudhā baraṣahiṁ jalada,
मूरुख हृदयँ न चेत जौं गुर मिलहिं बिरंचि सम ॥१६ख॥
mūrukha hṛdayaṁ na ceta jauṁ gura milahiṁ biraṁci sama. 16(kha).

चौपाई-caupāī:

इहाँ प्रात जागे रघुराई । पूछा मत सब सचिव बोलाई ॥
ihāṁ prāta jāge raghurāī, pūchā mata saba saciva bolāī.
कहहु बेगि का करिअ उपाई । जामवंत कह पद सिरु नाई ॥
kahahu begi kā karia upāī, jāmavaṁta kaha pada siru nāī.
सुनु सर्बग्य सकल उर बासी । बुधि बल तेज धर्म गुन रासी ॥
sunu sarbagya sakala ura bāsī, budhi bala teja dharma guna rāsī.
मंत्र कहउँ निज मति अनुसारा । दूत पठाइअ बालिकुमारा ॥
maṁtra kahauṁ nija mati anusārā, dūta paṭhāia bālikumārā.
नीक मंत्र सब के मन माना । अंगद सन कह कृपानिधाना ॥
nīka maṁtra saba ke mana mānā, aṁgada sana kaha kṛpānidhānā.
बालितनय बुधि बल गुन धामा । लंका जाहु तात मम कामा ॥
bālitanaya budhi bala guna dhāmā, laṁkā jāhu tāta mama kāmā.
बहुत बुझाइ तुम्हहि का कहऊँ । परम चतुर मैं जानत अहऊँ ॥
bahuta bujhāi tumhahi kā kahaūṁ, parama catura maiṁ jānata ahaūṁ.
काजु हमार तासु हित होई । रिपु सन करेहु बतकही सोई ॥
kāju hamāra tāsu hita hoī, ripu sana karehu batakahī soī.

सोरठा-sorathā:

प्रभु अग्या धरि सीस चरन बंदि अंगद उठेउ ।
prabhu agyā dhari sīsa carana baṁdi aṁgada uṭheu,
सोइ गुन सागर ईस राम कृपा जा पर करहु ॥१७क॥
soi guna sāgara īsa rāma kṛpā jā para karahu. 17(ka).

स्वयंसिद्ध सब काज नाथ मोहि आदरु दियउ ।
svayaṁsiddha saba kāja nātha mohi ādaru diyau,
अस बिचारि जुबराज तन पुलकित हरषित हियउ ॥१७ख॥
asa bicāri jubarāja tana pulakita haraṣita hiyau. 17(kha).

चौपाई-caupāī:

बंदि चरन उर धरि प्रभुताई । अंगद चलेउ सबहि सिरु नाई ॥
baṁdi carana ura dhari prabhutāī, aṁgada caleu sabahi siru nāī.
प्रभु प्रताप उर सहज असंका । रन बाँकुरा बालिसुत बंका ॥
prabhu pratāpa ura sahaja asaṁkā, rana bāṁkurā bālisuta baṁkā.
पुर पैठत रावन कर बेटा । खेलत रहा सो होइ गै भेटा ॥
pura paiṭhata rāvana kara beṭā, khelata rahā so hoi gai bheṭā.
बातहिं बात करष बढ़ि आई । जुगल अतुल बल पुनि तरुनाई ॥
bātahiṁ bāta karaṣa baṛhi āī, jugala atula bala puni tarunāī.
तेहिं अंगद कहुँ लात उठाई । गहि पद पटकेउ भूमि भवाँई ॥
tehiṁ aṁgada kahuṁ lāta uṭhāī, gahi pada paṭakeu bhūmi bhavāṁī.
निसिचर निकर देखि भट भारी । जहँ तहँ चले न सकहिं पुकारी ॥
nisicara nikara dekhi bhaṭa bhārī, jahaṁ tahaṁ cale na sakahiṁ pukārī.

एक एक सन मरमु न कहहीं । समुझि तासु बध चुप करि रहहीं ॥
eka eka sana maramu na kahahīṁ, samujhi tāsu badha cupa kari rahahīṁ.

भयउ कोलाहल नगर मझारी । आवा कपि लंका जेहिं जारी ॥
bhayau kolāhala nagara majhārī, āvā kapi laṁkā jehiṁ jārī.

अब धौं कहा करिहि करतारा । अति सभीत सब करहिं बिचारा ॥
aba dhauṁ kahā karihi karatārā, ati sabhīta saba karahiṁ bicārā.

बिनु पूछें मगु देहिं दिखाई । जेहि बिलोक सोइ जाइ सुखाई ॥
binu pūcheṁ magu dehiṁ dikhāī, jehi biloka soi jāi sukhāī.

दोहा-dohā:

गयउ सभा दरबार तब सुमिरि राम पद कंज ।
gayau sabhā darabāra taba sumiri rāma pada kaṁja,
सिंह ठवनि इत उत चितव धीर बीर बल पुंज ॥१८॥
siṁha ṭhavani ita uta citava dhīra bīra bala puṁja. 18.

चौपाई-caupāī:

तुरत निसाचर एक पठावा । समाचार रावनहि जनावा ॥
turata nisācara eka paṭhāvā, samācāra rāvanahi janāvā.

सुनत बिहँसि बोला दससीसा । आनहु बोलि कहाँ कर कीसा ॥
sunata bihaṁsi bolā dasasīsā, ānahu boli kahāṁ kara kīsā.

आयसु पाइ दूत बहु धाए । कपिकुंजरहि बोलि लै आए ॥
āyasu pāi dūta bahu dhāe, kapikuṁjarahi boli lai āe.

अंगद दीख दसानन बैसें । सहित प्रान कज्जलगिरि जैसें ॥
aṁgada dīkha dasānana baiseṁ, sahita prāna kajjalagiri jaiseṁ.

भुजा बिटप सिर सृंग समाना । रोमावली लता जनु नाना ॥
bhujā biṭapa sira sṛṁga samānā, romāvalī latā janu nānā.

मुख नासिका नयन अरु काना । गिरि कंदरा खोह अनुमाना ॥
mukha nāsikā nayana aru kānā, giri kaṁdarā khoha anumānā.

गयउ सभाँ मन नेकु न मुरा । बालितनय अतिबल बाँकुरा ॥
gayau sabhāṁ mana neku na murā, bālitanaya atibala bāṁkurā.

उठे सभासद कपि कहुँ देखी । रावन उर भा क्रोध बिसेषी ॥
uṭhe sabhāsada kapi kahuṁ dekhī, rāvana ura bhā krodha biseṣī.

दोहा-dohā:

जथा मत्त गज जूथ महुँ पंचानन चलि जाइ ।
jathā matta gaja jūtha mahuṁ paṁcānana cali jāi,
राम प्रताप सुमिरि मन बैठ सभाँ सिरु नाइ ॥१९॥
rāma pratāpa sumiri mana baiṭha sabhāṁ siru nāi. 19.

चौपाई-caupāī:

कह दसकंठ कवन तैं बंदर । मैं रघुबीर दूत दसकंधर ॥
kaha dasakaṁṭha kavana taiṁ baṁdara, maiṁ raghubīra dūta dasakaṁdhara.

मम जनकहि तोहि रही मिताई । तव हित कारन आयउँ भाई ॥
mama janakahi tohi rahī mitāī, tava hita kārana āyauṁ bhāī.

उत्तम कुल पुलस्ति कर नाती । सिव बिरंचि पूजेहु बहु भाँती ॥
uttama kula pulasti kara nātī, siva biraṁci pūjehu bahu bhāṁtī.

बर पायहु कीन्हेहु सब काजा । जीतेहु लोकपाल सब राजा ॥
bara pāyahu kīnhehu saba kājā, jītehu lokapāla saba rājā.

नृप अभिमान मोह बस किंबा । हरि आनिहु सीता जगदंबा ॥
nṛpa abhimāna moha basa kiṁbā, hari ānihu sītā jagadaṁbā.

अब सुभ कहा सुनहु तुम्ह मोरा । सब अपराध छमिहि प्रभु तोरा ॥
aba subha kahā sunahu tumha morā, saba aparādha chamihi prabhu torā.

दसन गहहु तृन कंठ कुठारी । परिजन सहित संग निज नारी ॥
dasana gahahu tṛna kaṁṭha kuṭhārī, parijana sahita saṁga nija nārī.

सादर जनकसुता करि आगें । एहि बिधि चलहु सकल भय त्यागें ॥
sādara janakasutā kari āgeṁ, ehi bidhi calahu sakala bhaya tyāgeṁ.

दोहा-dohā:

प्रनतपाल रघुबंसमनि त्राहि त्राहि अब मोहि ।
pranatapāla raghubaṁsamani trāhi trāhi aba mohi,
आरत गिरा सुनत प्रभु अभय करैगो तोहि ॥२०॥
ārata girā sunata prabhu abhaya karaigo tohi. 20.

चौपाई-caupāī:

रे कपिपोत बोलु संभारी । मूढ़ न जानेहि मोहि सुरारी ॥
re kapipota bolu saṁbhārī, mūṛha na jānehi mohi surārī.

कहु निज नाम जनक कर भाई । केहि नातें मानिऐ मिताई ॥
kahu nija nāma janaka kara bhāī, kehi nāteṁ māniai mitāī.

अंगद नाम बालि कर बेटा । तासों कबहुँ भई ही भेटा ॥
aṁgada nāma bāli kara beṭā, tāsoṁ kabahuṁ bhaī hī bheṭā.

अंगद बचन सुनत सकुचाना । रहा बालि बानर मैं जाना ॥
aṁgada bacana sunata sakucānā, rahā bāli bānara maiṁ jānā.

अंगद तहीं बालि कर बालक । उपजेहु बंस अनल कुल घालक ॥
aṁgada tahīṁ bāli kara bālaka, upajehu baṁsa anala kula ghālaka.

गर्भ न गयहु ब्यर्थ तुम्ह जायहु । निज मुख तापस दूत कहायहु ॥
garbha na gayahu byartha tumha jāyahu, nija mukha tāpasa dūta kahāyahu.

अब कहु कुसल बालि कहँ अहई । बिहँसि बचन तब अंगद कहई ॥
aba kahu kusala bāli kahaṁ ahaī, bihaṁsi bacana taba aṁgada kahaī.

दिन दस गएँ बालि पहिं जाई । बूझेहु कुसल सखा उर लाई ॥
dina dasa gaeṁ bāli pahiṁ jāī, būjhehu kusala sakhā ura lāī.

राम बिरोध कुसल जसि होई । सो सब तोहि सुनाइहि सोई ॥
rāma birodha kusala jasi hoī, so saba tohi sunāihi soī.

सुनु सठ भेद होइ मन ताकें । श्रीरघुबीर हृदय नहिं जाकें ॥
sunu saṭha bheda hoi mana tākeṁ, śrīraghubīra hṛdaya nahiṁ jākeṁ.

दोहा-dohā:

हम कुल घालक सत्य तुम्ह कुल पालक दससीस ।
hama kula ghālaka satya tumha kula pālaka dasasīsa,
अंधउ बधिर न अस कहहिं नयन कान तव बीस ॥२१॥
aṁdhau badhira na asa kahahiṁ nayana kāna tava bīsa. 21,

चौपाई-caupāī:

सिव बिरंचि सुर मुनि समुदाई । चाहत जासु चरन सेवकाई ॥
siva biraṁci sura muni samudāī, cāhata jāsu carana sevakāī.

तासु दूत होइ हम कुल बोरा । अइसिहुँ मति उर बिहर न तोरा ॥
tāsu dūta hoi hama kula borā, aisihuṁ mati ura bihara na torā.

सुनि कठोर बानी कपि केरी । कहत दसानन नयन तरेरी ॥
suni kaṭhora bānī kapi kerī, kahata dasānana nayana tarerī.

खल तव कठिन बचन सब सहऊँ । नीति धर्म मैं जानत अहऊँ ॥
khala tava kaṭhina bacana saba sahaūṁ, nīti dharma maiṁ jānata ahaūṁ.

कह कपि धर्मसीलता तोरी । हमहुँ सुनी कृत पर त्रिय चोरी ॥
kaha kapi dharmasīlatā torī, hamahuṁ sunī kṛta para triya corī.

देखी नयन दूत रखवारी । बूड़ि न मरहु धर्म ब्रतधारी ॥
dekhī nayana dūta rakhavārī, būṛi na marahu dharma bratadhārī.

कान नाक बिनु भगिनि निहारी । छमा कीन्हि तुम्ह धर्म बिचारी ॥
kāna nāka binu bhagini nihārī, chamā kīnhi tumha dharma bicārī.

धर्मसीलता तव जग जागी । पावा दरसु हमहुँ बड़भागी ॥
dharmasīlatā tava jaga jāgī, pāvā darasu hamahuṁ baṛabhāgī.

दोहा-dohā:

जनि जल्पसि जड़ जंतु कपि सठ बिलोकु मम बाहु ।
jani jalpasi jaṛa jaṁtu kapi saṭha biloku mama bāhu,
लोकपाल बल बिपुल ससि ग्रसन हेतु सब राहु ॥२२क॥
lokapāla bala bipula sasi grasana hetu saba rāhu. 22(ka).

पुनि नभ सर मम कर निकर कमलन्हि पर करि बास ।
puni nabha sara mama kara nikara kamalanhi para kari bāsa,
सोभत भयउ मराल इव संभु सहित कैलास ॥२२ख॥
sobhata bhayau marāla iva saṁbhu sahita kailāsa. 22(kha).

चौपाई-caupāī:

तुम्हरे कटक माझ सुनु अंगद । मो सन भिरिहि कवन जोधा बद ॥
tumhare kaṭaka mājha sunu aṁgada, mo sana bhirihi kavana jodhā bada.
तव प्रभु नारि बिरहँ बलहीना । अनुज तासु दुख दुखी मलीना ॥
tava prabhu nāri birahaṁ balahīnā, anuja tāsu dukha dukhī malīnā.
तुम्ह सुग्रीव कूलद्रुम दोऊ । अनुज हमार भीरु अति सोऊ ॥
tumha sugrīva kūladruma doū, anuja hamāra bhīru ati soū.
जामवंत मंत्री अति बूढ़ा । सो कि होइ अब समरारूढ़ा ॥
jāmavaṁta maṁtrī ati būṛhā, so ki hoi aba samarārūṛhā.
सिल्पि कर्म जानहिं नल नीला । है कपि एक महा बलसीला ॥
silpi karma jānahiṁ nala nīlā, hai kapi eka mahā balasīlā.
आवा प्रथम नगरु जेहिं जारा । सुनत बचन कह बालिकुमारा ॥
āvā prathama nagaru jehiṁ jārā, sunata bacana kaha bālikumārā.
सत्य बचन कहु निसिचर नाहा । साँचेहुँ कीस कीन्ह पुर दाहा ॥
satya bacana kahu nisicara nāhā, sāṁcehuṁ kīsa kīnha pura dāhā.
रावन नगर अल्प कपि दहई । सुनि अस बचन सत्य को कहई ॥
rāvana nagara alpa kapi dahaī, suni asa bacana satya ko kahaī.
जो अति सुभट सराहेहु रावन । सो सुग्रीव केर लघु धावन ॥
jo ati subhaṭa sarāhehu rāvana, so sugrīva kera laghu dhāvana.
चलइ बहुत सो बीर न होई । पठवा खबरि लेन हम सोई ॥
calai bahuta so bīra na hoī, paṭhavā khabari lena hama soī.

दोहा-dohā:

सत्य नगरु कपि जारेउ बिनु प्रभु आयसु पाइ ।
satya nagaru kapi jāreu binu prabhu āyasu pāi,
फिरि न गयउ सुग्रीव पहिं तेहिं भय रहा लुकाइ ॥२३क॥
phiri na gayau sugrīva pahiṁ tehiṁ bhaya rahā lukāi. 23(ka).

सत्य कहहि दसकंठ सब मोहि न सुनि कछु कोह ।
satya kahahi dasakaṁṭha saba mohi na suni kachu koha,
कोउ न हमारें कटक अस तो सन लरत जो सोह ॥२३ख॥
kou na hamāreṁ kaṭaka asa to sana larata jo soha. 23(kha).

प्रीति बिरोध समान सन करिअ नीति असि आहि ।
prīti birodha samāna sana karia nīti asi āhi,
जौं मृगपति बध मेडुकन्हि भल कि कहइ कोउ ताहि ॥२३ग॥
jauṁ mṛgapati badha medukanhi bhala ki kahai kou tāhi. 23(ga).

जद्यपि लघुता राम कहुँ तोहि बधें बड़ दोष ।
jadyapi laghutā rāma kahuṁ tohi badheṁ baṛa doṣa,
तदपि कठिन दसकंठ सुनु छत्र जाति कर रोष ॥२३घ॥
tadapi kaṭhina dasakaṁṭha sunu chatra jāti kara roṣa. 23(gha).

बक्र उक्ति धनु बचन सर हृदय दहेउ रिपु कीस ।
bakra ukti dhanu bacana sara hṛdaya daheu ripu kīsa,
प्रतिउत्तर सड़सिन्ह मनहुँ काढ़त भट दससीस ॥२३ङ॥
pratiuttara saṛasinha manahuṁ kāṛhata bhaṭa dasasīsa. 23(ṅa).

हँसि बोलेउ दसमौलि तब कपि कर बड़ गुन एक ।
haṁsi boleu dasamauli taba kapi kara baṛa guna eka,
जो प्रतिपालइ तासु हित करइ उपाय अनेक ॥२३च॥
jo pratipālai tāsu hita karai upāya aneka. 23(ca).

चौपाई-caupāī:

धन्य कीस जो निज प्रभु काजा । जहँ तहँ नाचइ परिहरि लाजा ॥
dhanya kīsa jo nija prabhu kājā, jahaṁ tahaṁ nācai parihari lājā.
नाचि कूदि करि लोग रिझाई । पति हित करइ धर्म निपुनाई ॥
nāci kūdi kari loga rijhāī, pati hita karai dharma nipunāī.
अंगद स्वामिभक्त तव जाती । प्रभु गुन कस न कहसि एहि भाँती ॥
aṁgada svāmibhakta tava jātī, prabhu guna kasa na kahasi ehi bhāṁtī.
मैं गुन गाहक परम सुजाना । तव कटु रटनि करउँ नहिं काना ॥
maiṁ guna gāhaka parama sujānā, tava kaṭu raṭani karauṁ nahiṁ kānā.
कह कपि तव गुन गाहकताई । सत्य पवनसुत मोहि सुनाई ॥
kaha kapi tava guna gāhakatāī, satya pavanasuta mohi sunāī.
बन बिधंसि सुत बधि पुर जारा । तदपि न तेहिं कछु कृत अपकारा ॥
bana bidhaṁsi suta badhi pura jārā, tadapi na tehiṁ kachu kṛta apakārā.
सोइ बिचारि तव प्रकृति सुहाई । दसकंधर मैं कीन्हि ढिठाई ॥
soi bicāri tava prakṛti suhāī, dasakaṁdhara maiṁ kīnhi ḍhiṭhāī.
देखेउँ आइ जो कछु कपि भाषा । तुम्हरें लाज न रोष न माखा ॥
dekheuṁ āi jo kachu kapi bhāṣā, tumhareṁ lāja na roṣa na mākhā.
जौं असि मति पितु खाए कीसा । कहि अस बचन हँसा दससीसा ॥
jauṁ asi mati pitu khāe kīsā, kahi asa bacana haṁsā dasasīsā.
पितहि खाइ खातेउँ पुनि तोही । अबहीं समुझि परा कछु मोही ॥
pitahi khāi khāteuṁ puni tohī, abahīṁ samujhi parā kachu mohī.
बालि बिमल जस भाजन जानी । हतउँ न तोहि अधम अभिमानी ॥
bāli bimala jasa bhājana jānī, hatauṁ na tohi adhama abhimānī.
कहु रावन रावन जग केते । मैं निज श्रवन सुने सुनु जेते ॥
kahu rāvana rāvana jaga kete, maiṁ nija śravana sune sunu jete.
बलिहि जितन एक गयउ पताला । राखेउ बाँधि सिसुन्ह हयसाला ॥
balihi jitana eka gayau patālā, rākheu bāṁdhi sisunha hayasālā.
खेलहिं बालक मारहिं जाई । दया लागि बलि दीन्ह छोड़ाई ॥
khelahiṁ bālaka mārahiṁ jāī, dayā lāgi bali dīnha choṛāī.
एक बहोरि सहसभुज देखा । धाइ धरा जिमि जंतु बिसेषा ॥
eka bahori sahasabhuja dekhā, dhāi dharā jimi jaṁtu biseṣā.
कौतुक लागि भवन लै आवा । सो पुलस्ति मुनि जाइ छोड़ावा ॥
kautuka lāgi bhavana lai āvā, so pulasti muni jāi choṛāvā.

दोहा-dohā:

एक कहत मोहि सकुच अति रहा बालि कीं काँख ।
eka kahata mohi sakuca ati rahā bāli kīṁ kāṁkha,
इन्ह महुँ रावन तैं कवन सत्य बदहि तजि माख ॥२४॥
inha mahuṁ rāvana taiṁ kavana satya badahi taji mākha. 24.

चौपाई-caupāī:

सुनु सठ सोइ रावन बलसीला । हरगिरि जान जासु भुज लीला ॥
sunu saṭha soi rāvana balasīlā, haragiri jāna jāsu bhuja līlā.
जान उमापति जासु सुराई । पूजेउँ जेहि सिर सुमन चढ़ाई ॥
jāna umāpati jāsu surāī, pūjeuṁ jehi sira sumana caṛhāī.

सिर सरोज निज करन्हि उतारी । पूजेउँ अमित बार त्रिपुरारी ॥
sira saroja nija karanhi utārī, pūjeuṁ amita bāra tripurārī.
भुज बिक्रम जानहिं दिगपाला । सठ अजहूँ जिन्ह कें उर साला ॥
bhuja bikrama jānahiṁ digapālā, saṭha ajahūṁ jinha keṁ ura sālā.
जानहिं दिग्गज उर कठिनाई । जब जब भिरउँ जाइ बरिआई ॥
jānahiṁ diggaja ura kaṭhināī, jaba jaba bhirauṁ jāi bariāī.
जिन्ह के दसन कराल न फूटे । उर लागत मूलक इव टूटे ॥
jinha ke dasana karāla na phūṭe, ura lāgata mūlaka iva ṭūṭe.
जासु चलत डोलति इमि धरनी । चढ़त मत्त गज जिमि लघु तरनी ॥
jāsu calata ḍolati imi dharanī, caṛhata matta gaja jimi laghu taranī.
सोइ रावन जग बिदित प्रतापी । सुनेहि न श्रवन अलीक प्रलापी ॥
soi rāvana jaga bidita pratāpī, sunehi na śravana alīka pralāpī.

दोहा-dohā:

तेहि रावन कहँ लघु कहसि नर कर करसि बखान ।
tehi rāvana kahaṁ laghu kahasi nara kara karasi bakhāna,
रे कपि बर्बर खर्ब खल अब जाना तव ग्यान ॥२५॥
re kapi barbara kharba khala aba jānā tava gyāna. 25.

चौपाई-caupāī:

सुनि अंगद सकोप कह बानी । बोलु सँभारि अधम अभिमानी ॥
suni aṁgada sakopa kaha bānī, bolu saṁbhāri adhama abhimānī.
सहसबाहु भुज गहन अपारा । दहन अनल सम जासु कुठारा ॥
sahasabāhu bhuja gahana apārā, dahana anala sama jāsu kuṭhārā.
जासु परसु सागर खर धारा । बूड़े नृप अगनित बहु बारा ॥
jāsu parasu sāgara khara dhārā, būṛe nṛpa aganita bahu bārā.
तासु गर्ब जेहि देखत भागा । सो नर क्यों दससीस अभागा ॥
tāsu garba jehi dekhata bhāgā, so nara kyoṁ dasasīsa abhāgā.
राम मनुज कस रे सठ बंगा । धन्वी कामु नदी पुनि गंगा ॥
rāma manuja kasa re saṭha baṁgā, dhanvī kāmu nadī puni gaṁgā.
पसु सुरधेनु कल्पतरु रूखा । अन्न दान अरु रस पीयूषा ॥
pasu suradhenu kalpataru rūkhā, anna dāna aru rasa pīyūṣā.
बैनतेय खग अहि सहसानन । चिंतामनि पुनि उपल दसानन ॥
bainateya khaga ahi sahasānana, ciṁtāmani puni upala dasānana.
सुनु मतिमंद लोक बैकुंठा । लाभ कि रघुपति भगति अकुंठा ॥
sunu matimaṁda loka baikuṁṭhā, lābha ki raghupati bhagati akuṁṭhā.

दोहा-dohā:

सेन सहित तव मान मथि बन उजारि पुर जारि ।
sena sahita tava māna mathi bana ujāri pura jāri,
कस रे सठ हनुमान कपि गयउ जो तव सुत मारि ॥२६॥
kasa re saṭha hanumāna kapi gayau jo tava suta māri. 26.

चौपाई-caupāī:

सुनु रावन परिहरि चतुराई । भजसि न कृपासिंधु रघुराई ॥
sunu rāvana parihari caturāī, bhajasi na kṛpāsiṁdhu raghurāī.
जौं खल भएसि राम कर द्रोही । ब्रह्म रुद्र सक राखि न तोही ॥
jauṁ khala bhaesi rāma kara drohī, brahma rudra saka rākhi na tohī.
मूढ़ बृथा जनि मारसि गाला । राम बयर अस होइहि हाला ॥
mūṛha bṛthā jani mārasi gālā, rāma bayara asa hoihi hālā.
तव सिर निकर कपिन्ह के आगें । परिहहिं धरनि राम सर लागें ॥
tava sira nikara kapinha ke āgeṁ, parihahiṁ dharani rāma sara lāgeṁ.
ते तव सिर कंदुक सम नाना । खेलिहहिं भालु कीस चौगाना ॥
te tava sira kaṁduka sama nānā, khelihahiṁ bhālu kīsa caugānā.
जबहिं समर कोपिहि रघुनायक । छुटिहहिं अति कराल बहु सायक ॥
jabahiṁ samara kopihi raghunāyaka, chuṭihahiṁ ati karāla bahu sāyaka.

तब कि चलिहि अस गाल तुम्हारा । अस बिचारि भजु राम उदारा ॥
taba ki calihi asa gāla tumhārā, asa bicāri bhaju rāma udārā.
सुनत बचन रावन परजरा । जरत महानल जनु घृत परा ॥
sunata bacana rāvana parajarā, jarata mahānala janu ghṛta parā.

दोहा-dohā:

कुंभकरन अस बंधु मम सुत प्रसिद्ध सक्रारि ।
kuṁbhakarana asa baṁdhu mama suta prasiddha sakrāri,
मोर पराक्रम नहिं सुनेहि जितेउँ चराचर झारि ॥२७॥
mora parākrama nahiṁ sunehi jiteuṁ carācara jhāri. 27.

चौपाई-caupāī:

सठ साखामृग जोरि सहाई । बाँधा सिंधु इहइ प्रभुताई ॥
saṭha sākhāmṛga jori sahāī, bāṁdhā siṁdhu ihai prabhutāī.
नाघहिं खग अनेक बारीसा । सूर न होहिं ते सुनु सब कीसा ॥
nāghahiṁ khaga aneka bārīsā, sūra na hohiṁ te sunu saba kīsā.
मम भुज सागर बल जल पूरा । जहँ बूड़े बहु सुर नर सूरा ॥
mama bhuja sāgara bala jala pūrā, jahaṁ būṛe bahu sura nara sūrā.
बीस पयोधि अगाध अपारा । को अस बीर जो पाइहि पारा ॥
bīsa payodhi agādha apārā, ko asa bīra jo pāihi pārā.
दिगपालन्ह मैं नीर भरावा । भूप सुजस खल मोहि सुनावा ॥
digapālanha maiṁ nīra bharāvā, bhūpa sujasa khala mohi sunāvā.
जौं पै समर सुभट तव नाथा । पुनि पुनि कहसि जासु गुन गाथा ॥
jauṁ pai samara subhaṭa tava nāthā, puni puni kahasi jāsu guna gāthā.
तौ बसीठ पठवत केहि काजा । रिपु सन प्रीति करत नहिं लाजा ॥
tau basīṭha paṭhavata kehi kājā, ripu sana prīti karata nahiṁ lājā.
हरगिरि मथन निरखु मम बाहू । पुनि सठ कपि निज प्रभुहि सराहू ॥
haragiri mathana nirakhu mama bāhū, puni saṭha kapi nija prabhuhi sarāhū.

दोहा-dohā:

सूर कवन रावन सरिस स्वकर काटि जेहिं सीस ।
sūra kavana rāvana sarisa svakara kāṭi jehiṁ sīsa,
हुने अनल अति हरष बहु बार साखि गौरीस ॥२८॥
hune anala ati haraṣa bahu bāra sākhi gaurīsa. 28.

चौपाई-caupāī:

जरत बिलोकेउँ जबहिं कपाला । बिधि के लिखे अंक निज भाला ॥
jarata bilokeuṁ jabahiṁ kapālā, bidhi ke likhe aṁka nija bhālā.
नर कें कर आपन बध बाँची । हसेउँ जानि बिधि गिरा असाँची ॥
nara keṁ kara āpana badha bāṁcī, haseuṁ jāni bidhi girā asāṁcī.
सोउ मन समुझि त्रास नहिं मोरें । लिखा बिरंचि जरठ मति भोरें ॥
sou mana samujhi trāsa nahiṁ moreṁ, likhā biraṁci jaraṭha mati bhoreṁ.
आन बीर बल सठ मम आगें । पुनि पुनि कहसि लाज पति त्यागें ॥
āna bīra bala saṭha mama āgeṁ, puni puni kahasi lāja pati tyāgeṁ.
कह अंगद सलज्ज जग माहीं । रावन तोहि समान कोउ नाहीं ॥
kaha aṁgada salajja jaga māhīṁ, rāvana tohi samāna kou nāhīṁ.
लाजवंत तव सहज सुभाऊ । निज मुख निज गुन कहसि न काऊ ॥
lājavaṁta tava sahaja subhāū, nija mukha nija guna kahasi na kāū.
सिर अरु सैल कथा चित रही । ताते बार बीस तैं कही ॥
sira aru saila kathā cita rahī, tāte bāra bīsa taiṁ kahī.
सो भुजबल राखेउ उर घाली । जीतेहु सहसबाहु बलि बाली ॥
so bhujabala rākheu ura ghālī, jītehu sahasabāhu bali bālī.
सुनु मतिमंद देहि अब पूरा । काटें सीस कि होइअ सूरा ॥
sunu matimaṁda dehi aba pūrā, kāṭeṁ sīsa ki hoia sūrā.
इंद्रजालि कहु कहिअ न बीरा । काटइ निज कर सकल सरीरा ॥
iṁdrajāli kahu kahia na bīrā, kāṭai nija kara sakala sarīrā.

दोहा-dohā:

जरहिं पतंग मोह बस भार बहहिं खर बृंद ।
jarahiṁ pataṁga moha basa bhāra bahahiṁ khara bṛṁda,
ते नहिं सूर कहावहिं समुझि देखु मतिमंद ॥२९॥
te nahiṁ sūra kahāvahiṁ samujhi dekhu matimaṁda. 29.

चौपाई-caupāī:

अब जनि बतबढ़ाव खल करही । सुनु मम बचन मान परिहरही ॥
aba jani batabaṛhāva khala karahī, sunu mama bacana māna pariharahī.
दसमुख मैं न बसीठीं आयउँ । अस बिचारि रघुबीर पठायउँ ॥
dasamukha maiṁ na basīṭhīṁ āyauṁ, asa bicāri raghubīra paṭhāyauṁ.
बार बार अस कहइ कृपाला । नहिं गजारि जसु बधें सृकाला ॥
bāra bāra asa kahai kṛpālā, nahiṁ gajāri jasu badheṁ sṛkālā.
मन महुँ समुझि बचन प्रभु केरे । सहेउँ कठोर बचन सठ तेरे ॥
mana mahuṁ samujhi bacana prabhu kere, saheuṁ kaṭhora bacana saṭha tere.
नाहिं त करि मुख भंजन तोरा । लै जातेउँ सीतहि बरजोरा ॥
nāhiṁ ta kari mukha bhaṁjana torā, lai jāteuṁ sītahi barajorā.
जानेउँ तव बल अधम सुरारी । सूनें हरि आनिहि परनारी ॥
jāneuṁ tava bala adhama surārī, sūneṁ hari ānihi paranārī.
तैं निसिचरपति गर्ब बहूता । मैं रघुपति सेवक कर दूता ॥
taiṁ nisicarapati garba bahūtā, maiṁ raghupati sevaka kara dūtā.
जौं न राम अपमानहि डरउँ । तोहि देखत अस कौतुक करऊँ ॥
jauṁ na rāma apamānahi ḍarauṁ, tohi dekhata asa kautuka karaūṁ.

दोहा-dohā:

तोहि पटकि महि सेन हति चौपट करि तव गाउँ ।
tohi paṭaki mahi sena hati caupaṭa kari tava gāuṁ,
तव जुबतिन्ह समेत सठ जनकसुतहि लै जाउँ ॥३०॥
tava jubatinha sameta saṭha janakasutahi lai jāuṁ. 30.

चौपाई-caupāī:

जौं अस करौं तदपि न बड़ाई । मुएहि बधें नहिं कछु मनुसाई ॥
jauṁ asa karauṁ tadapi na baṛāī, muehi badheṁ nahiṁ kachu manusāī.
कौल कामबस कृपिन बिमूढ़ा । अति दरिद्र अजसी अति बूढ़ा ॥
kaula kāmabasa kṛpina bimūṛhā, ati daridra ajasī ati būṛhā.
सदा रोगबस संतत क्रोधी । बिष्नु बिमुख श्रुति संत बिरोधी ॥
sadā rogabasa saṁtata krodhī, biṣnu bimukha śruti saṁta birodhī.
तनु पोषक निंदक अघ खानी । जीवत सव सम चौदह प्रानी ॥
tanu poṣaka niṁdaka agha khānī, jīvata sava sama caudaha prānī.
अस बिचारि खल बधउँ न तोही । अब जनि रिस उपजावसि मोही ॥
asa bicāri khala badhauṁ na tohī, aba jani risa upajāvasi mohī.
सुनि सकोप कह निसिचर नाथा । अधर दसन दसि मीजत हाथा ॥
suni sakopa kaha nisicara nāthā, adhara dasana dasi mījata hāthā.
रे कपि अधम मरन अब चहसी । छोटे बदन बात बड़ि कहसी ॥
re kapi adhama marana aba cahasī, choṭe badana bāta baṛi kahasī.
कटु जल्पसि जड़ कपि बल जाकें । बल प्रताप बुधि तेज न ताकें ॥
kaṭu jalpasi jaṛa kapi bala jākeṁ, bala pratāpa budhi teja na tākeṁ.

दोहा-dohā:

अगुन अमान जानि तेहि दीन्ह पिता बनबास ।
aguna amāna jāni tehi dīnha pitā banabāsa,
सो दुख अरु जुबती बिरह पुनि निसि दिन मम त्रास ॥३१क॥
so dukha aru jubatī biraha puni nisi dina mama trāsa. 31(ka).

जिन्ह के बल कर गर्ब तोहि अइसे मनुज अनेक ।
jinha ke bala kara garba tohi aise manuja aneka,
खाहिं निसाचर दिवस निसि मूढ़ समुझु तजि टेक ॥३१ख॥
khāhiṁ nisācara divasa nisi mūṛha samujhu taji ṭeka. 31(kha).

चौपाई-caupāī:

जब तेहिं कीन्हि राम कै निंदा । क्रोधवंत अति भयउ कपिंदा ॥
jaba tehiṁ kīnhi rāma kai niṁdā, krodhavaṁta ati bhayau kapiṁdā.
हरि हर निंदा सुनइ जो काना । होइ पाप गोघात समाना ॥
hari hara niṁdā sunai jo kānā, hoi pāpa goghāta samānā.
कटकटान कपिकुंजर भारी । दुहु भुजदंड तमकि महि मारी ॥
kaṭakaṭāna kapikuṁjara bhārī, duhu bhujadaṁḍa tamaki mahi mārī.
डोलत धरनि सभासद खसे । चले भाजि भय मारुत ग्रसे ॥
ḍolata dharani sabhāsada khase, cale bhāji bhaya māruta grase.
गिरत सँभारि उठा दसकंधर । भूतल परे मुकुट अति सुंदर ॥
girata saṁbhāri uṭhā dasakaṁdhara, bhūtala pare mukuṭa ati suṁdara.
कछु तेहिं लै निज सिरन्हि सँवारे । कछु अंगद प्रभु पास पबारे ॥
kachu tehiṁ lai nija siranhi saṁvāre, kachu aṁgada prabhu pāsa pabāre.
आवत मुकुट देखि कपि भागे । दिनहीं लूक परन बिधि लागे ॥
āvata mukuṭa dekhi kapi bhāge, dinahīṁ lūka parana bidhi lāge.
की रावन करि कोप चलाए । कुलिस चारि आवत अति धाए ॥
kī rāvana kari kopa calāe, kulisa cāri āvata ati dhāe.
कह प्रभु हँसि जनि हृदयँ डेराहू । लूक न असनि केतु नहिं राहू ॥
kaha prabhu haṁsi jani hṛdayaṁ ḍerāhū, lūka na asani ketu nahiṁ rāhū.
ए किरीट दसकंधर केरे । आवत बालितनय के प्रेरे ॥
e kirīṭa dasakaṁdhara kere, āvata bālitanaya ke prere.

दोहा-dohā:

तरकि पवनसुत कर गहे आनि धरे प्रभु पास ।
taraki pavanasuta kara gahe āni dhare prabhu pāsa,
कौतुक देखहिं भालु कपि दिनकर सरिस प्रकास ॥३२क॥
kautuka dekhahiṁ bhālu kapi dinakara sarisa prakāsa. 32(ka).

उहाँ सकोपि दसानन सब सन कहत रिसाइ ।
uhāṁ sakopi dasānana saba sana kahata risāi,
धरहु कपिहि धरि मारहु सुनि अंगद मुसुकाइ ॥३२ख॥
dharahu kapihi dhari mārahu suni aṁgada musukāi. 32(kha).

चौपाई-caupāī:

एहि बधि बेगि सुभट सब धावहु । खाहु भालु कपि जहँ जहँ पावहु ॥
ehi badhi begi subhaṭa saba dhāvahu, khāhu bhālu kapi jahaṁ jahaṁ pāvahu.
मर्कटहीन करहु महि जाई । जिअत धरहु तापस द्वौ भाई ॥
markaṭahīna karahu mahi jāī, jiata dharahu tāpasa dvau bhāī.
पुनि सकोप बोलेउ जुबराजा । गाल बजावत तोहि न लाजा ॥
puni sakopa boleu jubarājā, gāla bajāvata tohi na lājā.
मरु गर काटि निलज कुलघाती । बल बिलोकि बिहरति नहिं छाती ॥
maru gara kāṭi nilaja kulaghātī, bala biloki biharati nahiṁ chātī.
रे त्रिय चोर कुमारग गामी । खल मल रासि मंदमति कामी ॥
re triya cora kumāraga gāmī, khala mala rāsi maṁdamati kāmī.
सन्यपात जल्पसि दुर्बादा । भएसि कालबस खल मनुजादा ॥
sanyapāta jalpasi durbādā, bhaesi kālabasa khala manujādā.
याको फलु पावहिगो आगें । बानर भालु चपेटन्हि लागें ॥
yāko phalu pāvahigo āgeṁ, bānara bhālu capeṭanhi lāgeṁ.
रामु मनुज बोलत असि बानी । गिरहिं न तव रसना अभिमानी ॥
rāmu manuja bolata asi bānī, girahiṁ na tava rasanā abhimānī.

गिरिहहिं रसना संसय नाहीं । सिरन्हि समेत समर महि माहीं ॥
girihahiṁ rasanā saṁsaya nāhīṁ, siranhi sameta samara mahi māhīṁ.

सोरठा-sorațhā:

सो नर क्यों दसकंध बालि बध्यो जेहिं एक सर ।
so nara kyoṁ dasakaṁdha bāli badhyo jehiṁ eka sara,
बीसहुँ लोचन अंध धिग तव जन्म कुजाति जड़ ॥३३क॥
bīsahuṁ locana aṁdha dhiga tava janma kujāti jaṛa. 33(ka).

तव सोनित कीं प्यास तृषित राम सायक निकर ।
tava sonita kīṁ pyāsa tṛṣita rāma sāyaka nikara,
तजउँ तोहि तेहि त्रास कटु जल्पक निसिचर अधम ॥३३ख॥
tajauṁ tohi tehi trāsa kaṭu jalpaka nisicara adhama. 33(kha).

चौपाई-caupāī:

मैं तव दसन तोरिबे लायक । आयसु मोहि न दीन्ह रघुनायक ॥
maiṁ tava dasana toribe lāyaka, āyasu mohi na dīnha raghunāyaka.
असि रिस होति दसउ मुख तोरौं । लंका गहि समुद्र महँ बोरौं ॥
asi risa hoti dasau mukha toraum, laṁkā gahi samudra mahaṁ boraum.
गूलरि फल समान तव लंका । बसहु मध्य तुम्ह जंतु असंका ॥
gūlari phala samāna tava laṁkā, basahu madhya tumha jaṁtu asaṁkā.
मैं बानर फल खात न बारा । आयसु दीन्ह न राम उदारा ॥
maiṁ bānara phala khāta na bārā, āyasu dīnha na rāma udārā.
जुगुति सुनत रावन मुसुकाई । मूढ़ सिखिहि कहँ बहुत झुठाई ॥
juguti sunata rāvana musukāī, mūṛha sikhihi kahaṁ bahuta jhuṭhāī.
बालि न कबहुँ गाल अस मारा । मिलि तपसिन्ह तैं भएसि लबारा ॥
bāli na kabahuṁ gāla asa mārā, mili tapasinha taiṁ bhaesi labārā.
साँचेहुँ मैं लबार भुज बीहा । जौं न उपारिउँ तव दस जीहा ॥
sāṁcehuṁ maiṁ labāra bhuja bīhā, jauṁ na upāriuṁ tava dasa jīhā.
समुझि राम प्रताप कपि कोपा । सभा माझ पन करि पद रोपा ॥
samujhi rāma pratāpa kapi kopā, sabhā mājha pana kari pada ropā.
जौं मम चरन सकसि सठ टारी । फिरहिं रामु सीता मैं हारी ॥
jauṁ mama carana sakasi saṭha ṭārī, phirahiṁ rāmu sītā maiṁ hārī.
सुनहु सुभट सब कह दससीसा । पद गहि धरनि पछारहु कीसा ॥
sunahu subhaṭa saba kaha dasasīsā, pada gahi dharani pachārahu kīsā.
इंद्रजीत आदिक बलवाना । हरषि उठे जहँ तहँ भट नाना ॥
iṁdrajīta ādika balavānā, haraṣi uṭhe jahaṁ tahaṁ bhaṭa nānā.
झपटहिं करि बल बिपुल उपाई । पद न टरइ बैठहिं सिरु नाई ॥
jhapaṭahiṁ kari bala bipula upāī, pada na ṭarai baiṭhahiṁ siru nāī.
पुनि उठि झपटहीं सुर आराती । टरइ न कीस चरन एहि भाँती ॥
puni uṭhi jhapaṭahīṁ sura ārātī, ṭarai na kīsa carana ehi bhāṁtī.
पुरुष कुजोगी जिमि उरगारी । मोह बिटप नहिं सकहिं उपारी ॥
puruṣa kujogī jimi uragārī, moha biṭapa nahiṁ sakahiṁ upārī.

दोहा-dohā:

कोटिन्ह मेघनाद सम सुभट उठे हरषाइ ।
koṭinha meghanāda sama subhaṭa uṭhe haraṣāi,
झपटहिं टरै न कपि चरन पुनि बैठहिं सिर नाइ ॥३४क॥
jhapaṭahiṁ ṭarai na kapi carana puni baiṭhahiṁ sira nāi. 34(ka).

भूमि न छाँडत कपि चरन देखत रिपु मद भाग ।
bhūmi na chāṁḍata kapi carana dekhata ripu mada bhāga.
कोटि बिघ्न ते संत कर मन जिमि नीति न त्याग ॥३४ख॥
koṭi bighna te saṁta kara mana jimi nīti na tyāga. 34(kha).

चौपाई-caupāī:

कपि बल देखि सकल हियँ हारे । उठा आपु कपि कें परचारे ॥
kapi bala dekhi sakala hiyaṁ hāre, uṭhā āpu kapi keṁ paracāre.
गहत चरन कह बालिकुमारा । मम पद गहें न तोर उबारा ॥
gahata carana kaha bālikumārā, mama pada gaheṁ na tora ubārā.
गहसि न राम चरन सठ जाई । सुनत फिरा मन अति सकुचाई ॥
gahasi na rāma carana saṭha jāī, sunata phirā mana ati sakucāī.
भयउ तेजहत श्री सब गई । मध्य दिवस जिमि ससि सोहई ॥
bhayau tejahata śrī saba gaī, madhya divasa jimi sasi sohaī.
सिंघासन बैठेउ सिर नाई । मानहुँ संपति सकल गँवाई ॥
siṁghāsana baiṭheu sira nāī, mānahuṁ saṁpati sakala gaṁvāī.
जगदातमा प्रानपति रामा । तासु बिमुख किमि लह बिश्रामा ॥
jagadātamā prānapati rāmā, tāsu bimukha kimi laha biśrāmā.
उमा राम की भृकुटि बिलासा । होइ बिस्व पुनि पावइ नासा ॥
umā rāma kī bhṛkuṭi bilāsā, hoi bisva puni pāvai nāsā.
तृन ते कुलिस कुलिस तृन करई । तासु दूत पन कहु किमि टरई ॥
tṛna te kulisa kulisa tṛna karaī, tāsu dūta pana kahu kimi ṭaraī.
पुनि कपि कही नीति बिधि नाना । मान न ताहि कालु निअराना ॥
puni kapi kahī nīti bidhi nānā, māna na tāhi kālu niarānā.
रिपु मद मथि प्रभु सुजसु सुनायो । यह कहि चल्यो बालि नृप जायो ॥
ripu mada mathi prabhu sujasu sunāyo, yaha kahi calyo bāli nṛpa jāyo.
हतौं न खेत खेलाइ खेलाई । तोहि अबहिं का करौं बड़ाई ॥
hatauṁ na kheta khelāi khelāī, tohi abahiṁ kā karauṁ baṛāī.
प्रथमहिं तासु तनय कपि मारा । सो सुनि रावन भयउ दुखारा ॥
prathamahiṁ tāsu tanaya kapi mārā, so suni rāvana bhayau dukhārā.
जातुधान अंगद पन देखी । भय ब्याकुल सब भए बिसेषी ॥
jātudhāna aṁgada pana dekhī, bhaya byākula saba bhae biseṣī.

दोहा-dohā:

रिपु बल धरषि हरषि कपि बालितनय बल पुंज ।
ripu bala dharaṣi haraṣi kapi bālitanaya bala puṁja,
पुलक सरीर नयन जल गहे राम पद कंज ॥३५क॥
pulaka sarīra nayana jala gahe rāma pada kaṁja. 35(ka).

साँझ जानि दसकंधर भवन गयउ बिलखाइ ।
sāṁjha jāni dasakaṁdhara bhavana gayau bilakhāi,
मंदोदरीं रावनहि बहुरि कहा समुझाइ ॥३५ख॥
maṁdodarīṁ rāvanahi bahuri kahā samujhāi. 35(kha).

चौपाई-caupāī:

कंत समुझि मन तजहु कुमतिही । सोह न समर तुम्हहि रघुपतिही ॥
kaṁta samujhi mana tajahu kumatihī, soha na samara tumhahi raghupatihī.
रामानुज लघु रेख खचाई । सोउ नहिं नाघेहु असि मनुसाई ॥
rāmānuja laghu rekha khacāī, sou nahiṁ nāghehu asi manusāī.
पिय तुम्ह ताहि जितब संग्रामा । जाके दूत केर यह कामा ॥
piya tumha tāhi jitaba saṁgrāmā, jāke dūta kera yaha kāmā.
कौतुक सिंधु नाघि तव लंका । आयउ कपि केहरी असंका ॥
kautuka siṁdhu nāghi tava laṁkā, āyau kapi keharī asaṁkā.
रखवारे हति बिपिन उजारा । देखत तोहि अच्छ तेहिं मारा ॥
rakhavāre hati bipina ujārā, dekhata tohi accha tehiṁ mārā.
जारि सकल पुर कीन्हेसि छारा । कहाँ रहा बल गर्ब तुम्हारा ॥
jāri sakala pura kīnhesi chārā, kahāṁ rahā bala garba tumhārā.
अब पति मृषा गाल जनि मारहु । मोर कहा कछु हृदयँ बिचारहु ॥
aba pati mṛṣā gāla jani mārahu, mora kahā kachu hṛdayaṁ bicārahu.

पति रघुपतिहि नृपति जनि मानहु । अग जग नाथ अतुल बल जानहु ॥
pati raghupatihi nṛpati jani mānahu, aga jaga nātha atula bala jānahu.
बान प्रताप जान मारीचा । तासु कहा नहिं मानेहि नीचा ॥
bāna pratāpa jāna mārīcā, tāsu kahā nahiṁ mānehi nīcā.
जनक सभाँ अगनित भूपाला । रहे तुम्हउ बल अतुल बिसाला ॥
janaka sabhām̐ aganita bhūpālā, rahe tumhau bala atula bisālā.
भंजि धनुष जानकी बिआही । तब संग्राम जितेहु किन ताही ॥
bhaṁji dhanuṣa jānakī biāhī, taba saṁgrāma jitehu kina tāhī.
सुरपति सुत जानइ बल थोरा । राखा जिअत आँखि गहि फोरा ॥
surapati suta jānai bala thorā, rākhā jiata ām̐khi gahi phorā.
सूपनखा कै गति तुम्ह देखी । तदपि हृदयँ नहिं लाज बिसेषी ॥
sūpanakhā kai gati tumha dekhī, tadapi hṛdayam̐ nahiṁ lāja biseṣī.

दोहा-dohā:

बधि बिराध खर दूषनहि लीलाँ हत्यो कबंध ।
badhi birādha khara dūṣanahi līlām̐ hatyo kabaṁdha,
बालि एक सर मारयो तेहि जानहु दसकंध ॥ ३६ ॥
bāli eka sara mārayo tehi jānahu dasakaṁdha. 36.

चौपाई-caupāī:

जेहिं जलनाथ बँधायउ हेला । उतरे प्रभु दल सहित सुबेला ॥
jehiṁ jalanātha bam̐dhāyau helā, utare prabhu dala sahita subelā.
कारुनीक दिनकर कुल केतू । दूत पठायउ तव हित हेतू ॥
kārunīka dinakara kula ketū, dūta paṭhāyau tava hita hetū.
सभा माझ जेहिं तव बल मथा । करि बरूथ महुँ मृगपति जथा ॥
sabhā mājha jehiṁ tava bala mathā, kari barūtha mahum̐ mṛgapati jathā.
अंगद हनुमत अनुचर जाके । रन बाँकुरे बीर अति बाँके ॥
aṁgada hanumata anucara jāke, rana bām̐kure bīra ati bām̐ke.
तेहि कहँ पिय पुनि पुनि नर कहहू । मुधा मान ममता मद बहहू ॥
tehi kaham̐ piya puni puni nara kahahū, mudhā māna mamatā mada bahahū.
अहह कंत कृत राम बिरोधा । काल बिबस मन उपज न बोधा ॥
ahaha kaṁta kṛta rāma birodhā, kāla bibasa mana upaja na bodhā.
काल दंड गहि काहु न मारा । हरइ धर्म बल बुद्धि बिचारा ॥
kāla daṁḍa gahi kāhu na mārā, harai dharma bala buddhi bicārā.
निकट काल जेहि आवत साईं । तेहि भ्रम होइ तुम्हारिहि नाईं ॥
nikaṭa kāla jehi āvata sāīṁ, tehi bhrama hoi tumhārihi nāīṁ.

दोहा-dohā:

दुइ सुत मरे दहेउ पुर अजहुँ पूर पिय देहु ।
dui suta mare daheu pura ajahum̐ pūra piya dehu,
कृपासिंधु रघुनाथ भजि नाथ बिमल जसु लेहु ॥ ३७ ॥
kṛpāsiṁdhu raghunātha bhaji nātha bimala jasu lehu. 37.

चौपाई-caupāī:

नारि बचन सुनि बिसिख समाना । सभाँ गयउ उठि होत बिहाना ॥
nāri bacana suni bisikha samānā, sabhām̐ gayau uṭhi hota bihānā.
बैठ जाइ सिंघासन फूली । अति अभिमान त्रास सब भूली ॥
baiṭha jāi siṁghāsana phūlī, ati abhimāna trāsa saba bhūlī.
इहाँ राम अंगदहि बोलावा । आइ चरन पंकज सिरु नावा ॥
ihām̐ rāma aṁgadahi bolāvā, āi carana paṁkaja siru nāvā.
अति आदर समीप बैठारी । बोले बिहँसि कृपाल खरारी ॥
ati ādara samīpa baiṭhārī, bole biham̐si kṛpāla kharārī.
बालितनय कौतुक अति मोही । तात सत्य कहु पूछउँ तोही ॥
bālitanaya kautuka ati mohī, tāta satya kahu pūchaum̐ tohī.
रावनु जातुधान कुल टीका । भुज बल अतुल जासु जग लीका ॥
rāvanu jātudhāna kula ṭīkā, bhuja bala atula jāsu jaga līkā.
तासु मुकुट तुम्ह चारि चलाए । कहहु तात कवनी बिधि पाए ॥
tāsu mukuṭa tumha cāri calāe, kahahu tāta kavanī bidhi pāe.
सुनु सर्बग्य प्रनत सुखकारी । मुकुट न होहिं भूप गुन चारी ॥
sunu sarbagya pranata sukhakārī, mukuṭa na hohiṁ bhūpa guna cārī.
साम दान अरु दंड बिभेदा । नृप उर बसहिं नाथ कह बेदा ॥
sāma dāna aru daṁḍa bibhedā, nṛpa ura basahiṁ nātha kaha bedā.
नीति धर्म के चरन सुहाए । अस जियँ जानि नाथ पहिं आए ॥
nīti dharma ke carana suhāe, asa jiyam̐ jāni nātha pahiṁ āe.

दोहा-dohā:

धर्महीन प्रभु पद बिमुख काल बिबस दससीस ।
dharmahīna prabhu pada bimukha kāla bibasa dasasīsa,
तेहि परिहरि गुन आए सुनहु कोसलाधीस ॥ ३८क ॥
tehi parihari guna āe sunahu kosalādhīsa. 38(((ka).

परम चतुरता श्रवन सुनि बिहँसे रामु उदार ।
parama caturatā śravana suni biham̐se rāmu udāra,
समाचार पुनि सब कहे गढ़ के बालिकुमार ॥ ३८ख ॥
samācāra puni saba kahe gaṛha ke bālikumāra. 38(kha).

चौपाई-caupāī:

रिपु के समाचार जब पाए । राम सचिव सब निकट बोलाए ॥
ripu ke samācāra jaba pāe, rāma saciva saba nikaṭa bolāe.
लंका बाँके चारि दुआरा । केहि बिधि लागिअ करहु बिचारा ॥
laṁkā bām̐ke cāri duārā, kehi bidhi lāgia karahu bicārā.
तब कपीस रिच्छेस बिभीषन । सुमिरि हृदयँ दिनकर कुल भूषन ॥
taba kapīsa ricchesa bibhīṣana, sumiri hṛdayam̐ dinakara kula bhūṣana.
करि बिचार तिन्ह मंत्र दृढ़ावा । चारि अनी कपि कटकु बनावा ॥
kari bicāra tinha maṁtra dṛṛhāvā, cāri anī kapi kaṭaku banāvā.
जथाजोग सेनापति कीन्हे । जूथप सकल बोलि तब लीन्हे ॥
jathājoga senāpati kīnhe, jūthapa sakala boli taba līnhe.
प्रभु प्रताप कहि सब समुझाए । सुनि कपि सिंघनाद करि धाए ॥
prabhu pratāpa kahi saba samujhāe, suni kapi siṁghanāda kari dhāe.
हरषित राम चरन सिर नावहिं । गहि गिरि सिखर बीर सब धावहिं ॥
haraṣita rāma carana sira nāvahiṁ, gahi giri sikhara bīra saba dhāvahiṁ.
गर्जहिं तर्जहिं भालु कपीसा । जय रघुबीर कोसलाधीसा ॥
garjahiṁ tarjahiṁ bhālu kapīsā, jaya raghubīra kosalādhīsā.
जानत परम दुर्ग अति लंका । प्रभु प्रताप कपि चले असंका ॥
jānata parama durga ati laṁkā, prabhu pratāpa kapi cale asaṁkā.
घटाटोप करि चहुँ दिसि घेरी । मुखहिं निसान बजावहीं भेरी ॥
ghaṭāṭopa kari cahum̐ disi gherī, mukhahiṁ nisāna bajāvahīṁ bherī.

दोहा-dohā:

जयति राम जय लछिमन जय कपीस सुग्रीव ।
jayati rāma jaya lachimana jaya kapīsa sugrīva,
गर्जहिं सिंघनाद कपि भालु महा बल सींव ॥ ३९ ॥
garjahiṁ siṁghanāda kapi bhālu mahā bala sīṁva. 39.

चौपाई-caupāī:

लंकाँ भयउ कोलाहल भारी । सुना दसानन अति अहँकारी ॥
laṁkām̐ bhayau kolāhala bhārī, sunā dasānana ati aham̐kārī.
देखहु बनरन्ह केरि ढिठाई । बिहँसि निसाचर सेन बोलाई ॥
dekhahu banaranha keri ḍhiṭhāī, biham̐si nisācara sena bolāī.
आए कीस काल के प्रेरे । छुधावंत सब निसिचर मेरे ॥
āe kīsa kāla ke prere, chudhāvaṁta saba nisicara mere.
अस कहि अट्टहास सठ कीन्हा । गृह बैठें अहार बिधि दीन्हा ॥

asa kahi aṭṭahāsa saṭha kīnhā, gṛha baiṭheṁ ahāra bidhi dīnhā.

सुभट सकल चारिहुँ दिसि जाहू । धरि धरि भालु कीस सब खाहू ॥
subhaṭa sakala cārihuṁ disi jāhū, dhari dhari bhālu kīsa saba khāhū.

उमा रावनहि अस अभिमाना । जिमि टिट्टिभ खग सूत उताना ॥
umā rāvanahi asa abhimānā, jimi ṭiṭṭibha khaga sūta utānā.

चले निसाचर आयसु मागी । गहि कर भिंडिपाल बर साँगी ॥
cale nisācara āyasu māgī, gahi kara bhiṁḍipāla bara sāṁgī.

तोमर मुद्गर परसु प्रचंडा । सूल कृपान परिघ गिरिखंडा ॥
tomara mudgara parasu pracaṁḍā, sūla kṛpāna parigha girikhaṁḍā.

जिमि अरुनोपल निकर निहारी । धावहिं सठ खग मांस अहारी ॥
jimi arunopala nikara nihārī, dhāvahiṁ saṭha khaga māṁsa ahārī.

चोंच भंग दुख तिन्हहि न सूझा । तिमि धाए मनुजाद अबूझा ॥
coṁca bhaṁga dukha tinhahi na sūjhā, timi dhāe manujāda abūjhā.

दोहा-*dohā:*

नानायुध सर चाप धर जातुधान बल बीर ।
nānāyudha sara cāpa dhara jātudhāna bala bīra,
कोट कँगूरन्हि चढ़ि गए कोटि कोटि रनधीर ॥४०॥
koṭa kaṁgūranhi caṛhi gae koṭi koṭi ranadhīra. 40.

चौपाई-*caupāī:*

कोट कँगूरन्हि सोहहिं कैसे । मेरु के सृंगनि जनु घन बैसे ॥
koṭa kaṁgūranhi sohahiṁ kaise, meru ke sṛṁgani janu ghana baise.

बाजहिं ढोल निसान जुझाऊ । सुनि धुनि होइ भटन्हि मन चाऊ ॥
bājahiṁ ḍhola nisāna jujhāū, suni dhuni hoi bhaṭanhi mana cāū.

बाजहिं भेरि नफीरि अपारा । सुनि कादर उर जाहिं दरारा ॥
bājahiṁ bheri naphīri apārā, suni kādara ura jāhiṁ darārā.

देखिन्ह जाइ कपिन्ह के ठट्टा । अति बिसाल तनु भालु सुभट्टा ॥
dekhinha jāi kapinha ke ṭhaṭṭā, ati bisāla tanu bhālu subhaṭṭā.

धावहिं गनहिं न अवघट घाटा । पर्बत फोरि करहिं गहि बाटा ॥
dhāvahiṁ ganahiṁ na avaghaṭa ghāṭā, parbata phori karahiṁ gahi bāṭā.

कटकटाहिं कोटिन्ह भट गर्जहिं । दसन ओठ काटहिं अति तर्जहिं ॥
kaṭakaṭāhiṁ koṭinha bhaṭa garjahiṁ, dasana oṭha kāṭahiṁ ati tarjahiṁ.

उत रावन इत राम दोहाई । जयति जयति जय परी लराई ॥
uta rāvana ita rāma dohāī, jayati jayati jaya parī larāī.

निसिचर सिखर समूह ढहावहिं । कूदि धरहिं कपि फेरि चलावहिं ॥
nisicara sikhara samūha ḍhahāvahiṁ, kūdi dharahiṁ kapi pheri calāvahiṁ.

छंद-*chaṁda:*

धरि कुधर खंड प्रचंड मर्कट भालु गढ़ पर डारहीं ।
dhari kudhara khaṁḍa pracaṁḍa markaṭa bhālu gaṛha para ḍārahīṁ,
झपटहिं चरन गहि पटकि महि भजि चलत बहुरि पचारहीं ॥
jhapaṭahiṁ carana gahi paṭaki mahi bhaji calata bahuri pacārahīṁ.
अति तरल तरुन प्रताप तरपहिं तमकि गढ़ चढ़ि चढ़ि गए ।
ati tarala taruna pratāpa tarapahiṁ tamaki gaṛha caṛhi caṛhi gae,
कपि भालु चढ़ि मंदिरन्ह जहँ तहँ राम जसु गावत भए ॥
kapi bhālu caṛhi maṁdiranha jahaṁ tahaṁ rāma jasu gāvata bhae.

दोहा-*dohā:*

एकु एकु निसिचर गहि पुनि कपि चले पराइ ।
eku eku nisicara gahi puni kapi cale parāi,
ऊपर आपु हेठ भट गिरहिं धरनि पर आइ ॥४१॥
ūpara āpu heṭha bhaṭa girahiṁ dharani para āi. 41.

चौपाई-*caupāī:*

राम प्रताप प्रबल कपिजूथा । मर्दहिं निसिचर सुभट बरूथा ॥
rāma pratāpa prabala kapijūthā, mardahiṁ nisicara subhaṭa barūthā.

चढ़े दुर्ग पुनि जहँ तहँ बानर । जय रघुबीर प्रताप दिवाकर ॥
caṛhe durga puni jahaṁ tahaṁ bānara, jaya raghubīra pratāpa divākara.

चले निसाचर निकर पराई । प्रबल पवन जिमि घन समुदाई ॥
cale nisācara nikara parāī, prabala pavana jimi ghana samudāī.

हाहाकार भयउ पुर भारी । रोवहिं बालक आतुर नारी ॥
hāhākāra bhayau pura bhārī, rovahiṁ bālaka ātura nārī.

सब मिलि देहिं रावनहिं गारी । राज करत एहिं मृत्यु हँकारी ॥
saba mili dehiṁ rāvanahiṁ gārī, rāja karata ehiṁ mṛtyu haṁkārī.

निज दल बिचल सुनी तेहिं काना । फेरि सुभट लंकेस रिसाना ॥
nija dala bicala sunī tehiṁ kānā, pheri subhaṭa laṁkesa risānā.

जो रन बिमुख सुना मैं काना । सो मैं हतब कराल कृपाना ॥
jo rana bimukha sunā maiṁ kānā, so maiṁ hataba karāla kṛpānā.

सर्बसु खाइ भोग करि नाना । समर भूमि भए बल्लभ प्राना ॥
sarbasu khāi bhoga kari nānā, samara bhūmi bhae ballabha prānā.

उग्र बचन सुनि सकल डेराने । चले क्रोध करि सुभट लजाने ॥
ugra bacana suni sakala ḍerāne, cale krodha kari subhaṭa lajāne.

सन्मुख मरन बीर कै सोभा । तब तिन्ह तजा प्रान कर लोभा ॥
sanmukha marana bīra kai sobhā, taba tinha tajā prāna kara lobhā.

दोहा-*dohā:*

बहु आयुध धर सुभट सब भिरहिं पचारि पचारि ।
bahu āyudha dhara subhaṭa saba bhirahiṁ pacāri pacāri,
ब्याकुल किए भालु कपि परिघ त्रिसूलन्हि मारि ॥४२॥
byākula kie bhālu kapi parigha trisūlanhi māri. 42.

चौपाई-*caupāī:*

भय आतुर कपि भागन लागे । जद्यपि उमा जीतिहहिं आगे ॥
bhaya ātura kapi bhāgana lāge, jadyapi umā jītihahiṁ āge.

कोउ कह कहँ अंगद हनुमंता । कहँ नल नील दुबिद बलवंता ॥
kou kaha kahaṁ aṁgada hanumaṁtā, kahaṁ nala nīla dubida balavaṁtā.

निज दल बिकल सुना हनुमाना । पच्छिम द्वार रहा बलवाना ॥
nija dala bikala sunā hanumānā, pacchima dvāra rahā balavānā.

मेघनाद तहँ करइ लराई । टूट न द्वार परम कठिनाई ॥
meghanāda tahaṁ karai larāī, ṭūṭa na dvāra parama kaṭhināī.

पवनतनय मन भा अति क्रोधा । गर्जेउ प्रबल काल सम जोधा ॥
pavanatanaya mana bhā ati krodhā, garjeu prabala kāla sama jodhā.

कूदि लंक गढ़ ऊपर आवा । गहि गिरि मेघनाद कहुँ धावा ॥
kūdi laṁka gaṛha ūpara āvā, gahi giri meghanāda kahuṁ dhāvā.

भंजेउ रथ सारथी निपाता । ताहि हृदय महुँ मारेसि लाता ॥
bhaṁjeu ratha sārathī nipātā, tāhi hṛdaya mahuṁ māresi lātā.

दुसरें सूत बिकल तेहि जाना । स्यंदन घालि तुरत गृह आना ॥
dusareṁ sūta bikala tehi jānā, syaṁdana ghāli turata gṛha ānā.

दोहा-*dohā:*

अंगद सुना पवनसुत गढ़ पर गयउ अकेल ।
aṁgada sunā pavanasuta gaṛha para gayau akela,
रन बाँकुरा बालिसुत तरकि चढ़ेउ कपि खेल ॥४३॥
rana bāṁkurā bālisuta taraki caṛheu kapi khela. 43.

चौपाई-*caupāī:*

जुद्ध बिरुद्ध क्रुद्ध द्वौ बंदर । राम प्रताप सुमिरि उर अंतर ॥
juddha biruddha kruddha dvau baṁdara, rāma pratāpa sumiri ura aṁtara.

रावन भवन चढ़े द्वौ धाई । करहिं कोसलाधीस दोहाई ॥
rāvana bhavana caṛhe dvau dhāī, karahiṁ kosalādhīsa dohāī.

कलस सहित गहि भवनु ढहावा । देखि निसाचरपति भय पावा ॥
kalasa sahita gahi bhavanu ḍhahāvā, dekhi nisācarapati bhaya pāvā.

नारि बृंद कर पीटहिं छाती । अब दुइ कपि आए उतपाती ॥
nāri bṛṁda kara pīṭahiṁ chātī, aba dui kapi āe utapātī.

कपिलीला करि तिन्हहि डेरावहिं । रामचंद्र कर सुजसु सुनावहिं ॥
kapilīlā kari tinhahi ḍerāvahiṁ, rāmacaṁdra kara sujasu sunāvahiṁ.

पुनि कर गहि कंचन के खंभा । कहेन्हि करिअ उतपात अरंभा ॥
puni kara gahi kaṁcana ke khaṁbhā, kahenhi karia utapāta araṁbhā.

गर्जि परे रिपु कटक मझारी । लागे मर्दै भुज बल भारी ॥
garji pare ripu kaṭaka majhārī, lāge mardai bhuja bala bhārī.

काहुहि लात चपेटन्हि केहू । भजहु न रामहि सो फल लेहू ॥
kāhuhi lāta capeṭanhi kehū, bhajahu na rāmahi so phala lehū.

दोहा-dohā:

एक एक सों मर्दहिं तोरि चलावहिं मुंड ।
eka eka soṁ mardahiṁ tori calāvahiṁ muṁḍa,

रावन आगें परहिं ते जनु फूटहिं दधि कुंड ॥४४॥
rāvana āgeṁ parahiṁ te janu phūṭahiṁ dadhi kuṁḍa. 44.

चौपाई-caupāī:

महा महा मुखिआ जे पावहिं । ते पद गहि प्रभु पास चलावहिं ॥
mahā mahā mukhiā je pāvahiṁ, te pada gahi prabhu pāsa calāvahiṁ.

कहइ बिभीषनु तिन्ह के नामा । देहिं राम तिन्हहू निज धामा ॥
kahai bibhīṣanu tinha ke nāmā, dehiṁ rāma tinhahū nija dhāmā.

खल मनुजाद द्विजामिष भोगी । पावहिं गति जो जाचत जोगी ॥
khala manujāda dvijāmiṣa bhogī, pāvahiṁ gati jo jācata jogī.

उमा राम मृदुचित करुनाकर । बयर भाव सुमिरत मोहि निसिचर ॥
umā rāma mṛducita karunākara, bayara bhāva sumirata mohi nisicara.

देहिं परम गति सो जियँ जानी । अस कृपाल को कहहु भवानी ॥
dehiṁ parama gati so jiyaṁ jānī, asa kṛpāla ko kahahu bhavānī.

अस प्रभु सुनि न भजहिं भ्रम त्यागी । नर मतिमंद ते परम अभागी ॥
asa prabhu suni na bhajahiṁ bhrama tyāgī, nara matimaṁda te parama abhāgī.

अंगद अरु हनुमंत प्रबेसा । कीन्ह दुर्ग अस कह अवधेसा ॥
aṁgada aru hanumaṁta prabesā, kīnha durga asa kaha avadhesā.

लंकाँ द्वौ कपि सोहहिं कैसें । मथहिं सिंधु दुइ मंदर जैसें ॥
laṁkāṁ dvau kapi sohahiṁ kaiseṁ, mathahiṁ siṁdhu dui maṁdara jaiseṁ.

दोहा-dohā:

भुज बल रिपु दल दलमलि देखि दिवस कर अंत ।
bhuja bala ripu dala dalamali dekhi divasa kara aṁta,

कूदे जुगल बिगत श्रम आए जहँ भगवंत ॥४५॥
kūde jugala bigata śrama āe jahaṁ bhagavaṁta. 45.

चौपाई-caupāī:

प्रभु पद कमल सीस तिन्ह नाए । देखि सुभट रघुपति मन भाए ॥
prabhu pada kamala sīsa tinha nāe, dekhi subhaṭa raghupati mana bhāe.

राम कृपा करि जुगल निहारे । भए बिगतश्रम परम सुखारे ॥
rāma kṛpā kari jugala nihāre, bhae bigataśrama parama sukhāre.

गए जानि अंगद हनुमाना । फिरे भालु मर्कट भट नाना ॥
gae jāni aṁgada hanumānā, phire bhālu markaṭa bhaṭa nānā.

जातुधान प्रदोष बल पाई । धाए करि दससीस दोहाई ॥
jātudhāna pradoṣa bala pāī, dhāe kari dasasīsa dohāī.

निसिचर अनी देखि कपि फिरे । जहँ तहँ कटकटाइ भट भिरे ॥
nisicara anī dekhi kapi phire, jahaṁ tahaṁ kaṭakaṭāi bhaṭa bhire.

द्वौ दल प्रबल पचारि पचारी । लरत सुभट नहिं मानहिं हारी ॥
dvau dala prabala pacāri pacārī, larata subhaṭa nahiṁ mānahiṁ hārī.

महाबीर निसिचर सब कारे । नाना बरन बलीमुख भारे ॥
mahābīra nisicara saba kāre, nānā barana balīmukha bhāre.

सबल जुगल दल समबल जोधा । कौतुक करत लरत करि क्रोधा ॥
sabala jugala dala samabala jodhā, kautuka karata larata kari krodhā.

प्राबिट सरद पयोद घनेरे । लरत मनहुँ मारुत के प्रेरे ॥
prābiṭa sarada payoda ghanere, larata manahuṁ māruta ke prere.

अनिप अकंपन अरु अतिकाया । बिचलत सेन कीन्हि इन्ह माया ॥
anipa akaṁpana aru atikāyā, bicalata sena kīnhi inha māyā.

भयउ निमिष महँ अति अँधियारा । बृष्टि होइ रुधिरोपल छारा ॥
bhayau nimiṣa mahaṁ ati aṁdhiyārā, bṛṣṭi hoi rudhiropala chārā.

दोहा-dohā:

देखि निबिड़ तम दसहुँ दिसि कपिदल भयउ खभार ।
dekhi nibiṛa tama dasahuṁ disi kapidala bhayau khabhāra,

एकहि एक न देखई जहँ तहँ करहिं पुकार ॥४६॥
ekahi eka na dekhaī jahaṁ tahaṁ karahiṁ pukāra. 46.

चौपाई-caupāī:

सकल मरमु रघुनायक जाना । लिए बोलि अंगद हनुमाना ॥
sakala maramu raghunāyaka jānā, lie boli aṁgada hanumānā.

समाचार सब कहि समुझाए । सुनत कोपि कपिकुंजर धाए ॥
samācāra saba kahi samujhāe, sunata kopi kapikuṁjara dhāe.

पुनि कृपाल हँसि चाप चढ़ावा । पावक सायक सपदि चलावा ॥
puni kṛpāla haṁsi cāpa caṛhāvā, pāvaka sāyaka sapadi calāvā.

भयउ प्रकास कतहुँ तम नाहीं । ग्यान उदयँ जिमि संसय जाहीं ॥
bhayau prakāsa katahuṁ tama nāhīṁ, gyāna udayaṁ jimi saṁsaya jāhīṁ.

भालु बलीमुख पाइ प्रकासा । धाए हरष बिगत श्रम त्रासा ॥
bhālu balīmukha pāi prakāsā, dhāe haraṣa bigata śrama trāsā.

हनूमान अंगद रन गाजे । हाँक सुनत रजनीचर भाजे ॥
hanūmāna aṁgada rana gāje, hāṁka sunata rajanīcara bhāje.

भागत पट पटकहिं धरि धरनी । करहिं भालु कपि अद्भुत करनी ॥
bhāgata paṭa paṭakahiṁ dhari dharanī, karahiṁ bhālu kapi adbhuta karanī.

गहि पद डारहिं सागर माहीं । मकर उरग झष धरि धरि खाहीं ॥
gahi pada ḍārahiṁ sāgara māhīṁ, makara uraga jhaṣa dhari dhari khāhīṁ.

दोहा-dohā:

कछु मारे कछु घायल कछु गढ़ चढ़े पराइ ।
kachu māre kachu ghāyala kachu gaṛha caṛhe parāi,

गर्जहिं भालु बलीमुख रिपु दल बल बिचलाइ ॥४७॥
garjahiṁ bhālu balīmukha ripu dala bala bicalāi. 47.

चौपाई-caupāī:

निसा जानि कपि चारिउ अनी । आए जहाँ कोसला धनी ॥
nisā jāni kapi cāriu anī, āe jahāṁ kosalā dhanī.

राम कृपा करि चितवा सबही । भए बिगतश्रम बानर तबही ॥
rāma kṛpā kari citavā sabahī, bhae bigataśrama bānara tabahī.

उहाँ दसानन सचिव हँकारे । सब सन कहेसि सुभट जे मारे ॥
uhāṁ dasānana saciva haṁkāre, saba sana kahesi subhaṭa je māre.

आधा कटकु कपिन्ह संघारा । कहहु बेगि का करिअ बिचारा ॥
ādhā kaṭaku kapinha saṁghārā, kahahu begi kā karia bicārā.

माल्यवंत अति जरठ निसाचर । रावन मातु पिता मंत्री बर ॥
mālyavaṁta ati jaraṭha nisācara, rāvana mātu pitā maṁtrī bara.

बोला बचन नीति अति पावन । सुनहु तात कछु मोर सिखावन ॥
bolā bacana nīti ati pāvana, sunahu tāta kachu mora sikhāvana.

जब ते तुम्ह सीता हरि आनी । असगुन होहिं न जाहिं बखानी ॥
jaba te tumha sītā hari ānī, asaguna hohiṁ na jāhiṁ bakhānī.

बेद पुरान जासु जसु गायो । राम बिमुख काहुँ न सुख पायो ॥
beda purāna jāsu jasu gāyo, rāma bimukha kāhuṁ na sukha pāyo.

दोहा-dohā:

हिरन्याच्छ भ्राता सहित मधु कैटभ बलवान ।
hiranyāccha bhrātā sahita madhu kaiṭabha balavāna,
जेहिं मारे सोइ अवतरेउ कृपासिंधु भगवान ॥४८क॥
jehiṁ māre soi avatareu kṛpāsiṁdhu bhagavāna. 48(ka).

मासपारायण पचीसवाँ विश्राम
māsapārāyaṇa pacīsavāṁ viśrāma
(Pause 25 for a Thirty-Day Recitation)

कालरूप खल बन दहन गुनागार घनबोध ।
kālarūpa khala bana dahana gunāgāra ghanabodha,
सिव बिरंचि जेहि सेवहिं तासों कवन बिरोध ॥४८ख॥
siva biraṁci jehi sevahiṁ tāsoṁ kavana birodha. 48(kha).

चौपाई-caupāī:

परिहरि बयरु देहु बैदेही । भजहु कृपानिधि परम सनेही ॥
parihari bayaru dehu baidehī, bhajahu kṛpānidhi parama sanehī.
ताके बचन बान सम लागे । करिआ मुह करि जाहि अभागे ॥
tāke bacana bāna sama lāge, kariā muha kari jāhi abhāge.
बूढ़ भएसि न त मरतेउँ तोही । अब जनि नयन देखावसि मोही ॥
būṛha bhaesi na ta marateuṁ tohī, aba jani nayana dekhāvasi mohī.
तेहि अपने मन अस अनुमाना । बध्यो चहत एहि कृपानिधाना ॥
tehi apane mana asa anumānā, badhyo cahata ehi kṛpānidhānā.
सो उठि गयउ कहत दुर्बादा । तब सकोप बोलेउ घननादा ॥
so uṭhi gayau kahata durbādā, taba sakopa boleu ghananādā.
कौतुक प्रात देखिअहु मोरा । करिहउँ बहुत कहौं का थोरा ॥
kautuka prāta dekhiahu morā, karihauṁ bahuta kahauṁ kā thorā.
सुनि सुत बचन भरोसा आवा । प्रीति समेत अंक बैठावा ॥
suni suta bacana bharosā āvā, prīti sameta aṁka baiṭhāvā.
करत बिचार भयउ भिनुसारा । लागे कपि पुनि चहूँ दुआरा ॥
karata bicāra bhayau bhinusārā, lāge kapi puni cahūṁ duārā.
कोपि कपिन्ह दुर्घट गढ़ु घेरा । नगर कोलाहलु भयउ घनेरा ॥
kopi kapinha durghaṭa gaṛhu gherā, nagara kolāhalu bhayau ghanerā.
बिबिधायुध धर निसिचर धाए । गढ़ ते पर्बत सिखर ढहाए ॥
bibidhāyudha dhara nisicara dhāe, gaṛha te parbata sikhara ḍhahāe.

छंद-chaṁda:

ढाहे महीधर सिखर कोटिन्ह बिबिध बिधि गोला चले ।
ḍhāhe mahīdhara sikhara koṭinha bibidha bidhi golā cale,
घहरात जिमि पबिपात गर्जत जनु प्रलय के बादले ॥
ghaharāta jimi pabipāta garjata janu pralaya ke bādale.
मर्कट बिकट भट जुटत कटत न लटत तन जर्जर भए ।
markaṭa bikaṭa bhaṭa juṭata kaṭata na laṭata tana jarjara bhae,
गहि सैल तेहि गढ़ पर चलावहिं जहँ सो तहँ निसिचर हए ॥
gahi saila tehi gaṛha para calāvahiṁ jahaṁ so tahaṁ nisicara hae.

दोहा-dohā:

मेघनाद सुनि श्रवन अस गढ़ु पुनि छेंका आइ ।
meghanāda suni śravana asa gaṛhu puni cheṁkā āi,
उतरयो बीर दुर्ग तें सन्मुख चल्यो बजाइ ॥४९॥
utarayo bīra durga teṁ sanmukha calyo bajāi. 49.

चौपाई-caupāī:

कहँ कोसलाधीस द्वौ भ्राता । धन्वी सकल लोक बिख्याता ॥
kahaṁ kosalādhīsa dvau bhrātā, dhanvī sakala loka bikhyātā.
कहँ नल नील दुबिद सुग्रीवा । अंगद हनूमंत बल सींवा ॥
kahaṁ nala nīla dubida sugrīvā, aṁgada hanūmaṁta bala sīṁvā.
कहाँ बिभीषनु भ्राताद्रोही । आजु सबहि हठि मारउँ ओही ॥
kahāṁ bibhīṣanu bhrātādrohī, āju sabahi haṭhi māraum̐ ohī.
अस कहि कठिन बान संधाने । अतिसय क्रोध श्रवन लगि ताने ॥
asa kahi kaṭhina bāna saṁdhāne, atisaya krodha śravana lagi tāne.
सर समूह सो छाड़ै लागा । जनु सपच्छ धावहिं बहु नागा ॥
sara samūha so chāṛai lāgā, janu sapaccha dhāvahiṁ bahu nāgā.
जहँ तहँ परत देखिअहिं बानर । सन्मुख होइ न सके तेहि अवसर ॥
jahaṁ tahaṁ parata dekhiahiṁ bānara, sanmukha hoi na sake tehi avasara.
जहँ तहँ भागि चले कपि रीछा । बिसरी सबहि जुद्ध कै ईछा ॥
jahaṁ tahaṁ bhāgi cale kapi rīchā, bisarī sabahi juddha kai īchā.
सो कपि भालु न रन महँ देखा । कीन्हेसि जेहि न प्रान अवसेषा ॥
so kapi bhālu na rana mahaṁ dekhā, kīnhesi jehi na prāna avaseṣā.

दोहा-dohā:

दस दस सर सब मारेसि परे भूमि कपि बीर ।
dasa dasa sara saba māresi pare bhūmi kapi bīra,
सिंहनाद करि गर्जा मेघनाद बल धीर ॥५०॥
siṁhanāda kari garjā meghanāda bala dhīra. 50.

चौपाई-caupāī:

देखि पवनसुत कटक बिहाला । क्रोधवंत जनु धायउ काला ॥
dekhi pavanasuta kaṭaka bihālā, krodhavaṁta janu dhāyau kālā.
महासैल एक तुरत उपारा । अति रिस मेघनाद पर डारा ॥
mahāsaila eka turata upārā, ati risa meghanāda para ḍārā.
आवत देखि गयउ नभ सोई । रथ सारथी तुरग सब खोई ॥
āvata dekhi gayau nabha soī, ratha sārathī turaga saba khoī.
बार बार पचार हनुमाना । निकट न आव मरमु सो जाना ॥
bāra bāra pacāra hanumānā, nikaṭa na āva maramu so jānā.
रघुपति निकट गयउ घननादा । नाना भाँति करेसि दुर्बादा ॥
raghupati nikaṭa gayau ghananādā, nānā bhāṁti karesi durbādā.
अस्त्र सस्त्र आयुध सब डारे । कौतुकहीं प्रभु काटि निवारे ॥
astra sastra āyudha saba ḍāre, kautukahīṁ prabhu kāṭi nivāre.
देखि प्रताप मूढ़ खिसिआना । करै लाग माया बिधि नाना ॥
dekhi pratāpa mūṛha khisiānā, karai lāga māyā bidhi nānā.
जिमि कोउ करै गरुड़ सैं खेला । डरपावै गहि स्वल्प सपेला ॥
jimi kou karai garuṛa saiṁ khelā, ḍarapāvai gahi svalpa sapelā.

दोहा-dohā:

जासु प्रबल माया बल सिव बिरंचि बड़ छोट ।
jāsu prabala māyā bala siva biraṁci baṛa choṭa,
ताहि दिखावइ निसिचर निज माया मति खोट ॥५१॥
tāhi dikhāvai nisicara nija māyā mati khoṭa. 51.

चौपाई-caupāī:

नभ चढ़ि बरष बिपुल अंगारा । महि ते प्रगट होहिं जलधारा ॥
nabha caṛhi baraṣa bipula aṁgārā, mahi te pragaṭa hohiṁ jaladhārā.
नाना भाँति पिसाच पिसाची । मारु काटु धुनि बोलहिं नाची ॥
nānā bhāṁti pisāca pisācī, māru kāṭu dhuni bolahiṁ nācī.
बिष्टा पूय रुधिर कच हाड़ा । बरषइ कबहुँ उपल बहु छाड़ा ॥
biṣṭā pūya rudhira kaca hāṛā, baraṣai kabahuṁ upala bahu chāṛā.
बरषि धूरि कीन्हेसि अँधिआरा । सूझ न आपन हाथ पसारा ॥
baraṣi dhūri kīnhesi aṁdhiārā, sūjha na āpana hātha pasārā.
कपि अकुलाने माया देखें । सब कर मरन बना एहि लेखें ॥
kapi akulāne māyā dekheṁ, saba kara marana banā ehi lekheṁ.
कौतुक देखि राम मुसुकाने । भए सभीत सकल कपि जाने ॥
kautuka dekhi rāma musukāne, bhae sabhīta sakala kapi jāne.
एक बान काटी सब माया । जिमि दिनकर हर तिमिर निकाया ॥
eka bāna kāṭī saba māyā, jimi dinakara hara timira nikāyā.

कृपादृष्टि कपि भालु बिलोके । भए प्रबल रन रहहिं न रोके ॥
kṛpādṛṣṭi kapi bhālu biloke, bhae prabala rana rahahiṁ na roke.

दोहा-dohā:

आयसु मागि राम पहिं अंगदादि कपि साथ ।
āyasu māgi rāma pahiṁ aṁgadādi kapi sātha,
लछिमन चले क्रुद्ध होइ बान सरासन हाथ ॥५२॥
lachimana cale kruddha hoi bāna sarāsana hātha. 52.

चौपाई-caupāī:

छतज नयन उर बाहु बिसाला । हिमगिरि निभ तनु कछु एक लाला ॥
chataja nayana ura bāhu bisālā, himagiri nibha tanu kachu eka lālā.
इहाँ दसानन सुभट पठाए । नाना अस्त्र सस्त्र गहि धाए ॥
ihāṁ dasānana subhaṭa paṭhāe, nānā astra sastra gahi dhāe.
भूधर नख बिटपायुध धारी । धाए कपि जय राम पुकारी ॥
bhūdhara nakha biṭapāyudha dhārī, dhāe kapi jaya rāma pukārī.
भिरे सकल जोरिहि सन जोरी । इत उत जय इच्छा नहिं थोरी ॥
bhire sakala jorihi sana jorī, ita uta jaya icchā nahiṁ thorī.
मुठिकन्ह लातन्ह दातन्ह काटहिं । कपि जयसील मारि पुनि डाटहिं ॥
muṭhikanha lātanha dātanha kāṭahiṁ, kapi jayasīla māri puni ḍāṭahiṁ.
मारु मारु धरु धरु धरु मारू । सीस तोरि गहि भुजा उपारू ॥
māru māru dharu dharu dharu mārū, sīsa tori gahi bhujā upārū.
असि रव पूरि रही नव खंडा । धावहिं जहँ तहँ रुंड प्रचंडा ॥
asi rava pūri rahī nava khaṁḍā, dhāvahiṁ jahaṁ tahaṁ ruṁḍa pracaṁḍā.
देखहिं कौतुक नभ सुर बृंदा । कबहुँक बिसमय कबहुँ अनंदा ॥
dekhahiṁ kautuka nabha sura bṛṁdā, kabahuṁka bisamaya kabahuṁ anaṁdā.

दोहा-dohā:

रुधिर गाड़ भरि भरि जम्यो ऊपर धूरि उड़ाइ ।
rudhira gāṛa bhari bhari jamyo ūpara dhūri uṛāi,
जनु अँगार रासिन्ह पर मृतक धूम रह्यो छाइ ॥५३॥
janu aṁgāra rāsinha para mṛtaka dhūma rahyo chāi. 53.

चौपाई-caupāī:

घायल बीर बिराजहिं कैसे । कुसुमित किंसुक के तरु जैसे ॥
ghāyala bīra birājahiṁ kaise, kusumita kiṁsuka ke taru jaise.
लछिमन मेघनाद द्वौ जोधा । भिरहिं परसपर करि अति क्रोधा ॥
lachimana meghanāda dvau jodhā, bhirahiṁ parasapara kari ati krodhā.
एकहि एक सकइ नहिं जीती । निसिचर छल बल करइ अनीती ॥
ekahi eka sakai nahiṁ jītī, nisicara chala bala karai anītī.
क्रोधवंत तब भयउ अनंता । भंजेउ रथ सारथी तुरंता ॥
krodhavaṁta taba bhayau anaṁtā, bhaṁjeu ratha sārathī turaṁtā.
नाना बिधि प्रहार कर सेषा । राच्छस भयउ प्रान अवसेषा ॥
nānā bidhi prahāra kara seṣā, rācchasa bhayau prāna avaseṣā.
रावन सुत निज मन अनुमाना । संकठ भयउ हरिहि मम प्राना ॥
rāvana suta nija mana anumānā, saṁkaṭha bhayau harihi mama prānā.
बीरघातिनी छाड़िसि साँगी । तेज पुंज लछिमन उर लागी ॥
bīraghātinī chāṛisi sāṁgī, teja puṁja lachimana ura lāgī.
मुरुछा भई सक्ति के लागें । तब चलि गयउ निकट भय त्यागें ॥
muruchā bhaī sakti ke lāgeṁ, taba cali gayau nikaṭa bhaya tyāgeṁ.

दोहा-dohā:

मेघनाद सम कोटि सत जोधा रहे उठाइ ।
meghanāda sama koṭi sata jodhā rahe uṭhāi,
जगदाधार सेष किमि उठै चले खिसिआइ ॥५४॥
jagadādhāra seṣa kimi uṭhai cale khisiāi. 54.

चौपाई-caupāī:

सुनु गिरिजा क्रोधानल जासू । जारइ भुवन चारिदस आसू ॥
sunu girijā krodhānala jāsū, jārai bhuvana cāridasa āsū.
सक संग्राम जीति को ताही । सेवहिं सुर नर अग जग जाही ॥
saka saṁgrāma jīti ko tāhī, sevahiṁ sura nara aga jaga jāhī.
यह कौतूहल जानइ सोई । जा पर कृपा राम कै होई ॥
yaha kautūhala jānai soī, jā para kṛpā rāma kai hoī.
संध्या भइ फिरि द्वौ बाहनी । लगे सँभारन निज निज अनी ॥
saṁdhyā bhai phiri dvau bāhanī, lage saṁbhārana nija nija anī.
ब्यापक ब्रह्म अजित भुवनेस्वर । लछिमन कहाँ बूझ करुनाकर ॥
byāpaka brahma ajita bhuvanesvara, lachimana kahāṁ būjha karunākara.
तब लगि लै आयउ हनुमाना । अनुज देखि प्रभु अति दुख माना ॥
taba lagi lai āyau hanumānā, anuja dekhi prabhu ati dukha mānā.
जामवंत कह बैद सुषेना । लंकाँ रहइ को पठई लेना ॥
jāmavaṁta kaha baida suṣenā, laṁkāṁ rahai ko paṭhaī lenā.
धरि लघु रूप गयउ हनुमंता । आनेउ भवन समेत तुरंता ॥
dhari laghu rūpa gayau hanumaṁtā, āneu bhavana sameta turaṁtā.

दोहा-dohā:

राम पदारबिंद सिर नायउ आइ सुषेन ।
rāma padārabiṁda sira nāyau āi suṣena,
कहा नाम गिरि औषधी जाहु पवनसुत लेन ॥५५॥
kahā nāma giri auṣadhī jāhu pavanasuta lena. 55.

चौपाई-caupāī:

राम चरन सरसिज उर राखी । चला प्रभंजन सुत बल भाषी ॥
rāma carana sarasija ura rākhī, calā prabhaṁjana suta bala bhāṣī.
उहाँ दूत एक मरमु जनावा । रावन कालनेमि गृह आवा ॥
uhāṁ dūta eka maramu janāvā, rāvana kālanemi gṛha āvā.
दसमुख कहा मरमु तेहिं सुना । पुनि पुनि कालनेमि सिरु धुना ॥
dasamukha kahā maramu tehiṁ sunā, puni puni kālanemi siru dhunā.
देखत तुम्हहि नगरु जेहिं जारा । तासु पंथ को रोकन पारा ॥
dekhata tumhahi nagaru jehiṁ jārā, tāsu paṁtha ko rokana pārā.
भजि रघुपति करु हित आपना । छाँड़हु नाथ मृषा जल्पना ॥
bhaji raghupati karu hita āpanā, chāṁṛahu nātha mṛṣā jalpanā.
नील कंज तनु सुंदर स्यामा । हृदयँ राखु लोचनाभिरामा ॥
nīla kaṁja tanu suṁdara syāmā, hṛdayaṁ rākhu locanābhirāmā.
मैं तैं मोर मूढ़ता त्यागू । महा मोह निसि सूतत जागू ॥
maiṁ taiṁ mora mūṛhatā tyāgū, mahā moha nisi sūtata jāgū.
काल ब्याल कर भच्छक जोई । सपनेहुँ समर कि जीतिअ सोई ॥
kāla byāla kara bhacchaka joī, sapanehuṁ samara ki jītia soī.

दोहा-dohā:

सुनि दसकंठ रिसान अति तेहिं मन कीन्ह बिचार ।
suni dasakaṁṭha risāna ati tehiṁ mana kīnha bicāra,
राम दूत कर मरौं बरु यह खल रत मल भार ॥५६॥
rāma dūta kara marauṁ baru yaha khala rata mala bhāra. 56.

चौपाई-caupāī:

अस कहि चला रचिसि मग माया । सर मंदिर बर बाग बनाया ॥
asa kahi calā racisi maga māyā, sara maṁdira bara bāga banāyā.
मारुतसुत देखा सुभ आश्रम । मुनिहि बूझि जल पियौं जाइ श्रम ॥
mārutasuta dekhā subha āśrama, munihi būjhi jala piyauṁ jāi śrama.
राच्छस कपट बेष तहँ सोहा । मायापति दूतहि चह मोहा ॥
rācchasa kapaṭa beṣa tahaṁ sohā, māyāpati dūtahi caha mohā.
जाइ पवनसुत नायउ माथा । लाग सो कहै राम गुन गाथा ॥
jāi pavanasuta nāyau māthā, lāga so kahai rāma guna gāthā.

होत महा रन रावन रामहिं । जितिहहिं राम न संसय या महिं ॥
hota mahā rana rāvana rāmahiṁ, jitihahiṁ rāma na saṁsaya yā mahiṁ.
इहाँ भएँ मैं देखउँ भाई । ग्यान दृष्टि बल मोहि अधिकाई ॥
ihām̐ bhaem̐ maiṁ dekhaum̐ bhāī, gyāna dr̥ṣṭi bala mohi adhikāī.
मागा जल तेहिं दीन्ह कमंडल । कह कपि नहिं अघाउँ थोरें जल ॥
māgā jala tehiṁ dīnha kamaṁḍala, kaha kapi nahiṁ aghāum̐ thoreṁ jala.
सर मज्जन करि आतुर आवहु । दिच्छा देउँ ग्यान जेहिं पावहु ॥
sara majjana kari ātura āvahu, dicchā deum̐ gyāna jehiṁ pāvahu.

दोहा-dohā:

सर पैठत कपि पद गहा मकरीं तब अकुलान ।
sara paiṭhata kapi pada gahā makarīṁ taba akulāna,
मारी सो धरि दिब्य तनु चली गगन चढ़ि जान ॥५७॥
mārī so dhari dibya tanu calī gagana caṛhi jāna. 57.

चौपाई-caupāī:

कपि तव दरस भइउँ निष्पापा । मिटा तात मुनिबर कर सापा ॥
kapi tava darasa bhaium̐ niṣpāpā, miṭā tāta munibara kara sāpā.
मुनि न होइ यह निसिचर घोरा । मानहु सत्य बचन कपि मोरा ॥
muni na hoi yaha nisicara ghorā, mānahu satya bacana kapi morā.
अस कहि गई अपछरा जबहीं । निसिचर निकट गयउ कपि तबहीं ॥
asa kahi gaī apacharā jabahīṁ, nisicara nikaṭa gayau kapi tabahīṁ.
कह कपि मुनि गुरदछिना लेहू । पाछें हमहि मंत्र तुम्ह देहू ॥
kaha kapi muni guradachinā lehū, pācheṁ hamahi maṁtra tumha dehū.
सिर लंगूर लपेटि पछारा । निज तनु प्रगटेसि मरती बारा ॥
sira laṁgūra lapeṭi pachārā, nija tanu pragaṭesi maratī bārā.
राम राम कहि छाड़ेसि प्राना । सुनि मन हरषि चलेउ हनुमाना ॥
rāma rāma kahi chāṛesi prānā, suni mana haraṣi caleu hanumānā.
देखा सैल न औषध चीन्हा । सहसा कपि उपारि गिरि लीन्हा ॥
dekhā saila na auṣadha cīnhā, sahasā kapi upāri giri līnhā.
गहि गिरि निसि नभ धावत भयऊ । अवधपुरी ऊपर कपि गयऊ ॥
gahi giri nisi nabha dhāvata bhayaū, avadhapurī ūpara kapi gayaū.

दोहा-dohā:

देखा भरत बिसाल अति निसिचर मन अनुमानि ।
dekhā bharata bisāla ati nisicara mana anumāni,
बिनु फर सायक मारेउ चाप श्रवन लगि तानि ॥५८॥
binu phara sāyaka māreu cāpa śravana lagi tāni. 58.

चौपाई-caupāī:

परेउ मुरुछि महि लागत सायक । सुमिरत राम राम रघुनायक ॥
pareu muruchi mahi lāgata sāyaka, sumirata rāma rāma raghunāyaka.
सुनि प्रिय बचन भरत तब धाए । कपि समीप अति आतुर आए ॥
suni priya bacana bharata taba dhāe, kapi samīpa ati ātura āe.
बिकल बिलोकि कीस उर लावा । जागत नहिं बहु भाँति जगावा ॥
bikala biloki kīsa ura lāvā, jāgata nahiṁ bahu bhām̐ti jagāvā.
मुख मलीन मन भए दुखारी । कहत बचन भरि लोचन बारी ॥
mukha malīna mana bhae dukhārī, kahata bacana bhari locana bārī.
जेहिं बिधि राम बिमुख मोहि कीन्हा । तेहिं पुनि यह दारुन दुख दीन्हा ॥
jehiṁ bidhi rāma bimukha mohi kīnhā, tehiṁ puni yaha dāruna dukha dīnhā.
जौं मोरें मन बच अरु काया । प्रीति राम पद कमल अमाया ॥
jauṁ moreṁ mana baca aru kāyā, prīti rāma pada kamala amāyā.
तौ कपि होउ बिगत श्रम सूला । जौं मो पर रघुपति अनुकूला ॥
tau kapi hou bigata śrama sūlā, jauṁ mo para raghupati anukūlā.
सुनत बचन उठि बैठ कपीसा । कहि जय जयति कोसलाधीसा ॥
sunata bacana uṭhi baiṭha kapīsā, kahi jaya jayati kosalādhīsā.

सोरठा-soraṭhā:

लीन्ह कपिहि उर लाइ पुलकित तनु लोचन सजल ।
līnha kapihi ura lāi pulakita tanu locana sajala,
प्रीति न हृदयँ समाइ सुमिरि राम रघुकुल तिलक ॥५९॥
prīti na hr̥dayam̐ samāi sumiri rāma raghukula tilaka. 59.

चौपाई-caupāī:

तात कुसल कहु सुखनिधान की । सहित अनुज अरु मातु जानकी ॥
tāta kusala kahu sukhanidhāna kī, sahita anuja aru mātu jānakī.
कपि सब चरित समास बखाने । भए दुखी मन महुँ पछिताने ॥
kapi saba carita samāsa bakhāne, bhae dukhī mana mahum̐ pachitāne.
अहह दैव मैं कत जग जायउँ । प्रभु के एकहु काज न आयउँ ॥
ahaha daiva maiṁ kata jaga jāyaum̐, prabhu ke ekahu kāja na āyaum̐.
जानि कुअवसरु मन धरि धीरा । पुनि कपि सन बोले बलबीरा ॥
jāni kuavasaru mana dhari dhīrā, puni kapi sana bole balabīrā.
तात गहरु होइहि तोहि जाता । काजु नसाइहि होत प्रभाता ॥
tāta gaharu hoihi tohi jātā, kāju nasāihi hota prabhātā.
चढ़ु मम सायक सैल समेता । पठवौं तोहि जहँ कृपानिकेता ॥
caṛhu mama sāyaka saila sametā, paṭhavauṁ tohi jaham̐ kr̥pāniketā.
सुनि कपि मन उपजा अभिमाना । मोरें भार चलिहि किमि बाना ॥
suni kapi mana upajā abhimānā, moreṁ bhāra calihi kimi bānā.
राम प्रभाव बिचारि बहोरी । बंदि चरन कह कपि कर जोरी ॥
rāma prabhāva bicāri bahorī, baṁdi carana kaha kapi kara jorī.

दोहा-dohā:

तव प्रताप उर राखि प्रभु जैहउँ नाथ तुरंत ।
tava pratāpa ura rākhi prabhu jaihaum̐ nātha turaṁta,
अस कहि आयसु पाइ पद बंदि चलेउ हनुमंत ॥६०क॥
asa kahi āyasu pāi pada baṁdi caleu hanumaṁta. 60(ka).

भरत बाहु बल सील गुन प्रभु पद प्रीति अपार ।
bharata bāhu bala sīla guna prabhu pada prīti apāra,
मन महुँ जात सराहत पुनि पुनि पवनकुमार ॥६०ख॥
mana mahum̐ jāta sarāhata puni puni pavanakumāra. 60(kha).

चौपाई-caupāī:

उहाँ राम लछिमनहि निहारी । बोले बचन मनुज अनुसारी ॥
uhām̐ rāma lachimanahi nihārī, bole bacana manuja anusārī.
अर्ध राति गइ कपि नहिं आयउ । राम उठाइ अनुज उर लायउ ॥
ardha rāti gai kapi nahiṁ āyau, rāma uṭhāi anuja ura lāyau.
सकहु न दुखित देखि मोहि काऊ । बंधु सदा तव मृदुल सुभाऊ ॥
sakahu na dukhita dekhi mohi kāū, baṁdhu sadā tava mr̥dula subhāū.
मम हित लागि तजेहु पितु माता । सहेहु बिपिन हिम आतप बाता ॥
mama hita lāgi tajehu pitu mātā, sahehu bipina hima ātapa bātā.
सो अनुराग कहाँ अब भाई । उठहु न सुनि मम बच बिकलाई ॥
so anurāga kahām̐ aba bhāī, uṭhahu na suni mama baca bikalāī.
जौं जनतेउँ बन बंधु बिछोहू । पिता बचन मनतेउँ नहिं ओहू ॥
jauṁ janateum̐ bana baṁdhu bichohū, pitā bacana manateum̐ nahiṁ ohū.
सुत बित नारि भवन परिवारा । होहिं जाहिं जग बारहिं बारा ॥
suta bita nāri bhavana parivārā, hohiṁ jāhiṁ jaga bārahiṁ bārā.
अस बिचारि जियँ जागहु ताता । मिलइ न जगत सहोदर भ्राता ॥
asa bicāri jiyam̐ jāgahu tātā, milai na jagata sahodara bhrātā.
जथा पंख बिनु खग अति दीना । मनि बिनु फनि करिबर कर हीना ॥
jathā paṁkha binu khaga ati dīnā, mani binu phani karibara kara hīnā.
अस मम जिवन बंधु बिनु तोही । जौं जड़ दैव जिआवै मोही ॥
asa mama jivana baṁdhu binu tohī, jauṁ jaṛa daiva jiāvai mohī.

जैहउँ अवध कवन मुहु लाई । नारि हेतु प्रिय भाइ गँवाई ॥
jaihauṁ avadha kavana muhu lāī, nāri hetu priya bhāi gaṁvāī.
बरु अपजस सहतेउँ जग माहीं । नारि हानि बिसेष छति नाहीं ॥
baru apajasa sahateuṁ jaga māhīṁ, nāri hāni biseṣa chati nāhīṁ.
अब अपलोकु सोकु सुत तोरा । सहिहि निठुर कठोर उर मोरा ॥
aba apaloku soku suta torā, sahihi niṭhura kaṭhora ura morā.
निज जननी के एक कुमारा । तात तासु तुम्ह प्रान अधारा ॥
nija jananī ke eka kumārā, tāta tāsu tumha prāna adhārā.
सौंपेसि मोहि तुम्हहि गहि पानी । सब बिधि सुखद परम हित जानी ॥
sauṁpesi mohi tumhahi gahi pānī, saba bidhi sukhada parama hita jānī.
उतरु काह दैहउँ तेहि जाई । उठि किन मोहि सिखावहु भाई ॥
utaru kāha daihauṁ tehi jāī, uṭhi kina mohi sikhāvahu bhāī.
बहु बिधि सोचत सोच बिमोचन । स्रवत सलिल राजिव दल लोचन ॥
bahu bidhi socata soca bimocana, sravata salila rājiva dala locana.
उमा एक अखंड रघुराई । नर गति भगत कृपाल देखाई ॥
umā eka akhaṁḍa raghurāī, nara gati bhagata kṛpāla dekhāī.

सोरठा-soraṭhā:

प्रभु प्रलाप सुनि कान बिकल भए बानर निकर ।
prabhu pralāpa suni kāna bikala bhae bānara nikara,
आइ गयउ हनुमान जिमि करुना महँ बीर रस ॥ ६१ ॥
āi gayau hanumāna jimi karunā mahaṁ bīra rasa. 61.

चौपाई-caupāī:

हरषि राम भेंटेउ हनुमाना । अति कृतग्य प्रभु परम सुजाना ॥
haraṣi rāma bheṁṭeu hanumānā, ati kṛtagya prabhu parama sujānā.
तुरत बैद तब कीन्हि उपाई । उठि बैठे लछिमन हरषाई ॥
turata baida taba kīnhi upāī, uṭhi baiṭhe lachimana haraṣāī.
हृदयँ लाइ प्रभु भेंटेउ भ्राता । हरषे सकल भालु कपि ब्राता ॥
hṛdayaṁ lāi prabhu bheṭeu bhrātā, haraṣe sakala bhālu kapi brātā.
कपि पुनि बैद तहाँ पहुँचावा । जेहि बिधि तबहिं ताहि लइ आवा ॥
kapi puni baida tahāṁ pahuṁcāvā, jehi bidhi tabahiṁ tāhi lai āvā.
यह बृत्तांत दसानन सुनेऊ । अति बिषाद पुनि पुनि सिर धुनेऊ ॥
yaha bṛttāṁta dasānana suneū, ati biṣāda puni puni sira dhuneū.
ब्याकुल कुंभकरन पहिं आवा । बिबिध जतन करि ताहि जगावा ॥
byākula kuṁbhakarana pahiṁ āvā, bibidha jatana kari tāhi jagāvā.
जागा निसिचर देखिअ कैसा । मानहुँ कालु देह धरि बैसा ॥
jāgā nisicara dekhia kaisā, mānahuṁ kālu deha dhari baisā.
कुंभकरन बूझा कहु भाई । काहे तव मुख रहे सुखाई ॥
kuṁbhakarana būjhā kahu bhāī, kāhe tava mukha rahe sukhāī.
कथा कही सब तेहिं अभिमानी । जेहि प्रकार सीता हरि आनी ॥
kathā kahī saba tehiṁ abhimānī, jehi prakāra sītā hari ānī.
तात कपिन्ह सब निसिचर मारे । महा महा जोधा संघारे ॥
tāta kapinha saba nisicara māre, mahā mahā jodhā saṁghāre.
दुर्मुख सुररिपु मनुज अहारी । भट अतिकाय अकंपन भारी ॥
durmukha suraripu manuja ahārī, bhaṭa atikāya akaṁpana bhārī.
अपर महोदर आदिक बीरा । परे समर महि सब रनधीरा ॥
apara mahodara ādika bīrā, pare samara mahi saba ranadhīrā.

दोहा-dohā:

सुनि दसकंधर बचन तब कुंभकरन बिलखान ।
suni dasakaṁdhara bacana taba kuṁbhakarana bilakhāna,
जगदंबा हरि आनि अब सठ चाहत कल्यान ॥ ६२ ॥
jagadaṁbā hari āni aba saṭha cāhata kalyāna. 62.

चौपाई-caupāī:

भल न कीन्ह तैं निसिचर नाहा । अब मोहि आइ जगाएहि काहा ॥
bhala na kīnha taiṁ nisicara nāhā, aba mohi āi jagāehi kāhā.
अजहूँ तात त्यागि अभिमाना । भजहु राम होइहि कल्याना ॥
ajahūṁ tāta tyāgi abhimānā, bhajahu rāma hoihi kalyānā.
हैं दससीस मनुज रघुनायक । जाके हनूमान से पायक ॥
haiṁ dasasīsa manuja raghunāyaka, jāke hanūmāna se pāyaka.
अहह बंधु तैं कीन्हि खोटाई । प्रथमहिं मोहि न सुनाएहि आई ॥
ahaha baṁdhu taiṁ kīnhi khoṭāī, prathamahiṁ mohi na sunāehi āī.
कीन्हेहु प्रभु बिरोध तेहि देवक । सिव बिरंचि सुर जाके सेवक ॥
kīnhehu prabhu birodha tehi devaka, siva biraṁci sura jāke sevaka.
नारद मुनि मोहि ग्यान जो कहा । कहतेउँ तोहि समय निरबहा ॥
nārada muni mohi gyāna jo kahā, kahateuṁ tohi samaya nirabahā.
अब भरि अंक भेंटु मोहि भाई । लोचन सुफल करौं मैं जाई ॥
aba bhari aṁka bheṁṭu mohi bhāī, locana suphala karauṁ maiṁ jāī.
स्याम गात सरसीरुह लोचन । देखौं जाइ ताप त्रय मोचन ॥
syāma gāta sarasīruha locana, dekhauṁ jāi tāpa traya mocana.

दोहा-dohā:

राम रूप गुन सुमिरत मगन भयउ छन एक ।
rāma rūpa guna sumirata magana bhayau chana eka,
रावन मागेउ कोटि घट मद अरु महिष अनेक ॥ ६३ ॥
rāvana māgeu koṭi ghaṭa mada aru mahiṣa aneka. 63.

चौपाई-caupāī:

महिष खाइ करि मदिरा पाना । गर्जा बज्राघात समाना ॥
mahiṣa khāi kari madirā pānā, garjā bajrāghāta samānā.
कुंभकरन दुर्मद रन रंगा । चला दुर्ग तजि सेन न संगा ॥
kuṁbhakarana durmada rana raṁgā, calā durga taji sena na saṁgā.
देखि बिभीषनु आगें आयउ । परेउ चरन निज नाम सुनायउ ॥
dekhi bibhīṣanu āgeṁ āyau, pareu carana nija nāma sunāyau.
अनुज उठाइ हृदयँ तेहि लायो । रघुपति भक्त जानि मन भायो ॥
anuja uṭhāi hṛdayaṁ tehi lāyo, raghupati bhakta jāni mana bhāyo.
तात लात रावन मोहि मारा । कहत परम हित मंत्र बिचारा ॥
tāta lāta rāvana mohi mārā, kahata parama hita maṁtra bicārā.
तेहिं गलानि रघुपति पहिं आयउँ । देखि दीन प्रभु के मन भायउँ ॥
tehiṁ galāni raghupati pahiṁ āyauṁ, dekhi dīna prabhu ke mana bhāyauṁ.
सुनु सुत भयउ कालबस रावन । सो कि मान अब परम सिखावन ॥
sunu suta bhayau kālabasa rāvana, so ki māna aba parama sikhāvana.
धन्य धन्य तैं धन्य बिभीषन । भयहु तात निसिचर कुल भूषन ॥
dhanya dhanya taiṁ dhanya bibhīṣana, bhayahu tāta nisicara kula bhūṣana.
बंधु बंस तैं कीन्ह उजागर । भजेहु राम सोभा सुख सागर ॥
baṁdhu baṁsa taiṁ kīnha ujāgara, bhajehu rāma sobhā sukha sāgara.

दोहा-dohā:

बचन कर्म मन कपट तजि भजेहु राम रनधीर ।
bacana karma mana kapaṭa taji bhajehu rāma ranadhīra,
जाहु न निज पर सूझ मोहि भयउँ कालबस बीर ॥ ६४ ॥
jāhu na nija para sūjha mohi bhayauṁ kālabasa bīra. 64.

चौपाई-caupāī:

बंधु बचन सुनि चला बिभीषन । आयउ जहँ त्रैलोक बिभूषन ॥
baṁdhu bacana suni calā bibhīṣana, āyau jahaṁ trailoka bibhūṣana.
नाथ भूधराकार सरीरा । कुंभकरन आवत रनधीरा ॥
nātha bhūdharākāra sarīrā, kuṁbhakarana āvata ranadhīrā.
एतना कपिन्ह सुना जब काना । किलकिलाइ धाए बलवाना ॥
etanā kapinha sunā jaba kānā, kilakilāi dhāe balavānā.

लिए उठाइ बिटप अरु भूधर । कटकटाइ डारहिं ता ऊपर ॥
lie uṭhāi biṭapa aru bhūdhara, kaṭakaṭāi ḍārahiṁ tā ūpara.
कोटि कोटि गिरि सिखर प्रहारा । करहिं भालु कपि एक एक बारा ॥
koṭi koṭi giri sikhara prahārā, karahiṁ bhālu kapi eka eka bārā.
मुरयो न मनु तनु टरयो न टारयो । जिमि गज अर्क फलनि को मारयो ॥
mur yo na mana tanu ṭar yo na ṭār yo, jimi gaja arka phalani ko mārayo.
तब मारुतसुत मुठिका हन्यो । परयो धरनि ब्याकुल सिर धुन्यो ॥
taba mārutasuta muṭhikā hanyo, parayo dharani byākula sira dhunyo.
पुनि उठि तेहिं मारेउ हनुमंता । घुर्मित भूतल परेउ तुरंता ॥
puni uṭhi tehiṁ māreu hanumaṁtā, ghurmita bhūtala pareu turaṁtā.
पुनि नल नीलहि अवनि पछारेसि । जहँ तहँ पटकि पटकि भट डारेसि ॥
puni nala nīlahi avani pachāresi, jahaṁ tahaṁ paṭaki paṭaki bhaṭa ḍāresi.
चली बलीमुख सेन पराई । अति भय त्रसित न कोउ समुहाई ॥
calī balīmukha sena parāī, ati bhaya trasita na kou samuhāī.

दोहा-dohā:

अंगदादि कपि मुरुछित करि समेत सुग्रीव ।
aṁgadādi kapi muruchita kari sameta sugrīva,
काँख दाबि कपिराज कहुँ चला अमित बल सींव ॥६५॥
kāṁkha dābi kapirāja kahuṁ calā amita bala sīṁva. 65.

चौपाई-caupāī:

उमा करत रघुपति नरलीला । खेलत गरुड़ जिमि अहिगन मीला ॥
umā karata raghupati naralīlā, khelata garuṛa jimi ahigana mīlā.
भृकुटि भंग जो कालहि खाई । ताहि कि सोहइ ऐसि लराई ॥
bhṛkuṭi bhaṁga jo kālahi khāī, tāhi ki sohai aisi larāī.
जग पावनि कीरति बिस्तरिहहिं । गाइ गाइ भवनिधि नर तरिहहिं ॥
jaga pāvani kīrati bistarihahiṁ, gāi gāi bhavanidhi nara tarihahiṁ.
मुरुछा गइ मारुतसुत जागा । सुग्रीवहि तब खोजन लागा ॥
muruchā gai mārutasuta jāgā, sugrīvahi taba khojana lāgā.
सुग्रीवहु कै मुरुछा बीती । निबुक गयउ तेहि मृतक प्रतीती ॥
sugrīvahu kai muruchā bītī, nibuka gayau tehi mṛtaka pratītī.
काटेसि दसन नासिका काना । गरजि अकास चलेउ तेहिं जाना ॥
kāṭesi dasana nāsikā kānā, garaji akāsa caleu tehiṁ jānā.
गहेउ चरन गहि भूमि पछारा । अति लाघवँ उठि पुनि तेहि मारा ॥
gaheu carana gahi bhūmi pachārā, ati lāghavaṁ uṭhi puni tehi mārā.
पुनि आयउ प्रभु पहिं बलवाना । जयति जयति जय कृपानिधाना ॥
puni āyau prabhu pahiṁ balavānā, jayati jayati jaya kṛpānidhānā.
नाक कान काटे जियँ जानी । फिरा क्रोध करि भइ मन ग्लानी ॥
nāka kāna kāṭe jiyaṁ jānī, phirā krodha kari bhai mana glānī.
सहज भीम पुनि बिनु श्रुति नासा । देखत कपि दल उपजी त्रासा ॥
sahaja bhīma puni binu śruti nāsā, dekhata kapi dala upajī trāsā.

दोहा-dohā:

जय जय जय रघुबंस मनि धाए कपि दै हूह ।
jaya jaya jaya raghubaṁsa mani dhāe kapi dai hūha,
एकहि बार तासु पर छाड़ेन्हि गिरि तरु जूह ॥६६॥
ekahi bāra tāsu para chāṛenhi giri taru jūha. 66.

चौपाई-caupāī:

कुंभकरन रन रंग बिरुद्धा । सन्मुख चला काल जनु क्रुद्धा ॥
kuṁbhakarana rana raṁga biruddhā, sanmukha calā kāla janu kruddhā.
कोटि कोटि कपि धरि धरि खाई । जनु टीडी गिरि गुहाँ समाई ॥
koṭi koṭi kapi dhari dhari khāī, janu ṭīṛī giri guhāṁ samāī.
कोटिन्ह गहि सरीर सन मर्दा । कोटिन्ह मीजि मिलव महि गर्दा ॥
koṭinha gahi sarīra sana mardā, koṭinha mīji milava mahi gardā.

मुख नासा श्रवनन्हि कीं बाटा । निसरि पराहिं भालु कपि ठाटा ॥
mukha nāsā śravananhi kīṁ bāṭā, nisari parāhiṁ bhālu kapi ṭhāṭā.
रन मद मत्त निसाचर दर्पा । बिस्व ग्रसिहि जनु एहि बिधि अर्पा ॥
rana mada matta nisācara darpā, bisva grasihi janu ehi bidhi arpā.
मुरे सुभट सब फिरहिं न फेरे । सूझ न नयन सुनहिं नहिं टेरे ॥
mure subhaṭa saba phirahiṁ na phere, sūjha na nayana sunahiṁ nahiṁ ṭere.
कुंभकरन कपि फौज बिडारी । सुनि धाई रजनीचर धारी ॥
kuṁbhakarana kapi phauja biḍārī, suni dhāī rajanīcara dhārī.
देखि राम बिकल कटकाई । रिपु अनीक नाना बिधि आई ॥
dekhi rāma bikala kaṭakāī, ripu anīka nānā bidhi āī.

दोहा-dohā:

सुनु सुग्रीव बिभीषन अनुज सँभारेहु सैन ।
sunu sugrīva bibhīṣana anuja saṁbhārehu saina,
मैं देखउँ खल बल दलहि बोले राजिवनैन ॥६७॥
maiṁ dekhauṁ khala bala dalahi bole rājivanaina. 67.

चौपाई-caupāī:

कर सारंग साजि कटि भाथा । अरि दल दलन चले रघुनाथा ॥
kara sāraṁga sāji kaṭi bhāthā, ari dala dalana cale raghunāthā.
प्रथम कीन्हि प्रभु धनुष टँकोरा । रिपु दल बधिर भयउ सुनि सोरा ॥
prathama kīnhi prabhu dhanuṣa ṭaṁkorā, ripu dala badhira bhayau suni sorā.
सत्यसंध छाँड़े सर लच्छा । कालसर्प जनु चले सपच्छा ॥
satyasaṁdha chāṁṛe sara lacchā, kālasarpa janu cale sapacchā.
जहँ तहँ चले बिपुल नाराचा । लगे कटन भट बिकट पिसाचा ॥
jahaṁ tahaṁ cale bipula nārācā, lage kaṭana bhaṭa bikaṭa pisācā.
कटहिं चरन उर सिर भुजदंडा । बहुतक बीर होहिं सत खंडा ॥
kaṭahiṁ carana ura sira bhujadaṁḍā, bahutaka bīra hohiṁ sata khaṁḍā.
घुर्मि घुर्मि घायल महि परहीं । उठि संभारि सुभट पुनि लरहीं ॥
ghurmi ghurmi ghāyala mahi parahīṁ, uṭhi saṁbhāri subhaṭa puni larahīṁ.
लागत बान जलद जिमि गाजहिं । बहुतक देखी कठिन सर भाजहिं ॥
lāgata bāna jalada jimi gājahiṁ, bahutaka dekhī kaṭhina sara bhājahiṁ.
रुंड प्रचंड मुंड बिनु धावहिं । धरु धरु मारू मारु धुनि गावहिं ॥
ruṁḍa pracaṁḍa muṁḍa binu dhāvahiṁ, dharu dharu mārū māru dhuni gāvahiṁ.

दोहा-dohā:

छन महुँ प्रभु के सायकन्हि काटे बिकट पिसाच ।
chana mahuṁ prabhu ke sāyakanhi kāṭe bikaṭa pisāca,
पुनि रघुबीर निषंग महुँ प्रबिसे सब नाराच ॥६८॥
puni raghubīra niṣaṁga mahuṁ prabise saba nārāca. 68.

चौपाई-caupāī:

कुंभकरन मन दीख बिचारी । हति छन माझ निसाचर धारी ॥
kuṁbhakarana mana dīkha bicārī, hati chana mājha nisācara dhārī.
भा अति क्रुद्ध महाबल बीरा । कियो मृगनायक नाद गँभीरा ॥
bhā ati kruddha mahābala bīrā, kiyo mṛganāyaka nāda gaṁbhīrā.
कोपि महीधर लेइ उपारी । डारइ जहँ मर्कट भट भारी ॥
kopi mahīdhara lei upārī, ḍārai jahaṁ markaṭa bhaṭa bhārī.
आवत देखि सैल प्रभु भारे । सरन्हि काटि रज सम करि डारे ॥
āvata dekhi saila prabhu bhāre, saranhi kāṭi raja sama kari ḍāre.
पुनि धनु तानि कोपि रघुनायक । छाँड़े अति कराल बहु सायक ॥
puni dhanu tāni kopi raghunāyaka, chāṁṛe ati karāla bahu sāyaka.
तनु महुँ प्रबिसि निसरि सर जाहीं । जिमि दामिनि घन माझ समाहीं ॥
tanu mahuṁ prabisi nisari sara jāhīṁ, jimi dāmini ghana mājha samāhīṁ.
सोनित स्रवत सोह तन कारे । जनु कज्जल गिरि गेरु पनारे ॥
sonita sravata soha tana kāre, janu kajjala giri geru panāre.

बिकल बिलोकि भालु कपि धाए । बिहँसा जबहिं निकट कपि आए ॥
bikala biloki bhālu kapi dhāe, bihamँsā jabahiṁ nikaṭa kapi āe.

दोहा-dohā:

महानाद करि गर्जा कोटि कोटि गहि कीस ।
mahānāda kari garjā koṭi koṭi gahi kīsa,
महि पटकइ गजराज इव सपथ करइ दससीस ॥६९॥
mahi paṭakai gajarāja iva sapatha karai dasasīsa. 69.

चौपाई-caupāī:

भागे भालु बलीमुख जूथा । बृकु बिलोकि जिमि मेष बरूथा ॥
bhāge bhālu balīmukha jūthā, bṛku biloki jimi meṣa barūthā.
चले भागि कपि भालु भवानी । बिकल पुकारत आरत बानी ॥
cale bhāgi kapi bhālu bhavānī, bikala pukārata ārata bānī.
यह निसिचर दुकाल सम अहई । कपिकुल देस परन अब चहई ॥
yaha nisicara dukāla sama ahaī, kapikula desa parana aba cahaī.
कृपा बारिधर राम खरारी । पाहि पाहि प्रनतारति हारी ॥
kṛpā bāridhara rāma kharārī, pāhi pāhi pranatārati hārī.
सकरुन बचन सुनत भगवाना । चले सुधारि सरासन बाना ॥
sakaruna bacana sunata bhagavānā, cale sudhāri sarāsana bānā.
राम सेन निज पाछें घाली । चले सकोप महा बलसाली ॥
rāma sena nija pācheṁ ghālī, cale sakopa mahā balasālī.
खैंचि धनुष सर सत संधाने । छूटे तीर सरीर समाने ॥
khaiṁci dhanuṣa sara sata saṁdhāne, chūṭe tīra sarīra samāne.
लागत सर धावा रिस भरा । कुधर डगमगत डोलति धरा ॥
lāgata sara dhāvā risa bharā, kudhara ḍagamagata ḍolati dharā.
लीन्ह एक तेहिं सैल उपाटी । रघुकुल तिलक भुजा सोइ काटी ॥
līnha eka tehiṁ saila upāṭī, raghukula tilaka bhujā soi kāṭī.
धावा बाम बाहु गिरि धारी । प्रभु सोउ भुजा काटि महि पारी ॥
dhāvā bāma bāhu giri dhārī, prabhu sou bhujā kāṭi mahi pārī.
काटें भुजा सोह खल कैसा । पच्छहीन मंदर गिरि जैसा ॥
kāṭeṁ bhujā soha khala kaisā, pacchahīna maṁdara giri jaisā.
उग्र बिलोकनि प्रभुहि बिलोका । ग्रसन चहत मानहुँ त्रैलोका ॥
ugra bilokani prabhuhi bilokā, grasana cahata mānahuँ trailokā.

दोहा-dohā:

करि चिक्कार घोर अति धावा बदनु पसारि ।
kari cikkāra ghora ati dhāvā badanu pasāri,
गगन सिद्ध सुर त्रासित हा हा हेति पुकारि ॥७०॥
gagana siddha sura trāsita hā hā heti pukāri. 70.

चौपाई-caupāī:

सभय देव करुनानिधि जान्यो । श्रवन प्रजंत सरासनु तान्यो ॥
sabhaya deva karunānidhi jānyo, śravana prajaṁta sarāsanu tānyo.
बिसिख निकर निसिचर मुख भरेऊ । तदपि महाबल भूमि न परेऊ ॥
bisikha nikara nisicara mukha bhareū, tadapi mahābala bhūmi na pareū.
सरन्हि भरा मुख सन्मुख धावा । काल त्रोन सजीव जनु आवा ॥
saranhi bharā mukha sanmukha dhāvā, kāla trona sajīva janu āvā.
तब प्रभु कोपि तीब्र सर लीन्हा । धर ते भिन्न तासु सिर कीन्हा ॥
taba prabhu kopi tībra sara līnhā, dhara te bhinna tāsu sira kīnhā.
सो सिर परेउ दसानन आगें । बिकल भयउ जिमि फनि मनि त्यागें ॥
so sira pareu dasānana āgeṁ, bikala bhayau jimi phani mani tyāgeṁ.
धरनि धसइ धर धाव प्रचंडा । तब प्रभु काटि कीन्ह दुइ खंडा ॥
dharani dhasai dhara dhāva pracaṁḍā, taba prabhu kāṭi kīnha dui khaṁḍā.
परे भूमि जिमि नभ तें भूधर । हेठ दाबि कपि भालु निसाचर ॥
pare bhūmi jimi nabha teṁ bhūdhara, heṭha dābi kapi bhālu nisācara.
तासु तेज प्रभु बदन समाना । सुर मुनि सबहिं अचंभव माना ॥
tāsu teja prabhu badana samānā, sura muni sabahiṁ acaṁbhava mānā.
सुर दुंदुभीं बजावहिं हरषहिं । अस्तुति करहिं सुमन बहु बरषहिं ॥
sura duṁdubhīṁ bajāvahiṁ haraṣahiṁ, astuti karahiṁ sumana bahu baraṣahiṁ.
करि बिनती सुर सकल सिधाए । तेही समय देवरिषि आए ॥
kari binatī sura sakala sidhāe, tehī samaya devariṣi āe.
गगनोपरि हरि गुन गन गाए । रुचिर बीररस प्रभु मन भाए ॥
gaganopari hari guna gana gāe, rucira bīrarasa prabhu mana bhāe.
बेगि हतहु खल कहि मुनि गए । राम समर महि सोभत भए ॥
begi hatahu khala kahi muni gae, rāma samara mahi sobhata bhae.

छंद-chaṁda:

संग्राम भूमि बिराज रघुपति अतुल बल कोसल धनी ।
saṁgrāma bhūmi birāja raghupati atula bala kosala dhanī,
श्रम बिंदु मुख राजीव लोचन अरुन तन सोनित कनी ॥
śrama biṁdu mukha rājīva locana aruna tana sonita kanī.
भुज जुगल फेरत सर सरासन भालु कपि चहु दिसि बने ।
bhuja jugala pherata sara sarāsana bhālu kapi cahu disi bane,
कह दास तुलसी कहि न सक छबि सेष जेहि आनन घने ॥
kaha dāsa tulasī kahi na saka chabi seṣa jehi ānana ghane.

दोहा-dohā:

निसिचर अधम मलाकर ताहि दीन्ह निज धाम ।
nisicara adhama malākara tāhi dīnha nija dhāma,
गिरिजा ते नर मंदमति जे न भजहिं श्रीराम ॥७१॥
girijā te nara maṁdamati je na bhajahiṁ śrīrāma. 71.

चौपाई-caupāī:

दिन कें अंत फिरीं द्वौ अनी । समर भई सुभटन्ह श्रम घनी ॥
dina keṁ aṁta phirīṁ dvou anī, samara bhaī subhaṭanha śrama ghanī.
राम कृपाँ कपि दल बल बाढ़ा । जिमि तृन पाइ लाग अति डाढ़ा ॥
rāma kṛpāँ kapi dala bala bāṛhā, jimi tṛna pāi lāga ati ḍāṛhā.
छीजहिं निसिचर दिनु अरु राती । निज मुख कहें सुकृत जेहि भाँती ॥
chījahiṁ nisicara dinu aru rātī, nija mukha kaheṁ sukṛta jehi bhāँtī.
बहु बिलाप दसकंधर करई । बंधु सीस पुनि पुनि उर धरई ॥
bahu bilāpa dasakaṁdhara karaī, baṁdhu sīsa puni puni ura dharaī.
रोवहिं नारि हृदय हति पानी । तासु तेज बल बिपुल बखानी ॥
rovahiṁ nāri hṛdaya hati pānī, tāsu teja bala bipula bakhānī.
मेघनाद तेहि अवसर आयउ । कहि बहु कथा पिता समुझायउ ॥
meghanāda tehi avasara āyau, kahi bahu kathā pitā samujhāyau.
देखेहु कालि मोरि मनुसाई । अबहिं बहुत का करौं बड़ाई ॥
dekhehu kāli mori manusāī, abahiṁ bahuta kā karauṁ baṛāī.
इष्टदेव सैं बल रथ पायउँ । सो बल तात न तोहि देखायउँ ॥
iṣṭadeva saiṁ bala ratha pāyauँ, so bala tāta na tohi dekhāyauँ.
एहि बिधि जल्पत भयउ बिहाना । चहुँ दुआर लागे कपि नाना ॥
ehi bidhi jalpata bhayau bihānā, cahuँ duāra lāge kapi nānā.
इत कपि भालु काल सम बीरा । उत रजनीचर अति रनधीरा ॥
ita kapi bhālu kāla sama bīrā, uta rajanīcara ati ranadhīrā.
लरहिं सुभट निज निज जय हेतू । बरनि न जाइ समर खगकेतू ॥
larahiṁ subhaṭa nija nija jaya hetū, barani na jāi samara khagaketū.

दोहा-dohā:

मेघनाद मायामय रथ चढ़ि गयउ अकास ।
meghanāda māyāmaya ratha caṛhi gayau akāsa,
गर्जेउ अट्टहास करि भइ कपि कटकहि त्रास ॥७२॥
garjeu aṭṭahāsa kari bhai kapi kaṭakahi trāsa. 72.

चौपाई-caupāī:

सक्ति सूल तरवारि कृपाना । अस्त्र सस्त्र कुलिसायुध नाना ॥
sakti sūla taravāri kṛpānā, astra sastra kulisāyudha nānā.
डारइ परसु परिघ पाषाना । लागेउ बृष्टि करै बहु बाना ॥
ḍārai parasu parigha pāṣānā, lāgeu bṛṣṭi karai bahu bānā.
दस दिसि रहे बान नभ छाई । मानहुँ मघा मेघ झरि लाई ॥
dasa disi rahe bāna nabha chāī, mānahum̐ maghā megha jhari lāī.
धरु धरु मारु सुनिअ धुनि काना । जो मारइ तेहि कोउ न जाना ॥
dharu dharu māru sunia dhuni kānā, jo mārai tehi kou na jānā.
गहि गिरि तरु अकास कपि धावहिं । देखहिं तेहि न दुखित फिरि आवहिं ॥
gahi giri taru akāsa kapi dhāvahiṁ, dekhahiṁ tehi na dukhita phiri āvahiṁ.
अवघट घाट बाट गिरि कंदर । माया बल कीन्हेसि सर पंजर ॥
avaghaṭa ghāṭa bāṭa giri kaṁdara, māyā bala kīnhesi sara paṁjara.
जाहिं कहाँ ब्याकुल भए बंदर । सुरपति बंदि परे जनु मंदर ॥
jāhiṁ kahām̐ byākula bhae baṁdara, surapati baṁdi pare janu maṁdara.
मारुतसुत अंगद नल नीला । कीन्हेसि बिकल सकल बलसीला ॥
mārutasuta aṁgada nala nīlā, kīnhesi bikala sakala balasīlā.
पुनि लछिमन सुग्रीव बिभीषन । सरन्हि मारि कीन्हेसि जर्जर तन ॥
puni lachimana sugrīva bibhīṣana, saranhi māri kīnhesi jarjara tana.
पुनि रघुपति सैं जूझै लागा । सर छाँड़इ होइ लागहिं नागा ॥
puni raghupati saiṁ jūjhai lāgā, sara chām̐ṛai hoi lāgahiṁ nāgā.
ब्याल पास बस भए खरारी । स्वबस अनंत एक अबिकारी ॥
byāla pāsa basa bhae kharārī, svabasa anaṁta eka abikārī.
नट इव कपट चरित कर नाना । सदा स्वतंत्र एक भगवाना ॥
naṭa iva kapaṭa carita kara nānā, sadā svataṁtra eka bhagavānā.
रन सोभा लगि प्रभुहिं बँधायो । नागपास देवन्ह भय पायो ॥
rana sobhā lagi prabhuhiṁ bam̐dhāyo, nāgapāsa devanha bhaya pāyo.

दोहा-dohā:

गिरिजा जासु नाम जपि मुनि काटहिं भव पास ।
girijā jāsu nāma japi muni kāṭahiṁ bhava pāsa,
सो कि बंध तर आवइ ब्यापक बिस्व निवास ॥७३॥
so ki baṁdha tara āvai byāpaka bisva nivāsa. 73.

चौपाई-caupāī:

चरित राम के सगुन भवानी । तर्कि न जाहिं बुद्धि बल बानी ॥
carita rāma ke saguna bhavānī, tarki na jāhiṁ buddhi bala bānī.
अस बिचारि जे तग्य बिरागी । रामहि भजहिं तर्क सब त्यागी ॥
asa bicāri je tagya birāgī, rāmahi bhajahiṁ tarka saba tyāgī.
ब्याकुल कटकु कीन्ह घननादा । पुनि भा प्रगट कहइ दुर्बादा ॥
byākula kaṭaku kīnha ghananādā, puni bhā pragaṭa kahai durbādā.
जामवंत कह खल रहु ठाढ़ा । सुनि करि ताहि क्रोध अति बाढ़ा ॥
jāmavaṁta kaha khala rahu ṭhāṛhā, suni kari tāhi krodha ati bāṛhā.
बूढ़ जानि सठ छाँडेउँ तोही । लागेसि अधम पचारै मोही ॥
būṛha jāni saṭha chām̐ṛeum̐ tohī, lāgesi adhama pacārai mohī.
अस कहि तरल त्रिसूल चलायो । जामवंत कर गहि सोइ धायो ॥
asa kahi tarala trisūla calāyo, jāmavaṁta kara gahi soi dhāyo.
मारिसि मेघनाद कै छाती । परा भूमि घुर्मित सुरघाती ॥
mārisi meghanāda kai chātī, parā bhūmi ghurmita suraghātī.
पुनि रिसान गहि चरन फिरायो । महि पछारि निज बल देखरायो ॥
puni risāna gahi carana phirāyo, mahi pachāri nija bala dekharāyo.
बर प्रसाद सो मरइ न मारा । तब गहि पद लंका पर डारा ॥
bara prasāda so marai na mārā, taba gahi pada laṁkā para ḍārā.
इहाँ देवरिषि गरुड़ पठायो । राम समीप सपदि सो आयो ॥
ihām̐ devariṣi garuṛa paṭhāyo, rāma samīpa sapadi so āyo.

दोहा-dohā:

खगपति सब धरि खाए माया नाग बरूथ ।
khagapati saba dhari khāe māyā nāga barūtha,
माया बिगत भए सब हरषे बानर जूथ ॥७४क॥
māyā bigata bhae saba haraṣe bānara jūtha, 74(ka).

गहि गिरि पादप उपल नख धाए कीस रिसाइ ।
gahi giri pādapa upala nakha dhāe kīsa risāi,
चले तमीचर बिकलतर गढ़ पर चढ़े पराइ ॥७४ख॥
cale tamīcara bikalatara gaṛha para caṛhe parāi. 74(kha).

चौपाई-caupāī:

मेघनाद कै मुरछा जागी । पितहि बिलोकि लाज अति लागी ॥
meghanāda kai murachā jāgī, pitahi biloki lāja ati lāgī.
तुरत गयउ गिरिबर कंदरा । करौं अजय मख अस मन धरा ॥
turata gayau giribara kaṁdarā, karauṁ ajaya makha asa mana dharā.
इहाँ बिभीषन मंत्र बिचारा । सुनहु नाथ बल अतुल उदारा ॥
ihām̐ bibhīṣana maṁtra bicārā, sunahu nātha bala atula udārā.
मेघनाद मख करइ अपावन । खल मायावी देव सतावन ॥
meghanāda makha karai apāvana, khala māyāvī deva satāvana.
जौं प्रभु सिद्ध होइ सो पाइहि । नाथ बेगि पुनि जीति न जाइहि ॥
jauṁ prabhu siddha hoi so pāihi, nātha begi puni jīti na jāihi.
सुनि रघुपति अतिसय सुख माना । बोले अंगदादि कपि नाना ॥
suni raghupati atisaya sukha mānā, bole aṁgadādi kapi nānā.
लछिमन संग जाहु सब भाई । करहु बिधंस जग्य कर जाई ॥
lachimana saṁga jāhu saba bhāī, karahu bidhaṁsa jagya kara jāī.
तुम्ह लछिमन मारेहु रन ओही । देखि सभय सुर दुख अति मोही ॥
tumha lachimana mārehu rana ohī, dekhi sabhaya sura dukha ati mohī.
मारेहु तेहि बल बुद्धि उपाई । जेहिं छीजै निसिचर सुनु भाई ॥
mārehu tehi bala buddhi upāī, jehiṁ chījai nisicara sunu bhāī.
जामवंत सुग्रीव बिभीषन । सेन समेत रहेहु तीनिउ जन ॥
jāmavaṁta sugrīva bibhīṣana, sena sameta rahehu tīniu jana.
जब रघुबीर दीन्हि अनुसासन । कटि निषंग कसि साजि सरासन ॥
jaba raghubīra dīnhi anusāsana, kaṭi niṣaṁga kasi sāji sarāsana.
प्रभु प्रताप उर धरि रनधीरा । बोले घन इव गिरा गँभीरा ॥
prabhu pratāpa ura dhari ranadhīrā, bole ghana iva girā gam̐bhīrā.
जौं तेहि आजु बधें बिनु आवौं । तौ रघुपति सेवक न कहावौं ॥
jauṁ tehi āju badheṁ binu āvauṁ, tau raghupati sevaka na kahāvauṁ.
जौं सत संकर करहिं सहाई । तदपि हतउँ रघुबीर दोहाई ॥
jauṁ sata saṁkara karahiṁ sahāī, tadapi hataum̐ raghubīra dohāī.

दोहा-dohā:

रघुपति चरन नाइ सिरु चलेउ तुरंत अनंत ।
raghupati carana nāi siru caleu turaṁta anaṁta,
अंगद नील मयंद नल संग सुभट हनुमंत ॥७५॥
aṁgada nīla mayaṁda nala saṁga subhaṭa hanumaṁta. 75.

चौपाई-caupāī:

जाइ कपिन्ह सो देखा बैसा । आहुति देत रुधिर अरु भैंसा ॥
jāi kapinha so dekhā baisā, āhuti deta rudhira aru bhaiṁsā.
कीन्ह कपिन्ह सब जग्य बिधंसा । जब न उठइ तब करहिं प्रसंसा ॥
kīnha kapinha saba jagya bidhaṁsā, jaba na uṭhai taba karahiṁ prasaṁsā.
तदपि न उठइ धरेन्हि कच जाई । लातन्हि हति हति चले पराई ॥
tadapi na uṭhai dharenhi kaca jāī, lātanhi hati hati cale parāī.

लै त्रिसूल धावा कपि भागे । आए जहँ रामानुज आगे ॥
lai trisūla dhāvā kapi bhāge, āe jahaṁ rāmānuja āge.

आवा परम क्रोध कर मारा । गर्ज घोर रव बारहिं बारा ॥
āvā parama krodha kara mārā, garja ghora rava bārahiṁ bārā.

कोपि मरुतसुत अंगद धाए । हति त्रिसूल उर धरनि गिराए ॥
kopi marutasuta aṁgada dhāe, hati trisūla ura dharani girāe.

प्रभु कहँ छाँड़ेसि सूल प्रचंडा । सर हति कृत अनंत जुग खंडा ॥
prabhu kahaṁ chāṁṛesi sūla pracaṁḍā, sara hati kṛta anaṁta juga khaṁḍā.

उठि बहोरि मारुति जुबराजा । हतहिं कोपि तेहि घाउ न बाजा ॥
uṭhi bahori māruti jubarājā, hatahiṁ kopi tehi ghāu na bājā.

फिरे बीर रिपु मरइ न मारा । तब धावा करि घोर चिकारा ॥
phire bīra ripu marai na mārā, taba dhāvā kari ghora cikārā.

आवत देखि क्रुद्ध जनु काला । लछिमन छाड़े बिसिख कराला ॥
āvata dekhi kruddha janu kālā, lachimana chāṛe bisikha karālā.

देखेसि आवत पबि सम बाना । तुरत भयउ खल अंतरधाना ॥
dekhesi āvata pabi sama bānā, turata bhayau khala aṁtaradhānā.

बिबिध बेष धरि करइ लराई । कबहुँक प्रगट कबहुँ दुरि जाई ॥
bibidha beṣa dhari karai larāī, kabahuṁka pragaṭa kabahuṁ duri jāī.

देखि अजय रिपु डरपे कीसा । परम क्रुद्ध तब भयउ अहीसा ॥
dekhi ajaya ripu ḍarape kīsā, parama kruddha taba bhayau ahīsā.

लछिमन मन अस मंत्र दृढ़ावा । एहि पापिहि मैं बहुत खेलावा ॥
lachimana mana asa maṁtra dṛṛhāvā, ehi pāpihi maiṁ bahuta khelāvā.

सुमिरि कोसलाधीस प्रतापा । सर संधान कीन्ह करि दापा ॥
sumiri kosalādhīsa pratāpā, sara saṁdhāna kīnha kari dāpā.

छाडा बान माझ उर लागा । मरती बार कपटु सब त्यागा ॥
chāṛā bāna mājha ura lāgā, maratī bāra kapaṭu saba tyāgā.

दोहा-dohā:

रामानुज कहँ रामु कहँ अस कहि छाँड़ेसि प्रान ।
rāmānuja kahaṁ rāmu kahaṁ asa kahi chāṁṛesi prāna,

धन्य धन्य तव जननी कह अंगद हनुमान ॥ ७६ ॥
dhanya dhanya tava jananī kaha aṁgada hanumāna. 76.

चौपाई-caupāī:

बिनु प्रयास हनुमान उठायो । लंका द्वार राखि पुनि आयो ॥
binu prayāsa hanumāna uṭhāyo, laṁkā dvāra rākhi puni āyo.

तासु मरन सुनि सुर गंधर्बा । चढ़ि बिमान आए नभ सर्बा ॥
tāsu marana suni sura gaṁdharbā, caṛhi bimāna āe nabha sarbā.

बरषि सुमन दुंदुभीं बजावहिं । श्रीरघुनाथ बिमल जसु गावहिं ॥
baraṣi sumana duṁdubhīṁ bajāvahiṁ, śrīraghunātha bimala jasu gāvahiṁ.

जय अनंत जय जगदाधारा । तुम्ह प्रभु सब देवन्हि निस्तारा ॥
jaya anaṁta jaya jagadādhārā, tumha prabhu saba devanhi nistārā.

अस्तुति करि सुर सिद्ध सिधाए । लछिमन कृपासिंधु पहिं आए ॥
astuti kari sura siddha sidhāe, lachimana kṛpāsiṁdhu pahiṁ āe.

सुत बध सुना दसानन जबहीं । मुरुछित भयउ परेउ महि तबहीं ॥
suta badha sunā dasānana jabahīṁ, muruchita bhayau pareu mahi tabahīṁ.

मंदोदरी रुदन कर भारी । उर ताड़न बहु भाँति पुकारी ॥
maṁdodarī rudana kara bhārī, ura tāṛana bahu bhāṁti pukārī.

नगर लोग सब ब्याकुल सोचा । सकल कहहिं दसकंधर पोचा ॥
nagara loga saba byākula socā, sakala kahahiṁ dasakaṁdhara pocā.

दोहा-dohā:

तब दसकंठ बिबिधि बिधि समुझाईं सब नारि ।
taba dasakaṁṭha bibidhi bidhi samujhāīṁ saba nāri,

नस्वर रूप जगत सब देखहु हृदयँ बिचारि ॥ ७७ ॥
nasvara rūpa jagata saba dekhahu hṛdayaṁ bicāri. 77.

चौपाई-caupāī:

तिन्हहि ग्यान उपदेसा रावन । आपुन मंद कथा सुभ पावन ॥
tinhahi gyāna upadesā rāvana, āpuna maṁda kathā subha pāvana.

पर उपदेस कुसल बहुतेरे । जे आचरहिं ते नर न घनेरे ॥
para upadesa kusala bahutere, je ācarahiṁ te nara na ghanere.

निसा सिरानि भयउ भिनुसारा । लगे भालु कपि चारिहुँ द्वारा ॥
nisā sirāni bhayau bhinusārā, lage bhālu kapi cārihuṁ dvārā.

सुभट बोलाइ दसानन बोला । रन सन्मुख जा कर मन डोला ॥
subhaṭa bolāi dasānana bolā, rana sanmukha jā kara mana ḍolā.

सो अबहीं बरु जाउ पराई । संजुग बिमुख भएँ न भलाई ॥
so abahīṁ baru jāu parāī, saṁjuga bimukha bhaeṁ na bhalāī.

निज भुज बल मैं बयरु बढ़ावा । देहउँ उतरु जो रिपु चढ़ि आवा ॥
nija bhuja bala maiṁ bayaru baṛhāvā, dehauṁ utaru jo ripu caṛhi āvā.

अस कहि मरुत बेग रथ साजा । बाजे सकल जुझाऊ बाजा ॥
asa kahi maruta bega ratha sājā, bāje sakala jujhāū bājā.

चले बीर सब अतुलित बली । जनु कज्जल कै आँधी चली ॥
cale bīra saba atulita balī, janu kajjala kai āṁdhī calī.

असगुन अमित होहिं तेहि काला । गनइ न भुजबल गर्ब बिसाला ॥
asaguna amita hohiṁ tehi kālā, ganai na bhujabala garba bisālā.

छंद-chaṁda:

अति गर्ब गनइ न सगुन असगुन स्रवहिं आयुध हाथ ते ।
ati garba ganai na saguna asaguna sravahiṁ āyudha hātha te,

भट गिरत रथ ते बाजि गज चिक्करत भाजहिं साथ ते ॥
bhaṭa girata ratha te bāji gaja cikkarata bhājahiṁ sātha te.

गोमाय गीध कराल खर रव स्वान बोलहिं अति घने ।
gomāya gīdha karāla khara rava svāna bolahiṁ ati ghane,

जनु कालदूत उलूक बोलहिं बचन परम भयावने ॥
janu kāladūta ulūka bolahiṁ bacana parama bhayāvane.

दोहा-dohā:

ताहि कि संपति सगुन सुभ सपनेहुँ मन बिश्राम ।
tāhi ki saṁpati saguna subha sapanehuṁ mana biśrāma,

भूत द्रोह रत मोहबस राम बिमुख रति काम ॥ ७८ ॥
bhūta droha rata mohabasa rāma bimukha rati kāma. 78.

चौपाई-caupāī:

चलेउ निसाचर कटकु अपारा । चतुरंगिनी अनी बहु धारा ॥
caleu nisācara kaṭaku apārā, caturaṁginī anī bahu dhārā.

बिबिधि भाँति बाहन रथ जाना । बिपुल बरन पताक ध्वज नाना ॥
bibidhi bhāṁti bāhana ratha jānā, bipula barana patāka dhvaja nānā.

चले मत्त गज जूथ घनेरे । प्राबिट जलद मरुत जनु प्रेरे ॥
cale matta gaja jūtha ghanere, prābiṭa jalada maruta janu prere.

बरन बरन बिरदैत निकाया । समर सूर जानहिं बहु माया ॥
barana barana biradaita nikāyā, samara sūra jānahiṁ bahu māyā.

अति बिचित्र बाहिनी बिराजी । बीर बसंत सेन जनु साजी ॥
ati bicitra bāhinī birājī, bīra basaṁta sena janu sājī.

चलत कटक दिगसिंधुर डगहीं । छुभित पयोधि कुधर डगमगहीं ॥
calata kaṭaka digasiṁdhura ḍagahīṁ, chubhita payodhi kudhara ḍagamagahīṁ.

उठी रेनु रबि गयउ छपाई । मरुत थकित बसुधा अकुलाई ॥
uṭhī renu rabi gayau chapāī, maruta thakita basudhā akulāī.

पनव निसान घोर रव बाजहिं । प्रलय समय के घन जनु गाजहिं ॥
panava nisāna ghora rava bājahiṁ, pralaya samaya ke ghana janu gājahiṁ.
भेरि नफीरि बाज सहनाई । मारू राग सुभट सुखदाई ॥
bheri naphīri bāja sahanāī, mārū rāga subhaṭa sukhadāī.
केहरि नाद बीर सब करहीं । निज निज बल पौरुष उच्चरहीं ॥
kehari nāda bīra saba karahīṁ, nija nija bala pauruṣa uccarahīṁ.
कहइ दसानन सुनहु सुभट्टा । मर्दहु भालु कपिन्ह के ठट्टा ॥
kahai dasānana sunahu subhaṭṭā, mardahu bhālu kapinha ke ṭhaṭṭā.
हौं मारिहउँ भूप द्वौ भाई । अस कहि सन्मुख फौज रेंगाई ॥
hauṁ mārihauṁ bhūpa dvau bhāī, asa kahi sanmukha phauja reṁgāī.
यह सुधि सकल कपिन्ह जब पाई । धाए करि रघुबीर दोहाई ॥
yaha sudhi sakala kapinha jaba pāī, dhāe kari raghubīra dohāī.

छंद-chaṁda:

धाए बिसाल कराल मर्कट भालु काल समान ते ।
dhāe bisāla karāla markaṭa bhālu kāla samāna te,
मानहुँ सपच्छ उड़ाहिं भूधर बृंद नाना बान ते ॥
mānahuṁ sapaccha uṛāhiṁ bhūdhara bṛṁda nānā bāna te.
नख दसन सैल महाद्रुमायुध सबल संक न मानहीं ।
nakha dasana saila mahādrumāyudha sabala saṁka na mānahīṁ,
जय राम रावन मत्त गज मृगराज सुजसु बखानहीं ॥
jaya rāma rāvana matta gaja mṛgarāja sujasu bakhānahīṁ.

दोहा-dohā:

दुहु दिसि जय जयकार करि निज निज जोरी जानि ।
duhu disi jaya jayakāra kari nija nija jorī jāni,
भिरे बीर इत रामहि उत रावनहि बखानि ॥७९॥
bhire bīra ita rāmahi uta rāvanahi bakhāni. 79.

चौपाई-caupāī:

रावनु रथी बिरथ रघुबीरा । देखि बिभीषन भयउ अधीरा ॥
rāvanu rathī biratha raghubīrā, dekhi bibhīṣana bhayau adhīrā.
अधिक प्रीति मन भा संदेहा । बंदि चरन कह सहित सनेहा ॥
adhika prīti mana bhā saṁdehā, baṁdi carana kaha sahita sanehā.
नाथ न रथ नहिं तन पद त्राना । केहि बिधि जितब बीर बलवाना ॥
nātha na ratha nahiṁ tana pada trānā, kehi bidhi jitaba bīra balavānā.
सुनहु सखा कह कृपानिधाना । जेहिं जय होइ सो स्यंदन आना ॥
sunahu sakhā kaha kṛpānidhānā, jehiṁ jaya hoi so syaṁdana ānā.
सौरज धीरज तेहि रथ चाका । सत्य सील दृढ़ ध्वजा पताका ॥
sauraja dhīraja tehi ratha cākā, satya sīla dṛṛha dhvajā patākā.
बल बिबेक दम परहित घोरे । छमा कृपा समता रजु जोरे ॥
bala bibeka dama parahita ghore, chamā kṛpā samatā raju jore.
ईस भजनु सारथी सुजाना । बिरति चर्म संतोष कृपाना ॥
īsa bhajanu sārathī sujānā, birati carma saṁtoṣa kṛpānā.
दान परसु बुधि सक्ति प्रचंडा । बर बिग्यान कठिन कोदंडा ॥
dāna parasu budhi sakti pracaṁṛā, bara bigyāna kaṭhina kodaṁḍā.
अमल अचल मन त्रोन समाना । सम जम नियम सिलीमुख नाना ॥
amala acala mana trona samānā, sama jama niyama silīmukha nānā.
कवच अभेद बिप्र गुर पूजा । एहि सम बिजय उपाय न दूजा ॥
kavaca abheda bipra gura pūjā, ehi sama bijaya upāya na dūjā.
सखा धर्ममय अस रथ जाकें । जीतन कहँ न कतहुँ रिपु ताकें ॥
sakhā dharmamaya asa ratha jākeṁ, jītana kahaṁ na katahuṁ ripu tākeṁ.

दोहा-dohā:

महा अजय संसार रिपु जीति सकइ सो बीर ।
mahā ajaya saṁsāra ripu jīti sakai so bīra,
जाकें अस रथ होइ दृढ़ सुनहु सखा मतिधीर ॥८०क॥
jākeṁ asa ratha hoi dṛṛha sunahu sakhā matidhīra. 80(ka).

सुनि प्रभु बचन बिभीषन हरषि गहे पद कंज ।
suni prabhu bacana bibhīṣana harași gahe pada kaṁja,
एहि मिस मोहि उपदेसेहु राम कृपा सुख पुंज ॥८०ख॥
ehi misa mohi upadesehu rāma kṛpā sukha puṁja. 80(kha).

उत पचार दसकंधर इत अंगद हनुमान ।
uta pacāra dasakaṁdhara ita aṁgada hanumāna,
लरत निसाचर भालु कपि करि निज निज प्रभु आन ॥८०ग॥
larata nisācara bhālu kapi kari nija nija prabhu āna. 80(ga).

चौपाई-caupāī:

सुर ब्रह्मादि सिद्ध मुनि नाना । देखत रन नभ चढ़े बिमाना ॥
sura brahmādi siddha muni nānā, dekhata rana nabha caṛhe bimānā.
हमहू उमा रहे तेहिं संगा । देखत राम चरित रन रंगा ॥
hamahū umā rahe tehiṁ saṁgā, dekhata rāma carita rana raṁgā.
सुभट समर रस दुहु दिसि माते । कपि जयसील राम बल ताते ॥
subhaṭa samara rasa duhu disi māte, kapi jayasīla rāma bala tāte.
एक एक सन भिरहिं पचारहिं । एकन्ह एक मर्दि महि पारहिं ॥
eka eka sana bhirahiṁ pacārahiṁ, ekanha eka mardi mahi pārahiṁ.
मारहिं काटहिं धरहिं पछारहिं । सीस तोरि सीसन्ह सन मारहिं ॥
mārahiṁ kāṭahiṁ dharahiṁ pachārahiṁ, sīsa tori sīsanha sana mārahiṁ.
उदर बिदारहिं भुजा उपारहिं । गहि पद अवनि पटकि भट डारहिं ॥
udara bidārahiṁ bhujā upārahiṁ, gahi pada avani paṭaki bhaṭa ḍārahiṁ.
निसिचर भट महि गाड़हिं भालू । ऊपर ढारि देहिं बहु बालू ॥
nisicara bhaṭa mahi gāṛahiṁ bhālū, ūpara ḍhāri dehiṁ bahu bālū.
बीर बलिमुख जुद्ध बिरुद्धे । देखिअत बिपुल काल जनु क्रुद्धे ॥
bīra balimukha juddha biruddhe, dekhiata bipula kāla janu kruddhe.

छंद-chaṁda:

क्रुद्धे कृतांत समान कपि तन स्रवत सोनित राजहीं ।
kruddhe kṛtāṁta samāna kapi tana sravata sonita rājahiṁ,
मर्दहिं निसाचर कटक भट बलवंत घन जिमि गाजहीं ॥
mardahiṁ nisācara kaṭaka bhaṭa balavaṁta ghana jimi gājahīṁ.
मारहिं चपेटन्हि डाटि दातन्ह काटि लातन्ह मीजहीं ।
mārahiṁ capeṭanhi ḍāṭi dātanha kāṭi lātanha mījahīṁ,
चिक्करहिं मर्कट भालु छल बल करहिं जेहिं खल छीजहीं ॥
cikkarahiṁ markaṭa bhālu chala bala karahiṁ jehiṁ khala chījahīṁ.
धरि गाल फारहिं उर बिदारहिं गल अँतावरि मेलहीं ।
dhari gāla phārahiṁ ura bidārahiṁ gala aṁtāvari melahīṁ,
प्रह्लादपति जनु बिबिध तनु धरि समर अंगन खेलहीं ॥
prahlādapati janu bibidha tanu dhari samara aṁgana khelahīṁ.
धरु मारु काटु पछारु घोर गिरा गगन महि भरि रही ।
dharu māru kāṭu pachāru ghora girā gagana mahi bhari rahī,
जय राम जो तृन ते कुलिस कर कुलिस ते कर तृन सही ॥
jaya rāma jo tṛna te kulisa kara kulisa te kara tṛna sahī.

दोहा-dohā:

निज दल बिचलत देखेसि बीस भुजाँ दस चाप ।
nija dala bicalata dekhesi bīsa bhujāṁ dasa cāpa,
रथ चढ़ि चलेउ दसानन फिरहु फिरहु करि दाप ॥८१॥
ratha caṛhi caleu dasānana phirahu phirahu kari dāpa. 81.

चौपाई-caupāī:

धायउ परम क्रुद्ध दसकंधर । सन्मुख चले हूह दै बंदर ॥
dhāyau parama kruddha dasakaṁdhara, sanmukha cale hūha dai baṁdara.
गहि कर पादप उपल पहारा । डारेन्हि ता पर एकहिं बारा ॥
gahi kara pādapa upala pahārā, ḍārenhi tā para ekahiṁ bārā.
लागहिं सैल बज्र तन तासू । खंड खंड होइ फूटहिं आसू ॥
lāgahiṁ saila bajra tana tāsū, khaṁḍa khaṁḍa hoi phūṭahiṁ āsū.
चला न अचल रहा रथ रोपी । रन दुर्मद रावन अति कोपी ॥
calā na acala rahā ratha ropī, rana durmada rāvana ati kopī.
इत उत झपटि दपटि कपि जोधा । मर्दै लाग भयउ अति क्रोधा ॥
ita uta jhapaṭi dapaṭi kapi jodhā, mardai lāga bhayau ati krodhā.
चले पराइ भालु कपि नाना । त्राहि त्राहि अंगद हनुमाना ॥
cale parāi bhālu kapi nānā, trāhi trāhi aṁgada hanumānā.
पाहि पाहि रघुबीर गोसाईं । यह खल खाइ काल की नाईं ॥
pāhi pāhi raghubīra gosāīṁ, yaha khala khāi kāla kī nāīṁ.
तेहिं देखे कपि सकल पराने । दसहुँ चाप सायक संधाने ॥
tehiṁ dekhe kapi sakala parāne, dasahuṁ cāpa sāyaka saṁdhāne.

छंद-chaṁda:

संधानि धनु सर निकर छाड़ेसि उरग जिमि उड़ि लागहीं ।
saṁdhāni dhanu sara nikara chāṛesi uraga jimi uṛi lāgahīṁ,
रहे पूरि सर धरनी गगन दिसि बिदिसि कहँ कपि भागहीं ॥
rahe pūri sara dharanī gagana disi bidisi kahaṁ kapi bhāgahīṁ.
भयो अति कोलाहल बिकल कपि दल भालु बोलहिं आतुरे ।
bhayo ati kolāhala bikala kapi dala bhālu bolahiṁ āture,
रघुबीर करुना सिंधु आरत बंधु जन रच्छक हरे ॥
raghubīra karunā siṁdhu ārata baṁdhu jana racchaka hare.

दोहा-dohā:

निज दल बिकल देखि कटि कसि निषंग धनु हाथ ।
nija dala bikala dekhi kaṭi kasi niṣaṁga dhanu hātha,
लछिमन चले क्रुद्ध होइ नाइ राम पद माथ ॥८२॥
lachimana cale kruddha hoi nāi rāma pada mātha. 82.

चौपाई-caupāī:

रे खल का मारसि कपि भालू । मोहि बिलोकु तोर मैं कालू ॥
re khala kā mārasi kapi bhālū, mohi biloku tora maiṁ kālū.
खोजत रहेउँ तोहि सुतघाती । आजु निपाति जुड़ावउँ छाती ॥
khojata raheuṁ tohi sutaghātī, āju nipāti juṛāvauṁ chātī.
अस कहि छाड़ेसि बान प्रचंडा । लछिमन किए सकल सत खंडा ॥
asa kahi chāṛesi bāna pracaṁḍā, lachimana kie sakala sata khaṁḍā.
कोटिन्ह आयुध रावन डारे । तिल प्रवान करि काटि निवारे ॥
koṭinha āyudha rāvana ḍāre, tila pravāna kari kāṭi nivāre.
पुनि निज बानन्ह कीन्ह प्रहारा । स्यंदनु भंजि सारथी मारा ॥
puni nija bānanha kīnha prahārā, syaṁdanu bhaṁji sārathī mārā.
सत सत सर मारे दस भाला । गिरि सृंगन्ह जनु प्रबिसहिं ब्याला ॥
sata sata sara māre dasa bhālā, giri sr̥ṁganha janu prabisahiṁ byālā.
पुनि सत सर मारा उर माहीं । परेउ धरनि तल सुधि कछु नाहीं ॥
puni sata sara mārā ura māhīṁ, pareu dharani tala sudhi kachu nāhīṁ.
उठा प्रबल पुनि मुरुछा जागी । छाड़िसि ब्रह्म दीन्हि जो साँगी ॥
uṭhā prabala puni muruchā jāgī, chāṛisi brahma dīnhi jo sāṁgī.

छंद-chaṁda:

सो ब्रह्म दत्त प्रचंड सक्ति अनंत उर लागी सही ।
so brahma datta pracaṁḍa sakti anaṁta ura lāgī sahī,
परयो बीर बिकल उठाव दसमुख अतुल बल महिमा रही ॥
parayo bīra bikala uṭhāva dasamukha atula bala mahimā rahī.
ब्रह्मांड भवन बिराज जाकें एक सिर जिमि रज कनी ।
brahmāṁḍa bhavana birāja jākeṁ eka sira jimi raja kanī,
तेहि चह उठावन मूढ़ रावन जान नहिं त्रिभुअन धनी ॥
tehi caha uṭhāvana mūṛha rāvana jāna nahiṁ tribhuana dhanī.

दोहा-dohā:

देखि पवनसुत धायउ बोलत बचन कठोर ।
dekhi pavanasuta dhāyau bolata bacana kaṭhora,
आवत कपिहि हन्यो तेहिं मुष्टि प्रहार प्रघोर ॥८३॥
āvata kapihi hanyo tehiṁ muṣṭi prahāra praghora. 83.

चौपाई-caupāī:

जानु टेकि कपि भूमि न गिरा । उठा सँभारि बहुत रिस भरा ॥
jānu ṭeki kapi bhūmi na girā, uṭhā saṁbhāri bahuta risa bharā.
मुठिका एक ताहि कपि मारा । परेउ सैल जनु बज्र प्रहारा ॥
muṭhikā eka tāhi kapi mārā, pareu saila janu bajra prahārā.
मुरुछा गै बहोरि सो जागा । कपि बल बिपुल सराहन लागा ॥
muruchā gai bahori so jāgā, kapi bala bipula sarāhana lāgā.
धिग धिग मम पौरुष धिग मोही । जौं तैं जिअत रहेसि सुरद्रोही ॥
dhiga dhiga mama pauruṣa dhiga mohī, jauṁ taiṁ jiata rahesi suradrohī.
अस कहि लछिमन कहुँ कपि ल्यायो । देखि दसानन बिसमय पायो ॥
asa kahi lachimana kahuṁ kapi lyāyo, dekhi dasānana bisamaya pāyo.
कह रघुबीर समुझु जियँ भ्राता । तुम्ह कृतांत भच्छक सुर त्राता ॥
kaha raghubīra samujhu jiyaṁ bhrātā, tumha kr̥tāṁta bhacchaka sura trātā.
सुनत बचन उठि बैठ कृपाला । गई गगन सो सकति कराला ॥
sunata bacana uṭhi baiṭha kr̥pālā, gaī gagana so sakati karālā.
पुनि कोदंड बान गहि धाए । रिपु सन्मुख अति आतुर आए ॥
puni kodaṁḍa bāna gahi dhāe, ripu sanmukha ati ātura āe.

छंद-chaṁda:

आतुर बहोरि बिभंजि स्यंदन सूत हति ब्याकुल कियो ।
ātura bahori bibhaṁji syaṁdana sūta hati byākula kiyo,
गिरयो धरनि दसकंधर बिकलतर बान सत बेध्यो हियो ॥
girayo dharani dasakaṁdhara bikalatara bāna sata bedhyo hiyo.
सारथी दूसर घालि रथ तेहि तुरत लंका लै गयो ।
sārathī dūsara ghāli ratha tehi turata laṁkā lai gayo,
रघुबीर बंधु प्रताप पुंज बहोरि प्रभु चरनन्हि नयो ॥
raghubīra baṁdhu pratāpa puṁja bahori prabhu carananhi nayo.

दोहा-dohā:

उहाँ दसानन जागि करि करै लाग कछु जग्य ।
uhāṁ dasānana jāgi kari karai lāga kachu jagya,
राम बिरोध बिजय चह सठ हठ बस अति अग्य ॥८४॥
rāma birodha bijaya caha saṭha haṭha basa ati agya. 84.

चौपाई-caupāī:

इहाँ बिभीषन सब सुधि पाई । सपदि जाइ रघुपतिहि सुनाई ॥
ihāṁ bibhīṣana saba sudhi pāī, sapadi jāi raghupatihi sunāī.
नाथ करइ रावन एक जागा । सिद्ध भएँ नहिं मरिहि अभागा ॥
nātha karai rāvana eka jāgā, siddha bhaeṁ nahiṁ marihi abhāgā.
पठवहु नाथ बेगि भट बंदर । करहिं बिधंस आव दसकंधर ॥
paṭhavahu nātha begi bhaṭa baṁdara, karahiṁ bidhaṁsa āva dasakaṁdhara.

प्रात होत प्रभु सुभट पठाए । हनुमदादि अंगद सब धाए ॥
prāta hota prabhu subhaṭa paṭhāe, hanumadādi aṁgada saba dhāe.
कौतुक कूदि चढ़े कपि लंका । पैठे रावन भवन असंका ॥
kautuka kūdi caṛhe kapi laṁkā, paiṭhe rāvana bhavana asaṁkā.
जग्य करत जबहीं सो देखा । सकल कपिन्ह भा क्रोध बिसेषा ॥
jagya karata jabahīṁ so dekhā, sakala kapinha bhā krodha biseṣā.
रन ते निलज भाजि गृह आवा । इहाँ आइ बक ध्यान लगावा ॥
rana te nilaja bhāji gṛha āvā, ihāṁ āi baka dhyāna lagāvā.
अस कहि अंगद मारा लाता । चितव न सठ स्वारथ मन राता ॥
asa kahi aṁgada mārā lātā, citava na saṭha svāratha mana rātā.

छंद-chaṁda:

नहिं चितव जब करि कोप कपि गहि दसन लातन्ह मारहीं ।
nahiṁ citava jaba kari kopa kapi gahi dasana lātanha mārahīṁ,
धरि केस नारि निकारि बाहेर तेऽतिदीन पुकारहीं ॥
dhari kesa nāri nikāri bāhera te'tidīna pukārahīṁ.
तब उठेउ क्रुद्ध कृतांत सम गहि चरन बानर डारई ।
taba uṭheu kruddha kṛtāṁta sama gahi carana bānara ḍāraī,
एहि बीच कपिन्ह बिधंस कृत मख देखि मन महुँ हारई ॥
ehi bīca kapinha bidhaṁsa kṛta makha dekhi mana mahuṁ hāraī.

दोहा-dohā:

जग्य बिधंसि कुसल कपि आए रघुपति पास ।
jagya bidhaṁsi kusala kapi āe raghupati pāsa,
चलेउ निसाचर क्रुद्ध होइ त्यागि जिवन कै आस ॥८५॥
caleu nisācara kruddha hoi tyāgi jivana kai āsa. 85.

चौपाई-caupāī:

चलत होहिं अति असुभ भयंकर । बैठहिं गीध उड़ाइ सिरन्ह पर ॥
calata hohiṁ ati asubha bhayaṁkara, baiṭhahiṁ gīdha uṛāi siranha para.
भयउ कालबस काहु न माना । कहेसि बजावहु जुद्ध निसाना ॥
bhayau kālabasa kāhu na mānā, kahesi bajāvahu juddha nisānā.
चली तमीचर अनी अपारा । बहु गज रथ पदाति असवारा ॥
calī tamīcara anī apārā, bahu gaja ratha padāti asavārā.
प्रभु सन्मुख धाए खल कैसें । सलभ समूह अनल कहँ जैसें ॥
prabhu sanmukha dhāe khala kaiseṁ, salabha samūha anala kahaṁ jaiseṁ.
इहाँ देवतन्ह अस्तुति कीन्ही । दारुन बिपति हमहि एहिं दीन्ही ॥
ihāṁ devatanha astuti kīnhī, dāruna bipati hamahi ehiṁ dīnhī.
अब जनि राम खेलावहु एही । अतिसय दुखित होति बैदेही ॥
aba jani rāma khelāvahu ehī, atisaya dukhita hoti baidehī.
देव बचन सुनि प्रभु मुसुकाना । उठि रघुबीर सुधारे बाना ॥
deva bacana suni prabhu musukānā, uṭhi raghubīra sudhāre bānā.
जटा जूट दृढ़ बाँधें माथे । सोहहिं सुमन बीच बिच गाथे ॥
jaṭā jūṭa dṛṛha bāṁdheṁ māthe, sohahiṁ sumana bīca bica gāthe.
अरुन नयन बारिद तनु स्यामा । अखिल लोक लोचनाभिरामा ॥
aruna nayana bārida tanu syāmā, akhila loka locanābhirāmā.
कटितट परिकर कस्यो निषंगा । कर कोदंड कठिन सारंगा ॥
kaṭitaṭa parikara kasyo niṣaṁgā, kara kodaṁḍa kaṭhina sāraṁgā.

छंद-chaṁda:

सारंग कर सुंदर निषंग सिलीमुखाकर कटि कस्यो ।
sāraṁga kara suṁdara niṣaṁga silīmukhākara kaṭi kasyo,
भुजदंड पीन मनोहरायत उर धरासुर पद लस्यो ॥
bhujadaṁḍa pīna manoharāyata ura dharāsura pada lasyo.
कह दास तुलसी जबहिं प्रभु सर चाप कर फेरन लगे ।
kaha dāsa tulasī jabahiṁ prabhu sara cāpa kara pherana lage,
ब्रह्मांड दिग्गज कमठ अहि महि सिंधु भूधर डगमगे ॥
brahmāṁḍa diggaja kamaṭha ahi mahi siṁdhu bhūdhara ḍagamage.

दोहा-dohā:

सोभा देखि हरषि सुर बरषहिं सुमन अपार ।
sobhā dekhi haraṣi sura baraṣahiṁ sumana apāra,
जय जय जय करुनानिधि छबि बल गुन आगार ॥८६॥
jaya jaya jaya karunānidhi chabi bala guna āgāra. 86.

चौपाई-caupāī:

एहीं बीच निसाचर अनी । कसमसात आई अति घनी ॥
ehīṁ bīca nisācara anī, kasamasāta āī ati ghanī.
देखि चले सन्मुख कपि भट्टा । प्रलयकाल के जनु घन घट्टा ॥
dekhi cale sanmukha kapi bhaṭṭā, pralayakāla ke janu ghana ghaṭṭā.
बहु कृपान तरवारि चमंकहिं । जनु दहँ दिसि दामिनीं दमंकहिं ॥
bahu kṛpāna taravāri camaṁkahiṁ, janu dahaṁ disi dāminīṁ damaṁkahiṁ.
गज रथ तुरग चिकार कठोरा । गर्जहिं मनहुँ बलाहक घोरा ॥
gaja ratha turaga cikāra kaṭhorā, garjahiṁ manahuṁ balāhaka ghorā.
कपि लंगूर बिपुल नभ छाए । मनहुँ इंद्रधनु उए सुहाए ॥
kapi laṁgūra bipula nabha chāe, manahuṁ iṁdradhanu ue suhāe.
उठइ धूरि मानहुँ जलधारा । बान बुंद भै बृष्टि अपारा ॥
uṭhai dhūri mānahuṁ jaladhārā, bāna buṁda bhai bṛṣṭi apārā.
दुहुँ दिसि पर्बत करहिं प्रहारा । बज्रपात जनु बारहिं बारा ॥
duhuṁ disi parbata karahiṁ prahārā, bajrapāta janu bārahiṁ bārā.
रघुपति कोपि बान झरि लाई । घायल भै निसिचर समुदाई ॥
raghupati kopi bāna jhari lāī, ghāyala bhai nisicara samudāī.
लागत बान बीर चिक्करहीं । घुर्मि घुर्मि जहँ तहँ महि परहीं ॥
lāgata bāna bīra cikkarahīṁ, ghurmi ghurmi jahaṁ tahaṁ mahi parahīṁ.
स्रवहिं सैल जनु निर्झर भारी । सोनित सरि कादर भयकारी ॥
sravahiṁ saila janu nirjhara bhārī, sonita sari kādara bhayakārī.

छंद-chaṁda:

कादर भयंकर रुधिर सरिता चली परम अपावनी ।
kādara bhayaṁkara rudhira saritā calī parama apāvanī,
दोउ कूल दल रथ रेत चक्र अबर्त बहति भयावनी ॥
dou kūla dala ratha reta cakra abarta bahati bhayāvanī.
जलजंतु गज पदचर तुरग खर बिबिध बाहन को गने ।
jalajaṁtu gaja padacara turaga khara bibidha bāhana ko gane,
सर सक्ति तोमर सर्प चाप तरंग चर्म कमठ घने ॥
sara sakti tomara sarpa cāpa taraṁga carma kamaṭha ghane.

दोहा-dohā:

बीर परहिं जनु तीर तरु मज्जा बहु बह फेन ।
bīra parahiṁ janu tīra taru majjā bahu baha phena,
कादर देखि डरहिं तहँ सुभटन्ह के मन चेन ॥८७॥
kādara dekhi ḍarahiṁ tahaṁ subhaṭanha ke mana cena. 87.

चौपाई-caupāī:

मज्जहिं भूत पिसाच बेताला । प्रमथ महा झोटिंग कराला ॥
majjahiṁ bhūta pisāca betālā, pramatha mahā jhoṭiṁga karālā.
काक कंक लै भुजा उड़ाहीं । एक ते छीनि एक लै खाहीं ॥
kāka kaṁka lai bhujā uṛāhīṁ, eka te chīni eka lai khāhīṁ.
एक कहहिं ऐसिउ सौंघाई । सठहु तुम्हार दरिद्र न जाई ॥
eka kahahiṁ aisiu sauṁghāī, saṭhahu tumhāra daridra na jāī.
कहँरत भट घायल तट गिरे । जहँ तहँ मनहुँ अर्धजल परे ॥
kahaṁrata bhaṭa ghāyala taṭa gire, jahaṁ tahaṁ manahuṁ ardhajala pare.
खैंचहिं गीध आँत तट भए । जनु बंसी खेलत चित दए ॥

khaiṁcahiṁ gīdha āṁta taṭa bhae, janu baṁsī khelata cita dae.
बहु भट बहहिं चढ़े खग जाहीं । जनु नावरि खेलहिं सरि माहीं ॥
bahu bhaṭa bahahiṁ caṛhe khaga jāhīṁ, janu nāvari khelahiṁ sari māhīṁ.
जोगिनि भरि भरि खप्पर संचहिं । भूत पिसाच बधू नभ नंचहिं ॥
jogini bhari bhari khappara saṁcahiṁ, bhūta pisāca badhū nabha naṁcahiṁ.
भट कपाल करताल बजावहिं । चामुंडा नाना बिधि गावहिं ॥
bhaṭa kapāla karatāla bajāvahiṁ, cāmuṁḍā nānā bidhi gāvahiṁ.
जंबुक निकर कटक्कट कट्टहिं । खाहिं हुआहिं अघाहिं दपट्टहिं ॥
jaṁbuka nikara kaṭakkaṭa kaṭṭahiṁ, khāhiṁ huāhiṁ aghāhiṁ dapaṭṭahiṁ.
कोटिन्ह रुंड मुंड बिनु डोल्लहिं । सीस परे महि जय जय बोल्लहिं ॥
koṭinha ruṁḍa muṁḍa binu ḍollahiṁ, sīsa pare mahi jaya jaya bollahiṁ.

छंद-chaṁda:

बोल्लहिं जो जय जय मुंड रुंड प्रचंड सिर बिनु धावहीं ।
bollahiṁ jo jaya jaya muṁḍa ruṁḍa pracaṁḍa sira binu dhāvahīṁ,
खप्परिन्ह खग्ग अलुज्झि जुज्झहिं सुभट भटन्ह ढहावहीं ॥
khapparinha khagga alujjhi jujjhahiṁ subhaṭa bhaṭanha ḍhahāvahīṁ.
बानर निसाचर निकर मर्दहिं राम बल दर्पित भए ।
bānara nisācara nikara mardahiṁ rāma bala darpita bhae,
संग्राम अंगन सुभट सोवहिं राम सर निकरन्हि हए ॥
saṁgrāma aṁgana subhaṭa sovahiṁ rāma sara nikaranhi hae.

दोहा-dohā:

रावन हृदयँ बिचारा भा निसिचर संघार ।
rāvana hṛdayaṁ bicārā bhā nisicara saṁghāra,
मैं अकेल कपि भालु बहु माया करौं अपार ॥८८॥
maiṁ akela kapi bhālu bahu māyā karauṁ apāra. 88.

चौपाई-caupāī:

देवन्ह प्रभुहि पयादें देखा । उपजा उर अति छोभ बिसेषा ॥
devanha prabhuhi payādeṁ dekhā, upajā ura ati chobha biseṣā.
सुरपति निज रथ तुरत पठावा । हरष सहित मातलि लै आवा ॥
surapati nija ratha turata paṭhāvā, haraṣa sahita mātali lai āvā.
तेज पुंज रथ दिब्य अनूपा । हरषि चढ़े कोसलपुर भूपा ॥
teja puṁja ratha dibya anūpā, haraṣi caṛhe kosalapura bhūpā.
चंचल तुरग मनोहर चारी । अजर अमर मन सम गतिकारी ॥
caṁcala turaga manohara cārī, ajara amara mana sama gatikārī.
रथारूढ़ रघुनाथहि देखी । धाए कपि बलु पाइ बिसेषी ॥
rathārūṛha raghunāthahi dekhī, dhāe kapi balu pāi biseṣī.
सही न जाइ कपिन्ह कै मारी । तब रावन माया बिस्तारी ॥
sahī na jāi kapinha kai mārī, taba rāvana māyā bistārī.
सो माया रघुबीरहि बाँची । लछिमन कपिन्ह सो मानी साँची ॥
so māyā raghubīrahi bāṁcī, lachimana kapinha so mānī sāṁcī.
देखी कपिन्ह निसाचर अनी । अनुज सहित बहु कोसलधनी ॥
dekhī kapinha nisācara anī, anuja sahita bahu kosaladhanī.

छंद-chaṁda:

बहु राम लछिमन देखि मर्कट भालु मन अति अपडरे ।
bahu rāma lachimana dekhi markaṭa bhālu mana ati apaḍare,
जनु चित्र लिखित समेत लछिमन जहँ सो तहँ चितवहिं खरे ॥
janu citra likhita sameta lachimana jahaṁ so tahaṁ citavahiṁ khare.
निज सेन चकित बिलोकि हँसि सर चाप सजि कोसल धनी ।
nija sena cakita biloki haṁsi sara cāpa saji kosala dhanī,
माया हरी हरि निमिष महुँ हरषी सकल मर्कट अनी ॥
māyā harī hari nimiṣa mahuṁ haraṣī sakala markaṭa anī.

दोहा-dohā:

बहुरि राम सब तन चितइ बोले बचन गँभीर ।
bahuri rāma saba tana citai bole bacana gaṁbhīra,
द्वंदजुद्ध देखहु सकल श्रमित भए अति बीर ॥८९॥
dvaṁdajuddha dekhahu sakala śramita bhae ati bīra. 89.

चौपाई-caupāī:

अस कहि रथ रघुनाथ चलावा । बिप्र चरन पंकज सिरु नावा ॥
asa kahi ratha raghunātha calāvā, bipra carana paṁkaja siru nāvā.
तब लंकेस क्रोध उर छावा । गर्जत तर्जत सन्मुख धावा ॥
taba laṁkesa krodha ura chāvā, garjata tarjata sanmukha dhāvā.
जीतेहु जे भट संजुग माहीं । सुनु तापस मैं तिन्ह सम नाहीं ॥
jītehu je bhaṭa saṁjuga māhīṁ, sunu tāpasa maiṁ tinha sama nāhīṁ.
रावन नाम जगत जस जाना । लोकप जाकें बंदीखाना ॥
rāvana nāma jagata jasa jānā, lokapa jākeṁ baṁdīkhānā.
खर दूषन बिराध तुम्ह मारा । बधेहु ब्याध इव बालि बिचारा ॥
khara dūṣana birādha tumha mārā, badhehu byādha iva bāli bicārā.
निसिचर निकर सुभट संघारेहु । कुंभकरन घननादहि मारेहु ॥
nisicara nikara subhaṭa saṁghārehu, kuṁbhakarana ghananādahi mārehu.
आजु बयरु सबु लेउँ निबाही । जौं रन भूप भाजि नहिं जाही ॥
āju bayaru sabu leuṁ nibāhī, jauṁ rana bhūpa bhāji nahiṁ jāhī.
आजु करउँ खलु काल हवाले । परेहु कठिन रावन के पाले ॥
āju karauṁ khalu kāla havāle, parehu kaṭhina rāvana ke pāle.
सुनि दुर्बचन कालबस जाना । बिहँसि बचन कह कृपानिधाना ॥
suni durbacana kālabasa jānā, bihaṁsi bacana kaha kṛpānidhānā.
सत्य सत्य सब तव प्रभुताई । जल्पसि जनि देखाउ मनुसाई ॥
satya satya saba tava prabhutāī, jalpasi jani dekhāu manusāī.

छंद-chaṁda:

जनि जल्पना करि सुजसु नासहि नीति सुनहि करहि छमा ।
jani jalpanā kari sujasu nāsahi nīti sunahi karahi chamā,
संसार महँ पूरुष त्रिबिध पाटल रसाल पनस समा ॥
saṁsāra mahaṁ pūruṣa tribidha pāṭala rasāla panasa samā.
एक सुमनप्रद एक सुमन फल एक फलइ केवल लागहीं ।
eka sumanaprada eka sumana phala eka phalai kevala lāgahīṁ,
एक कहहिं कहहिं करहिं अपर एक करहिं कहत न बागहीं ॥
eka kahahiṁ kahahiṁ karahiṁ apara eka karahiṁ kahata na bāgahīṁ.

दोहा-dohā:

राम बचन सुनि बिहँसा मोहि सिखावत ग्यान ।
rāma bacana suni bihaṁsā mohi sikhāvata gyāna,
बयरु करत नहिं तब डरे अब लागे प्रिय प्रान ॥९०॥
bayaru karata nahiṁ taba ḍare aba lāge priya prāna. 90.

चौपाई-caupāī:

कहि दुर्बचन क्रुद्ध दसकंधर । कुलिस समान लाग छाँड़ै सर ॥
kahi durbacana kruddha dasakaṁdhara, kulisa samāna lāga chāṁṛai sara.
नानाकार सिलीमुख धाए । दिसि अरु बिदिसि गगन महि छाए ॥
nānākāra silīmukha dhāe, disi aru bidisi gagana mahi chāe.
पावक सर छाँड़िउ रघुबीरा । छन महुँ जरे निसाचर तीरा ॥
pāvaka sara chāṁṛeu raghubīrā, chana mahuṁ jare nisācara tīrā.
छाडिसि तीब्र सक्ति खिसिआई । बान संग प्रभु फेरि चलाई ॥
chāṛisi tībra sakti khisiāī, bāna saṁga prabhu pheri calāī.
कोटिन्ह चक्र त्रिसूल पबारै । बिनु प्रयास प्रभु काटि निवारै ॥
koṭinha cakra trisūla pabārai, binu prayāsa prabhu kāṭi nivārai.
निफल होहिं रावन सर कैसें । खल के सकल मनोरथ जैसें ॥
niphala hohiṁ rāvana sara kaiseṁ, khala ke sakala manoratha jaiseṁ.

तब सत बान सारथी मारेसि । परेउ भूमि जय राम पुकारेसि ॥
taba sata bāna sārathī māresi, pareu bhūmi jaya rāma pukāresi.
राम कृपा करि सूत उठावा । तब प्रभु परम क्रोध कहुँ पावा ॥
rāma kṛpā kari sūta uṭhāvā, taba prabhu parama krodha kahuṁ pāvā.

छंद-chamda:

भए क्रुद्ध जुद्ध बिरुद्ध रघुपति त्रोन सायक कसमसे ।
bhae kruddha juddha biruddha raghupati trona sāyaka kasamase,
कोदंड धुनि अति चंड सुनि मनुजाद सब मारुत ग्रसे ॥
kodaṁḍa dhuni ati caṁḍa suni manujāda saba māruta grase.
मंदोदरी उर कंप कंपति कमठ भू भूधर त्रसे ।
maṁdodarī ura kaṁpa kaṁpati kamaṭha bhū bhūdhara trase,
चिक्करहिं दिग्गज दसन गहि महि देखि कौतुक सुर हँसे ॥
cikkarahiṁ diggaja dasana gahi mahi dekhi kautuka sura haṁse.

दोहा-dohā:

तानेउ चाप श्रवन लगि छाँड़े बिसिख कराल ।
tāneu cāpa śravana lagi chāṁṛe bisikha karāla,
राम मारगन गन चले लहलहात जनु ब्याल ॥९१॥
rāma māragana gana cale lahalahāta janu byāla. 91.

चौपाई-caupāī:

चले बान सपच्छ जनु उरगा । प्रथमहिं हतेउ सारथी तुरगा ॥
cale bāna sapaccha janu uragā, prathamahiṁ hateu sārathī turagā.
रथ बिभंजि हति केतु पताका । गर्जा अति अंतर बल थाका ॥
ratha bibhaṁji hati ketu patākā, garjā ati aṁtara bala thākā.
तुरत आन रथ चढ़ि खिसिआना । अस्त्र सस्त्र छाँड़ेसि बिधि नाना ॥
turata āna ratha caṛhi khisiānā, astra sastra chāṁṛesi bidhi nānā.
बिफल होहिं सब उद्यम ताके । जिमि परद्रोह निरत मनसा के ॥
biphala hohiṁ saba udyama tāke, jimi paradroha nirata manasā ke.
तब रावन दस सूल चलावा । बाजि चारि महि मारि गिरावा ॥
taba rāvana dasa sūla calāvā, bāji cāri mahi māri girāvā.
तुरग उठाइ कोपि रघुनायक । खैंचि सरासन छाँड़े सायक ॥
turaga uṭhāi kopi raghunāyaka, khaiṁci sarāsana chāṁṛe sāyaka.
रावन सिर सरोज बनचारी । चलि रघुबीर सिलीमुख धारी ॥
rāvana sira saroja banacārī, cali raghubīra silīmukha dhārī.
दस दस बान भाल दस मारे । निसरि गए चले रुधिर पनारे ॥
dasa dasa bāna bhāla dasa māre, nisari gae cale rudhira panāre.
स्रवत रुधिर धायउ बलवाना । प्रभु पुनि कृत धनु सर संधाना ॥
sravata rudhira dhāyau balavānā, prabhu puni kṛta dhanu sara saṁdhānā.
तीस तीर रघुबीर पबारे । भुजन्हि समेत सीस महि पारे ॥
tīsa tīra raghubīra pabāre, bhujanhi sameta sīsa mahi pāre.
काटतहीं पुनि भए नबीने । राम बहोरि भुजा सिर छीने ॥
kāṭatahīṁ puni bhae nabīne, rāma bahori bhujā sira chīne.
प्रभु बहु बार बाहु सिर हए । कटत झटिति पुनि नूतन भए ॥
prabhu bahu bāra bāhu sira hae, kaṭata jhaṭiti puni nūtana bhae.
पुनि पुनि प्रभु काटत भुज सीसा । अति कौतुकी कोसलाधीसा ॥
puni puni prabhu kāṭata bhuja sīsā, ati kautukī kosalādhīsā.
रहे छाइ नभ सिर अरु बाहू । मानहुँ अमित केतु अरु राहू ॥
rahe chāi nabha sira aru bāhū, mānahuṁ amita ketu aru rāhū.

छंद-chamda:

जनु राहु केतु अनेक नभ पथ स्रवत सोनित धावहीं ।
janu rāhu ketu aneka nabha patha sravata sonita dhāvahīṁ,
रघुबीर तीर प्रचंड लागहिं भूमि गिरन न पावहीं ॥
raghubīra tīra pracaṁḍa lāgahiṁ bhūmi girana na pāvahīṁ.
एक एक सर सिर निकर छेदे नभ उड़त इमि सोहहीं ।
eka eka sara sira nikara chede nabha uṛata imi sohahīṁ,
जनु कोपि दिनकर कर निकर जहँ तहँ बिधुंतुद पोहहीं ॥
janu kopi dinakara kara nikara jahaṁ tahaṁ bidhuṁtuda pohahīṁ.

दोहा-dohā:

जिमि जिमि प्रभु हर तासु सिर तिमि तिमि होहिं अपार ।
jimi jimi prabhu hara tāsu sira timi timi hohiṁ apāra,
सेवत बिषय बिबर्ध जिमि नित नित नूतन मार ॥९२॥
sevata biṣaya bibardha jimi nita nita nūtana māra. 92.

चौपाई-caupāī:

दसमुख देखि सिरन्ह कै बाढ़ी । बिसरा मरन भई रिस गाढ़ी ॥
dasamukha dekhi siranha kai bāṛhī, bisarā marana bhaī risa gāṛhī.
गर्जेउ मूढ़ महा अभिमानी । धायउ दसहु सरासन तानी ॥
garjeu mūṛha mahā abhimānī, dhāyau dasahu sarāsana tānī.
समर भूमि दसकंधर कोप्यो । बरषि बान रघुपति रथ तोप्यो ॥
samara bhūmi dasakaṁdhara kopyo, baraṣi bāna raghupati ratha topyo.
दंड एक रथ देखि न परेऊ । जनु निहार महुँ दिनकर दुरेऊ ॥
daṁḍa eka ratha dekhi na pareū, janu nihāra mahuṁ dinakara dureū.
हाहाकार सुरन्ह जब कीन्हा । तब प्रभु कोपि कारमुक लीन्हा ॥
hāhākāra suranha jaba kīnhā, taba prabhu kopi kāramuka līnhā.
सर निवारि रिपु के सिर काटे । ते दिसि बिदिसि गगन महि पाटे ॥
sara nivāri ripu ke sira kāṭe, te disi bidisi gagana mahi pāṭe.
काटे सिर नभ मारग धावहिं । जय जय धुनि करि भय उपजावहिं ॥
kāṭe sira nabha māraga dhāvahiṁ, jaya jaya dhuni kari bhaya upajāvahiṁ.
कहँ लछिमन सुग्रीव कपीसा । कहँ रघुबीर कोसलाधीसा ॥
kahaṁ lachimana sugrīva kapīsā, kahaṁ raghubīra kosalādhīsā.

छंद-chamda:

कहँ रामु कहि सिर निकर धाए देखि मर्कट भजि चले ।
kahaṁ rāmu kahi sira nikara dhāe dekhi markaṭa bhaji cale,
संधानि धनु रघुबंसमनि हँसि सरन्हि सिर बेधे भले ॥
saṁdhāni dhanu raghubaṁsamani haṁsi saranhi sira bedhe bhale.
सिर मालिका कर कालिका गहि बृंद बृंदन्हि बहु मिलीं ।
sira mālikā kara kālikā gahi bṛṁda bṛṁdanhi bahu milīṁ,
करि रुधिर सरि मज्जनु मनहुँ संग्राम बट पूजन चलीं ॥
kari rudhira sari majjanu manahuṁ saṁgrāma baṭa pūjana calīṁ.

दोहा-dohā:

पुनि दसकंठ क्रुद्ध होइ छाँड़ी सक्ति प्रचंड ।
puni dasakaṁṭha kruddha hoi chāṁṛī sakti pracaṁḍa,
चली बिभीषन सन्मुख मनहुँ काल कर दंड ॥९३॥
calī bibhīṣana sanmukha manahuṁ kāla kara daṁḍa. 93.

चौपाई-caupāī:

आवत देखि सक्ति अति घोरा । प्रनतारति भंजन पन मोरा ॥
āvata dekhi sakti ati ghorā, pranatārati bhaṁjana pana morā.
तुरत बिभीषन पाछें मेला । सन्मुख राम सहेउ सोइ सेला ॥
turata bibhīṣana pācheṁ melā, sanmukha rāma saheu soi selā.
लागि सक्ति मुरुछा कछु भई । प्रभु कृत खेल सुरन्ह बिकलई ॥
lāgi sakti muruchā kachu bhaī, prabhu kṛta khela suranha bikalaī.
देखि बिभीषन प्रभु श्रम पायो । गहि कर गदा क्रुद्ध होइ धायो ॥
dekhi bibhīṣana prabhu śrama pāyo, gahi kara gadā kruddha hoi dhāyo.
रे कुभाग्य सठ मंद कुबुद्धे । तैं सुर नर मुनि नाग बिरुद्धे ॥
re kubhāgya saṭha maṁda kubuddhe, taiṁ sura nara muni nāga biruddhe.
सादर सिव कहुँ सीस चढ़ाए । एक एक के कोटिन्ह पाए ॥

sādara siva kahuṁ sīsa caṛhāe, eka eka ke koṭinha pāe.

तेहि कारन खल अब लगि बाँच्यो । अब तव कालु सीस पर नाच्यो ॥
tehi kārana khala aba lagi bāṁcyo, aba tava kālu sīsa para nācyo.

राम बिमुख सठ चहसि संपदा । अस कहि हनेसि माझ उर गदा ॥
rāma bimukha saṭha cahasi saṁpadā, asa kahi hanesi mājha ura gadā.

छंद-*chaṁda:*

उर माझ गदा प्रहार घोर कठोर लागत महि परयो ।
ura mājha gadā prahāra ghora kaṭhora lāgata mahi parayo,

दस बदन सोनित स्रवत पुनि संभारि धायो रिस भरयो ॥
dasa badana sonita sravata puni saṁbhāri dhāyo risa bharayo.

द्वौ भिरे अतिबल मल्लजुद्ध बिरुद्ध एकु एकहि हनै ।
dvau bhire atibala mallajuddha biruddha eku ekahi hanai,

रघुबीर बल दर्पित बिभीषनु घालि नहिं ता कहुँ गनै ॥
raghubīra bala darpita bibhīṣanu ghāli nahiṁ tā kahuṁ ganai.

दोहा-*dohā:*

उमा बिभीषनु रावनहि सन्मुख चितव कि काउ ।
umā bibhīṣanu rāvanahi sanmukha citava ki kāu,

सो अब भिरत काल ज्यों श्रीरघुबीर प्रभाउ ॥९४॥
so aba bhirata kāla jyoṁ śrīraghubīra prabhāu. 94.

चौपाई-*caupāī:*

देखा श्रमित बिभीषनु भारी । धायउ हनूमान गिरि धारी ॥
dekhā śramita bibhīṣanu bhārī, dhāyau hanūmāna giri dhārī.

रथ तुरंग सारथी निपाता । हृदय माझ तेहि मारेसि लाता ॥
ratha turaṁga sārathī nipātā, hṛdaya mājha tehi māresi lātā.

ठाढ़ रहा अति कंपित गाता । गयउ बिभीषनु जहँ जनत्राता ॥
ṭhāṛha rahā ati kaṁpita gātā, gayau bibhīṣanu jahaṁ janatrātā.

पुनि रावन कपि हतेउ पचारी । चलेउ गगन कपि पूँछ पसारी ॥
puni rāvana kapi hateu pacārī, caleu gagana kapi pūṁcha pasārī.

गहिसि पूँछ कपि सहित उड़ाना । पुनि फिरि भिरेउ प्रबल हनुमाना ॥
gahisi pūṁcha kapi sahita uṛānā, puni phiri bhireu prabala hanumānā.

लरत अकास जुगल सम जोधा । एकहि एकु हनत करि क्रोधा ॥
larata akāsa jugala sama jodhā, ekahi eku hanata kari krodhā.

सोहहिं नभ छल बल बहु करहीं । कज्जल गिरि सुमेरु जनु लरहीं ॥
sohahiṁ nabha chala bala bahu karahīṁ, kajjala giri sumeru janu larahīṁ.

बुधि बल निसिचर परइ न पारयो । तब मारुत सुत प्रभु संभारयो ॥
budhi bala nisicara parai na pārayo, taba māruta suta prabhu saṁbhārayo.

छंद-*chaṁda:*

संभारि श्रीरघुबीर धीर पचारि कपि रावनु हन्यो ।
saṁbhāri śrīraghubīra dhīra pacāri kapi rāvanu hanyo,

महि परत पुनि उठि लरत देवन्ह जुगल कहुँ जय जय भन्यो ॥
mahi parata puni uṭhi larata devanha jugala kahuṁ jaya jaya bhanyo.

हनुमंत संकट देखि मर्कट भालु क्रोधातुर चले ।
hanumaṁta saṁkaṭa dekhi markaṭa bhālu krodhātura cale,

रन मत्त रावन सकल सुभट प्रचंड भुज बल दलमले ॥
rana matta rāvana sakala subhaṭa pracaṁḍa bhuja bala dalamale.

दोहा-*dohā:*

तब रघुबीर पचारे धाए कीस प्रचंड ।
taba raghubīra pacāre dhāe kīsa pracaṁḍa,

कपि बल प्रबल देखि तेहिं कीन्ह प्रगट पाषंड ॥९५॥
kapi bala prabala dekhi tehiṁ kīnha pragaṭa pāṣaṁḍa. 95.

चौपाई-*caupāī:*

अंतरधान भयउ छन एका । पुनि प्रगटे खल रूप अनेका ॥
aṁtaradhāna bhayau chana ekā, puni pragaṭe khala rūpa anekā.

रघुपति कटक भालु कपि जेते । जहँ तहँ प्रगट दसानन तेते ॥
raghupati kaṭaka bhālu kapi jete, jahaṁ tahaṁ pragaṭa dasānana tete.

देखे कपिन्ह अमित दससीसा । जहँ तहँ भजे भालु अरु कीसा ॥
dekhe kapinha amita dasasīsā, jahaṁ tahaṁ bhaje bhālu aru kīsā.

भागे बानर धरहिं न धीरा । त्राहि त्राहि लछिमन रघुबीरा ॥
bhāge bānara dharahiṁ na dhīrā, trāhi trāhi lachimana raghubīrā.

दहँ दिसि धावहिं कोटिन्ह रावन । गर्जहिं घोर कठोर भयावन ॥
dahaṁ disi dhāvahiṁ koṭinha rāvana, garjahiṁ ghora kaṭhora bhayāvana.

डरे सकल सुर चले पराई । जय कै आस तजहु अब भाई ॥
ḍare sakala sura cale parāī, jaya kai āsa tajahu aba bhāī.

सब सुर जिते एक दसकंधर । अब बहु भए तकहु गिरि कंदर ॥
saba sura jite eka dasakaṁdhara, aba bahu bhae takahu giri kaṁdara.

रहे बिरंचि संभु मुनि ग्यानी । जिन्ह जिन्ह प्रभु महिमा कछु जानी ॥
rahe biraṁci saṁbhu muni gyānī, jinha jinha prabhu mahimā kachu jānī.

छंद-*chaṁda:*

जाना प्रताप ते रहे निर्भय कपिन्ह रिपु माने फुरे ।
jānā pratāpa te rahe nirbhaya kapinha ripu māne phure,

चले बिचलि मर्कट भालु सकल कृपाल पाहि भयातुरे ॥
cale bicali markaṭa bhālu sakala kṛpāla pāhi bhayāture.

हनुमंत अंगद नील नल अतिबल लरत रन बाँकुरे ।
hanumaṁta aṁgada nīla nala atibala larata rana bāṁkure,

मर्दहिं दसानन कोटि कोटिन्ह कपट भू भट अंकुरे ॥
mardahiṁ dasānana koṭi koṭinha kapaṭa bhū bhaṭa aṁkure.

दोहा-*dohā:*

सुर बानर देखे बिकल हँस्यो कोसलाधीस ।
sura bānara dekhe bikala haṁsyo kosalādhīsa,

सजि सारंग एक सर हते सकल दससीस ॥९६॥
saji sāraṁga eka sara hate sakala dasasīsa. 96.

चौपाई-*caupāī:*

प्रभु छन महुँ माया सब काटी । जिमि रबि उएँ जाहिं तम फाटी ॥
prabhu chana mahuṁ māyā saba kāṭī, jimi rabi ueṁ jāhiṁ tama phāṭī.

रावनु एकु देखि सुर हरषे । फिरे सुमन बहु प्रभु पर बरषे ॥
rāvanu eku dekhi sura harașe, phire sumana bahu prabhu para barașe.

भुज उठाइ रघुपति कपि फेरे । फिरे एक एकन्ह तब टेरे ॥
bhuja uṭhāi raghupati kapi phere, phire eka ekanha taba ṭere.

प्रभु बलु पाइ भालु कपि धाए । तरल तमकि संजुग महि आए ॥
prabhu balu pāi bhālu kapi dhāe, tarala tamaki saṁjuga mahi āe.

अस्तुति करत देवतन्हि देखें । भयउँ एक मैं इन्ह के लेखें ॥
astuti karata devatanhi dekheṁ, bhayauṁ eka maiṁ inha ke lekheṁ.

सठहु सदा तुम्ह मोर मरायल । अस कहि कोपि गगन पर धायल ॥
saṭhahu sadā tumha mora marāyala, asa kahi kopi gagana para dhāyala.

हाहाकार करत सुर भागे । खलहु जाहु कहँ मोरें आगे ॥
hāhākāra karata sura bhāge, khalahu jāhu kahaṁ moreṁ āge.

देखि बिकल सुर अंगद धायो । कूदि चरन गहि भूमि गिरायो ॥
dekhi bikala sura aṁgada dhāyo, kūdi carana gahi bhūmi girāyo.

छंद-*chaṁda:*

गहि भूमि पारयो लात मारयो बालिसुत प्रभु पहिं गयो ।
gahi bhūmi pārayo lāta mārayo bālisuta prabhu pahiṁ gayo,

संभारि उठि दसकंठ घोर कठोर रव गर्जत भयो ॥
saṁbhāri uṭhi dasakaṁṭha ghora kaṭhora rava garjata bhayo.

करि दाप चाप चढ़ाइ दस संधानि सर बहु बरषई ।
kari dāpa cāpa caṛhāi dasa saṁdhāni sara bahu barașai,

किए सकल भट घायल भयाकुल देखि निज बल हरषई ॥
kie sakala bhaṭa ghāyala bhayākula dekhi nija bala haraṣaī.

दोहा-dohā:

तब रघुपति रावन के सीस भुजा सर चाप ।
taba raghupati rāvana ke sīsa bhujā sara cāpa,
काटे बहुत बढ़े पुनि जिमि तीरथ कर पाप ॥९७॥
kāṭe bahuta baṛhe puni jimi tīratha kara pāpa. 97.

चौपाई-caupāī:

सिर भुज बाढ़ि देखि रिपु केरी । भालु कपिन्ह रिस भई घनेरी ॥
sira bhuja bāṛhi dekhi ripu kerī, bhālu kapinha risa bhaī ghanerī.
मरत न मूढ़ कटेहुँ भुज सीसा । धाए कोपि भालु भट कीसा ॥
marata na mūṛha kaṭehum̐ bhuja sīsā, dhāe kopi bhālu bhaṭa kīsā.
बालितनय मारुति नल नीला । बानरराज दुबिद बलसीला ॥
bālitanaya māruti nala nīlā, bānararāja dubida balasīlā.
बिटप महीधर करहिं प्रहारा । सोइ गिरि तरु गहि कपिन्ह सो मारा ॥
biṭapa mahīdhara karahiṁ prahārā, soi giri taru gahi kapinha so mārā.
एक नखन्हि रिपु बपुष बिदारी । भागि चलहिं एक लातन्ह मारी ॥
eka nakhanhi ripu bapuṣa bidārī, bhāgi calahiṁ eka lātanha mārī.
तब नल नील सिरन्हि चढ़ि गयऊ । नखन्हि लिलार बिदारत भयऊ ॥
taba nala nīla siranhi caṛhi gayaū, nakhanhi lilāra bidārata bhayaū.
रुधिर देखि बिषाद उर भारी । तिन्हहि धरन कहुँ भुजा पसारी ॥
rudhira dekhi biṣāda ura bhārī, tinhahi dharana kahum̐ bhujā pasārī.
गहे न जाहिं करन्हि पर फिरहीं । जनु जुग मधुप कमल बन चरहीं ॥
gahe na jāhiṁ karanhi para phirahīṁ, janu juga madhupa kamala bana carahīṁ.
कोपि कूदि द्वौ धरेसि बहोरी । महि पटकत भजे भुजा मरोरी ॥
kopi kūdi dvau dharesi bahorī, mahi paṭakata bhaje bhujā marorī.
पुनि सकोप दस धनु कर लीन्हे । सरन्हि मारि घायल कपि कीन्हे ॥
puni sakopa dasa dhanu kara līnhe, saranhi māri ghāyala kapi kīnhe.
हनुमदादि मुरुछित करि बंदर । पाइ प्रदोष हरष दसकंधर ॥
hanumadādi muruchita kari baṁdara, pāi pradoṣa haraṣa dasakaṁdhara.
मुरुछित देखि सकल कपि बीरा । जामवंत धायउ रनधीरा ॥
muruchita dekhi sakala kapi bīrā, jāmavaṁta dhāyau ranadhīrā.
संग भालु भूधर तरु धारी । मारन लगे पचारि पचारी ॥
saṁga bhālu bhūdhara taru dhārī, mārana lage pacāri pacārī.
भयउ क्रुद्ध रावन बलवाना । गहि पद महि पटकइ भट नाना ॥
bhayau kruddha rāvana balavānā, gahi pada mahi paṭakai bhaṭa nānā.
देखि भालुपति निज दल घाता । कोपि माझ उर मारेसि लाता ॥
dekhi bhālupati nija dala ghātā, kopi mājha ura māresi lātā.

छंद-chaṁda:

उर लात घात प्रचंड लागत बिकल रथ ते महि परा ।
ura lāta ghāta pracaṁḍa lāgata bikala ratha te mahi parā,
गहि भालु बीसहुँ कर मनहुँ कमलन्हि बसे निसि मधुकरा ॥
gahi bhālu bīsahum̐ kara manahum̐ kamalanhi base nisi madhukarā.
मुरुछित बिलोकि बहोरि पद हति भालुपति प्रभु पहिं गयो ।
muruchita biloki bahori pada hati bhālupati prabhu pahiṁ gayo,
निसि जानि स्यंदन घालि तेहि तब सूत जतनु करत भयो ॥
nisi jāni syaṁdana ghāli tehi taba sūta jatanu karata bhayo.

दोहा-dohā:

मुरुछा बिगत भालु कपि सब आए प्रभु पास ।
muruchā bigata bhālu kapi saba āe prabhu pāsa,
निसिचर सकल रावनहि घेरि रहे अति त्रास ॥९८॥
nisicara sakala rāvanahi gheri rahe ati trāsa. 98.

मासपारायण छब्बीसवाँ विश्राम
māsapārāyaṇa chabbīsavām̐ viśrāma
(Pause 26 for a Thirty-Day Recitation)

चौपाई-caupāī:

तेही निसि सीता पहिं जाई । त्रिजटा कहि सब कथा सुनाई ॥
tehī nisi sītā pahiṁ jāī, trijaṭā kahi saba kathā sunāī.
सिर भुज बाढ़ि सुनत रिपु केरी । सीता उर भइ त्रास घनेरी ॥
sira bhuja bāṛhi sunata ripu kerī, sītā ura bhai trāsa ghanerī.
मुख मलीन उपजी मन चिंता । त्रिजटा सन बोली तब सीता ॥
mukha malīna upajī mana ciṁtā, trijaṭā sana bolī taba sītā.
होइहि कहा कहसि किन माता । केहि बिधि मरिहि बिस्व दुखदाता ॥
hoihi kahā kahasi kina mātā, kehi bidhi marihi bisva dukhadātā.
रघुपति सर सिर कटेहुँ न मरई । बिधि बिपरीत चरित सब करई ॥
raghupati sara sira kaṭehum̐ na maraī, bidhi biparīta carita saba karaī.
मोर अभाग्य जिआवत ओही । जेहिं हौं हरि पद कमल बिछोही ॥
mora abhāgya jiāvata ohī, jehiṁ hauṁ hari pada kamala bichohī.
जेहिं कृत कपट कनक मृग झूठा । अजहुँ सो दैव मोहि पर रूठा ॥
jehiṁ kṛta kapaṭa kanaka mṛga jhūṭhā, ajahum̐ so daiva mohi para rūṭhā.
जेहिं बिधि मोहि दुख दुसह सहाए । लछिमन कहुँ कटु बचन कहाए ॥
jehiṁ bidhi mohi dukha dusaha sahāe, lachimana kahum̐ kaṭu bacana kahāe.
रघुपति बिरह सबिष सर भारी । तकि तकि मार बार बहु मारी ॥
raghupati biraha sabiṣa sara bhārī, taki taki māra bāra bahu mārī.
ऐसेहुँ दुख जो राख मम प्राना । सोइ बिधि ताहि जिआव न आना ॥
aisehum̐ dukha jo rākha mama prānā, soi bidhi tāhi jiāva na ānā.
बहु बिधि कर बिलाप जानकी । करि करि सुरति कृपानिधान की ॥
bahu bidhi kara bilāpa jānakī, kari kari surati kṛpānidhāna kī.
कह त्रिजटा सुनु राजकुमारी । उर सर लागत मरइ सुरारी ॥
kaha trijaṭā sunu rājakumārī, ura sara lāgata marai surārī.
प्रभु ताते उर हतइ न तेही । एहि के हृदयँ बसति बैदेही ॥
prabhu tāte ura hatai na tehī, ehi ke hṛdayam̐ basati baidehī.

छंद-chaṁda:

एहि के हृदयँ बस जानकी जानकी उर मम बास है ।
ehi ke hṛdayam̐ basa jānakī jānakī ura mama bāsa hai,
मम उदर भुअन अनेक लागत बान सब कर नास है ॥
mama udara bhuana aneka lāgata bāna saba kara nāsa hai.
सुनि बचन हरष बिषाद मन अति देखि पुनि त्रिजटाँ कहा ।
suni bacana haraṣa biṣāda mana ati dekhi puni trijaṭām̐ kahā,
अब मरिहि रिपु एहि बिधि सुनहि सुंदरि तजहि संसय महा ॥
aba marihi ripu ehi bidhi sunahi suṁdari tajahi saṁsaya mahā.

दोहा-dohā:

काटत सिर होइहि बिकल छुटि जाइहि तव ध्यान ।
kāṭata sira hoihi bikala chuṭi jāihi tava dhyāna,
तब रावनहि हृदय महुँ मरिहहिं रामु सुजान ॥९९॥
taba rāvanahi hṛdaya mahum̐ marihahiṁ rāmu sujāna. 99.

चौपाई-caupāī:

अस कहि बहुत भाँति समुझाई । पुनि त्रिजटा निज भवन सिधाई ॥
asa kahi bahuta bhām̐ti samujhāī, puni trijaṭā nija bhavana sidhāī.
राम सुभाउ सुमिरि बैदेही । उपजी बिरह बिथा अति तेही ॥
rāma subhāu sumiri baidehī, upajī biraha bithā ati tehī.
निसिहि ससिहि निंदति बहु भाँती । जुग सम भई सिराति न राती ॥
nisihi sasihi niṁdati bahu bhām̐tī, juga sama bhaī sirāti na rātī.
करति बिलाप मनहिं मन भारी । राम बिरहँ जानकी दुखारी ॥
karati bilāpa manahiṁ mana bhārī, rāma biraham̐ jānakī dukhārī.

जब अति भयउ बिरह उर दाहू । फरकेउ बाम नयन अरु बाहू ॥
jaba ati bhayau biraha ura dāhū, pharakeu bāma nayana aru bāhū.
सगुन बिचारि धरी मन धीरा । अब मिलिहहिं कृपाल रघुबीरा ॥
saguna bicāri dharī mana dhīrā, aba milihahiṁ kṛpāla raghubīrā.
इहाँ अर्धनिसि रावनु जागा । निज सारथि सन खीझन लागा ॥
ihām̐ ardhanisi rāvanu jāgā, nija sārathi sana khījhana lāgā.
सठ रनभूमि छड़ाइसि मोही । धिग धिग अधम मंदमति तोही ॥
saṭha ranabhūmi chaṛāisi mohī, dhiga dhiga adhama maṁdamati tohī.
तेहिं पद गहि बहु बिधि समुझावा । भोरु भएँ रथ चढ़ि पुनि धावा ॥
tehiṁ pada gahi bahu bidhi samujhāvā, bhoru bhaem̐ ratha caṛhi puni dhāvā.
सुनि आगवनु दसानन केरा । कपिदल खरभर भयउ घनेरा ॥
suni āgavanu dasānana kerā, kapidala kharabhara bhayau ghanerā.
जहँ तहँ भूधर बिटप उपारी । धाए कटकटाइ भट भारी ॥
jaham̐ taham̐ bhūdhara biṭapa upārī, dhāe kaṭakaṭāi bhaṭa bhārī.

छंद-chaṁda:

धाए जो मर्कट बिकट भालु कराल कर भूधर धरा ।
dhāe jo markaṭa bikaṭa bhālu karāla kara bhūdhara dharā,
अति कोप करहिं प्रहार मारत भजि चले रजनीचरा ॥
ati kopa karahiṁ prahāra mārata bhaji cale rajanīcarā.
बिचलाइ दल बलवंत कीसन्ह घेरि पुनि रावनु लियो ।
bicalāi dala balavaṁta kīsanha gheri puni rāvanu liyo,
चहुँ दिसि चपेटन्हि मारि नखन्हि बिदारि तनु ब्याकुल कियो ॥
cahum̐ disi capeṭanhi māri nakhanhi bidāri tanu byākula kiyo.

दोहा-dohā:

देखि महा मर्कट प्रबल रावन कीन्ह बिचार ।
dekhi mahā markaṭa prabala rāvana kīnha bicāra,
अंतरहित होइ निमिष महुँ कृत माया बिस्तार ॥१००॥
aṁtarahita hoi nimiṣa mahum̐ kṛta māyā bistāra. 100.

छंद-chaṁda:

जब कीन्ह तेहिं पाषंड । भए प्रगट जंतु प्रचंड ॥
jaba kīnha tehiṁ pāṣaṁḍa, bhae pragaṭa jaṁtu pracaṁḍa.
बेताल भूत पिसाच । कर धरें धनु नाराच ॥१॥
betāla bhūta pisāca, kara dhareṁ dhanu nārāca. 1.
जोगिनि गहें करबाल । एक हाथ मनुज कपाल ॥
jogini gaheṁ karabāla, eka hātha manuja kapāla.
करि सद्य सोनित पान । नाचहिं करहिं बहु गान ॥२॥
kari sadya sonita pāna, nācahiṁ karahiṁ bahu gāna. 2.
धरु मारु बोलहिं घोर । रहि पूरि धुनि चहुँ ओर ॥
dharu māru bolahiṁ ghora, rahi pūri dhuni cahum̐ ora.
मुख बाइ धावहिं खान । तब लगे कीस परान ॥३॥
mukha bāi dhāvahiṁ khāna, taba lage kīsa parāna. 3.
जहँ जाहिं मर्कट भागि । तहँ बरत देखहिं आगि ॥
jaham̐ jāhiṁ markaṭa bhāgi, taham̐ barata dekhahiṁ āgi.
भए बिकल बानर भालु । पुनि लाग बरषै बालु ॥४॥
bhae bikala bānara bhālu, puni lāga baraṣai bālu. 4.
जहँ तहँ थकित करि कीस । गर्जेउ बहुरि दससीस ॥
jaham̐ taham̐ thakita kari kīsa, garjeu bahuri dasasīsa.
लछिमन कपीस समेत । भए सकल बीर अचेत ॥५॥
lachimana kapīsa sameta, bhae sakala bīra aceta. 5.
हा राम हा रघुनाथ । कहि सुभट मीजहिं हाथ ॥
hā rāma hā raghunātha, kahi subhaṭa mījahiṁ hātha.
एहि बिधि सकल बल तोरि । तेहिं कीन्ह कपट बहोरि ॥६॥
ehi bidhi sakala bala tori, tehiṁ kīnha kapaṭa bahori. 6.
प्रगटेसि बिपुल हनुमान । धाए गहे पाषान ॥
pragaṭesi bipula hanumāna, dhāe gahe pāṣāna.
तिन्ह रामु घेरे जाइ । चहुँ दिसि बरूथ बनाइ ॥७॥
tinha rāmu ghere jāi, cahum̐ disi barūtha banāi. 7.
मारहु धरहु जनि जाइ । कटकटहिं पूँछ उठाइ ॥
mārahu dharahu jani jāi, kaṭakaṭahiṁ pūm̐cha uṭhāi.
दहँ दिसि लँगूर बिराज । तेहिं मध्य कोसलराज ॥८॥
daham̐ disi lam̐gūra birāja, tehiṁ madhya kosalarāja. 8.

छंद-chaṁda:

तेहिं मध्य कोसलराज सुंदर स्याम तन सोभा लही ।
tehiṁ madhya kosalarāja suṁdara syāma tana sobhā lahī,
जनु इंद्रधनुष अनेक की बर बारि तुंग तमालही ॥
janu iṁdradhanuṣa aneka kī bara bāri tuṁga tamālahī.
प्रभु देखि हरष बिषाद उर सुर बदत जय जय जय करी ।
prabhu dekhi haraṣa biṣāda ura sura badata jaya jaya jaya karī,
रघुबीर एकहिं तीर कोपि निमेष महुँ माया हरी ॥१॥
raghubīra ekahiṁ tīra kopi nimeṣa mahum̐ māyā harī. 1.
माया बिगत कपि भालु हरषे बिटप गिरि गहि सब फिरे ।
māyā bigata kapi bhālu haraṣe biṭapa giri gahi saba phire,
सर निकर छाड़े राम रावन बाहु सिर पुनि महि गिरे ॥
sara nikara chāṛe rāma rāvana bāhu sira puni mahi gire.
श्रीराम रावन समर चरित अनेक कल्प जो गावहीं ।
śrīrāma rāvana samara carita aneka kalpa jo gāvahīṁ,
सत सेष सारद निगम कबि तेउ तदपि पार न पावहीं ॥२॥
sata seṣa sārada nigama kabi teu tadapi pāra na pāvahīṁ. 2.

दोहा-dohā:

ताके गुन गन कछु कहे जड़मति तुलसीदास ।
tāke guna gana kachu kahe jaṛamati tulasīdāsa,
जिमि निज बल अनुरूप ते माछी उड़इ अकास ॥१०१क॥
jimi nija bala anurūpa te māchī uṛai akāsa. 101(ka).

काटे सिर भुज बार बहु मरत न भट लंकेस ।
kāṭe sira bhuja bāra bahu marata na bhaṭa laṁkesa,
प्रभु क्रीड़त सुर सिद्ध मुनि ब्याकुल देखि कलेस ॥१०१ख॥
prabhu krīṛata sura siddha muni byākula dekhi kalesa. 101(kha).

चौपाई-caupāī:

काटत बढ़हिं सीस समुदाई । जिमि प्रति लाभ लोभ अधिकाई ॥
kāṭata baṛhahiṁ sīsa samudāī, jimi prati lābha lobha adhikāī.
मरइ न रिपु श्रम भयउ बिसेषा । राम बिभीषन तन तब देखा ॥
marai na ripu śrama bhayau biseṣā, rāma bibhīṣana tana taba dekhā.
उमा काल मर जाकीं ईछा । सो प्रभु जन कर प्रीति परीछा ॥
umā kāla mara jākīṁ īchā, so prabhu jana kara prīti parīchā.
सुनु सरबग्य चराचर नायक । प्रनतपाल सुर मुनि सुखदायक ॥
sunu sarabagya carācara nāyaka, pranatapāla sura muni sukhadāyaka.
नाभिकुंड पियूष बस याकें । नाथ जिअत रावनु बल ताकें ॥
nābhikuṁḍa piyūṣa basa yākeṁ, nātha jiata rāvanu bala tākeṁ.
सुनत बिभीषन बचन कृपाला । हरषि गहे कर बान कराला ॥
sunata bibhīṣana bacana kṛpālā, haraṣi gahe kara bāna karālā.
असुभ होन लागे तब नाना । रोवहिं खर सृकाल बहु स्वाना ॥
asubha hona lāge taba nānā, rovahiṁ khara sṛkāla bahu svānā.
बोलहिं खग जग आरति हेतू । प्रगट भए नभ जहँ तहँ केतू ॥
bolahiṁ khaga jaga ārati hetū, pragaṭa bhae nabha jaham̐ taham̐ ketū.

दस दिसि दाह होन अति लागा । भयउ परब बिनु रबि उपरागा ॥
dasa disi dāha hona ati lāgā, bhayau paraba binu rabi uparāgā.
मंदोदरि उर कंपति भारी । प्रतिमा स्त्रवहिं नयन मग बारी ॥
maṁdodari ura kaṁpati bhārī, pratimā sravahiṁ nayana maga bārī.

छंद-chaṁda:

प्रतिमा रुदहिं पबिपात नभ अति बात बह डोलति मही ।
pratimā rudahiṁ pabipāta nabha ati bāta baha ḍolati mahī,
बरषहिं बलाहक रुधिर कच रज असुभ अति सक को कही ॥
baraṣahiṁ balāhaka rudhira kaca raja asubha ati saka ko kahī.
उतपात अमित बिलोकि नभ सुर बिकल बोलहिं जय जए ।
utapāta amita biloki nabha sura bikala bolahiṁ jaya jae,
सुर सभय जानि कृपाल रघुपति चाप सर जोरत भए ॥
sura sabhaya jāni kṛpāla raghupati cāpa sara jorata bhae.

दोहा-dohā:

खैंचि सरासन श्रवन लगि छाड़े सर एकतीस ।
khaiṁci sarāsana śravana lagi chāṛe sara ekatīsa,
रघुनायक सायक चले मानहुँ काल फनीस ॥१०२॥
raghunāyaka sāyaka cale mānahum̐ kāla phanīsa. 102.

चौपाई-caupāī:

सायक एक नाभि सर सोषा । अपर लगे भुज सिर करि रोषा ॥
sāyaka eka nābhi sara soṣā, apara lage bhuja sira kari roṣā.
लै सिर बाहु चले नाराचा । सिर भुज हीन रुंड महि नाचा ॥
lai sira bāhu cale nārācā, sira bhuja hīna ruṁḍa mahi nācā.
धरनि धसइ धर धाव प्रचंडा । तब सर हति प्रभु कृत दुइ खंडा ॥
dharani dhasai dhara dhāva pracaṁḍā, taba sara hati prabhu kṛta dui khaṁḍā.
गर्जेउ मरत घोर रव भारी । कहाँ रामु रन हतौं पचारी ॥
garjeu marata ghora rava bhārī, kahām̐ rāmu rana hatauṁ pacārī.
डोली भूमि गिरत दसकंधर । छुभित सिंधु सरि दिग्गज भूधर ॥
ḍolī bhūmi girata dasakaṁdhara, chubhita siṁdhu sari diggaja bhūdhara.
धरनि परेउ द्वौ खंड बढ़ाई । चापि भालु मर्कट समुदाई ॥
dharani pareu dvau khaṁḍa baṛhāī, cāpi bhālu markaṭa samudāī.
मंदोदरि आगें भुज सीसा । धरि सर चले जहाँ जगदीसा ॥
maṁdodari āgeṁ bhuja sīsā, dhari sara cale jahām̐ jagadīsā.
प्रबिसे सब निषंग महु जाई । देखि सुरन्ह दुंदुभीं बजाई ॥
prabise saba niṣaṁga mahu jāī, dekhi suranha duṁdubhīṁ bajāī.
तासु तेज समान प्रभु आनन । हरषे देखि संभु चतुरानन ॥
tāsu teja samāna prabhu ānana, haraṣe dekhi saṁbhu caturānana.
जय जय धुनि पूरी ब्रह्मंडा । जय रघुबीर प्रबल भुजदंडा ॥
jaya jaya dhuni pūrī brahmaṁḍā, jaya raghubīra prabala bhujadaṁḍā.
बरषहिं सुमन देव मुनि बृंदा । जय कृपाल जय जयति मुकुंदा ॥
baraṣahiṁ sumana deva muni bṛṁdā, jaya kṛpāla jaya jayati mukuṁdā.

छंद-chaṁda:

जय कृपा कंद मुकंद द्वंद हरन सरन सुखप्रद प्रभो ।
jaya kṛpā kaṁda mukaṁda dvaṁda harana sarana sukhaprada prabho,
खल दल बिदारन परम कारन कारुनीक सदा बिभो ॥
khala dala bidārana parama kārana kārunīka sadā bibho.
सुर सुमन बरषहिं हरष संकुल बाज दुंदुभि गहगही ।
sura sumana baraṣahiṁ haraṣa saṁkula bāja duṁdubhi gahagahī,
संग्राम अंगन राम अंग अनंग बहु सोभा लही ॥
saṁgrāma aṁgana rāma aṁga anaṁga bahu sobhā lahī.
सिर जटा मुकुट प्रसून बिच बिच अति मनोहर राजहीं ।
sira jaṭā mukuṭa prasūna bica bica ati manohara rājahīṁ,
जनु नीलगिरि पर तड़ित पटल समेत उडुगन भ्राजहीं ॥
janu nīlagiri para taṛita paṭala sameta udugana bhrājahīṁ.
भुजदंड सर कोदंड फेरत रुधिर कन तन अति बने ।
bhujadaṁḍa sara kodaṁḍa pherata rudhira kana tana ati bane,
जनु रायमुनीं तमाल पर बैठीं बिपुल सुख आपने ॥
janu rāyamunīṁ tamāla para baiṭhīṁ bipula sukha āpane.

दोहा-dohā:

कृपादृष्टि करि बृष्टि प्रभु अभय किए सुर बृंद ।
kṛpādṛṣṭi kari bṛṣṭi prabhu abhaya kie sura bṛṁda,
भालु कीस सब हरषे जय सुख धाम मुकंद ॥१०३॥
bhālu kīsa saba haraṣe jaya sukha dhāma mukaṁda. 103.

चौपाई-caupāī:

पति सिर देखत मंदोदरी । मुरुछित बिकल धरनि खसि परी ॥
pati sira dekhata maṁdodarī, muruchita bikala dharani khasi parī.
जुबति बृंद रोवत उठि धाईं । तेहि उठाइ रावन पहिं आईं ॥
jubati bṛṁda rovata uṭhi dhāīṁ, tehi uṭhāi rāvana pahiṁ āīṁ.
पति गति देखि ते करहिं पुकारा । छूटे कच नहिं बपुष सँभारा ॥
pati gati dekhi te karahiṁ pukārā, chūṭe kaca nahiṁ bapuṣa sam̐bhārā.
उर ताड़ना करहिं बिधि नाना । रोवत करहिं प्रताप बखाना ॥
ura tāṛanā karahiṁ bidhi nānā, rovata karahiṁ pratāpa bakhānā.
तव बल नाथ डोल नित धरनी । तेज हीन पावक ससि तरनी ॥
tava bala nātha ḍola nita dharanī, teja hīna pāvaka sasi taranī.
सेष कमठ सहि सकहिं न भारा । सो तनु भूमि परेउ भरि छारा ॥
seṣa kamaṭha sahi sakahiṁ na bhārā, so tanu bhūmi pareu bhari chārā.
बरुन कुबेर सुरेस समीरा । रन सन्मुख धरि काहुँ न धीरा ॥
baruna kubera suresa samīrā, rana sanmukha dhari kāhum̐ na dhīrā.
भुजबल जितेहु काल जम साईं । आजु परेहु अनाथ की नाईं ॥
bhujabala jitehu kāla jama sāīṁ, āju parehu anātha kī nāīṁ.
जगत बिदित तुम्हारि प्रभुताई । सुत परिजन बल बरनि न जाई ॥
jagata bidita tumhāri prabhutāī, suta parijana bala barani na jāī.
राम बिमुख अस हाल तुम्हारा । रहा न कोउ कुल रोवनिहारा ॥
rāma bimukha asa hāla tumhārā, rahā na kou kula rovanihārā.
तव बस बिधि प्रपंच सब नाथा । सभय दिसिप नित नावहिं माथा ॥
tava basa bidhi prapaṁca saba nāthā, sabhaya disipa nita nāvahiṁ māthā.
अब तव सिर भुज जंबुक खाहीं । राम बिमुख यह अनुचित नाहीं ॥
aba tava sira bhuja jaṁbuka khāhīṁ, rāma bimukha yaha anucita nāhīṁ.
काल बिबस पति कहा न माना । अग जग नाथु मनुज करि जाना ॥
kāla bibasa pati kahā na mānā, aga jaga nāthu manuja kari jānā.

छंद-chaṁda:

जान्यो मनुज करि दनुज कानन दहन पावक हरि स्वयं ।
jānyo manuja kari danuja kānana dahana pāvaka hari svayaṁ,
जेहि नमत सिव ब्रह्मादि सुर पिय भजेहु नहिं करुनामयं ॥
jehi namata siva brahmādi sura piya bhajehu nahiṁ karunāmayaṁ.
आजन्म ते परद्रोह रत पापौघमय तव तनु अयं ।
ājanma te paradroha rata pāpaughamaya tava tanu ayaṁ,
तुम्हहू दियो निज धाम राम नमामि ब्रह्म निरामयं ॥
tumhahū diyo nija dhāma rāma namāmi brahma nirāmayaṁ.

दोहा-dohā:

अहह नाथ रघुनाथ सम कृपासिंधु नहिं आन ।
ahaha nātha raghunātha sama kṛpāsiṁdhu nahiṁ āna,
जोगि बृंद दुर्लभ गति तोहि दीन्हि भगवान ॥१०४॥
jogi bṛṁda durlabha gati tohi dīnhi bhagavāna. 104.

चौपाई-caupāī:

मंदोदरी बचन सुनि काना । सुर मुनि सिद्ध सबन्हि सुख माना ॥
maṁdodarī bacana suni kānā, sura muni siddha sabanhi sukha mānā.
अज महेस नारद सनकादी । जे मुनिबर परमारथबादी ॥
aja mahesa nārada sanakādī, je munibara paramārathabādī.
भरि लोचन रघुपतिहि निहारी । प्रेम मगन सब भए सुखारी ॥
bhari locana raghupatihi nihārī, prema magana saba bhae sukhārī.
रुदन करत देखीं सब नारी । गयउ बिभीषनु मन दुख भारी ॥
rudana karata dekhīṁ saba nārī, gayau bibhīṣanu mana dukha bhārī.
बंधु दसा बिलोकि दुख कीन्हा । तब प्रभु अनुजहि आयसु दीन्हा ॥
baṁdhu dasā biloki dukha kīnhā, taba prabhu anujahi āyasu dīnhā.
लछिमन तेहि बहु बिधि समुझायो । बहुरि बिभीषन प्रभु पहिं आयो ॥
lachimana tehi bahu bidhi samujhāyo, bahuri bibhīṣana prabhu pahiṁ āyo.
कृपादृष्टि प्रभु ताहि बिलोका । करहु क्रिया परिहरि सब सोका ॥
kr̥pādr̥ṣṭi prabhu tāhi bilokā, karahu kriyā parihari saba sokā.
कीन्हि क्रिया प्रभु आयसु मानी । बिधिवत देस काल जियँ जानी ॥
kīnhi kriyā prabhu āyasu mānī, bidhivata desa kāla jiyam̐ jānī.

दोहा-dohā:

मंदोदरी आदि सब देइ तिलांजलि ताहि ।
maṁdodarī ādi saba dei tilāṁjali tāhi,
भवन गईं रघुपति गुन गन बरनत मन माहि ॥ १०५ ॥
bhavana gaīṁ raghupati guna gana baranata mana māhi. 105.

चौपाई-caupāī:

आइ बिभीषन पुनि सिरु नायो । कृपासिंधु तब अनुज बोलायो ॥
āi bibhīṣana puni siru nāyo, kr̥pāsiṁdhu taba anuja bolāyo.
तुम्ह कपीस अंगद नल नीला । जामवंत मारुति नयसीला ॥
tumha kapīsa aṁgada nala nīlā, jāmavaṁta māruti nayasīlā.
सब मिलि जाहु बिभीषन साथा । सारेहु तिलक कहेउ रघुनाथा ॥
saba mili jāhu bibhīṣana sāthā, sārehu tilaka kaheu raghunāthā.
पिता बचन मैं नगर न आवउँ । आपु सरिस कपि अनुज पठावउँ ॥
pitā bacana maiṁ nagara na āvaum̐, āpu sarisa kapi anuja paṭhāvaum̐.
तुरत चले कपि सुनि प्रभु बचना । कीन्ही जाइ तिलक की रचना ॥
turata cale kapi suni prabhu bacanā, kīnhī jāi tilaka kī racanā.
सादर सिंहासन बैठारी । तिलक सारि अस्तुति अनुसारी ॥
sādara siṁhāsana baiṭhārī, tilaka sāri astuti anusārī.
जोरि पानि सबहीं सिर नाए । सहित बिभीषन प्रभु पहिं आए ॥
jori pāni sabahīṁ sira nāe, sahita bibhīṣana prabhu pahiṁ āe.
तब रघुबीर बोलि कपि लीन्हे । कहि प्रिय बचन सुखी सब कीन्हे ॥
taba raghubīra boli kapi līnhe, kahi priya bacana sukhī saba kīnhe.

छंद-chaṁda:

किए सुखी कहि बानी सुधा सम बल तुम्हारें रिपु हयो ।
kie sukhī kahi bānī sudhā sama bala tumhāreṁ ripu hayo,
पायो बिभीषन राज तिहुँ पुर जसु तुम्हारो नित नयो ॥
pāyo bibhīṣana rāja tihum̐ pura jasu tumhāro nita nayo.
मोहि सहित सुभ कीरति तुम्हारी परम प्रीति जो गाइहैं ।
mohi sahita subha kīrati tumhārī parama prīti jo gāihaiṁ,
संसार सिंधु अपार पार प्रयास बिनु नर पाइहैं ॥
saṁsāra siṁdhu apāra pāra prayāsa binu nara pāihaiṁ.

दोहा-dohā:

प्रभु के बचन श्रवन सुनि नहिं अघाहिं कपि पुंज ।
prabhu ke bacana śravana suni nahiṁ aghāhiṁ kapi puṁja,
बार बार सिर नावहिं गहहिं सकल पद कंज ॥ १०६ ॥
bāra bāra sira nāvahiṁ gahahiṁ sakala pada kaṁja. 106.

चौपाई-caupāī:

पुनि प्रभु बोलि लियउ हनुमाना । लंका जाहु कहेउ भगवाना ॥
puni prabhu boli liyau hanumānā, laṁkā jāhu kaheu bhagavānā.
समाचार जानकिहि सुनावहु । तासु कुसल लै तुम्ह चलि आवहु ॥
samācāra jānakihi sunāvahu, tāsu kusala lai tumha cali āvahu.
तब हनुमंत नगर महुँ आए । सुनि निसिचरी निसाचर धाए ॥
taba hanumaṁta nagara mahum̐ āe, suni nisicarī nisācara dhāe.
बहु प्रकार तिन्ह पूजा कीन्ही । जनकसुता देखाइ पुनि दीन्ही ॥
bahu prakāra tinha pūjā kīnhī, janakasutā dekhāi puni dīnhī.
दूरिहि ते प्रनाम कपि कीन्हा । रघुपति दूत जानकीं चीन्हा ॥
dūrihi te pranāma kapi kīnhā, raghupati dūta jānakīṁ cīnhā.
कहहु तात प्रभु कृपानिकेता । कुसल अनुज कपि सेन समेता ॥
kahahu tāta prabhu kr̥pāniketā, kusala anuja kapi sena sametā.
सब बिधि कुसल कोसलाधीसा । मातु समर जीत्यो दससीसा ॥
saba bidhi kusala kosalādhīsā, mātu samara jītyo dasasīsā.
अबिचल राजु बिभीषन पायो । सुनि कपि बचन हरष उर छायो ॥
abicala rāju bibhīṣana pāyo, suni kapi bacana haraṣa ura chāyo.

छंद-chaṁda:

अति हरष मन तन पुलक लोचन सजल कह पुनि पुनि रमा ।
ati haraṣa mana tana pulaka locana sajala kaha puni puni ramā,
का देउँ तोहि त्रैलोक महुँ कपि किमपि नहिं बानी समा ॥
kā deum̐ tohi trailoka mahum̐ kapi kimapi nahiṁ bānī samā.
सुनु मातु मैं पायो अखिल जग राजु आजु न संसयं ।
sunu mātu maiṁ pāyo akhila jaga rāju āju na saṁsayaṁ,
रन जीति रिपुदल बंधु जुत पस्यामि राममनामयं ॥
rana jīti ripudala baṁdhu juta pasyāmi rāmamanāmayaṁ.

दोहा-dohā:

सुनु सुत सदगुन सकल तव हृदय बसहुँ हनुमंत ।
sunu suta sadaguna sakala tava hr̥daya basahum̐ hanumaṁta,
सानुकूल कोसलपति रहहुँ समेत अनंत ॥ १०७ ॥
sānukūla kosalapati rahahum̐ sameta anaṁta. 107.

चौपाई-caupāī:

अब सोइ जतन करहु तुम्ह ताता । देखौं नयन स्याम मृदु गाता ॥
aba soi jatana karahu tumha tātā, dekhauṁ nayana syāma mr̥du gātā.
तब हनुमान राम पहिं जाई । जनकसुता कै कुसल सुनाई ॥
taba hanumāna rāma pahiṁ jāī, janakasutā kai kusala sunāī.
सुनि संदेसु भानुकुलभूषन । बोलि लिए जुबराज बिभीषन ॥
suni saṁdesu bhānukulabhūṣana, boli lie jubarāja bibhīṣana.
मारुतसुत के संग सिधावहु । सादर जनकसुतहि लै आवहु ॥
mārutasuta ke saṁga sidhāvahu, sādara janakasutahi lai āvahu.
तुरतहिं सकल गए जहँ सीता । सेवहिं सब निसिचरीं बिनीता ॥
turatahiṁ sakala gae jaham̐ sītā, sevahiṁ saba nisicarīṁ binītā.
बेगि बिभीषन तिन्हहि सिखायो । तिन्ह बहु बिधि मज्जन करवायो ॥
begi bibhīṣana tinhahi sikhāyo, tinha bahu bidhi majjana karavāyo.
बहु प्रकार भूषन पहिराए । सिबिका रुचिर साजि पुनि ल्याए ॥
bahu prakāra bhūṣana pahirāe, sibikā rucira sāji puni lyāe.
ता पर हरषि चढ़ी बैदेही । सुमिरि राम सुखधाम सनेही ॥
tā para haraṣi caṛhī baidehī, sumiri rāma sukhadhāma sanehī.

बेतपानि रच्छक चहुँ पासा । चले सकल मन परम हुलासा ॥
betapāni racchaka cahuṁ pāsā, cale sakala mana parama hulāsā.
देखन भालु कीस सब आए । रच्छक कोपि निवारन धाए ॥
dekhana bhālu kīsa saba āe, racchaka kopi nivārana dhāe.
कह रघुबीर कहा मम मानहु । सीतहि सखा पयादें आनहु ॥
kaha raghubīra kahā mama mānahu, sītahi sakhā payādeṁ ānahu.
देखहुँ कपि जननी की नाईं । बिहसि कहा रघुनाथ गोसाईं ॥
dekhahuṁ kapi jananī kī nāīṁ, bihasi kahā raghunātha gosāīṁ.
सुनि प्रभु बचन भालु कपि हरषे । नभ ते सुरन्ह सुमन बहु बरषे ॥
suni prabhu bacana bhālu kapi haraṣe, nabha te suranha sumana bahu baraṣe.
सीता प्रथम अनल महुँ राखी । प्रगट कीन्हि चह अंतर साखी ॥
sītā prathama anala mahuṁ rākhī, pragaṭa kīnhi caha aṁtara sākhī.

दोहा-dohā:

तेहि कारन करुनानिधि कहे कछुक दुर्बाद ।
tehi kārana karunānidhi kahe kachuka durbāda,
सुनत जातुधानीं सब लागीं करै बिषाद ॥१०८॥
sunata jātudhānīṁ saba lāgīṁ karai biṣāda. 108.

चौपाई-caupāī:

प्रभु के बचन सीस धरि सीता । बोली मन क्रम बचन पुनीता ॥
prabhu ke bacana sīsa dhari sītā, bolī mana krama bacana punītā.
लछिमन होहु धरम के नेगी । पावक प्रगट करहु तुम्ह बेगी ॥
lachimana hohu dharama ke negī, pāvaka pragaṭa karahu tumha begī.
सुनि लछिमन सीता कै बानी । बिरह बिबेक धरम निति सानी ॥
suni lachimana sītā kai bānī, biraha bibeka dharama niti sānī.
लोचन सजल जोरि कर दोऊ । प्रभु सन कछु कहि सकत न ओऊ ॥
locana sajala jori kara doū, prabhu sana kachu kahi sakata na oū.
देखि राम रुख लछिमन धाए । पावक प्रगटि काठ बहु लाए ॥
dekhi rāma rukha lachimana dhāe, pāvaka pragaṭi kāṭha bahu lāe.
पावक प्रबल देखि बैदेही । हृदयँ हरष नहिं भय कछु तेही ॥
pāvaka prabala dekhi baidehī, hṛdayaṁ haraṣa nahiṁ bhaya kachu tehī.
जौं मन बच क्रम मम उर माहीं । तजि रघुबीर आन गति नाहीं ॥
jauṁ mana baca krama mama ura māhīṁ, taji raghubīra āna gati nāhīṁ.
तौ कृसानु सब कै गति जाना । मो कहुँ होउ श्रीखंड समाना ॥
tau kṛsānu saba kai gati jānā, mo kahuṁ hou śrīkhaṁḍa samānā.

छंद-chaṁda:

श्रीखंड सम पावक प्रबेस कियो सुमिरि प्रभु मैथिली ।
śrīkhaṁḍa sama pāvaka prabesa kiyo sumiri prabhu maithilī,
जय कोसलेस महेस बंदित चरन रति अति निर्मली ॥
jaya kosalesa mahesa baṁdita carana rati ati nirmalī.
प्रतिबिंब अरु लौकिक कलंक प्रचंड पावक महुँ जरे ।
pratibiṁba aru laukika kalaṁka pracaṁḍa pāvaka mahuṁ jare,
प्रभु चरित काहुँ न लखे नभ सुर सिद्ध मुनि देखहिं खरे ॥१॥
prabhu carita kāhuṁ na lakhe nabha sura siddha muni dekhahiṁ khare. 1.
धरि रूप पावक पानि गहि श्री सत्य श्रुति जग बिदित जो ।
dhari rūpa pāvaka pāni gahi śrī satya śruti jaga bidita jo,
जिमि छीरसागर इंदिरा रामहि समर्पी आनि सो ॥
jimi chīrasāgara iṁdirā rāmahi samarpī āni so.
सो राम बाम बिभाग राजति रुचिर अति सोभा भली ।
so rāma bāma bibhāga rājati rucira ati sobhā bhalī,
नव नील नीरज निकट मानहुँ कनक पंकज की कली ॥२॥
nava nīla nīraja nikaṭa mānahuṁ kanaka paṁkaja kī kalī. 2.

दोहा-dohā:

बरषहिं सुमन हरषि सुर बाजहिं गगन निसान ।
baraṣahiṁ sumana haraṣi sura bājahiṁ gagana nisāna,
गावहिं किंनर सुरबधू नाचहिं चढ़ीं बिमान ॥१०९क॥
gāvahiṁ kiṁnara surabadhū nācahiṁ caṛhīṁ bimāna. 109(ka).

जनकसुता समेत प्रभु सोभा अमित अपार ।
janakasutā sameta prabhu sobhā amita apāra,
देखि भालु कपि हरषे जय रघुपति सुख सार ॥१०९ख॥
dekhi bhālu kapi haraṣe jaya raghupati sukha sāra. 109(kha).

चौपाई-caupāī:

तब रघुपति अनुसासन पाई । मातलि चलेउ चरन सिरु नाई ॥
taba raghupati anusāsana pāī, mātali caleu carana siru nāī.
आए देव सदा स्वारथी । बचन कहहिं जनु परमारथी ॥
āe deva sadā svārathī, bacana kahahiṁ janu paramārathī.
दीन बंधु दयाल रघुराया । देव कीन्हि देवन्ह पर दाया ॥
dīna baṁdhu dayāla raghurāyā, deva kīnhi devanha para dāyā.
बिस्व द्रोह रत यह खल कामी । निज अघ गयउ कुमारगगामी ॥
bisva droha rata yaha khala kāmī, nija agha gayau kumāragagāmī.
तुम्ह समरूप ब्रह्म अबिनासी । सदा एकरस सहज उदासी ॥
tumha samarūpa brahma abināsī, sadā ekarasa sahaja udāsī.
अकल अगुन अज अनघ अनामय । अजित अमोघसक्ति करुनामय ॥
akala aguna aja anagha anāmaya, ajita amoghasakti karunāmaya.
मीन कमठ सूकर नरहरी । बामन परसुराम बपु धरी ॥
mīna kamaṭha sūkara naraharī, bāmana parasurāma bapu dharī.
जब जब नाथ सुरन्ह दुखु पायो । नाना तनु धरि तुम्हइँ नसायो ॥
jaba jaba nātha suranha dukhu pāyo, nānā tanu dhari tumhaiṁ nasāyo.
यह खल मलिन सदा सुरद्रोही । काम लोभ मद रत अति कोही ॥
yaha khala malina sadā suradrohī, kāma lobha mada rata ati kohī.
अधम सिरोमनि तव पद पावा । यह हमरें मन बिसमय आवा ॥
adhama siromani tava pada pāvā, yaha hamareṁ mana bisamaya āvā.
हम देवता परम अधिकारी । स्वारथ रत प्रभु भगति बिसारी ॥
hama devatā parama adhikārī, svāratha rata prabhu bhagati bisārī.
भव प्रबाहँ संतत हम परे । अब प्रभु पाहि सरन अनुसरे ॥
bhava prabāhaṁ saṁtata hama pare, aba prabhu pāhi sarana anusare.

दोहा-dohā:

करि बिनती सुर सिद्ध सब रहे जहँ तहँ कर जोरि ।
kari binatī sura siddha saba rahe jahaṁ tahaṁ kara jori,
अति सप्रेम तन पुलकि बिधि अस्तुति करत बहोरि ॥११०॥
ati saprema tana pulaki bidhi astuti karata bahori. 110.

छंद-chaṁda:

जय राम सदा सुखधाम हरे । रघुनायक सायक चाप धरे ॥
jaya rāma sadā sukhadhāma hare, raghunāyaka sāyaka cāpa dhare.
भव बारन दारन सिंह प्रभो । गुन सागर नागर नाथ बिभो ॥
bhava bārana dārana siṁha prabho, guna sāgara nāgara nātha bibho.
तन काम अनेक अनूप छबी । गुन गावत सिद्ध मुनींद्र कबी ॥
tana kāma aneka anūpa chabī, guna gāvata siddha munīṁdra kabī.
जसु पावन रावन नाग महा । खगनाथ जथा करि कोप गहा ॥
jasu pāvana rāvana nāga mahā, khaganātha jathā kari kopa gahā.
जन रंजन भंजन सोक भयं । गतक्रोध सदा प्रभु बोधमयं ॥
jana raṁjana bhaṁjana soka bhayaṁ, gatakrodha sadā prabhu bodhamayaṁ.
अवतार उदार अपार गुनं । महि भार बिभंजन ग्यानघनं ॥
avatāra udāra apāra gunaṁ, mahi bhāra bibhaṁjana gyānaghanaṁ.

अज ब्यापकमेकमनादि सदा। करुनाकर राम नमामि मुदा ॥
aja byāpakamekamanādi sadā, karunākara rāma namāmi mudā.
रघुबंस बिभूषन दूषन हा। कृत भूप बिभीषन दीन रहा ॥
raghubaṁsa bibhūṣana dūṣana hā, kṛta bhūpa bibhīṣana dīna rahā.
गुन ग्यान निधान अमान अजं। नित राम नमामि बिभुं बिरजं ॥
guna gyāna nidhāna amāna ajaṁ, nita rāma namāmi bibhuṁ birajaṁ.
भुजदंड प्रचंड प्रताप बलं। खल बृंद निकंद महा कुसलं ॥
bhujadaṁḍa pracaṁḍa pratāpa balaṁ, khala bṛṁda nikaṁda mahā kusalaṁ.
बिनु कारन दीन दयाल हितं। छबि धाम नमामि रमा सहितं ॥
binu kārana dīna dayāla hitaṁ, chabi dhāma namāmi ramā sahitaṁ.
भव तारन कारन काज परं। मन संभव दारुन दोष हरं ॥
bhava tārana kārana kāja paraṁ, mana saṁbhava dāruna doṣa haraṁ.
सर चाप मनोहर त्रोन धरं। जलजारुन लोचन भूपबरं ॥
sara cāpa manohara trona dharaṁ, jalajāruna locana bhūpabaraṁ.
सुख मंदिर सुंदर श्रीरमनं। मद मार मुधा ममता समनं ॥
sukha maṁdira suṁdara śrīramanaṁ, mada māra mudhā mamatā samanaṁ.
अनवद्य अखंड न गोचर गो। सबरूप सदा सब होइ न गो ॥
anavadya akhaṁḍa na gocara go, sabarūpa sadā saba hoi na go.
इति बेद बदंति न दंतकथा। रबि आतप भिन्नमभिन्न जथा ॥
iti beda badaṁti na daṁtakathā, rabi ātapa bhinnamabhinna jathā.
कृतकृत्य बिभो सब बानर ए। निरखंति तवानन सादर ए ॥
kṛtakṛtya bibho saba bānara e, nirakhaṁti tavānana sādara e.
धिग जीवन देव सरीर हरे। तव भक्ति बिना भव भूलि परे ॥
dhiga jīvana deva sarīra hare, tava bhakti binā bhava bhūli pare.
अब दीनदयाल दया करिऐ। मति मोरि बिभेदकरी हरिऐ ॥
aba dīnadayāla dayā kariai, mati mori bibhedakarī hariai.
जेहि ते बिपरीत क्रिया करिऐ। दुख सो सुख मानि सुखी चरिऐ ॥
jehi te biparīta kriyā kariai, dukha so sukha māni sukhī cariai.
खल खंडन मंडन रम्य छमा। पद पंकज सेवित संभु उमा ॥
khala khaṁḍana maṁḍana ramya chamā, pada paṁkaja sevita saṁbhu umā.
नृप नायक दे बरदानमिदं। चरनांबुज प्रेम सदा सुभदं ॥
nṛpa nāyaka de baradānamidaṁ, caranāmbuja prema sadā subhadaṁ.

दोहा-dohā:

बिनय कीन्हि चतुरानन प्रेम पुलक अति गात।
binaya kīnhi caturānana prema pulaka ati gāta,
सोभासिंधु बिलोकत लोचन नहीं अघात ॥१११॥
sobhāsiṁdhu bilokata locana nahīṁ aghāta. 111.

चौपाई-caupāī:

तेहि अवसर दसरथ तहँ आए। तनय बिलोकि नयन जल छाए ॥
tehi avasara dasaratha tahaṁ āe, tanaya biloki nayana jala chāe.
अनुज सहित प्रभु बंदन कीन्हा। आसिरबाद पिताँ तब दीन्हा ॥
anuja sahita prabhu baṁdana kīnhā, āsirabāda pitāṁ taba dīnhā.
तात सकल तव पुन्य प्रभाऊ। जीत्यों अजय निसाचर राऊ ॥
tāta sakala tava punya prabhāū, jītyoṁ ajaya nisācara rāū.
सुनि सुत बचन प्रीति अति बाढ़ी। नयन सलिल रोमावलि ठाढ़ी ॥
suni suta bacana prīti ati bāṛhī, nayana salila romāvali ṭhāṛhī.
रघुपति प्रथम प्रेम अनुमाना। चितइ पितहि दीन्हेउ दृढ़ ग्याना ॥
raghupati prathama prema anumānā, citai pitahi dīnheu dṛṛha gyānā.
ताते उमा मोच्छ नहिं पायो। दसरथ भेद भगति मन लायो ॥
tāte umā moccha nahiṁ pāyo, dasaratha bheda bhagati mana lāyo.
सगुनोपासक मोच्छ न लेहीं। तिन्ह कहुँ राम भगति निज देहीं ॥
sagunopāsaka moccha na lehīṁ, tinha kahuṁ rāma bhagati nija dehīṁ.
बार बार करि प्रभुहि प्रनामा। दसरथ हरषि गए सुरधामा ॥
bāra bāra kari prabhuhi pranāmā, dasaratha harași gae suradhāmā.

दोहा-dohā:

अनुज जानकी सहित प्रभु कुसल कोसलाधीस।
anuja jānakī sahita prabhu kusala kosalādhīsa,
सोभा देखि हरषि मन अस्तुति कर सुर ईस ॥११२॥
sobhā dekhi harași mana astuti kara sura īsa. 112.

छंद-chaṁda:

जय राम सोभा धाम। दायक प्रनत बिश्राम ॥
jaya rāma sobhā dhāma, dāyaka pranata biśrāma.
धृत त्रोन बर सर चाप। भुजदंड प्रबल प्रताप ॥१॥
dhṛta trona bara sara cāpa, bhujadaṁḍa prabala pratāpa. 1.
जय दूषनारि खरारि। मर्दन निसाचर धारि ॥
jaya dūṣanāri kharāri, mardana nisācara dhāri.
यह दुष्ट मारेउ नाथ। भए देव सकल सनाथ ॥२॥
yaha dușța māreu nātha, bhae deva sakala sanātha. 2.
जय हरन धरनी भार। महिमा उदार अपार ॥
jaya harana dharanī bhāra, mahimā udāra apāra.
जय रावनारि कृपाल। किए जातुधान बिहाल ॥३॥
jaya rāvanāri kṛpāla, kie jātudhāna bihāla. 3.
लंकेस अति बल गर्ब। किए बस्य सुर गंधर्ब ॥
laṁkesa ati bala garba, kie basya sura gaṁdharba.
मुनि सिद्ध नर खग नाग। हठि पंथ सब कें लाग ॥४॥
muni siddha nara khaga nāga, haṭhi paṁtha saba keṁ lāga. 4.
परद्रोह रत अति दुष्ट। पायो सो फलु पापिष्ट ॥
paradroha rata ati dușța, pāyo so phalu pāpișța.
अब सुनहु दीन दयाल। राजीव नयन बिसाल ॥५॥
aba sunahu dīna dayāla, rājīva nayana bisāla. 5.
मोहि रहा अति अभिमान। नहिं कोउ मोहि समान ॥
mohi rahā ati abhimāna, nahiṁ kou mohi samāna.
अब देखि प्रभु पद कंज। गत मान प्रद दुख पुंज ॥६॥
aba dekhi prabhu pada kaṁja, gata māna prada dukha puṁja. 6.
कोउ ब्रह्म निर्गुन ध्याव। अब्यक्त जेहि श्रुति गाव ॥
kou brahma nirguna dhyāva, abyakta jehi śruti gāva.
मोहि भाव कोसल भूप। श्रीराम सगुन सरूप ॥७॥
mohi bhāva kosala bhūpa, śrīrāma saguna sarūpa. 7.
बैदेहि अनुज समेत। मम हृदयँ करहु निकेत ॥
baidehi anuja sameta, mama hṛdayaṁ karahu niketa.
मोहि जानिए निज दास। दे भक्ति रमानिवास ॥८॥
mohi jānie nija dāsa, de bhakti ramānivāsa. 8.

छंद-chaṁda:

दे भक्ति रमानिवास त्रास हरन सरन सुखदायकं।
de bhakti ramānivāsa trāsa harana sarana sukhadāyakaṁ,
सुख धाम राम नमामि काम अनेक छबि रघुनायकं ॥
sukha dhāma rāma namāmi kāma aneka chabi raghunāyakaṁ.
सुर बृंद रंजन द्वंद भंजन मनुज तनु अतुलितबलं।
sura bṛṁda raṁjana dvaṁda bhaṁjana manuja tanu atulitabalaṁ,
ब्रह्मादि संकर सेब्य राम नमामि करुना कोमलं ॥
brahmādi saṁkara sebya rāma namāmi karunā komalaṁ.

दोहा-dohā:

अब करि कृपा बिलोकि मोहि आयसु देहु कृपाल ।
aba kari kṛpā biloki mohi āyasu dehu kṛpāla,
काह करौं सुनि प्रिय बचन बोले दीनदयाल ॥११३॥
kāha karauṁ suni priya bacana bole dīnadayāla. 113.

चौपाई-caupāī:

सुनु सुरपति कपि भालु हमारे । परे भूमि निसिचरन्हि जे मारे ॥
sunu surapati kapi bhālu hamāre, pare bhūmi nisicaranhi je māre.
मम हित लागि तजे इन्ह प्राना । सकल जिआउ सुरेस सुजाना ॥
mama hita lāgi taje inha prānā, sakala jiāu suresa sujānā.
सुनु खगेस प्रभु कै यह बानी । अति अगाध जानहिं मुनि ग्यानी ॥
sunu khagesa prabhu kai yaha bānī, ati agādha jānahiṁ muni gyānī.
प्रभु सक त्रिभुअन मारि जिआई । केवल सक्रहि दीन्हि बड़ाई ॥
prabhu saka tribhuana māri jiāī, kevala sakrahi dīnhi baṛāī.
सुधा बरषि कपि भालु जिआए । हरषि उठे सब प्रभु पहिं आए ॥
sudhā baraṣi kapi bhālu jiāe, haraṣi uṭhe saba prabhu pahiṁ āe.
सुधाबृष्टि भै दुहु दल ऊपर । जिए भालु कपि नहिं रजनीचर ॥
sudhābṛṣṭi bhai duhu dala ūpara, jie bhālu kapi nahiṁ rajanīcara.
रामाकार भए तिन्ह के मन । मुक्त भए छूटे भव बंधन ॥
rāmākāra bhae tinha ke mana, mukta bhae chūṭe bhava baṁdhana.
सुर अंसिक सब कपि अरु रीछा । जिए सकल रघुपति कीं ईछा ॥
sura aṁsika saba kapi aru rīchā, jie sakala raghupati kīṁ īchā.
राम सरिस को दीन हितकारी । कीन्हे मुकुत निसाचर झारी ॥
rāma sarisa ko dīna hitakārī, kīnhe mukuta nisācara jhārī.
खल मल धाम काम रत रावन । गति पाई जो मुनिबर पाव न ॥
khala mala dhāma kāma rata rāvana, gati pāī jo munibara pāva na.

दोहा-dohā:

सुमन बरषि सब सुर चले चढ़ि चढ़ि रुचिर बिमान ।
sumana baraṣi saba sura cale caṛhi caṛhi rucira bimāna,
देखि सुअवसरु प्रभु पहिं आयउ संभु सुजान ॥११४क॥
dekhi suavasaru prabhu pahiṁ āyau saṁbhu sujāna. 114(ka).

परम प्रीति कर जोरि जुग नलिन नयन भरि बारि ।
parama prīti kara jori juga nalina nayana bhari bāri,
पुलकित तन गदगद गिराँ बिनय करत त्रिपुरारि ॥११४ख॥
pulakita tana gadagada girāṁ binaya karata tripurāri. 114(kha).

छंद-chaṁda:

मामभिरक्षय रघुकुल नायक । धृत बर चाप रुचिर कर सायक ॥
māmabhirakṣaya raghukula nāyaka, dhṛta bara cāpa rucira kara sāyaka.
मोह महा घन पटल प्रभंजन । संसय बिपिन अनल सुर रंजन ॥
moha mahā ghana paṭala prabhaṁjana, saṁsaya bipina anala sura raṁjana.
अगुन सगुन गुन मंदिर सुंदर । भ्रम तम प्रबल प्रताप दिवाकर ॥
aguna saguna guna maṁdira suṁdara, bhrama tama prabala pratāpa divākara.
काम क्रोध मद गज पंचानन । बसहु निरंतर जन मन कानन ॥
kāma krodha mada gaja paṁcānana, basahu niraṁtara jana mana kānana.
बिषय मनोरथ पुंज कंज बन । प्रबल तुषार उदार पार मन ॥
biṣaya manoratha puṁja kaṁja bana, prabala tuṣāra udāra pāra mana.
भव बारिधि मंदर परमं दर । बारय तारय संसृति दुस्तर ॥
bhava bāridhi maṁdara paramaṁ dara, bāraya tāraya saṁsṛti dustara.
स्याम गात राजीव बिलोचन । दीन बंधु प्रनतारति मोचन ॥
syāma gāta rājīva bilocana, dīna baṁdhu pranatārati mocana.
अनुज जानकी सहित निरंतर । बसहु राम नृप मम उर अंतर ॥
anuja jānakī sahita niraṁtara, basahu rāma nṛpa mama ura aṁtara.
मुनि रंजन महि मंडल मंडन । तुलसिदास प्रभु त्रास बिखंडन ॥
muni raṁjana mahi maṁḍala maṁḍana, tulasidāsa prabhu trāsa bikhaṁḍana.

दोहा-dohā:

नाथ जबहिं कोसलपुरीं होइहि तिलक तुम्हार ।
nātha jabahiṁ kosalapurīṁ hoihi tilaka tumhāra,
कृपासिंधु मैं आउब देखन चरित उदार ॥११५॥
kṛpāsiṁdhu maiṁ āuba dekhana carita udāra. 115.

चौपाई-caupāī:

करि बिनती जब संभु सिधाए । तब प्रभु निकट बिभीषनु आए ॥
kari binatī jaba saṁbhu sidhāe, taba prabhu nikaṭa bibhīṣanu āe.
नाइ चरन सिरु कह मृदु बानी । बिनय सुनहु प्रभु सारँगपानी ॥
nāi carana siru kaha mṛdu bānī, binaya sunahu prabhu sāraṁgapānī.
सकुल सदल प्रभु रावन मारयो । पावन जस त्रिभुवन बिस्तारयो ॥
sakula sadala prabhu rāvana mārayo, pāvana jasa tribhuvana bistārayo.
दीन मलीन हीन मति जाती । मो पर कृपा कीन्हि बहु भाँती ॥
dīna malīna hīna mati jātī, mo para kṛpā kīnhi bahu bhāṁtī.
अब जन गृह पुनीत प्रभु कीजे । मज्जनु करिअ समर श्रम छीजे ॥
aba jana gṛha punīta prabhu kīje, majjanu karia samara śrama chīje.
देखि कोस मंदिर संपदा । देहु कृपाल कपिन्ह कहुँ मुदा ॥
dekhi kosa maṁdira saṁpadā, dehu kṛpāla kapinha kahuṁ mudā.
सब बिधि नाथ मोहि अपनाइअ । पुनि मोहि सहित अवधपुर जाइअ ॥
saba bidhi nātha mohi apanāia, puni mohi sahita avadhapura jāia.
सुनत बचन मृदु दीनदयाला । सजल भए द्वौ नयन बिसाला ॥
sunata bacana mṛdu dīnadayālā, sajala bhae dvau nayana bisālā.

दोहा-dohā:

तोर कोस गृह मोर सब सत्य बचन सुनु भ्रात ।
tora kosa gṛha mora saba satya bacana sunu bhrāta,
भरत दसा सुमिरत मोहि निमिष कल्प सम जात ॥११६क॥
bharata dasā sumirata mohi nimiṣa kalpa sama jāta. 116(ka).

तापस बेष गात कृस जपत निरंतर मोहि ।
tāpasa beṣa gāta kṛsa japata niraṁtara mohi,
देखौं बेगि सो जतनु करु सखा निहोरउँ तोहि ॥११६ख॥
dekhauṁ begi so jatanu karu sakhā nihorauṁ tohi. 116(kha).

बीतें अवधि जाउँ जौं जिअत न पावउँ बीर ।
bīteṁ avadhi jāuṁ jauṁ jiata na pāvauṁ bīra,
सुमिरत अनुज प्रीति प्रभु पुनि पुनि पुलक सरीर ॥११६ग॥
sumirata anuja prīti prabhu puni puni pulaka sarīra. 116(ga).

करेहु कल्प भरि राजु तुम्ह मोहि सुमिरेहु मन माहिं ।
karehu kalpa bhari rāju tumha mohi sumirehu mana māhiṁ,
पुनि मम धाम पाइहहु जहाँ संत सब जाहिं ॥११६घ॥
puni mama dhāma pāihahu jahāṁ saṁta saba jāhiṁ. 116(gha).

चौपाई-caupāī:

सुनत बिभीषन बचन राम के । हरषि गहे पद कृपाधाम के ॥
sunata bibhīṣana bacana rāma ke, haraṣi gahe pada kṛpādhāma ke.
बानर भालु सकल हरषाने । गहि प्रभु पद गुन बिमल बखाने ॥
bānara bhālu sakala haraṣāne, gahi prabhu pada guna bimala bakhāne.
बहुरि बिभीषन भवन सिधायो । मनि गन बसन बिमान भरायो ॥
bahuri bibhīṣana bhavana sidhāyo, mani gana basana bimāna bharāyo.
लै पुष्पक प्रभु आगें राखा । हँसि करि कृपासिंधु तब भाषा ॥
lai puṣpaka prabhu āgeṁ rākhā, haṁsi kari kṛpāsiṁdhu taba bhāṣā.

चढ़ि बिमान सुनु सखा बिभीषन । गगन जाइ बरषहु पट भूषन ॥
caṛhi bimāna sunu sakhā bibhīṣana, gagana jāi baraṣahu paṭa bhūṣana.
नभ पर जाइ बिभीषन तबही । बरषि दिए मनि अंबर सबही ॥
nabha para jāi bibhīṣana tabahī, baraṣi die mani aṁbara sabahī.
जोइ जोइ मन भावइ सोइ लेहीं । मनि मुख मेलि डारि कपि देहीं ॥
joi joi mana bhāvai soi lehīṁ, mani mukha meli ḍāri kapi dehīṁ.
हँसे रामु श्री अनुज समेता । परम कौतुकी कृपा निकेता ॥
haṁse rāmu śrī anuja sametā, parama kautukī kṛpā niketā.

दोहा-dohā:

मुनि जेहि ध्यान न पावहिं नेति नेति कह बेद ।
muni jehi dhyāna na pāvahiṁ neti neti kaha beda,
कृपासिंधु सोइ कपिन्ह सन करत अनेक बिनोद ॥११७क॥
kṛpāsiṁdhu soi kapinha sana karata aneka binoda. 117(ka).

उमा जोग जप दान तप नाना मख ब्रत नेम ।
umā joga japa dāna tapa nānā makha brata nema,
राम कृपा नहिं करहिं तसि जसि निष्केवल प्रेम ॥११७ख॥
rāma kṛpā nahiṁ karahiṁ tasi jasi niṣkevala prema. 117(kha).

चौपाई-caupāī:

भालु कपिन्ह पट भूषन पाए । पहिरि पहिरि रघुपति पहिं आए ॥
bhālu kapinha paṭa bhūṣana pāe, pahiri pahiri raghupati pahiṁ āe.
नाना जिनस देखि सब कीसा । पुनि पुनि हँसत कोसलाधीसा ॥
nānā jinasa dekhi saba kīsā, puni puni haṁsata kosalādhīsā.
चितइ सबन्हि पर कीन्ही दाया । बोले मृदुल बचन रघुराया ॥
citai sabanhi para kīnhī dāyā, bole mṛdula bacana raghurāyā.
तुम्हरें बल मैं रावनु मारयो । तिलक बिभीषन कहँ पुनि सारयो ॥
tumhareṁ bala maiṁ rāvanu mārayo, tilaka bibhīṣana kahaṁ puni sārayo.
निज निज गृह अब तुम्ह सब जाहू । सुमिरेहु मोहि डरपहु जनि काहू ॥
nija nija gṛha aba tumha saba jāhū, sumirehu mohi ḍarapahu jani kāhū.
सुनत बचन प्रेमाकुल बानर । जोरि पानि बोले सब सादर ॥
sunata bacana premākula bānara, jori pāni bole saba sādara.
प्रभु जोइ कहहु तुम्हहि सब सोहा । हमरें होत बचन सुनि मोहा ॥
prabhu joi kahahu tumhahi saba sohā, hamareṁ hota bacana suni mohā.
दीन जानि कपि किए सनाथा । तुम्ह त्रैलोक ईस रघुनाथा ॥
dīna jāni kapi kie sanāthā, tumha trailoka īsa raghunāthā.
सुनि प्रभु बचन लाज हम मरहीं । मसक कहूँ खगपति हित करहीं ॥
suni prabhu bacana lāja hama marahīṁ, masaka kahūṁ khagapati hita karahīṁ.
देखि राम रुख बानर रीछा । प्रेम मगन नहिं गृह कै ईछा ॥
dekhi rāma rukha bānara rīchā, prema magana nahiṁ gṛha kai īchā.

दोहा-dohā:

प्रभु प्रेरित कपि भालु सब राम रूप उर राखि ।
prabhu prerita kapi bhālu saba rāma rūpa ura rākhi,
हरष बिषाद सहित चले बिनय बिबिध बिधि भाषि ॥११८क॥
haraṣa biṣāda sahita cale binaya bibidha bidhi bhāṣi. 118(ka).

कपिपति नील रीछपति अंगद नल हनुमान ।
kapipati nīla rīchapati aṁgada nala hanumāna,
सहित बिभीषन अपर जे जूथप कपि बलवान ॥११८ख॥
sahita bibhīṣana apara je jūthapa kapi balavāna. 118(kha).

कहि न सकहिं कछु प्रेम बस भरि भरि लोचन बारि ।
kahi na sakahiṁ kachu prema basa bhari bhari locana bāri,
सन्मुख चितवहिं राम तन नयन निमेष निवारि ॥११८ग॥
sanmukha citavahiṁ rāma tana nayana nimeṣa nivāri. 118(ga).

चौपाई-caupāī:

अतिसय प्रीति देखि रघुराई । लीन्हे सकल बिमान चढ़ाई ॥
atisaya prīti dekhi raghurāī, līnhe sakala bimāna caṛhāī.
मन महुँ बिप्र चरन सिरु नायो । उत्तर दिसिहि बिमान चलायो ॥
mana mahuṁ bipra carana siru nāyo, uttara disihi bimāna calāyo.
चलत बिमान कोलाहल होई । जय रघुबीर कहइ सबु कोई ॥
calata bimāna kolāhala hoī, jaya raghubīra kahai sabu koī.
सिंहासन अति उच्च मनोहर । श्री समेत प्रभु बैठे ता पर ॥
siṁhāsana ati ucca manohara, śrī sameta prabhu baiṭhe tā para.
राजत रामु सहित भामिनी । मेरु सृंग जनु घन दामिनी ॥
rājata rāmu sahita bhāminī, meru sṛṁga janu ghana dāminī.
रुचिर बिमान चलेउ अति आतुर । कीन्ही सुमन बृष्टि हरषे सुर ॥
rucira bimāna caleu ati ātura, kīnhī sumana bṛṣṭi haraṣe sura.
परम सुखद चलि त्रिबिध बयारी । सागर सर सरि निर्मल बारी ॥
parama sukhada cali tribidha bayārī, sāgara sara sari nirmala bārī.
सगुन होहिं सुंदर चहुँ पासा । मन प्रसन्न निर्मल नभ आसा ॥
saguna hohiṁ suṁdara cahuṁ pāsā, mana prasanna nirmala nabha āsā.
कह रघुबीर देखु रन सीता । लछिमन इहाँ हत्यो इँद्रजीता ॥
kaha raghubīra dekhu rana sītā, lachimana ihāṁ hatyo iṁdrajītā.
हनूमान अंगद के मारे । रन महि परे निसाचर भारे ॥
hanūmāna aṁgada ke māre, rana mahi pare nisācara bhāre.
कुंभकरन रावन द्वौ भाई । इहाँ हते सुर मुनि दुखदाई ॥
kuṁbhakarana rāvana dvau bhāī, ihāṁ hate sura muni dukhadāī.

दोहा-dohā:

इहाँ सेतु बाँध्यों अरु थापेउँ सिव सुख धाम ।
ihāṁ setu bāṁdhyoṁ aru thāpeuṁ siva sukha dhāma,
सीता सहित कृपानिधि संभुहि कीन्ह प्रनाम ॥११९क॥
sītā sahita kṛpānidhi saṁbhuhi kīnha pranāma. 119(ka).

जहँ जहँ कृपासिंधु बन कीन्ह बास बिश्राम ।
jahaṁ jahaṁ kṛpāsiṁdhu bana kīnha bāsa biśrāma,
सकल देखाए जानकिहि कहे सबन्हि के नाम ॥११९ख॥
sakala dekhāe jānakihi kahe sabanhi ke nāma. 119(kha).

चौपाई-caupāī:

तुरत बिमान तहाँ चलि आवा । दंडक बन जहँ परम सुहावा ॥
turata bimāna tahāṁ cali āvā, daṁḍaka bana jahaṁ parama suhāvā.
कुंभजादि मुनिनायक नाना । गए रामु सब कें अस्थाना ॥
kuṁbhajādi munināyaka nānā, gae rāmu saba keṁ asthānā.
सकल रिषिन्ह सन पाइ असीसा । चित्रकूट आए जगदीसा ॥
sakala riṣinha sana pāi asīsā, citrakūṭa āe jagadīsā.
तहँ करि मुनिन्ह केर संतोषा । चला बिमानु तहाँ ते चोखा ॥
tahaṁ kari muninha kera saṁtoṣā, calā bimānu tahāṁ te cokhā.
बहुरि राम जानकिहि देखाई । जमुना कलि मल हरनि सुहाई ॥
bahuri rāma jānakihi dekhāī, jamunā kali mala harani suhāī.
पुनि देखी सुरसरी पुनीता । राम कहा प्रनाम करु सीता ॥
puni dekhī surasarī punītā, rāma kahā pranāma karu sītā.
तीरथपति पुनि देखु प्रयागा । निरखत जन्म कोटि अघ भागा ॥
tīrathapati puni dekhu prayāgā, nirakhata janma koṭi agha bhāgā.

देखु परम पावनि पुनि बेनी । हरनि सोक हरि लोक निसेनी ॥
dekhu parama pāvani puni benī, harani soka hari loka nisenī.
पुनि देखु अवधपुरी अति पावनि । त्रिबिध ताप भव रोग नसावनि ॥
puni dekhu avadhapurī ati pāvani, tribidha tāpa bhava roga nasāvani.

दोहा-dohā:

सीता सहित अवध कहुँ कीन्ह कृपाल प्रनाम ।
sītā sahita avadha kahuṁ kīnha kṛpāla pranāma,
सजल नयन तन पुलकित पुनि पुनि हरषित राम ॥१२०क॥
sajala nayana tana pulakita puni puni haraṣita rāma. 120(ka).

पुनि प्रभु आइ त्रिबेनीं हरषित मज्जनु कीन्ह ।
puni prabhu āi tribenīṁ haraṣita majjanu kīnha,
कपिन्ह सहित बिप्रन्ह कहुँ दान बिबिध बिधि दीन्ह ॥१२०ख॥
kapinha sahita bipranha kahuṁ dāna bibidha bidhi dīnha. 120(kha).

चौपाई-caupāī:

प्रभु हनुमंतहि कहा बुझाई । धरि बटु रूप अवधपुर जाई ॥
prabhu hanumaṁtahi kahā bujhāī, dhari baṭu rūpa avadhapura jāī.
भरतहि कुसल हमारि सुनाएहु । समाचार लै तुम्ह चलि आएहु ॥
bharatahi kusala hamāri sunāehu, samācāra lai tumha cali āehu.
तुरत पवनसुत गवनत भयऊ । तब प्रभु भरद्वाज पहिं गयऊ ॥
turata pavanasuta gavanata bhayaū, taba prabhu bharadvāja pahiṁ gayaū.
नाना बिधि मुनि पूजा कीन्ही । अस्तुति करि पुनि आसिष दीन्ही ॥
nānā bidhi muni pūjā kīnhī, astuti kari puni āsiṣa dīnhī.
मुनि पद बंदि जुगल कर जोरी । चढ़ि बिमान प्रभु चले बहोरी ॥
muni pada baṁdi jugala kara jorī, caṛhi bimāna prabhu cale bahorī.
इहाँ निषाद सुना प्रभु आए । नाव नाव कहँ लोग बोलाए ॥
ihāṁ niṣāda sunā prabhu āe, nāva nāva kahaṁ loga bolāe.
सुरसरि नाघि जान तब आयो । उतरेउ तट प्रभु आयसु पायो ॥
surasari nāghi jāna taba āyo, utareu taṭa prabhu āyasu pāyo.
तब सीताँ पूजी सुरसरी । बहु प्रकार पुनि चरनन्हि परी ॥
taba sītāṁ pūjī surasarī, bahu prakāra puni carananhi parī.
दीन्हि असीस हरषि मन गंगा । सुंदरि तव अहिवात अभंगा ॥
dīnhi asīsa haraṣi mana gaṁgā, suṁdari tava ahivāta abhaṁgā.
सुनत गुहा धायउ प्रेमाकुल । आयउ निकट परम सुख संकुल ॥
sunata guhā dhāyau premākula, āyau nikaṭa parama sukha saṁkula.
प्रभुहि सहित बिलोकि बैदेही । परेउ अवनि तन सुधि नहिं तेही ॥
prabhuhi sahita biloki baidehī, pareu avani tana sudhi nahiṁ tehī.
प्रीति परम बिलोकि रघुराई । हरषि उठाइ लियो उर लाई ॥
prīti parama biloki raghurāī, haraṣi uṭhāi liyo ura lāī.

छंद-chaṁda:

लियो हृदयँ लाइ कृपा निधान सुजान रायँ रमापती ।
liyo hṛdayaṁ lāi kṛpā nidhāna sujāna rāyaṁ ramāpatī,
बैठारि परम समीप बूझी कुसल सो कर बीनती ॥
baiṭhāri parama samīpa būjhī kusala so kara bīnatī.
अब कुसल पद पंकज बिलोकि बिरंचि संकर सेब्य जे ।
aba kusala pada paṁkaja biloki biraṁci saṁkara sebya je,
सुख धाम पूरनकाम राम नमामि राम नमामि ते ॥१॥
sukha dhāma pūranakāma rāma namāmi rāma namāmi te. 1.

सब भाँति अधम निषाद सो हरि भरत ज्यों उर लाइयो ।
saba bhāṁti adhama niṣāda so hari bharata jyoṁ ura lāiyo,
मतिमंद तुलसीदास सो प्रभु मोह बस बिसराइयो ॥
matimaṁda tulasīdāsa so prabhu moha basa bisarāiyo.
यह रावनारि चरित्र पावन राम पद रतिप्रद सदा ।
yaha rāvanāri caritra pāvana rāma pada ratiprada sadā,
कामादिहर बिग्यानकर सुर सिद्ध मुनि गावहिं मुदा ॥२॥
kāmādihara bigyānakara sura siddha muni gāvahiṁ mudā. 2.

दोहा-dohā:

समर बिजय रघुबीर के चरित जे सुनहिं सुजान ।
samara bijaya raghubīra ke carita je sunahiṁ sujāna,
बिजय बिबेक बिभूति नित तिन्हहि देहिं भगवान ॥१२१क॥
bijaya bibeka bibhūti nita tinhahi dehiṁ bhagavāna. 121(ka).

यह कलिकाल मलायतन मन करि देखु बिचार ।
yaha kalikāla malāyatana mana kari dekhu bicāra,
श्रीरघुनाथ नाम तजि नाहिन आन अधार ॥१२१ख॥
śrīraghunātha nāma taji nāhina āna adhāra. 121(kha).

मासपारायण सत्ताईसवाँ विश्राम
māsapārāyaṇa sattāīsavāṁ viśrāma
(Pause 27 for a Thirty-Day Recitation)

—::—

— जय श्रीसीताराम —

सीताराम सीताराम सीताराम राम राम । रामराम रामराम रामराम सीताराम ॥
सीताराम सीताराम सीताराम राम राम । रामराम रामराम रामराम सीताराम ॥

इति श्रीमद्रामचरितमानसे सकलकलिकलुषविध्वंसने षष्ठः सोपानः समाप्तः
iti śrīmadrāmacaritamānase sakalakalikaluṣavidhvaṁsane ṣaṣṭhaḥ sopānaḥ samāptaḥ

ॐ

श्रीजानकीवल्लभो विजयते

śrījānakīvallabho vijayate

श्रीरामचरितमानस

śrīrāmacaritamānasa

सप्तम सोपान - उत्तरकाण्ड

saptama sopāna - uttarakāṇḍa

शलोक-śloka:

केकीकण्ठाभनीलं सुरवरविलसद्विप्रपादाब्जचिह्नं
kekīkaṇṭhābhanīlaṁ suravaravilasadviprapādābjacihnaṁ
शोभाढ्यं पीतवस्त्रं सरसिजनयनं सर्वदा सुप्रसन्नम् ।
śobhāḍhyaṁ pītavastraṁ sarasijanayanaṁ sarvadā suprasannam,
पाणौ नाराचचापं कपिनिकरयुतं बन्धुना सेव्यमानं
pāṇau nārācacāpaṁ kapinikarayutaṁ bandhunā sevyamānaṁ
नौमीड्यं जानकीशं रघुवरमनिशं पुष्पकारूढरामम् ॥ १ ॥
naumīḍyaṁ jānakīśaṁ raghuvaramaniśaṁ puṣpakārūḍharāmam. 1.

कोसलेन्द्रपदकञ्जमञ्जुलौ कोमलावजमहेशवन्दितौ ।
kosalendrapadakañjamañjulau komalāvajamaheśavanditau,
जानकीकरसरोजलालितौ चिन्तकस्य मनभृङ्गसङ्गिनौ ॥ २ ॥
jānakīkarasarojalālitau cintakasya manabhṛṅgasaṅginau. 2.

कुन्दइन्दुदरगौरसुन्दरं अम्बिकापतिमभीष्टसिद्धिदम् ।
kundaindudaragaurasundaraṁ ambikāpatimabhīṣṭasiddhidam,
कारुणीककलकञ्जलोचनं नौमि शङ्करमनङ्गमोचनम् ॥ ३ ॥
kāruṇīkakalakañjalocanaṁ naumi śaṅkaramanaṅgamocanam. 3.

दोहा-dohā:

रहा एक दिन अवधि कर अति आरत पुर लोग ।
rahā eka dina avadhi kara ati ārata pura loga,
जहँ तहँ सोचहिं नारि नर कृस तन राम बियोग ॥
jahaṁ tahaṁ socahiṁ nāri nara kṛsa tana rāma biyoga.

सगुन होहिं सुंदर सकल मन प्रसन्न सब केर ।
saguna hohiṁ suṁdara sakala mana prasanna saba kera,
प्रभु आगवन जनाव जनु नगर रम्य चहुँ फेर ॥
prabhu āgavana janāva janu nagara ramya cahuṁ phera.

कौसल्यादि मातु सब मन अनंद अस होइ ।
kausalyādi mātu saba mana anaṁda asa hoi,
आयउ प्रभु श्री अनुज जुत कहन चहत अब कोइ ॥
āyau prabhu śrī anuja juta kahana cahata aba koi.

भरत नयन भुज दच्छिन फरकत बारहिं बार ।
bharata nayana bhuja dacchina pharakata bārahiṁ bāra,
जानि सगुन मन हरष अति लागे करन बिचार ॥
jāni saguna mana haraṣa ati lāge karana bicāra.

चौपाई-caupāī:

रहेउ एक दिन अवधि अधारा । समुझत मन दुख भयउ अपारा ॥
raheu eka dina avadhi adhārā, samujhata mana dukha bhayau apārā.
कारन कवन नाथ नहिं आयउ । जानि कुटिल किधौं मोहि बिसरायउ ॥
kārana kavana nātha nahiṁ āyau, jāni kuṭila kidhauṁ mohi bisarāyau.
अहह धन्य लछिमन बड़भागी । राम पदारबिंदु अनुरागी ॥
ahaha dhanya lachimana baṛabhāgī, rāma padārabiṁdu anurāgī.
कपटी कुटिल मोहि प्रभु चीन्हा । ताते नाथ संग नहिं लीन्हा ॥
kapaṭī kuṭila mohi prabhu cīnhā, tāte nātha saṁga nahiṁ līnhā.
जौं करनी समुझै प्रभु मोरी । नहिं निस्तार कलप सत कोरी ॥
jauṁ karanī samujhai prabhu morī, nahiṁ nistāra kalapa sata korī.
जन अवगुन प्रभु मान न काऊ । दीन बंधु अति मृदुल सुभाऊ ॥
jana avaguna prabhu māna na kāū, dīna baṁdhu ati mṛdula subhāū.
मोरे जियँ भरोस दृढ सोई । मिलिहहिं राम सगुन सुभ होई ॥
more jiyaṁ bharosa dṛṛha soī, milihahiṁ rāma saguna subha hoī.
बीतें अवधि रहहिं जौं प्राना । अधम कवन जग मोहि समाना ॥
bīteṁ avadhi rahahiṁ jauṁ prānā, adhama kavana jaga mohi samānā.

दोहा-dohā:

राम बिरह सागर महँ भरत मगन मन होत ।
rāma biraha sāgara mahaṁ bharata magana mana hota,
बिप्र रूप धरि पवन सुत आइ गयउ जनु पोत ॥ १क ॥
bipra rūpa dhari pavana suta āi gayau janu pota. 1(ka).

बैठे देखि कुसासन जटा मुकुट कृस गात ।
baiṭhe dekhi kusāsana jaṭā mukuṭa kṛsa gāta,
राम राम रघुपति जपत स्रवत नयन जलजात ॥ १ख ॥
rāma rāma raghupati japata sravata nayana jalajāta. 1(kha).

चौपाई-caupāī:

देखत हनूमान अति हरषेउ । पुलक गात लोचन जल बरषेउ ॥
dekhata hanūmāna ati haraṣeu, pulaka gāta locana jala baraṣeu.

मन महँ बहुत भाँति सुख मानी । बोलेउ श्रवन सुधा सम बानी ॥
mana mahaṁ bahuta bhāṁti sukha mānī, boleu śravana sudhā sama bānī.
जासु बिरहँ सोचहु दिन राती । रटहु निरंतर गुन गन पाँती ॥
jāsu birahaṁ socahu dina rātī, raṭahu niraṁtara guna gana pāṁtī.
रघुकुल तिलक सुजन सुखदाता । आयउ कुसल देव मुनि त्राता ॥
raghukula tilaka sujana sukhadātā, āyau kusala deva muni trātā.
रिपु रन जीति सुजस सुर गावत । सीता सहित अनुज प्रभु आवत ॥
ripu rana jīti sujasa sura gāvata, sītā sahita anuja prabhu āvata.
सुनत बचन बिसरे सब दूखा । तृषावंत जिमि पाइ पियूषा ॥
sunata bacana bisare saba dūkhā, tṛṣāvaṁta jimi pāi piyūṣā.
को तुम्ह तात कहाँ ते आए । मोहि परम प्रिय बचन सुनाए ॥
ko tumha tāta kahāṁ te āe, mohi parama priya bacana sunāe.
मारुत सुत मैं कपि हनुमाना । नामु मोर सुनु कृपानिधाना ॥
māruta suta maiṁ kapi hanumānā, nāmu mora sunu kṛpānidhānā.
दीनबंधु रघुपति कर किंकर । सुनत भरत भेंटेउ उठि सादर ॥
dīnabaṁdhu raghupati kara kiṁkara, sunata bharata bheṁṭeu uṭhi sādara.
मिलत प्रेम नहिं हृदयँ समाता । नयन स्रवत जल पुलकित गाता ॥
milata prema nahiṁ hṛdayaṁ samātā, nayana sravata jala pulakita gātā.
कपि तव दरस सकल दुख बीते । मिले आजु मोहि राम पिरीते ॥
kapi tava darasa sakala dukha bīte, mile āju mohi rāma pirīte.
बार बार बूझी कुसलाता । तो कहुँ देउँ काह सुनु भ्राता ॥
bāra bāra būjhī kusalātā, to kahuṁ deuṁ kāha sunu bhrātā.
एहि संदेस सरिस जग माहीं । करि बिचार देखेउँ कछु नाहीं ॥
ehi saṁdesa sarisa jaga māhīṁ, kari bicāra dekheuṁ kachu nāhīṁ.
नाहिन तात उरिन मैं तोही । अब प्रभु चरित सुनावहु मोही ॥
nāhina tāta urina maiṁ tohī, aba prabhu carita sunāvahu mohī.
तब हनुमंत नाइ पद माथा । कहे सकल रघुपति गुन गाथा ॥
taba hanumaṁta nāi pada māthā, kahe sakala raghupati guna gāthā.
कहु कपि कबहुँ कृपाल गोसाईं । सुमिरहिं मोहि दास की नाईं ॥
kahu kapi kabahuṁ kṛpāla gosāīṁ, sumirahiṁ mohi dāsa kī nāīṁ.

छँद-*chaṁda:*

निज दास ज्यों रघुबंसभूषन कबहुँ मम सुमिरन करयो ।
nija dāsa jyoṁ raghubaṁsabhūṣana kabahuṁ mama sumirana karayo,
सुनि भरत बचन बिनीत अति कपि पुलकि तन चरनन्हि परयो ॥
suni bharata bacana binīta ati kapi pulaki tana carananhi parayo.
रघुबीर निज मुख जासु गुन गन कहत अग जग नाथ जो ।
raghubīra nija mukha jāsu guna gana kahata aga jaga nātha jo,
काहे न होइ बिनीत परम पुनीत सदगुन सिंधु सो ॥
kāhe na hoi binīta parama punīta sadaguna siṁdhu so.

दोहा-*dohā:*

राम प्रान प्रिय नाथ तुम्ह सत्य बचन मम तात ।
rāma prāna priya nātha tumha satya bacana mama tāta,
पुनि पुनि मिलत भरत सुनि हरष न हृदयँ समात ॥२क॥
puni puni milata bharata suni haraṣa na hṛdayaṁ samāta. 2(ka).

सोरठा-*soraṭhā:*

भरत चरन सिरु नाइ तुरित गयउ कपि राम पहिं ।
bharata carana siru nāi turita gayau kapi rāma pahiṁ,
कही कुसल सब जाइ हरषि चलेउ प्रभु जान चढ़ि ॥२ख॥
kahī kusala saba jāi haraṣi caleu prabhu jāna caṛhi. 2(kha).

चौपाई-*caupāī:*

हरषि भरत कोसलपुर आए । समाचार सब गुरहि सुनाए ॥
haraṣi bharata kosalapura āe, samācāra saba gurahi sunāe.
पुनि मंदिर महँ बात जनाई । आवत नगर कुसल रघुराई ॥
puni maṁdira mahaṁ bāta janāī, āvata nagara kusala raghurāī.
सुनत सकल जननीं उठि धाईं । कहि प्रभु कुसल भरत समुझाईं ॥
sunata sakala jananīṁ uṭhi dhāīṁ, kahi prabhu kusala bharata samujhāīṁ.
समाचार पुरबासिन्ह पाए । नर अरु नारि हरषि सब धाए ॥
samācāra purabāsinha pāe, nara aru nāri haraṣi saba dhāe.
दधि दुर्बा रोचन फल फूला । नव तुलसी दल मंगल मूला ॥
dadhi durbā rocana phala phūlā, nava tulasī dala maṁgala mūlā.
भरि भरि हेम थार भामिनी । गावत चलिं सिंधुरगामिनी ॥
bhari bhari hema thāra bhāminī, gāvata caliṁ siṁdhuragāminī.
जे जैसेहिं तैसेहिं उठि धावहिं । बाल बृद्ध कहँ संग न लावहिं ॥
je jaisehiṁ taisehiṁ uṭhi dhāvahiṁ, bāla bṛddha kahaṁ saṁga na lāvahiṁ.
एक एकन्ह कहँ बूझहिं भाई । तुम्ह देखे दयाल रघुराई ॥
eka ekanha kahaṁ būjhahiṁ bhāī, tumha dekhe dayāla raghurāī.
अवधपुरी प्रभु आवत जानी । भई सकल सोभा कै खानी ॥
avadhapurī prabhu āvata jānī, bhaī sakala sobhā kai khānī.
बहइ सुहावन त्रिबिध समीरा । भइ सरजू अति निर्मल नीरा ॥
bahai suhāvana tribidha samīrā, bhai sarajū ati nirmala nīrā.

दोहा-*dohā:*

हरषित गुर परिजन अनुज भूसुर बृंद समेत ।
haraṣita gura parijana anuja bhūsura bṛṁda sameta,
चले भरत मन प्रेम अति सन्मुख कृपानिकेत ॥३क॥
cale bharata mana prema ati sanmukha kṛpāniketa. 3(ka).

बहुतक चढ़ीं अटारिन्ह निरखहिं गगन बिमान ।
bahutaka caṛhīṁ aṭārinha nirakhahiṁ gagana bimāna,
देखि मधुर सुर हरषित करहिं सुमंगल गान ॥३ख॥
dekhi madhura sura haraṣita karahiṁ sumaṁgala gāna. 3(kha).

राका ससि रघुपति पुर सिंधु देखि हरषान ।
rākā sasi raghupati pura siṁdhu dekhi haraṣāna,
बढ़यो कोलाहल करत जनु नारि तरंग समान ॥३ग॥
baṛhayo kolāhala karata janu nāri taraṁga samāna. 3(ga).

चौपाई-*caupāī:*

इहाँ भानुकुल कमल दिवाकर । कपिन्ह देखावत नगर मनोहर ॥
ihāṁ bhānukula kamala divākara, kapinha dekhāvata nagara manohara.
सुनु कपीस अंगद लंकेसा । पावन पुरी रुचिर यह देसा ॥
sunu kapīsa aṁgada laṁkesā, pāvana purī rucira yaha desā.
जद्यपि सब बैकुंठ बखाना । बेद पुरान बिदित जगु जाना ॥
jadyapi saba baikuṁṭha bakhānā, beda purāna bidita jagu jānā.
अवधपुरी सम प्रिय नहिं सोऊ । यह प्रसंग जानइ कोउ कोऊ ॥
avadhapurī sama priya nahiṁ soū, yaha prasaṁga jānai kou koū.
जन्मभूमि मम पुरी सुहावनि । उत्तर दिसि बह सरजू पावनि ॥
janmabhūmi mama purī suhāvani, uttara disi baha sarajū pāvani.
जा मज्जन ते बिनहिं प्रयासा । मम समीप नर पावहिं बासा ॥
jā majjana te binahiṁ prayāsā, mama samīpa nara pāvahiṁ bāsā.
अति प्रिय मोहि इहाँ के बासी । मम धामदा पुरी सुख रासी ॥
ati priya mohi ihāṁ ke bāsī, mama dhāmadā purī sukha rāsī.
हरषे सब कपि सुनि प्रभु बानी । धन्य अवध जो राम बखानी ॥
haraṣe saba kapi suni prabhu bānī, dhanya avadha jo rāma bakhānī.

दोहा-dohā:

आवत देखि लोग सब कृपासिंधु भगवान ।
āvata dekhi loga saba kṛpāsiṁdhu bhagavāna,
नगर निकट प्रभु प्रेरेउ उतरेउ भूमि बिमान ॥४क॥
nagara nikaṭa prabhu prereu utareu bhūmi bimāna. 4(ka).

उतरि कहेउ प्रभु पुष्पकहि तुम्ह कुबेर पहिं जाहु ।
utari kaheu prabhu puṣpakahi tumha kubera pahiṁ jāhu,
प्रेरित राम चलेउ सो हरषु बिरहु अति ताहु ॥४ख॥
prerita rāma caleu so haraṣu birahu ati tāhu. 4(kha).

चौपाई-caupāī:

आए भरत संग सब लोगा । कृस तन श्रीरघुबीर बियोगा ॥
āe bharata saṁga saba logā, kṛsa tana śrīraghubīra biyogā.
बामदेव बसिष्ट मुनिनायक । देखे प्रभु महि धरि धनु सायक ॥
bāmadeva basiṣṭa munināyaka, dekhe prabhu mahi dhari dhanu sāyaka.
धाइ धरे गुर चरन सरोरुह । अनुज सहित अति पुलक तनोरुह ॥
dhāi dhare gura carana saroruha, anuja sahita ati pulaka tanoruha.
भेंटि कुसल बूझी मुनिराया । हमरें कुसल तुम्हारिहिं दाया ॥
bheṁṭi kusala būjhī munirāyā, hamareṁ kusala tumhārihiṁ dāyā.
सकल द्विजन्ह मिलि नायउ माथा । धर्म धुरंधर रघुकुलनाथा ॥
sakala dvijanha mili nāyau māthā, dharma dhuraṁdhara raghukulanāthā.
गहे भरत पुनि प्रभु पद पंकज । नमत जिन्हहि सुर मुनि संकर अज ॥
gahe bharata puni prabhu pada paṁkaja, namata jinhahi sura muni saṁkara aja.
परे भूमि नहिं उठत उठाए । बर करि कृपासिंधु उर लाए ॥
pare bhūmi nahiṁ uṭhata uṭhāe, bara kari kṛpāsiṁdhu ura lāe.
स्यामल गात रोम भए ठाढ़े । नव राजीव नयन जल बाढ़े ॥
syāmala gāta roma bhae ṭhāṛhe, nava rājīva nayana jala bāṛhe.

छंद-chaṁda:

राजीव लोचन स्रवत जल तन ललित पुलकावलि बनी ।
rājīva locana sravata jala tana lalita pulakāvali banī,
अति प्रेम हृदयँ लगाइ अनुजहि मिले प्रभु त्रिभुअन धनी ॥
ati prema hṛdayaṁ lagāi anujahi mile prabhu tribhuana dhanī.
प्रभु मिलत अनुजहि सोह मो पहिं जाति नहिं उपमा कही ।
prabhu milata anujahi soha mo pahiṁ jāti nahiṁ upamā kahī,
जनु प्रेम अरु सिंगार तनु धरि मिले बर सुषमा लही ॥१॥
janu prema aru siṁgāra tanu dhari mile bara suṣamā lahī. 1.

बूझत कृपानिधि कुसल भरतहि बचन बेगि न आवई ।
būjhata kṛpānidhi kusala bharatahi bacana begi na āvaī,
सुनु सिवा सो सुख बचन मन ते भिन्न जान जो पावई ॥
sunu sivā so sukha bacana mana te bhinna jāna jo pāvaī.
अब कुसल कौसलनाथ आरत जानि जन दरसन दियो ।
aba kusala kausalanātha ārata jāni jana darasana diyo,
बूड़त बिरह बारीस कृपानिधान मोहि कर गहि लियो ॥२॥
būṛata biraha bārīsa kṛpānidhāna mohi kara gahi liyo. 2.

दोहा-dohā:

पुनि प्रभु हरषि सत्रुहन भेंटे हृदयँ लगाइ ।
puni prabhu haraṣi satruhana bheṁṭe hṛdayaṁ lagāi,
लछिमन भरत मिले तब परम प्रेम दोउ भाइ ॥५॥
lachimana bharata mile taba parama prema dou bhāi. 5.

चौपाई-caupāī:

भरतानुज लछिमन पुनि भेंटे । दुसह बिरह संभव दुख मेटे ॥
bharatānuja lachimana puni bheṁṭe, dusaha biraha saṁbhava dukha meṭe.
सीता चरन भरत सिरु नावा । अनुज समेत परम सुख पावा ॥
sītā carana bharata siru nāvā, anuja sameta parama sukha pāvā.
प्रभु बिलोकि हरषे पुरबासी । जनित बियोग बिपति सब नासी ॥
prabhu biloki haraṣe purabāsī, janita biyoga bipati saba nāsī.
प्रेमातुर सब लोग निहारी । कौतुक कीन्ह कृपाल खरारी ॥
premātura saba loga nihārī, kautuka kīnha kṛpāla kharārī.
अमित रूप प्रगटे तेहि काला । जथाजोग मिले सबहि कृपाला ॥
amita rūpa pragaṭe tehi kālā, jathājoga mile sabahi kṛpālā.
कृपादृष्टि रघुबीर बिलोकी । किए सकल नर नारि बिसोकी ॥
kṛpādṛṣṭi raghubīra bilokī, kie sakala nara nāri bisokī.
छन महिं सबहि मिले भगवाना । उमा मरम यह काहुँ न जाना ॥
chana mahiṁ sabahi mile bhagavānā, umā marama yaha kāhuṁ na jānā.
एहि बिधि सबहि सुखी करि रामा । आगें चले सील गुन धामा ॥
ehi bidhi sabahi sukhī kari rāmā, āgeṁ cale sīla guna dhāmā.
कौसल्यादि मातु सब धाई । निरखि बच्छ जनु धेनु लवाई ॥
kausalyādi mātu saba dhāī, nirakhi baccha janu dhenu lavāī.

छंद-chaṁda:

जनु धेनु बालक बच्छ तजि गृहँ चरन बन परबस गईं ।
janu dhenu bālaka baccha taji gṛhaṁ carana bana parabasa gaīṁ,
दिन अंत पुर रुख स्रवत थन हुंकार करि धावत भईं ॥
dina aṁta pura rukha sravata thana huṁkāra kari dhāvata bhaīṁ.
अति प्रेम प्रभु सब मातु भेटीं बचन मृदु बहुबिधि कहे ।
ati prema prabhu saba mātu bheṭīṁ bacana mṛdu bahubidhi kahe,
गइ बिषम बिपति बियोग भव तिन्ह हरष सुख अगनित लहे ॥
gai biṣama bipati biyoga bhava tinha haraṣa sukha aganita lahe.

दोहा-dohā:

भेंटेउ तनय सुमित्राँ राम चरन रति जानि ।
bheṁṭeu tanaya sumitrāṁ rāma carana rati jāni,
रामहि मिलत कैकई हृदयँ बहुत सकुचानि ॥६क॥
rāmahi milata kaikaī hṛdayaṁ bahuta sakucāni. 6(ka).

लछिमन सब मातन्ह मिलि हरषे आसिष पाइ ।
lachimana saba mātanha mili haraṣe āsiṣa pāi,
कैकइ कहँ पुनि पुनि मिले मन कर छोभु न जाइ ॥६ख॥
kaikai kahaṁ puni puni mile mana kara chobhu na jāi. 6(kha).

चौपाई-caupāī:

सासुन्ह सबनि मिली बैदेही । चरनन्हि लागि हरषु अति तेही ॥
sāsunha sabani milī baidehī, carananhi lāgi haraṣu ati tehī.
देहिं असीस बूझि कुसलाता । होइ अचल तुम्हार अहिवाता ॥
dehiṁ asīsa būjhi kusalātā, hoi acala tumhāra ahivātā.
सब रघुपति मुख कमल बिलोकहिं । मंगल जानि नयन जल रोकहिं ॥
saba raghupati mukha kamala bilokahiṁ, maṁgala jāni nayana jala rokahiṁ.
कनक थार आरति उतारहिं । बार बार प्रभु गात निहारहिं ॥
kanaka thāra ārati utārahiṁ, bāra bāra prabhu gāta nihārahiṁ.
नाना भाँति निछावरि करहीं । परमानंद हरष उर भरहीं ॥
nānā bhāṁti nichāvari karahīṁ, paramānaṁda haraṣa ura bharahīṁ.
कौसल्या पुनि पुनि रघुबीरहि । चितवति कृपासिंधु रनधीरहि ॥
kausalyā puni puni raghubīrahi, citavati kṛpāsiṁdhu ranadhīrahi.
हृदयँ बिचारति बारहिं बारा । कवन भाँति लंकापति मारा ॥
hṛdayaṁ bicārati bārahiṁ bārā, kavana bhāṁti laṁkāpati mārā.
अति सुकुमार जुगल मेरे बारे । निसिचर सुभट महाबल भारे ॥
ati sukumāra jugala mere bāre, nisicara subhaṭa mahābala bhāre.

दोहा-dohā:

लछिमन अरु सीता सहित प्रभुहि बिलोकति मातु ।
lachimana aru sītā sahita prabhuhi bilokati mātu,
परमानंद मगन मन पुनि पुनि पुलकित गातु ॥७॥
paramānaṁda magana mana puni puni pulakita gātu. 7.

चौपाई-caupāī:

लंकापति कपीस नल नीला । जामवंत अंगद सुभसीला ॥
laṁkāpati kapīsa nala nīlā, jāmavaṁta aṁgada subhasīlā.
हनुमदादि सब बानर बीरा । धरे मनोहर मनुज सरीरा ॥
hanumadādi saba bānara bīrā, dhare manohara manuja sarīrā.
भरत सनेह सील ब्रत नेमा । सादर सब बरनहिं अति प्रेमा ॥
bharata saneha sīla brata nemā, sādara saba baranahiṁ ati premā.
देखि नगरबासिन्ह कै रीती । सकल सराहहिं प्रभु पद प्रीती ॥
dekhi nagarabāsinha kai rītī, sakala sarāhahiṁ prabhu pada prītī.
पुनि रघुपति सब सखा बोलाए । मुनि पद लागहु सकल सिखाए ॥
puni raghupati saba sakhā bolāe, muni pada lāgahu sakala sikhāe.
गुर बसिष्ट कुलपूज्य हमारे । इन्ह की कृपाँ दनुज रन मारे ॥
gura basiṣṭa kulapūjya hamāre, inha kī kṛpāṁ danuja rana māre.
ए सब सखा सुनहु मुनि मेरे । भए समर सागर कहँ बेरे ॥
e saba sakhā sunahu muni mere, bhae samara sāgara kahaṁ bere.
मम हित लागि जन्म इन्ह हारे । भरतहु ते मोहि अधिक पिआरे ॥
mama hita lāgi janma inha hāre, bharatahu te mohi adhika piāre.
सुनि प्रभु बचन मगन सब भए । निमिष निमिष उपजत सुख नए ॥
suni prabhu bacana magana saba bhae, nimiṣa nimiṣa upajata sukha nae.

दोहा-dohā:

कौसल्या के चरनन्हि पुनि तिन्ह नायउ माथ ।
kausalyā ke carananhi puni tinha nāyau mātha,
आसिष दीन्हे हरषि तुम्ह प्रिय मम जिमि रघुनाथ ॥८क॥
āsiṣa dīnhe haraṣi tumha priya mama jimi raghunātha. 8(ka).

सुमन बृष्टि नभ संकुल भवन चले सुखकंद ।
sumana bṛṣṭi nabha saṁkula bhavana cale sukhakaṁda,
चढ़ी अटारिन्ह देखहिं नगर नारि नर बृंद ॥८ख॥
caṛhī aṭārinha dekhahiṁ nagara nāri nara bṛṁda. 8(kha).

चौपाई-caupāī:

कंचन कलस बिचित्र सँवारे । सबहिं धरे सजि निज निज द्वारे ॥
kaṁcana kalasa bicitra saṁvāre, sabahiṁ dhare saji nija nija dvāre.
बंदनवार पताका केतू । सबन्हि बनाए मंगल हेतू ॥
baṁdanavāra patākā ketū, sabanhi banāe maṁgala hetū.
बीथीं सकल सुगंध सिंचाई । गजमनि रचि बहु चौक पुराई ॥
bīthīṁ sakala sugaṁdha siṁcāīṁ, gajamani raci bahu cauka purāīṁ.
नाना भाँति सुमंगल साजे । हरषि नगर निसान बहु बाजे ॥
nānā bhāṁti sumaṁgala sāje, haraṣi nagara nisāna bahu bāje.
जहँ तहँ नारि निछावरि करहीं । देहिं असीस हरष उर भरहीं ॥
jahaṁ tahaṁ nāri nichāvari karahīṁ, dehiṁ asīsa haraṣa ura bharahīṁ.
कंचन थार आरतीं नाना । जुबतीं सजें करहिं सुभ गाना ॥
kaṁcana thāra āratīṁ nānā, jubatīṁ sajeṁ karahiṁ subha gānā.
करहिं आरती आरतिहर कें । रघुकुल कमल बिपिन दिनकर कें ॥
karahiṁ āratī āratihara keṁ, raghukula kamala bipina dinakara keṁ.
पुर सोभा संपति कल्याना । निगम सेष सारदा बखाना ॥
pura sobhā saṁpati kalyānā, nigama seṣa sāradā bakhānā.
तेउ यह चरित देखि ठगि रहहीं । उमा तासु गुन नर किमि कहहीं ॥
teu yaha carita dekhi ṭhagi rahahīṁ, umā tāsu guna nara kimi kahahīṁ.

दोहा-dohā:

नारि कुमुदिनीं अवध सर रघुपति बिरह दिनेस ।
nāri kumudinīṁ avadha sara raghupati biraha dinesa,
अस्त भएँ बिगसत भईं निरखि राम राकेस ॥९क॥
asta bhaeṁ bigasata bhaīṁ nirakhi rāma rākesa. 9(ka).

होहिं सगुन सुभ बिबिध बिधि बाजहिं गगन निसान ।
hohiṁ saguna subha bibidha bidhi bājahiṁ gagana nisāna,
पुर नर नारि सनाथ करि भवन चले भगवान ॥९ख॥
pura nara nāri sanātha kari bhavana cale bhagavāna. 9(kha).

चौपाई-caupāī:

प्रभु जानी कैकई लजानी । प्रथम तासु गृह गए भवानी ॥
prabhu jānī kaikaī lajānī, prathama tāsu gṛha gae bhavānī.
ताहि प्रबोधि बहुत सुख दीन्हा । पुनि निज भवन गवन हरि कीन्हा ॥
tāhi prabodhi bahuta sukha dīnhā, puni nija bhavana gavana hari kīnhā.
कृपासिंधु जब मंदिर गए । पुर नर नारि सुखी सब भए ॥
kṛpāsiṁdhu jaba maṁdira gae, pura nara nāri sukhī saba bhae.
गुर बसिष्ट द्विज लिए बुलाई । आजु सुघरी सुदिन समुदाई ॥
gura basiṣṭa dvija lie bulāī, āju sugharī sudina samudāī.
सब द्विज देहु हरषि अनुसासन । रामचंद्र बैठहिं सिंघासन ॥
saba dvija dehu haraṣi anusāsana, rāmacaṁdra baiṭhahiṁ siṁghāsana.
मुनि बसिष्ट के बचन सुहाए । सुनत सकल बिप्रन्ह अति भाए ॥
muni basiṣṭa ke bacana suhāe, sunata sakala bipranha ati bhāe.
कहहिं बचन मृदु बिप्र अनेका । जग अभिराम राम अभिषेका ॥
kahahiṁ bacana mṛdu bipra anekā, jaga abhirāma rāma abhiṣekā.
अब मुनिबर बिलंब नहिं कीजै । महाराज कहँ तिलक करीजै ॥
aba munibara bilaṁba nahiṁ kījai, mahārāja kahaṁ tilaka karījai.

दोहा-dohā:

तब मुनि कहेउ सुमंत्र सन सुनत चलेउ हरषाइ ।
taba muni kaheu sumaṁtra sana sunata caleu haraṣāi,
रथ अनेक बहु बाजि गज तुरत सँवारे जाइ ॥१०क॥
ratha aneka bahu bāji gaja turata saṁvāre jāi. 10(ka).

जहँ तहँ धावन पठइ पुनि मंगल द्रब्य मगाइ ।
jahaṁ tahaṁ dhāvana paṭhai puni maṁgala drabya magāi,
हरष समेत बसिष्ट पद पुनि सिरु नायउ आइ ॥१०ख॥
haraṣa sameta basiṣṭa pada puni siru nāyau āi. 10(kha).

नवाह्नपारायण आठवाँ विश्राम
navāhnapārāyaṇa āṭhavāṁ viśrāma
(Pause 8 for a Nine-Day Recitation)

चौपाई-caupāī:

अवधपुरी अति रुचिर बनाई । देवन्ह सुमन बृष्टि झरि लाई ॥
avadhapurī ati rucira banāī, devanha sumana bṛṣṭi jhari lāī.
राम कहा सेवकन्ह बुलाई । प्रथम सखन्ह अन्हवावहु जाई ॥
rāma kahā sevakanha bulāī, prathama sakhanha anhavāvahu jāī.
सुनत बचन जहँ तहँ जन धाए । सुग्रीवादि तुरत अन्हवाए ॥
sunata bacana jahaṁ tahaṁ jana dhāe, sugrīvādi turata anhavāe.
पुनि करुनानिधि भरतु हँकारे । निज कर राम जटा निरुआरे ॥
puni karunānidhi bharatu haṁkāre, nija kara rāma jaṭā niruāre.
अन्हवाए प्रभु तीनिउ भाई । भगत बछल कृपाल रघुराई ॥
anhavāe prabhu tīniu bhāī, bhagata bachala kṛpāla raghurāī.
भरत भाग्य प्रभु कोमलताई । सेष कोटि सत सकहिं न गाई ॥
bharata bhāgya prabhu komalatāī, seṣa koṭi sata sakahiṁ na gāī.

पुनि निज जटा राम बिबराए । गुर अनुसासन मागि नहाए ॥
puni nija jaṭā rāma bibarāe, gura anusāsana māgi nahāe.
करि मज्जन प्रभु भूषन साजे । अंग अनंग देखि सत लाजे ॥
kari majjana prabhu bhūṣana sāje, aṁga anaṁga dekhi sata lāje.

दोहा-dohā:

सासुन्ह सादर जानकिहि मज्जन तुरत कराइ ।
sāsunha sādara jānakihi majjana turata karāi,
दिब्य बसन बर भूषन अँग अँग सजे बनाइ ॥११क॥
dibya basana bara bhūṣana aṁga aṁga saje banāi. 11(ka).

राम बाम दिसि सोभति रमा रूप गुन खानि ।
rāma bāma disi sobhati ramā rūpa guna khāni,
देखि मातु सब हरषीं जन्म सुफल निज जानि ॥११ख॥
dekhi mātu saba haraṣīṁ janma suphala nija jāni. 11(kha).

सुनु खगेस तेहि अवसर ब्रह्मा सिव मुनि बृंद ।
sunu khagesa tehi avasara brahmā siva muni bṛṁda,
चढ़ि बिमान आए सब सुर देखन सुखकंद ॥११ग॥
caṛhi bimāna āe saba sura dekhana sukhakaṁda. 11(ga).

चौपाई-caupāī:

प्रभु बिलोकि मुनि मन अनुरागा । तुरत दिब्य सिंघासन मागा ॥
prabhu biloki muni mana anurāgā, turata dibya siṁghāsana māgā.
रबि सम तेज सो बरनि न जाई । बैठे राम द्विजन्ह सिरु नाई ॥
rabi sama teja so barani na jāī, baiṭhe rāma dvijanha siru nāī.
जनकसुता समेत रघुराई । पेखि प्रहरषे मुनि समुदाई ॥
janakasutā sameta raghurāī, pekhi praharaṣe muni samudāī.
बेद मंत्र तब द्विजन्ह उचारे । नभ सुर मुनि जय जयति पुकारे ॥
beda maṁtra taba dvijanha ucāre, nabha sura muni jaya jayati pukāre.
प्रथम तिलक बसिष्ट मुनि कीन्हा । पुनि सब बिप्रन्ह आयसु दीन्हा ॥
prathama tilaka basiṣṭa muni kīnhā, puni saba bipranha āyasu dīnhā.
सुत बिलोकि हरषीं महतारी । बार बार आरती उतारी ॥
suta biloki haraṣīṁ mahatārī, bāra bāra āratī utārī.
बिप्रन्ह दान बिबिधि बिधि दीन्हे । जाचक सकल अजाचक कीन्हे ॥
bipranha dāna bibidhi bidhi dīnhe, jācaka sakala ajācaka kīnhe.
सिंघासन पर त्रिभुअन साईं । देखि सुरन्ह दुंदुभीं बजाईं ॥
siṁghāsana para tribhuana sāīṁ, dekhi suranha duṁdubhīṁ bajāīṁ.

छंद-chaṁda:

नभ दुंदुभीं बाजहिं बिपुल गंधर्ब किंनर गावहीं ।
nabha duṁdubhīṁ bājahiṁ bipula gaṁdharba kiṁnara gāvahīṁ,
नाचहिं अपछरा बृंद परमानंद सुर मुनि पावहीं ॥
nācahiṁ apacharā bṛṁda paramānaṁda sura muni pāvahīṁ.
भरतादि अनुज बिभीषनांगद हनुमदादि समेत ते ।
bharatādi anuja bibhīṣanāṁgada hanumadādi sameta te,
गहें छत्र चामर ब्यजन धनु असि चर्म सक्ति बिराजते ॥१॥
gaheṁ chatra cāmara byajana dhanu asi carma sakti birājate. 1.

श्री सहित दिनकर बंस भूषन काम बहु छबि सोहई ।
śrī sahita dinakara baṁsa bhūṣana kāma bahu chabi sohaī,
नव अंबुधर बर गात अंबर पीत सुर मन मोहई ॥
nava aṁbudhara bara gāta aṁbara pīta sura mana mohaī.
मुकुटांगदादि बिचित्र भूषन अंग अंगन्हि प्रति सजे ।
mukuṭāṁgadādi bicitra bhūṣana aṁga aṁganhi prati saje,
अंभोज नयन बिसाल उर भुज धन्य नर निरखंति जे ॥२॥
aṁbhoja nayana bisāla ura bhuja dhanya nara nirakhaṁti je. 2.

दोहा-dohā:

वह सोभा समाज सुख कहत न बनइ खगेस ।
vaha sobhā samāja sukha kahata na banai khagesa,
बरनहिं सारद सेष श्रुति सो रस जान महेस ॥१२क॥
baranahiṁ sārada seṣa śruti so rasa jāna mahesa. 12(ka).

भिन्न भिन्न अस्तुति करि गए सुर निज निज धाम ।
bhinna bhinna astuti kari gae sura nija nija dhāma,
बंदी बेष बेद तब आए जहँ श्रीराम ॥१२ख॥
baṁdī beṣa beda taba āe jahaṁ śrīrāma. 12(kha).

प्रभु सर्बग्य कीन्ह अति आदर कृपानिधान ।
prabhu sarbagya kīnha ati ādara kṛpānidhāna,
लखेउ न काहूँ मरम कछु लगे करन गुन गान ॥१२ग॥
lakheu na kāhūṁ marama kachu lage karana guna gāna. 12(ga).

छंद-chaṁda:

जय सगुन निर्गुन रूप रूप अनूप भूप सिरोमने ।
jaya saguna nirguna rūpa rūpa anūpa bhūpa siromane,
दसकंधरादि प्रचंड निसिचर प्रबल खल भुज बल हने ॥
dasakaṁdharādi pracaṁḍa nisicara prabala khala bhuja bala hane.
अवतार नर संसार भार बिभंजि दारुन दुख दहे ।
avatāra nara saṁsāra bhāra bibhaṁji dāruna dukha dahe,
जय प्रनतपाल दयाल प्रभु संजुक्त सक्ति नमामहे ॥१॥
jaya pranatapāla dayāla prabhu saṁjukta sakti namāmahe. 1.
तव बिषम माया बस सुरासुर नाग नर अग जग हरे ।
tava biṣama māyā basa surāsura nāga nara aga jaga hare,
भव पंथ भ्रमत अमित दिवस निसि काल कर्म गुननि भरे ॥
bhava paṁtha bhramata amita divasa nisi kāla karma gunani bhare.
जे नाथ करि करुना बिलोके त्रिबिधि दुख ते निर्बहे ।
je nātha kari karunā biloke tribidhi dukha te nirbahe,
भव खेद छेदन दच्छ हम कहुँ रच्छ राम नमामहे ॥२॥
bhava kheda chedana daccha hama kahuṁ raccha rāma namāmahe. 2.
जे ग्यान मान बिमत्त तव भव हरनि भक्ति न आदरी ।
je gyāna māna bimatta tava bhava harani bhakti na ādarī,
ते पाइ सुर दुर्लभ पदादपि परत हम देखत हरी ॥
te pāi sura durlabha padādapi parata hama dekhata harī.
बिस्वास करि सब आस परिहरि दास तव जे होइ रहे ।
bisvāsa kari saba āsa parihari dāsa tava je hoi rahe,
जपि नाम तव बिनु श्रम तरहिं भव नाथ सो समरामहे ॥३॥
japi nāma tava binu śrama tarahiṁ bhava nātha so samarāmahe. 3.
जे चरन सिव अज पूज्य रज सुभ परसि मुनिपतिनी तरी ।
je carana siva aja pūjya raja subha parasi munipatinī tarī,
नख निर्गता मुनि बंदिता त्रैलोक पावनि सुरसरी ॥
nakha nirgatā muni baṁditā trailoka pāvani surasarī.
ध्वज कुलिस अंकुस कंज जुत बन फिरत कंटक किन लहे ।
dhvaja kulisa aṁkusa kaṁja juta bana phirata kaṁṭaka kina lahe,
पद कंज द्वंद मुकुंद राम रमेस नित्य भजामहे ॥४॥
pada kaṁja dvaṁda mukuṁda rāma ramesa nitya bhajāmahe. 4.
अब्यक्तमूलमनादि तरु त्वच चारि निगमागम भने ।
abyaktamūlamanādi taru tvaca cāri nigamāgama bhane,

षट कंध साखा पंच बीस अनेक पर्न सुमन घने ॥
ṣaṭa kaṁdha sākhā paṁca bīsa aneka parna sumana ghane.
फल जुगल बिधि कटु मधुर बेलि अकेलि जेहि आश्रित रहे ।
phala jugala bidhi kaṭu madhura beli akeli jehi āśrita rahe,
पल्लवत फूलत नवल नित संसार बिटप नमामहे ॥५॥
pallavata phūlata navala nita saṁsāra biṭapa namāmahe. 5.
जे ब्रह्म अजमद्वैतमनुभवगम्य मनपर ध्यावहीं ।
je brahma ajamadvaitamanubhavagamya manapara dhyāvahīṁ,
ते कहहुँ जानहुँ नाथ हम तव सगुन जस नित गावहीं ॥
te kahahuṁ jānahuṁ nātha hama tava saguna jasa nita gāvahīṁ.
करुनायतन प्रभु सदगुनाकर देव यह बर मागहीं ।
karunāyatana prabhu sadagunākara deva yaha bara māgahīṁ,
मन बचन कर्म बिकार तजि तव चरन हम अनुरागहीं ॥६॥
mana bacana karma bikāra taji tava carana hama anurāgahīṁ. 6.

दोहा-dohā:

सब के देखत बेदन्ह बिनती कीन्हि उदार ।
saba ke dekhata bedanha binatī kīnhi udāra,
अंतर्धान भए पुनि गए ब्रह्म आगार ॥१३क॥
aṁtardhāna bhae puni gae brahma āgāra. 13(ka).

बैनतेय सुनु संभु तब आए जहँ रघुबीर ।
bainateya sunu saṁbhu taba āe jahaṁ raghubīra,
बिनय करत गदगद गिरा पूरित पुलक सरीर ॥१३ख॥
binaya karata gadagada girā pūrita pulaka sarīra. 13(kha).

छंद-chaṁda:

जय राम रमारमनं समनं । भव ताप भयाकुल पाहि जनं ॥
jaya rāma ramāramanaṁ samanaṁ, bhava tāpa bhayākula pāhi janaṁ.
अवधेस सुरेस रमेस बिभो । सरनागत मागत पाहि प्रभो ॥१॥
avadhesa suresa ramesa bibho, saranāgata māgata pāhi prabho. 1.
दससीस बिनासन बीस भुजा । कृत दूरि महा महि भूरि रुजा ॥
dasasīsa bināsana bīsa bhujā, kṛta dūri mahā mahi bhūri rujā.
रजनीचर बृंद पतंग रहे । सर पावक तेज प्रचंड दहे ॥२॥
rajanīcara bṛṁda pataṁga rahe, sara pāvaka teja pracaṁḍa dahe. 2.
महि मंडल मंडन चारुतरं । धृत सायक चाप निषंग बरं ॥
mahi maṁḍala maṁḍana cārutaraṁ, dhṛta sāyaka cāpa niṣaṁga baraṁ.
मद मोह महा ममता रजनी । तम पुंज दिवाकर तेज अनी ॥३॥
mada moha mahā mamatā rajanī, tama puṁja divākara teja anī. 3.
मनजात किरात निपात किए । मृग लोग कुभोग सरेन हिए ॥
manajāta kirāta nipāta kie, mṛga loga kubhoga sarena hie.
हति नाथ अनाथनि पाहि हरे । बिषया बन पावँर भूलि परे ॥४॥
hati nātha anāthani pāhi hare, biṣayā bana pāvaṁra bhūli pare. 4.
बहु रोग बियोगन्हि लोग हए । भवदंघ्रि निरादर के फल ए ॥
bahu roga biyoganhi loga hae, bhavadaṁghri nirādara ke phala e.
भव सिंधु अगाध परे नर ते । पद पंकज प्रेम न जे करते ॥५॥
bhava siṁdhu agādha pare nara te, pada paṁkaja prema na je karate. 5.
अति दीन मलीन दुखी नितहीं । जिन्ह कें पद पंकज प्रीति नहीं ॥
ati dīna malīna dukhī nitahīṁ, jinha keṁ pada paṁkaja prīti nahīṁ.
अवलंब भवंत कथा जिन्ह कें । प्रिय संत अनंत सदा तिन्ह कें ॥६॥
avalaṁba bhavaṁta kathā jinha keṁ. priya saṁta anaṁta sadā tinha keṁ. 6.
नहिं राग न लोभ न मान मदा । तिन्ह कें सम बैभव वा बिपदा ॥
nahiṁ rāga na lobha na māna madā. tinha keṁ sama baibhava vā bipadā.
एहि ते तव सेवक होत मुदा । मुनि त्यागत जोग भरोस सदा ॥७॥
ehi te tava sevaka hota mudā, muni tyāgata joga bharosa sadā. 7.
करि प्रेम निरंतर नेम लिएँ । पद पंकज सेवत सुद्ध हिएँ ॥
kari prema niraṁtara nema lieṁ, pada paṁkaja sevata suddha hieṁ.
सम मानि निरादर आदरही । सब संत सुखी बिचरंति मही ॥८॥
sama māni nirādara ādarahī, saba saṁta sukhī bicaraṁti mahī. 8.
मुनि मानस पंकज भृंग भजे । रघुबीर महा रनधीर अजे ॥
muni mānasa paṁkaja bhṛṁga bhaje, raghubīra mahā ranadhīra aje.
तव नाम जपामि नमामि हरी । भव रोग महागद मान अरी ॥९॥
tava nāma japāmi namāmi harī, bhava roga mahāgada māna arī. 9.
गुन सील कृपा परमायतनं । प्रनमामि निरंतर श्रीरमनं ॥
guna sīla kṛpā paramāyatanaṁ, pranamāmi niraṁtara śrīramanaṁ.
रघुनंद निकंदय द्वंद्वघनं । महिपाल बिलोकय दीनजनं ॥१०॥
raghunaṁda nikaṁdaya dvaṁdvaghanaṁ, mahipāla bilokaya dīnajanaṁ. 10.

दोहा-dohā:

बार बार बर मागउँ हरषि देहु श्रीरंग ।
bāra bāra bara māgauṁ haraṣi dehu śrīraṁga,
पद सरोज अनपायनी भगति सदा सतसंग ॥१४क॥
pada saroja anapāyanī bhagati sadā satasaṁga. 14(ka).

बरनि उमापति राम गुन हरषि गए कैलास ।
barani umāpati rāma guna haraṣi gae kailāsa,
तब प्रभु कपिन्ह दिवाए सब बिधि सुखप्रद बास ॥१४ख॥
taba prabhu kapinha divāe saba bidhi sukhaprada bāsa. 14(kha).

चौपाई-caupāī:

सुनु खगपति यह कथा पावनी । त्रिबिध ताप भव भय दावनी ॥
sunu khagapati yaha kathā pāvanī, tribidha tāpa bhava bhaya dāvanī.
महाराज कर सुभ अभिषेका । सुनत लहहिं नर बिरति बिबेका ॥
mahārāja kara subha abhiṣekā, sunata lahahiṁ nara birati bibekā.
जे सकाम नर सुनहिं जे गावहिं । सुख संपति नाना बिधि पावहिं ॥
je sakāma nara sunahiṁ je gāvahiṁ, sukha saṁpati nānā bidhi pāvahiṁ.
सुर दुर्लभ सुख करि जग माहीं । अंतकाल रघुपति पुर जाहीं ॥
sura durlabha sukha kari jaga māhīṁ, aṁtakāla raghupati pura jāhīṁ.
सुनहिं बिमुक्त बिरत अरु बिषई । लहहिं भगति गति संपति नई ॥
sunahiṁ bimukta birata aru biṣaī, lahahiṁ bhagati gati saṁpati naī.
खगपति राम कथा मैं बरनी । स्वमति बिलास त्रास दुख हरनी ॥
khagapati rāma kathā maiṁ baranī, svamati bilāsa trāsa dukha haranī.
बिरति बिबेक भगति दृढ करनी । मोह नदी कहँ सुंदर तरनी ॥
birati bibeka bhagati dṛṛha karanī, moha nadī kahaṁ suṁdara taranī.
नित नव मंगल कौसलपुरी । हरषित रहहिं लोग सब कुरी ॥
nita nava maṁgala kausalapurī, haraṣita rahahiṁ loga saba kurī.
नित नइ प्रीति राम पद पंकज । सब कें जिन्हहि नमत सिव मुनि अज ॥
nita nai prīti rāma pada paṁkaja, saba keṁ jinhahi namata siva muni aja.
मंगन बहु प्रकार पहिराए । द्विजन्ह दान नाना बिधि पाए ॥
maṁgana bahu prakāra pahirāe, dvijanha dāna nānā bidhi pāe.

दोहा-dohā:

ब्रह्मानंद मगन कपि सब कें प्रभु पद प्रीति ।
brahmānaṁda magana kapi saba keṁ prabhu pada prīti,
जात न जाने दिवस तिन्ह गए मास षट बीति ॥१५॥
jāta na jāne divasa tinha gae māsa ṣaṭa bīti. 15.

चौपाई-caupāī:

बिसरे गृह सपनेहुँ सुधि नाहीं । जिमि परद्रोह संत मन माहीं ॥
bisare gṛha sapanehuṁ sudhi nāhīṁ, jimi paradroha saṁta mana māhīṁ.

तब रघुपति सब सखा बोलाए । आइ सबन्हि सादर सिरु नाए ॥
taba raghupati saba sakhā bolāe, āi sabanhi sādara siru nāe.
परम प्रीति समीप बैठारे । भगत सुखद मृदु बचन उचारे ॥
parama prīti samīpa baiṭhāre, bhagata sukhada mṛdu bacana ucāre.
तुम्ह अति कीन्हि मोरि सेवकाई । मुख पर केहि बिधि करौं बड़ाई ॥
tumha ati kīnhi mori sevakāī, mukha para kehi bidhi karauṁ baṛāī.
ताते मोहि तुम्ह अति प्रिय लागे । मम हित लागि भवन सुख त्यागे ॥
tāte mohi tumha ati priya lāge, mama hita lāgi bhavana sukha tyāge.
अनुज राज संपति बैदेही । देह गेह परिवार सनेही ॥
anuja rāja saṁpati baidehī, deha geha parivāra sanehī.
सब मम प्रिय नहिं तुम्हहि समाना । मृषा न कहउँ मोर यह बाना ॥
saba mama priya nahiṁ tumhahi samānā, mṛṣā na kahauṁ mora yaha bānā.
सब कें प्रिय सेवक यह नीती । मोरें अधिक दास पर प्रीती ॥
saba keṁ priya sevaka yaha nītī, moreṁ adhika dāsa para prītī.

दोहा-dohā:

अब गृह जाहु सखा सब भजेहु मोहि दृढ़ नेम ।
aba gṛha jāhu sakhā saba bhajehu mohi dṛṛha nema,
सदा सर्बगत सर्बहित जानि करेहु अति प्रेम ॥ १६ ॥
sadā sarbagata sarbahita jāni karehu ati prema. 16.

चौपाई-caupāī:

सुनि प्रभु बचन मगन सब भए । को हम कहाँ बिसरि तन गए ॥
suni prabhu bacana magana saba bhae, ko hama kahāṁ bisari tana gae.
एकटक रहे जोरि कर आगे । सकहिं न कछु कहि अति अनुरागे ॥
ekaṭaka rahe jori kara āge, sakahiṁ na kachu kahi ati anurāge.
परम प्रेम तिन्ह कर प्रभु देखा । कहा बिबिधि बिधि ग्यान बिसेषा ॥
parama prema tinha kara prabhu dekhā, kahā bibidhi bidhi gyāna biseṣā.
प्रभु सन्मुख कछु कहन न पारहिं । पुनि पुनि चरन सरोज निहारहिं ॥
prabhu sanmukha kachu kahana na pārahiṁ, puni puni carana saroja nihārahiṁ.
तब प्रभु भूषन बसन मगाए । नाना रंग अनूप सुहाए ॥
taba prabhu bhūṣana basana magāe, nānā raṁga anūpa suhāe.
सुग्रीवहि प्रथमहिं पहिराए । बसन भरत निज हाथ बनाए ॥
sugrīvahi prathamahiṁ pahirāe, basana bharata nija hātha banāe.
प्रभु प्रेरित लछिमन पहिराए । लंकापति रघुपति मन भाए ॥
prabhu prerita lachimana pahirāe, laṁkāpati raghupati mana bhāe.
अंगद बैठ रहा नहिं डोला । प्रीति देखि प्रभु ताहि न बोला ॥
aṁgada baiṭha rahā nahiṁ ḍolā, prīti dekhi prabhu tāhi na bolā.

दोहा-dohā:

जामवंत नीलादि सब पहिराए रघुनाथ ।
jāmavaṁta nīlādi saba pahirāe raghunātha,
हियँ धरि राम रूप सब चले नाइ पद माथ ॥ १७क ॥
hiyaṁ dhari rāma rūpa saba cale nāi pada mātha. 17(ka).

तब अंगद उठि नाइ सिरु सजल नयन कर जोरि ।
taba aṁgada uṭhi nāi siru sajala nayana kara jori,
अति बिनीत बोलेउ बचन मनहुँ प्रेम रस बोरि ॥ १७ख ॥
ati binīta boleu bacana manahuṁ prema rasa bori. 17(kha).

चौपाई-caupāī:

सुनु सर्बग्य कृपा सुख सिंधो । दीन दयाकर आरत बंधो ॥
sunu sarbagya kṛpā sukha siṁdho, dīna dayākara ārata baṁdho.
मरती बेर नाथ मोहि बाली । गयउ तुम्हारेहि कोंछें घाली ॥
maratī bera nātha mohi bālī, gayau tumhārehi koṁcheṁ ghālī.
असरन सरन बिरदु संभारी । मोहि जनि तजहु भगत हितकारी ॥
asarana sarana biradu saṁbhārī, mohi jani tajahu bhagata hitakārī.
मोरें तुम्ह प्रभु गुर पितु माता । जाउँ कहाँ तजि पद जलजाता ॥
moreṁ tumha prabhu gura pitu mātā, jāuṁ kahāṁ taji pada jalajātā.
तुम्हहि बिचारि कहहु नरनाहा । प्रभु तजि भवन काज मम काहा ॥
tumhahi bicāri kahahu naranāhā, prabhu taji bhavana kāja mama kāhā.
बालक ग्यान बुद्धि बल हीना । राखहु सरन नाथ जन दीना ॥
bālaka gyāna buddhi bala hīnā, rākhahu sarana nātha jana dīnā.
नीचि टहल गृह कै सब करिहउँ । पद पंकज बिलोकि भव तरिहउँ ॥
nīci ṭahala gṛha kai saba karihauṁ, pada paṁkaja biloki bhava tarihauṁ.
अस कहि चरन परेउ प्रभु पाही । अब जनि नाथ कहहु गृह जाही ॥
asa kahi carana pareu prabhu pāhī, aba jani nātha kahahu gṛha jāhī.

दोहा-dohā:

अंगद बचन बिनीत सुनि रघुपति करुना सींव ।
aṁgada bacana binīta suni raghupati karunā sīṁva,
प्रभु उठाइ उर लायउ सजल नयन राजीव ॥ १८क ॥
prabhu uṭhāi ura lāyau sajala nayana rājīva. 18(ka).

निज उर माल बसन मनि बालितनय पहिराइ ।
nija ura māla basana mani bālitanaya pahirāi,
बिदा कीन्हि भगवान तब बहु प्रकार समुझाइ ॥ १८ख ॥
bidā kīnhi bhagavāna taba bahu prakāra samujhāi. 18(kha).

चौपाई-caupāī:

भरत अनुज सौमित्रि समेता । पठवन चले भगत कृत चेता ॥
bharata anuja saumitri sametā, paṭhavana cale bhagata kṛta cetā.
अंगद हृदयँ प्रेम नहिं थोरा । फिरि फिरि चितव राम कीं ओरा ॥
aṁgada hṛdayaṁ prema nahiṁ thorā, phiri phiri citava rāma kīṁ orā.
बार बार कर दंड प्रनामा । मन अस रहन कहहिं मोहि रामा ॥
bāra bāra kara daṁḍa pranāmā, mana asa rahana kahahiṁ mohi rāmā.
राम बिलोकनि बोलनि चलनी । सुमिरि सुमिरि सोचत हँसि मिलनी ॥
rāma bilokani bolani calanī, sumiri sumiri socata haṁsi milanī.
प्रभु रुख देखि बिनय बहु भाषी । चलेउ हृदयँ पद पंकज राखी ॥
prabhu rukha dekhi binaya bahu bhāṣī, caleu hṛdayaṁ pada paṁkaja rākhī.
अति आदर सब कपि पहुँचाए । भाइन्ह सहित भरत पुनि आए ॥
ati ādara saba kapi pahuṁcāe, bhāinha sahita bharata puni āe.
तब सुग्रीव चरन गहि नाना । भाँति बिनय कीन्हे हनुमाना ॥
taba sugrīva carana gahi nānā, bhāṁti binaya kīnhe hanumānā.
दिन दस करि रघुपति पद सेवा । पुनि तव चरन देखिहउँ देवा ॥
dina dasa kari raghupati pada sevā, puni tava carana dekhihauṁ devā.
पुन्य पुंज तुम्ह पवनकुमारा । सेवहु जाइ कृपा आगारा ॥
punya puṁja tumha pavanakumārā, sevahu jāi kṛpā āgārā.
अस कहि कपि सब चले तुरंता । अंगद कहइ सुनहु हनुमंता ॥
asa kahi kapi saba cale turaṁtā, aṁgada kahai sunahu hanumaṁtā.

दोहा-dohā:

कहेहु दंडवत प्रभु सैं तुम्हहि कहउँ कर जोरि ।
kahehu daṁḍavata prabhu saiṁ tumhahi kahauṁ kara jori,
बार बार रघुनायकहि सुरति कराएहु मोरि ॥ १९क ॥
bāra bāra raghunāyakahi surati karāehu mori. 19(ka).

अस कहि चलेउ बालिसुत फिरि आयउ हनुमंत ।
asa kahi caleu bālisuta phiri āyau hanumaṁta,
तासु प्रीति प्रभु सन कहि मगन भए भगवंत ॥ १९ख ॥
tāsu prīti prabhu sana kahi magana bhae bhagavaṁta. 19(kha).

कुलिसहु चाहि कठोर अति कोमल कुसुमहु चाहि ।
kulisahu cāhi kaṭhora ati komala kusumahu cāhi,
चित्त खगेस राम कर समुझि परइ कहु काहि ॥१९ग॥
citta khagesa rāma kara samujhi parai kahu kāhi. 19(ga).

चौपाई-caupāī:

पुनि कृपाल लियो बोलि निषादा । दीन्हे भूषन बसन प्रसादा ॥
puni kṛpāla liyo boli niṣādā, dīnhe bhūṣana basana prasādā.
जाहु भवन मम सुमिरन करेहू । मन क्रम बचन धर्म अनुसरेहू ॥
jāhu bhavana mama sumirana karehū, mana krama bacana dharma anusarehū.
तुम्ह मम सखा भरत सम भ्राता । सदा रहेहु पुर आवत जाता ॥
tumha mama sakhā bharata sama bhrātā, sadā rahehu pura āvata jātā.
बचन सुनत उपजा सुख भारी । परेउ चरन भरि लोचन बारी ॥
bacana sunata upajā sukha bhārī, pareu carana bhari locana bārī.
चरन नलिन उर धरि गृह आवा । प्रभु सुभाउ परिजननि्ह सुनावा ॥
carana nalina ura dhari gṛha āvā, prabhu subhāu parijananhi sunāvā.
रघुपति चरित देखि पुरबासी । पुनि पुनि कहहिं धन्य सुखरासी ॥
raghupati carita dekhi purabāsī, puni puni kahahiṁ dhanya sukharāsī.
राम राज बैठें त्रैलोका । हरषित भए गए सब सोका ॥
rāma rāja baiṭheṁ trailokā, haraṣita bhae gae saba sokā.
बयरु न कर काहू सन कोई । राम प्रताप बिषमता खोई ॥
bayaru na kara kāhū sana koī, rāma pratāpa biṣamatā khoī.

दोहा-dohā:

बरनाश्रम निज निज धरम निरत बेद पथ लोग ।
baranāśrama nija nija dharama nirata beda patha loga,
चलहिं सदा पावहिं सुखहि नहिं भय सोक न रोग ॥२०॥
calahiṁ sadā pāvahiṁ sukhahi nahiṁ bhaya soka na roga. 20.

चौपाई-caupāī:

दैहिक दैविक भौतिक तापा । राम राज नहिं काहुहि ब्यापा ॥
daihika daivika bhautika tāpā, rāma rāja nahiṁ kāhuhi byāpā.
सब नर करहिं परस्पर प्रीती । चलहिं स्वधर्म निरत श्रुति नीती ॥
saba nara karahiṁ paraspara prītī, calahiṁ svadharma nirata śruti nītī.
चारिउ चरन धर्म जग माहीं । पूरि रहा सपनेहुँ अघ नाहीं ॥
cāriu carana dharma jaga māhīṁ, pūri rahā sapanehuṁ agha nāhīṁ.
राम भगति रत नर अरु नारी । सकल परम गति के अधिकारी ॥
rāma bhagati rata nara aru nārī, sakala parama gati ke adhikārī.
अल्पमृत्यु नहिं कवनिउ पीरा । सब सुंदर सब बिरुज सरीरा ॥
alpamṛtyu nahiṁ kavaniu pīrā, saba suṁdara saba biruja sarīrā.
नहिं दरिद्र कोउ दुखी न दीना । नहिं कोउ अबुध न लच्छन हीना ॥
nahiṁ daridra kou dukhī na dīnā, nahiṁ kou abudha na lacchana hīnā.
सब निर्दंभ धर्मरत पुनी । नर अरु नारि चतुर सब गुनी ॥
saba nirdaṁbha dharmarata punī, nara aru nāri catura saba gunī.
सब गुनग्य पंडित सब ग्यानी । सब कृतग्य नहिं कपट सयानी ॥
saba gunagya paṁḍita saba gyānī, saba kṛtagya nahiṁ kapaṭa sayānī.

दोहा-dohā:

राम राज नभगेस सुनु सचराचर जग माहिं ।
rāma rāja nabhagesa sunu sacarācara jaga māhiṁ.
काल कर्म सुभाव गुन कृत दुख काहुहि नाहिं ॥२१॥
kāla karma subhāva guna kṛta dukha kāhuhi nāhiṁ. 21.

चौपाई-caupāī:

भूमि सप्त सागर मेखला । एक भूप रघुपति कोसला ॥
bhūmi sapta sāgara mekhalā, eka bhūpa raghupati kosalā.
भुअन अनेक रोम प्रति जासू । यह प्रभुता कछु बहुत न तासू ॥
bhuana aneka roma prati jāsū, yaha prabhutā kachu bahuta na tāsū.
सो महिमा समुझत प्रभु केरी । यह बरनत हीनता घनेरी ॥
so mahimā samujhata prabhu kerī, yaha baranata hīnatā ghanerī.
सोउ महिमा खगेस जिन्ह जानी । फिरी एहिं चरित तिन्हहुँ रति मानी ॥
sou mahimā khagesa jinha jānī, phirī ehiṁ carita tinhahuṁ rati mānī.
सोउ जाने कर फल यह लीला । कहहिं महा मुनिबर दमसीला ॥
sou jāne kara phala yaha līlā, kahahiṁ mahā munibara damasīlā.
राम राज कर सुख संपदा । बरनि न सकइ फनीस सारदा ॥
rāma rāja kara sukha saṁpadā, barani na sakai phanīsa sāradā.
सब उदार सब पर उपकारी । बिप्र चरन सेवक नर नारी ॥
saba udāra saba para upakārī, bipra carana sevaka nara nārī.
एकनारि ब्रत रत सब झारी । ते मन बच क्रम पति हितकारी ॥
ekanāri brata rata saba jhārī, te mana baca krama pati hitakārī.

दोहा-dohā:

दंड जतिन्ह कर भेद जहँ नर्तक नृत्य समाज ।
daṁḍa jatinha kara bheda jahaṁ nartaka nṛtya samāja,
जीतहु मनहि सुनिअ अस रामचंद्र कें राज ॥२२॥
jītahu manahi sunia asa rāmacaṁdra keṁ rāja. 22.

चौपाई-caupāī:

फूलहिं फरहिं सदा तरु कानन । रहहिं एक सँग गज पंचानन ॥
phūlahiṁ pharahiṁ sadā taru kānana, rahahiṁ eka saṁga gaja paṁcānana.
खग मृग सहज बयरु बिसराई । सबन्हि परस्पर प्रीति बढ़ाई ॥
khaga mṛga sahaja bayaru bisarāī, sabanhi paraspara prīti baṛhāī.
कूजहिं खग मृग नाना बृंदा । अभय चरहिं बन करहिं अनंदा ॥
kūjahiṁ khaga mṛga nānā bṛṁdā, abhaya carahiṁ bana karahiṁ anaṁdā.
सीतल सुरभि पवन बह मंदा । गुंजत अलि लै चलि मकरंदा ॥
sītala surabhi pavana baha maṁdā, guṁjata ali lai cali makaraṁdā.
लता बिटप मागें मधु चवहीं । मनभावतो धेनु पय स्रवहीं ॥
latā biṭapa māgeṁ madhu cavahīṁ, manabhāvato dhenu paya sravahīṁ.
ससि संपन्न सदा रह धरनी । त्रेताँ भइ कृतजुग कै करनी ॥
sasi saṁpanna sadā raha dharanī, tretāṁ bhai kṛtajuga kai karanī.
प्रगटीं गिरिन्ह बिबिधि मनि खानी । जगदातमा भूप जग जानी ॥
pragaṭīṁ girinha bibidhi mani khānī, jagadātamā bhūpa jaga jānī.
सरिता सकल बहहिं बर बारी । सीतल अमल स्वाद सुखकारी ॥
saritā sakala bahahiṁ bara bārī, sītala amala svāda sukhakārī.
सागर निज मरजादाँ रहहीं । डारहिं रत्न तटन्हि नर लहहीं ॥
sāgara nija marajādāṁ rahahīṁ, ḍārahiṁ ratna taṭanhi nara lahahīṁ.
सरसिज संकुल सकल तड़ागा । अति प्रसन्न दस दिसा बिभागा ॥
sarasija saṁkula sakala taṛāgā, ati prasanna dasa disā bibhāgā.

दोहा-dohā:

बिधु महि पूर मयूखन्हि रबि तप जेतनेहि काज ।
bidhu mahi pūra mayūkhanhi rabi tapa jetanehi kāja,
मागें बारिद देहिं जल रामचंद्र कें राज ॥२३॥
māgeṁ bārida dehiṁ jala rāmacaṁdra keṁ rāja. 23.

चौपाई-caupāī:

कोटिन्ह बाजिमेध प्रभु कीन्हे । दान अनेक द्विजन्ह कहँ दीन्हे ॥
koṭinha bājimedha prabhu kīnhe, dāna aneka dvijanha kahaṁ dīnhe.
श्रुति पथ पालक धर्म धुरंधर । गुनातीत अरु भोग पुरंदर ॥
śruti patha pālaka dharma dhuraṁdhara, gunātīta aru bhoga puraṁdara.
पति अनुकूल सदा रह सीता । सोभा खानि सुसील बिनीता ॥
pati anukūla sadā raha sītā, sobhā khāni susīla binītā.
जानति कृपासिंधु प्रभुताई । सेवति चरन कमल मन लाई ॥
jānati kṛpāsiṁdhu prabhutāī, sevati carana kamala mana lāī.

जद्यपि गृहँ सेवक सेवकिनी । बिपुल सदा सेवा बिधि गुनी ॥
jadyapi gṛhaṁ sevaka sevakinī, bipula sadā sevā bidhi gunī.
निज कर गृह परिचरजा करई । रामचंद्र आयसु अनुसरई ॥
nija kara gṛha paricarajā karaī, rāmacaṁdra āyasu anusaraī.
जेहि बिधि कृपासिंधु सुख मानइ । सोइ कर श्री सेवा बिधि जानइ ॥
jehi bidhi kṛpāsiṁdhu sukha mānai, soi kara śrī sevā bidhi jānai.
कौसल्यादि सासु गृह माहीं । सेवइ सबन्हि मान मद नाहीं ॥
kausalyādi sāsu gṛha māhīṁ, sevai sabanhi māna mada nāhīṁ.
उमा रमा ब्रह्मादि बंदिता । जगदंबा संततमनिंदिता ॥
umā ramā brahmādi baṁditā, jagadaṁbā saṁtatamaniṁditā.

दोहा-dohā:

जासु कृपा कटाच्छु सुर चाहत चितव न सोइ ।
jāsu kṛpā kaṭācchu sura cāhata citava na soi,
राम पदारबिंद रति करति सुभावहि खोइ ॥२४॥
rāma padārabiṁda rati karati subhāvahi khoi. 24.

चौपाई-caupāī:

सेवहिं सानकूल सब भाई । रामचरन रति अति अधिकाई ॥
sevahiṁ sānakūla saba bhāī, rāmacarana rati ati adhikāī.
प्रभु मुख कमल बिलोकत रहहीं । कबहुँ कृपाल हमहि कछु कहहीं ॥
prabhu mukha kamala bilokata rahahīṁ, kabahuṁ kṛpāla hamahi kachu kahahīṁ.
राम करहिं भ्रातन्ह पर प्रीती । नाना भाँति सिखावहिं नीती ॥
rāma karahiṁ bhrātanha para prītī, nānā bhāṁti sikhāvahiṁ nītī.
हरषित रहहिं नगर के लोगा । करहिं सकल सुर दुर्लभ भोगा ॥
harașita rahahiṁ nagara ke logā, karahiṁ sakala sura durlabha bhogā.
अहनिसि बिधिहि मनावत रहहीं । श्रीरघुबीर चरन रति चहहीं ॥
ahanisi bidhihi manāvata rahahīṁ, śrīraghubīra carana rati cahahīṁ.
दुइ सुत सुन्दर सीताँ जाए । लव कुस बेद पुरानन्ह गाए ॥
dui suta sundara sītāṁ jāe, lava kusa beda purānanha gāe.
दोउ बिजई बिनई गुन मंदिर । हरि प्रतिबिंब मनहुँ अति सुंदर ॥
dou bijaī binaī guna maṁdira, hari pratibiṁba manahuṁ ati suṁdara.
दुइ दुइ सुत सब भ्रातन्ह केरे । भए रूप गुन सील घनेरे ॥
dui dui suta saba bhrātanha kere, bhae rūpa guna sīla ghanere.

दोहा-dohā:

ग्यान गिरा गोतीत अज माया मन गुन पार ।
gyāna girā gotīta aja māyā mana guna pāra,
सोइ सच्चिदानंद घन कर नर चरित उदार ॥२५॥
soi saccidānaṁda ghana kara nara carita udāra. 25.

चौपाई-caupāī:

प्रातकाल सरऊ करि मज्जन । बैठहिं सभाँ संग द्विज सज्जन ॥
prātakāla saraū kari majjana, baiṭhahiṁ sabhāṁ saṁga dvija sajjana.
बेद पुरान बसिष्ट बखानहिं । सुनहिं राम जद्यपि सब जानहिं ॥
beda purāna basiṣṭa bakhānahiṁ, sunahiṁ rāma jadyapi saba jānahiṁ.
अनुजन्ह संजुत भोजन करहीं । देखि सकल जननीं सुख भरहीं ॥
anujanha saṁjuta bhojana karahīṁ, dekhi sakala jananīṁ sukha bharahīṁ.
भरत सत्रुहन दोनउ भाई । सहित पवनसुत उपबन जाई ॥
bharata satruhana donau bhāī, sahita pavanasuta upabana jāī.
बूझहिं बैठि राम गुन गाहा । कह हनुमान सुमति अवगाहा ॥
būjhahiṁ baiṭhi rāma guna gāhā, kaha hanumāna sumati avagāhā.
सुनत बिमल गुन अति सुख पावहिं । बहुरि बहुरि करि बिनय कहावहिं ॥
sunata bimala guna ati sukha pāvahiṁ, bahuri bahuri kari binaya kahāvahiṁ.
सब कें गृह गृह होहिं पुराना । रामचरित पावन बिधि नाना ॥
saba keṁ gṛha gṛha hohiṁ purānā, rāmacarita pāvana bidhi nānā.
नर अरु नारि राम गुन गानहिं । करहिं दिवस निसि जात न जानहिं ॥
nara aru nāri rāma guna gānahiṁ, karahiṁ divasa nisi jāta na jānahiṁ.

दोहा-dohā:

अवधपुरी बासिन्ह कर सुख संपदा समाज ।
avadhapurī bāsinha kara sukha saṁpadā samāja,
सहस सेष नहिं कहि सकहिं जहँ नृप राम बिराज ॥२६॥
sahasa seṣa nahiṁ kahi sakahiṁ jahaṁ nṛpa rāma birāja. 26.

चौपाई-caupāī:

नारदादि सनकादि मुनीसा । दरसन लागि कोसलाधीसा ॥
nāradādi sanakādi munīsā, darasana lāgi kosalādhīsā.
दिन प्रति सकल अजोध्या आवहिं । देखि नगरु बिरागु बिसरावहिं ॥
dina prati sakala ajodhyā āvahiṁ, dekhi nagaru birāgu bisarāvahiṁ.
जातरूप मनि रचित अटारीं । नाना रंग रुचिर गच ढारीं ॥
jātarūpa mani racita aṭārīṁ, nānā raṁga rucira gaca ḍhārīṁ.
पुर चहुँ पास कोट अति सुंदर । रचे कँगूरा रंग रंग बर ॥
pura cahuṁ pāsa koṭa ati suṁdara, race kaṁgūrā raṁga raṁga bara.
नव ग्रह निकर अनीक बनाई । जनु घेरी अमरावति आई ॥
nava graha nikara anīka banāī, janu gherī amarāvati āī.
महि बहु रंग रचित गच काँचा । जो बिलोकि मुनिबर मन नाचा ॥
mahi bahu raṁga racita gaca kāṁcā, jo biloki munibara mana nācā.
धवल धाम ऊपर नभ चुंबत । कलस मनहुँ रबि ससि दुति निंदत ॥
dhavala dhāma ūpara nabha cuṁbata, kalasa manahuṁ rabi sasi duti niṁdata.
बहु मनि रचित झरोखा भ्राजहिं । गृह गृह प्रति मनि दीप बिराजहिं ॥
bahu mani racita jharokhā bhrājahiṁ, gṛha gṛha prati mani dīpa birājahiṁ.

छंद-chaṁda:

मनि दीप राजहिं भवन भ्राजहिं देहरीं बिद्रुम रची ।
mani dīpa rājahiṁ bhavana bhrājahiṁ deharīṁ bidruma racī,
मनि खंभ भीति बिरंचि बिरची कनक मनि मरकत खची ॥
mani khaṁbha bhīti biraṁci biracī kanaka mani marakata khacī.
सुंदर मनोहर मंदिरायत अजिर रुचिर फटिक रचे ।
suṁdara manohara maṁdirāyata ajira rucira phaṭika race,
प्रति द्वार द्वार कपाट पुरट बनाइ बहु बज्रन्हि खचे ॥
prati dvāra dvāra kapāṭa puraṭa banāi bahu bajranhi khace.

दोहा-dohā:

चारु चित्रसाला गृह गृह प्रति लिखे बनाइ ।
cāru citrasālā gṛha gṛha prati likhe banāi,
राम चरित जे निरख मुनि ते मन लेहिं चोराइ ॥२७॥
rāma carita je nirakha muni te mana lehiṁ corāi. 27.

चौपाई-caupāī:

सुमन बाटिका सबहिं लगाईं । बिबिध भाँति करि जतन बनाईं ॥
sumana bāṭikā sabahiṁ lagāīṁ, bibidha bhāṁti kari jatana banāīṁ.
लता ललित बहु जाति सुहाईं । फूलहिं सदा बंसत कि नाईं ॥
latā lalita bahu jāti suhāīṁ, phūlahiṁ sadā baṁsata ki nāīṁ.
गुंजत मधुकर मुखर मनोहर । मारुत त्रिबिधि सदा बह सुंदर ॥
guṁjata madhukara mukhara manohara, māruta tribidhi sadā baha suṁdara.
नाना खग बालकन्हि जिआए । बोलत मधुर उड़ात सुहाए ॥
nānā khaga bālakanhi jiāe, bolata madhura uṛāta suhāe.
मोर हंस सारस पारावत । भवननि पर सोभा अति पावत ॥
mora haṁsa sārasa pārāvata, bhavanani para sobhā ati pāvata.
जहँ तहँ देखहिं निज परिछाहीं । बहु बिधि कूजहिं नृत्य कराहीं ॥
jahaṁ tahaṁ dekhahiṁ nija parichāhīṁ, bahu bidhi kūjahiṁ nṛtya karāhīṁ.
सुक सारिका पढ़ावहिं बालक । कहहु राम रघुपति जनपालक ॥

suka sārikā paṛhāvahiṁ bālaka, kahahu rāma raghupati janapālaka.
राज दुआर सकल बिधि चारू । बीथीं चौहट रूचिर बजारू ॥
rāja duāra sakala bidhi cārū, bīthīṁ cauhaṭa rūcira bajārū.

छंद-chaṁda:

बाजार रुचिर न बनइ बरनत बस्तु बिनु गथ पाइए ।
bājāra rucira na banai baranata bastu binu gatha pāie,
जहँ भूप रमानिवास तहँ की संपदा किमि गाइए ॥
jahaṁ bhūpa ramānivāsa tahaṁ kī saṁpadā kimi gāie.
बैठे बजाज सराफ बनिक अनेक मनहुँ कुबेर ते ।
baiṭhe bajāja sarāpha banika aneka manahuṁ kubera te,
सब सुखी सब सच्चरित सुंदर नारि नर सिसु जरठ जे ॥
saba sukhī saba saccarita suṁdara nāri nara sisu jaraṭha je.

दोहा-dohā:

उत्तर दिसि सरजू बह निर्मल जल गंभीर ।
uttara disi sarajū baha nirmala jala gaṁbhīra,
बाँधे घाट मनोहर स्वल्प पंक नहिं तीर ॥२८॥
bāṁdhe ghāṭa manohara svalpa paṁka nahiṁ tīra. 28.

चौपाई-caupāī:

दूरि फराक रुचिर सो घाटा । जहँ जल पिअहिं बाजि गज ठाटा ॥
dūri pharāka rucira so ghāṭā, jahaṁ jala piahiṁ bāji gaja ṭhāṭā.
पनिघट परम मनोहर नाना । तहाँ न पुरुष करहिं अस्नाना ॥
panighaṭa parama manohara nānā, tahāṁ na puruṣa karahiṁ asnānā.
राजघाट सब बिधि सुंदर बर । मज्जहिं तहाँ बरन चारिउ नर ॥
rājaghāṭa saba bidhi suṁdara bara, majjahiṁ tahāṁ barana cāriu nara.
तीर तीर देवन्ह के मंदिर । चहुँ दिसि तिन्ह के उपबन सुंदर ॥
tīra tīra devanha ke maṁdira, cahuṁ disi tinha ke upabana suṁdara.
कहुँ कहुँ सरिता तीर उदासी । बसहिं ग्यान रत मुनि संन्यासी ॥
kahuṁ kahuṁ saritā tīra udāsī, basahiṁ gyāna rata muni saṁnyāsī.
तीर तीर तुलसिका सुहाई । बृंद बृंद बहु मुनिन्ह लगाई ॥
tīra tīra tulasikā suhāī, bṛṁda bṛṁda bahu muninha lagāī.
पुर सोभा कछु बरनि न जाई । बाहेर नगर परम रुचिराई ॥
pura sobhā kachu barani na jāī, bāhera nagara parama rucirāī.
देखत पुरी अखिल अघ भागा । बन उपबन बापिका तड़ागा ॥
dekhata purī akhila agha bhāgā, bana upabana bāpikā taṛāgā.

छंद-chaṁda:

बापीं तड़ाग अनूप कूप मनोहरायत सोहहीं ।
bāpīṁ taṛāga anūpa kūpa manoharāyata sohahīṁ,
सोपान सुंदर नीर निर्मल देखि सुर मुनि मोहहीं ॥
sopāna suṁdara nīra nirmala dekhi sura muni mohahīṁ.
बहु रंग कंज अनेक खग कूजहिं मधुप गुंजारहीं ।
bahu raṁga kaṁja aneka khaga kūjahiṁ madhupa guṁjārahīṁ,
आराम रम्य पिकादि खग रव जनु पथिक हंकारहीं ॥
ārāma ramya pikādi khaga rava janu pathika haṁkārahīṁ.

दोहा-dohā:

रमानाथ जहँ राजा सो पुर बरनि कि जाइ ।
ramānātha jahaṁ rājā so pura barani ki jāi,
अनिमादिक सुख संपदा रहीं अवध सब छाइ ॥२९॥
animādika sukha saṁpadā rahīṁ avadha saba chāi. 29.

चौपाई-caupāī:

जहँ तहँ नर रघुपति गुन गावहिं । बैठि परसपर इहइ सिखावहिं ॥
jahaṁ tahaṁ nara raghupati guna gāvahiṁ, baiṭhi parasapara ihai sikhāvahiṁ.
भजहु प्रनत प्रतिपालक रामहि । सोभा सील रूप गुन धामहि ॥
bhajahu pranata pratipālaka rāmahi, sobhā sīla rūpa guna dhāmahi.
जलज बिलोचन स्यामल गातहि । पलक नयन इव सेवक त्रातहि ॥
jalaja bilocana syāmala gātahi, palaka nayana iva sevaka trātahi.
धृत सर रुचिर चाप तूनीरहि । संत कंज बन रबि रनधीरहि ॥
dhṛta sara rucira cāpa tūnīrahi, saṁta kaṁja bana rabi ranadhīrahi.
काल कराल ब्याल खगराजहि । नमत राम अकाम ममता जहि ॥
kāla karāla byāla khagarājahi, namata rāma akāma mamatā jahi.
लोभ मोह मृगजूथ किरातहि । मनसिज करि हरि जन सुखदातहि ॥
lobha moha mṛgajūtha kirātahi, manasija kari hari jana sukhadātahi.
संसय सोक निबिड़ तम भानुहि । दनुज गहन घन दहन कृसानुहि ॥
saṁsaya soka nibiṛa tama bhānuhi, danuja gahana ghana dahana kṛsānuhi.
जनकसुता समेत रघुबीरहि । कस न भजहु भंजन भव भीरहि ॥
janakasutā sameta raghubīrahi, kasa na bhajahu bhaṁjana bhava bhīrahi.
बहु बासना मसक हिम रासिहि । सदा एकरस अज अबिनासिहि ॥
bahu bāsanā masaka hima rāsihi, sadā ekarasa aja abināsihi.
मुनि रंजन भंजन महि भारहि । तुलसिदास के प्रभुहि उदारहि ॥
muni raṁjana bhaṁjana mahi bhārahi, tulasidāsa ke prabhuhi udārahi.

दोहा-dohā:

एहि बिधि नगर नारि नर करहिं राम गुन गान ।
ehi bidhi nagara nāri nara karahiṁ rāma guna gāna,
सानुकूल सब पर रहहिं संतत कृपानिधान ॥३०॥
sānukūla saba para rahahiṁ saṁtata kṛpānidhāna. 30.

चौपाई-caupāī:

जब ते राम प्रताप खगेसा । उदित भयउ अति प्रबल दिनेसा ॥
jaba te rāma pratāpa khagesā, udita bhayau ati prabala dinesā.
पूरि प्रकास रहेउ तिहुँ लोका । बहुतेन्ह सुख बहुतन मन सोका ॥
pūri prakāsa raheu tihuṁ lokā, bahutenha sukha bahutana mana sokā.
जिन्हहि सोक ते कहउँ बखानी । प्रथम अबिद्या निसा नसानी ॥
jinhahi soka te kahauṁ bakhānī, prathama abidyā nisā nasānī.
अघ उलूक जहँ तहाँ लुकाने । काम क्रोध कैरव सकुचाने ॥
agha ulūka jahaṁ tahāṁ lukāne, kāma krodha kairava sakucāne.
बिबिध कर्म गुन काल सुभाऊ । ए चकोर सुख लहहिं न काऊ ॥
bibidha karma guna kāla subhāū, e cakora sukha lahahiṁ na kāū.
मत्सर मान मोह मद चोरा । इन्ह कर हुनर न कवनिहुँ ओरा ॥
matsara māna moha mada corā, inha kara hunara na kavanihuṁ orā.
धरम तड़ाग ग्यान बिग्याना । ए पंकज बिकसे बिधि नाना ॥
dharama taṛāga gyāna bigyānā, e paṁkaja bikase bidhi nānā.
सुख संतोष बिराग बिबेका । बिगत सोक ए कोक अनेका ॥
sukha saṁtoṣa birāga bibekā, bigata soka e koka anekā.

दोहा-dohā:

यह प्रताप रबि जाकें उर जब करइ प्रकास ।
yaha pratāpa rabi jākeṁ ura jaba karai prakāsa,
पछिले बाढ़हिं प्रथम जे कहे ते पावहिं नास ॥३१॥
pachile bāṛhahiṁ prathama je kahe te pāvahiṁ nāsa. 31.

चौपाई-caupāī:

भ्रातन्ह सहित रामु एक बारा । संग परम प्रिय पवनकुमारा ॥
bhrātanha sahita rāmu eka bārā, saṁga parama priya pavanakumārā.
सुंदर उपबन देखन गए । सब तरु कुसुमित पल्लव नए ॥
suṁdara upabana dekhana gae, saba taru kusumita pallava nae.
जानि समय सनकादिक आए । तेज पुंज गुन सील सुहाए ॥
jāni samaya sanakādika āe, teja puṁja guna sīla suhāe.
ब्रह्मानंद सदा लयलीना । देखत बालक बहुकालीना ॥
brahmānaṁda sadā layalīnā, dekhata bālaka bahukālīnā.

रूप धरें जनु चारिउ बेदा । समदरसी मुनि बिगत बिभेदा ॥
rūpa dhareṁ janu cāriu bedā, samadarasī muni bigata bibhedā.
आसा बसन ब्यसन यह तिन्हहीं । रघुपति चरित होइ तहँ सुनहीं ॥
āsā basana byasana yaha tinhahīṁ, raghupati carita hoi tahaṁ sunahīṁ.
तहाँ रहे सनकादि भवानी । जहँ घटसंभव मुनिबर ग्यानी ॥
tahāṁ rahe sanakādi bhavānī, jahaṁ ghaṭasaṁbhava munibara gyānī.
राम कथा मुनिबर बहु बरनी । ग्यान जोनि पावक जिमि अरनी ॥
rāma kathā munibara bahu baranī, gyāna joni pāvaka jimi aranī.

दोहा-dohā:

देखि राम मुनि आवत हरषि दंडवत कीन्ह ।
dekhi rāma muni āvata haraṣi daṁḍavata kīnha,
स्वागत पूँछि पीत पट प्रभु बैठन कहँ दीन्ह ॥ ३२ ॥
svāgata pūṁchi pīta paṭa prabhu baiṭhana kahaṁ dīnha. 32.

चौपाई-caupāī:

कीन्ह दंडवत तीनिउँ भाई । सहित पवनसुत सुख अधिकाई ॥
kīnha daṁḍavata tīniuṁ bhāī, sahita pavanasuta sukha adhikāī.
मुनि रघुपति छबि अतुल बिलोकी । भए मगन मन सके न रोकी ॥
muni raghupati chabi atula bilokī, bhae magana mana sake na rokī.
स्यामल गात सरोरुह लोचन । सुंदरता मंदिर भव मोचन ॥
syāmala gāta saroruha locana, suṁdaratā maṁdira bhava mocana.
एकटक रहे निमेष न लावहिं । प्रभु कर जोरें सीस नवावहिं ॥
ekaṭaka rahe nimeṣa na lāvahiṁ, prabhu kara joreṁ sīsa navāvahiṁ.
तिन्ह कै दसा देखि रघुबीरा । स्रवत नयन जल पुलक सरीरा ॥
tinha kai dasā dekhi raghubīrā, sravata nayana jala pulaka sarīrā.
कर गहि प्रभु मुनिबर बैठारे । परम मनोहर बचन उचारे ॥
kara gahi prabhu munibara baiṭhāre, parama manohara bacana ucāre.
आजु धन्य मैं सुनहु मुनीसा । तुम्हरें दरस जाहिं अघ खीसा ॥
āju dhanya maiṁ sunahu munīsā, tumhareṁ darasa jāhiṁ agha khīsā.
बड़े भाग पाइब सतसंगा । बिनहिं प्रयास होहिं भव भंगा ॥
baṛe bhāga pāiba satasaṁgā, binahiṁ prayāsa hohiṁ bhava bhaṁgā.

दोहा-dohā:

संत संग अपबर्ग कर कामी भव कर पंथ ।
saṁta saṁga apabarga kara kāmī bhava kara paṁtha,
कहहिं संत कबि कोबिद श्रुति पुरान सदग्रंथ ॥ ३३ ॥
kahahiṁ saṁta kabi kobida śruti purāna sadagraṁtha. 33.

चौपाई-caupāī:

सुनि प्रभु बचन हरषि मुनि चारी । पुलकित तन अस्तुति अनुसारी ॥
suni prabhu bacana haraṣi muni cārī, pulakita tana astuti anusārī.
जय भगवंत अनंत अनामय । अनघ अनेक एक करुनामय ॥
jaya bhagavaṁta anaṁta anāmaya, anagha aneka eka karunāmaya.
जय निर्गुन जय जय गुन सागर । सुख मंदिर सुंदर अति नागर ॥
jaya nirguna jaya jaya guna sāgara, sukha maṁdira suṁdara ati nāgara.
जय इंदिरा रमन जय भूधर । अनुपम अज अनादि सोभाकर ॥
jaya iṁdirā ramana jaya bhūdhara, anupama aja anādi sobhākara.
ग्यान निधान अमान मानप्रद । पावन सुजस पुरान बेद बद ॥
gyāna nidhāna amāna mānaprada, pāvana sujasa purāna beda bada.
तग्य कृतग्य अग्यता भंजन । नाम अनेक अनाम निरंजन ॥
tagya kṛtagya agyatā bhaṁjana, nāma aneka anāma niraṁjana.
सर्ब सर्बगत सर्ब उरालय । बससि सदा हम कहुँ परिपालय ॥
sarba sarbagata sarba urālaya, basasi sadā hama kahuṁ paripālaya.
द्वंद बिपति भव फंद बिभंजय । हृदि बसि राम काम मद गंजय ॥
dvaṁda bipati bhava phaṁda bibhaṁjaya, hṛdi basi rāma kāma mada gaṁjaya.

दोहा-dohā:

परमानंद कृपायतन मन परिपूरन काम ।
paramānaṁda kṛpāyatana mana paripūrana kāma,
प्रेम भगति अनपायनी देहु हमहि श्रीराम ॥ ३४ ॥
prema bhagati anapāyanī dehu hamahi śrīrāma. 34.

चौपाई-caupāī:

देहु भगति रघुपति अति पावनि । त्रिबिधि ताप भव दाप नसावनि ॥
dehu bhagati raghupati ati pāvani, tribidhi tāpa bhava dāpa nasāvani.
प्रनत काम सुरधेनु कलपतरु । होइ प्रसन्न दीजै प्रभु यह बरु ॥
pranata kāma suradhenu kalapataru, hoi prasanna dījai prabhu yaha baru.
भव बारिधि कुंभज रघुनायक । सेवत सुलभ सकल सुख दायक ॥
bhava bāridhi kuṁbhaja raghunāyaka, sevata sulabha sakala sukha dāyaka.
मन संभव दारुन दुख दारय । दीनबंधु समता बिस्तारय ॥
mana saṁbhava dāruna dukha dāraya, dīnabaṁdhu samatā bistāraya.
आस त्रास इरिषादि निवारक । बिनय बिबेक बिरति बिस्तारक ॥
āsa trāsa iriṣādi nivāraka, binaya bibeka birati bistāraka.
भूप मौलि मन मंडन धरनी । देहि भगति संसृति सरि तरनी ॥
bhūpa mauli mana maṁḍana dharanī, dehi bhagati saṁsṛti sari taranī.
मुनि मन मानस हंस निरंतर । चरन कमल बंदित अज संकर ॥
muni mana mānasa haṁsa niraṁtara, carana kamala baṁdita aja saṁkara.
रघुकुल केतु सेतु श्रुति रच्छक । काल करम सुभाउ गुन भच्छक ॥
raghukula ketu setu śruti racchaka, kāla karama subhāu guna bhacchaka.
तारन तरन हरन सब दूषन । तुलसिदास प्रभु त्रिभुवन भूषन ॥
tārana tarana harana saba dūṣana, tulasidāsa prabhu tribhuvana bhūṣana.

दोहा-dohā:

बार बार अस्तुति करि प्रेम सहित सिरु नाइ ।
bāra bāra astuti kari prema sahita siru nāi,
ब्रह्म भवन सनकादि गे अति अभीष्ट बर पाइ ॥ ३५ ॥
brahma bhavana sanakādi ge ati abhīṣṭa bara pāi. 35.

चौपाई-caupāī:

सनकादिक बिधि लोक सिधाए । भ्रातन्ह राम चरन सिरु नाए ॥
sanakādika bidhi loka sidhāe, bhrātanha rāma carana siru nāe.
पूछत प्रभुहि सकल सकुचाहीं । चितवहिं सब मारुतसुत पाहीं ॥
pūchata prabhuhi sakala sakucāhīṁ, citavahiṁ saba mārutasuta pāhīṁ.
सुनी चहहिं प्रभु मुख कै बानी । जो सुनि होइ सकल भ्रम हानी ॥
sunī cahahiṁ prabhu mukha kai bānī, jo suni hoi sakala bhrama hānī.
अंतरजामी प्रभु सभ जाना । बूझत कहहु काह हनुमाना ॥
aṁtarajāmī prabhu sabha jānā, būjhata kahahu kāha hanumānā.
जोरि पानि कह तब हनुमंता । सुनहु दीनदयाल भगवंता ॥
jori pāni kaha taba hanumaṁtā, sunahu dīnadayāla bhagavaṁtā.
नाथ भरत कछु पूँछन चहहीं । प्रस्न करत मन सकुचत अहहीं ॥
nātha bharata kachu pūṁchana cahahīṁ, prasna karata mana sakucata ahahīṁ.
तुम्ह जानहु कपि मोर सुभाऊ । भरतहि मोहि कछु अंतर काऊ ॥
tumha jānahu kapi mora subhāū, bharatahi mohi kachu aṁtara kāū.
सुनि प्रभु बचन भरत गहे चरना । सुनहु नाथ प्रनतारति हरना ॥
suni prabhu bacana bharata gahe caranā, sunahu nātha pranatārati haranā.

दोहा-dohā:

नाथ न मोहि संदेह कछु सपनेहुँ सोक न मोह ।
nātha na mohi saṁdeha kachu sapanehuṁ soka na moha,
केवल कृपा तुम्हारिहि कृपानंद संदोह ॥ ३६ ॥
kevala kṛpā tumhārihi kṛpānaṁda saṁdoha. 36.

चौपाई-caupāī:

करउँ कृपानिधि एक ढिठाई । मैं सेवक तुम्ह जन सुखदाई ॥
karaum̐ kṛpānidhi eka ḍhiṭhāī, maiṁ sevaka tumha jana sukhadāī.
संतन्ह कै महिमा रघुराई । बहु बिधि बेद पुरानन्ह गाई ॥
saṁtanha kai mahimā raghurāī, bahu bidhi beda purānanha gāī.
श्रीमुख तुम्ह पुनि कीन्हि बड़ाई । तिन्ह पर प्रभुहि प्रीति अधिकाई ॥
śrīmukha tumha puni kīnhi baṛāī, tinha para prabhuhi prīti adhikāī.
सुना चहउँ प्रभु तिन्ह कर लच्छन । कृपासिंधु गुन ग्यान बिचच्छन ॥
sunā cahaum̐ prabhu tinha kara lacchana, kṛpāsiṁdhu guna gyāna bicacchana.
संत असंत भेद बिलगाई । प्रनतपाल मोहि कहहु बुझाई ॥
saṁta asaṁta bheda bilagāī, pranatapāla mohi kahahu bujhāī.
संतन्ह के लच्छन सुनु भ्राता । अगनित श्रुति पुरान बिख्याता ॥
saṁtanha ke lacchana sunu bhrātā, aganita śruti purāna bikhyātā.
संत असंतन्हि कै असि करनी । जिमि कुठार चंदन आचरनी ॥
saṁta asaṁtanhi kai asi karanī, jimi kuṭhāra caṁdana ācaranī.
काटइ परसु मलय सुनु भाई । निज गुन देइ सुगंध बसाई ॥
kāṭai parasu malaya sunu bhāī, nija guna dei sugaṁdha basāī.

दोहा-dohā:

तातें सुर सीसन्ह चढ़त जग बल्लभ श्रीखंड ।
tāte sura sīsanha caṛhata jaga ballabha śrīkhaṁḍa,
अनल दाहि पीटत घनहिं परसु बदन यह दंड ॥ ३७॥
anala dāhi pīṭata ghanahiṁ parasu badana yaha daṁḍa. 37.

चौपाई-caupāī:

बिषय अलंपट सील गुनाकर । पर दुख दुख सुख सुख देखे पर ॥
biṣaya alaṁpaṭa sīla gunākara, para dukha dukha sukha sukha dekhe para.
सम अभूतरिपु बिमद बिरागी । लोभामरष हरष भय त्यागी ॥
sama abhūtaripu bimada birāgī, lobhāmaraṣa haraṣa bhaya tyāgī.
कोमलचित दीनन्ह पर दाया । मन बच क्रम मम भगति अमाया ॥
komalacita dīnanha para dāyā, mana baca krama mama bhagati amāyā.
सबहि मानप्रद आपु अमानी । भरत प्रान सम मम ते प्रानी ॥
sabahi mānaprada āpu amānī, bharata prāna sama mama te prānī.
बिगत काम मम नाम परायन । सांति बिरति बिनती मुदितायन ॥
bigata kāma mama nāma parāyana, sāṁti birati binatī muditāyana.
सीतलता सरलता मयत्री । द्विज पद प्रीति धर्म जनयत्री ॥
sītalatā saralatā mayatrī, dvija pada prīti dharma janayatrī.
ए सब लच्छन बसहिं जासु उर । जानेहु तात संत संतत फुर ॥
e saba lacchana basahiṁ jāsu ura, jānehu tāta saṁta saṁtata phura.
सम दम नियम नीति नहिं डोलहिं । परुष बचन कबहूँ नहिं बोलहिं ॥
sama dama niyama nīti nahiṁ ḍolahiṁ, paruṣa bacana kabahūm̐ nahiṁ bolahiṁ.

दोहा-dohā:

निंदा अस्तुति उभय सम ममता मम पद कंज ।
niṁdā astuti ubhaya sama mamatā mama pada kaṁja,
ते सज्जन मम प्रानप्रिय गुन मंदिर सुख पुंज ॥ ३८॥
te sajjana mama prānapriya guna maṁdira sukha puṁja. 38.

चौपाई-caupāī:

सुनहु असंतन्ह केर सुभाऊ । भूलेहुँ संगति करिअ न काऊ ॥
sunahu asaṁtanha kera subhāū, bhūlehum̐ saṁgati karia na kāū.
तिन्ह कर संग सदा दुखदाई । जिमि कपिलहि घालइ हरहाई ॥
tinha kara saṁga sadā dukhadāī, jimi kapilahi ghālai harahāī.
खलन्ह हृदयँ अति ताप बिसेषी । जरहिं सदा पर संपति देखी ॥
khalanha hṛdayam̐ ati tāpa biseṣī, jarahiṁ sadā para saṁpati dekhī.
जहँ कहुँ निंदा सुनहिं पराई । हरषहिं मनहुँ परी निधि पाई ॥
jaham̐ kahum̐ niṁdā sunahiṁ parāī, haraṣahiṁ manahum̐ parī nidhi pāī.
काम क्रोध मद लोभ परायन । निर्दय कपटी कुटिल मलायन ॥
kāma krodha mada lobha parāyana, nirdaya kapaṭī kuṭila malāyana.
बयरु अकारन सब काहू सों । जो कर हित अनहित ताहू सों ॥
bayaru akārana saba kāhū soṁ, jo kara hita anahita tāhū soṁ.
झूठइ लेना झूठइ देना । झूठइ भोजन झूठ चबेना ॥
jhūṭhai lenā jhūṭhai denā, jhūṭhai bhojana jhūṭha cabenā.
बोलहिं मधुर बचन जिमि मोरा । खाइ महा अति हृदय कठोरा ॥
bolahiṁ madhura bacana jimi morā, khāi mahā ati hṛdaya kaṭhorā.

दोहा-dohā:

पर द्रोही पर दार रत पर धन पर अपबाद ।
para drohī para dāra rata para dhana para apabāda,
ते नर पाँवर पापमय देह धरें मनुजाद ॥ ३९॥
te nara pām̐vara pāpamaya deha dhareṁ manujāda. 39.

चौपाई-caupāī:

लोभइ ओढ़न लोभइ डासन । सिस्नोदर पर जमपुर त्रास न ॥
lobhai oṛhana lobhai ḍāsana, sisnodara para jamapura trāsa na.
काहू की जौं सुनहिं बड़ाई । स्वास लेहिं जनु जूड़ी आई ॥
kāhū kī jauṁ sunahiṁ baṛāī, svāsa lehiṁ janu jūṛī āī.
जब काहू कै देखहिं बिपती । सुखी भए मानहुँ जग नृपती ॥
jaba kāhū kai dekhahiṁ bipatī, sukhī bhae mānahum̐ jaga nṛpatī.
स्वारथ रत परिवार बिरोधी । लंपट काम लोभ अति क्रोधी ॥
svāratha rata parivāra birodhī, laṁpaṭa kāma lobha ati krodhī.
मातु पिता गुर बिप्र न मानहिं । आपु गए अरु घालहिं आनहिं ॥
mātu pitā gura bipra na mānahiṁ, āpu gae aru ghālahiṁ ānahiṁ.
करहिं मोह बस द्रोह परावा । संत संग हरि कथा न भावा ॥
karahiṁ moha basa droha parāvā, saṁta saṁga hari kathā na bhāvā.
अवगुन सिंधु मंदमति कामी । बेद बिदूषक परधन स्वामी ॥
avaguna siṁdhu maṁdamati kāmī, beda bidūṣaka paradhana svāmī.
बिप्र द्रोह पर द्रोह बिसेषा । दंभ कपट जियँ धरें सुबेषा ॥
bipra droha para droha biseṣā, daṁbha kapaṭa jiyam̐ dhareṁ subeṣā.

दोहा-dohā:

ऐसे अधम मनुज खल कृतजुग त्रेताँ नाहिं ।
aise adhama manuja khala kṛtajuga tretām̐ nāhiṁ,
द्वापर कछुक बृंद बहु होइहहिं कलिजुग माहिं ॥ ४०॥
dvāpara kachuka bṛṁda bahu hoihahiṁ kalijuga māhiṁ. 40.

चौपाई-caupāī:

पर हित सरिस धर्म नहिं भाई । पर पीड़ा सम नहिं अधमाई ॥
para hita sarisa dharma nahiṁ bhāī, para pīṛā sama nahiṁ adhamāī.
निर्नय सकल पुरान बेद कर । कहेउँ तात जानहिं कोबिद नर ॥
nirnaya sakala purāna beda kara, kaheum̐ tāta jānahiṁ kobida nara.
नर सरीर धरि जे पर पीरा । करहिं ते सहहिं महा भव भीरा ॥
nara sarīra dhari je para pīrā, karahiṁ te sahahiṁ mahā bhava bhīrā.
करहिं मोह बस नर अघ नाना । स्वारथ रत परलोक नसाना ॥
karahiṁ moha basa nara agha nānā, svāratha rata paraloka nasānā.
कालरूप तिन्ह कहँ मैं भ्राता । सुभ अरु असुभ कर्म फल दाता ॥
kālarūpa tinha kaham̐ maiṁ bhrātā, subha aru asubha karma phala dātā.
अस बिचारि जे परम सयाने । भजहिं मोहि संसृत दुख जाने ॥
asa bicāri je parama sayāne, bhajahiṁ mohi saṁsṛta dukha jāne.
त्यागहिं कर्म सुभासुभ दायक । भजहिं मोहि सुर नर मुनि नायक ॥
tyāgahiṁ karma subhāsubha dāyaka, bhajahiṁ mohi sura nara muni nāyaka.
संत असंतन्ह के गुन भाषे । ते न परहिं भव जिन्ह लखि राखे ॥
saṁta asaṁtanha ke guna bhāṣe, te na parahiṁ bhava jinha lakhi rākhe.

दोहा-dohā:

सुनहु तात माया कृत गुन अरु दोष अनेक ।
sunahu tāta māyā kṛta guna aru doṣa aneka,
गुन यह उभय न देखिअहिं देखिअ सो अबिबेक ॥४१॥
guna yaha ubhaya na dekhiahiṁ dekhia so abibeka. 41.

चौपाई-caupāī:

श्रीमुख बचन सुनत सब भाई । हरषे प्रेम न हृदयँ समाई ॥
śrīmukha bacana sunata saba bhāī, haraṣe prema na hṛdayaṁ samāī.
करहिं बिनय अति बारहिं बारा । हनूमान हियँ हरष अपारा ॥
karahiṁ binaya ati bārahiṁ bārā, hanūmāna hiyaṁ haraṣa apārā.
पुनि रघुपति निज मंदिर गए । एहि बिधि चरित करत नित नए ॥
puni raghupati nija maṁdira gae, ehi bidhi carita karata nita nae.
बार बार नारद मुनि आवहिं । चरित पुनीत राम के गावहिं ॥
bāra bāra nārada muni āvahiṁ, carita punīta rāma ke gāvahiṁ.
नित नव चरित देखि मुनि जाहीं । ब्रह्मलोक सब कथा कहाहीं ॥
nita nava carita dekhi muni jāhīṁ, brahmaloka saba kathā kahāhīṁ.
सुनि बिरंचि अतिसय सुख मानहिं । पुनि पुनि तात करहु गुन गानहिं ॥
suni biraṁci atisaya sukha mānahiṁ, puni puni tāta karahu guna gānahiṁ.
सनकादिक नारदहि सराहहिं । जद्यपि ब्रह्म निरत मुनि आहहिं ॥
sanakādika nāradahi sarāhahiṁ, jadyapi brahma nirata muni āhahiṁ.
सुनि गुन गान समाधि बिसारी । सादर सुनहिं परम अधिकारी ॥
suni guna gāna samādhi bisārī, sādara sunahiṁ parama adhikārī.

दोहा-dohā:

जीवनमुक्त ब्रह्मपर चरित सुनहिं तजि ध्यान ।
jīvanamukta brahmapara carita sunahiṁ taji dhyāna,
जे हरि कथाँ न करहिं रति तिन्ह के हिय पाषान ॥४२॥
je hari kathāṁ na karahiṁ rati tinha ke hiya pāṣāna. 42.

चौपाई-caupāī:

एक बार रघुनाथ बोलाए । गुर द्विज पुरबासी सब आए ॥
eka bāra raghunātha bolāe, gura dvija purabāsī saba āe.
बैठे गुर मुनि अरु द्विज सज्जन । बोले बचन भगत भव भंजन ॥
baiṭhe gura muni aru dvija sajjana, bole bacana bhagata bhava bhaṁjana.
सुनहु सकल पुरजन मम बानी । कहउँ न कछु ममता उर आनी ॥
sunahu sakala purajana mama bānī, kahauṁ na kachu mamatā ura ānī.
नहिं अनीति नहिं कछु प्रभुताई । सुनहु करहु जो तुम्हहि सोहाई ॥
nahiṁ anīti nahiṁ kachu prabhutāī, sunahu karahu jo tumhahi sohāī.
सोइ सेवक प्रियतम मम सोई । मम अनुसासन मानै जोई ॥
soi sevaka priyatama mama soī, mama anusāsana mānai joī.
जौं अनीति कछु भाषौं भाई । तौ मोहि बरजहु भय बिसराई ॥
jauṁ anīti kachu bhāṣauṁ bhāī, tau mohi barajahu bhaya bisarāī.
बड़ें भाग मानुष तनु पावा । सुर दुर्लभ सब ग्रंथन्हि गावा ॥
baṛeṁ bhāga mānuṣa tanu pāvā, sura durlabha saba graṁthanhi gāvā.
साधन धाम मोच्छ कर द्वारा । पाइ न जेहिं परलोक सँवारा ॥
sādhana dhāma moccha kara dvārā, pāi na jehiṁ paraloka saṁvārā.

दोहा-dohā:

सो परत्र दुख पावइ सिर धुनि धुनि पछिताइ ।
so paratra dukha pāvai sira dhuni dhuni pachitāi,
कालहि कर्महि ईस्वरहि मिथ्या दोष लगाइ ॥४३॥
kālahi karmahi īsvarahi mithyā doṣa lagāi. 43.

चौपाई-caupāī:

एहि तन कर फल बिषय न भाई । स्वर्गउ स्वल्प अंत दुखदाई ॥
ehi tana kara phala biṣaya na bhāī, svargau svalpa aṁta dukhadāī.
नर तनु पाइ बिषयँ मन देहीं । पलटि सुधा ते सठ बिष लेहीं ॥
nara tanu pāi biṣayaṁ mana dehīṁ, palaṭi sudhā te saṭha biṣa lehīṁ.
ताहि कबहुँ भल कहइ न कोई । गुंजा ग्रहइ परस मनि खोई ॥
tāhi kabahuṁ bhala kahai na koī, guṁjā grahai parasa mani khoī.
आकर चारि लच्छ चौरासी । जोनि भ्रमत यह जिव अबिनासी ॥
ākara cāri laccha caurāsī, joni bhramata yaha jiva abināsī.
फिरत सदा माया कर प्रेरा । काल कर्म सुभाव गुन घेरा ॥
phirata sadā māyā kara prerā, kāla karma subhāva guna gherā.
कबहुँक करि करुना नर देही । देत ईस बिनु हेतु सनेही ॥
kabahuṁka kari karunā nara dehī, deta īsa binu hetu sanehī.
नर तनु भव बारिधि कहुँ बेरो । सन्मुख मरुत अनुग्रह मेरो ॥
nara tanu bhava bāridhi kahuṁ bero, sanmukha maruta anugraha mero.
करनधार सदगुर दृढ़ नावा । दुर्लभ साज सुलभ करि पावा ॥
karanadhāra sadagura dṛṛha nāvā, durlabha sāja sulabha kari pāvā.

दोहा-dohā:

जो न तरै भव सागर नर समाज अस पाइ ।
jo na tarai bhava sāgara nara samāja asa pāi,
सो कृत निंदक मंदमति आत्माहन गति जाइ ॥४४॥
so kṛta niṁdaka maṁdamati ātmāhana gati jāi. 44.

चौपाई-caupāī:

जौं परलोक इहाँ सुख चहहू । सुनि मम बचन हृदयँ दृढ़ गहहू ॥
jauṁ paraloka ihāṁ sukha cahahū, suni mama bacana hṛdayaṁ dṛṛha gahahū.
सुलभ सुखद मारग यह भाई । भगति मोरि पुरान श्रुति गाई ॥
sulabha sukhada māraga yaha bhāī, bhagati mori purāna śruti gāī.
ग्यान अगम प्रत्यूह अनेका । साधन कठिन न मन कहुँ टेका ॥
gyāna agama pratyūha anekā, sādhana kaṭhina na mana kahuṁ ṭekā.
करत कष्ट बहु पावइ कोऊ । भक्ति हीन मोहि प्रिय नहिं सोऊ ॥
karata kaṣṭa bahu pāvai koū, bhakti hīna mohi priya nahiṁ soū.
भक्ति सुतंत्र सकल सुख खानी । बिनु सतसंग न पावहिं प्रानी ॥
bhakti sutaṁtra sakala sukha khānī, binu satasaṁga na pāvahiṁ prānī.
पुन्य पुंज बिनु मिलहिं न संता । सतसंगति संसृति कर अंता ॥
punya puṁja binu milahiṁ na saṁtā, satasaṁgati saṁsṛti kara aṁtā.
पुन्य एक जग महुँ नहिं दूजा । मन क्रम बचन बिप्र पद पूजा ॥
punya eka jaga mahuṁ nahiṁ dūjā, mana krama bacana bipra pada pūjā.
सानुकूल तेहि पर मुनि देवा । जो तजि कपटु करइ द्विज सेवा ॥
sānukūla tehi para muni devā, jo taji kapaṭu karai dvija sevā.

दोहा-dohā:

औरउ एक गुपुत मत सबहि कहउँ कर जोरि ।
aurau eka guputa mata sabahi kahauṁ kara jori,
संकर भजन बिना नर भगति न पावइ मोरि ॥४५॥
saṁkara bhajana binā nara bhagati na pāvai mori. 45.

चौपाई-caupāī:

कहहु भगति पथ कवन प्रयासा । जोग न मख जप तप उपवासा ॥
kahahu bhagati patha kavana prayāsā, joga na makha japa tapa upavāsā.
सरल सुभाव न मन कुटिलाई । जथा लाभ संतोष सदाई ॥
sarala subhāva na mana kuṭilāī, jathā lābha saṁtoṣa sadāī.
मोर दास कहाइ नर आसा । करइ तौ कहहु कहा बिस्वासा ॥
mora dāsa kahāi nara āsā, karai tau kahahu kahā bisvāsā.
बहुत कहउँ का कथा बढ़ाई । एहि आचरन बस्य मैं भाई ॥
bahuta kahauṁ kā kathā baṛhāī, ehi ācarana basya maiṁ bhāī.
बैर न बिग्रह आस न त्रासा । सुखमय ताहि सदा सब आसा ॥
baira na bigraha āsa na trāsā, sukhamaya tāhi sadā saba āsā.

अनारंभ अनिकेत अमानी । अनघ अरोष दच्छ बिग्यानी ॥
anārambha aniketa amānī, anagha aroṣa daccha bigyānī.
प्रीति सदा सज्जन संसर्गा । तृन सम बिषय स्वर्ग अपबर्गा ॥
prīti sadā sajjana saṁsargā, tṛna sama biṣaya svarga apabargā.
भगति पच्छ हठ नहिं सठताई । दुष्ट तर्क सब दूरि बहाई ॥
bhagati paccha haṭha nahiṁ saṭhatāī, duṣṭa tarka saba dūri bahāī.

दोहा-dohā:

मम गुन ग्राम नाम रत गत ममता मद मोह ।
mama guna grāma nāma rata gata mamatā mada moha,
ता कर सुख सोइ जानइ परानंद संदोह ॥४६॥
tā kara sukha soi jānai parānaṁda saṁdoha. 46.

चौपाई-caupāī:

सुनत सुधासम बचन राम के । गहे सबनि पद कृपाधाम के ॥
sunata sudhāsama bacana rāma ke, gahe sabani pada kṛpādhāma ke.
जननि जनक गुर बंधु हमारे । कृपा निधान प्रान ते प्यारे ॥
janani janaka gura baṁdhu hamāre, kṛpā nidhāna prāna te pyāre.
तनु धनु धाम राम हितकारी । सब बिधि तुम्ह प्रनतारति हारी ॥
tanu dhanu dhāma rāma hitakārī, saba bidhi tumha pranatārati hārī.
असि सिख तुम्ह बिनु देइ न कोऊ । मातु पिता स्वारथ रत ओऊ ॥
asi sikha tumha binu dei na koū, mātu pitā svāratha rata oū.
हेतु रहित जग जुग उपकारी । तुम्ह तुम्हार सेवक असुरारी ॥
hetu rahita jaga juga upakārī, tumha tumhāra sevaka asurārī.
स्वारथ मीत सकल जग माहीं । सपनेहुँ प्रभु परमारथ नाहीं ॥
svāratha mīta sakala jaga māhīṁ, sapanehuṁ prabhu paramāratha nāhīṁ.
सब के बचन प्रेम रस साने । सुनि रघुनाथ हृदयँ हरषाने ॥
saba ke bacana prema rasa sāne, suni raghunātha hṛdayaṁ haraṣāne.
निज निज गृह गए आयसु पाई । बरनत प्रभु बतकही सुहाई ॥
nija nija gṛha gae āyasu pāī, baranata prabhu batakahī suhāī.

दोहा-dohā:

उमा अवधबासी नर नारि कृतारथ रूप ।
umā avadhabāsī nara nāri kṛtāratha rūpa,
ब्रह्म सच्चिदानंद घन रघुनायक जहँ भूप ॥४७॥
brahma saccidānaṁda ghana raghunāyaka jahaṁ bhūpa. 47.

चौपाई-caupāī:

एक बार बसिष्ट मुनि आए । जहाँ राम सुखधाम सुहाए ॥
eka bāra basiṣṭa muni āe, jahāṁ rāma sukhadhāma suhāe.
अति आदर रघुनायक कीन्हा । पद पखारि पादोदक लीन्हा ॥
ati ādara raghunāyaka kīnhā, pada pakhāri pādodaka līnhā.
राम सुनहु मुनि कह कर जोरी । कृपासिंधु बिनती कछु मोरी ॥
rāma sunahu muni kaha kara jorī, kṛpāsiṁdhu binatī kachu morī.
देखि देखि आचरन तुम्हारा । होत मोह मम हृदयँ अपारा ॥
dekhi dekhi ācarana tumhārā, hota moha mama hṛdayaṁ apārā.
महिमा अमिति बेद नहिं जाना । मैं केहि भाँति कहउँ भगवाना ॥
mahimā amiti beda nahiṁ jānā, maiṁ kehi bhāṁti kahauṁ bhagavānā.
उपरोहित्य कर्म अति मंदा । बेद पुरान सुमृति कर निंदा ॥
uparohitya karma ati maṁdā, beda purāna sumṛti kara niṁdā.
जब न लेउँ मैं तब बिधि मोही । कहा लाभ आगें सुत तोही ॥
jaba na leuṁ maiṁ taba bidhi mohī, kahā lābha āgeṁ suta tohī.
परमातमा ब्रह्म नर रूपा । होइहि रघुकुल भूषन भूपा ॥
paramātamā brahma nara rūpā, hoihi raghukula bhūṣana bhūpā.

दोहा-dohā:

तब मैं हृदयँ बिचारा जोग जग्य ब्रत दान ।
taba maiṁ hṛdayaṁ bicārā joga jagya brata dāna,
जा कहुँ करिअ सो पैहउँ धर्म न एहि सम आन ॥४८॥
jā kahuṁ karia so paihauṁ dharma na ehi sama āna. 48.

चौपाई-caupāī:

जप तप नियम जोग निज धर्मा । श्रुति संभव नाना सुभ कर्मा ॥
japa tapa niyama joga nija dharmā, śruti saṁbhava nānā subha karmā.
ग्यान दया दम तीरथ मज्जन । जहँ लगि धर्म कहत श्रुति सज्जन ॥
gyāna dayā dama tīratha majjana, jahaṁ lagi dharma kahata śruti sajjana.
आगम निगम पुरान अनेका । पढ़े सुने कर फल प्रभु एका ॥
āgama nigama purāna anekā, paṛhe sune kara phala prabhu ekā.
तव पद पंकज प्रीति निरंतर । सब साधन कर यह फल सुंदर ॥
tava pada paṁkaja prīti niraṁtara, saba sādhana kara yaha phala suṁdara.
छूटइ मल कि मलहि के धोएँ । घृत कि पाव कोइ बारि बिलोएँ ॥
chūṭai mala ki malahi ke dhoeṁ, ghṛta ki pāva koi bāri biloeṁ.
प्रेम भगति जल बिनु रघुराई । अभिअंतर मल कबहुँ न जाई ॥
prema bhagati jala binu raghurāī, abhiaṁtara mala kabahuṁ na jāī.
सोइ सर्बग्य तग्य सोइ पंडित । सोइ गुन गृह बिग्यान अखंडित ॥
soi sarbagya tagya soi paṁḍita, soi guna gṛha bigyāna akhaṁḍita.
दच्छ सकल लच्छन जुत सोई । जाकें पद सरोज रति होई ॥
daccha sakala lacchana juta soī, jākeṁ pada saroja rati hoī.

दोहा-dohā:

नाथ एक बर मागउँ राम कृपा करि देहु ।
nātha eka bara māgauṁ rāma kṛpā kari dehu,
जन्म जन्म प्रभु पद कमल कबहुँ घटै जनि नेहु ॥४९॥
janma janma prabhu pada kamala kabahuṁ ghaṭai jani nehu. 49.

चौपाई-caupāī:

अस कहि मुनि बसिष्ट गृह आए । कृपासिंधु के मन अति भाए ॥
asa kahi muni basiṣṭa gṛha āe, kṛpāsiṁdhu ke mana ati bhāe.
हनूमान भरतादिक भ्राता । संग लिए सेवक सुखदाता ॥
hanūmāna bharatādika bhrātā, saṁga lie sevaka sukhadātā.
पुनि कृपाल पुर बाहेर गए । गज रथ तुरग मगावत भए ॥
puni kṛpāla pura bāhera gae, gaja ratha turaga magāvata bhae.
देखि कृपा करि सकल सराहे । दिए उचित जिन्ह जिन्ह तेइ चाहे ॥
dekhi kṛpā kari sakala sarāhe, die ucita jinha jinha tei cāhe.
हरन सकल श्रम प्रभु श्रम पाई । गए जहाँ सीतल अवँराई ॥
harana sakala śrama prabhu śrama pāī, gae jahāṁ sītala avaṁrāī.
भरत दीन्ह निज बसन डसाई । बैठे प्रभु सेवहिं सब भाई ॥
bharata dīnha nija basana ḍasāī, baiṭhe prabhu sevahiṁ saba bhāī.
मारुतसुत तब मारूत करई । पुलक बपुष लोचन जल भरई ॥
mārutasuta taba mārūta karaī, pulaka bapuṣa locana jala bharaī.
हनूमान सम नहिं बड़भागी । नहिं कोउ राम चरन अनुरागी ॥
hanūmāna sama nahiṁ baṛabhāgī, nahiṁ kou rāma carana anurāgī.
गिरिजा जासु प्रीति सेवकाई । बार बार प्रभु निज मुख गाई ॥
girijā jāsu prīti sevakāī, bāra bāra prabhu nija mukha gāī.

दोहा-dohā:

तेहिं अवसर मुनि नारद आए करतल बीन ।
tehiṁ avasara muni nārada āe karatala bīna,
गावन लगे राम कल कीरति सदा नबीन ॥५०॥
gāvana lage rāma kala kīrati sadā nabīna. 50.

चौपाई-*caupāī:*

मामवलोकय पंकज लोचन । कृपा बिलोकनि सोच बिमोचन ॥
māmavalokaya paṁkaja locana, kṛpā bilokani soca bimocana.
नील तामरस स्याम काम अरि । हृदय कंज मकरंद मधुप हरि ॥
nīla tāmarasa syāma kāma ari, hṛdaya kaṁja makaraṁda madhupa hari.
जातुधान बरूथ बल भंजन । मुनि सज्जन रंजन अघ गंजन ॥
jātudhāna barūtha bala bhaṁjana, muni sajjana raṁjana agha gaṁjana.
भूसुर ससि नव बृंद बलाहक । असरन सरन दीन जन गाहक ॥
bhūsura sasi nava bṛṁda balāhaka, asarana sarana dīna jana gāhaka.
भुज बल बिपुल भार महि खंडित । खर दूषन बिराध बध पंडित ॥
bhuja bala bipula bhāra mahi khaṁḍita, khara dūṣana birādha badha paṁḍita.
रावनारि सुखरूप भूपबर । जय दसरथ कुल कुमुद सुधाकर ॥
rāvanāri sukharūpa bhūpabara, jaya dasaratha kula kumuda sudhākara.
सुजस पुरान बिदित निगमागम । गावत सुर मुनि संत समागम ॥
sujasa purāna bidita nigamāgama, gāvata sura muni saṁta samāgama.
कारुनीक ब्यलीक मद खंडन । सब बिधि कुसल कोसला मंडन ॥
kārunīka byalīka mada khaṁḍana, saba bidhi kusala kosalā maṁḍana.
कलि मल मथन नाम ममताहन । तुलसिदास प्रभु पाहि प्रनत जन ॥
kali mala mathana nāma mamatāhana, tulasidāsa prabhu pāhi pranata jana.

दोहा-*dohā:*

प्रेम सहित मुनि नारद बरनि राम गुन ग्राम ।
prema sahita muni nārada barani rāma guna grāma,
सोभासिंधु हृदयँ धरि गए जहाँ बिधि धाम ॥५१॥
sobhāsiṁdhu hṛdayaṁ dhari gae jahāṁ bidhi dhāma. 51.

चौपाई-*caupāī:*

गिरिजा सुनहु बिसद यह कथा । मैं सब कही मोरि मति जथा ॥
girijā sunahu bisada yaha kathā, maiṁ saba kahī mori mati jathā.
राम चरित सत कोटि अपारा । श्रुति सारदा न बरनै पारा ॥
rāma carita sata koṭi apārā, śruti sāradā na baranai pārā.
राम अनंत अनंत गुनानी । जन्म कर्म अनंत नामानी ॥
rāma anaṁta anaṁta gunānī, janma karma anaṁta nāmānī.
जल सीकर महि रज गनि जाहीं । रघुपति चरित न बरनि सिराहीं ॥
jala sīkara mahi raja gani jāhīṁ, raghupati carita na barani sirāhīṁ.
बिमल कथा हरि पद दायनी । भगति होइ सुनि अनपायनी ॥
bimala kathā hari pada dāyanī, bhagati hoi suni anapāyanī.
उमा कहिउँ सब कथा सुहाई । जो भुसुंडि खगपतिहि सुनाई ॥
umā kahiuṁ saba kathā suhāī, jo bhusuṁḍi khagapatihi sunāī.
कछुक राम गुन कहेउँ बखानी । अब का कहौं सो कहहु भवानी ॥
kachuka rāma guna kaheuṁ bakhānī, aba kā kahauṁ so kahahu bhavānī.
सुनि सुभ कथा उमा हरषानी । बोली अति बिनीत मृदु बानी ॥
suni subha kathā umā haraṣānī, bolī ati binīta mṛdu bānī.
धन्य धन्य मैं धन्य पुरारी । सुनेउँ राम गुन भव भय हारी ॥
dhanya dhanya maiṁ dhanya purārī, suneuṁ rāma guna bhava bhaya hārī.

दोहा-*dohā:*

तुम्हरी कृपाँ कृपायतन अब कृतकृत्य न मोह ।
tumharī kṛpāṁ kṛpāyatana aba kṛtakṛtya na moha,
जानेउँ राम प्रताप प्रभु चिदानंद संदोह ॥५२क॥
jāneuṁ rāma pratāpa prabhu cidānaṁda saṁdoha. 52(ka).

नाथ तवानन ससि स्रवत कथा सुधा रघुबीर ।
nātha tavānana sasi sravata kathā sudhā raghubīra,
श्रवन पुटन्हि मन पान करि नहिं अघात मतिधीर ॥५२ख॥
śravana puṭanhi mana pāna kari nahiṁ aghāta matidhīra. 52(kha).

चौपाई-*caupāī:*

राम चरित जे सुनत अघाहीं । रस बिसेष जाना तिन्ह नाहीं ॥
rāma carita je sunata aghāhīṁ, rasa biseṣa jānā tinha nāhīṁ.
जीवनमुक्त महामुनि जेऊ । हरि गुन सुनहिं निरंतर तेऊ ॥
jīvanamukta mahāmuni jeū, hari guna sunahiṁ niraṁtara teū.
भव सागर चह पार जो पावा । राम कथा ता कहँ दृढ़ नावा ॥
bhava sāgara caha pāra jo pāvā, rāma kathā tā kahaṁ dṛṛha nāvā.
बिषइन्ह कहँ पुनि हरि गुन ग्रामा । श्रवन सुखद अरु मन अभिरामा ॥
biṣainha kahaṁ puni hari guna grāmā, śravana sukhada aru mana abhirāmā.
श्रवनवंत अस को जग माहीं । जाहि न रघुपति चरित सोहाहीं ॥
śravanavaṁta asa ko jaga māhīṁ, jāhi na raghupati carita sohāhīṁ.
ते जड़ जीव निजात्मक घाती । जिन्हहि न रघुपति कथा सोहाती ॥
te jaṛa jīva nijātmaka ghātī, jinhahi na raghupati kathā sohātī.
हरिचरित्र मानस तुम्ह गावा । सुनि मैं नाथ अमिति सुख पावा ॥
haricaritra mānasa tumha gāvā, suni maiṁ nātha amiti sukha pāvā.
तुम्ह जो कही यह कथा सुहाई । कागभसुंडि गरुड़ प्रति गाई ॥
tumha jo kahī yaha kathā suhāī, kāgabhasuṁḍi garuṛa prati gāī.

दोहा-*dohā:*

बिरति ग्यान बिग्यान दृढ़ राम चरन अति नेह ।
birati gyāna bigyāna dṛṛha rāma carana ati neha,
बायस तन रघुपति भगति मोहि परम संदेह ॥५३॥
bāyasa tana raghupati bhagati mohi parama saṁdeha. 53.

चौपाई-*caupāī:*

नर सहस्र महँ सुनहु पुरारी । कोउ एक होइ धर्म ब्रतधारी ॥
nara sahasra mahaṁ sunahu purārī, kou eka hoi dharma bratadhārī.
धर्मसील कोटिक महँ कोई । बिषय बिमुख बिराग रत होई ॥
dharmasīla koṭika mahaṁ koī, biṣaya bimukha birāga rata hoī.
कोटि बिरक्त मध्य श्रुति कहई । सम्यक ग्यान सकृत कोउ लहई ॥
koṭi birakta madhya śruti kahaī, samyaka gyāna sakṛta kou lahaī.
ग्यानवंत कोटिक महँ कोऊ । जीवनमुक्त सकृत जग सोऊ ॥
gyānavaṁta koṭika mahaṁ koū, jīvanamukta sakṛta jaga soū.
तिन्ह सहस्र महुँ सब सुख खानी । दुर्लभ ब्रह्म लीन बिग्यानी ॥
tinha sahasra mahuṁ saba sukha khānī, durlabha brahma līna bigyānī.
धर्मसील बिरक्त अरु ग्यानी । जीवनमुक्त ब्रह्मपर प्रानी ॥
dharmasīla birakta aru gyānī, jīvanamukta brahmapara prānī.
सब ते सो दुर्लभ सुरराया । राम भगति रत गत मद माया ॥
saba te so durlabha surarāyā, rāma bhagati rata gata mada māyā.
सो हरिभगति काग किमि पाई । बिस्वनाथ मोहि कहहु बुझाई ॥
so haribhagati kāga kimi pāī, bisvanātha mohi kahahu bujhāī.

दोहा-*dohā:*

राम परायन ग्यान रत गुनागार मति धीर ।
rāma parāyana gyāna rata gunāgāra mati dhīra,
नाथ कहहु केहि कारन पायउ काक सरीर ॥५४॥
nātha kahahu kehi kārana pāyau kāka sarīra. 54.

चौपाई-*caupāī:*

यह प्रभु चरित पवित्र सुहावा । कहहु कृपाल काग कहँ पावा ॥
yaha prabhu carita pavitra suhāvā, kahahu kṛpāla kāga kahaṁ pāvā.
तुम्ह केहि भाँति सुना मदनारी । कहहु मोहि अति कौतुक भारी ॥

tumha kehi bhāṁti sunā madanārī, kahahu mohi ati kautuka bhārī.
गरुड़ महाग्यानी गुन रासी । हरि सेवक अति निकट निवासी ॥
garuṛa mahāgyānī guna rāsī, hari sevaka ati nikaṭa nivāsī.
तेहिं केहि हेतु काग सन जाई । सुनी कथा मुनि निकर बिहाई ॥
tehiṁ kehi hetu kāga sana jāī, sunī kathā muni nikara bihāī.
कहहु कवन बिधि भा संबादा । दोउ हरिभगत काग उरगादा ॥
kahahu kavana bidhi bhā saṁbādā, dou haribhagata kāga uragādā.
गौरि गिरा सुनि सरल सुहाई । बोले सिव सादर सुख पाई ॥
gauri girā suni sarala suhāī, bole siva sādara sukha pāī.
धन्य सती पावन मति तोरी । रघुपति चरन प्रीति नहिं थोरी ॥
dhanya satī pāvana mati torī, raghupati carana prīti nahiṁ thorī.
सुनहु परम पुनीत इतिहासा । जो सुनि सकल लोक भ्रम नासा ॥
sunahu parama punīta itihāsā, jo suni sakala loka bhrama nāsā.
उपजइ राम चरन बिस्वासा । भव निधि तर नर बिनहिं प्रयासा ॥
upajai rāma carana bisvāsā, bhava nidhi tara nara binahiṁ prayāsā.

दोहा-dohā:

ऐसिअ प्रस्न बिहंगपति कीन्हि काग सन जाइ ।
aisia prasna bihaṁgapati kīnhi kāga sana jāi,
सो सब सादर कहिहउँ सुनहु उमा मन लाइ ॥५५॥
so saba sādara kahihauṁ sunahu umā mana lāi. 55.

चौपाई-caupāī:

मैं जिमि कथा सुनी भव मोचनि । सो प्रसंग सुनु सुमुखि सुलोचनि ॥
maiṁ jimi kathā sunī bhava mocani, so prasaṁga sunu sumukhi sulocani.
प्रथम दच्छ गृह तव अवतारा । सती नाम तब रहा तुम्हारा ॥
prathama daccha gṛha tava avatārā, satī nāma taba rahā tumhārā.
दच्छ जग्य तव भा अपमाना । तुम्ह अति क्रोध तजे तब प्राना ॥
daccha jagya tava bhā apamānā, tumha ati krodha taje taba prānā.
मम अनुचरन्ह कीन्ह मख भंगा । जानहु तुम्ह सो सकल प्रसंगा ॥
mama anucaranha kīnha makha bhaṁgā, jānahu tumha so sakala prasaṁgā.
तब अति सोच भयउ मन मोरें । दुखी भयउँ बियोग प्रिय तोरें ॥
taba ati soca bhayau mana moreṁ, dukhī bhayauṁ biyoga priya toreṁ.
सुंदर बन गिरि सरित तड़ागा । कौतुक देखत फिरउँ बेरागा ॥
suṁdara bana giri sarita taṛāgā, kautuka dekhata phirauṁ berāgā.
गिरि सुमेर उत्तर दिसि दूरी । नील सैल एक सुन्दर भूरी ॥
giri sumera uttara disi dūrī, nīla saila eka sundara bhūrī.
तासु कनकमय सिखर सुहाए । चारि चारु मोरे मन भाए ॥
tāsu kanakamaya sikhara suhāe, cāri cāru more mana bhāe.
तिन्ह पर एक एक बिटप बिसाला । बट पीपर पाकरी रसाला ॥
tinha para eka eka biṭapa bisālā, baṭa pīpara pākarī rasālā.
सैलोपरि सर सुंदर सोहा । मनि सोपान देखि मन मोहा ॥
sailopari sara suṁdara sohā, mani sopāna dekhi mana mohā.

दोहा-dohā:

सीतल अमल मधुर जल जलज बिपुल बहुरंग ।
sītala amala madhura jala jalaja bipula bahuraṁga,
कूजत कल रव हंस गन गुंजत मंजुल भृंग ॥५६॥
kūjata kala rava haṁsa gana guṁjata maṁjula bhṛṁga. 56.

चौपाई-caupāī:

तेहिं गिरि रुचिर बसइ खग सोई । तासु नास कल्पांत न होई ॥
tehiṁ giri rucira basai khaga soī, tāsu nāsa kalpāṁta na hoī.
माया कृत गुन दोष अनेका । मोह मनोज आदि अबिबेका ॥
māyā kṛta guna doṣa anekā, moha manoja ādi abibekā.
रहे ब्यापि समस्त जग माहीं । तेहि गिरि निकट कबहुँ नहिं जाहीं ॥
rahe byāpi samasta jaga māhīṁ, tehi giri nikaṭa kabahuṁ nahiṁ jāhīṁ.
तहँ बसि हरिहि भजइ जिमि कागा । सो सुनु उमा सहित अनुरागा ॥
tahaṁ basi harihi bhajai jimi kāgā, so sunu umā sahita anurāgā.
पीपर तरु तर ध्यान सो धरई । जाप जग्य पाकरि तर करई ॥
pīpara taru tara dhyāna so dharaī, jāpa jagya pākari tara karaī.
आँब छाहँ कर मानस पूजा । तजि हरि भजनु काजु नहिं दूजा ॥
āṁba chāhaṁ kara mānasa pūjā, taji hari bhajanu kāju nahiṁ dūjā.
बर तर कह हरि कथा प्रसंगा । आवहिं सुनहिं अनेक बिहंगा ॥
bara tara kaha hari kathā prasaṁgā, āvahiṁ sunahiṁ aneka bihaṁgā.
राम चरित बिचित्र बिधि नाना । प्रेम सहित कर सादर गाना ॥
rāma carita bicitra bidhi nānā, prema sahita kara sādara gānā.
सुनहिं सकल मति बिमल मराला । बसहिं निरंतर जे तेहिं ताला ॥
sunahiṁ sakala mati bimala marālā, basahiṁ niraṁtara je tehiṁ tālā.
जब मैं जाइ सो कौतुक देखा । उर उपजा आनंद बिसेषा ॥
jaba maiṁ jāi so kautuka dekhā, ura upajā ānaṁda biseṣā.

दोहा-dohā:

तब कछु काल मराल तनु धरि तहँ कीन्ह निवास ।
taba kachu kāla marāla tanu dhari tahaṁ kīnha nivāsa,
सादर सुनि रघुपति गुन पुनि आयउँ कैलास ॥५७॥
sādara suni raghupati guna puni āyauṁ kailāsa. 57.

चौपाई-caupāī:

गिरिजा कहेउँ सो सब इतिहासा । मैं जेहि समय गयउँ खग पासा ॥
girijā kaheuṁ so saba itihāsā, maiṁ jehi samaya gayauṁ khaga pāsā.
अब सो कथा सुनहु जेही हेतू । गयउ काग पहिं खग कुल केतू ॥
aba so kathā sunahu jehī hetū, gayau kāga pahiṁ khaga kula ketū.
जब रघुनाथ कीन्हि रन क्रीड़ा । समुझत चरित होति मोहि ब्रीड़ा ॥
jaba raghunātha kīnhi rana krīṛā, samujhata carita hoti mohi brīṛā.
इंद्रजीत कर आपु बँधायो । तब नारद मुनि गरुड़ पठायो ॥
iṁdrajīta kara āpu baṁdhāyo, taba nārada muni garuṛa paṭhāyo.
बंधन काटि गयो उरगादा । उपजा हृदयँ प्रचंड बिषादा ॥
baṁdhana kāṭi gayo uragādā, upajā hṛdayaṁ pracaṁḍa biṣādā.
प्रभु बंधन समुझत बहु भाँती । करत बिचार उरग आराती ॥
prabhu baṁdhana samujhata bahu bhāṁtī, karata bicāra uraga ārātī.
ब्यापक ब्रह्म बिरज बागीसा । माया मोह पार परमीसा ॥
byāpaka brahma biraja bāgīsā, māyā moha pāra paramīsā.
सो अवतार सुनेउँ जग माहीं । देखेउँ सो प्रभाव कछु नाहीं ॥
so avatāra suneuṁ jaga māhīṁ, dekheuṁ so prabhāva kachu nāhīṁ.

दोहा-dohā:

भव बंधन ते छूटहिं नर जपि जा कर नाम ।
bhava baṁdhana te chūṭahiṁ nara japi jā kara nāma,
खर्ब निसाचर बाँधेउ नागपास सोइ राम ॥५८॥
kharba nisācara bāṁdheu nāgapāsa soi rāma. 58.

चौपाई-caupāī:

नाना भाँति मनहि समुझावा । प्रगट न ग्यान हृदयँ भ्रम छावा ॥
nānā bhāṁti manahi samujhāvā, pragaṭa na gyāna hṛdayaṁ bhrama chāvā.
खेद खिन्न मन तर्क बढ़ाई । भयउ मोहबस तुम्हरिहिं नाई ॥
kheda khinna mana tarka baṛhāī, bhayau mohabasa tumharihiṁ nāī.
ब्याकुल गयउ देवरिषि पाहीं । कहेसि जो संसय निज मन माहीं ॥
byākula gayau devariṣi pāhīṁ, kahesi jo saṁsaya nija mana māhīṁ.
सुनि नारदहि लागि अति दाया । सुनु खग प्रबल राम कै माया ॥
suni nāradahi lāgi ati dāyā, sunu khaga prabala rāma kai māyā.
जो ग्यानिन्ह कर चित अपहरई । बरिआईं बिमोह मन करई ॥
jo gyāninha kara cita apaharaī, bariāīṁ bimoha mana karaī.

जेहिं बहु बार नचावा मोही । सोइ ब्यापी बिहंगपति तोही ॥
jehiṁ bahu bāra nacāvā mohī, soi byāpī bihaṁgapati tohī.
महामोह उपजा उर तोरें । मिटिहि न बेगि कहें खग मोरें ॥
mahāmoha upajā ura toreṁ, miṭihi na begi kaheṁ khaga moreṁ.
चतुरानन पहिं जाहु खगेसा । सोइ करेहु जेहि होइ निदेसा ॥
caturānana pahiṁ jāhu khagesā, soi karehu jehi hoi nidesā.

दोहा-dohā:

असं कहि चले देवरिषि करत राम गुन गान ।
asa kahi cale devariṣi karata rāma guna gāna,
हरि माया बल बरनत पुनि पुनि परम सुजान ॥५९॥
hari māyā bala baranata puni puni parama sujāna. 59.

चौपाई-caupāī:

तब खगपति बिरंचि पहिं गयऊ । निज संदेह सुनावत भयऊ ॥
taba khagapati biraṁci pahiṁ gayaū, nija saṁdeha sunāvata bhayaū.
सुनि बिरंचि रामहि सिरु नावा । समुझि प्रताप प्रेम अति छावा ॥
suni biraṁci rāmahi siru nāvā, samujhi pratāpa prema ati chāvā.
मन महुँ करइ बिचार बिधाता । माया बस कबि कोबिद ग्याता ॥
mana mahuṁ karai bicāra bidhātā, māyā basa kabi kobida gyātā.
हरि माया कर अमिति प्रभावा । बिपुल बार जेहिं मोहि नचावा ॥
hari māyā kara amiti prabhāvā, bipula bāra jehiṁ mohi nacāvā.
अग जगमय जग मम उपराजा । नहिं आचरज मोह खगराजा ॥
aga jagamaya jaga mama uparājā, nahiṁ ācaraja moha khagarājā.
तब बोले बिधि गिरा सुहाई । जान महेस राम प्रभुताई ॥
taba bole bidhi girā suhāī, jāna mahesa rāma prabhutāī.
बैनतेय संकर पहिं जाहू । तात अनत पूछहु जनि काहू ॥
bainateya saṁkara pahiṁ jāhū, tāta anata pūchahu jani kāhū.
तहँ होइहि तव संसय हानी । चलेउ बिहंग सुनत बिधि बानी ॥
tahaṁ hoihi tava saṁsaya hānī, caleu bihaṁga sunata bidhi bānī.

दोहा-dohā:

परमातुर बिहंगपति आयउ तब मो पास ।
paramātura bihaṁgapati āyau taba mo pāsa,
जात रहेउँ कुबेर गृह रहिहु उमा कैलास ॥६०॥
jāta raheuṁ kubera gṛha rahihu umā kailāsa. 60.

चौपाई-caupāī:

तेहिं मम पद सादर सिरु नावा । पुनि आपन संदेह सुनावा ॥
tehiṁ mama pada sādara siru nāvā, puni āpana saṁdeha sunāvā.
सुनि ता करि बिनती मृदु बानी । प्रेम सहित मैं कहेउँ भवानी ॥
suni tā kari binatī mṛdu bānī, prema sahita maiṁ kaheuṁ bhavānī.
मिलेहु गरुड़ मारग महँ मोही । कवन भाँति समुझावौं तोही ॥
milehu garuṛa māraga mahaṁ mohī, kavana bhāṁti samujhāvauṁ tohī.
तबहिं होइ सब संसय भंगा । जब बहु काल करिअ सतसंगा ॥
tabahiṁ hoi saba saṁsaya bhaṁgā, jaba bahu kāla karia satasaṁgā.
सुनिअ तहाँ हरि कथा सुहाई । नाना भाँति मुनिन्ह जो गाई ॥
sunia tahāṁ hari kathā suhāī, nānā bhāṁti muninha jo gāī.
जेहि महुँ आदि मध्य अवसाना । प्रभु प्रतिपाद्य राम भगवाना ॥
jehi mahuṁ ādi madhya avasānā, prabhu pratipādya rāma bhagavānā.
नित हरि कथा होत जहँ भाई । पठवउँ तहाँ सुनहु तुम्ह जाई ॥
nita hari kathā hota jahaṁ bhāī, paṭhavauṁ tahāṁ sunahu tumha jāī.
जाइहि सुनत सकल संदेहा । राम चरन होइहि अति नेहा ॥
jāihi sunata sakala saṁdehā, rāma carana hoihi ati nehā.

दोहा-dohā:

बिनु सतसंग न हरि कथा तेहि बिनु मोह न भाग ।
binu satasaṁga na hari kathā tehi binu moha na bhāga,
मोह गएँ बिनु राम पद होइ न दृढ़ अनुराग ॥६१॥
moha gaeṁ binu rāma pada hoi na dṛṛha anurāga. 61.

चौपाई-caupāī:

मिलहिं न रघुपति बिनु अनुरागा । किएँ जोग तप ग्यान बिरागा ॥
milahiṁ na raghupati binu anurāgā, kieṁ joga tapa gyāna birāgā.
उत्तर दिसि सुंदर गिरि नीला । तहँ रह काकभुसुंडि सुसीला ॥
uttara disi suṁdara giri nīlā, tahaṁ raha kākabhusuṁḍi susīlā.
राम भगति पथ परम प्रबीना । ग्यानी गुन गृह बहु कालीना ॥
rāma bhagati patha parama prabīnā, gyānī guna gṛha bahu kālīnā.
राम कथा सो कहइ निरंतर । सादर सुनहिं बिबिध बिहंगबर ॥
rāma kathā so kahai niraṁtara, sādara sunahiṁ bibidha bihaṁgabara.
जाइ सुनहु तहँ हरि गुन भूरी । होइहि मोह जनित दुख दूरी ॥
jāi sunahu tahaṁ hari guna bhūrī, hoihi moha janita dukha dūrī.
मैं जब तेहि सब कहा बुझाई । चलेउ हरषि मम पद सिरु नाई ॥
maiṁ jaba tehi saba kahā bujhāī, caleu harasi mama pada siru nāī.
ताते उमा न मैं समुझावा । रघुपति कृपाँ मरमु मैं पावा ॥
tāte umā na maiṁ samujhāvā, raghupati kṛpāṁ maramu maiṁ pāvā.
होइहि कीन्ह कबहुँ अभिमाना । सो खोवै चह कृपानिधाना ॥
hoihi kīnha kabahuṁ abhimānā, so khovai caha kṛpānidhānā.
कछु तेहि ते पुनि मैं नहिं राखा । समुझइ खग खगही कै भाषा ॥
kachu tehi te puni maiṁ nahiṁ rākhā, samujhai khaga khagahī kai bhāṣā.
प्रभु माया बलवंत भवानी । जाहि न मोह कवन अस ग्यानी ॥
prabhu māyā balavaṁta bhavānī, jāhi na moha kavana asa gyānī.

दोहा-dohā:

ग्यानी भगत सिरोमनि त्रिभुवनपति कर जान ।
gyānī bhagata siromani tribhuvanapati kara jāna,
ताहि मोह माया नर पावँर करहिं गुमान ॥६२क॥
tāhi moha māyā nara pāvaṁra karahiṁ gumāna. 62(ka).

मासपारायण अट्ठाईसवाँ विश्राम
māsapārāyaṇa aṭṭhāīsavāṁ viśrāma
(Pause 28 for a Thirty-Day Recitation)

सिव बिरंचि कहुँ मोहइ को है बपुरा आन ।
siva biraṁci kahuṁ mohai ko hai bapurā āna,
अस जियँ जानि भजहिं मुनि माया पति भगवान ॥६२ख॥
asa jiyaṁ jāni bhajahiṁ muni māyā pati bhagavāna. 62(kha).

चौपाई-caupāī:

गयउ गरुड़ जहँ बसइ भुसुंडा । मति अकुंठ हरि भगति अखंडा ॥
gayau garuṛa jahaṁ basai bhusuṁḍā, mati akuṁṭha hari bhagati akhaṁḍā.
देखि सैल प्रसन्न मन भयऊ । माया मोह सोच सब गयऊ ॥
dekhi saila prasanna mana bhayaū, māyā moha soca saba gayaū.
करि तड़ाग मज्जन जलपाना । बट तर गयउ हृदयँ हरषाना ॥
kari taṛāga majjana jalapānā, baṭa tara gayau hṛdayaṁ haraṣānā.
बृद्ध बृद्ध बिहंग तहँ आए । सुनै राम के चरित सुहाए ॥
bṛddha bṛddha bihaṁga tahaṁ āe, sunai rāma ke carita suhāe.
कथा अरंभ करै सोइ चाहा । तेही समय गयउ खगनाहा ॥
kathā araṁbha karai soi cāhā, tehī samaya gayau khaganāhā.
आवत देखि सकल खगराजा । हरषेउ बायस सहित समाजा ॥
āvata dekhi sakala khagarājā, haraṣeu bāyasa sahita samājā.
अति आदर खगपति कर कीन्हा । स्वागत पूछि सुआसन दीन्हा ॥
ati ādara khagapati kara kīnhā, svāgata pūchi suāsana dīnhā.

करि पूजा समेत अनुरागा । मधुर बचन तब बोलेउ कागा ॥
kari pūjā sameta anurāgā, madhura bacana taba boleu kāgā.

दोहा-dohā:

नाथ कृतारथ भयउँ मैं तव दरसन खगराज ।
nātha kṛtāratha bhayauṁ maiṁ tava darasana khagarāja,
आयसु देहु सो करौं अब प्रभु आयहु केहि काज ॥६३क॥
āyasu dehu so karauṁ aba prabhu āyahu kehi kāja. 63(ka).

सदा कृतारथ रूप तुम्ह कह मृदु बचन खगेस ।
sadā kṛtāratha rūpa tumha kaha mṛdu bacana khagesa,
जेहि कै अस्तुति सादर निज मुख कीन्हि महेस ॥६३ख॥
jehi kai astuti sādara nija mukha kīnhi mahesa. 63(kha).

चौपाई-caupāī:

सुनहु तात जेहि कारन आयउँ । सो सब भयउ दरस तव पायउँ ॥
sunahu tāta jehi kārana āyauṁ, so saba bhayau darasa tava pāyauṁ.
देखि परम पावन तव आश्रम । गयउ मोह संसय नाना भ्रम ॥
dekhi parama pāvana tava āśrama, gayau moha saṁsaya nānā bhrama.
अब श्रीराम कथा अति पावनि । सदा सुखद दुख पुंज नसावनि ॥
aba śrīrāma kathā ati pāvani, sadā sukhada dukha puṁja nasāvani.
सादर तात सुनावहु मोही । बार बार बिनवउँ प्रभु तोही ॥
sādara tāta sunāvahu mohī, bāra bāra binavauṁ prabhu tohī.
सुनत गरुड़ कै गिरा बिनीता । सरल सुप्रेम सुखद सुपुनीता ॥
sunata garuṛa kai girā binītā, sarala suprema sukhada supunītā.
भयउ तासु मन परम उछाहा । लाग कहै रघुपति गुन गाहा ॥
bhayau tāsu mana parama uchāhā, lāga kahai raghupati guna gāhā.
प्रथमहिं अति अनुराग भवानी । रामचरित सर कहेसि बखानी ॥
prathamahiṁ ati anurāga bhavānī, rāmacarita sara kahesi bakhānī.
पुनि नारद कर मोह अपारा । कहेसि बहुरि रावन अवतारा ॥
puni nārada kara moha apārā, kahesi bahuri rāvana avatārā.
प्रभु अवतार कथा पुनि गाई । तब सिसु चरित कहेसि मन लाई ॥
prabhu avatāra kathā puni gāī, taba sisu carita kahesi mana lāī.

दोहा-dohā:

बालचरित कहि बिबिधि बिधि मन महँ परम उछाह ।
bālacarita kahi bibidhi bidhi mana mahaṁ parama uchāha,
रिषि आगवन कहेसि पुनि श्रीरघुबीर बिबाह ॥६४॥
riṣi āgavana kahesi puni śrīraghubīra bibāha. 64.

चौपाई-caupāī:

बहुरि राम अभिषेक प्रसंगा । पुनि नृप बचन राज रस भंगा ॥
bahuri rāma abhiṣeka prasaṁgā, puni nṛpa bacana rāja rasa bhaṁgā.
पुरबासिन्ह कर बिरह बिषादा । कहेसि राम लछिमन संबादा ॥
purabāsinha kara biraha biṣādā, kahesi rāma lachimana saṁbādā.
बिपिन गवन केवट अनुरागा । सुरसरि उतरि निवास प्रयागा ॥
bipina gavana kevaṭa anurāgā, surasari utari nivāsa prayāgā.
बालमीक प्रभु मिलन बखाना । चित्रकूट जिमि बसे भगवाना ॥
bālamīka prabhu milana bakhānā, citrakūṭa jimi base bhagavānā.
सचिवागवन नगर नृप मरना । भरतागवन प्रेम बहु बरना ॥
sacivāgavana nagara nṛpa maranā, bharatāgavana prema bahu baranā.
करि नृप क्रिया संग पुरबासी । भरत गए जहँ प्रभु सुख रासी ॥
kari nṛpa kriyā saṁga purabāsī, bharata gae jahaṁ prabhu sukha rāsī.
पुनि रघुपति बहुबिधि समुझाए । लै पादुका अवधपुर आए ॥
puni raghupati bahubidhi samujhāe, lai pādukā avadhapura āe.
भरत रहनि सुरपति सुत करनी । प्रभु अरु अत्रि भेंट पुनि बरनी ॥
bharata rahani surapati suta karanī, prabhu aru atri bheṁṭa puni baranī.

दोहा-dohā:

कहि बिराध बध जेहि बिधि देह तजी सरभंग ।
kahi birādha badha jehi bidhi deha tajī sarabhaṁga.
बरनि सुतीछन प्रीति पुनि प्रभु अगस्ति सतसंग ॥६५॥
barani sutīchana prīti puni prabhu agasti satasaṁga. 65.

चौपाई-caupāī:

कहि दंडक बन पावनताई । गीध मइत्री पुनि तेहिं गाई ॥
kahi daṁḍaka bana pāvanatāī, gīdha maitrī puni tehiṁ gāī.
पुनि प्रभु पंचबटीं कृत बासा । भंजी सकल मुनिन्ह की त्रासा ॥
puni prabhu paṁcabaṭīṁ kṛta bāsā, bhaṁjī sakala muninha kī trāsā.
पुनि लछिमन उपदेस अनूपा । सूपनखा जिमि कीन्हि कुरूपा ॥
puni lachimana upadesa anūpā, sūpanakhā jimi kīnhi kurūpā.
खर दूषन बध बहुरि बखाना । जिमि सब मरमु दसानन जाना ॥
khara dūṣana badha bahuri bakhānā, jimi saba maramu dasānana jānā.
दसकंधर मारीच बतकही । जेहि बिधि भई सो सब तेहिं कही ॥
dasakaṁdhara mārīca batakahī, jehi bidhi bhaī so saba tehiṁ kahī.
पुनि माया सीता कर हरना । श्रीरघुबीर बिरह कछु बरना ॥
puni māyā sītā kara haranā, śrīraghubīra biraha kachu baranā.
पुनि प्रभु गीध क्रिया जिमि कीन्ही । बधि कबंध सबरिहि गति दीन्ही ॥
puni prabhu gīdha kriyā jimi kīnhī, badhi kabaṁdha sabarihi gati dīnhī.
बहुरि बिरह बरनत रघुबीरा । जेहि बिधि गए सरोबर तीरा ॥
bahuri biraha baranata raghubīrā, jehi bidhi gae sarobara tīrā.

दोहा-dohā:

प्रभु नारद संबाद कहि मारुति मिलन प्रसंग ।
prabhu nārada saṁbāda kahi māruti milana prasaṁga,
पुनि सुग्रीव मिताई बालि प्रान कर भंग ॥६६क॥
puni sugrīva mitāī bāli prāna kara bhaṁga. 66((ka).

कपिहि तिलक करि प्रभु कृत सैल प्रबरषन बास ।
kapihi tilaka kari prabhu kṛta saila prabaraṣana bāsa,
बरनन बर्षा सरद अरु राम रोष कपि त्रास ॥६६ख॥
baranana barṣā sarada aru rāma roṣa kapi trāsa. 66(kha).

चौपाई-caupāī:

जेहि बिधि कपिपति कीस पठाए । सीता खोज सकल दिसि धाए ॥
jehi bidhi kapipati kīsa paṭhāe, sītā khoja sakala disi dhāe.
बिबर प्रबेस कीन्ह जेहि भाँती । कपिन्ह बहोरि मिला संपाती ॥
bibara prabesa kīnha jehi bhāṁtī, kapinha bahori milā saṁpātī.
सुनि सब कथा समीरकुमारा । नाघत भयउ पयोधि अपारा ॥
suni saba kathā samīrakumārā, nāghata bhayau payodhi apārā.
लंकाँ कपि प्रबेस जिमि कीन्हा । पुनि सीतहि धीरजु जिमि दीन्हा ॥
laṁkāṁ kapi prabesa jimi kīnhā, puni sītahi dhīraju jimi dīnhā.
बन उजारि रावनहि प्रबोधी । पुर दहि नाघेउ बहुरि पयोधी ॥
bana ujāri rāvanahi prabodhī, pura dahi nāgheu bahuri payodhī.
आए कपि सब जहँ रघुराई । बैदेही कि कुसल सुनाई ॥
āe kapi saba jahaṁ raghurāī, baidehī ki kusala sunāī.
सेन समेति जथा रघुबीरा । उतरे जाइ बारिनिधि तीरा ॥
sena sameti jathā raghubīrā, utare jāi bārinidhi tīrā.
मिला बिभीषन जेहि बिधि आई । सागर निग्रह कथा सुनाई ॥
milā bibhīṣana jehi bidhi āī, sāgara nigraha kathā sunāī.

दोहा-dohā:

सेतु बाँधि कपि सेन जिमि उतरी सागर पार ।
setu bāṁdhi kapi sena jimi utarī sāgara pāra,
गयउ बसीठी बीरबर जेहि बिधि बालिकुमार ॥६७क॥
gayau basīṭhī bīrabara jehi bidhi bālikumāra. 67(ka).

निसिचर कीस लराई बरनिसि बिबिधि प्रकार ।
nisicara kīsa larāī baranisi bibidhi prakāra,
कुंभकरन घननाद कर बल पौरुष संघार ॥६७ख॥
kuṁbhakarana ghananāda kara bala pauruṣa saṁghāra. 67(kha).

चौपाई-caupāī:

निसिचर निकर मरन बिधि नाना । रघुपति रावन समर बखाना ॥
nisicara nikara marana bidhi nānā, raghupati rāvana samara bakhānā.
रावन बध मंदोदरि सोका । राज बिभीषन देव असोका ॥
rāvana badha maṁdodari sokā, rāja bibhīṣana deva asokā.
सीता रघुपति मिलन बहोरी । सुरन्ह कीन्हि अस्तुति कर जोरी ॥
sītā raghupati milana bahorī, suranha kīnhi astuti kara jorī.
पुनि पुष्पक चढ़ि कपिन्ह समेता । अवध चले प्रभु कृपा निकेता ॥
puni puṣpaka caṛhi kapinha sametā, avadha cale prabhu kṛpā niketā.
जेहि बिधि राम नगर निज आए । बायस बिसद चरित सब गाए ॥
jehi bidhi rāma nagara nija āe, bāyasa bisada carita saba gāe.
कहेसि बहोरि राम अभिषेका । पुर बरनत नृपनीति अनेका ॥
kahesi bahori rāma abhiṣekā, pura baranata nṛpanīti anekā.
कथा समस्त भुसुंड बखानी । जो मैं तुम्ह सन कही भवानी ॥
kathā samasta bhusuṁḍa bakhānī, jo maiṁ tumha sana kahī bhavānī.
सुनि सब राम कथा खगनाहा । कहत बचन मन परम उछाहा ॥
suni saba rāma kathā khaganāhā, kahata bacana mana parama uchāhā.

सोरठा-soraṭhā:

गयउ मोर संदेह सुनेउँ सकल रघुपति चरित ।
gayau mora saṁdeha suneuṁ sakala raghupati carita,
भयउ राम पद नेह तव प्रसाद बायस तिलक ॥६८क॥
bhayau rāma pada neha tava prasāda bāyasa tilaka. 68(ka).

मोहि भयउ अति मोह प्रभु बंधन रन महुँ निरखि ।
mohi bhayau ati moha prabhu baṁdhana rana mahuṁ nirakhi,
चिदानंद संदोह राम बिकल कारन कवन ॥६८ख॥
cidānaṁda saṁdoha rāma bikala kārana kavana, 68(kha).

चौपाई-caupāī:

देखि चरित अति नर अनुसारी । भयउ हृदयँ मम संसय भारी ॥
dekhi carita ati nara anusārī, bhayau hṛdayaṁ mama saṁsaya bhārī.
सोइ भ्रम अब हित करि मैं माना । कीन्ह अनुग्रह कृपानिधाना ॥
soi bhrama aba hita kari maiṁ mānā, kīnha anugraha kṛpānidhānā.
जो अति आतप ब्याकुल होई । तरु छाया सुख जानइ सोई ॥
jo ati ātapa byākula hoī, taru chāyā sukha jānai soī.
जौं नहिं होत मोह अति मोही । मिलतेउँ तात कवन बिधि तोही ॥
jauṁ nahiṁ hota moha ati mohī, milateuṁ tāta kavana bidhi tohī.
सुनतेउँ किमि हरि कथा सुहाई । अति बिचित्र बहु बिधि तुम्ह गाई ॥
sunateuṁ kimi hari kathā suhāī, ati bicitra bahu bidhi tumha gāī.
निगमागम पुरान मत एहा । कहहिं सिद्ध मुनि नहिं संदेहा ॥
nigamāgama purāna mata ehā, kahahiṁ siddha muni nahiṁ saṁdehā.
संत बिसुद्ध मिलहिं परि तेही । चितवहिं राम कृपा करि जेही ॥
saṁta bisuddha milahiṁ pari tehī, citavahiṁ rāma kṛpā kari jehī.

राम कृपाँ तव दरसन भयऊ । तव प्रसाद सब संसय गयऊ ॥
rāma kṛpāṁ tava darasana bhayaū, tava prasāda saba saṁsaya gayaū.

दोहा-dohā:

सुनि बिहंगपति बानी सहित बिनय अनुराग ।
suni bihaṁgapati bānī sahita binaya anurāga,
पुलक गात लोचन सजल मन हरषेउ अति काग ॥६९क॥
pulaka gāta locana sajala mana haraṣeu ati kāga. 69(ka).

श्रोता सुमति सुसील सुचि कथा रसिक हरि दास ।
śrotā sumati susīla suci kathā rasika hari dāsa,
पाइ उमा अति गोप्यमपि सज्जन करहिं प्रकास ॥६९ख॥
pāi umā ati gopyamapi sajjana karahiṁ prakāsa. 69(kha).

चौपाई-caupāī:

बोलेउ काकभसुंड बहोरी । नभग नाथ पर प्रीति न थोरी ॥
boleu kākabhasuṁḍa bahorī, nabhaga nātha para prīti na thorī.
सब बिधि नाथ पूज्य तुम्ह मेरे । कृपापात्र रघुनायक केरे ॥
saba bidhi nātha pūjya tumha mere, kṛpāpātra raghunāyaka kere.
तुम्हहि न संसय मोह न माया । मो पर नाथ कीन्हि तुम्ह दाया ॥
tumhahi na saṁsaya moha na māyā, mo para nātha kīnhi tumha dāyā.
पठइ मोह मिस खगपति तोही । रघुपति दीन्हि बड़ाई मोही ॥
paṭhai moha misa khagapati tohī, raghupati dīnhi baṛāī mohī.
तुम्ह निज मोह कही खग साईं । सो नहिं कछु आचरज गोसाईं ॥
tumha nija moha kahī khaga sāīṁ, so nahiṁ kachu ācaraja gosāīṁ.
नारद भव बिरंचि सनकादी । जे मुनिनायक आतमबादी ॥
nārada bhava biraṁci sanakādī, je munināyaka ātamabādī.
मोह न अंध कीन्ह केहि केही । को जग काम नचाव न जेही ॥
moha na aṁdha kīnha kehi kehī, ko jaga kāma nacāva na jehī.
तृस्नाँ केहि न कीन्ह बौराहा । केहि कर हृदय क्रोध नहिं दाहा ॥
tṛsnāṁ kehi na kīnha baurāhā, kehi kara hṛdaya krodha nahiṁ dāhā.

दोहा-dohā:

ग्यानी तापस सूर कबि कोबिद गुन आगार ।
gyānī tāpasa sūra kabi kobida guna āgāra,
केहि कै लोभ बिडंबना कीन्हि न एहिं संसार ॥७०क॥
kehi kai lobha biḍaṁbanā kīnhi na ehiṁ saṁsāra. 70(ka).

श्री मद बक्र न कीन्ह केहि प्रभुता बधिर न काहि ।
śrī mada bakra na kīnha kehi prabhutā badhira na kāhi,
मृगलोचनि के नैन सर को अस लाग न जाहि ॥७०ख॥
mṛgalocani ke naina sara ko asa lāga na jāhi. 70(kha).

चौपाई-caupāī:

गुन कृत सन्यपात नहिं केही । कोउ न मान मद तजेउ निबेही ॥
guna kṛta sanyapāta nahiṁ kehī, kou na māna mada tajeu nibehī.
जोबन ज्वर केहि नहिं बलकावा । ममता केहि कर जस न नसावा ॥
jobana jvara kehi nahiṁ balakāvā, mamatā kehi kara jasa na nasāvā.
मच्छर काहि कलंक न लावा । काहि न सोक समीर डोलावा ॥
macchara kāhi kalaṁka na lāvā, kāhi na soka samīra ḍolāvā.
चिंता साँपिनि को नहिं खाया । को जग जाहि न ब्यापी माया ॥
ciṁtā sāṁpini ko nahiṁ khāyā, ko jaga jāhi na byāpī māyā.
कीट मनोरथ दारु सरीरा । जेहि न लाग घुन को अस धीरा ॥
kīṭa manoratha dāru sarīrā, jehi na lāga ghuna ko asa dhīrā.
सुत बित लोक ईषना तीनी । केहि कै मति इन्ह कृत न मलीनी ॥
suta bita loka īṣanā tīnī, kehi kai mati inha kṛta na malīnī.

यह सब माया कर परिवारा । प्रबल अमिति को बरनै पारा ॥
yaha saba māyā kara parivārā, prabala amiti ko baranai pārā.
सिव चतुरानन जाहि डेराहीं । अपर जीव केहि लेखे माहीं ॥
siva caturānana jāhi ḍerāhīṁ, apara jīva kehi lekhe māhīṁ.

दोहा-dohā:

ब्यापि रहेउ संसार महुँ माया कटक प्रचंड ।
byāpi raheu saṁsāra mahuṁ māyā kaṭaka pracaṁḍa.
सेनापति कामादि भट दंभ कपट पाषंड ॥७१क॥
senāpati kāmādi bhaṭa daṁbha kapaṭa pāṣaṁḍa. 71(ka).

सो दासी रघुबीर कै समुझें मिथ्या सोपि ।
so dāsī raghubīra kai samujheṁ mithyā sopi,
छूट न राम कृपा बिनु नाथ कहउँ पद रोपि ॥७१ख॥
chūṭa na rāma kṛpā binu nātha kahauṁ pada ropi. 71(kha).

चौपाई-caupāī:

जो माया सब जगहि नचावा । जासु चरित लखि काहुँ न पावा ॥
jo māyā saba jagahi nacāvā, jāsu carita lakhi kāhuṁ na pāvā.
सोइ प्रभु भ्रू बिलास खगराजा । नाच नटी इव सहित समाजा ॥
soi prabhu bhrū bilāsa khagarājā, nāca naṭī iva sahita samājā.
सोइ सच्चिदानंद घन रामा । अज बिग्यान रुप बल धामा ॥
soi saccidānaṁda ghana rāmā, aja bigyāna rūpa bala dhāmā.
ब्यापक ब्याप्य अखंड अनंता । अखिल अमोघसक्ति भगवंता ॥
byāpaka byāpya akhaṁḍa anaṁtā, akhila amoghasakti bhagavaṁtā.
अगुन अदभ्र गिरा गोतीता । सबदरसी अनवद्य अजीता ॥
aguna adabhra girā gotītā, sabadarasī anavadya ajītā.
निर्मम निराकार निरमोहा । नित्य निरंजन सुख संदोहा ॥
nirmama nirākāra niramohā, nitya niraṁjana sukha saṁdohā.
प्रकृति पार प्रभु सब उर बासी । ब्रह्म निरीह बिरज अबिनासी ॥
prakṛti pāra prabhu saba ura bāsī, brahma nirīha biraja abināsī.
इहाँ मोह कर कारन नाहीं । रबि सन्मुख तम कबहुँ कि जाहीं ॥
ihāṁ moha kara kārana nāhīṁ, rabi sanmukha tama kabahuṁ ki jāhīṁ.

दोहा-dohā:

भगत हेतु भगवान प्रभु राम धरेउ तनु भूप ।
bhagata hetu bhagavāna prabhu rāma dhareu tanu bhūpa,
किए चरित पावन परम प्राकृत नर अनुरूप ॥७२क॥
kie carita pāvana parama prākṛta nara anurūpa. 72(ka).

जथा अनेक बेष धरि नृत्य करइ नट कोइ ।
jathā aneka beṣa dhari nṛtya karai naṭa koi,
सोइ सोइ भाव देखावइ आपुन होइ न सोइ ॥७२ख॥
soi soi bhāva dekhāvai āpuna hoi na soi. 72(kha).

चौपाई-caupāī:

असि रघुपति लीला उरगारी । दनुज बिमोहनि जन सुखकारी ॥
asi raghupati līlā uragārī, danuja bimohani jana sukhakārī.
जे मति मलिन बिषयबस कामी । प्रभु पर मोह धरहिं इमि स्वामी ॥
je mati malina biṣayabasa kāmī, prabhu para moha dharahiṁ imi svāmī.
नयन दोष जा कहँ जब होई । पीत बरन ससि कहुँ कह सोई ॥
nayana doṣa jā kahaṁ jaba hoī, pīta barana sasi kahuṁ kaha soī.
जब जेहि दिसि भ्रम होइ खगेसा । सो कह पच्छिम उयउ दिनेसा ॥
jaba jehi disi bhrama hoi khagesā, so kaha pacchima uyau dinesā.
नौकारूढ़ चलत जग देखा । अचल मोह बस आपुहि लेखा ॥
naukārūṛha calata jaga dekhā, acala moha basa āpuhi lekhā.

बालक भ्रमहिं न भ्रमहिं गृहादी । कहहिं परस्पर मिथ्याबादी ॥
bālaka bhramahiṁ na bhramahiṁ gṛhādī, kahahiṁ paraspara mithyābādī.
हरि बिषइक अस मोह बिहंगा । सपनेहुँ नहिं अग्यान प्रसंगा ॥
hari biṣaika asa moha bihaṁgā, sapanehuṁ nahiṁ agyāna prasaṁgā.
मायाबस मतिमंद अभागी । हृदयँ जमनिका बहुबिधि लागी ॥
māyābasa matimaṁda abhāgī, hṛdayaṁ jamanikā bahubidhi lāgī.
ते सठ हठ बस संसय करहीं । निज अग्यान राम पर धरहीं ॥
te saṭha haṭha basa saṁsaya karahīṁ, nija agyāna rāma para dharahīṁ.

दोहा-dohā:

काम क्रोध मद लोभ रत गृहासक्त दुखरूप ।
kāma krodha mada lobha rata gṛhāsakta dukharūpa,
ते किमि जानहिं रघुपतिहि मूढ़ परे तम कूप ॥७३क॥
te kimi jānahiṁ raghupatihi mūṛha pare tama kūpa. 73(ka).

निर्गुन रूप सुलभ अति सगुन जान नहिं कोइ ।
nirguna rūpa sulabha ati saguna jāna nahiṁ koi,
सुगम अगम नाना चरित सुनि मुनि मन भ्रम होइ ॥७३ख॥
sugama agama nānā carita suni muni mana bhrama hoi. 73(kha).

चौपाई-caupāī:

सुनु खगेस रघुपति प्रभुताई । कहउँ जथामति कथा सुहाई ॥
sunu khagesa raghupati prabhutāī, kahauṁ jathāmati kathā suhāī.
जेहि बिधि मोह भयउ प्रभु मोही । सोउ सब कथा सुनावउँ तोही ॥
jehi bidhi moha bhayau prabhu mohī, sou saba kathā sunāvauṁ tohī.
राम कृपा भाजन तुम्ह ताता । हरि गुन प्रीति मोहि सुखदाता ॥
rāma kṛpā bhājana tumha tātā, hari guna prīti mohi sukhadātā.
ताते नहिं कछु तुम्हहिं दुरावउँ । परम रहस्य मनोहर गावउँ ॥
tāte nahiṁ kachu tumhahiṁ durāvauṁ, parama rahasya manohara gāvauṁ.
सुनहु राम कर सहज सुभाऊ । जन अभिमान न राखहिं काऊ ॥
sunahu rāma kara sahaja subhāū, jana abhimāna na rākhahiṁ kāū.
संसृत मूल सूलप्रद नाना । सकल सोक दायक अभिमाना ॥
saṁsṛta mūla sūlaprada nānā, sakala soka dāyaka abhimānā.
ताते करहिं कृपानिधि दूरी । सेवक पर ममता अति भूरी ॥
tāte karahiṁ kṛpānidhi dūrī, sevaka para mamatā ati bhūrī.
जिमि सिसु तन ब्रन होइ गोसाईं । मातु चिराव कठिन की नाईं ॥
jimi sisu tana brana hoi gosāīṁ, mātu cirāva kaṭhina kī nāīṁ.

दोहा-dohā:

जदपि प्रथम दुख पावइ रोवइ बाल अधीर ।
jadapi prathama dukha pāvai rovai bāla adhīra,
ब्याधि नास हित जननी गनति न सो सिसु पीर ॥७४क॥
byādhi nāsa hita jananī ganati na so sisu pīra. 74(ka).

तिमि रघुपति निज दास कर हरहिं मान हित लागि ।
timi raghupati nija dāsa kara harahiṁ māna hita lāgi,
तुलसिदास ऐसे प्रभुहि कस न भजहु भ्रम त्यागि ॥७४ख॥
tulasidāsa aise prabhuhi kasa na bhajahu bhrama tyāgi. 74(kha).

चौपाई-caupāī:

राम कृपा आपनि जड़ताई । कहउँ खगेस सुनहु मन लाई ॥
rāma kṛpā āpani jaṛatāī, kahauṁ khagesa sunahu mana lāī.
जब जब राम मनुज तनु धरहीं । भक्त हेतु लीला बहु करहीं ॥
jaba jaba rāma manuja tanu dharahīṁ, bhakta hetu līlā bahu karahīṁ.
तब तब अवधपुरी मैं ज़ाऊँ । बालचरित बिलोकि हरषाऊँ ॥
taba taba avadhapurī maiṁ zāūṁ, bālacarita biloki haraṣāūṁ.

जन्म महोत्सव देखउँ जाई । बरष पाँच तहँ रहउँ लोभाई ॥
janma mahotsava dekhauṁ jāī, baraṣa pāṁca tahaṁ rahauṁ lobhāī.
इष्टदेव मम बालक रामा । सोभा बपुष कोटि सत कामा ॥
iṣṭadeva mama bālaka rāmā, sobhā bapuṣa koṭi sata kāmā.
निज प्रभु बदन निहारि निहारी । लोचन सुफल करउँ उरगारी ॥
nija prabhu badana nihāri nihārī, locana suphala karauṁ uragārī.
लघु बायस बपु धरि हरि संगा । देखउँ बालचरित बहु रंगा ॥
laghu bāyasa bapu dhari hari saṁgā, dekhauṁ bālacarita bahu raṁgā.

दोहा-dohā:

लरिकाईं जहँ जहँ फिरहिं तहँ तहँ संग उड़ाउँ ।
larikāīṁ jahaṁ jahaṁ phirahiṁ tahaṁ tahaṁ saṁga uṛāuṁ,
जूठनि परइ अजिर महँ सो उठाइ करि खाउँ ॥७५क॥
jūṭhani parai ajira mahaṁ so uṭhāi kari khāuṁ. 75(ka).

एक बार अतिसय सब चरित किए रघुबीर ।
eka bāra atisaya saba carita kie raghubīra,
सुमिरत प्रभु लीला सोइ पुलकित भयउ सरीर ॥७५ख॥
sumirata prabhu līlā soi pulakita bhayau sarīra. 75(kha).

चौपाई-caupāī:

कहइ भसुंड सुनहु खगनायक । रामचरित सेवक सुखदायक ॥
kahai bhasuṁḍa sunahu khaganāyaka, rāmacarita sevaka sukhadāyaka.
नृप मंदिर सुंदर सब भाँती । खचित कनक मनि नाना जाती ॥
nṛpa maṁdira suṁdara saba bhāṁtī, khacita kanaka mani nānā jātī.
बरनि न जाइ रुचिर अँगनाई । जहँ खेलहिं नित चारिउ भाई ॥
barani na jāi rucira aṁganāī, jahaṁ khelahiṁ nita cāriu bhāī.
बालबिनोद करत रघुराई । बिचरत अजिर जननि सुखदाई ॥
bālabinoda karata raghurāī, bicarata ajira janani sukhadāī.
मरकत मृदुल कलेवर स्यामा । अंग अंग प्रति छबि बहु कामा ॥
marakata mṛdula kalevara syāmā, aṁga aṁga prati chabi bahu kāmā.
नव राजीव अरुन मृदु चरना । पदज रुचिर नख ससि दुति हरना ॥
nava rājīva aruna mṛdu caranā, padaja rucira nakha sasi duti haranā.
ललित अंक कुलिसादिक चारी । नूपुर चारू मधुर रवकारी ॥
lalita aṁka kulisādika cārī, nūpura cārū madhura ravakārī.
चारु पुरट मनि रचित बनाई । कटि किंकिनि कल मुखर सुहाई ॥
cāru puraṭa mani racita banāī, kaṭi kiṁkini kala mukhara suhāī.

दोहा-dohā:

रेखा त्रय सुन्दर उदर नाभी रुचिर गँभीर ।
rekhā traya sundara udara nābhī rucira gaṁbhīra,
उर आयत भ्राजत बिबिधि बाल बिभूषन चीर ॥७६॥
ura āyata bhrājata bibidhi bāla bibhūṣana cīra. 76.

चौपाई-caupāī:

अरुन पानि नख करज मनोहर । बाहु बिसाल बिभूषन सुंदर ॥
aruna pāni nakha karaja manohara, bāhu bisāla bibhūṣana suṁdara.
कंध बाल केहरि दर ग्रीवा । चारु चिबुक आनन छबि सींवा ॥
kaṁdha bāla kehari dara grīvā, cāru cibuka ānana chabi sīṁvā.
कलबल बचन अधर अरुनारे । दुइ दुइ दसन बिसद बर बारे ॥
kalabala bacana adhara arunāre, dui dui dasana bisada bara bāre.
ललित कपोल मनोहर नासा । सकल सुखद ससि कर सम हासा ॥
lalita kapola manohara nāsā, sakala sukhada sasi kara sama hāsā.
नील कंज लोचन भव मोचन । भ्राजत भाल तिलक गोरोचन ॥
nīla kaṁja locana bhava mocana, bhrājata bhāla tilaka gorocana.
बिकट भृकुटि सम श्रवन सुहाए । कुंचित कच मेचक छबि छाए ॥
bikaṭa bhṛkuṭi sama śravana suhāe, kuṁcita kaca mecaka chabi chāe.
पीत झीनि झगुली तन सोही । किलकनि चितवनि भावति मोही ॥
pīta jhīni jhagulī tana sohī, kilakani citavani bhāvati mohī.
रूप रासि नृप अजिर बिहारी । नाचहिं निज प्रतिबिंब निहारी ॥
rūpa rāsi nṛpa ajira bihārī, nācahiṁ nija pratibiṁba nihārī.
मोहि सन करहिं बिबिधि बिधि क्रीड़ा । बरनत मोहि होति अति ब्रीड़ा ॥
mohi sana karahiṁ bibidhi bidhi krīṛā, baranata mohi hoti ati brīṛā.
किलकत मोहि धरन जब धावहिं । चलउँ भागि तब पूप देखावहिं ॥
kilakata mohi dharana jaba dhāvahiṁ, calauṁ bhāgi taba pūpa dekhāvahiṁ.

दोहा-dohā:

आवत निकट हँसहिं प्रभु भाजत रुदन कराहिं ।
āvata nikaṭa haṁsahiṁ prabhu bhājata rudana karāhiṁ,
जाउँ समीप गहन पद फिरि फिरि चितइ पराहिं ॥७७क॥
jāuṁ samīpa gahana pada phiri phiri citai parāhiṁ. 77(ka).

प्राकृत सिसु इव लीला देखि भयउ मोहि मोह ।
prākṛta sisu iva līlā dekhi bhayau mohi moha,
कवन चरित्र करत प्रभु चिदानंद संदोह ॥७७ख॥
kavana caritra karata prabhu cidānaṁda saṁdoha. 77(kha).

चौपाई-caupāī:

एतना मन आनत खगराया । रघुपति प्रेरित ब्यापी माया ॥
etanā mana ānata khagarāyā, raghupati prerita byāpī māyā.
सो माया न दुखद मोहि काहीं । आन जीव इव संसृत नाहीं ॥
so māyā na dukhada mohi kāhīṁ, āna jīva iva saṁsṛta nāhīṁ.
नाथ इहाँ कछु कारन आना । सुनहु सो सावधान हरिजाना ॥
nātha ihāṁ kachu kārana ānā, sunahu so sāvadhāna harijānā.
ग्यान अखंड एक सीताबर । माया बस्य जीव सचराचर ॥
gyāna akhaṁḍa eka sītābara, māyā basya jīva sacarācara.
जौं सब कें रह ग्यान एकरस । ईस्वर जीवहि भेद कहहु कस ॥
jauṁ saba keṁ raha gyāna ekarasa, īsvara jīvahi bheda kahahu kasa.
माया बस्य जीव अभिमानी । ईस बस्य माया गुनखानी ॥
māyā basya jīva abhimānī, īsa basya māyā gunakhānī.
परबस जीव स्वबस भगवंता । जीव अनेक एक श्रीकंता ॥
parabasa jīva svabasa bhagavaṁtā, jīva aneka eka śrīkaṁtā.
मुधा भेद जद्यपि कृत माया । बिनु हरि जाइ न कोटि उपाया ॥
mudhā bheda jadyapi kṛta māyā, binu hari jāi na koṭi upāyā.

दोहा-dohā:

रामचंद्र के भजन बिनु जो चह पद निर्बान ।
rāmacaṁdra ke bhajana binu jo caha pada nirbāna,
ग्यानवंत अपि सो नर पसु बिनु पूँछ बिषान ॥७८क॥
gyānavaṁta api so nara pasu binu pūṁcha biṣāna. 78(ka).

राकापति षोड़स उअहिं तारागन समुदाइ ।
rākāpati ṣoṛasa uahiṁ tārāgana samudāi,
सकल गिरिन्ह दव लाइअ बिनु रबि राति न जाइ ॥७८ख॥
sakala girinha dava lāia binu rabi rāti na jāi. 78(kha).

चौपाई-caupāī:

ऐसेहिं हरि बिनु भजन खगेसा । मिटइ न जीवन्ह केर कलेसा ॥
aisehiṁ hari binu bhajana khagesā, miṭai na jīvanha kera kalesā.
हरि सेवकहि न ब्याप अबिद्या । प्रभु प्रेरित ब्यापइ तेहि बिद्या ॥
hari sevakahi na byāpa abidyā, prabhu prerita byāpai tehi bidyā.
ताते नास न होइ दास कर । भेद भगति बाढ़इ बिहंगबर ॥
tāte nāsa na hoi dāsa kara, bheda bhagati bāṛhai bihaṁgabara.

भ्रम तें चकित राम मोहि देखा । बिहँसे सो सुनु चरित बिसेषा ॥
bhrama teṁ cakita rāma mohi dekhā, bihaṁse so sunu carita biseṣā.
तेहि कौतुक कर मरमु न काहूँ । जाना अनुज न मातु पिताहूँ ॥
tehi kautuka kara maramu na kāhūṁ, jānā anuja na mātu pitāhūṁ.
जानु पानि धाए मोहि धरना । स्यामल गात अरुन कर चरना ॥
jānu pāni dhāe mohi dharanā, syāmala gāta aruna kara caranā.
तब मैं भागि चलेउँ उरगामी । राम गहन कहँ भुजा पसारी ॥
taba maiṁ bhāgi caleuṁ uragāmī, rāma gahana kahaṁ bhujā pasārī.
जिमि जिमि दूरि उड़ाउँ अकासा । तहँ भुज हरि देखउँ निज पासा ॥
jimi jimi dūri uṛāuṁ akāsā, tahaṁ bhuja hari dekhauṁ nija pāsā.

दोहा-dohā:

ब्रह्मलोक लगि गयउँ मैं चितयउँ पाछ उड़ात ।
brahmaloka lagi gayauṁ maiṁ citayauṁ pācha uṛāta,
जुग अंगुल कर बीच सब राम भुजहि मोहि तात ॥७९क॥
juga aṁgula kara bīca saba rāma bhujahi mohi tāta. 79(ka).

सप्ताबरन भेद करि जहाँ लगें गति मोरि ।
saptābarana bheda kari jahāṁ lageṁ gati mori,
गयउँ तहाँ प्रभु भुज निरखि ब्याकुल भयउँ बहोरि ॥७९ख॥
gayauṁ tahāṁ prabhu bhuja nirakhi byākula bhayauṁ bahori. 79(kha).

चौपाई-caupāī:

मूदेउँ नयन त्रसित जब भयउँ । पुनि चितवत कोसलपुर गयऊँ ॥
mūdeuṁ nayana trasita jaba bhayauṁ, puni citavata kosalapura gayaūṁ.
मोहि बिलोकि राम मुसुकाहीं । बिहँसत तुरत गयउँ मुख माहीं ॥
mohi biloki rāma musukāhīṁ, bihaṁsata turata gayauṁ mukha māhīṁ.
उदर माझ सुनु अंडज राया । देखेउँ बहु ब्रह्मांड निकाया ॥
udara mājha sunu aṁḍaja rāyā, dekheuṁ bahu brahmāṁḍa nikāyā.
अति बिचित्र तहँ लोक अनेका । रचना अधिक एक ते एका ॥
ati bicitra tahaṁ loka anekā, racanā adhika eka te ekā.
कोटिन्ह चतुरानन गौरीसा । अगनित उडगन रबि रजनीसा ॥
koṭinha caturānana gaurīsā, aganita uḍagana rabi rajanīsā.
अगनित लोकपाल जम काला । अगनित भूधर भूमि बिसाला ॥
aganita lokapāla jama kālā, aganita bhūdhara bhūmi bisālā.
सागर सरि सर बिपिन अपारा । नाना भाँति सृष्टि बिस्तारा ॥
sāgara sari sara bipina apārā, nānā bhāṁti sṛṣṭi bistārā.
सुर मुनि सिद्ध नाग नर किंनर । चारि प्रकार जीव सचराचर ॥
sura muni siddha nāga nara kiṁnara, cāri prakāra jīva sacarācara.

दोहा-dohā:

जो नहिं देखा नहिं सुना जो मनहूँ न समाइ ।
jo nahiṁ dekhā nahiṁ sunā jo manahūṁ na samāi,
सो सब अद्भुत देखेउँ बरनि कवनि बिधि जाइ ॥८०क॥
so saba adbhuta dekheuṁ barani kavani bidhi jāi. 80(ka).

एक एक ब्रह्मांड महुँ रहउँ बरष सत एक ।
eka eka brahmāṁḍa mahuṁ rahauṁ baraṣa sata eka,
एहि बिधि देखत फिरउँ मैं अंड कटाह अनेक ॥८०ख॥
ehi bidhi dekhata phirauṁ maiṁ aṁḍa kaṭāha aneka. 80(kha).

चौपाई-caupāī:

लोक लोक प्रति भिन्न बिधाता । भिन्न बिष्नु सिव मनु दिसित्राता ॥
loka loka prati bhinna bidhātā, bhinna biṣnu siva manu disitrātā.
नर गंधर्ब भूत बेताला । किंनर निसिचर पसु खग ब्याला ॥
nara gaṁdharba bhūta betālā, kiṁnara nisicara pasu khaga byālā.
देव दनुज गन नाना जाती । सकल जीव तहँ आनहि भाँती ॥
deva danuja gana nānā jātī, sakala jīva tahaṁ ānahi bhāṁtī.
महि सरि सागर सर गिरि नाना । सब प्रपंच तहँ आनइ आना ॥
mahi sari sāgara sara giri nānā, saba prapaṁca tahaṁ ānai ānā.
अंडकोस प्रति प्रति निज रुपा । देखेउँ जिनस अनेक अनूपा ॥
aṁḍakosa prati prati nija rupā, dekheuṁ jinasa aneka anūpā.
अवधपुरी प्रति भुवन निनारी । सरजू भिन्न भिन्न नर नारी ॥
avadhapurī prati bhuvana ninārī, sarajū bhinna bhinna nara nārī.
दसरथ कौसल्या सुनु ताता । बिबिध रूप भरतादिक भ्राता ॥
dasaratha kausalyā sunu tātā, bibidha rūpa bharatādika bhrātā.
प्रति ब्रह्मांड राम अवतारा । देखउँ बालबिनोद अपारा ॥
prati brahmāṁḍa rāma avatārā, dekhauṁ bālabinoda apārā.

दोहा-dohā:

भिन्न भिन्न मैं दीख सबु अति बिचित्र हरिजान ।
bhinna bhinna maiṁ dīkha sabu ati bicitra harijāna,
अगनित भुवन फिरेउँ प्रभु राम न देखेउँ आन ॥८१क॥
aganita bhuvana phireuṁ prabhu rāma na dekheuṁ āna. 81(ka).

सोइ सिसुपन सोइ सोभा सोइ कृपाल रघुबीर ।
soi sisupana soi sobhā soi kṛpāla raghubīra,
भुवन भुवन देखत फिरउँ प्रेरित मोह समीर ॥८१ख॥
bhuvana bhuvana dekhata phirauṁ prerita moha samīra. 81(kha).

चौपाई-caupāī:

भ्रमत मोहि ब्रह्मांड अनेका । बीते मनहुँ कल्प सत एका ॥
bhramata mohi brahmāṁḍa anekā, bīte manahuṁ kalpa sata ekā.
फिरत फिरत निज आश्रम आयउँ । तहँ पुनि रहि कछु काल गवाँयउँ ॥
phirata phirata nija āśrama āyauṁ, tahaṁ puni rahi kachu kāla gavāṁyauṁ.
निज प्रभु जन्म अवध सुनि पायउँ । निर्भर प्रेम हरषि उठि धायउँ ॥
nija prabhu janma avadha suni pāyauṁ, nirbhara prema haraṣi uṭhi dhāyauṁ.
देखउँ जन्म महोत्सव जाई । जेहि बिधि प्रथम कहा मैं गाई ॥
dekhauṁ janma mahotsava jāī, jehi bidhi prathama kahā maiṁ gāī.
राम उदर देखेउँ जग नाना । देखत बनइ न जाइ बखाना ॥
rāma udara dekheuṁ jaga nānā, dekhata banai na jāi bakhānā.
तहँ पुनि देखेउँ राम सुजाना । माया पति कृपाल भगवाना ॥
tahaṁ puni dekheuṁ rāma sujānā, māyā pati kṛpāla bhagavānā.
करउँ बिचार बहोरि बहोरी । मोह कलिल ब्यापित मति मोरी ॥
karauṁ bicāra bahori bahorī, moha kalila byāpita mati morī.
उभय घरी महँ मैं सब देखा । भयउँ भ्रमित मन मोह बिसेषा ॥
ubhaya gharī mahaṁ maiṁ saba dekhā, bhayauṁ bhramita mana moha biseṣā.

दोहा-dohā:

देखि कृपाल बिकल मोहि बिहँसे तब रघुबीर ।
dekhi kṛpāla bikala mohi bihaṁse taba raghubīra,
बिहँसतहीं मुख बाहेर आयउँ सुनु मतिधीर ॥८२क॥
bihaṁsatahīṁ mukha bāhera āyauṁ sunu matidhīra. 82(ka).

सोइ लरिकाई मो सन करन लगे पुनि राम ।
soi larikāī mo sana karana lage puni rāma,
कोटि भाँति समुझावउँ मनु न लहइ बिश्राम ॥८२ख॥
koṭi bhāṁti samujhāvauṁ manu na lahai biśrāma. 82(kha).

चौपाई-caupāī:

देखि चरित यह सो प्रभुताई । समुझत देह दसा बिसराई ॥
dekhi carita yaha so prabhutāī, samujhata deha dasā bisarāī.

धरनि परेउँ मुख आव न बाता । त्राहि त्राहि आरत जन त्राता ॥
dharani pareuṁ mukha āva na bātā, trāhi trāhi ārata jana trātā.
प्रेमाकुल प्रभु मोहि बिलोकी । निज माया प्रभुता तब रोकी ॥
premākula prabhu mohi bilokī, nija māyā prabhutā taba rokī.
कर सरोज प्रभु मम सिर धरेऊ । दीनदयाल सकल दुख हरेऊ ॥
kara saroja prabhu mama sira dhareū, dīnadayāla sakala dukha hareū.
कीन्ह राम मोहि बिगत बिमोहा । सेवक सुखद कृपा संदोहा ॥
kīnha rāma mohi bigata bimohā, sevaka sukhada kṛpā saṁdohā.
प्रभुता प्रथम बिचारि बिचारी । मन महँ होइ हरष अति भारी ॥
prabhutā prathama bicāri bicārī, mana mahaṁ hoi haraṣa ati bhārī.
भगत बछलता प्रभु कै देखी । उपजी मम उर प्रीति बिसेषी ॥
bhagata bachalatā prabhu kai dekhī, upajī mama ura prīti biseṣī.
सजल नयन पुलकित कर जोरी । कीन्हिउँ बहु बिधि बिनय बहोरी ॥
sajala nayana pulakita kara jorī, kīnhiuṁ bahu bidhi binaya bahorī.

दोहा-dohā:

सुनि सप्रेम मम बानी देखि दीन निज दास ।
suni saprema mama bānī dekhi dīna nija dāsa,
बचन सुखद गंभीर मृदु बोले रमानिवास ॥८३क॥
bacana sukhada gaṁbhīra mṛdu bole ramānivāsa. 83(ka).

काकभसुंडि मागु बर अति प्रसन्न मोहि जानि ।
kākabhasuṁḍi māgu bara ati prasanna mohi jāni,
अनिमादिक सिधि अपर रिधि मोच्छ सकल सुख खानि ॥८३ख॥
animādika sidhi apara ridhi moccha sakala sukha khāni. 83(kha).

चौपाई-caupāī:

ग्यान बिबेक बिरति बिग्याना । मुनि दुर्लभ गुन जे जग नाना ॥
gyāna bibeka birati bigyānā, muni durlabha guna je jaga nānā.
आजु देउँ सब संसय नाहीं । मागु जो तोहि भाव मन माहीं ॥
āju deuṁ saba saṁsaya nāhīṁ, māgu jo tohi bhāva mana māhīṁ.
सुनि प्रभु बचन अधिक अनुरागेउँ । मन अनुमान करन तब लागेउँ ॥
suni prabhu bacana adhika anurāgeuṁ, mana anumāna karana taba lāgeuṁ.
प्रभु कह देन सकल सुख सही । भगति आपनी देन न कही ॥
prabhu kaha dena sakala sukha sahī, bhagati āpanī dena na kahī.
भगति हीन गुन सब सुख ऐसे । लवन बिना बहु बिंजन जैसे ॥
bhagati hīna guna saba sukha aise, lavana binā bahu biṁjana jaise.
भजन हीन सुख कवने काजा । अस बिचारि बोलेउँ खगराजा ॥
bhajana hīna sukha kavane kājā, asa bicāri boleuṁ khagarājā.
जौं प्रभु होइ प्रसन्न बर देहू । मो पर करहु कृपा अरु नेहू ॥
jauṁ prabhu hoi prasanna bara dehū, mo para karahu kṛpā aru nehū.
मन भावत बर मागउँ स्वामी । तुम्ह उदार उर अंतरजामी ॥
mana bhāvata bara māgauṁ svāmī, tumha udāra ura aṁtarajāmī.

दोहा-dohā:

अबिरल भगति बिसुद्ध तव श्रुति पुरान जो गाव ।
abirala bhagati bisuddha tava śruti purāna jo gāva,
जेहि खोजत जोगीस मुनि प्रभु प्रसाद कोउ पाव ॥८४क॥
jehi khojata jogīsa muni prabhu prasāda kou pāva. 84(ka).

भगत कल्पतरु प्रनत हित कृपा सिंधु सुख धाम ।
bhagata kalpataru pranata hita kṛpā siṁdhu sukha dhāma,
सोइ निज भगति मोहि प्रभु देहु दया करि राम ॥८४ख॥
soi nija bhagati mohi prabhu dehu dayā kari rāma. 84(kha).

चौपाई-caupāī:

एवमस्तु कहि रघुकुलनायक । बोले बचन परम सुखदायक ॥
evamastu kahi raghukulanāyaka, bole bacana parama sukhadāyaka.
सुनु बायस तैं सहज सयाना । काहे न मागसि अस बरदाना ॥
sunu bāyasa taiṁ sahaja sayānā, kāhe na māgasi asa baradānā.
सब सुख खानि भगति तैं मागी । नहिं जग कोउ तोहि सम बड़भागी ॥
saba sukha khāni bhagati taiṁ māgī, nahiṁ jaga kou tohi sama baṛabhāgī.
जो मुनि कोटि जतन नहिं लहहीं । जे जप जोग अनल तन दहहीं ॥
jo muni koṭi jatana nahiṁ lahahīṁ, je japa joga anala tana dahahīṁ.
रीझेउँ देखि तोरि चतुराई । मागेहु भगति मोहि अति भाई ॥
rījheuṁ dekhi tori caturāī, māgehu bhagati mohi ati bhāī.
सुनु बिहंग प्रसाद अब मोरें । सब सुभ गुन बसिहहिं उर तोरें ॥
sunu bihaṁga prasāda aba moreṁ, saba subha guna basihahiṁ ura toreṁ.
भगति ग्यान बिग्यान बिरागा । जोग चरित्र रहस्य बिभागा ॥
bhagati gyāna bigyāna birāgā, joga caritra rahasya bibhāgā.
जानब तैं सबही कर भेदा । मम प्रसाद नहिं साधन खेदा ॥
jānaba taiṁ sabahī kara bhedā, mama prasāda nahiṁ sādhana khedā.

दोहा-dohā:

माया संभव भ्रम सब अब न ब्यापिहहिं तोहि ।
māyā saṁbhava bhrama saba aba na byāpihahiṁ tohi,
जानेसु ब्रह्म अनादि अज अगुन गुनाकर मोहि ॥८५क॥
jānesu brahma anādi aja aguna gunākara mohi. 85(ka).

मोहि भगत प्रिय संतत अस बिचारि सुनु काग ।
mohi bhagata priya saṁtata asa bicāri sunu kāga,
कायँ बचन मन मम पद करेसु अचल अनुराग ॥८५ख॥
kāyaṁ bacana mana mama pada karesu acala anurāga. 85(kha).

चौपाई-caupāī:

अब सुनु परम बिमल मम बानी । सत्य सुगम निगमादि बखानी ॥
aba sunu parama bimala mama bānī, satya sugama nigamādi bakhānī.
निज सिद्धांत सुनावउँ तोही । सुनु मन धरु सब तजि भजु मोही ॥
nija siddhāṁta sunāvauṁ tohī, sunu mana dharu saba taji bhaju mohī.
मम माया संभव संसारा । जीव चराचर बिबिधि प्रकारा ॥
mama māyā saṁbhava saṁsārā, jīva carācara bibidhi prakārā.
सब मम प्रिय सब मम उपजाए । सब ते अधिक मनुज मोहि भाए ॥
saba mama priya saba mama upajāe, saba te adhika manuja mohi bhāe.
तिन्ह महँ द्विज द्विज महँ श्रुतिधारी । तिन्ह महुँ निगम धरम अनुसारी ॥
tinha mahaṁ dvija dvija mahaṁ śrutidhārī, tinha mahuṁ nigama dharama anusārī.
तिन्ह महँ प्रिय बिरक्त पुनि ग्यानी । ग्यानिहु ते अति प्रिय बिग्यानी ॥
tinha mahaṁ priya birakta puni gyānī, gyānihu te ati priya bigyānī.
तिन्ह ते पुनि मोहि प्रिय निज दासा । जेहि गति मोरि न दूसरि आसा ॥
tinha te puni mohi priya nija dāsā, jehi gati mori na dūsari āsā.
पुनि पुनि सत्य कहउँ तोहि पाहीं । मोहि सेवक सम प्रिय कोउ नाहीं ॥
puni puni satya kahauṁ tohi pāhīṁ, mohi sevaka sama priya kou nāhīṁ.
भगति हीन बिरंचि किन होई । सब जीवहु सम प्रिय मोहि सोई ॥
bhagati hīna biraṁci kina hoī, saba jīvahu sama priya mohi soī.
भगतिवंत अति नीचउ प्रानी । मोहि प्रानप्रिय असि मम बानी ॥
bhagativaṁta ati nīcau prānī, mohi prānapriya asi mama bānī.

दोहा-dohā:

सुचि सुसील सेवक सुमति प्रिय कहु काहि न लाग ।
suci susīla sevaka sumati priya kahu kāhi na lāga,
श्रुति पुरान कह नीति असि सावधान सुनु काग ॥८६॥
śruti purāna kaha nīti asi sāvadhāna sunu kāga. 86.

चौपाई-caupāī:

एक पिता के बिपुल कुमारा । होहिं पृथक गुन सील अचारा ॥
eka pitā ke bipula kumārā, hohiṁ pṛthaka guna sīla acārā.
कोउ पंडित कोउ तापस ग्याता । कोउ धनवंत सूर कोउ दाता ॥
kou paṁḍita kou tāpasa gyātā, kou dhanavaṁta sūra kou dātā.
कोउ सर्बग्य धर्मरत कोई । सब पर पितहि प्रीति सम होई ॥
kou sarbagya dharmarata koī, saba para pitahi prīti sama hoī.
कोउ पितु भगत बचन मन कर्मा । सपनेहुँ जान न दूसर धर्मा ॥
kou pitu bhagata bacana mana karmā, sapanehuṁ jāna na dūsara dharmā.
सो सुत प्रिय पितु प्रान समाना । जद्यपि सो सब भाँति अयाना ॥
so suta priya pitu prāna samānā, jadyapi so saba bhāṁti ayānā.
एहि बिधि जीव चराचर जेते । त्रिजग देव नर असुर समेते ॥
ehi bidhi jīva carācara jete, trijaga deva nara asura samete.
अखिल बिस्व यह मोर उपाया । सब पर मोहि बराबरि दाया ॥
akhila bisva yaha mora upāyā, saba para mohi barābari dāyā.
तिन्ह महँ जो परिहरि मद माया । भजै मोहि मन बच अरू काया ॥
tinha mahaṁ jo parihari mada māyā, bhajai mohi mana baca arū kāyā.

दोहा-dohā:

पुरूष नपुंसक नारि वा जीव चराचर कोइ ।
purūṣa napuṁsaka nāri vā jīva carācara koi,
सर्ब भाव भज कपट तजि मोहि परम प्रिय सोइ ॥८७क॥
sarba bhāva bhaja kapaṭa taji mohi parama priya soi. 87(ka).

सोरठा-soraṭhā:

सत्य कहउँ खग तोहि सुचि सेवक मम प्रानप्रिय ।
satya kahauṁ khaga tohi suci sevaka mama prānapriya,
अस बिचारि भजु मोहि परिहरि आस भरोस सब ॥८७ख॥
asa bicāri bhaju mohi parihari āsa bharosa saba. 87(kha).

चौपाई-caupāī:

कबहूँ काल न ब्यापिहि तोही । सुमिरेसु भजेसु निरंतर मोही ॥
kabahūṁ kāla na byāpihi tohī, sumiresu bhajesu niraṁtara mohī.
प्रभु बचनामृत सुनि न अघाऊँ । तनु पुलकित मन अति हरषाऊँ ॥
prabhu bacanāmṛta suni na aghāūṁ, tanu pulakita mana ati haraṣāūṁ.
सो सुख जानइ मन अरु काना । नहिं रसना पहिं जाइ बखाना ॥
so sukha jānai mana aru kānā, nahiṁ rasanā pahiṁ jāi bakhānā.
प्रभु सोभा सुख जानहिं नयना । कहि किमि सकहिं तिन्हहि नहिं बयना ॥
prabhu sobhā sukha jānahiṁ nayanā, kahi kimi sakahiṁ tinhahi nahiṁ bayanā.
बहु बिधि मोहि प्रबोधि सुख देई । लगे करन सिसु कौतुक तेई ॥
bahu bidhi mohi prabodhi sukha deī, lage karana sisu kautuka teī.
सजल नयन कछु मुख करि रूखा । चितइ मातु लागी अति भूखा ॥
sajala nayana kachu mukha kari rūkhā, citai mātu lāgī ati bhūkhā.
देखि मातु आतुर उठि धाई । कहि मृदु बचन लिए उर लाई ॥
dekhi mātu ātura uṭhi dhāī, kahi mṛdu bacana lie ura lāī.
गोद राखि कराव पय पाना । रघुपति चरित ललित कर गाना ॥
goda rākhi karāva paya pānā, raghupati carita lalita kara gānā.

सोरठा-soraṭhā:

जेहि सुख लागि पुरारि असुभ बेष कृत सिव सुखद ।
jehi sukha lāgi purāri asubha beṣa kṛta siva sukhada,
अवधपुरी नर नारि तेहि सुख महुँ संतत मगन ॥८८क॥
avadhapurī nara nāri tehi sukha mahuṁ saṁtata magana. 88(ka).

सोइ सुख लवलेस जिन्ह बारक सपनेहुँ लहेउ ।
soi sukha lavalesa jinha bāraka sapanehuṁ laheu,
ते नहिं गनहिं खगेस ब्रह्मसुखहि सज्जन सुमति ॥८८ख॥
te nahiṁ ganahiṁ khagesa brahmasukhahi sajjana sumati. 88(kha).

चौपाई-caupāī:

मैं पुनि अवध रहेउँ कछु काला । देखेउँ बालबिनोद रसाला ॥
maiṁ puni avadha raheuṁ kachu kālā, dekheuṁ bālabinoda rasālā.
राम प्रसाद भगति बर पायउँ । प्रभु पद बंदि निजाश्रम आयउँ ॥
rāma prasāda bhagati bara pāyauṁ, prabhu pada baṁdi nijāśrama āyauṁ.
तब ते मोहि न ब्यापी माया । जब ते रघुनायक अपनाया ॥
taba te mohi na byāpī māyā, jaba te raghunāyaka apanāyā.
यह सब गुप्त चरित मैं गावा । हरि मायाँ जिमि मोहि नचावा ॥
yaha saba gupta carita maiṁ gāvā, hari māyāṁ jimi mohi nacāvā.
निज अनुभव अब कहउँ खगेसा । बिनु हरि भजन न जाहिं कलेसा ॥
nija anubhava aba kahauṁ khagesā, binu hari bhajana na jāhiṁ kalesā.
राम कृपा बिनु सुनु खगराई । जानि न जाइ राम प्रभुताई ॥
rāma kṛpā binu sunu khagarāī, jāni na jāi rāma prabhutāī.
जानें बिनु न होइ परतीती । बिनु परतीति होइ नहिं प्रीती ॥
jāneṁ binu na hoi paratītī, binu paratīti hoi nahiṁ prītī.
प्रीति बिना नहिं भगति दिढ़ाई । जिमि खगपति जल कै चिकनाई ॥
prīti binā nahiṁ bhagati diṛhāī, jimi khagapati jala kai cikanāī.

सोरठा-soraṭhā:

बिनु गुर होइ कि ग्यान ग्यान कि होइ बिराग बिनु ।
binu gura hoi ki gyāna gyāna ki hoi birāga binu,
गावहिं बेद पुरान सुख कि लहिअ हरि भगति बिनु ॥८९क॥
gāvahiṁ beda purāna sukha ki lahia hari bhagati binu. 89(ka).

कोउ बिश्राम कि पाव तात सहज संतोष बिनु ।
kou biśrāma ki pāva tāta sahaja saṁtoṣa binu,
चलै कि जल बिनु नाव कोटि जतन पचि पचि मरिअ ॥८९ख॥
calai ki jala binu nāva koṭi jatana paci paci maria. 89(kha).

चौपाई-caupāī:

बिनु संतोष न काम नसाहीं । काम अछत सुख सपनेहुँ नाहीं ॥
binu saṁtoṣa na kāma nasāhīṁ, kāma achata sukha sapanehuṁ nāhīṁ.
राम भजन बिनु मिटहिं कि कामा । थल बिहीन तरु कबहुँ कि जामा ॥
rāma bhajana binu miṭahiṁ ki kāmā, thala bihīna taru kabahuṁ ki jāmā.
बिनु बिग्यान कि समता आवइ । कोउ अवकास कि नभ बिनु पावइ ॥
binu bigyāna ki samatā āvai, kou avakāsa ki nabha binu pāvai.
श्रद्धा बिना धर्म नहिं होई । बिनु महि गंध कि पावइ कोई ॥
śraddhā binā dharma nahiṁ hoī, binu mahi gaṁdha ki pāvai koī.
बिनु तप तेज कि कर बिस्तारा । जल बिनु रस कि होइ संसारा ॥
binu tapa teja ki kara bistārā, jala binu rasa ki hoi saṁsārā.
सील कि मिल बिनु बुध सेवकाई । जिमि बिनु तेज न रूप गोसाँई ॥
sīla ki mila binu budha sevakāī, jimi binu teja na rūpa gosāṁī.
निज सुख बिनु मन होइ कि थीरा । परस कि होइ बिहीन समीरा ॥
nija sukha binu mana hoi ki thīrā, parasa ki hoi bihīna samīrā.

कवनिउ सिद्धि कि बिनु बिस्वासा । बिनु हरि भजन न भव भय नासा ॥
kavaniu siddhi ki binu bisvāsā, binu hari bhajana na bhava bhaya nāsā.

दोहा-dohā:

बिनु बिस्वास भगति नहिं तेहि बिनु द्रवहिं न रामु ।
binu bisvāsa bhagati nahiṁ tehi binu dravahiṁ na rāmu,
राम कृपा बिनु सपनेहुँ जीव न लह बिश्रामु ॥९०क॥
rāma kṛpā binu sapanehum̐ jīva na laha biśrāmu. 90(ka).

सोरठा-soraṭhā:

अस बिचारि मतिधीर तजि कुतर्क संसय सकल ।
asa bicāri matidhīra taji kutarka saṁsaya sakala,
भजहु राम रघुबीर करुनाकर सुंदर सुखद ॥९०ख॥
bhajahu rāma raghubīra karunākara suṁdara sukhada. 90(kha).

चौपाई-caupāī:

निज मति सरिस नाथ मैं गाई । प्रभु प्रताप महिमा खगराई ॥
nija mati sarisa nātha maiṁ gāī, prabhu pratāpa mahimā khagarāī.
कहेउँ न कछु करि जुगुति बिसेषी । यह सब मैं निज नयनन्हि देखी ॥
kaheum̐ na kachu kari juguti biseṣī, yaha saba maiṁ nija nayananhi dekhī.
महिमा नाम रूप गुन गाथा । सकल अमित अनंत रघुनाथा ॥
mahimā nāma rūpa guna gāthā, sakala amita anaṁta raghunāthā.
निज निज मति मुनि हरि गुन गावहिं । निगम सेष सिव पार न पावहिं ॥
nija nija mati muni hari guna gāvahiṁ, nigama seṣa siva pāra na pāvahiṁ.
तुम्हहि आदि खग मसक प्रजंता । नभ उड़ाहिं नहिं पावहिं अंता ॥
tumhahi ādi khaga masaka prajaṁtā, nabha uṛāhiṁ nahiṁ pāvahiṁ aṁtā.
तिमि रघुपति महिमा अवगाहा । तात कबहुँ कोउ पाव कि थाहा ॥
timi raghupati mahimā avagāhā, tāta kabahum̐ kou pāva ki thāhā.
रामु काम सत कोटि सुभग तन । दुर्गा कोटि अमित अरि मर्दन ॥
rāmu kāma sata koṭi subhaga tana, durgā koṭi amita ari mardana.
सक्र कोटि सत सरिस बिलासा । नभ सत कोटि अमित अवकासा ॥
sakra koṭi sata sarisa bilāsā, nabha sata koṭi amita avakāsā.

दोहा-dohā:

मरुत कोटि सत बिपुल बल रबि सत कोटि प्रकास ।
maruta koṭi sata bipula bala rabi sata koṭi prakāsa,
ससि सत कोटि सुसीतल समन सकल भव त्रास ॥९१क॥
sasi sata koṭi susītala samana sakala bhava trāsa. 91(ka).

काल कोटि सत सरिस अति दुस्तर दुर्ग दुरंत ।
kāla koṭi sata sarisa ati dustara durga duraṁta,
धूमकेतु सत कोटि सम दुराधरष भगवंत ॥९१ख॥
dhūmaketu sata koṭi sama durādharaṣa bhagavaṁta. 91(kha).

चौपाई-caupāī:

प्रभु अगाध सत कोटि पताला । समन कोटि सत सरिस कराला ॥
prabhu agādha sata koṭi patālā, samana koṭi sata sarisa karālā.
तीरथ अमित कोटि सम पावन । नाम अखिल अघ पूग नसावन ॥
tīratha amita koṭi sama pāvana, nāma akhila agha pūga nasāvana.
हिमगिरि कोटि अचल रघुबीरा । सिंधु कोटि सत सम गंभीरा ॥
himagiri koṭi acala raghubīrā, siṁdhu koṭi sata sama gaṁbhīrā.
कामधेनु सत कोटि समाना । सकल काम दायक भगवाना ॥
kāmadhenu sata koṭi samānā, sakala kāma dāyaka bhagavānā.
सारद कोटि अमित चतुराई । बिधि सत कोटि सृष्टि निपुनाई ॥
sārada koṭi amita caturāī, bidhi sata koṭi sṛṣṭi nipunāī.
बिष्नु कोटि सम पालन कर्ता । रुद्र कोटि सत सम संहर्ता ॥
biṣnu koṭi sama pālana kartā, rudra koṭi sata sama saṁhartā.

धनद कोटि सत सम धनवाना । माया कोटि प्रपंच निधाना ॥
dhanada koṭi sata sama dhanavānā, māyā koṭi prapaṁca nidhānā.
भार धरन सत कोटि अहीसा । निरवधि निरुपम प्रभु जगदीसा ॥
bhāra dharana sata koṭi ahīsā, niravadhi nirupama prabhu jagadīsā.

छंद-chaṁda:

निरुपम न उपमा आन राम समान रामु निगम कहै ।
nirupama na upamā āna rāma samāna rāmu nigama kahai,
जिमि कोटि सत खद्योत सम रबि कहत अति लघुता लहै ॥
jimi koṭi sata khadyota sama rabi kahata ati laghutā lahai.

एहि भाँति निज निज मति बिलास मुनीस हरिहि बखानहीं ।
ehi bhām̐ti nija nija mati bilāsa munīsa harihi bakhānahīṁ,
प्रभु भाव गाहक अति कृपाल सप्रेम सुनि सुख मानहीं ॥
prabhu bhāva gāhaka ati kṛpāla saprema suni sukha mānahīṁ.

दोहा-dohā:

रामु अमित गुन सागर थाह कि पावइ कोइ ।
rāmu amita guna sāgara thāha ki pāvai koi,
संतन्ह सन जस किछु सुनेउँ तुम्हहि सुनायउँ सोइ ॥९२क॥
saṁtanha sana jasa kichu suneum̐ tumhahi sunāyaum̐ soi. 92(ka).

सोरठा-soraṭhā:

भाव बस्य भगवान सुख निधान करुना भवन ।
bhāva basya bhagavāna sukha nidhāna karunā bhavana,
तजि ममता मद मान भजिअ सदा सीता रवन ॥९२ख॥
taji mamatā mada māna bhajia sadā sītā ravana. 92(kha).

चौपाई-caupāī:

सुनि भुसुंडि के बचन सुहाए । हरषित खगपति पंख फुलाए ॥
suni bhusuṁḍi ke bacana suhāe, haraṣita khagapati paṁkha phulāe.
नयन नीर मन अति हरषाना । श्रीरघुपति प्रताप उर आना ॥
nayana nīra mana ati haraṣānā, śrīraghupati pratāpa ura ānā.
पाछिल मोह समुझि पछिताना । ब्रह्म अनादि मनुज करि माना ॥
pāchila moha samujhi pachitānā, brahma anādi manuja kari mānā.
पुनि पुनि काग चरन सिरु नावा । जानि राम सम प्रेम बढ़ावा ॥
puni puni kāga carana siru nāvā, jāni rāma sama prema baṛhāvā.
गुर बिनु भव निधि तरइ न कोई । जौं बिरंचि संकर सम होई ॥
gura binu bhava nidhi tarai na koī, jauṁ biraṁci saṁkara sama hoī.
संसय सर्प ग्रसेउ मोहि ताता । दुखद लहरि कुतर्क बहु ब्राता ॥
saṁsaya sarpa graseu mohi tātā, dukhada lahari kutarka bahu brātā.
तव सरूप गारुड़ि रघुनायक । मोहि जिआयउ जन सुखदायक ॥
tava sarūpa gāruṛi raghunāyaka, mohi jiāyau jana sukhadāyaka.
तव प्रसाद मम मोह नसाना । राम रहस्य अनूपम जाना ॥
tava prasāda mama moha nasānā, rāma rahasya anūpama jānā.

दोहा-dohā:

ताहि प्रसंसि बिबिधि बिधि सीस नाइ कर जोरि ।
tāhi prasaṁsi bibidhi bidhi sīsa nāi kara jori,
बचन बिनीत सप्रेम मृदु बोलेउ गरुड़ बहोरि ॥९३क॥
bacana binīta saprema mṛdu boleu garuṛa bahori. 93(ka).

प्रभु अपने अबिबेक ते बूझउँ स्वामी तोहि ।
prabhu apane abibeka te būjhaum̐ svāmī tohi,
कृपासिंधु सादर कहहु जानि दास निज मोहि ॥९३ख॥
kṛpāsiṁdhu sādara kahahu jāni dāsa nija mohi. 93(kha).

चौपाई-caupāī:

तुम्ह सर्बग्य तन्य तम पारा । सुमति सुसील सरल आचारा ॥

tumha sarbagya tanya tama pārā, sumati susīla sarala ācārā.
ग्यान बिरति बिग्यान निवासा । रघुनायक के तुम्ह प्रिय दासा ॥
gyāna birati bigyāna nivāsā, raghunāyaka ke tumha priya dāsā.
कारन कवन देह यह पाई । तात सकल मोहि कहहु बुझाई ॥
kārana kavana deha yaha pāī, tāta sakala mohi kahahu bujhāī.
राम चरित सर सुंदर स्वामी । पायहु कहाँ कहहु नभगामी ॥
rāma carita sara suṁdara svāmī, pāyahu kahām̐ kahahu nabhagāmī.
नाथ सुना मैं अस सिव पाहीं । महा प्रलयहुँ नास तव नाहीं ॥
nātha sunā maiṁ asa siva pāhīṁ, mahā pralayahum̐ nāsa tava nāhīṁ.
मुधा बचन नहिं ईस्वर कहई । सोउ मोरें मन संसय अहई ॥
mudhā bacana nahiṁ īsvara kahaī, sou moreṁ mana saṁsaya ahaī.
अग जग जीव नाग नर देवा । नाथ सकल जगु काल कलेवा ॥
aga jaga jīva nāga nara devā, nātha sakala jagu kāla kalevā.
अंड कटाह अमित लय कारी । कालु सदा दुरतिक्रम भारी ॥
aṁḍa kaṭāha amita laya kārī, kālu sadā duratikrama bhārī.

सोरठा-soraṭhā:

तुम्हहि न ब्यापत काल अति कराल कारन कवन ।
tumhahi na byāpata kāla ati karāla kārana kavana,
मोहि सो कहहु कृपाल ग्यान प्रभाव कि जोग बल ॥९४क॥
mohi so kahahu kṛpāla gyāna prabhāva ki joga bala. 94(ka).

दोहा-dohā:

प्रभु तव आश्रम आएँ मोर मोह भ्रम भाग ।
prabhu tava āśrama āem̐ mora moha bhrama bhāga,
कारन कवन सो नाथ सब कहहु सहित अनुराग ॥९४ख॥
kārana kavana so nātha saba kahahu sahita anurāga. 94(kha).

चौपाई-caupāī:

गरुड़ गिरा सुनि हरषेउ कागा । बोलेउ उमा परम अनुरागा ॥
garuṛa girā suni haraṣeu kāgā, boleu umā parama anurāgā.
धन्य धन्य तव मति उरगारी । प्रस्न तुम्हारि मोहि अति प्यारी ॥
dhanya dhanya tava mati uragārī, prasna tumhāri mohi ati pyārī.
सुनि तव प्रस्न सप्रेम सुहाई । बहुत जनम कै सुधि मोहि आई ॥
suni tava prasna saprema suhāī, bahuta janama kai sudhi mohi āī.
सब निज कथा कहउँ मैं गाई । तात सुनहु सादर मन लाई ॥
saba nija kathā kahaum̐ maiṁ gāī, tāta sunahu sādara mana lāī.
जप तप मख सम दम ब्रत दाना । बिरति बिबेक जोग बिग्याना ॥
japa tapa makha sama dama brata dānā, birati bibeka joga bigyānā.
सब कर फल रघुपति पद प्रेमा । तेहि बिनु कोउ न पावइ छेमा ॥
saba kara phala raghupati pada premā, tehi binu kou na pāvai chemā.
एहिं तन राम भगति मैं पाई । ताते मोहि ममता अधिकाई ॥
ehiṁ tana rāma bhagati maiṁ pāī, tāte mohi mamatā adhikāī.
जेहि तें कछु निज स्वारथ होई । तेहि पर ममता कर सब कोई ॥
jehi teṁ kachu nija svāratha hoī, tehi para mamatā kara saba koī.

सोरठा-soraṭhā:

पन्नगारि असि नीति श्रुति संमत सज्जन कहहिं ।
pannagāri asi nīti śruti saṁmata sajjana kahahiṁ,
अति नीचहु सन प्रीति करिअ जानि निज परम हित ॥९५क॥
ati nīcahu sana prīti karia jāni nija parama hita. 95(ka).

पाट कीट तें होइ तेहि तें पाटंबर रुचिर ।
pāṭa kīṭa teṁ hoi tehi teṁ pāṭaṁbara rucira,
कृमि पालइ सबु कोइ परम अपावन प्रान सम ॥९५ख॥
kṛmi pālai sabu koi parama apāvana prāna sama. 95(kha).

चौपाई-caupāī:

स्वारथ साँच जीव कहुँ एहा । मन क्रम बचन राम पद नेहा ॥
svāratha sām̐ca jīva kahum̐ ehā, mana krama bacana rāma pada nehā.
सोइ पावन सोइ सुभग सरीरा । जो तनु पाइ भजिअ रघुबीरा ॥
soi pāvana soi subhaga sarīrā, jo tanu pāi bhajia raghubīrā.
राम बिमुख लहि बिधि सम देही । कबि कोबिद न प्रसंसहिं तेही ॥
rāma bimukha lahi bidhi sama dehī, kabi kobida na prasaṁsahiṁ tehī.
राम भगति एहिं तन उर जामी । ताते मोहि परम प्रिय स्वामी ॥
rāma bhagati ehiṁ tana ura jāmī, tāte mohi parama priya svāmī.
तजउँ न तन निज इच्छा मरना । तन बिनु बेद भजन नहिं बरना ॥
tajaum̐ na tana nija icchā maranā, tana binu beda bhajana nahiṁ baranā.
प्रथम मोहँ मोहि बहुत बिगोवा । राम बिमुख सुख कबहुँ न सोवा ॥
prathama moham̐ mohi bahuta bigovā, rāma bimukha sukha kabahum̐ na sovā.
नाना जनम कर्म पुनि नाना । किए जोग जप तप मख दाना ॥
nānā janama karma puni nānā, kie joga japa tapa makha dānā.
कवन जोनि जनमेउँ जहँ नाहीं । मैं खगेस भ्रमि भ्रमि जग माहीं ॥
kavana joni janameum̐ jaham̐ nāhīṁ, maiṁ khagesa bhrami bhrami jaga māhīṁ.
देखेउँ करि सब करम गोसाईं । सुखी न भयउँ अबहिं की नाईं ॥
dekheum̐ kari saba karama gosāīṁ, sukhī na bhayaum̐ abahiṁ kī nāīṁ.
सुधि मोहि नाथ जन्म बहु केरी । सिव प्रसाद मति मोहँ न घेरी ॥
sudhi mohi nātha janma bahu kerī, siva prasāda mati moham̐ na gherī.

दोहा-dohā:

प्रथम जन्म के चरित अब कहउँ सुनहु बिहगेस ।
prathama janma ke carita aba kahaum̐ sunahu bihagesa,
सुनि प्रभु पद रति उपजइ जातें मिटहिं कलेस ॥९६क॥
suni prabhu pada rati upajai jāteṁ miṭahiṁ kalesa. 96(ka).

पूरुब कल्प एक प्रभु जुग कलिजुग मल मूल ।
pūruba kalpa eka prabhu juga kalijuga mala mūla,
नर अरु नारि अधर्मरत सकल निगम प्रतिकूल ॥९६ख॥
nara aru nāri adharmarata sakala nigama pratikūla. 96(kha).

चौपाई-caupāī:

तेहिं कलिजुग कोसलपुर जाई । जन्मत भयउँ सूद्र तनु पाई ॥
tehiṁ kalijuga kosalapura jāī, janmata bhayaum̐ sūdra tanu pāī.
सिव सेवक मन क्रम अरु बानी । आन देव निंदक अभिमानी ॥
siva sevaka mana krama aru bānī, āna deva niṁdaka abhimānī.
धन मद मत्त परम बाचाला । उग्रबुद्धि उर दंभ बिसाला ॥
dhana mada matta parama bācālā, ugrabuddhi ura daṁbha bisālā.
जदपि रहेउँ रघुपति रजधानी । तदपि न कछु महिमा तब जानी ॥
jadapi raheum̐ raghupati rajadhānī, tadapi na kachu mahimā taba jānī.
अब जाना मैं अवध प्रभावा । निगमागम पुरान अस गावा ॥
aba jānā maiṁ avadha prabhāvā, nigamāgama purāna asa gāvā.
कवनेहुँ जन्म अवध बस जोई । राम परायन सो परि होई ॥
kavanehum̐ janma avadha basa joī, rāma parāyana so pari hoī.
अवध प्रभाव जान तब प्रानी । जब उर बसहिं रामु धनुपानी ॥
avadha prabhāva jāna taba prānī, jaba ura basahiṁ rāmu dhanupānī.
सो कलिकाल कठिन उरगारी । पाप परायन सब नर नारी ॥
so kalikāla kaṭhina uragārī, pāpa parāyana saba nara nārī.

दोहा-dohā:

कलिमल ग्रसे धर्म सब लुप्त भए सदग्रंथ ।
kalimala grase dharma saba lupta bhae sadagraṁtha,
दंभिन्ह निज मति कल्पि करि प्रगट किए बहु पंथ ॥९७क॥
daṁbhinha nija mati kalpi kari pragaṭa kie bahu paṁtha. 97(ka).

भए लोग सब मोहबस लोभ ग्रसे सुभ कर्म ।
bhae loga saba mohabasa lobha grase subha karma,
सुनु हरिजान ग्यान निधि कहउँ कछुक कलिधर्म ॥९७ख॥
sunu harijāna gyāna nidhi kahauṁ kachuka kalidharma. 97(kha).

चौपाई-caupāī:

बरन धर्म नहिं आश्रम चारी । श्रुति बिरोध रत सब नर नारी ॥
barana dharma nahiṁ āśrama cārī, śruti birodha rata saba nara nārī.
द्विज श्रुति बेचक भूप प्रजासन । कोउ नहिं मान निगम अनुसासन ॥
dvija śruti becaka bhūpa prajāsana, kou nahiṁ māna nigama anusāsana.
मारग सोइ जा कहुँ जोइ भावा । पंडित सोइ जो गाल बजावा ॥
māraga soi jā kahuṁ joi bhāvā, paṁḍita soi jo gāla bajāvā.
मिथ्यारंभ दंभ रत जोई । ता कहुँ संत कहइ सब कोई ॥
mithyāraṁbha daṁbha rata joī, tā kahuṁ saṁta kahai saba koī.
सोइ सयान जो परधन हारी । जो कर दंभ सो बड़ आचारी ॥
soi sayāna jo paradhana hārī, jo kara daṁbha so baṛa ācārī.
जो कह झूँठ मसखरी जाना । कलिजुग सोइ गुनवंत बखाना ॥
jo kaha jhūṁṭha masakharī jānā, kalijuga soi gunavaṁta bakhānā.
निराचार जो श्रुति पथ त्यागी । कलिजुग सोइ ग्यानी सो बिरागी ॥
nirācāra jo śruti patha tyāgī, kalijuga soi gyānī so birāgī.
जाकें नख अरु जटा बिसाला । सोइ तापस प्रसिद्ध कलिकाला ॥
jākeṁ nakha aru jaṭā bisālā, soi tāpasa prasiddha kalikālā.

दोहा-dohā:

असुभ बेष भूषन धरें भच्छाभच्छ जे खाहिं ।
asubha beṣa bhūṣana dhareṁ bhacchābhaccha je khāhiṁ,
तेइ जोगी तेइ सिद्ध नर पूज्य ते कलिजुग माहिं ॥९८क॥
tei jogī tei siddha nara pūjya te kalijuga māhiṁ. 98(ka).

सोरठा-sorаṭhā:

जे अपकारी चार तिन्ह कर गौरव मान्य तेइ ।
je apakārī cāra tinha kara gaurava mānya tei,
मन क्रम बचन लबार तेइ बकता कलिकाल महुँ ॥९८ख॥
mana krama bacana labāra tei bakatā kalikāla mahuṁ. 98(kha).

चौपाई-caupāī:

नारि बिबस नर सकल गोसाईं । नाचहिं नट मर्कट की नाईं ॥
nāri bibasa nara sakala gosāīṁ, nācahiṁ naṭa markaṭa kī nāīṁ.
सूद्र द्विजन्ह उपदेसहिं ग्याना । मेलि जनेऊ लेहिं कुदाना ॥
sūdra dvijanha upadesahiṁ gyānā, meli janeū lehiṁ kudānā.
सब नर काम लोभ रत क्रोधी । देव बिप्र श्रुति संत बिरोधी ॥
saba nara kāma lobha rata krodhī, deva bipra śruti saṁta birodhī.
गुन मंदिर सुंदर पति त्यागी । भजहिं नारि पर पुरुष अभागी ॥
guna maṁdira suṁdara pati tyāgī, bhajahiṁ nāri para puruṣa abhāgī.
सौभागिनीं बिभूषन हीना । बिधवन्ह के सिंगार नबीना ॥
saubhāginīṁ bibhūṣana hīnā, bidhavanha ke siṁgāra nabīnā.
गुर सिष बधिर अंध का लेखा । एक न सुनइ एक नहिं देखा ॥
gura siṣa badhira aṁdha kā lekhā, eka na sunai eka nahiṁ dekhā.
हरइ सिष्य धन सोक न हरई । सो गुर घोर नरक महुँ परई ॥
harai siṣya dhana soka na haraī, so gura ghora naraka mahuṁ paraī.
मातु पिता बालकन्हि बोलावहिं । उदर भरै सोइ धर्म सिखावहिं ॥
mātu pitā bālakanhi bolāvahiṁ, udara bharai soi dharma sikhāvahiṁ.

दोहा-dohā:

ब्रह्म ग्यान बिनु नारि नर कहहिं न दूसरि बात ।
brahma gyāna binu nāri nara kahahiṁ na dūsari bāta,
कौड़ी लागि लोभ बस करहिं बिप्र गुर घात ॥९९क॥
kauṛī lāgi lobha basa karahiṁ bipra gura ghāta. 99(ka).

बादहिं सूद्र द्विजन्ह सन हम तुम्ह ते कछु घाटि ।
bādahiṁ sūdra dvijanha sana hama tumha te kachu ghāṭi,
जानइ ब्रह्म सो बिप्रबर आँखि देखावहिं डाटि ॥९९ख॥
jānai brahma so biprabara āṁkhi dekhāvahiṁ ḍāṭi. 99(kha).

चौपाई-caupāī:

पर त्रिय लंपट कपट सयाने । मोह द्रोह ममता लपटाने ॥
para triya lampaṭa kapaṭa sayāne, moha droha mamatā lapaṭāne.
तेइ अभेदबादी ग्यानी नर । देखा मैं चरित्र कलिजुग कर ॥
tei abhedabādī gyānī nara, dekhā maiṁ caritra kalijuga kara.
आपु गए अरु तिन्हहू घालहिं । जे कहुँ सत मारग प्रतिपालहिं ॥
āpu gae aru tinhahū ghālahiṁ, je kahuṁ sata māraga pratipālahiṁ.
कल्प कल्प भरि एक एक नरका । परहिं जे दूषहिं श्रुति करि तरका ॥
kalpa kalpa bhari eka eka narakā, parahiṁ je dūṣahiṁ śruti kari tarakā.
जे बरनाधम तेलि कुम्हारा । स्वपच किरात कोल कलवारा ॥
je baranādhama teli kumhārā, svapaca kirāta kola kalavārā.
नारि मुई गृह संपति नासी । मूड़ मुड़ाइ होहिं सन्यासी ॥
nāri muī gṛha sampati nāsī, mūṛa muṛāi hohiṁ sanyāsī.
ते बिप्रन्ह सन आपु पुजावहिं । उभय लोक निज हाथ नसावहिं ॥
te bipranha sana āpu pujāvahiṁ, ubhaya loka nija hātha nasāvahiṁ.
बिप्र निरच्छर लोलुप कामी । निराचार सठ बृषली स्वामी ॥
bipra niracchara lolupa kāmī, nirācāra saṭha bṛṣalī svāmī.
सूद्र करहिं जप तप ब्रत नाना । बैठि बरासन कहहिं पुराना ॥
sūdra karahiṁ japa tapa brata nānā, baiṭhi barāsana kahahiṁ purānā.
सब नर कल्पित करहिं अचारा । जाइ न बरनि अनीति अपारा ॥
saba nara kalpita karahiṁ acārā, jāi na barani anīti apārā.

दोहा-dohā:

भए बरन संकर कलि भिन्नसेतु सब लोग ।
bhae barana saṁkara kali bhinnasetu saba loga,
करहिं पाप पावहिं दुख भय रुज सोक बियोग ॥१००क॥
karahiṁ pāpa pāvahiṁ dukha bhaya ruja soka biyoga. 100(ka).

श्रुति संमत हरि भक्ति पथ संजुत बिरति बिबेक ।
śruti saṁmata hari bhakti patha saṁjuta birati bibeka,
तेहिं न चलहिं नर मोह बस कल्पहिं पंथ अनेक ॥१००ख॥
tehiṁ na calahiṁ nara moha basa kalpahiṁ paṁtha aneka. 100(kha).

छंद-chaṁda:

बहु दाम सँवारहिं धाम जती । बिषया हरि लीन्हि न रहि बिरती ॥
bahu dāma saṁvārahiṁ dhāma jatī, biṣayā hari līnhi na rahi biratī.
तपसी धनवंत दरिद्र गृही । कलि कौतुक तात न जात कही ॥
tapasī dhanavaṁta daridra gṛhī, kali kautuka tāta na jāta kahī.
कुलवंति निकारहिं नारि सती । गृह आनहिं चेरि निबेरि गती ॥
kulavaṁti nikārahiṁ nāri satī, gṛha ānahiṁ ceri niberi gatī.
सुत मानहिं मातु पिता तब लौं । अबलानन दीख नहीं जब लौं ॥
suta mānahiṁ mātu pitā taba lauṁ, abalānana dīkha nahīṁ jaba lauṁ.

ससुरारि पिआरि लगी जब तें । रिपुरूप कुटुंब भए तब तें ॥
sasurāri piāri lagī jaba teṁ, ripurūpa kuṭuṁba bhae taba teṁ.
नृप पाप परायन धर्म नहीं । करि दंड बिडंब प्रजा नितहीं ॥
nṛpa pāpa parāyana dharma nahīṁ, kari daṁḍa biḍaṁba prajā nitahīṁ.
धनवंत कुलीन मलीन अपी । द्विज चिन्ह जनेउ उघार तपी ॥
dhanavaṁta kulīna malīna apī, dvija cinha janeu ughāra tapī.
नहिं मान पुरान न बेदहि जो । हरि सेवक संत सही कलि सो ॥
nahiṁ māna purāna na bedahi jo, hari sevaka saṁta sahī kali so,
कबि बृंद उदार दुनी न सुनी । गुन दूषक ब्रात न कोपि गुनी ॥
kabi bṛṁda udāra dunī na sunī, guna dūṣaka brāta na kopi gunī.
कलि बारहिं बार दुकाल परै । बिनु अन्न दुखी सब लोग मरै ॥
kali bārahiṁ bāra dukāla parai, binu anna dukhī saba loga marai.

दोहा-dohā:

सुनु खगेस कलि कपट हठ दंभ द्वेष पाषंड ।
sunu khagesa kali kapaṭa haṭha daṁbha dveṣa pāṣaṁḍa,
मान मोह मारादि मद ब्यापि रहे ब्रह्मंड ॥१०१क॥
māna moha mārādi mada byāpi rahe brahmaṁḍa. 101(ka).

तामस धर्म करहिं नर जप तप ब्रत मख दान ।
tāmasa dharma karahiṁ nara japa tapa brata makha dāna,
देव न बरषहिं धरनीं बए न जामहिं धान ॥१०१ख॥
deva na baraṣahiṁ dharanīṁ bae na jāmahiṁ dhāna. 101(kha).

छंद-chaṁda:

अबला कच भूषन भूरि छुधा । धनहीन दुखी ममता बहुधा ॥
abalā kaca bhūṣana bhūri chudhā, dhanahīna dukhī mamatā bahudhā.
सुख चाहहिं मूढ़ न धर्म रता । मति थोरि कठोरि न कोमलता ॥
sukha cāhahiṁ mūṛha na dharma ratā, mati thori kaṭhori na komalatā.
नर पीड़ित रोग न भोग कहीं । अभिमान बिरोध अकारनहीं ॥
nara pīṛita roga na bhoga kahīṁ, abhimāna birodha akāranahīṁ.
लघु जीवन संबतु पंच दसा । कलपांत न नास गुमानु असा ॥
laghu jīvana saṁbatu paṁca dasā, kalapāṁta na nāsa gumānu asā.
कलिकाल बिहाल किए मनुजा । नहिं मानत क्वौ अनुजा तनुजा ॥
kalikāla bihāla kie manujā, nahiṁ mānata kvau anujā tanujā.
नहिं तोष बिचार न सीतलता । सब जाति कुजाति भए मगता ॥
nahiṁ toṣa bicāra na sītalatā, saba jāti kujāti bhae magatā.
इरिषा परुषाच्छर लोलुपता । भरि पूरि रही समता बिगता ॥
iriṣā paruṣācchara lolupatā, bhari pūri rahī samatā bigatā.
सब लोग बियोग बिसोक हुए । बरनाश्रम धर्म अचार गए ॥
saba loga biyoga bisoka hue, baranāśrama dharma acāra gae.
दम दान दया नहिं जानपनी । जड़ता परबंचनताति घनी ॥
dama dāna dayā nahiṁ jānapanī, jaṛatā parabaṁcanatāti ghanī.
तनु पोषक नारि नरा सगरे । परनिंदक जे जग मो बगरे ॥
tanu poṣaka nāri narā sagare, paraniṁdaka je jaga mo bagare.

दोहा-dohā:

सुनु ब्यालारि काल कलि मल अवगुन आगार ।
sunu byālāri kāla kali mala avaguna āgāra,
गुनउँ बहुत कलिजुग कर बिनु प्रयास निस्तार ॥१०२क॥
gunauṁ bahuta kalijuga kara binu prayāsa nistāra. 102(ka).

कृतजुग त्रेताँ द्वापर पूजा मख अरु जोग ।
kṛtajuga tretāṁ dvāpara pūjā makha aru joga,
जो गति होइ सो कलि हरि नाम ते पावहिं लोग ॥१०२ख॥
jo gati hoi so kali hari nāma te pāvahiṁ loga. 102(kha).

चौपाई-caupāī:

कृतजुग सब जोगी बिग्यानी । करि हरि ध्यान तरहिं भव प्रानी ॥
kṛtajuga saba jogī bigyānī, kari hari dhyāna tarahiṁ bhava prānī.
त्रेताँ बिबिध जग्य नर करहीं । प्रभुहि समर्पि कर्म भव तरहीं ॥
tretāṁ bibidha jagya nara karahīṁ, prabhuhi samarpi karma bhava tarahīṁ.
द्वापर करि रघुपति पद पूजा । नर भव तरहिं उपाय न दूजा ॥
dvāpara kari raghupati pada pūjā, nara bhava tarahiṁ upāya na dūjā.
कलिजुग केवल हरि गुन गाहा । गावत नर पावहिं भव थाहा ॥
kalijuga kevala hari guna gāhā, gāvata nara pāvahiṁ bhava thāhā.
कलिजुग जोग न जग्य न ग्याना । एक अधार राम गुन गाना ॥
kalijuga joga na jagya na gyānā, eka adhāra rāma guna gānā.
सब भरोस तजि जो भज रामहि । प्रेम समेत गाव गुन ग्रामहि ॥
saba bharosa taji jo bhaja rāmahi, prema sameta gāva guna grāmahi.
सोइ भव तर कछु संसय नाहीं । नाम प्रताप प्रगट कलि माहीं ॥
soi bhava tara kachu saṁsaya nāhīṁ, nāma pratāpa pragaṭa kali māhīṁ.
कलि कर एक पुनीत प्रतापा । मानस पुन्य होहिं नहिं पापा ॥
kali kara eka punīta pratāpā, mānasa punya hohiṁ nahiṁ pāpā.

दोहा-dohā:

कलिजुग सम जुग आन नहिं जौं नर कर बिस्वास ।
kalijuga sama juga āna nahiṁ jauṁ nara kara bisvāsa,
गाइ राम गुन गन बिमल भव तर बिनहिं प्रयास ॥१०३क॥
gāi rāma guna gana bimala bhava tara binahiṁ prayāsa. 103(ka).

प्रगट चारि पद धर्म के कलि महुँ एक प्रधान ।
pragaṭa cāri pada dharma ke kali mahuṁ eka pradhāna,
जेन केन बिधि दीन्हें दान करइ कल्यान ॥१०३ख॥
jena kena bidhi dīnheṁ dāna karai kalyāna. 103(kha).

चौपाई-caupāī:

नित जुग धर्म होहिं सब केरे । हृदयँ राम माया के प्रेरे ॥
nita juga dharma hohiṁ saba kere, hṛdayaṁ rāma māyā ke prere.
सुद्ध सत्व समता बिग्याना । कृत प्रभाव प्रसन्न मन जाना ॥
suddha satva samatā bigyānā, kṛta prabhāva prasanna mana jānā.
सत्व बहुत रज कछु रति कर्मा । सब बिधि सुख त्रेता कर धर्मा ॥
satva bahuta raja kachu rati karmā, saba bidhi sukha tretā kara dharmā.
बहु रज स्वल्प सत्व कछु तामस । द्वापर धर्म हरष भय मानस ॥
bahu raja svalpa satva kachu tāmasa, dvāpara dharma haraṣa bhaya mānasa.
तामस बहुत रजोगुन थोरा । कलि प्रभाव बिरोध चहुँ ओरा ॥
tāmasa bahuta rajoguna thorā, kali prabhāva birodha cahuṁ orā.
बुध जुग धर्म जानि मन माहीं । तजि अधर्म रति धर्म कराहीं ॥
budha juga dharma jāni mana māhīṁ, taji adharma rati dharma karāhīṁ.
काल धर्म नहिं ब्यापहिं ताही । रघुपति चरन प्रीति अति जाही ॥
kāla dharma nahiṁ byāpahiṁ tāhī, raghupati carana prīti ati jāhī.
नट कृत बिकट कपट खगराया । नट सेवकहि न ब्यापइ माया ॥
naṭa kṛta bikaṭa kapaṭa khagarāyā, naṭa sevakahi na byāpai māyā.

दोहा-dohā:

हरि माया कृत दोष गुन बिनु हरि भजन न जाहिं ।
hari māyā kṛta doṣa guna binu hari bhajana na jāhiṁ,
भजिअ राम तजि काम सब अस बिचारि मन माहिं ॥१०४क॥
bhajia rāma taji kāma saba asa bicāri mana māhiṁ. 104(ka).

तेहिं कलिकाल बरष बहु बसेउँ अवध बिहगेस ।
tehiṁ kalikāla baraṣa bahu baseuṁ avadha bihagesa,
परेउ दुकाल बिपति बस तब मैं गयउँ बिदेस ॥१०४ख॥
pareu dukāla bipati basa taba maiṁ gayauṁ bidesa. 104(kha).

चौपाई-caupāī:

गयउँ उजेनी सुनु उरगारी । दीन मलीन दरिद्र दुखारी ॥
gayauṁ ujenī sunu uragārī, dīna malīna daridra dukhārī.
गएँ काल कछु संपति पाई । तहँ पुनि करउँ संभु सेवकाई ॥
gaeṁ kāla kachu saṁpati pāī, tahaṁ puni karauṁ saṁbhu sevakāī.
बिप्र एक बैदिक सिव पूजा । करइ सदा तेहि काजु न दूजा ॥
bipra eka baidika siva pūjā, karai sadā tehi kāju na dūjā.
परम साधु परमारथ बिंदक । संभु उपासक नहिं हरि निंदक ॥
parama sādhu paramāratha biṁdaka, saṁbhu upāsaka nahiṁ hari niṁdaka.
तेहि सेवउँ मैं कपट समेता । द्विज दयाल अति नीति निकेता ॥
tehi sevauṁ maiṁ kapaṭa sametā, dvija dayāla ati nīti niketā.
बाहिज नम्र देखि मोहि साईं । बिप्र पढ़ाव पुत्र की नाईं ॥
bāhija namra dekhi mohi sāīṁ, bipra paṛhāva putra kī nāīṁ.
संभु मंत्र मोहि द्विजबर दीन्हा । सुभ उपदेस बिबिध बिधि कीन्हा ॥
saṁbhu maṁtra mohi dvijabara dīnhā, subha upadesa bibidha bidhi kīnhā.
जपउँ मंत्र सिव मंदिर जाई । हृदयँ दंभ अहमिति अधिकाई ॥
japauṁ maṁtra siva maṁdira jāī, hṛdayaṁ daṁbha ahamiti adhikāī.

दोहा-dohā:

मैं खल मल संकुल मति नीच जाति बस मोह ।
maiṁ khala mala saṁkula mati nīca jāti basa moha,
हरि जन द्विज देखें जरउँ करउँ बिष्नु कर द्रोह ॥१०५क॥
hari jana dvija dekheṁ jarauṁ karauṁ biṣnu kara droha. 105(ka).

सोरठा-soraṭhā:

गुर नित मोहि प्रबोध दुखित देखि आचरन मम ।
gura nita mohi prabodha dukhita dekhi ācarana mama,
मोहि उपजइ अति क्रोध दंभिहि नीति कि भावई ॥१०५ख॥
mohi upajai ati krodha daṁbhihi nīti ki bhāvaī. 105(kha).

चौपाई-caupāī:

एक बार गुर लीन्ह बोलाई । मोहि नीति बहु भाँति सिखाई ॥
eka bāra gura līnha bolāī, mohi nīti bahu bhāṁti sikhāī.
सिव सेवा कर फल सुत सोई । अबिरल भगति राम पद होई ॥
siva sevā kara phala suta soī, abirala bhagati rāma pada hoī.
रामहि भजहिं तात सिव धाता । नर पावँर कै केतिक बाता ॥
rāmahi bhajahiṁ tāta siva dhātā, nara pāvaṁra kai ketika bātā.
जासु चरन अज सिव अनुरागी । तासु द्रोहँ सुख चहसि अभागी ॥
jāsu carana aja siva anurāgī, tāsu drohaṁ sukha cahasi abhāgī.
हर कहुँ हरि सेवक गुर कहेऊ । सुनि खगनाथ हृदय मम दहेऊ ॥
hara kahuṁ hari sevaka gura kaheū, suni khaganātha hṛdaya mama daheū.
अधम जाति मैं बिद्या पाएँ । भयउँ जथा अहि दूध पिआएँ ॥
adhama jāti maiṁ bidyā pāeṁ, bhayauṁ jathā ahi dūdha piāeṁ.
मानी कुटिल कुभाग्य कुजाती । गुर कर द्रोह करउँ दिनु राती ॥
mānī kuṭila kubhāgya kujātī, gura kara droha karauṁ dinu rātī.
अति दयाल गुर स्वल्प न क्रोधा । पुनि पुनि मोहि सिखाव सुबोधा ॥
ati dayāla gura svalpa na krodhā, puni puni mohi sikhāva subodhā.
जेहि ते नीच बड़ाई पावा । सो प्रथमहिं हति ताहि नसावा ॥
jehi te nīca baṛāī pāvā, so prathamahiṁ hati tāhi nasāvā.
धूम अनल संभव सुनु भाई । तेहि बुझाव घन पदवी पाई ॥
dhūma anala saṁbhava sunu bhāī, tehi bujhāva ghana padavī pāī.
रज मग परी निरादर रहई । सब कर पद प्रहार नित सहई ॥
raja maga parī nirādara rahaī, saba kara pada prahāra nita sahaī.
मरुत उड़ाव प्रथम तेहि भरई । पुनि नृप नयन किरीटन्हि परई ॥
maruta uṛāva prathama tehi bharaī, puni nṛpa nayana kirīṭanhi paraī.
सुनु खगपति अस समुझि प्रसंगा । बुध नहिं करहिं अधम कर संगा ॥
sunu khagapati asa samujhi prasaṁgā, budha nahiṁ karahiṁ adhama kara saṁgā.
कबि कोबिद गावहिं असि नीती । खल सन कलह न भल नहिं प्रीती ॥
kabi kobida gāvahiṁ asi nītī, khala sana kalaha na bhala nahiṁ prītī.
उदासीन नित रहिअ गोसाईं । खल परिहरिअ स्वान की नाईं ॥
udāsīna nita rahia gosāīṁ, khala pariharia svāna kī nāīṁ.
मैं खल हृदयँ कपट कुटिलाई । गुर हित कहइ न मोहि सोहाई ॥
maiṁ khala hṛdayaṁ kapaṭa kuṭilāī, gura hita kahai na mohi sohāī.

दोहा-dohā:

एक बार हर मंदिर जपत रहेउँ सिव नाम ।
eka bāra hara maṁdira japata raheuṁ siva nāma,
गुर आयउ अभिमान तें उठि नहिं कीन्ह प्रनाम ॥१०६क॥
gura āyau abhimāna teṁ uṭhi nahiṁ kīnha pranāma. 106(ka).

सो दयाल नहिं कहेउ कछु उर न रोष लवलेस ।
so dayāla nahiṁ kaheu kachu ura na roṣa lavalesa,
अति अघ गुर अपमानता सहि नहिं सके महेस ॥१०६ख॥
ati agha gura apamānatā sahi nahiṁ sake mahesa. 106(kha).

चौपाई-caupāī:

मंदिर माझ भई नभ बानी । रे हतभाग्य अग्य अभिमानी ॥
maṁdira mājha bhaī nabha bānī, re hatabhāgya agya abhimānī.
जद्यपि तव गुर कें नहिं क्रोधा । अति कृपाल चित सम्यक बोधा ॥
jadyapi tava gura keṁ nahiṁ krodhā, ati kṛpāla cita samyaka bodhā.
तदपि साप सठ दैहउँ तोही । नीति बिरोध सोहाइ न मोही ॥
tadapi sāpa saṭha daihauṁ tohī, nīti birodha sohāi na mohī.
जौं नहिं दंड करौं खल तोरा । भ्रष्ट होइ श्रुतिमारग मोरा ॥
jauṁ nahiṁ daṁḍa karauṁ khala torā, bhraṣṭa hoi śrutimāraga morā.
जे सठ गुर सन इरिषा करहीं । रौरव नरक कोटि जुग परहीं ॥
je saṭha gura sana iriṣā karahīṁ, raurava naraka koṭi juga parahīṁ.
त्रिजग जोनि पुनि धरहिं सरीरा । अयुत जन्म भरि पावहिं पीरा ॥
trijaga joni puni dharahiṁ sarīrā, ayuta janma bhari pāvahiṁ pīrā.
बैठ रहेसि अजगर इव पापी । सर्प होहि खल मल मति ब्यापी ॥
baiṭha rahesi ajagara iva pāpī, sarpa hohi khala mala mati byāpī.
महा बिटप कोटर महुँ जाई । रहु अधमाधम अधगति पाई ॥
mahā biṭapa koṭara mahuṁ jāī, rahu adhamādhama adhagati pāī.

दोहा-dohā:

हाहाकार कीन्ह गुर दारुन सुनि सिव साप ।
hāhākāra kīnha gura dāruna suni siva sāpa,
कंपित मोहि बिलोकि अति उर उपजा परितापा ॥१०७क॥
kaṁpita mohi biloki ati ura upajā paritāpa. 107(ka).

करि दंडवत सप्रेम द्विज सिव सन्मुख कर जोरि ।
kari daṁḍavata saprema dvija siva sanmukha kara jori,
बिनय करत गदगद स्वर समुझि घोर गति मोरि ॥ १०७ख॥
binaya karata gadagada svara samujhi ghora gati mori. 107(kha).

छंद-chaṁda:

नमामीशमीशान निर्वाणरूपं । विभुं व्यापकं ब्रह्म वेदस्वरूपं ॥
namāmīśamīśāna nirvāṇarūpaṁ, vibhuṁ vyāpakaṁ brahma vedasvarūpaṁ.
निजं निर्गुणं निर्विकल्पं निरीहं । चिदाकाशमाकाशवासं भजेऽहं ॥
nijaṁ nirguṇaṁ nirvikalpaṁ nirīhaṁ, cidākāśamākāśavāsaṁ bhaje'haṁ.
निराकारमोंकारमूलं तुरीयं । गिरा ग्यान गोतीतमीशं गिरीशं ॥
nirākāramoṁkāramūlaṁ turīyaṁ, girā gyāna gotītamīśaṁ girīśaṁ.
करालं महाकाल कालं कृपालं । गुणागार संसारपारं नतोऽहं ॥
karālaṁ mahākāla kālaṁ kṛpālaṁ, guṇāgāra saṁsārapāraṁ nato'haṁ.
तुषाराद्रि संकाश गौरं गभीरं । मनोभूत कोटि प्रभा श्री शरीरं ॥
tuṣārādri saṁkāśa gauraṁ gabhīraṁ, manobhūta koṭi prabhā śrī śarīraṁ.
स्फुरन्मौलि कल्लोलिनी चारु गंगा । लसद्भालबालेन्दु कंठे भुजंगा ॥
sphuranmauli kallolinī cāru gaṁgā, lasadbhālabālendu kaṁṭhe bhujaṁgā.
चलत्कुंडलं भ्रू सुनेत्रं विशालं । प्रसन्नाननं नीलकंठं दयालं ॥
calatkuṁḍalaṁ bhrū sunetraṁ viśālaṁ, prasannānanaṁ nīlakaṁṭhaṁ dayālaṁ.
मृगाधीशचर्माम्बरं मुण्डमालं । प्रियं शंकरं सर्वनाथं भजामि ॥
mṛgādhīśacarmāmbaraṁ muṇḍamālaṁ, priyaṁ śaṁkaraṁ sarvanāthaṁ bhajāmi.
प्रचंडं प्रकृष्टं प्रगल्भं परेशं । अखंडं अजं भानुकोटिप्रकाशं ॥
pracaṁḍaṁ prakṛṣṭaṁ pragalbhaṁ pareśaṁ, akhaṁḍaṁ ajaṁ bhānukoṭiprakāśaṁ.
त्रयःशूल निर्मूलनं शूलपाणिं । भजेऽहं भवानीपतिं भावगम्यं ॥
trayaḥśūla nirmūlanaṁ śūlapāṇiṁ, bhaje'haṁ bhavānīpatiṁ bhāvagamyaṁ.
कलातीत कल्याण कल्पान्तकारी । सदा सज्जनान्ददाता पुरारी ॥
kalātīta kalyāṇa kalpāntakārī, sadā sajjanāndadātā purārī.
चिदानंदसंदोह मोहापहारी । प्रसीद प्रसीद प्रभो मन्मथारी ॥
cidānaṁdasaṁdoha mohāpahārī, prasīda prasīda prabho manmathārī.
न यावद् उमानाथ पादारविन्दं । भजंतीह लोके परे वा नराणां ॥
na yāvad umānātha pādāravindaṁ, bhajaṁtīha loke pare vā narāṇāṁ.
न तावत्सुखं शान्ति सन्तापनाशं । प्रसीद प्रभो सर्वभूताधिवासं ॥
na tāvatsukhaṁ śānti santāpanāśaṁ, prasīda prabho sarvabhūtādhivāsaṁ.
न जानामि योगं जपं नैव पूजां । नतोऽहं सदा सर्वदा शंभु तुभ्यं ॥
na jānāmi yogaṁ japaṁ naiva pūjāṁ, nato'haṁ sadā sarvadā śaṁbhu tubhyaṁ.
जरा जन्म दुःखौघ तातप्यमानं । प्रभो पाहि आपन्नमामीश शंभो ॥
jarā janma duḥkhaugha tātapyamānaṁ, prabho pāhi āpannamāmīśa śaṁbho.

श्लोक-śloka:

रुद्राष्टकमिदं प्रोक्तं विप्रेण हरतोषये ।
rudrāṣṭakamidaṁ proktaṁ vipreṇa haratoṣaye,
ये पठन्ति नरा भक्त्या तेषां शम्भुः प्रसीदति ॥
ye paṭhanti narā bhaktyā teṣāṁ śambhuḥ prasīdati.

दोहा-dohā:

सुनि बिनती सर्बग्य सिव देखि बिप्र अनुरागु ।
suni binatī sarbagya siva dekhi bipra anurāgu,
पुनि मंदिर नभबानी भइ द्विजबर बर मागु ॥ १०८क॥
puni maṁdira nabhabānī bhai dvijabara bara māgu. 108(ka).

जौं प्रसन्न प्रभु मो पर नाथ दीन पर नेहु ।
jauṁ prasanna prabhu mo para nātha dīna para nehu,
निज पद भगति देइ प्रभु पुनि दूसर बर देहु ॥ १०८ख॥
nija pada bhagati dei prabhu puni dūsara bara dehu. 108(kha).

तव माया बस जीव जड़ संतत फिरइ भुलान ।
tava māyā basa jīva jaṛa saṁtata phirai bhulāna,
तेहि पर क्रोध न करिअ प्रभु कृपासिंधु भगवान ॥ १०८ग॥
tehi para krodha na karia prabhu kṛpāsiṁdhu bhagavāna. 108(ga).

संकर दीनदयाल अब एहि पर होहु कृपाल ।
saṁkara dīnadayāla aba ehi para hohu kṛpāla,
साप अनुग्रह होइ जेहिं नाथ थोरेहीं काल ॥ १०८घ॥
sāpa anugraha hoi jehiṁ nātha thorehīṁ kāla. 108(gha).

चौपाई-caupāī:

एहि कर होइ परम कल्याना । सोइ करहु अब कृपानिधाना ॥
ehi kara hoi parama kalyānā, soi karahu aba kṛpānidhānā.
बिप्रगिरा सुनि परहित सानी । एवमस्तु इति भइ नभबानी ॥
bipragirā suni parahita sānī, evamastu iti bhai nabhabānī.
जदपि कीन्ह एहिं दारुन पापा । मैं पुनि दीन्हि कोप करि सापा ॥
jadapi kīnha ehiṁ dāruna pāpā, maiṁ puni dīnhi kopa kari sāpā.
तदपि तुम्हारि साधुता देखी । करिहउँ एहि पर कृपा बिसेषी ॥
tadapi tumhāri sādhutā dekhī, karihauँ ehi para kṛpā biseṣī.
छमासील जे पर उपकारी । ते द्विज मोहि प्रिय जथा खरारी ॥
chamāsīla je para upakārī, te dvija mohi priya jathā kharārī.
मोर श्राप द्विज ब्यर्थ न जाइहि । जन्म सहस अवस्य यह पाइहि ॥
mora śrāpa dvija byartha na jāihi, janma sahasa avasya yaha pāihi.
जनमत मरत दुसह दुख होई । एहि स्वल्पउ नहिं ब्यापिहि सोई ॥
janamata marata dusaha dukha hoī, ehi svalpau nahiṁ byāpihi soī.
कवनेउँ जन्म मिटिहि नहिं ग्याना । सुनहि सूद्र मम बचन प्रवाना ॥
kavaneuँ janma miṭihi nahiṁ gyānā, sunahi sūdra mama bacana pravānā.
रघुपति पुरीं जन्म तव भयऊ । पुनि तैं मम सेवाँ मन दयऊ ॥
raghupati purīṁ janma tava bhayaū, puni taiṁ mama sevāँ mana dayaū.
पुरी प्रभाव अनुग्रह मोरें । राम भगति उपजिहि उर तोरें ॥
purī prabhāva anugraha moreṁ, rāma bhagati upajihi ura toreṁ.
सुनु मम बचन सत्य अब भाई । हरितोषन ब्रत द्विज सेवकाई ॥
sunu mama bacana satya aba bhāī, haritoṣana brata dvija sevakāī.
अब जनि करहि बिप्र अपमाना । जानेहु संत अनंत समाना ॥
aba jani karahi bipra apamānā, jānehu saṁta anaṁta samānā.
इंद्र कुलिस मम सूल बिसाला । कालदंड हरि चक्र कराला ॥
iṁdra kulisa mama sūla bisālā, kāladaṁḍa hari cakra karālā.
जो इन्ह कर मारा नहिं मरई । बिप्र द्रोह पावक सो जरई ॥
jo inha kara mārā nahiṁ maraī, bipra droha pāvaka so jaraī.
अस बिबेक राखेहु मन माहीं । तुम्ह कहँ जग दुर्लभ कछु नाहीं ॥
asa bibeka rākhehu mana māhīṁ, tumha kahaँ jaga durlabha kachu nāhīṁ.
औरउ एक आसिषा मोरी । अप्रतिहत गति होइहि तोरी ॥
aurau eka āsiṣā morī, apratihata gati hoihi torī.

दोहा-dohā:

सुनि सिव बचन हरषि गुर एवमस्तु इति भाषि ।
suni siva bacana haraṣi gura evamastu iti bhāṣi,
मोहि प्रबोधि गयउ गृह संभु चरन उर राखि ॥१०९क॥
mohi prabodhi gayau gṛha saṁbhu carana ura rākhi. 109(ka).
प्रेरित काल बिंधि गिरि जाइ भयउँ मैं ब्याल ।
prerita kāla biṁdhi giri jāi bhayauṁ maiṁ byāla,
पुनि प्रयास बिनु सो तनु तजेउँ गएँ कछु काल ॥१०९ख॥
puni prayāsa binu so tanu tajeuṁ gaeṁ kachu kāla. 109(kha).

जोइ तनु धरउँ तजउँ पुनि अनायास हरिजान ।
joi tanu dharauṁ tajauṁ puni anāyāsa harijāna,
जिमि नूतन पट पहिरइ नर परिहरइ पुरान ॥१०९ग॥
jimi nūtana paṭa pahirai nara pariharai purāna. 109(ga).
सिवँ राखी श्रुति नीति अरु मैं नहिं पावा क्लेस ।
sivaṁ rākhī śruti nīti aru maiṁ nahiṁ pāvā klesa,
एहि बिधि धरेउँ बिबिधि तनु ग्यान न गयउ खगेस ॥१०९घ॥
ehi bidhi dhareuṁ bibidhi tanu gyāna na gayau khagesa. 109(gha).

चौपाई-caupāī:

त्रिजग देव नर जोइ तनु धरउँ । तहँ तहँ राम भजन अनुसरऊँ ॥
trijaga deva nara joi tanu dharauṁ, tahaṁ tahaṁ rāma bhajana anusarauṁ.
एक सूल मोहि बिसर न काऊ । गुर कर कोमल सील सुभाऊ ॥
eka sūla mohi bisara na kāū, gura kara komala sīla subhāū.
चरम देह द्विज कै मैं पाई । सुर दुर्लभ पुरान श्रुति गाई ॥
carama deha dvija kai maiṁ pāī, sura durlabha purāna śruti gāī.
खेलउँ तहूँ बालकन्ह मीला । करउँ सकल रघुनायक लीला ॥
khelauṁ tahūṁ bālakanha mīlā, karauṁ sakala raghunāyaka līlā.
प्रौढ़ भएँ मोहि पिता पढ़ावा । समझउँ सुनउँ गुनउँ नहिं भावा ॥
prauṛha bhaeṁ mohi pitā paṛhāvā, samajhauṁ sunauṁ gunauṁ nahiṁ bhāvā.
मन ते सकल बासना भागी । केवल राम चरन लय लागी ॥
mana te sakala bāsanā bhāgī, kevala rāma carana laya lāgī.
कहु खगेस अस कवन अभागी । खरी सेव सुरधेनुहि त्यागी ॥
kahu khagesa asa kavana abhāgī, kharī seva suradhenuhi tyāgī.
प्रेम मगन मोहि कछु न सोहाई । हारेउ पिता पढ़ाइ पढ़ाई ॥
prema magana mohi kachu na sohāī, hāreu pitā paṛhāi paṛhāī.
भए कालबस जब पितु माता । मैं बन गयउँ भजन जनत्राता ॥
bhae kālabasa jaba pitu mātā, maiṁ bana gayauṁ bhajana janatrātā.
जहँ जहँ बिपिन मुनीस्वर पावउँ । आश्रम जाइ जाइ सिरु नावउँ ॥
jahaṁ jahaṁ bipina munīsvara pāvauṁ, āśrama jāi jāi siru nāvauṁ.
बूझउँ तिन्हहि राम गुन गाहा । कहहिं सुनउँ हरषित खगनाहा ॥
būjhauṁ tinhahi rāma guna gāhā, kahahiṁ sunauṁ haraṣita khaganāhā.
सुनत फिरउँ हरि गुन अनुबादा । अब्याहत गति संभु प्रसादा ॥
sunata phirauṁ hari guna anubādā, abyāhata gati saṁbhu prasādā.
छूटी त्रिबिधि ईषना गाढ़ी । एक लालसा उर अति बाढ़ी ॥
chūṭī tribidhi īṣanā gāṛhī, eka lālasā ura ati bāṛhī.
राम चरन बारिज जब देखौं । तब निज जन्म सफल करि लेखौं ॥
rāma carana bārija jaba dekhauṁ, taba nija janma saphala kari lekhauṁ.
जेहि पूँछउँ सोइ मुनि अस कहई । ईस्वर सर्ब भूतमय अहई ॥
jehi pūṁchauṁ soi muni asa kahaī, īsvara sarba bhūtamaya ahaī.
निर्गुन मत नहिं मोहि सोहाई । सगुन ब्रह्म रति उर अधिकाई ॥
nirguna mata nahiṁ mohi sohāī, saguna brahma rati ura adhikāī.

दोहा-dohā:

गुर के बचन सुरति करि राम चरन मनु लाग ।
gura ke bacana surati kari rāma carana manu lāga,
रघुपति जस गावत फिरउँ छन छन नव अनुराग ॥११०क॥
raghupati jasa gāvata phirauṁ chana chana nava anurāga. 110(ka).
मेरु सिखर बट छायाँ मुनि लोमस आसीन ।
meru sikhara baṭa chāyāṁ muni lomasa āsīna,
देखि चरन सिरु नायउँ बचन कहेउँ अति दीन ॥११०ख॥
dekhi carana siru nāyauṁ bacana kaheuṁ ati dīna. 110(kha).

सुनि मम बचन बिनीत मृदु मुनि कृपाल खगराज ।
suni mama bacana binīta mṛdu muni kṛpāla khagarāja,
मोहि सादर पूँछत भए द्विज आयहु केहि काज ॥११०ग॥
mohi sādara pūṁchata bhae dvija āyahu kehi kāja. 110(ga).
तब मैं कहा कृपानिधि तुम्ह सर्बग्य सुजान ।
taba maiṁ kahā kṛpānidhi tumha sarbagya sujāna,
सगुन ब्रह्म अवराधन मोहि कहहु भगवान ॥११०घ॥
saguna brahma avarādhana mohi kahahu bhagavāna. 110(gha).

चौपाई-caupāī:

तब मुनीस रघुपति गुन गाथा । कहे कछुक सादर खगनाथा ॥
taba munīsa raghupati guna gāthā, kahe kachuka sādara khaganāthā.
ब्रह्मग्यान रत मुनि बिग्यानी । मोहि परम अधिकारी जानी ॥
brahmagyāna rata muni bigyānī, mohi parama adhikārī jānī.
लागे करन ब्रह्म उपदेसा । अज अद्वैत अगुन हृदयेसा ॥
lāge karana brahma upadesā, aja advaita aguna hṛdayesā.
अकल अनीह अनाम अरुपा । अनुभव गम्य अखंड अनूपा ॥
akala anīha anāma arupā, anubhava gamya akhaṁḍa anūpā.
मन गोतीत अमल अबिनासी । निर्बिकार निरवधि सुख रासी ॥
mana gotīta amala abināsī, nirbikāra niravadhi sukha rāsī.
सो तैं ताहि तोहि नहिं भेदा । बारि बीचि इव गावहिं बेदा ॥
so taiṁ tāhi tohi nahiṁ bhedā, bāri bīci iva gāvahiṁ bedā.
बिबिधि भाँति मोहि मुनि समुझावा । निर्गुन मत मम हृदयँ न आवा ॥
bibidhi bhāṁti mohi muni samujhāvā, nirguna mata mama hṛdayaṁ na āvā.
पुनि मैं कहेउँ नाइ पद सीसा । सगुन उपासन कहहु मुनीसा ॥
puni maiṁ kaheuṁ nāi pada sīsā, saguna upāsana kahahu munīsā.
राम भगति जल मम मन मीना । किमि बिलगाइ मुनीस प्रबीना ॥
rāma bhagati jala mama mana mīnā, kimi bilagāi munīsa prabīnā.
सोइ उपदेस कहहु करि दाया । निज नयनन्हि देखौं रघुराया ॥
soi upadesa kahahu kari dāyā, nija nayananhi dekhauṁ raghurāyā.
भरि लोचन बिलोकि अवधेसा । तब सुनिहउँ निर्गुन उपदेसा ॥
bhari locana biloki avadhesā, taba sunihauṁ nirguna upadesā.
मुनि पुनि कहि हरिकथा अनूपा । खंडि सगुन मत अगुन निरूपा ॥
muni puni kahi harikathā anūpā, khaṁḍi saguna mata aguna nirūpā.
तब मैं निर्गुन मत कर दूरी । सगुन निरूपउँ करि हठ भूरी ॥
taba maiṁ nirguna mata kara dūrī, saguna nirūpauṁ kari haṭha bhūrī.
उत्तर प्रतिउत्तर मैं कीन्हा । मुनि तन भए क्रोध के चीन्हा ॥
uttara pratiuttara maiṁ kīnhā, muni tana bhae krodha ke cīnhā.
सुनु प्रभु बहुत अवग्या किएँ । उपज क्रोध ग्यानिन्ह के हिएँ ॥
sunu prabhu bahuta avagyā kieṁ, upaja krodha gyāninha ke hieṁ.
अति संघरषन जौं कर कोई । अनल प्रगट चंदन ते होई ॥
ati saṁgharaṣana jauṁ kara koī, anala pragaṭa caṁdana te hoī.

दोहा-dohā:

बारंबार सकोप मुनि करइ निरुपन ग्यान ।
bārambāra sakopa muni karai nirupana gyāna,
मैं अपनें मन बैठ तब करउँ बिबिधि अनुमान ॥ १११क॥
maiṁ apaneṁ mana baiṭha taba karauṁ bibidhi anumāna. 111(ka).

क्रोध कि द्वैतबुद्धि बिनु द्वैत कि बिनु अग्यान ।
krodha ki dvaitabuddhi binu dvaita ki binu agyāna,
मायाबस परिछिन्न जड़ जीव कि ईस समान ॥ १११ख॥
māyābasa parichinna jaṛa jīva ki īsa samāna. 111(kha).

चौपाई-caupāī:

कबहुँ कि दुख सब कर हित ताकें । तेहि कि दरिद्र परस मनि जाकें ॥
kabahuṁ ki dukha saba kara hita tākeṁ, tehi ki daridra parasa mani jākeṁ.
परद्रोही की होहिं निसंका । कामी पुनि कि रहहिं अकलंका ॥
paradrohī kī hohiṁ nisaṁkā, kāmī puni ki rahahiṁ akalaṁkā.
बंस कि रह द्विज अनहित कीन्हें । कर्म कि होहिं स्वरूपहि चीन्हें ॥
baṁsa ki raha dvija anahita kīnheṁ, karma ki hohiṁ svarūpahi cīnheṁ.
काहू सुमति कि खल सँग जामी । सुभ गति पाव कि परत्रिय गामी ॥
kāhū sumati ki khala saṁga jāmī, subha gati pāva ki paratriya gāmī.
भव कि परहिं परमात्मा बिंदक । सुखी कि होहिं कबहुँ हरि निंदक ॥
bhava ki parahiṁ paramātmā biṁdaka, sukhī ki hohiṁ kabahuṁ hari niṁdaka.
राजु कि रहइ नीति बिनु जानें । अघ कि रहहिं हरिचरित बखानें ॥
rāju ki rahai nīti binu jāneṁ, agha ki rahahiṁ haricarita bakhāneṁ.
पावन जस कि पुन्य बिनु होई । बिनु अघ अजस कि पावइ कोई ॥
pāvana jasa ki punya binu hoī, binu agha ajasa ki pāvai koī.
लाभु कि किछु हरि भगति समाना । जेहि गावहिं श्रुति संत पुराना ॥
lābhu ki kichu hari bhagati samānā, jehi gāvahiṁ śruti saṁta purānā.
हानि कि जग एहि सम किछु भाई । भजिअ न रामहि नर तनु पाई ॥
hāni ki jaga ehi sama kichu bhāī, bhajia na rāmahi nara tanu pāī.
अघ कि पिसुनता सम कछु आना । धर्म कि दया सरिस हरिजाना ॥
agha ki pisunatā sama kachu ānā, dharma ki dayā sarisa harijānā.
एहि बिधि अमिति जुगुति मन गुनऊँ । मुनि उपदेस न सादर सुनऊँ ॥
ehi bidhi amiti juguti mana gunaūṁ, muni upadesa na sādara sunaūṁ.
पुनि पुनि सगुन पच्छ मैं रोपा । तब मुनि बोलेउ बचन सकोपा ॥
puni puni saguna paccha maiṁ ropā, taba muni boleu bacana sakopā.
मूढ परम सिख देउँ न मानसि । उत्तर प्रतिउत्तर बहु आनसि ॥
mūṛha parama sikha deuṁ na mānasi, uttara pratiuttara bahu ānasi.
सत्य बचन बिस्वास न करही । बायस इव सबही ते डरही ॥
satya bacana bisvāsa na karahī, bāyasa iva sabahī te ḍarahī.
सठ स्वपच्छ तव हृदयँ बिसाला । सपदि होहि पच्छी चंडाला ॥
saṭha svapaccha tava hṛdayaṁ bisālā, sapadi hohi pacchī caṁḍālā.
लीन्ह श्राप मैं सीस चढाई । नहिं कछु भय न दीनता आई ॥
līnha śrāpa maiṁ sīsa caṛhāī, nahiṁ kachu bhaya na dīnatā āī.

दोहा-dohā:

तुरत भयउँ मैं काग तब पुनि मुनि पद सिरु नाइ ।
turata bhayauṁ maiṁ kāga taba puni muni pada siru nāi,
सुमिरि राम रघुबंस मनि हरषित चलेउँ उड़ाइ ॥ ११२क॥
sumiri rāma raghubaṁsa mani haraṣita caleuṁ uṛāi. 112(ka).

उमा जे राम चरन रत बिगत काम मद क्रोध ।
umā je rāma carana rata bigata kāma mada krodha,
निज प्रभुमय देखहिं जगत केहि सन करहिं बिरोध ॥ ११२ख॥
nija prabhumaya dekhahiṁ jagata kehi sana karahiṁ birodha. 112(kha).

चौपाई-caupāī:

सुनु खगेस नहिं कछु रिषि दूषन । उर प्रेरक रघुबंस बिभूषन ॥
sunu khagesa nahiṁ kachu riṣi dūṣana, ura preraka raghubaṁsa bibhūṣana.
कृपासिंधु मुनि मति करि भोरी । लीन्ही प्रेम परिच्छा मोरी ॥
kṛpāsiṁdhu muni mati kari bhorī, līnhī prema paricchā morī.
मन बच क्रम मोहि निज जन जाना । मुनि मति पुनि फेरी भगवाना ॥
mana baca krama mohi nija jana jānā, muni mati puni pherī bhagavānā.
रिषि मम महत सीलता देखी । राम चरन बिस्वास बिसेषी ॥
riṣi mama mahata sīlatā dekhī, rāma carana bisvāsa biseṣī.
अति बिसमय पुनि पुनि पछिताई । सादर मुनि मोहि लीन्ह बोलाई ॥
ati bisamaya puni puni pachitāī, sādara muni mohi līnha bolāī.
मम परितोष बिबिधि बिधि कीन्हा । हरषित राममंत्र तब दीन्हा ॥
mama paritoṣa bibidhi bidhi kīnhā, haraṣita rāmamaṁtra taba dīnhā.
बालकरूप राम कर ध्याना । कहेउ मोहि मुनि कृपानिधाना ॥
bālakarūpa rāma kara dhyānā, kaheu mohi muni kṛpānidhānā.
सुंदर सुखद मोहि अति भावा । सो प्रथमहिं मैं तुम्हहि सुनावा ॥
suṁdara sukhada mohi ati bhāvā, so prathamahiṁ maiṁ tumhahi sunāvā.
मुनि मोहि कछुक काल तहँ राखा । रामचरितमानस तब भाषा ॥
muni mohi kachuka kāla tahaṁ rākhā, rāmacaritamānasa taba bhāṣā.
सादर मोहि यह कथा सुनाई । पुनि बोले मुनि गिरा सुहाई ॥
sādara mohi yaha kathā sunāī, puni bole muni girā suhāī.
रामचरित सर गुप्त सुहावा । संभु प्रसाद तात मैं पावा ॥
rāmacarita sara gupta suhāvā, saṁbhu prasāda tāta maiṁ pāvā.
तोहि निज भगत राम कर जानी । ताते मैं सब कहेउँ बखानी ॥
tohi nija bhagata rāma kara jānī, tāte maiṁ saba kaheuṁ bakhānī.
राम भगति जिन्ह कें उर नाहीं । कबहुँ न तात कहिअ तिन्ह पाहीं ॥
rāma bhagati jinha keṁ ura nāhīṁ, kabahuṁ na tāta kahia tinha pāhīṁ.
मुनि मोहि बिबिधि भाँति समुझावा । मैं सप्रेम मुनि पद सिरु नावा ॥
muni mohi bibidhi bhāṁti samujhāvā, maiṁ saprema muni pada siru nāvā.
निज कर कमल परसि मम सीसा । हरषित आसिष दीन्ह मुनीसा ॥
nija kara kamala parasi mama sīsā, haraṣita āsiṣa dīnha munīsā.
राम भगति अबिरल उर तोरें । बसिहि सदा प्रसाद अब मोरें ॥
rāma bhagati abirala ura toreṁ, basihi sadā prasāda aba moreṁ.

दोहा-dohā:

सदा राम प्रिय होहु तुम्ह सुभ गुन भवन अमान ।
sadā rāma priya hohu tumha subha guna bhavana amāna,
कामरूप इच्छामरन ग्यान बिराग निधान ॥ ११३क॥
kāmarūpa icchāmarana gyāna birāga nidhāna. 113(ka).

जेहिं आश्रम तुम्ह बसब पुनि सुमिरत श्रीभगवंत ।
jehiṁ āśrama tumha basaba puni sumirata śrībhagavaṁta,
ब्यापिहि तहँ न अबिद्या जोजन एक प्रजंत ॥ ११३ख॥
byāpihi tahaṁ na abidyā jojana eka prajaṁta. 113(kha).

चौपाई-caupāī:

काल कर्म गुन दोष सुभाऊ । कछु दुख तुम्हहि न ब्यापिहि काऊ ॥
kāla karma guna doṣa subhāū, kachu dukha tumhahi na byāpihi kāū.
राम रहस्य ललित बिधि नाना । गुप्त प्रगट इतिहास पुराना ॥
rāma rahasya lalita bidhi nānā, gupta pragaṭa itihāsa purānā.

बिनु श्रम तुम्ह जानब सब सोऊ । नित नव नेह राम पद होऊ ॥
binu śrama tumha jānaba saba soū, nita nava neha rāma pada hoū.
जो इच्छा करिहहु मन माहीं । हरि प्रसाद कछु दुर्लभ नाहीं ॥
jo icchā karihahu mana māhīṁ, hari prasāda kachu durlabha nāhīṁ.
सुनि मुनि आसिष सुनु मतिधीरा । ब्रह्मगिरा भइ गगन गँभीरा ॥
suni muni āsiṣa sunu matidhīrā, brahmagirā bhai gagana gaṁbhīrā.
एवमस्तु तव बच मुनि ग्यानी । यह मम भगत कर्म मन बानी ॥
evamastu tava baca muni gyānī, yaha mama bhagata karma mana bānī.
सुनि नभगिरा हरष मोहि भयऊ । प्रेम मगन सब संसय गयऊ ॥
suni nabhagirā haraṣa mohi bhayaū, prema magana saba saṁsaya gayaū.
करि बिनती मुनि आयसु पाई । पद सरोज पुनि पुनि सिरु नाई ॥
kari binatī muni āyasu pāī, pada saroja puni puni siru nāī.
हरष सहित एहिं आश्रम आयउँ । प्रभु प्रसाद दुर्लभ बर पायउँ ॥
haraṣa sahita ehiṁ āśrama āyauṁ, prabhu prasāda durlabha bara pāyauṁ.
इहाँ बसत मोहि सुनु खग ईसा । बीते कलप सात अरु बीसा ॥
ihāṁ basata mohi sunu khaga īsā, bīte kalapa sāta aru bīsā.
करउँ सदा रघुपति गुन गाना । सादर सुनहिं बिहंग सुजाना ॥
karauṁ sadā raghupati guna gānā, sādara sunahiṁ bihaṁga sujānā.
जब जब अवधपुरीं रघुबीरा । धरहिं भगत हित मनुज सरीरा ॥
jaba jaba avadhapurīṁ raghubīrā, dharahiṁ bhagata hita manuja sarīrā.
तब तब जाइ राम पुर रहऊँ । सिसुलीला बिलोकि सुख लहऊँ ॥
taba taba jāi rāma pura rahaūṁ, sisulīlā biloki sukha lahaūṁ.
पुनि उर राखि राम सिसुरूपा । निज आश्रम आवउँ खगभूपा ॥
puni ura rākhi rāma sisurūpā, nija āśrama āvauṁ khagabhūpā.
कथा सकल मैं तुम्हहि सुनाई । काग देह जेहिं कारन पाई ॥
kathā sakala maiṁ tumhahi sunāī, kāga deha jehiṁ kārana pāī.
कहिउँ तात सब प्रस्न तुम्हारी । राम भगति महिमा अति भारी ॥
kahiuṁ tāta saba prasna tumhārī, rāma bhagati mahimā ati bhārī.

दोहा-dohā:

तातें यह तन मोहि प्रिय भयउ राम पद नेह ।
tāte yaha tana mohi priya bhayau rāma pada neha,
निज प्रभु दरसन पायउँ गए सकल संदेह ॥ ११४क ॥
nija prabhu darasana pāyauṁ gae sakala saṁdeha. 114(ka).

मासपारायण उन्तीसवाँ विश्राम
māsapārāyaṇa untīsavāṁ viśrāma
(Pause 29 for a Thirty-Day Recitation)

भगति पच्छ हठ करि रहेउँ दीन्हि महारिषि साप ।
bhagati paccha haṭha kari raheuṁ dīnhi mahāriṣi sāpa,
मुनि दुर्लभ बर पायउँ देखहु भजन प्रताप ॥ ११४ख ॥
muni durlabha bara pāyauṁ dekhahu bhajana pratāpa. 114(kha).

चौपाई-caupāī:

जे असि भगति जानि परिहरहीं । केवल ग्यान हेतु श्रम करहीं ॥
je asi bhagati jāni pariharahīṁ, kevala gyāna hetu śrama karahīṁ.
ते जड़ कामधेनु गृहँ त्यागी । खोजत आकु फिरहिं पय लागी ॥
te jaṛa kāmadhenu gṛhaṁ tyāgī, khojata āku phirahiṁ paya lāgī.
सुनु खगेस हरि भगति बिहाई । जे सुख चाहहिं आन उपाई ॥
sunu khagesa hari bhagati bihāī, je sukha cāhahiṁ āna upāī.
ते सठ महासिंधु बिनु तरनी । पैरि पार चाहहिं जड़ करनी ॥
te saṭha mahāsiṁdhu binu taranī, pairi pāra cāhahiṁ jaṛa karanī.
सुनि भसुंडि के बचन भवानी । बोलेउ गरुड़ हरषि मृदु बानी ॥
suni bhasuṁḍi ke bacana bhavānī, boleu garuṛa haraṣi mṛdu bānī.
तव प्रसाद प्रभु मम उर माहीं । संसय सोक मोह भ्रम नाहीं ॥
tava prasāda prabhu mama ura māhīṁ, saṁsaya soka moha bhrama nāhīṁ.
सुनेउँ पुनीत राम गुन ग्रामा । तुम्हरी कृपाँ लहेउँ बिश्रामा ॥
suneuṁ punīta rāma guna grāmā, tumharī kṛpāṁ laheuṁ biśrāmā.
एक बात प्रभु पूँछउँ तोही । कहहु बुझाइ कृपानिधि मोही ॥
eka bāta prabhu pūṁchauṁ tohī, kahahu bujhāi kṛpānidhi mohī.
कहहिं संत मुनि बेद पुराना । नहिं कछु दुर्लभ ग्यान समाना ॥
kahahiṁ saṁta muni beda purānā, nahiṁ kachu durlabha gyāna samānā.
सोइ मुनि तुम्ह सन कहेउ गोसाईं । नहिं आदरेहु भगति की नाईं ॥
soi muni tumha sana kaheu gosāīṁ, nahiṁ ādarehu bhagati kī nāīṁ.
ग्यानहि भगतिहि अंतर केता । सकल कहहु प्रभु कृपा निकेता ॥
gyānahi bhagatihi aṁtara ketā, sakala kahahu prabhu kṛpā niketā.
सुनि उरगारि बचन सुख माना । सादर बोलेउ काग सुजाना ॥
suni uragāri bacana sukha mānā, sādara boleu kāga sujānā.
भगतिहि ग्यानहि नहिं कछु भेदा । उभय हरहिं भव संभव खेदा ॥
bhagatihi gyānahi nahiṁ kachu bhedā, ubhaya harahiṁ bhava saṁbhava khedā.
नाथ मुनीस कहहिं कछु अंतर । सावधान सोउ सुनु बिहंगबर ॥
nātha munīsa kahahiṁ kachu aṁtara, sāvadhāna sou sunu bihaṁgabara.
ग्यान बिराग जोग बिग्याना । ए सब पुरुष सुनहु हरिजाना ॥
gyāna birāga joga bigyānā, e saba puruṣa sunahu harijānā.
पुरुष प्रताप प्रबल सब भाँती । अबला अबल सहज जड़ जाती ॥
puruṣa pratāpa prabala saba bhāṁtī, abalā abala sahaja jaṛa jātī.

दोहा-dohā:

पुरुष त्यागि सक नारिहि जो बिरक्त मति धीर ।
puruṣa tyāgi saka nārihi jo birakta mati dhīra,
न तु कामी बिषयाबस बिमुख जो पद रघुबीर ॥ ११५क ॥
na tu kāmī biṣayābasa bimukha jo pada raghubīra. 115(ka).

सोरठा-soraṭhā:

सोउ मुनि ग्याननिधान मृगनयनी बिधु मुख निरखि ।
sou muni gyānanidhāna mṛganayanī bidhu mukha nirakhi,
बिबस होइ हरिजान नारि बिष्नु माया प्रगट ॥ ११५ख ॥
bibasa hoi harijāna nāri biṣnu māyā pragaṭa. 115(kha).

चौपाई-caupāī:

इहाँ न पच्छपात कछु राखउँ । बेद पुरान संत मत भाषउँ ॥
ihāṁ na pacchapāta kachu rākhauṁ, beda purāna saṁta mata bhāṣauṁ.
मोह न नारि नारि कें रूपा । पन्नगारि यह रीति अनूपा ॥
moha na nāri nāri keṁ rūpā, pannagāri yaha rīti anūpā.
माया भगति सुनहु तुम्ह दोऊ । नारि बर्ग जानइ सब कोऊ ॥
māyā bhagati sunahu tumha doū, nāri barga jānai saba koū.
पुनि रघुबीरहि भगति पिआरी । माया खलु नर्तकी बिचारी ॥
puni raghubīrahi bhagati piārī, māyā khalu nartakī bicārī.
भगतिहि सानुकूल रघुराया । ताते तेहि डरपति अति माया ॥
bhagatihi sānukūla raghurāyā, tāte tehi ḍarapati ati māyā.
राम भगति निरुपम निरुपाधी । बसइ जासु उर सदा अबाधी ॥
rāma bhagati nirupama nirupādhī, basai jāsu ura sadā abādhī.
तेहि बिलोकि माया सकुचाई । करि न सकइ कछु निज प्रभुताई ॥
tehi biloki māyā sakucāī, kari na sakai kachu nija prabhutāī.
अस बिचारि जे मुनि बिग्यानी । जाचहिं भगति सकल सुख खानी ॥
asa bicāri je muni bigyānī, jācahiṁ bhagati sakala sukha khānī.

दोहा-dohā:

यह रहस्य रघुनाथ कर बेगि न जानइ कोइ।
yaha rahasya raghunātha kara begi na jānai koi,
जो जानइ रघुपति कृपाँ सपनेहुँ मोह न होइ॥११६क॥
jo jānai raghupati kṛpāṁ sapanehuṁ moha na hoi. 116(ka).

औरउ ग्यान भगति कर भेद सुनहु सुप्रबीन।
aurau gyāna bhagati kara bheda sunahu suprabīna,
जो सुनि होइ राम पद प्रीति सदा अबिछीन॥११६ख॥
jo suni hoi rāma pada prīti sadā abichīna. 116(kha).

चौपाई-caupāī:

सुनहु तात यह अकथ कहानी। समुझत बनइ न जाइ बखानी॥
sunahu tāta yaha akatha kahānī, samujhata banai na jāi bakhānī.
ईस्वर अंस जीव अबिनासी। चेतन अमल सहज सुखरासी॥
īsvara aṁsa jīva abināsī, cetana amala sahaja sukharāsī.
सो मायाबस भयउ गोसाईं। बँध्यो कीर मरकट की नाईं॥
so māyābasa bhayau gosāīṁ, baṁdhyo kīra marakaṭa kī nāīṁ.
जड़ चेतनहि ग्रंथि परि गई। जदपि मृषा छूटत कठिनई॥
jaṛa cetanahi graṁthi pari gaī, jadapi mṛṣā chūṭata kaṭhinaī.
तब ते जीव भयउ संसारी। छूट न ग्रंथि न होइ सुखारी॥
taba te jīva bhayau saṁsārī, chūṭa na graṁthi na hoi sukhārī.
श्रुति पुरान बहु कहेउ उपाई। छूट न अधिक अधिक अरुझाई॥
śruti purāna bahu kaheu upāī, chūṭa na adhika adhika arujhāī.
जीव हृदयँ तम मोह बिसेषी। ग्रंथि छूट किमि परइ न देखी॥
jīva hṛdayaṁ tama moha biseṣī, graṁthi chūṭa kimi parai na dekhī.
अस संजोग ईस जब करई। तबहुँ कदाचित सो निरुअरई॥
asa saṁjoga īsa jaba karaī, tabahuṁ kadācita so niruaraī.
सात्त्विक श्रद्धा धेनु सुहाई। जौं हरि कृपाँ हृदयँ बस आई॥
sāttvika śraddhā dhenu suhāī, jauṁ hari kṛpāṁ hṛdayaṁ basa āī.
जप तप ब्रत जम नियम अपारा। जे श्रुति कह सुभ धर्म अचारा॥
japa tapa brata jama niyama apārā, je śruti kaha subha dharma acārā.
तेइ तृन हरित चरै जब गाई। भाव बच्छ सिसु पाइ पेन्हाई॥
tei tṛna harita carai jaba gāī, bhāva baccha sisu pāi penhāī.
नोइ निबृत्ति पात्र बिस्वासा। निर्मल मन अहीर निज दासा॥
noi nibṛtti pātra bisvāsā, nirmala mana ahīra nija dāsā.
परम धर्ममय पय दुहि भाई। अवटै अनल अकाम बनाई॥
parama dharmamaya paya duhi bhāī, avaṭai anala akāma banāī.
तोष मरुत तब छमाँ जुड़ावै। धृति सम जावनु देइ जमावै॥
toṣa maruta taba chamāṁ juṛāvai, dhṛti sama jāvanu dei jamāvai.
मुदिताँ मथै बिचार मथानी। दम अधार रजु सत्य सुबानी॥
muditāṁ mathai bicāra mathānī, dama adhāra raju satya subānī.
तब मथि काढ़ि लेइ नवनीता। बिमल बिराग सुभग सुपुनीता॥
taba mathi kāṛhi lei navanītā, bimala birāga subhaga supunītā.

दोहा-dohā:

जोग अगिनि करि प्रगट तब कर्म सुभासुभ लाइ।
joga agini kari pragaṭa taba karma subhāsubha lāi,
बुद्धि सिरावै ग्यान घृत ममता मल जरि जाइ॥११७क॥
buddhi sirāvai gyāna ghṛta mamatā mala jari jāi. 117(ka).

तब बिग्यानरूपिनि बुद्धि बिसद घृत पाइ।
taba bigyānarūpini buddhi bisada ghṛta pāi,
चित्त दिआ भरि धरै दृढ़ समता दिअटि बनाइ॥११७ख॥
citta diā bhari dharai dṛṛha samatā diaṭi banāi. 117(kha).

तीनि अवस्था तीनि गुन तेहि कपास तें काढ़ि।
tīni avasthā tīni guna tehi kapāsa teṁ kāṛhi,
तूल तुरीय सँवारि पुनि बाती करै सुगाढ़ि॥११७ग॥
tūla turīya saṁvāri puni bātī karai sugāṛhi. 117(ga).

सोरठा-soraṭhā:

एहि बिधि लेसै दीप तेज रासि बिग्यानमय।
ehi bidhi lesai dīpa teja rāsi bigyānamaya,
जातहिं जासु समीप जरहिं मदादिक सलभ सब॥११७घ॥
jātahiṁ jāsu samīpa jarahiṁ madādika salabha saba. 117(gha).

चौपाई-caupāī:

सोहमस्मि इति बृत्ति अखंडा। दीप सिखा सोइ परम प्रचंडा॥
sohamasmi iti bṛtti akhaṁḍā, dīpa sikhā soi parama pracaṁḍā.
आतम अनुभव सुख सुप्रकासा। तब भव मूल भेद भ्रम नासा॥
ātama anubhava sukha suprakāsā, taba bhava mūla bheda bhrama nāsā.
प्रबल अबिद्या कर परिवारा। मोह आदि तम मिटइ अपारा॥
prabala abidyā kara parivārā, moha ādi tama miṭai apārā.
तब सोइ बुद्धि पाइ उँजिआरा। उर गृहँ बैठि ग्रंथि निरुआरा॥
taba soi buddhi pāi uṁjiārā, ura gṛhaṁ baiṭhi graṁthi niruārā.
छोरन ग्रंथि पाव जौं सोई। तब यह जीव कृतारथ होई॥
chorana graṁthi pāva jauṁ soī, taba yaha jīva kṛtāratha hoī.
छोरत ग्रंथि जानि खगराया। बिघ्न अनेक करइ तब माया॥
chorata graṁthi jāni khagarāyā, bighna aneka karai taba māyā.
रिद्धि सिद्धि प्रेरइ बहु भाई। बुद्धिहि लोभ दिखावहिं आई॥
riddhi siddhi prerai bahu bhāī, buddhihi lobha dikhāvahiṁ āī.
कल बल छल करि जाहिं समीपा। अंचल बात बुझावहिं दीपा॥
kala bala chala kari jāhiṁ samīpā, aṁcala bāta bujhāvahiṁ dīpā.
होइ बुद्धि जौं परम सयानी। तिन्ह तन चितव न अनहित जानी॥
hoi buddhi jauṁ parama sayānī, tinha tana citava na anahita jānī.
जौं तेहि बिघ्न बुद्धि नहिं बाधी। तौ बहोरि सुर करहिं उपाधी॥
jauṁ tehi bighna buddhi nahiṁ bādhī, tau bahori sura karahiṁ upādhī.
इंद्री द्वार झरोखा नाना। तहँ तहँ सुर बैठे करि थाना॥
iṁdrī dvāra jharokhā nānā, tahaṁ tahaṁ sura baiṭhe kari thānā.
आवत देखहिं बिषय बयारी। ते हठि देहिं कपाट उघारी॥
āvata dekhahiṁ biṣaya bayārī, te haṭhi dehiṁ kapāṭa ughārī.
जब सो प्रभंजन उर गृहँ जाई। तबहिं दीप बिग्यान बुझाई॥
jaba so prabhaṁjana ura gṛhaṁ jāī, tabahiṁ dīpa bigyāna bujhāī.
ग्रंथि न छूटि मिटा सो प्रकासा। बुद्धि बिकल भइ बिषय बतासा॥
graṁthi na chūṭi miṭā so prakāsā, buddhi bikala bhai biṣaya batāsā.
इंद्रिन्ह सुरन्ह न ग्यान सोहाई। बिषय भोग पर प्रीति सदाई॥
iṁdrinha suranha na gyāna sohāī, biṣaya bhoga para prīti sadāī.
बिषय समीर बुद्धि कृत भोरी। तेहि बिधि दीप को बार बहोरी॥
biṣaya samīra buddhi kṛta bhorī, tehi bidhi dīpa ko bāra bahorī.

दोहा-dohā:

तब फिरि जीव बिबिधि बिधि पावइ संसृति क्लेस ।
taba phiri jīva bibidhi bidhi pāvai saṁsṛti klesa,
हरि माया अति दुस्तर तरि न जाइ बिहगेस ॥११८क॥
hari māyā ati dustara tari na jāi bihagesa. 118(ka).

कहत कठिन समुझत कठिन साधत कठिन बिबेक ।
kahata kaṭhina samujhata kaṭhina sādhata kaṭhina bibeka,
होइ घुनाच्छर न्याय जौं पुनि प्रत्यूह अनेक ॥११८ख॥
hoi ghunācchara nyāya jauṁ puni pratyūha aneka. 118(kha).

चौपाई-caupāī:

ग्यान पंथ कृपान कै धारा । परत खगेस होइ नहिं बारा ॥
gyāna paṁtha kṛpāna kai dhārā, parata khagesa hoi nahiṁ bārā.
जो निर्बिघ्न पंथ निर्बहई । सो कैवल्य परम पद लहई ॥
jo nirbighna paṁtha nirbahaī, so kaivalya parama pada lahaī.
अति दुर्लभ कैवल्य परम पद । संत पुरान निगम आगम बद ॥
ati durlabha kaivalya parama pada, saṁta purāna nigama āgama bada.
राम भजत सोइ मुकुति गोसाईं । अनइच्छित आवइ बरिआईं ॥
rāma bhajata soi mukuti gosāīṁ, anaicchita āvai bariāīṁ.
जिमि थल बिनु जल रहि न सकाई । कोटि भाँति कोउ करै उपाई ॥
jimi thala binu jala rahi na sakāī, koṭi bhām̐ti kou karai upāī.
तथा मोच्छ सुख सुनु खगराई । रहि न सकइ हरि भगति बिहाई ॥
tathā moccha sukha sunu khagarāī, rahi na sakai hari bhagati bihāī.
अस बिचारि हरि भगत सयाने । मुक्ति निरादर भगति लुभाने ॥
asa bicāri hari bhagata sayāne, mukti nirādara bhagati lubhāne.
भगति करत बिनु जतन प्रयासा । संसृति मूल अबिद्या नासा ॥
bhagati karata binu jatana prayāsā, saṁsṛti mūla abidyā nāsā.
भोजन करिअ तृपिति हित लागी । जिमि सो असन पचवै जठरागी ॥
bhojana karia tṛpiti hita lāgī, jimi so asana pacavai jaṭharāgī.
असि हरि भगति सुगम सुखदाई । को अस मूढ़ न जाहि सोहाई ॥
asi hari bhagati sugama sukhadāī, ko asa mūṛha na jāhi sohāī.

दोहा-dohā:

सेवक सेब्य भाव बिनु भव न तरिअ उरगारि ।
sevaka sebya bhāva binu bhava na taria uragāri,
भजहु राम पद पंकज अस सिद्धांत बिचारि ॥११९क॥
bhajahu rāma pada paṁkaja asa siddhāṁta bicāri. 119(ka).

जो चेतन कहँ जड़ करइ जड़हि करइ चैतन्य ।
jo cetana kaham̐ zaṛa karai zaṛahi karai caitanya,
अस समर्थ रघुनायकहि भजहिं जीव ते धन्य ॥११९ख॥
asa samartha raghunāyakahi bhajahiṁ jīva te dhanya. 119(kha).

चौपाई-caupāī:

कहेउँ ग्यान सिद्धांत बुझाई । सुनहु भगति मनि कै प्रभुताई ॥
kaheum̐ gyāna siddhāṁta bujhāī, sunahu bhagati mani kai prabhutāī.
राम भगति चिंतामनि सुंदर । बसइ गरुड़ जाके उर अंतर ॥
rāma bhagati ciṁtāmani suṁdara, basai garuṛa jāke ura aṁtara.
परम प्रकास रूप दिन राती । नहिं कछु चहिअ दिआ घृत बाती ॥
parama prakāsa rūpa dina rātī, nahiṁ kachu cahia diā ghṛta bātī.
मोह दरिद्र निकट नहिं आवा । लोभ बात नहिं ताहि बुझावा ॥
moha daridra nikaṭa nahiṁ āvā, lobha bāta nahiṁ tāhi bujhāvā.
प्रबल अबिद्या तम मिटि जाई । हारहिं सकल सलभ समुदाई ॥
prabala abidyā tama miṭi jāī, hārahiṁ sakala salabha samudāī.
खल कामादि निकट नहिं जाहीं । बसइ भगति जाके उर माहीं ॥
khala kāmādi nikaṭa nahiṁ jāhīṁ, basai bhagati jāke ura māhīṁ.
गरल सुधासम अरि हित होई । तेहि मनि बिनु सुख पाव न कोई ॥
garala sudhāsama ari hita hoī, tehi mani binu sukha pāva na koī.
ब्यापहिं मानस रोग न भारी । जिन्ह के बस सब जीव दुखारी ॥
byāpahiṁ mānasa roga na bhārī, jinha ke basa saba jīva dukhārī.
राम भगति मनि उर बस जाकें । दुख लवलेस न सपनेहुँ ताकें ॥
rāma bhagati mani ura basa jākeṁ, dukha lavalesa na sapanehum̐ tākeṁ.
चतुर सिरोमनि तेइ जग माहीं । जे मनि लागि सुजतन कराहीं ॥
catura siromani tei jaga māhīṁ, je mani lāgi sujatana karāhīṁ.
सो मनि जदपि प्रगट जग अहई । राम कृपा बिनु नहिं कोउ लहई ॥
so mani jadapi pragaṭa jaga ahaī, rāma kṛpā binu nahiṁ kou lahaī.
सुगम उपाय पाइबे केरे । नर हतभाग्य देहिं भटभेरे ॥
sugama upāya pāibe kere, nara hatabhāgya dehiṁ bhaṭabhere.
पावन पर्बत बेद पुराना । राम कथा रुचिराकर नाना ॥
pāvana parbata beda purānā, rāma kathā rucirākara nānā.
मर्मी सज्जन सुमति कुदारी । ग्यान बिराग नयन उरगारी ॥
marmī sajjana sumati kudārī, gyāna birāga nayana uragārī.
भाव सहित खोजइ जो प्रानी । पाव भगति मनि सब सुख खानी ॥
bhāva sahita khojai jo prānī, pāva bhagati mani saba sukha khānī.
मोरें मन प्रभु अस बिस्वासा । राम ते अधिक राम कर दासा ॥
moreṁ mana prabhu asa bisvāsā, rāma te adhika rāma kara dāsā.
राम सिंधु घन सज्जन धीरा । चंदन तरु हरि संत समीरा ॥
rāma siṁdhu ghana sajjana dhīrā, caṁdana taru hari saṁta samīrā.
सब कर फल हरि भगति सुहाई । सो बिनु संत न काहूँ पाई ॥
saba kara phala hari bhagati suhāī, so binu saṁta na kāhūm̐ pāī.
अस बिचारि जोइ कर सतसंगा । राम भगति तेहि सुलभ बिहंगा ॥
asa bicāri joi kara satasaṁgā, rāma bhagati tehi sulabha bihaṁgā.

दोहा-dohā:

ब्रह्म पयोनिधि मंदर ग्यान संत सुर आहिं ।
brahma payonidhi maṁdara gyāna saṁta sura āhiṁ,
कथा सुधा मथि काढ़हिं भगति मधुरता जाहिं ॥१२०क॥
kathā sudhā mathi kāṛhahiṁ bhagati madhuratā jāhiṁ. 120(ka).

बिरति चर्म असि ग्यान मद लोभ मोह रिपु मारि ।
birati carma asi gyāna mada lobha moha ripu māri,
जय पाइअ सो हरि भगति देखु खगेस बिचारि ॥१२०ख॥
jaya pāia so hari bhagati dekhu khagesa bicāri. 120(kha).

चौपाई-caupāī:

पुनि सप्रेम बोलेउ खगराऊ । जौं कृपाल मोहि ऊपर भाऊ ॥
puni saprema boleu khagarāū, jauṁ kṛpāla mohi ūpara bhāū.
नाथ मोहि निज सेवक जानी । सप्त प्रस्न मम कहहु बखानी ॥
nātha mohi nija sevaka jānī, sapta prasna mama kahahu bakhānī.
प्रथमहिं कहहु नाथ मतिधीरा । सब ते दुर्लभ कवन सरीरा ॥
prathamahiṁ kahahu nātha matidhīrā, saba te durlabha kavana sarīrā.
बड़ दुख कवन कवन सुख भारी । सोउ संछेपहिं कहहु बिचारी ॥
baṛa dukha kavana kavana sukha bhārī, sou saṁchepahiṁ kahahu bicārī.
संत असंत मरम तुम्ह जानहु । तिन्ह कर सहज सुभाव बखानहु ॥
saṁta asaṁta marama tumha jānahu, tinha kara sahaja subhāva bakhānahu.
कवन पुन्य श्रुति बिदित बिसाला । कहहु कवन अघ परम कराला ॥
kavana punya śruti bidita bisālā, kahahu kavana agha parama karālā.
मानस रोग कहहु समुझाई । तुम्ह सर्बग्य कृपा अधिकाई ॥

mānasa roga kahahu samujhāī, tumha sarbagya kṛpā adhikāī.
तात सुनहु सादर अति प्रीती । मैं संछेप कहउँ यह नीती ॥
tāta sunahu sādara ati prītī, maiṁ saṁchepa kahauṁ yaha nītī.
नर तन सम नहिं कवनिउ देही । जीव चराचर जाचत तेही ॥
nara tana sama nahiṁ kavaniu dehī, jīva carācara jācata tehī.
नरक स्वर्ग अपबर्ग निसेनी । ग्यान बिराग भगति सुभ देनी ॥
naraka svarga apabarga nisenī, gyāna birāga bhagati subha denī.
सो तनु धरि हरि भजहिं न जे नर । होहिं बिषय रत मंद मंद तर ॥
so tanu dhari hari bhajahiṁ na je nara, hohiṁ biṣaya rata maṁda maṁda tara.
काँच किरिच बदलें ते लेही । कर ते डारि परस मनि देहीं ॥
kāṁca kirica badaleṁ te lehī, kara te ḍāri parasa mani dehīṁ.
नहिं दरिद्र सम दुख जग माहीं । संत मिलन सम सुख जग नाहीं ॥
nahiṁ daridra sama dukha jaga māhīṁ, saṁta milana sama sukha jaga nāhīṁ.
पर उपकार बचन मन काया । संत सहज सुभाउ खगराया ॥
para upakāra bacana mana kāyā, saṁta sahaja subhāu khagarāyā.
संत सहहिं दुख परहित लागी । परदुख हेतु असंत अभागी ॥
saṁta sahahiṁ dukha parahita lāgī, paradukha hetu asaṁta abhāgī.
भूर्ज तरू सम संत कृपाला । परहित निति सह बिपति बिसाला ॥
bhūrja tarū sama saṁta kṛpālā, parahita niti saha bipati bisālā.
सन इव खल पर बंधन करई । खाल कढ़ाइ बिपति सहि मरई ॥
sana iva khala para baṁdhana karaī, khāla kaṛhāi bipati sahi maraī.
खल बिनु स्वारथ पर अपकारी । अहि मूषक इव सुनु उरगारी ॥
khala binu svāratha para apakārī, ahi mūṣaka iva sunu uragārī.
पर संपदा बिनासि नसाहीं । जिमि ससि हति हिम उपल बिलाहीं ॥
para saṁpadā bināsi nasāhīṁ, jimi sasi hati hima upala bilāhīṁ.
दुष्ट उदय जग आरति हेतू । जथा प्रसिद्ध अधम ग्रह केतू ॥
duṣṭa udaya jaga ārati hetū, jathā prasiddha adhama graha ketū.
संत उदय संतत सुखकारी । बिस्व सुखद जिमि इंदु तमारी ॥
saṁta udaya saṁtata sukhakārī, bisva sukhada jimi iṁdu tamārī.
परम धर्म श्रुति बिदित अहिंसा । पर निंदा सम अघ न गरीसा ॥
parama dharma śruti bidita ahiṁsā, para niṁdā sama agha na garīsā.
हर गुर निंदक दादुर होई । जन्म सहस्र पाव तन सोई ॥
hara gura niṁdaka dādura hoī, janma sahasra pāva tana soī.
द्विज निंदक बहु नरक भोग करि । जग जनमइ बायस सरीर धरि ॥
dvija niṁdaka bahu naraka bhoga kari, jaga janamai bāyasa sarīra dhari.
सुर श्रुति निंदक जे अभिमानी । रौरव नरक परहिं ते प्रानी ॥
sura śruti niṁdaka je abhimānī, raurava naraka parahiṁ te prānī.
होहिं उलूक संत निंदा रत । मोह निसा प्रिय ग्यान भानु गत ॥
hohiṁ ulūka saṁta niṁdā rata, moha nisā priya gyāna bhānu gata.
सब कै निंदा जे जड़ करहीं । ते चमगादुर होइ अवतरहीं ॥
saba kai niṁdā je jaṛa karahīṁ, te camagādura hoi avatarahīṁ.
सुनहु तात अब मानस रोगा । जिन्ह ते दुख पावहिं सब लोगा ॥
sunahu tāta aba mānasa rogā, jinha te dukha pāvahiṁ saba logā.
मोह सकल ब्याधिन्ह कर मूला । तिन्ह ते पुनि उपजहिं बहु सूला ॥
moha sakala byādhinha kara mūlā, tinha te puni upajahiṁ bahu sūlā.
काम बात कफ लोभ अपारा । क्रोध पित्त नित छाती जारा ॥
kāma bāta kapha lobha apārā, krodha pitta nita chātī jārā.
प्रीति करहिं जौं तीनिउ भाई । उपजइ सन्यपात दुखदाई ॥
prīti karahiṁ jauṁ tīniu bhāī, upajai sanyapāta dukhadāī.
बिषय मनोरथ दुर्गम नाना । ते सब सूल नाम को जाना ॥
biṣaya manoratha durgama nānā, te saba sūla nāma ko jānā.
ममता दादु कंडु इरषाई । हरष बिषाद गरह बहुताई ॥
mamatā dādu kaṁḍu iraṣāī, haraṣa biṣāda garaha bahutāī.
पर सुख देखि जरनि सोइ छई । कुष्ट दुष्टता मन कुटिलई ॥
para sukha dekhi jarani soi chaī, kuṣta duṣṭatā mana kuṭilaī.
अहंकार अति दुखद डमरुआ । दंभ कपट मद मान नेहरुआ ॥
ahaṁkāra ati dukhada ḍamaruā, daṁbha kapaṭa mada māna neharuā.
तृस्ना उदरबृद्धि अति भारी । त्रिबिधि ईषना तरुन तिजारी ॥
tṛsnā udarabṛddhi ati bhārī, tribidhi īṣanā taruna tijārī.
जुग बिधि ज्वर मत्सर अबिबेका । कहँ लगि कहौं कुरोग अनेका ॥
juga bidhi jvara matsara abibekā, kahaṁ lagi kahauṁ kuroga anekā.

दोहा-dohā:

एक ब्याधि बस नर मरहिं ए असाधि बहु ब्याधि ।
eka byādhi basa nara marahiṁ e asādhi bahu byādhi,
पीड़हिं संतत जीव कहुँ सो किमि लहै समाधि ॥१२१क॥
pīṛahiṁ saṁtata jīva kahuṁ so kimi lahai samādhi. 121(ka).

नेम धर्म आचार तप ग्यान जग्य जप दान ।
nema dharma ācāra tapa gyāna jagya japa dāna,
भेषज पुनि कोटिन्ह नहिं रोग जाहिं हरिजान ॥१२१ख॥
bheṣaja puni koṭinha nahiṁ roga jāhiṁ harijāna. 121(kha).

चौपाई-caupāī:

एहि बिधि सकल जीव जग रोगी । सोक हरष भय प्रीति बियोगी ॥
ehi bidhi sakala jīva jaga rogī, soka haraṣa bhaya prīti biyogī.
मानस रोग कछुक मैं गाए । हहिं सब कें लखि बिरलेन्ह पाए ॥
mānasa roga kachuka maiṁ gāe, hahiṁ saba keṁ lakhi biralenha pāe.
जाने ते छीजहिं कछु पापी । नास न पावहिं जन परितापी ॥
jāne te chījahiṁ kachu pāpī, nāsa na pāvahiṁ jana paritāpī.
बिषय कुपथ्य पाइ अंकुरे । मुनिहु हृदयँ का नर बापुरे ॥
biṣaya kupathya pāi aṁkure, munihu hṛdayaṁ kā nara bāpure.
राम कृपाँ नासहिं सब रोगा । जौं एहि भाँति बनै संयोगा ॥
rāma kṛpāṁ nāsahiṁ saba rogā, jauṁ ehi bhāṁti banai saṁyogā.
सदगुर बैद बचन बिस्वासा । संजम यह न बिषय कै आसा ॥
sadagura baida bacana bisvāsā, saṁjama yaha na biṣaya kai āsā.
रघुपति भगति सजीवन मूरी । अनूपान श्रद्धा मति पूरी ॥
raghupati bhagati sajīvana mūrī, anūpāna śraddhā mati pūrī.
एहि बिधि भलेहिं सो रोग नसाहीं । नाहिं त जतन कोटि नहिं जाहीं ॥
ehi bidhi bhalehiṁ so roga nasāhīṁ, nāhiṁ ta jatana koṭi nahiṁ jāhīṁ.
जानिअ तब मन बिरुज गोसाँई । जब उर बल बिराग अधिकाई ॥
jānia taba mana biruja gosāṁī, jaba ura bala birāga adhikāī.
सुमति छुधा बाढ़इ नित नई । बिषय आस दुर्बलता गई ॥
sumati chudhā bāṛhai nita naī, biṣaya āsa durbalatā gaī.
बिमल ग्यान जल जब सो नहाई । तब रह राम भगति उर छाई ॥
bimala gyāna jala jaba so nahāī, taba raha rāma bhagati ura chāī.
सिव अज सुक सनकादिक नारद । जे मुनि ब्रह्म बिचार बिसारद ॥
siva aja suka sanakādika nārada, je muni brahma bicāra bisārada.
सब कर मत खगनायक एहा । करिअ राम पद पंकज नेहा ॥
saba kara mata khaganāyaka ehā, karia rāma pada paṁkaja nehā.
श्रुति पुरान सब ग्रंथ कहाहीं । रघुपति भगति बिना सुख नाहीं ॥
śruti purāna saba graṁtha kahāhīṁ, raghupati bhagati binā sukha nāhīṁ.
कमठ पीठ जामहिं बरु बारा । बंध्या सुत बरु काहुहि मारा ॥
kamaṭha pīṭha jāmahiṁ baru bārā, baṁdhyā suta baru kāhuhi mārā.
फूलहिं नभ बरु बहुबिधि फूला । जीव न लह सुख हरि प्रतिकूला ॥
phūlahiṁ nabha baru bahubidhi phūlā, jīva na laha sukha hari pratikūlā.

तृषा जाइ बरु मृगजल पाना । बरु जामहिं सस सीस बिषाना ॥
tṛṣā jāi baru mṛgajala pānā, baru jāmahiṁ sasa sīsa biṣānā.
अंधकारु बरु रबिहि नसावै । राम बिमुख न जीव सुख पावै ॥
aṁdhakāru baru rabihi nasāvai, rāma bimukha na jīva sukha pāvai.
हिम ते अनल प्रगट बरु होई । बिमुख राम सुख पाव न कोई ॥
hima te anala pragaṭa baru hoī, bimukha rāma sukha pāva na koī.

दोहा-dohā:

बारि मथें घृत होइ बरु सिकता ते बरु तेल ।
bāri matheṁ ghṛta hoi baru sikatā te baru tela,
बिनु हरि भजन न भव तरिअ यह सिद्धांत अपेल ॥१२२क॥
binu hari bhajana na bhava taria yaha siddhāṁta apela. 122(ka).

मसकहि करइ बिरंचि प्रभु अजहि मसक ते हीन ।
masakahi karai biraṁci prabhu ajahi masaka te hīna,
अस बिचारि तजि संसय रामहि भजहिं प्रबीन ॥१२२ख॥
asa bicāri taji saṁsaya rāmahi bhajahiṁ prabīna. 122(kha).

श्लोक-śloka:

विनिश्चितं वदामि ते न अन्यथा वचांसि मे ।
viniścitaṁ vadāmi te na anyathā vacāṁsi me,
हरिं नरा भजन्ति येऽतिदुस्तरं तरन्ति ते ॥१२२ग॥
hariṁ narā bhajanti ye'tidustaraṁ taranti te. 122(ga).

चौपाई-caupāī:

कहेउँ नाथ हरि चरित अनूपा । ब्यास समास स्वमति अनुरुपा ॥
kaheuṁ nātha hari carita anūpā, byāsa samāsa svamati anurupā.
श्रुति सिद्धांत इहइ उरगारी । राम भजिअ सब काज बिसारी ॥
śruti siddhāṁta ihai uragārī, rāma bhajia saba kāja bisārī.
प्रभु रघुपति तजि सेइअ काही । मोहि से सठ पर ममता जाही ॥
prabhu raghupati taji seia kāhī, mohi se saṭha para mamatā jāhī.
तुम्ह बिग्यानरूप नहिं मोहा । नाथ कीन्हि मो पर अति छोहा ॥
tumha bigyānarūpa nahiṁ mohā, nātha kīnhi mo para ati chohā.
पूँछिहु राम कथा अति पावनि । सुक सनकादि संभु मन भावनि ॥
pūṁchihu rāma kathā ati pāvani, suka sanakādi saṁbhu mana bhāvani.
सत संगति दुर्लभ संसारा । निमिष दंड भरि एकउ बारा ॥
sata saṁgati durlabha saṁsārā, nimiṣa daṁḍa bhari ekau bārā.
देखु गरुड़ निज हृदयँ बिचारी । मैं रघुबीर भजन अधिकारी ॥
dekhu garuṛa nija hṛdayaṁ bicārī, maiṁ raghubīra bhajana adhikārī.
सकुनाधम सब भाँति अपावन । प्रभु मोहि कीन्ह बिदित जग पावन ॥
sakunādhama saba bhāṁti apāvana, prabhu mohi kīnha bidita jaga pāvana.

दोहा-dohā:

आजु धन्य मैं धन्य अति जद्यपि सब बिधि हीन ।
āju dhanya maiṁ dhanya ati jadyapi saba bidhi hīna,
निज जन जानि राम मोहि संत समागम दीन ॥१२३क॥
nija jana jāni rāma mohi saṁta samāgama dīna. 123(ka).

नाथ जथामति भाषेउँ राखेउँ नहिं कछु गोइ ।
nātha jathāmati bhāṣeuṁ rākheuṁ nahiṁ kachu goi,
चरित सिंधु रघुनायक थाह कि पावइ कोइ ॥१२३ख॥
carita siṁdhu raghunāyaka thāha ki pāvai koi. 123(kha).

चौपाई-caupāī:

सुमिरि राम के गुन गन नाना । पुनि पुनि हरष भुसुंडि सुजाना ॥
sumiri rāma ke guna gana nānā, puni puni haraṣa bhusuṁḍi sujānā.
महिमा निगम नेति करि गाई । अतुलित बल प्रताप प्रभुताई ॥
mahimā nigama neti kari gāī, atulita bala pratāpa prabhutāī.

सिव अज पूज्य चरन रघुराई । मो पर कृपा परम मृदुलाई ॥
siva aja pūjya carana raghurāī, mo para kṛpā parama mṛdulāī.
अस सुभाउ कहुँ सुनउँ न देखउँ । केहि खगेस रघुपति सम लेखउँ ॥
asa subhāu kahuṁ sunauṁ na dekhauṁ, kehi khagesa raghupati sama lekhauṁ.
साधक सिद्ध बिमुक्त उदासी । कबि कोबिद कृतग्य संन्यासी ॥
sādhaka siddha bimukta udāsī, kabi kobida kṛtagya saṁnyāsī.
जोगी सूर सुतापस ग्यानी । धर्म निरत पंडित बिग्यानी ॥
jogī sūra sutāpasa gyānī, dharma nirata paṁḍita bigyānī.
तरहिं न बिनु सेएँ मम स्वामी । राम नमामि नमामि नमामी ॥
tarahiṁ na binu seeṁ mama svāmī, rāma namāmi namāmi namāmī.
सरन गएँ मो से अघ रासी । होहिं सुद्ध नमामि अबिनासी ॥
sarana gaeṁ mo se agha rāsī, hohiṁ suddha namāmi abināsī.

दोहा-dohā:

जासु नाम भव भेषज हरन घोर त्रय सूल ।
jāsu nāma bhava bheṣaja harana ghora traya sūla,
सो कृपाल मोहि तो पर सदा रहउ अनुकूल ॥१२४क॥
so kṛpāla mohi to para sadā rahau anukūla. 124(ka).

सुनि भुसुंडि के बचन सुभ देखि राम पद नेह ।
suni bhusuṁḍi ke bacana subha dekhi rāma pada neha,
बोलेउ प्रेम सहित गिरा गरुड़ बिगत संदेह ॥१२४ख॥
boleu prema sahita girā garuṛa bigata saṁdeha. 124(kha).

चौपाई-caupāī:

मैं कृतकृत्य भयउँ तव बानी । सुनि रघुबीर भगति रस सानी ॥
maiṁ kṛtakṛtya bhayauṁ tava bānī, suni raghubīra bhagati rasa sānī.
राम चरन नूतन रति भई । माया जनित बिपति सब गई ॥
rāma carana nūtana rati bhaī, māyā janita bipati saba gaī.
मोह जलधि बोहित तुम्ह भए । मो कहँ नाथ बिबिध सुख दए ॥
moha jaladhi bohita tumha bhae, mo kahaṁ nātha bibidha sukha dae.
मो पहिं होइ न प्रति उपकारा । बंदउँ तव पद बारहिं बारा ॥
mo pahiṁ hoi na prati upakārā, baṁdauṁ tava pada bārahiṁ bārā.
पूरन काम राम अनुरागी । तुम्ह सम तात न कोउ बड़भागी ॥
pūrana kāma rāma anurāgī, tumha sama tāta na kou baṛabhāgī.
संत बिटप सरिता गिरि धरनी । पर हित हेतु सबन्ह कै करनी ॥
saṁta biṭapa saritā giri dharanī, para hita hetu sabanha kai karanī.
संत हृदय नवनीत समाना । कहा कबिन्ह परि कहै न जाना ॥
saṁta hṛdaya navanīta samānā, kahā kabinha pari kahai na jānā.
निज परिताप द्रवइ नवनीता । पर दुख द्रवहिं संत सुपुनीता ॥
nija paritāpa dravai navanītā, para dukha dravahiṁ saṁta supunītā.
जीवन जन्म सुफल मम भयऊ । तव प्रसाद संसय सब गयऊ ॥
jīvana janma suphala mama bhayaū, tava prasāda saṁsaya saba gayaū.
जानेहु सदा मोहि निज किंकर । पुनि पुनि उमा कहइ बिहंगबर ॥
jānehu sadā mohi nija kiṁkara, puni puni umā kahai bihaṁgabara.

दोहा-dohā:

तासु चरन सिरु नाइ करि प्रेम सहित मतिधीर ।
tāsu carana siru nāi kari prema sahita matidhīra,
गयउ गरुड़ बैकुंठ तब हृदयँ राखि रघुबीर ॥१२५क॥
gayau garuṛa baikuṁṭha taba hṛdayaṁ rākhi raghubīra. 125(ka).

गिरिजा संत समागम सम न लाभ कछु आन।
girijā saṁta samāgama sama na lābha kachu āna,
बिनु हरि कृपा न होइ सो गावहिं बेद पुरान ॥१२५ख॥
binu hari kṛpā na hoi so gāvahiṁ beda purāna. 125(kha).

चौपाई-caupāī:

कहेउँ परम पुनीत इतिहासा। सुनत श्रवन छूटहिं भव पासा॥
kaheuṁ parama punīta itihāsā, sunata śravana chūṭahiṁ bhava pāsā.
प्रनत कल्पतरु करुना पुंजा। उपजइ प्रीति राम पद कंजा॥
pranata kalpataru karunā puṁjā, upajai prīti rāma pada kaṁjā.
मन क्रम बचन जनित अघ जाई। सुनहिं जे कथा श्रवन मन लाई॥
mana krama bacana janita agha jāī, sunahiṁ je kathā śravana mana lāī.
तीर्थाटन साधन समुदाई। जोग बिराग ग्यान निपुनाई॥
tīrthāṭana sādhana samudāī, joga birāga gyāna nipunāī.
नाना कर्म धर्म ब्रत दाना। संजम दम जप तप मख नाना॥
nānā karma dharma brata dānā, saṁjama dama japa tapa makha nānā.
भूत दया द्विज गुर सेवकाई। बिद्या बिनय बिबेक बड़ाई॥
bhūta dayā dvija gura sevakāī, bidyā binaya bibeka baṛāī.
जहँ लगि साधन बेद बखानी। सब कर फल हरि भगति भवानी॥
jahaṁ lagi sādhana beda bakhānī, saba kara phala hari bhagati bhavānī.
सो रघुनाथ भगति श्रुति गाई। राम कृपाँ काहूँ एक पाई॥
so raghunātha bhagati śruti gāī, rāma kṛpāṁ kāhūṁ eka pāī.

दोहा-dohā:

मुनि दुर्लभ हरि भगति नर पावहिं बिनहिं प्रयास।
muni durlabha hari bhagati nara pāvahiṁ binahiṁ prayāsa,
जे यह कथा निरंतर सुनहिं मानि बिस्वास ॥१२६॥
je yaha kathā niraṁtara sunahiṁ māni bisvāsa. 126.

चौपाई-caupāī:

सोइ सर्बग्य गुनी सोइ ग्याता। सोइ महि मंडित पंडित दाता॥
soi sarbagya gunī soi gyātā, soi mahi maṁḍita paṁḍita dātā.
धर्म परायन सोइ कुल त्राता। राम चरन जा कर मन राता॥
dharma parāyana soi kula trātā, rāma carana jā kara mana rātā.
नीति निपुन सोइ परम सयाना। श्रुति सिद्धांत नीक तेहिं जाना॥
nīti nipuna soi parama sayānā, śruti siddhāṁta nīka tehiṁ jānā.
सोइ कबि कोबिद सोइ रनधीरा। जो छल छाड़ि भजइ रघुबीरा॥
soi kabi kobida soi ranadhīrā, jo chala chāṛi bhajai raghubīrā.
धन्य देस सो जहँ सुरसरी। धन्य नारि पतिब्रत अनुसरी॥
dhanya desa so jahaṁ surasarī, dhanya nāri patibrata anusarī.
धन्य सो भूपु नीति जो करई। धन्य सो द्विज निज धर्म न टरई॥
dhanya so bhūpu nīti jo karaī, dhanya so dvija nija dharma na ṭaraī.
सो धन धन्य प्रथम गति जाकी। धन्य पुन्य रत मति सोइ पाकी॥
so dhana dhanya prathama gati jākī, dhanya punya rata mati soi pākī.
धन्य घरी सोइ जब सतसंगा। धन्य जन्म द्विज भगति अभंगा॥
dhanya gharī soi jaba satasaṁgā, dhanya janma dvija bhagati abhaṁgā.

दोहा-dohā:

सो कुल धन्य उमा सुनु जगत पूज्य सुपुनीत।
so kula dhanya umā sunu jagata pūjya supunīta,
श्रीरघुबीर परायन जेहिं नर उपज बिनीत ॥१२७॥
śrīraghubīra parāyana jehiṁ nara upaja binīta. 127.

चौपाई-caupāī:

मति अनुरूप कथा मैं भाषी। जद्यपि प्रथम गुप्त करि राखी॥
mati anurūpa kathā maiṁ bhāṣī, jadyapi prathama gupta kari rākhī.
तव मन प्रीति देखि अधिकाई। तब मैं रघुपति कथा सुनाई॥
tava mana prīti dekhi adhikāī, taba maiṁ raghupati kathā sunāī.
यह न कहिअ सठही हठसीलहि। जो मन लाइ न सुन हरि लीलहि॥
yaha na kahia saṭhahī haṭhasīlahi, jo mana lāi na suna hari līlahi.
कहिअ न लोभिहि क्रोधिहि कामिहि। जो न भजइ सचराचर स्वामिहि॥
kahia na lobhihi krodhihi kāmihi, jo na bhajai sacarācara svāmihi.
द्विज द्रोहिहि न सुनाइअ कबहूँ। सुरपति सरिस होइ नृप जबहूँ॥
dvija drohihi na sunāia kabahūṁ, surapati sarisa hoi nṛpa jabahūṁ.
राम कथा के तेइ अधिकारी। जिन्ह कें सतसंगति अति प्यारी॥
rāma kathā ke tei adhikārī, jinha keṁ satasaṁgati ati pyārī.
गुर पद प्रीति नीति रत जेई। द्विज सेवक अधिकारी तेई॥
gura pada prīti nīti rata jeī, dvija sevaka adhikārī teī.
ता कहँ यह बिसेष सुखदाई। जाहि प्रानप्रिय श्रीरघुराई॥
tā kahaṁ yaha biseṣa sukhadāī, jāhi prānapriya śrīraghurāī.

दोहा-dohā:

राम चरन रति जो चह अथवा पद निर्बान।
rāma carana rati jo caha athavā pada nirbāna,
भाव सहित सो यह कथा करउ श्रवन पुट पान ॥१२८॥
bhāva sahita so yaha kathā karau śravana puṭa pāna. 128.

चौपाई-caupāī:

राम कथा गिरिजा मैं बरनी। कलि मल समनि मनोमल हरनी॥
rāma kathā girijā maiṁ baranī, kali mala samani manomala haranī.
संसृति रोग सजीवन मूरी। राम कथा गावहिं श्रुति सूरी॥
saṁsṛti roga sajīvana mūrī, rāma kathā gāvahiṁ śruti sūrī.
एहि महँ रुचिर सप्त सोपाना। रघुपति भगति केर पंथाना॥
ehi mahaṁ rucira sapta sopānā, raghupati bhagati kera paṁthānā.
अति हरि कृपा जाहि पर होई। पाउँ देइ एहिं मारग सोई॥
ati hari kṛpā jāhi para hoī, pāuṁ dei ehiṁ māraga soī.
मन कामना सिद्धि नर पावा। जे यह कथा कपट तजि गावा॥
mana kāmanā siddhi nara pāvā, je yaha kathā kapaṭa taji gāvā.
कहहिं सुनहिं अनुमोदन करहीं। ते गोपद इव भवनिधि तरहीं॥
kahahiṁ sunahiṁ anumodana karahīṁ, te gopada iva bhavanidhi tarahīṁ.
सुनि सब कथा हृदय अति भाई। गिरिजा बोली गिरा सुहाई॥
suni saba kathā hṛdaya ati bhāī, girijā bolī girā suhāī.
नाथ कृपाँ मम गत संदेहा। राम चरन उपजेउ नव नेहा॥
nātha kṛpāṁ mama gata saṁdehā, rāma carana upajeu nava nehā.

दोहा-dohā:

मैं कृतकृत्य भइउँ अब तव प्रसाद बिस्वेस।
maiṁ kṛtakṛtya bhaiuṁ aba tava prasāda bisvesa,
उपजी राम भगति दृढ़ बीते सकल कलेस ॥१२९॥
upajī rāma bhagati dṛṛha bīte sakala kalesa. 129.

चौपाई-caupāī:

यह सुभ संभु उमा संबादा। सुख संपादन समन बिषादा॥
yaha subha saṁbhu umā saṁbādā, sukha saṁpādana samana biṣādā.
भव भंजन गंजन संदेहा। जन रंजन सज्जन प्रिय एहा॥
bhava bhaṁjana gaṁjana saṁdehā, jana raṁjana sajjana priya ehā.
राम उपासक जे जग माहीं। एहि सम प्रिय तिन्ह कें कछु नाहीं॥
rāma upāsaka je jaga māhīṁ, ehi sama priya tinha keṁ kachu nāhīṁ.
रघुपति कृपाँ जथामति गावा। मैं यह पावन चरित सुहावा॥
raghupati kṛpāṁ jathāmati gāvā, maiṁ yaha pāvana carita suhāvā.
एहिं कलिकाल न साधन दूजा। जोग जग्य जप तप ब्रत पूजा॥
ehiṁ kalikāla na sādhana dūjā, joga jagya japa tapa brata pūjā.
रामहि सुमिरिअ गाइअ रामहि। संतत सुनिअ राम गुन ग्रामहि॥
rāmahi sumiria gāia rāmahi, saṁtata sunia rāma guna grāmahi.

जासु पतित पावन बड़ बाना । गावहिं कबि श्रुति संत पुराना ॥
jāsu patita pāvana baṛa bānā, gāvahiṁ kabi śruti saṁta purānā.
ताहि भजहि मन तजि कुटिलाई । राम भजें गति केहिं नहिं पाई ॥
tāhi bhajahi mana taji kuṭilāī, rāma bhajeṁ gati kehiṁ nahiṁ pāī.

छंद-chaṁda:

पाई न केहिं गति पतित पावन राम भजि सुनु सठ मना ।
pāī na kehiṁ gati patita pāvana rāma bhaji sunu saṭha manā,
गनिका अजामिल ब्याध गीध गजादि खल तारे घना ॥
ganikā ajāmila byādha gīdha gajādi khala tāre ghanā.
आभीर जमन किरात खस स्वपचादि अति अघरूप जे ।
ābhīra jamana kirāta khasa svapacādi ati agharūpa je,
कहि नाम बारक तेपि पावन होहिं राम नमामि ते ॥ १ ॥
kahi nāma bāraka tepi pāvana hohiṁ rāma namāmi te. 1.
रघुबंस भूषन चरित यह नर कहहिं सुनहिं जे गावहीं ।
raghubaṁsa bhūṣana carita yaha nara kahahiṁ sunahiṁ je gāvahīṁ,
कलि मल मनोमल धोइ बिनु श्रम राम धाम सिधावहीं ॥
kali mala manomala dhoi binu śrama rāma dhāma sidhāvahīṁ.
सत पंच चौपाईं मनोहर जानि जो नर उर धरै ।
sata paṁca caupāīṁ manohara jāni jo nara ura dharai,
दारुन अबिद्या पंच जनित बिकार श्रीरघुबर हरै ॥ २ ॥
dāruna abidyā paṁca janita bikāra śrīraghubara harai. 2.
सुंदर सुजान कृपा निधान अनाथ पर कर प्रीति जो ।
suṁdara sujāna kṛpā nidhāna anātha para kara prīti jo,
सो एक राम अकाम हित निर्बानप्रद सम आन को ॥
so eka rāma akāma hita nirbānaprada sama āna ko.
जाकी कृपा लवलेस ते मतिमंद तुलसीदासहूँ ।
jākī kṛpā lavalesa te matimaṁda tulasīdāsahūṁ,
पायो परम बिश्रामु राम समान प्रभु नाहीं कहूँ ॥ ३ ॥
pāyo parama biśrāmu rāma samāna prabhu nāhīṁ kahūṁ. 3.

दोहा-dohā:

मो सम दीन न दीन हित तुम्ह समान रघुबीर ।
mo sama dīna na dīna hita tumha samāna raghubīra,
अस बिचारि रघुबंस मनि हरहु बिषम भव भीर ॥ १३०क ॥
asa bicāri raghubaṁsa mani harahu biṣama bhava bhīra. 130(ka).

कामिहि नारि पिआरि जिमि लोभिहि प्रिय जिमि दाम ।
kāmihi nāri piāri jimi lobhihi priya jimi dāma,
तिमि रघुनाथ निरंतर प्रिय लागहु मोहि राम ॥ १३०ख ॥
timi raghunātha niraṁtara priya lāgahu mohi rāma. 130(kha).

श्लोक-śloka:

यत्पूर्वं प्रभुणा कृतं सुकविना श्रीशम्भुना दुर्गमं
yatpūrvaṁ prabhuṇā kṛtaṁ sukavinā śrīśambhunā durgamaṁ
श्रीमद्रामपदाब्जभक्तिमनिशं प्राप्त्यै तु रामायणम् ।
śrīmadrāmapadābjabhaktimaniśaṁ prāptyai tu rāmāyaṇam,
मत्वा तद्रघुनाथमनिरतं स्वान्तस्तमःशान्तये
matvā tadraghunāthamaniratam svāntastamaḥśāntaye
भाषाबद्धमिदं चकार तुलसीदासस्तथा मानसम् ॥ १ ॥
bhāṣābaddhamidaṁ cakāra tulasīdāsastathā mānasam. 1.

पुण्यं पापहरं सदा शिवकरं विज्ञानभक्तिप्रदं
puṇyaṁ pāpaharaṁ sadā śivakaraṁ vijñānabhaktipradaṁ
मायामोहमलापहं सुविमलं प्रेमाम्बुपूरं शुभम् ।
māyāmohamalāpahaṁ suvimalaṁ premāmbupūraṁ śubham,
श्रीमद्रामचरित्रमानसमिदं भक्त्यावगाहन्ति ये
śrīmadrāmacaritramānasamidaṁ bhaktyāvagāhanti ye
ते संसारपतङ्गघोरकिरणैर्दह्यन्ति नो मानवाः ॥ २ ॥
te saṁsārapataṅgaghorakiraṇairdahyanti no mānavāḥ. 2.

मासपारायण तीसवाँ विश्राम
नवाह्नपारायण नवाँ विश्राम
māsapārāyaṇa tīsavāṁ viśrāma
navāhnapārāyaṇa navāṁ viśrāma
(Pause 30 for a Thirty-Day Recitation)
(Pause 9 for a Nine-Day Recitation)

—::—

— जय श्रीसीताराम —

सीताराम सीताराम सीताराम राम राम । रामराम रामराम रामराम सीताराम ॥
सीताराम सीताराम सीताराम राम राम । रामराम रामराम रामराम सीताराम ॥

इति श्रीमद्रामचरितमानसे सकलकलिकलुषविध्वंसने सप्तमः सोपानः समाप्तः

iti śrīmadrāmacaritamānase sakalakalikaluṣavidhvaṁsane saptamaḥ sopānaḥ samāptaḥ

— ॐ —

— जय श्रीसीताराम —

सीताराम सीताराम सीताराम राम राम । रामराम रामराम रामराम सीताराम ॥
सीताराम सीताराम सीताराम राम राम । रामराम रामराम रामराम सीताराम ॥

श्री हनुमान चालीसा — śrī hanumāna cālīsā

दोहा - dohā

श्रीगुरु चरन सरोज रज निज मन मुकुर सुधारि । बरनऊँ रघुबर बिमल जस जो दायक फल चारि ॥
śrīguru carana saroja raja nija mana mukura sudhāri, baranaūm̐ raghubara bimala jasa jo dāyaka phala cāri.
बुद्धि हीन तनु जानिकै सुमिरौं पवन कुमार । बल बुद्धि बिद्या देहु मोहि हरहु कलेश विकार ॥
buddhi hīna tanu jānikai sumiraurṁ pavana kumāra, bala buddhi bidyā dehu mohi harahu kaleśa vikāra.

चौपाई - caupāī

जय हनुमान ज्ञान गुण सागर । जय कपीश तिहुँ लोक उजागर ॥ 1
jaya hanumāna jñāna guṇa sāgara, jaya kapīśa tihum̐ loka ujāgara.
राम दूत अतुलित बल धामा । अंजनिपुत्र पवनसुत नामा ॥ 2
rāma dūta atulita bala dhāmā, aṁjaniputra pavanasuta nāmā.
महाबीर बिक्रम बजरंगी । कुमति निवार सुमति के संगी ॥ 3
mahābīra bikrama bajaraṁgī, kumati nivāra sumati ke saṁgī.
कंचन बरन बिराज सुबेषा । कानन कुंडल कुंचित केशा ॥ 4
kaṁcana barana birāja subeṣā, kānana kuṁḍala kuṁcita keśā.
हाथ बज्र और ध्वजा बिराजै । काँधे मूँज जनेऊ साजै ॥ 5
hātha bajra aura dhvajā birājai, kām̐dhe mūm̐ja janeū sājai.
शङ्कर स्वयं केशरीनंदन । तेज प्रताप महा जग बंदन ॥ 6
śaṅkara svayaṁ keśarīnaṁdana, teja pratāpa mahā jaga baṁdana.
विद्यावान गुणी अति चातुर । राम काज करिबे को आतुर ॥ 7
vidyāvāna guṇī ati cātura, rāma kāja karibe ko ātura.
प्रभु चरित्र सुनिबे को रसिया । राम लखन सीता मन बसिया ॥ 8
prabhu caritra sunibe ko rasiyā, rāma lakhana sītā mana basiyā.
सूक्ष्म रूप धरि सियहिं दिखावा । बिकट रूप धरि लंक जरावा ॥ 9
sūkṣma rūpa dhari siyahiṁ dikhāvā, bikaṭa rūpa dhari laṁka jarāvā.
भीम रूप धरि असुर सँहारे । रामचन्द्र के काज सँवारे ॥ 10
bhīma rūpa dhari asura sam̐hāre, rāmacandra ke kāja sam̐vāre.
लाय संजीवनि लखन जियाये । श्री रघुबीर हरषि उर लाये ॥ 11
lāya saṁjīvani lakhana jiyāye, śrī raghubīra haraṣi ura lāye.
रघुपति कीन्ही बहुत बड़ाई । तुम मम प्रिय भरतहिं सम भाई ॥ 12
raghupati kīnhī bahuta baṛāī, tuma mama priya bharatahiṁ sama bhāī.
सहस बदन तुम्हरो जस गावैं । अस कहि श्रीपति कंठ लगावैं ॥ 13
sahasa badana tumharo jasa gāvaiṁ, asa kahi śrīpati kaṁṭha lagāvaiṁ.
सनकादिक ब्रह्मादि मुनीशा । नारद शारद सहित अहीशा ॥ 14
sanakādika brahmādi munīśā, nārada śārada sahita ahīśā.
जम कुबेर दिगपाल जहाँ ते । कबि कोबिद कहि सकै कहाँ ते ॥ 15
jama kubera digapāla jahām̐ te, kabi kobida kahi sakai kahām̐ te.
तुम उपकार सुग्रीवहिं कीन्हा । राम मिलाय राज पद दीन्हा ॥ 16
tuma upakāra sugrīvahiṁ kīnhā, rāma milāya rāja pada dīnhā.
तुम्हरो मंत्र बिभीषन माना । लंकेश्वर भए सब जग जाना ॥ 17
tumharo maṁtra bibhīṣana mānā, laṁkeśvara bhae saba jaga jānā.
जुग सहस्त्र जोजन पर भानू । लील्यो ताहि मधुर फल जानू ॥ 18
juga sahastra jojana para bhānū, līlyo tāhi madhura phala jānū.
प्रभु मुद्रिका मेलि मुख माहीं । जलधि लाँघि गये अचरज नाहीं ॥ 19
prabhu mudrikā meli mukha māhīṁ, jaladhi lām̐ghi gaye acaraja nāhīṁ.
दुर्गम काज जगत के जेते । सुगम अनुग्रह तुम्हरे तेते ॥ 20
durgama kāja jagata ke jete, sugama anugraha tumhare tete.
राम दुआरे तुम रखवारे । होत न आज्ञा बिनु पैसारे ॥ 21
rāma duāre tuma rakhavāre, hota na ājñā binu paisāre.
सब सुख लहैं तुम्हारी शरना । तुम रक्षक काहू को डर ना ॥ 22
saba sukha lahaiṁ tumhārī śaranā, tuma rakṣaka kāhū ko ḍara nā.
आपन तेज सम्हारो आपै । तीनौं लोक हाँक ते काँपै ॥ 23
āpana teja samhāro āpai, tīnauṁ loka hām̐ka te kām̐pai.
भूत पिशाच निकट नहिं आवै । महाबीर जब नाम सुनावै ॥ 24
bhūta piśāca nikaṭa nahiṁ āvai, mahābīra jaba nāma sunāvai.
नासै रोग हरै सब पीरा । जपत निरंतर हनुमत बीरा ॥ 25
nāsai roga harai saba pīrā, japata niraṁtara hanumata bīrā.
संकट ते हनुमान छुड़ावै । मन क्रम बचन ध्यान जो लावै ॥ 26
saṁkaṭa te hanumāna chuṛāvai, mana krama bacana dhyāna jo lāvai.
सब पर राम तपस्वी राजा । तिन के काज सकल तुम साजा ॥ 27
saba para rāma tapasvī rājā, tina ke kāja sakala tuma sājā.
और मनोरथ जो कोउ लावै । तासु अमित जीवन फल पावै ॥ 28
aura manoratha jo kou lāvai, tāsu amita jīvana phala pāvai.
चारों जुग परताप तुम्हारा । है परसिद्ध जगत उजियारा ॥ 29
cāroṁ juga paratāpa tumhārā, hai parasiddha jagata ujiyārā.
साधु संत के तुम रखवारे । असुर निकंदन राम दुलारे ॥ 30
sādhu saṁta ke tuma rakhavāre, asura nikaṁdana rāma dulāre.
अष्ट सिद्धि नव निधि के दाता । अस बर दीन्ह जानकी माता ॥ 31
aṣṭa siddhi nava nidhi ke dātā, asa bara dīnha jānakī mātā.
राम रसायन तुम्हरे पासा । सदा रहउ रघुपति के दासा ॥ 32
rāma rasāyana tumhare pāsā, sadā rahau raghupati ke dāsā.
तुम्हरे भजन राम को पावै । जनम जनम के दुख बिसरावै ॥ 33
tumhare bhajana rāma ko pāvai, janama janama ke dukha bisarāvai.
अंत काल रघुबर पुर जाई । जहाँ जन्म हरिभक्त कहाई ॥ 34
aṁta kāla raghubara pura jāī, jahām̐ janma haribhakta kahāī.
और देवता चित्त न धरई । हनुमत सेइ सर्ब सुख करई ॥ 35
aura devatā citta na dharaī, hanumata sei sarba sukha karaī.
संकट कटै मिटै सब पीरा । जो सुमिरै हनुमत बलबीरा ॥ 36
saṁkaṭa kaṭai miṭai saba pīrā, jo sumirai hanumata balabīrā.
जय जय जय हनुमान गोसाईं । कृपा करहु गुरु देव की नाईं ॥ 37
jaya jaya jaya hanumāna gosāīṁ, kṛpā karahu guru deva kī nāīṁ.
यह शत बार पाठ कर जोई । छूटै बंदि महा सुख सोई ॥ 38
yaha śata bāra pāṭha kara joī, chūṭai baṁdi mahā sukha soī.
जो यह पढ़ै हनुमान चालीसा । होय सिद्धि साखी गौरीसा ॥ 39
jo yaha paṛhai hanumāna cālīsā, hoya siddhi sākhī gaurīsā.
तुलसीदास सदा हरि चेरा । कीजै नाथ हृदय महँ डेरा ॥ 40
tulasīdāsa sadā hari cerā, kījai nātha hṛdaya maham̐ ḍerā.

दोहा - dohā

पवन तनय संकट हरन मंगल मूरति रूप । राम लखन सीता सहित हृदय बसहु सुर भूप ॥
pavana tanaya saṁkaṭa harana maṁgala mūrati rūpa, rāma lakhana sītā sahita hṛdaya basahu sura bhūpa.

—— Some other books you may like ——

Below is reproduced from **Tulsi Ramayana, Hindu Holy Book, by Baldev Prasad Saxena.**

ISBNs: **978-1-945739-01-9** (Paperback) / **978-1-945739-03-3** (Hardback)

(Excerpts shown below are in reduced font-size)

[Below are the beginning verses of Tulsi Rāmāyana]

श्लोक-*śloka:*

वर्णानामर्थसंघानां रसानां छन्दसामपि ।
varṇānāmarthasaṁghānāṁ rasānāṁ chandasāmapi,
मङ्गलानां च कर्त्तारौ वन्दे वाणीविनायकौ ॥ १ ॥
maṅgalānāṁ ca karttārau vande vāṇīvināyakau. 1.

Trans:

I venerate Vānī and Vināyak, the originators of the alphabet and of the multitudinous expressions of those letters; the creators of the poetic styles, of cadence, of metre; and the begetters of all blessings.

भवानीशङ्करौ वन्दे श्रद्धाविश्वासरूपिणौ ।
bhavānīśaṅkarau vande śraddhāviśvāsarūpiṇau,
याभ्यां विना न पश्यन्ति सिद्धाःस्वान्तःस्थमीश्वरम् ॥ २ ॥
yābhyāṁ vinā na paśyanti siddhāḥsvāntaḥsthamīśvaram. 2.

Trans:

I reverence Bhawānī and Shankar, the embodiments of reverence and faith, without whom, not even the adept may see the Great Spirit which is enshrined in their very own hearts.

वन्दे बोधमयं नित्यं गुरुं शङ्कररूपिणम् ।
vande bodhamayaṁ nityaṁ guruṁ śaṅkararūpiṇam,
यमाश्रितो हि वक्रोऽपि चन्द्रः सर्वत्र वन्द्यते ॥ ३ ॥
yamāśrito hi vakro'pi candraḥ sarvatra vandyate. 3.

Trans:

I make obeisance to the eternal preceptor in the form of Shankar, who is all wisdom, and resting on whose crest the crescent moon, though crooked in shape, is everywhere honored.

सीतारामगुणग्रामपुण्यारण्यविहारिणौ ।
sītārāmaguṇagrāmapuṇyāraṇyavihāriṇau,
वन्दे विशुद्धविज्ञानौ कवीश्वरकपीश्वरौ ॥ ४ ॥
vande viśuddhavijñānau kavīśvarakapīśvarau. 4.

Trans:

I reverence the king of bards (Vālmikī) and the king of monkeys (Hanumān), of pure intelligence, who ever linger with delight in the holy woods in the shape of glories of Sītā-Rāma.

उद्भवस्थितिसंहारकारिणीं क्लेशहारिणीम् ।
udbhavasthitisaṁhārakāriṇīṁ kleśahāriṇīm,

सर्वश्रेयस्करीं सीतां नतोऽहं रामवल्लभाम् ॥ ५ ॥
sarvaśreyaskarīṁ sītāṁ nato'haṁ rāmavallabhām. 5.

Trans:

I bow to Sītā—the beloved consort of Rāma—She who's the responsible cause of creation, sustenance and dissolution of the universe—She who removes all afflictions and begets every blessing.

यन्मायावशवर्त्ति विश्वमखिलं ब्रह्मादिदेवासुरा
yanmāyāvaśavartti viśvamakhilaṁ brahmādidevāsurā
यत्सत्त्वादमृषैव भाति सकलं रज्जौ यथाहेर्भ्रमः ।
yatsattvādamṛṣaiva bhāti sakalaṁ rajjau yathāherbhramaḥ,
यत्पादप्लवमेकमेव हि भवाम्भोधेस्तितीर्षावतां
yatpādaplavamekameva hi bhavāmbhodhestitīrṣāvatāṁ
वन्देऽहं तमशेषकारणपरं रामाख्यमीशं हरिम् ॥ ६ ॥
vande'haṁ tamaśeṣakāraṇaparaṁ rāmākhyamīśaṁ harim. 6.

Trans:

I reverence Lord Harī, known by the name of Shrī Rāma—the Supreme causative Cause—whose Māyā holds sway over the entire universe, upon every being and supernatural beings from Brahmmā downwards—whose presence lends positive reality to the world of appearances: just as the false notion of serpent is imagined in a rope—and whose feet are the only bark for those eager to cross this worldly ocean of existence.

नानापुराणनिगमागमसम्मतं यद् रामायणे निगदितं क्वचिदन्यतोऽपि ।
nānāpurāṇanigamāgamasammataṁ yad
rāmāyaṇe nigaditaṁ kvacidanyato'pi,
स्वान्तःसुखाय तुलसी रघुनाथगाथाभाषानिबन्धमतिमञ्जुलमातनोति ॥ ७ ॥
svāntaḥsukhāya tulasī raghunāthagāthā-
bhāṣānibandhamatimañjulamātanoti. 7.

Trans:

In accord with the various Purānas, Vedas, Agamas (Tantras), and with what has been recorded in the Rāmāyana and elsewhere, I, Tulsīdās, for the delight of my own heart, have composed these verses of the exquisite saga of Raghunāth in the common parlance.

सोरठा-*soratha:*

जो सुमिरत सिधि होइ गन नायक करिबर बदन ।
jo sumirata sidhi hoi gana nāyaka karibara badana,
करउ अनुग्रह सोइ बुद्धि रासि सुभ गुन सदन ॥ १ ॥
karau anugraha soi buddhi rāsi subha guna sadana. 1.

Trans:

The mention of whose very name ensures success, who carries on his shoulders the head of beautiful elephant, who is a repository of wisdom and an abode of blessed qualities, may Ganesh, the leader of Shiva's retinue, shower his grace.

मूक होइ बाचाल पंगु चढइ गिरिबर गहन ।
mūka hoi bācāla paṁgu caḍhai giribara gahana,
जासु कृपाँ सो दयाल द्रवउ सकल कलि मल दहन ॥ २ ॥
jāsu kṛpāṁ so dayāla dravau sakala kali mala dahana. 2.

Trans:

By whose favor the dumb become eloquent and the cripple ascend formidable mountains; He, who burns all the impurities of the Kali-Yug—may that merciful Harī, be moved to pity.

नील सरोरुह स्याम तरुन अरुन बारिज नयन ।
nīla saroruha syāma taruna aruna bārija nayana,
करउ सो मम उर धाम सदा छीरसागर सयन ॥ ३ ॥
karau so mama ura dhāma sadā chīrasāgara sayana. 3.

Trans:

O Harī, thou who ever slumbers on the milky ocean, thou whose body is dark as a blue lotus, thou with eyes lustrous as freshly bloomed red water-lilies—do take up thy abode in my heart as well.

कुंद इंदु सम देह उमा रमन करुना अयन ।
kuṁda iṁdu sama deha umā ramana karunā ayana,
जाहि दीन पर नेह करउ कृपा मर्दन मयन ॥ ४ ॥
jāhi dīna para neha karau kṛpā mardana mayana. 4.

Trans:

O Hara, Destroyer-of-Kāmdev, whose form resembles in color the jasmine flower and the moon, who is an abode of compassion, who is the refuge of the afflicted, O spouse of Umā, be thou gracious to me.

बंदउँ गुरु पद कंज कृपा सिंधु नररूप हरि ।
baṁdauṁ guru pada kaṁja kṛpā siṁdhu nararūpa hari,
महामोह तम पुंज जासु बचन रबि कर निकर ॥ ५ ॥
mahāmoha tama puṁja jāsu bacana rabi kara nikara. 5.

Trans:

I bow to the lotus feet of my Gurū, who is an ocean of mercy and is none other than Harī in human form, and whose words are a deluge of sunshine upon the darkness of Ignorance and Infatuation.

[Below are the ending verses of Tulsi Rāmāyana]

दोहा-*dohā:*

मो सम दीन न दीन हित तुम्ह समान रघुबीर ।
mo sama dīna na dīna hita tumha samāna raghubīra,
अस बिचारि रघुबंस मनि हरहु बिषम भव भीर ॥ १३०क ॥
asa bicāri raghubaṁsa mani harahu biṣama bhava bhīra. 130(ka).
कामिहि नारि पिआरि जिमि लोभिहि प्रिय जिमि दाम ।
kāmihi nāri piāri jimi lobhihi priya jimi dāma,
तिमि रघुनाथ निरंतर प्रिय लागहु मोहि राम ॥ १३०ख ॥
timi raghunātha niraṁtara priya lāgahu mohi rāma. 130(kha).

Trans:

There is no one as pathetic as I am and no one as gracious to the piteous as you, O Raghubīr: remember this, O glory of the race of Raghu, and rid me of the grievous burden of existence. As an amorous person is infatuated over their lover, and just as a greedy miser hankers after money, so for ever and ever, may you be always dear to me, O Rāma.

श्लोक-*śloka:*

यत्पूर्वं प्रभुणा कृतं सुकविना श्रीशम्भुना दुर्गमं
yatpūrvaṁ prabhuṇā kṛtaṁ sukavinā śrīśambhunā durgamaṁ
श्रीमद्रामपदाब्जभक्तिमनिशं प्राप्त्यै तु रामायणम् ।
śrīmadrāmapadābjabhaktimaniśaṁ prāptyai tu rāmāyaṇam,
मत्वा तद्रघुनाथमानिरतं स्वान्तस्तमःशान्तये
matvā tadraghunāthamaniratam svāntastamaḥśāntaye

भाषाबद्धमिदं चकार तुलसीदासस्तथा मानसम् ॥ १ ॥
bhāṣābaddhamidaṁ cakāra tulasīdāsastathā mānasam. 1.

Trans:

The same esoteric Mānas-Rāmāyana, the Holy Lake of enactments of Shrī Rāma, that was brought to fore, in days of yore, by the blessed Shambhu, the foremost amongst poets—with the object of developing unceasing devotion to the beautiful lotus-feet of our beloved Lord: the all-merciful Rāma—has been likewise rendered into the common lingo by Tulsīdās for dispersing the gloom of his own soul, which it does—rife as it is with the name Rāma that alone gives this work a substance.

पुण्यं पापहरं सदा शिवकरं विज्ञानभक्तिप्रदं
puṇyaṁ pāpaharaṁ sadā śivakaraṁ vijñānabhaktipradaṁ
मायामोहमलापहं सुविमलं प्रेमाम्बुपूरं शुभम् ।
māyāmohamalāpahaṁ suvimalaṁ premāmbupūraṁ śubham,
श्रीमद्रामचरित्रमानसमिदं भक्त्यावगाहन्ति ये
śrīmadrāmacaritramānasamidaṁ bhaktyāvagāhanti ye
ते संसारपतङ्गघोरकिरणैर्दह्यन्ति नो मानवाः ॥ २ ॥
te saṁsārapataṅgaghorakiraṇairdahyanti no mānavāḥ. 2.

Trans:

This glorious, purifying, blessed most limpid holy Mānas Lake of Shrī Rāma's enactments ever begets happiness. Verily, it bestows both Wisdom and Devotion; and it washes away delusion, infatuation and impurity; and brimful with a stream of love it inundates one with bliss supreme. Never scorched by the burning rays of the sun of worldly illusions are those who take a plunge in this most Holy-Lake of the Glories of Shrī Rāma.

Below is reproduced from **Sundarakanda: The Fifth-Ascent of Tulsi Ramayana, by Subhash Chandra.**

ISBNs: **978-1-945739-05-7 / 978-1-945739-15-6 / 978-1-945739-90-3 / 978-1-945739-91-0**

(Excerpts shown below are in reduced font-size)

श्लोक-śloka:

शान्तं शाश्वतमप्रमेयमनघं निर्वाणशान्तिप्रदं
śāntaṁ śāśvatamaprameyamanaghaṁ nirvāṇaśāntipradaṁ
ब्रह्माशम्भुफणीन्द्रसेव्यमनिशं वेदान्तवेद्यं विभुम् ।
brahmāśambhuphaṇīndrasevyamaniśaṁ vedāntavedyaṁ vibhum,
रामाख्यं जगदीश्वरं सुरगुरुं मायामनुष्यं हरिं
rāmākhyaṁ jagadīśvaraṁ suraguruṁ māyāmanuṣyaṁ hariṁ
वन्देऽहं करुणाकरं रघुवरं भूपालचूडामणिम् ॥ १ ॥
vande'haṁ karuṇākaraṁ raghuvaraṁ bhūpālacūḍāmaṇim. 1.

Trans:

I adore the Lord of the universe—immeasurable, all pervading and eternal, the very theme of Vedanta, beyond ordinary means of cognition, the all-merciful God of gods constantly worshipped by Brahmmā, Shambhu and Shesha; the dispeller of all sins, bestower of the supreme beatitude of emancipation, a veritable mine of compassion, the Lord God Hari appearing through his Māyā in the form of man, the King of kings, the chief of Raghus—Shrī Rāma.

नान्या स्पृहा रघुपते हृदयेऽस्मदीये
nānyā spṛhā raghupate hṛdaye'smadīye
सत्यं वदामि च भवानखिलान्तरात्मा ।
satyaṁ vadāmi ca bhavānakhilāntarātmā,
भक्तिं प्रयच्छ रघुपुङ्गव निर्भरां मे
bhaktiṁ prayaccha raghupuṅgava nirbharāṁ me
कामादिदोषरहितं कुरु मानसं च ॥ २ ॥
kāmādidoṣarahitaṁ kuru mānasaṁ ca. 2.

Trans:

There is no other craving in my heart, O Lord, and I speak the truth and you know my inmost thoughts—for you are the indwelling Spirit in the hearts of all—do please grant me, O crest-jewel of Raghus, the intense-most devotion to Thy Holy Feet; and make my heart clean of lust and every other sin.

अतुलितबलधामं हेमशैलाभदेहं
atulitabaladhāmaṁ hemaśailābhadehaṁ
दनुजवनकृशानुं ज्ञानिनामग्रगण्यम् ।
danujavanakṛśānuṁ jñānināmagragaṇyam,
सकलगुणनिधानं वानराणामधीशं
sakalaguṇanidhānaṁ vānarāṇāmadhīśaṁ
रघुपतिप्रियभक्तं वातजातं नमामि ॥ ३ ॥
raghupatipriyabhaktaṁ vātajātaṁ namāmi. 3.

Trans:

Repeatedly I bow to the son-of-wind-god: repository of immeasurable might, with his body shining like a mountain of gold, the very blazing fire that devours the forest in the shape of demons; the abode of virtues, the noblest messenger of Raghupati, foremost amongst the wise, the chief of the monkeys: Shrī Hanumān, the most beloved devotee of Shrī Rāma.

चौपाई-caupāī:

जामवंत के बचन सुहाए । सुनि हनुमंत हृदय अति भाए ॥
jāmavaṁta ke bacana suhāe, suni hanumaṁta hṛdaya ati bhāe.
तब लगि मोहि परिखेहु तुम्ह भाई । सहि दुख कंद मूल फल खाई ॥
taba lagi mohi parikhehu tumha bhāī, sahi dukha kaṁda mūla phala khāī.
जब लगि आवौं सीतहि देखी । होइहि काजु मोहि हरष बिसेषी ॥
jaba lagi āvauṁ sītahi dekhī, hoihi kāju mohi haraṣa biseṣī.
यह कहि नाइ सबन्हि कहुँ माथा । चलेउ हरषि हियँ धरि रघुनाथा ॥
yaha kahi nāi sabanhi kahuṁ māthā, caleu haraṣi hiyaṁ dhari raghunāthā.
सिंधु तीर एक भूधर सुंदर । कौतुक कूदि चढ़ेउ ता ऊपर ॥
siṁdhu tīra eka bhūdhara suṁdara, kautuka kūdi caṛheu tā ūpara.
बार बार रघुबीर सँभारी । तरकेउ पवनतनय बल भारी ॥
bāra bāra raghubīra saṁbhārī, tarakeu pavanatanaya bala bhārī.
जेहिं गिरि चरन देइ हनुमंता । चलेउ सो गा पाताल तुरंता ॥
jehiṁ giri carana dei hanumaṁtā, caleu so gā pātāla turaṁtā.
जिमि अमोघ रघुपति कर बाना । एही भाँति चलेउ हनुमाना ॥
jimi amogha raghupati kara bānā, ehī bhāṁti caleu hanumānā.
जलनिधि रघुपति दूत बिचारी । तैं मैनाक होहि श्रमहारी ॥
jalanidhi raghupati dūta bicārī, taiṁ maināka hohi śramahārī.

Trans:

Hearing the heartening speech of Jāmavaṁt, Hanumān greatly rejoiced in his heart and said, "Endure these hardships my brothers, and with roots, herbs, fruits as your food, await here my return—till I am back with the news of Mā Sītā. My objective will surely be accomplished—I experience this great exhilaration in my heart." Saying so he bowed his head to them all; and then, with the image of Shrī Rāma enshrined in his heart, and full of exuberance, Hanumān sallied forth. There was a majestic rock by the seashore and Hanumān sprang upon its top in mere sport. Then again and again invoking the name of Raghubīr, the son-of-wind leaped with all his might. And the hill upon which he had planted his foot instantly sank—recoiling into the nethermost world. And just like an exceeding unerring arrow fired by Raghupati, Hanumān sped away. On the way—and knowing Hanumān to be the emissary of Shrī Rāma—the deity presiding over the Ocean told Maināk, "Relieve him of his fatigue."

दोहा-dohā:

हनूमान तेहि परसा कर पुनि कीन्ह प्रनाम ।
hanūmāna tehi parasā kara puni kīnha pranāma,
राम काजु कीन्हें बिनु मोहि कहाँ बिश्राम ॥ १ ॥
rāma kāju kīnheṁ binu mohi kahāṁ biśrāma. 1.

Trans:

[Mount Maināk raised himself up from the sea and stood before, in welcome,] but Hanumān merely touched it with his hand, and saluting to it said, "There can be no rest for me until I have accomplished the work of Shri Rāma."

Below is reproduced from **Ashtavakra Gita, A Fiery Octave in Ascension, by Vidya Wati.**

ISBNs: **978-1-945739-42-2** (Journal format) / **978-1-945739-46-0** (Paperback) / **978-1-945739-48-4** (Pocket-sized) / **978-1-945739-47-7** (Hardback)

(Excerpts shown below are in reduced font-size)

अहं कर्तेत्यहंमानमहाकृष्णाहिदंशितः ।
ahaṁ kartetyahaṁmānamahākṛṣṇāhidaṁśitaḥ ,

नाहं कर्तेति विश्वासामृतं पीत्वा सुखी भव ॥ १-८ ॥
nāhaṁ karteti viśvāsāmṛtaṁ pītvā sukhī bhava (1-8)

May thou
—who have been bitten by the deadly serpent of egoism,
who persist delirious in its venom,
hallucinating, "I am the Doer"—
drink of the antidote of faith
—partake of the curative reality—
which avers: "I am not the Doer";
and replete with that nectar,
may thou abide ever glad.

एको विशुद्धबोधोऽहमिति निश्चयवह्निना ।
eko viśuddhabodho'hamiti niścayavahninā ,
प्रज्वाल्याज्ञानगहनं वीतशोकः सुखी भव ॥ १-९ ॥
prajvālyājñānagahanaṁ vītaśokaḥ sukhī bhava (1-9)

Burn down this wilderness of Ignorance in the
Fiery Knowledge-of-the-Self,
the essence of which Truth is the firm conviction that
proclaims,
"I am the One Reality,

the all-pervading pristine Consciousness";
and thus freed of pain grief sorrows,
may thou abide in supreme happiness.

कूटस्थं बोधमद्वैतमात्मानं परिभावय ।
kūṭasthaṁ bodhamadvaitamātmānaṁ paribhāvaya ,
आभासोऽहं भ्रमं मुक्त्वा भावं बाह्यमथान्तरम् ॥१-१३॥
ābhāso'haṁ bhramaṁ muktvā bhāvaṁ bāhyamathāntaram (1-13)

Giving up the mistaken identification with the body,
the external crust;
and rid also of identifying yourself
as being the ego and mind
—the superimposed delusions which are but reflections of the Ātmā—
meditate on yourself as being none of these but purely the Ātmā:
Immutable Consciousness,
the One without a second.

यथा न तोयतो भिन्नास्तरङ्गाः फेनबुद्बुदाः ।
yathā na toyato bhinnāstaraṅgāḥ phenabudbudāḥ ,
आत्मनो न तथा भिन्नं विश्वमात्मविनिर्गतम् ॥२-४॥
ātmano na tathā bhinnaṁ viśvamātmavinirgatam (2-4)

Just as the waves foam and bubbles
are identical to the water of which they are made,
even so this seemingly real universe
has emanated from the Param-Ātmā,
and is none other than the Ātmā
—my Self.

प्रकाशो मे निजं रूपं नातिरिक्तोऽस्म्यहं ततः ।
prakāśo me nijaṁ rūpaṁ nātirikto'smyahaṁ tataḥ ,
यदा प्रकाशते विश्वं तदाहं भास एव हि ॥२-८॥
yadā prakāśate viśvaṁ tadāhaṁ bhāsa eva hi (2-8)

My innate essence is a Fiery Light—
and other than the effulgence of Consciousness
I am nothing else.
When the universe shines forth,
it does so borrowing the glow of my brilliance. Through and through everything which is manifest anywhere,
there is nothing except for the Fiery Ātmā
shining all splendorous.

मत्तो विनिर्गतं विश्वं मय्येव लयमेष्यति ।
matto vinirgataṁ viśvaṁ mayyeva layameṣyati ,
मृदि कुम्भो जले वीचिः कनके कटकं यथा ॥२-१०॥
mṛdi kumbho jale vīciḥ kanake kaṭakaṁ yathā (2-10)

All this here, emerges out of me;
it exists in me;
and within me again it becomes dissolved
—like an earthen jar returning to its
component clay,
...or a wave
blending back into the water again,
...or a gold bracelet
melting into the pureness of its element
—having become bereft of form
bereft of name.

द्वैतमूलमहो दुःखं नान्यत्तस्याऽस्ति भेषजम् ।
dvaitamūlamaho duḥkhaṁ nānyattasyā'sti bheṣajam ,
दृश्यमेतन् मृषा सर्वमेकोऽहं चिद्रसोमलः ॥२-१६॥
dṛśyametan mṛṣā sarvameko'haṁ cidrasomalaḥ (2-16)

The notion of duality
is at the root of all grief and misery.
There is no other cure for sorrow
except the realization of the Truth, that
"There are no two here—it is all just One."

All this perceived multifariousness
is just an apparition,
and behind it all is just the One pristine Reality void of defilements,
comprised in bliss and consciousness.

नाहं देहो न मे देहो जीवो नाहमहं हि चित् ।
nāhaṁ deho na me deho jīvo nāhamahaṁ hi cit ,
अयमेव हि मे बन्ध आसीद्या जीविते स्पृहा ॥२-२२॥
ayameva hi me bandha āsīdyā jīvite spṛhā (2-22)

I am not this body
—and nor had I ever a body—
I am not the Jīva,
I am nothing but a Pure Consciousness.
This indeed was my bondage:
that I once had this 'me' and 'mine';
and that I thirsted for life
in greed, desires, covetousness;
and that I fancied little bites of joys
—while in fact
the entire ocean of bliss was just I myself.

यत् पदं प्रेप्सवो दीनाः शक्राद्याः सर्वदेवताः ।
yat padaṁ prepsavo dīnāḥ śakrādyāḥ sarvadevatāḥ ,
अहो तत्र स्थितो योगी न हर्षमुपगच्छति ॥४-२॥
aho tatra sthito yogī na harṣamupagacchati (4-2)

Even suffering the state of mirthful revelries
—those ravishing spheres of pleasures which even gods like Indra yearn for disconsolately—
the yogi finds no excitement existing in them
—being that he always abides
in That-Ocean-of-Bliss
where such morsels of delights
are but tiny fleeting waves
...flapping away

न ते सङ्गोऽस्ति केनापि किं शुद्धस्त्यक्तुमिच्छसि ।
na te saṅgo'sti kenāpi kiṁ śuddhastyaktumicchasi ,
सङ्घातविलयं कुर्वन्नेवमेव लयं व्रज ॥५-१॥
saṅghātavilayaṁ kurvannevameva layaṁ vraja (5-1)

There is nothing at all here attached to which you lie bound in fetters.
Pure and taintless you already are—
so what is that you must needs give up?
Renounce simply the idea of a body—
set aside this composite organism to rest.
Give up identifying yourself with this assemblage of skin, bone, organs.
Abide Dissolved,
knowing that you are not anything material
but the Ātmā pure.

यस्य बोधोदये तावत्स्वप्नवद् भवति भ्रमः ।
yasya bodhodaye tāvatsvapnavad bhavati bhramaḥ ,
तस्मै सुखैकरूपाय नमः शान्ताय तेजसे ॥१८-१॥
tasmai sukhaikarūpāya namaḥ śāntāya tejase (18-1)

Salutation to that Fiery Light—
self-effulgent, self-existent, independent,
which is pristine consciousness
which is tranquility,
which is bliss,
which is abiding existence—
in whose dawn,
this dark delusive universe
—which has you enslaved—
vanishes away
like the dream of a dark night.

व्यामोहमात्रविरतौ स्वरूपादानमात्रतः ।
vyāmohamātraviratau svarūpādānamātrataḥ ,
वीतशोका विराजन्ते निरावरणदृष्टयः ॥१८-६॥
vītaśokā virājante nirāvaraṇadṛṣṭayaḥ (18-6)

With their delusions dispelled,
those who abide cognized of the Self
—the fiery glow of pure consciousness shining within—
their distress is now at end;
and they live free of sorrows
—in a completeness of Bliss.

क्व विक्षेपः क्व चैकाग्र्यं क्व निर्बोधः क्व मूढता ।
kva vikṣepaḥ kva caikāgryaṁ kva nirbodhaḥ kva mūḍhatā ,
क्व हर्षः क्व विषादो वा सर्वदा निष्क्रियस्य मे ॥२०-९॥
kva harṣaḥ kva viṣādo vā sarvadā niṣkriyasya me (20-9)

Whither went concentration?
...and what happened to all those distractions?
...whither the deluded soul?
...and whither the burdensome bag of delusions?
...where went charms and delights of the world?
...and where went sorrows?
For me, it has all coalesced into a oneness.
Bereft of any karmas, I am just the Ātmā now.

क्व माया क्व च संसारः क्व प्रीतिर्विरतिः क्व वा ।
kva māyā kva ca saṁsāraḥ kva prītirviratiḥ kva vā ,
क्व जीवः क्व च तद्ब्रह्म सर्वदा विमलस्य मे ॥२०-११॥
kva jīvaḥ kva ca tadbrahma sarvadā vimalasya me (20-11)

Whither went māyā?
...and whither went the world?
...and whither the entrapments and worldly attachments and detachments?
...and where even the notion of Jīva and Brahama?
—for me who abide now only as the Ātmā
perfect, pristine, pure.

Below is reproduced from **Vivekachūḍāmani of Shankaracharya, the Fiery Crest-Jewel of Wisdom, by Vidya Wati.** ISBNs: **978-1-945739-41-5** (Journal format) / **978-1-945739-44-6**(Paperback) / **978-1-945739-79-8**(Pocket-sized) / **978-1-945739-45-3**(Hardback)

(Excerpts shown below are in reduced font-size)

लब्ध्वा कथञ्चिन्नरजन्म दुर्लभं तत्रापि पुंस्त्वं श्रुतिपारदर्शनम् ।
labdhvā kathañcinnarajanma durlabhaṁ tatrāpi puṁstvaṁ śrutipāradarśanam ,
यस्त्वात्ममुक्तौ न यतेत मूढधीः स ह्यात्महा स्वं विनिहन्त्यसद्ग्रहात् ॥४॥
yastvātmamuktau na yateta mūḍhadhīḥ sa hyātmahā svaṁ vinihantyasadgrahāt (4)

He who, having by some means obtained this privileged human birth born a man—and furthermore having knowledge and learning and grasp of the sacred scriptures—does not exert himself for self-liberation, that fool is certainly committing suicide thereby—for he imperils himself by holding as life-support those very things which themselves are tenuous and unreal.

ब्रह्म सत्यं जगन्मिथ्येत्येवंरूपो विनिश्चयः ।
brahma satyaṁ jaganmithyetyevaṁrūpo viniścayaḥ ,
सोऽयं नित्यानित्यवस्तुविवेकः समुदाहृतः ॥२०॥
so'yaṁ nityānityavastuvivekaḥ samudāhṛtaḥ (20)

"*Brahama* alone is Real (self-existent), and the universe non-Real (not self-existent)"—the insight, discernment, and firm conviction by which one comprehends this Vedic dictum: that is designated to be *Viveka* (or Discrimination between the Real and the non-Real).

अहङ्कारादिदेहान्तान् बन्धानज्ञानकल्पितान् ।
ahaṅkārādidehāntān bandhānajñānakalpitān ,
स्वस्वरूपावबोधेन मोक्तुमिच्छा मुमुक्षुता ॥२७॥
svasvarūpāvabodhena moktumicchā mumukṣutā (27)

An intense yearning for Freedom—to be released of all bondages, from that of egoism to that of body, to be relieved of all thralldoms superimposed by dint of Ignorance—by realizing one's Real Nature: that is designated to be *Mumukshutā* (or Longing for Liberation).

मोक्षकारणसामग्र्यां भक्तिरेव गरीयसी ।
mokṣakāraṇasāmagryāṁ bhaktireva garīyasī ,
स्वस्वरूपानुसन्धानं भक्तिरित्यभिधीयते ॥३१॥
svasvarūpānusandhānaṁ bhaktirityabhidhīyate (31)

Among the means most conducive to Liberation, *Bhaktī* holds a supreme spot. A constant contemplation and seeking of one's true Self, one's Real Nature—that is designated to be *Bhaktī* (Devotion).

ऋणमोचनकर्तारः पितुः सन्ति सुतादयः ।
ṛṇamocanakartāraḥ pituḥ santi sutādayaḥ ,
बन्धमोचनकर्ता तु स्वस्मादन्यो न कश्चन ॥५१॥
bandhamocanakartā tu svasmādanyo na kaścana (51)

A father may have his sons and others to redeem him from his financial debts, but there is no one other than one's own Self to deliver one from the within bondages that are upon the Self (and which are self-imposed).

तस्मात्सर्वप्रयत्नेन भवबन्धविमुक्तये ।
tasmātsarvaprayatnena bhavabandhavimuktaye ,
स्वैरेव यत्नः कर्तव्यो रोगादाविव पण्डितैः ॥६६॥
svaireva yatnaḥ kartavyo rogādāviva paṇḍitaiḥ (66)

Therefore—just as in the case of bodily diseases and internal maladies—the wise should strive personally and with every means in his power, to free himself from the bondages of this dreadful transmigratory disease of repeated births and deaths.

मा भैष्ट विद्वंस्तव नास्त्यपायः संसारसिन्धोस्तरणेऽस्त्युपायः ।
mā bhaiṣṭa vidvaṁstava nāstyapāyaḥ saṁsārasindhostaraṇe'styupāyaḥ ,
येनैव याता यतयोऽस्य पारं तमेव मार्गं तव निर्दिशामि ॥४३॥
yenaiva yātā yatayo'sya pāraṁ tameva mārgaṁ tava nirdiśāmi (43)

Fear not, O learned one, there is no death for thee; verily there is a sovereign means of crossing this sea of relative existence. That very supreme path, treading which our ancient sages of yore have managed to go beyond—that very way I shall now inculcate to thee.

जातिनीतिकुलगोत्रदूरगं नामरूपगुणदोषवर्जितम् ।
jātinītikulagotradūragaṁ nāmarūpaguṇadoṣavarjitam ,
देशकालविषयातिवर्ति यद् ब्रह्म तत्त्वमसि भावयात्मनि ॥२५४॥
deśakālaviṣayātivarti yad brahma tattvamasi bhāvayātmani (254)

That which is beyond caste and creed, family and lineage, without names and forms, merits and demerits, transcending space, time, and matter—Thou art That Brahama, meditate on this in thy mind.

www.ingramcontent.com/pod-product-compliance
Lightning Source LLC
Chambersburg PA
CBHW081333080526
44588CB00017B/2608
* 9 7 8 1 9 4 5 7 3 9 0 0 2 *